# DAS UNESCO WELTERBE

Monumente der Menschheit – Wunder der Natur

# Das UNESCO Welterbe

Die Pyramiden in Ägypten, die Athener Akropolis, der Taj Mahal, die Serengeti, der Grand Canyon, die Inkastadt Machu Picchu – sie alle haben eines gemeinsam: Es sind einzigartige Kultur- und Naturgüter, die unter dem Schutz der UNESCO stehen. Die Organisation der Vereinten Nationen verabschiedete im Jahr 1972 ein »Übereinkommen zum Schutz des Kultur- und Naturerbes der Welt«, um damit Objekte zu bewahren, die von universellem Wert sind. Angesichts der aktuellen Bedrohung vieler Ökosysteme durch Umweltzerstörungen und Zeugnisse vergangener Kulturen durch terroristische Vereinigungen ist dies notwendiger denn je. Ausführlich werden hier alle 1073 bis-

her zum Welterbe erklärten Kultur- und Naturmonumente in Wort und Bild beschrieben – nach Ländern und innerhalb dieser von Nord nach Süd geordnet. Kleine Karten geben geografische Orientierung und ein Farbsystem hilft bei der Einordnung in Kultur- (braun), Natur- (grün) und sowohl Kultur- als auch Naturerbestätte (blau).

# Vorwort

S. 2/3: Die Karyatiden tragen das Gebälk des Erechtheions auf der Athener Akropolis. S. 4/5: Der Geschichtspark Ayutthaya in Thailand umfasst die Ruinen der alten Hauptstadt des siamesischen Königreichs. Unten: Dünen der Namib-Wüste.

| | | | | | | | |
|---|---|---|---|---|---|---|---|
| **NEUE MONUMENTE** | | Ungarn | 158 | **ASIEN** | **316** | Nepal | 440 |
| **2017/2018** | **I–XXIV** | Weißrussland | 162 | | | Demokratische | |
| **NEUE MONUMENTE** | | Ukraine | 163 | Syrien | 318 | Volksrepublik Korea | 444 |
| **2016/2017** | **XXV–XL** | Moldau | 167 | Libanon | 322 | Republik Korea | 445 |
| | | Russland | 167 | Israel (mit Jerusalem) | 325 | Japan | 452 |
| **EUROPA** | **8** | Spanien | 186 | Palästina | 334 | Myanmar | 466 |
| | | Andorra | 216 | Jordanien | 335 | Thailand | 466 |
| Island | 10 | Portugal | 216 | Saudi-Arabien | 338 | Laos | 471 |
| Norwegen | 11 | Italien | 226 | Bahrain | 340 | Kambodscha | 472 |
| Schweden | 16 | San Marino | 242 | Katar | 341 | Vietnam | 474 |
| Dänemark | 24 | Vatikanstadt | 250 | Vereinigte Arabische | | Philippinen | 480 |
| Finnland | 29 | Malta | 262 | Emirate | 342 | Malaysia | 484 |
| Estland | 31 | Slowenien | 264 | Oman | 343 | Singapur | 487 |
| Lettland | 32 | Kroatien | 265 | Jemen | 345 | Indonesien | 488 |
| Litauen | 33 | Bosnien- | | Irak | 348 | | |
| Vereinigtes Königreich | 35 | Herzegowina | 270 | Iran | 350 | **AUSTRALIEN UND** | |
| Irland | 53 | Serbien | 271 | Kasachstan | 364 | **OZEANIEN** | **494** |
| Niederlande | 55 | Montenegro | 273 | Usbekistan | 366 | | |
| Belgien | 62 | Rumänien | 275 | Turkmenistan | 368 | Australien | 496 |
| Luxemburg | 70 | Bulgarien | 279 | Kirgisistan | 369 | Palau | 509 |
| Frankreich | 71 | Albanien | 284 | Tadschikistan | 370 | Marshallinseln | 510 |
| Deutschland | 97 | Mazedonien | 285 | Afghanistan | 371 | Papua-Neuguinea | 510 |
| Schweiz | 124 | Griechenland | 286 | Pakistan | 372 | Salomonen | 511 |
| Österreich | 130 | Zypern | 298 | Indien | 377 | Kiribati | 512 |
| Polen | 136 | Türkei | 299 | Bangladesch | 398 | Vanuatu | 513 |
| Tschechische | | Georgien | 312 | Sri Lanka | 400 | Fidschi | 513 |
| Republik | 146 | Armenien | 313 | Mongolei | 406 | Neuseeland | 514 |
| Slowakei | 154 | Aserbaidschan | 315 | China | 408 | | |

Das UNESCO Welterbe

# Inhalt

| AFRIKA | **516** |
|---|---|
| Marokko | 518 |
| Algerien | 524 |
| Tunesien | 528 |
| Libyen | 533 |
| Ägypten | 536 |
| Sudan | 543 |
| Mauretanien | 546 |
| Mali | 547 |
| Niger | 550 |
| Tschad | 552 |
| Kap Verde | 552 |
| Senegal | 553 |
| Gambia | 556 |
| Guinea | 557 |
| Elfenbeinküste | 558 |
| Burkina Faso | 560 |
| Ghana | 560 |
| Togo | 562 |
| Benin | 562 |
| Nigeria | 563 |
| Kamerun | 564 |
| Zentralafrikanische Republik | 565 |
| Gabun | 566 |
| Republik Kongo | 565 |
| Demokratische Republik Kongo | 566 |
| Uganda | 572 |
| Äthiopien | 574 |
| Kenia | 580 |
| Tansania | 584 |
| Sambia | 590 |
| Simbabwe | 591 |
| Malawi | 593 |
| Mosambik | 594 |
| Botsuana | 594 |
| Namibia | 596 |
| Südafrika | 597 |
| Lesotho | 601 |
| Madagaskar | 602 |
| Mauritius | 604 |
| Seychellen | 605 |

| AMERIKA | **606** |
|---|---|
| Kanada | 608 |
| Vereinigte Staaten von Amerika | 620 |
| Mexiko | 638 |
| Belize | 659 |
| Guatemala | 660 |
| Honduras | 662 |
| El Salvador | 663 |
| Nicaragua | 664 |
| Costa Rica | 665 |
| Panama | 667 |
| Kuba | 670 |
| Jamaika | 676 |
| Haiti | 676 |
| Dominikanische Republik | 677 |
| St. Kitts und Nevis | 677 |
| Dominica | 678 |
| St. Lucia | 679 |
| Barbados | 679 |
| Kolumbien | 680 |
| Ecuador | 684 |
| Peru | 690 |
| Bolivien | 698 |
| Chile | 702 |
| Venezuela | 706 |
| Suriname | 708 |
| Brasilien | 709 |
| Paraguay | 723 |
| Uruguay | 724 |
| Argentinien | 725 |

| LISTE DES WELTERBES | **732** |
|---|---|
| Bildnachweis/ Impressum | 743/744 |

Das UNESCO Welterbe

Vom 2. bis zum 12. Juli 2017 hielt das UNESCO-Welterbekomitee seine 41. Tagung im polnischen Krakau ab. Dabei wurden 21 Stätten neu in die Liste des Welterbes aufgenommen und die Grenzen von fünf Stätten erweitert bzw. modifiziert. Erstmals vertreten sind der südwestafrikanische Staat Angola mit der Altstadt von M'banza Kongo und der im nordöstlichen Afrika gelegene Staat Eritrea mit seiner Hauptstadt Asmara. Die von der UNESCO geführte Liste des Welterbes umfasst damit aktuell 1073 Stätten in 167 Ländern. Davon sind 832 Kulturdenkmäler und 206 Naturstätten. Weitere 35 Stätten gehören sowohl dem Kultur- als auch dem Naturerbe an.

Neue Monumente 2017/2018

# Neue Monumente 2017/2018

# Kujataa - eine subarktische Agrarlandschaft in Grönland

EUROPA | Dänemark | Jahr der Ernennung: 2017

Im heutigen Qassiarsuk gründete Erik der Rote wohl im Jahr 985 die erste Wikingersiedlung auf Grönland (Brattahlíð).

Die Stätte zeugt von der frühesten Entwicklung der Landwirtschaft und Jagdmethoden in der Arktis und von der nordischen Besiedlung jenseits von Europa. Geschaffen wurde die im Süden Grönlands liegende Agrarlandschaft von zwei historischen Jagd- und Bauernkulturen – einer altnordischen Kultur aus dem späten 10. bis zum 15. Jahrhundert und einer europäisch beeinflussten Inuit-Kultur ab dem 18. Jahrhundert bis heute. Begünstigt wurde ihre Entwicklung durch die geografischen und klimatischen Gegebenheiten. Die Kujataa-Tiefebene wird umgeben von der Eiskappe, hohen Bergen, Wildnis und tiefen Fjorden.

Das Welterbe umfasst fünf Regionen: Qassiarsuk, Igaliku, Sissarluttoq, Tasikuluulik (Vatnahverfi) und Qaqortukulooq (Hvalsey). Erstmals besiedelt wurde die von dem norwegischstämmigen Wikinger Gunnbjørn entdeckte größte Insel der Erde um 985/986 durch den ebenfalls aus Norwegen stammenden Erik (»der Rote«) Thorvaldsson, der zuvor schon einige Jahre hier in der Verbannung verbracht hatte und dem auch die Bezeichnung Grönland (= Grünland) zugeschrieben wird.

# Der englische Lake District

EUROPA | Vereinigtes Königreich | Jahr der Ernennung: 2017

Das rund 2300 Quadratkilometer große, vor Ort meist kurz »The Lakes« genannte Areal erstreckt sich rund 130 Kilometer nordwestlich von Manchester in der englischen Grafschaft Cumbria. Als Ergebnis mehrerer Eiszeiten, vor allem der vor rund 15 000 Jahren endenden Würmeiszeit, entstanden hier mehrere Trogtäler mit vielen Seen, die auch dem Lake District National Park ihren Namen gaben. Einen Großteil der Landschaft machen die Cumbrian Mountains aus. In den oberen Regionen findet man viele Kare mit kleinen Teichen, in den unteren beherrschen ausgedehnte, mit Adlerfarn und Besenheide bedeckte Hochmoore die Szenerie. Schon seit dem 18. Jahrhundert begeisterten sich Künstler der englischen Romantik für diese pittoreske Landschaft und widmeten ihr Gemälde, Skizzen und Schriften. Thomas Gray (1716–1771) gehörte 1769 zu den Ersten.

Bedeutender sind die Werke von William Woldsworth (1770–1850), der sechzig Jahre lang in dieser Region verbrachte. Im Jahr 1810 veröffentlichte er seinen »Guide to the Lakes«. Sein Poem »I Wandered Lonely as a Cloud« gehört zu den berühmtesten Gedichten in englischer Sprache.

**Im Lake District (oben: Coniston Water, unten: Buttermere) fühlt man sich wie in einem Märchenland.**

# Straßburg: von der Grande-Île zur Neustadt, eine europäische Stadtszenerie

EUROPA | Frankreich | Jahr der Ernennung: 2017

**Das am Rand der Altstadt liegende »Qartier allemande« gilt als Musterbeispiel deutscher Gründerzeit-Architektur.**

Die bislang das historische Zentrum um das Straßburger Münster umfassende Welterbestätte wurde um die wilhelminische Neustadt erweitert. Nach dem Deutsch-Französischen Krieg (1870/1871) und der Annektierung des Elsasses sowie von Teilen Lothringens wurde Straßburg als Hauptstadt des neuen »Reichslandes Elsass-Lothringen« der kaiserlichen Hauptstadt Berlin unterstellt. Für die neuen Behörden und Verwaltungen sollten repräsentative Bauten entstehen; zudem benötigte man Wohnraum für Tausende deutsche Beamte, Schulen, Universitäten und andere öffentliche Einrichtungen. Nördlich der historischen Altstadt und mit diesem durch Brücken und Verbindungswege verbunden entstanden in den folgenden Jahrzehnten gut 10 000 neue Gebäude, die Stadtfläche wurde verdreifacht. Herzstück der auch »Deutsches Viertel« oder »Quartier allemande« genannten Neustadt ist der der frühere »Kaiserplatz«, die heutige Place de la République. Um ihn gruppieren sich neben riesigen Verwaltungsgebäuden der 1889 fertiggestellte »Kaiserpalast« (Palais du Rhin), das heutige Théâtre National (1892, einst Sitz des Landtags) sowie die im Jahr 1984 errichtete National- und Universitätsbibliothek).

# Taputapuatea

EUROPA | Frankreich | Jahr der Ernennung: 2017

Taputapuatea auf der zu den französisch-polynesischen Gesellschaftsinseln gehörenden Insel Raiatea zeugt von der Ma'ohi-Kultur. Die im weiträumigen Gebiet des Pazifiks verstreuten Inseln gehören zu den letzten von Menschen besiedelten Regionen der Erde. In einfachen Auslegerkanus mit Doppelsegel, aus Holz und geflochtenen Fasern gefertigt, machten sich vor Tausenden von Jahren (die Vermutungen schwanken zwischen um 4000 v. Chr. und um 1500 v. Chr.) erste Seefahrer von Südostasien oder Südamerika aus auf den Weg, um die seit dem 18. Jahrhundert so genannte »Vielinselwelt« (griech. Polynesien) zu erkunden. Damit begründeten sie das von Hawaii im Norden, der Osterinsel im Südosten und Neuseeland im Südwesten gebildete polynesische Dreieck. In diesem knapp 50 Millionen Quadratkilometer großen (Landfläche: rund 294 000 Quadratkilometer) Gebiet leben etwa sechs Millionen Menschen. Rund eine Million davon sind Polynesier – polynesische Sprachen sprechende Nachfahren der ersten Siedler. Von deren Kultur wurde viel zerstört – umso bedeutender ist diese Welterbestätte auf der im Zentrum des polynesischen Dreiecks gelegenen Insel Raiatea.

**1994 wurden die Überreste der wohl um das Jahr 1000 v. Chr. errichteten Marae von Taputapuatea entdeckt und restauriert.**

# Höhlen und Eiszeitkunst im Schwäbischen Jura

EUROPA | Deutschland | Jahr der Ernennung: 2017

In zwei Tälern der Schwäbischen Alb fand man die bislang ältesten bekannten Spuren, die der Mensch bei seiner Besiedlung Europas hinterließ. Die Welterbestätte verteilt sich auf sechs Höhlen und die sie umgebenden Landschaften: das Geißenklösterle, die Sirgensteinhöhle und der Hohle Fels im Achtal rund 15 Kilometer westlich von Ulm, die Vogelherdhöhle, die Stadel- Höhle im Hohlenstein und die Bocksteinhöhle im Lonetal rund 20 Kilometer nordöstlich von Ulm. Das erstaunlichste an den bis zu 43 000 Jahre alten Fundstücken ist, dass sie den frühen Homo Sapiens bereits als künstlerisch tätigen Menschen ausweisen. Die meisten der mehr als 50 bislang gefundenen kleinen Kunstobjekte wurden von ihren Schöpfern aus Elfenbein und Knochen gefertigt. Bevorzugtes Motiv ist die Fauna der eiszeitlichen, steppenartigen Landschaft – Mammut, Wisent, Pferd, Höhlenlöwe oder Höhlenbär. Bedeutendste Fundstücke sind die Venus vom Hohle Fels – die älteste bekannte »mobile« Frauendarstellung ihrer Art – sowie der Löwenmensch aus der Stadel-Höhle im Hohlenstein, ein aufrecht stehendes Mischwesen aus Mensch und Löwe. Acht Flöten, zeigen, dass die Eiszeitmenschen auch schon musizieren konnten.

**Oben: Sechs Zentimeter groß ist die Venus vom Hohle Fels – statt eines Kopfs hat sie eine Öse für den Transport der Figur. Rechts: Bocksteinhöhle im Lonetal.**

# Das Bauhaus und seine Stätten in Weimar, Dessau und Bernau

EUROPA | Deutschland | Jahr der Ernennung: 2017

Funktional-modern: die im Bernauer Stadtforst errichtete Bundesschule von Hannes Meyer und Hans Wittwer.

Die bereits seit 1996 bestehende Welterbestätte umfasst nun auch Bauten von Hannes Meyer, Nachfolger des Bauhaus-Direktors Walter Gropius. Mit der Erweiterung der Stätte wird das Werk des Schweizer Architekten Hannes Meyer (1889–1954) gewürdigt, der in den Jahren 1928 bis 1930 Direktor des Bauhauses war. Obwohl er viel weniger bekannt ist als Walter Gropius, der ihn selbst zu seinem Nachfolger ernannte, hat Meyer das Bauhaus und seine Studierenden stärker geprägt, als öffentlich wahrgenommen wurde. Anders als Walter Gropius, unter dem sich auch eine gewisse Gestaltungsdogmatik entwickelt hatte, konzentrierte sich Hannes Meyer, ein gelernter Maurer und Steinmetz, wieder mehr auf die ursprüngliche Bauhaus-Idee, für das Volk zu gestalten: »Volksbedarf statt Luxusbedarf«, lautete sein Motto. Als Erfinder einer »politischen Architektur« gerühmt, prägte Hannes Meyer eine ganze Generation von Architekten und Designern. Zum Welterbe gehören nun Meyers Laubenganghäuser in Dessau – dreistöckige Ziegelsteinhäuser für Mieter mit geringem Einkommen – und seine Bundesschule des Allgemeinen Deutschen Gewerkschaftsbundes (ADGB) in Bernau.

# Alte Buchenwälder und Buchenurwälder der Karpaten und anderer Regionen Europas

Albanien, Belgien, Bulgarien, Deutschland, Kroatien, Italien, Österreich, Rumänien, Slowakei, Slowenien, Spanien, Ukraine | Jahr der Ernennung: 2007 | Erweitert: 2017

Als »Mutter des Waldes« ist die Rotbuche (Fagus sylvatica) in weiten Teilen Mitteleuropas die dominante Baumart.

Die bisherige Welterbestätte »Buchenurwälder der Karpaten und Alte Buchenwälder Deutschlands« wurde um 63 Teilgebiete in zehn Ländern erweitert. Die Buche hat die letzte Eiszeit in kleinen Rückzugsgebieten im Süden und Südosten Europas überdauert und sich nach derem Ende als dominierende Baumart durchgesetzt. Da sie an den unterschiedlichsten Standorten vorkommt, bildet sie eine große Vielfalt von Waldgesellschaften – Lebensraum für mehr als 10 000 Tier-, Pflanzen- und Pilzarten.
Die aktuelle Erweiterung auf eine Gesamtfläche von nun etwa 610 Quadratkilometer – darunter mit dem Urwald Rothwald in Niederösterreich und Teilen des Nationalparks Kalkalpen in Oberösterreich erstmals auch österreichische Wälder – ist ein weiterer Schritt zur Verwirklichung der angestrebten Vision einer UNESCO-Welterbestätte »Europäische Buchenwälder«. Mit ihr könnte nahezu das gesamte Spektrum besterhaltender Buchenwaldtypen eines ganzen Kontinents für die nachfolgenden Generationen bewahrt werden.

## Blei-Silber-Zink-Mine Tarnowskie Góry, unterirdisches Wassermanagmentsystem

EUROPA | Polen | Jahr der Ernennung: 2017

Das historische Bergwerk in der südpolnischen Stadt Tarnowskie Góry (deutsch: Tarnowitz) ist eines der wichtigsten schlesischen Industriekulturdenkmäler. Über viele Jahrhunderte hinweg war die Region um Tarnowskie Góry etwa 180 Kilometer südöstlich von Breslau ein bedeutendes Bergbaugebiet. Auch die gleichnamige Stadt verdankt ihre Gründung dem Bergbau als Arbeitgeber. Das Welterbe umfasst die ganze unterirdische Mine und ihr Wasserablaufsystem, das in seinen ersten Anfängen bereits im 15. und 16. Jahrhundert entwickelt und dann bis ins 19. Jahrhundert erweitert wurde.

Es besteht aus insgesamt 50 Kilometer Hauptentwässerungsstollen und einem 150 Kilometer umfassenden sekundären Entwässerungssystem – in seiner hydraulischen Anlage ein Meisterwerk menschlichen Erfindungsgeistes.

Zu Beginn des 20. Jahrhunderts wurde die Bleierzförderung eingestellt, heute ist hier unter anderem ein Silberschaubergwerk zu besichtigen.

Mit dem in dieser Region gewonnenen Blei konnte lange Zeit ein Großteil des weltweiten Bedarfs gedeckt werden.

## Mariä-Himmelfahrts-Kathedrale der Inselstadt Swijaschsk

EUROPA | Russland | Jahr der Ernennung: 2017

Die Mariä-Himmelfahrtskathedrale mit ihren Fresken ist der kunsthistorisch wichtigste Bau des gleichnamigen Klosters. Zar Iwan IV., der Schreckliche, war es, der im Jahr 1551 am Oberlauf der Wolga eine komplette kleine Stadt aus Holz errichten, dann die Gebäude in ihre Einzelteile zerlegen und stromabwärts transportieren ließ, um sie rund 30 Kilometer westlich von Kasan – damals das urbane Zentrum des Tartarenreichs – auf einem Hügel am Zusammenfluss von Wolga und Swijaga wieder aufbauen zu lassen. Im darauffolgenden Jahr nahmen seine Truppen von hier aus den Kreml von Kasan ein und machten die Stadt dem Erdboden gleich. Nach der Oktoberrevolution entstand in Swijaschsk ein berüchtigtes Gefängnis für Gegner der Sowjetmacht, das zentrale Mariä-Himmelfahrtskloster beherbergte noch bis 1994 eine psychiatrische Klinik. Kunsthistorisch bedeutendster Bau ist die 1561 wohl unter Mitwirkung von Postnik Jakowlew, dem Schöpfer der Moskauer Basiliuskathedrale am Roten Platz errichtete Kathedrale, in der Fresken den »Einzug der Gerechten ins Paradies« (mit Zar Iwan dem Schrecklichen) und den heiligen Christophorus (mit Pferdekopf) zeigen.

Heute leben noch etwa 300 Menschen in Swijaschsk. In der Kathedrale finden nun wieder Gottesdienste statt.

# Venezianisches Verteidigungssystem des 15. bis 17. Jahrhundert

EUROPA | Italien, Kroatien, Montenegro | Jahr der Ernennung: 2017

Die länderübergreifende Welterbestätte spiegelt das goldene Zeitalter der mächtigen Handelsrepbulik Venedig, deren Hoheitsgebiet auch heute zum kroatischen bzw. zum montenegrischen Staatsgebiet gehörende Teile umfasst. Mehr als 1000 Kilometer liegen zwischen den äußersten Bestandteilen dieser Welterbestätte, der italienischen Region Lombardei im Nordwesten und Montenegro im Südosten – das belegt die gewaltige Dimension dieses Verteidigungssystems. Im Einzelnen umfasst das Welterbe in Italien die Befestigungen der Städte Bergamo (Lombardei), Peschiera del Garda (Venetien) und Palmanova (Friaul-Julisch Venetien).
In Kroatien gehören dazu die Verteidigungsanlage der Küstenstadt Zadar und die auf einer Insel am Eingang zum Antonius-Kanal (Sv. Ante) gelegene, Šibenik-Knin schützende Festung des hl. Nikolaus (Tvrđava sv. Nikola). In Montenegro wurde die Befestigungsanlage der Stadt Kotor mit in das Welterbe mit aufgenommen. Sie alle lassen sich in zwei Bereiche gruppieren: Während die Anlagen des Stato da Terra die Republik Venedig im Nordwesten schützten, sicherten die des Stato da Mar die Meeresstraßen wie die Häfen der Adria in Richtung Levante.

**Ob in Bergamo (oben) oder Kotor (links): Alle diese Verteidigungssysteme wurden (auch) zum Schutz der Republik Venedig errichtet.**

Neue Monumente 2017/2018

# Aphrodisias

EUROPA | Türkei | Jahr der Ernennung: 2017

Die Ruinen des Aphrodite-Tempels (unten, oben ein kunstvoll verziertes Fragment) zeugen von der kulturellen Blüte der Stadt.

Die beim heutigen Ort Geyre in der südwesttürkischen Provinz Aydın gelegene antike Stadt gehört zu den besterhaltenen der Alten Welt. Erste Siedlungsspuren auf dem Gebiet der antiken Metropole reichen bis ins 3. Jahrtausend v. Chr. zurück. Ihren – vom Aphrodite-Kult abgeleiteten – Namen erhielt sie erst in hellenistischer Zeit. Wirtschaftliche und kulturelle Bedeutung erlangte sie ab dem 1. Jahrhundert v. Chr. durch ihre Nähe zu den römischen Machthabern, denen die Einwohner wertvolle Privilegien verdankten. Zudem entwickelte sie sich unter der römischen Herrschaft zu einer Hauptkultstätte der Liebesgöttin und zum Wallfahrtsort. Das Welterbe umfasst neben der archäologischen Stätte von Aphrodisias auch den nordöstlich davon gelegenen Marmorsteinbruch. Dem Export des wertvollen Gesteins verdankte die antike Metropole einen Großteil ihres Wohlstands; genutzt wurde das Material aber auch für die hiesige, weithin berühmte Bildhauerschule. Reiche Bürger der Stadt ließen bereits im 1. Jahrhundert v. Chr. prächtige Bauten errichten – darunter das Theater (Odeon), ein Stadion, die Bäder des Hadrian, und den zentralen Aphrodite-Tempel.

# Altstadt von Hebron/Al-Khalil

ASIEN | Palästinensische Gebiete | Jahr der Ernennung: 2017

Die rund 30 Kilometer südwestlich von Jerusalem im Westjordanland gelegene Stadt gilt als eine der ältesten ununterbrochen bewohnten Städte der Welt. Archäologischen Funden zufolge wurde Hebron (arabisch: Al-Khalil) schon im 3. vorchristlichen Jahrtausend gegründet. Vom 7. bis zum frühen 20. Jahrhundert befand sich die Stadt unter arabischer, christlicher, mameluckischer und osmanischer Herrschaft. Nach der Zugehörigkeit zum britischen Mandatsgebiet Palästina (1918–1948) kam Hebron zu (Trans-)Jordanien und 1967 unter israelische Verwaltung; seit dem Hebron-Abkommen (1997) ist die Stadt in einen von der palästinensischen Autonomiebehörde kontrollierten und in einen israelisch kontrollierten Teil zweigeteilt. Von Juden, Christen und Muslimen gleichermaßen verehrt werden die Patriarchengräber, in denen nach biblischer Überlieferung u.a. die Stammväter Abraham und Isaak begraben sind. Mit der Nominierung wurde Hebrons Altstadt zugleich auf die Liste der gefährdeten Stätten gesetzt. Der Entscheidung ging ein Notfallantrag der Palästinenser voraus, die die zunehmenden, jüdischen Siedlern zur Last gelegten Zerstörungen in der Altstadt beklagen.

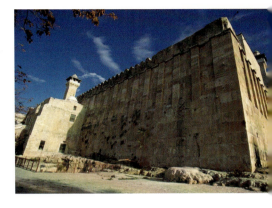

Oben: Außenansicht des über den Patriarchengräbern errichteten Gebäudekomplexes.
Unten: Die Isaac Hall bildet den größten Raum.

# Altstadt von Yazd

ASIEN | Iran | Jahr der Ernennung: 2017

Die im zentralen iranischen Hochland gelegene Wüstenstadt ist ein gutes Beispiel für die kluge Nutzung begrenzter Ressourcen in unwirtlicher Umgebung. Rund 270 Kilometer südöstlich von Isfahan erheben sich die Mauern der heutigen Provinzhauptstadt mehr als 1200 Meter hoch in einem flachen, von den Höhenzügen des Shirkuh- und des Kharanaq-Gebirges umgebenen Tals. Yazd gilt als wichtiges Zentrum der traditionellen Brokat- und Seidenherstellung, deren Werkstätten wegen der enormen Hitze in dieser Region unterirdisch angelegt wurden. Unabhängig vom heißen Wüstenklima spielt auch die Landwirtschaft in und um Yazd eine große Rolle: Ein flächendeckendes Kanalsystem leitet sowohl das Trinkwasser als auch das Wasser für die Bewässerung der Felder und Obstplantagen über rund 60 Kilometer lange Qanate (ein aus Mutterbrunnen, mehreren vertikalen Zugangsschächten und einem Kanal bestehendes Frischwassersystem) aus dem Gebirge in die Stadt. Die im nordöstlichen Viertel von Yazd gelegene Altstadt wird von traditionellen Lehmbauten geprägt. Für die Belüftung und ein angenehmes Mikroklima sorgen Windtürme.

**Die Dächer und Kuppeln der Stadt werden von den beiden Minaretten der sonst nur noch als Fassade erhaltenen Amir-Chakhmâgh-Moschee überragt.**

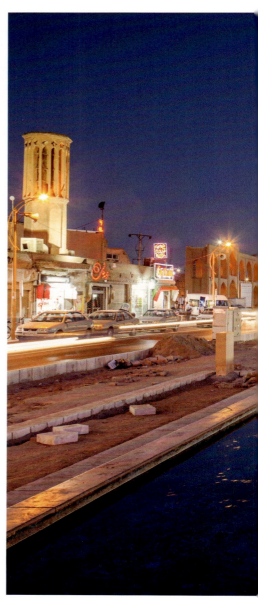

Neue Monumente 2017/2018   XVI

## Altstadt von Ahmedabad

ASIEN | Indien | Jahr der Ernennung: 2017

Blick in den säulengestützen Innenraum der Freitagsmoschee (Jama Masjid).

Die im 15. Jahrhundert als »Stadt des Ahmed« von Sultan Ahmed Shah gegründete Stadt bewahrt ein reiches architektonisches Erbe aus der Zeit des Sultanats. Der Legende nach soll einst der Hindu- Gott Shiva die Göttin Ganga nach Gujarat geführt und dabei den Lauf des Flusses Sabarmati geformt haben. An dessem östlichen Ufer, etwa 50 Kilometer vor der Mündung in den Golf von Khambhat im Arabischen Meer, ließ Sultan Ahmed zu Beginn des 15. Jahrhunderts eine rasch wachsende Stadt errichten, die heute die fünftgrößte urbane Ansiedlung des ganzen Landes und das wirtschaftliche Zentrum des indischen Bundesstaates Gujarat ist. Bereits Ende des 15. Jahrhunderts wurde eine rund zehn Kilometer Stadtmauer mit zwölf Toren um sie herum errichtet.

Seit 600 Jahren eine florierende Metropole, zeugen bis heute noch viele Bauten der Altstadt von der Zeit des Sultanats. Neben der erwähnten Befestigung und der im Jahr 1411 errichteten, nach der Göttin Badhra – einer Inkarnation der Tod und Zerstörung, aber auch Erneuerung symbolisierenden »schwarzen« Göttin (Kali) – benannten Zitadelle gehören dazu auch viele Moscheen und Grabstätten sowie bedeutende Hindu- und Jaintempel.

## Kulangsu: eine historische internationale Siedlung

ASIEN | China | Jahr der Ernennung: 2017

Wie in einem Freiluftmuseum spaziert man auf Kulangsu durch einen eklektischen Mix verschiedenster architektonischer Einflüsse.

Die im Südosten der Volksrepublik China gelegene Insel zeugt von einer außergewöhnlichen, im internationalen Austausch entstandenen kulturellen Verschmelzung. Mit einem Boot oder der Fähre in einer etwa zehnminütigen Fahrt ist die nicht einmal zwei Quadratkilometer große, in der Nähe der Küstenstadt Xiamen an der Mündung des Flusses Chi-lung gelegene Insel zu erreichen. Nach der von Großbritannien mit dem (den Ersten Opiumkrieg beendenden) Vertrag von Nanjing (1842) erzwungenen Öffnung Xiamens zum Handelshafen und der Ausweisung von Kulangsu (auch: Gulangyu) als internationaler Niederlassung (1903) wurde sie zu einem wichtigen Handelsplatz zwischen China und dem Ausland. Mit dem intensiven internationalen Austausch ging eine kulturelle Verschmelzung einher, die bis heute im Siedlungsbild sichtbar ist. Die verschiedenen architektonischen Einflüsse mischten sich zu einem neuen Stil, der Amoy Deco genannt wird und eine Synthese aus Art déco und dem Modernismus zu Beginn des 20. Jahrhunderts darstellt (Amoy ist zugleich der Name für den lokalen Dialekt und die Stadt Xiamen).

# Qinghai Hoh Xil

ASIEN | China | Jahr der Ernennung: 2017

In einer der entlegendsten Regionen Chinas findet man trotz der extrem geografischen und klimatischen Bedingungen eine verblüffende Biodiversität. Hoh Xil ist eine rund 83 000 Quadratkilometer große, durchschnittlich über 4800 Meter hohe Region in der chinesischen Provinz Qinghai im Nordwesten des offiziell als Qinghai-Tibet-Hochland bezeichneten Tibetischen Plateaus. Das ganze Jahr über klettert das Thermometer hier nicht über null Grad, Gletscher und Permafrostböden prägen die Region. Doch mehr als ein Drittel aller vorkommenden Pflanzenarten und sämtliche pflanzenfressenden Säugetiere sind endemisch.
Zu den Letzteren gehören die Tibetantilope (Pantholops hodgsonii), die Tibetgazelle (Procapra picticaudata) und das Wildyak (Bos mutus). Die Welterbestätte umfasst auf ihrer (ohne Pufferzonen) 37 356 Quadratkilometern großen Fläche auch Bereiche zweier angrenzender, nun durch drei 20 Kilometer breite Korridore miteinander verbundene Schutzgebiete: des Hoh Xil National Nature Reserves im Westen und des Sanjiangyuan National Nature Reserves im Osten.

Viele Flüsse (hier das Einzugsgebiet des Jangtse) entspringen auf dem Qinghai-Tibet-Plateau.

# Daurische Landschaften

ASIEN | Mongolei, Russland | Jahr der Ernennung: 2017

In der – nach dem früher hier lebenden mongolischen Volk der Daur benannten – Gebirgsregion findet man eine enorme Vielfalt an Arten und Ökosystemen. Daurien erstreckt sich vom Osten der Mongolei bis in das russische Sibirien und den Nordosten Chinas. In diesem gebirgigen, von den Flüssen Schilka, Onon, Ingoda und Argun durchflossenen Übergangsbereich von der Steppenzone im Süden zur borealen Zone im Norden besteht die natürliche Vegetation hauptsächlich aus Graslandern, Waldsteppen und Wäldern. Als transnationales (Mongolei, Russische Föderation) Welterbe wurde ein 9126 Quadratkilometer großes Gebiet ausgewiesen, in dem zyklische Klimaveränderungen mit ausgeprägten Trocken- und Nassperioden eine breite Vielfalt von Arten und Ökosystemen ermöglichen. Die unterschiedlichen Arten von Steppen und Wäldern, Seen und Feuchtgebieten dienen seltenen Tieren wie dem Weißnackenkranich (Grus vipio) und der Großtrappe (Otis tarda) sowie Millionen von gefährdeten Zugvögeln ein natürliches Heim. Die Mongolische Gazelle (Procapra gutturosa) schließt sich für die Suche nach Steppengräsern im Frühjahr und Herbst zu großen Herden zusammen.

Wild lebende Pferden haben in der Mongolischen Steppe einen großzügigen Lebensraum.

# Heilige Insel Okinoshima und zugehörige Stätten in der Region Munakata

ASIEN | Japan | Jahr der Ernennung: 2017

Anders als der heilige Schrein auf Okinoshima ist der (zum Komplex gehörende) Manukata-Schrein (Kyushu) zu besichtigen.

Die archäologischen Stätten auf der »Insel der Götter« zeugen von den hier zwischem dem 4. und 9. Jahrhundert praktizierten shintoistischen Ritualen. Das nicht einmal einen Quadratkilometer kleine, zwischen der japanischen Südinsel Kyushu und der Koreanischen Halbinsel gelegene Eiland gehört offiziell zur knapp 60 Kilometer entfernten Kleinstadt Munakata auf Kyushu. Vom 4. bis zum 9. Jahrhundert war dies ein wichtiger Stützpunkt auf dem Weg nach Korea – und stets eine heilige shintoistische Stätte.

Von den religiösen Ritualen und Gebräuchen dieser Zeit zeugen rund 80 000 (zum japanischen Nationalschatz gehörende) Artefakte, darunter viele Votivgaben, die zwischen 1954 und 1971 bei großflächigen Ausgrabungen auf der Insel geborgen wurden. Sie erlauben einen chronischen Überblick über die Entwicklung der hier in fünf Jahrhunderten praktizierten Rituale. Und die religiöse Bedeutung der Insel besteht bis heute: Ständigen Zutritt zur heiligen Stätte haben nur Priester, Frauen ist der Zutritt zur Insel gänzlich verwehrt.

# Tempelanlage von Sambor Prei Kuk, Archäologische Stätte des alten Ishanapura

ASIEN | Kambodscha | Jahr der Ernennung: 2017

Die Tempelanlage von Sambor Prei Kuk ist die Keimzelle der großen Angkor-Kultur. Hier entstand, was später in Angkor zur Perfektion gebracht wurde. Vom 7. bis zum 9. Jahrhundert erlebte Sambor Prei Kuk – oder Ishanapura, wie die Stadt damals hieß – ihre Blütezeit als spiritueller und politischer Mittelpunkt des mächtigen Königreichs Chenla.

Der Tempelkomplex setzt sich aus drei größeren (Prasat Sambor, Prasat Tor und Prasat Yeay Puon) sowie einer Vielzahl kleinerer, knapp 30 Kilometer nördlich der Stadt Kampong Thom verstreut in einem bewaldeten Gelände liegenden Tempeln zusammen. Erstmals zeigt sich hier die Tendenz zur (geometrisch festgelegten Prinzipien folgenden) Ensemblebildung mit einem zentralen Hauptsanktuarium, das von mehreren kleineren Sanktuarien umgeben und von einer Mauer umschlossen wird. Dahinter stand die später in Angkor perfektionierte Idee, die Tempelanlage als Abbild des hinduistischen Kosmos zu gestalten.

**Die Reliefs an den Außenwänden markieren einen wichtigen Schritt zur Entwicklung einer eigenständigen Khmerkunst.**

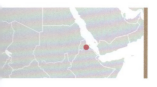

# Asmara: Modernistische Stadt Afrikas

AFRIKA | Eritrea | Jahr der Ernennung: 2017

Im Jahr 1938 vollendet wurden die Al Khulafa Al Rashiudin-Moschee und die besonders kühn gestaltete Tankstelle Fiat Tagliero.

In ihrem historischen Zentrum birgt die Hauptstadt von Eritrea eine der größten Kollektionen modernistischer Architektur weltweit. Asmara, in mehr als 2300 Metern Höhe am Rand des steil zum Roten Meer hin abfallenden Hochlandes von Abessinien gelegen, war noch bis weit in die zweite Hälfte des 19. Jahrhunderts nur eine Ansammlung kleiner Siedlungen. Nach der Besetzung durch Italien im Jahr 1889 wurde es zur Hauptstadt der damaligen italienischen Kolonie Eritrea ausgebaut. Ausgelöst durch das imperialistische Engagement Mussolinis in Ostafrika, der Asmara zum neuen Rom des »Africa Orientale Italiana« machen wollte, erfolgte in den 1930er- Jahren eine gewaltige Erweiterung des bis dahin noch bescheidenen, schachbrettartig angelegten Stadtkerns.

Auf einer Fläche von etwa vier Quadratkilometern entwarfen und bauten italienische Architekten ein Dorado moderner Baukunst: Art déco, Neo- Klassizismus, Novecento, faschistisch geprägte Moderne – alles kunterbunt durcheinander und bis heute so erhalten, wie es bis 1941, als eine neue (britische) Besatzungsmacht die Italiener vertrieb, errichtet worden war.

# Nationalparkkomplex W-Arly-Pendjari

AFRIKA | Niger, Benin, Burkina Faso | Jahr der Ernennung: 2017

Die bereits seit 1996 bestehende Welterbestätte Nationalpark W, Niger, heißt seit ihrer Erweiterung 2017 Nationalparkkomplex W-Arly-Pendjari. Mit dieser transnationalen, Gebiete in Benin und Burkina Faso hinzufügenden Erweiterung entstand das größte zusammenhängende Gebiet terrestrischer halbaquatischer und aquatischer Savannen-Ökosysteme in Westafrika. Auf einer Fläche von (ohne Pufferzonen) fast 15 000 Quadratkilometern findet man nun eine einzigartige Vielfalt von Habitaten und Vegetationen – Heimat für viele fast ausgestorbene oder vom Aussterben bedrohte Tierarten. Neben dem bisher gelisteten Nationalpark W in Niger gehören nun auch dessen grenzüberschreitende Bereiche auf dem Gebiet des Nationalparks Arly im Südosten von Burkina Faso und des im Norden Benins, zwischen der Atakora-Kette und der Grenze zu Burkina Faso gelegenen Nationalparks Pendjari zur erweiterten, in mehrere größere Biosphärenreservate eingebetteten Welterbestätte. Unterstützt werden der Schutz und die nachhaltige Entwicklung in der Region auch durch die in allen drei Ländern bereits seit mehreren Jahrzehnten aktive Deutsche Gesellschaft für Internationale Zusammenarbeit (GIZ).

**Im Nationalparkkomplex leben die größte Elefantenpopulation Westafrikas und der vom Aussterben bedrohte Westafrikanische Löwe.**

# Altstadt von M'banza Kongo

AFRIKA | Angola | Jahr der Ernennung: 2017

Bis zum Ende der portugiesischen Kolonialherrschaft (1975) hieß die Stadt São Salvador do Congo (kurz: São Salvador).

Die erste Welterbestätte Angolas erinnert an das Königreich Kongo, dessen politisches und spirituelles Zentrum die Stadt M'banza Kokngo einst war. Vom 14. bis zum 19. Jahrhundert war das Königreich Kongo eines der größten und mächtigsten Bantureiche in Zentralafrika. »Bantu« ist ein von dem deutschen Sprachwissenschaftler Wilhelm Bleek eingeführter Sammelbegriff für über 400 unterschiedliche, einer gemeinsamen Sprachfamilie zuzuordnender, sich selbst aber weder so bezeichnender noch zusammengehörig fühlender Ethnien im südlichen und zentralen Afrika. Kapitale des Königreichs war die auf einem 570 Meter hohen Plateau im Nordwesten Angolas unweit der Grenze zur Demokratischen Republik Kongo gelegene M'Banza Kongo, heute die Hauptstadt der angolischen Provinz Zaire mit rund 25 000 Einwohnern. Hier trafen im 15. Jahrhundert erstmals Portugiesen auf den Kongo-Herrscher: »Wie sonst nirgendwo in Subsahara-Afrika«, so die Formulierung der UNESCO, »veranschaulicht M'banza Kongo die tiefgreifenden Veränderungen, die die Einführung des Christentums und die Ankunft der Portugiesen in der Region bewirkten«.

# Kulturlandschaft der Khomani

AFRIKA | Südafrika | Jahr der Ernennung: 2017

Wie kein anderes Kulturvolk haben sich die Khomani-San als Sammler und Jäger an das (Über-)Leben in der Wüstenei angepasst.

Die Khomani-San bewahren und tradieren das Erbe ihrer schon vor Urzeiten im südlichen Afrika als Jäger und Sammler lebenden Ahnen. Die im nördlichen Südafrika an der Grenze zu Namibia im Westen und Botsuana im Osten gelegene, 9591 Quadratkilometer große Kulturlandschaft überschneidet sich weitgehend mit dem südafrikanischen Kalahari- Gemsbok-Nationalpark, der seinerseits Teil des grenzüberschreitenden Kgalagadi-Transfrontier-Nationalparks ist. Weite Teile der ariden Szenerie scheinen allein aus rötlichen Sanddünen zu bestehen; nur nachts kommen Tiere – darunter viele Löwen – an eine Reihe von Wasserlöchern.

Diese wurden einst von britisch-südafrikanischen Soldaten im Kampf gegen deutsche Schutztruppen gegraben und mit Windpumpen versehen, die noch heute Grundwasser schöpfen. Doch so unwirtlich die Landschaft auch scheint – besiedelt wird sie wohl schon seit der Steinzeit: Die – eine eigenständige Sprache mit vielen Klicklauten sprechenden – Khomani-San gelten als die Ureinwohner Südafrikas und sind wohl das älteste Kulturvolk südlich der Sahara.

# Archäologische Stätte Valongo-Kai

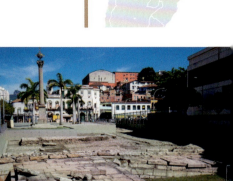

AMERIKA | Brasilien | Jahr der Ernennung: 2017

Eine kleine Ausgrabungsstätte am Rand des schicken, für die Olympischen Spiele herausgeputzten Hafenviertels von Rio de Janeiro erinnert an eine dunkle Zeit. Etwa vier Millionen Menschen – rund 40 Prozent aller zwischen dem 16. und 19. Jahrhundert von Nord- und Südamerika versklavten Afrikaner – wurden nach Brasilien verschifft. Einer der wichtigsten Ankunftshäfen dort war Rio de Janeiro, wo die Erinnerung an diese dunkle Zeit lange verdrängt und ihre letzten Zeugnisse vielfach zubetoniert wurden. Auch vom Volongo Kai – zwischen den Jahren 1811 und 1831 der größte Ankunftshafen versklavter Afrikaner weltweit – ist nicht viel geblieben. Erst mit der Sanierung des Hafens seit 2010 wurden seine Überreste freigelegt. Unter mehreren übereinanderliegenden archäologischen Schichten kamen als deren tiefste jene alten Pflastersteine hervor, auf denen die versklavten Amerikaner erstmals den amerikanischen Boden betraten. Unweit davon erinnert ein kleines Museum daran, dass viele Afrikaner die grausame Überquerung in den Schiffen der Sklavenhändler nicht überlebten – Teile des alten Hafenviertels sind im Grunde ein Friedhof.

**Die Überreste des alten Volongo Kai sind das wichtigste Zeugnis der Ankunft afrikanischer Sklaven auf dem amerikanischen Kontinent.**

# Nationalpark Los Alerces

AMERIKA | Argentinien | Jahr der Ernennung: 2017

Das geschützte Areal ist überlebenswichtig für einige der letzten zusammenhängenden, noch weitgehend unberührten patagonischen Waldflächen. Gegründet wurde der (ohne Pufferzonen) nun mit einer Fläche von 1883 Quadratkilometer auf der Liste des Welterbes stehende, im Nordosten der Provinz Chubut im argentinischen Teil von Patagonien in durchschnittlich 900 Metern Höhe gelegene Parque Nacional Los Alerces im Jahr 1937 zum Schutz der letzten Bestände der Patagonischen Zypresse (Fitzroya cupressoides, spanisch: Alerces). Im Mittelpunkt des Interesses steht wie in den Gründungsjahren die Vegetation: dichter, gemäßigter Regenwald, der unterhalb der felsigen Andengipfel in Weideflächen übergeht und durch ein immergrünes, kaltgemäßigtes Ökosystem mit Temperaturen zwischen 11 und 12 Grad im Jahresmittel sowie durchschnittlichen Niederschlagsmengen von jährlich mehr als 2400 Milimeter geprägt wird. Diese bildet den Lebensraum für ein Vielzahl vom Aussterben bedrohter Tier- und Pflanzenarten. Die Zypresse wächst etwa 0,8 Milimeter im Jahr und kann bis zu 50 Meter hoch werden kann. Ihre ältesten Exemplare im Park sind geschätzte 3000 Jahre alt.

**Als stark gefährdet gilt der Bestand des im Nationalpark Los Alerces heimischen Südandenhirschs (Hippocamelus bisulcus).**

Im Jahr 2016 fand die 40. Tagung des UNESCO-Welterbekomitees vom 10. bis 17. Juli in Istanbul statt. Dabei wurden insgesamt 21 Stätten neu in die Liste des Welterbes aufgenommen. Erstmals darin vertreten waren der karibische Inselstaat Antigua und Barbuda mit der Marinewerft »Nelson's Dockyard« sowie die Föderierten Staaten von Mikronesien mit der Kulturerbestätte Nan Madol. Die von der UNESCO geführte Liste des Welterbes umfasste zu diesem Zeitpunkt 1052 Stätten in 165 Ländern.

# Neue Monumente 2016/2017

# Neandertal-Höhlen und Umgebung in Gibraltar

EUROPA | Vereinigtes Königreich | Jahr der Ernennung: 2016

In den Höhlen von Gibraltar wurden neben Schädeln auch Steinwerkzeuge, Muschelschalen und Spuren von gejagten Tieren gefunden.

Die Funde in den Höhlen des Gorham-Komplexes von Gibraltar bezeugen den hohen Stand der kulturellen Entwicklung bei den Neandertalern. Die vier Höhlen an der Ostseite des Felsens von Gibraltar sind als »letzte Zufluchtsstätte« des vor weniger als 30 000 Jahren ausgestorbenen Homo neanderthalensis berühmt geworden. Radiokarbonmessungen ergaben, dass die jüngsten Feuerstellen, die Neandertaler dort hinterließen, vor 28 000 Jahren und damit zu einer Zeit entstanden sind, als der Homo sapiens längst Europa besiedelt hatte. Ob die Neandertaler allerdings tatsächlich, wie der Ausdruck »Zufluchtsstätte« suggeriert, von Homo sapiens verdrängt wurden, darf bezweifelt werden. Wissenschaftler gehen aufgrund archäologischer und paläontologischer Ergebnisse davon aus, dass beide Gruppen lange Zeit koexistierten und Kontakt pflegten. Einige vermuten, dass Homo neanderthalensis an von Homo sapiens eingeschleppten Krankheiten zugrunde ging, andere meinen, dass er in seinem sich schneller vermehrenden Verwandten mit der Zeit aufging. Erst 2014 entdeckte Felsgravuren lassen vermuten, dass die Neandertaler abstrakt denken konnten.

# Architektonisches Werk von Le Corbusier

EUROPA /ASIEN /SÜDAMERIKA | Belgien, Frankreich, Deutschland, Schweiz, Indien, Japan, Argentinien |Jahr der Ernennung: 2016

Mit der Eintragung von 17 Bauten Le Corbusiers in ihre Welterbeliste ehrt die UNESCO einen der Wegbereiter der modernen Architektur. Auf seiner 40. Sitzung nahm das UNESCO-Welterbe-Komitee über sieben Länder und drei Kontinente verstreute Bauten Le Corbusiers in die Liste global bedeutender Kulturgüter auf. Das Welterbe umfasst zehn Bauten bzw. Ensembles aus Frankreich und zwei aus der Schweiz. Deutschland, Belgien, Argentinien, Japan und Indien sind mit jeweils einem Werk vertreten. In seiner Würdigung hob das UNESCO-Komitee hervor, dass Le Corbusier eine neue Architektursprache erfunden habe, die mit der Vergangenheit breche. Die Bauten seien als Antwort auf die Herausforderungen zu verstehen, denen die Architektur des 20. Jahrhunderts angesichts technischer und gesellschaftlicher Umwälzungen gegenüber gestanden habe. Zu den nun ausgezeichneten Bauten gehören u. a. die Kapelle Notre-Dame-du-Haut in Ronchamp, die Planstadt Chandigarh im nordindischen Bundesstaat Punjab, das National Museum of Western Art in Tokio sowie das Curutchet House im argentinischen La Plata, und zwei Gebäude in der Stuttgarter Weißenhofsiedlung.

**Oben: Ein Gebäude von Le Corbusier der Weißenhofsiedlung in Stuttgart  Unten: Chapelle Notre-Dame-du-Haut in Ronchamp.**

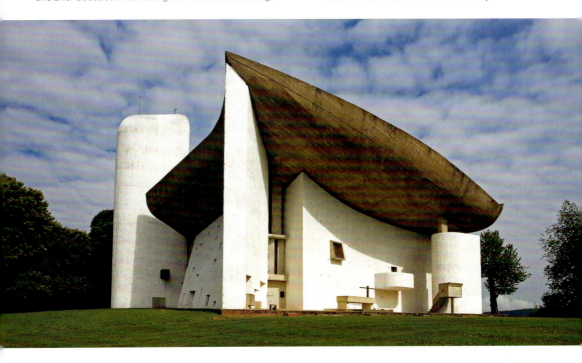

Neue Monumente 2016/2017

# Dolmenstätten von Antequera

EUROPA | Spanien | Jahr der Ernennung: 2016

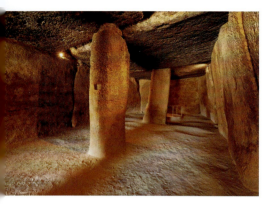

Der Dolmen von Menga misst eine Länge von 50 Metern. Der innere, ovale Raum ist durch steinerne Pfeiler gestützt.

Die nun zur Welterbestätte gekürten Dolmen im Zentrum Andalusiens gelten als Meisterwerke megalithischer Baukunst. Die Welterbestätte umfasst nicht nur die Dolmen de Menga und de Viera sowie den rund 1,7 Kilometer von ihnen entfernten Tholos de El Romeral, sondern auch das Karstmassiv El Torcal und den Bergstock Peña de los Enamorados. Nicht wenige Wissenschaftler vermuten, dass die beiden Gebirgsformationen in die steinzeitliche Kultstätte integriert waren.

In allen drei Hügelgräbern führt ein langer Gang in die eigentliche Grabanlage, die aus einem oder – wie der Tholos – mehreren Räumen besteht. Die Monumente wurden aus Steinblöcken errichtet, mit einem Kraggewölbe versehen und dann mit Erdreich abgedeckt. Während man früher annahm, dass alle drei Gräber um 2500 v. Chr. angelegt wurden, geht man heute davon aus, dass zumindest die Dolmen de Menga und de Viera wahrscheinlich vor mehr als 5000 Jahren entstanden sind. Ein herausragendes Kriterium begründet die UNESCO auch bezüglich der Schöpferkraft der Menschheit, da hier mit einfachsten Werkzeugen überdimensionale Bauten erschaffen wurden.

# Stećci – Mittelalterliche Grabsteine

EUROPA | Bosnien und Herzegowina, Kroatien, Montenegro, Serbien
Jahr der Ernennung: 2016

Insgesamt wurden über 58 000 solcher Grabsteine gezählt. Neben den Inschriften und Alltagsbildern zieren sie auch Ornamente.

Das Welterbe umfasst 30 Friedhöfe, die die seit dem Mittelalter in Europa verbreitete Tradition des Reihengrabs mit lokalen Bräuchen vereinen. »Stećci« ist der Plural von »Stećak«, ein vom urslawischen Verb »stojati« abgeleitetes Nomen, das mit »aufrecht stehend« übersetzt werden kann und in den Ländern des Westbalkans mittelalterliche Grabsteine bezeichnet, die mit Reliefs und Inschriften reich verziert sind. Das Besondere an ihrer Bildersprache ist, dass sie nicht nur aus religiösen Symbolen besteht, sondern oft Alltagsszenen und manchmal sogar heidnische Mythen aufgreift. Vermutlich gehörten die Verstorbenen, denen die Grabsteine gewidmet sind, der Bosnischen Kirche an, einer vom Katholizismus wie von den orthodoxen Kirchen unabhängigen christlichen Gemeinschaft, die im 15. Jahrhundert verschwand. Insgesamt soll es auf den Friedhöfen des Westbalkan fast 60 000 Stećci geben. Sie sind zwischen dem 12. und dem 16. Jahrhundert entstanden. Die Inschriften der Grabsteine von Stećci sind teils von poetischer Natur: »...und wenn es regnet, kannst du nicht so wie ich begreifen, wie sehr eine Wolke enttäuscht ist, wenn sie zu Wasser wird«.

# Archäologische Stätte von Philippi

EUROPA | Griechenland | Jahr der Ernennung: 2016

Die nach Philipp II. von Makedonien benannte Stadt war ein Zentrum der hellenistischen, der römischen und der frühchristlichen Welt. Die Anfänge der antiken Stadt gehen auf eine thrakische Siedlung zurück, die 355 v. Chr. von Philipp II. erobert und zu einem urbanen Zentrum ausgebaut wurde. Im Zeitalter des Hellenismus, dessen Beginn meist mit dem Regierungsantritt von Philipps Sohn Alexander dem Großen gleichgesetzt wird, war die Stadt weitgehend autonom. Auch für die Römer, die 148 v. Chr. Makedonien erobert hatten, war Philippi ein strategisch wichtiger Ort. Die Stadt lag direkt an der Via Egnatia, die die italische Halbinsel mit Kleinasien verband.

In der frühen Kaiserzeit entwickelte sich Philippi zu einem »kleinen Rom«, dessen griechische Bauten wie das Theater im Stil der Zeit erweitert wurden. Noch die Ruine zeugt von der einstigen Pracht. Die Ruinen der Basiliken erinnern an die frühchristliche Gemeinde, die vom Apostel Paulus gegründet wurde. Weiterhin gab es eine Akropolis, ein Forum und ein Gymnasion. Die Stätten befinden sich neben der heutigen modernen Stadt Kavala.

**Das Amphitheater von Philippi ist so gut erhalten geblieben, dass es noch heute für Veranstaltungen genutzt wird.**

# Archäologische Stätte von Ani

EUROPA | Türkei | Jahr der Ernennung: 2016

Zwar zeugen nur noch Ruinen von der einstigen Blüte. Doch gilt Ani als Musterbeispiel einer prosperierenden armenischen Stadt des Mittelalters. Die Stadt, die 1735 endgültig aufgegeben wurde, liegt auf einem Hochplateau an der armenisch-türkischen Grenze, das im Osten wie im Westen durch tiefe Schluchten begrenzt wird. Zwischen 961 und 1045 war Ani die Hauptstadt des armenischen Königreichs der Bagratiden. Nicht zuletzt dank der Lage an einem Zweig der Seidenstraße entwickelte sich Ani in dieser Zeit zu einem wichtigen Handelszentrum.

Es zählte vermutlich 100 000 Einwohner und wurde »Stadt der 1001 Kirchen« genannt. Nach einem Erdbeben im Jahr 1319 setzte der Niedergang ein. Die Einwohnerzahl Anis, das 1064 von den Seldschuken und 1239 von den Mongolen erobert worden war, sank stetig.

Einige Gotteshäuser, darunter die imposante Kathedrale sowie die im 10. Jahrhundert angelegte Stadtmauer, die Zitadelle und ein Palast sind zumindest in Teilen erhalten. Durch zahlreiche Erdbeben und Sprengungen in der Umgebung ist der weitere Erhalt jedoch gefährdet.

**Die Gebäudeteile der Kirche Sankt Gregor von Tigran Honents gehören zu den am besten erhaltenen Relikten in Ani.**

# Marschland »Al-Ahwar« im Südirak

ASIEN | Irak | Jahr der Ernennung: 2016

Das fruchtbare Binnendelta am Zusammenfluss von Euphrat und Tigris ist die Wiege einer frühen Hochkultur. Die UNESCO erklärt es zum Schutzgebiet der Artenvielfalt und Reliktlandschaft mesopotamischer Städte. Das sumpfige Marschland im Süden des Irak gehörte zu den wertvollsten Ökosystemen unseres Planeten. Dank der mehr oder weniger regelmäßigen Überschwemmungen durch Euphrat und Tigris bot es vielen verschiedenen Arten einen Lebensraum. Saddam Hussein ließ das Feuchtgebiet zu Beginn der 1990er-Jahren trockenlegen und eine weitgehend intakte Natur zerstören.

Die Marscharaber, ein Beduinenvolk, das seit Jahrhunderten in dem Sumpfland lebte, wurden vertrieben. Um das Gebiet zu renaturieren, wurden nach Saddams Sturz im Jahr 2003 Dämme eingerissen und das Land wurde wieder geflutet. Das Land ist Siedlungsgebiet der Sumerer, die hier im 4. Jahrtausend v. Chr. die ersten Städte der Menschheitsgeschichte gründeten. Um den fruchtbaren Boden kultivieren zu können, entwickelten sie ein komplexes Kanal- und Bewässerungssystem, das Priester organisierten und kontrollierten.

**Mit dem Marschland »Al-Ahwar« besitzt der Irak nun fünf von der UNESCO geschützte Gebiete.**

# Das Persische Qanat-Bewässerungssystem

ASIEN | Iran | Jahr der Ernennung: 2016

Bis heute werden viele Trockenregionen im Iran mittels einer Jahrtausende alten Technik mit Frischwasser versorgt. Aus historischen Quellen wissen wir, dass Qanate auf dem Gebiet des heutigen Iran schon 2000 v. Chr. angelegt wurden.

Mit diesem Bewässerungssystem kann Grundwasser, das in einem in einer höheren Lage errichteten Mutterbrunnen gewonnen wird, über unterirdische Kanäle zu den tiefer gelegenen Wohnsiedlungen und auf landwirtschaftlich genutzte Flächen geleitet werden. Die weniger als einen Meter breiten, aber bis zu 1,50 Meter hohen Kanäle werden mithilfe von vertikalen Schächten in das Erdreich gegraben und sind oft mehrere Kilometer lang. Der Bau eines Qanats zieht sich meist über Jahrzehnte hin und ist das Werk einer ganzen Dorfgemeinschaft.

Ein über die Jahrhunderte tradiertes Bewirtschaftungssystem sorgt für die gerechte und nachhaltige Verteilung des Wassers. Diese Technologie ist unverändert im Gebrauch. Im Iran gibt es mehr als 20 000 Qanate. Auch heute werden noch weitere Qanate angelegt, bei deren Erstellen aber auch moderne Gerätschaften zum Einsatz kommen.

**Auch luxuriöse Gärten werden mittels Qanaten bewässert, so wie der Schāhzādeh-Garten (Prinzengarten) in Kerman.**

# Wüste von Lut

ASIEN | Iran | Jahr der Ernennung: 2016

Die Dascht-e Lut gilt als heißester Ort der Erde. Bodentemperaturen von mehr als 60 °C sind keine Seltenheit. Der Wind gestaltet die Landschaft ständig neu. Die Wüste liegt im Südosten des Iranischen Hochlands. Sie ist fast vollständig von Gebirgszügen umschlossen und geht im Norden in die Dascht-e Kawir, die Große Salzwüste, über. Die 50 Millimeter Niederschlag, die alljährlich fallen, verdunsten bei den hohen Bodentemperaturen sofort. Es gibt keine Spuren menschlicher Besiedlung. Besonders zwischen Juni und Oktober, wenn kräftige Winde über sie hinwegziehen, ist die Wüste ständig in Bewegung. Feinkörniger Sand wird dann über große Entfernungen transportiert. Große Gebiete sind von mit Schutt gefüllten Steinwüsten bedeckt. Vor allem im Südosten türmen sich kilometerlange Sanddünen oft über 400 Meter auf. Die Dascht-e Lut ist bekannt für vom Wind geschaffene Formationen aus Lockergestein, die sogenannten Windhöcker oder Yardangs. Andere Teilgebiete bestehen aus Steinwüsten und Plateaus oder ausgedehnten Dünenfeldern. Die Wüste von Lut verdient ihren besonderen Schutz durch die UNESCO aufgrund der permanent währenden geologischen Prozesse.

**Der Name Lut bedeutet so viel wie »leer«. Er erklärt sich, wenn man die endlose Weite dieser Wüste betrachtet.**

# Westliches Tian-Shan-Gebirge

ASIEN | Kasachstan, Kirgisistan, Usbekistan | Jahr der Ernennung: 2016

Die markante Landschaft wird durch die verschiedenen Wetterlagen wirkungsvoll in Szene gesetzt. Unten: Bergsee Alaköl.

Der westliche Tian Shan zeichnet sich durch eine große Vielfalt an unterschiedlichen Landschaftsformen aus. Mit diesem Eintrag ist nun der gesamte Tian Shan, der sich auf einer Länge von 2450 Kilometern durch Zentralasien zieht, als UNESCO-Weltnaturerbe ausgewiesen. Der zur Volksrepublik China gehörende östliche Teil des Gebirges hatte den begehrten Status bereits 2013 erhalten.

Das neue transnationale Welterbe besteht aus sieben Schutzgebieten und umfasst eine Fläche von 5000 Quadratkilometern. Naturschützer erhoffen sich von dem Eintrag einen besseren Schutz des seltenen Schneeleoparden und anderer Tiere, die das ganze Gebiet durchstreifen und dabei naturgemäß auch nationale Grenzen überschreiten.

Die UNESCO hob in ihrer Würdigung vor allen Dingen die facettenreiche landschaftliche Schönheit des westlichen Tian Shan sowie die hohe Biodiversität hervor. So finden sich beispielsweise im kirgisischen Besh-Aral-Reservat sowohl tropische als auch subtropische beziehungsweise boreale Waldtypen auf engstem Raum.

## Felsmalereien am Hua Shan und am Fluss Zuo Jiang

ASIEN | China | Jahr der Ernennung: 2016

Die Felsbilder der Luoye in Südchina sind Zeugnisse traditionellen Volksglaubens, der die chinesische Kultur mitgeprägt hat. Die Felsbilder sind über insgesamt 38 verschiedene Orte im Kreis Ningming, Provinz Guangxi, nahe der Grenze zu Vietnam verstreut. Die Malereien am Hua Shan, einem 270 Meter hohen und ca. 350 Meter breiten Felsen am Westufer des Mingjiang, umfassen nicht weniger als 1900 Einzelbilder in rund 110 Gruppen. Sie wurden in den Jahrhunderten zwischen der Zeit der Streitenden Reiche (445 v. Chr.–221 v. Chr.) und der Epoche der Östlichen Han-Dynastie (25–220 n. Chr.) angefertigt. Dabei wurde eine kräftige rotbraune Farbe verwendet, die aus Roteisenstein und tierischen Pigmenten bestand. Bis auf wenige Ausnahmen zeigen die Bilder menschliche Figuren mit halb erhobenen Armen und angewinkelten Beinen. Meist sind sie um eine überlebensgroße Figur gruppiert, die mit einem Schwert bewaffnet ist und auf die tanzende, trommelnde und musizierende Menge herabblickt. Ähnliche Bilder wie die am Hua Shan finden sich auf einer Länge von rund 250 Kilometern an den steilen Felswänden beiderseits des Flusses Zuo Jiang.

**Als Hinterlassenschaft früher Völker des alten China sind diese Malereien von unschätzbarem Wert.**

## Shennongjia-Waldgebiet in der Provinz Hubai

ASIEN | China | Jahr der Ernennung: 2016

Die enorme Pflanzenvielfalt im größten Primärwaldgebiet Zentralchinas lockte bereits im 19. Jahrhundert Forscher aus aller Welt an. Shennongjia präsentiert sich als majestätische Berglandschaft, die von dicht mit Wald bedeckten Gebirgsketten durchzogen wird. Drei Gipfel ragen über 3000 Meter auf und nicht weniger als 31 erreichen eine Höhe von mehr als 2500 Metern. Botaniker haben hier rund 1000 verschiedene Pflanzenarten gezählt und eine Vielzahl von Pflanzengemeinschaften ausgemacht. Die hohe Biodiversität verdankt sich u. a. einer geografischen Lage, an der warme Monsunwinde aus Südwesten und kalte Polarluft aus Sibirien zusammentreffen. Bis zu einer Höhe von 1000 Metern herrscht Wirtschaftswald vor, danach beginnen die Urwaldgebiete. Bis auf 1700 Meter finden sich sowohl immergrüne als auch laubabwerfende Bäume wie der Lack- oder der Taschentuchbaum. Zwischen 2100 und 2400 Meter Höhe gedeihen Nadelhölzer, die sich ab einer Höhe von 2400 Metern mit Rhododendronwäldern mischen und bei einer Höhe von 2800 Metern von robustem Pfeilbambus abgelöst werden. Jenseits einer Höhe von 3000 Metern finden sich dann nur noch Wiesen.

**Shennongjia bietet seltenen Tieren wie etwa den zu den Schlankaffen gehörenden Goldstumpfnasen einen Lebensraum.**

# Kangchendzönga-Nationalpark

ASIEN | Indien | Jahr der Ernennung: 2016

**Die Landschaft mit ihren schneebedeckten Gipfeln, Höhlen, Flüssen und Seen hat auch eine mythologische Bedeutung.**

Das Gebiet um den dritthöchsten Berg der Erde ist nicht nur Heimat einer vielfältigen Flora und Fauna, sondern auch von Mythen umrankt. Der Nationalpark rund um den 8586 Meter hohen Kangchendzönga an der Grenze von Sikkim und Nepal umfasst eine Fläche von fast 850 Quadratkilometern. Er beginnt auf einer Höhe von knapp 2000 Metern und zieht sich bis zu den schneebedeckten Gipfeln der Achttausender im Kangchendzönga-Massiv hin. In den niederen Lagen herrschen Laubwälder vor, die ab einer Höhe von rund 3000 Metern in Nadelwald übergehen. Die alpine Zone beginnt auf einer Höhe von rund 4000 Metern. Hier dominieren Sträucher, Gras und Krautpflanzen die Vegetation. Der Park bietet Schneeleoparden, Roten Pandas, Lippenbären, Serauen, Blauschafen und vielen anderen seltenen Säugetierarten einen Lebensraum. Nicht nur der Kangchendzönga und seine Nebengipfel, sondern viele der Höhlen und Gewässer in dem Gebiet werden von den Völkern Sikkims als heilig verehrt. Die Erzählungen, in denen die heilige Bedeutung des Berges überliefert ist, wurden in die buddhistische Glaubenslehre integriert. Daher hat der Nationalpark Natur- und Kulturerbestatus.

# Ausgrabungsstätte von Nalanda Mahavihara

ASIEN | Indien | Jahr der Ernennung: 2016

Die Universität von Nalanda entwickelte sich im 5. Jahrhundert zu einem Zentrum buddhistischer Gelehrsamkeit und zog Studenten aus ganz Südasien an. Die Ruinenstätte von Nalanda liegt rund 15 Kilometer nördlich der Stadt Rajgir im nordostindischen Bundesstaat Bihar und damit in dem Gebiet, in dem Siddartha Gautama Buddha wirkte.

Der Universität wurde vermutlich von dem Gupta-Herrscher Kumaragupta I. (415–455) gegründet und hatte in ihrer Blütezeit rund 10 000 Studenten, die von 1000 Professoren unterrichtet wurden. Der Campus umfasste nicht nur Lehrgebäude, sondern auch mehrere Klöster sowie Tempel und andere Sakralbauten. Die Bibliothek soll mehr als neun Millionen Schriften gehortet haben. Nach ihrer Zerstörung durch islamische Eroberer im 12. Jahrhundert geriet die Universität von Nalanda lange in Vergessenheit. Erst ab 1800 führten Archäologen auf dem Areal systematische Ausgrabungen durch. Heute locken die Ruinen der Tempel und Klöster sowie ein Museum Touristen und Pilger aus aller Welt an. Eine Gedenkstätte für den buddhistischen Pilgermönch Xuanzang befindet sich auch auf dem Areal.

**Die Wände der einstigen Tempel sind mit figürlichen Stuckaturen reich verziert (oben). Unten: der Stupa Nr. 3.**

Neue Monumente 2016/2017

# Nan Madol

OZEANIEN | Mikronesien | Jahr der Ernennung: 2016

Mit der Ruinenstadt erhielt erstmals ein Kulturgut der Föderierten Staaten von Mikronesien Welterbestatus. Die erhaltenen Relikte der Ruinenstadt verteilen sich auf 92 künstliche Eilande, die auf einem Korallenriff vor der Ostküste der Insel Pohnpei angelegt wurden. Die Inseln bestehen aus Basalt und Korallengestein. Untersuchungen mit der Radiokarbonmethode ergaben, dass die heute sichtbaren Bauten zwischen 1200 und 1600 angelegt worden sind. Historiker schreiben sie der Saudeleur-Dynastie zu, die seit ca. 1100 über Pohnpei herrschte und die Bevölkerung einte. Mehr als eine Stadt in unserem Sinne war Nan Madol wohl ein rituelles Zentrum, das die Macht der Dynastie sichern half und ihr als Residenz diente. Die Paläste, Kult- und Begräbnisstätten, die Archäologen identifizieren konnten, geben Zeugnis von einer streng hierarchisch organisierten Gesellschaft und einer hoch entwickelten Kultur. Bei den Grabanlagen fand man die für die Einwohner aus mittleren und höheren Rängen großzügig angelegten Bauten, während die Verstorbenen der unteren Klasse einfache Erdbestattungen erhielten. Um 1650 zerbrach die Herrschaft der Dynastie, Nan Madol blieb aber weiter eine Kultstätte.

Wegen der schmalen Wasserstraßen zwischen den Bauten und Mauern nennt man Nan Madol auch »Venedig der Südsee«.

# Meeresnationalpark Sanganeb-Atoll, Dungonab-Bucht und Insel Mukkawar

AFRIKA | Sudan | Jahr der Ernennung: 2016

Das sudanesische Welterbe umfasst zwei Nationalparks im Roten Meer, die dem Schutz von Korallenriffen, Mangroven, Seegraswiesen und Inseln dienen. Das Sanganeb-Atoll gilt als ein in der Region einzigartiges Naturwunder. Sein Riff ist aus mehr als 86 verschiedenen Korallenarten gebildet und steigt aus einer Meerestiefe von 800 Metern steil auf.

Die bunte Unterwasserwelt bietet unzähligen Meeresbewohnern einen Lebensraum. Barrakudas, Mantarochen und Hammerhaie tummeln sich hier ebenso wie Lippenfische und Meeresschildkröten. In den Wintermonaten wurden sogar schon Grindwale gesichtet.

Die Dungonab-Bucht mit der Insel Mukkawar umfasst ausgedehnte Seegraswiesen und Mangroven, in denen Fischadler und Reiherläufer, ein sonst vor allen Dingen an den Küsten des Indischen Ozeans brütender Vogel, leben. Die Bucht ist Heimat der weltweit größten Population an Dugongs, die zu der Ordnung der Seekühe gehören. Der Bestand dieser friedlichen Meeresbewohner wurde in den letzten Jahren akut durch Umweltverschmutzungen und Fangnetze der Fischerei bedroht.

In den fantastischen Korallenriffen leben unter anderem Anemonenfische, die sich im Schutz der Seeanemonen wohlfühlen.

# Natur- und Kulturlandschaft des Ennedi-Massivs

AFRIKA | Tschad | Jahr der Ernennung: 2016

Das Massiv ist eine Fundgrube für Wissenschaftler. Geologen können hier erosive Prozesse und Archäologen prähistorische Felszeichnungen studieren. Das Ennedi-Massiv liegt im Nordosten des Tschad mitten in der Sahara. Es besteht aus dem unterschiedlich harten Sedimentgestein eines Urozeans, das seit Millionen Jahren den Kräften der Erosion ausgesetzt ist. Der Wind hat tiefe Täler hineingeschnitten und bizarre Skulpturen, Türme und Brücken aus dem Gestein gemeißelt.

An überhängenden Felswänden des Ennedi-Massivs wurden bis zu 6000 Jahre alte Felszeichnungen gefunden. Diese Petroglyphen belegen einmal mehr, dass die Sahara vor in erdgeschichtlicher Hinsicht noch nicht allzu langer Zeit ein grünes Paradies war. Auf ihnen sind Giraffen und Elefanten, galoppierende Kamele und weidende Rinder ebenso wie Menschen bei der Jagd oder im Kampf abgebildet. Lanzen und Schilde weisen darauf hin, dass sie sich auf die Eisengewinnung verstanden.

Zwischen den bizarren Felsformationen des Ennedi-Massivs ziehen die Nomaden mit ihren Kamelen und Rindern von einer Wasserstelle zur nächsten.

**Die Felszeichnungen sind hier alle nicht aufgemalt, sondern in den Stein geritzt und gekerbt.**

## Schutzgebiet Mistaken Point

AMERIKA | Kanada | Jahr der Ernennung: 2016

Bereits im Jahr 1967 entdeckte ein Student hier die Fossilien. 20 Jahre später erhob man die Küste zum Naturreservat.

Die Steilküste im Südosten Neufundlands verdankt ihren Eintrag in die Weltnaturerbeliste spektakulären Fossilienfunden. Mistaken Point liegt auf einem Terran, einem Stück der Erdkruste, das im Zuge geotektonischer Verschiebungen aus einem Kontinent herausgebrochen wurde und an einen anderen Kontinent angedockt hat. Geologen gehen davon aus, dass der Terran, auf dem die Steilküste aufruht, von Avalonia stammt, einem Kleinkontinent, der vor rund 500 Millionen Jahren von dem Großkontinent Gondwana abbrach und heute das Fundament großer Teile Nordeuropas bildet.

1967 fand der Student S. B. Misra am Mistaken Point mittlerweile nach ihm benannte Fossilien, die als die ältesten bekannten Fossilien mehrzelliger Lebewesen im Ediacarium vor rund 600 Millionen Jahren entstanden sind. Sie dokumentieren das erste Auftreten von komplexen Organismen auf der Erde und damit eine einschneidende Phase in der Entwicklung des Lebens. Der Name Mistaken Point stammt noch aus der Zeit, als Seefahrer aufgrund schlechter Sicht die Klippen mit einem nahe gelegenen Kap verwechselten und falsch navigierten.

## Revillagigedo-Inselgruppe

AMERIKA | Mexiko | Jahr der Ernennung: 2016

Im Jahr 1952 brach der Vulkan von San Benedicto aus. Die Lavaeruptionen währten sechs Monate.

Der Archipel liegt 970 Kilometer von der mexikanischen Pazifikküste entfernt und wird aufgrund seiner einzigartigen Natur »Klein-Galápagos« genannt. Der Archipel erstreckt sich insgesamt über 420 Kilometer in westöstliche Richtung und besteht aus vier Inseln vulkanischen Ursprungs. Die größte, Socorro, ist die artenreichste der Gruppe. Die Vielzahl an endemischen Vogelarten hat schon Forscher wie Alexander von Humboldt angelockt. Auf dem trockenen und steinigen Boden gedeihen nur niedrigwüchsige Pflanzen. 41 endemische Arten wurden gezählt. Die zweitgrößte Insel, Clarión, wartet mit 21 endemischen Pflanzenarten auf. Hier ist nicht nur eine endemische Art des Kolkraben zu Hause, die Insel bietet ebenso wie Roca Partida zahlreichen Seevögeln ein Refugium. Roca Partida ist die kleinste der vier Inseln. Sie besteht letztlich nur aus zwei, 25 und 34 Meter hoch aus dem Meer ragenden Felsgipfeln. Es handelt sich um die Überreste eines erloschenen Vulkans. Die Fauna und Flora San Benedictos wurden bei einem Vulkanausbruch im Jahr 1952 vernichtet. Das umgebende Meeresgebiet ist ein Tummelplatz für Mantas, Wale und Haie. Alle Inseln sind unbewohnt.

# Marinewerft »Nelson's Dockyard«

AMERIKA | Antigua und Barbuda | Jahr der Ernennung: 2016

Das erste Welterbe Antigua und Barbudas erinnert an die Zeit, als die karibische Inselwelt Zankapfel europäischer Mächte war. Der Inselstaat Antigua und Barbuda im Norden der Kleinen Antillen war seit dem frühen 17. Jahrhundert eine britische Kolonie und erlangte 1981 vollständige Unabhängigkeit.
Während das kleinere Barbuda schon 1685 an Privatleute verpachtet wurde, bauten die Briten mithilfe afrikanischer Sklaven Antigua zu einer Festung gegen Angriffe anderer europäischer Mächte aus. Die Insel Antigua bot sich landschaftlich dafür an. Zudem galt die Lage für einen Hafen als ideal geschützt gegen Hurrikane. In einer schmalen Bucht an der Südküste der Insel legten sie in der Mitte des 18. Jahrhunderts einen Flottenstützpunkt zur Wartung ihrer Kriegsschiffe an. Nelson's Dockyard ist die einzige noch erhaltene georgianische Werft der Welt und nach Admiral Horatio Nelson benannt.
889 gab die britische Marine die Werft auf und überließ sie dem Verfall. Erst in den 1950er-Jahren begann man mit der Restaurierung der Hafengebäude und Werftanlagen. Heute ist es ein großzügig angelegtes Freilichtmuseum.

Dicke Pfeiler markieren die einstige Hafenanlage. Vom noblen Hotel Admiral's Inn hat man einen schönen Blick darauf.

# Ensemble der Moderne in Pampulha

AMERIKA | Brasilien | Jahr der Ernennung: 2016

Das aus einer Kirche und drei Profanbauten bestehende Ensemble war wegweisend für die Entwicklung der modernen brasilianischen Architektur. Die in die Welterbeliste aufgenommenen Bauten von Pampulha, einem Stadtteil von Belo Horizonte im Südosten Brasiliens, wurden als Teil einer geplanten Gartenstadt in den frühen 1940er-Jahren um einen künstlichen See herum errichtet. Das Ensemble umfasst neben der Kirche São Francisco de Assis ein Casino, einen Ballsaal und einen Jachtclub. In dem Casino residiert heute das Pampulha Museum und im ehemaligen Ballsaal ist ein Zentrum für Stadtentwicklung, Architektur und Design untergebracht. Vor allem die Kirche São Francisco de Assis wurde während der Bauzeit sehr kontrovers diskutiert. Heute gilt sie neben dem Ballsaal als legendär.
Kein Geringerer als Oscar Niemeyer entwarf alle vier Gebäude. Die Kühnheit seiner Formensprache erstaunt bis heute. Niemeyer, der bei der Umsetzung des Projekts u. a. mit dem Landschaftsarchitekten Roberto Burle Marx kooperierte, knüpfte hier an lokale Bautraditionen an und verband sie mit Elementen der modernen Architektur.

Auch bei dem Ballsaal wurden Elemente von Architektur, Landschaftsgartenbau, Bildhauerei und Malerei miteinander verbunden.

Trotz seines heute ruinösen Zustands zeugt das Kolosseum in Rom von der großartigen Baukunst der alten Römer und beeindruckt durch seine Dimensionen – es ist das größte jemals gebaute Amphitheater der Welt.

# Europa

## Nationalpark Thingvellir

Island | Jahr der Ernennung: 2004

Das Tal des Thing auf der Reykjanes-Halbinsel im äußersten Südwesten Islands ist nicht nur in historischer, sondern auch in geologischer Hinsicht bedeutend. Die Versammlung der freien Männer hieß bei den Germanen »Thing«. Man traf sich an einem Platz unter freiem Himmel und beriet über Gesetze und andere Angelegenheiten. Seit 930 war das Thingvellir, wörtlich übersetzt »Tal des Thing«, Versammlungsort aller freien Männer Islands. Das jeweils gültige Recht wurde von einem »Gesetzessprecher« vorgelesen. Dann entschied man über Neuerungen und Änderungen. Eine der wichtigsten war die Annahme des Christentums im Jahr 1000. 1798 fand das letzte Althing statt, trotzdem behielt Thingvellir seine fast mythische Bedeutung: 1944 wurde hier die Republik ausgerufen. Thingvellir, das 1928 zum Nationalpark erklärt wurde, liegt auf der isländischen Dehnungszone, einem geologischen Riftgraben. In der rund fünf Kilometer langen westlich gelegenen Schlucht Almannagjá, der »Allmännerschlucht«, fand das Althing statt, weil die steilen Wände die Sprache ohne störendes Echo verstärkten. Zum Welterbe zählt auch der See Thingvallavatn mit seiner Population des Arktischen Saiblings.

Öxaráfoss, ein Wasserfall im Thingvellir, stürzt in eine Schlucht, die durch das Auseinanderdriften zweier Erdplatten entstanden ist.

## Vulkaninsel Surtsey

Island | Jahr der Ernennung: 2008

Die 32 Kilometer vor der Südküste Islands liegende Insel entstand in den Jahren 1963 bis 1967 durch untermeerische Vulkanausbrüche. Zum Open-Air-Laboratorium erklärt, dient sie heute der Erforschung von Besiedlungsprozessen. Von Anfang an blieb die Insel wissenschaftlichen Zwecken vorbehalten, um eine Entwicklung ohne menschlichen Eingriff zu gewährleisten. 1965 wurde die nach dem nordischen Feuerriesen Surtr benannte Insel zum Naturschutzgebiet erklärt. Bereits vorher waren Moose und Flechten nachgewiesen worden. Es folgten höher entwickelte Pflanzen wie Meersenf, Strandhafer und Austernpflanzen, deren Samen über das Meer herangetrieben wurden. Auch Vögel und Insekten erreichten das Eiland bereits in den ersten Jahren seiner Existenz. Heute besiedeln 335 Arten von wirbellosen Tieren und 89 Vogelarten die Insel. Doch an Surtsey nagt der Zahn der Zeit. Durch Erosion und Gesteinsverdichtung in Grundmaterial und Sedimenten unter der Insel schrumpft deren Fläche. In 100 Jahren wird sie einen Großteil ihrer Landmasse verlieren. Dass Surtsey im Wasser verschwindet, ist jedoch nicht zu erwarten: Der Kern wird als Fels im Meer überdauern.

Surtsey ist die südlichste der Vestmannaeyjar-Inseln. 1963 war sie unter heftigen Eruptionen aus dem Atlantik aufgetaucht.

# Felszeichnungen von Alta

Norwegen | Jahr der Ernennung: 1985

Die Felszeichnungen von Alta gelten als wichtiger Beleg für die frühe menschliche Besiedlung Nordeuropas nach dem Ende der letzten Eiszeit. Darüber hinaus geben sie Aufschluss über die Lebensweise der ersten Menschen im Norden. Die Region Alta liegt nördlich des Polarkreises, geschützt am Ende eines Fjords. Dank des Nordatlantikstroms ist sie nicht vergletschert, sondern durchaus bewohnbar. Im Jahr 1973 entdeckte man durch Zufall mehr als 3000 Felszeichnungen an über 40 Fundstätten. Die Zeichnungen sind vermutlich zwischen 4200 und 500 v. Chr. entstanden. Die Bilder sind mehrere Zentimeter tief in den Stein getrieben und zeigen neben Elchen, Rentieren und Bären vor allem Szenen aus dem Alltagsleben: Menschen beim Fischfang und beim Navigieren von Booten, Jagdszenen, religiöse Rituale und Zeremonien. Die Darstellungen vermitteln einen Eindruck vom Leben des prähistorischen Menschen im Norden Europas, seiner Beziehung zur Natur und zur Welt der Götter. In der Umgebung der Fundorte entdeckte man bei neueren Grabungen Siedlungsplätze, die etwa zu dieser Zeit bewohnt waren, und somit Auskunft über die Lebensgewohnheiten geben können.

Mit Speeren und mit Pfeil und Bogen sind die Bewohner des hohen Nordens einst auf die Jagd gegangen, wie diese Zeichnung zeigt.

# Vega-Archipel (Vegaøyan)

Norwegen | Jahr der Ernennung: 2004

Die Menschen des Vega-Archipels südlich des Polarkreises fanden 1500 Jahre lang ein Auskommen durch Fischfang und das Sammeln von weichen, höchst begehrten Eiderdaunen. Zum Vega-Archipel zählen einige Dutzend Inseln, die sich rund um die namengebende Insel Vega gruppieren. Diese Region ist das Brutgebiet der Eiderente, die ihr Nest mit den extrem feinen Eiderdaunen polstert. Seit 1500 Jahren leben die Bewohner der Inseln vorwiegend von Fischfang sowie vom Handel mit Eiderdaunen. Durch das Umzäunen der Brutkolonien wurden die Enten zu Haustieren gemacht. Die Siedlungen der Inselbewohner zeugen vom Aufbau einer tragfähigen Wirtschaftsform und der Entwicklung eines besonderen Lebensstils unter den erschwerten Lebensbedingungen am Rande des Polarkreises. Heute werden die Federn von der Textilindustrie zu wärmender Kleidung, zu Decken und Schlafsäcken verarbeitet. Gesammelt werden die Federn aus zwei Dritteln der Nester, ein Drittel bleibt zum Zwecke des Bestandserhaltes unangetastet. Zum Welterbe zählen Fischerdörfer mit ihren Kais und Lagerhäusern, aber auch landwirtschaftlich genutztes Terrain, Leuchtfeuer und -türme.

Rau und friedlich zugleich wirkt die Landschaft des Vega-Archipels in der Region Helgeland – dunkle Wolken treffen Sonnenschein.

Struve-Bogen siehe Seite 167

Norwegen | **Europa**

# Bergbaustadt Røros und Umgebung

Norwegen | Jahr der Ernennung: 2010

Um die Kirche von Røros stehen bis zu 250 Jahre alte Holzhäuser, die einst als Wohnstätten für die Bergleute errichtet wurden.

Der am besten erhaltene Bergwerksort in Norwegen verdankt seine Existenz den hier im 17. Jahrhundert entdeckten Kupfervorkommen. 2010 wurde das Welterbe um die umliegende Kulturlandschaft erweitert, um auch die alten Transportwege von und zu den Gruben mit einzubeziehen.

Exakt 333 Jahre lang, von 1644–1977, wurde in Røros und seiner Umgebung Kupfer abgebaut; die Verhüttung hatte bereits 1953 ihr Ende gefunden. Den noch erhaltenen historischen Teil der Stadt, die nach der Zerstörung durch schwedische Truppen im Jahr 1679 wieder aufgebaut wurde, prägen Holzhäuser, deren Fassaden sich um Innenhöfe herum gruppieren. Die Gruben und Schmelzhütten stehen wie die Wohngebäude der Bergmannschaft unter Denkmalschutz. 1990 wurde in einer Schmelzhütte das Bergbaumuseum von Røros errichtet. Die im Jahr 1784 vollendete Barockkirche ist der einzige Steinbau im Zentrum der im Skandengebirge in 628 Metern Meereshöhe liegenden Stadt. Erweitert wurde das Welterbeareal um die bis zum Femundsee reichende Landschaft. Dort sind die Einflüsse des Bergbaus noch bis heute zu erkennen.

# Fjorde Westnorwegens: Geirangerfjord und Nærøyfjord

Norwegen | Jahr der Ernennung: 2005

Norwegen ist das Land der Fjorde. Zu den längsten, tiefsten und schönsten Fjorden gehören der Geiranger- und der Nærøyfjord, die beide im Südwesten des Landes liegen.

Fjorde sind Täler, die zunächst durch Flüsse gebildet und während der Eiszeit durch riesige Gletscher modelliert wurden. Fjorde sind tief in die Küstengebirge eingeschnittene U-Täler, die mit dem Anstieg des Meeresspiegels am Ende der Eiszeit überflutet wurden und weit ins Landesinnere hineinreichen. Typisch für sie sind ihre steilen, oft senkrechten und durch Eismassen polierten Felswände. Am Grund liegt Gletschergeröll.

Geirangerfjord und Nærøyfjord liegen 120 Kilometer voneinander entfernt. Die Eismassen, die sie einstmals gebildet haben, fraßen sich bis zu 1900 Meter tief in das Gebirge. Bis zu 500 Meter davon liegen heute unter dem Meeresspiegel. Die Meeresarme sind einen bis zwei Kilometer breit. Hinter der steilen Felsenküste erheben sich eindrucksvolle Gebirge mit dem Torvløysa-Berg (1850 Meter) und dem Stiganosi-Berg (1761 Meter). Das Geirangerfjord-Gebirge ist alpiner als das Nærøyfjord-Gebirge mit seinen eher flacheren Bergkuppen.

**Am Ende des Geirangerfjords liegt das Dorf Geiranger (unten). Eine Kreuzfahrt im Fjord führt zum Wasserfall »Die sieben Schwestern«.**

# Stabkirche Urnes

Norwegen | Jahr der Ernennung: 1979

Schon die Wikinger fuhren über den Lusterfjord zur Stabkirche auf der Landzunge Urnes, um im Kirchen-»Schiff« zu beten.

Die wohl älteste Stabkirche Norwegens gilt als Musterbeispiel für die skandinavische Holzbaukunst Ende der Wikingerzeit. Unter den christlichen Sakralbauten sind die Stabkirchen Norwegens einzigartig: Das Gerüst der mittelalterlichen Holzbauten besteht aus Ständern, die an Schiffsmasten erinnern – daher werden diese Gotteshäuser auch Mastenkirchen genannt. Ihr Innenraum ist meist knapp bemessen; der Hauptraum gilt als baulicher Nachfolger der altnorwegischen Königshalle. Ihre Architektur zeigt neben dem Einfluss der Wikinger auch die Prägung durch romanische und keltische Bautraditionen. Die steilen, ineinandergeschichteten Dächer, die offenen Laubengänge sowie die Vorhalle sind typische Eigenarten dieser Kirchen. Unter den etwa 30 noch erhaltenen norwegischen Stabkirchen gilt diejenige von Urnes auf einer Landzunge am Lusterfjord als die älteste. Sie wurde im 12. Jahrhundert errichtet. Herausragend sind vor allem die Schnitzornamente im Wikingerstil, die Fabelwesen, Drachenköpfe, dicht verflochtene Tierfiguren und schlangenhafte Formen zeigen. Sie befinden sich auf den Würfelkapitellen im Innenraum sowie an den kraftvoll gestalteten Reliefs der Portale.

# Bryggen in Bergen

Norwegen | Jahr der Ernennung: 1979

Das ehemalige Kaufmannsviertel Bergens zeugt vom einstigen Glanz der Hansestadt als Zentrum des gesamten nordischen Fischhandels. Vom 14. bis 16. Jahrhundert wurden die Geschäfte in der Handels- und Hafenstadt größtenteils von deutschen Kaufleuten der Hanse kontrolliert. Die Deutschen verfügten über das Salz, mit dem die Fischanlandungen aus dem Europäischen Nordmeer haltbar gemacht werden konnten. Bis in den Mittelmeerraum wurden die Fische gehandelt, wodurch Bergen zu einem der wichtigsten Handelsplätze des Hansebundes aufstieg. Die Giebelfronten der Lagerhäuser am Kai, dessen Name »Tyskebryggen« (Deutsche Brücke) auf die Nutzung durch die hanseatischen Kaufleute hindeutet, zeugen vom einstigen Wohlstand der Hanseniederlassung. 62 der erhaltenen Häuser des Viertels gehören zum Welterbe, sie stammen nicht aus dem Mittelalter, sondern wurden nach dem Stadtbrand 1702 in der charakteristischen Holzbauweise wieder aufgebaut. Bis ins 20. Jahrhundert hinein haben Brände immer wieder für Verwüstungen gesorgt, zuletzt 1955. Heute zählt Bergen zu den wichtigsten Hafenstädten Norwegens.

**Das Zentrum Bergens wird bei Sonnenuntergang in zartes Pastell getaucht. Ca. 300 traditionelle Speicherhäuser säumen den Hafen.**

# Stätten der Industriekultur in Rjukan und Notodden

Norwegen | Jahr der Ernennung: 2015

Das Welterbe, das Wasserkraftwerke, Industrieanlagen, Transportsysteme und Arbeitersiedlungen umfasst, bezeugt Norwegens Entwicklung von einem armen Agrarland zu einem modernen Industrie- und Wohlfahrtsstaat. In den Fabriken von Rjukan und Notodden wurde Pionierarbeit auf dem Gebiet industrieller Düngemittelproduktion geleistet. Rjukan und Notodden, in der südnorwegischen Provinz Telemark gelegen, verdanken ihren Aufstieg zu wichtigen Industriestandorten den Wasserfällen der Umgebung. 1900 wurde in der Nähe von Notodden das erste Wasserkraftwerk Norwegens in Betrieb genommen und damit die Voraussetzungen für Industrieansiedlungen geschaffen. Die Energieressourcen lockten auch den Ingenieur Sam Eyde und seinen Partner, den Physiker Kristian Birkeland, an. Die beiden hatten ein Verfahren zur Gewinnung von reinem Stickstoff aus Luft entwickelt und gründeten 1905 in Notodden das Unternehmen Norsk Hydro, das die neue Technik zur Herstellung von Kunstdünger nutzte. Die Region boomte. In Rjukan ließ das Unternehmen eine zweite Fabrik und 1911 ein weiteres Kraftwerk errichten. Bei seiner Einweihung war es das größte der Welt.

Im Wasserkraftwerk Vemork in Rjukan, das von 1911 bis 1971 in Betrieb war, ist heute ein Museum untergebracht.

# Kirchendorf Gammelstad in Luleå

Schweden | Jahr der Ernennung: 1996

Gammelstad ist das am besten erhaltene Kirchendorf in Schweden. Noch heute dient es mit seinen Häusern den Gläubigen, die aus der ferneren Umgebung zu Gottesdiensten oder Feiern kommen, als zeitweilige Unterkunft.

Rund zehn Kilometer nördlich des Stadtzentrums von Luleå am Bottnischen Meerbusen befindet sich Gammelstad mit seinen 424 Holzhütten. Wer die An- und Abreise zur Messe oder zu einem hohen Fest wie der Konfirmation aufgrund der weiten Entfernungen nicht an einem Tag schafft, kann in einer der Holzhütten die Nacht verbringen. Es ist bis heute eine sinnvolle und viel genutzte Einrichtung, denn die Entfernungen im hohen Norden Schwedens sind groß, und die kalten Winter ziehen sich hier nicht selten über 200 Tage hin.

Die ersten Häuschen wurden wohl Mitte des 16. Jahrhunderts gebaut. Die Kirche wurde zu Beginn des 15. Jahrhunderts aus rotem und weißem Granit errichtet. Den Chorbereich im Innenraum schmücken der Antwerpener Altar von 1520 sowie prächtige Wandmalereien aus der Zeit um 1480. Um die Kirche gruppieren sich rund 30 Wohnhäuser aus dem Mittelalter.

Die Kirche ist Gammelstads Zentrum. Vom Kirchturm aus kann man auf die umliegenden Holzhütten für die Gläubigen blicken.

# Arktische Kulturlandschaft Lappland

Schweden | Jahr der Ernennung: 1996

Die Kulturlandschaft der weiten Hochflächen im Norden Schwedens ist die Heimat der Lappen bzw. Sámi. Durch seine nomadische Lebensweise kann dieses Volk die kargen natürlichen Ressourcen optimal nutzen. Seit mehr als 2000 Jahren bewohnen die Sámi oder Samek (»Sumpfleute«), wie sich die Lappen selbst nennen, die nördlichen Regionen Skandinaviens. Sie ziehen mit ihren riesigen Rentierherden über das dünn besiedelte Land und legen dabei Hunderte Kilometer zurück. Viele Samen praktizieren diese traditionelle Lebensweise bis heute, auch wenn sie ihr tägliches Brot nicht mehr allein durch Fischfang und Rentierzucht verdienen. Tourismus und Landschaftspflege sind wichtige zusätzliche Arbeitsfelder geworden. In hoher Blüte steht seit jeher das Kunsthandwerk mit Webarbeiten, Holz- und Knochenschnitzereien sowie die Bearbeitung tierischer Felle. Die traditionelle, von bunten Farben geprägte Kleidung der Samen ist noch immer verbreitet. In den von Tundravegetation beherrschten Regionen Lapplands, die sich von den tiefer gelegenen Waldrandgebieten bis zur Nordmeerküste hinziehen, finden sich neben Elchen auch noch Wölfe und Braunbären.

**Berge, Fjorde und Geröllfelder bestimmen das Landschaftsbild Lapplands, in dem seit mehr als zwei Jahrtausenden die Sámi leben.**

## Holzbauernhäuser in der Provinz Hälsingland

Schweden | Jahr der Ernennung: 2012

In der Provinz Hälsingland gab es gegen Ende des 18. Jahrhunderts rund 3800 Holzbauernhäuser. Rund 1000 sind erhalten, sieben wurden zum Welterbe erklärt: Kristofers in Stene, Gästgivars in Vallsta, Jon-Lars und Pallars in Långhed, Fågelsjö gammelgård und Bommars in Letsbo sowie Erik-Anders in Asta.
In der rund 200 Kilometer nördlich von Stockholm gelegenen historischen Provinz nutzten unabhängige Bauern im 18. und 19. Jahrhundert ihren Reichtum, um große neue Holzhäuser mit Nebengebäuden zu errichten. Auffallend ist die stattliche Größe der oft zweistöckig angelegten Höfe. Mehrere Generationen lebten hier auf demselben Raum. Ein besonderes Merkmal ist zudem die Dekoration dieser Holzbauernhäuser. Auf der Außenseite sind es im Wesentlichen Schnitzarbeiten lokaler Künstler. In den Innenräumen findet man überwiegend Malereien, meist direkt auf Holz: Viele davon gehen auf anonyme Wanderkünstler aus Dalarna zurück, einer weiteren historischen Provinz im Herzen von Schweden. Dargestellt wurden biblische Szenen, deren Akteure nach neuester einheimischer Mode gekleidet waren, sowie landschaftliche und florale Motive.

Im Inneren zeigen die Holzhäuser (hier eines in Långhed) eine individuelle Mischung von Volkskunst und Stil der höheren Stände.

## Bergbaugebiet Großer Kupferberg in Falun

Schweden | Jahr der Ernennung: 2001

Die Kupfergrube von Falun ist die älteste Industrieanlage Schwedens. Im 17. Jahrhundert wurden hier zwei Drittel der Kupferweltproduktion gefördert. Schon vor rund 1000 Jahren wurde am Kopparberg eine Kupfermine entdeckt, der die Provinzhauptstadt Falun ihre Entstehung verdankt. 1284 wurde hier die Grubengesellschaft Stora Kopparberg gegründet: die älteste Aktiengesellschaft der Welt. 1650 förderte das Unternehmen den größten Teil der Kupferweltproduktion und beeinflusste die Technik des Bergbaus in Europa über rund zwei Jahrhunderte lang maßgeblich. Der Große Kupferberg wurde im Untertagebau relativ unsystematisch ausgehöhlt. 1687 kam es deshalb zu einer Katastrophe: Mehrere Schächte und Stollen stürzten ein und hinterließen ein gigantisches Loch, das bis heute am Rande des historischen Stadtkerns von Falun klafft: Die Stora Stöten (»Große Grube«) ist 100 Meter tief. Daneben befindet sich das Kopparberg-Museum mit Exponaten zur Geschichte des Kupferbergbaus. Die Provinzhauptstadt ist nach Plänen von 1646 rechtwinklig angelegt. Für die Arbeiter wurden hier Schwedens erste Eigenheimsiedlungen gebaut.

Unmittelbar am Rand des Stadtkerns von Falun klafft die »Große Grube«, das Zeugnis der Katastrophe von 1687.

# Eisenhütte Engelsberg

Schweden | Jahr der Ernennung: 1993

Im Erzgebiet von Norberg liegt einer der ehemals bedeutendsten schwedischen Bergwerksorte, in dem schon zur Wikingerzeit Eisen verarbeitet wurde. Bereits seit dem 6. Jahrhundert wurde in Engelsberg in der Nähe der Stadt Fagersta im Bergwerksgebiet Högbyn Eisenerz gefördert, verhüttet und weiterverarbeitet. Ende des 17. Jahrhunderts entstand ein großes Hüttenwerk, das innerhalb weniger Jahrzehnte zu den besten Schmieden Schwedens zählte. Die großen Vorkommen und die hohe Qualität des dortigen Eisens schufen die Basis für Schwedens Aufstieg zur Industrienation. Die Blütezeit der Hochöfen und Schmiedehämmer dauerte bis Ende des 19. Jahrhunderts; dann wurde der Konkurrenzdruck zu groß, der Niedergang setzte ein. Um 1920 wurde der Betrieb eingestellt. Bis heute gilt Schweden als einer der besten Metallhersteller und -veredler der Welt. Ein Großteil der alten Gebäude in Engelsberg wurde originalgetreu restauriert, darunter auch ein funktionstüchtiger Hochofen von 1778, mit dem die alten Schmelzverfahren demonstriert werden. Das alte Grubennetz wurde teils wieder zugänglich gemacht und kann auf geführten Rundgängen besichtigt werden.

Die Eisenhütte Engelsberg war bis zum Jahr 1920 in Betrieb. Heute ist darin ein Freilichtmuseum untergebracht.

# Wikingersiedlungen Birka und Hovgården

Schweden | Jahr der Ernennung: 1993

In der Siedlung Birka, die auf einer Insel im Mälarsee liegt, weihte Bischof Ansgar Mitte des 9. Jahrhunderts die erste Kirche Skandinaviens. Dort befand sich zu jener Zeit das Zentrum des Handels zwischen Ost- und Westeuropa.
Die Berichte, die der Bischof Ansgar von Bremen von seinen Missionsreisen, die er 830 und 853 nach Birka unternahm, gegeben hatte, wurden seit 1871 durch archäologische Funde bestätigt. Rund 3000 Gräber sowie die Überreste der gewaltigen Befestigungsanlagen auf der Insel Björkö zeugen von der einstigen politischen Bedeutung Birkas und Hovgårdens auf der benachbarten Insel Adelsö. Handelsgüter aus dem westlichen Europa, aus Russland, Byzanz und Arabien wurden hier umgeschlagen. Träger des Fernhandels waren die Wikinger, die Waren auf dem Seeweg zwischen Osten und Westen hin und her transportierten. Doch bereits im Jahr 975 verlagerten sich die Handelsrouten, und Birka verschwand von der Landkarte. Ein Grund hierfür ist vermutlich die Tatsache, dass der See und damit auch Birka von der für den Fernhandel so wichtigen Verbindung zum Meer abgeschnitten wurden.

Birka ist bis heute Schauplatz von archäologischen Grabungen. Die Funde werden im gleichnamigen Museum ausgestellt.

# Königliches Sommerschloss Drottningholm

Schweden | Jahr der Ernennung: 1991

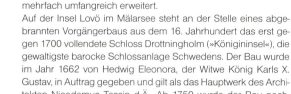

Schloss Drottningholm wurde in den Jahren 1662 bis 1670 als Lustschloss der schwedischen Könige errichtet und später mehrfach umfangreich erweitert.

Auf der Insel Lovö im Mälarsee steht an der Stelle eines abgebrannten Vorgängerbaus aus dem 16. Jahrhundert erst gegen 1700 vollendete Schloss Drottningholm (»Königininsel«), die gewaltigste barocke Schlossanlage Schwedens. Der Bau wurde im Jahr 1662 von Hedwig Eleonora, der Witwe König Karls X. Gustav, in Auftrag gegeben und gilt als das Hauptwerk des Architekten Nicodemus Tessin d.Ä.. Ab 1750 wurde der Bau nochmals erweitert, zahlreiche Innenräume wurden im üppigen Stil des Rokoko eingerichtet. Als das Schloss nach dem Jahr 1777 auch für staatliche Repräsentationszwecke genutzt wurde, hatte dies eine Umgestaltung einiger Räume im eleganten klassizistischen Stil zur Folge. Der schwedische König Gustav III. (reg. 1771–1792) ließ einen englischen Garten anlegen. Heute faszinieren die Besucher insbesondere der Chinesische Pavillon und das Drottningholmtheater, eines der wenigen bespielbaren Barockheater Europas.

**In der Wasserlandschaft des Mälarsees gelegen, vereint die Sommerresidenz der schwedischen Königsfamilie Natur und Kultur.**

# Friedhof Skogskyrkogården

Schweden | Jahr der Ernennung: 1994

Die Friedhofsanlage im Süden von Stockholm ist eine gelungene Synthese von Architektur, Skulptur und Landschaftsgestaltung. Die Stockholmer Stadtverwaltung beschloss 1912 die Errichtung eines Waldfriedhofes im Stadtteil Enskede. Den 1914 ausgeschriebenen Wettbewerb gewannen Erik Gunnar Asplund und Sigurd Lewerentz. Zwischen 1917 und 1920 wurde das über 100 Hektar große Friedhofsgrundstück erschlossen. Der weitere Ausbau dauerte bis 1940. In die gestaltete Landschaft setzten die Architekten zahlreiche Gebäude: Asplund errichtete 1920 eine quadratische Holzkapelle mit einer offenen Vorhalle. Eine weitere Kapelle, von Lewerentz entworfen, wurde 1925 eingeweiht. Von Asplund stammen außerdem das Krematorium mit seinen drei Kapellen (1937–1940) und das große frei stehende Kreuz. Mit dem Friedhof gelang den Architekten die harmonische Verbindung von Natur und architektonischer Gestaltung, er übte einen nachhaltigen Einfluss auf die Friedhofsarchitektur in vielen Ländern der Welt aus. Natürliche Landschaftsformationen wurden in die Anlage integriert, hohe Bäume säumen die Wege und Wiesen. Als Asplund 1940 starb, fand er hier seine letzte Ruhestätte.

**Das Krematorium von Skogskyrkogården ist ein modern anmutendes Bauwerk, das sich gut in die Landschaft einfügt.**

# Felszeichnungen von Tanum

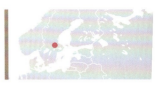

Schweden | Jahr der Ernennung: 1994

Tanum in der Provinz Bohuslän am Skagerrak gehört mit seinen Felszeichnungen zu den wichtigsten vorgeschichtlichen Fundorten Skandinaviens. In der Gemeinde wurde außerdem ein bronzezeitliches Dorf rekonstruiert.

Die jahrtausendealten Felszeichnungen bei Tanum, die als die reichhaltigsten Funde in ganz Skandinavien gelten, gestatten dem Betrachter auf eindrucksvolle Weise Einblicke in die Welt der nordeuropäischen Bronzezeit. Die in hoher künstlerischer Qualität dargestellten Gegenstände und Szenen beschreiben das soziale Leben der damaligen Skandinavier, ihre Riten, Kulte und religiösen Vorstellungen. Die in mühevoller Kleinarbeit in den Granit eingeritzten Felsmalereien von Tanum zeigen Jagd- und Kampfszenen, Menschen beim Tanz, Pferde und Bären, Waffen und Werkzeuge, kultische Figuren und Schmuck. Auffallend ist die große Anzahl an Schiffsdarstellungen. Die Zeichnungen waren sehr wahrscheinlich in verschiedenen Farben koloriert. Zum Welterbe gehören die Funde in Fossum, Torsbo, Litsleby, Aspeberget und Vitlycke. Bei Grabungen im Umkreis entdeckte man neben Runensteinen auch Felsengräber aus dem Neolithikum.

**Kampfszenen, Rituale, aber auch Schiffe machen einen beträchtlichen Anteil der fast 10 000 Felsritzungen von Tanum aus.**

# Radiostation Varberg

Schweden | Jahr der Ernennung: 2004

Der Sender Grimeton bei Varberg ist ein außergewöhnliches technisches Denkmal. Die Station wurde 1924 in Betrieb genommen und besorgte bis weit in die 1950er Jahre den Funkverkehr mit Nordamerika. Im Jahr 1895 erfand der italienische Physiker Guglielmo Marconi auf der Grundlage von Radiowellen die drahtlose Telegrafie. Bald darauf entstanden überall auf der Welt Funkstationen. Im Verlauf des Ersten Weltkriegs beschloss der schwedische Reichstag einen Langwellensender für die Telegrafie und eine Empfangsstation zu bauen. Wesentlich für dessen Lage war, dass die Radiowellen über die offene See nach New York gelangen konnten. Die Großfunkstation bei Varberg wurde zwischen 1922 und 1924 gebaut. Der wichtigste Teil des Senders ist der von Ernst Alexanderson gebaute Wechselstromgenerator. Die sechs Sendetürme aus Stahlfachwerk sind jeweils 127 Meter hoch und haben oben 46 Meter lange Querarme, die die acht Kupferleitungen tragen. Die Hauptgebäude im neoklassizistischen Stil stammen von Carl Åkerblad. Von 20 ähnlichen Stationen auf der Welt ist Grimeton als einzige unverändert und bis heute funktionstüchtig erhalten geblieben.

**Das neue Besucherzentrum des Radiosenders Grimeton bei Varberg informiert über die Technikgeschichte der Station.**

# Hansestadt Visby

Schweden | Jahr der Ernennung: 1995

Das alte Visby war eine Stadt der Kirchen. Erhalten ist die Domkirche St. Maria aus dem 13. Jahrhundert.

Von Visby, einer der bedeutendsten skandinavischen Hansestädte, sind noch große Teile der historischen Altstadt, die Befestigungsanlagen mit Stadtmauer und Wehrtürmen erhalten. Für den Ort an der Nordwestküste der Insel Gotland lässt sich bereits eine Besiedlung in vorchristlicher Zeit nachweisen. Deutschen Kaufleuten diente Visby im 12. Jahrhundert zunächst als Zwischenstation für den äußerst lukrativen Handel mit Nowgorod und schon bald darauf als Ausgangspunkt für die Erweiterung des hanseatischen Städtebunds nach Osten: Von hier aus wurden Riga, Reval, Danzig und Dorpat eingenommen. Im 13. Jahrhundert galt Visby neben Lübeck als die wohl wichtigste Handelsstadt im Norden des europäischen Kontinents: Eigene Münzen wurden geprägt, und man einigte sich hier auf ein internationales Seerecht, das für den gesamten Ostseeraum bindende Wirkung hatte. Mit der Eroberung Gotlands durch den dänischen König Waldemar IV. kam bereits 1361 das Ende dieser kurzen Blütezeit. Die zahlreichen Kaufmannshäuser aus dem 12. und 13. Jahrhundert in den engen mittelalterlichen Gassen begründen den Ruf Visbys als eine der besterhaltenen Hansestädte in Europa.

# Agrarlandschaft von Süd-Öland

Schweden | Jahr der Ernennung: 2000

Der südliche Teil der Ostseeinsel Öland bezeugt mit seiner einzigartigen Agrarlandschaft die Anpassung des Menschen an extreme Bedingungen. Im Süden der nach Gotland zweitgrößten Insel Schwedens kann nur im Ostteil, wo Moränenboden anzutreffen ist, Ackerbau betrieben werden. Ansonsten beherrschen Sandstein, Schiefer und Kalkstein das Plateau Süd-Öland. Trotz der schwierigen topografischen und klimatischen Bedingungen haben sich seit mindestens 5000 Jahren Menschen auf Süd-Öland behauptet. Zahlreiche Gräberfelder aus der Eisenzeit und mehrere Fluchtburgen aus der Zeit der Völkerwanderungen lassen auf eine dauerhafte Besiedlung schließen. Die Burg Eketorp ist heute ein Freilichtmuseum und bot in der Zeit von 400 bis 1300 ihren Bewohnern immer wieder Schutz. Der älteste Runenstein stammt aus dem 10. Jahrhundert und steht auf einem Grabhügel südlich der Kalmarsundbrücke. Bemerkenswert ist die fünf Kilometer lange Mauer, die König Karl X. Gustav 1653 quer durch die Insel ziehen ließ. Die Agrarlandschaft von Süd-Öland zeugt von der Nutzung der natürlichen Ressourcen durch den Menschen von der Bronzezeit bis heute.

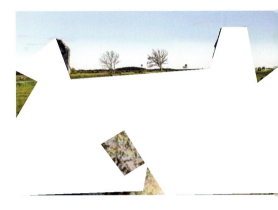

Auf eine endeiszeitliche Besiedlung verweisen die großen Steine, die ein Wikingerschiff im Gräberfeld Gettlinge markieren.

# Marinehafen von Karlskrona

Schweden | Jahr der Ernennung: 1998

Monumentale Exerzierplätze und historische Straßenzüge prägen das Erscheinungsbild von Karlskrona, dem größten schwedischen Marinehafen. Weitläufige Hafen- und Parkanlagen vermitteln das Flair einer Metropole. Das schwedische Karlskrona, die Hauptstadt der Provinz Blekinge, zählt etwa 33 000 Einwohner und liegt auf einer dem Festland vorgelagerten Insel an der Ostküste Südschwedens. 1680 befahl Karl XI. die Errichtung des Marinehafens für die Ostseeflotte. Nach Plänen der Baumeister Nicodemus Tessin und Erik Dahlberg wurden großzügig angelegte Straßen und Plätze gebaut. Die zu jener Zeit aus zehn Fregatten und 38 Linienschiffen bestehende Flotte beherrschte bis zum Ende der Regierungszeit Karls XIII. die Ostsee. Dieser Stützpunkt der hoch technisierten schwedischen Flotte wurde bis in die Gegenwart hinein beständig ausgebaut. Die Industrieansiedlungen und der Fischereihafen machen Karlskrona zu einem lebendigen und blühenden Hafen mit der Atmosphäre einer Weltstadt. Im Marinemuseum erinnern Waffen, Schiffsmodelle, Navigationsgeräte und alte Karten an Schwedens ruhmreiche Seefahrervergangenheit.

Die Friedrichskirche und die Statue von Karl XI. stehen auf dem zentralen Platz in Karlskrona.

# Hohe Küste und Kvarkenarchipel

Schweden, Finnland | Jahr der Ernennung: 2000

Die Hohe Küste am Bottnischen Meerbusen ist eine Schärenlandschaft, die von Gletschern geprägt wurde. Seit der Erweiterung 2006 um den finnischen Teil des Kvarkenarchipels gehört sie zu den grenzüberschreitenden Naturerbestätten. Am Ende der letzten Eiszeit, die vor ungefähr 110 000 Jahren begann und in Skandinavien vor etwa 10 000 Jahren endete, wurde diese Rundhöckerlandschaft am Bottnischen Meerbusen geformt. Durch das Schmelzwasser der gigantischen Eisschilde stieg der Meeresspiegel um etwa 115 Meter an. Weite Teile des Landes lagen somit deutlich unter dem Meeresspiegel. Befreit vom Druck der Eislast hob sich das Land allmählich, und die Schären tauchten aus dem Meer auf. Bis heute stieg die Region um 285 Meter; der Vorgang hält noch an: Um 93 Zentimeter wird der Untergrund pro Jahrhundert angehoben. Im Hinterland erhebt sich eine weitgehend wilde Hügellandschaft. Nicht nur fruchtbare Böden, sondern auch zahlreiche Seen hat die Eiszeit hinterlassen, die zusammen mit dem Brackwassergebiet der flachen Meeresarme und der offenen Ostsee drei geologisch und biologisch aufschlussreiche Wassersysteme ergeben.

**Relikte der Eiszeit: Zahlreiche Seen und bewaldete Hügel prägen den ufernahen Bereich der Hohen Küste.**

# Eisfjord Ilulissat

Dänemark | Jahr der Ernennung: 2004

Das Eis des Gletschers Sermeq Kujalleq wandert vom grönländischen Inlandeis seewärts und mündet dann in den Ilulissat-Eisfjord. Dort kalbt der Gletscher und entlässt dabei zahlreiche Eisberge ins Meer.

Der Sermeq Kujallec entspringt rund 80 Kilometer landeinwärts und führt auf seinem Weg zur Küste jedes Jahr viele Milliarden Tonnen Eis mit. Mit einer Fließgeschwindigkeit von mittlerweile bis zu 48 Meter pro Tag ist er einer der schnellsten und aktivsten Gletscher der Welt. Wenn das Eis das Meer erreicht, brechen riesige Eisblöcke ab und stürzen ins Wasser. Sie treiben langsam südwärts und werden im Nordatlantik zu den von der Schifffahrt gefürchteten Eisbergen. Der Sermeq Kujalleq kalbt jedes Jahr 35 Quadratkilometer Eis und produziert damit zehn Prozent der gesamten grönländischen Eisberge – weitaus mehr als jeder andere Gletscher außerhalb der Antarktis. Der Ilulissat und sein Gletscher werden seit über 250 Jahren untersucht und haben der Wissenschaft viele Daten geliefert. Vor der Küste Grönlands türmen sich die Eisberge bis zu 100 Meter über dem Wasser auf. Manche der Eisgiganten schmelzen erst nördlich von New York.

**Wie steile Gebirgswände oder Inseln ragen die Eisberge, die der Gletscher Sermeq Kujalleq gekalbt hat, im Ilulissat-Eisfjord auf.**

# Schloss Kronborg bei Helsingør

Dänemark | Jahr der Ernennung: 2000

Das Renaissanceschloss am Öresund wurde im 16. Jahrhundert errichtet und nach einem Brand im 17. Jahrhundert neu aufgebaut. Die berühmte Tragödie »Hamlet« von William Shakespeare machte das Schloss weltberühmt.

Die Lage des dänischen Königsschlosses direkt am Öresund, dem schmalsten Teil der Meerenge zwischen Dänemark und Schweden, war strategisch von größter Bedeutung. Bereits im späten Mittelalter kontrollierte an dieser Stelle die Feste Krogen die Sundeinfahrt und sicherte den Zoll. Neben der Schönheit des Schlosses ist es vor allem auch diese strategische Bedeutung, die für die Dänen den Symbolgehalt von Kronborg ausmacht, denn es steht damit für die einstige Macht und den Glanz des Königreiches. Unter König Friedrich II., der von 1559 bis 1588 regierte, entstand an der Stelle der alten Burg die Vierflügelanlage des Schlosses im Stil der niederländischen Renaissance; dabei wurden die Bastionen gemäß den Anforderungen der Militärarchitektur verstärkt. Nach dem Brand von 1629 erfolgte der Wiederaufbau des »Hamlet-Schlosses«. Um das Jahr 1700 wurden die weitläufigen Kasematten angelegt.

Schloss Kronborg ist der fiktive Schauplatz von Shakespeares »Hamlet« und kontrollierte einst die schmalste Stelle des Öresunds.

# Parforcejagdlandschaft in Nordseeland

Dänemark | Jahr der Ernennung: 2015

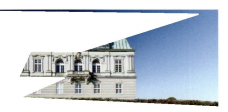

Im Dyrehave von Klampenborg, nördlich von Kopenhagen, wurde das Eremitageslottet mitten im Jagdgebiet errichtet.

Dieses Welterbe umfasst drei große Waldgebiete im Norden der dänischen Insel Seeland, die vornehmlich im 17. Jahrhundert in königliche Jagdreviere umgewandelt wurden. Sie gelten als herausragende Beispiele barocker Landschaftsplanung und als gelungene Umsetzung des ihr zugrundeliegenden Prinzips »more geometrico«. Bis heute werden die Waldlandschaften des Store Dyrehave, des Gribskov und des Jægersborg Dyrehave von einem Wegenetz durchzogen, das unter König Christian V. (1646–1699) für Parforcejagden angelegt wurde. Diese Form der Jagd, bei der eine von berittenen Jägern begleitete Hundemeute auf das Wild gehetzt wird, erfordert breite Wege, die im 17. und 18. Jahrhundert an vielen Orten Europas in die Wälder geschlagen wurden. Die Wegesysteme, die den Store Dyrehave und den Gribskov erschließen, veranschaulichen dabei aufs Schönste den Willen barocker Landschaftsarchitekten, Ordnung in die Natur zu bringen. Die Wegschneisen, die sie schufen, sind gerade angelegt und führen sternenförmig auf ein Zentrum zu, das zugleich das absolute Königtum symbolisieren soll. Parforcejagden wurden in Seeland übrigens schon 1777 eingestellt.

# Grabhügel, Runensteine und Kirche von Jelling

Dänemark | Jahr der Ernennung: 1994

Diese Inschrift auf einem der großen Runensteine von Jelling ist eine Huldigung des Königs Gorm an seine Gattin.

Ein imposantes Königsgrab mit Runensteinen, großen Grabhügeln und reichen Beigaben sowie eine alte Kirche legen in Jelling nahe Vejle im Osten von Jütland Zeugnis von der Christianisierung Dänemarks ab.

Vor der Kirche von Jelling befindet sich das beeindruckendste Königsgrab Dänemarks. Die hier gefundenen Beigaben dokumentieren die Machtfülle der Wikinger, die im Frühmittelalter die Herrschaft über die nördlichen Seewege errungen hatten.

Darüber hinaus ist die Anlage – zwei riesige Grabhügel von 60 bzw. 77 Meter Durchmesser (samt schiffsförmiger Steinsetzung), dazwischen eine Kirche und zwei Runensteine – auch ein historisches Dokument der Christianisierung Dänemarks, mit der das Land in die Staatengeschichte Europas eintritt: Im nördlichen der beiden Grabhügel wurden ursprünglich der noch heidnische König Gorm (ca. 860-940) und seine Gattin Tyra beigesetzt. Die Gebeine der beiden ließ ihr Sohn, der erste christliche Dänenkönig Harald Blåtand (reg. um 940–986, 960 getauft), später in die neu erbaute Kirche umbetten. Der größere Runenstein aus der Zeit um 980 zeigt die älteste Christus-Darstellung Skandinaviens.

# Kathedrale von Roskilde

Dänemark | Jahr der Ernennung: 1995

Die älteste romanisch-gotische Backsteinkirche Skandinaviens birgt die Grablege der dänischen Könige seit dem 15. Jahrhundert. Als einstige Hauptstadt hat Roskilde für die Dänen bis heute symbolische Bedeutung. Bis zur Reformation im 16. Jahrhundert befand sich das kirchliche Zentrum Dänemarks in Roskilde, einer Stadt auf der Insel Seeland, etwa 30 Kilometer westlich der Hauptstadt Kopenhagen. Bis 1443 war Roskilde als Königsresidenz auch Hauptstadt von Dänemark. Der Bauherr der ersten romanisch-gotischen Backsteinkirche Skandinaviens war Kopenhagens Gründer, Bischof Absalon. Er ließ sie über den Grundmauern von zwei älteren, kleineren Kirchen ab 1170 errichten, um der königlichen Residenz ein würdiges und repräsentatives Gotteshaus zu geben. Mit der Errichtung der großen Türme im 14. Jahrhundert hat die Kathedrale im Wesentlichen ihr heutiges Gesicht erhalten. Im Dom selbst, der bis ins 19. Jahrhundert hinein durch Vorgebäude und Seitenkapellen erweitert wurde und als bedeutendes Zeugnis dänischer Kirchenarchitektur gilt, befinden sich die reich ausgestatteten Grabmäler von insgesamt 38 dänischen Königinnen und Königen.

**Die Kathedrale überragt die Altstadt von Roskilde. Sie wurde im romanischen Stil begonnen und im gotischen vollendet.**

# Siedlung Christiansfeld

Dänemark | Jahr der Ernennung: 2015

Christiansfeld in Südjütland gilt als herausragendes Beispiel einer geplanten Stadt, deren ganze Anlage bis heute den Geist und die Ideale ihrer Erbauer, der Herrnhuter Brüdergemeine, widerspiegelt. Christiansfeld wurde am 1. April 1773 gegründet und ist nach dem dänischen König Christian VII. benannt, der den Herrnhutern die Erlaubnis zur Errichtung einer Siedlung auf seiner Domäne Tyrstrup gab. Nicht zuletzt dank einer Reihe königlicher Privilegien wuchsen die Stadt und ihre Wirtschaft schnell. Die Christiansfelder Handwerkskunst war weit über die Stadtgrenzen hinaus bekannt. Bis 1800 waren die wichtigsten Gemeinschaftshäuser fertiggestellt. Getreu den Prinzipien der Herrnhuter Brüdergemeine lebten die unverheirateten Männer und Frauen in einem Schwestern- bzw. Brüderhaus. Es gab ein Witwenhaus sowie eine Mädchen- und eine Jungenschule. Alle Gemeinschafts- und Wohnhäuser sind um die 1777 geweihte Kirche und meist aus hellem, gelben Ziegelstein gebaut, das Straßennetz ist rechtwinkelig angelegt. Die betont einfache Bauweise der Herrnhuter prägt auch das moderne Christiansfeld. Bis heute müssen sich Neubauten in das tradierte Stadtbild einfügen.

**Das harmonische Stadtbild und die schlichte Eleganz der Architektur inspirierte Stadtplaner in ganz Skandinavien.**

# Stevens Klint

Dänemark | Jahr der Ernennung: 2014

Die rund 15 Kilometer lange, bis zu 41 Meter hohe Steilküste Stevens Klint im Südosten der dänischen Ostseeinsel Seeland zeugt von einem Massensterben vor rund 65 Millionen Jahren. Geologisch betrachtet bildet die Grenze zwischen der Kreidezeit und dem (früher als »Tertiär« bezeichneten) Paläogen eine auffällige Zäsur. Als schmales Band in der Schichtenfolge markiert sie den Übergang vom Erdmittelalter (Mesozoium) zur Erdneuzeit (Känozoikum). Geologen erkennen in dem zentimeterschmalen, die älteren Kreideschichten von den tertiären Kalksteinen trennenden Band die apokalyptisch anmutende Geschichte eines gigantischen Meteoriteneinschlags, dem vor 65 Millionen Jahren mehr als die Hälfte aller Lebewesen der Erde zum Opfer fielen, darunter wohl auch die Dinosaurier. Spuren dieses fatalen Einschlags entdeckte man schon in den 1970er-Jahren. Aber ein auf die Zeit an der KT-Grenze zu datierender Krater fehlte lange. Erst 1991 entdeckte man auf Satellitenbildern im Golf von Mexiko sowie auf der angrenzenden Halbinsel Yucatán die im äußeren Ring 300 Kilometer messenden Überreste eines Kraters aus dieser Zeit, dem man den Namen Chicxulub gab.

**In der Steilküste ist die K(reide)-T(ertiär)-Grenze als schmales dunkles Band sichtbar – auch »Fischton« oder »Fischlehm« genannt.**

# Alte Kirche von Petäjävesi

Finnland | Jahr der Ernennung: 1994

Die markante rote Holzkirche von Petäjävesi westlich von Jyväskylä in Mittelfinnland gilt als eines der schönsten Gotteshäuser des Landes und als typisches Beispiel skandinavischer Sakralarchitektur.

Auf einer kleinen Halbinsel zwischen den Seen Jämsänvesi und Petäjävesi wurde die alte Dorfkirche 1765 von Baumeister Jaakko Klementinpoika Leppänen fertiggestellt, nachdem die Dorfbewohner bereits zwei Jahre auf die Baugenehmigung gewartet hatten. In ihrem Bau verbinden sich Elemente der Renaissance mit gotischen Einflüssen und traditioneller ostskandinavischer Holzkirchenarchitektur. Nach dem Vorbild der Renaissance bildet der Grundriss ein griechisches Kreuz nach. Hohe Brettergewölbe aus Kiefernholz decken die Kreuzarme; über der Kreuzungsmitte erhebt sich eine achteckige Zwischendachkuppel. Das Altarbild und die Darstellungen von Martin Luther und Moses an der Altarwand wurden 1843 angefertigt. Das Äußere der Kirche prägt ein schindelgedecktes Walmdach mit gotischen Elementen. Das Gotteshaus ist ein Denkmal der Gläubigkeit der Bewohner und der handwerklichen Fähigkeiten seiner Erbauer.

**Die Kirche ist außen sowie innen schlicht gehalten. Gemälde, Holzschnitzereien und Statuen schmücken den Innenraum.**

# Altstadt von Rauma

Finnland | Jahr der Ernennung: 1991

Rauma, bis 1550 einer der bedeutendsten Orte Finnlands, besitzt eine reizvolle historische Altstadt auf mittelalterlichem Grundriss mit charakteristischen, niedrigen Holzhäusern. Bemerkenswert ist auch die alte Heilig-Kreuz-Kirche. An einem vermutlich schon länger bestehenden Handelsplatz im Südwesten des heutigen Finnland ließen sich um 1400 Franziskanermönche nieder. Von ihrem bis zum Jahr 1538 bestehenden Kloster ist nur die im Jahr 1449 erbaute Heilig-Kreuz-Kirche erhalten, die reiche Deckenmalereien birgt. Das Kloster bildete wahrscheinlich das Zentrum der ältesten Siedlung, eine der wenigen mittelalterlichen Gründungen Finnlands. Obgleich der Ort 1682 vollständig niederbrannte, ist die mittlalterliche Anlage noch heute in der Straßenführung präsent. Die Häuser in der Altstadt haben zum Teil reich ornamentierte Paneelfassaden aus dem 18. und 19. Jahrhundert, als Rauma die größte Handelsflotte Finnlands besaß, und bilden eines der größten Holzbauensembles Skandinaviens. Das zweistöckige Alte Rathaus wurde 1777 vollendet und beherbergt heute ein Museum, das die von den Franziskanermönchen eingeführte Klöppeltechnik dokumentiert.

**Den Kern der Altstadt von Rauma bildet ein einheitliches Bauensemble mit ein- bis zweistöckigen Holzhäusern und Gärten.**

Struve-Bogen siehe Seite 167

## Bronzezeitlicher Friedhof von Sammallahdenmäki

Finnland | Jahr der Ernennung: 1999

Die über 30 steinernen Begräbnisstätten in Südwestfinnland sind großteils mehr als 3000 Jahre alt. Hinsichtlich Anzahl, Erhaltungszustand und Größe bezeugen sie die hoch entwickelte Bestattungspraxis der Bronzezeit in Nordeuropa.

Der für die Küstenregionen Finnlands typische Sonnenkult wurde fernab jeder Besiedlung auf einsamen, hoch gelegenen Küstenklippen praktiziert, die die mystische Anziehungskraft von Sonne und Meer besonders betonten. Die genaue Bedeutung der Steinhaufen konnte allerdings bislang noch nicht geklärt werden. 28 der Gräber von Sammallahdenmäki in der Landschaft Satakunta östlich von Rauma können mit Sicherheit in die Bronzezeit datiert werden. Die Steinhaufen liegen in verschiedenen Gruppen am Hang eines 700 Meter langen Bergkammes. Mehrere Typen bronzezeitlicher Steingräber sind hier zu finden: kleine, niedrige, runde Haufen, große Grabhügel und rund ummauerte Gräber. Im Inneren befinden sich mit steinernen Platten ausgelegte Grabkammern. Archäologische Ausgrabungen brachten keine Beigaben zutage, sondern lediglich einige verbrannte Knochen und Holzkohle.

**Die Grabhügel in diesem riesigen Bestattungsareal bestehen aus aufgeschichteten Steinen und Felsstücken.**

## Festung Suomenlinna

Finnland | Jahr der Ernennung: 1991

Bis heute macht die imposante Festungsanlage auf sechs Inseln vor Helsinki mit ihren gewaltigen Mauern einen wehrhaften Eindruck. Die Schweden, die Finnland seit dem 13. Jahrhundert beherrschten, errichteten Mitte des 18. Jahrhunderts die Festung Sveaborg vor der Hafeneinfahrt der Stadt Helsinki. Als 1808 die Wehranlage kampflos von den Russen eingenommen worden war, begann der Rückzug der Schweden aus Finnland. Zar Alexander I. (reg. 1801 bis 1825) machte Helsingfors zur Hauptstadt des neu begründeten Großfürstentums Finnland. Eine orthodoxe Kirche, Holzhäuser und eine Kommandantur blieben aus der Zeit der russischen Herrschaft erhalten. Suomenlinna, wie die Festung jetzt heißt, wurde 1855 während des Krimkrieges durch ein Bombardement einer von Großbritannien geführten Flotte teilweise schwer beschädigt. 1918, als Finnland unabhängig wurde, diente die Festung als Gefängnis für kommunistische Truppen und Aufrührer, von denen viele in den Kerkern von Suomenlinna ums Leben kamen. Heute kann ein Museum zur Festungsgeschichte besichtigt werden. Suomenlinna gilt als bedeutendes Beispiel europäischer Militärarchitektur.

**Die Festung ist ein beliebtes Touristenziel. Das Ausmaß der Anlage ist enorm und erstreckt sich über mehrere Inseln.**

# Historische Kartonfabrik von Verla

Finnland | Jahr der Ernennung: 1996

Der Mühlenkomplex in Südfinnland, 150 Kilometer nordöstlich von Helsinki gelegen, gehört zu den bedeutendsten Denkmälern der finnischen Forstindustrie. Papier und Zellulose sind bis heute wichtige Produkte des Landes.

Die reichen Waldbestände Skandinaviens und Nordrusslands bildeten die Basis für die in der zweiten Hälfte des 19. Jahrhunderts begründete, prosperierende Papierindustrie. In Nordamerika waren es die Wälder Kanadas und der nordöstlichen Bundesstaaten der Vereinigten Staaten von Amerika, die ähnliche Entwicklungen hervorbrachten.

Nur sehr wenige dieser damals weit verbreiteten Industriekomplexe sind allerdings noch erhalten. Die 1882 errichtete Papiermühle in Verla mitsamt einer angeschlossenen Kartonfabrik steht zusammen mit den Wohnhäusern der Arbeiter inmitten eines Parks am Flussufer. Das gesamte Ensemble beeindruckt durch seine Backsteinarchitektur. Die Erhaltung der Fabrik verdankt sich der Tatsache, dass sie erst 1964 ihren Betrieb endgültig einstellte. Heute ist hier ein Museum zur Geschichte der finnischen Forstindustrie untergebracht.

**Die riesigen Maschinen der 1964 geschlossenen Papiermühle Verla erwecken den Eindruck, als wären sie jederzeit einsatzbereit.**

# Historisches Zentrum von Tallinn

Estland | Jahr der Ernennung: 1997

Im Mittelalter stieg die von Dänen gegründete Stadt an der Ostsee zu einem Zentrum der Hanse auf. Von der einstigen Blütezeit Tallinns zeugen noch viele Kaufmannshäuser und zahlreiche Kirchen.

Nach starken Beschädigungen im Zweiten Weltkrieg wurde das Zentrum der estnischen Hauptstadt im Stil des 18. Jahrhunderts wiederaufgebaut. Auf dem Domhügel liegt die Keimzelle der alten Stadt Reval, die seit 1920 als Tallinn Hauptstadt der Republik Estland ist. Noch heute ragen dort die mächtigen Türme und Mauern der einstigen Befestigung in die Höhe.

Der Dom zu Marien, ab etwa 1230 errichtet, birgt Kunstschätze aller Epochen. Die Kirche der Heiliggeistbruderschaft aus dem 12./13. Jahrhundert ist eine für den Ostseeraum typische Armenhauskapelle. Später wurde sie mit reichen Holzschnitzereien ausgestaltet. Sie birgt – ebenso wie auch die im 13./14. Jahrhundert entstandene Kirche des heiligen Nikolaus – beachtliche Altäre. Das Zentrum der Altstadt von Tallinn bildet der Rathausplatz mit zahlreichen historischen Gebäuden wie dem im 14. Jahrhundert entstandenen gotischen Rathaus.

**Vom Domberg aus bietet sich ein schöner Blick über die Stadt mit ihren Kirchen wie der Olaikirche sowie der alten Stadtbefestigung.**

# Historisches Zentrum von Riga

Lettland | Jahr der Ernennung: 1997

Das Schwarzhäupterhaus ist das größte seiner Art überhaupt (oben). Die mächtigen Kuppeln der Geburtskathedrale überragen die Altstadt.

Im historischen Stadtkern der lettischen Hauptstadt findet sich neben mittelalterlichen Kirchen und Kaufmannshäusern eine der schönsten Ansammlungen von Jugendstilgebäuden in Europa. Riga liegt an der Mündung der Düna (Daugava) in die Ostsee. Unter den vielen bedeutenden Gotteshäusern der Stadt ragen der Dom, der im Jahr 1211 begonnen und 1775 in seiner heutigen Form vollendet wurde, sowie der achteckige Holzturm der lutherischen Jesuskirche (1819–1822) heraus. Von den einst mächtigen Befestigungsanlagen der Stadt sind der Pulverturm (14. Jahrhundert) und der Ramerturm (13. Jahrhundert) erhalten geblieben; die Zitadelle wurde ab 1760 unter schwedischer Herrschaft errichtet, und auch das Schwedische Tor stammt aus dieser Zeit. Der Gildensaal ist das einzige erhaltene mittelalterliche Verwaltungsgebäude. Die Kleine Gilde, Mitte des 14. Jahrhunderts erbaut, zählt zu den repräsentativsten Bauten der Stadt. Die Lettische Börse entstand von 1852 bis 1855 im Stil eines venezianischen Palais. Unter den Häusern der Stadt finden sich prächtige Gebäude wie das im Jahr 1683 begonnene Reuternhaus, und das Schwarzhäupterhaus von 1334 auf dem Rathausplatz.

# Kurische Nehrung

Litauen | Jahr der Ernennung: 2000

Zwischen Ostsee und Kurischem Haff erhebt sich seit der Jungsteinzeit ein schmaler Dünenstreifen, die Kurische Nehrung, die sowohl Litauen als auch Russland durchzieht. Als die Ostsee gegen die 80 Meter dicke, von den Gletschern der Eiszeit hinterlassene Grundmoräne brandete, ragten nur noch zwei Inseln um die heutigen Orte Rybatschi (Rossitten) und Selenogradsk (Cranz) aus dem Meer. Wind und Wellen trieben Sand von der samländischen Küste gegen diese Inseln, die jedes Jahr um bis zu sechs Meter nach Nordosten wuchsen. Die mächtigen, weißen Wanderdünen, darunter Europas größte Düne, die Hohe Düne von Nida (Nidden), mit einem 60 Meter hohen Plateau, wirken wie die Sahara. Nur auf einem geringen Teil der Nehrung wandert der Sand noch, bei allen anderen Dünen wurde dieser Prozess durch ein im 19. Jahrhundert initiiertes Bepflanzungsprogramm gestoppt. Archäologische Funde bestätigen eine Besiedlung der Dünenlandschaft seit dem 4. Jahrhundert v. Chr. Seit dieser Zeit entwickelte sie sich im Zusammenspiel von Natur und dem Menschen. Die umliegenden Fischerdörfer gehören ebenfalls zum Weltkulturerbe.

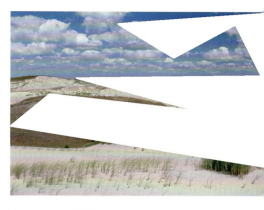

**Auf der fast 100 Kilometer langen und bisweilen nur wenige Hundert Meter breiten Halbinsel gibt es bis zu 60 Meter hohe Dünen.**

# Archäologische Stätte Kernavé

Litauen | Jahr der Ernennung: 2004

In Kernavé nordwestlich von Vilnius gibt eine archäologische Fundstätte Auskunft über das Leben im Baltikum von der Altsteinzeit bis heute. Besonders bedeutend sind hier die Hügelfestungen aus vorchristlicher Zeit. In der archäologischen Fundstätte Kernavé stieß man auf rund 10 000 Jahre alte Zeugnisse menschlicher Besiedlung. Die ältesten Fundstücke stammen aus der Steinzeit, die jüngsten aus dem Mittelalter. Insgesamt umfasst die Welterbestätte 194 Hektar und damit ein komplexes Ensemble, bestehend aus der Stadt selbst, aus Befestigungen, unbefestigten Siedlungen und Gräbern. Hier kann man die Begegnung zwischen heidnischer und christlicher Begräbnistradition besonders gut nachvollziehen. Auch die Spuren einer früheren Landnutzung im Tal des Flusses Neris sind erhalten geblieben, ebenso die Reste von fünf Hügelfestungen, die zu einem bemerkenswert ausgedehnten Verteidigungssystem gehörten. Im Mittelalter war Kernavé eine bedeutende Stadt mit fünf mächtigen Wehrburgen. Erstmals 1279 erwähnt, gilt sie als erste Hauptstadt Litauens. Im späten 14. Jahrhundert zerstörten Deutschordensritter den Fürstensitz.

**Die Anlage von Kernavé im Tal der Neris, auf die sich ein schöner Blick bietet, hat für die Litauer bis heute große Symbolkraft.**

Litauen | **Europa**

# Historisches Zentrum von Vilnius

Litauen | Jahr der Ernennung: 1997

Die Annenkirche (oben) ist ein für Litauen seltenes Beispiel der »flammenden« Gotik. Unten: die Kathedrale von Vilnius.

Zu Füßen der Burg Wilna erstreckt sich im Tal der Neris die Altstadt der einstigen Kaufmannssiedlung Vilnius, die im 15. und 16. Jahrhundert ihre Hochblüte als Mittlerin zwischen den Städten Russlands und den Hansestädten erlebte.

Vom 13. bis zum Ende des 18. Jahrhunderts politisches Zentrum des Großfürstentums Litauen, und damit Ort der kulturellen Begegnung ost- und westeuropäischer Traditionen, wirkte Vilnius prägend auf die Entwicklung der Architektur in Osteuropa. In der Stadt finden sich gotische und barocke Bautraditionen neben Gebäuden im Stil der Renaissance.

Unter den älteren Bauten stechen besonders mehrere spätgotische Kirchen wie St. Anna, St. Nikolai, die Bernhardinerkirche sowie einige barocke Adelspalais hervor. Barock zeigt sich auch die Peter-und-Paul-Kirche aus dem 17. Jahrhundert.

Das Zentrum der Altstadt ist jedoch die Kathedrale St. Stanislaw mit ihrem separat stehenden Glockenturm, die ihr heutiges Gesicht in den Jahren 1783 bis 1801 erhielt. Sie gleicht in der klassizistischen Bauweise einem griechischen Tempel. Das (Stadt-) Tor der Morgenröte hat einen Toraufsatz im Renaissancestil.

# St. Kilda

Vereinigtes Königreich | Jahr der Ernennung: 1986

Großbritanniens einsamster und abgelegenster Archipel, etwa 175 Kilometer vor der Westküste Schottlands, ist ein paradiesischer Nistplatz mit der größten Tölpelpopulation der Erde. Der Archipel vulkanischen Ursprungs blieb während der letzten Eiszeit von Vergletscherung verschont und bewahrte so eine eigentümliche Landschaft. Die Inselgruppe umfasst Dùn, Soay, Boreray und die Insel Hirta, deren Bewohner 1930 umgesiedelt wurden. Die Natur ist seitdem sich selbst überlassen. Beeindruckende Steilfelsen bieten Nistplätze für seltene Vogelarten wie den Papageitaucher. Riesige Tölpelbestände finden hier ein Refugium, und für den Basstölpel sind die Inseln einer der weltweit wichtigsten Brutplätze. Die Inseln waren trotz ihrer rauen klimatischen Bedingungen schon vor 2000 Jahren besiedelt. Ihre auffallendsten Bauten sind die sogenannten Cleits, kleine Bauten aus Steinmauern überdacht von einer rasenbedeckten Platte, 1260 auf Hirta und mehr als 710 auf den weiteren Inseln. Sie dienten vorwiegend als Lagerräume für Eier, Federn und Torf. In der Neuzeit lebten die Menschen vor allem auf der Hauptinsel Hirta in Natursteinhäusern, die nun jedoch verfallen.

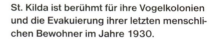

**St. Kilda ist berühmt für ihre Vogelkolonien und die Evakuierung ihrer letzten menschlichen Bewohner im Jahre 1930.**

## Jungsteinzeitliche Monumente auf Orkney

Vereinigtes Königreich | Jahr der Ernennung: 1999

Monumente auf Mainland, der Hauptinsel der insgesamt 67 britischen Orkneyinseln vor der Nordküste Schottlands, dokumentieren die kulturellen Leistungen der nordeuropäischen Völker im Zeitraum von 3000 bis 2000 v. Chr.
Die Orkneyinseln vor der Nordostspitze Schottlands sind zum größten Teil unbewohnt. Fast drei Viertel der Gesamtbevölkerung leben auf der Hauptinsel Mainland. Hier befinden sich mehrere steinzeitliche Stätten.
Das große Kammergrab Maes Howe aus der Zeit um 2500 v. Chr. mit einem Durchmesser von über 30 Metern liegt ca. 15 Kilometer von der Hauptstadt Kirkwall entfernt. Die Überreste des Steinkreises von Stenness stammen ebenfalls aus vorgeschichtlicher Zeit. Nicht weit von diesem Monument entfernt liegt der Ring of Brodgar. Hier stehen in einem Kreis von ungefähr 100 Meter Durchmesser 36 von den urprünglichen 60 Steinen mit einer Höhe von bis zu viereinhalb Metern. Besonders eindrucksvoll ist die Steinzeitsiedlung Skara Brae, die erst vor etwa 150 Jahren durch einen Sturm freigelegt wurde. Sie gilt als die am besten erhaltene Siedlung der Jungsteinzeit in Europa.

**Der Steinkreis »Ring of Brodgar« aus der Jungsteinzeit wurde vermutlich als Sonnentempel genutzt.**

# Forth Bridge

Vereinigtes Königreich | Jahr der Ernennung: 2015

Die Eisenbahnbrücke über den Mündungstrichter des River Forth wird bis heute als Wunderwerk der Technik und der Architektur gerühmt. Mit einer Gesamtlänge von 2,5 Kilometer war sie bei ihrer Eröffnung 1890 die längste Brücke der Welt und die erste, bei deren Bau der Siemens-Martin-Stahl verwendet wurde. Die Brücke verbindet Edinburgh mit der Halbinsel Fife und sollte den Norden Schottlands erschließen helfen. Ihre Planung und ihr Bau wurden von einer kritischen Öffentlichkeit verfolgt. 1879 war die erst 1877 fertiggestellte Brücke über den Tay in der Nähe von Dundee während eines Orkans zusammengestürzt und hatte 75 Insassen eines Personenzuges in den Tod gerissen. Stabilität und Sicherheit hatten deshalb für die Auftraggeber wie für die Planer und Erbauer oberste Priorität. Die Brücke wurde als Auslegerbrücke errichtet. Ihre Träger sind drei Stützpfeiler aus je vier Stahlrohren, die auf Granitsockeln ruhen und durch diagonale Streben sowie Fachwerkträger versteift sind. Insgesamt wurden bei dem Bau 54 000 Tonnen Stahl und 6,5 Millionen Nieten verwendet. Im Süden wie im Norden ist die Brücke durch ein Viadukt aus Granitpfeilern mit dem Festland verbunden.

Die zweigleisige Eisenbahnbrücke führt über den Firth of Forth; nach der Québec-Brücke hat sie die größte Spannweite aller Brücken.

# New Lanark

Vereinigtes Königreich | Jahr der Ernennung: 2001

Mit der Siedlung um die einst größte Baumwollspinnerei Großbritanniens verwirklichte der Unternehmer Robert Owen seine Utopie von einer humanen Arbeitswelt, wenngleich er dafür als »Sozialrevolutionär« verachtet wurde.

Rund 40 Kilometer vor Glasgow errichteten Richard Arkwright und der walisische Unternehmer David Dale 1783 eine Baumwollfabrik. Es herrschten die üblichen Arbeitsbedingungen der industriellen Revolution. Das sollte sich ändern, als Robert Owen 1799 Dales Schwiegersohn wurde und in die Geschäftsführung des Unternehmens einstieg. Seine für die damalige Zeit revolutionären Ideen veröffentlichte er im Lauf seines Lebens in zahlreichen Schriften, die in Europa große Popularität erlangten. In New Lanark setzte er seine Ideen in die Praxis um. Er reduzierte die Arbeitszeit, sanierte die Wohnstätten der 2500 Arbeiter, richtete einen kostenlosen Gesundheitsdienst ein, schuf Kinderkrippen, Freizeiteinrichtungen sowie die erste Schule für Arbeiterkinder in Großbritannien. Die in den 1980er-Jahren restaurierte Mustersiedlung gilt wegen ihrer Architektur und ihrer Sozialeinrichtungen als Meilenstein in der Sozial- und Industriegeschichte.

Besucher können heute in New Lanark die Siedlungen mit Produktionsstätten sowie die Wohnräume von Robert Owen besichtigen.

# Alt- und Neustadt von Edinburgh

Vereinigtes Königreich | Jahr der Ernennung: 1995

Der Charakter der schottischen Hauptstadt wird bestimmt durch den einmaligen architektonischen Kontrast von mittelalterlich geprägter Altstadt und umsichtig geplanter Neustadt im georgianischen Stil.

Die gigantische Festung Edinburgh Castle geht in ihren ältesten Teilen auf das 11. Jahrhundert zurück. Ebenfalls auf dem Schlossberg erhebt sich die 1090 geweihte St. Margaret's Chapel. Unterhalb des Castle Rock beginnt mit der Royal Mile die mit Durchgängen und Hinterhöfen durchsetzte Altstadt. Hier reihen sich Adelssitze wie Gladstone's Land an Gotteshäuser wie die spätgotische Kathedrale St. Giles. Am Ostende der Royal Mile steht der Palace of Holyroodhouse, 1128 als Augustinerabtei errichtet, später Residenz der schottischen Könige. Ihm gegenüber befindet sich das moderne Bauwerk des neuen schottischen Parlaments. Trotz sinkender politischer Bedeutung Schottlands nach der Union mit England 1707 blieb Edinburgh ein wichtiges kulturelles Zentrum. Gegen Ende des 18. Jahrhundert wurde die georgianische Neustadt mit den rechtwinklig angelegten Straßen in Richtung Norden errichtet.

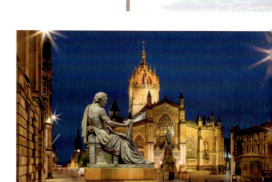

Vor der St.-Giles-Kathedrale steht das David-Hume-Denkmal (oben). Der Ausblick vom Calton Hill (unten) ist grandios.

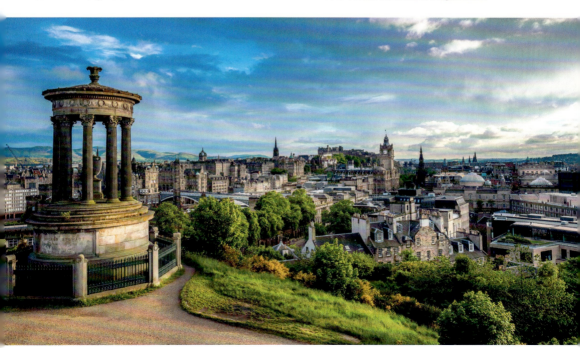

# Giant's Causeway und Causeway Coast

Vereinigtes Königreich | Jahr der Ernennung: 1986

Wie eine von Menschenhand erbaute riesige Treppe wirkt der Giant's Causeway mit seinen vier- bis achteckigen Basaltsäulen.

Die Basaltsäulen des Giant's Causeway reihen sich über eine Länge von fünf Kilometern an der Küste Nordirlands auf. Viele Legenden ranken sich um dieses Naturwunder, das die Wissenschaft nach wie vor beschäftigt.

Nahe dem Fischerort Ballycastle ragen rund 40 000 meist sechseckige Basaltsäulen aus dem Meer. Die Säulen werden auf ein Alter von etwa 60 Millionen Jahren geschätzt. Sie bilden zusammen eine fünf Kilometer lange, vorspringende Landzunge entlang den Klippen und entstanden durch Kristallisierungprozesse im Zuge der Erkaltung von ins Meer ausströmender Lava. Die größten Säulen erreichen eine Höhe von bis zu sechs Metern. »Straße des Riesen« heißt das Naturwunder nach einer der vielen Legenden, die sich um diesen Ort ranken. Sie erzählt davon, dass der irische Riese Finn, als er von seinem Gegenspieler herausgefordert wurde, einen Steinweg über die See nach Schottland errichtet habe. Die Studien über Giant's Causeway, die hier in den letzten 300 Jahren getätigt wurden, leisteten einen wichtigen Beitrag zur Entwicklung der geologischen Wissenschaften.

# Grenzen des Römischen Reichs

Vereinigtes Königreich, Deutschland | Jahr der Ernennung: 1987

Der Hadrians- und der Antoninuswall sind Teil des länderübergreifenden Welterbes »Grenzen des Römischen Reichs«, zu dem auch der Limes zählt. Um das Römische Reich besser gegen die Völker im Norden verteidigen zu können, wurden im 2. Jahrhundert befestigte Grenzanlagen errichtet, die sich über 5000 Kilometer quer durch Europa erstreckten. Als besonders schützenswerter Teil davon wurde der Hadrianswall 1987 zum Welterbe erklärt, das 2005 um den Obergermanisch-Rätischen Limes in Deutschland und 2008 um den Antoninuswall in Schottland erweitert wurde. Von Newcastle über Carlisle nahe der englisch-schottischen Grenze bis zum 120 Kilometer entfernten Bowness-on-Solway an der Irischen See verläuft der Hadrianswall. Er ist teils als Steinmauer, teils als Erdwall realisiert. Nach dem Abzug der Römer, um das Jahr 410 herum, verfiel die Befestigungsanlage dann zusehends. Rund 150 Kilometer weiter nördlich erstreckt sich vom Firth of Forth zum Firth of Clyde der rund 60 Kilometer lange Antoninuswall. Die um das Jahr 140 unter Kaiser Antoninus Pius erbaute Grenzbefestigung mit 19 Kastellen wurde bereits nach wenigen Jahrzehnten wieder aufgegeben.

**Der großteils als Steinmauer errichtete Hadrianswall liegt im Norden Englands; große Teile der Wallanlage existieren noch heute.**

# Burg und Kathedrale von Durham

Vereinigtes Königreich | Jahr der Ernennung: 1986

Durham in der gleichnamigen Grafschaft liegt im Nordosten Englands. Die normannische Burg und die dreigeschossige anglo-normannische Kathedrale der Stadt sind ein Zeugnis normannischer Baukunst und der Macht der Bischöfe.

Über dem Fluss Wear thronen die festungsgleichen Anlagen der Bischöfe von Durham: Ab 1072 wurde hier eine normannische Burganlage erbaut, die als Bollwerk gegen die Schotten gedacht war und schließlich zum Zentrum einer Klostersiedlung der Benediktiner und zur Residenz der Bischöfe wurde, die bis 1536 auch die weltliche Herrschaft in der Region ausübten.

Mit dem Bau der Kathedrale begann man 1093, sie sollte die Reliquien des Beda Venerabilis und des heiligen Cuthbert aufnehmen. Die Kirche gilt als eines der schönsten Bauwerke am Übergang von der Romanik zur Gotik, das die normannischen Eroberer errichteten. Das eher niedrige und lang gestreckte Kirchenschiff ist eine spezifische Eigenart der englischen Gotik. Die Kreuzrippengewölbe über den Chorschiffen sind die ältesten erhaltenen ihrer Art und sichern der Kathedrale einen wichtigen Platz in der europäischen Architekturgeschichte.

Die Kathedrale von Durham (oben: Blick Richtung Hochaltar) ist eines der bedeutendsten Gotteshäuser Englands.

# Studley Royal Park und Fountains Abbey

Vereinigtes Königreich | Jahr der Ernennung: 2012

In den Königlichen Gärten von Studley in North Yorkshire befindet sich mit den imposanten Ruinen der einst wohlhabenden Zisterzienserabtei Fountains Abbey eine der größten und besterhaltenen Klosteranlagen Englands. Mönche aus York gründeten die Zisterzienserabtei Fountains Abbey. Bis zur Auflösung 1539, die eine Folge der Trennung der englischen Kirche von Rom war, erlebte die Abtei einen gewaltigen Aufschwung. Durch Schafzucht und Wollhandel war sie zu einer der größten und reichsten Klosteranlagen des Landes geworden. Weitgehend erhalten, wenn auch ohne Dach, sind heute die 123 Meter lange Kirche, der 55 Meter hohe Turm über dem nördlichen Querschiff und die sich direkt anschließenden Klostergebäude mit einem durch normannisch-romanische Bögen beeindruckenden Kreuzgang. Nach der Auflösung sämtlicher Klöster in England durch Heinrich VIII. in der ersten Hälfte des 16. Jahrhunderts verfiel die Anlage, bevor sie im 18. Jahrhundert Bestandteil der Königlichen Gärten von Studley wurde. Der 1727 angelegte georgianische Park mit Achteckturm, Tempel der Frömmigkeit und Mondteich ist einer der prächtigsten Gartenanlagen des Landes.

Unter den Ruinen von Fountains Abbey ist u.a. der über dem nördlichen Querschiff befindliche Turm noch erhalten (oben).

# Industriedorf Saltaire

Vereinigtes Königreich | Jahr der Ernennung: 2001

Das Dorf Saltaire ist die größte vollständig erhaltene Mustersiedlung des frühen Industriezeitalters. Es spiegelt den »philanthropischen Paternalismus« des Viktorianischen Zeitalters wider, in dem Fabrikherren für ihre Arbeiter Sorge trugen. Am 20. September 1853 eröffnete der Industrielle Sir Titus Salt am Fluss Aire in West Yorkshire seine Fabrik, in der Wolle jeglicher Art gekämmt, gesponnen und verwoben wurde. An rund 1200 Webstühlen produzierten die Arbeiter täglich rund 17 Meilen Stoff. Das Fabrikgebäude war so lang wie die St.-Paul´s-Kathedrale. Noch außergewöhnlicher erschien die Siedlung, die Salt um die Fabrik herum errichtete: Das Industriedorf hatte gut ausgestattete Häuser, eine Kirche, eine Schule, ein Krankenhaus, einen Park, ein tempelartiges Badehaus und ein Institut mit Bücherei, Versammlungsräumen und Turnhalle. Nur die Pubs fehlten in Saltaire, denn Salt war der Meinung, dass Diskussionen in den hierfür gebauten öffentlichen Räumen stattfinden sollten. Saltaire, ein historisches Beispiel für eine humane Industrialisierung, ist heute ein Denkmal. Seine Architektur beeinflusste die Konzeption und Entwicklung moderner Arbeitersiedlungen maßgeblich.

**Die Arbeitersiedlung Saltaire in West Yorkshire wurde nach den damals modernsten sozialen und sanitären Standards entworfen.**

# Historische Hafenstadt Liverpool

Vereinigtes Königreich | Jahr der Ernennung: 2004

Sechs städtische Bereiche im historischen Zentrum und im Hafengebiet wurden zum Weltkulturerbe erklärt. Mit seinen beeindruckenden Bauten und Dockanlagen bezeugt Liverpool den Aufstieg Großbritanniens zur Weltmacht. Liverpool erhielt bereits 1207 Stadtrechte, blieb aber 500 Jahre lang ein kleiner Fischerort. Erst der boomende Sklavenhandel führte dazu, dass 1715 das erste Dock gebaut wurde. Liverpool nahm fortan im Dreieck des Sklavenhandels eine wichtige Stellung ein: Hier wurden Waffen, Alkohol, Salz und Textilien eingeladen und in Westafrika gegen Sklaven eingetauscht, die man in die Karibik und nach Amerika schaffte. Dort belud man die Schiffe mit Tabak, Baumwolle und Zucker und brachte diese Güter nach Liverpool. Auch nach der Abschaffung der Sklaverei 1807 kamen immer mehr Docks hinzu – u.a. für den Transport von Auswanderern nach Amerika. Die Docks wurden bis Mitte des 20. Jahrhunderts genutzt, danach folgte der wirtschaftliche Abstieg Liverpools. Mithilfe der EU konnten das historische Zentrum und die Dockanlagen restauriert werden; sie beherbergen heute Geschäfte, Bars, Restaurants und Museen.

**Der historische Teil von Liverpools Hafenviertel (im Bild: Pier Head) wurde 2004 zum Weltkulturerbe ernannt.**

# Burgen Edwards I. in Gwynedd

Vereinigtes Königreich | Jahr der Ernennung: 1986

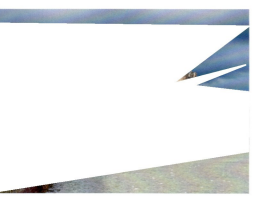

Conwy Castle war eine der von König Edward bei seiner Eroberung errichteten Burgen. Die Hängebrücke stammt von 1826.

Die verschiedenen Burgen, die Edward I. in Wales errichten ließ, sind bedeutende Zeugnisse mittelalterlicher Militärarchitektur und Monumente der Kolonisierung des kleinen Landes durch die englische Krone.

Gwynedd, eine raue Region im Norden von Wales, wurde jahrhundertelang von kleinen Adelsgeschlechtern regiert bis Edward I. (1239–1307) das Land unter seine Herrschaft brachte. Der englische König sicherte seine Position in dem 1284 endgültig von ihm unterworfenen Wales durch den Bau von drei Zwingburgen in der Nähe zur englischen Grenze. Conwy wurde ab 1283 in nur viereinhalb Jahren errichtet und gilt als Meisterwerk der Militärarchitektur des Mittelalters. Der Baumeister James of St. George, ein führender Architekt von Festungsanlagen, überwachte auch die Arbeiten der im selben Jahr begonnenen Burgen von Caernarfon und Harlech, die zusammen mit den Bauten von Aberystwyth, Beaumaris und Flint eine Verteidigungskette entlang der nordwalisischen Küste bilden. Conwy Castle wurde auf diese Weise zu einem monumentalen Denkmal der englischen Herrschaft in Wales.

# Pontcysyllte-Aquädukt und Kanal

Vereinigtes Königreich | Jahr der Ernennung: 2009

Herausragendes Beispiel für die Errungenschaften der industriellen Revolution in Europa: der Pontcysyllte-Aquädukt.

Der Pontcysyllte-Aquädukt – ein das Tal des Dee überquerender Aquädukt in Form einer schiffbaren Trogbrücke im Nordosten von Wales – gilt als Meisterwerk der Ingenieurskunst. Zum Welterbe zählen auch 18 Kilometer des dazugehörigen Kanals, der gänzlich ohne Schleusen befahren werden kann.

Deutlich früher als in anderen Ländern erkannte man in Großbritannien das Potenzial von Wasserstraßen und Kanälen. Ein hervorragendes Beispiel dafür ist der rund 65 Kilometer südlich von Liverpool gelegene Pontcysyllte-Aquädukt – mit 307 Meter Länge und rund 38 Meter Höhe das größte Bauwerk seiner Art in Großbritannien. Schon bald nach der Einweihung des von 1795 bis 1805 von Thomas Telford und William Jessop errichteten Aquädukts wurde seine Konstruktion, bei der gusseiserne und steinerne Elemente elegant kombiniert wurden, zum Vorbild für ähnliche Bauten auf der ganzen Welt. Als »Wasserstraße in den Wolken« gefeiert, ist es noch heute ein Erlebnis, den Aquädukt in luftiger Höhe zu überqueren. Dazu befährt man mit einem Boot die als gusseiserner Trog angelegte Fahrrinne, neben der ein Treidelpfad verläuft, auf dem früher Pferde die Boote zogen.

# Industrielandschaft Derwent Valley

Vereinigtes Königreich | Jahr der Ernennung: 2001

An dem ländlichen Flusstal des Derwent entstanden im 18. Jahrhundert die ersten Baumwollfabriken und Großspinnereien. Die Industrielandschaft Derwent Valley gilt als Keimzelle der industriellen Revolution in der Textilfabrikation.

Im Jahr 1769 erfand Richard Arkwright die Waterframe-Spinnmaschine. Die Neuerung sollte nicht nur die Produktion, sondern auch die Arbeitsorganisation und das Leben der Menschen grundlegend verändern. In den Fabriken von Cromford wurde sie erstmals eingesetzt und damit die industrielle Revolution eingeläutet. Das Industriegebiet Derwent Valley zieht sich etwa 15 Meilen am Fluss Derwent entlang. Es erstreckt sich von Masson Mill über Matlock Bath bis zur Lombe's Silk Mill in Derby. Die Seidenfabrik wurde zum Industriemuseum umfunktioniert. Zum Kulturdenkmal gehört außerdem das Industriedorf Darley Abbey mit verschiedenen Fabrikhallen, den Wohnstätten für die Arbeiter, einer Kirche und einem Park. Maschinen und Gebäude stammen aus dem 18./19. Jahrhundert und sind sowohl technisch als auch historisch interessant. Das Ensemble war Vorbild für moderne Industriestädte an den verschiedensten Orten der Welt.

Lombe's Silk Mill am Fluss Derwent in Derby ist heute ein Industriemuseum. Sie wurde 1717 bis 1721 für die Lombe Brüder gebaut.

# Industriedenkmäler von Ironbridge Gorge

Vereinigtes Königreich | Jahr der Ernennung: 1986

Die Ironbridge Gorge mit dem Ort Coalbrookdale, in Telford in der Nähe von Birmingham gelegen, ist eine der Pionierstätten des Industriezeitalters.

Ironbridge Gorge verdankt seinen Namen der Brücke, die der Eisenwerksbesitzer Abraham Darby im Jahr 1779 an dieser Stelle erbauen ließ. Hier befindet sich das sogenannte Stonehenge der industriellen Revolution: Über das Tal des Severn bei Coalbrookdale führt die erste Eisenbrücke der Geschichte, die auch heute noch von Fußgängern benutzt werden kann.

Nahe dem Ort sind die Minen und die Kokerei ebenso zu besichtigen wie die später hinzugekommenen Eisenbahnanlagen, die den landesweiten Transport ermöglichten. Die gut erhaltenen Anlagen bilden heute eine weitläufige Museumslandschaft, die den Beginn des industriellen Zeitalters in England anschaulich dokumentiert. Zu diesem Komplex gehören u.a. ein Brennofen für Eisenschmelze, der ebenfalls bereits im 18. Jahrhundert errichtet wurde, das Blists-Hill-Open-Air-Museum mit Ausstellungen aus dem Viktorianischen Zeitalter sowie eine Werkstatt für Ziegelherstellung.

Die erste Eisenbrücke der Welt führt über den Severn bei Coalbrookdale und wird auch heute noch benutzt.

## Industrielandschaft Blaenavon

Vereinigtes Königreich | Jahr der Ernennung: 2000

Die Industrielandschaft in Südwales ist mit ihren Kohleminen und ihren Hochöfen der weltweit am besten erhaltene Eisenhüttenkomplex aus der Zeit der frühen industriellen Revolution gegen Ende des 18. Jahrhunderts.

Drei Unternehmer aus England ließen 1789 in der Berglandschaft von Südwales nahe dem Dorf Blaenavon drei Hochöfen errichten. Sie produzierten Roheisen auf der Grundlage der zu dieser Zeit neuesten Technologie der Eisenherstellung mithilfe von Dampfkraft. Die dafür notwendigen Rohstoffe konnten vor Ort abgebaut werden. Die Hochöfen baute man direkt in einen Hang, um sie von oben mit Rohmaterial zu versorgen.

1788 wurde dort auch eine Wohnsiedlung für die Arbeiter errichtet, die in ihrer einfachen Steinbauweise an die damals üblichen »Cottages« erinnert. Am Rand des alten Industrierreviers liegt einer der größten Grubenbezirke, »Big Pit« genannt, in dem die für den Betrieb der Hochöfen notwendige Kohle gefördert wurde. Gegen Ende des 20. Jahrhunderts setzte mit dem Ende der Eisenerzeugung der Zerfall der Anlage ein, der erst 1975 durch ein Restaurationsprogramm gestoppt wurde.

Die Kohlengrube »Big Pit« wurde 1983 zum Besucherbergwerk umfunktioniert. Im Bild: Hochofen eines Eisenwerks bei Blaenavon.

## Schloss Blenheim

Vereinigtes Königreich | Jahr der Ernennung: 1987

Schloss Blenheim bei Woodstock in Oxfordshire ist eines der schönsten und kraftvollsten Beispiele barocker Baukunst in England. Es steht inmitten einer nach den Idealen der Romantik angelegten Parkanlage.

1704 schenkte die englische Nation John Churchill als dem ersten Duke of Marlborough diese prächtige Residenz in Oxfordshire, zum Dank für seinen erfolgreichen Feldzug gegen französische und bayerische Truppen bei Blindheim an der Donau. 1705–1722 wurde Schloss Blenheim unter der Aufsicht eines der renommiertesten Architekten Englands erbaut, Sir John Vanbrugh. Die drei Flügel des zweistöckigen Palastes mit Türmen und Säulenhallen legte man um einen großen Hof herum an. Die weitläufigen Gartenanlagen sollten im Lauf der Zeit mehrfach umgestaltet werden: Der von Henry Wise nach dem Vorbild von Versailles angelegte Park wurde ab 1764 durch den Gartengestalter Lancelot Brown renaturiert und durch den Einsatz von Wasserfällen und eines Sees in eine romantische Landschaft umgebaut. Schloss und Park reflektieren die Anliegen der Romantik: die Rückkehr zur Natur und zu den nationalen Wurzeln.

Die Duchess of Marlborough versuchte den Architekten vergeblich zu einer wohnlicheren Gestaltung des Schlosses zu bewegen.

# Bath

Vereinigtes Königreich | Jahr der Ernennung: 1987

Die Stadt mit den elegantesten Bauten Südenglands zeugt von der Kreativität ihrer Architekten und wirkt wie ein riesiges Freilichttheater. Bath liegt in Somerset, unweit von Bristol. Bereits die Römer errichteten in der Nähe der heißen Thermalquellen Kuranlagen und Bäder. Überreste eines Tempels und des Bäderkomplexes zeugen heute noch von der Tradition der Stadt, vormals Aquae Sulis. Im 17. Jahrhundert wurde Bath, das seit dem 10. Jahrhundert Bischofssitz und Zentrum des mittelalterlichen Tuchhandels war, der beliebteste Badeort Englands und das bedeutendste gesellschaftliche Zentrum außerhalb Londons. Im ausgehenden 18. Jahrhundert waren es vor allem John Wood, Ralph Allen und Richard Beau Nash, deren monumentalen Bauvorhaben der Ort sein geschlossenes georgianisches Stadtbild verdankt: Die Straßenzüge führen zu klassizistischen Meisterwerken wie dem Kurhaus, dem Royal Crescent oder der 1770 entworfenen Pulteney Bridge. Bath zeigt die Abkehr von der streng geometrisch geplanten Stadt der Renaissance und die Verbindung von Architektur mit der sie umgebenden Landschaft, die für das 19. Jahrhundert bestimmend wurde.

**Eine Hauptattraktion sind die Ausgrabungen des hervorragend erhaltenen römischen Bades; im Hintergrund: Bath Abbey (unten).**

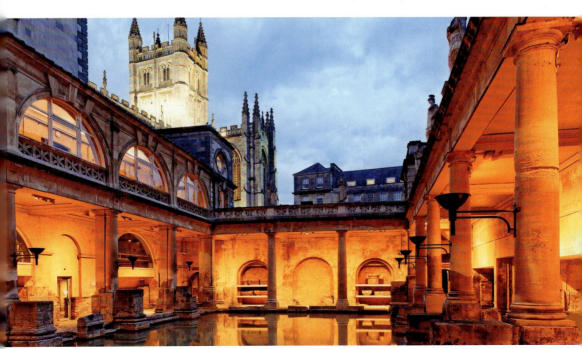

# Stonehenge, Avebury und zugehörige Orte

Vereinigtes Königreich | Jahr der Ernennung: 2008

Die Bedeutung der jungsteinzeitlichen Monumente von Stonehenge und dem benachbarten Avebury ist bis heute ungeklärt. Man vermutet, dass sie neben ihrer religiösen Funktion auch zur Beobachtung der Gestirne dienten.

Ein 114 Meter weiter Ringgraben umschließt den heiligen Bezirk der weltberühmten Steinkreise von Stonehenge, deren Ursprünge bis 3000 v. Chr. zurückreichen. Die bis zu sieben Meter hohen Monolithen, die über Hunderte von Kilometer hierhergebracht wurden, scheinen auf bestimmte Gestirne hin ausgerichtet zu sein. Vermutlich diente die Anlage kultischen und astronomischen Zwecken. Auf einem rund 15 Hektar großen Areal in und um das Dorf Avebury in der Grafschaft Wiltshire bei Bath befinden sich die Reste dreier Steinkreise. Der 40 Meter hohe Silbury Hill in der Nähe wurde etwa 2800 v. Chr. mit unvorstellbarem Aufwand errichtet. Er ist mit einem Durchmesser von rund 180 Metern der größte Tumulus der europäischen Vorgeschichte. In der Nähe befindet sich der 113 Meter lange West Kennet Long Barrow. Ausgrabungen ergaben, dass dieser Komplex als Grablege und Heiligtum diente.

**In Form von Pfeilersteinen, die durch Decksteine überbrückt werden, sind die Megalithen von Stonehenge aufgestellt (links). Oben: West Kennet Long Barrow**

Vereinigtes Königreich | **Europa**   47

# Westminster Abbey und Palace

Vereinigtes Königreich | Jahr der Ernennung: 1987

Der Chor der Westminster Abbey (oben) wurde im gotischen Stil gestaltet. Der Westminster Palace mit Big Ben (unten) ist weltbekannt.

Westminster Abbey und Westminster Palace (Houses of Parliament) dominieren das westliche Themseufer Londons. Zum Welterbe zählt auch die benachbarte St. Margaret's Church.

Bereits unter Eduard dem Bekenner (1003–1066) begann man mit der Errichtung von Palast und Abtei. Die zugehörige Kirche, die im 13. Jahrhundert durch eine gotische Kathedrale ersetzt wurde, sollte ihm und den folgenden Herrschern bis 1760 als Grabeskirche dienen. Noch heute ist das Gotteshaus Krönungskirche der Monarchen; auch königliche Hochzeits- und Trauerfeiern werden hier abgehalten. Unmittelbar daneben befindet sich die St. Margaret's Church, die Pfarreikirche des britischen Parlaments. Das heutige Gebäude wurde 1486 bis 1523 errichtet. 1097 ließ Wilhelm II. den Westminsterpalast erweitern. Hier befand sich ab 1547 der Sitz des englischen Parlaments. Der Baukomplex in seiner heutigen Form wurde nach dem Brand von 1834, der den Palast bis auf Westminster Hall und die Krypta der St. Stephen's Chapel zerstörte, von 1840 bis 1870 nach Plänen von Charles Barry im neugotischen Stil mit Big Ben errichtet, um ihn an die Fassade der Westminster Abbey anzugleichen.

# Tower von London

Vereinigtes Königreich | Jahr der Ernennung: 1988

Wilhelm der Eroberer ließ im 11. Jahrhundert in London eine Festung entlang der Themse erbauen, die damit zu einem Symbol der normannischen Eroberung Englands wurde. Als befestigte Wohnstätte und zugleich als Beobachtungsposten für den Schiffsverkehr auf der Themse wurde der White Tower im Stil normannischer Wehranlagen errichtet. Ihr heutiges Gesicht erhielt die Festung im 13. Jahrhundert. Der Tower blieb Wohnsitz der englischen Monarchen, bis die Festung im Jahr 1509 in ein Staatsgefängnis umgewandelt wurde: Viele berühmte Gefangene wie etwa Thomas Morus, zwei Gemahlinnen Heinrichs VIII. und die spätere englische Königin Elisabeth I. hielt man hier fest. Gegenwärtig ist der historische Bau ein Museum, das umfangreiche Sammlungen zur europäischen Militärgeschichte besitzt. Das Jewel House beherbergt die Kronjuwelen der englischen Monarchen. Auf dem Gelände des White Tower befindet sich mit der normannischen Chapel of St. John aus dem Jahr 1080 die älteste Kirche Londons. In der im Jahr 1512 nach einem Brand restaurierten Royal Chapel St. Peter wurden die im Tower Hingerichteten beigesetzt, darunter die Gattinnen Heinrichs VIII.

**Der von Wilhelm dem Eroberer angelegte und mehrfach erweiterte Tower ist eines der ältesten Bauwerke Londons.**

# Royal Botanic Gardens in Kew

Vereinigtes Königreich | Jahr der Ernennung: 2001

Der Botanische Garten von Kew spiegelt die Entwicklung des Landschaftsgartens vom 18. bis 20. Jahrhundert wider und enthält die größte botanische Sammlung der Welt. Auch berühmte Baudenkmäler gehören zum Garten.
Die Anfänge der Royal Botanic Gardens in Kew gehen auf exotische Lustgärten zurück, die Henry Baron Capel of Tewkesbury (1638–1696) in der Umgebung dreier königlicher Herrenhäuser errichten ließ. Während die Residenzen bis auf den um 1631 zuerst errichteten Kew Palace verschwunden sind, wurden die Gärten seit dem 18. Jahrhundert stetig erweitert. Seit 1840 fungieren sie als nationaler Botanischer Garten. Wahrzeichen von Kew ist das im Jahr 1848 fertiggestellte Palmenhaus des Eisengießers Richard Turner und des Architekten Decimus Burton. Es besteht aus Gusseisen, Stahl und Glas und ist 20 Meter hoch. Das Gewächshaus enthält eine der größten Palmensammlungen der Welt. Im Herbarium von Kew Gardens bilden acht Millionen Herbarbögen eine beachtliche Bibliothek. Hinzu kommen rund 70 000 lebende Pflanzen, die als genetische Ressourcen in der heutigen Zeit eine immer bedeutendere Rolle einnehmen.

**Berühmt ist der Botanische Garten vor allem für das Palmenhaus mit seinem unterirdischen Heizsystem.**

# Greenwich

Vereinigtes Königreich | Jahr der Ernennung: 1997

Kaum ein anderer Name steht so sehr für die wissenschaftlichen Errungenschaften Englands im 17. und 18. Jahrhundert wie der Ort, der als Bezugspunkt für die Einteilung der Längengrade dient. Zum Welterbe zählen in dem einige Kilometer östlich von London gelegenen Ort eine Reihe von Gebäuden und Institutionen, die aufs Engste mit nautischen Forschungen und der Geschichte der britischen Marine verknüpft sind.

Am südlichen Ufer der Themse befindet sich in einem von André Le Nôtre angelegten Park eines der bedeutendsten historischen Bauensembles Englands. »Queen's House«, die königliche »Villa«, wurde von 1616–1635 von Inigo Jones (1573–1652) errichtet. 1694 beauftragte man den Baumeister Christopher Wren mit der Umgestaltung und Erweiterung eines Teils des für König Charles II. errichteten Palastes zum »Naval Hospital«. Ab 1873 beherbergten dessen vier Großbauten schließlich das »Royal Naval College«. Über allem thront auf einem Hügel das 1675 von Charles II. gegründete und von Wren errichtete Royal Observatory. In der Sternwarte wurden über fast drei Jahrhunderte praktische astronomische Studien betrieben, so etwa zur Navigation.

Das Teleskop im Flamsteed House wurde 1884 zum Ausgangspunkt für die endgültige Festlegung des Nullmeridians.

# Canterbury

Vereinigtes Königreich | Jahr der Ernennung: 1988

In einer der ältesten Städte Englands in Kent befindet sich die Hauptkirche der anglikanischen Glaubensgemeinschaft. Berühmtheit erlangte sie durch den Mord an Erzbischof Thomas Becket, der sich hier ereignete. Canterbury stand von Anfang an im Zentrum der englischen Kirchengeschichte. Zwei der zum Welterbe erklärten Sakralstätten sind steinerne Zeugen dieser frühen Epoche: zum einen die auf das 4. Jahrhundert (eventuell sogar auf römische Besatzungszeit) zurückgehende Kirche St. Martin außerhalb des Zentrums, die älteste in Benutzung befindliche Kirche Englands; zum anderen die Ruine der 597 vom heiligen Augustinus gegründeten Benediktinerabtei, die zum Zentrum des neu geschaffenen Bistums Canterbury avancierte und später unter Heinrich VIII. zerstört wurde.

In der Kathedrale, 1070 als normannischer Bau begonnen, wurde 1170 Erzbischof Thomas Becket von königstreuen Rittern ermordet. Seine Grabstätte in der Kirche war in der Folge ein beliebtes Pilgerziel. Nach einem Feuer 1174 wurde sie unter Wilhelm von Sens neu errichtet, womit die Gotik in England Einzug hielt. König Heinrich IV. und Edward of Woodstock sind hier bestattet.

Im Altarbereich der Kathedrale steht der Stuhl des heiligen Augustinus, der Inthronisations-Stuhl des Erzbischofs von Canterbury.

 Europa | Vereinigtes Königreich

# Minen von Cornwall und West-Devon

Vereinigtes Königreich | Jahr der Ernennung: 2006

Zwei Drittel des weltweit abgebauten Kupfers stammten im 19. Jahrhundert aus Südengland. Von 1700 bis 1914 wurde die Wirtschaft wie die Landschaft und die Sozialstruktur Cornwalls entscheidend durch den Bergbau beeinflusst. Der Verkauf des Kupfers wie die in derselben Region geförderten Zinns und Arsens setzte eine gute Infrastruktur voraus: Straßenbahnen, Kanäle, Eisenbahnen und Häfen zeugen von der frühen Industrialisierung Devons und Cornwalls. Neben Maschinen, Gerätschaften und den baulichen Überresten der Minen sind Herrenhäuser sowie Arbeiterstädte mit schönen Ziergärten erhalten. Da mehrere Unternehmen an der Gewinnung des Kupfers beteiligt waren und sich die Beschaffenheit der Kupfervorkommen je nach Ort unterschied, wurden verschiedene technische Verfahren entwickelt und eingesetzt. Dieses Know-how verbreitete sich von Großbritannien aus in andere Bergbauzentren der Welt. Mit der Einrichtung von Minen durch Grundbesitzer und Privatunternehmer entstanden Kleinstädte mit Verhüttungswerken und den typischen Reihenhäusern für die Arbeiterfamilien. Zehn Bergbaureviere zählen heute zum Welterbe.

**Auch dieses verlassene Bergwerk in Cornwall, Wheal Peevor, gilt als beispielhaft für eine frühindustriell geprägte Kulturlandschaft.**

# Küste von Dorset und Ost-Devon

Vereinigtes Königreich | Jahr der Ernennung: 2001

Die Felsformationen an Englands »Jurassic Coast« dokumentieren rund 185 Millionen Jahre Erdgeschichte. Bereits seit 300 Jahren erforschen hier Wissenschaftler bedeutende paläontologische Funde aus Trias, Jura und Kreidezeit.
Zwischen den Old Harry Rocks bei Swanage und dem Orcombe Point in Devon erstreckt sich ein 150 Kilometer langer Küstenstreifen, den die Engländer als »Jurassic Coast« bezeichnen. Hier präsentiert sich das Erdmittelalter mit Ablagerungen aus dem Trias, dem Jura und der Kreidezeit.
Weltweit wurden die Geomorphologen auf diese Küste aufmerksam, als im Jahr 1810 ein kleines Mädchen in den Felsen einen »Drachen« entdeckt hatte: Es handelte sich um den ersten vollständigen fossilen Abdruck eines Ichthyosaurus. Seit dieser Zeit treten an der Küste von Dorset und Ost-Devon ständig neue Funde zutage, ohne dass man graben müsste. Denn die felsige Landschaft verändert sich durch stetige Erosion in einem atemberaubenden Tempo. Ein Spaziergang am Strand oder im Hinterland wird so unweigerlich zu einer Entdeckungsreise durch die verschiedenen Stadien der Evolution und der Erdgeschichte.

**Nur über eine schmale Felsbrücke mit dem Festland verbunden ist die Isle of Portland.**

## Gough und Inaccessible Island

Vereinigtes Königreich | Jahr der Ernennung: 1995

Die weitgehend unberührte vulkanische Insel Gough im südlichsten Teil des Atlantischen Ozeans ist der Lebensraum einer der weltweit größten Seevogelkolonien. Das Welterbe umfasst auch die benachbarte Insel Inaccessible Island.

Im 16. Jahrhundert von portugiesischen Seefahrern entdeckt, gehört die Insel zum Tristan-da-Cunha-Archipel, einer auf halber Strecke zwischen den südlichsten Spitzen Afrikas und Südamerikas gelegenen Inselgruppe. Bis auf eine Wetterstation ist das vulkanische Eiland unbewohnt. Die besondere Bedeutung der Gough-Insel liegt in der unberührten Flora und Fauna: Die steilen Klippen sind Lebensraum für verschiedene Robbenarten und bieten Nistplätze für Goughs große Seevogelkolonien. Zwei endemische Vogelspezies, darunter eine spezifische Art des Teichhuhns, sowie zwölf endemische Pflanzenarten sind hier heimisch. 2004 wurde die Welterbestätte um die südwestlich von Tristan da Cunha gelegene 14 Quadratkilometer große Vulkaninsel Inaccessible Island erweitert. Üppige Vegetation, Wasserfälle und zahlreiche seltene Tier- und Pflanzenarten machen auch diese Insel zu einem der letzten Naturparadiese.

Gough bietet Lebensraum für zahlreiche seltene Vogel- und Pflanzenarten, wie den Gelbnasenalbatros.

## St. George und Festungsanlagen

Vereinigtes Königreich | Jahr der Ernennung: 2000

Die historische Bausubstanz der Stadt auf der gleichnamigen Bermudainsel und die sie umgebenden Festungsanlagen dokumentieren eindrucksvoll den Beginn der britischen Kolonialmacht in den neu entdeckten Gebieten.

Die ersten Siedler der Bermudainseln waren englische Kolonisten auf dem Weg nach Virginia, die nach einem Schiffbruch 1609 auf der Insel strandeten. Der Ort St. George war bereits im Jahr 1612 Sitz der Regierung der Inseln im Atlantik und damit die erste englische Stadtgründung in der Neuen Welt. Das Zentrum bildet der King's Square mit dem Rathaus. 1713 wurde die St. Peter's Church in der für die Inselgruppe typischen Bauweise über einer älteren Holzkirche errichtet.

Als Baumaterialien verwendete man Kalksandstein und Zedernholz. Viele weitere Gebäude spiegeln in ihrer Architektur ein Stück Kolonialgeschichte wider. Bemerkenswert sind die zahlreichen Festungsanlagen in der Umgebung von St. George. Die größte unter ihnen ist das im 17. Jahrhundert angelegte Fort Catherine, das über die Jahre verschiedentlich erweitert wurde und heute ein Museum beherbergt.

Die Häuser aus der Kolonialzeit verleihen der Stadt ihr charakteristisches Flair. Oben: St. Peter, die anglikanische Kirche von St. George.

# Südseeinsel Henderson Island

Vereinigtes Königreich | Jahr der Ernennung: 1988

Henderson Island ist mit 37 Quadratkilometern die größte Insel des zu Großbritannien gehörenden Pitcairnarchipels in der Südsee. Sie ist eine der wenigen Atolle der Welt, in denen sich die Natur ganz ungestört entfalten konnte.

Bis ins 18. Jahrhundert blieb die abgelegene und durch ihre dichte Vegetation unwegsame Insel von menschlicher Einflussnahme fast gänzlich verschont. Auf diese Weise haben sich Flora und Fauna auf dem hoch gelegenen Korallenatoll mit seinen steil abfallenden Küsten weitgehend ungestört erhalten: In dem dichten Buschwald entdeckte man zehn Pflanzenarten, die nur auf Henderson Island vorkommen, darunter eine besondere Art des Sandelholzes. Die Feenseeschwalbe und der schwarzen Augenring sind hier zu Hause. Von den über 24 dort vertretenen Vogelarten sind vier Landvogelarten endemisch ebenso wie rund ein Drittel der zahlreichen Insekten- und Schneckenarten, von denen längst noch nicht alle bekannt und erforscht sind. Aufgrund seiner isolierten Lage bietet Henderson Island ideale Bedingungen für die wissenschaftliche Erforschung biologischer Prozesse wie der natürlichen Auslese und der Artenentwicklung auf Inseln.

**Henderson Island ist ein Paradies für viele, zum Teil endemische Pflanzen und zudem die Heimat seltener Vögel.**

# Bend of the Boyne

Irland | Jahr der Ernennung: 1993

Eine der größten und bedeutendsten prähistorischen Fundstätten Europas ist noch nicht vollständig erschlossen und gibt weiterhin Rätsel auf. Rund 50 Kilometer nördlich von Dublin, in der Nähe der Ortschaften Knowth, Dowth und Newgrange, erstrecken sich auf einer 780 Hektar großen Fläche unter grünen Hügeln verborgene Mausoleen und Grabanlagen. Der Grabhügel in Knowth birgt ein Fürstengrab aus dem 4. Jahrtausend v. Chr. In seiner Nähe vermutet man noch etwa 15 kleinere Tumuli, die weitere Ganggräber enthüllen könnten. Das berühmteste der Boyne-Gräber ist das bereits im Jahr 1699 erstmals geöffnete Königsgrab von Newgrange. Es besteht aus einem mächtigen Stein- und Erdhügel, um den herum zwölf große Felsblöcke angeordnet sind. Um die runde Halle im Innern schließen sich kleeblattförmig angeordnete Nebenkammern an. Die Anlage wurde von Archäologen der Universität Cork in den 1960er- und 1970er-Jahren teilrekonstruiert. Im Innern der Grabhügel finden sich verzierte Steine sowie lange Korridore. Archäologen vermuten, dass die eindrucksvollen Monumente religiösen, sepulkralen, sozialen und wirtschaftlichen Zwecken dienten.

**Der größte Grabhügel der Fundstätten von Knowth weist 295 Meter Durchmesser auf und ist von über 15 kleineren umgeben.**

Vereinigtes Königreich, Irland | **Europa**

# Skellig Michael

Irland | Jahr der Ernennung: 1996

289 Meter über dem Meeresniveau ragt der höchste Punkt von Skellig Michael auf. Ein kleiner Pfad führt zu der Klosteranlage.

Die mittelalterliche Klostersiedlung auf einer kleinen Felsinsel im Atlantik illustriert mit ihren gut erhaltenen Bauten die ursprüngliche und genügsame Lebensweise der frühen irischen Christen. Etwa zwölf Kilometer vor der irischen Küste befindet sich einer der bedeutendsten archäologischen Orte der Britischen Inseln. Die Klosteranlage wurde der Legende nach bereits im 6. Jahrhundert gegründet. Erste schriftliche Zeugnisse über die Existenz des Klosters stammen jedoch aus dem 8. Jahrhundert. Um das Jahr 1000 bestätigen dann bereits Urkunden, dass die Anlage, die bis zum 12. Jahrhundert ununterbrochen bewohnt war, dem Erzengel Michael geweiht wurde. Erst klimatische Veränderungen zwangen die wetterfesten und spartanisch lebenden Mönche schließlich zur Umsiedlung aufs nahe Festland. Die Mauern der Bet- und Mönchszellen sind in der für die irische Früharchitektur ganz typischen Weise ohne Mörtel zu bienenkorbartigen Strukturen gefügt worden. Neben den Überresten einer Kirche aus dem 12. Jahrhundert ist noch eine Treppe mit etwa 500 Stufen erhalten, die Pilgern den Weg zum höchsten Gipfel der Insel erleichtern sollte.

# Wattenmeer

Niederlande, Dänemark, Deutschland | Jahr der Ernennung: 2009

Mit der 2014 erfolgten Erweiterung des Weltnaturerbes Wattenmeer um das dänische Wattenmeer und Flächen vor den Ostfriesischen Inseln steht nun das größte zusammenhängende Watt-Inselgebiet der Welt als Ganzes unter Schutz. Neu hinzu kamen neben dem dänischen Wattenmeer-Schutzgebiet deutsche Offshoregebiete in Niedersachsen vor den Ostfriesischen Inseln Norderney, Langeoog, Spiekeroog und Wangerooge sowie nordwestlich von Neuwerk. Das gesamte Welterbegebiet umfasst jetzt eine Fläche von 11 500 Quadratkilometer und erstreckt sich auf einer Länge von mehr als 500 Küstenkilometern vom dänischen Esbjerg im Nordosten über die deutschen Küstenschutzgebiete bis zum niederländischen Den Helder im Südwesten. Wie die Buchenurwälder der Karpaten und (die) alten Buchenwälder Deutschlands (Deutschland, Slowakei, Ukraine) oder der Dreiländer-Nationalpark Sangha in Zentralafrika beispielsweise zählt das Wattenmeer zu den wenigen transnationalen Weltnaturbestätten. Es verteilt sich auf die Hohheitsgebiete verschiedener Staaten: Dänemark, Bundesrepublik Deutschland und die Niederlande..

**Das Wattenmeer ist »Speisekammer«, Geburtsstätte und Heimat für Millionen Tiere, so auch für die Uferschnepfe (oben).**

# Dampfpumpwerk von Wouda

Niederlande | Jahr der Ernennung: 1998

Am Ufer des Ijsselmeeres in Holland befindet sich das größte Dampfpumpwerk der Welt. Nach über 90 Jahren ist es immer noch in Betrieb. Wouda steht für die großartige Leistung holländischer Architekten, die die Bedeutung von Wasserdampf erkannt haben. Fünf- bis sechsmal im Jahr pumpt es sechs Prozent des friesländischen Wasserüberschusses ins Ijsselmeer und dient damit dem Schutz der Bevölkerung vor Überflutung. Die Anlage im Nordwesten Hollands wurde von 1917 bis 1918 nach den Plänen des Architekten Dirk Frederik Wouda errichtet. Zwei Jahre später nahm man das Werk erstmals in Betrieb, und seitdem liefert es Energie. Die Anlage von Wouda hat die Standards für Dampfpumpwerke in der ganzen Welt gesetzt. Sie besteht aus einem Kesselhaus und einem Maschinenhaus und besticht besonders durch ihre monumentale Form. Vier gigantische Fluttore, die sich in Richtung Ijsselmeer öffnen, prägen den Backsteinbau. Das Inventar des Maschinenhauses besteht aus vier Doppel-Dampfmaschinen, die jeweils eine Leistung von 500 PS bringen, und zwei Zentrifugalpumpen. Das Maschineninnere ist nach praktischen und ästhetischen Gesichtspunkten gestaltet.

Im Oktober 1920 wurde das Wouda-Dampfpumpwerk von der niederländischen Königin eingeweiht.

# Polderlandschaft Schokland

Niederlande | Jahr der Ernennung: 1995

Die Kulturlandschaft am Ijsselmeer ist ein einzigartiges Zeugnis des bereits in prähistorischen Zeiten begonnenen Kampfes der Niederländer gegen die mächtigen und bedrohlichen Naturgewalten des Meeres. Bereits die seit dem 4. Jahrhundert im tief gelegenen Gebiet der Zuidersee siedelnden Friesen erbauten Ringdeiche, um das flache Land vor den zerstörerischen Fluten der Nordsee zu schützen. Dennoch drang das Meer immer weiter landeinwärts vor, sodass im 13. Jahrhundert die Meeresbucht der Zuidersee entstand. Die sogenannten Polder, die eingedeichten Marschgebiete, waren zwar vor Hochwasser geschützt, mussten jedoch regelmäßig wieder entwässert werden. Als der Meeresspiegel an Hollands Küste kontinuierlich gestiegen und Schokland im 19. Jahrhundert immer weiter im Wasser versunken war, musste die Inselbevölkerung 1859 evakuiert werden. Der Plan zur Landgewinnung wurde in den Jahren zwischen 1927 und 1932 umgesetzt. So steht das Gebiet Schokland heute symbolisch für die Rückgewinnung des Landes. Ausgrabungen dokumentieren Methoden zur Landgewinnung bereits in prähistorischer Zeit.

Die Luftansicht Schoklands macht deutlich, wie sehr das Leben und die Architektur vom Kampf gegen das Wasser bestimmt sind.

# Beemster-Polder

Niederlande | Jahr der Ernennung: 1999

Der Polder von Beemster stammt aus dem frühen 17. Jahrhundert. Über ein Viertel der Landesfläche der Niederlande liegt unter dem Meeresspiegel und wird von einem komplexen System aus Deichen, Mühlen und Pumpstationen entwässert sowie gegen die drohenden Fluten verteidigt. Die künstlichen Landschaften, die heute mit kilometerlangen Sperrwerken in modernster Technik geschützt werden können, mussten der Nordsee in vielen Jahrhunderten abgerungen werden. Der Polder von Beemster ist der älteste erhaltene Teil dieser künstlich geschaffenen Landschaften. Unter der Anleitung von Jan Adriaansz Leeghwater wurde der Polder im Jahr 1609 das erste Mal trockengelegt. Die Deiche hielten allerdings einer Sturmflut nicht stand, sodass man die endgültige Trockenlegung dieses Landes mit 47 Mühlen erst 1612 sicherstellen konnte. In der so entstandenen Landschaft wurde nach damals modernsten planerischen Gesichtspunkten in den kommenden Jahrzehnten gesiedelt. Seitdem durchzieht ein kompliziertes Geflecht aus Kanälen und Wasserstraßen, Wegen und Deichen die Felder und Weiden, durchbrochen nur von einzelnen Gehöften, Siedlungen und Städtchen.

**Kanäle, Deiche und Mühlen entwässerten den Polder von Beemster, wie hier in Middenbeemster.**

# Van-Nelle-Fabrik

Niederlande | Jahr der Ernennung: 2014

Der zwischen den Jahren 1923 und 1931 im Rotterdamer Industriegebiet Spaanse Polder errichtete Büro- und Fabrikkomplex gilt als herausragendes Beispiel der klassischen Moderne. Nichts Geringeres als »die ideale Fabrik« wollten die Architekten Johannes Brinkmann und Leendert van der Vlugt schaffen, nachdem sie im Jahr 1923 den Auftrag erhalten hatten, für den niederländischen Kaffee-, Tee- und Tabakkonzern van Nelle ein neues Kontor und neue Produktionsstätten zu errichten. Mit Erfolg: Bei seiner Eröffnung wurde der Komplex als modernstes und innovativstes Gebäude der Welt gefeiert. Er besticht durch die von Licht durchfluteten Produktionshallen und Räume. Den bis zu 2000 Mitarbeitern, die in der Fabrik tätig waren, standen eine Kantine, eine Teestube sowie eine Bibliothek und Sporteinrichtungen zur Verfügung. Auf dem Werksgelände wurden überdies Grünflächen mit Ruheplätzen angelegt. Bis zum Jahr 1990 wurde in der Fabrik, die bereits seit 1986 als Rijksmonument unter Denkmalschutz steht, produziert. Heute residieren hier Designer- und Architekturbüros, sowie Werbeagenturen. In den Hallen finden zudem regelmäßig Veranstaltungen statt.

**»Ikone der Industriearchitektur des 20. Jahrhunderts«: großflächige Glasfronten schufen Luft für zeitgemäßes Arbeiten.**

# Festungsgürtel von Amsterdam

Niederlande | Jahr der Ernennung: 1996

Teil der »Stellung von Amsterdam« war auch das auf Pampus angelegte Fort: eine künstliche Insel im IJmeer östlich der Stadt.

Mit dem Bau des rund 135 Kilometer langen, in einem Radius von 10 bis 15 Kilometern um die Stadt führenden Verteidigungsgürtels aus zahlreichen Forts, Batterien, Deichen, Wehren und Wassergräben begann man im Jahr 1883. Neben Feuerstellungen und Kasematten umfasst das Verteidigungssystem auch Schleusen, mit denen die Holländer das Umland von Amsterdam fluten konnten. Auf äußerst raffinierte Weise wurde damit die Wasserhydraulik zu Verteidigungszwecken umfunktionalisiert. Dabei durften die Landflächen allerdings nur so weit unter Wasser gesetzt werden, dass Soldaten nicht mehr zu Fuß hindurchwaten, aber auch keine Schiffe passieren konnten – also lediglich einen halben bis einen Meter tief. Erst im Jahr 1920 wurden die Bauarbeiten abgeschlossen. Mit dem Aufkommen der Luftwaffe verlor das System nach und nach Sinn und Notwendigkeit. Die Festungsmauer verbindet insgesamt 45 Forts miteinander. Einer der bekanntesten Teile des Verteidigungsgürtels ist die östlich von Amsterdam und nördlich von Muiden gelegene Fortinsel Pampus. Pampus war einst ein mächtiges Fort, das die Mündung des Flusses Ij gegen Feinde schützen sollte.

# Stadtviertel und Kanalsystem innerhalb der Singelgracht in Amsterdam

Niederlande | Jahr der Ernennung: 2010

Die ringförmig angelegten Wasserkanäle von Amsterdam sind ein städtebauliches Gesamtkunstwerk und stehen symbolisch für die wirtschaftliche, politische und kulturelle Blüte der Stadt in ihrem Goldenen Zeitalter (17. Jahrhundert).

Dem Amstelfluss und dem um das Jahr 1270 an seiner Mündung errichteten Damm (heute: Damrak) verdankt die niederländische Metropole ihren Namen: 1275 wurde die sich aus wenigen Fischerhäusern entwickelnde Siedlung erstmals als »Amsteldamme« urkundlich erwähnt. Zum »Venedig des Nordens« entfaltete sich die Stadt, als man am Fluss mit dem Ausbau von Kanälen – Grachten – begann, die heute mit einer Gesamtlänge von fast 100 Kilometern Amsterdam seinen einzigartigen Charakter verleihen.

Bis zum 15. Jahrhundert markierte die Singel die Stadtgrenze und wurde deshalb Stedegracht genannt. Das zum Welterbe erklärte Stadtviertel mit seinem Kanalsystem innerhalb der Singelgracht entstand im frühen 17. Jahrhundert als Teil eines Erweiterungsplans, um in der florierenden Stadt Platz zu schaffen für die rasch wachsende Bevölkerung.

**Unterschiedlich gestaltete Giebel und Fassaden verleihen den Grachtenhäusern Amsterdams eine individuelle Note.**

# Rietveld-Schröder-Haus in Utrecht

Niederlande | Jahr der Ernennung: 2000

Das Utrechter Rietveld-Schröder-Haus zählt zu den architektonischen Inkunabeln der klassischen Moderne.

Das Wohnhaus, das der niederländische Architekt Gerrit Rietveld im Jahr 1924 für seine Bauherrin Truus Schröder-Schräder am Utrechter Stadtrand baute, gilt als architektonisches Manifest der Künstlervereinigung »De Stijl«.

Diese im Jahr 1917 in Leiden gegründete, dem deutschen Bauhaus nahestehende Vereinigung, zu der Künstler wie Piet Mondrian und Theo van Doesburg gehörten, entwickelte eine ganz eigene – Malerei, Architektur und Design vereinende, am Kubismus wie an den kunsttheoretischen Schriften Wassily Kandinskys orientierte – geometrisch-abstrakte Formensprache, die bei der Errichtung des Rietveld-Schröder-Hauses in diversen Variationen ideal zum Ausdruck kam. Von der Konstruktion her handelt es sich um einen konventionellen Backsteinbau mit Holzbalkendecken, bei dem die Fundamente, der Keller und die Balkone in Beton ausgeführt wurden. Das Obergeschoss wurde nach den Wünschen der Bauherrin als offenes Raumkontinuum mit verschiebbaren Wänden gestaltet. Die Einrichtung korrespondiert in ihrer Form- und Farbgebung mit der puristischen Erscheinung des Hauses.

## Mühlen in Kinderdijk-Elshout

Niederlande | Jahr der Ernennung: 1997

In Reih und Glied stehen die Mühlen am Kinderdijk-Elshout vor dem pastellfarbenen Himmel, der sich im Wasser spiegelt.

Die historische Mühlenlandschaft Kinderdijk-Elshout in der Nähe von Rotterdam zeugt von der Meisterschaft der Niederländer in der Entwicklung von Entwässerungstechniken. Das Gesicht der Landschaft von Kinderdijk-Elshout ist durch Reservoirs, Deiche, Pumpstationen, Verwaltungsgebäude gekennzeichnet – und durch die zahlreichen, noch wunderbar erhaltenen Windmühlen, von denen einige bereits seit dem 18. Jahrhundert ständig in Betrieb sind. Wie Perlen in einer Kette reihen sich die 19 Windmühlen an den Kanälen zwischen dem Ort Kinderdijk und dem südlich davon gelegenen Ablasserdam auf – die größte und am besten erhaltene Ansammlung historischer Mühlen des Landes. Der Belgier Simon Stevin hatte bereits zu Beginn des 17. Jahrhunderts die Technik der Polderentwässerung verfeinert, indem er am Kinderdijk mehrere in Folge angeordnete Windmühlen errichten ließ. Das »Mahlen des Wassers« verlief in zwei Stufen: zunächst von einem tiefer in einen höher gelegenen Kanal und anschließend zum Abtransport in einen Schleusengang. Wie so etwas funktioniert, kann man gut in dem Museum besichtigen, zu dem eine der historischen Mühlen umgebaut worden ist.

# Historisches Zentrum und Hafen von Willemstad

Niederlande | Jahr der Ernennung: 1997

Willemstad auf der Antilleninsel Curaçao war einmal der bedeutendste Hafen der Niederländischen Westindienkompanie. Noch heute zeugen viele historische Gebäude vom Glanz dieser Zeit. Die niederländischen Seefahrer, die auf der Suche nach Salz für die Heringsverarbeitung waren, erkannten rasch die Vorteile des natürlichen Hafens, der durch einen engen Kanal mit dem Meer verbunden ist. Also gründeten sie hier die Niederlassung Willemstad, Hauptstadt der Niederländischen Antillen. Durch den Sklavenhandel und den Warenumschlag aus den Plantagen Südamerikas wurde der Ort zu einem florierenden Handelsplatz.

Auch wenn die Antilleninsel immer wieder überfallen wurde und schwer unter den Kriegen zwischen England und den Niederlanden litt, blieben im Zentrum von Willemstad viele historische Gebäude im holländischen Stil erhalten. Zu den schönsten Gebäuden zählt die niederländische reformierte Kirche. Die Mikvé-Israel-Synagoge von 1732 zeugt von der ältesten jüdischen Gemeinde in der Neuen Welt. Bereits im 16. Jahrhundert waren sephardische Juden aus Portugal nach Curaçao emigriert.

**An der Hafenfront von Willemstad fallen die im niederländischen Stil erbauten Häuser mit ihren bunten Fassaden auf.**

# Altstadt von Brügge

Belgien | Jahr der Ernennung: 2000

Der Provinciaal Hof (oben) am Großen Markt, der Regierungssitz Westflanderns, ist im neugotischen Stil erbaut.

Mit Jan van Eyck und Hans Memling wurde Brügge dank einer großzügigen Patronage zur Kunst- und Kulturstadt von höchstem Rang. Den üppigsten Glanz entfaltete sie, als im 15. Jahrhundert die Bannerträger der spätgotischen Hofkultur, die Herzöge von Burgund, in ihren Mauern residierten. Bald danach zog sich der internationale Handel zurück, da der Fluss Zwin versandete und der Zugang zum Meer versperrt wurde. Der Ovalgrundriss der Stadt wird von zahlreichen Kanälen und langen Straßenzügen mit Reihen von giebelständigen Häusern erschlossen. Die Domizile der Patrizier, die Kontore der Handelsherren oder das reich geschmückte Rathaus, in dem die Grafen von Flandern der Kommune die Freiheitsrechte zu bestätigen hatten, berichten vom einstigen Glanz und der Macht der Stadt. Deren stolzestes Symbol stellt der imponierende Belfried der Tuchhalle dar. Groß angelegte Bauten zeugen zugleich von der sozialen Verantwortung der Stadtgemeinschaft – etwa das lang gestreckte Hospiz Meulenaere oder auch das Johannes-Spital, das heute das Memling-Museum beherbergt. Unter der Vielzahl der Kirchen in Brügge dominieren die Salvator- und die Liebfrauenkirche.

# Druckereimuseum Plantin-Moretus

Belgien | Jahr der Ernennung: 2005

2450 Bücher wurden in den Werkstätten Christophe Plantins von 1555 bis 1598 gedruckt. Das sind durchschnittlich 57 Bücher pro Jahr. Plantin war einer der führenden Verleger des 16. Jahrhunderts und trug entscheidend zur Verbreitung des natur- und geisteswissenschaftlichen Wissens der Humanisten bei. Im 16. Jahrhundert gehörte Antwerpen zu den drei größten Publikationszentren in Europa. Das bedeutendste Druckhaus war die Officina Plantiniana des Humanisten Christophe Plantin (1520–1589). Sie bestand aus mehreren zu einem Patrizierhaus gehörigen Werkstätten. An den Pressen waren etwa 80 Arbeiter beschäftigt, unter ihnen 22 Schriftsetzer, 32 Drucker und drei Korrektoren. 1689 übernahm Plantins Schwiegersohn Jan Moretus die Firma. Sie blieb bis 1867 im Familienbesitz. Die Anlage zeigt auch, wie in der städtischen Oberschicht Arbeit, Familienleben und Kommerz verknüpft wurden. Die Welterbestätte umfasst das gesamte Gebäude sowie die aus verschiedenen Epochen stammende Inneneinrichtung, den Wohnbereich, die Werkstätten, die Arbeitsgeräte und die kostbaren Sammlungen. Das Museum präsentiert neben frühen Drucken auch etwa 15 000 Holzdruckstöcke.

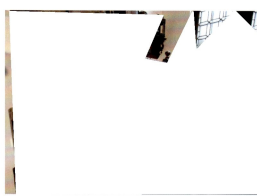

**Im Druckereimuseum Plantin-Moretus in Antwerpen steht die älteste Druckerpresse der Welt.**

# Flämische Beginenhöfe

Belgien | Jahr der Ernennung: 1998

Diese Welterbestätte umfasst 13 Einrichtungen in Flandern. Im ausgehenden 12. und dem frühen 13. Jahrhundert formierte sich in vielen Städten Nordeuropas die Bewegung der Beginen: Ledige junge Frauen, die ein religiöses Leben führen wollten, ohne einem der anerkannten und meist überfüllten Konvente beitreten zu müssen, gründeten »Beginagen« – halbklösterliche Gemeinschaften, die aus oft um einen begrünten Innenhof angeordneten Einzel- oder Reihenhäusern bestanden, zu denen auch eine Kirche und Wirtschaftsgebäude gehörten. Eine Mauer bot Schutz vor der Außenwelt und machte die Beginagen zu Kleindörfern innerhalb der Stadt. Das Leben dort unterlag lange Zeit keiner strengen klösterlichen Disziplin: Die Frauen mussten bei ihrem Eintritt in die Gemeinschaft zwar Keuschheit und Gehorsam geloben, konnten aber jederzeit in ein säkulares Leben zurückkehren. Das ging der Kirche zu weit, sodass die Bewegung der Häresie bezichtigt und zeitweise sogar verboten wurde. Durch die Herstellung von Tuch, Spitzen oder anderen Waren wirtschaftlich unabhängig, widmeten sich viele Beginen sozialen Belangen wie der Altenpflege.

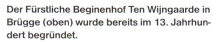

**Der Fürstliche Beginenhof Ten Wijngaarde in Brügge (oben) wurde bereits im 13. Jahrhundert begründet.**

# Grand-Place von Brüssel

Belgien | Jahr der Ernennung: 1998

Der Große Markt oder Grand-Place in Brüssel gehört mit seinem einzigartigen Ensemble aus öffentlichen und privaten Gebäuden zu den schönsten Plätzen der Welt. Victor Hugo bezeichnete den Platz als »ein wahres Wunder«.

Der Große Markt der belgischen Hauptstadt misst lediglich 110 Meter in der Länge und 68 Meter in der Breite, doch die dichte Bebauung mit Zunfthäusern rund um das Rathaus macht ihn zu einem der schönsten Architekturkomplexe in ganz Europa. Als die reichen Brüsseler Gilden im 15. Jahrhundert das aristokratische Stadtregiment ablösten, schufen sie sich hier mit diesem Karree und seinen kostbaren Zunfthäusern selbst ein Denkmal.

Zentrum des Platzes ist das siebenstöckige Rathaus. Die Maison des Ducs de Brabant, benannt nach den 19 Herzogsbüsten, welche die Fassade schmücken, besteht aus sechs Zunfthäusern, die durch eine einheitliche, monumentale Pilasterfassade zusammengefügt wurden. Lebendige szenische Darstellungen schmücken auch die Portale und Fassaden der Gebäude der übrigen Zünfte, die auf diesem Platz bewundert werden können.

**Brüssels Großen Markt säumen viele prächtige Häuser wie etwa das gotische Rathaus (oben) und das Maison du Roi (links). Er ist Mittelpunkt und Wahrzeichen der Stadt.**

Belgien | **Europa**

# Jugendstilbauten von Victor Horta in Brüssel

Belgien | Jahr der Ernennung: 2000

Das ehemalige Wohnhaus und Atelier des Architekten Victor Horta beherbergt heute das Horta-Museum.

Mit seinen Stadtpalästen und Wohnhäusern schuf Victor Horta in Brüssel ein einzigartiges architektonisches Ensemble früher Jugendstilbauten in Europa. Die Hôtels Tassel (1893–1895), Solvay (1894–1898) und van Eetvelde (1895 bis 1897) sowie sein Wohnhaus und Atelier (1898–1901) des belgischen Architekten Victor Horta (1861–1947) sind frühe Beispiele urbaner Wohnhäuser, mit denen der belgische Architekt Victor Horta (1861–1947) die Gestaltungsprinzipien des Art nouveau in immer neuen Variationen artikulierte. Charakteristisch für diese Bauten ist ein offener Grundriss, bei dem die einzelnen Räume nach ihren spezifischen Funktionen angeordnet und ausgestattet wurden. Ein von oben beleuchtetes, helles Treppenhaus bildet den inneren Kern und sorgt für eine schnelle und sinnvolle Erschließung der einzelnen Stockwerke. Die Verwendung moderner Materialien wie Eisen, Stahl und Glas am Innen- und Außenbau war für die damalige Zeit revolutionär. Bei der Innenausstattung zog Horta alle Gattungen der bildenden Kunst – von der Architektur über die Malerei bis zu Skulptur und Kunsthandwerk – mit ein. Auf diese Weise schuf er mit seinen Bauten moderne »Gesamtkunstwerke«.

# Palais Stoclet in Brüssel

Belgien | Jahr der Ernennung: 2009

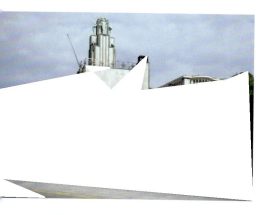

Ein Wiener Jugendstiljuwel in Brüssel: das Palais Stoclet besitzt pompöse Marmorfassaden und einen stalagmitartigen Turm.

Das Bauwerk gilt als eines der wichtigsten Kunstwerke des Wiener Jugendstils. In den Jahren 1905 bis 1911 ließ der belgische Kunstsammler und Bankier Adolf Stoclet den österreichischen Architekten Josef Hoffmann, Gründungsmitglied und einer der Hauptvertreter der Wiener Werkstätten, sein Wohnhaus erbauen. Geld spielte dabei offenbar keine Rolle, weshalb aus dem Haus ein Palast wurde: Allein die Innenausstattung des Palais Stoclet, an der auch Künstler wie Gustav Klimt und Kolo Moser – ein weiteres Gründungsmitglied der Wiener Werkstätten – beteiligt waren, wird auf einen Wert von 30 Millionen Euro geschätzt. Hoffmann verwirklichte mit diesem Bau seinen Traum von einer harmonischen Vereinigung verschiedener Künste, Architektur und Design. Feinste Materialien wie Bronze, Marmor oder Kupfer waren ihm für die Ausstattung gerade gut genug. Die lichtdurchfluteten Räume des Obergeschosses zeigen aber, dass er auch die neuesten Kenntnisse über gesundes Wohnen berücksichtigte. Stoclet gefiel das rund 60 Meter lange Palais, zu dem auch eine imposante Gartenanlage gehört, wohl sehr, denn es blieb bis heute unverändert erhalten.

# Kathedrale Notre-Dame in Tournai

Belgien | Jahr der Ernennung: 2000

Fünf Türme überragen die ab dem frühen 12. Jahrhundert errichtete Kathedrale, zu deren besonderen Kennzeichen zudem das ungewöhnlich große romanische Mittelschiff und der damit kontrastierende gotische Chor zählen. Die wechselvolle Baugeschichte der Kathedrale von Tournai beginnt mit der im Jahr 1171 geweihten romanischen Pfeilerbasilika, deren Chor und Querhaus bis 1325 umgebaut wurden. Unmittelbar nach dieser ersten Weihe errichtete man bis in das Jahr 1223 ein frühgotisches Querhaus, das mit einer von jeweils zwei Türmen flankierten Konche auf jeder Seite abgeschlossen wurde. Mit dem zentralen Vierungsturm und vier Glockentürmen an den Ecken entstand ein gewaltiger Fünf-Turm-Prospekt, der das Gesamtbild der Stadt bis heute optisch beherrscht. An diesen monumentalen Baukörper setzte man von 1243 bis 1325 einen mächtigen gotischen Chor an, der in der Längenausdehnung dem romanischen Langhaus annähernd entspricht. Die enormen Dimensionen der Kathedrale (134 Meter lang, 83 Meter hoch und 67 Meter breit) demonstrieren den architektonischen Anspruch, mit dem man in Konkurrenz zu anderen kirchlichen Großbauten der Zeit trat.

Vier Ecktürme und einen zentralen Vierungsturm hat die romanisch-gotische Kathedrale Notre-Dame in Tournai.

# Jungsteinzeitliche Feuersteinminen bei Spiennes

Belgien | Jahr der Ernennung: 2000

Das Gelände bei Spiennes weist die umfangreichste und früheste Ansammlung von alten Minen in Europa auf, die einen ganz entscheidenden technologischen Entwicklungsfortschritt in der Jungsteinzeit dokumentieren.

Vor mehr als 6000 Jahren begannen die ersten Siedler auf einem Kreideplateau bei Spiennes im Hennegau Feuerstein zu gewinnen, zunächst im Tagebau. Die nach einer bedeutenden Ausgrabungsstätte auf dem Michelsberg in Baden-Württemberg benannten Michelsberger Bauern teuften damals vertikale Schächte von fünf bis 16 Meter Tiefe ab und bauten ein verzweigtes Stollensystem aus. Bis zum Ende des Bronzezeitalters um 750 v. Chr. gab es in Spiennes Abbauaktivitäten. Ausgrabungen legten die Reste einer Besiedlung frei, die bis in die Römerzeit angedauert hatte. Sie belegen, dass die Siedler den abgebauten Feuerstein zu Waffen (z.B. Faustkeile) verarbeiteten und mit dem kostbaren Rohstoff auch Handel trieben. Einige Rätsel geben den Wissenschaftlern noch die für die Michelsberg-Kultur typischen Erdwerke auf, deren Funktion wohl primär defensiver Art war.

Beim Bau einer Bahnlinie im 19. Jahrhundert wurden bei Spiennes Feuersteinminen von 100 Hektar aus der Jungsteinzeit entdeckt.

Belgien | **Europa**

# Schiffshebewerke des Canal du Centre

Belgien | Jahr der Ernennung: 1998

Das Gebäude des elektromechanischen Schiffshebewerks Strépy-Thieu; es ersetzt das benachbarte hydraulische Schiffshebewerk.

Zu den Meisterleistungen der europäischen Ingenieurskunst im 19. Jahrhundert gehören die Schiffshebewerke auf dem historischen Teil des Canal du Centre. Der Canal du Centre wurde ursprünglich konstruiert, um den 1818 eröffneten Kanal von Mons nach Condé mit einem Zweig des alten Kanals von Charleroi nach Brüssel zu verbinden. Schon diese beiden Kanäle, die hauptsächlich dem Kohletransport dienten, wurden um das Jahr 1885 vergrößert, um dem ständig wachsenden Warenverkehr gerecht zu werden. 1888 eröffnete König Leopold II. nach vier Jahren Bauzeit das erste von vier Hebewerken. Eine Überflutung erzwang den Stopp des Ausbaus bis zum Jahr 1908, der dann durch den Ersten Weltkrieg weiter verzögert wurde. Erst im Jahr 1918 konnte der Canal du Centre mit allen vier hydraulischen Hebewerken in Betrieb genommen werden. Heute teilen die einzigartigen Industriemonumente den 18,65 Kilometer langen, inzwischen historischen Teil des Kanals in vier verschiedene Stufen mit einer Fallhöhe von jeweils etwa 16 Metern, mit denen ein Höhenunterschied von insgesamt 66,20 Metern überwunden wird.

# Bedeutende Orte des wallonischen Bergbaus

Belgien | Jahr der Ernennung: 2012

Das ehemalige Kohlebergwerk Grand-Hornu ist heutzutage ein Museum und ein Kunstmuseum für Industriedesign und moderne Kunst.

In einem ca. 170 Kilometer langen Streifen, der sich von Ost nach West quer durch das nördliche Wallonien zieht, liegen vier Kohlebergwerke, die über eine ausgeklügelte Infrastruktur verfügen. Die industrielle Revolution nahm in England ihren Anfang und gelangte Anfang des 19. Jahrhunderts zunächst in Wallonien, der südlichen Landeshälfte Belgiens, auf das europäische Festland. Dort lagen und liegen große Kohlevorkommen, die die Entwicklung der Schwerindustrie begünstigen. Vier zum Welterbe erklärte Zechen aus dieser Zeit blieben in ihrer Gesamtheit erhalten: Grand Hornu umfasst die Industrieanlagen und die Arbeiterstadt mit 425 Wohnhäusern, die nach Plänen des Architekten Bruno Renard zwischen 1820 und 1830 erbaut wurden. Die Anlagen sind aus Backstein, neoklassizistisch geprägt und eines der bedeutendsten Baudenkmäler des Industriezeitalters in Europa. Auch Bois-du-Luc weist einen industriellen Teil und eine Zechenkolonie mit Wohnungen für Arbeiter und Ingenieure, ferner Schule, Kirche, Krankenhaus, Festsaal und Park auf. In Bois du Cazier und Blegny-Mine sind im Wesentlichen nur die Industrieanlagen mit ihren Fördertürmen und Halden geschützt.

# Glockentürme in Belgien und Frankreich

Belgien, Frankreich | Jahr der Ernennung: 1999

Die Glockentürme in Städten Flanderns, Walloniens und Nordfrankreichs waren einst ein Symbol bürgerlichen Stolzes gegenüber dem Adel.
Ein machtvolles Zeichen gegen Adel und Klerus setzte das erstarkende Bürgertum mit der Errichtung prächtiger »Belfriede«, wie solche Glockentürme auch genannt werden. Die bekanntesten dieser »klingenden Wolkenkratzer des Mittelalters« befinden sich in Gent und Brügge. Die Städte Kortrijk, Mechelen und Antwerpen besitzen gleich mehrere solcher Bauten. In Tongeren und Mechelen ist der Turm der Hauptkirche zugleich Stadt- und Glockenturm. Der zierliche Stadtturm von Aalst wurde 1225 erbaut. Nach schweren Zerstörungen im Ersten Weltkrieg wurden die Tuchhalle und der Glockenturm von Ypern wiederaufgebaut. In Wallonien sticht der Art-déco-Belfried in Charleroi mit seinem Glockenspiel von 1936 hervor. Im imposanten Belfried von Tournai von 1187 schwingen 43 Glocken. 2005 erweiterte man das nun grenzüberschreitende Welterbe um 23 Türme in den französischen Provinzen Artois und Picardie; Frankreichs berühmteste stehen in Amiens, Arras, Boulogne, Calais, Dünkirchen und Lille.

Schön beleuchtete Belfriede: der aus dem 13. Jahrhundert in Brügge (oben) und der aus dem 17. Jahrhundert in Mons (unten).

# Altstadt und Festungen von Luxemburg

Luxemburg | Jahr der Ernennung: 1994

Luxemburg, die größte Stadt und zugleich Kapitale des Großherzogtums, ist von einer bemerkenswert vielfältigen Architektur geprägt. Wegen ihrer zahlreichen Festungen nennt man sie auch »Gibraltar des Nordens«. Auf dem steilen, strategisch günstig gelegenen Bockfelsen gründete Siegfried von Luxemburg nach 963 die Festung Lützelburg, zu deren Füßen sich im Mittelalter die Stadt bildete. Bis ins 14. Jahrhundert, als Heinrich VII. von Luxemburg die römisch-deutsche Königswürde erlangte, wurde die Festung beständig erweitert. Drei Festungsgürtel dienten der Verteidigung: Der innere Gürtel bestand aus Bastionen, der zweite aus 15 Forts und der dritte aus neun Außenforts. Die Befestigungsanlagen, die sich durch die ganze Stadt ziehen, sind größtenteils unterirdische, in den Felsen gesprengte Galerien und Kasematten. Bemerkenswerte Gebäude sind der großherzogliche Palast, die inmitten des Altstadtviertels gelegene Stadtresidenz der großherzoglichen Familie, die St.-Michaels-Kirche als das älteste erhaltene sakrale Bauwerk von Luxemburg und die Liebfrauenkathedrale. Die Neutralität der Festungsstadt wurde erst mit dem Vertrag von London (1867) garantiert.

**Die St.-Michaelskirche, deren Türme das Stadtbild prägen (unten), und die Liebfrauenkathedrale (oben) sind bedeutende Sakralbauten.**

# Bergbaugebiet Nord-Pas de Calais

Frankreich | Jahr der Ernennung: 2012

Fast drei Jahrhunderte lang, vom 18. bis weit ins 20. Jahrhundert hinein, prägte der Kohleabbau das im Norden Frankreichs, nahe an der belgischen Grenze zwischen den Städten Lille und Arras gelegene Bergbaugebiet Nord-Pas de Calais. Die einstmals landwirtschaftlich geprägte Landschaft wurde dabei durch den Bergbau völlig umgeformt. Das vorliegende Weltkulturerbe möchte diese Veränderung sichtbar machen und umfasst deswegen Objekte, die das Leben der Bergleute und ihrer Familien prägte: Dazu gehören Schächte – der älteste aus der Zeit um 1850 –, Förderanlagen, Halden – einige davon 140 Meter hoch –, eine Grubeneisenbahn mit drei Bahnhöfen, Arbeitersiedlungen, Kirchen, Krankenhäuser, Verwaltungsgebäude und dergleichen mehr. Eine besondere Rolle in der Geschichte des Bergbaus spielte das Dorf Courrières. Am 10. März 1906 erschütterte eine gewaltige Kohlestaubexplosion die gesamte Grube. Das Unglück stieß auf eine Welle nationaler und auch internationaler Solidarität. Bei der Katastrophe kamen 1066 Bergleute ums Leben. Das Ereignis führte am Ende zu wesentlichen Verbesserungen bei der Grubensicherheit.

**Auf dem Gelände der ehemaligen Grube Delloye ist das historische Bergbauzentrum von Lewarde untergebracht.**

# Festungen von Vauban

Frankreich | Jahr der Ernennung: 2008

Die Verteidigungsanlagen von Vauban gelten als herausragende Beispiele westeuropäischer Militärarchitektur und fanden weltweit Nachahmung. Sébastien le Prestre de Vauban (1633–1707), Architekt und Städteplaner unter Ludwig XIV., war ein Pionier der Festungsbaukunst. Er entwarf nicht weniger als 33 neue Festungen, gestaltete mehr als 160 Befestigungen für Kriegszwecke um und leitete über 50 Belagerungen als Feldherr. 1678 wurde er zum Generalinspekteur des Festungswesens ernannt und 1703 dann schließlich zum Marschall von Frankreich befördert. Die als Welterbe auserkorenen Festungsbauwerke an insgesamt zwölf Orten repräsentieren die besten Beispiele seiner Baukunst am Meer, im Gebirge und am Fluss. Sie sind entlang der westlichen, nördlichen und östlichen Grenze Frankreichs gelegen, ihr Zustand ist noch sehr authentisch. In Arras, Longwy, Neuf-Brisach, Besançon, Briançon, Mont-Dauphin, Villefranche-de-Conflent, Mont-Louis, Blaye/Cussac-Fort-Médoc, Saint-Martin-de-Ré, Camaret-sur-Mer und Saint-Vaast-La-Hougue lassen sich die verschiedenen Verteidigungssysteme, Festungstypen und geografischen Besonderheiten seiner Baukunst bewundern.

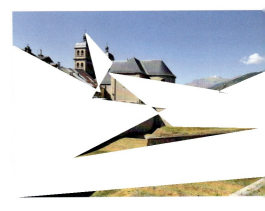

**Die Festungsanlage von Briançon und die Kirche Collégiale Notre-Dame-et-Saint-Nicolas wurden beide von Vauban geplant.**

Glockentürme in Belgien und Frankreich siehe Seite 69

# Kathedrale von Amiens

Frankreich | Jahr der Ernennung: 1981

Die Kathedrale Notre-Dame d'Amiens ist einer der großen Kirchenbauten der französischen Hochgotik.

Ihre Dimensionen sind gewaltig: Mit einer überbauten Fläche von insgesamt 7700 Quadratmetern ist die in der Hauptstadt der Picardie errichtete Liebfrauen-Kathedrale das größte Gotteshaus von ganz Frankreich. Bereits im Jahr 1137 war dort, wo sich heute die mächtige Kathedrale über das Häusermeer von Amiens erhebt, ein erster Kirchenbau errichtet worden. Nachdem dieser im Jahr 1218 einem Großbrand zum Opfer gefallen war, legte Bischof Évrard de Fouilloy zwei Jahre später den Grundstein für diesen 145 Meter langen Kirchenbau, der dann nach Plänen von Robert de Luzarches relativ zügig bis zur Mitte des 14. Jahrhunderts weitgehend fertiggestellt wurde. Die Kathedrale besteht aus einem dreischiffigen Langhaus mit einer maximalen Höhe von 42,30 Metern. Die Westfassade, gegliedert durch drei Portale und gekrönt von zwei breiten Türmen, weist eine große Fensterrose auf und ist besonders kunstvoll gestaltet. Die drei mit Szenen aus dem Alten und dem Neuen Testament verzierten Portale sind ein Höhepunkt mittelalterlicher Bildhauerei.

Das Westwerk der Kathedrale von Amiens beeindruckt mit den beiden Türmen und reich verzierten Portalen.

# Le Havre

Frankreich | Jahr der Ernennung: 2005

Im September 1944 wurde die zur Atlantikfestung ausgebaute Hafenstadt Le Havre von Bomben weitgehend zerstört. Nach dem Krieg beauftragte man das »Atelier de Reconstruction« unter Leitung von Auguste Perret mit dem Wiederaufbau.

Perret, einer der Pioniere des Stahlbetonbaus, wollte die Stadt ursprünglich auf einer 3,5 Meter hohen Betonplattform über den Trümmern neu errichten. Dies ließ sich jedoch nicht verwirklichen. Bei der Wiederbebauung des parzellierten Geländes von 1946 bis 1964 wurden die wenigen übrig gebliebenen Gebäude in das neue Stadtkonzept eingefügt und die alten Straßenverläufe teilweise beibehalten. Einzigartig ist die Konsequenz, mit der ein Gitternetz von Quadraten mit je 100 Metern Seitenlänge über das zu bebauende Gelände gelegt und dabei vorgefertigte Bauteile mit einheitlicher Kantenlänge (6,25 m) verwendet wurden. Die einzelnen Betonplatten sind nicht verputzt, die Gebäude als Zusammenfügungen in Skelettbauweise erkennbar. Modern ist auch das soziale Konzept des neuen Le Havre: Man senkte die Bevölkerungsdichte von 2000 auf 800 Menschen pro Hektar und vergab die Apartments als Genossenschaftswohnungen.

Die Kirche St.-Joseph mit ihrem markanten Turm – hier ein Blick ins Innere des Turms – entwarf Auguste Perret.

# Mont-Saint-Michel und seine Bucht

Frankreich | Jahr der Ernennung: 2007

Auf einer Felseninsel im Ärmelkanal, etwa einen Kilometer vor der Küste der Normandie, befindet sich in exklusiver Lage die ehemalige Benediktinerabtei Mont-Saint-Michel, die auch als Station auf dem Jakobsweg von Bedeutung ist.

Die Geschichte der Abtei Mont-Saint-Michel beginnt mit einer Vision, die Bischof Aubert von Avranches im Jahr 708 auf dieser an der Grenze zur Bretagne gelegenen Gezeiteninsel gehabt haben soll: Dreimal, berichtete der später heiliggesprochene Aubert, sei ihm auf dem felsigen Eiland der Erzengel Michael erschienen und habe den Bau einer ihm gewidmeten Gedenkstätte gefordert. Daraufhin ließ der Bischof auf einem Felsen, der zuvor als heidnische und frühchristliche Gebetsstätte gedient hatte, eine kleine Bethalle für Pilger erbauen. Aus diesem Oratorium entwickelte sich zwischen dem 11. und 16. Jahrhundert die heutige Benediktinerabtei. Unterhalb dieser Abtei entstand bald eine Ansiedlung: Einige der Häuser aus dem 14. Jahrhundert blieben bis heute erhalten. Zum Welterbe gehört auch die Bucht, deren Verlandung durch das Abtragen des Damms, der die Insel mit dem Festland verband, gestoppt werden sollte.

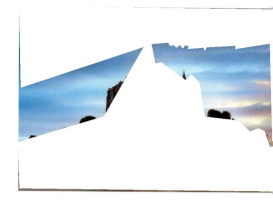

**Die Inselfestung Mont-Saint-Michel mit der berühmten auf ihr thronenden Abtei liegt an der Mündung des Flusses Couesnon.**

# Kathedrale von Chartres

Frankreich | Jahr der Ernennung: 2009

Notre-Dame de Chartres ist »die« hochgotische Kathedrale par excellence. Anders als viele andere verfügt sie über eine fast vollständige Originalausstattung und verkörpert in ihrer Eleganz und Schlichtheit ungebrochen den Triumph der gotischen Kunst.

Die dreischiffige Basilika mit Querhaus und fünfschiffigem Chor gilt als einer der ersten rein gotischen Bauten und war Vorbild für die Kathedralen von Reims und Amiens. Baubeginn war Anfang des 12. Jahrhunderts, 1260 wurde die Kirche geweiht. Wie durch ein Wunder überstand die 1140 errichtete Westfassade den Brand von 1194. Unter dem Chor befindet sich die Krypta des hl. Lubin, die von der mit 108 Meter Länge größten romanischen Krypta Frankreichs des hl. Fulbert (1024), umschlossen wird. Bei der Erbauung der Kathedrale kamen neue Techniken zum Einsatz, etwa die Verwendung von Strebepfeilern, was die Durchbrechung großer Fensterflächen zuließ. Die farbigen Glasfenster aus dem 12. und 13. Jahrhundert verleihen dem Innenraum ein einzigartiges Licht. Von großer Bedeutung ist der reiche Figuren- und Reliefschmuck an den Portalen. Am Königsportal gelangen Bildhauerei und Architektur zu vollkommener Symbiose.

**Der breite Chorumgang der Kathedrale von Chartres ist ähnlich prächtig gestaltet wie die beiden Portale der Fassade.**

Frankreich | **Europa**

# Schloss und Park von Versailles

Frankreich | Jahr der Ernennung: 1979

Der 73 × 11 Meter große Spiegelsaal mit seinen 357 Spiegelflächen (unten) ist der wohl bedeutendste Raum der Anlage.

Schloss Versailles vor den Toren von Paris ist der Prototyp der absolutistischen Herrscherresidenz. Umgeben ist der unter dem »Sonnenkönig« Ludwig XIV. (1638–1715) errichtete Barockbau von einer großzügig dimensionierten Parkanlage.

König Ludwig XIV. gilt als herausragender Vertreter des Absolutismus und wirkte stilbildend für ein ganzes Zeitalter. Ab 1661 ließ er das ehemalige Jagdschloss seines Vaters Ludwig XIII. zu einer Residenz erweitern, die bald ständiger Regierungssitz wurde. Die Architekten Le Vau und Hardouin-Mansart schufen eine rund 700 Zimmer umfassende Palastanlage, die von einem Gesamtkunstwerk aus Pflanzen, Brunnen und Skulpturen samt Gartenschlössern umrahmt wird. Über 100 Jahre lang war Versailles das politische Zentrum Frankreichs. Zeitweise lebten bis zu 5000 Menschen im Palast sowie bis zu 14 000 Soldaten in den Nebengebäuden und in der Stadt. Von den vielen Prunkräumen in Versailles ist der Spiegelsaal der historisch bedeutendste. Der Raum, in dem 1871 der deutsche Kaiser gekrönt und 1919 der Versailler Vertrag unterzeichnet wurde, verdankt seinen Namen den 17 Spiegeln, die das Licht der Fenster reflektieren.

# Schloss und Park Fontainebleau

Frankreich | Jahr der Ernennung: 1981

Das etwa 60 Kilometer südlich von Paris gelegene Schloss Fontainebleau ist das Stammhaus der französischen Könige. Zahlreiche Baumeister und Künstler bauten es im Auftrag der Herrscher immer wieder um. Besonders sehenswert sind die umliegenden Gärten. Im Wald von Fontainebleau ließ sich König Ludwig VII. im 12. Jahrhundert ein kleines Jagdschlösschen errichten. 1528 wurde es, da in der Zwischenzeit aufgegeben, auf Geheiß von Franz I. neu erbaut. Lediglich ein einziger Turm des ursprünglichen Gebäudes wurde nicht abgerissen. Für die Gestaltung der Innenräume engagierte man italienische Künstler wie Rosso Fiorentino oder Francesco Primaticcio, die unter der Bezeichnung »Schule von Fontainebleau« für eine Spielart des Manierismus stehen. Auch später wurde das Schloss immer wieder umgestaltet, vor allem unter Heinrich IV. und Napoleon. Seine Inneneinrichtung umfasst heute herausragende Werke des italienischen und des französischen Barock, des Rokoko und des Klassizismus. Zu den eindrucksvollsten Räumen des Schlosses Fontainebleau mit seinen fünf unterschiedlich gestalteten Innenhöfen gehören das hufeisenförmige Treppenhaus und der Ballsaal.

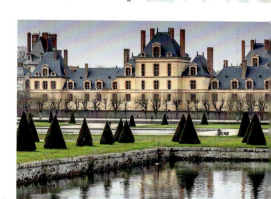

**Der Landschaftsarchitekt André Le Nôtre hat 1645 den Grand Parterre (oben) gestaltet. Der Thronsaal (unten) ist neoklassizistisch.**

# Seineufer von Paris

Frankreich | Jahr der Ernennung: 1991

Paris als eine der wenigen wirklichen Weltmetropolen bietet eine fast unüberschaubare Fülle an historischer Bausubstanz und kulturellen Höhepunkten. Besonders geschichtsträchtig ist der zum Welterbe erklärte Bereich des Seineufers zwischen Pont de Sully und Pont d'Iéna.

Der geschützte Abschnitt beginnt mit der Île Sainte-Louis, wo an der Pont de la Tournelle die Statue der Pariser Schutzheiligen Ste.-Geneviève aufragt. Weiter westlich, auf der Île de la Cité, liegt das geistliche Paris mit der gotischen Kathedrale Notre-Dame und Sainte-Chapelle, einem filigranen Meisterwerk der Hochgotik. Im weiteren Verlauf trifft man auf die Conciergerie, einst Teil des mittelalterlichen Königspalastes und Staatsgefängnis. Gegenüber befindet sich im Louvre, dem Renaissancepalast der französischen Könige, eine der bedeutendsten Kunstsammlungen Europas. Die Seine abwärts folgen das Musée d'Orsay, Grand und Petit Palais sowie die Nationalversammlung. Alexandre III bildet ohne Zwischenpfeiler einen sechs Meter hohen Stahlbogen über den Fluss. Den Schlusspunkt bildet die seinerzeit revolutionäre Stahlkonstruktion des Eiffelturms.

**Notre-Dame wurde ab 1163 auf der Seineinsel Île de la Cité errichtet (oben). Die Seinebrücke Alexandre III (links) wurde anlässlich der Weltausstellung 1900 errichtet.**

Frankreich | **Europa**

# Reims

Frankreich | Jahr der Ernennung: 1991

Die Stadt, von der aus die Christianisierung Galliens begann, war jahrhundertelang ein Bollwerk der katholischen Kirche. Dies symbolisieren auch die drei als Welterbe ausgezeichneten Bauwerke: die Kathedrale Notre-Dame, das erzbischöfliche Palais du Tau und das einstige Kloster Saint-Remi mit der Basilika. Die Stadt blickt auf eine ruhmreiche Geschichte zurück. Chlodwig wurde hier um das Jahr 500 vom heiligen Remigius zum König der Franken gesalbt. Die Gebeine des Erzbischofs ruhen in der im 11. Jahrhundert errichteten Abteikirche Saint-Remi. An das schmale Mittelschiff aus dem 9. Jahrhundert schließt sich ein frühgotischer Chor an, die Fenster stammen aus dem 12. Jahrhundert. Die gotische Kathedrale Notre-Dame, die Krönungskirche der französischen Könige, wurde in den Jahren 1211 bis 1516 über einem abgebrannten Vorgängerbau neu errichtet. Ausdrucksstarke Steinskulpturen schmücken den Bau, die restaurierten Glasfenster (einige von Künstlern wie Marc Chagall und Brigitte Simon) sind ein überwältigend schönes Kunstwerk. Das um das Jahr 1500 erbaute erzbischöfliche Palais du Tau diente einst den französischen Königen als prächtige Absteige.

Die Basilika Saint-Remi reicht in ihren Dimensionen beinahe an die der Kathedrale von Reims heran.

# Weinberge, Weinhäuser und Weinkeller der Champagne

Frankreich | Jahr der Ernennung: 2015

Angefangen bei den Weingärten von Hautvillers, Ay, Mareuil-sur-Ay und Reims über die dortigen Keltereien und Weinkeller bis hin zu den Handelshäusern in Épernay: Das Welterbe umfasst alle Stationen im Prozess der Champagner-Herstellung und seiner Geschichte von den Anfängen bis zur Etablierung quasi industrieller Produktionsverfahren. Champagner gilt als absolutes Luxusgetränk. Als Erfinder der »Méthode champonoise« gilt der Mönch Dom Pérignon (1638–1715). Der Cellarius an der Benediktinerabtei Hautvillers verfeinerte die Methode der Flaschengärung und entdeckte, dass der Verschnitt mehrerer Rebsorten qualitativ hochwertige Weine ergibt. Diese Cuvées bilden den Grundstoff für die Champagner. Sie werden in Flaschen gefüllt und nach dem Zusatz von Zucker und Hefe rund 15 Monate gelagert. Danach werden die Trübstoffe, die beim Gären entstehen, durch das langsame Rütteln der Flaschen in den Flaschenhals bewegt. Ein kurzes Eisbad lässt die Hefepfropfen gefrieren. Beim Öffnen der mit einem Kronkorken verschlossenen Flaschen schießen sie heraus. Der dabei verspritzte Champagner wird durch Süßwein o. Ä. ersetzt, die Flaschen mit einem Champagnerkorken geschlossen.

Bis heute dürfen nur Schaumweine, die in der Champagne nach strengen Regeln produziert werden, das Etikett »Champagner« tragen.

# Mittelalterliche Handelsstadt Provins

Frankreich | Jahr der Ernennung: 2001

Die authentische mittelalterliche Stadtarchitektur des zwischen Paris und Troyes gelegenen Städtchens Provins veranschaulicht die politische, soziale und ökonomische Struktur einer blühenden Kommune im 12. und 13. Jahrhundert. Provins gehörte früher zum Territorium der Grafen von Champagne und war ein Schnittpunkt der Handelsrouten zwischen Nordsee und Mittelmeer, Flandern und Italien. Nicht weniger als neun Haupt- sowie elf Nebenrouten kreuzten sich hier. So avancierte Provins im 12. und 13. Jahrhundert zu einem internationalen Messeplatz, an dem Handelswaren jeglicher Art in großem Stil umgeschlagen wurden. Bekannt waren vor allem die jährlich stattfindenden Tuch- und Ledermessen. Zudem wurde Provins, nachdem ein Graf von einem Kreuzzug die Damaszenerrose mitgebracht hatte, zu einem Zentrum der Rosenverarbeitung. Unter der Silhouette des Tour César hat sich ein geschlossenes mittelalterliches Stadtensemble erhalten. Dazu gehören alte Stadtbefestigungen, unterirdische Galerien, die romanischen Kirchen Saint-Quiriace und Saint-Ayoul sowie die Zehntscheuer Grange aux Dîmes aus dem 13. Jahrhundert, die einst als überdachter Markt diente.

Der Tour César, ein achteckiger Wohnturm aus dem 12. Jahrhundert, der später auch als Gefängnis diente, wacht über die Stadt.

# Altstadt von Nancy

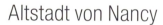

Frankreich | Jahr der Ernennung: 1983

Stanislaus I. Leszczyński, der entthronte polnische König, wurde 1737 nomineller Herrscher von Lothringen. Ihm sind die einzigartigen Plätze von Nancy zu verdanken. Drei von ihnen wurden als Welterbe ausgezeichnet: die Place Stanislas, die Place de la Carrière und die Place d'Alliance.
Die Place Stanislas sollte eine architektonische Brücke zwischen Altstadt und südlicher Neustadt bilden und als Place Royale das neue Zentrum Nancys werden. Der Platz wurde 1752–1755 unter Leitung des Architekten Emmanuel Héré de Corny angelegt. Sein dominierendes Gebäude ist das Hôtel de Ville (Rathaus) an der Südseite. Die Innenräume wurden verschwenderisch ornamentiert, das Treppenhaus wirkt durch seine illusionistischen Malereien noch größer. In ähnlicher Architektur wurden auch die Pavillons an West- und Ostseite geschaffen. Gekrönt wird der Platz durch einen Triumphbogen, durch den man die Place de la Carrière erreicht. Sie wurde im 16. Jahrhundert angelegt und unter Stanislaus vollendet. Der Justizpalast und die Bourse des Marchands gegenüber sind ebenfalls Werke Hérés. Die Arbeiten für die Place d'Alliance begannen 1753.

Die Nordseite der Place Stanislas schmücken schmiedeeiserne Gitter von Jean Lamour und der Neptunbrunnen von Barthélemy Guibal.

# Grande Île von Straßburg

Frankreich | Jahr der Ernennung: 1988, Erweiterung 2017

**Das prächtige Mittelschiff des Münsters (unten) lässt seine Größe nur erahnen: die Innenlänge beträgt bereits 103 Meter.**

Die Altstadt von Straßburg liegt auf einer Insel des Flusses Ill, der Grande Île. Auf engstem Raum konzentrieren sich hier, im Spannungsfeld von französischer und deutscher Geschichte, viele historische Bauwerke und Viertel. Wahrzeichen der Stadt ist das Münster, einer der bedeutendsten Sakralbauten des Mittelalters. Ab dem Jahr 1015 errichtet, ist das Münster romanischen Ursprungs. Da sich die Bauzeit über mehrere Jahrhunderte hinzog, gibt es auch gotische Stilelemente. Interessant ist besonders die wegen ihrer Proportionen und figurengeschmückten Portale gepriesene Westfassade, mit der sich die Bürgerschaft, die ab 1286 die Finanzierung dieses Mammutbaus übernommen hatte, ein Denkmal setzte. Weitere Höhepunkte des Gotteshauses sind die großartigen Buntglasfenster und die astronomische Uhr. Der Münsterplatz wird gesäumt von bis zu fünfstöckigen Fachwerkgebäuden wie dem Haus Kammerzell und dem um 1740 im Louis-quinze-Stil errichteten Palais Rohan. Zum historischen Stadtbild gehören ferner das pittoreske Gerberviertel La Petite France aus dem 16. und 17. Jahrhundert, die Ponts Couverts (einst gedeckte Brücken) und das Vauban-Stauwehr.

# Tal der Loire zwischen Sully-sur-Loire und Chalonnes

Frankreich | Jahr der Ernennung: 2000

Entlang eines 200 Kilometer langen Abschnitts der Loire erwuchs eine der faszinierendsten Kulturlandschaften Europas. Das Grab des heiligen Martin, 371 bis 397 Bischof von Tours und später Schutzherrn der fränkisch-merowingischen Könige dort, wurde bald zum wichtigen Pilgerziel. 848 wurde Karl der Kahle in Orléans gekrönt, unter den Kapetingern war das Tal im 10. und 11. Jahrhundert bevorzugte Residenz. Bedeutende Zeugnisse: die Abteikirche Saint-Benoît-sur-Loire mit Vorhalle und Krypta aus dem 11. Jahrhundert, Germigny-des-Prés (mit Mosaik aus dem 12. Jahrhundert), Fresken in Liget und Tavant oder die Kirche Notre-Dame in Cunault. Einer der größten Klosterkomplexe Europas ist die Abtei Fontevraud mit der Grabkirche der Plantagenêts. Durch die Krönung Heinrich Plantagenêts 1154 zum König von England entstand ein riesiges Reich. Hier traf Jeanne d'Arc 1429 den ungekrönten Karl VII.. Unter Franz I. wurde eine Reihe von Schlössern neu- oder umgebaut: das prächtige Wasserschloss Azay-le-Rideau (1527), das Brückenschloss Chenonceaux, Schloss Chambord und die Schlösser von Blois und Amboise. Sehenswert sind auch die Schlösser in Villandry und Saumur.

**Chambord (oben) ist das größte der Loireschlösser. Franz I. ließ es ab 1615 als Jagdschloss errichten.**

# Abteikirche von Saint-Savin sur Gartempe

Frankreich | Jahr der Ernennung: 1983

Die »Sixtinische Kapelle der Romanik« birgt mit ihren Fresken aus dem 11. und 12. Jahrhundert den größten romanischen Bilderzyklus in Frankreich.

Wie durch ein Wunder blieb diese Abteikirche über die Jahrhunderte von Zerstörungen und Plünderungen verschont; sie verfiel aber nach der Französischen Revolution. 1836 entdeckte der Schriftsteller Prosper Mérimée, der 1831 Inspektor der historischen Denkmäler Frankreichs geworden war, die rund 35 Kilometer östlich von Poitiers gelegene Kirche und ließ sie unter Schutz stellen. Dank einer Restaurierung in den 1970er-Jahren konnten die Bilderzyklen gesichert werden.

Die im Gewölbe des Mittelschiffs erhaltenen Bilder stellen auf mehr als 400 Quadratmetern Fläche einen in sich geschlossenen alttestamentarischen Zyklus von der Genesis bis zum Exodus dar. Die Wandmalereien auf Empore und Vorhalle handeln vom Leben Christi und der Apokalypse des Johannes. Die Heiligendarstellungen in der Krypta sind einfacher ausgeführt. Neben diesen unschätzbaren Wandbildern birgt die Abteikirche auch kostbare Altäre aus der Zeit der Romanik.

Die Abteikirche von Saint-Savin ist berühmt für ihre Wandmalereien aus dem 11. und 12. Jahrhundert.

# Kathedrale von Bourges

Frankreich | Jahr der Ernennung: 1992

Das herausragende Bauwerk der ehemaligen Hauptstadt der Herzöge von Berry ist ihre fünfschiffige, dem heiligen Stephan geweihte Kathedrale. In Form von fünf großen Portalen erhielt in der Westfassade die Idee von der Kirche als Tor zum Himmel ihren stärksten Ausdruck. Die Kathedrale Saint-Étienne wurde in zwei Bauabschnitten errichtet: 1195 bis 1215 baute man den Chor und die Apsis, 1225 bis 1260 das Schiff und die Hauptfassade. Über dem Gotteshaus erheben sich zwei asymmetrische Türme. Der Nordturm war 1506 eingestürzt und wurde bis 1542 wieder aufgebaut. Teile des gotisch geprägten Baus wie das südliche Seitenportal stammen noch aus romanischer Zeit. Besonders wertvoll ist der Skulpturenschmuck der Westfassade. Biblische Themen wie das Jüngste Gericht und Legenden aus dem Leben des heiligen Stephan (Étienne) sind dargestellt. Den Innenraum erhellt das durch die farbigen Glasfenster aus dem 13. Jahrhundert einfallende Licht. Unter dem Chor wurde eine für gotische Sakralbauten eher untypische Krypta angelegt, in der Herzog Johann von Berry (1340–1416), der Bruder König Karls V., begraben liegt.

Die Statuen – Könige des Alten Testaments – am Südportal der Kathedrale von Bourges stammen aus dem 12. Jahrhundert.

# Vézelay: Abteikirche und Stadthügel

Frankreich | Jahr der Ernennung: 1979

Über der von Wehrmauern umgebenen Altstadt von Vézelay thront auf einem Hügel die Basilika Ste.-Madeleine. Die räumlich größte Klosterkirche Frankreichs bildet einen der Höhepunkte der französischen Romanik.

Die aus dem 9. Jahrhundert stammende Kirche der westlich von Dijon gelegenen Abtei, in der angeblich die Reliquien der heiligen Magdalena aufbewahrt wurden, konnte dem Pilgerstrom schon bald nicht mehr standhalten; 1096 begann man mit dem Neubau. Zur Zeit der Kreuzzüge entwickelte sich Vézelay zu einem bedeutenden geistlichen Zentrum. Als aber im Jahr 1279 die vermeintlich echten Gebeine der Büßerin in der Provence gefunden wurden, bedeutete das den Niedergang der Abtei. Das 18 Meter hohe und 62 Meter lange Tonnengewölbe der Kirche ist für die Romanik einzigartig. Die schlichte Ausgestaltung des hellen Innenraums wurde durch die Verwendung farbiger Steinquader belebt. Einige Teile der Kirche wurden erst beträchtlich später als das romanische Mittelschiff errichtet. Die im 19. Jahrhundert restaurierten Statuen über dem Hauptportal gelten als die anspruchsvollsten des Mittelalters.

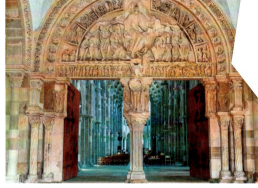

**Die Abteikirche von Vézelay beeindruckt mit ihren gigantischen Ausmaßen, das Innengewölbe ist kontrastreich gestaltet.**

Frankreich | Europa

# Abtei von Fontenay

Frankreich | Jahr der Ernennung: 1981

Den strengen zisterziensischen Idealen verpflichtet ist die Abtei von Fontenay, deren Innenraum keine Bänke enthält.

Die auffallend gut erhaltenen Bauten der im Jahr 1119 von Bernhard von Clairvaux gegründeten Zisterzienserabtei von Fontenay vermitteln auch heute noch ein höchst anschauliches Bild des mittelalterlichen Klosterlebens. Die Abtei von Fontenay liegt rund 50 Kilometer nordwestlich von Dijon. Zwar wurde sie im 18. Jahrhundert zum Teil durch Neubauten ersetzt, der Idealplan eines Zisterzienserklosters ist aber noch klar erkennbar. Die Zisterzienser, deren Orden auf eine Reformbewegung der Benediktinergemeinschaft zurückgeht, lebten nur von den eigenen Ernteerträgen und wohnten in bescheidenen Gebäuden. Die einfache und harmonische Anlage wird von einer hohen Mauer umgeben. Kirche und Kloster bilden einen streng geschlossenen, weitgehend schmucklosen Block. Die Stiftskirche, eine Basilika, die 1147 von Papst Eugen III. geweiht wurde, war ursprünglich nur für die Andacht der Klostergemeinschaft bestimmt gewesen, vom Dormitorium aus führte eine Treppe direkt dorthin. Um das Doppelgebäude herum wurden verschiedene Wirtschaftsgebäude zwischen Grünanlagen und Bäumen frei gruppiert. Erhalten sind noch eine Schmiede und eine Mühle aus dem 12. Jahrhundert.

# Climats – Weinbauparzellen im Burgund

Frankreich | Jahr der Ernennung: 2015

Als »Climats« werden im Burgund eng umgrenzte Weinlagen bezeichnet, die sich durch die Beschaffenheit des Bodens und die Hangausrichtung, aber auch durch verschiedene historisch gewachsene Formen der Kultivierung von einander unterscheiden und den dort angebauten Weinen ganz individuelle Eigenschaften verleihen. Die Climats sind das Erbe der mindestens 2000 Jahre alten Weinbautradition in Burgund. Sie sind über die Jahrhunderte durch Parzellierung entstanden und prägen eine einzigartige Kulturlandschaft. Der Begriff »Climat« taucht das erste Mal auf zwei Karten aus der Mitte des 16. Jahrhunderts in Verbindung mit den Namen von Weinbergen auf. Nachdem man im 18. Jahrhundert begonnen hatte, die Herkunft zum Maßstab für die Qualität eines Weines zu machen, wurden die Namen der burgundischen Climats mehr und mehr Prädikatsnamen für erlesene Weine. Seit der zweiten Hälfte des 19. Jahrhunderts führten mehrere burgundische Kommunen Climats in ihrem Ortsnamen. Lagen wie Chambertin, Clos Saint-Denis, La romanée, Corton oder Montrachet sind jedem Weinkenner ein Begriff. Insgesamt soll es mehr als 1000 verschiedene Climats im Burgund geben.

Wie ein Flickenteppich überziehen die Climats das Hügelland der Côte des Nuits und der Côte de Beaune zwischen Dijon und Santanay.

# Große Salinen von Salins-les-Bains und Königliche Salinen von Arc-et-Senans

Frankreich | Jahr der Ernennung: 1982

Durch die rund 7000 Jahre alte Geschichte der Salzgewinnung in der Franche-Comté untrennbar vereint, bilden die bereits seit 1982 zum Welterbe zählenden Königlichen Salinen in Arc-et-Senans aus dem 18. Jahrhundert mit den im Jahr 2009 als Erweiterung hinzugefügten mittelalterlichen Salinen in Salins-les-Bains nun ein gemeinsames, die Geschichte des »Weißen Goldes« in Frankreichs östlichster Region auf eindrucksvolle Weise veranschaulichendes Monument. Die auf Anordnung Ludwigs XV. errichteten und 1799 fertiggestellten Königlichen Salinen von Arc-et-Senans waren mit den Salinen in Salins-les-Bains durch eine 21,25 Kilometer lange Soleleitung verbunden, durch die täglich bis zu 135 000 Liter Salzlake gepumpt wurden Interessant ist neben der Salinenarchitektur auch die Art der hier praktizierten Salzgewinnung: durch künstliche Erhitzung der Sole bis zu ihrer Verdunstung. Der Architekt Claude-Nicolas Ledoux hatte sie geplant. Er spielte außerdem mit dem Gedanken die Saline zu einer Idealstadt zu erweitern – diese Idee wurde aber nie Wirklichkeit. Die Saline Salins-les-Bains ist nicht mehr vollständig erhalten. Im Haus des Direktors befindet sich heute ein Spielcasino.

Das Haus des Direktors in den Königlichen Salinen von Arc-et-Senans symbolisiert die soziale Hierarchie: es bildet deren Mittelpunkt.

Frankreich | **Europa**

# Historische Stätten in Lyon

Frankreich | Jahr der Ernennung: 1998

An der Place des Terreaux mit ihren 69 Brunnen (unten: der Bartholdi-Brunnen) steht das Rathaus von Lyon.

Die Geschichte der am Zusammenfluss von Saône und Rhône gegründeten römischen Kolonie spiegelt sich in Bauten unterschiedlicher Epochen. Lyon entwickelte sich im 16. Jahrhundert dank der Seidenweberei und der Buchdruckerei zu einem der bedeutendsten Messeplätze Europas, 1506 wurde hier die erste Börse Frankreichs gegründet. Verwinkelte Gassen und mittelalterliche Gebäude charakterisieren den ältesten Stadtteil Fourvière (römisch »Forum vetus«). Hier steht die Kathedrale Saint-Jean (12.–15. Jahrhundert) mit ihren frühgotischen Glasfenstern und einer astronomischen Uhr aus dem 14. Jahrhundert. Auf einem Hügel über der Saône, wo einst die Römer ihre Stadt errichteten, erhebt sich die Wallfahrtskirche Notre-Dame de Fourvière (Ende 19. Jahrhundert). Auf der fünf Kilometer langen Halbinsel zwischen den beiden Flüssen befinden sich das Rathaus aus dem 17. Jahrhundert, das Palais des Arts – ein ehemaliges Benediktinerkloster –, die Börse und mehrere spätmittelalterliche Kirchen. Lyons Zentrum bildet die Place Bellecour. Südlich davon steht Saint-Martin-d'Ainay: Das älteste Gotteshaus der Stadt (12. Jahrhundert) basiert auf einem Gotteshaus aus dem 9. Jhdt..

# Chauvet-Grotte bei Vallon-Pont-d'Arc

Frankreich | Jahr der Ernennung: 2014

Rund 30 000 bis 35 000 Jahre alt sind die Felsmalereien in der Chauvet-Höhle bei Vallon Pont d'Arc in Südfrankreich. Damit zählen Sie zu den ältesten bekannten Kunstwerken der Menschheit. Als 1994 drei französische Höhlenforscher die Chauvet-Höhle im Tal der Ardeche entdeckten, stießen sie dort auf einen aus dem Aurignacien stammenden Bilderschatz von einzigartiger künstlerischer Qualität und Vielfalt. Die meisten Motive sind Tiere, vor allem sonst nur selten abgebildete größere eiszeitliche Säugetiere wie Wollnashörner, Höhlenlöwen, Mammuts und Wildpferde. Verdoppelungen von Umrisslinien deuten Bewegungen an, in Kombination mit den reliefartigen Wänden ergeben sich räumliche Effekte. Über 1000 Wandbilder wurden bisher inventarisiert. Daneben finden sich auch Knochen von Höhlenbären und ein rund 25 000 Jahre alter menschlicher Fußabdruck. Aus konservatorischen Gründen ist die Höhle für die Öffentlichkeit nicht zugänglich; nur ein originalgetreuer Nachbau kann besichtigt werden. Eindrucksvoll ist auch Werner Herzogs vor Ort gedrehter 3D-Dokumentarfilm »Die Höhle der vergessenen Träume« (2010).

Die meisten der mit Holzkohle und Ocker aufgetragenen Zeichnungen stellen Tiere dar und sind erstaunlich realistisch.

# Historisches Zentrum von Bordeaux (»Hafen des Mondes«)

Frankreich | Jahr der Ernennung: 2007

Die Altstadt von Bordeaux schmiegt sich an das linke Ufer der Garonne, die hier einen mondsichelartigen Bogen macht – daher der Beiname »Hafen des Mondes«. Hier gibt es mehr – auf die Zeit der Aufklärung zurückgehende – Baudenkmäler als in jeder anderen französischen Stadt mit Ausnahme von Paris. Bordeaux ist seit der Römerzeit eine Hafenstadt. Eines ihrer bedeutendsten Handelsprodukte ist der Wein, für den die Stadt mit ihrer Umgebung heute noch weltberühmt ist. Bis in das frühe 18. Jahrhundert hinein hatte Bordeaux noch mittelalterlichen Charakter. Die Aufklärung sorgte dann für die geistigen Grundlagen der Umgestaltung der Stadt in ein klassizistisches Ensemble. Zunächst gestaltete Jacques Gabriel um 1730 die Place de la Bourse. Im Zentrum des halbkreisförmig angelegten Platzes steht der im Jahr 1864 errichtete Brunnen der drei Grazien. Eine besondere Rolle bei der Umstrukturierung von Bordeaux spielte der Marquis von Tourny, Louis-Urbain Aubert, der in den Jahren 1743 bis 1757 das Gemeinwesen verwaltete. Er ersetzte die mittelalterlichen Tore durch neue klassizistische Gebäude. Der alte Hafen am linken Ufer blieb unverändert erhalten.

Der Place de la Bourse ist der schmuckste Teil der Schaufront zur Garonne. Oben: der Miroir d'eau und das Palais de la Bourse.

Frankreich | **Europa**

# Bezirk Saint-Émilion

Frankreich | Jahr der Ernennung: 1999

Mit Saint-Émilion und weiteren sieben umliegenden Gemeinden rund 30 Kilometer östlich von Bordeaux wurde erstmals ein historisches Weinanbaugebiet als Welterbe gewürdigt.

In der fruchtbaren Aquitaine-Region wurde schon unter den Römern der Weinbau eingeführt. Heute zählen zu dem geschützten Territorium neben Saint-Émilion die Gemeinden Saint-Christophe des Bardes, Saint-Étienne-de-Lisse, Saint-Hippolyte, Saint-Laurent-des-Combes, Saint-Pey-d'Armens, Saint-Sulpice-de-Faleyrens und Vignonet. Saint-Émilion entstand um eine Grotte, die Einsiedelei des bretonischen Mönchs Émilion im 8. Jahrhundert. Später wurde daneben die größtenteils unterirdische Église Monolithe in den Felsen gehauen. Sie ist mit den Katakomben verbunden, in denen der heilige Émilion begraben sein soll. Weitere sehenswerte historische Bauten sind das Cloître de la Collégiale, der Kreuzgang und die Chapelle de la Trinité. Letztere wurde im 13. Jahrhundert zu Ehren des heiligen Émilion errichtet, dem Schutzpatron der Winzer. Ihrer Lage auf der Pilgerroute nach Santiago de Compostela verdankte die Region ab dem 11. Jahrhundert die Errichtung vieler Klöster, Kirchen und Hospize.

**Saint-Émilion mit dem über der Felsenkirche hoch aufragenden Glockenturm gilt als der führende Weinort des Bordelais.**

# Vézère-Tal: Fundorte und Höhlenmalereien

Frankreich | Jahr der Ernennung: 1979

An einem rund 40 Kilometer langen Abschnitt im Tal der Vézère im Périgord konzentrieren sich wie nirgendwo anders auf der Welt prähistorische Fundstätten und Höhlen mit Felsmalereien, die uns Aufschluss über den Menschen der Alt- und Jungsteinzeit geben.

Zum Welterbeareal zählen 147 prähistorische Stätten und 25 Höhlen mit Felsmalereien, die hier, in dieser Schatzkammer der frühen Menschheit, im Laufe des 19. und 20. Jahrhunderts entdeckt wurden. Die wichtigsten Fundorte und Höhlen, die sich an einem Talabhang über dem Fluss Vézère aneinanderreihen, sind Le Moustier, La Madeleine, Lascaux und Cro-Magnon, wo fünf Skelette aus der späten Altsteinzeit gefunden wurden, die namensgebend für einen Typus des Homo sapiens wurden. In der Höhle von Lascaux wurden etwa 100 rund 15 000 Jahre alte Zeichnungen mit bemerkenswert realistisch dargestellten Jagdmotiven entdeckt. Funde in anderen Höhlen belegen, dass bereits vor 30 000 Jahren Jäger und Sammler, die Südfrankreich während der Eiszeit besiedelten, die frühesten Kunstwerke Europas hervorgebracht haben.

**Im »Raum der Stiere« in der Höhle von Lascaux (im Bild eine Rekonstruktion) begegnet uns ein Stier inmitten einer Pferdeherde.**

# Pilgerwege nach Santiago de Compostela

Frankreich | Jahr der Ernennung: 1998

Das vermeintliche Grab des heiligen Jakob in Nordwestspanien war eines der bedeutendsten Pilgerziele des christlichen Abendlandes. Die Routen des Jakobswegs bilden in Europa ein dichtes Wegenetz, das sich von Osten und Norden über den Kontinent legt und in Frankreich in vier Hauptwege mündet: Die Via Turonensis beginnt in Paris und führt über Tours, Poitiers und Bordeaux nach Ostabat, wo sie mit der Via Lemovicensis von Vézelay und der Via Podiensis von Le Puy zusammentrifft, um dann die Pyrenäen zu überqueren. Die Via Tolosana beginnt in Arles, führt über Toulouse und den Somportpass nach Jaca und Puente la Reina, wo sich alle Wege zum Camino Francés vereinen, der in Santiago de Compostela endet. Das mittelalterliche Pilgerwesen war dem modernen Tourismus durchaus vergleichbar. Um die Pilger in die Orte entlang der Route zu locken, entstanden dort imposante mittelalterliche sakrale Bauwerke, die wegen ihrer Reliquienschätze ebenfalls zu beliebten Wallfahrtszielen avancierten. So gewann der Jakobsweg große Bedeutung für die Entfaltung der romanischen Kunst und für die wechselseitige Anregung der einzelnen Zentren.

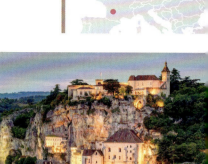

**Etappenziele der Via Turonensis sind oft Kirchen wie Sainte Radegonde in Poitiers (unten) und Orte wie Rocamadour (oben).**

## Bischofsstadt Albi

Frankreich | Jahr der Ernennung: 2010

Albi ist seit der frühen Neuzeit nahezu unverändert geblieben. In der Architektur der Stadt spiegelt sich einzigartig ihre kirchengeschichtliche Bedeutung wider. Die Kleinstadt liegt im Süden Frankreichs, rund 80 Kilometer nordöstlich von Toulouse. Aus dem Ensemble der niedrigen, am Fluss Tarn gelegenen Häuser der Altstadt ragen besonders zwei Bauten hervor: die Kathedrale Sainte-Cécile und der Bischofspalast Palais de la Berbie. Mit dem Bau der gotischen Kirche wurde 1282 begonnen, ihre Fertigstellung zog sich bis 1492 hin. Mit ihrem über 70 Meter hohen Glockenturm zählt diese Kathedrale zu den größten Backsteinkirchen der Erde. Aus Backsteinen wurde auch der ganze historische Bezirk der Bischofsstadt Albi errichtet. Der wuchtige Palais de la Berbie war ursprünglich als Festung angelegt und demonstriert die Machtfülle der Bischöfe von Albi ab dem 13. Jahrhundert. Heute beherbergen seine Mauern ein Toulouse-Lautrec-Museum. Der im 17. Jahrhundert geschaffene Barockgarten ist kunstvoll gestaltet. Zum Welterbe gehören außerdem die alte Brücke über den Tarn, die Kirche Saint-Salvi, deren Wurzeln bis in das 10. Jahrhundert zurückreichen, samt ihrem Viertel.

**Die Kathedrale Sainte-Cécile überragt eindrucksvoll die Altstadt mit dem Fluss Tarn und der alten Brücke.**

## Causses und Cevennen

Frankreich | Jahr der Ernennung: 2011

Die nur dünn besiedelten Causses und Cevennen sind eine jahrhundertealte Kulturlandschaft von herb-wild anmutendem Reiz. Die Mittelgebirgskette der Cevennen besteht aus Schieferbergen und Granitmassiven. Die Causses sind dagegen eine Karstlandschaft: herbe Hochplateaus aus Kalkgestein, mit hügeligem Relief, Naturschächten, Grotten und bizarren Felsformationen. Die beiden Regionen liegen an den südlichen Ausläufern des französischen Zentralmassivs. Gemeinsam bilden sie eine zusammenhängende Kulturlandschaft, deren Gesicht in Jahrhunderten durch die Landwirtschaft und Viehzucht geformt wurde. Die UNESCO hat rund 3000 Quadratkilometer dieser »kulturell evolutionären und lebendigen« Landschaft zum Weltkulturerbe erklärt. Ihr außergewöhnlicher Wert liegt sowohl in ihrer Schönheit als auch in der prägenden Agrarwirtschaft, die ab dem 12. Jahrhundert von den Templern und später vom Johanniterorden im großen Stil betrieben wurde. Bedeutend ist hier vor allem seit dem späten Mittelalter die nicht-intensive Zucht von Schafen, aus deren Rohmilch Roquefort produziert wird. In der Neuzeit trug die Seidenraupenzucht zur Gestaltung dieser Kulturlandschaft bei.

**Die Weidewirtschaft formte das Landschaftsbild der Causses und Cevennen mit Sommeralmen und Viehwegen.**

# Orange: Amphitheater und Triumphbogen

Frankreich | Jahr der Ernennung: 2007

Auf dem Gebiet einer eroberten keltischen Siedlung im Rhonetal gründeten die Römer einst die Stadt Arausio. Aus der Zeit der römischen Besiedlung sind noch zahlreiche Gebäudereste vorhanden, darunter eines der am besten erhaltenen antiken Amphitheater.

Das Théâtre Romain war mit seiner 103 Meter langen und 37 Meter hohen Fassadenfront eines der größten der römischen Antike. Wegen seiner spektakulären Lage an einem Stadthügel mussten einige Gänge in den Fels gegraben werden. Bis zu 10 000 Zuschauer konnten hier auf eine Bühne mit prächtig dekorierter Szenenwand blicken. Nach jahrhundertelangem Verfall und Nutzung als Steinbruch und Gefängnis wurde es ab dem 19. Jahrhundert restauriert, heute wird es wieder für Festspielaufführungen genutzt. Der um 25 n. Chr. vollendete »Triumphbogen« gilt als das am vollständigsten erhaltene römische Bogentor auf dem Gebiet Galliens. Das 20 Meter breite, 18 Meter hohe und 8,5 Meter tiefe Bauwerk markierte auf der Via Agrippa den Eingang zur Stadt. Es hat drei Bögen, wobei der mittlere Durchgang größer als die seitlichen ist.

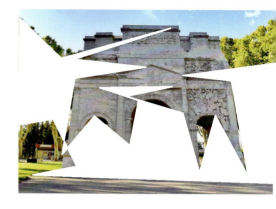

**Der Triumphbogen (oben) ist einer der ältesten und größten des römischen Galliens. Die Verzierungen sind Waffendarstellungen.**

# Pont du Gard

Frankreich | Jahr der Ernennung: 2007

Der römische Brückenaquädukt über den Fluss Gard ist ein Meisterwerk römischer Ingenieursbaukunst. Er war Bestandteil einer rund 50 Kilometer langen Wasserleitung, die vom Quellteich der Eure nach Nîmes führte.

Um das rasch wachsende antike Nemausus, das heutige Nîmes, mit Wasser zu versorgen, wurde zwischen den Jahren 40 und 60 n. Chr. unter der Herrschaft der Kaiser Claudius und Nero der seinerzeit bautechnisch gewagte Brückenaquädukt errichtet, der das Felsental des Gard überspannt. Die Arkadenreihen der drei Stockwerke, deren oberstes eine Länge von 275 Metern erreicht, wurden leicht versetzt angelegt. Die unterste besteht aus sechs zwischen 15 und 24 Meter breiten Bögen. Das mittlere Stockwerk weist insgesamt elf Bögen auf. Die 35 kleineren, etwa fünf Meter breiten Bögen der obersten Brücke trugen die Wasserleitung. Baumaterial waren Muschelkalksteine, die ohne Mörtel zusammengefügt wurden. Ab dem 4. Jahrhundert verfiel der Aquädukt, im Mittelalter wurden die Pfeiler der mittleren Ebene verjüngt, damit man sie als Straßenbrücke nutzen konnte. Erst im 18. Jahrhundert wurde das Bauwerk wiederhergestellt.

**Auf dem Pont du Gard wurden in Hochzeiten rund 40 000 Kubikmeter Wasser nach Nîmes transportiert.**

Frankreich | **Europa**

# Avignon

Frankreich | Jahr der Ernennung: 1995

»Sur le Pont d'Avignon« – dieses Lied hat die Brücke Saint-Bénézet (unten) zu Füßen des Papstpalastes (oben) weltberühmt gemacht.

Das Welterbe der Stadt an der Rhone, wo im 14. Jahrhundert für 67 Jahre die Päpste residierten, umfasst das historische Zentrum mit dem festungsartigen Papstpalast, dem umliegenden bischöflichen Ensemble und dem viel besungenen Pont d'Avignon.
Die Papstresidenz besteht aus dem Alten und dem Neuen Palast. Nördlich schließt sich die romanische Kathedrale Notre-Dame des Doms aus dem 12. Jahrhundert an. Zum bischöflichen Bezirk gehört an der westlichen Seite der Place du Palais auch das ab 1317 errichtete Petit Palais, mit dem der Bischof für den Abriss seines ursprünglichen Palastes entschädigt wurde. Ab dem 14. Jahrhundert war die Stadt mit einer fast fünf Kilometer langen Mauer umgeben worden, die durch Wehranlagen und Türme wie den Tour des Chiens und den Tour du Châtelet verstärkt wurde. Letzterer kontrollierte den Zugang zur weltberühmten Brücke Saint-Bénézet, dem Pont d'Avignon, der allerdings nur noch ein halb in die Rhone hineinreichender Torso ist nachdem im Jahr 1660 die Hälfte der Brücke von einer Flutwelle weggeschwemmt wurde. Auf Höhe des zweiten Pfeilers befindet sich die Kapelle Saint-Nicolas (14. Jahrhundert).

# Arles

Frankreich | Jahr der Ernennung: 1981

Arles hat sich aus einer Militärkolonie entwickelt, die von Julius Cäsar am Ort eines griechischen Handelsplatzes errichtet wurde. Neben Relikten aus römischer Zeit gibt es hier auch Bauten der französischen Romanik zu bewundern. Zu den ältesten Bauten in Arles zählen die unterirdischen Gänge des Kryptoportikus unter dem Forum, die wahrscheinlich als Getreidespeicher dienten. Ebenfalls römischen Ursprungs sind zwei im 1./2. Jahrhundert errichtete Amphitheater. Eines davon, Les Arènes, ist mit 136 Metern Breite und 107 Metern Länge die größte erhaltene antike Freilichtbühne, die heute für Stierkämpfe genutzt wird. Aus spätrömischer Zeit stammen die Thermen am rechten Rhoneufer, die zu einer ca. 200 Meter langen Palastanlage gehörten. Die Gräberallee von Alyscamps gibt dank ihrer gut erhaltenen Sarkophage Aufschluss über die Bestattungsweisen in vor- und frühchristlicher Zeit. Die Kathedrale Saint-Trophime mit ihrem Langhaus aus dem 11./12. Jahrhundert, ihrem Portal und dem Kreuzgang ist einer der bemerkenswertesten Bauten der französischen Romanik. Arles war auch Wirkungsstätte Vincent van Goghs, der hier einige berühmte Bilder malte.

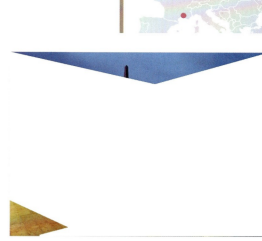

**Nachts eröffnet sich dem Betrachter ein ruhiger Blick von der Kirche St. Trophime auf die Place de la Republique mit Obelisk (oben).**

# Canal du Midi

Frankreich | Jahr der Ernennung: 1996

Der Canal du Midi, der die Garonne (und damit den Atlantik) mit dem Mittelmeer verbindet, ist eine der größten Ingenieursleistungen des Absolutismus. Die im Wesentlichen in der Rekordbauzeit von nur 14 Jahren (1667 bis 1681) errichtete künstliche Wasserstraße erstreckt sich – mit kleineren Nebenkanälen wie dem Canal de la Robine – über eine Länge von rund 350 Kilometern und ist mit etwa 300 Schleusen, Aquädukten, Tunneln, Brücken und anderen Konstruktionen ausgestattet. Der Kanal muss auf der rund 50 Kilometer langen Strecke von Toulouse zum Scheitel bei Naurouze mit 26 Schleusen einen Höhenunterschied von 63 Metern überwinden. Dutzende weiterer Schleusen bewältigen den Abstieg von 190 Metern zur Mündung ins Mittelmeer bei Agde. Das riskanteste Unternehmen des Ingenieurs Pierre-Paul Riquet war jedoch der Bau des rund 150 Meter langen Malpastunnels bei Béziers, wobei erstmals Schießpulver verwendet wurde. Der Kanal bewirkte einen enormen wirtschaftlichen Aufschwung in der Languedoc. Erst mit dem Aufkommen der Eisenbahn ging der Schiffsverkehr zurück. Heute wird der Kanal vornehmlich von Hausbooten genutzt.

**Heute kann man auf dem Canal du Midi mit Sport- und Hausbooten entlang der mit Laubbäumen bestandenen Ufer fahren.**

Frankreich | **Europa**

# Carcassonne

Frankreich | Jahr der Ernennung: 1997

**Ein fast unüberwindbares Bollwerk bildeten im Mittelalter die Türme und Bastionen von Carcassonne mit ihren meterdicken Mauern.**

Die befestigte Altstadt von Carcassonne ist eines der eindrucksvollsten Beispiele mittelalterlicher Wehrarchitektur in Europa. Schon in vorrömischer Zeit siedelten auf dem Hügel oberhalb der Aude an der alten Handelsstraße zwischen Mittelmeer und Atlantik Iberer. 418 fiel das gallorömische Carcasso an die Westgoten, die 485 den inneren Wall errichteten. 725 eroberten die Araber die Stadt, denen 759 die Franken folgten. 1229 fiel Carcassonne an die französische Krone. Im Rahmen der mittelalterlichen Stadterweiterung entstand die romanische Basilika Saint-Nazaire. Sie wurde von 1096 bis 1150 errichtet und im 13. Jahrhundert gotisch umgestaltet. Die Glasfenster datieren aus dem 14.–16. Jahrhundert. Um 1125 wurde das Château Comtal in die Anlagen des inneren Walls integriert. Gegen Ende des 13. Jahrhunderts begann man mit dem Bau des turmbewehrten Außenrings. Dabei erhielt auch der innere Wall ein stattliches Tor, die Porte Narbonnaise. Noch aus dem 12. Jahrhundert stammt der Pont d'Avignon. Um 1660 begannen die mittlerweile überflüssig gewordenen Wehranlagen zu verfallen. 1844 beschloss man den Wiederaufbau der Stadt, der bis 1960 andauerte.

# Mont Perdu

Frankreich, Spanien | Jahr der Ernennung: 1997

Die Region um den 3355 Meter hohen Mont Perdu (span. Monte Perdido) in den zentralen Pyrenäen beiderseits der französisch-spanischen Grenze wurde aufgrund ihrer außergewöhnlichen geologischen Formationen und der lokalen Kultur ihrer Bewohner als Weltnatur- wie als Weltkulturerbe ausgezeichnet. Das grenzüberschreitend geschützte Areal erstreckt sich über rund 300 Quadratkilometer und umfasst Teile des Parque Nacional Ordesa y Monte Perdido und des Parc National des Pyrénées. 1999 wurde es um die Kommune von Gèdre erweitert. Auf spanischer Seite bilden zwei der tiefsten Cañons Europas, Añisclo und Ordesa, die Hauptattraktion. Auf französischer Seite liegen die drei durch Gletscherkräfte u-förmig ausgeschliffenen Täler von Troumouse, Estaubé und Gavarnie, die zu den schönsten ihrer Art in Europa gehören. Besonders faszinierend ist die Ursprünglichkeit der Landschaft: Seit Jahrhunderten hat sich hier das Leben der Weidewirtschaft betreibenden Menschen kaum verändert. Ihre über alte Bergstraßen verbundenen Dörfer, Höfe und Weiden stellen ein einzigartiges Zeugnis einer in Europa weitgehend untergegangenen Hochgebirgskultur dar.

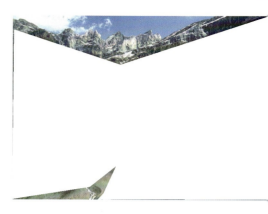

**Die Grande Cascade im Cirque de Gavarnie gehört mit einer Fallhöhe von rund 423 Metern zu den höchsten Wasserfällen Europas.**

# Golf von Porto

Frankreich | Jahr der Ernennung: 1983

Die Welterbestätte an der mittleren Westküste von Korsika umfasst die Küstenregion um den Golf von Porto und schließt auch Unterwasserhabitate sowie die Inseln Elbo und Gargallo ein.
Seit dem Jahr 2006 lautet die offizielle Bezeichnung »Golf von Porto: Calanche von Piana, Golf von Girolata, Scandola-Reservat«. Damit ist auch der Umfang des geschützten Gebiets mit den namengebenden Buchten und Halbinseln erfasst. Das Areal wurde für seine landschaftliche Schönheit ausgezeichnet, für seine Fauna und Flora sowie für die traditionelle Land- und Weidewirtschaft seiner Bewohner. Das Naturreservat ist Teil eines größeren Regionalparks auf Korsika. Viele Seevogelarten wie Möwen, Kormorane und die selten gewordenen Seeadler finden hier ein ideales Nist- und Brutgebiet. Große Teile der recht felsigen Halbinsel Scandola werden von naturbelassenen Wäldern bedeckt. Hier sind die für den Mittelmeerraum typischen Macchien noch großflächig anzutreffen. Dichte Eukalyptuswälder säumen die sandgelben Strände. Rund um die Buchten und Höhlen der zerklüfteten Felsenküsten hat sich eine reiche und anderswo kaum noch anzutreffende Unterwasserfauna und -flora erhalten.

**Bei Piana an der Westküste Korsikas trifft man auf die bizzarren orangeroten Felsen der Calanche.**

Frankreich, Spanien | **Europa**

## Vulkanlandschaft auf La Réunion

Frankreich | Jahr der Ernennung: 2010

Die Vulkanlandschaft der rund 800 Kilometer östlich von Madagaskar im Indischen Ozean gelegenen, politisch zum französischen Überseegebiet gehörenden Île de la Réunion (»Insel der Zusammenkunft«) ist das Refugium einer reichen, vielfach endemischen Tier- und Pflanzenwelt. La Réunion, das gemeinsam mit den benachbarten Inseln Mauritius und Rodrigues den Archipel der Maskarenen bildet, entstand vor rund zwei Millionen Jahren im Zusammenspiel von Feuer und Wasser, als sich der Vulkan Piton des Neiges aus dem Indischen Ozean erhob. Heute ist dieser Vulkan der höchste Gipfel einer quer über die Insel verlaufenden Vulkankette. Zu der zum Welterbe erklärten Vulkanlandschaft gehören auch die »Cirques« Cilaos, Salazie und Mafate – drei im Zentrum der Insel gelegene Talkessel, die nach ihrem kreisrunden Äußeren benannt wurden. Das neue Schutzgebiet entspricht im Kern weitgehend dem bereits im März 2007 rund um den Piton des Neiges gegründeten Parc National de la Réunion. Der Bergsee Grand Etang im Osten von Reunion verdankt seine Entstehung der Aufstauung der Flussarme des Bras d'Annette durch einen erkalteten Lavastrom des Piton des Neiges.

**Ein Wolkenfetzen schwebt über dem Gebirge im Sonnenlicht: Die Cirque de Cilaos ist die südlichste Caldera des Piton des Neiges.**

## Lagunen von Neukaledonien

Frankreich | Jahr der Ernennung: 2008

Die Lagunen Neukaledoniens beherbergen eine große Vielfalt an Tier- und Pflanzenarten. Die Mangroven und Korallenriffe bilden weltweit einzigartige Ökosysteme, die bedrohten Fischarten, Schildkröten und Meeressäugern ein Refugium bieten. Neukaledonien erstreckt sich über eine Fläche von insgesamt knapp 18600 Quadratkilometern. Es umfasst neben der Hauptinsel Grande Terre mehrere kleine Korallen- sowie zwei Vulkaninseln. Die Inselgruppe kam im Jahr 1853 unter die Herrschaft Frankreichs und ist heute ein collectivité sui generis; geografisch gesehen gehört sie zu Melanesien. Die Hauptinsel sowie die südlich davon gelegenen Inseln sind von einem Korallenriff umgeben. Dieses Riffsystem zählt zu den größten der Welt. I
n den unberührten Mangrovenwäldern gedeiht eine üppige Flora und Fauna. Im weitgehend intakten Ökosystem der Lagunen leben zahlreiche Fischarten. Ausgedehnte Seegraswiesen bilden die Nahrungsquelle für die weltweit drittgrößte Population an Dugongs. In den Lagunen gibt es darüber hinaus uralte fossile Riffbestände, die eine wichtige Quelle für die Erforschung der Entwicklung des Pazifiks sind.

**Das Neukaledonische Barriereriff (hier mit Schiffswrack) bietet Lebensraum für zahlreiche Korallen- und Fischarten.**

# Rathaus und Roland auf dem Marktplatz in Bremen

Deutschland | Jahr der Ernennung: 2004

Vom Selbstbewusstsein der altehrwürdigen Hansestadt an der Weser zeugen nicht nur Rathaus und Rolandstatue, sondern auch zahlreiche Kaufmannshäuser und Kirchen. Kaiser Karl der Große erhob 787 die Siedlung am Weserufer zum Bistum. Das Marktrecht folgte ein Jahrhundert später, die Stadtrechte wurden Bremen 1186 verliehen, seit 1260 war die Stadt mit Unterbrechungen Mitglied der Hanse. Das alte Rathaus wurde von 1405 bis 1410 im gotischen Stil erbaut und in der Mitte des 16. sowie an der Wende vom 16. zum 17. im Stil der Weserrenaissance erweitert. Die untere Rathaushalle blieb im Wesentlichen gotisch, die oberen Geschosse weisen Elemente der Renaissance auf. Ein besonderes Schmuckstück ist die Güldenkammer im Inneren des ratsherrlichen Festsaals, wo einst vertrauliche Sitzungen in reich geschmücktem Ambiente abgehalten wurden.

Vor dem Rathaus wacht der – mit Baldachin – fast zehn Meter hohe »steinerne Roland«. Die Figur stammt aus dem Rolandslied und damit dem Sagenkreis um Karl den Großen. Im ausgehenden Mittelalter wurde Roland zu einem Symbol für städtische Freiheit und eigene Gerichtsbarkeit.

**Das Rathaus und der »steinerne Roland« bilden die prächtige Kulisse des Bremer Marktplatzes.**

Wattenmeer siehe Seite 55

# Hamburger Speicherstadt und Kontorhausviertel mit Chilehaus

Deutschland | Jahr der Ernennung: 2015

Das Chilehaus ist ein faszinierender Backsteinbau aus dem Jahr 1924 (oben). Unten: Das Wasserschloss in der Speicherstadt.

Die Hamburger Speicherstadt und das angrenzende Kontorhausviertel mit ihren imposanten Backsteingebäuden entstanden ab dem Ende des 19. Jahrhunderts und stellen heute ein einzigartiges städtebauliches Ensemble dar. Wer ahnt beim Gang durch die Speicherstadt mit ihren Backsteinfassaden, Türmchen und Kupferdächern, dass sich hier bis Ende des 19. Jahrhunderts noch ein dicht bevölkertes Altstadtviertel befand? Damals brauchte Hamburg, gerade dem deutschen Zollverein beigetreten und wenig sentimental im Umgang mit historischen Bauwerken, neue Flächen zur zollfreien Zwischenlagerung von Waren. Das gesamte Wohnquartier auf der Kehrwieder- und Wandrahminsel wurde dafür abgerissen und über 20 000 Bewohner mussten umgesiedelt werden. Mittlerweile hat das Gebiet den Status als Freihafen verloren. Etliche Lagerhäuser wurden von den alteingesessenen Firmen aufgegeben und von Kulturschaffenden neu besetzt. Die Ikone expressionistischer Baukunst stammt von Fritz Höger: das Chilehaus. Mit seinem unkonventionellen Baukörper und der schiffsbugartigen Spitze beherrscht das Gebäude das Kontorhausviertel.

# Hansestadt Lübeck

Deutschland | Jahr der Ernennung: 1987

Als Kaufmannssiedlung wurde Lübeck im Jahr 1143 von Graf Adolf II. von Holstein gegründet, 1226 wurde sie freie Reichsstadt. Handelsgeschick und Fleiß machten die Stadt bald zur »Königin der Hanse« mit einer führenden Stellung innerhalb des Städtebundes Ende des 13. Jahrhunderts. Aber auch in geistlicher Hinsicht war Lübeck sehr bedeutend. Der im 13. Jahrhundert im romanischen Stil errichtete, später gotisch umgebaute Dom zeugt vom Einfluss des Bischofs, die doppeltürmige Hauptkirche St. Marien von der Spendenfreudigkeit des Rates. Ebenso bedeutend ist die Museumskirche St. Katharinen aus dem frühen 14. Jahrhundert mit Plastiken von Ernst Barlach und Gerhard Marcks sowie einem Gemälde von Tintoretto. Das Rathaus, eines der größten des Mittelalters, und das im Jahr 1280 gestiftete Heiligen-Geist-Hospital offenbaren den Reichtum der Kaufmannschaft ebenso wie zahlreiche stolze Bürger- und Gildenhäuser. Von den fünf mächtigen Stadttoren ist lediglich das Holstentor erhalten geblieben, das 1464 bis 1478 errichtete Wahrzeichen der Stadt. An die hier geborenen Schriftsteller Heinrich und Thomas Mann erinnert das Buddenbrookhaus in der Mengstraße.

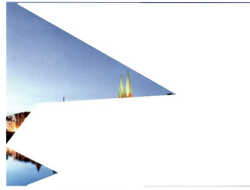

**Beim Blick über die Trave eröffnet sich das Panorama der Altstadt mit Marienkirche und Petrikirche.**

# Altstädte von Stralsund und Wismar

Deutschland | Jahr der Ernennung: 2002

Die beiden an der Ostsee gelegenen Städte Wismar und Stralsund bilden als idealtypische Beispiele für das kulturelle Vermächtnis der Hanse ein gemeinsames Welterbe.
Beide Städte verfügen über ein geschlossenes mittelalterliches bzw. frühneuzeitliches Altstadtensemble mit den für Norddeutschland typischen Backsteinbauten. Ihre historischen Zentren wurden in den 1990er-Jahren vorbildlich restauriert. Die Lage an der gleichnamigen Bucht sowie an der alten Handelsstraße von Lübeck ins Baltikum prädestinierte Wismar früh zu einem bevorzugten Handelsplatz. 1229 erstmals als Stadt erwähnt, trat es 1259 der Hanse bei. Das dominierende Gebäude auf dem Marktplatz von Wismar ist die 1602 errichtete Wasserkunst. Stralsund, seit 1293 Mitglied der Hanse, war im 14. Jahrhundert eine der bedeutendsten Städte im Ostseeraum. Vom Stolz des wohlhabenden Bürgertums zeugen die aufwendig gestalteten Kaufmannshäuser in der Altstadt, die auf einem Inselkern zwischen dem Strelasund und den im 13. Jahrhundert aufgestauten Teichen liegt. Die Nikolaikirche und das Rathaus mit den Schaugiebeln beherrschen den Alten Markt von Stralsund.

**Vom Hafen Stralsunds hat man einen wunderbaren Blick auf die angrenzende Altstadt mit ihren Backsteinbauten.**

Deutschland | **Europa**

# Buchenurwälder der Karpaten und Alte Buchenwälder Deutschlands

Deutschland, Slowakei, Ukraine | Jahr der Ernennung: 2007

Die bereits im Jahr 2007 in die Liste der UNESCO aufgenommene grenzüberschreitende Weltnaturerbestätte »Buchenurwälder der Karpaten« wurde im Jahr 2011 um fünf alte Buchenwälder in Deutschland erweitert und dementsprechend umbenannt.

Im Einzelnen umfasst die Erweiterung den Grumsiner Forst in Brandenburg, den Nationalpark Kellerwald-Edersee in Hessen, den Nationalpark Jasmund und den Serrahner Buchenwald im Müritz-Nationalpark, beide in Mecklenburg-Vorpommern, sowie den Nationalpark Hainich in Thüringen. Jedes der genannten Gebiete ist auf seine Weise einzigartig und somit unersetzlich zugleich. Gemeinsam repräsentieren die zum Weltnaturerbe erklärten Gebiete die wertvollsten Relikte großflächiger naturbelassener Buchenwälder in Deutschland.

Mit den ausgewählten Waldflächen lässt sich die nacheiszeitliche Ausbreitung der Buche, von deren einstigem Areal in Deutschland nur noch etwa sieben Prozent erhalten sind – von Nord nach Süd und von West nach Ost sowie vom Tiefland bis in die Höhenlagen dokumentieren.

**Mehr als 40 Prozent der im Nationalpark Kellerwald-Edersee geschützten Buchen sind über 120, einige bis 260 Jahre alt.**

Deutschland, Slowakei, Ukraine | **Europa**

# Dom und Michaeliskirche in Hildesheim

Deutschland | Jahr der Ernennung: 1985

Mit zwei bedeutenden Sakralbauten, St. Michael und dem Dom, wartet Hildesheim im Harzvorland auf. Die beiden Kirchen gehen in ihren Ursprüngen auf das 11. Jahrhundert zurück und gelten als herausragende Beispiele romanischer Baukunst. Der im Zweiten Weltkrieg zerstörte Dom wurde zwischen 1950 und 1960 originalgetreu wiederaufgebaut.

Bischof Bernwards Bronzetür, deren Flügel mit jeweils acht Reliefs in einem Stück gegossen wurden, ist wohl das bedeutendste Kunstwerk des Hildesheimer Doms. Die ebenfalls aus Bronze gegossene und nur teilweise erhaltene Bernwardsäule illustriert das Leben Christi. Die ottonische Kirche St. Michael, unter Bernward 1010 bis 1033 errichtet, barg die kaiserliche Kreuzreliquie, auf die die Gründung des Bistums Hildesheim 815 zurückgeht. Einzigartig ist die Verbindung antiker und mittelalterlicher Motive in der Bauausführung. Ein Hauptwerk mittelalterlicher Monumentalmalerei ist die bemalte hölzerne Mittelschiffsdecke, die den Jessebaum, den Stammbaum Christi, darstellt. Das Werk (um 1230) besteht aus 1300 Einzelstücken und gilt als einzigartiges Beispiel romanischer Monumentalmalerei.

Der Hildesheimer Dom ist berühmt wegen seines »Tausendjährigen Rosenstocks« hinter dem Chor.

# Fagus-Werk in Alfeld

Deutschland | Jahr der Ernennung: 2011

Als Schlüsselwerk der Architektur der Moderne gilt das Fagus-Werk im niedersächsischen Alfeld an der Leine. Angenehm und hell, sicher und produktivitätssteigernd sollten die Arbeitsplätze in der Fabrik sein, mit deren Bau der Unternehmer Carl Benscheidt im Jahr 1911 den Berliner Architekten Walter Gropius und dessen Partner Adolf Meyer beauftragte. Die sozialreformerischen Vorgaben des Bauherrn für eine »ideale Fabrik« und die revolutionären Ideen des späteren Stararchitekten des Bauhauses führten mitten in Niedersachsen zum Ursprungsbau der Moderne. Zwischen 1911 und 1925 errichteten Gropius und Meyer in drei Bauabschnitten für den mittelständischen Betrieb eine dreistöckige Fabrik, deren Erscheinungsbild in seiner repräsentativen Sachlichkeit von den traditionellen Bauformen jener Zeit völlig abwich. Das Schlüsselwerk der neueren Architekturgeschichte ist eine elegante Konstruktion aus gelbem Klinker und großen, scheinbar schwerelosen Glasflächen. Seine stützenlosen, vollständig verglasten Ecken wurden zum Markenzeichen des Neuen Bauens. Gropius gestaltete den Bau bis in das letzte Detail selbst. Auch das Firmenlogo ist original erhalten.

Das 1911 gegründete Fagus-Werk ist in Form und Funktion bis heute als Schuhleistenfabrik erhalten geblieben.

# Bergwerk Rammelsberg, Altstadt von Goslar und Oberharzer Wasserwirtschaft

Deutschland | Jahr der Ernennung: 1992

Im Jahr 2010 wurde das bereits bestehende – das historische Bergwerk Rammelsberg wie das Ensemble von Fachwerkbauten in der Altstadt von Goslar umfassende – Welterbe um die Oberharzer Wasserwirtschaft erweitert. 968 wurde der Rammelsberg, in dem man dem man vermutlich seit dem 3. Jahrhundert Erz abbaute, erstmals schriftlich erwähnt. Kaiser Heinrich II. ließ in der Nähe der reichen Silber- und Kupfervorkommen die mächtige Pfalz anlegen. Um 1100 mit Stadtrechten versehen und Sitz einer Reichsvogtei, entwickelte sich Goslar zu einer blühenden Reichsstadt und einem geistigen Zentrum des Landes. Die prächtig verzierte »Kaiserworth« von 1494 in der Goslarer Altstadt ist das ehemalige Gildehaus der Gewandschneider. Erst 1988, nach über 1000 Jahren Abbau, wurde das Bergwerk Rammelsberg – heute eines der wichtigsten Bergbaumuseen Europas – stillgelegt. Mit dem Bergbau verbunden ist auch die vor gut 800 Jahren von Zisterziensermönchen angelegte Oberharzer Wasserwirtschaft: 107 historische Teiche, 310 Kilometer Gräben und 31 Kilometer Wasserläufe bildeten eines der größten vorindustriellen Energieversorgungssysteme der Welt.

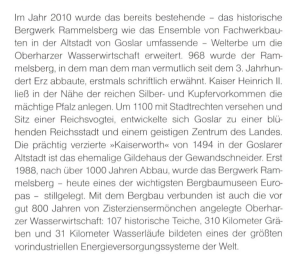

Der »Meister der Goslarer Sibyllen« schuf den Zyklus mit Kaisern, Sibyllen und Heiligen im Huldigungssaal im Rathaus von Goslar.

# Stiftskirche, Schloss und Altstadt von Quedlinburg

Deutschland | Jahr der Ernennung: 1994

Das im nördlichen Harzvorland gelegene Quedlinburg ist ein außergewöhnliches Beispiel für eine europäische mittelalterliche Stadt. Heinrich I. errichtete seine Residenz Quitilingaburg über den Grundmau-ern einer Pfalz, die noch aus karolingischer Zeit stammte. 1129 wurde die Kirche des 936 auf dem Schlossberg gegründeten Stifts dem heiligen Servatius geweiht. Ein gotisches Säulenportal schmückt den Eingang zu der mit romanischen Fresken geschmückten Krypta, in der sich die Grabmäler König Heinrichs I. und seiner Gemahlin befinden. In unmittelbarer Nachbarschaft der Stiftskirche wurde auf den Fundamenten romanischer Vorgängerbauten das Schloss erbaut, das verschiedene Stilelemente hauptsächlich des 16. und 17. Jahrhunderts aufweist. Von besonderem Reiz ist die von einer mächtigen Stadtmauer umfriedete Altstadt Quedlinburgs unterhalb des Hügels. Zahlreiche Fachwerkbauten aus sechs Jahrhunderten und verwinkelte Gässchen versetzen den Besucher ins Mittelalter. Am Marktplatz beeindrucken das zweigeschossige Rathaus im Renaissancestil (1613–1615) mit seinem Frühbarockportal sowie die Rolandstatue (1427).

Am lauschigen Marktplatz von Quedlinburg steht St. Blasii. Die Kirche wurde bereits 1222 erwähnt, der heutige Bau stammt von 1715.

# Schlösser und Parks in Potsdam und Berlin

Deutschland | Jahr der Ernennung: 1990

**Der Blick über die Havel zeigt das Schloss auf der Pfaueninsel (unten) bei Berlin, ein Lustschloss König Friedrich Wilhelm II.**

Ein außergewöhnliches Ensemble bilden die Schlösser und Gärten Berlin-Potsdam: Schloss und Park Sanssouci, Babelsberg mit Sternwarte, Lindstedt, Sacrow, Glienicke, Neuer Garten mit Schloss Cecilienhof, Pfingstberg mit Belvedere und die Pfaueninsel. »Sanssouci«, »ohne Sorge«, wollte Friedrich der Große in seiner Sommerresidenz in Potsdam leben. Teils nach eigenen Entwürfen ließ er ab 1745 auf den Weinbergterrassen von Georg Wenzeslaus von Knobelsdorff einen eingeschossigen Bau errichten, der als eines der Hauptwerke des deutschen Rokoko gilt. Weitere Bauwerke kamen hinzu: die Bildergalerie, die Neuen Kammern und das gewaltige Neue Palais. Unter Friedrich Wilhelm IV. wirkten die bedeutendsten Baumeister und Landschaftsarchitekten seiner Zeit. Nach Plänen Schinkels wurde ein altes Gutshaus zum Schloss Charlottenhof umgebaut, den Park gestaltete Lenné im romantischen Sinn. Bis zum Jahr 1860 folgten Römische Bäder, Orangerie und Friedenskirche. Neben weiteren Schlossbauten umfasst das Welterbegebiet ferner das Dorf Klein-Glienicke und in Potsdam das Krongut Bornstedt und die Russische Kolonie Alexandrowka.

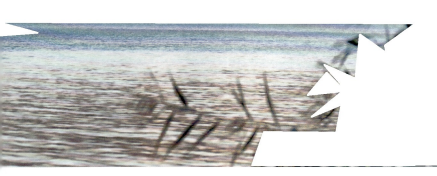

# Museumsinsel Berlin

Deutschland | Jahr der Ernennung: 1999

Auf der Museumsinsel erwartet den Besucher auf weniger als einem Quadratkilometer ein einzigartiges Ensemble von fünf Museen. Als einer der ersten Museumsbauten Deutschlands entstand das Alte Museum (1824-1828) nach Plänen von Schinkel, das antike Gemälde und Skulpturen präsentierte. Da der Platz bald nicht mehr ausreichte, ließ Friedrich Wilhelm IV. die gesamte Insel reservieren und zwei weitere Bauten in Auftrag geben. Nach Plänen des Schinkel-Schülers Friedrich August Stüler entstand das Neue Museum (1843-1855) zur Entwicklung der Künste vom alten Ägypten bis zur Renaissance, das 2009 neu eröffnete. Die Alte Nationalgalerie (1866-1876), 2001 wiedereröffnet, war damals Malerei und Bildhauerei der Gegenwart gewidmet. 1904 wurde das Bode-Museum (vormals Kaiser-Friedrich-Museum) eingeweiht. Hier residieren nach Renovierung wieder die Skulpturensammlung, das Museum für Byzantinische Kunst und das Münzkabinett. Zwischen 1912 und 1930 kam das Pergamonmuseum hinzu, das erste Architekturmuseum der Welt, das riesige Fundstücke aus Vorderasien präsentiert, und die Antikensammlung und das Museum für Islamische Kunst beherbergt.

**Aushängeschilder des Neuen Museums sind die Büste der Nofretete (oben) und die »Bibliothek der Antike« (unten).**

## Siedlungen der Berliner Moderne

Deutschland | Jahr der Ernennung: 2008

Die sechs Berliner Ensembles, erbaut zwischen den Jahren 1913 und 1934 von Architekten wie Bruno Taut, Hans Scharoun und Walter Gropius, repräsentieren mit ihren klaren, reduzierten Formen den Anspruch der klassischen Moderne.

Die Konzentration auf den stimmigen Zusammenhang zwischen Form und Funktion wurde im Deutschland der Weimarer Republik begleitet von der gesellschaftspolitischen Utopie, eine neue Architektur für eine neue Stadt und eine neue Gesellschaft zu kreieren. Die Siedlungen der Berliner Moderne – zum Welterbe gehören die Gartenstadt Falkenberg, die Siedlung Schillerpark, die Großsiedlung Britz, die Wohnstadt Carl Legien, die Weiße Stadt und die Großsiedlung Siemensstadt – reflektieren diese Zeit architektonischer und gesellschaftlicher Umbrüche. In ihnen verbindet sich die Architektur der Moderne mit der Idee des sozialen Wohnungsbaus als Antwort auf die steigenden Bevölkerungszahlen. Auch der ärmeren Bevölkerung sollte ein höherer Lebensstandard ermöglicht werden. Die Siedlungen der Berliner Moderne übten einen nachhaltigen Einfluss auf die Entwicklung der Architektur im 20. Jahrhundert aus.

**Die in Hufeisenform angelegte Großsiedlung Britz von Bruno Taut beeinflusste die Entwicklung der Architektur des 20. Jahrhunderts.**

## Luthergedenkstätten in Eisleben und Wittenberg

Deutschland | Jahr der Ernennung: 1996

In diesen beiden Städten finden sich zahlreiche Spuren des großen Reformators Martin Luther (1483–1546). Die zum Welterbe zählenden Luthergedenkstätten umfassen in Eisleben das Geburtshaus und das Sterbehaus, in Wittenberg das Lutherhaus, die Stadtkirche und die Schlosskirche sowie das Melanchthonhaus. »Aus Liebe zur Wahrheit und in dem Bestreben, diese zu ergründen«: So beginnen Luthers 95 Thesen zur Reformation, die heute in goldenen Lettern an einer Bronzetür der Schlosskirche stehen. Das Grab des Reformators befindet sich im Inneren vor der Kanzel. In der Stadtkirche hat Luther mehr als 30 Jahre lang gepredigt und die neuen Gottesdienstformen eingeführt. Das Lutherhaus im ehemaligen Augustinerkonvent im Hof des Universitätsgebäudes war über 40 Jahre lang seine Wohn- und Arbeitsstätte. Die Lutherstube im ersten Geschoss, Schauplatz der berühmten Tischgespräche, ist mit einigen Originalmöbeln ausgestattet. Heute residiert im Lutherhaus ein reformationsgeschichtliches Museum. Auch das Geburtshaus und das Sterbehaus in Eisleben, beide inzwischen vorbildlich restauriert, beherbergen Gedenkstätten zum Leben Luthers.

**Am Marktplatz von Eisleben finden sich u.a. das Rathaus, die St. Andreaskirche und ein Martin-Luther-Denkmal.**

# Wartburg

Deutschland | Jahr der Ernennung: 1999

Die Wartburg über dem thüringischen Eisenach ist nicht nur hinsichtlich Lage und Architektur der Inbegriff einer Burg, sondern auch ein herausragender Symbolort deutscher Geschichte. »Wart', Berg, du sollst mir eine Burg werden!«, soll Ludwig der Springer im Jahr 1067 beim Anblick des Wartberges ausgerufen haben. 1080 wird die Wartburg erstmals erwähnt, und in ihrem Schutz entwickelte sich Eisenach, das bald zum Zentrum der Landgrafschaft Thüringen wurde. Landgraf Hermann I. (gest. 1217) baute die Wehrburg zu einem repräsentativen Sitz aus. Der »Sängerkrieg« – eine Sammlung mittelhochdeutscher Gedichte des 13. Jahrhunderts um einen angeblichen Dichterwettstreit auf der Wartburg – inspirierte viele Dichter und Musiker, so auch den Komponisten Richard Wagner. Martin Luther lebte 1521/22 unter dem Schutz des Kurfürsten Friedrich der Weise auf der Burg. Hier begann er mit der Übersetzung des Neuen Testamentes aus dem Griechischen. Zur Zeit des ersten Wartburgfestes 1817, als sich dort die deutschen Burschenschaften versammelten, war die Burg weitgehend verfallen. Erst in der zweiten Hälfte des 19. Jahrhunderts wurde die weitläufige Anlage wiederhergestellt.

**Die heutige Wartburg wurde im 19. Jahrhundert bis auf wenige noch erhaltene Gebäudeteile komplett neu gebaut.**

# Bauhausstätten in Dessau und Weimar

Deutschland | Jahr der Ernennung: 1996

Das Bauhaus war eine der bedeutendsten Hochschulen für Gestaltung. Die meisten Bauhausstätten befinden sich in Dessau; in Weimar sind nur noch zwei Gebäude erhalten.
»Architekten, Bildhauer, Maler, wir alle müssen zum Handwerk zurück«, schrieb 1919 Walter Gropius, der neue Direktor des Staatlichen Bauhauses zu Weimar. Die geforderte Einheit von künstlerischer Gestaltung und handwerklichem Können spiegelt sich im Namen wider: »Bauhaus« erinnert an die Tradition der Bauhütten der großen Kathedralen des Mittelalters. Künstler wie Paul Klee und Wassily Kandinsky folgten dem Ruf nach Weimar. Doch die politischen Umstände zwangen 1925 zum Wechsel ins liberalere Dessau, wo Gropius das Bauhausgebäude errichtete, ein Denkmal des frühen Industriedesigns. Hier entstanden auch die Meisterhäuser. Von den ursprünglich sieben Meisterhäusern sind noch fünf erhalten Das Haus am Horn in Weimar wurde 1923 als ein Modell des Wohnhauses der Zukunft vorgestellt. 1933 wurde das Bauhaus von den Nationalsozialisten geschlossen, viele Bauhauskünstler emigrierten in die USA. Hier lebte die Tradition der Moderne im »New Bauhaus« weiter.

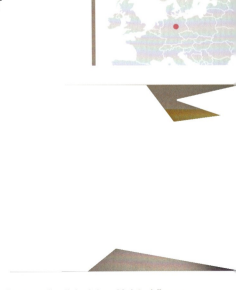

**Von den ursprünglich sieben Meisterhäusern in Dessau sind noch fünf erhalten und restauriert, wie das in Dessau-Roßlau (oben).**

# Gartenreich Dessau-Wörlitz

Deutschland | Jahr der Ernennung: 2000

Als »herausragendes Beispiel für die Umsetzung philosophischer Prinzipien der Aufklärung in einer Landschaftsgestaltung« wurde das Gartenreich Dessau-Wörlitz zum Welterbe erklärt. Auf einem Areal von 147 Quadratkilometern bilden sechs Schlösser und sieben Parks ein grandioses Gesamtkunstwerk.

Fürst Leopold III. Friedrich Franz von Anhalt-Dessau ließ ab 1764 an den Uferpartien eines früheren Elbarmes bei Wörlitz eine weiträumige Parkanlage im englischen Gartenstil errichten. Der oberste Gartenarchitekt war Johann Friedrich Eyserbeck. Friedrich Wilhelm von Erdmannsdorff entwarf die in die Gartenlandschaft eingestreuten Gebäude nach dem Vorbild berühmter Bauten der römischen Antike, der italienischen Spätrenaissance und des englischen Klassizismus. Zentraler Bau ist das von 1769-1773 errichtete Gartenschloss von Wörlitz, das als Urzelle des deutschen Klassizismus gilt. Es steht wie die anderen Parkgebäude in einem Wechselspiel zur umgebenden Gartenlandschaft. Zu diesem Gartenreich gehören neben den Wörlitzer Anlagen noch die Schlösser und Parks Großkühnau, Georgium, Luisium, Sieglitzer Berg, Mosigkau und Oranienbaum.

Die Figur der Muschelnymphe am Wörlitzer See (oben) ist im über 112 Hektar großen Wörlitzer Garten zu sehen.

# Muskauer Park

Deutschland | Jahr der Ernennung: 2004

Ein Vorzeigeprojekt für die deutsch-polnische Zusammenarbeit im Kulturbereich und eine länderübergreifende Welterbestätte ist der Muskauer Park/Park Muzakowski. Hermann Fürst von Pückler-Muskau schuf hier in den Jahren 1815 bis 1844 ein rund 830 Hektar großes Gartenreich, in dem er »Landschaftsmalerei« mit echten Pflanzen betrieb. Der Fürst (1785–1871) war eine der skurrilsten Figuren seiner Zeit: Dandy und Frauenheld, Abenteurer und Schriftsteller, vor allem aber ein Landschaftsgärtner. Die Anregung zu einem Park im englischen Stil erhielt Pückler in England, wo er sich 1815 ein Jahr lang aufhielt. Sein Park liegt heute zu einem Drittel in Deutschland und zu zwei Dritteln in Polen dies- und jenseits der Neiße. Über eine Brücke kann man zwischen den Parkteilen wechseln. Auf deutscher Seite besteht die Anlage aus Schloss-, Bade- und Bergpark, auf polnischer aus Unterpark, Arboretum und Braunsdorfer Feldern. Zum Park zählen mit der Landschaft harmonierende Bauten wie das Alte und das Neue Schloss, eine von Semper erbaute Orangerie, ein Tropenhaus und eine Kirchenruine. Der Park ist ein Vorbild für die spätere Landschaftsarchitektur in Europa und Amerika.

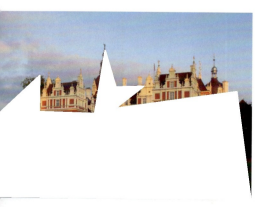

Das Neue Schloss liegt märchenhaft im Muskauer Park, umgeben von einem idyllischen Gartenreich, Gehölzen und Wiesen.

# Klassisches Weimar

Deutschland | Jahr der Ernennung: 1998

In Weimar nahm die »Weimarer Klassik« mit Goethe und Schiller als Hauptrepräsentanten ihren Ausgang. Goethe lebte von 1776 bis 1782 im »berühmtesten Gartenhaus der Welt« im Park an der Ilm. 1782 bezog er das Haus am Frauenplan, lebte hier bis 1786 und dann – nach seiner Rückkehr aus Italien – erneut von 1789 an. Johann Gottfried Herder residierte in dem im Stil des Barock erbauten und nach ihm benannten Haus mit seiner Familie von 1776 bis 1803 und wirkte in der Stadtkirche als Hofprediger. Im Stadtschloss sind die Weimarer Kunstsammlungen untergebracht. 1774 zog Herzogin Anna Amalia in das Wittumspalais, das zum Schauplatz berühmter Tafelrunden wurde. Auch aus dem Rittergut Tiefurt machte die Herzogin einen bedeutenden Treffpunkt der Weimarer Gesellschaft. Schloss Ettersburg am Nordrand des Ettersbergs war die Sommerresidenz des Herzogs. Der Park wurde nach Vorschlägen von Fürst Pückler-Muskau gestaltet. Das Rokokoschloss Belvedere (Baubeginn 1724) war zunächst als Jagdresidenz der Herzöge geplant. Die Herzogin-Anna-Amalia-Bibliothek im »Grünen Schloss« (1563) ist nach dem Brand 2004 seit dem Herbst 2007 wieder zugänglich.

Einer der schönsten Bibliotheksräume ist der Rokokosaal der Herzogin-Anna-Amalia-Bibliothek (unten).

# Bergpark Wilhelmshöhe

Deutschland | Jahr der Ernennung: 2013

Schloss und Bergpark Wilhelmshöhe erinnern an die einstige Bedeutung der Stadt Kassel als Hauptstadt des Fürstentums Hessen. Berühmt ist der Park für seine ausgeklügelten Wasserspiele. Mit ihrer Realisierung begann man bereits unter Landgraf Karl zum Ende des 17. Jahrhunderts. In dessen Auftrag errichtete der italienische Baumeister Giovanni Francesco Guerniero weite Teile der bis heute – teils noch immer in den gleichen, nun schon rund 300 Jahre alten Rohrleitungen – funktionstüchtigen Wasserspiele. Deren Ausgangspunkt und den höchsten Punkt markiert eine im Jahr 1717 auf einem riesigen Sockel mit oktogonalem Grundriss errichtete Herkulesstatue, das Wahrzeichen Kassels. Von hier fließt das Wasser in fünf zentralen Stationen hangabwärts bis zum Schloss Wilhelmshöhe. Vollendet wurden die Wasserspiele erst 130 Jahre nach Baubeginn unter Kurfürst Wilhelm II.; benannt ist der noch weitere größere Bauten wie die Löwenburg, das Ballhaus und das Große Gewächshaus umfassende Park nach dem Landgrafen Wilhelm IX., dem späteren Kurfürsten Wilhelm. I., der das Schloss errichten und den Garten nach englischem Vorbild umgestalten ließ.

**Die beleuchteten Kaskaden weisen hinauf zur Herkules-Statue auf einer Pyramide, die auf dem Riesenschloss steht.**

# Karolingisches Westwerk und Civitas Corvey

Deutschland | Jahr der Ernennung: 2014

Das im Jahr 822 von Ludwig dem Frommen, dem Sohn und Nachfolger Karls des Großen, im heute nordrhein-westfälischen Höxter an der Weser gegründete Benediktinerkloster Corvey verfügt über das einzige aus dieser Zeit erhaltene Zeugnis des karolingischen Bautyps Westwerk. Dieser prägte die abendländische Architektur bis zum Ende der Romanik. »Westwerk« nennt man den stattlichen Westbau mittelalterlicher Kirchen mit einem – über einer zur Kirche führenden Durchgangshalle liegenden, von Emporen umgebenen und sich zum anschließenden Mittelschiff hin öffnenden – Altarraum.
Ebenfalls zum Welterbe ernannt wurde die Civitas Corvey – der ehemals befestigte Klosterbezirk und die aus karolingischen Siedlungskernen um ihn herum gewachsene hochmittelalterliche Stadt im Umfeld des Westwerks, auf die bereits eine aus der Gründungszeit des Klosters stammende Inschriftentafel verweist. Noch im Gründungsjahr 822 wurde der Grundstein zur 22 Jahre später, 844, geweihten karolingischen Abteikirche in Corvey gelegt: eine dreischiffige Basilika mit quadratischem Chor und Kapellenanbau.

**In der wissenschaftlichen Auseinandersetzung mit der Architektur Corveys wurde »Westwerk« zum feststehenden Begriff.**

# Aachener Dom

Deutschland | Jahr der Ernennung: 1978

Der Aachener Dom, ein bedeutendes Denkmal karolingischer Baukunst, ist zugleich ein Symbolort deutscher Geschichte. In den Jahren 936 bis 1531 ließen sich hier 31 deutsche Könige krönen. Den Grundstein für den Dom legte Kaiser Karl der Große mit dem Bau der Pfalzkapelle. Die um das Jahr 800 geweihte Kapelle wurde nach Plänen von Odo von Metz auf oktogonalem Grundriss erbaut. Unter der später mit Mosaiken versehenen Kuppel zieht sich ein zweigeschossiger Umgang um den Innenraum. Die Ausgestaltung des Doms orientierte sich an römischen und byzantinischen Vorbildern und ist Ausdruck des umfassenden Machtanspruchs des Kaisers. In den folgenden Jahrhunderten wurden mehrere An- und Umbauten nötig, um Platz für die Krönungszeremonien wie für die Pilger zu schaffen, die zum Grab Karls des Großen drängten. Beeindruckend sind die Monumentalfenster des im 15. Jahrhundert eingeweihten gotischen Hallenchors. In der Mitte des Chorraums steht der von 1200 bis 1215 entstandene kostbare Karlsschrein. Die Kapelle selbst hat 1200 Jahre lang ihr Gesicht bewahren können. Der Domschatz birgt das wertvollste Reliquiar nördlich der Alpen.

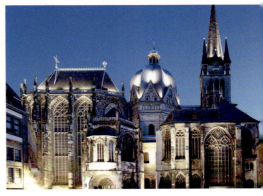

**Eindrucksvoll ist die Innenausstattung des Aachener Doms, etwa der byzantinisch beeinflusste achteckige Mittelbau (unten).**

# Kölner Dom

Deutschland | Jahr der Ernennung: 1996

Die 157 Meter hohen Doppeltürme des Kölner Doms dominieren die Stadtsilhouette beim Blick über die Hohenzollernbrücke (oben).

Der Dom St. Peter und Maria in Köln wurde trotz der rund 600 Jahre währenden Bauzeit weitgehend in der Formensprache der Hochgotik errichtet. Erst seit dem Jahr 1880 ist die drittgrößte Kathedrale der Welt vollendet. Der Dom, 145 Meter lang, 86 Meter breit und im Hauptschiff 43 Meter hoch, gehört zu den größten Kirchen der Christenheit und besitzt eine der reichsten Schatzkammern Deutschlands. Umgänge und Raummaße wurden auf die große Zahl der Pilger zu den Reliquien der Heiligen Drei Könige ausgerichtet. Die Pläne für die monumentale Westfassade stammen von 1280. Bis 1559 entstanden Chor, Querschiff, Langhaus und der Stumpf des Südturms. Seine heutige Gestalt erhielt der Dom 1842 bis 1880. Der Innenraum der fünfschiffigen Basilika mit Umgangschor und Kapellenkranz misst über 6000 Quadratmeter; 56 Pfeiler tragen das Dach. Mit dem Dreikönigsschrein des Nikolaus von Verdun beherbergt er ein Meisterwerk der rheinischen Goldschmiedekunst. Der Chorumgang birgt das berühmte Dombild von Stephan Lochner (1440) und das romanische Gerokreuz (10. Jahrhundert). Das große Chorgestühl mit 104 Sitzen stammt aus dem 13. Jahrhundert.

# Schlösser Augustusburg und Falkenlust in Brühl

Deutschland | Jahr der Ernennung: 1984

Das kurfürstliche Schloss Augustusburg und das Jagdschloss Falkenlust zählen zu den bedeutendsten Bauwerken des Spätbarock und Rokoko im Rheinland. An der Ausgestaltung der repräsentativen Bauten waren viele namhafte Künstler aus Österreich, Bayern, Italien und Frankreich – darunter zum Beispiel auch Balthasar Neumann – beteiligt.

Schloss Augustusburg, zwischen Bonn und Köln gelegen, wurde ab dem Jahr 1725 als Residenz für Kurfürst Clemens August errichtet. Johann Conrad Schlaun, François de Cuvilliés und Dominique Girard schufen hier ein überzeugendes Gesamtkunstwerk, das den Stilwandel vom Barock zum Rokoko auf eindrucksvolle Weise dokumentiert. Die Ausstattung der prunkvollen Repräsentationsräume ist von erlesenster Qualität. Das Gartenareal, zu dem hin sich alle Räume öffnen, verleiht der Residenz den Charakter eines Lustschlosses.

Das ab 1729 nach Plänen von Cuvilliés und Leveilly erbaute Schloss Falkenlust diente der Falkenjagd des Kurfürsten. Die Räumlichkeiten haben eher privaten Charakter, sind jedoch nicht weniger prächtig ausgeführt.

**Erst im harmonischen Zusammenspiel mit dem Barockgarten entfaltet Schloss Augustusburg seine ganze Anmut und Schönheit.**

# Industriekomplex Zeche Zollverein in Essen

Deutschland | Jahr der Ernennung: 2001

Bergbau und Schwerindustrie sind heute im Ruhrgebiet weitgehend Geschichte. Zurück blieben gigantische Fördertürme, Maschinenhallen, Hochöfen. Eines der imposantesten Monumente ist die ehemalige Essener Zeche Zollverein.

Die von Fritz Schupp und Martin Kremmer entworfene, seinerzeit größte und modernste Steinkohleförderanlage der Welt wurde 1986 stillgelegt. Nach dem Niedergang der Stahlindustrie folgte im Jahr 1993 auch die Schließung der angebundenen Kokerei. Der gesamte Industriekomplex steht heute unter Denkmalschutz und wird für Ausstellungen und Konzerte genutzt. Für die Erhaltung des Industriedenkmals wurde im Jahr 1998 die Stiftung Zollverein gegründet. Ein Museumspfad führt durch die Gebäude der ehemaligen Sieberei und der Kohlenwäsche. Das im Herbst 2009 in der ehemaligen Kohlenwäsche der Zeche eröffnete »Ruhr Museum« versteht sich »als Gedächtnis und Schaufenster der neuen Metropole Ruhr«. Im – vom Stararchitekten Sir Norman Foster umgestalteten – ehemaligen Kesselhaus präsentiert das »red dot design museum« zeitgenössisches Design.

**Wahrzeichen der Essener Zeche Zollverein ist nach wie vor der Doppelbock-Förderturm von Schacht XII (rechts im Bild).**

Deutschland | **Europa** 113

# Oberes Mittelrheintal

Deutschland | Jahr der Ernennung: 2002

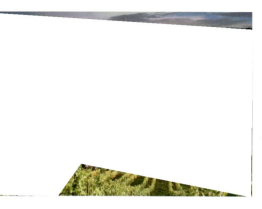

Das Obere Mittelrheintal ist im Süden begrenzt durch Bingen und Rüdesheim, im Norden durch Koblenz. In diesem 65 Kilometer langen Abschnitt des malerischen Durchbruchstals des Rheins haben sich erstklassige Baudenkmäler erhalten.

Seit zwei Jahrtausenden ist das Rheintal einer der wichtigsten Verkehrswege für den kulturellen Austausch zwischen der Mittelmeerregion und dem Norden Europas. Mit seinen rebenbewachsenen Talhängen, den auf schmalen Uferleisten gedrängten Dörfern und Städtchen sowie einer Vielzahl von Höhenburgen gilt das Tal als Inbegriff der romantischen Rheinlandschaft. Höhepunkte sind das an der Mündung der Nahe gelegene Bingen mit dem Mäuseturm (13. Jahrhundert), die gut erhaltenen historischen Stadtbilder der alten Weinbauorte Rüdesheim und Bacharach, der mächtige Loreleyfelsen, die ehemalige Reichsstadt Boppard mit dem am besten erhaltenen Römerkastell Deutschlands, das an der Moselmündung gelegene Koblenz sowie die Burgen Rheinstein, Reichenstein, Marksburg, Rheinfels, Katz und die auf einer Rheininsel bei Kaub erbaute Burg Pfalzgrafenstein.

Burgen, Pfalzen und romantische Orte wie das Weinstädtchen Bacharach bestimmen das Bild des Oberen Mittelrheintals.

# Trier

Deutschland | Jahr der Ernennung: 1986

In der ältesten Stadt Deutschlands, vom römischen Kaiser Augustus um 16 v. Chr. gegründet, finden sich einige der am besten erhaltenen antiken Bauwerke nördlich der Alpen. Das antike Trier war mit 80 000 Einwohnern eine der größten Städte des Römischen Reichs. Zum Welterbe gehören neben den römischen Baudenkmälern auch der Dom und die benachbarte Liebfrauenkirche. Die Porta Nigra, ein monumentales Stadttor mit zwei halbkreisförmig hervortretenden Türmen, das auf das 2. Jahrhundert zurückgeht, ist das Wahrzeichen von Trier. Von »Augusta Treverorum«, dem antiken Trier, einst Hauptstadt der römischen Provinz Belgica prima, sind außerdem noch die Kaiser- und Barbarathermen sowie Reste des 20 000 Menschen fassenden Amphitheaters erhalten. In der Aula Palatina, einst Teil des kaiserlichen Palastes, residierte in den Jahren 306 bis 312 Kaiser Konstantin der Große. Der romanische Dom St. Peter östlich des Marktes stammt in seinen ältesten Teilen aus dem 4. Jahrhundert. In seinem reichen Domschatz birgt er einige bedeutende Werke ottonischer Kunst. Die benachbarte, um das Jahr 1270 vollendete Liebfrauenbasilika gilt als ein Juwel frühgotischer Architektur.

Die Domkirche St. Peter zu Trier gehört zu den ältesten Kirchen in Deutschland. Ihre Baugeschichte geht auf das 4. Jahrhundert zurück.

# Völklinger Hütte

Deutschland | Jahr der Ernennung: 1994

Die Völklinger Hütte ist ein eindrucksvolles Denkmal des Industriezeitalters, das für die untergegangene Ära der Stahl- und Eisenproduktion im Saarland steht.
1881 von dem Unternehmer Carl Röchling gegründet, setzte sie gut ein Jahrhundert lang technische Maßstäbe bei der Eisenverhüttung und zählte zu den innovativsten Hüttenwerken Deutschlands, bevor sie dann schließlich im Jahr 1986 stillgelegt wurde. Kernstück dieser »Kathedrale des Industriezeitalters«, die weltweit die einzige noch vollständig und weitgehend originalgetreu erhaltene Eisenhütte ist, sind die zwischen 1882 und 1916 errichteten Hochöfen, von denen jeder täglich bis zu 1000 Tonnen Roheisen erzeugen konnte. Das Erz und die Kohle wurden auf ausgedehnten Gleisanlagen transportiert, die das über sechs Hektar große Areal durchziehen. Die 1897 errichtete Kokerei lieferte den Koks zum Betreiben der Hochöfen. Beeindruckend sind die gewaltigen Gebläsemaschinen, mit denen auf über 1500 Grad Celsius erhitzte Pressluft in die Hochöfen gejagt wurde. Sehenswert sind auch die Handwerkergasse und der Völklinger Hüttenbahnhof von 1893.

In der Gebläsehalle erzeugten Maschinen Wind, womit die Temperatur in den Öfen bis zum Schmelzpunkt gesteigert werden konnte.

# Grube Messel

Deutschland | Jahr der Ernennung: 1995

Die Grube Messel, 1995 als erstes deutsche Naturdenkmal der UNESCO ausgezeichnet, gilt als eine der bedeutendsten Fossilienfundstätten der Erde. In dem Explosionstrichter eines Maars wurden aufgrund von Sauerstoffabschluss und Sedimentation rund 50 Millionen Jahre alte Fossilien konserviert. Die Ölschieferschichten in der 65 Hektar umfassenden Grube bei Darmstadt enthalten eine große Zahl gut konservierter Fossilien, die fast lückenlos Auskunft geben über die klimatischen, biologischen und geologischen Verhältnisse in der erdgeschichtlichen Epoche des Eozäns, also vor 60 bis 36 Millionen Jahren, als sich die Tier- und Pflanzenwelt nach dem Aussterben der Dinosaurier zu verändern begann und sich die uns heute bekannte herauszubilden begann. Damit liefert die Fossillagerstätte einzigartige Hinweise auf die frühe Evolution der Säugetiere. Zu den spektakulärsten Funden gehören die Überreste von über 70 Urpferden. Von anderen Wirbeltieren blieben Skelette mit Weichteilkonturen und Mageninhalten erhalten. Die Funde lassen auch Rückschlüsse auf Phänomene wie Kontinentaldrift, Landbrücken, Sedimentation und Ausdehnung der Biosphäre zu.

Wie in einem steinernen Bilderbuch treten die bis zu 50 Millionen Jahre alten Fossilien (oben ein Urpferd) in den Ölschieferplatten zutage.

Deutschland | **Europa**

## Kloster Lorsch

Deutschland | Jahr der Ernennung: 1991

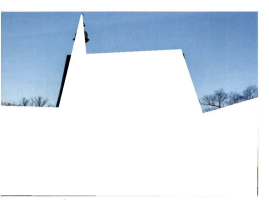

Die auch als »Königshalle« bekannte Torhalle der ehemaligen Benediktinerabtei von Lorsch zählt zu den wenigen erhaltenen Baudenkmälern aus karolingischer Zeit, dem 9. Jahrhundert.

Die prachtvolle Torhalle in dem kleinen Ort zwischen Darmstadt und Worms ist zusammen mit den Ruinen einer 70 Meter langen romanischen Basilika und weiteren Ruinen das Relikt einer der größten Abteien des Frankenreichs.

Unter der Herrschaft Pippins des Kurzen (reg. 751–768) von Gaugraf Cancor und seiner Mutter Williswinda gegründet, war das Kloster ab Ende des 9. Jahrhunderts die Begräbnisstätte der Könige des ostkarolingischen Reiches. 1090 durch Feuer zerstört und im 12. Jahrhundert wiederaufgebaut, entwickelte sich die Abtei bis zum 13. Jahrhundert zu einem der reichsten Klosterzentren des Spätmittelalters. Mit der Übernahme durch das Erzbistum Mainz verlor die Abtei den größten Teil ihrer Privilegien bevor sie 1557 mit der Reformation ihr Ende fand. Im nahen Altenmünster finden sich die Reste des Urklosters, das erstmals 764 erwähnt und drei Jahre später nach Lorsch verlegt wurde. Im 11. Jahrhundert richtete man hier eine Propstei ein.

**Die Torhalle von Lorsch wurde im Lauf eines Jahrtausends mehrfach umgebaut, die bunte Fassade blieb jedoch fast unverändert.**

## Dom zu Speyer

Deutschland | Jahr der Ernennung: 1981

Der Dom von Speyer war zur Zeit seiner Erbauung das größte Gotteshaus des christlichen Abendlandes. Als Begräbnisstätte vieler Herrscher kommt der romanischen Basilika auch eine hohe symbolische Bedeutung zu. Die alte Kaiserstadt geht auf eine römische Gründung des 1. Jahrhunderts zurück. Speyer wurde im 6. oder 7. Jahrhundert Bischofssitz. Anfang des 11. Jahrhunderts ließ Kaiser Konrad II. den Speyerer Dom als Grablege der Salier errichten. Der heute sechstürmige Dom St. Maria und St. Stephan wurde 1061, im Todesjahr von Konrads Enkel Heinrich IV., geweiht. Dieser hatte das Gotteshaus bis dahin erheblich erweitern lassen, um gegenüber dem Papst seinen politischen Machtanspruch zu demonstrieren – was in den Investiturstreit mündete. Von der 1039 fertiggestellten Krypta hat man Zugang zu 16 Herrschergräbern. Während des Pfälzischen Erbfolgekrieges 1689 und der Besetzung Speyers durch französische Revolutionstruppen 100 Jahre später wurde der Dom schwer beschädigt. Der Wiederaufbau war Vorbildern des 19. Jahrhunderts verpflichtet, erst die Instandsetzungen nach dem Zweiten Weltkrieg gaben dem Dom seine strenge Würde zurück.

**Der Dom zu Speyer ist die größte noch erhaltene romanische Kirche der Welt. Seine Wurzeln gehen aufs 1. Jahrhundert zurück.**

# Grenzen des Römischen Reichs

Deutschland, Vereinigtes Königreich | Jahr der Ernennung: 1987

Der Obergermanisch-Rätische Limes ist wie der zwischen Newcastle und Solway Firth nahe der heutigen Grenze zwischen Schottland und England verlaufende Hadrians- und der quer durch die schottischen Lowlands führende Antoninuswall Teil des länderübergreifenden Welterbes »Grenzen des Römischen Reichs«. Im 1. Jahrhundert begannen die Römer mit dem Bau einer Grenzbefestigung, die vom Rhein (nahe dem heutigen Neuwied) über Bad Ems, Saalburg, Seligenstadt, Miltenberg, Lorch, Aalen, Weißenburg bis an die Donau (heutiges Neustadt in Bayern) reichte. Für den Obergermanisch-Rätischen Limes wurden Waldschneisen gerodet, Gräben ausgehoben, Palisadenzäune und bis zu drei Meter hohe Mauern, 120 Kastelle und 900 Wachtürme errichtet. Das Welterbe umfasst diese Grenzlinie und die unmittelbar dort befindlichen Militäreinrichtungen inklusive der angeschlossenen zivilen Einrichtungen. Im Schutz des Walls entstanden auch zivile Siedlungen – Vorgänger heutiger Städte. Hier mischte sich römische Kultur mit keltisch-germanischer. Bis zum Jahr 260 hielt die Grenze, dann fiel sie unter dem Ansturm der Alemannen.

**Mauerreste sowie Rekonstruktionen (Römerkastell Saalburg) zeugen noch heute vom Verlauf des Obergermanisch-Rätischen Limes.**

# Klosterinsel Reichenau

Deutschland | Jahr der Ernennung: 2000

Mit ihren gut erhaltenen Klosteranlagen ist die im Bodensee gelegene Insel Reichenau ein einzigartiges Zeugnis monastischer Kultur aus dem frühen Mittelalter. Die Gründung der ersten Abtei auf der Insel Reichenau geht auf den Wanderbischof und Abt Pirmin zurück. Er richtete hier um das Jahr 724 ein benediktinisches Kloster ein, das sich zu einem geistigen Zentrum des Abendlandes entwickelte. Die Reste dieser alten Anlage verweisen auf eine einfache Saalkirche mit nördlich angrenzenden Konventsgebäuden. In der karolingischen Zeit beginnt die wechselvolle Baugeschichte des Mittelzeller Marienmünsters, das 816 unter Abt Heito erstmals geweiht und bis zum 11. Jahrhundert fortwährend umgebaut wurde. In seiner heutigen Gestalt handelt es sich um eine strenge Pfeilerbasilika mit doppelten Querhäusern und imposantem Westbau. Die spätkarolingische Abteikirche St. Georg in Oberzell ist eine schlichte Säulenbasilika mit kostbaren ottonischen Wandmalereien aus dem 10. Jahrhundert. Die 1080 bis 1134 errichtete Abteikirche St. Peter und Paul in Niederzell ist eine querschifflose Säulenbasilika mit einer aus drei Apsiden bestehenden Chorlösung.

**Die Türme der Säulenbasilika St. Peter und Paul in Niederzell auf der Insel Reichenau wurden im 15. Jahrhundert aufgestockt.**

# Prähistorische Pfahlbauten rund um die Alpen

Deutschland | Jahr der Ernennung: 2011

Einzigartige Einblicke in das Leben in Europa vor 7000 Jahren vermitteln die über Deutschland, Österreich, die Schweiz, Frankreich, Italien und Slowenien verstreuten Fundstellen prähistorischer Pfahlbauten. Die außergewöhnlich gut erhaltenen prähistorischen Pfahlbausiedlungen entstanden im Zeitraum zwischen 5000 und 500 v. Chr. an Seen, Flüssen und in Mooren. Mithilfe der Dendrochronologie lassen sich die Funde an den Grabungsorten sehr genau datieren. Sie geben Aufschluss über das Alltagsleben ihrer Bewohner und liefern viele wertvolle Hinweise zum wirtschaftlichen Austausch und zur technischen Innovationsfähigkeit. So kann etwa der Übergang von der Kupfer- zur Eisenverarbeitung exakt nachvollzogen werden, und damit die Entwicklung von der Jungsteinzeit zur Metallzeit. Neben Einbäumen wurden auch die ältesten Wagenräder (um 3000 v. Chr.) und die ältesten Textilien in Europa ausgegraben. Gut konservierte organische Überreste liefern Informationen zur Landwirtschaft und Viehzucht. Von den 111 Fundstellen, die das Weltkulturerbe umfasst, liegen 18 in Deutschland – am Bodensee, in Oberschwaben, südlich von Augsburg und am Starnberger See.

Die Entwicklung von der Jungsteinzeit zur Metallzeit lässt sich bei den Pfahlbausiedlungen (hier in Unteruhldingen) nachvollziehen.

# Klosteranlage Maulbronn

Deutschland | Jahr der Ernennung: 1993

Maulbronn zählt zu den am vollständigsten erhaltenen mittelalterlichen Klosteranlagen nördlich der Alpen. Der Sage nach soll hier ein Maultier an einer Quelle seinen Durst gelöscht haben. Die Mönche sahen das als Zeichen und gründeten an dieser Stelle das Kloster. Zwölf Mönche aus dem Elsass begannen einst in der Abgeschiedenheit des Salzachtals in der Nähe von Karlsruhe mit dem Bau eines Klosters nach dem Vorbild von Zisterzienserabteien in Burgund. Fast 400 Jahre lang lebten dort Mitglieder des Ordens und schufen eine der schönsten Klosteranlagen Deutschlands. Die Besinnung auf die ursprünglichen monastischen Ideale führte zu neuen architektonischen Lösungen ohne jeden Prunk. In den Gebäuden der Anlage vereinen sich romanische und gotische Baustile. So wurde die 1178 geweihte dreischiffige Pfeilerbasilika im 15. Jahrhundert durch spätgotische Einwölbungen erweitert. Der sich anschließende Kreuzgang, dessen südlicher Teil noch aus dem 13. Jahrhundert stammt, besitzt ein Brunnenhaus aus dem 14. Jahrhundert, dessen Gewölbefresko die Gründungslegende illustriert. Die Klostervorhalle, »Paradies« genannt, wurde im Jahr 1220 vollendet.

Das beinahe maurisch anmutende Brunnenhaus (Brunnen = »Bronn«) markiert den Ort der Gründungslegende Maulbronns.

# Würzburger Residenz und Hofgarten

Deutschland | Jahr der Ernennung: 1981

Die Würzburger Residenz gilt als »Synthese des europäischen Barock«. Von den angesehensten Künstlern der Zeit ausgestattet und mit herrlichen Gärten versehen, zählt sie zu den prächtigsten Fürstenhöfen Europas.

Initiiert wurde der Bau 1720 vom Fürstbischof Johann Philipp Franz von Schönborn. Für Konzeption und Ausführung zeichnete Balthasar Neumann (1687–1753) verantwortlich, an der Ausgestaltung waren eine Reihe weiterer bedeutender Baumeister und Künstler beteiligt. Das Herzstück ist der Kaisersaal. Dessen Fresken und das monumentale Deckengemälde im Treppenhaus wurden von Tiepolo angefertigt. Das insgesamt 18 x 30 Meter messende Gemälde gehört zu den größten einteiligen Fresken, die je gemalt wurden. Eine besondere Kostbarkeit ist der restaurierte Spiegelsaal. Im Keller lagerten die Fürstbischöfe bis zu 1,4 Millionen Liter Wein. Den schönen Hofgarten der Würzburger Residenz legte im ausgehenden 18. Jahrhundert der Hofgärtner Johann Prokop Mayer an. Balthasar Neumann war auch für die Gestaltung des prächtigen Innenraums der Hofkirche zuständig.

**Putten und Stuckmarmor schmücken den Innenraum der Hofkirche mit ihrer geschwungenen Empore (oben).**

## Altstadt von Bamberg

Deutschland | Jahr der Ernennung: 1993

Die alte Bischofs- und Kaiserstadt weist den größten vollkommen erhaltenen Altstadtkern Deutschlands auf mit Gebäuden aus nahezu allen Stilepochen von Mittelalter und Neuzeit. Erstmals im Jahr 902 urkundlich erwähnt, wurde Bamberg 1007 unter Kaiser Heinrich II. Bischofssitz. Die zu dieser Zeit über der alten Burg erbaute Bischofskirche ersetzte man im 13. Jahrhundert durch einen viertürmigen Dom. Im Inneren sticht die von Tilman Riemenschneider gearbeitete Deckplatte am Grabmal Heinrichs II. und seiner Gemahlin hervor. Das Denkmal des weltberühmten Bamberger Reiters entstand um das Jahr 1240 herum. Im Westchor findet sich mit dem Marmorgrab Clemens' II. das einzige Papstgrab Deutschlands. Bischofssitz war die in den Jahren 1571 bis 1576 auf dem Domhügel erbaute Alte Hofhaltung. Das Abteigebäude des im Jahr 1009 gegründeten Benediktinerklosters auf dem Michaelsberg wurde 1742 von Balthasar Neumann geschaffen. Die Bürgerstadt im Tal betritt man durch das zuletzt im 18. Jahrhundert umgebaute Alte Rathaus auf der Oberen Brücke über der Regnitz. Ebenfalls beeindruckend sind die Fachwerkbauten der einstigen Fischersiedlung »Klein-Venedig«.

Ein turmreiches Panorama bietet Bamberg mit dem viertürmigen Dom und der Benediktinerabtei Michaelsberg im Hintergrund.

## Markgräfliches Opernhaus Bayreuth

Deutschland | Jahr der Ernennung: 2012

Bayreuth hat neben den Wagner-Festspielen auch eines der schönsten Barocktheater Europas zu bieten: Mit diesem Lieblingsprojekt machte Markgräfin Wilhelmine die kleine Residenzstadt zur strahlenden Kulturmetropole. Das Prachtstück ließ das Markgrafenpaar Friedrich und Wilhelmine von Brandenburg-Bayreuth in den Jahren 1745 bis 1750 erbauen. Das Gebäude mit der klassizistischen Fassade entwarf der Bayreuther Hofarchitekt Joseph Saint-Pierre, den Innenausbau übernahmen Giuseppe Galli Bibiena und sein Sohn Carlo, die zu ihrer Zeit als die führenden Theaterarchitekten Europas galten. Markgräfin Wilhelmine, die Schwester Friedrichs des Großen, wirkte auch als Bühnenautorin und Komponistin und leitete das Theater als Intendantin.

Als sie im Jahr 1758 starb, wurde der regelmäßige Spielbetrieb eingestellt. Diesem Umstand ist es wohl zu verdanken, dass der Bau nicht einem Feuer zum Opfer fiel wie so viele andere Theater aus dieser Zeit, sondern im Originalzustand erhalten ist. So ist es das einzige Opernhaus aus der Zeit des Übergangs vom Hof- zum bürgerlichen Theater, in dem sich noch heute erfahren lässt, wie sich Aufführungen damals anhörten.

Der Zuschauerraum des Markgräflichen Opernhauses ist eines der schönsten Beispiele der barocken Inszenierungskunst.

# Altstadt von Regensburg mit Stadtamhof

Deutschland | Jahr der Ernennung: 1981

Regensburg erstand im Mittelalter aus den Ruinen eines Römerkastells, der Castra Regina. Herzog Arnulf von Bayern ließ zwischen 917 und 920 die gesamte westliche Vorstadt mit dem weitläufigen Areal der Abtei St. Emmeram ummauern. Beim Bau der ersten nachrömischen Stadtbefestigung nördlich der Alpen blieben die Handwerkerviertel zunächst ausgeschlossen, doch auch sie erhielten gegen Ende des 13. Jahrhunderts eine Stadtbefestigung. Die von 1135 bis 1146 errichtete Steinerne Brücke war lange Zeit der einzige gemauerte Donauübergang zwischen Ulm und Wien und sicherte Regensburg den Rang als bedeutendes Handelszentrum. Die vielen erhaltenen romanischen und gotischen Patrizierburgen sowie große Bürgerhauskomplexe mit Geschlechtertürmen sind in dieser Dichte und in ihrem guten Zustand nördlich der Alpen einzigartig. Im Mittelalter ein wichtiges politisches Zentrum des Heiligen Römischen Reichs Deutscher Nation, trat die Freie Reichsstadt 1542 offiziell zum Protestantismus über. Das Ensemble »Altstadt Regensburg mit Stadtamhof« entspricht der Ausdehnung Regensburgs nach der letzten mittelalterlichen Stadterweiterung um 1320.

**Die Steinerne Brücke, rund 800 Jahre die einzige Donaubrücke der Stadt, und der Dom sind Regensburgs Wahrzeichen.**

# Wallfahrtskirche »Die Wies«

Deutschland | Jahr der Ernennung: 1983

Die »Wallfahrtskirche zum Geißelten Heiland auf der Wies«, rund 20 Kilometer nordöstlich von Füssen vor der Kulisse der Ammergauer Alpen bei Steingaden und besser bekannt als »Die Wies« oder »Wieskirche«, ist ein bedeutendes Beispiel bayerischer Rokokoarchitektur.

Im Jahr 1730 stellten die Mönche des Prämonstratenserklosters Steingaden für die Karfreitagsprozession ein Christusbildnis her, das später auf einem Bauernhof beim zum Kloster gehörenden Weiler Wies in den Herrgottswinkel gestellt wurde. Als der Heiland an der Geißelsäule dann plötzlich Tränen vergoss, wurde dieses Wunder Anlass für eine Wallfahrt, und so erteilte der Abt des Klosters den Auftrag zum Bau der vielleicht schönsten Rokokokirche Deutschlands. Man übertrug den Bau dem Architekten Dominikus Zimmermann, der bereits die Wallfahrtskirche in Steinhausen gebaut hatte. Zimmermann standen bekannte Künstler seiner Zeit zur Seite, darunter auch sein Bruder Johann Baptist, der den Innenraum ausmalte. Durch die gelungene Verbindung von Architektur und Dekoration gelang eine gewaltige Licht- und Raumwirkung.

**Innen entfaltet die Wieskirche ihre ganze Pracht. Außergewöhnlich schön sind die Deckenfresken und Stuckarbeiten, die den Hochaltar rahmen.**

# Kloster St. Gallen

Schweiz | Jahr der Ernennung: 1983

**Der Rokokosaal der Stiftsbibliothek wurde von Peter Thumb, der auch die Klosterkirche baute, und Caspar Moosbrugger gestaltet.**

Mit der Ernennung zu einer Reichsabtei im 9. Jahrhundert begann die Blütezeit des Benediktinerklosters von St. Gallen. Damit war auch der Grundstein für die berühmte Stiftsbibliothek gelegt, und das Kloster wurde bald zu einem in ganz Europa bekannten Ort der Gelehrsamkeit. Die Bauten der 1805 aufgelösten Abtei St. Gallen stammen vorwiegend aus der dritten Blütezeit (nach dem »Goldenen« und dem »Silbernen« Zeitalter vom 9. zum 11. Jahrhundert), die das Kloster ab dem 17. Jahrhundert erlebte; als ältester Teil der frühen Klosteranlage ist nur noch die im 10. Jahrhundert entstandene Krypta mit den Gräbern der St. Galler Bischöfe erhalten. Die Stiftskirche St. Gallus und St. Otmar wurde in den Jahren 1755 bis 1765 errichtet und besticht durch ihre prächtige Ostfassade. Mit der Gründung des Doppelbistums Chur und St. Gallen im Jahr 1824 wurde die Stiftskirche zur Kathedrale. Im Westtrakt des Klosters befindet sich die Stiftsbibliothek mit rund 170 000 Büchern und anderen Medien. Zu den mittelalterlichen Schätzen gehört eine Abschrift des Nibelungenlieds. Der Rokoko-Bibliothekssaal mit Deckengemälden und Stuckaturen ist einer der schönsten Bibliotheksbauten der Welt.

# Altstadt von Bern

Schweiz | Jahr der Ernennung: 1983

Ein geschlossener mittelalterlicher Stadtkern mit Laubengängen ist das Kennzeichen der Hauptstadt der Schweiz.
Am geschlossenen Bild der Berner Altstadt, einst der größte Stadtstaat nördlich der Alpen, lassen sich die einzelnen Erweiterungsschritte in ihrer chronologischen Abfolge gut erkennen. Kennzeichnend für das Zentrum sind die stattlichen Zunft- und Bürgerhäuser mit ihren insgesamt sechs Kilometer langen Laubengängen. Das spätgotische Münster St. Vinzenz wurde 1421 begonnen und erst 1573 vollendet; das prächtige Hauptportal stammt von Erhard Küng. Das Rathaus wurde 1406-1417 im spätgotischen Stil errichtet und 1942 erneuert. Die Heiliggeistkirche von 1729 gilt als der wichtigste protestantische Barockbau des Landes. Wahrzeichen der Stadt ist jedoch das ehemalige Stadttor Zytgloggeturm (Zeitglockenturm). Unter der Vielzahl schöner historischer Wohngebäude sticht besonders das Ensemble in der Gerechtigkeitsgasse hervor mit Häusern aus dem 16. Jahrhundert. Sehenswert sind außerdem die Renaissancebrunnen Berns mit ihren Brunnenfiguren; drei von ihnen wurden von dem Freiburger Bildhauer Hans Gieng geschaffen.

**Das Berner Münster (unten) gilt als die größte und wichtigste spätmittelalterliche Kirche der Schweiz.**

# Alpenregion Jungfrau-Aletsch-Bietschhorn

Schweiz | Jahr der Ernennung: 2001

Die Bergwelt des Berner Oberlands prägt neben dem Aletschgletscher das Dreigestirn Eiger, Mönch und Jungfrau (oben).

Mit der faszinierenden Region Jungfrau-Aletsch-Bietschhorn wurde erstmals ein – 2007 auf insgesamt 820 Quadratkilometer erweiterter – Abschnitt der Alpen in die Liste des Welterbes aufgenommen. Das Herz des steil aufragenden Gebirgsmassivs bilden die Berge Jungfrau, Mönch und Eiger. Bis auf rund 3500 Meter Höhe führt eine Zahnradbahn auf das Jungfraujoch. Sein Wahrzeichen ist die gläserne Kuppel des Observatoriums. Die Nordwand des Eiger (3970 Meter Höhe) in den Berner Alpen südwestlich von Grindelwald dagegen muss erklettert werden – seit ihrer Erstbesteigung 1938 ist sie mit 1800 Meter Höhenunterschied die berühmteste Kletterwand der Alpen. Am »Konkordiaplatz« beim Jungfraujoch vereinigen sich Aletschfirn, Jungfraufirn und Ewigschneefeldfirn zum Großen Aletschgletscher, der mit (noch) 23 Kilometer Länge Europas größter Gletscher ist, aber im Zug der Klimaerwärmung immer weiter schmilzt. Das Bietschhorn zeichnet sich an der Südseite durch sonnige, trockene Täler aus, die sich fingerartig nach unten erstrecken. In der Walliser Felsensteppe sind seltene Tier- und Pflanzenarten heimisch, der Steppenrasen wird nicht bewirtschaftet.

# Weinterrassen des Lavaux

Schweiz | Jahr der Ernennung: 2007

See und Alpen (hier beim Winzerdorf Rivaz) bilden eine grandiose Kulisse für die Weinterrassen des Lavaux.

Das Lavaux – eine der schönsten Landschaften der ganzen Schweiz, in der seit mindestens 1000 Jahren Wein angebaut wird – erstreckt sich rund 30 Kilometer weit am Nordufer des Genfer Sees von den östlichen Außenbezirken von Lausanne bis zum Château de Chillon. Das Welterbe umfasst die Hänge nahe am See, die meist zwischen den Dörfern und dem Ufer liegen. Drei Sonnen, so meinen die Einheimischen, wärmen hier die Reben: die glühende Sonne des Tages, die Reflexion der Sonnenstrahlen durch die Wasseroberfläche des Sees und die tagsüber gespeicherte Sonnenwärme der Steinmauern, die nachts ihre Energie wieder abgeben.

Kein Wunder, dass ein derart gut beschienener Tropfen auch später im Glas zu glänzen weiß. Die heutige Terrassenlandschaft geht auf Benediktiner- und Zisterziensermönche des 11. und 12. Jahrhunderts zurück. Man schätzt die Länge der Steinterrassen auf 400 bis 450 Kilometer. Von den fast 900 Hektar des Kerngebiets sind gut 570 Hektar Weinberg. Die 14 Gemeinden des Lavaux produzieren Weißwein mit den Appellations contrôlées Villette, Saint-Saphorin, Dézaley, Epesses und Chardonne.

# Burgen von Bellinzona

Schweiz | Jahr der Ernennung: 2000

In der schönen alten tessinischen Stadt Bellinzona hat sich ein einzigartiges Beispiel mittelalterlicher Festungsarchitektur erhalten. Der Anlass für den Bau der Festungen war, dass hier gleich mehrere Verbindungswege zwischen dem Norden und Italien die Talenge des Südalpenflusses Ticino passieren mussten. Das größte Kastell, das Castello Grande auf dem innerstädtischen Hügel, entstand im 13. Jahrhundert und wurde von den Mailänder Sforza-Herzögen zwischen 1486 und 1489 ausgebaut, um das Vordringen der Eidgenossen zu verhindern. Das am Talhang gelegene kleinere Castello di Montebello erhielt in der zweiten Hälfte des 15. Jahrhunderts sein heutiges Aussehen. Das 230 Meter hoch über der Stadt auf dem südöstlich vorkragenden Bergrücken gebaute Castello di Sasso Corbaro wurde zwischen 1479 und 1482 errichtet. Das strategische Abwehrsystem ergänzte man mit der Murata, einer fast fünf Meter breiten Mauer mit übereinander liegenden Doppelgalerien, die sich zum Fluss hinzieht. Alle Befestigungsmaßnahmen konnten jedoch nicht verhindern, dass das mehrmals heftig umkämpfte Bellinzona 1516 letztlich doch an die Eidgenossenschaft fiel.

**Das größte der drei Kastelle von Bellinzona, das Castello Grande auf dem innerstädtischen Hügel, entstand im 13. Jahrhundert.**

# Monte San Giorgio

Schweiz | Jahr der Ernennung: 2003

Der pyramidenförmige Bergrücken des Monte San Giorgio – seit 2010 gehört auch der italienische Teil des Berges zu diesem Welterbe – gilt mit seinen Versteinerungen als die reichste Fossilienfundstätte aus der Trias vor etwa 250 bis 200 Millionen Jahren. Keine Region der Schweiz weist besser konservierte Fossilien auf als der 1096 Meter hohe, an den südlichen Ausläufern des Luganer Sees gelegene Monte San Giorgio. Zu den spektakulärsten Funden zählen vorwiegend meeresbewohnende Reptilien wie der Ticinosuchus und der Ceresiosaurus – »Ceresio« ist die einheimische Bezeichnung für den Luganer See. Die Funde liegen in fünf aufeinanderfolgenden Schichten, die lückenlos einen ganzen Abschnitt der Erdgeschichte dokumentieren. In dieser geologisch gesehen kurzen Zeitspanne wandelten sich Fauna und Flora so stark, dass man von einer Artenexplosion sprechen kann. Da die durch ein Riff von der Hochsee getrennte Lagune, in der diese Tiere lebten, nahe am Festland lag, findet man am Monte San Giorgio auch vollständig erhaltene Fossilien landbewohnender Tiere und Pflanzen. Einige der schönsten Funde können im Rathaus von Meride besichtigt werden.

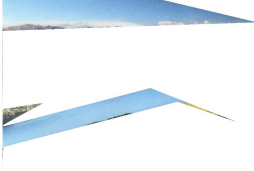

**Der Luganer See mit Tessiner Alpen im Hintergrund kann vom 1096 Meter hohen Monte San Giorgio bewundert werden.**

## La Chaux-de-Fonds und Le Locle: Stadtlandschaft der Uhrenindustrie

Schweiz | Jahr der Ernennung: 2009

Das rechtwinklige System von Manufakturen und Wohnhäusern ist heute noch sichtbar in La Chaux-de-Fonds.

La Chaux-de-Fonds und Le Locle, zwei auf 1000 Metern Höhe im schweizerischen Kanton Neuenburg gelegene Nachbarstädte, repräsentieren eine Stadtplanung und Architektur, die sich stark an den Entwicklungsbedürfnissen der innerhalb weniger Jahrzehnte Weltgeltung erlangenden Uhrmacherindustrie orientierte. Vergleichbare politische, wirtschaftliche und soziale Voraussetzungen sowie die geografische Nähe machten La-Chaux-de-Fonds und Le Locle zu Zwillingsstädten, in denen sich bereits im 18. Jahrhundert parallel zur Landwirtschaft im Neuenburger Jura das Handwerk entwickelte, vornehmlich die Uhrmacherei – Le Locle gilt als die Wiege der schweizerischen Uhrenindustrie. Beide Städte mussten nach Bränden im 18. und 19. Jahrhundert neu angelegt werden; sie dokumentieren ein wichtiges Kapitel der Industriegeschichte: Nachdem La Chaux-de-Fonds einem Brand zum Opfer gefallen war, entstand dort ein neues, rechtwinklig angelegtes System von Ateliers, Manufakturen und Wohnhäusern für die Handwerker, mit dem auch die zur Uhrenherstellung notwendige Rationalität, Effizienz und Wirtschaftlichkeit garantiert werden konnten.

## Benediktinerinnenkloster St. Johann in Müstair

Schweiz | Jahr der Ernennung: 1983

Im Innenaufnahme der Kirche St. Johann des Klosters in Müstair bestechen der Altar und die karolingischen Fresken.

Mitten im Hochgebirge findet sich in einem Nonnenkloster ein unerwarteter Schatz: der größte erhaltene Bilderzyklus aus karolingischer Zeit. Im Münstertal liegt in 1240 Metern Höhe das Kloster St. Johann, das von Karl dem Großen um 785 gegründet wurde und als eines der schönsten Beispiele karolingischer Baukunst gilt. Um zwei Innenhöfe gruppieren sich die meist aus dem Mittelalter stammenden Klostergebäude. Kernstück der Anlage ist die rund 1200 Jahre alte Stiftskirche St. Johann, die Ende des 15. Jahrhunderts in eine spätgotische Hallenkirche umgebaut wurde. Im Inneren birgt sie originale Fresken aus der Gründungszeit des Klosters. Sie ziehen sich in fünf Friesen um den Innenraum und zeigen Szenen aus dem Leben König Davids und Jesu Christi; an der Westwand wird das Jüngste Gericht dargestellt. Die drei Apsiden und die Ostwand der Kirche wurden 1165 und 1180 übermalt, wobei der unbekannte Meister das Programm der karolingischen Fresken übernahm. Das Fresko in der Hauptapsis der Klosterkirche von Müstair, das berühmteste Motiv des um das Jahr 800 entstandenen Bilderzyklus dieser Kirche illustriert das Gastmahl des Herodes mit der tanzenden Salome.

# Rhätische Bahn in der Kulturlandschaft Albula/Bernina

Schweiz, Italien | Jahr der Ernennung: 2008

Das Streckennetz der Rhätischen Bahn liegt überwiegend im Kanton Graubünden, ein kleiner Teil auch in Italien. Die grenzüberschreitende, zur Schweiz und zu Italien zählende Welterbestätte umfasst die beiden historischen Bahnlinien Albulabahn und Berninabahn als technische Denkmäler sowie die sie umgebenden Landschaften. Diese mehr als 100 Jahre alten Bahnlinien gelten als ein herausragendes Beispiel für die erfolgreiche Erschließung der Alpenregion. Die 62 Kilometer lange Albulalinie wurde 1904 in Betrieb genommen. Sie führt von Thusis im Kanton Graubünden nach St. Moritz und überwindet rund 1000 Höhenmeter. Die Züge fahren auf einer der architektonisch anspruchsvollsten Schmalspurbahntrassen der Welt und passieren dabei 144 Viadukte und Brücken sowie 42 Galerien und Tunnels, darunter den 5,8 Kilometer langen Albulatunnel. Etwas später, im Jahr 1910, wurde die 61 Kilometer lange Berninabahn fertiggestellt, die St. Moritz mit der italienischen Grenzstadt Tirano verbindet. Sie führt über den Berninapass auf 2253 Meter Höhe, durch insgesamt 13 Tunnels und Galerien sowie über 52 Viadukte und Brücken, mit Steigungen von bis zu sieben Prozent.

Über kühne Viadukte (Bild: das Landwasser-Viadukt) schlängelt sich das rote Band von Bernina- und Albulabahn.

# Tektonikarena Sardona

Schweiz | Jahr der Ernennung: 2008

Die Gebirgslandschaft um den Piz Sardona zeugt von der Entstehung von Gebirgen durch die Kollision von Kontinentalplatten und den dabei wirksam werdenden tektonischen Kräften. Zentrales Element des 328 Quadratkilometer großen Schutzgebiets ist die weithin sichtbare Glarner Hauptüberschiebung: Hier schob sich vor 20 bis 30 Millionen Jahren ein bis zu 15 Kilometer dickes Gesteinspaket über jüngere Gesteinsschichten Richtung Norden. Entlang der Überschiebungslinie ruhen 250 bis 300 Millionen Jahre alte Verrucanogesteine auf 35 bis 50 Millionen Jahre alten Flyschgesteinen. Die Überschiebungsfläche beginnt im Vorderrheintal, erreicht im Gipfelkamm Hausstock, Sardona und Ringelspitz ihren Höhepunkt und sinkt dann nach Norden ab. Zur Tektonikarena Sardona gehören zudem bedeutende Biotope, darunter Hochmoore und Schwemmebenen sowie die älteste Kolonie wiederangesiedelter Steinböcke in der Schweiz. Zu den Geotopen zählen das Martinsloch in den Tschingelhoren, das Kupferbergwerk auf der Mürtschenalp sowie die Segnesböden und die Landschaften im hinteren Murgtal, die von Gletschern der Eiszeit geformt wurden.

Der Piz Sardona ist mit 3056 Metern der höchste Punkt der Tektonikarena im Grenzgebiet von St. Gallen, Glarus und Gaubünden.

Schweiz, Italien | **Europa**

# Historisches Zentrum von Wien

Österreich | Jahr der Ernennung: 2001

Wiens historisches Zentrum spiegelt drei Epochen der Entwicklung in Europa wider: Mittelalter, Barock und Gründerzeit. Zum Bereich des Welterbes zählen auch die den Stadtkern umschließende Ringstraße mit ihren Prachtbauten aus dem späten 19. Jahrhundert und eine sogenannte »Pufferzone« im Vorstadtbereich. Als Residenzstadt der Habsburger wie als Hauptstadt der österreichisch-ungarischen Doppelmonarchie war die Donaumetropole über Jahrhunderte hinweg ein politisches, geistiges und kulturelles Zentrum. Noch bei Ausbruch des Ersten Weltkriegs hatte Wien mehr Einwohner als heute und war eine der größten Städte der Welt. Die imperiale Anlage spiegelt sich auch in den ungezählten Baudenkmälern und Kunstschätzen wider. Erwähnt seien an dieser Stelle unter vielen anderen der gotische Stephansdom, die Hofburg, das Kunsthistorische Museum, der Josephsplatz mit der Nationalbibliothek, die Augustinerkirche mit der Kapuzinergruft, die Spanische Reitschule, die Karlskirche, die Secession, die Staatsoper, das Burgtheater und Schloss Belvedere. Nicht zuletzt gehört seit der Belagerung durch die Türken auch das Kaffeehaus zu Wien.

**Das Wiener Burgtheater (rechts) zählt zu den bedeutendsten Bühnen Europas. Der Stephansdom (oben) birgt kunsthistorische und architektonische Schätze.**

# Schloss Schönbrunn

Österreich | Jahr der Ernennung: 1996

Die Gloriette thront auf dem Schönbrunner Berg – einer Anhöhe über dem Schönbrunner Schlosspark.

Schloss Schönbrunn, die einstige Sommerresidenz der Habsburger, verdeutlicht den umfassenden Herrschaftsanspruch dieser Dynastie. Kaiser Leopold I. übertrug die Planung dem Architekten Johann Bernhard Fischer von Erlach, der eine gigantische Anlage bauen wollte, die selbst Versailles noch weit übertroffen hätte. Kaiserin Maria Theresia ließ das unvollendete Bauwerk dann ab dem Jahr 1744 zu ihrer Residenz umbauen und durch Nikolaus Pacassi im klassizistischen Stil fertigstellen. Diese Umbauten ließen von Fischers ursprünglichem Bau nur wenig übrig. Bereits im Jahr 1737 wurde das hinter der Balustrade versteckte Flachdach durch die heutigen Dächer ersetzt. Nach 1744 entstanden der Dachaufsatz über dem Mittelrisalit, die Balkone und seitlichen Treppen. Fischers zentraler Kuppelbau wurde dabei zerstört; von der Innenausstattung ist nur noch die »Blaue Stiege« erhalten geblieben. Die Gestaltung der Innenräume oblag Johann Hetzendorf, der auch den bereits im Jahr 1695 von Jean Trehet angelegten Park weiter aus- und umbaute. Die Hofkapelle, Repräsentations- und Privaträume, Spiegelgalerien und Kabinette zeigen somit feinste Dekoration des Spätrokoko.

# Kulturlandschaft Wachau

Österreich | Jahr der Ernennung: 2000

Auf einem Felssporn hoch über der Donau erhebt sich Kloster Melk mit seiner prächtigen Barockkirche und der berühmten Bibliothek.

Die Wachau ist ein enges Durchbruchstal der Donau zwischen dem Benediktinerstift Melk und der Stadt Krems. Die steile Engtalstrecke der Wachau wird im Westen von der grandiosen barocken Klosterresidenz Melk eröffnet, die mit ihrer mächtigen Doppelturm-Kuppelkirche sozusagen das »Diadem« dieser Landschaft bildet. Zwischen Obstbauern- und Winzerdörfern reihen sich am Fluss viele pittoreske Burgen und Ruinen, Schlösser und Kirchen aneinander. Hier liegt auch die kleine Ortschaft Willendorf, die durch einen der wohl bedeutendsten Funde aus der Altsteinzeit, die sogenannte Venus von Willendorf, bis weit über die Landesgrenzen hinaus berühmt geworden ist. Über die bekannten Weinorte Spitz und Weißenkirchen gelangt man nun nach Dürnstein, wo man das Steilufer mit dem Stift unterhalb der Burgruine erklimmt. Nach Dürnstein öffnet sich die Talenge und gibt den Blick frei bis nach Krems, der mittelalterlichen Stadt mit den gotischen Bauten der Gozzo-Burg, der Dominikanerkirche und der Piaristenkirche. Der von einer Anhöhe feierlich herabgrüßende Gebäudekomplex des Stifts Göttweig bildet den stimmungsvollen Abschluss der Wachau.

# Historisches Zentrum von Salzburg

Österreich | Jahr der Ernennung: 1996

Als Barockjuwel präsentiert sich die Altstadt von Salzburg, wo durch Salzabbau reich gewordene Fürstbischöfe im 17. und 18. Jahrhundert prächtige Kirchen und Paläste errichteten. Von der Herrschaft der geistlichen Fürsten zeugen heute noch zahlreiche Sakralbauten. Zwei Erzbischöfe waren es, die das Bild der Stadt, die sich an den Mönchsberg und den Kapuzinerberg mit der Festung Hohensalzburg schmiegt, im 17. Jahrhundert vornehmlich prägten: Wolf Dietrich von Raitenau und Johann Ernst von Thun. Auf Raitenau geht die Barockisierung Salzburgs zurück; er ließ Baumeister aus Italien kommen, darunter Vincenzo Scamozzi, einen Schüler Palladios, und Santino Solari, dem Salzburg den Dom St. Rupert verdankt. Die helle Fassade und die mächtige Kuppel beherrschen noch heute die Salzburger Silhouette. Thun berief Fischer von Erlach nach Salzburg, der dort die Kollegien-, die Ursulinen- und die Dreifaltigkeitskirche erbaute. Auch prächtige weltliche Residenzen entstanden, so Schloss Mirabell mit seiner Orangerie und Schloss Hellbrunn mit seinen prachtvoll ausgemalten Sälen. Charakteristisch für die Gassen der Altstadt sind die verschachtelten Innenhöfe der sogenannten »Durchhäuser«.

**Erhaben thront die Festung Hohensalzburg in der Dämmerung über der Altstadt und blickt hinunter auf das muntere Treiben.**

# Kulturlandschaft Neusiedler See

Österreich | Jahr der Ernennung: 2001

Die Region um den Neusiedler See im österreichisch-ungarischen Grenzgebiet ist ein einzigartiges Biosphärenreservat und zugleich altes Kulturland. Der See, zu drei Vierteln zu Österreich gehörig, zu einem Viertel zu Ungarn, lag als Teil der Handelsroute zwischen Adria und Ostsee im Schnittpunkt der Kulturen. Davon zeugen archäologische Denkmäler, antike Heiligtümer, Weinberge und Schlösser. Durch Abholzung, Entwässerung, Jagd und Beweidung ist eine Kulturlandschaft geschaffen worden, in der wirtschaftliche Nutzung und Erhaltung natürlicher Lebensräume miteinander in Einklang stehen. Der leicht salzhaltige Steppensee an den Ausläufern der Kleinen Ungarischen Tiefebene wird rundum von einem stellenweise bis zu drei Kilometer breiten Schilfgürtel und von Salzwiesen umgeben. Das trotz seiner geringen Tiefe fischreiche Gewässer ist Lebensraum von seltenen Vogelarten und dient als Rastplatz für Zugvögel. Seit dem Jahr 2001 bilden die beiden Nationalparks Neusiedler See/Seewinkel auf österreichischer und Fertö-Hanság auf ungarischer Seite, einige österreichische Gemeinden und das ungarische Schloss Fertöd ein grenzüberschreitendes Welterbe.

Der trotz seiner geringen Tiefe fischreiche Neusiedler See bietet Vogelarten wie dem Graureiher Lebensraum.

# Kulturlandschaft Hallstatt-Dachstein und Salzkammergut

Österreich | Jahr der Ernennung: 1997

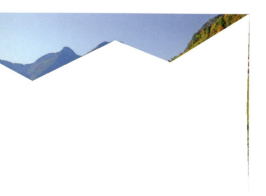

Einer ganzen Kultur lieh der kleine Ort Hallstatt im Salzkammergut seinen Namen, als bei Grabungen 1846 bis 1899 ein reich bestücktes Gräberfeld vom Beginn der Eisenzeit (800–500 v. Chr.) erschlossen wurde. Das Welterbe umfasst aber auch die grandiose Gebirgslandschaft sowie die bedeutenden kulturhistorischen und architektonischen Zeugnisse der Region. Dicht drängen sich die Häuser des Orts am Ufer des Hallstätter Sees auf dem schmalen Uferstreifen – teilweise sind sie sogar auf Pfählen in den See hineingebaut. Als Johann Georg Ramsauer 1846 im Schatten des Dachsteingebirges mit den ersten Grabungen zur Vorgeschichte in Mitteleuropa begann, gelangten Zehntausende Funde von unschätzbarem Wert ans Tageslicht, die den Übergang von der europäischen Bronzezeit zur frühen Eisenzeit dokumentieren. Die Hallstattkultur war von Südosteuropa über das Alpengebiet sowie Süd- und Westdeutschland bis nach Südfrankreich verbreitet. Ihre Grundlagen waren die Steinsalzförderung, der Abbau und die Verhüttung großer Eisenvorkommen. An den in die Hochgebirgslandschaft eingebetteten Orten des prähistorischen Bergbaus blühten reiche Wirtschaftszentren auf.

Hallstatt wurde als Ausgrabungsort früheisenzeitlicher Objekte zum Namensgeber einer frühgeschichtlichen Kultur.

Prähistorische Pfahlbauten rund um die Alpen siehe Seite 118

# Semmering-Eisenbahn

Österreich | Jahr der Ernennung: 1998

Die Semmeringbahn ist eine Meisterleistung aus der Pionierzeit des Eisenbahnbaus. Sie war weltweit die erste Eisenbahnstrecke, die über einen Gebirgspass führte, und galt früh als harmonische Synthese von Technologie und Natur.
Der östlichste und niedrigste der großen Alpenpässe ist der Semmering zwischen Steiermark und Niederösterreich. Nachdem man im Mai 1842 bereits die erste Eisenbahnlinie zwischen Wien und Gloggnitz eingeweiht hatte, wurde per kaiserlicher Verfügung eine Anschlussstrecke über den Semmering bis Mürzzuschlag angeordnet. Carl Ritter von Ghega plante die mehr als 41 Kilometer lange Bahnstrecke, mit deren Bau man im Jahr 1848 begann. Da der Baumeister Konstruktionen aus Stahl und Eisen vehement ablehnte, wurde die gesamte Gleisführung auf rund 65 Millionen Ziegeln und Steinquadern errichtet. Auf dem Höhepunkt der Bauarbeiten waren täglich bis zu 20 000 Menschen beschäftigt. Nach ersten Probefahrten wurde der planmäßige Betrieb über den Semmering am 17. Juli 1854 feierlich eröffnet. Von da an dampften Züge mit Hunderten von Touristen mit einer Geschwindigkeit von sechs Stundenkilometern über den Pass.

Ein Zug fährt über das Krausel-Klause Viadukt. Die 15 Tunnels haben eine Gesamtlänge von 5420, die 16 Viadukte von 1502 Metern.

# Altstadt von Graz und Schloss Eggenberg

Österreich | Jahr der Ernennung: 1999

Das historische Zentrum von Graz spiegelt die Bedeutung der steirischen Hauptstadt als »Knotenpunkt« für die Kunst und Architektur des deutschsprachigen Gebietes, des Balkans und des Mittelmeerraumes wider. Untrennbar mit der Geschichte der Steiermark verbunden ist auch das am Stadtrand gelegene Schloss Eggenberg, um das diese Welterbestätte im Jahr 2010 erweitert wurde. Graz hat eine der am besten erhaltenen Altstädte Mitteleuropas. Auf dem 473 Meter hohen Schlossberg hatten Slowenen um das Jahr 800 eine Burg errichtet. An eine später erbaute Renaissancefestung, die Napoleon zerstören ließ, erinnert heute nur noch der Uhrturm von 1561 (die Uhr stammt von 1712). Am Südostfuß des Schlossbergs erstreckt sich die Grazer Altstadt mit Bauten aus verschiedenen Jahrhunderten, von der Gotik bis zur Renaissance. Die Grazer Universität wurde im Jahr 1586 gegründet. Von ihr nahm einst die Gegenreformation in Österreich ihren Ausgang. Als Spiegelbild des Universums wollte der Bauherr Fürst Hans Ulrich von Eggenberg (1568–1634) das 1625 von dem Palladio-Schüler Pietro de Pomis errichtete Schloss Eggenberg mit seinem Planetensaal verstanden wissen.

Der Blick in den Innenhof von Schloss Eggenberg wirkt im Kontrast mit den prunkvollen Innenräumen fast sachlich.

Österreich | **Europa**

# Deutschordensburg Marienburg

Polen | Jahr der Ernennung: 1997

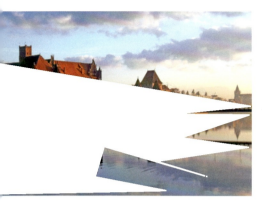

Die im polnischen Malbork (Marienburg) gelegene Burg war in den Jahren 1309 bis 1466 der Hauptsitz der Ritter des Deutschen Ordens. Der Backsteinbau an der Nogat gehört zu den eindrucksvollsten mittelalterlichen Burganlagen Europas. Die Ritter des Deutschen Ordens bauten ab dem Jahr 1276 rund 60 Kilometer südöstlich vom heutigen Gdańsk (Danzig) eine alte preußische Burganlage aus. 1280 wurde die Marienburg Konventssitz. Von diesem Standort aus begannen die Ritter die Eroberung und Bekehrung Pruzzens (Preußens), ausgestattet mit diversen päpstlichen und kaiserlichen Privilegien. Als 1309 der Sitz des Hochmeisters von Venedig auf die Marienburg verlegt wurde, reichte das Territorium der Deutschritter bereits weit ins Baltikum und bis nach Süd- und Mitteldeutschland hinein. Im Zeitalter der Reformation wurde es in ein erbliches Herzogtum unter polnischer Lehnshoheit umgewandelt. Nach schweren Zerstörungen im Zweiten Weltkrieg gelang der Wiederaufbau der Marienburg in den 1960er- und 1970er-Jahren mithilfe alter Aufzeichnungen. Heute beherbergen die Hallen, Kapellen, Korridore und Höfe Museen mit wertvollen mittelalterlichen Schätzen.

**In ihrer 700-jährigen Geschichte wurde die Marienburg, die weltweit größte Backsteinburg, oft umgebaut und erweitert.**

# Altstadt von Toruń (Thorn)

Polen | Jahr der Ernennung: 1997

Die Stadt an der Weichsel verdankt ihre Gründung dem Deutschen Orden, der hier im 13. Jahrhundert eine gewaltige Burg errichtete, unterhalb derer sich bald eine Stadt entwickelte, die im 14. Jahrhundert zu einem blühenden Handelsplatz wurde. Ende des 13. Jahrhunderts war Toruń (Thorn) der Hanse beigetreten. 1411 und 1466 wurden hier zwischen dem Deutschen Orden und Polen der Erste und Zweite Thorner Frieden geschlossen. Um 1454 brannten Thorner Bürger die Ordensburg nieder (von der heute nur noch Reste erhalten sind), und die Stadt wurde ein selbstständiger Stadtstaat unter der Oberhoheit des polnischen Königs. Im Lauf der Zeit veränderte sich kontinuierlich das Gesicht der Stadt. Zeugen dieses Wandels sind gotische Patrizierhäuser, barocke und klassizistische Bürgerhäuser sowie repräsentative Paläste aus dem 19. Jahrhundert. Mit dem Bau des Alten Rathauses wurde 1259 begonnen. Erhalten blieb auch das Geburtshaus von Nikolaus Kopernikus (1473–1543) aus dem 15. Jahrhundert. Gotteshäuser wie die Domkirche St. Johannes (1260–1480) und die Marienkirche sind weitere Hauptsehenswürdigkeiten der Stadt.

**Zu den vielen imposanten Gotteshäusern der Stadt gehört auch die Kathedrale St. Johannes der Täufer und St. Johannes Evangelist.**

# Park Mużakowski

Polen | Jahr der Ernennung: 2004

Unmittelbar am deutsch-polnischen Grenzfluss Neiße erstreckt sich die länderübergreifende Welterbestätte Park Mużakowski / Muskauer Park. Hier hat Hermann Fürst von Pückler-Muskau im 19. Jahrhundert einen der schönsten Landschaftsparks Europas geschaffen. Etwa zwei Drittel des rund 700 Hektar großen Areals liegen östlich der Neiße auf dem Gebiet der polnischen Gemeinde Łęknica (Lugknitz). Seit 2003 verbindet die originalgetreu rekonstruierte historische Doppelbrücke wieder den polnischen mit dem zu Bad Muskau gehörenden deutschen Teil auf der anderen Seite und eint, was seit dem 1945 durch den Eisernen Vorhang getrennt war, wieder zu einem Ensemble, ganz im Sinne seines Schöpfers. Fürst von Pückler-Muskau war ein passionierter Landschaftsgärtner, der hier von 1815 bis 1844 einen einzigartigen Park anlegen ließ. Auf einer Englandreise hatte er sich von 1826 bis 1829 ein Bild von der englischen Gartenbaukunst gemacht. Anders jedoch als bei vielen vergleichbaren Parks der Epoche sollte diese Anlage nicht an eine exotische Landschaft erinnern, sondern – etwa durch Anpflanzung lokaler Gewächse – den Charakter der heimischen Landschaft unterstreichen.

Der Fürst-Pückler-Park oder der Muskauer Park sind eindrucksvolle Beispiele polnischer Gartenbaukunst.

# Jahrhunderthalle in Wrocław (Breslau)

Polen | Jahr der Ernennung: 2006

Die Breslauer Jahrhunderthalle von Max Berg zählt zu den bedeutenden Vorbildern der architektonischen Moderne. Sie wurde in den Jahren 1911 bis 1913 aus Stahlbeton errichtet und war mit einer Kuppelspannweite von 65 Metern zum Zeitpunkt ihrer Fertigstellung eine der weltweit größten Hallen dieser Art. Errichtet wurde die Jahrhunderthalle zur Erinnerung an die Völkerschlacht bei Leipzig 1813. Diese entscheidende Schlacht gegen Napoleon hatte zum fluchtartigen Rückzug der französischen Truppen geführt. Mit ihrer sachlichen Konstruktion markiert sie den Abschied vom Formenreichtum des Historismus. Ganz im Sinne ihres Architekten Max Berg (1870–1947) wirkt die Versammlungs- und Ausstellungshalle kühl und nüchtern. Vier Eingänge führen in den zentralen Raum mit der 42 Meter hohen Kuppel. Anfangs verspotteten Kritiker die Halle als »Pappschachtel«, während Befürworter sie mit dem Pantheon oder der Hagia Sophia verglichen. Neben ihrer politisch-symbolischen Bedeutung hatte sie einen sozialen Zweck: einer breiten Bevölkerungsschicht Zugang zu sportlichen, kulturellen und gesellschaftlichen Ereignissen zu ermöglichen.

Die Jahrhunderthalle mit ihrer gewaltigen Kuppel fasst 6000 Menschen. Sie steht auf dem Gelände der Jahrhundertausstellung.

Polen | **Europa**

# Historisches Zentrum von Warschau

Polen | Jahr der Ernennung: 1980

Das frühbarocke Königsschloss mit dem 60 Meter hohen Uhrenturm. Unten: die Flaniermeile Warschaus, Krakowskie Przedmieście.

Die Hauptstadt Polens wurde im Zweiten Weltkrieg weitgehend zerstört. In den Jahren 1949 bis 1963 und auch danach erfolgte ein planmäßiger Wiederaufbau des historischen Zentrums, an dem das ganze Land Anteil hatte. Im Jahr 1945 waren mehr als drei Viertel der Gebäude der polnischen Hauptstadt von den Nazis dem Erdboden gleichgemacht worden. Mit enormem Aufwand nahm das polnische Volk die Restaurierung der zahllosen historischen Bauwerke aus der Zeit von der Gotik bis zum Klassizismus in den historischen Vierteln Altstadt (Stare Miasto) und Neustadt (Nowe Miasto) in Angriff. Der Marktplatz in der Altstadt besitzt nun wieder eine geschlossene Bebauung. Die Fassaden wurden mit aufwendigen Renaissance- und Barockdekorationen versehen. Das ab 1971 rekonstruierte frühbarocke Warschauer Königsschloss dominiert den Schlossplatz mit der Sigismundsäule von 1644. Die sich daran anschließende Neustadt mit den Häusern aus dem 15. Jahrhundert birgt neben anderen restaurierten historischen Gebäuden den eleganten Barockpalast Krasiński. Der Neustädter Marktplatz wird von der Kirche der Sakramentsschwestern aus dem 17. Jahrhundert beherrscht.

# Nationalpark Białowieża
# (Beloweschskaja Puschtscha)

Polen, Weißrussland | Jahr der Ernennung: 1979

Der als Nationalpark ausgewiesene polnische Teil des Waldgebiets wurde bereits 1979 in die Liste des Weltnaturerbes aufgenommen und 1992 um weißrussischen Nationalpark Beloweschskaja Puschtscha erweitert. Seit der nochmaligen Erweiterung im Jahr 2014 umfasst das Welterbe im Grenzgebiet zwischen Weißrussland (Belarus) und Polen eine Fläche von mehr als 1400 Quadratkilometer.

Bei der neuerlichen Erweiterung ging es vor allem darum, einen noch besseren Schutz des einzigartigen Tiefland-Urwaldes zu gewährleisten – des einzigen erhaltenen seiner Art in ganz Europa. Etwa zwei Drittel des geschützten Areals befinden sich auf weißrussischem, ein Drittel liegt auf polnischem Staatsgebiet. Berühmt ist der Wald für die hier erfolgreich ausgewilderten Wisente. Insgesamt bietet er wohl mehr als 12 000 Arten einen Lebensraum. Die meisten gehören zu den Wirbellosen.

Das polnische Biosphärenreservat Bialowieza wurde 1976 und sein weißrussisches Pendant 1993 ins UNESCO-Biosphären-Programm aufgenommen..

**Der Nationalpark bietet unter anderem dem Wisent, dem Seeadler und dem Wolf ein überlebensnotwendiges Refugium.**

# Friedenskirchen in Jawor und Widnica

Polen | Jahr der Ernennung: 2001

**Die Gemälde an den Emporen der Friedenskirche in Jawor zeigen Szenen aus dem Alten und Neuen Testament.**

Die evangelischen Friedenskirchen in Jawor (Jauer) und ´Swidnica (Schweidnitz) sind die größten Fachwerkkirchen Europas. Der Westfälische Frieden besiegelte 1648 das Ende des Dreißigjährigen Kriegs. Danach durften die Protestanten im von den Habsburgern regierten Schlesien ihre Kirchen nur unter bestimmten Auflagen bauen: Sie sollten vor den Stadtmauern stehen und durften nur aus Holz, Lehm, Sand und Stroh errichtet werden. Außerdem waren Glockentürme verboten. Die Neugläubigen hielten sich daran, doch im Inneren schmückten sie ihre Gotteshäuser umso prächtiger aus. So verbergen sich hinter der schlichten Fassade der Friedenskirche von Swidnica wertvolle Deckenmalereien aus dem ausgehenden 17. Jahrhundert. Die Kirche beherbergt eine große Orgel, 1752 kam noch ein barocker Hochaltar hinzu. Der Kirchenraum inklusive der zwei- und dreigeschossigen Emporen sowie Logen für die Adelsfamilien bot bis zu 7500 Menschen Platz. Auch die Friedenskirche von Jawor entfaltete innen eine atemberaubende Pracht. Die üppig geschmückte Kanzel von 1729 in der Friedenskirche in Swidnica stammt von Gottfried August Hoffmann.

# Auschwitz-Birkenau: deutsches NS-Konzentrations- und Vernichtungslager

Polen | Jahr der Ernennung: 1979

Die Mauern, Rampen, Stacheldrahtzäune, Gaskammern und Krematorien der Gedenkstätte sind ein Mahnmal für die einst von Deutschen begangenen ungeheuerlichen Verbrechen.
Der Bau des Lagers Auschwitz I wurde am 27. April 1940 angeordnet; bereits im Juni trafen polnische Gefangene ein. Auschwitz-Birkenau hieß die ein Jahr später fertiggestellte Erweiterung des Lagers. Hier baute man ab 1941 die Vernichtungsanlagen, die die »Endlösung« herbeiführen sollten. Damit war die völlige Vernichtung der europäischen Juden gemeint. Auschwitz III, 1942 nahe dem Dorf Dwory errichtet, diente als Arbeitslager, aus dem der deutsche Konzern I.G. Farben jene Gefangenen bezog, die bei einer »Selektion« noch gesund und arbeitsfähig erschienen. Als die Soldaten der Roten Armee am 27. Januar 1945 die Lager von Auschwitz erreichten, fanden sie noch etwa 7650 Insassen vor. Etwa eine Million Menschen sind allein in Auschwitz ermordet worden. Nach der Befreiung wurde das Gelände vorübergehend als Internierungslager genutzt. Heute befindet sich auf dem Gelände von Auschwitz I und II eine polnische Gedenkstätte, das Staatliche Museum Auschwitz-Birkenau.

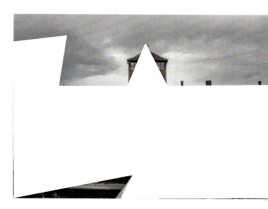

Viele der nach Auschwitz deportierten Menschen wurden nach ihrer Ankunft direkt in die »Badeanstalten« – Gaskammern – geführt.

# Kalvarienberg Zebrzydowska

Polen | Jahr der Ernennung: 1999

Das bedeutende polnische Marienheiligtum und Pilgerziel Kalwaria Zebrzydowska geht auf den Bau eines Klosters Anfang des 17. Jahrhunderts zurück und ist fast vollständig erhalten geblieben.
Im Jahr 1600 ließ der Krakauer Woiwode (Herzog) Nikolaj Zebrzydowski auf dem Berg Zar in der Nähe von Wadowice, dem Geburtsort des späteren Papstes Johannes Paul II. (1920–2005), eine kleine Heilig-Kreuz-Kirche nach dem Vorbild der Golgotha-Kapelle in Jerusalem errichten und gründete ein Bernhardinerkloster. Kurz darauf entstand hier eine nach Zebrzydowski benannte Siedlung für Pilger. Zebrzydowski plante hier weitere heilige Stätten Jerusalems. Nach Plänen Giovanni Bernardonis und Paul Baudarths wurden auf der Strecke zwischen dem Berg Lanckorońska Góra und dem Berg Zar 42 Kirchen und Kapellen errichtet. Die Berge wurden in »Golgota« und »Ölberg«, der Fluss in »Kidron« umbenannt. Um den immensen Pilgerstrom zum Kalvarienberg aufnehmen zu können, wurden das Kloster (1655) und die Klosterkirche (1692 bis 1720) erweitert.

Zu den prächtigsten Ausstattungsstücken der Klosterkirche des Franziskanerklosters in Kalwaria Zebrzydowska zählt die Orgel.

Polen | **Europa**

# Altstadt von Krakau

Polen | Jahr der Ernennung: 1978

Im Mittelalter war Krakau (Kraków) als bedeutender Umschlagplatz für polnisches Tuch die reichste Stadt des Landes. Darüber hinaus war sie auch ein wichtiges kulturelles Zentrum. Krakau war bis 1596 Hauptstadt und vom 11. bis zum 18. Jahrhundert Krönungsort der polnischen Könige. Davon kündet bis heute der Wawelhügel mit Königsschloss und Kathedrale. Vom 12. bis zum 17. Jahrhundert wurde die Altstadt durch Baumeister und Künstler aus ganz Europa gestaltet. Auf dem Hauptmarkt, einem der größten Stadtplätze des Mittelalters, stehen die renaissancezeitlichen Tuchhallen und die gotische, im 14. Jahrhundert umgebaute Marienkirche. An der im 14. Jahrhundert gegründeten Universität, die einen kostbaren gotischen Kreuzgang besitzt, lehrten bedeutende Denker des Mittelalters. Sie machten Krakau zu einem geistig-kulturellen Zentrum Europas. Von der reichen Geschichte der Stadt zeugen zahlreiche Bauwerke im Stil von Gotik, Renaissance und Barock, darunter viele Kirchen und Klöster. Hervorzuheben ist das Viertel Kazimierz, wo früher viele Juden lebten und sich noch Synagogen und jüdische Friedhöfe erhalten haben.

**Ein eindrucksvolles Gebäudeensemble mit dem Rathausturm, den Tuchhallen und der Marienkirche präsentiert sich auf dem Rynek, dem Hauptmarkt von Krakau.**

# Salzbergwerke von Wieliczka und Bochnia

Polen | Jahr der Ernennung: 1978

Die Salzbergwerke von Wieliczka und Bochnia liegen nahe beieinander und beuteten denselben Salzstock in der Umgebung Krakaus aus. Sie arbeiteten parallel vom 13. bis ins späte 19. Jahrhundert und standen lange unter derselben Leitung. Das Salzbergwerk Wieliczka gehört bereits seit dem Jahr 1978 dem Weltkulturerbe an. 2013 wurde das Weltkulturerbe erweitert um das rund 40 Kilometer weiter östlich gelegene Bergwerk Bochnia. In diesem ältesten Bergwerk seiner Art in Europa wird bereits seit dem 13. Jahrhundert Steinsalz abgebaut. Vom 14. Jahrhundert an unterstanden Wieliczka und Bochnia gemeinsam der Leitung eines Salzgrafen, der im oberirdischen Salzgrafenschloss in Wieliczka residierte, das nun ebenfalls zum Ensemble des erweiterten Welterbes gehört. Vom 14. bis zum 16. Jahrhundert erbrachte der Salzhandel ein Drittel der Staatseinnahmen. Mit dem Geld wurde unter anderem der Wawel erbaut, die einstige Residenz der polnischen Könige in Krakau. Das Salzgrafenschloss in Wieliczka beherbergt heute ein Bergbaumuseum. Gemeinsam illustrieren Wieliczka und Bochnia die Entwicklung des Salzbergbaus in Europa vom 13. bis zum 20. Jahrhundert.

Besucher können das unterirdische Reich des Salzbergwerks Wieliczka besichtigen. Im Bild ist die Kingakapelle (–96,50 Meter) zu sehen.

# Holzkirchen im Süden von Kleinpolen

Polen | Jahr der Ernennung: 2003

Die insgesamt neuen Kirchen Kleinpolens sind Blockbauten und bestehen aus waagrechten Baumstämmen. Diese Bauweise ist in Osteuropa weit verbreitet, ungewöhnlich ist jedoch ihre Anwendung bei römisch-katholischen Kirchen. Die Holzkirchen von Kleinpolen, wie der südliche Teil des alten polnischen Staates ursprünglich genannt wurde, wurden einst von adligen Familien in Auftrag gegeben. Mit einer Ausnahme stammen sie alle aus dem späten 15. und aus dem 16. Jahrhundert. An ihrer Errichtung und Ausschmückung waren die besten Handwerker und Künstler der Zeit beteiligt. Sie führten die Tradition des mittelalterlichen Kirchenbaus weiter. Die Kirchen sind komplex und architektonisch sehr unterschiedlich gestaltet und sehr gut erhalten, ihr Inneres ist reich geschmückt und bemalt, im Gegensatz zu ihrem schlicht wirkenden Äußeren. Anfangs hatten sie keinen Turm – er kam erst später hinzu, als die Kirchen zum Statussymbol für die Stifter geworden waren. Auch in späteren Jahrhunderten wurde an den Kirchen regelmäßig weitergebaut. Vor allem die Innenausstattung passte man dann gerne dem jeweiligen Geschmack der Zeit an.

Die architektonisch ganz unterschiedlichen Gotteshäuser sind, wie hier das von Orawka, in ihrem Inneren sehr liebevoll ausgestattet.

# Altstadt von Zamość

Polen | Jahr der Ernennung: 1992

Im Auftrag des Großkanzlers und königlichen Heerführers Jan Zamoyski vom italienischen Baumeister Bernardo Morando als »Padua des Nordens« entworfen, entstand Zamość ab 1580 als eine der ersten am Reißbrett geplanten Idealstädte Europas und erlebte seine Blütezeit im 17. Jahrhundert.
Bei der Planung von Zamość im heutigen südostpolnischen Regierungsbezirk Lublin wurden alle Aspekte des städtischen Lebens bedacht. So entstand dort ein vielfältiges multinationales Gemeinwesen, dem erst die Deutschen im Zweiten Weltkrieg ein schreckliches Ende setzten, als sie sämtliche Juden und viele Polen ermordeten oder deportierten. Die Bürgerhäuser rund um die Plätze beeindrucken durch Laubengänge und Fassadenornamente. Das in den Jahren 1639 bis 1651 erbaute Rathaus wurde später im 18. Jahrhundert mit einer monumentalen Barocktreppe verschönert. Die von 1587 bis 1598 entstandene Kollegiatskirche St. Thomas gilt als eines der schönsten Gotteshäuser der polnischen Spätrenaissance. Die Innenräume der ehemaligen Synagoge, die in den Jahren 1610 bis 1620 errichtet wurde, zeichnen sich durch meisterhafte Stuckaturen aus.

Das Zentrum von Zamość bildet der Große Markt (Rynek Wielki). Sofort ins Auge fällt das Rathaus mit der geschwungenen Freitreppe.

# Holzkirchen in den Karpaten

Polen, Ukraine | Jahr der Ernennung: 2013

In Polen und der Ukraine gibt es Hunderte von Holzkirchen, besonders im Süden. Die katholischen heißen *kościół*, die orthodoxen und griechisch-katholischen cerkiew. Die Ukrainer verwenden nur das Wort zerkwa. Dieser Teil des Welterbes umfasst 16 orthodoxe und griechisch-katholische Holzkirchen. Alle diese Holzkirchen (»Tserkva«) sind Blockbauten aus waagrecht aufeinander geschichteten Stämmen oder Balken mit oft sehr kompliziert gestalteten Verbindungen an den Enden und Fundamenten aus Stein und einem Schindeldach. Sie stammen aus dem 16. bis 19. Jahrhundert. Dem orthodoxen Ritus entsprechend fällt im Inneren des Zentralraums zunächst die Ikonostase auf, eine Wand mit der bildlichen Darstellung von Heiligen. Aber auch der restliche Innenraum ist prächtig bemalt. Umgeben sind diese Kirchen meist von einem Zaun mit aufwendig gestaltetem Tor sowie einem Friedhof (mit freistehendem Glockenturm). Im Einzelnen gehören zu diesem Welterbe folgende Kirchen: In Polen Radruz, Chotyniez, Smolnik, Turzansk, Powrocnik, Owczary, Kwiaton und Brunary Wyzne, in der Ukraine Potylicz, Matiw, Schowkwa, Drohobytsch, Rohatyn, Nyschnij Werbisch, Jassinja und Uschok.

Die Holzkirche von Turzansk stammt aus dem Jahre 1803. Sie war einmal griechisch-katholisch, ist heute aber orthodox.

# Historisches Zentrum von Prag

Tschechische Republik | Jahr der Ernennung: 1992

Über der Stadt Prag thront auf dem Hradschin das Burgareal, hervorgegangen aus einer im 9. Jahrhundert gegründeten slawischen Siedlung. Den höchsten Punkt markiert der Turm des St.-Veits-Doms. Das Gotteshaus ist Grablege von Kaisern und Königen und Aufbewahrungsort der Krönungsinsignien. Die Karlsbrücke wurde ab 1357 erbaut und zwischen 1707 und 1714 durch barocke Statuen verschönert. Sie führt von der Kleinseite über die Moldau hinüber in die Altstadt. In deren winkligen Gassen findet man viele Renaissance- und Barockgebäude mit zum Teil gotischem Ursprung. Das Collegium Clementinum der Jesuiten wurde 1578 bis 1722 als zweitgrößter Baukomplex der Stadt errichtet. Im Zentrum befindet sich die Teynkirche (1365–1511). Das Gebäude der 1348 von König Karl I. (dem späteren Kaiser Karl IV.) gegründeten Karls-Universität wurde im 17. Jahrhundert barock umgestaltet. Am Turm des im 14. Jahrhundert erbauten Rathauses wurde zu Beginn des 15. Jahrhunderts die astronomische Uhr angebracht. Die Josefstadt, das einstige jüdische Ghetto, entstand im 13. Jahrhundert. Hauptattraktionen der Neustadt sind der Wenzelsplatz und der Karlsplatz samt Rathaus.

**Ein herrlicher Blick auf die Moldau mit der Mánesův, der Karls- und der Legienbrücke und die Altstadt (links). Hoch über Prag ragt der Hradschin mit dem St.-Veits-Dom auf.**

## Kutná Hora: Altstadt mit St.-Barbara-Kirche und der Kathedrale Mariä Himmelfahrt in Sedlec

Tschechische Republik | Jahr der Ernennung: 1995

Das historische Zentrum von Kutná Hora (Kuttenberg) rund 70 Kilometer östlich von Prag prägen Bauten im Stil der Gotik, der Renaissance und des Barock.

Der Zisterzienserorden gründete 1142 das Kloster Sedletz, zu dessen Ländereien Kuttenberg gehörte. Ihren Namen verdankt die Stadt der Legende nach einem Mönch, der bei der Arbeit auf dem Weinberg das erste Silber entdeckte und die Stelle mit seiner Kutte markierte. Um 1300 machten sich florentinische Münzer daran, auf Geheiß König Wenzels II. im Welschen Hof in Kuttenberg den »Prager Groschen« zu schlagen. Damit begann der Aufstieg Kutná Horas zu einer der reichsten Städte Böhmens. Der Welsche Hof diente auch als Residenz und wurde später mehrfach umgebaut. Die Wenzelskapelle stammt aus dem 15. Jahrhundert. 1388 bis 1585 wurde die St.-Barbara-Kirche im Auftrag der Minenbesitzer erbaut und der Schutzpatronin der Bergleute geweiht. Die Klosterkirche Mariä Himmelfahrt der einstigen Zisterzienserabtei in Sedlec war der erste Bau im Stil der französischen Gotik in Böhmen. Sie wurde von 1699 bis 1707 im barockgotischen Stil durch Giovanni Santini-Aichel erneuert.

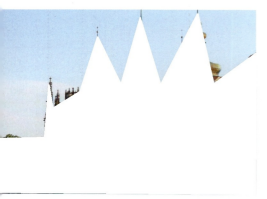

Bei der Errichtung der St.-Barbara-Kirche in Kutná Hora orientierten sich die Architekten an französischen Vorbildern.

## Wallfahrtskirche von Zelená Hora

Tschechische Republik | Jahr der Ernennung: 1994

Mit der dem heiligen Johannes von Nepomuk gewidmeten Wallfahrtskirche schuf der Architekt Giovanni Santini eines der bedeutendsten Bauwerke der sogenannten barocken Gotik in Böhmen.

Die auf dem Grünen Berg (Zelená Hora) beim Städtchen Žďár nad Sázavou nordwestlich von Brno (Brünn) im Stil der böhmischen Barockgotik erbaute Wallfahrtskirche des Johannes von Nepomuk wurde im Jahr 1722 vollendet. Der Bau entstand nach dem Entwurf von Giovanni Santini-Aichel, einem böhmischen Architekten italienischer Herkunft, der auch bereits die Kirche des benachbarten Klosters umgestaltet hatte.

Ungewöhnlich an der Wallfahrtskirche ist ihr sternförmiger Grundriss mit fünf Zacken. Zudem wird sie von einem äußeren Gebäudekranz mit jeweils fünf Kapellen und Eingängen umgeben. Unter den beeindruckenden Schmuckstücken des Inneren, das zu einem großen Teil unverändert erhalten geblieben ist, ragt besonders der kunstvoll gestaltete Hauptaltar hervor, der den heiligen Johannes von Nepomuk im Paradies zeigt, und von fünf Sternen und Engeln geschmückt wird.

Bei dem Bau der Wallfahrtskirche von Zelená Hora spielte die Zahl fünf eine tragende Rolle; ihr Grundriss bildet einen fünfzackigen Stern.

# Historisches Zentrum von Český Krumlov

Tschechische Republik | Jahr der Ernennung: 1992

Ab dem 13. Jahrhundert entstand auf den Felsen über der Moldau eine Burg, die nur vom Prager Hradschin an Größe übertroffen wurde. Die Altstadt auf der gegenüberliegenden Seite des Flusses gehört zu den schönsten Mitteleuropas. Unterhalb der gewaltigen Burganlage winden sich enge Straßen durch den Stadtteil Latrán. In der eigentlichen Altstadt von Český Krumlov (Krumau), der »Perle des Böhmerwalds« am anderen Ufer der Moldau, wechseln sich verwinkelte Gässchen und große Plätze, kleine Handwerkerhäuschen und prächtige Bürgerpaläste ab. Beherrscht wird das historische Zentrum der Stadt von der St.-Veits-Kirche (1407–1439). In der ehemaligen städtischen Brauerei von 1578 ehrt man heute den Zeichner und Maler Egon Schiele, der hier 1911 einige Monate gelebt hat (bevor er wegen seiner Aktdarstellungen das Städtchen wieder verlassen musste). Im schönen Renaissancebau des ehemaligen Jesuitenkonvents befindet sich heute ein Hotel. Besonders sehenswert in der mächtigen, ab 1250 errichteten und über die Jahrhunderte um Prunksäle, Audienzhallen und ein Rokokotheater erweiterten Burg sind die illusionistischen Wandmalereien im Maskensaal.

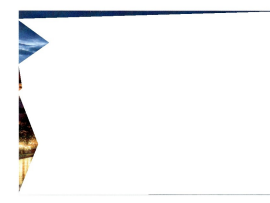

**Mit einer Fläche von sieben Hektar gehört die Burg von Český Krumlov zu den größten Anlagen in Mitteleuropa.**

# Historisches Dorf Holašovice

Tschechische Republik | Jahr der Ernennung: 1998

Das malerische Dörfchen nahe České Budějovice (Budweis) im Flachland Südböhmens zählt nur 140 Einwohner. Seine Architektur gehört jedoch zu den schönsten Beispielen des hiesigen Bauernbarock.
Im Jahr 1292 schenkte der böhmische König Wenzel II. der Abtei von Vyšší Brod (Hohenfurth) mehrere Dörfer. Dazu gehörte auch der kleine Ort Holašovice, der über fünf Jahrhunderte eng mit dem Kloster verbunden blieb. Aus dessen Registern ist erwiesen, dass während dieser Zeit in Holašovice sowohl Deutsche als auch Tschechen gelebt haben. Bereits zu Beginn des 19. Jahrhunderts standen erste Steinhäuser auf dem mittelalterlichen Grundriss des Dorfes. Doch erst zwischen den Jahren 1840 und 1880 erhielten die Gebäude ihr heutiges Gesicht.
Woher die Baumeister kamen oder wie sie hießen, ist nicht bekannt. Ihr Werk hat sich jedoch bis heute erhalten und gehört zu den schönsten Beispielen der bäuerlichen Barockarchitektur in Südböhmen. Die Baumeister kombinierten dabei unterschiedliche Elemente aus Barock, Rokoko und Klassizismus und passten diese geschickt der ländlichen Umgebung an.

**Rund um den Dorfplatz von Holašovice gruppieren sich 22 Gehöfte, überwiegend aus der zweiten Hälfte des 19. Jahrhunderts.**

# Historisches Zentrum von Telč

Tschechische Republik | Jahr der Ernennung: 1992

Der Marktplatz von Telč, unten mit der doppeltürmigen Jesuitenkirche, der Jakobskirche und einem Eckturm der Schlossmauer.

Nach verheerenden Bränden – 1386 brannte die ganze westliche Hälfte des Marktplatzes samt Kirche und Rathaus ab – wurde Telč wieder aufgebaut und bietet heute das geschlossene Bild einer Renaissancestadt.

Sein heutiges Gesicht verdankt Telč dem Einfluss des Fürsten Zacharias von Rosenberg-Neuhaus. Er war begeistert von der Renaissance und ließ die vermutlich nach 1354 entstandene gotische Burg in ein prächtiges Schloss verwandeln. Weitere Gebäude im Renaissancestil kamen hinzu. Die durch Handel reich gewordene Bürgerschaft ließ ebenfalls ihre gotischen Häuser mit Zier- und Blendgiebeln umgestalten oder errichtete sich neue Gebäude.

Der Marktplatz ist das Schmuckstück der Stadt: Laubengänge ziehen sich unter den gestuften und geschwungenen Giebeln der Renaissancebauten entlang, die in geschlossener Reihe um den lang gestreckten Platz stehen. Im östlichen Teil des Marktplatzes stehen die Mariensäule von 1717 und zwei barocke Brunnen. Im 16. Jahrhundert gab Fürst Zacharias der Stadt Telč mit diesem Marktplatz ein neues Gesicht.

# Třebíč

Tschechische Republik | Jahr der Ernennung: 2003

Zum Weltkulturerbe dieser in Südwestmähren gelegenen Stadt zählen das jüdische Ghetto, der Friedhof und die Basilika St. Prokop. Sie erinnern an die Koexistenz zwischen Juden und Christen vom Mittelalter bis ins 20. Jahrhundert. Im Jahr 1101 gründeten Benediktiner am Nordufer der Iglawa ein Kloster. Dadurch entstand ein Markt, der viele Händler anzog; unter ihnen befanden sich auch Juden. So begann die Stadtgeschichte von Třebíč. Die St.-Prokop-Basilika wurde in der Mitte des 13. Jahrhunderts erbaut und danach mehrfach restauriert. Das jüdische Viertel besteht aus zwei Hauptstraßen an einem Hügel. Zwischen ihnen verlaufen Gassen, die an einigen Stellen von Torhäusern überbrückt werden. Die Gebäude sind einfach gehalten, verfügen in der Regel über ein Gewölbe im Erdgeschoss und ein bis zwei weitere Stockwerke mit Holzdecken. Typisch ist der Stilmix: ein mittelalterlicher Eingang, eine Fassade aus dem 18. Jahrhundert, ein Renaissancegewölbe und Stuck aus den 1930er-Jahren in einem Haus sind keine Seltenheit. Bis 1875 mussten die Juden in dem Ghetto leben, danach entfielen die Aufenthaltsbeschränkungen. Der jüdische Friedhof liegt außerhalb des Viertels.

**Am Ufer der Iglawa in Třebíč liegt die romanisch-gotische, später barockisierte St.-Prokop-Basilika (oben: die Krypta).**

# Schloss Litomyšl

Tschechische Republik | Jahr der Ernennung: 1999

Das reich geschmückte Renaissanceschloss in Ostböhmen wurde im 16. Jahrhundert nach italienischem Vorbild errichtet. Auch lokale Ausdrucksformen flossen in das imposante Bauwerk ein. Der Auftrag zur Errichtung des Renaissanceschlosses kam von der Familie Pernštejn, der zu jener Zeit die ganze Stadt gehörte. Der böhmische Kanzler Vratislav von Pernštejn konnte im Jahr 1567 die Stadt und die dazugehörigen Ländereien erwerben. Er starb 1582, im Jahr der Fertigstellung des Schlosses. Giovanni Battista, Ulrico Aostalli und andere norditalienische Künstler waren an diesem Bauwerk beteiligt. Das quadratische Gebäude beeindruckt durch seine Verzierungen und Arkaden. Im 18. Jahrhundert wurden auch noch Elemente aus dem Hochbarock hinzugefügt. Zum Schlosskomplex gehört auch ein kleines Theater, zu seiner Bauzeit Ende des 18. Jahrhunderts eines der ersten des Landes. In der Brauerei (1630), die sich ebenfalls auf dem Schlossgelände befindet, kam der tschechische Komponist Bedřich Smetana (1824–1884) zur Welt. Im – auch für seine Musikfestivals bekannten – Schloss befindet sich ein Museum, das sich Smetana und der tschechischen Musik widmet.

**Die einheitliche Fassade von Schloss Litomyšl wird durch Arkadenbögen, Renaissancegiebel und Sonnenuhren aufgelockert.**

## Dreifaltigkeitssäule in Olomouc

Tschechische Republik | Jahr der Ernennung: 2000

Die Dreifaltigkeitssäule in Olomouc (Olmütz) ist das monumentalste Beispiel des in Süddeutschland, Österreich und Tschechien im 18. Jahrhundert häufig vertretenen Typus der Marien- und Dreifaltigkeitssäulen.

An städtebaulich zentraler Stelle auf dem Friedensplatz neben dem Rathaus erhebt sich die mächtige Dreifaltigkeitssäule, die 1754 in Anwesenheit der Kaiserin Maria Theresia geweiht wurde. Ausführende Künstler waren der in Olomouc lebende Steinmetz Wenzel Reder und der aus Mainfranken stammende Bildhauer Ondrej Zahner. Der Goldschmied Simon Forstner gestaltete die großartige vergoldete Figurengruppe der Dreifaltigkeit, die das Säulendenkmal bekrönt. Das größte und figurenreichste Beispiel dieses Denkmaltyps nördlich der Alpen gliedert sich in eine durch Postamente und Treppen gestaffelte Sockelzone, einen kompakten pyramidalen Unterbau sowie einen hoch aufstrebenden Pilasterpfeiler. Auf jeder Geschossebene sind die meist überlebensgroßen Figuren allseitig verteilt. Höhepunkt der skulpturalen Ausstattung ist die goldene Statuengruppe der Dreifaltigkeit, die auf ihre Vorbilder des römischen Hochbarock verweist.

**Drei Jahrzehnte lang arbeiteten die Künstler an der 35 Meter hohen Dreifaltigkeitssäule auf dem Friedensplatz.**

## Haus Tugendhat in Brno (Brünn)

Tschechische Republik | Jahr der Ernennung: 2001

Das im Jahr 1930 von Ludwig Mies van der Rohe errichtete Haus Tugendhat in Brno ist ein herausragendes Beispiel für den Anfang der 1920er-Jahre entstandenen »internationalen Stil« in der Architektur der Moderne. Diese Villa gilt als das letzte bedeutende europäische Werk des 1886 in Aachen geborenen und 1930 zum Direktor des Bauhauses ernannten Architekten Ludwig Mies van der Rohe, der 1937 nach Amerika emigrierte. Kennzeichnend für den »internationalen Stil«, den Mies van der Rohe wesentlich mitprägte, waren Asymmetrie in Grund- und Aufriss, kubische Bauformen, Stahlskelettbau sowie Verzicht auf Ornament und Profil. Dazu gehört auch die Verwendung von Glas, Stahl, Stahlbeton und Chrom. Diese neuen kompositorischen Errungenschaften verwirklichte Mies van der Rohe hier erstmals an einem Wohnhaus. Die Stahlskelettbauweise mit kreuzförmigen, verchromten Trägern erlaubte eine freie Raumaufteilung, da auf tragende Wände verzichtet werden konnte. Riesige, per Knopfdruck versenkbare Glaswände – damals ein Novum – verstärkten den Eindruck eines einzigartigen Raumkontinuums.

**»Einfachheit der Konstruktion, Klarheit der tektonischen Mittel, Reinheit des Materials« – Haus Tugendhaft als Schlüssel der Moderne.**

# Schloss und Park in Kroměříž

Tschechische Republik | Jahr der Ernennung: 1998

Das Schloss und der Park in Kroměříž (Kremsier) in Ostmähren gehören zu den besterhaltenen Beispielen einer barocken Fürstenresidenz.

Die Anfänger der Stadt an der Morava geht auf das Jahr 1110 zurück. Im Dreißigjährigen Krieg wurde Kroměříž völlig zerstört, doch der kunstsinnige Bischof Karl Liechtenstein ließ sie wieder aufbauen und ab dem Jahr 1686 auch die Bischöfliche Residenz im prächtigen Barockstil neu errichten.

Nachdem ein großer Brand 1752 wertvolle Teile im Inneren des Schlosses zerstört hatte, kümmerte sich Bischof Leopold von Egk um die Restaurierung. Er holte einige der führenden Künstler des Spätbarock aus Österreich, die die Renovierungen übernahmen. Während der Revolution in den Jahren 1848 und 1849 tagte im Sitzungssaal der österreichische Reichstag. Heute bietet er die Kulisse für klassische Konzerte. Das Interieur der üppigen Wohn- und Repräsentationsräume zählt zu den wertvollsten in Mitteleuropa. Eine Gemäldesammlung mit bedeutenden Werken alter Meister fasziniert Kunstfreunde aus aller Welt. Zur Residenz gehört zudem ein ausgedehnter, sehr sehenswerter Park.

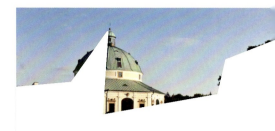

**Die schönen Gartenanlagen in Kroměříž werden durch verspielte architektonische Elemente wie Pavillons gegliedert.**

# Kulturlandschaft von Lednice-Valtice

Tschechische Republik | Jahr der Ernennung: 1996

Dieser Landstrich in Südmähren mit seinen zwei prächtigen Schlössern ist einer der weitläufigsten Komplexe historischer Landschaftsarchitektur. Die Parks sind heute Vogelschutzgebiet. Um die Entstehung dieser Kulturlandschaft hatten sich in erster Linie die Herzöge von Liechtenstein verdient gemacht, die auf ihren Besitzungen zwei beeindruckende Schlossbauten errichten ließen. In Lednice (Eisgrub) erbaute Johann Bernhard Fischer von Erlach 1688 bis 1690 eine Reitschule in prächtiger Barockarchitektur. Mitte des 19. Jahrhunderts entstand hier ein Schloss, das wertvolle Kunstsammlungen beherbergt. Von hier gelangt man über eine Parkallee in das benachbarte Valtice (Feldsberg), wo es ebenfalls ein mächtiges Schloss gibt (17. Jahrhundert). Die nach dem Vorbild englischer Gärten gestaltete Park- und Teichlandschaft umgibt die beiden Schlossanlagen auf einer Fläche von insgesamt 200 Quadratkilometern.

Zwischen sanften Hügeln und bewaldeten Auen verbirgt sich an der Grenze zwischen Tschechien und Österreich ein Natur und Architektur harmonisch vereinendes Gesamtkunstwerk, geschaffen von den Fürsten von Liechtenstein.

**Üppige Dekorelemente aus dem Barock herrschen in Schloss Valtice vor, das im 17. Jahrhundert erbaut wurde.**

# Bauerndorf Vlkolínec

Slowakei | Jahr der Ernennung: 1993

Die farbenfrohen Wände der Bauernhäuser in Vlkolínec bestehen aus Holz und Lehm und ruhen auf Steinsockeln.

Vlkolínec ist eine Siedlung aus 45 Holzhäusern, die in der für die mittlere Slowakei typischen Bauweise errichtet wurden. Heute ist das Dorf nahe Ružomberok am nordwestlichen Rand der Niederen Tatra ein Freilichtmuseum. Auf einem Hochplateau vor der Kulisse des Bergkegels Sidorovo liegt das Bauerndorf Vlkolínec, dessen Name sich von »vlk« (slowakisch: »Wolf«) ableiten lässt – tatsächlich gibt es in dieser zwischen Niederer und Hoher Tatra in der östlichen Slowakei gelegenen Region noch Wölfe und Bären. Fernab vom Trubel moderner Städte blieb die aus dem 19. Jahrhundert stammende Holzarchitektur des »Wolfsdorfes« – das größte erhaltene Ensemble dieser für slowakische Bergsiedlungen charakteristischen Blockhäuser – in gutem Zustand: Ein Anwesen besteht aus einem an die Straße grenzenden Wohnhaus mit dahinter liegenden Ställen und Scheunen; nur das Wohnzimmer der lehmverputzten Häuschen hat einen Holzfußboden. Das Dorf gibt auch Auskunft über das Leben der Menschen in entlegenen Bergregionen Ostmitteleuropas während des Mittelalters. Obwohl der Ort seit Langem ein Freilichtmuseum ist, leben in Vlkolínec noch einige ständige Bewohner.

# Bergbaustadt Banská Štiavnica

Slowakei | Jahr der Ernennung: 1993

Eine barocke Dreifaltigkeitssäule schmückt den Dreifaltigkeitsplatz der alten Bergbaustadt Banská Štiavnica.

Banská Štiavnica (Schemnitz) war vom 14. bis zum 16. Jahrhundert die bedeutendste Bergbaustadt im Magyarenreich. Schon in frühgeschichtlicher Zeit wurden hier Gold und Silber geschürft. Wahrzeichen der rund 20 Kilometer von Zvolen entfernten Stadt in den Karpaten ist das alte Schloss, das im Lauf des 16. Jahrhunderts durch die Befestigung einer gotischen Hallenkirche entstand. Die Häuser am Dreifaltigkeitsplatz gehörten einst reichen Bürgern. Sie stammen zum großen Teil noch aus dem 14. und 15. Jahrhundert, wurden aber während der Zeit der Renaissance und des Barock umgestaltet. So zeigt sich etwa der Sitz der Bergwerkskammer heute als repräsentativer Renaissancebau. Im 16. Jahrhundert hatten die Fugger die einträglichen Minen gepachtet und erweitert, im 17. und 18. Jahrhundert wurde in Banská Štiavnica Bergbaugeschichte geschrieben: Im Jahr 1627 trieb man zum ersten Mal im Bergbau Stollen mit Schießpulver voran, 1732 wurden hier erstmals Dampfmaschinen zum Abpumpen des Wassers eingesetzt. Die im Jahr 1735 gegründete Bergbauakademie wurde mit der Stilllegung der Minen 1918 geschlossen.

# Holzkirchen im slowakischen Teil der Karpaten

Slowakei | Jahr der Ernennung: 2008

Von der lokalen Tradition religiöser Architektur an der Schnittstelle von westeuropäischer und byzantinischer Kultur zeugen acht Holzkirchen in den slowakischen Karpaten.

Diese hölzernen Kirchen in den nordwestlichen Karpaten verweisen auf die friedliche Koexistenz der verschiedenen Konfessionen, Kirchen und Völker über die Jahrhunderte hinweg. Sowohl die Protestanten, die Katholiken als auch die griechisch-orthodoxe Kirche errichteten hier ihre Gotteshäuser.

Die römisch-katholischen Kirchen Hervartov und Tvrdošín wurden beide um 1500 im gotischen Stil erbaut. Einen anderen Typ repräsentieren die evangelischen sogenannten »Artikularkirchen« Leštiny (1688), Kežmarok (1687, umgebaut 1717) und Hronsek (1726). Das Erbe der ruthenischen griechisch-katholischen Kirche, einer unierten Kirche, repräsentieren die drei Holzkirchen in Bodružal (1658), Ladomirová (1742) und Ruská Bystrá (1720–1730). Die Interieurs dieser drei Gotteshäuser stammen zum größten Teil aus dem 18. Jahrhundert. Alle Holzkirchen sind mit reichen Wand- und Deckenmalereien ausgestattet.

**Gleich drei christliche Kirchen errichteten im slowakischen Teil der Karpaten ihre hölzernen Gotteshäuser.**

# Levoča, Spišský Hrad und assoziierte Kulturmonumente

Slowakei | Jahr der Ernennung: 1993

Die Ruinen von Spišský Hrad (Zipser Burg), eine der größten Burganlagen der Slowakei und einst Sitz des königlich-ungarischen Komitats, gehören mit Spišské Podhrahie (Kirchdrauf), Spišská Kapitula (Zipser Kapitel) und der Kirche von Žehra zu diesem im Jahr 2009 um das historische Zentrum von Levoča (Leutschau) und Werke von Meister Paul in Spiš erweiterten Welterbe. Die mittelalterliche Zipser Burg entstand über einer frühslawischen Siedlung in Zips, einer Landschaft und historischen Verwaltungseinheit in und an den Ausläufern der Hohen Tatra. Aus ihr gingen die nur wenige Kilometer entfernten Gründungen Spišské Podhrahie und Spišská Kapitula (letztere Sitz der Propstei) hervor. Sie verfügen über bedeutende Baudenkmäler (Kirchen, Barockkloster, Renaissancerathaus und -herrenhäuser). Zu den der Zipser Burg assoziierten Kulturmonumenten gehört auch die frühgotische Heilig-Geist-Kirche von Žehra. Als »funkelndster Stein in der Zipser Krone« wird die 1249 erstmals erwähnte Stadt Levoča bezeichnet. Dort findet man in der Pfarrkirche des heiligen Jakobus den höchsten (18,6 Meter) gotischen Altar der Welt – ein 1507 bis 1517 in Lindenholz geschnitztes Werk von Meister Paul.

**Die Zipser Burg (Spišský Hrad) thront herrschaftlich auf einem 634 Meter hohen Kalkfelsen.**

# Historisches Zentrum von Bardejov

Slowakei | Jahr der Ernennung: 2000

Der gut erhaltene Marktplatz von Bardejov entstand im 14. Jahrhundert. Er wird von herrlichen Bürgerhäusern gesäumt.

In der Altstadt von Bardejov (Bartfeld) in der Slowakei lässt sich heute noch das Ambiente einer mittelalterlichen Handelsstadt erleben. Sie repräsentiert den Typus der Urbanisierung im östlichen Zentraleuropa vom 14. bis 16. Jahrhundert.

Zu Beginn des 14. Jahrhunderts wurde Bardejov am alten Handelsweg nach Polen zur königliche Freistadt erhoben Ihre kulturelle Glanzzeit erlebte die Stadt im 15. und 16. Jahrhundert, was u.a. zur Gründung der ersten öffentlichen Bibliothek des Landes führte. Der lang gezogene Stadtgrundriss ist nach schachbrettartigem Muster systematisiert. Die Mitte des lang gestreckten Marktplatzes besetzt das spätgotische Rathaus mit seinen steilen Giebeln und dem Erker sowie der Freitreppe aus der Renaissance. Die Hauptkirche St. Ägidius erhielt ihre heutige Gestalt in der zweiten Hälfte des 15. Jahrhunderts.

Viele Bürgerhäuser aus der Zeit der Gotik und der Renaissance prägen das Stadtbild. Dazu gesellt sich das kleine Judenviertel, das um die Synagoge aus dem 18. Jahrhundert herum gruppiert ist. Einige Gebäude wie das Schlachthaus, Bäder und ein Versammlungshaus (Beth Hamidrash) sind erhalten.

## Buchenurwälder der Karpaten und alte Buchenwälder Deutschlands

Slowakei, Deutschland, Ukraine | Jahr der Ernennung: 2007

Die schönsten Buchenwälder Europas befinden sich an der Grenze zwischen der Slowakei und der Ukraine. Zunächst bildeten zehn Schutzgebiete entlang einer Achse von rund 180 Kilometern dieses grenzüberschreitende Welterbe. Im Jahr 2011 wurde es um fünf alte Buchenwälder Deutschlands erweitert und umbenannt.

Mitteleuropa war einst größtenteils von dichten Laub- und Laubmischwäldern überzogen. Eine besondere Rolle spielte dabei die Buche: Sie passt sich unterschiedlichsten ökologischen Bedingungen an und verfügt über eine einzigartige Überlebensstrategie, indem sie – sich immer weiter ausbreitend – andere Baumarten verdrängt. Zu diesem Welterbe gehören in der Slowakei Havešová (größte Exemplare der Welt), Rožok, Stužica, Bukovské Vrch und Vihorlat, in der Ukraine Tschorna Hora, Kusij-Tribuschanij, Marmarosch, Stuschicja-Uschok, Swydowez und Uholka/ Schirokij Luh, in Deutschland fünf alte Buchenwälder in Brandenburg, Hessen, Mecklenburg-Vorpommern und Thüringen.

**Die Buche ist über weite Teile Europas verbreitet. In den Karpaten finden sich sogar Buchenurwälder.**

## Aggtelek-Höhlen und slowakischer Karst

Slowakei, Ungarn | Jahr der Ernennung: 1995

Im Gebiet des Ungarischen Karsts, eines Ausläufers des Slowakischen Erzgebirges, befinden sich auf beiden Seiten der Grenze viele Hundert Höhlen mit Tropfsteinformationen.

Im ungefähr 600 Meter hoch gelegenen Karstgebiet im nordungarischen Mittelgebirge, das sich bis in die Slowakei hinein erstreckt, befindet sich als Teil der grenzüberschreitenden Welterbestätte der ungarische Nationalpark von Aggtelek. Dessen weitverzweigtes Höhlensystem verläuft einige Hundert Meter unter der Erde und kann durch verschiedene Eingänge betreten werden. Höhepunkt geführter Höhlenwanderungen, in denen die Erdgeschichte auf beeindruckende Weise fassbar wird, ist die riesige Baradla-Höhle mit ihrer fast schon unwirklich erscheinenden Welt aus Stalaktiten und Stalagmiten. In manchen Kammern wurden auch Spuren altsteinzeitlicher Bewohner gefunden, in anderen Fossilienvorkommen.

Die zweitgrößte Höhle des Aggteleker Karsts ist die Béke-Höhle. Sie hat seit dem Jahr 1965 das offizielle Prädikat »Heilhöhle« und empfiehlt sich besonders für Asthmatiker. Sie dient außerdem auch als Konzertsaal.

**Rund 17 Kilometer lang ist das Tropfsteinhöhlensystem auf der ungarischen Seite im Karstgebiet Aggtelek.**

Slowakei, Deutschland, Ukraine, Ungarn | **Europa**

# Budapest

Ungarn | Jahr der Ernennung: 1987

1872 schlossen sich die selbstständigen Städte Buda und Pest zur neuen Hauptstadt des damaligen Königreichs Ungarn zusammen. Zum Welterbe zählen in Budapest das Burgviertel Buda, die Uferzone der Donau und die Andrássystraße. Die königliche Burgstadt Buda hat ihre mittelalterliche Struktur gut bewahren können. Gotische und barocke Bauten säumen die engen Gassen. Im Zentrum des Burghügels, seit dem 17. Jahrhundert Bürgerstadt, liegt der Dreifaltigkeitsplatz. Er wird von der im Jahr 1250 gegründeten, im 19. Jahrhundert neugotisch umgebauten Liebfrauenkirche beherrscht. Das Südportal des Gotteshauses zeigt ein Tympanonrelief, welches aus Originalstücken des hochgotischen Baus zusammengesetzt wurde. Im Süden des Burghügels befindet sich der königliche Burgpalast, dessen im Jahr 1686 zerstörter Vorgängerbau ab 1749 ersetzt wurde. In Óbuda liegen die Ausgrabungsstätten der römischen Siedlung Aquincum mit dem 13 000 Zuschauer fassenden Amphitheater. Hier befindet sich auch die monumentale klassizistische Synagoge aus dem Jahr 1820. Auf der anderen, östlichen Seite der Donau liegt Pest – im 19. Jahrhundert eine selbstständige Handelsstadt.

Sie ist die älteste und bekannteste der neun Brücken in Budapest: die 1839–1849 errichtete Kettenbrücke.

# Kulturlandschaft Fertö/Neusiedler See

Ungarn, Österreich | Jahr der Ernennung: 2001

Im Jahr 1991 wurde auf der ungarischen Seite des Neusiedler Sees der Nationalpark Fertö-Hanság gegründet – bereits zwei Jahre vor seinem Pendant auf österreichischer Seite.
Der Neusiedler See im Kleinen Ungarischen Tiefland an der Grenze zu Österreich war als Teil der Handelsroute zwischen Adria und Ostsee acht Jahrtausende lang Schnittpunkt vieler Kulturen. Noch heute weist die Region eine außergewöhnliche ethnische Vielfalt auf. Durch Abholzung, Entwässerung, Jagd und Beweidung ist um den pannonischen Steppensee eine Kulturlandschaft geschaffen worden, in der die wirtschaftliche Nutzung und die Erhaltung der natürlichen Lebensräume einigermaßen miteinander im Einklang stehen und deren Bedeutung zunehmend gewürdigt wird. Auf der österreichischen Seite gehören der Nationalpark Neusiedler See/Seewinkel sowie einige Dörfer zu diesem grenzüberschreitenden Welterbe, auf ungarischer Seite sind es u.a. der Fertö-Hanság-Nationalpark sowie das Schloss Fertöd. Bemerkenswert ist die artenreiche Flora des leicht salzhaltigen Steppensees, den ein stellenweise bis zu drei Kilometer breiter Schilfgürtel und Salzwiesen umgeben.

**Rund um den See trifft man auf landestypische Ziehbrunnen und Schilfhütten – und auf üppig grüne Natur.**

# Benediktinerabtei Pannonhalma

Ungarn | Jahr der Ernennung: 1996

Die alte Benediktinerabtei St. Martin in Pannonhalma (Martinsberg), rund 30 Kilometer südöstlich von Györ (Raab) gelegen, ist eine Keimzelle der Christianisierung von Ungarn. Sie wird noch heute von Mönchen bewohnt. Die Gründung des Klosters geht auf Fürst Géza (940–997) zurück. Unter König Stephan I., dem Heiligen, wurde es Erzabtei und ist seitdem das Zentrum des Benediktinerordens in Ungarn. Der älteste Teil des Klosters ist die 1225 geweihte Stiftskirche, die über zwei Vorgängerbauten errichtet wurde. Die Krypta unter dem erhöhten Chor wurde wahrscheinlich auf den Grundmauern der Urkirche erbaut. Außer schönen barocken Stuckaturen und klassizistischen Elementen birgt die Stiftskirche auch zahlreiche Kunstwerke aus romanischer und gotischer Zeit. Die Skulpturen im Gewölbe des spätgotischen Kreuzgangs sollen menschliche Tugenden und Laster symbolisieren. Der 55 Meter hohe Westturm wurde 1830 während des klassizistischen Umbaus der Anlage errichtet. Ein besonders kostbares Kleinod ist der Prunksaal der klassizistischen Bibliothek aus den Jahren 1824–1832. Hier werden wertvolle Handschriften und Wiegendrucke (Inkunabeln) aufbewahrt.

**Fürst Géza gründete 996 Pannonhalma, die Erzabtei des Benediktinerordens (im Bild: Bibliothekssaal).**

Ungarn, Österreich | **Europa**

# Hollókö und Umgebung

Ungarn | Jahr der Ernennung: 1987

Der alte Kern des Dorfes Hollókö (Rabenstein) konnte sein traditionelles Gesicht bis heute bewahren. Charakteristisch für die Wohnhäuser sind ihre Laubengänge und die ebenerdigen Keller. Das in einer malerischen Umgebung gelegene Hollókö verbirgt sich zwischen den Hügeln des Cserhátgebirges, etwa 100 Kilometer von Budapest entfernt. Unter der auf einem Felsen thronenden Ruine der Burg Hollókö, die auf das 13. Jahrhundert zurückgeht und gegen Ende des 17. Jahrhunderts zerstört wurde, liegt der Ortskern mit einem stattlichen Ensemble von Wohnhäusern, die während des 17. und des 18. Jahrhunderts entstanden sind.. Im Zentrum der Siedlung steht die 1889 errichtete katholische Dorfkirche. Die Häuser wurden in der für die Volksgruppe der Paloczen typischen Bauweise errichtet. Der ebenerdige Keller der meist am Hang liegenden Gebäude ist von der Straße aus zugänglich; ein an der Giebelseite von einem schmalen Walmdach bedeckter Laubengang umgibt den Hof. Reiche Schnitzarbeiten an den Holzlauben vervollständigen das mittelalterliche Ensemble in einem der wohl schönsten Dörfer Ungarns. Ein Großteil der Bauernhäuser ist heute noch bewohnt.

**Die Kirche des früher von den Paloczen bewohnten Ortes Hollókö wurde im Stil der Bauerngotik errichtet.**

# Kulturlandschaft Tokajer Weinregion

Ungarn | Jahr der Ernennung: 2002

Die Region am Fuß des Zempliner Gebirges ist geprägt von der Kulturtradition des Weinbaus, die sich hier seit einem Jahrtausend erhalten hat.

Das Weinbaugebiet Tokaj-Hegyalja liegt in den nördlichen Ausläufern der Puszta nahe der Grenze zur Slowakei und zur Ukraine. Es umfasst insgesamt 26 Orte, deren größter und bekanntester das hübsche Städtchen Tokaj am Ufer der Theiß ist. Nach dieser Stadt wurde der Wein benannt, den der »Sonnenkönig« Ludwig XIV. als »Vinum regum, rex vinorum« (Wein der Könige, König der Weine) bezeichnet hat. Tatsächlich gehört der zu den Dessertweinen zählende Tokajer, der vor allem aus der Rebsorte Furmint, in geringerem Umfang auch aus den Sorten Lindenblättriger, Gelber Muskateller und Zéta gekeltert wird, zu den ältesten Weinen des Landes. Hier im Norden Ungarns, rund 200 Kilometer östlich der Hauptstadt Budapest, ist seine Heimat. Der Weinbau hat die Region geprägt, ihre Traditionen und Siedlungsformen. So entwickelte sich eine Kulturlandschaft, in der man vom und mit dem Wein lebt. Die Qualität der Produktion wird streng kontrolliert.

**Tokaj ist nicht nur Namensgeber des berühmten Weißweins, sondern hat auch eine sehenswerte historische Altstadt.**

# Nationalpark Hortobágy – die »Puszta«

Ungarn | Jahr der Ernennung: 1999

Ein karges Landschaftsbild prägt die »Puszta«, die zum großen Teil landwirtschaftlich genutzt wird. Mithilfe des Hortobágy-Nationalparks soll ihr einzigartiger Charakter bewahrt werden.
Die heute als »Puszta«, also als »verödetes, einsames Gebiet« bezeichnete Landschaft war einst bewaldet, bevor Mongolen und später Türken die Dörfer und Wälder niederbrannten. Die Wiedereinführung der Viehzucht führte zu Überweidung und Versalzung, wodurch das heutige Landschaftsbild entstand. Neben der Puszta von Hortobágy zählt auch ein großer Teil von Nagykunság zum Nationalpark.
Im Nationalpark Hortobágy, 1973 gegründet, werden traditionelle Formen der Landnutzung betrieben. Neben den Weidetieren – darunter auch mittlerweile unter Schutz stehende alte Haustierrassen, die vor dem Aussterben bewahrt werden sollen – weist der Nationalpark einen enormen Reichtum an ortstypischer Flora und Fauna auf. Die vielen Gewässer im Nationalpark machten den Bau mehrerer Brücken notwendig. So spannt sich die Neunbogenbrücke beim Dorf Hortobágy über den gleichnamigen Fluss.

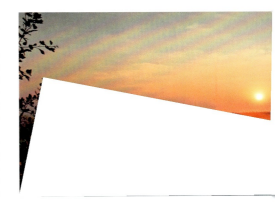

Die häufig romantisch-verklärte »Puszta« ist die größte zusammenhängende Grassteppe Europas.

# Frühchristlicher Friedhof von Pécs

Ungarn | Jahr der Ernennung: 2000

Unter den in der römischen Provinz Pannonia gegründeten Städten entwickelte sich Pécs, das damalige Sopianae, zu einem wichtigen Handels- und Gewerbezentrum. Das Friedhofsareal aus spätrömischer Zeit liegt im Südwesten der Innenstadt von Pécs (Fünfkirchen). Bei archäologischen Ausgrabungen wurden hier bisher 16 Grabkammern, mehrere Tausend Gräber sowie Grabgegenstände freigelegt. Die meisten der aus dem 4. Jahrhundert stammenden christlichen Bauten standen einst über der Erde. Besonders eine bereits 1780 gefundene Grabkammer verdient Beachtung. Das zweigeschossige Gebäude schmücken gut erhaltene Wandmalereien, die neben den Aposteln Petrus und Paulus, der Muttergottes, Jonas, Noah und weiteren biblischen Personen eine der frühesten Aktdarstellungen von Adam und Eva nach dem Sündenfall abbilden. Der architekturgeschichtlich wichtigste Fund sind bislang die Reste von zwei Gedächtniskapellen: eine mit Fresken ausgeschmückte Kapelle mit drei Apsiden und das Kleinmausoleum. Der frühchristliche Friedhof von Pécs ist ein bedeutendes Denkmalensemble nicht nur für Ungarn, sondern auch für ganz Europa.

Von den Kapellen und Grabkammern der frühchristlichen Gemeinde in Pécs können drei besichtigt werden.

Ungarn | **Europa**

# Beloweschskaja Puschtscha (Nationalpark Białowieża)

Weißrussland, Polen | Jahr der Ernennung: 1979

Ganz im Westen Weißrusslands erstreckt sich an der Grenze zu Polen einer der letzten Urwälder Europas mit einer einzigartigen Fauna und Flora. Ursprünglich umfasste das Welterbe nur den polnischen Białowieża-Nationalpark, 1992 kamen der weitaus größere weißrussische Teil, Beloweschskaja Puschtscha, und 2014 weitere große Waldgebiete zum nun rund 1400 Quadratkilometer großen grenzüberschreitenden Welterbeareal hinzu. Grund für die Auszeichnung waren die für Europa einzigartigen Bestände von jungfräulichem Mischwald. Im streng geschützten Kernbereich des Parks wachsen Fichten, Kiefern, Schwarzerlen, Weißbuchen, Stieleichen, Birken, Eschen, Linden, Ahornbäume und Pappeln. Einzelne Bäume sind Naturdenkmäler. Dazu kommen Hunderte von Pilz-, Flechten- und Gefäßpflanzenarten. Bekannt ist der Wald vor allem durch seine Wisente. Ab 1952 wilderte man die in den 1920er-Jahren aus Zoobeständen nachgezüchteten Vettern des nordamerikanischen Bisons, die nahezu vollständig ausgerottet worden waren, in der Region aus. Heute leben in dem Waldgebiet wieder rund 300 Exemplare dieser größten europäischen Hochwildart.

Der letzte nennenswerte europäische Bestand an Wisenten lebt im grenzüberschreitenden Park von Białowieża/Beloweschskaja.

# Schloss Mir

Weißrussland | Jahr der Ernennung: 2000

Das etwa 80 Kilometer südwestlich von Minsk am Fluss Miranka im heutigen Weißrussland gelegene Schloss ist mit seinen verschiedenen Stilelementen ein Beispiel der Magnatenarchitektur aus der Zeit der polnisch-litauischen Herrschaft. Das Städtchen Mir gehörte zum Großfürstentum Litauen, zum russischen Zarenreich, zu Polen und zur Sowjetunion und ist nun ein Teil Weißrusslands. Zudem war Mir einst ein typisch osteuropäisches Schtetl, bis die deutsche Wehrmacht dort am 9. November 1941 rund 1500 Juden ermordete. Im frühen 16. Jahrhundert wurde das Karree einer Zitadelle angelegt, mit Schutzmauern und fünf Türmen. 1568 kam die Festung in den Besitz des Fürsten Radziwiłł, im 16. und 17. Jahrhundert erhielt sie mit dem Bau eines zweiflügeligen Wohnschlosses die Funktion einer Adelsresidenz. Errichtet wurde der Wehrbau mit seinen wuchtigen Ziegeltürmen über einem quadratischen Grundriss mit 75 Metern Seitenlänge. Das dicke Mauerwerk und die Reihung der Schießscharten belegen den militärischen Charakter der Anlage. Der Repräsentationszweck kommt in der reichen Zier der Turmfassaden zur Geltung, wo rote Backsteinfelder mit weiß verputzten Partien abwechseln.

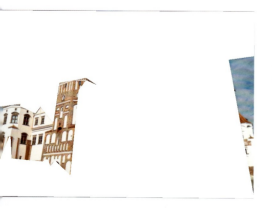

Die Fassade von Schloss Mir wird dominiert von den gedrungenen Türmen aus rotem Ziegelstein.

Struve-Bogen siehe Seite 167

# Erbe der Adelsfamilie Radziwiłł in Njaswisch

Weißrussland | Jahr der Ernennung: 2005

Njaswisch, die im Südwesten von Weißrussland gelegene einstige Residenz der Fürsten Radziwill, steht für die Verschmelzung und gegenseitige Bereicherung der Kulturen Ost- und Westeuropas. Unter dem Schutz der UNESCO steht das gesamte architektonische und kulturelle Erbe der Radziwiłłs im Ort.

Weißrussland nahm lange eine Rolle als Mittler zwischen Ost- und Westeuropa ein. Die Mitglieder der Familie Radziwiłł, die die Residenz bis 1939 besaß, spielten im politischen wie kulturellen Leben eine bedeutende Rolle und werden oft als »die Medici Weißrusslands« bezeichnet. Sie waren Kirchenführer, Aufklärer, Kunstmäzene, Sammler, Schriftsteller, Komponisten und Wirtschaftsmagnaten. Seit dem 15. Jahrhundert waren sie in Njaswisch ansässig. Die ältesten Teile der Schlossanlage stammen aus der Zeit um 1500, als Fürst Nikolaus Radziwill sich hier einen neuen Herrschaftssitz erbauen ließ. Er besteht aus zehn miteinander verbundenen Gebäuden und ist umgeben von einem englischen Landschaftspark. Das heutige Erscheinungsbild prägten polnische, deutsche, italienische und weißrussische Architekten im 17. und 18. Jahrhundert.

**Die Anlagen von Schloss Njaswisch stammen aus dem 17. Jahrhundert und verbinden Elemente mehrerer Stilepochen.**

# Historisches Zentrum von Lwiw

Ukraine | Jahr der Ernennung: 1998

Lwiw, das alte Lemberg, war jahrhundertelang das Verwaltungs- und Wirtschaftszentrum Galiziens. Im historischen Zentrum findet man ein einzigartiges Ensemble prächtiger Bauten aus dem 14. bis 18. Jahrhundert. Im 13. Jahrhundert von Prinz Daniil Romanowitsch gegründet, wurde Lwiw schon bald zum Zentrum Galiziens. Ihre strategisch bedeutsame Lage an den wichtigen Ost-West-Routen und den Pässen durch die Karpaten bescherte der multiethnischen Stadt eine wechselvolle Geschichte: 1349 kam sie zu Polen, 1356 erhielt sie den Status einer freien Stadt. 1648 wurde Lwiw von den Kosaken erobert, 1704 fiel es unter schwedische Herrschaft. Bei der ersten Teilung Polens wurde Lwiw 1772 Österreich zugeschlagen und war bis 1918 unter dem Namen Lemberg die Hauptstadt von Österreichisch-Galizien. Nach der russischen Besetzung im Ersten Weltkrieg entstand 1918 eine ukrainische Nationalbewegung, die von polnischen Truppen niedergeschlagen wurde. Nach der Besetzung durch deutsche Truppen ab 1939 wurde die Stadt 1945 sowjetisch (als Lwow) bzw. ukrainisch und ist heute Zentrum und Verkehrsknotenpunkt der Westukraine.

**Dem Gebäude der Wiener Oper nachempfunden ist die um 1900 erbaute Kruschelnyzka-Oper in Lwiw.**

# Sophienkathedrale und Höhlenkloster von Kiew

Ukraine | Jahr der Ernennung: 1990

Dank prächtiger Kirchen wie der Sophienkathedrale galt Kiew einst als »Rivalin des Zepters von Konstantinopel«.

Dieses Welterbe symbolisiert das Streben der Kiewer Rus nach Ebenbürtigkeit mit Byzanz und gilt als Ausgangspunkt der orthodoxen Missionierung Russlands.

Die Hauptstadt der Ukraine wurde um 860 erstmals in einer Chronik erwähnt. Jaroslaw der Weise legte 1037 den Grundstein für die Sophienkathedrale, eine fünfschiffige Kreuzkuppelkirche mit 13 (Jesus im Kreis der Apostel symbolisierenden) Kuppeln, bei deren Bau man sich an der Hagia Sophia von Konstantinopel orientierte. Später wurde das Gotteshaus mehrfach umgebaut, wobei der 55 Meter breite, 37 Meter lange und 29 Meter hohe Innenraum seinen byzantinischen Charakter behielt.

Ebenfalls aus dem 11. Jahrhundert stammt das Höhlenkloster am Ufer des Dnjepr. Gegründet wurde es von Eremiten, die sich um 1050 einer monastischen Ordnung unterwarfen und bald mit dem Bau fester Klostergebäude über dem Höhlensystem begannen. Danach dienten die Höhlen als Grabstätte der Mönche. Drei unterirdische Kirchen aus dem 12. Jahrhundert sind bis heute erhalten. Die prächtigste ist die nach Kriegszerstörungen wiederaufgebaute Mariä-Himmelfahrts-Kathedrale.

# Buchenurwälder der Karpaten und alte Buchenwälder Deutschlands

Ukraine, Deutschland, Slowakei | Jahr der Ernennung: 2007

Ein grenzüberschreitendes, 2011 um fünf alte deutsche Buchenwälder erweitertes Welterbe bilden die größten Buchenurwälder Europas an der Südabdachung der Waldkarpaten in der westlichen Ukraine und der östlichen Slowakei.

Die Karpaten sind ein uraltes Refugium der Buche und neben dem Dinarischen Gebirge die einzige Region Europas, wo die Buche die Eiszeit überlebt hat. Von hier aus hat sie sich auch wieder über die gemäßigten Zonen des Kontinents verbreitet. Vor der Erweiterung umfasste das geschützte Gebiet zehn Areale, die sich entlang einer knapp 200 Kilometer langen Achse vom Rachiw- und Tschornohoramassiv in der Ukraine über den Poloninakamm bis zu den Ostbeskiden und dem Vihorlatgebirge in der Slowakei erstreckten. Insgesamt war das geschützte Gebiet rund 300 Quadratkilometer groß, hinzu kamen noch etwa 500 Quadratkilometer Pufferzone.

Neben den – in den ukrainischen und slowakischen Waldkarpaten teilweise bis zu 55 Meter hohen – Buchen gibt es hier fast 1100 Arten von Blütenpflanzen sowie rund 100 Vogel- und 70 Säugetierarten.

**Herrlich reine, nahezu unberührte Buchenurwälder findet man im ukrainischen Teil der Karpaten.**

# Czernowitz: Residenz der orthodoxen Metropoliten der Bukowina und Dalmatiens

Ukraine | Jahr der Ernennung: 2011

Ein Symbol der religiösen und kulturellen Vielfalt im Czernowitz des 19. Jahrhunderts ist die dortige Residenz der Metropoliten. Die in den Jahren 1864 bis 1882 nach Entwürfen des tschechischen Architekten Josef Hlávka errichtete Residenz liegt auf dem Hügel in der Stadtmitte von Czernowitz. Ein malerischer Park umgibt den Komplex aus Seminarkirche, Priesterseminar und Kloster. Die eklektischen Bauten werden durch byzantinische und romanische Motive dominiert. Auffallend sind die hohen geschnittenen Zinnen des zentralen Backsteingebäudes und seine mit farbigen Ziegeln geschmückten Dächer. Darin befinden sich ein prächtiger Marmorsaal und reich verzierte Kassettendecken aus Holz. Die alte Seminarkirche, das linke Nebengebäude, wartet mit einer gegen Ende des 19. Jahrhunderts kunstvoll gefertigten Ikonenwand auf. Die Weltkulturerbestätte ist fast vollständig im ursprünglichen Zustand erhalten, lediglich die Holzdecke der Synodenhalle fiel 1942 einem Brand zum Opfer und wurde in den 1950er-Jahren ersetzt. Seit dem Jahr 1950 residiert in dem Gebäudekomplex die Nationale Jurij-Fedkowytsch-Universität.

**Allein das beeindruckende Eingangstor zur Residenz der Metropoliten spiegelt die im Baustil zitierten Epochen wider.**

## Holzkirchen in den Karpaten

Ukraine, Polen | Jahr der Ernennung: 2013

In Polen und der Ukraine gibt es Hunderte von Holzkirchen. Die katholischen heißen *kościół*, die orthodoxen und griechisch-katholischen *cerkiew*. Die Ukrainer verwenden nur das Wort *zerkwa*. Dieser Teil des Welterbes umfasst 16 orthodoxe und griechisch-katholische Holzkirchen aus dem 16. bis 19. Jahrhundert. Die Holzkirchen (»Tserkva«) sind Blockbauten aus waagrecht aufeinander geschichteten Stämmen oder Balken. Die Verbindungen an den Enden sind oft kompliziert gestaltet und zeugen von einer hoch entwickelten Zimmermannskunst. Die Fundamente sind aus Stein. Dem orthodoxen Ritus entsprechend fällt im Zentralraum zunächst die Ikonostase auf, eine Wand mit Heiligendarstellungen. Aber auch der restliche Innenraum ist oft prächtig bemalt. Umgeben sind die Kirchen meist von einem Zaun mit aufwendig gestalteten Toren sowie einem Friedhof.

Im Einzelnen gehören zu diesem Welterbe folgende Kirchen: In Polen: Radruz, Chotyniez, Smolnik, Turzansk, Powrocnik, Owczary, Kwiaton und Brunary Wyzne; in der Ukraine: Potylicz, Matiw, Schowkwa, Drohobytsch, Rohatyn, Nyschnij Werbisch, Jassinja und Uschok.

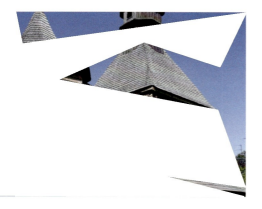

**Die Kirche der Erhöhung vom Heiligen Kreuz steht in Drohobytsch, ganz im Westen der Ukraine.**

## Antike Stadt, Taurische Chersones und ihre Chora

Ukraine | Jahr der Ernennung: 2013

Bei dieser archäologische Fundstätte auf der Krim handet es sich um eine altgriechische Stadt mit einer demokratisch organisierten Landverteilung. »Chersones« oder »Chersonesos« war in der Antike die Bezeichnung für eine unweit vom heutigen Sewastopol als bedeutender Handelsplatz angelegte Stadt (Polis) auf der Halbinsel Krim, dem antiken Taurien oder Tauris. Als deren Gründer gelten griechische Dorer des 5. Jahrhunderts v. Chr.; die Griechen besiedelten damals nicht nur die Küsten des Mittelmeers, sondern wagten sich auch bis weit ins Schwarze Meer vor.

Noch bis ins 15. Jahrhundert war die antike Stadt besiedelt. Zum heutigen Ausgrabungskomplex zählen sechs Stätten, umgeben von landwirtschaftlich genutztem Gebiet (Chora), das einst in Hunderte von rechteckige Parzellen aufgeteilt war. Hier wurde vor allem Weinbau betrieben. Im 3. Jahrhundert v. Chr. war das antike Chersones das bedeutendste Weinbauzentrum am Schwarzen Meer. Die Stadt trieb Handel mit Griechen, Byzantinern, Römern und Völkern im nördlichen Hinterland. Im 3. Jahrhundert übernahmen die Römer die Stadt.

**Die Säulen und der Hof einer frühen christlichen Basilika. Nach dem 10. Jahrhundert wurde hier eine Grabkapelle errichtet.**

# Struve-Bogen

Moldau, Estland, Finnland, Lettland, Litauen, Norwegen,
Russland, Schweden, Ukraine, Weißrussland | Jahr der Ernennung: 2005

Die Erde so exakt wie möglich zu vermessen wurde schon früh versucht. Der Struve-Bogen ist ein hervorragendes Beispiel. Ende des 19. Jahrhunderts war die Methode der Triangulation so weit ausgereift, dass sie in der Landvermessung dauerhaft zum Einsatz kam. Der Begriff »Triangulation« wird vom lateinischen »triangulum« (Dreieck) abgeleitet. Vereinfacht ausgedrückt werden mit dieser Methode, ausgehend von einer geraden Linie mit zwei festen Endpunkten (wobei die Länge zwischen ihnen bekannt sein muss), Winkel zu einem dritten Punkt gemessen und damit ein Dreieck konstruiert. Mit einem Netz von Vermessungsdreiecken können Entfernungen relativ genau bestimmt werden. Zwischen Fuglenes in Norwegen und Staro Nekrassowka am Schwarzen Meer in der heutigen Ukraine wurden zwischen 1816 und 1855 unter der Leitung des deutsch-russischen Astronomen Friedrich Georg Wilhelm von Struves 258 Hauptdreiecke mit 265 Haupt- und 60 untergeordneten Vermessungspunkten angelegt. Von den Vermessungspunkten wurden 34 für das UNESCO-Weltkulturerbe ausgewählt, die die Bedeutung des Bogens für die Entwicklung der Erdvermessung repräsentieren.

**Friedrich Georg Wilhelm von Struve (1793 bis 1864) ist der geistige Vater des nach ihm benannten Bogens von Vermessungspunkten.**

# Kurische Nehrung

Litauen, Russland | Jahr der Ernennung: 2000

Ein grenzüberschreitendes Welterbe bildet die Kurische Nehrung, eine knapp 100 Kilometer lange und durchschnittlich nur ein bis zwei Kilometer breite sandige Halbinsel entlang der russischen und litauischen Ostseeküste. Sie beginnt in Lesnoje nördlich von Kaliningrad (Königsberg) und endet kurz vor der litauischen Hafenstadt Klaipeda (Memel). In der Mitte der Landzunge verläuft die russisch-litauische Grenze.
Entstanden ist die Kurische Nehrung vor etwa 7000 Jahren durch Sandanspülungen. Später griff der Mensch massiv ein. Im 16. Jahrhundert war der dichte Baumbestand fast vollständig gerodet. Der Sand an der Meerseite wurde aufgeweht und an der Haffseite zu Dünen aufgetürmt, die wanderten und Dörfer verschütteten. Erst durch systematische Bepflanzung wurden die Dünen zum Stillstand gebracht. Die höchsten lassen sich unweit der russisch-litauischen Grenze erklimmen.
In den Dörfern an der Haffküste gibt es noch traditionelle Fischerhäuser. Im Hauptort Nida verbrachten einst viele Künstler den Sommer (Corinth, Pechstein, Kirchner); das Sommerhaus von Thomas Mann ist heute ein Museum.

**Als »Sahara der Ostsee« wird die Kurische Nehrung mit ihren bis zu 70 Meter hohen Dünen bezeichnet.**

# Kirchen von Kishi Pogost

Russland | Jahr der Ernennung: 1990

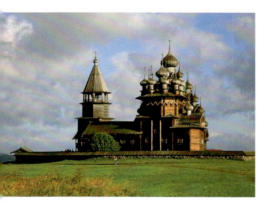

Eine Ikonostase trennt sowohl in der Verklärungs- (oben) als auch in der Mariä-Fürbitte-Kirche die Gläubigen vom Altarbereich.

Auf Kishi, einer Insel im Onegasee, können in einem Freilichtmuseum herausragende Beispiele russischer Holzarchitektur bewundert werden, darunter zwei Kirchen und ein monumentaler Glockenturm.

Mit einer Fläche von 9720 Quadratkilometern ist der bis zu 127 Meter tiefe, von November bis Mitte Mai von Eis bedeckte Onegasee nach dem Ladogasee Europas zweitgrößter See. In der eisfreien Zeit kann man von Petrosawodsk, dem wichtigsten Hafen, nach Kishi übersetzen.

Die Preobraschenski-Kirche (Christi-Verklärungskirche) wurde 1714 in Holzbauweise ohne Verwendung eines einzigen Nagels errichtet. Ihre 22 Kuppeln sind ein Beleg für die große Kunstfertigkeit russischer Zimmerleute. 1764 wurde die Pokrow-Kirche (Mariä-Fürbittekirche) in der gleichen Technik erbaut. Der achteckige Glockenturm wurde 1862 erbaut. Die historischen Bauten des Freilichtmuseums beeindrucken durch ihre harmonische Einbettung in die Landschaft. An ihrem Ursprungsstandort abmontiert und hier neu zusammengefügt, dokumentieren sie die russische Holzarchitektur im Laufe der Jahrhunderte.

# Solowezki-Inseln

Russland | Jahr der Ernennung: 1992

Vor der Onegabucht im Weißen Meer liegen die sechs Eilande des Solowezki-Archipels. Im Zentrum dieses Welterbes steht das von den Asketen German und Sawwati gegründete Solowezki-Kloster. Die einst durch Wälder und Moore gekennzeichneten Inseln waren bereits im 5. Jahrhundert v. Chr. besiedelt. Historisch bedeutsam wurden sie erst durch das 1429 als Einsiedelei gegründete, kurze Zeit später monastisch organisierte Kloster auf der Hauptinsel. Zwischen 1584 und 1594 wurde die Anlage zu einer Festung ausgebaut. Unter der Zarenherrschaft errichtete man ein Gefängnis zur Inhaftierung politischer Gefangener. Bis zur Konfiszierung durch die Sowjetmacht 1922 übte das Kloster einen prägenden Einfluss auf die wirtschaftliche und kulturelle Entwicklung von Russlands Norden aus. Nach der Machtübernahme der Bolschewiken wurden Inseln und Kloster 1923 zum Arbeitslager für politische Gefangene umfunktioniert und zu einer der Keimzellen des Gulag-Systems. Nach der Schließung 1933 verfiel das Kloster. Nach dem Ende der Sowjetherrschaft 1991 wurde es der orthodoxen Kirche zurückgegeben und wird seitdem restauriert.

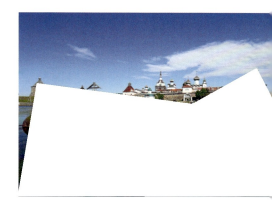

**Von einstiger militärischer Nutzung der Solowezki-Inseln zeugen heute noch die Befestigungsanlagen.**

# Urwälder von Komi

Russland | Jahr der Ernennung: 1995

Die Urwälder von Komi im äußersten Nordosten Europas sind eines der letzten Areale mit ursprünglicher borealer (dem nördlichen Klima Europas, Asiens und Amerikas zugehörender) Vegetation. In den riesigen Wäldern wachsen vorwiegend Koniferen, Espen und Birken.
Das unter Schutz stehende Areal auf dem Gebiet der nach ihren finnougrischen Ureinwohnern benannten Republik Komi umfasst eine Fläche von rund 32 800 Quadratkilometern und bietet reichhaltiges naturgeschichtliches Anschauungsmaterial, denn große Teile der Waldgebiete sind noch weitgehend unberührt. Das Gebiet erstreckt sich über die riesigen Ebenen der Taiga und steigt dann zum Ural hin an. Dazu gehören das bereits 1930 gegründete, nur Wissenschaftlern zugängliche, Biosphärenreservat und Naturschutzgebiet Pechoro-Ilychsky sowie der bis auf einzelne Schutzzonen frei zugängliche, 1994 geschaffene Nationalpark Yugyd Va. Das Landschaftsprofil umfasst unzählige Seen, Flüsse, Moore sowie subalpine und alpine Weideflächen, die in Tundra übergehen. Viele Tierarten der nördlichen Zonen, europäische und asiatische Spezies, finden hier Lebensraum.

**Der Gipfel des Manaraga spiegelt sich in einem Waldsee der Urwälder von Komi im Nationalpark Yugyd-Va.**

# St. Petersburg

Russland | Jahr der Ernennung: 1990

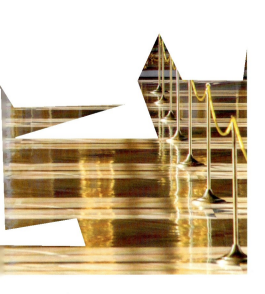

Nach einem genau durchdachten Plan ließ Zar Peter der Große seine neue Hauptstadt errichten, die durch hunderte von barocken und klassizistischen Gebäuden geprägt ist. Zum Welterbe zählen das historische Zentrum sowie die außerhalb der Stadt gelegenen Festungen und Paläste Kronstadt, Peterhof, Zarskoje Selo (Puschkin), Pawlowsk und Lomonossow.

Nachdem Peter der Große dem Schwedenkönig Karl XII. den Küstenstreifen am Finnischen Meerbusen abgerungen hatte, besaß er den lang ersehnten Zugang zur Ostsee und somit zum Westen. Seine neue Hauptstadt sollte alle europäischen Metropolen an Glanz übertreffen. Bis heute beeindruckt die Harmonie ihrer Bauwerke im Stil des Barock und Klassizismus, ihrer repräsentativen Plätze und ihrer Kanäle mit über 400 Brücken. Am Newskiprospekt reihen sich Prunkbauten wie der Anitschkow- und der Stroganow-Palast. Die bekanntesten Gebäude sind der barocke Winterpalast und die weiteren Bauten der Eremitage. Das Welterbe umfasst rund 2400 Bauten: neben Palästen, Kirchen, Kathedralen, Klöster, Museen, Theatern und Bahnhöfen auch militärische wie die Peter-und-Paul-Festung und die Admiralität.

**Der Katharinenpalast (links) ist das Herzstück der Schloss- und Parkanalage von Puschkin. Mindestens so beeindruckend ist die Auferstehungskirche (oben).**

# Kloster Ferapontow

Russland | Jahr der Ernennung: 2000

In außergewöhnlich reiner Form gibt der komplett erhaltene Klosterkomplex von Ferapontow im Oblast Wologda in Nordwestrussland Zeugnis vom Leben russisch-orthodoxer Mönchsgemeinschaften.

Die Gebäude auf dem Hügel beim Weißen See wurden von 1488 bis ins 17. Jahrhundert erbaut. Ihren Ruhm verdankt die Hauptkirche, die Kathedrale Mariä Geburt, den vollständig erhaltenen Wandmalereien. Als letztes Werk schuf sie Anfang des 16. Jahrhunderts der Maler Dionisi zusammen mit seinen Söhnen. Die Mariä-Geburts-Kirche, ein Backsteinbau von 1490, ist eine in einen Kubusbau eingestellte, von einem Zylindertambour mit charakteristischer Zwiebelhaube bekrönte Kreuzkuppelkirche. Klar geformter Ziegeldekor schmückt das Äußere.; im Inneren sind Wände, Gewölbe und Stützpfeiler von den Malereien Dionisis überzogen, die für ihre elegante Linienführung und Flächigkeit bekannt sind. An die Kathedrale schließt sich die Martinianskirche mit ihrem großen Pyramidenhelm über der einfachen Doppelarkatur des Obergeschosses an. Auf das schlicht gehaltene Refektorium folgt die fein gegliederte Verkündigungskirche.

Die Fresken in der Mariä-Geburts-Kathedrale beeindrucken durch ihre Farbgebung in Ocker, Scharlachrot und Blau.

# Historisches Zentrum von Jaroslawl

Russland | Jahr der Ernennung: 2005

Jaroslawl verkörpert in seiner Anlage das aufklärerische Stadtplanungsmodell Katharinas der Großen. Ungewöhnlich ist auch der große Bestand alter Kirchen. Die Keimzelle von Jaroslawl, einer der Städte am Goldenen Ring, rund 300 Kilometer nordöstlich von Moskau, entwickelte sich um eine hölzerne Festungsanlage, die um 1010 von Jaroslawl dem Weisen angelegt wurde. Später wurde der Ort, der bereits im 13. Jahrhundert Residenz eines Großfürsten war, zu einer Hochburg der russisch-orthodoxen Kirche. Allein im 17. Jahrhundert errichtete man hier 50 neue Kirchen. Nach mehreren verheerenden Bränden musste die Stadt im 18. Jahrhundert wiederaufgebaut werden. Dabei orientierte man sich am Idealstadtmodell von Katharina der Großen, die 1763 eine für ganz Russland verbindliche städtebauliche Reform erlassen hatte. So erhielt Jaroslawl zwischen 1770 und 1830 einen neuen Grundriss. Die Kirche des Propheten Elias von 1647 wurde zum neuen Mittelpunkt der Stadt, von wo aus Straßen strahlenförmig angelegt wurden. Die älteren Kirchen wurden in das Gesamtkonzept eingefügt. Rund 20 Kirchen aus dem 17. Jahrhundert sind noch erhalten.

Am Goldenen Ring finden sich etliche Kirchen und Klöster, die zum Zeichen des Reichtums der Städte erbaut wurden.

# Baudenkmäler von Nowgorod und Umgebung

Russland | Jahr der Ernennung: 1992

Die im Jahr 859 erstmals urkundlich erwähnte »neue Stadt« (»Nowgorod«) gehört zu den ältesten russischen Städten. Einst war sie das Zentrum eines Reichs, das von der Ostsee bis zum Nördlichen Eismeer reichte.

Keimzelle und historisches Zentrum des gut 150 Kilometer südöstlich von St. Petersburg gelegenen Nowgorod – seit der Umbenennung der Stadt Gorki in »Nischni Nowgorod« 1991 als »Weliki Nowgorod« bezeichnet – war der Kreml, im 11. Jahrhundert noch eine Holzfestung, die durch Steinwälle verstärkt wurde. Die fast 1400 Meter lange Mauer mit ihren zwölf Wehrtürmen stammt aus dem 15. Jahrhundert, als Großfürst Iwan III. von Moskau Nowgorod unterwarf. Das älteste und schönste Gebäude im Kreml ist die Sophienkathedrale, 1045 bis 1052 auf Geheiß von Fürst Wladimir als fünfschiffige Kreuzkuppelkirche mit drei Apsiden gebaut.

Am anderen Ufer des Wolchow befindet sich die Erlöserkirche (1378) mit Wandbildern von Theophanes dem Griechen. Die in Nowgorod und Umgebung entstandenen Fresken und Ikonen waren als »Schule von Nowgorod« stilprägend.

Der Nowgoroder Kreml, eine historische Rundburg, am linken Flussufer des Wolchow ist Teil der Altstadt von Nowgorod.

# Nowodewitschi-Kloster

Russland | Jahr der Ernennung: 2004

Nowodewitschi gehört zum Ring jener Klöster um Moskau herum, die auch der Verteidigung dienten. Die Hauptkirche stammt aus der Zeit um 1525, während die übrigen Gebäude dem Moskauer Barock aus der zweiten Hälfte des 17. Jahrhundert angehören. Zwischen dem Kloster und den Zaren gab es enge Verbindungen. Das »Neue Jungfrauenkloster« wurde von Zar Wassili III. gegründet, der damit ein Gelübde erfüllte, das er im Jahr 1514 im Krieg gegen Litauen abgelegt hatte. Das in strategischer Lage etwa vier Kilometer von Moskaus Stadtzentrum an einer Biegung der Moskwa gelegene Kloster sollte als Teil des Verteidigungssystems die Stadt nach Südwesten absichern. Um 1525 entstand die der Ikone der Gottesmutter von Smolensk geweihte Kathedrale, eine Kreuzkuppelkirche mit sechs kreuzförmigen Pfeilern, drei Apsiden und fünf Kuppeln. Das ursrpüngliche Bildprogramm ist erhalten: russische Herrschergestalten und Szenen aus der Bibel und aus der byzantinischen Geschichte als Legitimation für die Herrscher. Die vergoldete fünfreihige Ikonostase wurde um 1685 gestaltet. Die Befestigung des Klosters und die Ausstattung mit Palast und Kirchen erfolgten gegen Ende des 17. Jahrhunderts.

Unverkennbar ist die einstige militärische Zweckbestimmung des monumentalen Nowodewitschi-Klosters.

# Kreml und Roter Platz in Moskau

Russland | Jahr der Ernennung: 1990

174 **Europa** | Russland

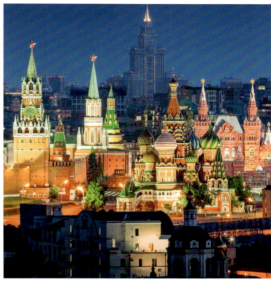

Seit dem 13. Jahrhundert sind alle historischen und politischen Ereignisse in Russland untrennbar mit dem Moskauer Kreml, dem Sitz der Zaren und der Metropoliten, verbunden.

Der Verteidigungswall der Stadt wurde 1147 erstmals erwähnt. Als Großfürst Iwan IV. der »Schreckliche« sich 1547 zum Zaren krönen ließ, hatte der Kreml seine heutige Größe bereits erreicht. Iwan der Schreckliche ließ nach und nach die Wehrmauern und Kirchen fast restlos von damals führenden italienischen und russischen Baumeistern erneuern und prächtige Repräsentationsbauten errichten, die bis ins 20. Jahrhundert hinein immer wieder erweitert und verändert wurden. Sie beherbergen heute Kunstwerke von unschätzbarem Wert.

Den Roten Platz mit seiner Ausdehnung von 500 x 150 Metern legte man gegen Ende des 15. Jahrhunderts als Markt- und Versammlungsplatz sowie als Hinrichtungsstätte an. Die berühmte Basilius-Kathedrale wurde auf Geheiß Iwans des Schrecklichen nach dem Sieg über das Khanat Kasan errichtet und 1561 eingeweiht. Sie ist ein herausragendes Meisterwerk altrussischer Baukunst. Der Kremlpalast ist Amtssitz des russischen Präsidenten.

**Ein ganzes Ensemble von Festungs- und Kirchtürmen bestimmt das Panorama des Kremls am Roten Platz in Moskau.**

## Dreifaltigkeitskloster von Sergijew Possad

Russland | Jahr der Ernennung: 1993

Allein neun Kirchen stehen auf dem Areal des Dreifaltigkeitsklosters. Hier residierte einst auch der Metropolit in einem Palast.

Das Kloster in Sergijew Possad, dem einstigen Sagorsk, am Goldenen Ring rund 70 Kilometer nordöstlich von Moskau gelegen, war einst eines der kulturellen und religiösen Zentren des Moskowitischen Reiches. Das 1340 vom heiligen Sergius von Radonesch gegründete Kloster wird von gewaltigen Verteidigungsanlagen umgeben, die vom 15. bis zum 18. Jahrhundert zum Schutz vor Angreifern erbaut wurden. In einem der Festungstürme hielt sich Peter der Große während des Strelitzenaufstands vor der revoltierenden Palastwache verborgen. Bereits im 16. Jahrhundert hatte sich das Kloster zum Wallfahrtsort und zu einem der bedeutendsten Zentren der russisch-orthodoxen Kirche entwickelt. Das Herz des Klosters bildet die Mariä-Himmelfahrts-Kathedrale. Das älteste Gotteshaus ist jedoch die 1422 erbaute Dreifaltigkeitskathedrale mit der Grabstätte des Zaren Boris Godunow. Die Kirche beherbergt auch die Kopie (das Original befindet sich in der Tretjakow-Galerie in Moskau) einer Ikonostase mit Werken von Andrei Rubljow (um 1370–1430), dem wichtigsten Ikonenmaler seiner Zeit. Die Sergius-Kirche und das Refektorium sind die prunkvollsten Bauten dieses Klosters.

## Auferstehungskirche in Kolomenskoje

Russland | Jahr der Ernennung: 1994

Um 1560 entstand diese gut erhaltene Tempera-Tafel der Madonna mit Jesuskind auf einem Thron in der Himmelfahrtskirche.

Auf einem Hügel an der Moskwa am Stadtrand von Moskau ragt die für Russland einzigartige Auferstehungskirche auf. In ihrer unmittelbaren Umgebung ist ein sehenswerter Museumskomplex entstanden. Als 1530 der lang ersehnte Thronfolger Iwan geboren wurde, der später »der Schreckliche« genannt wurde, gab sein Vater Wassili III. aus Dankbarkeit den Auftrag zur Errichtung einer Kirche. Die dann ab 1532 aus weißem Stein erbaute Auferstehungskirche (oft auch Himmelfahrtskirche genannt) nimmt in der russischen Architektur eine Sonderstellung ein. Sie war eines der ersten Gotteshäuser mit einem zeltförmigen Dach. Im Umkreis der Auferstehungskirche entstanden weitere prominente Bauten (die nicht zum Welterbe zählen). Einige Jahrzehnte stand hier eine aus Holz errichtete Sommerresidenz der Zaren, von der nur ein hölzernes und ein steinernes Einfahrtstor sowie die Kasanskaja-Kirche erhalten blieben. Sehenswert sind auch die im 17. Jahrhundert errichtete Kirche der Gottesmutter von Kasan mit ihren blauen Kuppeln und die Kirche Johannes' des Täufers aus dem 16. Jahrhundert, das Vorbild der Moskauer Basilius-Kathedrale.

# Weiße Monumente in Wladimir und Susdal

Russland | Jahr der Ernennung: 1992

Die Städte Wladimir und Susdal, rund 200 Kilometer nordöstlich von Moskau gelegen, waren vom 12. bis zum 14. Jahrhundert Zentren eines eigenen Großfürstentums. Das Welterbe umfasst mehrere aus weißem Stein errichtete Bauwerke in Wladimir, das historische Susdal und die Boris-und-Gleb-Kirche im nur wenige Kilometer entfernten Kidekscha. In Wladimir, seit 1157 Hauptstadt des Großfürstentums Wladimir-Susdal, errichteten Baumeister, Maler, Stuckateure aus ganz Europa die prächtige Mariä-Entschlafens-Kathedrale mit Freskenresten von Andrei Rubljow, die Mariä-Schutz-Kirche, die Demetrios-Kathedrale, das Kloster Bogoljubowo und das Goldene Tor. Susdal war vor der Verlegung des politischen Zentrums nach Wladimir seit Ende des 11. Jahrhunderts Hauptstadt des Fürstentums Rostow. Im Kreml befindet sich die ab 1100 entstandene Mariä-Geburts-Kathedrale, das schönste Gotteshaus der Stadt. Reich ornamentierte Anlagen wie das Mariä-Gewandniederlegungs- und das Erlöser-Euthymios-Kloster sind großteils restauriert. In Kidekscha blieb vom einstigen Fürstensitz nur die 1152 erbaute Boris-und-Gleb-Kathedrale erhalten, eine der ältesten Steinkirchen Russlands.

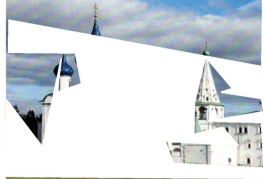

Zu den imposantesten Bauwerken von Susdal gehört das St.-Euthymios-Kloster mit seinen zahlreichen Zwiebelkuppeln.

# Kreml von Kasan

Russland | Jahr der Ernennung: 2000

Der Kreml von Kasan am Mittellauf der Wolga geht auf die Epoche Iwans des Schrecklichen zurück (Großfürst seit 1533, Zar seit 1547). Bedeutend ist er vor allem wegen des rund 60 Meter aufragenden Sujumbike-Turms, vermutlich der einzig erhaltene Großbau aus der Zeit der sogenannten »Goldenen Horde«, eines von Mitte des 13. bis Ende des 15. Jahrhunderts existierenden turkomongolischen Reichs in Osteuropa und Westsibirien. Das Khanat von Kasan, 1438 gegründet, wurde 1552 von Zar Iwan IV. erobert. 1555 ordnete er den Bau der Zitadelle an, die mit ihren Steinmauern und den eleganten Türmen unter der Leitung des Moskauer Kreml-Baumeisters Postnik Jakowlew eine neue Gestalt erhielt. Wahrzeichen der alten Tatarenfeste ist der großartige Hauptturm, ein nach oben zum Achteck übergehender, in sieben Stockwerken gestaffelter roter Ziegelbau mit nadelspitzartigem hohen Oktogonalhelm. Der Komplex des Kremls wurde vom 16. Jahrhundert an kontinuierlich erweitert und ist somit ein Kaleidoskop russischer Baukunst. Weitere bedeutende Bauwerke sind die Verkündigungskathedrale, der Gouverneurspalast, die Junkerschule und die Kul-Scharif-Moschee.

Am Kreml von Kasan dominieren die Türme der Verkündigungskathedrale, der Kul-Scharif-Moschee sowie dem Sujumbike-Turm.

Russland | **Europa**

# Historisches Zentrum und archäologische Stätten von Bolgar

Russland | Jahr der Ernennung: 2014

Die südlich der tartarischen Hauptstadt Kazan an der Mündung der Kama in die Wolga gelegene Stadt war während des Mittelalters eine blühende Handelsstadt und ein Schmelztiegel verschiedenster Kulturen.

Die Stadt Bolgar wurde im 9. Jahrhundert von Wolgabulgaren als Kapitale ihres neu gebildeten Reiches gegründet. Archäologische Funde auf dem zum Weltkulturerbe ernannten Areal belegen, dass sich die Stadt im 10. Jahrhundert recht rasch zu einem Wirtschaftszentrum entwickelte, in dem reiche Kaufleute aus ganz Mittelasien ihre Niederlassungen unterhielten. Grabsteine aus dieser Zeit tragen tartarische, arabische und armenische Inschriften. Auch dank des Kontaktes zu arabischen Gelehrten (gegen Ende des 10. Jahrhunderts wurde Wolgabulgarien islamisch) gelangten Wissenschaft und Kunst zur Blüte. Selbst nach dem Untergang des Wolgabulgarenreichs, das 1237 von einfallenden Mongolen erobert wurde und in dem von ihnen errichteten Khanat, der Goldenen Horde, aufging, blieb Bolgar weiterhin zunächst eine prosperierende Handelsmetropole.

Von der tatarischen Vergangenheit der Stadt Bolgar zeugen noch heute einige muslimische Baudenkmäler.

# Zitadelle, Altstadt und Festung von Derbent

Russland | Jahr der Ernennung: 2003

Nahe der im heutigen Dagestan an der Grenze zu Aserbaidschan gelegenen Stadt verlief einst der nördliche Grenzwall des persischen Sassanidenreichs.

Derbent ist die zweitgrößte Stadt Dagestans und eine der ältesten der Russischen Föderation. Die frühesten archäologischen Funde reichen bis in das 3. vorchristliche Jahrtausend zurück. Die erste Stadtsiedlung entstand im 9. Jahrhundert v. Chr., die erste große Befestigung schufen die Sassaniden (224–651), die damit die Nord-Süd-Passage am Westufer des Kaspischen Meeres kontrollierten, bis sie von den Arabern vertrieben wurden. Alle späteren Besitzer der Stadt nutzten die mächtigen Verteidigungsanlagen weiter, die Stadt selbst entwickelte sich im Inneren ihrer Mauern. In der Altstadt gibt es Bäder, Zisternen, alte Friedhöfe, eine Karawanserei, ein Mausoleum, eine armenische Kirche und mehrere Moscheen. Ungewöhnlich ist die Juma-Moschee, die aus einer christlichen Basilika des 6. Jahrhunderts entstand. Derbent war früher auch ein Zentrum für die Ausbreitung des Christentums im Kaukasus. 1813 wurde es russisch und blieb bis etwa 1900 strategisch bedeutend.

Die Reste der Festungsmauer von Derbent lassen die Macht der einstigen Verteidigungsanlage vermuten.

# Westlicher Kaukasus

Russland | Jahr der Ernennung: 1999

Was die Biodiversität angeht, ist die Region des westlichen Kaukasus weltweit einzigartig. Hier findet man die größten zusammenhängenden Naturschutzgebiete Europas und Westasiens sowie eine große Vielfalt von Ökosystemen, die bisher von massiveren menschlichen Eingriffen verschont blieben.

Unter dem westlichen Kaukasus versteht man ein knapp 3000 Quadratkilometer großes Areal am westlichen Ende des Gebirges etwa 50 Kilometer nordöstlich des Schwarzen Meeres, das sich über 130 Kilometer von Westen nach Osten und über 50 Kilometer von Norden nach Süden erstreckt. Das Kernstück bilden große Teile des Kaukasus-Biosphärenreservats, des Sotschi-Nationalparks sowie einige kleinere Naturreservate. Das Spektrum der Landschaftsformen reicht vom Flachland über subalpine Zonen mit Bergweiden und Bergwäldern bis zu Hochgebirgsregionen mit Gipfeln bis über 3000 Meter Höhe. Mehr als 6000 verschiedene Tier- und Pflanzenarten sind registriert, viele davon endemisch und bedroht. Zudem ist das Gebiet eine Schlüsselregion für verschiedenste Vogelarten und gleichzeitig eine Schutzzone für zahlreiche stark gefährdete Säugetiere.

**Glasklare Gebirgsseen (oben) und das Massiv des Karussell-Bergs (unten) liefern gigantische Naturerlebnisse im Kaukasus.**

# Putorana-Plateau

Russland | Jahr der Ernennung: 2010

Das in einer isolierten Berglandschaft im Norden Zentralsibiriens liegende Schutzgebiet zeigt eine Kombination aus arktischen und subarktischen Ökosystemen mit Taiga- und Tundrenvegetation sowie einmaligen Tierpopulationen.

Das Plateau erstreckt sich auf einer Fläche von über 18770 Quadratkilometern und ist eine weitgehend unberührte Naturlandschaft von herber Schönheit. Bereits 1988 wurde die kaum von Menschen bewohnte Region nördlich des Polarkreises zum Naturreservat erklärt. Als höchster Gipfel erhebt sich der 1700 Meter hohe Kamen über die aus Basalt aufgebaute Ebene. Auffallend sind die bis zu 400 Meter tiefen und über 100 Kilometer langen Seen. Die Hauptvegetationsformen dieser Naturlandschaft sind eine mit Lärchen bestandene Taiga sowie die Bergtundra. Insgesamt wachsen dort rund 400 Arten höherer Pflanzen. Unter den 34 Säugetierarten hat das Rentier eine besondere Bedeutung: rund 500 000 Tiere leben dort. In der Abgeschiedenheit der Region hat sich vor rund 15 000 Jahren eine Unterart der Schneeschafe, das Putorana-Schneeschaf, entwickeln können. Zudem leben dort ca. 140 Vogelarten, u.a. der seltene Seeadler.

Taiga und Basaltblöcke, durchsetzt mit Flüssen und Seen, prägen das Putorana-Plateau. Der Name bedeutet »Berge ohne Gipfel«.

# Lenafelsen

Russland | Jahr der Ernennung: 2012

Die sibirische Lena ist mit 4400 Kilometer einer der längsten Flüsse der Erde. Im Mittellauf fließt sie über fast 100 Kilometer hinweg durch eine bizarre Landschaft. Sie ist aufgelöst in ungezählte Klippen und Steintürme.

Wer mit dem Schiff auf der Lena nordwärts fährt, gelangt etwa 300 Kilometer hinter Jakutsk in der Republik Sacha, die früher Jakutien hieß, in eine Landschaft mit bis zu 100 Meter hohen säulenartigen Felsen unterschiedlichster Formen: gerade Säulen, Pfeiler in Bündeln, Kliffs, Türme, Bögen oder Felsen mit Nischen und Höhlen. Die abenteuerlichen Formen entstanden durch Karstverwitterung wie in weiter südlich gelegenen Ländern, kombiniert mit dem sog. Thermo- oder Kryokarst, der durch auftauenden Dauerfrostboden entsteht. Die Lenafelsen haben sich ohne weitere Veränderung aus dem Kambrium vor 540 Millionen Jahren erhalten. Sie stellen das ausgedehnteste durch vielzellige Tiere aufgebaute Riff jener Zeit dar – vergleichbar dem heutigen Barriereriff in Australien. Im Gestein sind Fossilien der sogenannten kambrischen Explosion erhalten; in jenen 10 Millionen Jahren sind auch fast alle heutigen Tierstämme entstanden.

Südlich von Jakutsk erheben sich die Lenafelsen auf einer Länge von etwa 80 Kilometern entlang des östlichen Lenaufers.

# Goldene Berge des Altai

Russland | Jahr der Ernennung: 1998

Der Altai, ein mittelasiatisches Hochgebirge im Grenzgebiet von Russland, Kasachstan, China und der Mongolei, beherbergt auf russischem Territorium ein Welterbeareal mit einer Fläche von mehr als 16 000 Quadratkilometern, das ein Refugium zahlreicher seltener und endemischer Tier- und Pflanzenarten ist.
Der Russische Altai in Südsibirien ist Teil eines asiatischen Gebirgssystems, zu dem außerdem noch der Mongolische und der Gobi-Altai gehören. Insgesamt zählen drei räumlich getrennte Regionen zu diesem Welterbe in der russischen Republik Altai: das Altai-Naturschutzgebiet samt Pufferzone um den etwa 80 Kilometer langen Teletskojesee, das Katun-Naturschutzgebiet samt Pufferzone um den Berg Belucha sowie die Ukok-Ruhezone. Von der Steppe bis hinauf zum alpinen Bereich findet sich im Altai die umfangreichste Abfolge von Vegetationszonen in ganz Mittelsibirien. Mehr als 2000 Gattungen wurden identifiziert, darunter allein 212 endemische Pflanzenarten. Die äußerst vielfältige Tierwelt zeigt über 70 Säugetier-, 300 Vogel-, elf Reptilien- und Amphibien- sowie mehr als 20 Fischarten. Manche der hier heimischen Arten stehen in Russland auf der Roten Liste.

**Am Ufer des Sees nahe des oberen Gürtels der Altai-Berge an der russisch-kasachischen Grenze erfährt man grenzenlose Natur.**

# Uvs-Nuur-Becken

Russland, Mongolei | Jahr der Ernennung: 2003

Die als grenzüberschreitendes Welterbe ausgezeichnete Region umfasst zwölf Schutzgebiete im Nordwesten des Staates Mongolei und in der zu Russland gehörenden Republik Tuwa.
Das rund 10 000 Quadratkilometer große Uvs-Nuur-Becken ist ein von Gebirgen umgebenes abflussloses Becken, an dessen tiefster Stelle sich der namengebende Salzsee Uvs Nuur befindet. In der Region sind dicht gedrängt alle Landschafts- und Vegetationszonen Zentralasiens anzutreffen: ewige Schneefelder im Turgengebirge, Seen- und Feuchtgebiete, Steppen, Wüsten und Halbwüsten, Tundra und Taiga. So findet man hier auf einer Entfernung von weniger als 100 Kilometern vom Uvs-Nuur-See in 750 Metern Höhe bis zu den höchsten Gipfelregionen der ihn umrahmenden 4000er-Berge Landschaftszonen und Vegetationsformationen, die sich im benachbarten Sibirien auf mehrere 1000 Kilometer erstrecken. Der Salzsee Uvs Nuur und kleinere Süßwasserseen sind ein wichtiges Refugium für zahlreiche Vogelarten. In den Wüsten- und Bergregionen leben seltene Tiere wie Mongolische Rennmäuse, Schneeleoparden, Polarkatzen, Wildschafe und der Asiatische Steinbock.

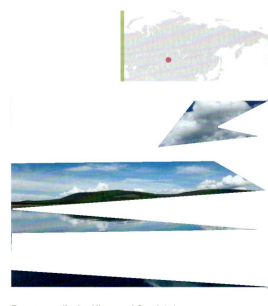

**Der mongolische Khovsgol-See ist der zweitgrößte Süßwassersee des Landes und Teil einer grandiosen Seenlandschaft.**

Russland, Mongolei | **Europa**

## Baikalsee

Russland | Jahr der Ernennung: 1996

Ein Gewässer der Superlative ist der Baikalsee. Er ist der Süßwassersee mit der größten Wassertiefe, dem größten Wasservolumen, und mit einem Alter von etwa 25 Millionen Jahren ist er außerdem noch der älteste See der Welt.

Der fast 650 Kilometer lange, durchschnittlich 50 Kilometer breite Baikalsee liegt im südlichen Sibirien, nahe der Stadt Irkutsk in einem geologisch sehr aktiven Gebiet, in dem es häufig zu Erdbeben kommt. Am Ufer entspringen aus Erdspalten mineralische Quellen, um die sich Kurorte etabliert haben.

»Reich« bedeutet der Name »Baikalsee« in der burjatischen Sprache. Und in der Tat ist die Pflanzen- und Tierwelt im und um den See überaus faszinierend und vielfältig. Allein im See selbst sind mehr als 1200 verschiedene Tierarten nachzuweisen. Der größte Teil der artenreichen Fauna ist endemisch. Dazu gehören zum Beispiel die Baikalrobbe und der Golomjanka, ein lebend gebärender Fisch. Darüber hinaus wachsen an der Oberfläche und an den Ufern des Baikalsees an die 600 verschiedene Pflanzenarten, die hier einmalige Lebensbedingungen vorfinden.

Am Baikalsee herrscht ein ausgesprochen kontinentales Klima mit jährlich bis zu 2000 Sonnenstunden.

## Naturschutzgebiet Zentral-Sikhote-Alin

Russland | Jahr der Ernennung: 2001

In diesem zwischen dem Ussuri und dem unteren Amur im Westen sowie dem Japanischen Meer und dem Tatarensund im Osten gelegenen Naturschutzgebiet überschneiden sich gemäßigte und subtropische Zonen auf einzigartige Weise. Auf engstem Raum gibt es hier Fauna und Flora unterschiedlicher Ökosysteme.

Das rund 15 000 Quadratkilometer große Naturschutzgebiet umfasst drei Tier- und Landschaftsschutzgebiete der Bergregion ganz im fernen Osten Russlands sowie einen Gebirgszug an der Küste des Japanischen Meeres. Bereits im Jahr 1979 wurde es zum Biosphärenreservat erklärt.

Charakteristisch ist das Zusammentreffen von sibirischen, mandschurischen und südostasiatischen Tierarten. So haben hier der Braunbär und der Kragenbär, der vom Aussterben bedrohte Amur-Tiger (Sibirischer Tiger) und der nur noch mit wenigen Populationen vertretene Amur-Leopard ihren geschützten Lebensraum. Mehr als 100 der hier vorkommenden Tier- und Pflanzenarten stehen auf nationalen oder internationalen Roten Listen.

Viele bedrohte Tierarten leben hier, so auch der Amur-Leopard, von dem es nur noch 70 Wildtiere auf der Welt gibt.

# Naturreservat Wrangelinsel

Russland | Jahr der Ernennung: 2004

Auf der gebirgigen Wrangelinsel ganz im Nordosten Russlands sind höchst unterschiedliche und für diese nördliche Lage sehr ungewöhnliche Lebensräume und Lebewesen anzutreffen.

Die weit nördlich des Polarkreises, am westlichen Rand der Tschuktschensee gelegene, rund 7500 Quadratkilometer große Insel ist nach dem russischen Admiral und Sibirienreisenden Ferdinand von Wrangel benannt. Sie war wegen ihres gebirgigen Charakters während der Eiszeit nie ganz vergletschert. Deshalb existieren hier viele Pflanzen- und Tierarten, die anderswo ausgestorben sind. So gibt es hier mehr als 400 Arten und Unterarten von Gefäßpflanzen, doppelt so viele wie in jedem anderen Tundragebiet vergleichbarer Größe. Zudem lebt auf der Insel die mit bis zu 100 000 Individuen größte Population des Pazifischen Walrosses. An keinem anderen Ort der Welt gibt es mehr Eisbärenhöhlen als hier. Auch Moschusochsen weiden in der arktischen Tundralandschaft. Grauwale, die von Mexiko hierherziehen, finden in der nächsten Umgebung Nahrung. Dazu kommen rund 100 Zugvogelarten, die hier brüten. Die zahlreichen Lemminge und Rentiere haben sich der Umwelt angepasst.

**Die heute auf der Wrangelinsel lebenden Moschusochsen sind Nachkommen von ausgewilderten Exemplaren.**

# Vulkane von Kamtschatka

Russland | Jahr der Ernennung: 1996

Auf der rund 350 000 Quadratkilometer großen Halbinsel Kamtschatka sind noch 28 Vulkane aktiv. Der höchste ist der Kljutschewskaja Sopka (4750 Meter). Im Jahr 2001 wurde das Welterbe um den Naturpark Kljutschewskoi erweitert.

Die Halbinsel erstreckt sich auf einer Länge von 1200 Kilometern und einer maximalen Breite von 480 Kilometern zwischen Ochotskischem Meer im Westen und Pazifik und Beringsee im Osten. Zwei parallel verlaufende Gebirgsketten durchziehen die Halbinsel, den Großteil der dazwischen liegenden Senke bildet das Tal des Flusses Kamtschatka. Die bis zu 2000 Meter hohe West- oder Zentralkette wird von erloschenen Vulkanen überragt, die Ostkette geht in Vulkanplateaus über, in denen die aktiven Vulkane liegen. Ausgedehnte Sümpfe befinden sich an der Westküste, während die Ostküste vorwiegend Steilkliffs aufweist. Die tiefer gelegenen Zonen sind mit Laubwäldern bedeckt.

Das Welterbeareal ist Lebensraum vieler urzeitlicher endemischer Pflanzen. Im Naturpark Kljutschewskoi leben große Populationen von Seelöwen, Seeottern und Braunbären, hier findet sich zudem der weltweit artenreichste Lachsbesatz.

**Kamtschatka war aufgrund seiner geografischen Lage im Kalten Krieg bis 1990 Sperrgebiet – ideale Voraussetzung für eine ungestörte Entwicklung der Tierwelt.**

# Pilgerweg nach Santiago de Compostela

Spanien | Jahr der Ernennung: 1993

Seit Jahrhunderten pilgern Wallfahrer auf dem Jakobsweg nach Santiago de Compostela. Seine bedeutende Rolle für den kulturellen Austausch lässt sich an den vielen herausragenden Bauwerken entlang der Route ablesen. Der weitverzweigte Jakobsweg, dessen Anfänge auf das 10. Jahrhundert zurückgehen, auf die Zeit kurz nach der Wiederentdeckung des Jakobus-Grabes in Santiago de Compostela, hatte im 11. und 12. Jahrhundert seine Blütezeit, als die Pilgerstätten im Heiligen Land nicht mehr erreichbar waren. Der Pilgerweg besteht aus einem Geflecht von Routen durch West- und Südeuropa. Als klassischer Jakobsweg gilt der »Camino Francés«. Vom Somport-Pass und von Roncesvalles in den Pyrenäen verlaufen bis zur Vereinigung bei Puente la Reina zunächst zwei separate Stränge durch die Regionen Navarra, Rioja, Kastilien-León und Galicien nach Santiago de Compostela. Der Pilgerweg fungierte als kulturelle Verbindung zwischen der Iberischen Halbinsel und Europa. Über ihn gelangten die romanische Kunst und gotische Kathedralenarchitektur nach Spanien. Insgesamt rund 1800 Bauwerke gehören zu diesem Welterbe.

**Pilgerwege führen u. a. auf romantische Wege in der Sierra de Gata (oben) und zu sakralen Gebäuden in Astorga (unten).**

# Altstadt von Santiago de Compostela

Spanien | Jahr der Ernennung: 1985

Die ehemalige Hauptstadt des Königreichs Galizien gilt als der drittwichtigste Wallfahrtsort der katholischen Christenheit. Die Kathedrale mit dem Grab Jakobs ist der Kristallisationspunkt einer romanisch geprägten Altstadt. Die vermeintliche Wiederentdeckung des Grabs des Apostels Jakobus, auf den die Christianisierung Spaniens zurückgeführt wird, hatte im 9. Jahrhundert die Errichtung einer karolingischen Kirche über den Reliquien des Apostels zur Folge. Nach der Zerstörung der Stadt durch die Araber 997 wurde Compostela im 11. Jahrhundert wiederaufgebaut. Die Kathedrale über dem Apostelgrab ist in ihren Grundzügen romanisch – so auch der hinter dem Portal der Fassade verborgene »Pórtico de la Gloria« (1188), eine Vorhalle von Meister Mateo mit Skulpturenensemble. Sie wurde jedoch immer wieder erweitert. Heute präsentiert sich der Bau mit einer verschwenderischen Fassade im Stil des Churriguerismo. In der umgebenden Altstadt ragen neben weiteren Konventen und Sakralbauten wie dem Colegio de San Jerónimo der Palacio de Gelmírez (ein seltenes Beispiel eines romanischen Profangebäudes), das Hospital Real und der Palacio de Rajoy heraus.

**Ein unbeschreiblicher Moment: das Erblicken der Kathedrale und der Praza da Immaculada bei der Ankunft in Santiago.**

# Denkmäler von Oviedo und des Königreichs Asturien

Spanien | Jahr der Ernennung: 1985

Asturien blieb auch nach der arabischen Eroberung Spaniens ein Vorposten des Christentums. Aus dieser Zeit haben sich in Oviedo und in den ländlichen Regionen vorromanische Bauwerke in einem spezifisch asturischen Stil erhalten. Vom 8. bis zum 10. Jahrhundert hat sich in Asturien ein Baustil herausgebildet, der an die römische Bautradition anknüpfte, aber auch westgotische und maurische Elemente aufnahm. Ein Vertreter dieser Stilrichtung ist Santa María del Naranco nahe Oviedo, Mitte des 9. Jahrhunderts als königlicher Palast erbaut und erst zwischen 905 und 1065 zur Kirche umgestaltet. Ebenfalls bei Oviedo liegt die nur teilweise erhaltene Kirche San Miguel de Lillo. Bemerkenswert sind hier die steinernen Ornamente und Reliefs auf den Portalen, Pfeilern und Kapitellen, die orientalische Einflüsse vermuten lassen. Die Kirche Santa Cristina de Lena (um 850) südlich von Oviedo erhielt durch Anbauten an den rechteckigen Kernbau die Form eines Kreuzes. In Oviedo selbst sind die einst als Palastkapelle erbaute Cámara Santa, heute der älteste Teil der Kathedrale, und die 812 – 842 errichtete Kirche San Julián de los Prados sowie der Brunnen Foncalada Zeugen dieses Stils.

**Dramatisch liegt die präromanische Kirche Santa María del Naranco in der asturianischen Landschaft.**

## Torre de Hercules

Spanien | Jahr der Ernennung: 2009

Am nordwestlichsten Zipfel Spaniens, inmitten eines Landschaftsparks, steht ein Leuchtturm, der schon Römern geholfen hat, ihren Weg in den natürlichen Hafen A Coruñas zu finden.
Der vermutlich um das Jahr 110 n. Chr. gebaute Leuchtturm ist heute das weltweit älteste noch in Betrieb stehende Leuchtfeuer. Mit 41 Metern Höhe ist er auch eines der höchsten erhaltenen römischen Bauwerke. 1789 stockte Eustaquio Giannini den römischen Grundquader noch um zwei sich verjüngende achteckige Bauten auf. Der auf einem 57 Meter hohen Hügel erbaute Turm misst nun 55 Meter und erinnert an sein antikes Vorbild, den Pharos-Leuchtturm vor dem ägyptischen Alexandria.
Wer einmal die 242 Stufen hinaufgestiegen ist, dem eröffnet sich ein beeindruckendes Panorama des Atlantik und der zerklüfteten Küste. In einiger Entfernung erkennt man die Silhouette der Stadt A Coruña und einen Landschaftspark mit den Grundmauern einer römischen Villa und einem alten muslimischen Friedhof. Die Felsinschriften am Monte dos Bicos zeugen von der einstigen spirituellen Bedeutung der Halbinsel für frühe Siedler.

*Der Legende nach soll Herkules den Riesen Geryon enthauptet und über dessen sterblichen Überresten diesen Turm gebaut haben.*

## Spätrömische Befestigungsanlagen von Lugo

Spanien | Jahr der Ernennung: 2000

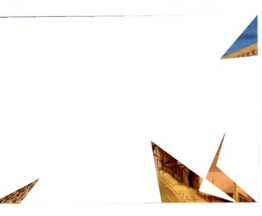

Die Stadtmauer von Lugo ist das wichtigste Beispiel einer römisch-antiken Befestigungsanlage in Europa. Im 2. und 3. Jahrhundert erbaut, prägt sie bis zum heutigen Tag das Erscheinungsbild der spanischen Provinzstadt. Die heutige Stadt Lugo geht auf eine keltische Siedlung zurück. Unter Kaiser Augustus ergriffen die Römer von ihr Besitz und nannten sie Lucus Augusti. In der Folge wurde sie zu einem wichtigen Militärstützpunkt ausgebaut, wovon die Stadtmauer das wichtigste Relikt ist. In der Folge musste sie immer wieder Angriffen feindlicher Heere trotzen, etwa dem der Mauren 714. Dank kontinuierlichen Friedens seit dem 10. Jahrhundert ist die Befestigungsanlage bis zum heutigen Tag unversehrt geblieben. Die Mauer umläuft auf rund 2100 Metern den Ortskern von Lugo. Sie ist durchschnittlich elf Meter hoch und 4,5 Meter dick. Ursprünglich besaß sie 85 halbkreisförmige Wachtürme, sogenannte »cubos«, von denen noch 50 erhalten sind. Außerdem weist die Anlage zehn Tore auf, deren ältestes die Puerta Miña ist. Ein bemerkenswertes römisches Relief ziert die Puerta Nueva. Im 18. Jahrhundert wurde die Puerta de Santiago eingebaut, die direkt zur Kathedrale führt.

*Vollständig begehbar ist der mittelalterliche Wehrring, der die Altstadt von Lugo umschließt.*

# Las Médulas

Spanien | Jahr der Ernennung: 1997

Die Römer haben in Las Médulas in der Nähe von Ponferrada in der Provinz León über Jahrhunderte hinweg große Goldvorkommen abgebaut. Fast unbeschadet erhielten sich hier Spuren der antiken Bergbautechnologie. Beamte des Römischen Reichs begannen hier ab dem 1. Jahrhundert n. Chr. mit der Erschließung und dem Abbau der großen Goldvorkommen, die diese bergige Landschaft im Nordwesten Spaniens barg. Die römischen Ingenieure bedienten sich dabei einer ausgefeilten Technologie, die vor allem auf dem Überschwemmen des zuvor durchlöcherten Terrains und dem rücksichtslosen Einsatz von Menschen basierte. Mithilfe mehrerer tausend Sklaven wurden in den rund 250 Jahren, in denen man die Minen betrieb, insgesamt rund 1000 Tonnen des begehrten Edelmetalls zutage gefördert. Zahlreiche Mineure fielen dieser Art des Bergbaus zum Opfer. Bereits der römische Geschichtsschreiber Plinius d. Ä. berichtete von den Gefahren der Spülbergwerke, deren Hinterlassenschaft er als »Ruina Montium« bezeichnete. 1992 wurde die seit der Römerzeit fast unveränderte Landschaft mit ihren bizarren Hügeln und Steinhalden zum Nationalpark erklärt.

Die Gebirgslandschaft von Las Médulas hat das Abschwemmen von Gestein beim Abbau großer Goldvorkommen drastisch verändert.

# Altsteinzeitliche Höhlenmalereien in Nordspanien

Spanien | Jahr der Ernennung: 1985

Die Höhlenmalereien von Altamira sind ein wichtiges Zeugnis der paläolithischen Kultur Europas. Sie bezeugen ebenso wie 17 weitere Höhlen in Asturien, Kantabrien und im Baskenland die künstlerische Meisterschaft ihrer Bewohner.
Von hoher künstlerischer Qualität sind die 1879 entdeckten Höhlenmalereien von Altamira. Zu sehen gibt es eiszeitliche Tiere sowie abstrakte Zeichnungen. Berühmt ist das Deckengemälde einer der Nebenhöhlen, das auf ca. 18 × 9 Metern eine lebensgroße Bisonherde zeigt. Die Bilder sind mit Ockerfarben, schwarzer Manganerde und Kohle gemalt, teils auch graviert und farblich so abgestuft, dass sie plastisch und realistisch wirken.
Nordspanien ist ein Kulminationspunkt altsteinzeitlicher Höhlenmalereien, und so wurde das Welterbe Altamira 2008 um 17 weitere Höhlen mit großartigen Zeichnungen aus dem Zeitraum zwischen 35000 und 10000 v. Chr. erweitert: Chufín, Hornos de la Peña, El Pendo, Covalanas, La Garma und vier Höhlen am Monte Castillo in Kantabrien, La Peña de Candamo, Tito Bustillo, Covaciella, Llonín und El Pindal in Asturien sowie Santimamiñe, Ekain und Altxerri im Baskenland.

Diverse Jagdtiere stellen die zwischen 18000 und 13000 v. Chr. entstandenen Ritz- und Kohlezeichnungen und farbigen Gemälde dar.

## Puente Vizcaya bei Bilbao

Spanien | Jahr der Ernennung: 2006

Die 160 Meter lange Puente Vizcaya trägt eine Schwebefähre, die vom einen Ufer zum anderen pendelt. Die Brücke ist nicht nur eine technische Pionierleistung, sondern auch eine ästhetische Bereicherung der Landschaft. Die Puente Vizcaya überspannt in 45 Meter Höhe den Fluss Nervión. Ihre Konstruktion wurde nötig, als sich die Metropole Bilbao mit ihren Vororten im 19. Jahrhundert auf die andere Flussseite ausdehnte. Der Architekt Alberto de Palacio y Elissague (1856–1939) und der Ingenieur Ferdinand Arnodin (1845–1924) konstruierten ein Stahlgerüst, das an Seilen einen Laufwagen trägt – sozusagen ein Stück Fahrbahn. Man nennt das eine Schwebefähre (»transbordador«). Arnodin ist der Erfinder des gedrehten Stahlkabels, das diese kühne Konstruktion erst ermöglichte. Damit konnte der Landverkehr das Gewässer überqueren, ohne Schiffe mit hohen Aufbauten zu behindern. Das auch Puente Colgante (»Hängebrücke«) genannte Bauwerk diente als Vorbild für ähnliche Konstruktionen in Buenos Aires, Rio de Janeiro, Newport und Marseille. 1990 wurde die Brücke um einen Fußgängersteg erweitert und transportiert jährlich etwa sechs Millionen Menschen.

**Die Schwebefähre der Puente Vizcaya verbindet seit 1893 Portugalete und Getxo über den Fluss Nervión hinweg.**

## Fundstätten in der Sierra de Atapuerca

Spanien | Jahr der Ernennung: 2000

Die Hominidenfossilien, die man an den beiden Fundorten Gran Dolina und Sima de los Huesos in der Sierra de Atapuerca ausgegraben hat, zeugen von den frühesten Vorfahren des heutigen Menschen in Europa.

Nahe Burgos in der Sierra de Atapuerca stieß man in Höhlen auf reichhaltige Fossilienfunde, die es ermöglichten, eine ganze Population des mittleren Pleistozän vergleichend zu untersuchen. In der Sima de los Huesos, der »Knochengrube«, fand man von mindestens 30 Individuen 1600 Skelettreste von 780 000 bis 120 000 Jahren. Sie sind von größter Bedeutung für die Erforschung des frühen Menschen in Europa. Aufgrund seiner Vollständigkeit steht der etwa 300 000 Jahre alte Schädel »Atapuerca 5« im Zentrum des Interesses. Einige Eigenschaften verweisen auf Formen des europäischen Neandertalers. 1994 wurden in der Gran Dolina die bisher ältesten menschlichen Skelettreste Europas geborgen – ein 780 000 Jahre alter Eckzahn. 36 weitere Funde führten zur Annahme einer neuen Spezies, des Homo antecessor. Möglich ist auch die Zuordnung zu einer Frühform des Homo heidelbergensis, eines Vorfahren des Neandertalers.

**Das Museo de la Evolución Humana in Burgos zeigte den Schädel des Homo heidelbergensis, den man in Sima de los Huesos fand.**

# Kathedrale von Burgos

Spanien | Jahr der Ernennung: 1984

Am Pilgerweg nach Santiago de Compostela gelegen, gehört die im 13. Jahrhundert aus marmorartigem weißen Kalkstein errichtete Kathedrale Santa María zu den bedeutendsten Bauwerken der spanischen Gotik. Trotz der Anbauten und Erweiterungen im 15./16. Jahrhundert hat sich der Charakter des Gotteshauses am Ufer des Río Arlanzón erhalten. Die Formensprache der französischen Gotik wurde hier hervorragend umgesetzt. Die mit Skulpturen reich geschmückte Hauptfassade wird von zwei mit großen Fenstern bestückten Türmen flankiert und wurde im 15. Jahrhundert erweitert. Die Nordfassade und der Eingang El Sarmental stammen noch aus dem 13. Jahrhundert. An das 84 Meter lange Hauptschiff, dessen Kuppelgewölbe von zwei Reihen mit je sechs Pfeilern getragen wird, schließt der außergewöhnlich tiefe Chorraum an. Ein bauliches Juwel ist die spätgotische Capilla del Condestable (1482–1494): Die Kuppel über dem Grabmal des Statthalters Pedro Fernández de Velasco wurde als achtstrahliger Stern gestaltet. Außergewöhnlich ist auch im nördlichen Querschiff die nach ihrem vergoldeten schmiedeeisernen Geländer benannte Goldene Treppe im plateresken Stil.

Allein wegen der beeindruckenden Domkapelle des Statthalters Fernández de Velasco (oben) ist die Kathedrale jeden Besuch wert.

# Klöster San Millán de Yuso und de Suso

Spanien | Jahr der Ernennung: 1997

Im Kloster Suso schrieb Gonzalo de Berceo im 13. Jahrhundert die ersten Gedichte in spanischer Sprache.

Die Klöster Suso und Yuso in der Gemeinde San Millán de la Cogolla wurden beide zu Ehren des hl. Millán(473-674) errichtet, der in der Mitte des 6. Jahrhunderts dort, in den Bergen der Provinz La Rioja, eine Mönchsgemeinschaft gründete.

Schon bald nach seinem Tod wurde das Grab Milláns zu einem Wallfahrtsort, über dem man Klosterbauten errichtete, die 1001 von Al-Mansur, dem Vertreter des Umayyaden-Kalifen in Cordoba, zerstört und ab 1053 wieder aufgebaut wurden. Einzig die im romanischen Stil wieder errichtete Kirche des Klosters, das über lange Zeit von Benediktinern geführt wurde, ist erhalten. Unterhalb von Suso wurde das Kloster Yuso im romanischen Stil erbaut. Die prächtige Barockfassade verdanken wir umfangreichen Umbauten vom 16. bis 18. Jahrhundert. Die Innenräume der Gebäude sind reich gestaltet. Besonders sehenswert sind der Königssaal mit seinen Gemälden, der Kreuzgang (1572) und die Sakristei (1565) mit ihren kunstvoll gefertigten Reliquienschreinen. Die Klosterbibliothek birgt eine unschätzbare Sammlung kostbarer Handschriften und Pergamente, in denen sich die Anfänge der in Kastilisch verfassten Literatur verfolgen lassen.

# Monte Perdido in den Pyrenäen

Spanien, Frankreich | Jahr der Ernennung: 1997

Eine weitgehend ungestörte Idylle beherrscht die Landschaft des Monte Perdido in der spanischen Provinz Huesca.

Die Pyrenäen-Berglandschaft um den Monte Perdido zu beiden Seiten der französisch-spanischen Grenze birgt beeindruckende geologische Formationen und gewährt Einblicke in die traditionell geprägte Lebenswelt ihrer Bewohner.

Rund um den Gipfel des 3352 Meter hohen Monte Perdido (von den Franzosen Mont Perdu genannt) erstreckt sich diese atemberaubend schöne Landschaft. Auf der spanischen Seite befinden sich zwei der tiefsten Schluchten Europas. Auf der französischen Seite, wo die Hänge noch etwas steiler abfallen, sind drei durch Gletscherbewegungen u-förmig ausgeschliffene Täler entstanden, die zu den eindrucksvollsten Beispielen dieser geologischen Formationen in Europa gehören. Ihren vielleicht stärksten Eindruck hinterlässt die imposante Berglandschaft aber wohl durch ihre Unberührtheit und Stille. Seit Jahrhunderten hat sich das Leben der hier siedelnden Menschen, die vor allem Weidewirtschaft betreiben, kaum verändert. Ihre Dörfer, Höfe und Felder, die noch über die alten Bergstraßen miteinander verbunden sind, scheinen durch die Moderne wenig beeinträchtigt worden zu sein.

# Romanische Kirchen im Vall de Boí

Spanien | Jahr der Ernennung: 2000

Im 11./12. Jahrhundert erhielt im katalanischen Boí-Tal in den Hochpyrenäen jedes Dorf seine eigene Kirche. Diese romanischen Gotteshäuser zeichnen sich – trotz abgeschiedener Lage – durch ihre hohe künstlerische Qualität aus.

Die Kirchen im Vall de Boí entstanden vermutlich auf Initiative von Bischof Raimundus von Roda-Barbastro hin. Die kunsthistorisch bedeutendsten Gotteshäuser finden sich mit Santa María und Sant Climent in Taüll. Die an aufeinanderfolgenden Tagen des Jahres 1123 geweihten Kirchen weisen starke strukturelle Ähnlichkeiten auf. Ihr reicher Freskenschmuck wird heute im Museu Nacional d'Art de Catalunya in Barcelona aufbewahrt. Auch die Architektur ist von hoher Qualität. Der besser erhaltene Bau Sant Climent hat einen basilikalen Querschnitt. Im Osten schließen sich eine Haupt- und zwei Nebenapsiden an. Der Kirchturm besitzt sechs durchfensterte Geschosse mit Blendbogen- und Zahnschnittfriesen. Die weiteren zu diesem Welterbe gehörenden Kirchen sind: Sant Feliú (Barruera), Sant Joan (Boí), Asunción (Coll), Santa Maria (Cardet), Natividad (Durro), Sant Quirc (Durro) und Santa Eulalia (Erill la Vall).

**Die romanische Kirche Sant Quirc de Durro im Tal von Boí hält einsam Wacht auf 1500 Metern Höhe.**

# Zisterzienserabtei Poblet

Spanien | Jahr der Ernennung: 1991

Die romanische Zisterzienserabtei Santa María de Poblet in der Provinz Tarragona war lange ein wichtiges Königskloster und ein bedeutendes geistliches Zentrum. Bis ins 19. Jahrhundert wurde sie von Zisterziensermönchen bewohnt.

Die durch den Herzog von Barcelona gegründete Abtei nahe der Gemeinde Vimbodí diente den Herrschern von Aragón ebenso wie das nahe gelegene Kloster Santes Creus über Jahrhunderte als Rückzugsort. Die Abtei wird von drei Mauerringen umschlossen. Den Übergang vom ersten zum zweiten Ring markiert die aus dem 15. Jahrhundert stammende Puerta Dorada, das »Goldene Tor«. Durch die Puerta Real, ein bedeutendes Beispiel der Militärarchitektur des 14. Jahrhunderts, gelangt man in den eigentlichen Klosterbereich. Wie das Klostergebäude mit seinem romanisch-frühgotischen Kreuzgang stammt die zugehörige Kirche Santa Catalina aus dem 12. Jahrhundert; die romanischen Gebäude wurden im 13. und 14. Jahrhundert im gotischen Stil erweitert. Die Kirche des Klosters erhielt um 1670 eine barocke Fassade. In zwei großen Sarkophagen aus dem 14. Jahrhundert ruhen die Gebeine der Monarchen von Aragón.

**Das Zisterzienserkloster ist wegen seiner majestätischen Architektur und der Grabstätte der aragonesischen Monarchen bekannt.**

# Werke von Antoni Gaudí

Spanien | Jahr der Ernennung: 1984

Der Architekt Antoni Gaudí y Cornet gilt als einer der herausragenden Vertreter des katalanischen Modernisme.

Er schuf vor allem in Barcelona Prachtbauten wie die Sagrada Familia, eine 1882 ursprünglich im neukatalanischen Stil entworfene Kirche, die bis heute nicht vollendet wurde. Für den Mäzen Eusebi Güell errichtete Gaudí in Barcelona einen eigenwillig gestalteten Stadtpalast, den Palau Güell, der nach vier Jahren Bauzeit 1889 fertiggestellt wurde. Hier, wie in den anderen Bauwerken des Architekten, dominieren Ornamente und organische Formen. Der Parque Güell war als kleine Gartenstadt konzipiert. Obwohl nach detailliertem Plan zwischen den Jahren 1900 und 1914 entstanden, wirkt der Park wie natürlich gewachsen. Die in den Jahren 1905 bis 1911 erbaute Casa Milà ist ein mehrstöckiges Wohnhaus, in dessen bizarrer Gestaltung Architektur und Skulptur kaum zu unterscheiden sind. Zum Teil gilt das auch für die Casa Batlló – ein großartiger Stadtpalast, dessen Dach Gaudí als großen Drachen formte und mit an »Soldaten« erinnernden Mosaikkaminen schmückte. Bei der Innengestaltung der Casa Vicens nahm Gaudí Anleihen bei der Mudéjar-Architektur.

**Das Werk Gaudís prägt das Stadtbild Barcelonas: die unverkennbaren Formen und Farben des Park Güell integrieren sich mühelos in die restliche Architektur.**

# Palau de la Música Catalana und Hospital de Sant Pau in Barcelona

Spanien | Jahr der Ernennung: 1997

**Das Hospital und der Musikpalast sind imposante Beispiele des Jugendstils und des katalanischen Modernisme.**

Zu den bemerkenswertesten Bauten Barcelonas gehören zwei Meisterwerke des katalanischen Jugendstilarchitekten Lluís Domènech i Montaner.

Der Musikpalast Palau de la Música Catalana birgt den bedeutendsten Konzertsaal Barcelonas, den Domènech i Montaner. 1908 ließ man ihn für den Chor »Orfeó Català« ausgestalten. Die Stahlkonstruktion dieses Jugendstilbauses ist mit bunter Keramik und gefärbtem Glas verkleidet. Mit seinen allegorischen Darstellungen zu beiden Seiten der Bühne ist er das eigenwilligste Werk von Lluís Domènech i Montaner.

Ein weiteres bedeutendes Bauwerk ist das Hospital de Santa Creu i Sant Pau in der Avinguda Sant Antoni María Claret. Der Bau des Krankenhauses war von dem katalanischen Bankier Pau Gil testamentarisch verfügt worden. So entstand ein Komplex aus 48 eigenständigen, durch unterirdische Gänge miteinander verbundenen Pavillons, die in einer weitläufigen Gartenanlage liegen. Trotz der kühnen Gestaltung erfüllte das Hospital auch alle Anforderungen, die man damals an ein Krankenhaus stellte.

# Archäologisches Ensemble von Tárraco

Spanien | Jahr der Ernennung: 2000

Die Überreste der alten römischen Provinzstadt Tárraco im heutigen Tarragona im Süden Kataloniens ergeben das Bild einer lebendigen Handelsmetropole, die Ausgangspunkt der Romanisierung der Iberischen Halbinsel war.
Aus der Zeit der Gründung durch die Scipionen stammen die Reste der einst vier Kilometer langen Befestigung. Entlang der heute noch 1100 Meter langen Stadtmauer verläuft der archäologische Rundweg, der »Passeig Arqueològic«. Als Hispania 197 v. Chr. geteilt wurde, begann der Aufstieg Tárracos zur Hauptstadt der neuen Provinz Hispania Citerior.
Insbesondere der Kaiserkult prägte Tárraco. So stand auf dem höchsten Punkt der Stadt in römischer Zeit der Jupiter-Tempel, der später einer Moschee und diese wiederum einer Kathedrale weichen musste. Das Archäologische Museum an der Plaça del Rei grenzt an das alte Prätorium, den römischen Sitz der Militärverwaltung (im 14. Jahrhundert umgebaut). An der Plaça Forum erheben sich die Ruinen des religiösen und wirtschaftlichen Zentrums der Provinz; das Forum liegt im unteren Teil der Stadt. Bemerkenswert ist auch das Amphitheater.

Das Forum und das Archäologische Museum bilden Einblicke in die Geschichte der einstigen römischen Provinzstadt Tárraco.

# Prähistorische Felsritzungen im Tal von Côa und in Siega Verde

Spanien, Portugal | Jahr der Ernennung: 1998

Die archäologische Zone von Siega Verde in der kastilischen Provinz Salamanca ist mit ihren Felszeichnungen eine grenzüberschreitende Erweiterung (2010) der bereits seit dem Jahr 1998 bestehenden Welterbestätte »Prähistorische Felsritzungen im Tal von Côa«.
Wie im portugiesischen Teil dieser Welterbestätte, dem Tal von Côa, so haben sich auch hier, wo der Fluss Águeda im Lauf der Zeit durch Erosion eine Schneise in den Fels geschlagen hat, schon seit dem Jungpaläolithikum (bis etwa 10 000 v. Chr.) prähistorische Menschen im Fels verewigt. Die rund 650 hier entdeckten Felsritzungen bilden zusammen mit denen im Tal von Côa das bedeutendste Freilichtensemble steinzeitlicher Kunst auf der Iberischen Halbinsel.
Zu sehen sind teils abstrakte Formen, vor allem aber zoomorphe und naturalistische Darstellungen, vor allem von Ziegen, Pferden und Hirschen. Auch wird die Zeichnung eines Wollhaarmammuts vermutet. Im Dokumentationszentrum (Aula Archeológica) werden multimedial detaillierte Hintergrundinformationen zu den Funden geboten.

Die teils 22 000 Jahre alten Felsritzungen unter freiem Himmel stellen verschiedene Tiere und anthropomorphe Gestalten dar.

# Altstadt von Salamanca

Spanien | Jahr der Ernennung: 1988

Mittelpunkt von Salamanca ist die in den Jahren 1729 und 1755 angelegte Plaza Mayor, die von der Barockfassade des Rathauses beherrscht wird. Eine Vielzahl gut erhaltener Baudenkmäler aus verschiedenen Stilepochen fügt sich harmonisch in das geschlossene Stadtbild ein.

Salamanca, im 3. Jahrhundert v. Chr. von den Römern eingenommen und in späterer Zeit mehrfach von den Arabern zerstört, erlangte nach der Rückeroberung unter König Alfonso VI. von Spanien ab 1085 große Bedeutung. Die im Jahr 1218 durch Alfonso IX. gegründete Universität zählte neben Oxford, Paris und Bologna zu den vier bedeutendsten Universitäten des Abendlands. Ihre Fassade gilt als Meisterwerk des platereken Stils.

Salamanca ist ebenso reich an Bauten der Romanik und Gotik. Mit der Alten Kathedrale aus dem 12. Jahrhundert hat sich einer der wenigen romanisch-byzantinisch beeinflussten Kirchenbauten erhalten. Die Kirche wurde in den Baukomplex der im Jahr 1513 begonnenen Neuen Kathedrale mit einbezogen, der sowohl spätgotische als auch barocke Formen aufweist.

**Die Plaza Mayor (unten) entstand nach Plänen von Alberto Churriguera im Barockstil. Die Gebäude sind mit einer Balustrade versehen.**

# Altstadt von Ávila und Kirchen

Spanien | Jahr der Ernennung: 1985

Ávila, in 1114 Metern Höhe am Nordfuß des Kastilischen Scheidegebirges gelegen, ist das vielleicht schönste Beispiel einer mittelalterlichen Stadt in Spanien. Über den Zinnen der ausgezeichnet erhaltenen, insgesamt 2557 Meter langen Stadtmauer mit ihren neun Toren und 88 Türmen erhebt sich wie eine Bastion die gotische Kathedrale der Stadt.

Nachdem um 1090 mit dem Bau der Stadtmauer begonnen worden war, erhielt sie im 12. Jahrhundert ihre endgültige Gestalt, ein im Grundriss gleichmäßiges Viereck. Der »Ciborro« ist der mächtigste ihrer Türme und dient zugleich als Apsis der Kathedrale. Die wie eine Bastion in die Wehranlagen integrierte Kirche gehört zu den ältesten Kathedralen Spaniens und bewahrt in ihrem Inneren meisterhafte Skulpturen. Vor den Toren der Stadt liegen einige bemerkenswerte Kirchen aus dem Mittelalter, von denen die im 12. Jahrhundert errichtete San Vicente mit ihrer bedeutenden Skulpturensammlung aus der Romanik wohl die interessanteste ist. Ebenso gehören San Pedro aus dem 12. bis 13. Jahrhundert und Santo Tomás von 1482 zu den kunsthistorisch bedeutendsten Bauwerken der Bischofsstadt.

**Das Besondere an der imposanten Stadtmauer von Ávila ist, dass die Kathedrale mit dem Chorhaupt darin integriert wurde.**

# Altstadt von Segovia mit Aquädukt

Spanien | Jahr der Ernennung: 1985

Die sich auf einem Bergkamm erhebende mittelalterliche Altstadt von Segovia besitzt ein reiches architektonisches Erbe mit mehr als 20 romanischen Kirchen. Der von den Römern erbaute Aquädukt versorgte die Stadt mit Wasser. Um Frischwasser 17 Kilometer weit vom Río Frío bis nach Segovia zu leiten, erbauten die Römer einen beeindruckenden Aquädukt mit einer Gesamtlänge von 813 Metern. Die im 1. Jahrhundert n. Chr. errichtete Brücke ruht auf 118 Bögen und wurde aus Granitquadern ohne Mörtel zusammengefügt. Ende des 15. Jahrhunderts wurde die Anlage restauriert. Die zahlreichen romanischen Kirchen der Stadt sind bemerkenswert wegen der typischen Umgänge, die als Treffpunkt der Gilden und Bruderschaften dienten. Die Arbeit an der spätgotischen Kathedrale von Segovia wurde 1525 begonnen. Sie sollte den bei einem Volksaufstand zerstörten romanischen Vorgängerbau, ersetzen. Schlank strebt ihr 88 Meter hoher Turm Die Vierungskuppel überspannt 67 Meter. Das Alcázar, die Burg, die auf einem Felsen hoch über der Stadt liegt und im 13. Jahrhundert ihr gotisches Gepräge erhielt, war oftmals Residenz kastilischer und spanischer Könige.

**Wahrzeichen Segovias ist der sich durch die Altstadt ziehende, 730 Meter lange, römische Aquädukt.**

Spanien | **Europa**

# El Escorial

Spanien | Jahr der Ernennung: 1984

Das Kloster San Lorenzo de El Escorial ist der Mittelpunkt des Städtchens, das den spanischen Königen als Sommerresidenz diente. Philipp II. plante den Bau als Einheit von Kloster, Kirche, Palast und Mausoleum.

Als Ausdruck seines Machtwillens und gestärkt durch seine Erfolge im Krieg gegen die Franzosen gab Philipp II. 1561 den Auftrag zur Errichtung des gewaltigen Bauwerks im ungefähr 60 Kilometer nordwestlich von Madrid gelegenen Escorial. Der ausführende Baumeister war Juan Bautista de Toledo; nach dessen Tod übernahm Juan de Herrera 1567 die Bauarbeiten, die 1584 beendet wurden. Die rechteckige Anlage, die eine Fläche von über 30 000 Quadratmetern bedeckt und 16 Innenhöfe umfasst wird von neun Türmen überragt. Sie war in ihrer perfekten Symmetrie lange Zeit das Vorbild einer großen Zahl weiterer Bauten in Europa. Das prächtig ausgestatteten königliche Mausoleum unter der königlichen Kapelle der Basilika ist Grablege vieler spanischer Könige. Neben ungezählten Privat- und Prunkräumen beeindruckt die umfangreiche Bibliothek mit ihren wertvollen Bänden.

Über 40 000 Bücher beherbergt die mit Fresken des italienischen Malers Pellegrino Tibaldi ausgestattete Bibliothek des Palastes.

# Universität und historisches Zentrum von Alcalá de Henares

Spanien | Jahr der Ernennung: 1998

Die Universität von Alcalá de Henares gehörte im 16. und 17. Jahrhundert zu den Zentren der europäischen Gelehrsamkeit. Zahlreiche Gotteshäuser und der Erzbischöfliche Palast zeugen noch heute vom Einfluss des Bischofssitzes.

Alcalá de Henares, bereits bei den Römern als »Complutum« bekannt, wurde um 711 von den Mauren unterworfen und 1118 im Rahmen der Reconquista von Bernado de Sedirac, dem Erzbischof von Toledo zurückerobert.

1498 begann Kardinal Jiménez de Cisneros mit dem Ausbau der Stadt zu einem Zentrum der Gelehrsamkeit. Alcalá gilt als Vorbild für die Siedlungen spanischer Missionare. Der Grundstein für das Colegio de San Ildefonso wurde 1499 gelegt. Während die zu dem Komplex gehörige Kapelle bereits 1510 fertiggestellt werden konnte, begann man mit dem Bau des Auditoriums erst 1516. Die prächtige, 1537 fertiggestellte Fassade des Kollegs wurde von dem Architekten Rodrigo Gil de Hontañón entworfen. Die Kirche des Klosters de las Bernardas errichtete man in den Jahren 1617 bis 1626 auf einem originellen Grundriss: von einem überkuppelten Raum gehen rechteckige und ovale Kapellen ab.

Das alte Colegio Mayor de San Ildefonso der Universität von Alcalá de Henares ist heute der Sitz des Rektorats.

# Mudéjar-Architektur in der Region Aragón

Spanien | Jahr der Ernennung: 1986

Teruel in der Region Aragón blieb auch nach der christlichen Rückeroberung Spaniens von Arabern bewohnt. Auf ihren Einfluss geht die Entwicklung des gotische und islamische Elemente vereinenden Mudéjar-Stils zurück.

Teruel liegt am Zusammenfluss des Río Guadalaviar und des Río Alfambra in der autonomen Region Aragón. Im Jahr 1171 eroberte Alfonso II. Teruel von den Arabern zurück, doch viele der muslimischen Bewohner blieben in der nun christlichen Stadt. Allmählich kam es zur Verschmelzung der verschiedenen Traditionen. Daraus entwickelte sich vom 13. bis zum 15. Jahrhundert ein ganz besonderer Bau- und Dekorationsstil, den man in vielen Städten der Region Aragón findet. Die vielen Türme und Kirchen Teruels sind aber auf ihre Weise ganz einzigartig.

Das Welterbe umfasst die drei Backsteintürme der Kirchen El Salvador, San Martín und San Pedro sowie den Glockenturm und die Artesonadodecke der Kathedrale aus dem 13. Jahrhundert. Der Torre de San Salvador (um 1277) gilt als besonders gelungenes Beispiel für den Mudéjar-Stil. Wie der Turm von San Martín (14. Jahrhundert) ist er reich mit Kacheln dekoriert.

**Die Peterskathedrale wurde im 19. Jahrhundert im modernistischen Neo-Mudéjar-Stil von Pablo Monguió und Salvador Gisbert gestaltet.**

# Kulturlandschaft von Aranjuez

Spanien | Jahr der Ernennung: 2001

Der Charme der Kulturlandschaft Aranjuez, knapp 50 Kilometer südlich von Madrid an den Flüssen Tajo und Jarama gelegen, besteht in dem ebenso komplexen wie harmonischen Wechselspiel zwischen Natur und Menschenwerk.

Seit Philipp II. (1527–1598) war Aranjuez die Sommerresidenz der spanischen Könige. Daraus erklärt sich die kunstvolle Anlage von Palästen und Schlössern sowie von Bewässerungssystemen, die Barockgärten nach französischem Vorbild ebenso speisen wie Obst- und Gemüseplantagen. Die vielen Kanäle, »acequias« und »caceras«, bilden einen reizvollen Kontrast zum gewundenen Flusslauf des Tajo, der Lebensader von Aranjuez. An den Ufern des Tajo gedeiht eine vielfältige Flora und Fauna.

Der Königspalast besteht aus einem dreistöckigen Haupttrakt und zwei doppelgeschossigen Seitenflügeln mit Arkadengalerien. In den ausgedehnten Parkanlagen befindet sich auch das Lustschloss Casita del Labrador, das Karl IV. 1803 errichten ließ. Fünf Jahre später, 1808, ging von Aranjuez die spanische Erhebung gegen die Vorherrschaft Napoleon Bonapartes aus.

**Die barocke Iglesia de San Antonio wurde 1752 zu Ehren des Antonius von Padua von Ferdinand VI. erbaut und von Karl III. erweitert.**

# Altstadt von Toledo

Spanien | Jahr der Ernennung: 1986

Toledos Altstadt erstreckt sich über einen Felsen, der auf drei Seiten vom Río Tajo in einer tiefen Schlucht umflossen wird.

Toledo, südwestlich von Madrid am Fluss Tajo gelegen, ist eine der ältesten Städte Spaniens. Sie war Konzilstadt, Sitz eines maurischen Emirs und Residenz der kastilischen Könige. In seiner über 2000 Jahre währenden Geschichte lebten in Toledo Christen, Muslime und Juden. Aus römischer Zeit sind hier noch ein Aquädukt und die Reste eines Amphitheaters erhalten geblieben. Die imposanten Festungsanlagen stammen aus dem 7. Jahrhundert und wurden später ständig erweitert. Das Emirat von Córdoba hinterließ in Toledo seine Spuren: arabische Bäder und eine Moschee sind noch erhalten. Die beiden Synagogen El Tránsito und Santa María La Blanca der von den Arabern geduldeten Juden stammen aus dem 12. und 14. Jahrhundert und weisen großartige Bildhauerarbeiten auf. Die gotische Kathedrale Santa María im Zentrum der Stadt, an der bis in das 15. Jahrhundert hinein flämische und französische Baumeister mitwirkten, basiert auf einer muslimischen Moschee, die wiederum auf einer christlichen Kirche entstanden war. Ihre Glasfenster sind einzigartig. Ein weiteres bedeutendes Bauwerk ist der über der Stadt thronende Alcázar. In Toledo lebte und starb auch der Maler El Greco.

# Altstadt von Cáceres

Spanien | Jahr der Ernennung: 1986

Cáceres in der nördlichen Estremadura weist mit seinen Kirchen, Konventen und Palästen sowie dem erhaltenen Teil der Stadtmauer bedeutende Monumente aus unterschiedlichen Epochen auf.

Von der römischen Gründung Colonia Norbensis Caesarina ist nur noch ein Teil der ehemaligen Stadtmauer erhalten. Die hier im 12. und 13. Jahrhundert herrschenden Almohaden bauten die vorhandenen Festungsanlagen aus und bewehrten diese mit zahlreichen Türmen. Mit einer beeindruckenden Höhe von 30 Metern erhebt sich der Turm Los Pozos noch heute über die Ringmauer. In der Stadt selbst findet sich aus der Zeit der maurischen Herrschaft allerdings nur noch wenig, das besichtigt werden könnte. Der arabische Einfluss ist hauptsächlich noch in der Anlage der Straßen und Innenhöfe ersichtlich. Im 14. Jahrhundert entstanden neben zahlreichen Konventen und gotischen Kirchen die Paläste der Aristokraten wie u.a. El Mono oder das turmbewehrte Las Cigüeñas. Die katholischen Monarchen ließen allerdings viele dieser Gebäude ab dem 15. Jahrhundert abreißen, umbauen und die Wehranlagen schleifen.

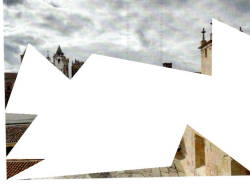

**Die Altstadt von Cáceres ist einer der besterhaltendsten Stadtkomplexe des Mittelalters und der Renaissance in Europa.**

# Königliches Kloster Santa María de Guadalupe

Spanien | Jahr der Ernennung: 1993

Die Heilige Jungfrau von Guadalupe war die Schutzpatronin der spanischen Eroberer Südamerikas. Das ehemalige Hieronymiten-Kloster Real Monasterio de Nuestra Señora de Guadalupe ist bis heute ein wichtiges kirchliches Zentrum.

Der Legende nach fand der Hirte Gil Cordero im 13. Jahrhundert ein in der Erde vergrabenes Marienbild, das vom heiligen Lukas geschaffen worden sein soll. Am Ort der Einsiedelei, die man an der Fundstelle errichtete, ließ Alfons XI. zum Dank für seinen Sieg in der Schlacht von Salado im Jahr 1340 eine größere Klosteranlage erbauen. Großzügige königliche Unterstützung sicherte der Abtei ihren Aufschwung. Kolumbus nannte den ersten von ihm entdeckten Indianer Guadalupe und bestand darauf, dass die ersten bekehrten Indianer in dieser Abtei zu taufen seien. So war die Jungfrau von Guadalupe bald in der gesamten hispanischen Welt bekannt. Ihr Bildnis wird noch in der gotischen Kirche verwahrt. Das Innere des Gotteshauses birgt zudem viele bedeutende Kunstwerke. Auch die kostbare Ausstattung der weiteren Klostergebäude, etwa die Kapelle Santa Ana mit ihrer prachtvollen Bronzetür, zeugen von der einstigen Bedeutung dieser Abtei.

**Der Klosterbau besteht aus einer Basilika, einem Auditorium, einem Kreuzgang im Mudéjar-Stil und einem gotischen Kreuzgang.**

# Archäologisches Ensemble in Mérida

Spanien | Jahr der Ernennung: 1993

Nahe der Stadt Mérida stehen Spaniens besterhaltene Relikte aus römischer Zeit und dem frühen Mittelalter. Augusta Emerita wurde von den Römern als eine Kolonie für Veteranen gegründet, die hier ihren Lebensabend verbrachten.

Kaiser Agrippa stiftete das halbrunde Römische Theater mit Platz für etwa 6000 Zuschauer; sein aus dem Marmor herausgearbeitete Bühnendekoration ist wunderbar erhalten. Das Amphitheater in der Nähe wurde 8 v. Chr. eingeweiht und konnte 14 000 Zuschauer aufnehmen, die den Tier- und Gladiatorenkämpfen zusahen. Ein kompliziertes Rohrsystem erlaubte die Flutung der Arena, sodass auch Wasserspiele aufgeführt werden konnten.

Der Circus Maximus entstand wohl zu Beginn des 1. Jahrhunderts. Auf mehr als 400 Metern Länge und 100 Metern Breite fanden hier rund 30 000 Zuschauer, je nach sozialem Stand, in drei Rängen Platz. Auch die Tavernen und Gasthäuser zur Unterbringung der Besucher sind noch zu besichtigen. Ein Bürgerhaus mit Bodenmosaiken und Wandmalereien in gut erhaltenem Zustand vermag einen Eindruck vom Leben der römischen Soldaten im Ruhestand zu vermitteln.

Den Eingang des Römischen Theaters in Mérida passieren damals wie heute unzählige Zuschauer.

# Quecksilberbergwerke in Almadén und Idrija

Spanien, Slowenien | Jahr der Ernennung: 2012

Quecksilber ist das einzige Metall, das bei Zimmertemperatur flüssig wird. Der größte Teil dieses Schwermetalls wurde seit der Antike in Almadén abgebaut. Man brauchte es in großen Mengen für die Silbergewinnung. Dieses Welterbe umfasst zwei Gebiete, die weit voneinander entfernt in verschiedenen Ländern liegen: Almadén östlich von Ciudad Real in der spanischen Landschaft Kastilien und Idrija in Slowenien.

In Almadén wurde Quecksilber bereits seit der Antike abgebaut, in Idrija stieß man im Jahr 1490 erstmals auf das quecksilberhaltige Mineral Cinnabarit – ein im deutschen Sprachraum auch Zinnober genanntes Mineral. Beide Minen gewannen lange Zeit den größten Teil des auf der ganzen Welt verwendeten Quecksilbers und exportierten es in die ganze Welt, besonders nach Amerika. Dieser interkontinentale Handel führte zu einem jahrhundertelangen Austausch zwischen Europa und der Neuen Welt. Das spanische Welterbe umfasst die eigentliche Mine, die ersten Abschnitte der Transportwege und das historische Stadtzentrum mit religiösen Gebäuden, dem Schloss Retamar und traditionellen Häusern.

Die beiden Denkmäler zeigen uns die Evolution des Quecksilberabbaus bis zu dessen endgültigem Verbot in jüngster Zeit.

# Vorgeschichtliche Felsmalereien im östlichen Spanien

Spanien | Jahr der Ernennung: 1998

Diese faszinierenden Felsmalereien geben einen einzigartigen Einblick in die Kultur und Lebensweise prähistorischer Menschen der spanischen Levante.

Im Unterschied zu den berühmten Höhlenmalereien Zentral- und Nordspaniens befinden sich die Darstellungen der sogenannten Levantekunst nicht mehr in tiefen, unzugänglichen Höhlen, sondern wurden vielmehr in flachen Felsnischen, an Felsüberhängen oder anderen in der Regel gut geschützten Orten angebracht. Das deutet darauf hin, dass diese Bilder nicht mehr nur einer auserwählten Gruppe von Priestern zu rituellen und kultischen Zwecken dienten.

Die Bildmotive spiegeln die für die damaligen Menschen lebenswichtigen Lebensbereiche. So taucht insbesondere das Thema der Jagd häufiger auf. Durch mehrfaches, zum Teil modifiziertes Wiederholen des Motivs wird das Ereignis der Jagd geradezu in einer fortlaufenden Geschichte erzählt.

Die Höhlenbilder der Levantekunst im östlichen Spanien entstanden zwischen dem 6. Jahrtausend v. Chr. und dem beginnenden Metallzeitalter im 4. bis 2. Jahrtausend v. Chr.

Mehrfach kommen Jagdszenen wie diese (unten) in den Valltorta-Höhlen vor. Sie stammen aus neolithischer Zeit.

# Altstadt von Cuenca

Spanien | Jahr der Ernennung: 1996

Die malerische Festungsstadt Cuenca zwischen Madrid und Valencia liegt auf einem Bergsporn über den Flüssen Huécar und Júcar. Hier findet man zahlreiche noch recht gut erhaltene Gebäude aus der Zeit von der Gotik bis zum Barock. Die Araber gründeten das im Herzen des Kalifats von Córdoba an einer strategisch besonders wichtigen Stelle auf einem Bergsporn gelegene Cuenca als Verteidigungsanlage. Aus dieser Zeit stammen die gut erhaltenen Wall- und Befestigungsanlagen, von denen die Altstadt heute noch umschlossen wird. Nach der spanischen Rückeroberung im 12. Jahrhundert wurde Cuenca zum Bischofssitz. Unter den vielen geistlichen und weltlichen Bauten, die in der Folge entstanden, befindet sich die erste, im 12./13. Jahrhundert an der Stelle einer Moschee errichtete gotisch-normannische Kathedrale Spaniens. Eine Besonderheit Cuencas sind die weithin sichtbaren »Casas colgadas« (»hängende Häuser«), die an den Felshängen über dem Huécar gebaut wurden und scheinbar über dem Abhang schweben. In einem davon wurde das Museo de Arte Abstracto Español eingerichtet, eine der größten Sammlungen spanischer abstrakter Kunst.

Die Altstadt von Cuenca liegt auf einem senkrecht abfallenden Felsrücken. Manche Häuser schweben regelrecht überm Abgrund.

## Seidenbörse (La Lonja de la Seda) in Valencia

Spanien | Jahr der Ernennung: 1996

Dieser beeindruckende Zivilbau in der Hafenstadt Valencia versinnbildlicht den enormen Reichtum dieses mittelalterlichen Handelszentrums.

Unter den katholischen Monarchen Isabella von Kastilien und Ferdinand II. begann für Valencia eine lange Periode des Friedens, in der die Hafenstadt aufblühte und sich zu einem wichtigen Handelszentrum entwickelte. Besonders ein Gebäude ist unter den weltlichen Gebäuden dieser Zeit bedeutsam: La Lonja de la Seda, die Seidenbörse. Der ganze Komplex erstreckt sich auf einer Fläche von rund 2000 Quadratmetern und liegt der Kirche Santos Juanes und dem Zentralmarkt gegenüber. Im Jahr 1483 wurde unter dem Architekten Pere Comte mit dem Bau begonnen.

Das Gebäude besteht aus vier Teilen: dem mit Zinnen versehenen Turm, dem Saal Consulado del Mar, dem Orangenbaum-Innenhof und dem Börsensaal, dessen Sterngewölbe von 24 spiralförmigen Säulen getragen wird. Konzipiert wurde der Saal als paradiesischer Handelstempel, in dem die Säulen Bäume und die Kuppeln das Firmament symbolisieren.

Einer der schönsten gotischen Zivilbauten ist die Lonja de la Seda. Ihr Säulensaal hat ein 16 Meter hohes Kreuzrippengewölbe.

# Palmenhain von Elche

Spanien | Jahr der Ernennung: 2000

El Palmeral in Elche, südwestlich von Alicante und der Costa Blanca gelegen, ist mit mehr als 200 000 Exemplaren die größte Palmenpflanzung Europas. Schon vor unserer Zeitrechnung brachten Seefahrer aus dem südlichen Mittelmeerraum Palmen an den klimatisch geschützten Ort Elche. Doch einzig der Stadtplanungskunst der arabischen Baumeister, ihrem ornamentalen Gestaltungswillen und hoch entwickelten Bewässerungssystem ist die heutige Anlage El Palmeral zu verdanken. Mitte des 12. Jahrhunderts waren die Befestigungsmauer, ein quer durch die Stadt verlaufender Kanal, vom nahen Río Vinalopó gespeist, und die ersten Pflanzungen von Dattelpalmen fertiggestellt. Später wurden sie weiter kultiviert, vergrößert und durch ein heute noch erhaltenes, ausgedehntes Netz von Wasseradern bewässert. Der Palmenhain von Elche ist im Grunde mehr als ein Hain – ein Zusammenschluss von Gärten, Parks und bepflanzten Plätzen; eine gewaltige grüne Lunge, die sich über einen großen Teil des Stadtgebiets und der näheren Umgebung ausdehnt. Kurz nach der christlichen Rückeroberung erließ Jakob I. im 13. Jahrhundert als Erster eine Reihe von Schutzbestimmungen für die Pflanzungen.

**Auf einem Areal von 1,5 Quadratkilometern Fläche erstrecken sich die Palmenhaine von Elche, Europas größte Palmenanlage.**

# Úbeda und Baeza

Spanien | Jahr der Ernennung: 2003

Die zehn Kilometer voneinander entfernt liegenden Zwillingsstädte Úbeda und Baeza entwickelten sich im 16. Jahrhundert, dem ersten der beiden Goldenen Zeitalter Spaniens, und wurden zu Vorbildern der Renaissancekunst in Spanien und Lateinamerika. Beide Maurensiedlungen aus dem 9. Jahrhundert besitzen eine Festung, den Alcázar. Nach der Rückeroberung in der ersten Hälfte des 13. Jahrhunderts wurden die arabischen Formen des Städtebaus nur wenigen Veränderungen unterzogen. Das änderte sich zu Beginn der Renaissance, die zwar einen gewissen Reichtum mit sich brachte, der allerdings in den Händen einer Minderheit von Adligen und der Kirche verblieb. So kam es zu einer umfangreichen Bautätigkeit. Man trug die Mauer ab, die den Alcázar von der bewohnten Stadt trennte, und errichtete auf den freien Flächen neue Gebäude im Stil der italienischen Renaissance. Úbeda ist im Grundriss fast viereckig und von einer Mauer umgeben. Am bedeutendsten ist die Plaza Vázquez de Molina mit den umstehenden Gebäuden, besonders der Kirche El Salvador. Auch Baeza ist von einer Mauer umgeben, der Grundriss jedoch oval. Als Bezugspunkt dient hier die Kathedrale von 1570.

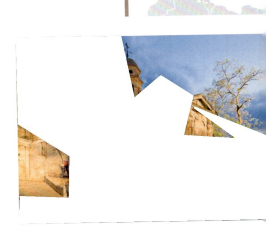

**Aus dem 16. Jahrhundert stammen die Marienkathedrale und der Marienbrunnen auf dem Stadtplatz von Baeza.**

# Alhambra, Generalife und Albayzín in Granada

Spanien | Jahr der Ernennung: 1984

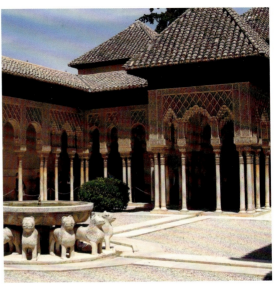

Granada weist gleich mehrere Besonderheiten auf: das Altstadtviertel Albayzín, die auf einem Hügel der Stadt gelegene Alhambra sowie den Generalife-Palast. Die Alhambra, Residenz der arabischen Eroberer, gehört zu den bedeutendsten islamischen Baudenkmälern Spaniens. Der Süden Spaniens stand auch nach dem Ende des Kalifats weiterhin unter arabischer Herrschaft. Nachdem Granada 1238 zu einem selbstständigen islamischen Königreich geworden war, ließen die Mauren die großartige Anlage der Alhambra errichten. 1492 wurde die Stadt als letzter arabischer Besitz von den katholischen Herrschern zurückerobert. Seit dem 16. Jahrhundert verfiel die Alhambra, bis schließlich im 19. Jahrhundert ein größerer Teil mit hohem Aufwand restauriert wurde. Die Pavillons, Hallen und Höfe des Komplexes sind mit Mosaiken und Kacheln reich geschmückt. Die Terrassengärten und Wasserbecken des 1319 erbauten Palacio del Generalife gelten als besonders gelungen. In der Kathedrale befinden sich die Gräber der katholischen Könige. Im Bezirk der Alhambra liegt auch der unvollendete Palast Karls V., der 1526 ohne Rücksicht auf den maurischen Bau begonnen wurde.

**Die Abenddämmerung unterstreicht die Erhabenheit der mächtigen Alhambra vor der dahinter liegenden Sierra Nevada besonders.**

# Altstadt von Córdoba

Spanien | Jahr der Ernennung: 1984

Die Mezquita von Córdoba beeindruckt im Inneren durch ihre 860 Säulen (oben). Die Puente Romana sitzt auf 16 Bögen (unten).

Unter den Omaijaden war Córdoba Hauptstadt des spanischen Kalifats und wurde zu einem kulturell bedeutenden Zentrum Europas. Das herausragendste Baudenkmal in der Altstadt ist La Mezquita-Catedral, die einstige Moschee und jetzige Kathedrale. Als die einfallenden Araber 711 den letzten König der Westgoten vertrieben hatten, errichteten sie über den Fundamenten eines römischen Janustempels und einer westgotischen Kirche ihre Moschee, die Mezquita, deren Grundriss ein gleichmäßiges Rechteck mit einer Länge von 180 Metern und einer Breite von 130 Metern bildet. Sie wurde bis ins 10. Jahrhundert durch verschiedene Anbauten erweitert und ist mit ihrem »Säulenwald« eines der schönsten und größten islamischen Gebäude der Welt sowie bedeutende Schöpfung maurischer religiöser Baukunst in Spanien. Auch der nördlich gelegene Patio de los Naranjos, ein mit Orangenbäumen bepflanzter und mit einer Mauer umgrenzter Hof, gehört dazu. Nach der Rückeroberung Córdobas im Jahr 1236 wurde die Moschee in eine Kirche umgewandelt, erste bauliche Veränderungen fanden jedoch erst 1384 statt und änderten wenig am Gesamteindruck des Gebäudes.

# Sevilla: Kathedrale, Alcázar und Archivo de Indias

Spanien | Jahr der Ernennung: 1987

Drei Gebäude formen einen imposanten Komplex im Herzen Sevillas und bilden das Welterbe der Stadt: In der Admiralitätshalle des Alcázar bereitete man die Übersee-Expeditionen vor, in der Kathedrale liegt Kolumbus begraben, und das Archivo General de Indias birgt wichtige Urkunden zur Kolonialgeschichte. Nach der Eroberung der Stadt bauten die arabischen Herrscher die Moschee in Sevilla, die jedoch 1248 während der Rückeroberung zerstört wurde. Nur das Minarett, die Giralda, 1184–1196 erbaut, ein Meisterwerk der almohadischen Architektur, blieb erhalten und wurde zum Glockenturm der neu erbauten christlichen Kathedrale umfunktioniert. Letztere ist die größte gotische Kathedrale der Welt. Ihre Kapellen sind mit bedeutenden Gemälden von Murillo, Velázquez und Zurbarán ausgestattet. Auch die imposante Palastfestung, der Alcázar, geht auf die Araber zurück; davon zeugt die Dekoration der Innenhöfe. Im 13. Jahrhundert wurde der Palast königliche Residenz und später im Mudéjar-Stil erweitert. Die Casa de la Lonja, 1583–1598 erbaut, war einst Warenbörse und Zentrale für den Handel mit den Kolonien. 1785 wurde sie in das Archivo General de Indias umgewandelt.

**Eine Augenweide: die unzähligen prachtvollen Patios und Kammern des Alcázars mit Architekturstilen von Mudéjar bis Klassizismus.**

# Nationalpark Doñana in Andalusien

Spanien | Jahr der Ernennung: 1994

Spaniens größter Nationalpark, Doñana, liegt in Andalusien und war einstmals ein königliches Jagdrevier. Heute haben im Delta des Guadalquivir viele seltene Tierarten einen Lebensraum und viele Zugvögel eine Zwischenstation gefunden.

Das besondere Merkmal des Nationalparks Doñana ist die abwechslungsreiche Landschaft: Das weite Marschland wird von Lagunen und Sumpfgebieten beherrscht; die Trockengebiete, die von Heide- in Savannenlandschaften übergehen, sind von Korkeichenwäldern bewachsen. Feuchtgebiete dienen vielen Vogelarten als Nistplatz, so auch einer großen Flamingopopulation. Die Lagunen des Schutzgebiets ziehen Wildschweine und Rotwild an. Selten gewordene Pflanzenarten wie den Weißen Thymian findet man in der mediterranen Buschregion. Dort nisten auch Graureiher, Störche und Kraniche. Der Iberische Luchs ist heute nur noch hier heimisch, ebenso der fast ausgerottete Königsadler. Zu den heute sehr seltenen Tierarten des Nationalparks zählen auch Eidechsennatter, Augenfleckeneidechse, Weißer Löffler, Ichneumon (eine Mangustenart) und Mönchsgeier. Weiter südlich findet man auch Pinienwälder.

Ein Paradies für Tiere: Bienenfresser finden hier ideale Lebensbedingungen und einen geschützten Raum.

# Biologische Vielfalt und Kultur auf Ibiza

Spanien | Jahr der Ernennung: 1999

Die Baleareninsel ist Weltnatur- und Weltkulturerbe zugleich – einerseits wegen der Posidonia, ein seegrasartiges Laichkrautgewächs, und dessen Einfluss auf Ökosystem und Artenvielfalt des Meeres und zum anderen aufgrund seiner archäologischen Stätten und Architekturmonumente.

Die Geschichte dieser Baleareninsel reicht bis ins 2. Jahrtausend v. Chr. zurück. Die archäologischen Stätten der phönizischen Siedlung Sa Caleta (700 v. Chr.) im Südwesten der Insel und die punische Totenstadt auf dem Puig des Molins (5. Jahrhundert v. Chr.) verdeutlichen die Rolle Ibizas während der phönizisch-karthagischen Epoche. Die befestigte Oberstadt (»Dalt Vila«) von Ibiza-Stadt, eine der ältesten Städte Europas, wurde vor etwa 2600 Jahren von den Phöniziern gegründet und ist seitdem kontinuierlich bewohnt. Vor der Küste findet man die seegrasartigen Neptungräser (Posidonia), die nur im Mittelmeer heimisch und heute vielfach bedroht sind. Neptungräser bergen und schützen eine große Artenvielfalt des Meereslebens. Ein Hektar Posidonia produziert 21 Tonnen Biomasse pro Jahr, fast so viel wie ein Hektar tropischer Regenwald.

Die Altstadt von Ibiza, eine der älteste Städte Europas, ist noch heute von den einstigen gewaltigen Wehrmauern umgeben.

# Kulturlandschaft Serra de Tramuntana

Spanien | Jahr der Ernennung: 2011

Die »Königin im Mittelmeer«, wie Mallorca auch genannt wird, bietet mehr als nur schöne Strände. So zieht die Kulturlandschaft der Serra de Tramuntana schon seit mehr als 150 Jahren auch viele Künstler magisch an.
»Alles, was der Maler oder Dichter erträumen kann, hat die Natur an diesem Ort erschaffen«, schrieb einst George Sand anlässlich ihres Aufenthalts mit Frédéric Chopin im Kloster von Valldemosa. Trotz Mandelplantagen und Getreidefeldern im Inneren, Stränden im Süden und Osten, Wildnis und Bergen im Norden, ist Mallorca am romantischsten an der Nordwestküste, am imposantesten in der parallel zu ihr verlaufenden Serra de Tramuntana (span.: Sierra del Norte) – ein etwa 90 Kilometer langes, zum Meer hin steil in malerische Buchten abfallendes Waldgebirge. Zeugnisse einer jahrtausendealten Besiedlung und Urbarmachung sowie ein ausgeklügeltes, den jeweiligen historischen Kenntnisstand der Epochen dokumentierendes System zur optimalen Nutzung und Verteilung der sich hier konzentrierenden Wasserressourcen machen die Serra de Tramuntana zu einer faszinierenden Kulturlandschaft.

**Die wunderschöne Bucht Cala Figuera im Norden der Insel liegt versteckt in der dortigen Berglandschaft (unten).**

# Nationalpark Teide auf Teneriffa

Spanien | Jahr der Ernennung: 2007

Der Teide-Vulkan (unten) ist Spaniens höchster Berg. Alexander von Humboldt hat den Riesen bereits bestiegen.

Das Naturerbe umfasst die faszinierende Vulkanlandschaft um den 3718 Meter hohen Pico del Teide, den höchsten Berg Spaniens, mit ihrer stark endemischen Fauna und Flora.

Der Nationalpark besteht vor allem aus einer unwirtlichen Vulkanlandschaft mit dem Pico und einer Caldera von 17 Kilometern Durchmesser. Stark wechselnde atmosphärische Bedingungen und oft auftretende Nebelmeere verleihen der Szenerie einen ganz eigenen Reiz.

Die Umwelt des Teide ist zu karg für eine auffällige Wirbeltierfauna. Immerhin sind drei Arten endemisch, darunter die Blaukehlige Eidechse (Gallotia galloti), das Wahrzeichen des Parks. Der Teide-Blaufink (Fringilla teydea) kommt überwiegend in Kiefernwäldern vor und ist auch im Park anzutreffen. Die reiche Insektenfauna umfasst 700 Arten und besteht vor allem aus Endemiten. Im Park gedeihen 168 Arten von Blütenpflanzen, darunter 58 endemische. Als dominierende Art nimmt man den Teideginster (Spartocytisus supranubius) wahr. Seine Blüten ergeben einen begehrten Honig.

# San Cristóbal de La Laguna auf Teneriffa

Spanien | Jahr der Ernennung: 1999

San Cristóbal de La Laguna ist die älteste zivile Siedlung auf Teneriffa. Über die Jahrhunderte entstand eine einzigartige Altstadt mit bedeutenden historischen Prachtbauten, einer Universität und vielen sakralen Denkmälern.
1496 vom spanischen Eroberer Alonso Fernández de Lugo in der grünen Hochebene von Aguere gegründet, erhielt San Cristóbal (der Namenszusatz »La Laguna« verweist auf einen später trockengelegten Lagunensee) bereits 1531 die Stadtrechte. 1701 erteilte Papst Clemens XI. den Auftrag zur Gründung einer Universität, 1819 wurde die Stadt zum Bischofssitz erhoben. Im selben Jahr bestimmte man die Kirche Santa María de los Remedios als Kathedrale (Catedral de los Remedios). Größter Schatz ist das vergoldete Retabel in der Capilla de la Virgen de los Remedios von 1715 rechts neben dem Hauptaltar. Ältestes Gotteshaus der Stadt ist die im 16. Jahrhundert im gotischen Stil errichtete Kirche Nuestra Señora de la Concepción mit ihrem lavaschwarzen Turm. Das Heiliggeistkloster, in dem 1744 die erste Universität der Kanaren gegründet wurde, wird von einem an einen Kirchturm erinnernden Glocken- und Uhrturm überragt.

Die neoklassizistische Fassade der Catedral de los Remedios ist – weltweit sehr selten – aus Beton und Polypropylen gemacht.

# Nationalpark Garajonay auf Gomera

Spanien | Jahr der Ernennung: 1986

Das sich bis auf 1487 Meter erhebende Bergmassiv der kanarischen Insel Gomera ist vulkanischen Ursprungs und wird von dem letzten subtropischen Urwaldgebiet Europas bedeckt.
Das Gebiet des Nationalparks Garajonay umfasst mit seinen knapp 4000 Hektar rund ein Zehntel der Fläche von Gomera und schließt sämtliche sechs Gemeinden der Insel ein. An den Berghängen des Alto de Garajonay findet sich dichter Urwald, der letzte subtropische Urwald in Südeuropa mit dem einzigen geschlossenen, auf das Tertiär zurückgehenden Lorbeerbaumwald der Erde. Die ozeanische Lage hat dazu geführt, dass die Wälder dieses geologischen Zeitabschnitts, der Millionen Jahre zurückliegt, hier Klimaverschlechterungen im Zuge der Eiszeit gut überleben konnten. Viele der in diesem Areal vorkommenden Tier- und Pflanzenarten sind nur hier heimisch. Eine halbe Million Besucher erkunden den Nationalpark jährlich auf Führungen oder selbstständig auf den ausgewiesenen Wanderwegen. Meist reicht Nebel im Nationalpark Garajonay auf der Insel Gomera bis auf den Boden des Lorbeerbaumforsts herab, der sogenannte horizontale Regen.

Das urtümliche Ökosystem im Nationalpark Garajonay lässt erahnen, wie Wälder wohl vor 65 Millionen Jahren aussahen.

Spanien | **Europa**

## Vall del Madriu-Perafita-Claror

Andorra | Jahr der Ernennung: 2004

Im Gebiet des Vall del Madriu-Perafita-Claror kann man sich noch heute eine Vorstellung davon machen, wie die Menschen in den Hochpyrenäen einst lebten und die ihnen zur Verfügung stehenden Ressourcen nutzten.

Andorra wird im Norden vom Hauptkamm der Pyrenäen umrahmt und liegt inmitten von bis zu 3000 Meter hohen Gebirgsmassiven. Das Vall del Madriu-Perafita-Claror macht mit über vier Hektar Gesamtfläche rund neun Prozent des Staatsgebiets aus. Es zeugt von den Lebensformen, Wirtschaftsweisen, kulturellen Traditionen und Klimaveränderungen in den Hochpyrenäen der vergangenen Jahrtausende. Die von Gletschern mit U-Tälern, Seen und Karen geprägte Landschaft macht auf den Betrachter einen recht dramatischen Eindruck.

Zum Welterbe zählen Häuser, Umzäunungen, Sommerunterkünfte für die Hirten, Trockensteinmauern, Terrassenfelder, Gebirgspfade sowie die Überreste einer Eisenschmelze am Ufer des Madriu auf 1900 Meter Meereshöhe. Letztere ist die einzige erhaltene Vorrichtung einer solchen auf das 13. Jahrhundert zurückgehenden Schmelze katalanischer Provenienz.

**Die Landschaft des Vall del Madriu-Perafita-Claror fordert den hier lebenden Menschen einiges ab. Bis heute gibt es keine Straßen.**

## Historisches Zentrum von Guimarães

Portugal | Jahr der Ernennung: 2001

Guimarães gilt als Wiege der Nation, denn im 12. Jahrhundert war es die erste Hauptstadt des neu gegründeten Königreichs Portugal. Hier bildete sich auch die portugiesische Sprache heraus. Schon in der Keltenzeit gab es am Fuß der Serra de Santa Catarina im Norden Portugals, nordöstlich von Porto, eine Siedlung. 1139 wurde Guimarães die erste Hauptstadt Portugals, der hier gebürtige Alfonso I. proklamierte sich zum ersten König des Landes. Im Mittelalter und in früher Neuzeit entstanden in Guimarães spezielle Bautechniken und Stile, die im ganzen Kolonialreich Portugals beispielgebend wurden. Charakteristische Gebäudetypen aus der Zeit vom 16. bis zum 19. Jahrhundert sind im historischen Stadtzentrum zu besichtigen. Das noch aus dem 12. Jahrhundert stammende Castelo auf dem Burghügel zählt zu den besterhaltenen romanischen Burgen Portugals. Der Paço Ducal war einst der Palast der Herzöge von Bragança. Sehenswert ist auch das Rathaus aus dem 16./17. Jahrhundert. Unter den Sakralbauten ragen die Kirchen São Miguel do Castelo, Nossa Senhora da Oliveira und Santos Passos sowie das Kloster Santa Clara heraus.

**Noch heute prägt ein mittelalterlicher, typisch portugiesischer Baustil das historische Zentrum von Guimarães.**

# Historisches Zentrum von Porto

Portugal | Jahr der Ernennung: 1996

Porto, bereits in der Antike als Portus Cale bekannt, zeichnet sich insbesondere durch seine hervorragend erhaltene Altstadt und seine zahlreichen Barockkirchen aus. Das Bild prägen vor allem die terrassenartig an den steilen Felswänden angelegten Häuser.

In den Jahren 716 bis 997 beherrschten die Mauren die Hafenstadt an der Mündung des Rio Douro in den Atlantik, im 11. Jahrhundert wurde Porto die Hauptstadt der Grafschaft Portucalia, der Keimzelle des späteren Königreichs Portugal. Zum geschützten Ensemble der Altstadt gehört die aus der Zeit der Romanik stammende Kathedrale von Porto. Ihr gotischer Kreuzgang beeindruckt durch seine wundervolle Kachelverkleidung. Schöne Schnitzarbeiten aus der Renaissance und dem Barock schmücken den Innenraum.

Die Kirche Santa Clara aus dem frühen 15. Jahrhundert gehört zum Kloster gleichen Namens und besticht durch ihre kunstvoll vergoldeten Holzschnitzereien und den reichen Kachelschmuck im Chorbereich. Einer der interessantesten Profanbauten ist die im Jahr 1842 errichtete Börse.

**Die Eisenbrücke Dom Luís I. führt auf zwei Ebenen über den Douro (im Vordergrund traditionelle Portweinschiffe).**

# Weinregion Alto Douro

Portugal | Jahr der Ernennung: 2001

Seit fast 2000 Jahren wird in der Region Alto Douro Wein angebaut. Aus dieser Tradition entwickelte sich eine außergewöhnlich schöne Kulturlandschaft, deren berühmtestes Produkt der Portwein ist – ein dunkelroter oder weißer, »aufgespriteter« (alkoholverstärkter) Likörwein. Das als Welterbe ausgezeichnete Gebiet umfasst etwa 2250 Quadratkilometer.

Die Grundlage des Portweins besteht aus 21 Rebsorten, die an den felsigen Steilufern des oberen Douro angebaut werden. Weil diese Weine aber den Transport über den Atlantik nicht gut vertrugen, fügten britische Händler den Trauben während des Gärungsprozesses noch Brandy oder Weingeist zu – auf diese Art wurde im 17. Jahrhundert der Portwein erfunden.

Schon seit der Römerzeit wird am oberen Douro Wein angebaut. Sowohl die Landschaft mit ihren terrassierten Steilhängen als auch die Straßen und Dörfer mit ihren Kirchen und »quintas«, den Weingütern, sind von dieser bereits rund zwei Jahrtausende alten Tradition geprägt. Die kräftigen und robusten Rotweine der Region Alto Douro reifen übrigens auch noch heute in Eichenfässern.

**Nur die Trauben aus einem begrenzten Gebiet in der Weinregion Alto Douro dürfen zur Portweinherstellung verwendet werden.**

# Prähistorische Felsritzungen im Tal von Côa und in Siega Verde

Portugal, Spanien | Jahr der Ernennung: 1998

Insgesamt 16 Fundstätten prähistorischer Felsritzungen reihen sich im unteren Tal von Côa aneinander, das sich im Nordosten Portugals erstreckt. Im Jahr 2010 wurde die Welterbestätte grenzüberschreitend um die altsteinzeitlichen Felszeichnungen im spanischen Siega Verde erweitert.

Wo von den Läufen des Ribeira de Piscos und des Côa tiefe Canyons und Einschnitte gegraben wurden, um zum Douro zu gelangen, haben sich die Bewohner seit der Eiszeit in den Felsen oberhalb der Flüsse verewigt.

Als man bei Voruntersuchungen für ein Staudammprojekt zu Beginn der 1990er-Jahre im Côatal die Felsritzungen entdeckte, wurde bekannt, dass bereits 1983 im nahen Vale da Casa eine andere bedeutende Fundstätte durch den Pocinho-Damm zerstört worden war. Ein Sturm der Entrüstung führte dazu, dass die portugiesische Regierung das Gebiet in einen archäologischen Park umwandeln ließ.

Die bis zu 22 000 Jahre alten Felsritzungen stellen Tiere – Auerochsen und Wildziegen – und anthropomorphe Gestalten dar, auch Jäger sind erkennbar.

**Felsen mit oft bizarren Ritzungen bilden in einem Nebental des Douro bei Foz Côa eine Art Open-Air-Galerie der Altsteinzeit.**

# Universität Coimbra

Portugal | Jahr der Ernennung: 2013

Die im Jahr 1290 von König Dionysius in Lissabon gegründete Universität ist eine der ältesten in Europa und war bis 1911 die einzige Universität Portugals. Erst 1537, unter König Johann III., wurde sie endgültig in Coimbra, in den Gebäuden des einstigen Königspalais am höchsten Punkt der Altstadt, angesiedelt. Dort entwickelte sich die Universität nicht nur zum Wissenschaftszentrum des Landes, sondern prägte jahrhundertelang auch die Architektur und Funktionsweise höherer Lehranstalten in der portugiesischsprachigen Welt. Heute sind dort rund 22 000 Studenten immatrikuliert. Tradition und Brauchtum spielen im modernen Universitätsleben nach wie vor eine wichtige Rolle. So wird immer noch die »cabra« (Ziege) genannte Universitätsglocke geläutet. Bei feierlichen Anlässen tragen die Studenten ihre traditionelle Tracht: ein schwarzer Rock (»batina«) und Mantelumhang (»capa«), dessen Fransen am unteren Rand für die Zahl der Studienjahre – sowie angeblich auch für die Zahl der gehabten Liebschaften – stehen soll. Farbige Bänder symbolisieren die Fakultätszugehörigkeit. Mitte Mai übergeben die Absolventen bei der Queima das Fitas ihre Bänder feierlich den Flammen.

**Die rund 120 000 Bücher beherbergende Biblioteca Joanina wurde nach König Johann V. benannt und um 1717 erbaut.**

# Kloster Batalha

Portugal | Jahr der Ernennung: 1983

Batalha zählt neben Tomar und Alcobaça zu den drei großen Königsklöstern am Nordrand der Estremadura. Die Kathedrale des Mosteiro de Santa Maria da Vitória ist ein Meisterwerk der portugiesischen Hochgotik.
Am 14. August 1385, bei der Schlacht von Aljubarrota gegen die Spanier, versprach König João I., der Jungfrau Maria ein Dominikanerkloster zu stiften. Nach dem Sieg seiner Streitkräfte hielt er sein Versprechen. Die monumentale Hauptfassade der Klosterkirche gilt mit ihren Skulpturen als eines der großartigsten Beispiele portugiesischer Hochgotik. Der Chor der Klosterkirche weist bemerkenswerte Glasmalereien auf; der Kapitelsaal mit seinem Sternkuppelgewölbe wird durch farbige Glasfenster aus dem 16. Jahrhundert erhellt. Der »Königliche Kreuzgang« besticht durch schlanke Säulen und feine Zierformen, die auf maurische Vorbilder zurückgehen. In der Stifterkapelle (Capela do Fundador) ruhen die Gebeine Königs Johann I. und seiner Frau. An den »Capelas Imperfeitas«, den als Grablege für Dom Duarte und seine Gemahlin gedachten »Unvollendeten Kapellen«, erkennt man die zwei Bauphasen des 14. und 16. Jahrhunderts.

**Mit seinen feingliedrigen Sandsteinarkaden zeigt der »Königliche Kreuzgang« des Klosters auch maurische Einflüsse.**

# Kloster von Tomar

Portugal | Jahr der Ernennung: 1983

Portugals größte Klosteranlage – der auf einem Hügel über der heutigen Stadt Tomar gelegene Convento da Ordem de Cristo – war zuerst eine Templer-, dann eine Christusritterburg und zuletzt ein Christusritterkloster. Zum Welterbe gehört der ganze, vom 12. bis zum 17. Jahrhundert errichtete Klosterkomplex.

Die heutige Klosteranlage geht zurück auf eine Burg, die König Alfonso der Obere 1159 dem Orden der Tempelritter übereignete, der ursprünglich 40 Jahre zuvor zum Schutz der Pilger im Heiligen Land gegründet worden war. Doch in seiner mehr als 200-jährigen Geschichte errang dieser Orden so viel Macht und Reichtum, dass Papst Clemens V. ihn ketzerischer Geheimlehren bezichtigte und 1312 auflöste. Sechs Jahre später, 1319, gründete der portugiesische König Dinis den Orden der Christusritter und übertrug sämtliche Besitzungen und Rechte der ehemaligen Templer auf den Orden, der ab 1359 in Tomar seinen Hauptsitz hatte. Die Klosterkirche Santa Maria do Olival soll nach dem Vorbild der Kirche vom Heiligen Grab in Jerusalem angelegt worden sein. In dem während der Renaissance errichteten Kreuzgang ließ sich der spanische König Philipp II. 1580 krönen.

**Der Kreuzgang (oben) und die herrlichen Fresken (unten) des in der Kleinstadt Tomar gelegenen Klosters sind beeindruckend.**

# Kloster von Alcobaça

Portugal | Jahr der Ernennung: 1989

In Alcobaça, in den Flusstälern von Alcoa und Baça rund 100 Kilometer nördlich von Lissabon gelegen, befindet sich eines der bedeutendsten Zisterzienserbauwerke Europas.
Das zum Dank für den Sieg über die Mauren bei Santarém gestiftete Kloster war eines der mächtigsten Zisterzienserklöster Europas. Seine Ursprünge gehen auf 1153, das Todesjahr des Ordensgründers Bernhard von Clairvaux, zurück. Im Lauf der Jahrhunderte wurde die Anlage immer wieder erweitert und nach Zerstörungen – etwa in den Napoleonischen Kriegen – restauriert. Vom nüchternen Baustil der Zisterziensergotik, der dem asketischen Lebensstil des Ordens entsprach, zeugen noch Elemente der Klosterkirche wie das gotische Portal und die Rosette. Die dreischiffige Kirche wurde durch neun Kapellen erweitert, die zu den schönsten Beispielen der Zisterziensergotik zählen. Mittelalterlichen Ursprungs sind auch ein Kreuzgang und die gotischen Sarkophage von Pedro I. (dem Grausamen) und Inês de Castro. Ansonsten trägt das größte Gotteshaus Portugals heute vor allem ein barockes Antlitz. An Fassade und Chorumgang ragen feinst gearbeitete Skulpturen, Säulen und Kapitelle heraus.

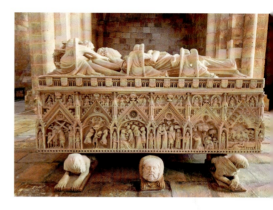

In der Klosterkirche von Alcobaça stehen die Prunksarkophage von König Pedro I. und seiner Geliebten Inês de Castro.

# Kulturlandschaft Sintra

Portugal | Jahr der Ernennung: 1995

Im 19. Jahrhundert wurde das kleine Städtchen Sintra zum Sommersitz der portugiesischen Könige. Unter den vielen Bauten, die von Gärten umgeben sind, befinden sich zwei Paläste von besonderer Bedeutung. Auf einem Hügel über der Stadt thront das alte Kastell, mit dessen Bau im 8. Jahrhundert begonnen wurde und das bis zum 12. Jahrhundert in maurischer Hand war. Das königliche Palais Paço Real de Sintra im Stadtzentrum stammt zum Teil aus dem 14. Jahrhundert, wurde in den folgenden Jahrhunderten jedoch stark verändert. Am auffälligsten sind die eigentümlich geformten Kamine, die islamische Einflüsse erkennen lassen. Wappensaal, Schwanensaal und Kapelle sind Zeugnisse des 14. Jahrhunderts.
Mitte des 19. Jahrhunderts errichtete der deutsche Architekt Baron von Eschwege den Palácio da Pena als Residenz des Prinzgemahls Ferdinand von Sachsen-Coburg-Gotha. Dabei wurde auch eine Klosteranlage aus dem 16. Jahrhundert in den Bau integriert. Die Burganlage vereint Stile aus verschiedenen Epochen zu einem gemeinsamen Ganzen. Die exotischen Gartenanlagen gehören zu den schönsten Europas.

Der Palácio da Pena mit seinen Zinnen und einem Minikreuzgang ist Ferdinand von Sachsen-Coburg-Gotha zu verdanken.

# Hieronymiten-Kloster und Turm von Belém

Portugal | Jahr der Ernennung: 1983

Die Fassaden des Hieronymitenklosters von Belém (Mosteiro dos Jerónimos de Belém), einem Stadtteil von Lissabon, sind Beispiele der Manuelinik. Der weiße Turm von Belém war Schauplatz vieler historischer Ereignisse.

Manuel I. (1469–1521), »der Glückliche«, König von Portugal, unterstützte die überseeischen Entdeckungsfahrten von Vasco da Gama und Pedro Cabral. Unter seiner Regentschaft blühten Kunst und Wissenschaft. Nach ihm wurde der dekorative Stil der spätgotischen Architektur in Portugal benannt. Die Manuelinik verbindet die von Flamboyantstil, Mudéjar-Stil und Platereskenstil geprägten Formen mit maritimer und exotischer Ornamentik. Ab 1502 ließ Emanuel I. zu Ehren Vasco da Gamas das gewaltige Hieronymitenkloster erbauen. Darin befindet sich auch das Grab Vasco da Gamas, dessen Entdeckung des tatsächlichen Seewegs nach Indien die Finanzierung der Ausgestaltung des Klosters gesichert hatte. Der eigenwillige Torre de Belém wurde zwischen 1515 und 1521 als Wehrturm an der Mündung des Tejo an der Stelle erbaut, von der aus die portugiesischen Seefahrer damals ihre Entdeckungsfahrten begannen.

**Der massive Bau des Torre de Belém (unten) lässt maurische, gotische und marokkanische Einflüsse erkennen.**

# Historisches Zentrum von Évora

Portugal | Jahr der Ernennung: 1986

Évora ist einer der ältesten Handelsplätze der Iberischen Halbinsel. Das Bild der Altstadt wird von großartigen Baudenkmälern verschiedener Epochen geprägt.
Im Zentrum der römischen Gründung stehen 16 korinthische Säulen als Reste eines Tempels. Erhalten gebliebene Teile eines Aquädukts und eines Kastells erinnern an die einstige Bedeutung Évoras als römischer Handelsplatz. Die Anlage der Stadt selbst trägt orientalische Züge; die Herrschaft der Mauren dauerte bis 1165. Die Kathedrale wurde ab 1186 erbaut. Das romanisch-gotische Bauwerk wirkt durch seine beiden wuchtigen Glockentürme wie eine Festung. Im 14. Jahrhundert fügte man einen Kreuzgang nach dem Vorbild des Klosters Alcobaça an. Im Innenraum ist der Marmorschmuck des Chorraums die einzige Dekoration. Sie wurde im 18. Jahrhundert erneuert. Der königliche Palast, in seiner jetzigen Gestalt unter Manuel I. errichtet, ist das schönste Bauwerk der Stadt. Die Jesuitenuniversität, heute eine staatliche Hochschule, und eine wertvolle Handschriftensammlung. Weitere wichtige Bauwerke sind die Kirche São Brás, das Kloster São João Evangelista und die Kirche São Francisco.

Ein Relikt aus der Römerzeit sind die korinthischen Säulen des Diana-Tempels in Évora.

# Garnisonsstadt Elvas und ihre Befestigungsanlage

Portugal | Jahr der Ernennung: 2012

Mit gewaltigen Befestigungsanlagen imponiert die portugiesische Stadt Elvas im Hügelland an der Grenze zu Spanien. Im Lauf der Jahrhunderte wurden sie immer weiter ausgebaut, sodass Elvas heute als das Paradebeispiel einer befestigten Grenzstadt gilt.
Elvas, etwa auf der Höhe Lissabons gelegen, galt jahrhundertelang als der Schlüssel zu Portugal. Wer das Land erobern wollte, musste zuerst Elvas einnehmen. Als Portugal 1640 wieder die Unabhängigkeit von Spanien erlangte, begann man damit, die Befestigungen, die noch aus maurischer Zeit stammten, zu ihren heutigen Ausmaßen auszubauen. Die sieben Stadtbastionen und die beiden Außenforts Santa Luzia und Nossa Senhora da Graça bilden das größte derartige Ensemble in Europa und sind ein Musterbeispiel für militärische Bollwerke. Über die Jahrhunderte wurden die Anlagen immer wieder den militärischen Anforderungen der Zeit angepasst. Baumeister aus Holland, Italien, Frankreich und England hinterließen hier ihre Spuren und spiegeln in ihren Schöpfungen den Wandel in der europäischen Kriegsarchitektur.

Die Befestigungsanlage von Nossa Senhora da Graça zählt zu den besten Beispielen europäischer Kriegsarchitektur.

# Weinbaukultur der Azoreninsel Pico

Portugal | Jahr der Ernennung: 2004

**Die Trockensteinmauern der Weingärten auf der Insel Pico mussten in mühevoller Arbeit angelegt werden.**

Vom 15. Jahrhundert an bauten die Bewohner der Azoreninsel Pico für ihre Rebstöcke kleine, mit Trockensteinmauern umzäunte Felder. Die Mauern sollten den heftigen Wind und die Gischt des Meeres abhalten.

Pico ist die zweitgrößte Insel der Azorengruppe und erhielt ihren Namen nach dem gleichnamigen, 2351 Meter hohen Vulkan Ponta do Pico, dem höchsten Berg Portugals. Die Böden der Insel sind mineralienreich, das Klima ist ozeanisch mild, sommertrocken und winterfeucht mit stürmischen Winden. Haupterwerb ist die Landwirtschaft. Schon seit der ersten Besiedlung bauten die Portugiesen auf Pico Wein an. Pflanzen und Trauben mussten vor dem heftigen Wind und der mitgeführten Meerwassergischt geschützt werden; so entstand besonders an der Nordwestküste ein kleinräumiges Mosaik aus rechteckigen Feldbegrenzungen, die »currais«. Oft stehen in so einem Feld nur sechs Reben. Angebaut wird bis heute die Verdelho-Rebe, die auf Madeira einen der besten Weine ergibt. Die Produktion des Verdelho auf Pico ist nur noch von örtlicher Bedeutung. Der Wein wird wie der Madeira aufgespritet (Alkoholgehalt 16–18 Prozent).

# Stadtzentrum von Angra do Heroísmo auf Terceira

Portugal | Jahr der Ernennung: 1983

Angra do Heroísmo liegt im Schatten eines mächtigen Vulkankraters der Azoreninsel Terceira. Sein Ortskern weist wertvolle historische Baudenkmäler auf.

Angra do Heroísmo, die Hauptstadt von Terceira, war bereits im 15. Jahrhundert ein wichtiger Handelshafen. Sie wurde auf einem schachbrettartigen Grundriss angelegt und weist heute noch eine große Anzahl von Häusern aus der Zeit ihrer Gründung auf.

Geistliches Zentrum der Stadt ist die in den Jahren 1570 bis 1618 errichtete Kathedrale – mit ihren drei Kirchenschiffen zugleich das größte Gotteshaus der Azoren. Die Kirche São Gonçalo wird von sehr wertvollen Fliesen (»azulejos«) geschmückt. Diese wurden von den Mauren eingeführt und sind auf der gesamten Iberischen Halbinsel verbreitet. Die Pfarrkirche São Sebastião ist eine der wenigen Kirchen auf den Azoren, die in reinem gotischen Stil erbaut wurden. Im Inneren befinden sich die Reste mittelalterlicher Fresken. Das ehemalige Jesuitenkonvent, heute der Palácio dos Capitães-Generais, ist vollständig restauriert und dient nun als Verwaltungsgebäude.

Im Jahre 1534 bekam Angra do Heroísmo ihr Stadtrecht, was sie zur ältesten Stadt auf den Azoren macht.

# Lorbeerwald »Laurisilva« von Madeira

Portugal | Jahr der Ernennung: 1999

Ursprünglich war die Insel Madeira von dichten Wäldern bedeckt, doch Rodungen haben den Bestand dezimiert. Bei dem heutigen Lorbeerwald handelt es sich zu einem Großteil um Primärwald.

Der Lorbeerwald von Madeira, der in Höhen zwischen 600 und 1300 Metern liegt, ist ein Überrest der einst auch im Mittelmeerraum weitverbreiteten Lorbeerwälder. Die starke Dezimierung des Waldes ist vor allem auf Brandrodung und Abholzung zurückzuführen – seit dem 15. Jahrhundert eine gängige Methode, um Ackerland und Brennholz zu gewinnen. Ursprünglicher Lorbeerwald ist daher fast nur noch an den steilen Berghängen der Nordküste der Insel Madeira vorhanden. Dabei hat dieser eine zentrale Bedeutung für die Wasserversorgung: Die Blätter der Bäume »sammeln« das Wasser aus den Wolken, das dann vom Unterwuchs festgehalten und schließlich im Gestein gespeichert wird. Auch die Bodenerosion wird durch den Bestand des Lorbeerwalds erheblich reduziert. Zudem haben einzigartige Pflanzen- und Tierpopulationen, insbesondere aus der Vogel- und Insektenwelt, sich im Lorbeerwald erhalten können.

Rund 150 Quadratkilometer groß ist Madeiras aus den verschiedensten Arten zusammengesetztes Lorbeerwaldgebiet.

# Rhätische Bahn in der Kulturlandschaft Albula/Bernina

Italien, Schweiz | Jahr der Ernennung: 2008

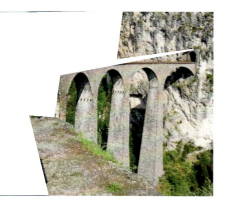

Die grenzüberschreitende, zu Italien und zur Schweiz zählende Welterbestätte umfasst die beiden historischen Bahnlinien Albulabahn und Berninabahn als technische Denkmäler sowie die sie umgebenden Landschaften.

Die Errichtung der mehr als 100 Jahre alten Bahnlinien war seinerzeit eine grandiose technische Pionierleistung bei der Erschließung der Alpenregion.

Die 63 Kilometer lange Albulalinie wurde im Jahr 1904 in Betrieb genommen. Sie führt von Thusis im Kanton Graubünden nach St. Moritz und überwindet dabei rund 1000 Höhenmeter. Die Züge fahren auf einer der architektonisch anspruchsvollsten Schmalspurtrassen der Welt, die über 55 Brücken und 39 Tunnels verfügt.

Die 61 Kilometer lange Berninabahn wurde 1910 fertiggestellt und verbindet St. Moritz mit der italienischen Grenzstadt Tirano. Die Linie führt bis auf 2253 Meter Meereshöhe über den Berninapass hinauf. Zur Strecke gehört dabei die Überquerung von 13 Tunnels und Galerien sowie von 52 eindrucksvollen Viadukten und Brücken.

Der Bernina-Express verbindet St. Moritz in der Schweiz mit dem italienischen Tirano und überquert dabei den Landwasser-Viadukt.

## Sacri Monti im Piemont und in der Lombardei

Italien | Jahr der Ernennung: 2003

Als »Sacri Monti« (»Heilige Berge«) bezeichnet man auf Anhöhen gelegene Wallfahrtsstätten in Italien. Sie bestehen aus mehreren Kapellen, an denen der Pilger auf seinem Weg nach oben vorbeizieht.

Die Fahrt nach Jerusalem war im Mittelalter die wichtigste Wallfahrt. Sie galt den Stätten, an denen Jesus gelebt und gelitten hatte, gestorben und auferstanden war. Doch im Lauf der Jahrhunderte wurde die Reise ins Heilige Land immer schwieriger. Deshalb kam man im Abendland auf die Idee, die Stationen des Kreuzwegs und die anderen Wirkungsorte Jesu nachzubilden (»Kalvarienberg«). So entstand in der ersten Hälfte des 16. Jahrhunderts zuerst der Sacro Monte von Varallo, der auch als »Nuova Gerusalemme« (»Neues Jerusalem«) bekannt. Der Künstler Gaudenzio Ferrari (1471 bis 1546) schuf hierfür 40 vollplastische Figuren, die er in Kapellen aus von ihm gemalten Landschaften und Stadtansichten hervortreten ließ. Rund zwei Dutzend solcher Sacri Monti gibt es in Norditalien. Neun wurden in die Liste des Welterbes aufgenommen: Varallo, Orta, Varese, Oropa, Belmonte, Crea, Domodossola, Ghiffa und Ossuccio.

Auf dem Sacro Monte über dem Ortasee werden in 20 Kapellen Episoden aus dem Leben des heiligen Franz dargestellt.

## Weinanbaugebiete im Piemont: Langhe, Roero und Monferrato

Italien | Jahr der Ernennung: 2014

Die Weinanbaugebiete im Süden der Region Piemont wurden von der UNESCO als gewachsene, traditionsreiche Kulturlandschaft gewürdigt, deren Geschichte eng mit der des edlen Rebensaftes verbunden ist.

Archäologische Untersuchungen ergaben, dass in dem Gebiet bereits die Etrusker vor rund 2400 Jahren Rebstöcke pflanzten und Weinhandel trieben. Auch den Römern war die Region als Weinanbaugebiet ein Begriff. Die von Weinkennern in aller Welt bis heute geschätzte Rebsorte Nebbiolo wurde vermutlich bereits in der Antike im Hügelland von Monferrato, Langhe und Roero angebaut. Die daraus gekelterten Rotweine zählen zur absoluten Spitzenklasse.

Ein Wahrzeichen des Anbaugebiets ist die Burg von Grinzane Cavour, einem weit über Italiens Landesgrenzen hinaus bekannten Winzerort. Das mittelalterliche Castello Grinzane Cavour beherbergt heute u. a. die Enoteca Regionale Piemontese, eine öffentliche Vinothek, die das Wissen um die Weinkultur des Piemont befördern soll.

**Das Castello Grinzane Cavour wurde im 12. Jahrhundert errichtet und beherbergt heute u. a. die Enoteca Regionale Piemontese.**

## Residenzen des Hauses Savoyen in Turin und Umgebung

Italien | Jahr der Ernennung: 1997

Als Emanuel Philibert (1528–1580) die Hauptstadt seines Herzogtums im Jahr 1563 von Chambéry nach Turin verlegte, entstanden dort und in der Umgebung Residenzen, die den absolutistischen Glanz des Hauses Savoyen demonstrierten. Emanuel Philibert und seine Nachfolger beauftragten die bedeutendsten Baumeister und Künstler ihrer Zeit mit der Gestaltung prachtvoller Schlösser und anderer Repräsentationsbauten, von denen der zwischen dem 16. und 18. Jahrhundert entstandene, an der Piazza Castello im Zentrum von Turin gelegene Königspalast der beeindruckendste ist. Bis 1865 war er die offizielle Residenz der Savoyer. Neben diesem gehören noch die Palazzi Chiablese, Madama und Carignano sowie die königliche Waffenkammer (Armeria Reale), die Villa della Regina und das Castello del Valentino zur Welterbestätte; in der Umgebung kommen Residenzen in Agliè, Bra, Govone, Pollenzo, Rivoli, Stupinigi und Venaria hinzu. Zu den letzten Bauprojekten der Herzöge von Savoyen gehört zudem das (im April 2008 bei einem Brand schwer beschädigte) Schloss Moncalieri bei Turin, das einst dem berühmtesten Savoyer, König Viktor Emanuel II., als Residenz diente.

**Die Innenräume des Palazzo Reale (oben der Tanzsaal mit Kassettendecke) wurden prunkvoll eingerichtet.**

# Santa Maria delle Grazie mit Leonardo da Vincis »Abendmahl« in Mailand

Italien | Jahr der Ernennung: 1980

Die Kirche Santa Maria delle Grazie ist ein Werk Bramantes. Das Refektorium des einstigen Dominikanerkonvents birgt das weltberühmte Wandgemälde von Leonardo da Vinci.

Die Kirche Santa Maria delle Grazie wurde von 1465 bis 1482 von Guiniforte Solari als Klosterkirche eines Dominikanerkonvents im hochgotischen Stil errichtet. 1492 entschied sich Ludovico Sforza, der Herzog von Mailand, zu einem Neubau der Kirche, welche die Grablege für ihn und seine Gemahlin Beatrice d'Este werden sollte. Von diesen Plänen gelangte jedoch nur ein kleiner Teil zur Ausführung. Der berühmte Renaissance-Baumeister Donato Bramante (1444–1514) erweiterte die Ostpartie um einen Mittelbau.

Leonardo da Vincis (1452–1519) 4,20 × 9,10 Meter großes Wandbild »Das letzte Abendmahl« im Refektorium der Abtei, das er in den Jahren 1494 bis 1498 ausführte, hält den Augenblick fest, in dem Jesus die Worte spricht: »Einer von euch wird mich verraten.« Das Gemälde entstand in der Seccotechnik, das heißt, da Vinci malte es in Temperafarben auf eine getrocknete Gipswand, nicht in der zu der Zeit üblichen Freskotechnik.

Santa Maria delle Grazie ist eine Klosterkirche im Stil der lombardischen Hochgotik mit Renaissanceelementen.

# Felszeichnungen im Val Camonica

Italien | Jahr der Ernennung: 1979

Das Camonica-Tal ist eine Fundstätte von Felszeichnungen aus der Alt- und Jungsteinzeit sowie vor allem aus der Bronzezeit und der frühen Eisenzeit. Bemerkenswert ist die Vielfalt der von den Künstlern behandelten Themen.
Bei Capo di Ponte in der Provinz Brescia befindet sich die größte Fundstätte prähistorischer Felsgravuren Europas. Auf etwa 1000 Steinplatten sind mehr als 200 000 Einzelgravuren aus vorgeschichtlicher Zeit erhalten geblieben. Die ältesten Darstellungen wurden wohl in der Zeit zwischen zwischen 10 000 und 8000 v. Chr. geschaffen. Die großflächigen Kompositionen stellen hauptsächlich Motive des alltäglichen Lebens dar: Krieger, Bauern, Jagd- und Haustiere, Waffen sowie Ackergeräte. In kultischem Zusammenhang müssen wohl die geometrischen Muster und abstrakten Formen gesehen werden, die den Raum zwischen den einzelnen Gravuren ausfüllen. Die Künstler gehörten vermutlich dem Volk der Camunern an, dessen Siedlungsspuren bis weit ins 4. Jahrtausend v. Chr. zurückreichen. Im Parco Nazionale delle Incisioni Rupestri di Naquane, einem archäologischen Park, kann man einige der Fundstücke besichtigen..

**Felszeichnungen mit Tieren und Kriegern zeigen die faszinierenden frühgeschichtlichen Graffiti im Val Camonica.**

# Monte San Giorgio

Italien, Schweiz | Jahr der Ernennung: 2003

Der Monte San Giorgio liegt direkt an der italienisch-schweizerischen Grenze am Luganer See. Das ursprünglich nur den Schweizer Teil umfassende Weltnaturerbeareal wurde im Jahr 2010 um den auf der italienischen Landesseite gelegenen Teil des Berges erweitert.
Der Monte San Giorgio ist eine der weltweit ergiebigsten Fundstätten von versteinerten Meeres- und Landtieren sowie Pflanzen, darunter bis zu sechs Meter lange Meeressaurier. Diese Funde geben detaillierte Auskunft über Fauna und Flora zur Zeit der Trias, vor etwa 250 bis 200 Millionen Jahren, als die Erde eine Warmperiode erlebte.
Die Fossilien zeugen von einer unglaublichen Vielfalt und Erhaltungsweise. Vor 200 Mllionen Jahren war der San Giorgio wohl von einer großen Meeresbucht umgeben, aber zum Teil auch vom offenen Meer getrennt, weswegen die erstaunlich gut erhaltenen Fossilien verschiedener Meereslebewesen noch heute bestaunt werden können.
In einem Museum in Meride lernt man einiges über die Zeit der Trias und kann verschiedene Fossilien bestaunen.

**Dieser rund 20 Zentimeter lange Pachypleurosaurus, ein Meeressaurier aus der Trias, ist ein Fund vom Monte San Giorgio.**

Prähistorische Pfahlbauten rund um die Alpen siehe Seite 118

Italien, Schweiz | **Europa**

# Modellsiedlung Crespi d'Adda

Italien | Jahr der Ernennung: 1995

Backsteinornate im Stil der lombardischen Gotik schmücken die Fabrikhallen. Das Haupttor ist der schönste Bau der Fabrik.

Die Modellsiedlung in der Provinz Bergamo gilt als frühes Beispiel sozialen unternehmerischen Engagements. Sie wurde von dem Textilfabrikanten Crespi für die Arbeiter seiner Baumwollspinnerei und deren Familien gebaut.

Crespi d'Adda, ein Ortsteil von Capriate San Gervasio in der Provinz Bergamo in der Lombardei, ist eine typische Arbeiterwohnsiedlung, wie sie von aufgeklärten Industriellen für ihre Arbeiter ab der zweiten Hälfte des 19. Jahrhunderts erbaut wurden. Die Crespi hatten hier im Jahr 1878 auf der grünen Wiese unweit des Flusses Adda, wo ausreichend Wasser verfügbar war, eine Fabrik samt Infrastruktur errichten lassen.

Die Siedlung wird durch eine schnurgerade Straße gegliedert: Rechts davon befindet sich die Fabrik (in der in den 1920er-Jahren noch mehr als 3000 Arbeiter ihr Auskommen fanden), links davon die Wohnstraßen mit den einheitlich gestalteten, von Gärten umgebenen Ein- und Mehrfamilienhäusern der Arbeiter. Zum Dorf gehörten auch Schule, Krankenstation, Waschhaus und Kirche. Der noch heute bewohnte Ort blieb weitgehend in seiner ursprünglichen Form erhalten.

# Vicenza und die Villen Palladios in Venetien

Italien | Jahr der Ernennung: 1994

Die Fassade der Basilica Palladiana fasziniert mit ihrem Schattenspiel; der Torre Bissara hat seine Wurzeln im 12. Jahrhundert.

Das Zentrum Vicenzas wird geprägt von 23 Gebäuden Palladios. Zum Welterbe erhoben wurden rund 20 von ihm entworfene Villen in Venetien.

Neben humanistischen Studien waren Reisen zu den antiken Stätten Roms die entscheidenden Einflüsse für den in Padua geborenen Architekten Andrea Palladio (1508–1580), der 1524 in Vicenza als Maurer und Steinmetz begann und später mit seinen Bauten einen in ganz Europa verbreiteten, klassische Eleganz und antike Vorbilder harmonisch miteinander vereinenden Stil prägte, den »Palladianismus«.

Ein bedeutendes Frühwerk ist das Rathaus von Vicenza, der Palazzo della Ragione, auch »Basilica Palladina« genannt. Ihm gegenüber schuf Palladio die Loggia del Capitaniato, den Saal des Stadtkommandanten mit hohen Rundbogenarkaden. Noch in seinem Todesjahr plante er das Teatro Olimpico, das erste frei stehende überdachte Theatergebäude mit einem Zuschauerraum in Form eines römischen Theaters. Ein weiteres bekanntes Bauwerk Palladios ist die Villa Rotonda, ein Musterbeispiel architektonischer Symmetrie.

# Altstadt von Verona

Italien | Jahr der Ernennung: 2000

Im Jahr 89 v. Chr. gründeten die Römer in Verona eine Kolonie, die sich bald zur Großstadt entwickelte. Der Schachbrettgrundriss innerhalb der Flussschleife des Adige (Etsch) strukturiert bis heute die Altstadt mit der berühmten Arena di Verona. Imposante Monumente wie das im 1. Jahrhundert errichtete riesige Amphitheater (Arena di Verona) oder die im selben Zeitraum entstandene Porta dei Borsari bezeugen den antiken Ursprung Veronas. Auch das Hochmittelalter hinterließ seine Spuren in Form großartiger Bauten wie der romanischen Klosterbasilika San Zeno. Seine endgültige Ausdehnung und Gestalt erhielt Verona im 13. und 14. Jahrhundert unter der Herrschaft der Scaliger, deren Macht und Glanz die aufwendigen gotischen Grabmonumente und der hoch ummauerte Castelvecchio mit der zinnenbewehrten Brücke dokumentieren. Die Gotik brachte den Umbau des Doms und den großräumigen Baukörper der Anastasiakirche. Nach dem Anschluss an Venedig erlebte Verona einen erneuten Aufschwung, dessen Höhepunkt die Baumaßnahmen des Renaissancearchitekten Sanmicheli (1484–1559) sind, der u. a. die Stadttore und einige Palazzi (Bevilacqua, Pompei) schuf.

**Im antiken Amphitheater Arena di Verona ereignen sich jeden Sommer stimmungsvolle Opernfestspiele.**

# Machtzentren der Langobarden

Italien | Jahr der Ernennung: 2011

**Cividale del Friuli (oben) ist eines der Machtzentren der Langobarden. Das Kloster San Salvatore (unten) ist heute ein Museum.**

Während der Völkerwanderung drang mit den Langobarden ein nordgermanischer Stamm in Italien ein, nach dem heute die Lombardei benannt ist und der für die Region eine schicksalhafte Bedeutung hatte. Das Welterbe umfasst insgesamt sieben »Orte der Macht«, an denen die Langobarden bedeutende Bauten – Festungen, Kirchen und Klöster – hinterließen: Cividale del Friuli, Brescia, Castelseprio, Spoleto, Campello sul Clitunno, Benevento und Monte Sant' Angelo.

Der Legende nach wurden die Langobarden nach den »Langbärten« benannt, die sich Frauen umbanden, um in der Schlacht wie Männer auszusehen. Wahrscheinlicher ist, dass sich ihr Name von einer langstieligen Axt ableitet. Zunächst siedelte ihr Stamm um Christi Geburt an der Niederelbe. Im 6. Jahrhundert dehnte er sich bis ins heutige Niederösterreich und Ungarn aus, bis er dann unter König Alboin 568 in das damals byzantinische Italien einbrach. Dort drangen die Langobarden bis nach Mittelitalien vor und erreichten unter Liutprand (712–744) und Aistulf (749–757) den Zenit ihrer Macht (751 Eroberung von Ravenna). König Desiderius wurde 774 von Karl dem Großen besiegt.

# Dolomiten

Italien | Jahr der Ernennung: 2009

Die zu den Ostalpen gehörenden Dolomiten, eine der schönsten Berglandschaften der Welt mit 18 teilweise mehr als 3000 Meter hohen Gipfeln, gliedern sich in Grödner, Fassaner, Ampezzaner und Sextener Dolomiten; das östliche Randgebiet heißt Cadore. Ausgezeichnet wurde das Gebirge wegen seiner geologischen, botanischen und landschaftlichen Besonderheiten, wozu auch eine vielfältige Flora mit über 2400 Pflanzenarten gehört.

Sie erstrecken sich über eine Fläche von knapp 142 000 Hektar. Mit 3343 Metern ist die Marmolada ihr höchster Gipfel. Die Dolomiten sind eine Region der Gegensätze: Satte Almwiesen wechseln sich mit zerklüfteten Felsspitzen und Flächen voller Erosionsschutt ab. Verantwortlich dafür sind die unterschiedlichen Entstehungsgeschichten ihrer Teillandschaften, die u.a. durch versteinerte und emporgehobene Korallenriffe sowie Gestein vulkanischen Ursprungs dokumentiert werden. Von Gletschern geprägte Oberflächen sind ebenso zu finden wie die für Kalk typischen Karstformationen. Damit sind sie das herausragende Beispiel einer Landschaft, an der – auch durch Fossilien – wesentliche Stufen der Erdgeschichte abgelesen werden können.

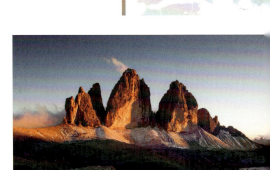

**Die markanten Drei Zinnen (ital. »Tre Cime di Lavaredo«) an der Grenze zu Südtirol zählen zu den beliebtesten Bergsteigerzielen.**

# Venedig und seine Lagune

Italien | Jahr der Ernennung: 1987

In einer Lagune nördlich des Po-Deltas erstreckt sich die einzigartige Stadt im Wasser. Ihre Kirchen und Paläste ruhen auf Millionen von Holzpfählen, statt Straßen gibt es über 150 Kanäle, über die mehr als 400 Brücken führen. Im 15. Jahrhundert war Venedig, das über eine eigene Mittelmeerflotte verfügte, die reichste und größte Stadt Italiens. Mit der Entdeckung des Seewegs nach Indien nahm ihre politische Bedeutung seit dem 16. Jahrhundert ab; sie blieb aber weiterhin ein wirtschaftliches und kulturelles Zentrum. Die wichtigste Wasserstraße der Stadt ist der Canal Grande, von dem viele Seitenkanäle abzweigen. An seinem Ende liegen die berühmtesten Bauwerke Venedigs: der von goldgrundierten Mosaiken geschmückte Markusdom, der in seiner heutigen Form auf das 11. Jahrhundert zurückgeht, sowie der benachbarte Dogenpalast, der im 12. Jahrhundert über einem Vorgängerbau von 825 errichtet wurde. In Venedig trifft man in einer Konzentration wie sonst kaum anderswo auf Kirchen, Klöster, Paläste, Museen und Theater, die Kunstschätze von Tizian, Veronese, Tintoretto, Tiepolo, Canaletto und anderen Renaissance- und Barockkünstlern bergen.

**Venedig mit seinen Inseln und Kanälen ist ein weltweit einzigartiges städtebauliches Gesamtkunstwerk. Links: Gondeln am Markusplatz mit der Insel San Giorgio Maggiore.**

Italien | **Europa**

## Botanischer Garten in Padua

Italien | Jahr der Ernennung: 1997

In der Universitätsstadt Padua am nördlichen Rand der Po-Ebene befindet sich der älteste botanische Garten Europas. Er verfügt über einige mehrhundertjährige Pflanzen und dient auch heute noch der Erforschung der Pflanzenwelt.

Dieser Garten wurde 1545 von dem paduanischen Botanikprofessor Francesco Bonafede initiiert, für Planung und Ausführung war der Architekt Andrea Moroni zuständig. Seine Anlage als großer Kreis, um den sich mehrere konzentrische Wege anordnen und in den vier Quadrate eingeschrieben sind, symbolisiert das Weltgefüge. Ein Ring von Bewässerungsgräben umgibt den Garten, nach außen wird er zum Schutz vor Diebstahl durch eine Mauer abgeschlossen. Über die Jahrhunderte kamen viele architektonische Schmuckelemente und zweckdienliche Einrichtungen wie Bewässerungsinstallationen und Gewächshäuser hinzu. Unter den mediterranen und exotischen Pflanzen, von denen manche von hier aus in ganz Europa verbreitet wurden, finden sich einige sehr alte Exemplare. So stammt beispielsweise ein Keuschbaum aus dem Jahr 1550; einen mächtigen Ginkgobaum pflanzte man bereits im Jahr 1750.

Der Orto Botanico di Padova ist eine wahre Schatztruhe der Botanik. Über 7000 verschiedene Pflanzenarten gedeihen hier.

## Archäologische Stätten und Basilika des Patriarchen von Aquileja

Italien | Jahr der Ernennung: 1998

Aquileja in der Provinz Udine war in der Römerzeit eine bedeutende Hafenstadt und spielte auch im frühen Mittelalter eine wichtige Rolle.

Die im Jahr 181 v. Chr. gegründete römische Kolonie war in der Kaiserzeit eine der größten Städte der Apenninenhalbinsel. Im Jahr 452 von Attila zerstört, wurde sie Mitte des 6. Jahrhunderts Sitz eines Patriarchen, der nach dem Langobardeneinfall 568 nach Grado übersiedelte. Das Patriarchat spielte zunächst für die Christianisierung Mitteleuropas, dann für die Italienpolitik der Kaiser eine entscheidende Rolle, verlor aber 1445 seine weltliche Herrschaft und wurde 1751 von Papst Benedikt XIV. aufgelöst.

An die einstige Größe der antiken Stadt Aquileja erinnern die römischen Ausgrabungsfunde, etwa die Säulen des Forums und die mit Zypressen bestandene Via Sacra entlang des römischen Hafenkais.

Der Dom aus dem 11. Jahrhundert wurde über zwei frühchristlichen Basiliken erbaut, von denen die ältesten bekannten christlichen Bodenmosaiken Oberitaliens erhalten sind.

Der Innenraum der Basilika von Aquileja beeindruckt mit Fußbodenmosaiken aus dem 4. Jahrhundert.

# Mantua und Sabbioneta

Italien | Jahr der Ernennung: 2008

Mantua avancierte in der Renaissance unter den Gonzagas zu einer der bedeutendsten fürstlichen Stadtresidenzen Italiens. Das nahe Sabbioneta diente Vespasiano Gonzaga als repräsentativer Fürstensitz.

Beide Städte liegen in der Poebene in Norditalien. Mantua wurde von den Etruskern gegründet und befand sich seit dem 14. Jahrhundert in den Händen der Gonzagas. Nachdem diese 1530 zu Herzögen erhoben worden waren, begann der Ausbau der Stadt zu einem der Zentren der bildenden Kunst in der Renaissance. Künstler von höchstem Rang setzten Mantua ihren Stempel auf. Andrea Mantegna (1431–1506) stattete den Palazzo Ducale mit Fresken aus, Leon Battista Alberti (1404–1472) entwarf die Kirche San Lorenzo, und Giulio Romano (1499–1546) realisierte den Palazzo del Te, das Lustschloss der Gonzagas.

Sabbioneta wurde von Vespasiano Gonzaga (1531–1591), dem Abkömmling einer Seitenlinie des Geschlechts, zur Fürstenresidenz ausgebaut. 1554–1571 entstand eine Stadtanlage für 3000 Bewohner. Sabbioneta sollte das Wesen einer idealen Stadt vorführen und gilt bis heute als eine »Idealstadt« der Renaissance.

**An der Piazza Sordello in Mantua liegen der Palazzo Ducale mit seinen Arkaden und der Dom mit seiner barocken Fassade.**

# Ferrara

Italien | Jahr der Ernennung: 1995

Als »Stadt der Renaissance« wurde das historische Zentrum von Ferrara ausgezeichnet. Im Jahr 1999 erweiterte man die Welterbestätte um die Kulturlandschaft des Po-Deltas mit dem Parco Regionale del Delta del Po und Landsitzen der Este.

Die Este, eines der ältesten italienischen Adelsgeschlechter, beherrschten Ferrara vom 13.–16. Jahrhundert und machte es zur Wirkungsstätte herausragender Künstler wie Antonio Pisanello, Andrea Mantegna, Jacopo Bellini und Piero della Francesca. Dichter wie Torquato Tasso und Ariost prägten das intellektuelle Klima der Stadt. Die Kathedrale San Giorgio, 1135–1485 erbaut, weist eine beeindruckende Marmorfassade auf. Der gegenüberliegende Palazzo Comunale ist über eine Galerie mit dem Castello Estense verbunden, dessen Räume wertvolle Fresken schmücken. Andere sehenswerte Gebäude sind der Palazzo dell'Università (mit Grab von Ariost), die Palazzina Marfisa d'Este, der Palazzo Ludovico il Moro, der Palazzo dei Diamanti, der Palazzo Massari, die Kirchen San Cristoforo, San Francesco oder Santa Maria in Vado. Im Po-Delta: die Abbazia di Pomposa und das Castello della Mesola, ein Landsitz der Este.

**Das Castello Estense entwickelte sich von einem einfachen mittelalterlichen Wachturm zur Renaissance-Residenz der Este.**

# Frühchristliche Baudenkmäler von Ravenna

Italien | Jahr der Ernennung: 1996

Ravenna war einst Hauptstadt des Weströmischen Reichs, später Residenz der Goten und dann Mittelpunkt des byzantinischen Teils von Italien, bis es 751 von den Langobarden erobert wurde. Die Welterbestätte umfasst acht nahezu unverfälscht erhaltene Bauwerke mit grandiosen Mosaiken, die zu den bedeutendsten Zeugnissen des frühen Christentums gehören. Die ältesten Mosaiken der Stadt befinden sich im Mausoleum der Kaiserin Galla Placidia. In der 547 geweihten Kirche San Vitale ist besonders die Chornische mit reichen Mosaiken ausgekleidet. Der Gotenkönig Theoderich ließ Anfang des 6. Jahrhundert das Baptisterium der Arianer mit Kuppelmosaiken errichten. Sant' Apollinare Nuovo wurde als Palastkirche erbaut und war erst dem heiligen Martin geweiht. Das Grabmal des Gotenkönigs wird von einer Marmorkuppel gekrönt. Das Baptisterium der Orthodoxen neben dem Dom schmücken Mosaiken und Flachreliefs. Das Oratorio di Sant'Andrea ließ Erzbischof Petrus II. Anfang des 6. Jahrhunderts erbauen und mit Mosaiken ausgestalten. Außerhalb der Stadt liegt die Kirche Sant'Apollinare, die seit 534 über dem Grab des ersten Bischofs von Ravenna errichtet wurde.

**Eindrucksvoll sind die byzantinischen Mosaiken, die das Innere der Basilika von San Vitale schmücken.**

# Kathedrale, Torre Civica, Piazza Grande in Modena

Italien | Jahr der Ernennung: 1997

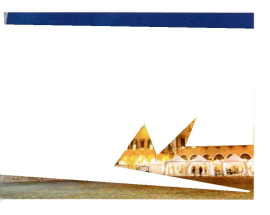

Ein herausragendes städtebauliches Ensemble mit einem der schönsten romanischen Bauwerke des Landes findet sich im Zentrum von Modena. Nachdem ein Vorgängerbau der Kathedrale San Geminiano, der schon seit dem 8. Jahrhundert die Reliquien des heiligen Geminiano bewahrte, um 1000 eingestürzt war, begann man ab 1099 unter der Leitung des lombardischen Baumeisters Lanfranco mit der Errichtung der Kirche, die 1184 geweiht wurde. Die großartigen Bildhauerarbeiten an den Portalen und im Inneren sind Werke des Meisters Wiligelmus und seiner Schüler, der Maestri Campionesi, lombardischer Steinmetze aus Campione, und verschmelzen römische, byzantinische und zeitgenössische lombardische Stilelemente. An der mit Marmor und Blendarkaden verkleideten Giebelfassade stechen das Hauptportal mit säulentragenden Löwen und die Fensterrose hervor. Der frei stehende, ursprünglich romanische Campanile Ghirlandina direkt neben der Kathedrale wurde 1319 mit einer gotischen Bekrönung auf seine heutige Höhe gebracht. Auch die Innenausstattung ist sehenswert; sie zeigt meisterhafte Skulpturen und Gemälde des Spätmittelalters.

**Die frühromanische Kathedrale und der danebenstehende Torre auf der Piazza Grande sind Zeugen herausragender Baukunst.**

# Strade Nuove und Palazzi dei Rolli in Genua

Italien | Jahr der Ernennung: 2006

In der Blütezeit der Republik Genua Anfang des 17. Jahrhunderts entstanden entlang der breiten Strade Nuove prächtige Paläste zu Repräsentationszwecken.

Erstmalig in der europäischen Stadtplanungsgeschichte entwickelte man in Genua schon im 16. Jahrhundert einen festen Bebauungsplan und eine von den Behörden festgelegte Aufteilung des Baugrunds. In diesem Zusammenhang wurde die Neue Straße (»Strada Nuova«) angelegt, die fast sieben Meter und damit nahezu doppelt so breit ist wie eine durchschnittliche Altstadtstraße der damaligen Zeit. Gesäumt wird die heutige Via Garibaldi von imposanten Villen und Palästen, wo der Hochadel und das politische Establishment residierten. Anfang des 17. Jahrhunderts kamen weitere »neue Straßen« hinzu. Dazu gehören die Via Balbi, die Via Cairoli, die Via Lomellini und die Via San Luca. Die Paläste dienten nicht nur als Wohnsitz, sondern auch repräsentativen Zwecken. Ein Dekret von 1576 legte fest, dass die Besitzer Staatsgäste aufzunehmen hatten. In Listen (»Rolli«) waren jene Familien verzeichnet, die nach Losentscheid Staatsgäste empfingen – so erklärt sich auch der Name der Palazzi.

Der Palazzo Reale ist der größte Gebäudekomplex des 17./18. Jahrhunderts in Genua mit vollständig erhaltener Innenausstattung.

# Portovenere und Cinque Terre

Italien | Jahr der Ernennung: 1997

Die Region nördlich von Portovenere mit den »fünf Orten« (»Cinque Terre«) Monterosso, Vernazza, Corniglia, Manarola und Riomaggiore sowie den Inseln Palmaria, Tino und Tinetto ist einer der reizvollsten Küstenabschnitte der Riviera. Spektakulär kleben die Cinque Terre an Felsen und Buchten der ligurischen Steilküste zwischen Levanto und Portovenere. Bis heute gibt es zwischen ihnen keine Straßenverbindung entlang der Küste. Das unwegsame Gelände überwanden die Menschen früher über Fußwege und Treppen. Hoch über Portovenere ragt die Stiftskirche San Lorenzo auf, die ursprünglich im romanischen Stil erbaut wurde. Die kleine Kirche San Pietro, 1277 im gotisch-genuesischen Stil auf einem Vorgängerbau aus dem 6. Jahrhundert errichtet, liegt reizvoll auf einer Landspitze. Das auf eine ehemalige römische Befestigungsanlage zurückgehende Kastell diente dem nahen Genua als vorgelagertes Bollwerk und wurde im 17. Jahrhundert erweitert. Die kleinen vorgelagerten Inseln sind nicht nur wegen ihrer landschaftlichen Schönheit reizvoll. Auf Tino befinden sich die Ruinen einer romanischen Abtei aus dem 11. Jahrhundert; auf Tinetto, die Reste einer frühchristlichen Klosteranlage.

Romantisches Kleinod: Riomaggiore ist der am östlichsten gelegene Ort der Cinque Terre.

# Domplatz von Pisa

Italien | Jahr der Ernennung: 1987

Die Bauten des Domplatzes aus weißem Carrara-Marmor schmücken Arkadenreihen und Säulengänge.

Der »Campo dei Miracoli« ist mit dem Schiefen Turm, dem Dom, dem Baptisterium und dem Camposanto wirklich ein »Platz der Wunder«.
1063 begann man außerhalb der Stadtmauer Pisas mit den Bauarbeiten für den Dom nach den Plänen des Architekten Buscheto. Die prächtige, 35 Meter lange Fassade entwarf Rainaldo, die Bronzetüren der Porta di San Ranieri schuf 1180 Bonanno Pisano. Die reich verzierte Kassettendecke im Gewölbe des Mittelschiffs stammt aus dem 17. Jahrhundert. Der frei stehende Campanile, ein zylindrischer Bau, wurde 1173 von Pisano begonnen, neigte sich jedoch während der Bauarbeiten und ist heute als »Schiefer Turm« weltberühmt. Lange befürchtete man einen Einsturz, doch der Turm ist durch ein neues Fundament abgesichert. Die Gestaltung des Baptisteriums zeigt wegen der langen Bauzeit (1152–1358) den Übergang von der Romanik zur Gotik. Ein Schmuckstück ist die 1260 geschaffene frei stehende Kanzel. Der Kreuzgang des Camposanto (Friedhof) weist wertvolle Wandbilder aus dem 14. und 15. Jahrhundert auf. Die Bauten des Domplatzes wurden als einheitliches Ensemble gestaltet.

# Historisches Zentrum von Florenz

Italien | Jahr der Ernennung: 1982

Die Hauptstadt der Toskana war vor rund 600 Jahren Ausgangspunkt von Renaissance und Humanismus und ist deshalb von überragender Bedeutung für die europäische Kunstgeschichte. Ein Blickfang der Stadt ist die 1420 von Filippo Brunelleschi erbaute rote Kuppel des Doms Santa Maria del Fiore. Der frei stehende Campanile, fast 85 Meter hoch und mit farbigem Marmor verkleidet, wurde 1334 von Giotto entworfen, der im selben Jahr auch die Bauleitung des Doms übernommen hatte. Weltberühmt ist die 1425–1452 entstandene »Paradiespforte« von Lorenzo Ghiberti. Im Dommuseum kann die »Pietà Palestrina« von Michelangelo besichtigt werden. Eine weitere kunsthistorisch bedeutende Kirche ist die Basilica di San Lorenzo samt Medici-Kapelle, der erste überkuppelte Zentralbau der Renaissance. An der Piazza della Signoria stehen die mit wertvollen Skulpturen ausgestattete Loggia dei Lanzi und der Palazzo Vecchio, der Regierungspalast der Medici. Die Uffizien beherbergen heute eine der bedeutendsten Gemäldesammlungen der Welt. Der Palazzo Pitti vereint mehrere Stilepochen. Als Kleinod italienischer Gartenkunst präsentiert sich der benachbarte Boboli-Garten.

**Sie gehören zu den berühmtesten Plätzen der Stadt: der Palazzo Vecchio und die Piazza della Signoria (oben).**

# Historisches Zentrum von San Marino und Monte Titano

San Marino | Jahr der Ernennung: 2008

Die auf dem Monte Titano thronende Burg (»Rocca Gualta«) ist das Symbol von San Marino.

Alte Gebäude und Festungsanlagen zeugen von einer schon seit dem 13. Jahrhundert fortbestehenden staatlichen Kontinuität.

Die 61 Quadratkilometer kleine Zwergrepublik San Marino liegt in Mittelitalien etwas landeinwärts von der Adriaküste in der Nähe von Rimini und wurde im 4. Jahrhundert von verfolgten dalmatinischen Christen gegründet, deren Anführer Marinus sie ihren Namen verdankt.

Der aus Kalkstein bestehende 756 Meter hohe Monte Titano im Südwesten gehört zum Apennin und fällt nach Osten hin steil ab. Auf den drei Gipfeln des Bergmassivs befinden sich die mittelalterlichen Wehrtürme Guaita, Cesta und Montale aus dem 10., 13. und 14. Jahrhundert. Zu Füßen der Wehrtürme, auf dem Gipfelkamm, liegt die Hauptstadt San Marino mit einem gut erhaltenen historischen Zentrum. Neben den Wehrtürmen umfasst die Welterbestätte in ihrem Kern auch historische Stadtmauern, Tore und Bastionen. Sehenswert sind auch die Klöster San Francesco (1361) und Santa Chiara (1565–1609) sowie die neoklassizistische Basilika (1835–1838).

# Historisches Zentrum von San Gimignano

Italien | Jahr der Ernennung: 1990

Reichtum und Wohlstand wurden in San Gimignano einst durch den Bau von Türmen zum Ausdruck gebracht, die bis heute die Silhouette des hoch über dem Tal des Elsa gelegenen Städtchens prägen.

Errichtet wurden diese Türme von den im Handel reich gewordenen Adelsfamilien der Stadt. Die ursprünglich 72 Bauwerke dienten nicht nur dem Wohnen und dem Schutz ihrer Besitzer, sondern auch und vor allem der Repräsentation. Heute sind noch 15 dieser Türme erhalten. Ein eindrucksvolles Bild bietet auch die Piazza della Cisterna im Zentrum der Stadt, um die sich Paläste und Türme drängen. Die Zwillingstürme der Ardinghelli bezeugen noch heute Macht, Wohlstand und Einfluss dieser Familie. Am Domplatz befindet sich die Collegiata di Santa Maria Assunta, eine ursprünglich romanische Basilika von 1239, die im 15. Jahrhundert um ein Querhaus mit sechs Kapellen erweitert wurde. Hier wie auch in der Kirche der Augustinerchorherren und im Palazzo del Popolo, dem Ratssitz der Stadt, sind unzählige Fresken erhalten geblieben – herausragende Zeugnisse mittelalterlicher Wandmalerei und Raumkunst.

Fast wie ein mittelalterliches Manhattan wirkt die Silhouette von San Gimignano im Abendlicht aus der Ferne.

# Historisches Zentrum von Siena

Italien | Jahr der Ernennung: 1995

Die Piazza del Campo (oben) mit Palazzo Pubblico und Torre del Mangia ist das Herz der von der Kathedrale (unten) überragten Stadt.

Siena verkörpert die italienische Gotik in ihrer reinsten Form. Mittelpunkt und Wahrzeichen der Stadt ist die muschelförmige Piazza del Campo.

Sienas mittelalterliches Straßennetz mit seinen Brunnen und Toren blieb bis auf den heutigen Tag fast unversehrt erhalten. An der Piazza del Campo befindet sich das Rathaus, der Palazzo Pubblico. 1325–1344 wurde der Palast mit der 88 Meter hohen Torre del Mangia versehen.

Auf der höheren Seite des Platzes liegt die Fonte Gaia mit den Marmorpaneelen von Jacopo della Quercia (seit 1858 ersetzt eine Nachbildung das im Ospedale di Santa Maria della Scala befindliche Original). Am höchsten Punkt der Stadt wurde im 13. Jahrhundert der Dom Santa Maria errichtet, eines der prächtigsten gotischen Bauwerke Italiens. Die Fassade wurde u. a. von Giovanni Pisano gestaltet. Von den bedeutenden Kunstschätzen im Inneren beeindruckt besonders der 1369–1547 von mehr als 40 Künstlern geschaffene Mosaikfußboden. Jedes Jahr im Sommer wird auf der Piazza del Campo der »Palio« veranstaltet – ein Pferderennen in prunkvoll-mittelalterlichem Ambiente.

# Val d'Orcia

Italien | Jahr der Ernennung: 2004

Das rund 25 Kilometer südöstlich von Siena gelegene Val d'Orcia ist eine vom Menschen gestaltete Renaissancelandschaft. Bildliche Darstellungen dieses Landstrichs haben in der Kunstgeschichte die Vorstellungen von einer idealtypischen Landschaft maßgeblich beeinflusst.

Einst gehörte das Val d'Orcia zu Siena. In seiner ästhetisch ansprechenden Gestaltung sollte es das Modell einer guten Regierung spiegeln. Das künstlerische Vorbild einer solchen idealtypischen Renaissancelandschaft findet sich im Freskenzyklus von Ambrogio Lorenzetti im Rathaus von Siena. Umgekehrt wurden aber auch Maler der Sieneser Schule wie Giovanni di Paolo und Sano di Pietro vom Val d'Orcia zu ästhetisierenden Landschaftsgemälden angeregt, auf denen der Mensch noch in Harmonie mit der Natur lebt. Neben landwirtschaftlich genutzten Flächen zählen auch Städte wie Pienza, Radicofani, Montalcino, Castiglione d'Orcia, Castiglione del Bosco und Castelnuovo dell'Abate sowie ein Abschnitt des Pilgerwegs Via Francigena samt dazugehörigen Abteien wie Sant'Antimo, Gasthäusern, Kapellen und einigen Brücken zur Welterbestätte.

Im Val d'Orcia fanden schon die ersten Landschaftsmaler der Kunstgeschichte Anregung für ihre Fresken.

# Historisches Zentrum von Pienza

Italien | Jahr der Ernennung: 1996

Im Auftrag von Papst Pius II. wurde Pienza von Bernardo Rossellino als »Idealstadt« der Renaissance nach humanistischen Maßstäben konzipiert.

Corsignano im Val d'Orcia zwischen Montepulciano und Montalcino war der Heimatort von Pius II. (Papst 1458 bis 1464). Er wollte ihn zur Sommerresidenz der Kurie machen, ließ ihn nach sich umbenennen und veranlasste den Umbau: Nach Plänen von Bernardo Rossellino wurden ab 1459 rund um den neuen Hauptplatz vier gewaltige Bauwerke errichtet. Das bedeutendste ist der Dom Santa Maria Assunta, rechts und links flankiert vom zweistöckigen Papstdomizil, dem Palazzo Piccolomini (so hieß Pius II. bürgerlich mit Nachnamen), von dessen Dachgarten man einen schönen Blick über das Val d'Orcia genießt, sowie dem Palazzo Vescovile, der Residenz von Kardinal Rodrigo Borgia, dem späteren Papst Alexander VI. Der 1463 erbaute Palazzo Civico, das Rathaus, beeindruckt durch die zur Piazza hin offene Säulenloggia. An der Südseite schließt sich zum Monte Amiata hin eine Gartenanlage an. Mit dem Tod von Papst Pius II. im Jahr 1464 war auch das Ende weiterer Ausbaupläne besiegelt.

Malerisch auf einem Hügel angesiedelt erheben sich die historischen Bauten von Pienza.

# Villen und Gärten der Medici in der Toskana

Italien | Jahr der Ernennung: 2013

Die Villen und Gärten der Medici stellen einen für die damalige Zeit ganz neuen Bautypus dar. Sie zeugen vom enormen Einfluss dieser Florentiner Fürstenfamilie auf die gesamte europäische Kultur und besonders auf die Kunst der Renaissance.

Die Villen, die sich die Medici vom 15. bis zum 17. Jahrhundert bauen ließen, sind perfekt in die Landschaft integrierte Landresidenzen. Hier trafen sich die Mitglieder der Familie etwa zur Jagd; man pflegte aber auch den Gedankenaustausch mit Künstlern und Humanisten. Das Welterbe umfasst zwölf Villen und zwei Gärten. Neben dem Boboli-Garten gleich hinter dem Palazzo Pitti in Florenz und dem Garten der zerstörten Villa Medici (bzw. Villa Demidoff) in Pratolino nördlich von Florenz gehören dazu die Villen Cafaggiolo in Barberino di Mugello und Trebbio in San Pietro a Sieve. In Florenz selbst bzw. in der nächsten Umgebung befinden sich die Villen Careggi, La Petraia, Castello und die Villa Fiesole. Im weiteren Umkreis im Südwesten der Stadt folgen die Villen in Cerreto Guidi, Poggio a Caiano, Quarrata und Carmignano. Am weitesten von Florenz entfernt liegt die Villa Medici in Seravezza nördlich von Lucca.

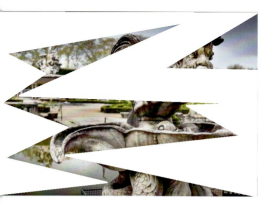

Der Boboli-Garten (ital. »Giardino di Boboli«) ist einer der größten (32 000 Quadratmeter) und elegantesten Gärten italienischer Art.

# Historisches Zentrum von Urbino

Italien | Jahr der Ernennung: 1998

Das auf zwei Hügeln in den Marken gelegene Urbino erlebte seine glanzvollste Zeit im 15. Jahrhundert, als es bedeutende Renaissancekünstler und Gelehrte zum kulturellen und wissenschaftlichen Mittelpunkt Italiens machten.

Unter der Dynastie der Montefeltro schufen die bedeutendsten zeitgenössischen Künstler Italiens hier ein architektonisches Ensemble von Renaissancebauten, wie es in dieser Homogenität einzigartig ist. Das bedeutendste Bauwerk der Stadt ist der Palazzo Ducale, der ab 1444 aus einer alten Burg in einen vielgestaltigen Renaissancepalast umgewandelt wurde. Heute befindet sich im Schloss die Nationalgalerie der Marken mit Werken von Malern wie Tizian, Raffael, Botticelli. Sehenswert sind auch die gotische Klosterkirche San Domenico mit ihrem schönen Renaissanceportal, die als Mausoleum der Herzöge von Urbino bis 1482 errichtete Kirche San Bernardino und die mit kunstvollen Fresken geschmückte Kirche San Giovanni Battista. Im 16. Jahrhundert stagnierte die Entwicklung Urbinos – so blieb das aus der Frührenaissance stammende Erscheinungsbild weitgehend bewahrt.

Das Innere der Capellina del Perdono (Vergebungskapelle) des Palazzo Ducale schmücken Marmor und Stuck.

Europa | Italien

# Basilika und Gedenkstätten des heiligen Franz in Assisi

Italien | Jahr der Ernennung: 2000

Das Städtchen Assisi in Umbrien ist untrennbar mit Leben und Wirken des hier geborenen heiligen Franz, des Gründers des Franziskanerordens, verbunden. Mit Franz von Assisi (1181/82 bis 1226) und dem Franziskanerorden begann für Assisi im 13. Jahrhundert eine Epoche, in der es zu einem der wichtigsten Kunstzentren Italiens werden sollte. Das Jahr der Heiligsprechung, 1228, ist auch das Gründungsdatum der Basilica di San Francesco, in deren Gruft die Gebeine des heiligen Franz 1230 überführt wurden. Als Grablege und als Wallfahrtsort wurde die 1253 geweihte Abteikirche mit prächtigen Freskenzyklen von Cimabue, Giotto, Simone Martini und den Brüdern Lorenzetti ausgestaltet. San Francesco gilt als größte »Bilderkirche« Italiens. Weitere Kirchen wie San Rufino, Santa Chiara (Grabstätte der heiligen Klara), Santa Maria sopra Minerva und die Abtei San Pietro unterstreichen den sakralen Charakter Assisis. Außerhalb der historischen Stadtmauern zählen noch diese mit dem heiligen Franz assoziierten Stätten zum Welterbe: die Kirche Santa Maria degli Angeli mit der Porziuncola, die Konvente San Damiano und Le Carceri sowie das Heiligtum Rivotorto.

Der Freskenzyklus der Oberkirche von San Francesco ist eines der frühesten Werke, das die Franziskuslegende illustriert.

# Etruskische Nekropolen von Cerveteri und Tarquinia

Italien | Jahr der Ernennung: 2004

Die auf das 9. bis 1. Jahrhundert v. Chr. zurückgehenden Nekropolen von Cerveteri und Tarquinia gehören zu den berühmtesten Fundstätten etruskischer Kultur.
Cerveteri und Tarquinia, in den heutigen Provinzen Rom und Viterbo gelegen, sind zwei Städte, deren Gräber Zeugnis ablegen nicht nur von den sehr unterschiedlichen Bestattungsriten dieser frühesten Zivilisation im nördlichen Mittelmeerraum, sondern auch von deren Alltagskultur. Banditaccia, die Nekropole von Cerveteri, weist vor allem architektonische Denkmäler auf: mehrere Grabformen, u.a. aus dem Tuff geschlagene Grabkammern mit großen Erd- oder Tuffhügeln darüber, ferner Kammergräber, rein unterirdische Gräber, und Felsgräber. Die ausgedehnten Grabanlagen ähneln oft einer unterirdischen Stadt mit Straßen und Höfen. In der Blütezeit der Etrusker wurde von Cerveteri aus Eisenerz exportiert. Besonders eng waren die Verbindungen nach Griechenland. Vom griechischen Einfluss zeugen auch die großteils noch in der Nekropole Tarquinia zu besichtigenden Fresken, auch denen oft das vornehmhetere Leben der etruskischen Oberschicht dargestellt ist.

Den Grabformen gemeinsam ist das Bestreben, sie wie Wohnhäuser einzurichten, mit Säulen, Tischen, Betten und Bänken aus Tuff.

# Historisches Zentrum von Rom

Italien, Vatikanstadt | Jahr der Ernennung: 1980

Zum Welterbe wurde zunächst das historische Zentrum innerhalb der Aurelianischen Mauer mit den bedeutendsten Monumenten aus der Antike erklärt. Nach der Erweiterung um Stätten des Heiligen Stuhls 1990 heißt es nun mit vollständigem Titel »Historisches Zentrum von Rom, Stätten des Heiligen Stuhls in Rom und Basilika St. Paul ›vor den Mauern‹«.

Die »Ewige Stadt« mit ihren Bauten aus Antike, Mittelalter, Renaissance, Barock und Klassizismus ist ein weltweit einzigartiges Freilichtmuseum.

Von der Glanzzeit des Römischen Reichs künden antike Bauwerke wie das Forum Romanum, die Kaiserforen und der Palatin, das Kolosseum sowie das Pantheon. Nach dem Untergang des Reichs wurde Rom das Zentrum der Christenheit. Die Päpste begannen die Stadt großflächig umzugestalten. Zu den geschützten Stätten des Heiligen Stuhls gehören u.a. der Laterankomplex, die Patriarchalbasiliken Santa Maria Maggiore und San Paolo fuori le Mura sowie die Paläste Palazzo di Propaganda Fide, Palazzo Maffei und Palazzo del Sant' Uffizio.

**Links: Auf dem Forum Romanum befinden sich u. a. Reste des gigantischen Saturntempels am Fuße des Kapitols.**

# Vatikanstadt

Vatikanstadt | Jahr der Ernennung: 1980

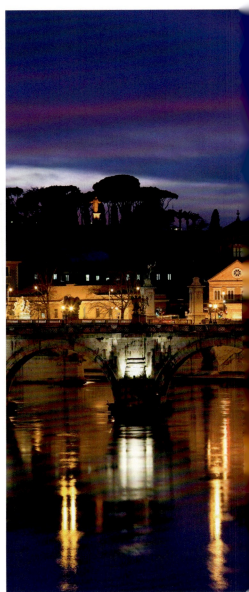

Die Vatikanstadt mit Peterskirche, Petersplatz und Vatikanpalast als Zentrum der Christenheit ist ein einmaliger Kulminationspunkt religiöser Kunst und wurde deshalb als Ganzes in die Liste des Welterbes aufgenommen. Nach dem Exil von Avignon wurde der Vatikan ab 1377 Papstresidenz. Ab dem 15. Jahrhundert baute man den Komplex weitläufig aus – heute birgt er mit dem Petersdom, den Vatikanischen Museen und dem Papstpalast eine immense Fülle an Kunstschätzen. Die Peterskirche entstand ab 1506 nach Plänen von Bramante und wurde durch Raffael, Michelangelo und andere Künstler der Hochrenaissance grandios ausgebaut. Die Innenausstattung umfasst eine Vielzahl von Altären, Mosaiken und Skulpturen. Die Kuppel wurde von Michelangelo entworfen, aus dessen Hand auch die berühmtesten Fresken der Sixtinischen Kapelle stammen. In der päpstlichen Hauskapelle, die Papst Sixtus IV. in den Jahren 1473–1483 erbauen ließ und in der das Konklave, die Papstwahl, stattfindet, schuf der Künstler die Malereien an der Decke sowie an der Altarwand. Vor dem Petersdom breitet sich der Petersplatz aus, den Bernini 1656 – 1667 gestaltete.

**Hinter der Sant'Angelo-Brücke ragt die St. Petersbasilika hervor (rechts). Die Kuppel des Petersdoms (oben) wurde von Michelangelo gestaltet.**

# Villa d'Este in Tivoli

Italien | Jahr der Ernennung: 2001

Die nahe Rom gelegene Villa d'Este mit ihren über 500 Brunnen, Wasserspielen und Fontänen ist ein herausragendes Werk der Gartenkunst der Renaissance und wurde zum Vorbild für Wassergärten in ganz Europa. Kardinal Ippolito d'Este, Spross der berühmten Herrscherdynastie aus Ferrara und Sohn Lucrezia Borgias, erkor 1550 ein ehemaliges Benediktinerkloster in Tivoli zu seiner Residenz. Einige Säle des Palastes wurden mit schönen Fresken von Vertretern des römischen Manierismus ausgestattet. Am Hang unter der Villa ließ Ippolito von Pirro Ligorio und Alberto Galvani einen Park mit weitverzweigtem Brunnensystem und Wasserspielen anlegen: den »Garten der Wunder«. Die ungezählten Springbrunnen lösen sich in Tausende von Bächlein, Kaskaden und Wasserfällen auf. Unter seinem Nachfolger Kardinal Alessandro d'Este wurde der Park ab 1605 umgestaltet. An den Arbeiten war später auch Bernini beteiligt; der Brunnen Fontana del Bicchierone wird ihm zugeschrieben. Die Wasserorgel Organo Idraulico ist ein Meisterwerk des Franzosen Venard. Nach zwischenzeitlichem Verfall wurde die Villa d'Este ab dem Jahr 1851 renoviert und entwickelte sich zu einem Kultursalon.

**Der Neptunbrunnen unterhalb des Orgelbrunnens in der Villa d'Este ist zweifellos einer der schönsten der Anlage.**

# Hadriansvilla

Italien | Jahr der Ernennung: 1999

Die knapp sechs Kilometer südwestlich von Tivoli gelegene ländliche Privatresidenz des römischen Kaisers Hadrian ist ein wunderbares Beispiel für die Opulenz und Eleganz römischer Baukultur.

Der kunstsinnige Kaiser Hadrian studierte auf vielen Reisen die Völker und Kulturen seines Imperiums, vor allem Griechenland und Ägypten. Seine Residenz ließ er 118–134 außerhalb Roms bauen. Alle Gebäude, meist Kopien griechischer Vorbilder, sowie die umgebenden Anlagen sind locker verbunden und folgen den natürlichen Vorgaben des Geländes. Die so erreichte harmonische Einbindung der Bauten in die Landschaft diente noch italienischen Barockbaumeistern als Vorbild. Die Privatgemächer des Palastes waren einst prächtig mit Marmor ausgestattet. Im Teatro Marittimo umrahmt eine große Säulenhalle ein riesiges Wasserbecken mit einer Insel in der Mitte. Zur Hadriansvilla gehören neben den kleinen und großen Thermen (Heliocaminus) und dem nach der gleichnamigen altägyptischen Küstenstadt benannten Kanopus auch ein Stadion, eine Bibliothek, ein griechisches Theater (Odeon) und eine Arena.

**Kopien griechischer und ägyptischer Statuen säumen den Kanopus, ein 119 Meter langes Wasserbassin.**

# Historisches Zentrum von Neapel

Italien | Jahr der Ernennung: 1995

Neapel geht auf die griechische Gründung Parthenope zurück, deren Altstadt durch eine Neustadt (»Neapolis«) erweitert wurde. Zahlreiche Kulturen des Mittelmeerraums haben hier ihre Spuren hinterlassen. Unter der Kirche San Lorenzo Maggiore wurden die Reste eines Marktes des antiken Neapolis gefunden. Neben der Kapelle des heiligen Januarius zeugt die in den Dom San Gennaro eingebundene Basilika Santa Restituta aus dem 6. Jahrhundert mit dem Baptisterium aus dem 4. Jahrhundert von der frühen Verbreitung des christlichen Glaubens in dieser Region. Die prächtigen gotischen, manieristischen und klassizistischen Kirchen und Stadtpaläste sind der Herrschaft des Hauses Anjou ab dem 13. Jahrhundert zu verdanken. Das Kloster Santa Chiara wurde 1340 fertiggestellt, das Castel Nuovo entstand im 13. Jahrhundert. 1600–1602 wurde nach Entwürfen von Domenico Fontana der Palazzo Reale errichtet. Das »Spanische Viertel« entstand als Garnison der spanischen Vizekönige, die 1503–1707 Neapel herrschten. Ein imposantes Beispiel neapolitanischen Barocks ist die Kirche Gesù Nuovo (16. Jahrhundert).

**Die imposante Burganlage Castel dell'Ovo liegt auf der kleinen Insel Megaride unterhalb des Jachthafens Santa Lucia.**

# Pompeji, Herculaneum und Torre Annunziata

Italien | Jahr der Ernennung: 1997

Die archäologischen Stätten, Relikte des Vesuv-Ausbruchs im Jahr 79, illustrieren eindrucksvoll die römische Alltagskultur. Auf dem Gelände unterhalb des Vulkankegels fördern Ausgrabungen seit dem 18. Jahrhundert die in einer bis zu sieben Meter tiefen Lavaschicht liegenden Überreste der Siedlungen zutage. Erst zwei Drittel des Areals sind bisher ausgegraben; der Besucher kann dennoch in Pompeji über das von Tempeln gerahmte Forum, durch Thermen und Theater, Weinschenken und Wohnhäuser spazieren. Besonders eindrucksvoll sind die Wandmalereien und Sgraffiti. Zu den bekanntesten Gebäuden gehören das »Haus des Fauns« mit einer Darstellung der Alexanderschlacht und das »Haus der Vettier«, beides gut konservierte Beispiele typischer Wohnsitze wohlhabender Römer. Aber auch Latrinen, Kaufläden, Bäckereien und Dinge des täglichen Bedarfs wie Geschirr oder Schreibzeug wurden hier freigelegt. Das erkaltende Gestein hat von verschütteten Menschen perfekte »Abgüsse« hinterlassen. In Herculaneum sind neben Thermen und Badeanlagen mehrstöckige Wohnzeilen erhalten. 1967 wurde in Torre Annunziata die Villa Oplontis aus dem 1. Jahrhundert freigelegt.

**Der große, alle vier Wände füllende Wandfries in der Villa dei Misteri in der Nähe von Pompeji ist nahezu komplett erhalten.**

Italien | **Europa**

# Küste von Amalfi

Italien | Jahr der Ernennung: 1997

**Zum Dom aus dem 9. Jahrhundert führt in Amalfi eine eindrucksvolle Freitreppe (oben). Unten: das pittoreske Positano.**

Die Region um Amalfi mit ihrer atemberaubenden Steilküste gehört zu den größten Naturschönheiten Italiens. Das Welterbe umfasst den Küstenabschnitt zwischen Positano und Vietri sul Mare mit den Bergdörfern Scala, Tramonti und Ravello.

Erschlossen wird dieser Abschnitt durch eine kurvenreiche Panoramastraße, von der man einen überwältigenden Ausblick auf den Golf von Salerno genießt. Positano zählt zu den ältesten Siedlungen Italiens und bezaubert durch kleine, weiß getünchte Häuschen und prächtige Palazzi, die sich an die steilen Felsen schmiegen. 1932 entdeckte man auf halber Strecke nach Amalfi durch Zufall die »Grotta di Smeraldo« mit ihren bizarren Tropfsteinformationen. Amalfi war im 9. Jahrhundert eine der mächtigsten Seerepubliken des Mittelmeerraums und erlangte durch den Orienthandel größten Reichtum. Ein berühmter Sohn der Stadt, Flavio Gioia, soll den Kompass erfunden haben. Die bis heute im Rathaus verwahrten »Tavole Amalfitane« enthalten das erste schriftlich fixierte Seerecht. Etwas versteckt liegt in den Bergen Ravello, dessen 1086 gegründeter Dom San Pantaleone besonders sehenswert ist.

# Caserta und San Leucio

Italien | Jahr der Ernennung: 1997

Im 18. Jahrhundert entstand in Caserta für König Karl III. ein Palastkomplex, der es an Ausmaß und Pracht mit Versailles aufnehmen kann. Zum Welterbe gehören auch der Park, ein Aquädukt und das benachbarte San Leucio. Macht und Selbstbewusstsein der Bourbonen, die Neapel 1734–1860 beherrschten, sollte der 1752 bis 1775 errichtete Palast von Caserta bezeugen. Eine Ironie der Geschichte ist es, dass er nach seiner Fertigstellung kaum mehr benutzt wurde. Die Ausmaße der Anlage sprengen alle Dimensionen: Der Grundriss des Schlosspalastes beträgt 253 × 202 Meter, über fünf Stockwerke verteilen sich auf 45 000 Quadratmetern 1217 Räume. Hauptattraktionen sind die monumentale Treppe, die Schlosskapelle und das Hoftheater mit dem Park als Bühnenhintergrund. Der rund 80 Hektar große Schlosspark beeindruckt vor allem durch seine Wasserspiele. Auf den Wasserbecken entlang der drei Kilometer langen Mittelachse wurden damals aufwendige Seeschlachten inszeniert. Bewässert wurden die Kanäle und Kaskaden über den von Vanvitelli konstruierten Acquedotto Carolino. Die Seidenmanufaktur von San Leucio umfasst Produktionsanlagen und eine Mustersiedlung.

**»Versailles des Südens«: Das Treppenhaus gibt einen Eindruck von den gewaltigen Dimensionen des Palazzo Reale in Caserta.**

# Nationalpark Cilento und Vallo di Diano

Italien | Jahr der Ernennung: 1998

Das Areal des Nationalparks Cilento und Vallo di Diano lag einst an einer wichtigen antiken Handelsroute des Mittelmeerraums. Zum Welterbe gehören auch die antiken Ruinen von Paestum und Velia sowie die mittelalterliche Kartause von Padula.
Der Nationalpark südlich von Salerno ist eine Bergregion mit weitgehend unberührten Mischforsten, immergrünen Wäldern, Buschregionen und Grasland. Dieser Landstrich war schon in der Antike eine Schnittstelle zwischen griechischer, etruskischer und lukanischer Kultur.
Die Tempel des um 650 v. Chr. gegründeten Paestum sind die eindrucksvollsten Zeugnisse der griechischen Kultur auf der Apenninenhalbinsel. In der phokäischen Kolonie Velia befand sich einstmals die »eleatische Schule« des griechischen Philosophen Xenophanes (um 565–470 v. Chr.). Erhalten geblieben sind dort noch die Fundamente mehrerer Tempel, Bäder, Häuser und Altäre. Die dem heiligen Lorenzo gewidmete Kartause von Padula, 1306 von Tommaso Sanseverino gegründet, wurde über 450 Jahre hinweg immer wieder umgebaut. Zum barock geprägten Kloster gehört der größte Kreuzgang der Welt.

**Der Cerestempel in Paestum war in Wirklichkeit der Göttin Athene geweiht.**

## Castel del Monte

Italien | Jahr der Ernennung: 1996

Das von geheimnisvoller Zahlenmystik umwobene achteckige Kastell Kaiser Friedrichs II., der als König von Sizilien über Süditalien herrschte, vereint unterschiedliche Elemente aus Antike, islamischer Architektur und Gotik.

Das um 1250 errichtete Kastell des Stauferkaisers liegt unweit von Andria in Apuliens Terra di Bari. Es besteht aus einem regelmäßigen Achteck mit acht gleichen oktogonalen Türmen und einem achtseitigen Innenhof. Das mächtige Portal unter einem antiken Giebel ist mit arabischen Ornamenten verziert. Ein Abglanz der einst prächtigen Innenausstattung sind die Alabaster- und Marmorsäulen in den Innenräumen. Einige kostbare Mosaikböden blieben bis heute erhalten. Auffällig ist das Fehlen christlicher Motive. Ob der Kaiser das Kastell bewohnt hat, ist nicht geklärt. Unklar ist auch der Bestimmungszweck. Eventuell diente es als Jagdschloss. Die außergewöhnliche Form des Bauwerks gibt Anlass zu vielen Spekulationen. In der Zahlenmystik hat die Zahl Acht im altorientalisch-arabischen Kulturkreis magische Bedeutung. Aber auch der Dom von Aachen mit seinem oktogonalen Innenraum ist als Vorbild denkbar.

**Die »Krone Apuliens« symbolisiert die Macht des Stauferkaisers. An jeder Ecke des Oktogons steht ein achteckiger Turm.**

## Höhlenwohnungen Sassi di Matera

Italien | Jahr der Ernennung: 1993

In zwei trichterförmigen Felsschluchten bei Matera wurden im Lauf der Jahrtausende immer wieder neue Höhlen und Häuser in den Tuffstein geschlagen. Darunter befinden sich auch 150 Felsenkirchen. Bis in die 1950er-Jahre hinein waren die Höhlenlabyrinthe von Matera in der Basilicata noch bewohnt und bildeten eines der größten Elendsviertel Italiens, dessen Bewohner ohne Strom und Wasser lebten. Wegen der entsetzlichen hygienischen Bedingungen veranlassten die Behörden eine Umsiedlung der Bewohner, danach verfiel die Höhlenstadt, bis die italienische Regierung Mitte der 1980er-Jahre ein Programm zur Rettung der ungewöhnlichen Siedlung einleitete. In den Sassi sind nahezu alle Epochen der menschlichen Entwicklungsgeschichte vertreten. Urzeitliche Bewohner schufen die ersten primitiven Höhlenwohnungen. Im 8. Jahrhundert flüchteten Mönche aus Kleinasien nach Matera und errichteten Felsenkirchen wie San Pietro in Principibus, Madonna della Croce, San Nicola dei Greci, Santa Maria de Idris, Santa Barbara oder Santa Maria della Valle. Deren Fresken zählen zu den imposantesten Beispielen byzantinischer Malerei.

**Die ursprünglichen Sassi, in Felsen und Tuffstein gegrabene Behausungen, waren noch bis Ende des 20 Jahrhunderts bewohnt.**

## Trulli von Alberobello

Italien | Jahr der Ernennung: 1996

Archaisch muten die »Trulli« genannten Rundbauten in Alberobello an. Ganze Straßenzüge wurden in dieser Bauweise errichtet.

Die Trulli in dem unweit der Adriaküste rund 60 Kilometer südöstlich von Bari gelegenen Ort sind weiße, zylindrisch geformte Rundhäuser mit einem kuppelförmigen Steindach und einem einzigen Raum. Die Wände werden ohne Mörtel aus Feldsteinen aufgeschichtet. Für das Dach setzen die Erbauer flache Steinplatten in immer enger werdenden Kreisen so übereinander, dass jeder Stein etwa zur Hälfte von einem darüberliegenden bedeckt und durch dessen Gewicht gehalten wird. Auf den Dächern werden zum Schutz vor bösen Mächten mit Kalkmilch Zeichen aufgetragen. Der Ursprung dieser Bauweise ist unbekannt. Eine Erklärung könnte sein, dass im 17. Jahrhundert die gegenüber dem Lehnsherrn fälligen Steuerabgaben nach der Anzahl der gemauerten Siedlungen berechnet wurden. Die Trulli konnten der Steuerersparnis dienen, wenn man sie bei Bedarf in Steinhaufen verwandelte. Vielleicht sind sie aber auch eine Reminiszenz einer Steinzeitkultur in Apulien.

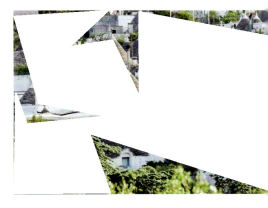

**Seit der Antike sind die einfachen Rundbauten mit kegelförmigen Dächern aus aufgeschichteten Steinplatten im Mittelmeerraum verbreitet.**

## Äolische Inseln

Italien | Jahr der Ernennung: 2000

Die Äolischen Inseln rund 40 Kilometer vor der Nordküste von Sizilien verdanken den Welterbestatus ihrer vulkanischen Aktivität. Geologisch und geophysikalisch sind sie für die Vulkanismusforschung von großer wissenschaftlicher Bedeutung.

Zu den Äolischen – oder Liparischen – Inseln gehören die Eilande Vulcano, Lipari, Alicudi, Filicudi, Salina, Panarea und Stromboli. Tektonisch ging die Inselgruppe aus dem Sinken des Tyrrhenischen Meers im Pliozän hervor. Der Vulkanismus entwickelte sich nach neueren Forschungen erst im Pleistozän. In drei Aktivitätsperioden entstanden dann die sieben Inseln.

Aktiv ist heute neben dem Stromboli nur noch der Grande Fossa auf Vulcano; auf Lipari gibt es zudem Fumarolen und Solfataren. Die Insel Stromboli besteht lediglich aus dem gleichnamigen, knapp 1000 Meter aus dem Meer aufragenden Vulkan. Seine Aktivität und die seiner Vorgänger setzte vor 40 000 Jahren ein. In der Kratersohle finden sich Lavaausbruchsmündungen, durch die ständig in geringem Umfang Lavastücke und glühende Schlacke ausgeworfen werden, begleitet von heftigen Explosionen. Der Stromboli ist damit einer der aktivsten Vulkane der Welt.

**Auf der drittgrößten der Liparischen Inseln, Volcano, befindet sich der 391 Meter hohe noch aktive Grand Cratère (oder Fossa).**

Italien | **Europa**

# Das arabisch-normannische Palermo und die Kathedralen von Cefalù und Monreale

Italien | Jahr der Ernennung: 2015

Dieses Welterbe umfasst die spektakulären Bauten, die die Normannen, die zwischen 1072 und 1194 über Sizilien herrschten, hinterließen. Die Architektur gilt als gelungene Symbiose westlicher, byzantinischer sowie arabischer Baustile und ist Zeugnis eines fruchtbaren Austausches zwischen christlicher und islamischer Kultur. Als die Normannen ab 1072 Sizilien eroberten, war die Insel in drei Emirate geteilt, in der griechisch sprechende Byzantiner und arabische Muslime lebten. Zur Sicherung ihrer Macht griffen die neuen Herren gerne auf einheimische Berater zurück. Am Hofe Roger II., dem Neffe Guiskards und seit 1130 König von Sizilien, verkehrten islamische wie byzantinische Gelehrte und Künstler. Der Herrscher ließ die Residenz des Emirs in Palermo zu einem Palast ausbauen und mit einer Kapelle ausstatten, die die Kirchenbaukunst des lateinischen Westens auf beeindruckende Weise mit byzantinischen und arabischen Traditionen verbindet. Der Normannenpalast und die Capella Palatina sowie die Kathedralen von Palermo, Monreale und Cefalù sind nur die bekanntesten Beispiele für den Multikulturalismus in der normannischen Architektur.

Neben der Kathedrale von Palermo (oben) umfasst das Welterbe das Schloss Zisa und die Ponte dell'Ammiraglio.

# Ätna

Italien | Jahr der Ernennung: 2013

Der Ätna auf Sizilien ist mit 3323 Metern der höchste aktive Vulkan auf dem europäischen Kontinent und einer der aktivsten Schichtvulkane (Stratovulkane) der Erde. Er entstand vor rund 600 000 Jahren an einer Stelle, an der eine Meeresbucht weit ins Landesinnere hineinreichte.

Der Gebirgsstock des Ätna nimmt eine gewaltige Fläche ein (rund 1200 Quadratkilometer), sein Umfang beträgt etwa 250 Kilometer. Aus geologischer Sicht lässt er sich in zwei Regionen unterteilen. Die unterste Stufe bis in rund 1100 Meter Höhe besteht nur aus ausgeflossener Lava. Sie steht unter dem permanenten Einfluss des Menschen. -Darüber liegt die Hochgebirgsstufe, von der rund 192 Qudratkilometer als Weltnaturerbe definiert wurden. Auf der Oberfläche dominieren nicht feste Laven, sondern ausgeworfene Aschen (Pyroklastika) unterschiedlicher Korngröße, angefangen von Sanden bis zu großen Bomben. Im Hochgebirge des Ätna lebt eine sonst in zentralasiatischen Gebirgen dominierende Pflanzengesellschaft, die Kugelbuschheide (Astragaletum siculi). Die auffälligsten Tiere in diesen Höhen sind Schwarzkäfer, die zu Hunderten auftreten können.

Der seit vielen tausend Jahren fast ständig aktive Ätna ist eines der besten Experimentierfelder für Geowissenschaftler aller Richtungen.

# Archäologische Stätten von Agrigent

Italien | Jahr der Ernennung: 1997

Unweit der heutigen Stadt Agrigent an der Südküste Siziliens befindet sich das Valle dei Templi mit den imposanten Überresten von Akragas, einer der bedeutendsten griechischen Kolonien und Handelsstädte im Mittelmeerraum. Heute erstreckt sich das archäologische »Tal der Tempel« entlang der teils noch sichtbaren antiken Stadtmauern von Akragas, das der griechische Dichter Pindar als die »Schönste der Sterblichen« bezeichnete. Unter den zahlreichen dorischen Ringhallentempeln, die sich wie an einer Kette aufgereiht weithin sichtbar auf Hügeln erheben, sticht besonders der Concordia-Tempel (um 430 v. Chr.) hervor, der wohl zu den am besten erhaltenen griechischen Tempeln überhaupt gehört. Um 450 v. Chr. entstand der Tempel der Juno. Der Herakles-Tempel (Ende des 6. Jahrhunderts v. Chr.) ist der letzte monumentale Tempelbau Akragas. Der größte Tempel war ursprünglich der des Olympischen Zeus, dessen gewaltige Fundamente sowie 20 Meter hohe Säulen von karthagischen Kriegsgefangenen errichtet wurden. Als Racheakt zerstörten die Punier den Tempel, nachdem sie die Stadt 406 v. Chr. erobert und ihre Bewohner vertrieben hatten.

**Nur noch einzelne Säulen und Mauerreste blieben vom Herakles-Tempel in Agrigent übrig.**

# Villa Romana del Casale

Italien | Jahr der Ernennung: 1997

Die römische Villa aus der Spätantike wurde im Zentrum Siziliens inmitten eines landwirtschaftlich genutzten Gebiets errichtet. Ihren kunsthistorischen Rang verdankt sie vor allem ihren prächtigen Mosaikfußböden.

Zu ländlichen Villenanlagen gehörte meist auch ein Gutsbetrieb, im Rom der Kaiserzeit wurden sie jedoch oft zu reinen Sommersitzen reicher Städter. Ein interessantes Beispiel eines solchen Anwesens findet sich bei Casale nahe Piazza Armerina.

Der Vorgängerbau der zwischen 310 und 340 errichteten Anlage könnte Kaiser Maximianus gehört haben. Um den Innenhof gruppieren sich labyrinthartig 50 Räume: Bäder, Gymnastiksäle, Studier-, Wohn- und Schlafzimmer. In der großartigsten spätrömischen Wohnanlage Siziliens sind selbst die Latrinen noch gut erhalten. Berühmt ist die seit den 1920er-Jahren systematisch freigelegte Villa vor allem wegen der großflächigen Bodenmosaiken aus verschiedenfarbigem Marmor, die vermutlich von Kunsthandwerkern aus Nordafrika ausgeführt wurden. Die Abbildungen bedecken mehr als 3500 Quadratmeter. Das bekannteste Mosaik sind die erotisch anmutenden »Bikinimädchen«.

Die Bodenmosaiken zeigen Delfine und Fische, Jagd- und Alltagsszenen sowie mythologische Motive.

# Spätbarocke Städte des Val di Noto

Italien | Jahr der Ernennung: 2002

Im sizilianischen Val di Noto warten auf engstem Raum acht Städte mit weltweit einzigartigen Ensembles von Architektur und Kunst des Spätbarock in Europa auf.

Nach dem schweren Erdbeben von 1693, das die gesamte Region um das Val di Noto verwüstete und fast 100 000 Menschen das Leben kostete, setzte in den acht Städten des Val di Noto – neben der Provinzhauptstadt Catania sind dies Caltagirone, Militello in Val di Catania, Modica, Noto, Palazzolo Acreide, Ragusa und Scicli – eine rege Bautätigkeit ein.

Dank des Wiederaufbaus innerhalb nur weniger Jahrzehnte entstand hier eine Fülle spätbarocker Bausubstanz wie sonst kaum anderswo. Von besonderer kunsthistorischer Bedeutung sind der Dom in Catania sowie die Abteikirche des ehemaligen Benediktinerklosters San Nicoló.

Bemerkenswert im malerischen Ragusa ist der Dom San Giovanni (1706–1760) mit der üppigen Barockfassade von Gagliardi. In Noto bezaubern die geschwungenen Fassaden der Kirchen San Carlo Borromeo und San Domenico sowie des Palazzo Ducezio.

Der Dom von Catania wurde auf den Resten einer normannischen Anlage errichtet, die Fassade 1735 von Vaccarini gestaltet.

# Syrakus und Felskammergräber von Pantalica

Italien | Jahr der Ernennung: 2005

Syrakus war eine der größten antiken griechischen Metropolen. Zu dieser Welterbestätte zählen auch die außerhalb der Stadt gelegenen vorgriechischen Felskammergräber von Pantalica. Syrakus wurde 733 v. Chr. von Kolonisten aus dem griechischen Korinth auf der damaligen Halbinsel Orthygia (heutige Insel Ortigia) gegründet. Cicero pries sie als die großartigste der griechischen Städte; Platon wirkte hier, Archimedes wurde hier geboren. Aus griechischer Zeit stammt ein Theater, in dem bis zu 15 000 Zuschauer Platz fanden.

In römischer Zeit wurde dann es zu einer Arena für Gladiatorenkämpfe umgebaut. Weitere antike Monumente sind ein ellipsenförmiges römisches Amphitheater und der kolossale Altar von Hieron II., von dem nur die gewaltige aus dem Fels gehauene Basis erhalten blieb. Der Tempel der Athene (5. Jahrhundert v. Chr.) befindet sich im Inneren des Doms.

Zur Nekropole von Pantalica bei Sortino gehören rund 5000 Felskammergräber aus der Zeit vom 13. bis zum 7. Jahrhundert v. Chr., als hier die Sikuler lebten. Später wurden diese Gräber dann von den frühen Christen als Wohnung und Kapelle genutzt.

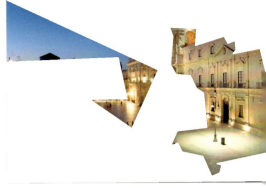

Beeindruckend ist der Domplatz auf der Insel Ortigia noch immer. Syrakus war nicht umsonst einst die mächtigste Stadt Siziliens.

# Nuraghe von Barumini

Italien | Jahr der Ernennung: 1997

Als »Nuraghe« bezeichnet man die aus Steinblöcken errichteten bienenkorbartigen Steintürme auf Sardinien aus der Zeit der Bonnanaro- und der Nuraghen-Kultur (1800–250 v. Chr.).

Viele Rätsel geben die auffälligen Steingebäude der sardischen Vorgeschichte auf. Dabei handelt es sich um stämmige Kegelbauten, die ähnlich wie die Trulli Süditaliens ohne Mörtel aus großen Steinen aufgeschichtet wurden und sich nach oben hin zu einem Schlussstein verjüngen.

Bei Barumini im Zentrum der Insel findet sich der größte freigelegte Komplex einer solchen festungs- oder bollwerkartigen Gruppe von Türmen. Der Hauptturm war 20 Meter hoch und wurde von einer 14 Meter hohen, mit vier Türmen bewehrten Bastion geschützt. Die Bastion selbst wurde von einer ringförmigen Wallanlage umgeben, gekrönt von sieben weiteren rund zehn Meter hohen Türmen. In der Nähe der Festungsanlage befand sich ein bronzezeitliches Dorf, dessen Häuser man zum Teil rekonstruieren konnte. Nördlich von Barumini erstreckt sich die für ihre Wildpferde berühmte Hochebene Giara di Gesturi, an deren Rändern sich 25 weitere bronzezeitliche Steinbauten befinden.

Vermutlich hat es in Baruminis Umgebung um die 50 dieser Bauten gegeben. Sie wurden etwa im Jahr 1500 v. Chr. errichtet.

# Valletta

Malta | Jahr der Ernennung: 1980

Die St. John's Co-Cathedral (1573–1578) ist mit Deckengemälden und prachtvoll ausgestatteten Seitenkapellen geschmückt (unten).

Die maltesische Hauptstadt verdankt ihr heutiges Aussehen weitgehend dem Johanniterorden, dessen Großmeister Jean Parisot de la Valette die Stadt nach einer überstandenen Belagerung durch die Osmanen 1566 neu gründete.

An drei Seiten vom Meer umgeben, liegt Valletta an der Nordküste Maltas auf einem 60 Meter hohen Felsen. Über Jahrhunderte hinweg hatten sich Phönizier, Griechen, Karthager, Römer, Byzantiner und Araber in der Herrschaft über die Insel abgewechselt, bis diese nach der Türkenbelagerung 1565 dem Johanniterorden übergeben wurde. Dieser errichtete dann eine seinerzeit idealtypische Festungsstadt, für die die Architekten Francesco Laparelli und Girolamo Cassar 1566-1571 den wuchtigen Wehrgürtel entwarfen. Innerhalb der Mauern baute der Johanniterorden Paläste, Kirchen und Herbergen im Stil der Renaissance und des Barock. In der prächtigen Ausgestaltung des Großmeisterpalastes und seiner beiden Innenhöfe zeigen sich Selbstbewusstsein und Reichtum des Ordens. Zum Dank für die überstandene Belagerung wurde 1567 die Barockkirche Our Lady of Victory erbaut. Die Bibliothek birgt wertvolle Handschriften.

# Megalithtempel von Malta

Malta | Jahr der Ernennung: 1980

Die Welterbestätte mit den beiden Tempeln von Gigantija auf Gozo wurde später um ähnliche Anlagen auf Gozo und der Hauptinsel – Hagar Qim, Mnajdra, Tarxien, Ta'Hagrat und Skorba – erweitert.

Noch im 20. Jahrhundert rechnete man die Megalithbauten der phönizischen Kultur zu, bis neue Datierungsmethoden das Alter der ältesten Steintempel der Welt enthüllten. Von den sieben großen Tempelanlagen gilt diejenige von Gigantija auf Gozo als die älteste (ca. 6000 Jahre). Die beiden von einer Mauer umgebenen Tempel bestehen aus mehreren hufeisenförmigen Kammern mit einer Länge von über zehn Metern, die kleeblattartig um einen Innenhof herum gruppiert sind. Auch die Tempelanlagen auf der Hauptinsel Malta folgen diesem Grundriss. Die Fassaden von Hagar Qim wurden vermutlich um 2000 v. Chr. fertiggestellt und sind bis zu zwölf Meter hoch. Grabungen förderten hier Kultplastiken zutage, von denen die »Venus von Malta« wohl die berühmteste ist. Die Kultstätte von Mnajdra weist reich gestaltete Reliefs an den Fassaden auf, die von den 1914 entdeckten Resten der Anlage von Tarxien noch übertroffen werden.

**Diverse Funde aus anderen Ländern lassen vermuten, dass die Tempel einst ein Wallfahrtsziel im Mittelmeerraum waren.**

# Hypogäum Hal Saflieni

Malta | Jahr der Ernennung: 1980

Das neolithische Hypogäum Hal Saflieni auf Malta ist eine unterirdische Tempelanlage, die zu den ältesten Begräbnis- und Kultstätten der Welt zählt.

Bei Bauarbeiten in Paola in der Umgebung Vallettas entdeckte man 1902 eine gewaltige unterirdische Hohlkammeranlage, in der über mehrere Stockwerke verteilt die Gebeine von mehr als 7000 Menschen ruhten. Ein oberirdisches Heiligtum markierte einst den Eingang zum »Hypogäum« (»das unter der Erde Liegende«), einem Labyrinth aus vielen Gängen, Kammern und Nischen, das mehr als zehn Meter unter den Boden reichte und eine Gesamtfläche von rund 500 Quadratmetern einnahm. Inzwischen weiß man, dass die ältesten Teile des Hypogäums bereits um 3000 v. Chr. mit einfachen neolithischen Werkzeugen wie Tierhörnern und Steinkeilen ausgeschachtet und über einen Zeitraum von 1300 Jahren kontinuierlich erweitert wurden. Das Hypogäum war Friedhof und Kultstätte. Im Zentrum der Nekropole befand sich ein Sanktuarium, das wohl der Abhaltung eines Initiationsritus vorbehalten war. Archäologische Funde lassen auf Opferhandlungen und Orakelbefragungen schließen.

**Zu den berümtesten Ausgrabungsobjekten gehört die Skulptur der »schlafenden Dame« (vermutlich eine Priesterin).**

# Quecksilberbergwerke in Almadén und Idrija

Slowenien, Spanien | Jahr der Ernennung: 2012

Quecksilber ist das einzige Metall, das bei Zimmertemperatur flüssig ist. Ein großer Teil dieses Schwermetalls wird seit dem Jahr 1490 in Idrija abgebaut. Man brauchte es in großen Mengen in Amerika für die Silbergewinnung. Quecksilber zeigt die bemerkenswerte Eigenschaft, dass es mit zahlreichen Metallen bereitwillig eine Legierung bildet, die wir Amalgam nennen. Das gilt insbesondere auch für die edlen Metalle Gold und Silber. Sie verbinden sich mit Quecksilber zu Amalgam und können auf diese Weise aus dem Gestein herausgelöst werden. Ein großer Teil der reichen Silberschätze der Neuen Welt wurde mit Quecksilber gewonnen. Dieses wurde hauptsächlich aus Almadén in Spanien und Idrija in Slowenien exportiert. So entstand bereits im 16. Jahrhundert eine erste globalisierte Industrie. Das slowenische Weltkulturerbe umfasst das gesamte Bergwerk mit den Hüttenanlagen, den Wasserpumpen, den Straßen und der Altstadt mit den Arbeiterwohnungen. Zum selben Weltkulturerbe gehört auch das Quecksilberbergwerk Almadén in Spanien. Beide Denkmäler bezeugen die Evolution des Quecksilberabbaus bis zu dessen endgültigem Verbot in jüngster Zeit.

Bei einer Führung durch das Quecksilberbergwerk in Idrija taucht man ein in die unter- und oberirdische Welt des Metallabbaus.

# Höhlen von Škocjan

Slowenien | Jahr der Ernennung: 1986

Das fast sechs Kilometer lange Höhlensystem im slowenischen Karstgebirge östlich von Triest gehört zu den größten Europas. In dem Labyrinth mit seinen riesigen Grotten, bizarren Tropfsteinen und rauschenden Wasserfällen haben zahlreiche seltene Pflanzen und Tiere ihren Lebensraum.

Das Wasser des Flusses Reka verschwindet bei Škocjan unter der Erde und tritt etwa acht Tage später nahe der Adriaküste wieder zutage. Dazwischen, über eine Strecke von rund 40 Kilometern, hat die Reka eine unterirdische, geradezu urweltlich anmutende Karstlandschaft mit den Naturerscheinungen jahrtausendelanger Kalksteinerosion hinterlassen: Scharten, Schluchten, Seen und Wasserfälle, enge Durchlässe und riesige »Säle«. Der größte Saal ist die »Martelova dvorana«, die 308 Meter lang, 123 Meter breit und bis zu 146 Meter hoch ist. Während der Schneeschmelze kann der Wasserstand im unterirdischen, bis zu 148 Meter tiefen Canon rapide ansteigen. Doch auch im Sommer bieten die 25 Kaskaden in der »Rauschenden Höhle« ein großes Naturschauspiel. Einen faszinierenden Kontrast dazu bildet die »Stille Grotte« mit ihren Tropfsteingebilden.

1851 entdeckte Adolf Schmidl die Müllerhalle (oben) in dem mehrere Millionen Jahre alten Höhlensystem.

# Euphrasius-Basilika und historischer Stadtkern von Poreč

Kroatien | Jahr der Ernennung: 1997

Das Sakralensemble der Euphrasius-Basilika in der Altstadt von Poreč an der Westküste der Halbinsel Istrien gilt als herausragendes Beispiel für die Verschmelzung von spätantiker und byzantinischer Baukunst.

Christen gab es in Poreč schon im 3. nachchristlichen Jahrhundert. Im 4. Jahrhundert errichteten sie eine Kapelle, in die sie auch die Gebeine des heiligen Maurus, ihres ersten Bischofs, eines Märtyrers spätrömischer Christenverfolgung, betteten. Von ihr sind nur Reste geblieben. Bereits im 5. Jahrhundert wurde eine erste große Basilika errichtet. Unter Bischof Euphrasius erhielt diese im 6. Jahrhundert ihre heutige Form und Ausstattung. Mit seinen reichen und gut erhaltenen Mosaiken ist das im byzantinischen Stil errichtete Gotteshaus eines der schönsten Bauwerke dieser Epoche. Die Reste von Bodenmosaiken aus dem 4. Jahrhundert stammen aus dem Vorgängerbau der heutigen Kirche. Die teils vergoldeten Mosaiken wurden im 6. Jahrhundert geschaffen. Aus derselben Zeit stammen auch die Taufkirche (Baptisterium) und das Atrium, einer der wenigen noch erhaltenen Vorhöfe aus frühchristlicher Zeit.

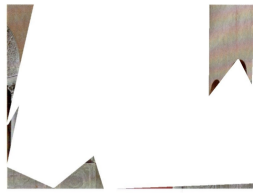

Die berühmten Apsismosaiken aus dem 6. Jahrhundert in der Euphrasius-Basilika in Poreč zeugen von höchster Kunstfertigkeit.

# Kathedrale des heiligen Jakob in Šibenik

Kroatien | Jahr der Ernennung: 2000

Mit der 1431 bis 1535 errichteten Jakobskathedrale in der kroatischen Hafenstadt in Dalmatien wurde am Übergang von der Gotik zur Renaissance ein Bauwerk geschaffen, in dem sich lokale, norditalienische und toskanische Einflüsse vereinen.

Als dreischiffige Basilika mit Apsiden und Vierungskuppel folgt die Kathedrale des heiligen Jakob, Sveti Jakov, einem italienischen Grundmuster. Der dalmatinische Baumeister und Bildhauer Juraj Dalmatinac errichtete ab 1441 die niedrigen Seitenschiffe bis zur Scheitelhöhe, das Baptisterium und die Apsiden. Niccolò di Giovanni Fiorentino, ein Donatello-Schüler, vollendete ab 1477 die Seitenschiffe und schloss die Decke mit einem freitragenden Tonnengewölbe aus Steinplatten, welche auch die Außenseite bilden: damals eine technische Meisterleistung. Über dem kurzen Querhaus baute der Florentiner die an den Dom seiner Heimatstadt erinnernde schlanke Kuppel und die ein dreiblättriges Kleeblatt nachzeichnende Westfassade. Den Bau vollendeten ab 1505 Bartolomeo und Giacomo del Mestre mit Unterstützung von Ivan Masticević. Als Glockenturm diente ein Turm der Stadtmauer.

Eine einmalige Harmonie wird durch die schlichte aber raffinierte Bauweise geschaffen: jeder Stein bildet Außen- und Innenwand.

Kroatien | **Europa**

# Nationalpark Plitvicer Seen

Kroatien | Jahr der Ernennung: 1979

Die 16 Seen des Nationalparks Plitvicer Seen unweit der Grenze zu Bosnien-Herzegowina sind über Terrassen, Kaskaden und Wasserfälle miteinander verbunden – Zeugnisse eines sich ständig ändernden, urwüchsigen Naturpanoramas im kroatischen Karst.

Ihre Entstehung verdankt die sich über rund sieben Kilometer erstreckende Seenkette Kalkablagerungen und Bodeneinbrüchen. In Jahrtausenden hat der Kalksinter Barrieren und Dämme aufgeworfen, hinter denen sich das Wasser staut: Algen und Moose lassen die zwölf großen Seen blau und grün schillern. Die eindrucksvollsten Wasserfälle mit einer Fallhöhe von bis zu 76 Metern finden sich im Bereich der vier unteren Seen.

An deren Ende entsteht nach dem Zufluss der Plitvica die Korana. Über zahlreiche, immer wieder einstürzende und sich anschließend neu bildenden Terrassen ergießt sich das kalkreiche Wasser. Die im Jahr 1949 zum Nationalpark erklärte Region am Fuß des Bergmassivs der Kleinen Kapela weist eine artenreiche Flora und Fauna auf. In den dichten Wäldern leben etwa 120 Vogelarten, Hirsche, Wölfe und Braunbären.

Auf neun Kilometern Länge zieht sich ein dichtes Kaskadensystem aus vielen Seen durch die waldreiche Berglandschaft.

# Altstadt von Trogir

Kroatien | Jahr der Ernennung: 1997

Trogir ist ein Zeugnis für städtebauliche Kontinuität seit vorchristlicher Zeit. Die dalmatinische Hafenstadt geht auf eine im Jahr 385 v. Chr. gegründete griechische Kolonie zurück. Auf die Ursprünge als griechische Kolonie weist das rechtwinklige Straßennetz hin. Tragurion entwickelte sich zu einer der wichtigsten Hafenstädte der Antike. Im 6. Jahrhundert geriet die auf einer Insel gelegene Stadt unter byzantinische Oberhoheit (bis um 1000). Danach stritten Kroaten, Bosnier, Ungarn und Venezianer um die Herrschaft, die Republik Venedig setzte sich durch (1420–1797). Im Benediktinerinnenkloster finden sich Reliefs und Inschriften aus dem 3.–1. Jahrhundert v. Chr. Der romanisch-gotische Dom St. Laurentius wartet mit Meisterwerken mittelalterlicher Malerei auf. Sein Westportal, um 1240 von Meister Radovan aus Trogir geschaffen, gehört zu den bedeutendsten Steinplastiken Kroatiens. Das Rathaus und die Stadtloggia mit ihrem Uhrturm stammen aus dem 15. Jahrhundert. Das Kastell Camerlengo und der Markus-Turm sind Teil der venezianischen Befestigungsanlagen. Erhalten sind außerdem viele Palais und Stadthäuser aus spätgotischer Zeit, aus Renaissance und Barock.

**Die Hafensilhouette von Trogir dominieren der Glockenturm der Laurentius-Kathedrale und der Turm St. Nikolaus.**

Kroatien | **Europa**  **267**

## Historisches Zentrum von Split

Kroatien | Jahr der Ernennung: 1979

Auf den Ruinen des monumentalen Altersruhesitzes für den Kaiser Diokletian aus dem 3. Jahrhundert entwickelte sich seit dem 7. Jahrhundert das heutige Split.

In nur zehn Jahren ließ sich Kaiser Diokletian für die Zeit nach seiner Abdankung (305) einen Palast im Typus des römischen Castrums errichten. Sein Altersruhesitz nahe der römischen Stadt Salona umschloss eine Fläche von etwa 215 × 180 Metern und wurde mit turmbewehrten Mauern befestigt. Nach dem Einfall von Awaren und Slawen um 614/15 floh ein Teil der Bewohner Salonas in die Ruinen des altrömischen Palastes, dessen Areal so zur Keimzelle des heutigen Split wurde.

Das achteckige Mausoleum Diokletians wurde durch den Anbau einer Eingangshalle und eines Glockenturms zum christlichen Dom, die kostbare Ausstattung der Grabstätte blieb jedoch unverändert. Der Jupiter-Tempel wurde zum Baptisterium umgebaut. Aus der Blütezeit der mittelalterlichen Handelsstadt stammen der spätgotische Papali-Palast mit einem stilvollen Innenhof sowie das Cindro- und das Agubio-Palais, die wohl schönsten Barockpaläste Splits.

Im antiken Palast des römischen Kaisers Diokletian befinden sich heute Boutiquen und Bars, Internet-Cafés und Klubs.

## Ebene von Stari Grad

Kroatien | Jahr der Ernennung: 2008

In der Ebene von Stari Grad im Westteil der Insel Hvar erhielten sich viele Spuren aus der Zeit ihrer Besiedlung durch ionische Griechen im 4. Jahrhundert v. Chr.

Ihren Namen erhielt die Ebene von der ihr vorgelagerten Hafenstadt, die um 385 v. Chr. von den Griechen auf der Insel Paros gegründet wurde. Stadt und Ebene liegen an einer sechs Kilometer ins Inselinnere reichenden Meeresbucht, die bereits im Neolithikum Seefahrern als Zufluchtsstätte bei Unwettern diente. Nach der Eroberung Hvars durch die Römer 228 v. Chr. wurde Stari Grad (Alte Stadt) fast vollkommen zerstört. Gleichwohl zählen die Überreste der Kolonie zu den ältesten erhaltenen Zeugnissen antiker Siedlungskultur. Aufgrund seiner günstigen Lage und des milden Klimas wurde die Region rasch zum Hauptanbaugebiet und Handelszentrum der Insel. So sind einige Stücke der antiken Stadtmauer erhalten, ebenso außerhalb des Orts kleinere, aus Stein errichtete Bauwerke. Der fruchtbare Boden der Ebene wurde von den Griechen nach streng geometrischen Gesichtspunkten aufgeteilt. Auch nach 24 Jahrhunderten finden sich hier noch Überreste der antiken Grenzmarkierungen.

Der fruchtbare Boden der Ebene wurde von den Griechen vor allem für den Wein- und Olivenanbau genutzt.

# Altstadt von Dubrovnik

Kroatien | Jahr der Ernennung: 1979

Dubrovnnik, die »Perle der Adria«, war ab dem 13. Jahrhundert als »Ragusa« eine starke See- und Handelsmacht. Der Wiederaufbau nach dem Erdbeben von 1667 erneuerte das prächtige Stadtbild. Die Schäden durch Artilleriebeschuss in den Jugoslawienkriegen (1991/92) werden mit internationaler Hilfe beseitigt. Im Mittelalter war Dubrovnik einer der wichtigsten Plätze für den Handel mit dem östlichen Mittelmeer (Levante). Im 14. Jahrhundert wehrte die damals »Ragusa« genannte Stadt (Dubrovnik ist erst seit 1919 offizieller Name) erfolgreich die Herrschaftsansprüche Venedigs und Ungarns ab. Ab 1525 formal unter türkischer Oberhoheit, bestimmte sie als freie Republik bis zur Annexion Dalmatiens durch Napoleon (1809) selbst ihr Schicksal. Die mächtigen Festungsanlagen mit ihren bis zu sechs Meter dicken und 25 Meter hohen Mauern zeugen noch heute von ihrer Wehrhaftigkeit. Ragusa war eine Hochburg des Humanismus und hatte großen Einfluss auf die slawische Literatur und Malerei. Hier entwickelte sich vom 15.–17. Jahrhundert die kroatische Schriftsprache. 1667 zerstörte ein Erdbeben die Stadt fast ganz; im Barock erfuhr ein Großteil der Bauten jedoch einen Wiederaufbau.

**Die historische Altstadt ist von einer Stadtmauer umgeben; sie birgt enge Gässchen und weite Plätze wie den Rektorenpalast (unten).**

# Alte Brücke und Altstadt von Mostar

Bosnien-Herzegowina | Jahr der Ernennung: 2005

Sie ist Denkmal und Sinnbild für Zerstörung: am 23. Juli 2004 wurde die im Jahr 1993 zerstörte Alte Brücke feierlich wiedereröffnet.

Mostar ist ein ungewöhnliches Beispiel für multikulturell geprägtes urbanes Leben, aber auch für die damit verbundenen Konflikte. Die Hauptstadt der Herzegowina, besonders die mit internationaler Unterstützung 1998 bis 2004 wiederaufgebaute »Alte Brücke« (Stari Most) über die Neretva, symbolisiert das Zusammenleben verschiedener religiöser, kultureller und ethnischer Gemeinschaften.

In Mostar hatten Kroaten und Muslime Anfang der 1990er-Jahre zuerst gemeinsam gegen die Serben gekämpft. Sie verwalteten die Stadt etwa ein halbes Jahr lang zusammen, bekriegten sich dann aber untereinander (1993/94). Streitkräfte der bosnischen Kroaten nahmen auch die Brücke unter Beschuss, die im November 1993 einstürzte. Auch viele andere alte Gebäude, vor allem im bosniakischen Ostteil, sind im Bosnienkrieg stark beschädigt oder zerstört worden. 1998 begann mit großer internationaler Unterstützung der Wiederaufbau der zunächst von der EU verwalteten, administrativ geteilten Stadt. Die Erneuerung unter wissenschaftlicher Leitung und Verwendung teils neuer Baustoffe orientierte sich am gut dokumentierten Zustand vor dem Krieg.

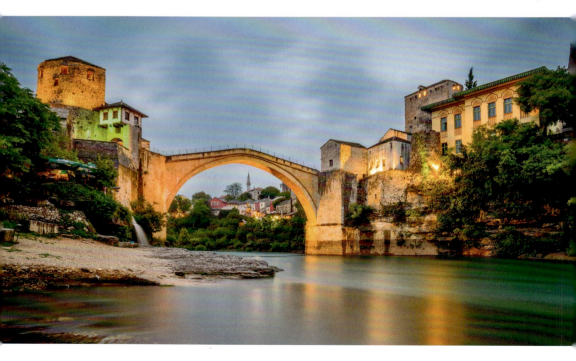

# Mehmed-Paša-Sokolović-Brücke in Višegrad

Bosnien-Herzegowina | Jahr der Ernennung: 2007

1577 fertiggestellte Mehmed-Paša-Sokolović-Brücke in Višegrad gilt als ein Meisterwerk der osmanischen Architektur.
Die Mehmed-Paša-Sokolović-Brücke steht direkt hinter einer scharfen Biegung des Gebirgsflusses Drina. Am rechten Ufer liegt eine Ebene, in der sich Višegrad ausdehnen konnte. Die linke Seite wird von einer felsigen Anhöhe geprägt. Diese geografischen Gegebenheiten machten den Bau einer 120 Meter langen Zugangsrampe im rechten Winkel zur Brücke nötig. Den Auftrag zur Errichtung der Brücke erteilte Großwesir Mehmed Paša Sokolović (Sokollu) 1566 Sinan, seit 1538 Baumeister des gesamten Osmanischen Reiches und einer der großen osmanischen Architekten.
An der Route von der Donauebene über Sarajevo zur Adriaküste diente sie der Kontrolle des zentralen Balkans. Die Drina markierte lange Zeit eine oft heftig umkämpfte Scheidelinie zwischen christlichem Abendland und islamischem Morgenland. Nicht zuletzt war der auch durch den Roman »Die Brücke über die Drina« von Ivo Andrić (1945) bekannte Bau ein Tribut des Großwesirs an seine Heimat Bosnien.

**Die rund 180 Meter lange Brücke überspannt die Drina in elf Bögen. In der Mitte erreicht sie bei 15 Metern ihren höchsten Punkt.**

# Kloster Studenica

Serbien | Jahr der Ernennung: 1986

Das vom serbischen König Stephan Nemanja gegründete Studenica ist die größte serbisch-orthodoxe Klosteranlage. Die beiden Hauptkirchen bergen wertvolle byzantinische Wandmalereien aus dem 13. und 14. Jahrhundert. Mit dem versteckt im Wald gelegenen Studenica südwestlich von Kraljevo erreicht die mittelalterliche serbische Baukunst im sogenannten raszischen Stil ihren ersten Höhepunkt. Von den ursprünglich zehn Kirchen sind heute nur noch drei erhalten; die 1183–1196 errichtete einschiffige Muttergotteskirche ist die größte und älteste. Ihre von italienischen Benediktinermönchen geschaffenen Portale, Fenster und Bauplastiken sind überwiegend von romanischen Formen geprägt. Die zwölfeckige Vierungskuppel ist das Werk byzantinischer Meister. Die Fresken, die ab 1208/09 entstanden, stammen ebenfalls aus derselben Schule; 1568 wurden weitere Szenen hinzugefügt. 1313 ließ dann Stephan Uroš II. Milutin die St.-Joachim-und-Anna-Kirche (Königskirche) errichten. Ihr Innenraum wurde mit meisterhaft ausgeführten Fresken geschmückt. Die kleinste im Bunde ist die aus Bruchsteinen gemauerte Nikolaus-Kirche vom frühen 13. Jahrhundert.

**Die Kreuzigungsszene (oben) an der Westwand der Muttergotteskirche zählt zu den prächtigsten Freskenmotiven.**

## Stari Ras und Kloster Sopoćani

Serbien | Jahr der Ernennung: 1979

Von der Hauptstadt des altserbischen Kernlands Raszien südlich des heutigen Novi Pazar sind nur wenige Monumente erhalten. Das nahe gelegene Kloster Sopoćani, um 1260 von König Stephan Uroš I. gestiftet, besitzt eines der größten Wandgemälde des Mittelalters. Zum alten Ras (Stari Ras) gehören die Reste einer mittelalterlichen Burg sowie die im 9./10. Jahrhundert erbaute Peterskirche. Sie steht auf einer Anhöhe, die schon im 6. Jahrhundert v. Chr. besiedelt worden war. Unter ihrer byzantinischen Rotunde wurden Reste eines römischen Rundbaus gefunden. Die Georgskirche (1170) mit den ältesten byzantinischen Fresken Serbiens (12./13. Jahrhundert) war Teil eines befestigten Klosters. Von den Wandmalereien der Dreifaltigkeitskirche (Sveti Trojica) ist etwa die Hälfte erhalten. Zu den Hauptmotiven gehört die Muttergottes. Das größte Fresko zeigt ihren Tod und ihre Himmelfahrt. Das Kloster Sopoćani westlich von Novi Pazar wurde als Grabstätte für König Stephan Uroš I. (reg. 1243–1276) gestiftet. Zu den künstlerisch wertvollsten der zwischen 1263 und 1268 entstandenen Wandmalereien des im raszischen Stil erbauten Gotteshauses gehört das Bild »Entschlafung Mariä«.

**Die älteste Kirche in Serbien ist die Peterskirche (oben). Aus der Zeit vor den Nemanjiden ist sie die einzige voll erhaltene Zeugin.**

## Mittelalterliche Denkmäler im Kosovo

Serbien | Jahr der Ernennung: 2006

2006 wurde die frühere Welterbestätte Kloster Dečani um drei Sakralbauten, die Klöster Peć und Gračanica sowie die Kirche der Jungfrau von Ljeviša, erweitert und in »Mittelalterliche Denkmäler im Kosovo« umbenannt. Zugleich kam sie auf die Liste des gefährdeten Welterbes, da ein Management-Plan zur Erhaltung fehlt.

Die serbische Kunst und Architektur des Mittelalters mit ihrer Blütezeit im 14. Jahrhundert entfaltete sich an der Nahtstelle zweier Kulturkreise: des byzantinischen im Osten und des lateinischen im Westen. Das historische Amselfeld (»Kosovo polje«) birgt viele Architekturdenkmäler aus dieser Zeit. Die fünfschiffige romanisch-gotische Pantokrator-Basilika (1327–1335) des Visoki-Dečani-Klosters ist das größte davon. Ihre Fresken zeigen in ihren Themenzyklen und auf mehr als 1000 Heiligenfiguren die ganze Palette byzantinischer Ikonografie. Mit Michael Astrapas und Eutychios, den Hofmalern von Stephan Uroš II. Milutin, fand die nach den Palaiologen (die letzte byzantinische Kaiserdynastie, 1259–1453) benannte palaiologische Renaissance Eingang in die serbische Malerei.

**Zu den Hauptwerken der palaiologischen Renaissance zählen die Fresken in der Klosterkirche von Gračanica.**

# Galerius-Palast in Gamzigrad (Romuliana)

Serbien | Jahr der Ernennung: 2007

Die spätrömische Anlage mit dem Palast, den Basiliken, Tempeln, Bädern und einer Gedenkstätte etwas abseits ließ Kaiser Galerius an der Wende vom 3. zum 4. Jahrhundert errichten. Sie spiegelt das Bauprogramm in der Epoche der zweiten Tetrarchie (griechisch: »Viererherrschaft«) wider.

Dem Bau des Palastes widmete sich der von Diokletian im Jahr 293 zum »Caesar« – zum für das Donaugebiet und die Balkanhalbinsel zuständigen Unterregenten – ernannte Galerius nach dem erfolgreichen Feldzug gegen Perserkönig Narses in den Jahren 297 und 298. Später, als ranghöchster »Augustus« (ab dem Jahr 305) der mächtigste Mann im Staat, ließ Galerius den Komplex weiter ausbauen, vergrößern und verschönern. Auf dem Hügel östlich des Palastes errichtete er für sich und seine Mutter zwei Mausoleen.

Flankierende Hügelgräber, sogenannte Tumuli, dienten der Apotheose: Bei diesem rituellen Akt sollten die Beigesetzten in den Rang von Göttern erhoben werden. Nach dem Tod des Kaisers im Jahr 311 wurde die Anlage noch bis zum 7. Jahrhundert weiter bewohnt und umgestaltet.

**Die Ruinen des Palasts des Galerius zählen zu den größten und besterhaltenen römischen Bauwerken Europas.**

# Nationalpark Durmitor

Montenegro | Jahr der Ernennung: 1980

Die Naturlandschaft des von Gletschern der letzten Eiszeit geformten Durmitor-Massivs, im Bobotov Kuk 2522 Meter hoch, gehört seit 1980 zum Welterbe. Im Jahr 2005 wurde die Welterbestätte auf eine – den Grenzen des Nationalparks entsprechende – Fläche von 340 Quadratkilometern erweitert.

Durch dichte Nadelwälder und an klaren Gebirgsseen vorbei rauscht die Tara, einer der letzten ungezähmten Wildwasserflüsse der Balkanhalbinsel. Im Dinarischen Karst hat sie bis zu 1300 Meter tiefe Schluchten hinterlassen – die tiefsten Schluchten Europas. Die Hochebene um Žabljak wird zwar als Ski- und Wandergebiet genutzt, zu großen Teilen ist das Durmitor-Massiv jedoch von Eingriffen des Menschen verschont geblieben.

Im Nationalpark leben neben Hirschen und Gämsen auch in Europa sehr seltene Tiere wie Braunbär, Wolf, Wildkatze, Adler, Birk- und Auerhuhn. Drei Viertel der hiesigen Gebirgsflora sind endemisch. Die Schwarzkiefernbestände gehören zu den letzten europäischen Urwäldern. Der bis zu 49 Meter tiefe Schwarze See (Crno jezero) in 1416 Meter Höhe bei Žabljak ist durch Wanderwege gut erschlossen.

**Die markanten spitzigen Felsformationen des Durmitor-Massivs wie die des Zupci (2309 Meter) wurden von Fels-»Zähnen« geformt.**

Serbien, Montenegro | **Europa**

# Bucht und Region von Kotor

Montenegro | Jahr der Ernennung: 1979

Einen der besten Naturhäfen Europas bietet die Küste von Kotor. Die Stadt selbst ist eine sehenswerte mittelalterliche Festungsstadt.

Kotor war im Mittelalter eine bedeutende Handelsstadt, zugleich ein Zentrum der Ikonenmalerei und Steinmetzkunst. Die gleichnamige, rund 30 Kilometer tief ins Land reichende Bucht mit ihren sieben Inseln gilt als eine der schönsten der Adriaküste. Nach einem Erdbeben 1979 wurde die Altstadt wieder aufgebaut. Zum Welterbe zählt die Natur- und Kulturlandschaft der Region von Kotor.

Das von griechischen Kolonisten in der Antike gegründete Kotor mit seinem großen Naturhafen war im 13. und 14. Jahrhundert als Seefahrer- und Handelsstadt Venedig ebenbürtig. Noch heute wird die Stadt umschlossen von einer fast fünf Kilometer langen mächtigen Mauer mit überdachten Wehrgängen, die sich bis zu den 250 Meter hoch über der Altstadt gelegenen Ruinen der Festung Sveti Ivan hinaufzieht. Die romanische St.-Tryphon-Kathedrale (Sveti Tripun) wurde im 12. Jahrhundert erbaut, ihre Doppelturmfassade 1681 vollendet. Die St.-Lukas-Kirche (1195) ist ein frühes Beispiel für einen Sakralbau im raszischen (altserbischen) Stil. Vor allem aus Renaissance und Barock stammen zahlreiche Paläste und Patrizierhäuser.

# Holzkirchen von Maramureş

Rumänien | Jahr der Ernennung: 1999

Die insgesamt acht zum Welterbe gehörenden Holzkirchen aus dem 17./18. Jahrhundert repräsentieren die für den äußersten Norden Rumäniens typische Sakralarchitektur.

Die aus unterschiedlichen Stilepochen stammenden Holzkirchen von Maramureş verweisen auf die eigenständige Tradition des Kirchenbaus in dieser sehr abgeschiedenen Landschaft zwischen Waldkarpaten und Rodnaer Gebirge. Der Grund für die altertümliche Holzbauweise war ein Verbot der ungarischen Krone, in Siebenbürgen (Transsilvanien) orthodoxe Gotteshäuser aus Stein errichten zu lassen. Als Baumaterial diente deshalb das Holz von Eiche, Tanne, Ulme und Buche. Charakteristisch sind die schmalen Kirchenschiffe mit ihren teils doppelten Schindeldächern und den darauf stehenden schlanken Glockentürmen. Die Ausschmückung des Inneren folgt der orthodoxen Kirchentradition. Pfeiler und Balken sind mit Schnitzwerk verziert.

Die Holzkirchen in Bârsana, Budeşti, Deseşti, Ieud, Plopiş, Poienile Izei, Rogoz und Şurdeşti zeichnen sich durch ihre Schönheit und Harmonie sowie eine gelungene Verschmelzung byzantinischer und gotischer Formen aus.

Die in leuchtenden Farben auf Holzgrund gemalten Fresken stellen meist Szenen aus dem Alten Testament oder das Leben Heiliger dar.

# Dörfer und Wehrkirchen in Siebenbürgen

Rumänien | Jahr der Ernennung: 1993

Die Dörfer mit ihren Wehrkirchen sind die beeindruckendsten Bauten im Siedlungsgebiet der Siebenbürger Sachsen.

Mit ihren auf einem Hügel in der Ortsmitte errichteten »Kirchenburgen« wollten sich die Dorfbewohner vor Übergriffen und Plünderungen der in Siebenbürgen (Transsilvanien) vordringenden Türken schützen. Errichtet wurden die Wehrkirchen meist zwischen dem 14. und 16. Jahrhundert. Mit drei turmbewehrten, über Quergänge miteinander verbundenen Mauerringen, Türmen und einem wuchtigen Kirchenbau ist Biertan (Birthälm) besonders imposant. Der Innenraum der spätgotischen Hallenkirche wird von einem die gesamte Chorwand ausfüllenden Flügelaltar beherrscht. Seine Heiligendarstellungen sind Meisterwerke der siebenbürgischen Renaissance. Neben Biertan gehören die Wehrkirchen von Câlnic, Prejmer, Viscri, Dârjiu, Saschiz und Valea Viilor zum Welterbe.

Die ab dem 12. Jahrhundert von den ungarischen Königen ins Land gerufenen Kolonisten aus Deutschland, von den Behörden »Sachsen« genannt, durften sich selbst verwalten. Ihre Kultur ist durch Abwanderung bedroht.

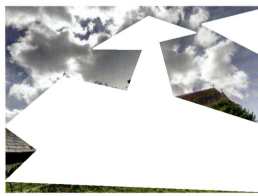

Wehrkirchen wie die in Birthälm (oben) sind befestigte Kirchen, die zum Schutz vor feindlichen Angriffen als Wehranlage dienten.

Rumänien | **Europa**

# Festungen der Daker im Bergland von Orăștie

Rumänien | Jahr der Ernennung: 1999

Diese Festungen wurden im ersten vorchristlichen und ersten nachchristlichen Jahrhundert zum Schutz vor den Römern errichtet. Sie zeigen die im Europa der späten Eisenzeit ungewöhnliche Verknüpfung von Militär- und Sakralarchitektur.

Nach den Kelten und Germanen beherrschten die Daker und die mit ihnen verwandten Geten zwei Jahrhunderte lang das Land nördlich der unteren Donau. Jeder Stamm besaß ein wirtschaftliches und politisches Zentrum, das durch Wälle, Gräben, Mauern und Palisaden gegen Angreifer gesichert war. Solche Verteidigungsanlagen finden sich in ganz Rumänien.

Die sechs zum Welterbe zählenden Festungen im Bergland von Orăștie (Broos) im Südwesten Siebenbürgens zeugen vom hohen kulturellen Stand der Daker. Verteilt auf 500 Quadratkilometer wurden unter Ausnutzung der natürlichen Gegebenheiten des Geländes Bollwerke, Forts, Wachtürme, Straßen, Terrassen, Häuser und Heiligtümer errichtet. Auf dem Hügel von Dealul Grădiștea legten Archäologen auf einer Fläche von drei Hektar Reste der alten Hauptstadt Sarmizegetusa Regia frei. Hierzu gehören zwei optisch an eine »Sonne« erinnernde Rundaltäre.

Sarmizegetusa Regia und Ulpia Traiana waren einst bedeutende Handels- und Wirtschaftszentren der Region.

# Historisches Zentrum von Sighișoara

Rumänien | Jahr der Ernennung: 1999

Die ehemalige »Sachsen-Siedlung« Schäßburg, ein bedeutendes Zentrum für Handel und Gewerbe, wurde als »Perle Siebenbürgens« bezeichnet. Die Altstadt gilt als der am besten erhaltene historische Architekturkomplex Rumäniens.

Im 12. Jahrhundert wurde die Stadt als sechste der sieben Burgen Siebenbürgens (Transsilvanien) von Handwerkern und Kaufleuten gegründet, die aus Deutschland eingewandert waren. Als »Castrum Sex« wurde Schäßburg 1280 erstmals urkundlich erwähnt, 1367 erhielt das blühende Handels- und Gewerbezentrum im Kokeltal die Stadtrechte. Die Altstadt besteht aus etwa 150 sehr gut erhaltenen Bürgerhäusern, meist aus dem 16. und 17. Jahrhundert. Ein holzgedeckter Treppengang mit 176 Stufen führt auf den Schulberg mit der Bergkirche. Die Klosterkirche der Dominikaner wurde nach dem Übertritt der Siebenbürger Sachsen zum lutherischen Bekenntnis evangelisch. Wahrzeichen der Stadt ist der mächtige Stundturm aus dem 14. Jahrhundert, der zur mittelalterlichen Befestigung um die Oberstadt gehört. Aus seinem Uhrengehäuse treten seit dem 17. Jahrhundert stündlich Figuren heraus, die für die sieben Wochentage stehen.

Schäßburg ist Europas einzige noch vollständig erhaltene und bewohnte mittelalterliche Festung.

# Kloster Horezu

Rumänien | Jahr der Ernennung: 1993

Das Kloster Horezu in der Kleinen Walachei gilt als ein Meisterwerk des »Brâncoveanu-Stils« – einer Kunstrichtung, die auf den Fürsten Constantin Brâncoveanu (reg. 1689–1714) zurückgeht. Sie nimmt west- und osteuropäische sowie italienische Einflüsse auf und kombiniert sie mit der orthodoxen Volkskunst.

Die von Fürst Constantin Brâncoveanu gestiftete, in den Jahren 1691 bis 1702 errichtete Klosteranlage Horezu ist von einer hellen Festungsmauer umgeben. Der große Innenhof, in dessen Mitte sich die Kirche erhebt, wird auf drei Seiten von Veranden, Treppenaufgängen, Loggien und doppelten Arkadengängen eingerahmt, die mit in Stein geschnittenen Motiven wie Blüten, Blättern und Früchten dekoriert sind. Der Weg in die Kirche führt unter einem steinernen Baldachin hindurch und über einen Vorhof (Atrium), der auf zehn verzierten Säulen ruht. Die meisterhaften Fresken, mit denen der Innenraum des Gotteshauses ausgestaltet wurde, sind an byzantinischen Vorbildern orientiert. Sie stammen von walachischen und griechischen Künstlern. Sie zeigen nicht nur gottesfürchtiges Leben, sondern auch, wie der Teufel die Ungläubigen bestraft.

Kloster Horezu ist ein Meisterwerk im »Brâncoveanu-Stil«, mit seiner architektonischen Klarheit und skulpturellen Brillanz.

# Kirchen in der Moldau

Rumänien | Jahr der Ernennung: 1993

Die kunstvoll und farbenfroh im spätbyzantinischen Stil gestalteten Außenfassaden der Klosterkirchen im Süden der Bukowina waren mehr als nur Dekoration, sie waren auch eine »Bibel der Armen«. Acht Gotteshäuser gehören zum 2010 um die Auferstehungskirche des Klosters Sucevița erweiterten Welterbestätte.

Im 15. und 16. Jahrhundert haben der Moldauer Fürst Stephan III., der Große (reg. 1457–1504), und seine Nachfolger – vor allem Petru Rareș – um die Hauptstadt Suceava etwa 40 Klöster und Kirchen gestiftet. Die Außenwände der Gotteshäuser wurden oft bis unter die ausladenden Schieferdächer bemalt. Diese nach 1530 in Humor begründete Tradition fand mit der Bemalung Sucevițas um 1600 ihr Ende. Vermutlich sollte jenen Gläubigen, die in der Kirche selbst keinen Platz mehr fanden, eine Möglichkeit gegeben werden, auch draußen Andacht zu halten. Die Bildnisse brachten dem einfachen Volk auch die christlichen Inhalte nahe, da die meisten das offizielle Kirchenslawisch nicht verstanden. Zum Welterbe gehören im Einzelnen die Kirchen von Arbore, Humor, Moldovița, Pătrăuți, Probota, Suceava, Sucevița und Voroneț.

Die Farbpalette der üppigen Fresken in der Kirche von Humor ist ergiebig: Ziegelrot wird kombiniert mit Grün, Rosa, Blau und Orange.

# Biosphärenreservat Donaudelta

Rumänien | Jahr der Ernennung: 1991

Der Seidenreiher (Egretta garzetta) ist hier verbreitet. Sein Gefieder ist schneeweiß, Schnabel und Beine pechschwarz.

Das Mündungsgebiet der Donau am Schwarzen Meer im Osten Rumäniens – ein vielfältiges Netz aus Flussarmen, Seen, Wald, Sumpf, Schilfinseln, Marschland und Dünen – bietet Lebensraum für rund 300 Vogel-, 45 Fisch- und 1150 Pflanzenarten. Das jedes Jahr um rund 40 Meter wachsende Delta, von dem ein kleiner Teil zur Ukraine gehört, ist das zweitgrößte Europas.

Die Sümpfe des Donaudeltas, die durch Schilfinseln und baumbestandenes Festland unterbrochen werden, bilden eines der größten und bedeutendsten Biosphärenreservate unserer Erde. In seinen ausgedehnten Feuchtgebieten leben viele seltene Pflanzen und ungezählte Insektenarten. Zu den größten Vögeln gehören Schwäne, Gänse, Reiher, Pelikane, Sichler und Löffler.

Das (einschließlich 1030 Quadratkilometer Wasserfläche) 6792,22 Quadratkilometer große Welterbeareal ist ein wichtiger Rastplatz für Zugvögel. Im Schutzgebiet gibt es noch reiche Fischbestände, darunter den selten gewordenen Stör. Gefahr droht dem Biosphärenreservat durch verschmutzte Gewässer ebenso wie durch die kommerzielle Nutzung der Schilfbestände im Mündungsgebiet der Donau.

# Biosphärenreservat Srebarna

Bulgarien | Jahr der Ernennung: 1983

Das rund neun Quadratkilometer große Biosphärenreservat rund um den Srebarnasee im Nordosten Bulgariens ist ein Rückzugsgebiet für viele teils im Bestand gefährdete Wasservogelarten. Während des Vogelzugs können dichte Schwärme von Gänsen, Kranichen und Störchen beobachtet werden. Westlich von Silistra, nicht weit von der Donau entfernt, liegt ein wahres Vogelparadies. Im großflächig mit hohem Schilfrohr bedeckten Srebarnasee machen etwa 80 Zugvogelarten alljährlich Station, überwintern hier oder ziehen ihren Nachwuchs auf, darunter die sehr seltenen Krauskopfpelikane und Silberreiher. Insgesamt wurden im Biosphärenreservat, zu dem auch drei Donauinseln gehören, 233 Vogelarten gezählt. Im Jahr 1948 zum Naturschutzgebiet erklärt, hatten Flutschutzmaßnahmen und Dürreperioden in den Jahren 1982 bis 1994 Srebarna buchstäblich das Wasser abgegraben. 1994 war der See wieder vollständig mit dem Fluss verbunden und regenerierte sich in den Folgejahren durch regelmäßige Überflutungen nahezu vollständig. Der durchschnittlich nur zwei Meter tiefe Srebarnasee weist etwa die Hälfte der in Bulgariens Feuchtgebieten vorkommenden Pflanzenarten auf.

**Der sensible Schwarzstorch (Ciconia nigra) meidet die Nähe zu Menschenansiedlungen und lebt vorwiegend in abgeschiedener Natur.**

# Thrakergrab von Sweschtari

Bulgarien | Jahr der Ernennung: 1985

Unter den zahlreichen Gräbern, die das Volk der Thraker in Bulgarien hinterlassen hat, nimmt die Anlage von Sweschtari aufgrund ihrer grandiosen Innengestaltung eine Sonderstellung ein. 1982 wurde in der Nähe des Dorfes Sweschtari rund 40 Kilometer nordöstlich von Razgrad im Nordosten Bulgariens unter einem Erdhügel eine nahezu unversehrte thrakische Grabstätte aus dem 3. Jahrhundert v. Chr. entdeckt. Hier war einst ein Herrscherpaar des indogermanischen Volks der Thraker bestattet worden; neben einem etwa 60 Jahre alten Mann ruhte eine junge Frau im Sarkophag.

Durch einen Vorraum führt ein etwa vier Meter langer Gang in eine quadratische Grabkammer mit einem viereinhalb Meter hohen Tonnengewölbe, das im umlaufenden Fries von zehn 1,20 Meter großen Frauenfiguren (Karyatiden) »gestützt« wird. Die Wandmalereien in den Lünetten darüber geben Szenen aus dem Leben des bestatteten Herrschers wieder; eine zeigt ihn zu Pferde, von einer Göttin mit Lorbeer bekränzt. Diese Ausstattung macht Sweschtari zu einem der großartigsten Zeugnisse thrakischer Grabbaukunst.

**Die Frauengestalten mit ihren Akanthusblättern ähnelnden Gewändern haben lediglich dekorative Funktion.**

# Der Reiter von Madara

Bulgarien | Jahr der Ernennung: 1979

An einer Felswand in Bulgarien befindet sich in 23 Metern Höhe das einzige erhalten gebliebene frühmittelalterliche Monumentalrelief Europas.

Das riesige Relief in der Nähe der einstigen Hauptstadt Pliska rund 80 Kilometer westlich von Varna im Nordosten Bulgariens zeigt einen Reiter, der mit seinem Speer einen unter den Hufen des Pferdes kauernden Löwen erlegt; dem Pferd folgt ein Hund. Lange Zeit rechnete man das Monument, das in unmittelbarer Nähe bedeutender, bis in das 3. Jahrtausend v. Chr. zurückreichender Funde liegt, der thrakischen Kultur der Antike zu.

Mittlerweile freigelegte Inschriften beschreiben allerdings Ereignisse, die sich erst in einem Zeitraum zwischen den Jahren 705 und 831 zugetragen haben. Man vermutet deshalb, dass es sich bei dem Reiter um eine Darstellung des Khans Terwel handelt, der von 701 bis 718 das erste bulgarische Reich (681–1018) noch vor der Christianisierung regierte und gegen die Machtansprüche von Byzanz verteidigte. Der Reiter von Madara wäre damit das älteste überlieferte Dokument aus dem mittelalterlichen Bulgarien.

Eine Kopie des Reiter-Monuments wird im Archäologischen Nationalmuseum in Sofia aufbewahrt.

# Altstadt von Nessebar

Bulgarien | Jahr der Ernennung: 1983

Das einstige Handelszentrum auf einer schmalen Halbinsel an der Schwarzmeerküste gehört zu den ältesten Siedlungen Europas. Thrakische Mauern, die griechische Stadtanlage mit Akropolis, Agora und Tempeln sowie die Ruinen mittelalterlicher Kirchen zeugen von der mehr als 3000-jährigen Geschichte Nessebars.

Im 6. Jahrhundert v. Chr. nahmen griechische Eroberer das von den Thrakern gegründete Mesembria ein und befestigten es. Im Schutz der Mauern entwickelte sich ein blühender Handelsplatz, den zahlreiche Mächte begehrten, aber schließlich 1371 die Osmanen eroberten.

Am Küstensaum und am Hafen sind noch Reste der griechischen, römischen und byzantinischen Festungsanlagen zu erkennen. Unter der Vielzahl von Kirchen, die sich seit dem 5. Jahrhundert auf der 850 × 300 Meter großen Halbinsel drängten, stehen nur noch zehn, überwiegend als Ruinen, so die Johannes-Aleiturgetos-Kirche aus dem 14. Jahrhundert. Ihre Fassade besteht aus verschiedenfarbigem Mauerwerk mit Keramik- und Marmorreliefs.

Die reichen Fresken im Inneren der Stefanskirche aus dem 16.–18. Jahrhundert verteilen sich auf eine Fläche von 600 Quadratmetern.

# Felsenkirchen von Iwanowo

Bulgarien | Jahr der Ernennung: 1979

Die Wandmalereien in den Einsiedeleien, Höhlenklöstern, Felsenkirchen und -kapellen beiderseits des Flusses Rusenski Lom gelten als herausragende Meisterwerke der mittelalterlichen bulgarischen Kunst.

In hohe, senkrechte Felsen nahe dem heutigen Russe schlugen Mönchseremiten vermutlich ab dem 11. Jahrhundert Höhlen in den weichen Kalkstein. Diese wurden im Lauf der Zeit durch Gänge und Plattformen zu einem Wohn- und Klosterkomplex verbunden. Die frühesten byzantinisch geprägten Malereien stammen aus dem 12. oder 13. Jahrhundert. Die bedeutendsten Fresken findet man im zentralen Sakralbau der Anlage, in der Muttergotteskirche, die in der Regel einfach nur »Carkvata« (»Die Kirche«) genannt wird. Die bemerkenswert hohe künstlerische Qualität dieser im 14. Jahrhundert entstandenen Fresken lässt eine Verwandtschaft mit der Malerschule am Zaren- und Patriarchenhof von Tarnowo erkennen. Nach der Eroberung des Zweiten Bulgarischen Reichs durch die Osmanen Ende des 14. Jahrhunderts verfiel die Anlage.

An der Decke und den Wänden der Muttergotteskirche aus dem Jahre 1232 sind die originalen Fresken noch weitgehend erhalten.

# Thrakergrab von Kasanlak

Bulgarien | Jahr der Ernennung: 1979

Im Jahre 1944 wurde das aus Ziegeln gemauerte Kuppelgrab vom Ende des 4. Jahrhunderts v. Chr. entdeckt. Die Malereien in der Grabkammer zeigen den hohen Stand der griechisch beeinflussten thrakischen Kunst.

Beim Ausheben eines Bunkers in der zentralbulgarischen Stadt Kasanlak, die im Rosental zwischen Balkangebirge und dem Höhenzug Sredna Gora liegt, fanden Soldaten ein gut erhaltenes Grab aus thrakischer Zeit. Seine Architektur und die Wandmalereien waren weitgehend unbeschädigt, obwohl das Grab schon in der Antike ausgeraubt worden war.

Die relativ kleine Anlage wird über einen Vorhof betreten, der in einen etwa zwei Meter langen Gang mündet. Dessen Wände sind mit Kriegs- und Kampfszenen bemalt. Die runde, bis zu drei Meter hohe Grabkammer am Ende des Ganges wird von einer glockenförmigen Kuppel überwölbt. Darin ist ein junges Herrscherpaar abgebildet, das beim Totenmahl Abschied zu nehmen scheint. An ihrer Seite stehen Diener und Dienerinnen mit Grabbeigaben. Auf dem Fries darüber liefern sich drei Wagenlenker offenbar ein packendes Rennen.

Die Wand- und Deckenmalereien sind bemerkenswerte Denkmäler der thrakischen Kunst aus der frühhellenistischen Epoche.

Bulgarien | **Europa**

## Kirche von Bojana

Bulgarien | Jahr der Ernennung: 1979

Die Wandmalereien eines unbekannten Meisters in der Kalojankirche von Bojana gelten als Höhepunkt der mittelalterlichen Sakralmalerei Bulgariens. Sie gehören zu den wenigen vollständig erhaltenen Kunstwerken der Ostkirche aus der Zeit des Lateinischen Kaiserreichs (1204–1261).

Die ältesten Teile der im Vitoschagebirge gelegenen Kirche von Bojana, einem Vorort von Sofia, stammen wohl aus dem 10. Jahrhundert. 1259 wurde die Kirche durch einen zweistöckigen Anbau erweitert. Die sich über beide Etagen erstreckenden Fresken zeigen biblische Geschichten, vor allem das Leben Jesu und Heiligenlegenden. Abgebildet sind rund 240 Personen, darunter auch die Stifter: der Statthalter Kalojan und seine Frau Dessislawa. Der Meister von Bojana fügte der Tradition der orthodoxen Kirche Elemente aus der westlich-lateinischen Kunst hinzu. Szenen und Personen – alle Gesichter haben individuelle Züge – demonstrieren die genaue Beobachtungsgabe und tief empfundene Humanität des Künstlers. Die formalisierte byzantinische Ikonografie der biblischen Szenen bereicherte er mit Details aus Kultur und Brauchtum der Region.

**Die Abbildung Christi als Pentokrator (Weltenherrscher) zeigt die typische Segnung mit der rechten Hand, das Evangelium links.**

## Nationalpark Pirin

Bulgarien | Jahr der Ernennung: 1983

Im Nationalpark Pirin breiten sich unter einem eindrucksvollen Gipfelpanorama Nadelwälder mit sehr seltenen Pflanzenarten aus, von denen viele, wie die Rumelische Kiefer, nur hier vorkommen. 2010 erweiterte die UNESCO das geschützte Areal von zunächst 270 auf nun rund 400 Quadratkilometer Fläche.

In der zerklüfteten Berglandschaft des Piringebirges mit seinen 45 Gipfeln über 2600 Metern erstreckt sich der gleichnamige Nationalpark, überragt vom Wichren, dem dritthöchsten Berg des Balkans (2914 Meter). Für den Kalksteinboden typisch sind die rund 70 Gletscherseen, ein Überbleibsel der letzten Eiszeit, sowie Wasserfälle und Höhlen. Kern des Parks ist das Naturschutzgebiet Bajuwi Dupki. Zur erstaunlich vielfältigen Flora gehören Nadelbäume wie die auf der »Roten Liste« stehenden Schwarzkiefern und Silbertannen; manche Exemplare sind mehr als 500 Jahre alt. Die urwüchsig-wilde Landschaft bietet Lebensraum für den Europäischen Braunbären und den Wolf sowie für seltene Vogelarten wie den Steinadler. Für den Park und besonders für den Schutz der Wölfe engagiert sich die Stiftung Europäisches Naturerbe (Euronatur) vor Ort.

**Kristallklares Wasser im Gletschersee Zabecko spiegelt den dahinter liegenden Hvoinat.**

# Kloster Rila

Bulgarien | Jahr der Ernennung: 1983

Rila ist das älteste und größte Kloster Bulgariens. Die Ausgestaltung der Anlage im 19. Jahrhundert gilt als Meisterleistung der einheimischen Kirchenkunst.

Die Gründung des Klosters geht auf den Einsiedler Iwan zurück, der sich im 9. Jahrhundert in die unzugänglichen Wälder des Rilagebirges zurückzog. Ihm nachfolgende Mönche begannen in der Nähe seiner Höhle mit der Errichtung des Klosters, das später von den bulgarischen Zaren mit umfassenden Privilegien ausgestattet wurde. Seine Blüte erlebte es im 14. Jahrhundert. Nach der Eroberung Bulgariens durch die Osmanen verfiel das Kloster, bis es in den Jahren 1816 bis 1862 in großer Pracht wieder aufgebaut wurde.

Die mehrstöckigen Klostergebäude stehen um einen 3000 Quadratmeter großen Innenhof, der vom fünfstöckigen Chreljo-Turm aus dem Jahr 1335 beherrscht wird. Zentrales Schmuckstück der Anlage ist die eindrucksvolle Mariä-Geburts-Kirche. Deren Inneres wie der umlaufende offene Säulengang werden fast vollständig von Fresken bedeckt, die belehren und zur Andacht einladen sollen.

**Zentrale mittelalterliche Gestaltungselemente von Rila sind u.a. die farbigen Steinbänder und die versetzte Anordnung der Kuppeln (unten).**

# Altstädte von Berat und Gjirokastra

Albanien | Jahr der Ernennung: 2005

Die an den Flüssen Drinos bzw. Osum gelegenen historischen Altstädte von Gjirokastra und – 2008 als Erweiterung hinzugekommen – Berat repräsentieren weitgehend authentisch das Kulturerbe der osmanischen Zeit in der Balkanregion.

Das schon seit der Frühgeschichte besiedelte Berat sticht durch seine Festung und die an Hängen errichteten Häuser heraus. Mehrere Moscheen und orthodoxe Kirchen künden vom einstigen friedlichen Nebeneinander der Völker in diesem Teil des Balkans. Keimzelle des heutigen Gjirokastra am Südosthang des Bergs Mali i Gjerë war die im späten 13. Jahrhundert errichtete Zitadelle. Um die Befestigung siedelten bereits im 14. Jahrhundert Großgrundbesitzer an. Im 17. Jahrhundert erlebte die Stadt ihre größte Blüte, als sich der Basar (Pazari i vjetër) etwas nördlich von der Zitadelle entwickelte. Den jahreszeitlichen Temperaturschwankungen begegnete man mit turmartigen Steinbauten: Solche »Kullë« besitzen ein großes Erdgeschoss mit Läden oder Werkstätten, über dem die im Winter benutzten Wohnräume liegen. Sie haben kleine Fenster und sind gut beheizbar. Im Stockwerk darüber lebte man im Sommer.

Die Zitadelle von Berat hat eine beträchtliche Größe und umfasst ein ganzes Stadtviertel mit zahlreichen Türmen entlang der Mauern.

# Ruinenstadt Butrint

Albanien | Jahr der Ernennung: 1992

Butrint war von der Antike bis ins Mittelalter von unterschiedlichen Völkern besiedelt. So präsentiert die Stadt heute eindrucksvolle Denkmäler und Ruinen der einzelnen Kulturkreise.

Die auf einer Halbinsel im Süden Albaniens gelegene Stadt Butrint wurde Vergil zufolge von Flüchtlingen aus Troja gegründet. Wahrscheinlicher ist allerdings, dass die ersten Siedler Kolonisten aus Korfu waren. Zur Zeit Christi Geburt wurde der Ort römisch. Als er schließlich unter byzantinische Verwaltung geriet, erlebte das inzwischen zum Bistum erhobene Butrint seine eigentliche Blütezeit. Seit dem 15. Jahrhundert, nach der Besetzung durch die Venezianer, begann sich dann allmählich der Niedergang der Stadt abzuzeichnen. Bei Ausgrabungen wurden Denkmäler freigelegt, die interessante Einblicke in alle Perioden der wechselhaften Stadtgeschichte gewähren. Neben den Überresten mehrerer mittelalterlicher Gebäude entdeckte man auch die Ruinen der antiken Siedlung. Am Hang und im heutigen Uferbereich stieß man auf zwei Mauerringe, die auf das 6. Jahrhundert zurückgehen. Ein griechisches Theater, römische Thermen und ein Baptisterium wurden auch gefunden.

Die Ruinen des griechischen Amphitheaters gehen auf das 3. Jahrhundert v. Chr. zurück; auf den Sitzreihen hatten 1500 Leute Platz.

# Natur- und Kulturerbe der Region von Ohrid

Mazedonien | Jahr der Ernennung: 1979

Ohrid im Südwesten von Mazedonien war bereits im 9. und 10. Jahrhundert ein bedeutendes geistiges und kulturelles Zentrum des orthodoxen Christentums. Schon die Römer erkannten die günstige Lage des als »Lychnidos« von den Illyrern gegründeten Ohrid, das im 4. Jahrhundert Bischofssitz wurde. Klement und Naum, Schüler der slawischen Apostel Kyrill und Method, gründeten hier im späten 9. Jahrhundert mehrere Klöster. Ende des 10. Jahrhunderts wurde Ohrid griechisch-orthodoxer Bischofssitz und zeitweilige Reichshauptstadt des bulgarischen Zaren Samuil. Die darauf folgende serbische Herrschaft des Potentaten Duschan beendeten 1394 die Osmanen. Sie blieben bis 1913 in Ohrid. Im 11. Jahrhundert wurde unter Erzbischof Leo die Sophienkirche errichtet. Unter der türkischen Herrschaft baute man sie zu einer Moschee um, wobei sie ihre Kuppel, ihren Glockenturm und die Innengalerien verlor. Die vom 11.–14. Jahrhundert entstandenen Wandbilder übermalte man mit weißer Kalkfarbe. Restaurierungsarbeiten in den 1950er-Jahren brachten sie wieder zum Vorschein. Die Klementkirche beherbergt die kostbarste Ikonensammlung des ehemaligen Jugoslawien.

**Von der Johanneskirche (Sveti Jovan Kaneo) aus dem 13. Jahrhundert aus offenbart sich ein weiter Blick über den Ohridsee.**

## Archäologische Stätte von Vergina

Griechenland | Jahr der Ernennung: 1996

Der Palatitsia-Palast aus dem 3. Jahrhundert v. Chr. diente den makedonischen Königen einst als Sommerresidenz.

In Vergina fand man die Ruinen von Aigai, der ersten Hauptstadt des historischen Makedonien im Norden des heutigen Griechenland, die zwischen dem 7. und 4. Jahrhundert v. Chr. ihre Blütezeit hatte. Bis zu 12 000 Jahre alte Gräber belegen die lange Siedlungsgeschichte.

Eine der wichtigsten Entdeckungen ist ein monumentaler Fürstenpalast aus dem 3. Jahrhundert v. Chr., reich geschmückt mit Mosaiken, Fresken und Stuck. Ebenso bedeutend sind die makedonischen Königsgräber mit vielen Beigaben und faszinierenden Fresken, u.a. das dem Maler Nikomachos zugeschriebene Bild »Raub der Persephone durch Gott Pluto, in einem vierspännigen Wagen stehend«. Eine der königlichen Grabkammern enthielt das Grab Philipps II., der 336 v. Chr. in Vergina ermordet wurde und dessen Sohn Alexander der Große ein Weltreich schuf. Weitere Funde aus hellenistischer Zeit sind ein Theater, ein Gymnasion, Reste der Stadtbefestigung, zwei Tempel, ein Demeter-Heiligtum, eine Stoa. Auch ein Orakelheiligtum des Apollon Chresterios soll sich hier befunden haben. Unterhalb der Stadt liegt ein Friedhof mit eisenzeitlichen Hügelgräbern.

## Frühchristliche und byzantinische Denkmäler von Thessaloniki

Griechenland | Jahr der Ernennung: 1988

In der St.-Demetrios-Kirche, einer der größten Kirchen Griechenlands, trennen vier Reihen korinthischer Säulen die fünf Hauptschiffe.

In Thessaloniki sind zahlreiche Baudenkmäler aus frühchristlicher und byzantinischer Zeit erhalten geblieben. Sie entstanden im Lauf einer langen Zeitspanne, vom 4. bis zum 15. Jahrhundert. Thessaloniki wurde von Kassander gegründet, einem makedonischen König. Die am Thermaischen Golf, einem Ausläufer des Ägäischen Meers, gelegene Stadt blickt auf eine wechselvolle Geschichte zurück: Makedonier, Römer, Byzantiner, Osmanen und Venezianer wechselten einander in der Herrschaft ab; ferner lebte hier bis zur Deportation 1941 die größte Gemeinde sephardischer Juden in Europa. Von Thessaloniki aus verbreitete sich schon bald das Christentum. Die Mosaiken der im späten 5. Jahrhundert erbauten Demetrioskirche zählen ebenso zu den großen Meisterwerken frühchristlicher Kunst wie diejenigen der Davidskirche. Die Kuppel der nach 700 neu erbauten Sophienkirche wird von einem von Fenstern durchbrochenen Tambour getragen. Die St.-Demetrios-Kirche, eine der größten Kirchen Griechenlands, ist auch ein bedeutender Wallfahrtsort für Christen aus ganz Osteuropa. Ihre Verehrung gilt Maria, die auf einer wertvollen Ikone als »Gottesgebärerin« dargestellt ist.

# Berg Athos

Griechenland | Jahr der Ernennung: 1988

Nicht weniger als 20 Großklöster umfasst die autonome Mönchsrepublik auf der Halbinsel Chalkidiki südöstlich von Thessaloniki, die eines der bedeutendsten Zentren des orthodoxen Christentums ist. 963 wurde das erste Kloster auf dem Hagion Oros, dem heiligen Berg, errichtet. Bereits in byzantinischer Zeit wurde die hier ausgerufene Mönchsrepublik für autonom erklärt. Männern unter 21 Jahren sowie Frauen ist der Zutritt bis zum heutigen Tag untersagt. Gegenwärtig sind die Klöster von 1400 Mönchen bewohnt. Seit dem 11. Jahrhundert zog es auch Mönche aus der Kiewer Rus hierher. Der Einfluss der Mönchsrepublik erstreckte sich auch auf weltliche Bereiche.

So arbeiteten im 14. Jahrhundert etwa 3000 Bauern für Athos, der Landbesitz der Republik umfasste rund 20 000 Hektar. Die Athos-Schule der Ikonenmalerei beeinflusste die orthodoxe Kunstgeschichte erheblich; die typische Bauweise der Klöster hinterließ ihre Spuren bis nach Russland. Jedes der insgesamt 20 Großklöster – 17 griechische und je ein russisches, serbisches und bulgarisches – besitzt in der Hofmitte eine Kreuzkuppelkirche mit Apsiden an drei Kreuzarmen.

**Der gewagte Bau des siebengeschossigen Simonos-Petras-Klosters thront in 250 Metern Höhe über dem Ägäischen Meer.**

# Meteora-Klöster

Griechenland | Jahr der Ernennung: 1988

Die Meteora-Klöster liegen verstreut auf den riesigen Felskegeln des Tals. Im Grün erkennt man die roten Dächer von Roussanou (unten).

Fernab irdischer Niederungen wurden die zum großen Teil bereits im 14. Jahrhundert gegründeten Klöster von Meteora auf steilen Felskegeln erbaut.

Nördlich der Stadt Kalambaka liegt das Tal von Meteora. Ein atemberaubender Anblick erwartet den Besucher, denn im Tal erhebt sich eine Vielzahl einzeln stehender Felskegel, auf denen im Lauf der Zeit 24 Klöster errichtet wurden. Fünf von ihnen werden noch heute bewohnt. Das Megalo-Meteoro-Kloster ist am höchsten gelegen. Es wurde um 1360 vom heiligen Athanasios, Bischof von Alexandrien, gegründet. Auf einem der anderen hohen Felsen erheben sich die Mauern des um 1388 gegründeten Klosters St. Nikolaos Anapavsas. 1517 entstand das Varlaam-Kloster, benannt nach jenem Einsiedler, der im 14. Jahrhundert an gleicher Stelle eine Kirche errichtet hatte. Es ist über eine Brücke erreichbar und wurde zu einem Museum für die wertvollen Klosterschätze umgebaut. Kloster Roussanou wird seit Kurzem wieder von Nonnen bewohnt und kann über eine Brücke betreten werden. Über 130 Stufen ist das 1438 gegründete Kloster der Heiligen Dreifaltigkeit zugänglich.

# Altstadt von Korfu

Griechenland | Jahr der Ernennung: 2007

Die drei Festungen der Stadt Korfu wurden von venezianischen Ingenieuren entworfen und dienten vier Jahrhunderte lang als Bollwerk gegen das Osmanische Reich. Die homogene Altstadt ist in Anlage und Architektur immer noch von den einstigen Besatzungsmächten Frankreich und Großbritannien geprägt. Die Stadt Korfu (Kerkyra) ist Hauptstadt der gleichnamigen ionischen Insel. Ihre Wurzeln reichen bis ins 8. Jahrhundert v. Chr. zurück. Als erste griechische Stadt unterwarf sich Korfu 229 v. Chr. den Römern. 1204 war sie erstmals und 1386–1797 durchgehend in venezianischem Besitz. Nach Belagerungen durch die Türken 1537 und 1571 begannen die Venezianer mit Festungsarbeiten, bei denen sie die Zitadelle vom bewohnten Zentrum isolierten. Als sicherer Hafen auf der ersten ionischen Insel am Eingang zur Adria hatte Korfu große strategische Bedeutung. Zwischen 1669 und 1682 wurde das Verteidigungssystem weiter verstärkt. Nach 1797 war Korfu zwei Jahre lang französisch, 1814–1864 britisch. Zwischen der alten und der neuen Festung erstreckt sich die Altstadt, deren Häuser das Vermächtnis vieler Völker und Epochen sind. Insgesamt überwiegt hier das klassizistische Erbe.

Die Bauwerke der Alten und Neuen Festung sind geprägt von Stilen früherer Besatzungsmächte, vor allem des Klassizismus.

# Archäologische Stätte von Delphi

Griechenland | Jahr der Ernennung: 1987

Im nördlich des Golfs von Korinth in Mittelgriechenland gelegenen Delphi sprach einst das Orakel des Apollon. Der Ort war deshalb lange das religiöse Zentrum des antiken Griechenland. Der politische Einfluss von Delphi war vor allem in den Jahren von 590 bis 450 v. Chr. enorm. In Delphi suchten die Griechen Rat, sie fanden ihn in den Weisungen des Gottes Apollon, der den Willen des Zeus durch sein Orakel übermitteln ließ. Im Apollon-Tempel verkündete Pythia, die Priesterin des Orakels, den göttlichen Willen, der dann von Priestern ausgelegt wurde.
1892 begannen die Ausgrabungen der Überreste des Apollon-Heiligtums und des umgebenden Bezirks. Im Südosten der Anlage beginnt die heilige Straße, an der sich die griechischen Stadtstaaten durch prächtige Weihegeschenke und Schatzhäuser darstellten. Sie endet beim großen Festplatz, der Halle der Athener und am Vorplatz zum Apollon-Tempel im Zentrum der Anlage. Zu den wichtigsten Bauten und Denkmälern zählen neben dem Tempel und den Schatzhäusern ferner das Stadion, das Theater, das Heiligtum der Athena Pronaia, die Halle der Knidier und die Säule mit der Sphinx der Naxier.

Drei der dorischen Säulen des Rundtempels im Heiligtum der Athena Pronaia (4. Jahrhundert v. Chr.) wurden restauriert.

# Akropolis von Athen

Griechenland | Jahr der Ernennung: 1987

Auf der Akropolis stehen mit dem Parthenon, den Propyläen und dem Erechtheion einige der bedeutendsten Werke der klassischen griechischen Baukunst.
Die Besiedlung des Athener Burgbergs führt bis in die Jungsteinzeit zurück. Die alte Königsburg wurde bereits im 6. Jahrhundert v. Chr. in einen heiligen Bezirk umgewandelt. Nach ihrer Zerstörung durch die Perser gelang es in der zweiten Hälfte des 5. Jahrhunderts v. Chr., die Heiligtümer in rascher Folge wieder aufzubauen. Das Bild der Akropolis wird vom Parthenon beherrscht. Der von 447 bis 422 v. Chr. entstandene Tempel war der Göttin Athene geweiht, deren Kultbild im Inneren aufbewahrt wurde.
Das nach dem mythischen König von Athen benannte Erechtheion entstand von 421 bis 406 v. Chr. Es birgt mehrere Kultstätten unter einem Dach. Die Propyläen sind die monumentale Toranlage der die Akropolis umgebenden Mauern. Sie entstanden zwischen 437 und 432 v. Chr. Der etwa in den Jahren 425 bis 421 v. Chr. erbaute Tempel der Athena Nike wurde von Kallikrates erbaut und ist eines der ältesten erhaltenen Gebäude im ionischen Stil.

**Einer der Haupttempel der Akropolis in Athen, der Niketempel, steht auf einem Plateau, das aus dem Schutt eines früheren Athene-Tempels aufgeschichtet wurde.**

Griechenland | **Europa**

## Archäologische Stätten von Mykene und Tiryns

Griechenland | Jahr der Ernennung: 1999

Mykene und Tiryns sind die beiden eindrucksvollsten Städte der mykenischen Kultur, der »bronzezeitlichen Epoche« Griechenlands. Die mykenische Kultur, die vom 15.–12. Jahrhundert v. Chr. den gesamten östlichen Mittelmeerraum beherrschte, spielte eine wichtige Rolle bei der Entwicklung des klassischen Griechenland. Namengebend war die bronzezeitliche Burg Mykene auf dem Peloponnes. Der griechischen Überlieferung nach wurde der Stammsitz des Geschlechts der Atriden durch Perseus gegründet, den Sohn des Zeus. Der Großteil der Ruinen von Mykene, mit deren Freilegung Heinrich Schliemann 1874 begonnen hatte, geht auf das 13. Jahrhundert v. Chr. zurück. Besonders eindrucksvoll ist das als Löwentor bezeichnete Haupttor mit einem Relief zweier Löwinnen. Gleich dahinter liegt der Kreis der Königsgräber, in denen die goldene Totenmaske des Agamemnon, des Anführers der Griechen gegen Troja, gefunden wurde. Auch die mykenische Burg Tiryns, wenige Kilometer von Mykene entfernt, wurde u.a. von Schliemann freigelegt. Ihre Blütezeit begann im 15. Jahrhundert v. Chr.; warum Sie um 1200 v. Chr. zerstört wurde ist ungeklärt.

Das Löwentor bildet den Eingang zur Burg Mykene. Die Köpfe der beiden Löwinnen sind leider nicht erhalten.

## Archäologische Stätte von Epidauros

Griechenland | Jahr der Ernennung: 1988

Das Theater ist das eindrucksvollste Beispiel klassischer griechischer Architektur in Epidauros.
Die Anlagen von Epidauros, in einem engen Tal ganz im Osten des Peloponnes gelegen, erstrecken sich über mehrere Ebenen. Sie standen im Zentrum des Asklepios-Kults, der sich im 5. Jahrhundert v. Chr. im gesamten griechischen Raum ausbreitete. Der Gott der Heilkunde war in der griechischen Mythologie der Sohn Apollons, dessen Macht zu heilen auf ihn übertragen wurde. Epidauros war seinerzeit ein bedeutender Kult- und Kurort. Zur Anlage gehörten Bad, Krankenhalle und Hospitäler, die wichtigsten Baudenkmäler sind neben dem Asklepios-Tempel der Artemis-Tempel, der Tholos, das Koimeterion und die Propyläen. Aus einem nahe gelegenen Steinbruch wurde der als Baumaterial dienende Sandstein gewonnen. Das aus dem beginnenden 3. Jahrhundert v. Chr. stammende Theater ist das besterhaltene Gebäude seiner Art in Griechenland und beeindruckt außer durch seine ausgeklügelte Bauweise vor allem durch die exzellente Akustik. Die Sitzplätze sind auf die runde Orchestra ausgerichtet, wo im antiken Drama der Chor stand.

Platz für rund 14 000 Zuschauer bietet das in einem Halbrund erbaute Theater von Epidauros.

# Archäologische Stätte von Olympia

Griechenland | Jahr der Ernennung: 1989

Bereits im 1. Jahrtausend v. Chr. wurde Olympia ein bedeutendes kultisches Zentrum und ein Veranstaltungsort der nach ihm benannten Spiele.

Die Besiedlung Olympias geht auf das 3. Jahrtausend v. Chr. zurück; seit Ende des 2. Jahrtausends war es eine dem Pelops, dem Sohn des Tantalos, geweihte Kultstätte. Im Zentrum der Verehrung stand Göttervater Zeus, dem zu Ehren man ab dem 776 v. Chr. Spiele auszurichten begann, aus denen dann die panhellenischen Olympischen Spiele hervorgingen. 1875 wurde mit den ersten Ausgrabungen begonnen. Im großzügig angelegten Kultbezirk befanden sich neben Tempeln und Schatzhäusern, in denen die Weihegaben der einzelnen griechischen Städte verwahrt wurden, viele Sportstätten, deren Reste heute wieder zu sehen sind, so auch das nördlich gelegene Gymnasion und das Stadion mit seiner Wandelhalle.

Der Zeus-Tempel im Zentrum des Kultbezirks gilt als Meisterwerk der klassischen griechischen Architektur. Er entstand um 470 v. Chr. Das älteste der Heiligtümer an der Altis, dem heiligen Hain, ist ein der Hera geweihter Tempel (7. Jahrhundert v. Chr.).

Im Heiligtum des Zeus im Nordwesten der Halbinsel Peloponnes fanden in der Antike die Olympischen Spiele statt.

# Apollontempel von Bassae

Griechenland | Jahr der Ernennung: 1986

Der aus dunklem Kalkstein gebaute Tempel des Apollon Epikourios in den arkadischen Bergen wies die ältesten bekannten korinthischen Kapitelle auf.

Um 430 v. Chr. wurde in Bassae der Tempel des Apollon Epikourios (»der Heilende«) errichtet. Als Baumeister gilt Iktinos, der Architekt des Parthenon auf der Akropolis. Das Gebäude wurde von den Bewohnern der nahe gelegenen Stadt Phigalia zum Dank dafür in Auftrag gegeben, dass der Gott sie durch eine Heilpflanze von der Pest verschont hatte. 1765 wurde der Tempel in Bassae entdeckt, ausgegraben und in der Folgezeit größtenteils wieder aufgebaut. Ungewöhnlich ist die genaue Ausrichtung des Tempels mit seinem dorischen Säulenumgang in Nord-Süd-Richtung. Der anderen Orts vorherrschenden Ost-West-Ausrichtung wurde hier durch eine an der östlichen Längsseite befindliche Tür Rechnung getragen. Im Kernbereich (»Cella«) befand sich ein Relieffries, der Zentauren- und Amazonenkämpfe in höchster künstlerischer Qualität darstellt. Er ist heute im British Museum in London zu sehen. Wertvoll macht den Tempel auch die Entdeckung der ältesten bekannten korinthischen Säule.

Vom Tempel des Apollon Epikuorios existieren noch 39 Säulen, die nach der Entdeckung der Stätte wieder aufgerichtet wurden.

Griechenland | **Europa**

# Archäologische Stätte von Mystras

Griechenland | Jahr der Ernennung: 1989

Das Innere des Nonnenklosters Pantanassa (unten) ist mit lebendigen, detailreichen Fresken geschmückt.

Nordwestlich von Sparta liegt die Gipfelburg Mystras. Um die Festung herum entstand vom 13. bis 15. Jahrhundert ein bedeutendes Zentrum byzantinischen Geisteslebens. Ab 1770 verfiel die Stadt, 1834 wurde sie endgültig aufgegeben.

Als Gründung des Franken Wilhelm II. Villehardouin wurde die Burg nach der Gefangennahme Wilhelms 1260 an den späteren byzantinischen Kaiser Michael VIII. abgetreten. Etwa bis 1460 wurde Mystras von den »Despoten« (Statthaltern) regiert. Vom Ende des 14. bis Anfang des 15. Jahrhunderts war es die vielleicht bedeutendste Stadt nach Konstantinopel.

Im Norden von Mystras liegt das Brontochionkloster mit den beiden Kirchen Hagii Theodori und Aphentiko. Die Hauptkirche Hagii Theodori stammt aus dem 13. Jahrhundert. Die um 1311 erbaute Aphentikokirche ist eine dreischiffige Basilika mit farbig leuchtenden Fresken, die von einer Kreuzkuppel überwölbt wird. Zu dem für Mystras typischen Baustil gehört auch die durch das Zeremoniell des Despotats gerechtfertigte Empore. Das bemerkenswerte Nonnenkloster Pantanassa entstand 1428 als letztes großes Bauwerk.

# Delos

Griechenland | Jahr der Ernennung: 1990

In der griechischen Mythologie ist die Insel Delos Geburtsort Apollons und wurde zum Mittelpunkt eines um ihn angesiedelten Kults. Delos wurde im 7. Jahrhundert v. Chr. zu einem wichtigen Kultzentrum und Pilgerziel. Im 5. Jahrhundert v. Chr. stand die Insel im Mittelpunkt des Ersten Attischen Seebunds, später entwickelte sich hier ein bedeutender Handelsplatz, den auch die Römer im 2. Jahrhundert v. Chr. noch nutzten. Durch die Entstehung neuer Handelszentren, Piratenüberfälle und Angriffe der Soldaten des Mithridates von Pontos im 1. Jahrhundert v. Chr. verlor Delos zunehmend an Bedeutung. Bei Ausgrabungsarbeiten entdeckte man die Ruinen zahlreicher Häuser, deren Bewohner ihre Innenhöfe mit Mosaiken ausgestattet hatten. Die drei Tempel des Apollon, die man über die Heilige Straße erreicht, sind die wohl schlichtesten der diesem Gott geweihten Heiligtümer. Westlich davon befindet sich das Artemision, der Tempel der Schwester Apollons, die wie er einst auf der Insel geboren worden sein soll. Zum heiligen Bezirk gehören die sieben monumentalen Löwen der Naxier – die ältesten rundplastischen Tierdarstellungen griechischer Kunst – und das Dionysos-Heiligtum.

**Unter den Ruinen sind u.a. die kopflosen Statuen von Kleopatra und Dioscurides im Haus der Kleopatra (oben).**

# Klöster Daphni, Hosios Lukas und Nea Moni

Griechenland | Jahr der Ernennung: 1990

Obwohl die drei byzantinischen Klöster geografisch weit voneinander entfernt liegen, weisen sie ähnliche Bauprinzipien und Gestaltungsmerkmale auf.

Die Kirche von Daphni bei Athen ist etwas kleiner als die anderen Gotteshäuser und besticht vor allem durch kunstvolles Mauerwerk; erlesene Mosaiken aus dem 11. Jahrhundert sind in gutem Zustand erhalten geblieben.

Zum Kloster Hosios Lukas in der Nähe von Delphi in Mittelgriechenland gehören zwei Kirchen. Die kleinere und ältere, Theotokos, ist um 1000 entstanden. Das Katholikon mit kreuzförmigem Grundriss, einer Krypta und Emporen stammt aus dem beginnenden 11. Jahrhundert. Der reiche Schmuck des Innenraums – Marmorboden, Mosaiken und Wandbilder – ist noch bis heute nahezu unversehrt erhalten geblieben. Das Kloster Nea Moni auf der Insel Chios geht auch auf das 11. Jahrhundert zurück. Hier sind nur noch die Zisterne, das später mehrfach veränderte Refektorium sowie ein im Südwesten gelegener viereckiger Turm erhalten. Die schönen Mosaiken gelten als eines der bedeutendsten Zeugnisse byzantinischer Bildkunst.

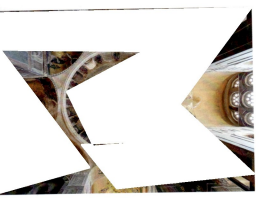

Die mit Fresken ausgestattete Kuppel im Kloster Hosios Lukas in Delphi (oben) hat einen Durchmesser von 9 Metern.

# Pythagoreion und Heraion von Samos

Griechenland | Jahr der Ernennung: 1992

Die Ruinen des Heiligtums der Hera und die Überreste der antiken Stadt Pythagoreion sind die steinernen Zeugen der langen Geschichte der Insel Samos. Ihre Blütezeit erlebte die Insel Samos unter dem Tyrannen Polykrates, der Mitte des 6. Jahrhunderts v. Chr. herrschte. Er entfaltete eine bedeutende Bautätigkeit und umgab sich gern mit Dichtern, Musikern und Gelehrten. So entwickelte sich Samos im 6. und 5. Jahrhundert v. Chr. zu einem bedeutenden kulturellen Zentren im östlichen Mittelmeerraum. Die Befestigungsanlagen der antiken Hauptstadt Pythagoreion wurden in der klassischen Epoche errichtet und in hellenistischer Zeit erweitert und erneuert. Ausgrabungen haben neben den Befestigungsmauern auch einen Teil der alten Stadt freigelegt, darunter eine etwa einen Kilometer lange Wasserleitung. Westlich der Stadt lag das wohl im 10. Jahrhundert v. Chr. gegründete und der Gattin des Zeus geweihte Heraion. Es wurde in den folgenden Jahrhunderten immer wieder erweitert und umgebaut, maßgeblich unter Polykrates. Das Heraion war einer der größten Tempel Griechenlands, wurde aber nie fertiggestellt. Die Fundstücke sind im Archäologischen Museum in Vathy zu sehen.

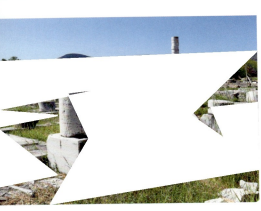

Unter den Ruinen des Heiligtums der Hera ragt die letzte stehen gebliebene Säule des Hera-Tempels acht Meter in die Höhe.

# Mittelalterliche Altstadt von Rhodos

Griechenland | Jahr der Ernennung: 1988

Das architektonische Erbe der Altstadt von Rhodos wird von mittelalterlichen Bauwerken aus der Zeit der Johanniterherrschaft, aber auch von Monumenten der osmanischen Besatzungszeit geprägt.

Mit Alexander dem Großen wurde die schon früh besiedelte Insel makedonisch, danach wieder unabhängig, dann byzantinisch. Seit 1310 stand Rhodos unter der Herrschaft des Johanniterordens, 1523 gelangte sie unter osmanische Kontrolle. Die türkische Herrschaft währte bis 1912, als Italien die Insel eroberte und bis 1943 besetzte. Erst seit 1948 gehört die Insel zu Griechenland. Ihr heutiges Gesicht verdankt Rhodos-Stadt der Bautätigkeit der einstigen Kreuzfahrer. Die Ritterstraße ist ein noch gut erhaltenes Beispiel einer Straße des 15. Jahrhunderts. Um sie herum liegen die »Herbergen«, die Versammlungshäuser der Ritter-Landsmannschaften. Die Straße beginnt bei der byzantinischen Kathedrale und führt zur Residenz des Großmeisters des Johanniterordens, die von den Italienern nach alten Stichen neu aufgebaut wurde. Im 1440 bis 1489 entstandenen Ritterhospital findet man heute ein archäologisches Museum.

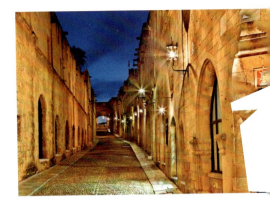

In der »Ritterstraße« befanden sich die Herbergen der Landsmannschaften, deren Wappen heute noch zu sehen sind.

# Altstadt von Patmos

Griechenland | Jahr der Ernennung: 1999

Das Kloster des heiligen Johannes mit seiner wertvollen Bibliothek sowie die Höhle der Apokalypse sind die bedeutendsten Monumente der Altstadt von Patmos. Sie erinnern an den Evangelisten Johannes, der in den Jahren 95/96 als Verbannter auf der Insel gelebt haben soll. Das hoch über der Chora (Altstadt) von Patmos gelegene Kloster aus dem frühen 11. Jahrhundert wurde in seiner jetzigen Form erst im 17. Jahrhundert errichtet. Im Altertum befand sich dort ein Tempel der Artemis. Die heutige Anlage besteht aus dunklem Gestein und wirkt mit ihren Türmen mehr wie eine Burg als ein Kloster. Sehenswert sind der Innenhof mit gut erhaltenen Fresken, die Bibliothek und die Exponate aus der Schatzkammer. Zu den wertvollen Ausstellungsstücken gehört die Stiftungsurkunde des Klosters von 1088. Seit seiner Gründung war es ein Pilgerzentrum und bis zur Mitte des 16. Jahrhunderts, als die Türken die Herrschaft über die Insel erlangten, war es Mittelpunkt eines Mönchsstaats. Die religiösen Zeremonien haben sich seit frühchristlicher Zeit wenig geändert. Die Höhle, in der der heilige Johannes die Apokalypse aufgeschrieben haben soll, wurde zu einer Kirche ausgebaut.

Nach einem einstündigen Aufstieg erreicht man das Kloster des heiligen Johannes, in dem bis heute Mönche leben.

# Ruinen von Paphos

Zypern | Jahr der Ernennung: 1980

Die Burgruine Saranda Kolones (oben) liegt nahe des Hafens von Neu-Paphos und stammt wohl aus dem späten 12. Jahrhundert.

In der Umgebung von Paphos im Südwesten von Zypern befindet sich eine Reihe von bedeutenden archäologischen Stätten, welche die mehr als 3000 Jahre lang währende Inselgeschichte auf beeindruckende Weise illustrieren. Nahe dem Dorf Kuklia südöstlich der modernen Stadt Paphos liegen die Ruinen des wohl ab dem 13. Jahrhundert v. Chr. von Phöniziern besiedelten Orts. Zu mykenischer Zeit im 12. Jahrhundert entstand hier ein Heiligtum der Aphrodite. Die Reste der Kultstätte in Alt-Paphos haben die Form eines orientalischen Hofheiligtums, das aus großen Kalksteinblöcken errichtet worden ist. In der Mitte des Hofs befand sich ein kegelförmiger Stein, der die Göttin der Liebe, der Schönheit und der sinnlichen Begierde symbolisierte. Im 4. Jahrhundert v. Chr. wurde am Ort der heutigen Stadt das antike Neu-Paphos gegründet; hier gab es ebenfalls ein Heiligtum der Aphrodite. Die Reste zahlreicher Bauten wie Befestigungsmauern oder Grabanlagen sowie aufwendige Mosaiken zeugen von seiner Bedeutung als Handelsplatz bis in die Zeit der Römer hinein. Aber auch das frühe Christentum und die byzantinische Kultur haben hier bedeutende Monumente hinterlassen.

# Bemalte Kirchen im Tróodosgebirge

Zypern | Jahr der Ernennung: 1985

Versteckt im zyprischen Hauptgebirge Tróodos liegen zahlreiche Kirchen und Kapellen, die mit prächtigen byzantinischen Wandmalereien aus dem 11./12. Jahrhundert ausgeschmückt sind.
Im Herzen Zyperns, im Tróodosgebirge, befinden sich Klöster, Kapellen und Kirchen mit wichtigen Werken byzantinischer Kunst. Das Welterbe umfasst zehn über mehrere Dörfer verstreute Gotteshäuser: Stavros tou Agiasmati, Panagia tou Arakou, Kirche vom heiligen Kreuz (Timios Stavros), Agios Nikolaos tis Stegis, Panagia Podithou, Panagia Phorbiotissa, Kirche des heiligen Johannes Lampadistis, Panagia tou Moutoulla, Erzengel-Michael-Kirche und seit 2001 auch Ayia Sotira tou Soteros.
Nikolaos tis Stegis, eine Kreuzkuppelkirche aus dem 11. Jahrhundert, zählt zu den wenigen Beispielen byzantinischer Malerei der frühen Komnenenzeit. Die Wandmalereien im Inneren der Kirche des Johannes-Lampadistis-Klosters datieren aus der zweiten Hälfte des 15. Jahrhundert. Sie veranschaulichen einen lokalen Malstil der spätbyzantinischen Schule. Die schön bemalte Panagia Podithou bei Galata ist eine Einraumkirche aus dem Jahr 1502.

Die Fresken der Kirche Panagia Phorbiotissa aus dem 12. Jahrhundert gehören zu den wertvollsten aus der byzantinischen Zeit.

# Archäologische Stätte von Choirokoitia

Zypern | Jahr der Ernennung: 1998

Die archäologische Stätte von Choirokoitia gehört zu den bedeutendsten vorgeschichtlichen Siedlungen im östlichen Mittelmeerraum.

In vorgeschichtlicher Zeit spielte die Insel Zypern eine Schlüsselrolle in der Entwicklung der neolithischen Kultur. Choirokoitia, das zwischen Larnaka und Limassol liegt, ist eine ungewöhnlich gut erhaltene archäologische Fundstätte aus dieser Epoche der kulturgeschichtlichen Entwicklung und eines der ältesten Relikte menschlicher Siedlungen auf Zypern.

Choirokoitia wurde auf einer südlichen Anhöhe über dem Lauf des Maroni angelegt. Die Siedlung bestand aus zweigeschossigen Rundhäusern, die auf kreisförmigen Fundamenten aus massivem Stein errichtet und mit einem Schutzwall umgeben wurden. Die größten Häuser haben einen äußeren Durchmesser von zehn Metern und einen inneren von zwei bis fünf Metern. Die etwa 2000 Bewohner, die während der ersten Besiedlung hier lebten, verwendeten kaum Keramikobjekte und benutzten Werkzeuge aus Stein und Holz. Klingen und Pfeilspitzen aus Obsidian sind der einzige Hinweis auf Kontakt mit anderen Kulturen.

**Von den Originalhäusern blieben nur die Fundamente erhalten; die Stätte ist die größte jungsteinzeitliche Siedlung Zyperns.**

# Selimiye-Moschee in Edirne

Türkei | Jahr der Ernennung: 2011

Die 1575 fertiggestellte Selimiye-Moschee in Edirne schuf der als »Michelangelo der Osmanen« gerühmte »ehrwürdige Baumeister« (Koca Mimar) Sinan, der sie auch selbst als sein Meisterwerk betrachtete.

Mit dem Bau der im Jahr 537 vollendeten Hagia Sophia in Konstantinopel gelang deren Architekten Anthemios von Tralleis und Isidor von Milet eine beeindruckende Verwandlung von Geometrie in Architektur: Mit Quadrat und Kreis, Kubus und Kugel schufen sie einen die Formgedanken des römischen Pantheons und der frühchristlichen Basilika in sich vereinenden Zentralbau, der später zum Vorbild zahlreicher Moscheen im Osmanischen Reich wurde.

Auch Sinan (um 1489–1588), der bedeutendste Hofbaumeister des Osmanischen Reichs, orientierte sich an ihr, als ihm mit seiner im Auftrag Selims II. errichteten, auch nach diesem Sultan benannten Selimiye-Moschee in Edirne die Vollendung dieser architektonischen Kunstform gelang. Die auf einem Hügel hoch über Edirne errichtete Moschee ist das Wahrzeichen der Stadt.

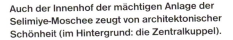

**Auch der Innenhof der mächtigen Anlage der Selimiye-Moschee zeugt von architektonischer Schönheit (im Hintergrund: die Zentralkuppel).**

# Historische Bereiche von Istanbul

Türkei | Jahr der Ernennung: 1985

In der Altstadt von Istanbul zeugen vor allem Gotteshäuser von der bewegten Geschichte der Metropole als Hauptstadt des Oströmischen und später des Osmanischen Reichs. Geschützt sind vier Areale: der Archäologische Park an der Spitze der Halbinsel, das Süleymaniye-Viertel, das Zeyrek-Viertel und der Bereich der Theodosianischen Landmauer. Von 330 bis 1930 trug Istanbul den Namen Konstantinopel. Ihre Glanzzeit erlebte sie als Hauptstadt des Byzantinischen Reichs nach der Gründung durch Kaiser Konstantin. Das wohl bekannteste Bauwerk ist die Hagia Sophia. Sie bildet den Höhepunkt der byzantinischen Prachtentfaltung. Nachdem die Osmanen die Stadt 1453 erobert hatten, wurde sie in eine Moschee umgewandelt. Man überdeckte die Mosaiken mit Gips und fügte viele Anbauten hinzu, darunter vier Minarette. Älter als die Hagia Sophia ist die Kleine Hagia Sophia: Die ehemalige orthodoxe Sergios-und-Bakchos-Kirche (527–536), ist heute eine Moschee. Eine weitere Kirche aus byzantinischer Zeit ist die Hagia Eirene (532). Aus dem 16./17. Jahrhundert stammen die Sokullu-Mehmet-Pascha-Moschee, die Şehzade- und die Sultan-Ahmet-Moschee.

**Die aus oströmischer Zeit stammende Palastkirche Hagia Sophia (rechts) wurde 532–537 von Justinian über den Ruinen einer von Konstantin geweihten Basilika errichtet.**

# Altstadt von Safranbolu

Türkei | Jahr der Ernennung: 1994

Eigentümliche Fachwerkhäuser aus spätosmanischer Zeit im Umkreis der mittelalterlichen Moschee prägen das Stadtbild von Safranbolu, der »Stadt des Safrans« in der Provinz Karabük.

Safranbolu wurde auf einem Felssporn zwischen den Schluchten des Isfendiyargebirges, rund 300 Kilometer nordöstlich von Istanbul und etwa 30 Kilometer vom Schwarzen Meer entfernt, angelegt. Ihren Namen verdankt die Stadt den Safranfeldern, die sie einst umgaben. Seit dem 13. Jahrhundert war sie eine wichtige Anlaufstation für Karawanen auf der ostwestlichen Haupthandelsroute. Ihre bedeutende Stellung als Handelszentrum behielt die Stadt bis zum Aufkommen der Eisenbahn zu Beginn des 20. Jahrhunderts bei. Der einstige Haupthandelsplatz, das als Çersa bezeichnete Basarviertel, lohnt einen Besuch.

Die wichtigsten Bauwerke Safranbolus wurden um 1320 errichtet. Hierzu gehören das Alte Bad, die Suleiman-Pascha-Medrese sowie die Alte Moschee, die von Fachwerkhäusern aus spätosmanischer Zeit eingerahmt wird. Daneben gibt es in Safranbolu weitere Beispiele traditioneller türkischer Architektur in Gestalt zahlreicher Villen, einer Karawanserei und schöner Moscheen.

Die mittelalterliche Altstadt von Safranbolu war bis ins 19. Jahrhundert Drehkreuz der legendären Seidenstraße.

# Bursa und Cumalikizik

Türkei | Jahr der Ernennung: 2014

Die erste Hauptstadt des Osmanischen Reiches und ihr Vorort Cumalıkızık bieten einen faszinierenden Einblick in die städtischen und dörflichen Strukturen der osmanischen Zeit.

Bursa, knapp 100 Kilometer südlich von Istanbul gelegen, wurde 1326 von Sultan Orhan I., dem Sohn des Dynastiegründers Osman I., erobert und zur ersten Hauptstadt des gerade begründeten Osmanischen Reiches gemacht. Obwohl man die Residenz schon 1368 nach Edirne (Adrianopel) verlegte, war Bursa bis 1453 Grablege der osmanischen Sultane. Trotz Zerstörungen durch Mongolensturm und Erdbeben blieben in der Stadt eindrucksvolle Beispiele früher osmanischer Architektur aus dem 14./15. Jahrhundert erhalten. Mehrere Komplexe im traditionellen Geschäftsviertel (Hanlar) von Bursa und in Cumalıkızık wurden zum Weltkulturerbe erklärt, darunter einige Külliye (religiöse Stiftungen), Moscheen (Grüne und Muradiye-Moschee), Basare und Karawansereien (etwa Koza Han, der alte Seidenmarkt). Cumalıkızık, um 1300 als Waqf-Dorf (islamische Stiftung) gegründet, ist heute der einzige Ort der Türkei, in dem sich traditionelle osmanische Dorfarchitektur erhalten hat.

Die Grüne Moschee (Yeşil Camii) gilt als eine der ersten bedeutsamen Bauwerke der Osmanen und ist im »Bursa-Stil« erbaut.

# Archäologische Stätte von Troja

Türkei | Jahr der Ernennung: 1998

Mit seiner fast 4000-jährigen Geschichte ist Troja eine der berühmtesten archäologischen Fundstätten der Welt.
Die bekannteste Beschreibung der Eroberung Trojas verdanken wir Homer; das wirkliche Troja wurde erst im 19. Jahrhundert entdeckt. 1822 identifizierte der Altertumsforscher Charles McLaren einen 32 Meter hohen Hügel als seinen Standort. Heinrich Schliemann demonstrierte der Welt später die Richtigkeit dieser Annahme. Zwischen 1870 und 1890 führte er umfangreiche Ausgrabungen durch. Seine Nachfolger fanden weitere Überreste von neun großen Siedlungsperioden Trojas.
In den unterschiedlichen Gesteins- und Ablagerungsschichten Trojas ist die sukzessive Entwicklung der Zivilisation Kleinasiens von der Bronzezeit bis zum Römischen Reich dokumentiert. Die Stadt lag an einem strategisch bedeutenden Ort nahe den Dardanellen, die das Schwarze Meer mit dem Marmarameer und der Ägäis verbinden. Die Siedlungsschicht dokumentiert die Zeit ab 3000 v. Chr., als Troja Festung, Hauptstadt und Königsresidenz war. 85 v. Chr. wurde sie von den Römern erobert, nach der Gründung Konstantinopels geriet die sie in Vergessenheit.

**Von der Stadt Troja sind heute noch Reste von Wänden und Häusern erhalten (unten) sowie ein römisches Amphitheater (oben).**

Türkei | **Europa**

# Antike Stadt Ephesus

Türkei | Jahr der Ernennung: 2015

Ruinen der Celsus-Bibliothek (unten) grenzen direkt an die Agora, den Versammlungsplatz von Ephesus.

Ephesus zählte zu den größten urbanen Zentren des Altertums. Antike Quellen rühmen die Pracht der Architektur. Um 1900 legten Archäologen die Ruinen berühmter Bauten wie den Artemis-Tempel oder die Celsus-Bibliothek frei. Auch für das Christentum hat Ephesos als vermutlicher Sterbeort Marias große Bedeutung.

Die heutige Ruinenstadt unweit des Städtchens Selçuk ist uralt, schon für die Lyder und Karer war die Stelle lange vor der Ankunft griechischer Händler und Siedler an der ionischen Küste ein heiliger Ort der Muttergöttin Kybele. Der Artemis-Tempel stand in der Tradition des Mutterkultes und zählte zu den Weltwundern. Um das Jahr 129 wurde Ephesos Hauptstadt der römischen Provinz Asia; damals war sie eine der größten und bedeutendsten Städte. Hier lebten rund 200 000 Menschen. Von ihren Tempeln, Prachtstraßen, Bädern und Wohnhäusern haben Archäologen mehr rekonstruieren können als an irgendeinem anderen Ort in der Türkei. Nur den Hafen hat die jahrhundertelange Verlandung verschwinden lassen: Das Meer ist heute mehrere Kilometer entfernt.

# Pergamon und seine Kulturlandschaft

Türkei | Jahr der Ernennung: 2014

Rund 4000 Jahre Siedlungsgeschichte verkörpert – zusammen mit der nahegelegenen modernen Stadt Bergama – die archäologische Fundstätte von Pergamon.

Rund 80 Kilometer nördlich von Izmir und 30 Kilometer von der Ägäis entfernt erhebt sich der tafelbergartige Burgberg (Akropolis), zu dessen Füßen und auf dem sich die antike Stadt Pergamon erstreckte. Ihre Blütezeit erlebte diese unter dem hellenistischen Herrschergeschlecht der Attaliden im 3. und 2. Jahrhundert v. Chr., aber auch die Römer entfalteten in der Metropole ihrer Provinz Asia rege Bautätigkeit. Auch wenn das berühmteste Bauwerk, der Zeus- bzw. Pergamonaltar, heute im gleichnamigen Museum in Berlin zu bewundern ist, so lassen sich an der Ausgrabungsstätte selbst doch noch die Ruinen einer ganzen Reihe hochrangiger Bauwerke besichtigen.

Besonders spektakulär wirkt das an den Hang gebaute Theater mit den am steilsten ansteigenden Zuschauerrängen der Antike. Die Bibliothek war einst die zweitgrößte der Antike. Auf sie und die dort gelagerten Pergamentrollen geht auch der Name der Stadt zurück.

**Auf dem Burgberg Pergamons stehen die Säulen des Trajantempels (oben) und, an den Hang gebaut, das Theater der Stadt (unten).**

# Antike Stadt Hierapolis-Pamukkale

Türkei | Jahr der Ernennung: 1988

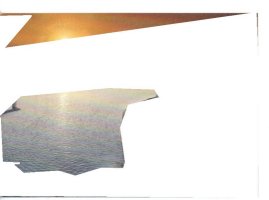

Die durch kalkhaltige Thermalquellen entstandenen Terrassen prägen die Landschaft von Pamukkale (türk. »Watteburg«).

Zum Welterbe zählen in Pamukkale, dem einstigen Hierapolis, neben den berühmten Kalksinterterrassen zahlreiche antike Bäder, Tempel und andere Monumente aus hellenistischer und römischer Zeit. Im Gebiet der heißen Quellen von Pamukkale ab es bereits im 3. Jahrhundert v. Chr. eine von Seleukidenherrscher Antiochus II. gegründete Stadt. König Eumenes II. von Pergamon ließ dann im Gebiet um 190 v. Chr. Hierapolis erbauen; sie war hauptsächlich als Festungsanlage geplant. Damit ging auch die erstmalige Errichtung von Thermen einher. In der Umgebung der Bäder entstanden Wohngebäude, Tempel, ein Theater sowie andere hellenistische Bauten, deren Ruinen bis heute erhalten sind. 133 v. Chr. fiel der Landstrich in die Römer und ging in dere Provinz Asia auf. Neben den Überresten antiker Gebäude, die bis ins 4. Jahrhundert errichtet wurden, hat Pamukkale vor allem ein ungewöhnliches Naturschauspiel zu bieten: In einer Höhe von etwa 100 Metern entspringen heiße Quellen einem Felsvorsprung des Çökelezgebirges und fließen ins Tal. Die Ablagerungen des mineralhaltigen Wassers (Sinter) bildeten versteinerte Wasserfälle, Wälder aus Kalkstalaktiten und terrassenförmige Bassins.

# Ruinen von Xanthos mit dem Heiligtum der Leto (Letoon)

Türkei | Jahr der Ernennung: 1988

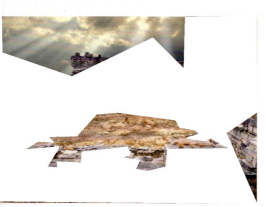

Das römische Ampitheater in Xanthos wurde um das Jahr 150 innerhalb einer lykischen Nekropole errichtet.

Ruinen lykischen, hellenistischen, römischen und byzantinischen Ursprungs legen Zeugnis ab von der wechselhaften Geschichte der antiken Stadt Xanthos.

Xanthos war das Zentrum Lykiens, das um 545 v. Chr. von den Persern erobert wurde. Die Umgebung von Xanthos ist reich an monumentalen Grabanlagen aus dem 6./5. Jahrhundert v. Chr. Nennenswert sind in diesem Zusammenhang vor allem das Löwengrab, das Harpyienmonument und das Nereidenmonument. Zu den archäologischen Schätzen der Stadt, die zum Teil bis auf das 7. Jahrhundert v. Chr. zurückdatiert werden können, gehören auch eine Akropolis und ein Theater.

Ein bedeutendes Kulturdenkmal ist das »Letoon« genannte Heiligtum der Leto, der Mutter des Apollon und der Artemis, die dem Mythos zufolge nach der Geburt ihrer Götterkinder an diesen Ort gekommen sein soll. Grabstätten, das Heiligtum und die Felsinschriften dokumentieren neben der lykischen Kultur auch die Ursprünge der indoeuropäischen Sprachen, eine schon zu Beginn der geschichtlichen Überlieferung über ganz Europa und große Teile Vorderasiens und -Indiens verbreitete Sprachfamilie.

# Neolithische Stätte Çatalhöyük

Türkei | Jahr der Ernennung: 2012

Auf zwei Hügeln im anatolischen Hochland liegt die weltweit älteste bis jetzt entdeckte steinzeitliche Siedlung. Çatalhöyük zeichnet sich nicht nur durch sein enormes Alter, sondern auch durch seine Größe und Anlage, die herrlichen Wandmalereien und ungewöhnlichen Funde von Alltagsgegenständen aus.
Rund 40 Kilometer südöstlich von Konya entdeckte der britische Archäologe James Mellaart in den 1950er-Jahren Reste von Häusern aus der Jungsteinzeit (7400–6200 v. Chr.). Als die Grabungen 1995 wiederaufgenommen und dabei auch auf den Nachbarhügel ausdehnt wurden, kamen Funde aus der Kupferzeit (6200–5200 v. Chr.) zutage. Die bis zu 1850 Häuser waren dicht aneinandergebaut und konnten nur über Dachluken betreten werden. Viele waren innen mit Malereien dekoriert. Neben abstrakten Mustern sind auch Jagdszenen zu sehen sowie das Dorf selbst vor dem Doppelgipfel des Vulkans Hasan Daği. Wandreliefs zeigen Leoparden und Wesen mit angewinkelten Armen und Beinen. In die Lehmwände waren Stierschädel, Geierschnäbel, Eberhauer und Fuchs- und Wieselzähne eingelassen. Erstaunlich sind die Funde aus organischen Materialien.

**In Çatalhöyük entdeckte man u. a. eine Muttergottheit-Skulptur (oben) und die Hörner von Auerochsen in Grabwänden (unten).**

# Ruinen von Hattuša

Türkei | Jahr der Ernennung: 1986

In der Nähe des Dorfs Boğazkale rund 150 Kilometer östlich von Ankara befinden sich die Überreste von Hattuša, der einstigen Hauptstadt des Hethiterreichs, das sich im 2. Jahrtausend v. Chr. über Anatolien und den nördlichen Teil des heutigen Syrien erstreckte. Die älteste vorhethitische Besiedlung war auf eine natürliche Festung beschränkt, die sich auf die sogenannte Unterstadt ausdehnte und die aber vermutlich bereits im 18. Jahrhundert v. Chr. ummauert war. Um das Jahr 1600 v. Chr. wurde das heutige Anatolien die Heimat der Hethiter. Gründer des Reichs war Labarna Hattušili I., der Hattuša zur Hauptstadt bestimmte. Von hier aus betrieb der Herrscher seine Expansionspolitik in Richtung Süden. Die Ruinen der ehemaligen Hauptstadt wurden im 19. Jahrhundert entdeckt, die Ausgrabungen begannen Anfang des 20. Jahrhunderts. Die fast sieben Kilometer lange Stadtmauer bestand aus mächtigen Steinblöcken, der obere Teil aus Schlammziegeln. Von fünf Toren sind Reste erhalten. Die Ausgrabungen förderten außerdem rund 30 000 Keilschrifttafeln zutage, die entziffert werden konnten und einen guten Einblick in Geschichte und Kultur der Hethiter vermitteln.

**Drei der Eingänge zur Stadt weisen Reliefs auf, die Sphingen, Löwen und einen Krieger (unten) zeigen.**

# Nationalpark Göreme und Felsendenkmäler von Kappadokien

Türkei | Jahr der Ernennung: 1985

Die bizarre Felslandschaft im Tal von Göreme in Kappadokien mit ihren Steilwänden und Felspyramiden aus Tuffstein beherbergt Hunderte von Höhlenkirchen mit Wandbildern aus byzantinischer Zeit.

Im Hochland von Nevşehir in Kappadokien entstand durch Erosion eine außergewöhnliche Felslandschaft. Vermutlich seit dem 4. Jahrhundert zogen sich frühe Christen aus ganz Kleinasien hierin zurück und gruben Eremitenklausen, Höhlenwohnungen und im Fels versteckte Kirchen und Klöster in den weichen Tuffstein. Seit dem 6. Jahrhundert entstanden so im Göremetal und in dessen Umgebung ganze Höhlendörfer und unterirdische Städte.

Das Welterbe umfasst sowohl die Felsendenkmäler als auch die Höhlenbauten – darunter viele Kirchen und Klöster, deren Bauweise verschiedene byzantinische Stile der Zeit vereint. Die Wandbilder der Höhlenkirchen zeigen erst ab dem 9. Jahrhundert figürliche Motive. Einige Wohnhöhlen, die bereits nach der Christianisierung Anatoliens durch den Apostel Paulus entstanden, wurden mittlerweile in Hotelzimmer umgewandelt

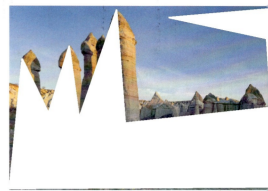

Nicht umsonst heißt die Gegend um Kappadokien »Land der Feenkamine«; die Felsen wurden durch Vulkane in ihre Form gebracht.

## Große Moschee und Hospital von Divriği

Türkei | Jahr der Ernennung: 1985

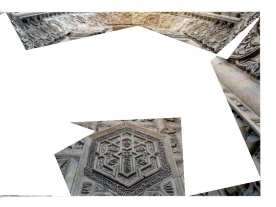

Am Portal der Großen Moschee und des Hospitals finden sich sehr lebendig gestaltete vegetabile, geometrische Ornamente.

In der mehrmals zerstörten Eisenerzstadt Divriği finden sich die Überreste herausragender seldschukischer Architektur des Mittelalters. Bereits in frühislamischer Zeit war die in der Provinz Sivas in Zentralanatolien gelegene Stadt Divriği hart umkämpft. Mehrfach fiel sie unter arabische Herrschaft. Im 9. Jahrhundert diente Divriği den Paulikianern – einer byzantinisch armenisch-christlichen Sekte, die sich mit dem Emir von Melitene verbündet hatte – als Basis für militärische Expeditionen gegen Byzanz. 872 besiegte Christophoros, ein Schwager des makedonischen Kaisers Basileios I., die Paulikianer auf eigenem Territorium. Auf Befehl des Kaisers wurden Stadt und Festung zerstört. Nach dem Sieg des Großseldschukischen Reichs über Byzanz im Jahr 1071 wurde Divriği dem Emir Mengücek zugesprochen. Die Genealogie der sich hier etablierenden Seitenlinie der Mengücekiden kann durch aufgefundene Bauinschriften gut nachvollzogen werden. 1228/29 ließ Emir Ahmet Schah die Große Moschee errichten, zu der auch ein Hospital gehörte. Die kostspielige Anlage ist ein Beweis für den wachsenden Wohlstand, den Divriği nach der Verlegung der Haupthandelswege erlangte.

## Festung von Diyarbakır und Kulturlandschaft Hevsel-Gärten

Türkei | Jahr der Ernennung: 2015

Die Festung von Diyarbakır, im Südosten der Türkei am Tigris-Ufer gelegen, ist eine der besterhaltenen Stadtbefestigungen der Antike. Sie besteht aus einer ummauerten Zitadelle und einem äußeren Mauerring, der Burg und Altstadt umschließt. Durch die Hevsel-Gärten wird die Stadt seit jeher mit Lebensmitteln versorgt. Die Festungsanlagen stammen im Wesentlichen aus der Römerzeit. Aufgrund seiner Lage an der Grenze zwischen dem persischen Sassaniden- und dem Römerreich war Diyarbakır, das antike Amida, in der Spätantike ein umkämpfter Ort. Um 349 n. Chr. ließ Kaiser Constantius II. die schon bestehende Burg im Nordosten der Stadt ausbauen und den heute sichtbaren Mauerring aus Basaltgestein errichten. Er erreicht eine Höhe von zwölf Metern und ist bis zu fünf Meter breit. Zwar konnten die Perser die Stadt 503 einnehmen, aber schon 505 wurde sie wieder von den Römern besetzt und 638 von den Arabern erobert. Ihnen folgten die Byzantiner und 1514 die Osmanen. Archäologische Funde belegen, dass der Ort schon lange vor der Römern besiedelt und eine Provinzhauptstadt im neuassyrischen Reich war. Die Hevsel-Gärten zwischen Tigris und Stadt werden seit Jahrtausenden kultiviert.

Alle Eroberer hinterließen ihre Spuren und schmückten die Festung von Diyarbakır mit Türmen, Pfeilern oder Inschriften aus.

# Monumentalgrabstätte auf dem Nemrut Dağ

Türkei | Jahr der Ernennung: 1987

Das Gipfelplateau des 2150 Meter hohen Nemrut Dağ wählte König Antiochos I. von Kommagene bereits zu Lebzeiten als Kult- und Begräbnisstätte aus.

Antiochos I. war von 69 bis 36 v. Chr. Herrscher von Kommagene, einem kleinen, unabhängigen Reich, das nach dem Zusammenbruch des Imperiums Alexanders des Großen zur Zeit der Diadochen im 3. und 2. Jahrhundert v. Chr. entstanden war. Antiochos wählte den Gipfel des Nemrut Dağ in der Nähe des antiken Arsameia als seine letzte Ruhestätte. Er bestimmte den im Südosten der heutigen Türkei im Taurusgebirge gelegenen Ort zur Kultstätte und zum Göttersitz, da er sich bereits zu Lebzeiten als Gott verstanden wissen wollte. Um den Tumulus, den Grabhügel des Herrschers, sind drei Terrassen gruppiert. Der Zugang zur Nordterrasse wurde von Löwen- und Adlerskulpturen bewacht, deren Reste noch erhalten sind. Ost- und Westterrasse bildeten jeweils große »Freilufttempel«. Die Westterrasse wurde weitgehend zerstört. Es gilt jedoch als sicher, dass sie nahezu ein Spiegelbild der östlichen Terrasse gewesen sein muss; auch die Inschriften waren von beinahe gleichem Wortlaut.

**An den faszinierenden Monumentalköpfen auf dem Nemrut Dağ sieht man die griechisch-persischen Wurzeln der kommagenen Kunst.**

# Bergdörfer von Swanetien

Georgien | Jahr der Ernennung: 1996

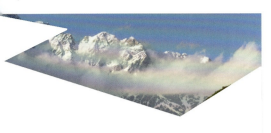

Die Swanen – ein georgischer Volksstamm im nördlichen Westgeorgien, in der historischen Region Swanetien – haben eine eigenständige Kultur mit eigener Sprache und eigenem Ikonenkult. Die Angehörigen dieses Volksstamms leben heute im Großen Kaukasus noch auf etwa 40 Bergdörfer verteilt.

In den abgelegenen Dörfern der Swanen blieb eine bemerkenswerte mittelalterliche Kultur erhalten. Die genaue Herkunft des seit Jahrhunderten isoliert lebenden Volkes ist ungeklärt. Ihre Sprache, die keine Schrift kennt, ist mit dem heutigen Georgisch nur auf eine entfernte Weise verwandt. Die frühzeitige Christianisierung der Swanen hat zur Entwicklung einer eigenständigen Glaubensform geführt, in die Elemente der ursprünglichen Naturreligion mit einbezogen wurden.

In der Ortschaft Uschguli gelegen befinden sich die ältesten der charakteristischen, bis zu fünf Stockwerke hohen und oben teils mit furchteinflößenden Pechnasen versehenen Steintürme. Sie wurden im 12. und 13. Jahrhundert neben den Wohnhäusern errichtet, um den Bewohnern Schutz vor möglichen Angreifern zu gewähren.

Ushguli ist eines von Europas höchstgelegenen Dörfern. Oben: die Ruinen eines swanetischen Wehrturms.

# Kloster Ghelati

Georgien | Jahr der Ernennung: 1994

Kloster GelatiDas im Jahr 1106 nordöstlich der Stadt Kutaissi gegründete Kloster Gelati entwickelte sich bald zum geistigen Zentrum des Landes. Aus allen Teilen Georgiens kamen Gelehrte hierher, um an der Akademie des mit eindrucksvollen Wandmosaiken und prächtigen Fresken geschmückten königlichen Hofklosters zu lehren. Ursprünglich gehörte zu dieser erstmals im Jahr 1994 in die Welterbeliste eingetragenen Stätte auch die Bagrati-Kathedrale, einst das gewaltigste Gotteshaus des Landes. Bei einem Überfall der Osmanen wurde dieses im im Jahr 1692 größtenteils zerstört.

1952 begann man mit Restaurierungsarbeiten, 2012 war der inzwischen der Georgischen Orthodoxen Apostelkirche übergebene Sakralbau vollständig rekonstruiert. Damit ging dessen Authentizität unwiederbringlich verloren, weshalb die Kathedrale 2017 aus der Welterbeliste gestrichen wurde. Auf ihr verblieb allein das Kloster Gelati als Meisterwerk des »Goldenen Zeitalters« im mittelalterlichen Georgien zwischen dem 11. und 13. Jahrhundert. Es verfügt u.a. über eine bedeutende Bibliothek mit Handschriften vom 12. bis zum 17. Jahrhundert.

Im 16. Jahrhundert wurde Kloster Gelati zum Bischofssitz ernannt. Sein Name ist eine Ableitung des griechischen Wortes Genati (Geburt).

# Historische Monumente von Mzcheta

Georgien | Jahr der Ernennung: 1994

Mzcheta – die nach Mzchetos, dem ältesten Sohn des mythischen Stammvaters Kartlos benannte einstige Hauptstadt des ostgeorgischen Reiches Kartli – liegt nur wenige Kilometer nördlich von Tiflis und war mehr als 800 Jahre lang ein bedeutendes politisches und kulturelles Zentrum.
Aus antiker Zeit wurden seit 1937 eine Königsresidenz, Baureste einer Akropolis, Thermen und eine Nekropole mit Plattengräbern und monolithischen Sarkophagen freigelegt.
Aufschlussreich ist ein Frauengrab mit Beigaben aus dem 2. Jahrhundert. Bedeutend ist Mzcheta zudem für die Geschichte der Christianisierung Georgiens. Die um ein angeblich wundertätiges Holzkreuz herum errichtete Dschwari-Kirche (586 bis 605) gilt eine der besterhaltenen frühchristlichen Kirchen des Landes. Der Name der in den Jahren 1010 bis 1029 errichteten Kathedrale Sweti-Zchoweli (»lebenspendender Pfeiler«) bezieht sich ebenfalls auf eine Wundererscheinung, die sich in einem Vorgängerbau ereignet haben soll. Aus dem 11. Jahrhundert stammt auch der Samtawro-Kloster mit einer der schönsten Kreuzkuppelkirchen Georgiens.

Mehrere Jahrhunderte lang war die Sweti-Zchoweli-Kathedrale die Krönungs- und Begräbniskirche der georgischen Monarchen.

# Klöster Haghpat und Sanahin

Armenien | Jahr der Ernennung: 1996

Diese beiden – nach dem Jahr 960 von der Königin Chosrowanusch gegründeten – Klöster gehören zu den bedeutendsten Bauwerken Armeniens.
Auf dem Gelände eines ehemaligen Wehrklosters in der nordarmenischen Provinz Lori nahe der heutigen Grenze zu Georgien wurden zwischen dem 10. und 13. Jahrhundert vier Kirchen, eine Bibliothek, ein Glockenturm, ein Refektorium und mehrere Kapellen errichtet. Typisch für die Klosterbauten dieser Zeit sind die »Gawits« – durch jeweils vier Pfeiler gestützte Säle, in deren Mitte sich ein kuppelartiges Gewölbe mit einer Lichtöffnung auftut.
Die auf das 10. Jahrhundert zurückgehende Heilig-Kreuz-Kirche von Kloster Haghpat besteht aus einem Kuppelsaal, an den zu Beginn des 13. Jahrhunderts ein Vorbau angeschlossen wurde. Ungewöhnlich ist die Stifterdarstellung im Giebel der Ostfassade. Von Kloster Haghpat durch eine Schlucht getrennt liegt das Kloster Sanahin. Die bedeutende Klosterbibliothek (12.–13. Jahrhundert) ist aus der Ferne kaum erkennbar – eine Schutzmaßnahme, die sich in den kriegerischen Auseinandersetzungen der folgenden Jahre bewähren sollte.

»Sanahin« bedeutet »dieses ist älter als jedes«, denn angeblich ist das Kloster älter als das sich in Sichtweite befindliche Kloster Haghpat.

# Kathedrale und Kirchen von Etschmiadsin, archäologische Stätte von Swartnoz

Armenien | Jahr der Ernennung: 2000

Etschmiadsin, in der Nähe von Swartnoz, hat in der armenischen Kirche etwa denselben Status wie der Vatikan in Rom.

Seit Beginn des 4. Jahrhunderts ist Etschmiadsin das religiöse Zentrum der armenischen Kirche und Residenz ihres geistlichen Oberhaupts.

Im 7. Jahrhundert erbaute der in Byzanz geschulte Katholikos Nerses III. nahe der Stadt Etschmiadsin westlich von Eriwan einen prachtvollen Palast mit der großartigen dreigeschossigen Rundkirche des heiligen Gregor. Von der komplexen Anlage sind nur noch Ruinen erhalten. Die drei Hauptkirchen von Etschmiadsin – Kathedrale, Hripsime- und Gajane-Kirche – sowie die Reste des Nerses-Palasts im nahe gelegenen Swartnoz dokumentieren die geistige und künstlerische Innovationskraft, die die armenische Kirche seit ihrer Gründungszeit auszeichnete. Sie verkörpern den Höhepunkt des Typus der Kreuzkuppelkirche, der die Sakralarchitektur der Region im 7. Jahrhundert grundlegend prägte. In ihrer Grundform gehen die Kathedrale und die Kirchen der beiden Märtyrerinnen auf das 5. bzw. 7. Jahrhundert zurück. Im 17. Jahrhundert wurden die Kirchen erneuert, die Kathedrale wurde unter islamischem Einfluss neu dekoriert.

# Kloster von Geghard im Oberen Azattal

Armenien | Jahr der Ernennung: 2000

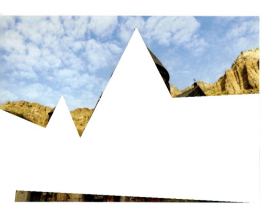

Kloster Geghard zählt zu den bedeutendsten Bauten der Apostolischen Kirche Armeniens; typisch sind die in Fels gehauenen Räume.

Am Ende der Schluchten des Flusses Azat liegt in etwa 1700 Meter Höhe, an der Stelle eines uralten Quellheiligtums, die Klosteranlage von Geghard. Ein Reliquiensplitter aus der Heiligen Lanze machte den Ort zum bedeutenden Wallfahrtsziel.

Seinen besonderen Charakter verdankt der östlich von Eriwan gelegene Klosterkomplex seinen aus dem Tuff herausgeschlagenen Höhlenkirchen und -gräbern. Bereits in vorchristlicher Zeit sollen hier heidnische Quellenkulte zelebriert worden sein; darauf verweist auch der Name der angeblich auf Gregor den Erleuchter (um 240–um 332) zurückgehenden Klostergründung: »Ajrivankh« bedeutet »Höhlenkloster«. Der heutige Name »Geghard« (»Lanze«) verbindet sich mit der Legende von der Heiligen Lanze, die der Apostel Thaddäus nach Armenien gebracht haben soll und von der es heißt, sie sei hier einst als Reliquie versteckt gewesen. Zu Beginn des 13. Jahrhunderts ging das Kloster Geghard in den Besitz der Fürstenfamilie Zakharjan über, die 1215 auch die zentrale Muttergotteskirche errichten ließ. Wenige Jahrzehnte später übernahm die Adelsfamilie Proschjan das Kloster, die es vor allem als Begräbnisstätte nutzte.

# Ummauerter Teil von Baku

Aserbaidschan | Jahr der Ernennung: 2000

Die ummauerte Altstadt von Baku mit Schirwan-Schah-Palast und Mädchenturm vereint die verschiedensten kulturellen Einflüsse Westasiens. Bereits aus dem Paläolithikum lassen sich an der Stelle des heutigen Baku, der an der Westküste des Kaspischen Meers gelegenen Hauptstadt von Aserbaidschan, Siedlungsspuren nachweisen. Die innere Stadt an der südlichen Bucht der Halbinsel Apscheron ist noch heute zu einem guten Teil von dem gewaltigen Mauerring aus dem 11.–13. Jahrhundert umschlossen. Aus diesem ragt der Mädchenturm hervor, der sich 32 Meter hoch über einem Fundament aus dem 7./6. Jahrhundert v. Chr. erhebt. Ausgegraben sind heute die Fundamente der Burg Gabalan aus dem 14. Jahrhundert. Die ausgreifende Palastanlage der Schirwan-Schahs zieht sich am Westabhang der Altstadt über mehrere Hofterrassen zum Meer hinab. Die oberste Terrasse war dem Wohnpalast des Herrschers vorbehalten. Das Stadtbild des alten Baku bestimmen zudem das im 16. Jahrhundert errichtete massive Minarett der Großen Moschee, der aus dem 18. Jahrhundert stammende Zoroaster-Tempel, die ehemaligen Karawansereien und die alten Badehäuser.

**Die teilweise von einer gigantischen Mauer umrahmte Altstadt aus dem 12. Jahrhundert prägt das Stadtbild von Baku.**

# Felsbilder und Kulturlandschaft von Gobustan

Aserbaidschan | Jahr der Ernennung: 2007

Diese Welterbestätte in der Halbwüste Zentralaserbaidschans besteht aus drei Bereichen mit rund 6000 Felsbildern. Zudem wurden hier Siedlungen und Begräbnisstätten gefunden.
In einem Ausläufer des Kaukasus am Kaspischen Meer findet man auf einer Hochfläche die drei flachen Hügel Jingirdag-Yazilitepe, Boyukdash und Kichikdash. Sie sind von großen Kalkblöcken bedeckt, die viele Höhlen und Gesteinsnischen (Balmen) bilden. Bei den meisten Felsbildern handelt es sich um Gravierungen im Stein. Möglicherweise kann man sie je nach Alter mehreren Gruppen zuordnen. Diejenigen aus der Altsteinzeit zeigen Boote – wahrscheinlich lag damals der Wasserspiegel des Kaspischen Meeres höher, und die drei Hügelregionen waren Inseln –, Wildtiere, Fische und Jäger. In einer Höhle treten nur tätowierte, in einer anderen nur schwangere Frauen auf. Für die Jungsteinzeit typische Motive sind rituelle Szenen, Tänze, Opfer und die ersten Haustiere. In der Bronzezeit tauchen vermehrt Ziegen, Wagen und Reiter auf. Aus der Eisenzeit stammen armlose menschenartige Figuren, aus dem Mittelalter Kamelkarawanen, bewaffnete Reiter und verschiedene islamische Symbole.

**Zum vielfältigen Motivrepertoire der Felsbilder gehören anthropomorphe Figuren; auch Ziegen sind zu sehen (oben).**

Kinkaku-ji oder Goldener-Pavillon-Tempel: Der Buddhistische Tempel liegt im Nordwesten der japanischen Stadt Kyoto. In ihm befindet sich die bekannte Reliquienhalle (Shariden), deren obere Stockwerke komplett mit Blattgold überzogen sind.

# Asien

# Altstadt von Aleppo

Syrien | Jahr der Ernennung: 1986

Große Teile der Stadt ganz im Nordwesten des heutigen Syrien wurden im anhaltenden Bürgerkrieg zerstört. Viele Kulturdenkmäler gingen verloren. Aleppo (Halab) war schon im 3. vorchristlichen Jahrtausend besiedelt. Mit seiner rund 5000-jährigen Geschichte gehört es zu den ältesten durchgehend besiedelten Orten der Welt. Auf der nunmehr schwer beschädigten Zitadelle befand sich bereits im 10. Jahrhundert v. Chr. eine syrisch-hethitische Tempelanlage. Im Zuge der Stadtneugründung unter den Seleukiden wurde im 3. Jahrhundert v. Chr. ein erster Festungsbau auf dem Bergplateau errichtet. Die Zitadelle stammt aus dem späten 13. Jahrhundert. Die Umayyaden-Moschee wurde um 715 als Freitagsmoschee an der Stelle der antiken Agora errichtet und danach mehrmals umgebaut. Das unter den Seldschuken gegen Ende des 11. Jahrhunderts entstandene und reich mit Ornamenten geschmückte Minarett, ein Hauptwerk der syrischen Architektur, stürzte im Zuge der Kämpfe 2013 ein. Bereits 2012 gingen große Teile des Al-Madina Suq in Flammen auf. Überdies sind viele der berühmten mittelalterlichen Medresen, Paläste, Karawansereien und Badehäuser zerstört..

**Zum oberen Torbau der Zitadelle führt eine Bogenbrücke (oben). Unten: Der Suq von Aleppo vor seiner Zerstörung 2012.**

# Antike Dörfer in Nordsyrien

Syrien | Jahr der Ernennung: 2011

Der Anbau von Oliven brachte den antiken Dörfern des nordsyrischen Kalksteinmassivs Wohlstand. Das Welterbe umfasst rund 40 dieser Dörfer sowie weitere Stätten wie das Simeonskloster. »Belos« oder »Belus« nannte man in der Antike das nordsyrische Kalksteinmassiv, dessen Fels selbst den einfachsten – in Quadertechnik ohne Mörtel gefertigten – Bauten eine solche Widerstandsfähigkeit verlieh, dass Archäologen heute in dieser Region eine einzigartige Situation vorfinden: Auf einem Gebiet von rund 150 × 40 Kilometern blieben Hunderte antiker Ruinenstätten erhalten, was die Rekonstruktion einer ganzen antiken Landschaft möglich macht. Deren Dörfer und Kleinstädte waren einst dicht besiedelt von einer griechisch sprechenden Oberschicht, die seit dem Ende des 1./Anfang des 2. Jahrhunderts das Land kultivierten. Aufschwung brachte der Anbau von Oliven. Der neue Wohlstand bewirkte eine rege Bautätigkeit – auch wenn dabei meist nur kleinere Dörfer mit wenigen Dutzend Häusern, einer Kirche und einer Ölmühle entstanden. Erst mit den Eroberungen der Perser und dem Vordringen des Islam zu Beginn des 7. Jahrhunderts wurden die Dörfer zu Ruinenstätten.

**Die spätantike Siedlung Ruweiha war einst ein bedeutender Marktplatz im Osten des Jebel Zawiya.**

# Crac des Chevaliers und Qal'at Salah Ad-din

Syrien | Jahr der Ernennung: 2006

Die Festung der Johanniter, Crac des Chevaliers, und die Saladinsburg sind steinerne Zeugnisse der gut drei Jahrhunderte dauernden Auseinandersetzungen zwischen Christen und Muslimen. Weithin sichtbar über der Ebene von Homs thront auf dem 755 Meter hohen Djebel Khalil am südlichen Ausläufer des Ansariyegebirges die Festung Crac des Chevaliers. Der Emir von Homs ließ hier 1031 eine erste Burg errichten, die im Jahr 1142 in die Hände der Johanniter fiel. Diese bauten sie zu einer modernen Festungsanlage aus. Während der Kreuzzüge war sie Teil der aus Städten und Burgen bestehenden Kommunikationskette, entlang deren sich die Kreuzfahrer verständigten. Erst 1271 erzwang der Mameluckensultan Baibar die Übergabe der Anlage. Qal'at Salah ad-Din, die Saladinsburg wenig östlich von Latakia, liegt auf einem durch Schluchten nach drei Seiten begrenzten Bergrücken. Die erste Burganlage aus dem 10. Jahrhundert eroberten 975 die Byzantiner unter Kaiser Johannes I. Tzimiskes und bauten sie zu einer mächtigen Festung aus. Im 12. Jahrhundert residierten hier die Kreuzritter, bis Sultan Saladin im Jahr 1188 die Burg eroberte.

**Crac des Chevaliers gehört zu den am besten erhaltenen Befestigungsanlagen im Nahen Osten aus der Zeit der Kreuzzüge.**

# Ruinen von Palmyra

Syrien | Jahr der Ernennung: 1980

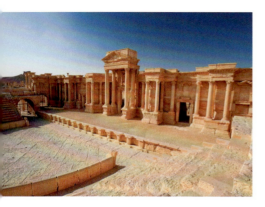

**Durch Palmyra führte einst eine Säulenstraße (unten), deren Beginn der Hadriansbogen markierte. Oben: Das römische Theater.**

Nach der Vertreibung des IS aus Palmyra Ende März 2016 stellte die UNESCO fest, dass die antiken Stätten trotz der schweren Zerstörungen als Einheit erhalten geblieben seien.

Obwohl die zwischen Damaskus und dem Euphrat gelegene Handelsstadt in vorrömischer Zeit große Bedeutung als Mittlerin zwischen Ost und West hatte, fiel die Blütezeit von Palmyra, dem heutigen Tadmur, mit der römischen Präsenz in Vorderasien zusammen. Die Oasenstadt, ein Knotenpunkt nordsüdlicher und ostwestlicher Karawanenwege, erlangte ihre herausragende Position, als Kaiser Caracalla aus ihr eine römische Kolonie machte. Da Palmyra von der Anbindung an die Seidenstraße profitierte, kam es rasch zu großem Reichtum. Zenobia, die ab dem Jahr 267 herrschte, baute Palmyra im 3. Jahrhundert zu einer prachtvollen Residenz aus und verschmolz dabei die Kultur des hellenistisch geprägten Orients mit der Kultur der Parther und der Römer. Zeugnisse der hoch entwickelten palmyrenischen Kunst sind eine groß angelegte Säulenstraße, ein Theater, eine Agora sowie die Turmgräber und die Bestattungsanlagen im »Tal der Gräber«.

# Altstadt von Damaskus

Syrien | Jahr der Ernennung: 1979

Mit einem Alter von rund 5000 Jahren zählt Damaskus zu den ältesten Städten der Welt. Der geschichtsträchtige Ort ist untrennbar mit dem Alten Testament und der Geschichte des Islam verbunden. Der Prophet Mohammed soll sich einst geweigert haben, die Stadt Damaskus zu besuchen, weil er vor dem himmlischen Paradies kein anderes Paradies betreten wollte. Noch heute macht Damaskus seinem poetischen Namen »Diamant der Wüste« alle Ehre, besonders in der von großartigen Moscheen, bunten Märkten und Palastanlagen bestimmten Altstadt. Das Bild der Stadt ist seit dem 8. Jahrhundert islamisch geprägt. Im Jahr 705, in der Blütezeit der Herrschaft, wurde die Große Moschee auf Fundamenten einer christlichen Kirche errichtet. Sie ist eines der ältesten islamischen Gebetshäuser und richtungweisend für die Baukunst des Islam. In der unmittelbaren Umgebung der Umayyaden-Moschee befinden sich die berühmten Märkte (Suqs) der Stadt, vor allem der überdachte Suq al-Hamidiya, sowie zahlreiche Kostbarkeiten islamischer Architektur wie der Maristan al-Nuri, ein 1154 errichtetes Krankenhaus, die Nuredin-Medrese und das Grabmal Saladins (1193).

**Die prachtvolle Umayyadenmoschee diente bis zu ihrem Umbau im Jahr 705 als christliche Kirche.**

# Altstadt von Bosra

Syrien | Jahr der Ernennung: 1980

Die Handelsstadt ganz im Süden von Syrien, in der sich die Hauptrouten zum Roten Meer bündelten, war auch ein wichtiges kulturelles Zentrum und besaß prachtvolle Paläste sowie ein Amphitheater. Die von den Nabatäern gegründete Stadt, ein alter Warenumschlagplatz der Nomaden, erlebte ihre Blütezeit unter den Römern, die sie im Jahr 106 v. Chr. eroberten. Kaiser Trajan erhob Bosra zur Hauptstadt der Provinz Arabia und ließ die Handelsmetropole ausbauen. Nach dem Zerfall des Römischen Reichs spielte Bosra als Bischofsstadt und Sitz eines byzantinischen Metropoliten eine bedeutende Rolle. Unter islamischer Herrschaft war es wichtige Pilgerstation auf dem Weg von Damaskus nach Mekka. Bosra verfügt über eindrucksvolle Monumente aus römischer, frühchristlicher und islamischer Zeit. Das antike Amphitheater wurde im Mittelalter angesichts der Bedrohung durch die Kreuzfahrer zur Festung ausgebaut. Die schönsten Werke islamischer Baukunst sind die Freitags- und die Mabrak-Moschee, die beide im 12. Jahrhundert errichtet wurden. Seit 2012 ist die Stadt Bosra schwer umkämpft. 2015 soll sie von Rebellen eingenommen worden sein.

**Das römische Theater von Bosra wurde in seldschukischer und ayyubidischer Zeit zu einer Zitadelle ausgebaut.**

# Wadi Qadisha und Wald der Libanonzedern

Libanon | Jahr der Ernennung: 1998

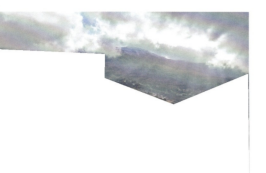

Zedernwälder prägten einst das Gebiet des Libanon. Heute ist nur noch der Wald am Berg Qurnat as-Sawda erhalten.

Wadi Qadisha, das »heilige Tal« mit seinen Felsenklöstern, zählt zu den wichtigen Stätten des frühen Christentums. In der Nähe liegt der berühmteste Wald des Landes. Seine majestätischen Zedern gelten als ein Symbol des Libanon. Rund 120 Kilometer von der Hauptstadt Beirut entfernt beginnt das lang gestreckte Wadi Qadisha, das »heilige Tal«. In der Einsamkeit dieser dramatischen Landschaft errichteten Mönche in den ersten Jahrhunderten des Christentums Felsenkirchen und Klöster wie das Kloster Qannoubin. Entlang der alten Straße von Bscharré liegt die Qadisha-Grotte mit ihren eindrucksvollen Tropfsteinformationen. Im Frühjahr sprudelt aus der Höhle ein Wasserfall. Nicht weit entfernt liegt ein Zedernwald, der als »Horsh Arz al-Rab«, »Zedern des Herrn«, bekannt ist. Im Schatten des höchsten Berges des Landes, des 3088 Meter hohen Qurnat as-Sawda, finden sich auf 1950 Meter Meereshöhe rund 375 mächtige Zedern. Zwei dieser Bäume sollen angeblich 3000 Jahre und damit aus der Zeit stammen, als König Salomo seinen Palast und den Tempel in Jerusalem aus Libanonzedern erbauen ließ. Das Holz war einst ein begehrter Exportartikel.

# Ruinen von Anjar

Libanon | Jahr der Ernennung: 1984

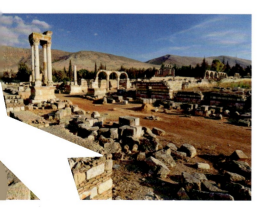

Die Bogenarchitektur und Arkadengänge, die einst die Hauptstraßen von Anjar säumten, können römische Vorbilder nicht leugnen.

Die Ruinen nördlich von Beirut gehören zu einer Palaststadt, die sich der Umayyaden-Kalif Walid I. im 8. Jahrhundert nach römischen Vorbildern anlegen ließ – ein einzigartiges Zeugnis der Stadtplanung der Umayyaden-Herrscher. Bei der Planung der Palaststadt Anjar hatte der Kalif Walid I. eine idealtypische Stadt nach römischem Vorbild vor Augen. Die streng geometrisch aufgeteilte Anlage weist einen annähernd quadratischen Grundriss von etwa 200 Metern Seitenlänge auf. Vier mit Rundtürmen verstärkte Tore gewährten ursprünglich Zutritt in die ringsum von einer Mauer eingefasste Stadt. Wie bei römischen Städten üblich, durchschnitten rechtwinklige Hauptachsen, Cardo und Decumanus, die schachbrettartige Anlage, deren Straßenzüge mit großen Kolonnadengängen dekoriert waren. Ein vierteiliges Bogenmonument im Schnittpunkt der Achsen, der Tetrapylon, markierte das Zentrum. Heute zum Teil restauriert ist der Palast des Umayyaden-Herrschers Walid im Südosten der Stadt. Ihm schloss sich im Norden die Moschee an. Weiter nördlich befand sich der kleine Palast, der den Frauen vorbehalten war, und jenseits des Cardo lagen die Wohnviertel für die Palastbediensteten.

# Ruinen von Byblos

Libanon | Jahr der Ernennung: 1984

Byblos ist eine der ältesten phönizischen Städte. Schon in der Bronzezeit besaß es den wichtigsten Hafen der Levante, später war es ein Stützpunkt der Kreuzfahrer. Heute ist das nördlich von Beirut an der Küste gelegene Byblos, das heutige Djubail, ein Fischerhafen zu Füßen der Burgruine aus der Kreuzfahrerzeit. Bereits im 3. Jahrtausend v. Chr. erlebte die phönizische Hafenstadt ihre Glanzzeit als Warenumschlagplatz zwischen Mesopotamien und dem Mittelmeerraum. Um 2800 v. Chr. begann man mit dem Bau des Tempels der Stadtgöttin Baalat Gebal. Weitere Tempel sollten folgen. Bei den Akkadern hieß die Stadt Gubla, bei den Phöniziern Gebal (»Schiffe«). Schiffe waren es auch, die für den Reichtum von Byblos sorgten, denn es war ein wichtiger Verladeort für Libanonzedern, die nach Ägypten exportiert wurden (auch die bei Ausgrabungen neben der Pyramide des Cheops in Giseh gefundene Barke des Pharaos war aus Zedernholz). Im Gegenzug importierte man Alabaster, Gold und Papyrus. Vom Papyrushandel leitet sich wohl der griechische Name Byblos (»Schreibmaterial«) her – 332 v. Chr. war die Stadt von Alexander dem Großen erobert und hellenisiert worden.

**Aus der Zeit um 1600 v. Chr. stammt der noch gut erhaltene Obeliskentempel von Byblos.**

# Ruinen von Tyros

Libanon | Jahr der Ernennung: 1984

Unter den Phöniziern war das ganz im Süden des heutigen Libanon gelegene Tyros, heute »Sur« genannt, eine der wichtigsten Hafenstädte am Mittelmeer. Die beeindruckendsten Bauwerke stammen aber vor allem aus römischer Zeit. Der Reichtum der Phönizier beruhte auf dem Handel mit Purpur. Jahrtausende hindurch war der aus der Purpurschnecke gewonnene Farbstoff so kostbar, dass er durch ein Vielfaches an Gold aufgewogen wurde. In der Antike war die Stadt Tyros exklusive Produktionsstätte für Purpur. Nebukadnezars Truppen ergab sich Tyros im 6. Jahrhundert v. Chr. vergeblich. Im Jahr 332 v. Chr. eroberten die Soldaten Alexanders des Großen die Hafenstadt, im 1. Jahrhundert v. Chr. wurde sie von den Römern eingenommen Auf die Römer gehen die wichtigsten Baudenkmäler zurück. Zwei bedeutende Stätten sind hier zu nennen: die kaiserliche Stadt und die Nekropole. In Ersterer finden sich Relikte der phönizischen Stadtmauer, hauptsächlich jedoch römische Kolonnadenstraßen und Thermen, Relikte aus der byzantinischen Epoche sowie eine Kathedrale der Kreuzfahrer. In der Nekropole vor den Toren der Stadt erhebt sich der berühmte Triumphbogen von Tyros.

**Die Säulen am Strand der einstigen Hafenstadt gehören zu den Ruinen einer Palästra, eines antiken Sportplatzes.**

# Ruinen von Baalbek

Libanon | Jahr der Ernennung: 1984

Der fast vollständig erhaltene Bacchus-Tempel (unten) stammt aus der ersten Hälfte des 2. Jahrhunderts. Oben: Der Jupiter-Tempel.

Die kolossalen Säulen und Ruinen der Tempelstätte im Bekaatal zählen zu den großartigsten Zeugnissen römischer Baukunst im Nahen Osten. Der Name »Baalbek« (»Herr der Bekaa-Ebene«) geht auf die phönizische Zeit zurück, als der Ort gegründet wurde. Während der seleukidisch-hellenistischen Epoche im 3. und 2. Jahrhundert v. Chr. war der Ort als »Heliopolis«, als »Sonnenstadt«, bekannt. Aus dieser Zeit sind Felsengräber erhalten. Die wichtigsten Relikte aber verdankt man den Römern, die hier eine der größten Tempelanlagen der Antike errichteten. Unter Kaiser Augustus begannen im Jahr 15 v. Chr. die Bauarbeiten am gewaltigen Jupiter-Tempel, der auf den Ruinen phönizischer Kultstätten errichtet wurde. Die noch erhaltenen sechs 20 Meter hohen Säulen des Tempels sind neben der Zeder ein Wahrzeichen des Libanon. Aus dem 2. Jahrhundert stammt der Bacchus-Tempel, ein Meisterwerk römischer Architektur und die am besten erhaltene antike Tempelanlage im Nahen Osten. Bereits dieser kleinste Tempel der Kultstätte hat größere Ausmaße als die Akropolis in Athen. Bekannt ist Baalbek auch wegen der gigantischen Steinblöcke, die der Tempelstadt als Fundament dienen.

# Altstadt von Akko

Israel | Jahr der Ernennung: 2001

Im Jahr 1104 eroberte der Kreuzritter Balduin I. das umkämpfte Akko. Die an der Bucht von Haifa gelegene Stadt war nach dem Fall Jerusalems im Jahr 1191 für ein Jahrhundert lang Hauptsitz des Kreuzfahrerreichs. Im 18. Jahrhundert bauten die Osmanen die Kreuzritterburg zu einer gigantischen Festung aus, die Napoleon einst 61 Tage vergeblich belagerte. Sie war die letzte Bastion der Kreuzfahrer im Heiligen Land. Auch nach dem Fall von Akko im Jahr 1291 erlebte die einstige Hauptstadt der Kreuzritter eine wechselvolle Geschichte. In den folgenden Jahrhunderten herrschten hier Mamelucken, Umayyaden, Beduinen und Osmanen. Mit wuchtigen Mauern sicherten im 18. Jahrhundert die Osmanen die stolze Metropole. Die Altstadt von Akko, ein Musterbeispiel islamischer Stadtplanung, beherbergt das Hospitaliterviertel mit der großen Zitadelle aus der Kreuzfahrerzeit, zahlreiche Moscheen wie die im 18. Jahrhundert auf den Fundamenten einer Kreuzfahrerkathedrale im Stil des türkischen Rokoko errichtete Ahmed-al-Jazzar-Moschee, die Karawanserei Khan al-Umdan und Bauten aus osmanischer Zeit, die zum Teil direkt auf der darunterliegenden Kreuzfahrerstadt errichtet wurden.

**Innenraum der Festung (oben). Unten: Mächtige osmanische Mauern schützten nicht nur den Hafen von Akko.**

## Heilige Stätten der Bahai in Haifa und West-Galiläa

Israel | Jahr der Ernennung: 2008

Das Mausoleum des Bab ist mit seiner Kuppel der architektonische Fixpunkt der Hängenden Gärten am Berg Karmel in Haifa.

Insgesamt wurden 26 Gebäude, Monumente und andere Stätten an elf Orten zum Welterbe erklärt. Der größte Teil liegt in einem weitläufigen Garten in Haifa. Die Ursprünge des Bahai-Glaubens liegen im Iran, wo im Jahr 1844 ein Mann mit dem selbst ernannten Titel »Bab« (arabisch: »das Tor«) erklärte, ein Gesandter Gottes zu sein, und das baldige Kommen eines Religionsstifters ankündigte. Als dieser Religionsstifter gilt Baha'u'llah (arabisch: »Herrlichkeit Gottes«). Beide Männer gerieten mit den religiösen und weltlichen Machthabern im Iran in Konflikt: Während Bab hingerichtet wurde, verbannte man Baha'u'llah nach Akko. Nach seinem Tod im Jahr 1892 begannen die Bahai mit dem Ausbau ihres Weltzentrums auf dem Berg Karmel in Haifa und der näheren Umgebung. Zentrales Gebäude ist das prachtvolle Mausoleum des Bab, das man über eine lange Freitreppe mit 19 Terrassen erreicht. Außerdem befinden sich dort die im neoklassizistischen Stil gehaltenen Verwaltungsgebäude, ein Archiv sowie andere Bauwerke, die spirituellen oder Schulungszwecken dienen. In Akko ist die wichtigste Bahai-Stätte der Schrein von Baha'u'llah.

## Nekropole von Bet She'arim

Israel | Jahr der Ernennung: 2015

Die Nekropole gilt als wichtiges Erbe des antiken Judentums und als Symbol der Erneuerung der jüdischen Kultur nach der Zerstörung des zweiten Jerusalemer Tempels 70 n. Chr. Sie besteht aus mehr als 30 Katakomben, in denen man kunstvolle Inschriften in Hebräisch, Aramäisch und Griechisch fand. Die Nekropole gehörte zu der im 1. Jahrhundert v. Chr. gegründeten Stadt Bet She'arim, in der sich der Hohe Rat der Juden nach der Zerstörung des Jerusalemer Tempels niederließ. Nachdem der hochverehrte Rabbi Judah ha-Nasi, der die Tora erstmals schriftlich niedergelegt hatte und der Oberhaupt des Rats war, die Stadt zum Ort seiner Grablege erkoren hatte, wollten sich Juden aus allen Teilen Palästinas hier bestatten lassen. Die Inschriften belegen, dass in Bet She'arim vom 2. bis zum 4. Jahrhundert nicht nur Menschen aus der näheren Umgebung, sondern auch aus Städten wie Tyros oder Palmyra ihre letzte Ruhe fanden. Die Katakomben sind mit in den Fels gehauenen religiösen Symbolen und Bildern geschmückt. Seit den 1930er-Jahren wurden sie freigelegt und der Öffentlichkeit zugänglich gemacht. Die Nekropole gehört heute zum Nationalpark Bet She'arim.

Die antike Stadt wurde nach einem Aufstand der Juden gegen den römischen Statthalter 352 zerstört.

# Stätten der menschlichen Evolution im Karmel-Gebirge

Israel | Jahr der Ernennung: 2012

Im Nordwesten Israels zeugen archäologische Funde auf einer Fläche von nur 54 Hektar von der menschlichen Entwicklung seit der Altsteinzeit. Hinsichtlich der umfassten Zeitspanne und ihrer chronologischen Dichte sind die Funde einzigartig. An den westlichen Abhängen des Karmel-Gebirges bei Haifa liegen nahe beieinander die vier Höhlen Tabun, Jamal, el-Wad und Skhul. Seit 1928 finden hier archäologische Grabungen statt, die bedeutende Funde lieferten: Skelettreste vom Neandertaler und vom Homo sapiens, Zeugnisse für erste absichtliche Begräbnisse in der Altsteinzeit sowie Belege für die ersten Versuche, mit Stein dauerhafte Bauten zu errichten. Die Funde reichen von der etwa 500 000 Jahre alten Acheuléen-Kultur der Altsteinzeit über die Moustérien-Kultur (etwa 120 000–40 000 v. Chr.) bis zur Natufien-Kultur der Jungsteinzeit (15 000–11 500 v. Chr.) und zeigen den Übergang von einer Kultur nomadisierender Jäger und Sammler zu einer sesshaften Kultur mit Ackerbau und Viehhaltung. Nirgendwo sonst auf der Welt gibt es chronologisch durchgängige Artefakte über eine solche Zeitspanne der menschlichen Entwicklung in einem so begrenzten Gebiet.

**El-Wad (beide Abbildungen)** ist die größte der vier Ausgrabungshöhlen an den westlichen Abhängen des Karmel-Gebirges.

## Biblische Siedlungen Megiddo, Hazor und Beerscheba

Israel | Jahr der Ernennung: 2005

Zu den Ruinen von Megiddo gehören auch die Reste der legendären Pferdeställe des Königs Salomo.

Bis in vorbiblische Zeit hinein reicht die wechselvolle Geschichte dieser drei historischen Siedlungen zurück. Die ausgeklügelten Bewässerungssysteme, die die Landwirtschaft und die Bewohner dieser Städte versorgten, lassen sich noch heute bestaunen. Auf dem Siedlungshügel Megiddo nahe dem Karmelgebirge befand sich eine bedeutende Festungsanlage, die vom 4. bis 2. Jahrtausend v. Chr. die wichtige Handels- und Heerstraße zwischen den Reichen in Ägypten und dem Zweistromland kontrollierte. Berühmt sind der heute noch erhaltene Reitplatz und die imposanten Pferdeställe.

Hazor, die größte der drei Ausgrabungsstätten, umfasst mit der Oberstadt und einer ummauerten Unterstadt ein Areal von etwa 200 Hektar. Im 2. Jahrtausend v. Chr. bewohnten rund 20 000 Menschen die Stadt nahe dem See Genezareth.

In der Ausgrabungsstätte bei Beerscheba in der Negevwüste sind heute noch die Mauern einer planmäßig angelegten Siedlung aus der Eisenzeit erhalten. Ab 1100 v. Chr. existierte hier eine befestigte Stadt, wo Makkabäer, Römer und Byzantiner Truppen stationiert hatten.

## Die »Weiße Stadt« von Tel Aviv

Israel | Jahr der Ernennung: 2003

In ihrer äußeren Erscheinung wirken die meist in den 1930er-Jahren entstandenen Häuser verblüffend modern.

Mit rund 4000 im Stil des Bauhauses – oder der Klassischen Moderne – errichteten Gebäuden findet man in Tel Aviv mehr Beispiele dieser Baurichtung als irgendwo sonst auf der Welt. Tel Aviv wurde im Jahr 1909 gegründet und entwickelte sich unter britischem Mandat zur Großstadt für Tausende von jüdischen Emigranten, die eine neue, sichere Heimat suchten. Ausdruck dieses Neuanfangs ist auch die »Weiße Stadt«, die architektonisch ganz den Idealen des modernen Bauens folgt. Den Masterplan dafür erstellte der Brite Sir Patrick Geddes. Unter seiner Leitung entstanden bis 1948 viele Gebäudekomplexe im Stil der Klassischen Moderne. Die Entwürfe lieferten vom Bauhaus beeinflusste europäische Architekten, die nach Israel ausgewandert waren, wie Arie Sharon, Zeev Rechter, Richard Kauffmann, Dov Karmi und Genia Averbuch. So entstand ein »Bauhaus im großen Stil«, auch wenn sich nicht alle Architekten am Bauhaus von Dessau und Weimar orientierten. Das Engel-Haus von Zeev Rechter (1933) etwa stand ursprünglich auf den für die Bauten Le Corbusiers charakteristischen Stelzen, den »Pilotis«.

# Grabhöhlen in Marescha und Bet Guvrin

Israel | Jahr der Ernennung: 2014

Ein weitläufiges Netz unterirdischer Höhlen und Kammern durchzieht das Gebiet rund um die antiken Städte Maresha und Bet Guvrin in Judäa. Die Gründung der Stadt Maresha fällt ins 8. Jahrhundert v. Chr., als Rehoboam, der Sohn König Salomons aus der antiken, bereits in der Bibel erwähnten kanaanitischen Siedlung, eine befestigte Stadt errichten ließ. Die erst in späterer Zeit gegründete Stadt Bet Guvrin löste Maresha dann in ihrer Vormachtstellung ab. In der wechselvollen Geschichte beider Ansiedlungen spiegeln sich rund 2000 Jahre Kulturgeschichte des Landes wider: Babylonier, Edomiten, Phönizier, Römer und Leute aus Byzanz hinterließen hier alle ihre Spuren, die sich in der Architektur, der Städte erhalten haben. Dank der in den über 3500 Höhlen gemachten Funde lässt sich gut ein Bild der Zeit rekonstruieren. Die Kammern dienten als Lagerräume, unterirdische Zisternen, als Bäder, Kultstätten oder Verstecke in Zeiten des Krieges. In antiken Ölpressen wurde Olivenöl gewonnen, es wurden Tauben gezüchtet und andere Nutztiere gehalten. Außerhalb der städtischen Bezirke gelegene Höhlen dienten als Grabkammern.

**Columbarium mit über 2000 Wandnischen für die Taubenzucht (oben). Unten: Malereien in den Sidonischen Grabkammern.**

# Archäologische Stätte Masada

Israel | Jahr der Ernennung: 2001

Innerhalb der Befestigung (beide Abbildungen) mit ihren einst 40 Türmen befanden sich Paläste, Unterkünfte und Lagerhäuser.

Im Jahr 1838 wurde in der Wüste Negev die Festung wiederentdeckt, die Herodes I. einst auf einem Felsplateau hatte errichten lassen. Hier begingen im Jahr 73 n. Chr. rund 1000 Juden einen beispiellosen kollektiven Selbstmord, um sich den römischen Belagerern nicht ergeben zu müssen. Der Ort gilt als Symbol für den jüdischen Kampf gegen Unterdrückung.

Um Christi Geburt war Judäa ein von Rom abhängiges Königreich, das von Herodes I. regiert wurde. Dieser ließ auf einem 441 Meter hoch über dem Toten Meer gelegenen Felsplateau eine scheinbar uneinnehmbare Festung errichten. Hier verbarrikadierten sich während des ersten jüdischen Aufstands gegen Rom rund 1000 Widerstandskämpfer, die im Jahr 73 in den Freitod gingen. Der Palast des Herodes mit verschiedenen Wohnhäusern innerhalb der Festungsmauer gilt als ein hervorragendes Beispiel für römische Luxuswohnstätten. Weitaus interessanter ist aber die Belagerungs- und Kriegsmaschinerie der Römer, die rund um die Festung erhalten geblieben ist. Dazu gehört eine gewaltige Rampe, die römische Soldaten zum Sturm auf die Festung aufgeschüttet hatten.

# Weihrauchstraße und Wüstenstädte im Negev

Israel | Jahr der Ernennung: 2005

Negev bedeutet »trockenes Land«. Entsprechend unfruchtbar ist auch die gleichnamige Wüste. Dennoch entstanden hier durch Fernhandel und Bewässerungsanlagen wohlhabende Städte. Für den Warentransport durch dünn besiedelte Gebiete und Wüstenregionen ergaben sich im 3. Jahrhundert v. Chr. völlig neue Möglichkeiten, da man das Dromedar als Lasttier domestiziert hatte. Rasch entwickelte sich ein reger Handel zwischen der Arabischen Halbinsel und dem Mittelmeerraum. Die nabatäische Hauptstadt Petra im heutigen Jordanien war einer der wichtigsten Umschlagplätze für Güter. Auf ihrem etwa 2000 Kilometer langen Weg dorthin durchquerten die Karawanen die Wüste Negev, um die von den Römern besetzten Gebiete von Judäa zu umgehen. Ihre Fracht war sehr kostbar: Weihrauch. Das Welterbe umfasst Städte, Festungen und Karawansereien an der Weihrauchstraße. Dazu zählen die nabatäischen Städte Haluza, Mamshit-Kurnub, Avdat-Oboda und Shivta-Sobata, die Festungen Nekarot, Kasra und Moa, die Kraterquelle Ein Saharonim, die Karawanserei am Ramon-Tor, der Makhmal-Aufstieg auf die Burg, die Graffon-Festung und Meilensteine am Wegrand.

**Die Ruinenstädte (oben) zeugen von der Bedeutung des Weihrauchhandels. Unten: Wohnhaus in Mamshit an der Weihrauchstraße.**

# Altstadt und Stadtmauern von Jerusalem

Jerusalem | Jahr der Ernennung: 1981

Es gibt kaum einen Ort, der welthistorisch mehr Bedeutung hat als Jerusalem. Die Stadt bietet ein Schaubild der Geschichte, in dem uns die großen Monumente des Judentums, des Christentums und des Islam deutlich vor Augen stehen. Sie befinden sich in der Altstadt Jerusalems: die Zitadelle mit dem Davidsturm, das armenische Viertel mit der Jakobskirche, das jüdische Viertel mit den Synagogen Ha'ari und Ramban, der Ruine der Hurvasynagoge, dem »Verbrannten Haus« und der Klagemauer. Fast ein Sechstel der Altstadt nimmt der Tempelberg ein, wo Abraham nach dem Alten Testament seinen Sohn Isaak opfern sollte und der Prophet Mohammed nach islamischem Glauben in den Himmel aufstieg. Die Via Dolorosa, der »Schmerzensweg«, auf dem nach dem Neuen Testament Christus sein Kreuz trug, beginnt im muslimischen Altstadtviertel in der Nähe des Löwen- oder Stephanstors und führt mit ihren letzten fünf Stationen in die Grabeskirche. Auf dem Areal des Tempelbergs erhebt sich der Felsendom, der 691 unter Kalif Abd al-Malik in Anlehnung an die erste Grabeskirche erbaut wurde. Hier soll die Himmelfahrt des Propheten Mohammed stattgefunden haben.

**Zitadelle mit Davidsturm (oben). Links: Die Fassade des Felsendoms, ein oktogonaler Kuppelbau, mit kostbarem Marmor und farbigen Kacheln verkleidet.**

## Kulturlandschaft von Südjerusalem

Palästina | Jahr der Ernennung: 2014

Das einige Kilometer südlich von Jerusalem gelegene palästinensische Dorf Battir bildet den Mittelpunkt eines idyllischen Tals, in dem über die Jahrhunderte eine beeindruckende Kulturlandschaft entstanden ist.

Auf den Terrassen, die an den Hängen angelegt wurden, gedeihen Wein und Olivenbäume. Ein ausgeklügeltes Bewässerungssystem erlaubt auch den Anbau von Zitronen, Aprikosen und anderen Früchten. Das Wasser, das über Rinnen auf die Felder und Beete geleitet wird, stammt aus den Bächen in dem Gebiet und wird in Zisternen gesammelt. An jedem Tag der Woche wird es von einer anderen der acht alteingesessenen Großfamilien zur Bewässerung genutzt.

Ein noch nicht befestigter Abschnitt der Grenze zwischen Israel und den Palästinensergebieten verläuft mitten durch das Tal. Einige der Felder Battirs liegen auf israelischem Hoheitsgebiet. Aufgrund eines 60 Jahre alten Abkommens mit Israel haben die Dorfbewohner bis jetzt freien Zutritt zu ihrem Land. Gegen israelische Pläne, auch um Battir herum eine Schutzmauer zu errichten, reichten sie bei Israels Obersten Gerichtshof Klage ein.

Obwohl es in einem Krisengebiet liegt, wird das Tal von Battir oft als ländliches Paradies gepriesen.

## Geburtskirche Jesu Christi und Pilgerweg in Bethlehem

Palästina | Jahr der Ernennung: 2012

Zusammen mit dem Pilgerweg nach Bethlehem stellt die Geburtskirche ein Zeugnis frühchristlicher Baukunst dar. Bereits ab dem 2. Jahrhundert wurde die Höhle, in der nach Überzeugung von Christen in aller Welt Jesus das Licht der Welt erblickt haben soll, zum Ziel erster Pilgerzüge. Im 4. Jahrhundert ließ Kaiser Konstantin der Große über der Höhle eine fünfschiffige Basilika mit kunstvollen Mosaikböden errichten. Durch eine Öffnung in der Apsis blieb der Kirchenraum mit der Grotte verbunden. In der zweiten Hälfte des 5. Jahrhunderts fiel die Kirche einem Brand zum Opfer und wurde daraufhin an der gleichen Stelle vollständig neu errichtet. Da diese Kirche vor Plünderungen und Zerstörungen durch die Perser verschont blieb, gehört sie zu den ältesten durchgehend genutzten Kirchen im Heiligen Land. Gleich drei Konfessionen, griechisch-orthodoxe, armenische katholische Christen teilen sich hier ihre Ansprüche am Besitz des Gotteshauses. In der heutigen Kirche sind noch Reste des Mosaikbodens sowie Wandmalereien aus dem 12. Jahrhundert erhalten. Die Basilika ist mit der katholischen Katharinenkirche und dem griechisch-orthodoxen Kloster verbunden.

Der Stern von Bethlehem in der Geburtsgrotte markiert für die Gläubigen den Ort von Christi Geburt.

# Taufstätte »Bethanien jenseits des Jordans« (Al Maghtas)

Jordanien | Jahr der Ernennung: 2015

Die Stätte wird seit dem Frühchristentum mit dem im neuen Testament erwähnten Ort Bethanien identifiziert. Johannes der Täufer soll hier gewirkt und Jesus getauft haben.
Seit der Kirchenvater Origenes (185–254) Al Maghtas, was wörtlich übersetzt so viel wie »Taufe« oder »Eintauchen« bedeutet, als die Stätte der Jesustaufe beschrieb, ist der Ort Ziel unzähliger Wallfahrer. Die bis heute berühmtesten Pilger dürften die Päpste Johannes Paul II. und Benedikt XVI. gewesen sein. Archäologen legten in Al Maghtas die Überreste von christlichen Kirchen und Kapellen aus römischer und byzantinischer Zeit frei. Auf einer Mosaikkarte des Heiligen Landes aus dem 6. Jahrhundert ist der Ort als »Bethabara« verzeichnet. Al Maghtas liegt unterhalb des Tell Al-Kharrar, auch Jabal Mar Elias, Eliashügel, genannt. Archäologen hoffen, hier auf die Überreste einer antiken Siedlung zu stoßen. Ob es sich dabei allerdings um den Geburtsort des Propheten Elias handelt, ist mehr als zweifelhaft. Auch am Tell Al-Kharrar wurden die Überreste eines Klosters gefunden. In dem ganzen Gebiet liegen Höhlen verstreut, die Eremiten als Zufluchtsort dienten.

**Das Welterbe liegt am Ostufer des Jordan und hat große religiöse Bedeutung. Seit 1994 werden hier Ausgrabungen durchgeführt.**

# Wüstenschloss Quseir Amra

Jordanien | Jahr der Ernennung: 1985

Äußerlich ist das Wüstenschloss der Umayyaden-Kalifen eher unscheinbar. In seinem Inneren jedoch birgt es Glanzstücke früher islamischer Kunst: prächtige Mosaiken und Fresken mit figürlichen Darstellungen. Zwischen den Jahren 705 und 715 ließ hier, rund 100 Kilometer nordöstlich der heutigen jordanischen Hauptstadt Amman, der Umayyaden-Prinz Ali-Walid ibn Yazid und spätere Kalif Walid II. . eine Karawanserei zur Wüstenresidenz mit einer dreischiffigen Audienzhalle, einem Bad und einem Brunnenhaus ausbauen. Bemerkenswert ist die Innendekoration der Audienzhalle und der Badeanlage in römischem Stil, die zu den ältesten der islamischen Welt zählt. Fresken in blauen, braunen und ockergelben Farbtönen schmücken die Wände. Die Malereien stellen erotische und Alltagsszenen, Jagdmotive sowie die »sechs Herrscher« dar, Fürsten verschiedener Kulturen, als deren Nachfolger sich der Umayyaden-Kalif legitimieren wollte. Die Wandmalereien von Quseir Amra sind ein Beleg dafür, dass zur Zeit der Umayyaden im Islam noch figürliche Abbilder zugelassen wurden. Von hoher Qualität sind auch die in byzantinischer Tradition gestalteten Fußbodenmosaiken.

**Faszinierende Freskenfunde im Wüstenschloss Quseir Amra zeigen u.a. die Innendekoration der Badeanlage.**

# Archäologische Stätte Um er-Rasas (Kastrom Mefa'a)

Jordanien | Jahr der Ernennung: 2004

Eine der wenigen freigelegten Basiliken ist dem Märtyrer Stephanus geweiht. Hier beeindrucken besonders die Mosaiken.

Der größte Teil der Ruinenstätte östlich des Toten Meeres ist noch nicht freigelegt. Was bislang zutage kam, stammt aus der römischen, byzantinischen und der frühen islamischen Epoche. Das einstige römische Militärlager entwickelte sich im 5. Jahrhundert zur Stadt. Aus dieser Zeit stammt auch die große Zahl von Kirchenbauten. Bemerkenswert sind die Mosaiken einer Basilika, die dem Märtyrer Stephanus geweiht ist. Sie gehen laut Inschrift auf das Jahr 756 zurück – eine Zeit, in der die Umayyaden bereits den Islam in der Region eingeführt hatten. Die Umrahmung der Mosaiken zeigt eine topografische Ansicht der Region, u.a. das nördlich gelegene Madaba und Amman. Vermutlich sollten die Darstellungen demonstrieren, dass dieser Teil Jordaniens ursprünglich christliches Kerngebiet war.

Zwei markante viereckige Türme sind seltene Zeugnisse der im 5. Jahrhundert vor allem in Syrien verbreiteten Tradition der Styliten, der Säulenheiligen. Diese Mönche verbrachten als Zeichen der besonderen Askese ihr Leben auf einem Turm oder einer Säule. In der Umgebung der Ruinenstadt von Um er-Rasas finden sich Relikte früherer landwirtschaftlicher Tätigkeit.

# Schutzgebiet Wadi Rum

Jordanien | Jahr der Ernennung: 2011

Bis zu 12 000 Jahre alte Petroglyphen und Inschriften machen dieses Trockental zum Weltnatur- und -kulturerbe zugleich.

Das im Süden Jordaniens an der Grenze zu Saudi-Arabien auf einem Sandsteinplateau gelegene Wadi Rum entstand vor etwa 30 Millionen Jahren als Folge einer erdgeschichtlichen Verwerfung, bei der ein großer geologischer Bruch riesige Schluchten aufriss und einzelne Berge isolierte. Mithilfe der Erosion entstand im Lauf von Jahrmillionen eine spektakuläre Wüstenlandschaft mit engen Schluchten, bizarren Felsformationen und vielen Höhlen. Aufgebaut sind die Berge rund um das Wadi Rum aus Granit- und Sandstein. Der dunklere Granit bildet den Sockel, der rötliche Sandstein die Gipfel der Erhebungen. So erklären sich auch die vielen Quellen gerade an den engeren Stellen des Wüstentals: Das Regenwasser winterlicher Niederschläge dringt durch den porösen Sandstein, stößt auf undurchdringlichen Granit und fließt zum Hang hinab, wo die Quellen oftmals Dutzende von Metern über dem Talgrund entspringen. Diese Quellen erklären die frühe Besiedelung dieses Tals wohl schon in der Jungsteinzeit (ab 10 000–6000 v. Chr.). Berühmt wurde das Wadi Rum vor allem durch die Schilderungen des »Lawrence of Arabia« in seinem Buch »Die sieben Säulen der Weisheit«.

# Felsnekropole und Ruinen von Petra

Jordanien | Jahr der Ernennung: 1985

Das archäologisch bedeutendste Relikt der Nabatäer liegt auf halbem Weg zwischen dem Golf von Akaba und dem Toten Meer in den Bergen des Djebel Harun: »Petra« (»Fels«) nannten griechische Geschichtsschreiber die antike Metropole im Talkessel des Wadi Musa, der sich fast unzugänglich hinter der wenige Meter breiten, jedoch 200 Meter tiefen Schlucht des Siq befindet. Die imposantesten Bauwerke sind gigantische, in den Fels geschlagene Felsgräber, deren kunstvolle Fassaden mit ihren mächtigen Säulen, Gesimsen und Giebeln ein eindrucksvolles Wechselspiel von traditioneller arabischer Bauweise und hellenistischer Architektur offenbaren. Die geschmückten Grabmäler mit Namen wie »Schatzhaus des Pharao« legen nahe, dass die Nabatäer an ein Leben nach dem Tod glaubten. Petra wurde im Jahr 106 von den Römern besetzt, im 3. Jahrhundert römisches Municipium und im 4. Jahrhundert als Hauptstadt der Provinz Palaestina Tertia Bischofssitz. Im ehemaligen Stadtzentrum schreitet man deshalb über eine römische Pflasterstraße und durch einen Triumphbogen. Nach der Verlegung der Handelswege geriet Petra in Vergessenheit und wurde erst im Jahr 1812 wiederentdeckt.

**Das imposanteste Monument von Petra ist das »Schatzhaus des Pharao« (unten). Oben: Innenraum eines Felsgrabes.**

# Felszeichnungen in Ha'il

Saudi-Arabien | Jahr der Ernennung: 2015

Die beiden Petroglyphen-Fundorte, die in die Welterbeliste aufgenommen wurden, liegen am Rand der Wüste Nefud. Abertausende Felszeichnungen belegen, dass dort, wo heute Wüste ist, vor 9000 Jahren eine üppige Vegetation gedieh, die vielen Tieren und damit auch Wild jagenden Menschen das Leben ermöglichte. Allein am Jabal Umm Sanman unweit der Oase Jubbah fanden Archäologen mehr als 4000 Felszeichnungen, die ein höchst lebendiges Bild vom Alltag der Menschen, die hier lebten, vermitteln. Die grasenden Schafe, Antilopen, Gazellen und Jäger, die man auf den Bildern sieht, lassen den Schluss zu, dass die Region einst ein äußerst fruchtbarer Landstrich gewesen ist. In der Tat haben Wissenschaftler herausgefunden, dass das Klima hier vor 10 000 Jahren nicht so trocken war und dort, wo heute noch die Oase Jubbah dank modernster Bewässerungstechniken blüht, in dieser Zeit sogar ein See lag, der gute Lebensbedingungen bot. Mindestens genauso beeindruckend wie die Petroglyphen am Jabal Umm Sanman sind die von Shuwaymis, dem zweiten nun zum Welterbe gehörenden Fundort. Auch sie stammen teilweise aus dem Neolithikum und sind oft überlebensgroß.

**Die jüngsten Graffiti wurden in frühislamischer Zeit angebracht, die ältesten stammen aber aus dem Neolithikum.**

# Archäologische Stätte Al-Hijr (Madain Salih)

Saudi-Arabien | Jahr der Ernennung: 2008

Die Felsenstadt Al-Hijr (Madain Salih) ist Saudi-Arabiens erste Weltkulturerbestätte. Das frühere Hegra gehört neben dem jordanischen Petra zu den am besten erhaltenen Zeugnissen nabatäischer Kultur. Vermutlich ab dem 4. Jahrhundert v. Chr. siedelten sich die Nabatäer, ursprünglich ein Nomaden- und Händlervolk, im nordwestlichen Teil der Arabischen Halbinsel an. Im Jahr 106 wurde das Königreich als Arabia Petraea eine Provinz des Römischen Reichs. Madain Salih (arabisch: Al-Hijr), ein ehemaliger Handelsposten rund 350 Kilometer nördlich von Medina, wurde im 1. Jahrhundert zu einer prächtigen Stadt ausgebaut. Im Gegensatz zu Petra tragen viele monumentale Gräber in Madain Salih Inschriften – wichtige Zeugnisse des Alltags und der Kultur eines Volkes, von dem sonst wenig überliefert ist. Erhalten blieb auch das Heiligtum von Jabal Ithlib nördlich der Stadt: eine bizarre Felsformation, deren Wände mit Zeichnungen und Inschriften versehen sind. Zudem findet man Zisternen, die die hydraulischen Kenntnisse der Nabatäer dokumentieren. Sie hatten ein Bewässerungssystem entwickelt, mit dem in der Wüste Landwirtschaft betrieben werden konnte.

**Im heißen Wüstensand Saudi-Arabiens zeugen monumentale Felsgräber von der Kultur der Nabatäer.**

# Historischer Bereich von At-Turaif in Ad-Dir'iyah

Saudi-Arabien | Jahr der Ernennung: 2010

At-Turaif ist Teil der im 15. Jahrhundert am Wadi Hanifa gegründeten Oasensiedlung Ad-Dir'iyah. Im 18. und 19. Jahrhundert wurde die Siedlung – heute ein Vorort nordwestlich der Hauptstadt Riad – mit ihrer Zitadelle Machtzentrum der saudischen Herrscher und Keimzelle des wahhabitischen Islam. Die historischen Lehmbauten der Siedlung sind ein außergewöhnliches Beispiel für die dem Wüstenklima der Arabischen Halbinsel angepasste Architektur im Nadschd, der Hochfläche im Zentrum von Saudi-Arabien. Saud I. ibn Abd al-Aziz, 1803 bis 1814 Imam und Führer des Reiches der Wahhabiten, ließ den vier Stockwerke hohen Salwa-Palast vollenden. Er zählt zu den bedeutendsten Bauwerken der ersten Saud-Dynastie. Einst war die ganze Oase Ad-Dir'iyah von Mauern mit Wachttürmen umgeben. Im Krieg gegen die Osmanen wurde sie 1818 von Ibrahim Pascha erobert und zerstört. At-Turaif blieb lange Zeit verfallen. Einige herausragende Monumente wurden inzwischen restauriert, etwa der Saad-bin-Saud-Palast mit dem Hof, der einst als Stallung diente, das Gästehaus mit seinen um einen Innenhof gruppierten Zimmern, das Badehaus sowie die Mauer von At-Turaif samt Türmen.

Die ursprünglichen niedrigen Lehmbauten liegen auf einem keilförmigen Geländesporn am Westhang des Wadi Hanifa.

# Altstadt von Dschidda

Saudi-Arabien | Jahr der Ernennung: 2014

Die an der Ostküste des Roten Meeres gelegene Stadt entwickelte sich seit dem 7. Jahrhundert zur wichtigsten Handels- und Wirtschaftsmetropole des Landes. Saudi-Arabien hat nun drei Weltkulturerbestätten. Während die Felsenstadt Al-Hijr (Madai in Salih), auf die vorislamische Zeit der Nabatäer verweist, ist der historische Bereich der am Wadi Hanifa gegründete Oasensiedlung Ad-Dir'Iyah, ein Zentrum des Wahhabismus (der in Saudi-Arabien zur Staatsdoktrin erhobenen Auslegung des Islam). Mit dem Eintrag Dschiddas in die Welterbeliste rückt ein Ort in den Blickpunkt der Weltöffentlichkeit, der zum einen eine wichtige Rolle für die in die heiligen Stätten des Islam strömenden Pilger spielt, zum anderen aber mit seinem Hafen und dem Internationalen Flughafen ein multikulturelles Handelszentrum ist. Dschiddas Altstadt hat die Form eines in Nord-Süd-Richtung gestreckten Sechseckes und liegt an einer durch Korallenriffe geschützten kleinen Bucht des Roten Meeres. Einen starken Kontrast dazu bildet das moderne Dschidda, wo bis 2019 der Kingdom Tower, der mit über 1000 Metern Höhe höchste Wolkenkratzer der Welt, entstehen soll.

Die farbenfrohe Altstadt von Dschidda gilt nicht nur als »Tor nach Mekka«, sondern auch als »Tor zur Welt«.

# Archäologische Stätte Qal'at al-Bahrain

Bahrain | Jahr der Ernennung: 2005

Bahrain, die Hauptinsel des gleichnamigen Inselstaats, gilt als Wiege einer bronzezeitlichen Hochkultur. Archäologische Ausgrabungen belegen, dass der Ruinenhügel Qal' At al Bahrain an der Nordspitze der Insel in der Zeit von 2300 v. Chr. bis in das 16. Jahrhundert n. Chr. durchgängig besiedelt war.

Die bislang erst zu einem Viertel freigelegte älteste Siedlung war ein Hauptort der Dilmun-Kultur. »Dilmun« ist der sumerische Name für »Paradies«. Im 3. Und 2. Jahrtausend v. Chr. waren Träger der Dilmun-Kultur die wichtigsten Mittler zwischen Mesopotamien und den Städten im Industal. Ihr Hauptort auf Bahrain zählte zu den wichtigsten Handelsplätzen im Orient. Aus dieser Zeit stammen die nahe dem Meer gelegenen Reste von Wohnhäusern und die Umfriedungsmauer, die um 1450 v. Chr. durch eine weitere Mauer ergänzt wurde, bei der extrem haltbarer Mörtel Verwendung fand. Dies erklärt den guten Erhaltungszustand der Siedlung. Schon um 500 v. Chr. scheint man die Mauer nicht mehr gebraucht zu haben. Wohnhäuser wurden angebaut und teils auf den Mauerresten errichtet.

Die gewaltige Festung Qal'at al-Bahrain aus portugiesischer Zeit steht auf den Ruinen von früheren Siedlungsphasen.

# Perlenfischerei als Zeugnis einer Inselökonomie

Bahrain | Jahr der Ernennung: 2012

Bis in die erste Hälfte des 20. Jahrhunderts hinein war die Perlenfischerei ein wichtiger Wirtschaftszweig an vielen Stellen des Persischen Golfs, vor allem in Bahrain.

Seit Tausenden von Jahren war der Persische Golf war eine wichtige Quelle für Perlen. Man gewann sie dort aus Austern und trieb regen Handel mit ihnen. Besonders auf den Inseln des Golfes entstand ein eigener Wirtschaftszweig, der bis in die 1930er-Jahre eine Haupteinkommensquelle für deren Bewohner bildete. Als man in Japan begann, Perlen aus Süßwassermuscheln zu züchten, setzte der Niedergang ein. Die Perlenfischerei verschwand. Geblieben sind die seit 2012 als Weltkulturerbe ausgewiesenen 17 Gebäude in der Stadt Muharraq, darunter prächtige Wohnhäuser reicher Kaufleute, Geschäfte, Lagerhäuser und eine Moschee. Zum Welterbe gehören außerdem drei Austernbänke vor der Küste, ein Strandabschnitt und die Festung Qal'at Bu Mahir an der Südspitze der Insel Muharraq. Von dort aus stachen die Boote zu den Austernbänken in See. Seit 2008 kann die Festung besichtigt werden. Dieses Welterbe gilt den letzten erhaltenen Zeugnissen der Perlenfischerei.

Prachtbauten wie dieses »Haus des Perlenhändlers« verdankt Bahrains Hafenstadt Muharraq der Perlenfischerei.

# Archäologische Stätten von Al Zubarah

Katar | Jahr der Ernennung: 2013

Die von Mauern umgebene Küstenstadt Al Zubarah war im 18. Jahrhundert ein Zentrum der Perlenfischerei im Persischen Golf. 1811 wurde sie zerstört und um 1900 ganz aufgegeben. Seither ruht sie unter dem Wüstensand. Es waren Kaufleute aus Kuweit, die Al Zubarah gründeten und ausbauten. Sie unterhielten Kontakte zu Handelsplätzen in ganz Vorderasien und am Indischen Ozean. Davon zeugen Fundstücke wie Keramiken und Münzen. Die Perlenfischerei bildete damals die wirtschaftliche Grundlage für die gesamte Küstenregion. Dies führte zur Entwicklung kleiner unabhängiger Staaten, die nicht der Kontrolle der Osmanen, der Europäer oder der Perser unterstanden. Aus ihnen gingen schließlich die modernen Golfstaaten hervor. Die Stadt war von zwei Stadtmauern umgeben. Die ältere äußere, halbmondförmig angelegte Mauer war rund 2,5 Kilometer lang. In der Stadt trafen viele Straßen im rechten Winkel aufeinander. Zur Blütezeit lebten hier wohl 6000 bis 9000 Einwohner. 1811 wurde die Stadt zerstört, später zu einem Fünftel wieder aufgebaut und dann aufgegeben. Wüstensand deckte sie zu. Bislang wurde nur ein sehr kleiner Teil davon ausgegraben.

**Dominierende Landmarke der Region ist das Fort Al Zubarah (beide Abbildungen), das im Jahr 1938 umfassend renoviert wurde.**

# Kulturstätten von Al Ain

Vereinigte Arabische Emirate | Jahr der Ernennung: 2011

Gräber, Brunnen, aus Lehmziegeln errichtete Wohnhäuser, Türme und Paläste zeugen in der – an der Grenze zu Oman gelegenen – Wüstenstadt Al Ain mit ihren Kulturstätten (Hafit, Hili, Bidaa Bint Saud und Oasengebiete) von der Besiedelung der Region und schließlich vom Übergang der nomadischen zur sesshaften Kultur.

Mit mehr als vier Fünfteln der Gesamtfläche (rund 83600 Quadratkilometer inklusive der vorgelagerten Inseln) ist Abu Dhabi das größte (und dank seiner Erdölressourcen reichste) Emirat der Vereinigten Arabischen Emirate. »Abu Dhabi« – so auch der Name der Hauptstadt – bedeutet »Vater der Gazelle« und bezieht sich auf das Jahr 1761, als Beduinen auf einer Sandinsel vor der Küste des Arabischen Golfs Gazellen an einem Wasserloch entdeckten. Deren (Süßwasser-)Spur folgend, errichteten sie dort eine kleine Siedlung, aus der sich die heutige Stadt Abu Dhabi entwickelte. Erstmals besiedelt wurde diese Wüstenregion aber schon wesentlich früher: So reichen etwa die Wurzeln des 160 Kilometer östlich von Abu Dhabi Stadt gelegenen Wüstenorts Al Ain mehr als 5000 Jahre zurück.

**Bei der Restaurierung der Festung von Al Ain (beide Abbildungen) wurde auch der bis 1996 bewohnte Palast wiederhergestellt.**

# Aflaj – Bewässerungssystem des Oman

Oman | Jahr der Ernennung: 2006

Stellvertretend für dieses jahrtausendealte, weitverzweigte, teils auch unterirdisch verlaufende Bewässerungssystem, das noch heute im Einsatz ist, wurden fünf seiner Kanäle zum Welterbe erklärt. Das Bewässerungssystem Aflaj besteht aus einzelnen »Falaj«, »Verteilern«: Sie verteilen das kostbare Wasser, ohne das ein ganzjähriger Aufenthalt in den Wüstenstädten der Region unmöglich wäre und das als Trinkwasser, für den Ackerbau sowie für die Viehzucht verwendet wird.

Die Falaj-Oasen zapfen in den Schotterkörpern der Aufschüttungsebenen nördlich und südlich des Omangebirges das Grundwasser ab. Am Gebirgsfuß liegt der zum Vorland hin abfallende Grundwasserkörper in geringerer Tiefe. Von dort wird das Wasser mittels kilometerlanger Stollen an die Oberfläche geleitet. In der Oase erreicht das Wasser die Verteilerstelle, die Posten von einem runden, aus Ziegeln errichteten Wachturm aus sichern, und wird von hier aus oberirdisch weitergeleitet. Der Verantwortliche für die Wasserversorgung öffnet und schließt die Kanäle je nach Nutzungsanteil. Bewässert wird im Sieben- oder Zehntagesrhythmus.

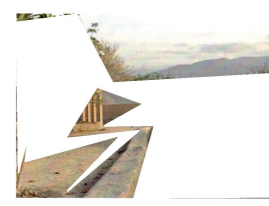

**Etwa 3000 Kanäle des vermutlich mehr als 2500 Jahre alten Aflaj-Bewässerungssystems werden noch bis heute genutzt.**

# Archäologische Stätten von Bat, Al-Khutm und Al-Ayn

Oman | Jahr der Ernennung: 1988

Zusammen mit der archäologischen Stätte Al-Khutm und der Totenstadt Al-Ayn ist die Festung Bat das beeindruckendste Zeugnis einer Siedlung der Bronzezeit und des neolithischen Totenkults im Oman.

Die historische Stätte Bat liegt im Inneren des Sultanats Oman nahe der gleichnamigen Oase. Erhalten sind Reste von vier Türmen und einer Siedlung.

Vor den steilen Wänden des westlichen Hadjargebirges findet man bienenkorbförmige Grabbauten, die aus Steinplatten aufgeschichtet wurden. In der Hafit-Periode (3500–2700 v. Chr.) war diese Grabarchitektur weit verbreitet.

»Bienenkorbgräber« findet man auch im Wadi Al-Ayn zu Füßen des Djebel Mischt und im östlichen Hadjargebirge. Die Zahl der Gebäude und Gräber deutet darauf hin, dass diese Region wohl schon im 3. Jahrtausend v. Chr. dicht besiedelt und an die Routen des Kupferhandels mit Mesopotamien angeschlossen war. Allerdings wurden Bat und die umliegenden Siedlungen gegen Ende des 3. Jahrtausends v. Chr. aus bis heute unbekannt gebliebenen Gründen verlassen.

**Die »Bienenkorbgräber« dieser Welterbestätte sind rund vier Meter hoch und haben einen Durchmesser von etwa acht Metern.**

## Festung Bahla

Oman | Jahr der Ernennung: 1987

Die gigantische Festung rund 200 Kilometer südlich der omanischen Hauptstadt Maskat gilt als ein Musterbeispiel der omanischen Lehmarchitektur. Die Anlage verfügt über 15 Tore und 132 Wehrtürme. Inmitten einer aus Lehmziegeln errichteten, zwölf Kilometer langen und fünf Meter hohen Befestigungsmauer liegt am Fuß des 3100 Meter hohen Tafelberges Djebel Achdar die Oase Bahla. Mit ihren hohen, aus ungebrannten Ziegeln und Stroh errichteten Türmen ist die Festung dieser Oase, Hisn Tamah, ein Meisterwerk der Lehmarchitektur. Die Lage über dem Wadi verlieh dem Ort eine strategisch wichtige Position. Schon in vorislamischer Zeit war der Hügel von Bahla wehrhaft bebaut. Die jetzige Festung geht auf das 17. Jahrhundert zurück und soll vom Stamm der Nabhani errichtet worden sein, die Bahla bereits im 15. Jahrhundert zu Omans Hauptstadt erhoben haben. In den Jahren 1988 bis 2004 stand die Lehmfestung auf der Roten Liste des gefährdeten Welterbes, weil man fürchtete, dass der Charakter des Bauwerks durch unfachmännische Restaurierungsmethoden beeinträchtigt werden könnte. Erst einem Spezialistenteam gelang es, die Festung fachgerecht zu sanieren.

Bei der Renovierung der Festung verzichtete man zugunsten traditioneller Bautechniken auf moderne Sanierungsmethoden.

## Land des Weihrauchs

Oman | Jahr der Ernennung: 2000

Weihrauch ist das getrocknete Harz des Weihrauchbaums. In der Antike gehörte er zu den am höchsten bezahlten Rohstoffen.

Die Weihrauchbäume des Wadi Dawkah, die Oase Shisr und die Häfen Khor Rori und Al-Balid in der im Süden gelegenen omanischen Provinz Dhofar waren von der Antike bis ins frühe Mittelalter Stätten des florierenden Weihrauchhandels. Das exklusive Gut gelangte bis zum 1. nachchristlichen Jahrhundert vorwiegend mit Karawanen in den Mittelmeerraum und nach Mesopotamien. Entlang der Handelsroute befanden sich wohlhabende Städte, die heute zum Teil von der Landkarte verschwunden sind. Erst zu Beginn der 1990er-Jahre entdeckte man durch Satellitenaufnahmen am Rand der Wüste Rub' al-Khali, des »Leeren Viertels«, die Ruinen einer antiken Stadt. Ganz in der Nähe der heutigen Oase Shisr stieß man auf Gebäudereste, die bezeugen, dass sich hier ein Handelszentrum befand. Als sich dann ab dem 2. Jahrhundert der Handel mit Weihrauch auf den Seeweg verlagerte, gründete das jemenitische Königreich Hadramaut den bedeutenden Exporthafen Samaramm an der heutigen Lagune Khor Rori unweit von Taqah. Im Mittelalter wurde dieser Weihrauchhafen jedoch als Knotenpunkt des Handels von der Stadt Al-Balid abgelöst.

# Altstadt von Sanaa

Jemen | Jahr der Ernennung: 1988

Steil aufragende Turmhäuser aus Lehm mit kunstvollen Fassadenornamenten prägen die Altstadt von Sanaa, einst einer der schönsten Orte an der Weihrauchstraße. Die Stadt geht auf eine Burg aus sabäischer Zeit zurück und erlebte ihre Blütezeit ab 520 unter dem Königshaus der Himyariten. Im Jahr 628 wurde der Jemen islamisch – der Prophet Mohammed persönlich soll die Anweisung zum Bau der ersten Moschee in Sanaa gegeben haben. Neben der großen Moschee beeindruckt die Altstadt mit bis zu 1000 Jahre alten und teils über acht Stockwerke hohen Hochhäusern Die unteren Etagen wurden aus Naturstein, die oberen aus ungebrannten Lehmziegeln aufgebaut. Viele Schmuckelemente, die durch weiße Bemalung hervorgehoben werden, zieren die Außenwände, Stuckfriese gliedern sie horizontal. Der am weitesten verbreitete Hausschmuck in der Altstadt von Sanaa sind halbrunde Oberlichtöffnungen, die mit floralen oder geometrisch ornamentierten Stuckrahmen und farbigem Glas gefüllt wurden. Die Altstadt wurde 2015 bei Bombenangriffen getroffen und von der UNESCO auf die Liste der gefährdeten Welterbestätten gesetzt.

**Die alte Karawanserei in der Altstadt von Sanaa (oben). Unten: Blick über die einzigartige Architektur der jemenitischen Metropole.**

# Altstadt und Stadtmauer von Schibam

Jemen | Jahr der Ernennung: 1982

Als »Chicago der Wüste« wird Schibam (beide Abbildungen) oft bezeichnet. Die Turmhäuser sind bis zu neun Stockwerke hoch.

Charakteristisch für das fast unversehrte historische Zentrum der Wüstenstadt Schibam in der Region Hadramaut sind die imposanten, aus luftgetrockneten Ziegeln und Stampflehm erbauten Turmhäuser.

Über das Alter der Stadt auf dem inselartig erhöhten Felsplateau ist die Wissenschaft uneins. Gegründet wurde sie wohl bereits im 3. Jahrhundert von den Bewohnern der einstmals rund 150 Kilometer östlich von Schibam gelegenen Stadt Schabwa, der antiken Hauptstadt von Hadramaut, die von Fremden geplündert und zerstört worden war. Fast bis zu 30 Meter hoch ragen die 500 zum Teil mehrere Hundert Jahre alten Bürgerhäuser in der Altstadt auf. Diese ist von einer hohen Mauer umgeben, das ein 400 × 500 Meter großes Rechteck bildet. Am oberen Fassadenteil der eng aneinandergebauten Lehmziegelbauten sieht man den traditionellen weißen Anstrich, der regelmäßig aufgefrischt werden muss. Bindemittel wie Alabasterpulver werden der Kalkfarbe beigemischt, um den Zerfall aufzuhalten. Dennoch muss in der Regel alle zehn Jahre der Lehmziegelaufbau der oberen Etagen erneuert werden.

# Altstadt von Zabid

Jemen | Jahr der Ernennung: 1993

In der Tihama, einem der heißesten Wüstengebiete der Erde, liegt Zabid, im Mittelalter die Hauptstadt des Jemen. Die Medina von Zabid war jahrhundertelang ein geistiger Mittelpunkt der arabischen und muslimischen Welt. Im Tiefland an der Küste des Roten Meers hat sich ein ganz eigener Stil der Wüstenarchitektur entwickelt. Ihm begegnet man auf Schritt und Tritt in der einst von einer mächtigen Stadtmauer und einer Zitadelle geschützten Altstadt von Zabid. Die Wohnhäuser bestehen aus einem Murabba genannten rechteckigen Raum, der sich zu einem Innenhof hin öffnet. Der sogenannte Tihama-Stil zeigt sich hier in einem reich ornamentierten, farbig bemalten Stuckdekor, der wie ein kostbarer Wandbehang die Fassaden und Türstürze schmückt.

Das geistige Zentrum von Zabid ist die Medina mit zahlreichen Koranschulen, die sich um die Iskandariyah-Moschee gruppieren. Weitere bedeutende Sakralbauten der Stadt sind die Asair- und die Große Moschee. Die Architektur der Gebäude mit ihrer schlichten und klaren Linienführung nimmt zum Teil Bezug auf die schafiitische Lehre, die in der Tihama bedeutendste islamische Rechtsschule.

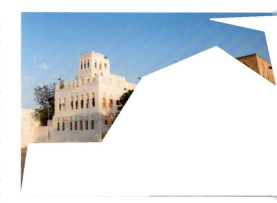

Fast 100 Moscheen, die Zitadelle Bab al-Nasr (Bild) und mit reichem Dekor geschmückte Häuser bestimmen die Altstadt von Zabid.

# Sokotra-Archipel

Jemen | Jahr der Ernennung: 2008

Der 250 Kilometer lange Sokotra-Archipel mit seinen vier Hauptinseln Sokotra, Abd al-Kuri, Samha und Darsa liegt isoliert vor dem Horn von Afrika. Die Inseln zeichnen sich vor allem durch ihre große biologische Vielfalt aus.

Wegen des reichen Vorkommens an Weihrauch, Myrrhe, Aloe und seiner strategisch günstigen Lage am Ausgang des Golfs von Aden war der Archipel schon zur Zeit der ägyptischen Pharaonen ein Ziel von Seefahrern. Trotzdem blieben die Inseln bis ins späte 19. Jahrhundert in Europa weitgehend unbekannt. Die wissenschaftliche Erforschung von Sokotra setzte erst nach der politischen Öffnung des Jemen in den 1990er-Jahren ein.

Die Hauptinsel Sokotra ist 3626 Quadratkilometer groß und erhebt sich bis auf 1503 Meter Meereshöhe. Geologisch bildet Sokotra die Fortsetzung des Horns von Afrika, mit dem es jedoch seit 15 Millionen Jahren keine Landverbindung mehr hat. Diese abgesonderte Lage begünstigte die Entwicklung einer ganz eigenen Flora und Fauna, wobei Landsäugetiere fehlen. 90 Prozent der Inselreptilien kommen nur hier vor. Auch die Meereswelt rund um den Sokotra-Archipel ist ausgesprochen vielfältig.

Aus dem auf Sokotra endemisch vorkommenden Drachenbaum wird ein Naturharz – früher als »Drachenblut« bekannt – gewonnen.

## Zitadelle von Erbil

Irak | Jahr der Ernennung: 2014

Diese Zitadelle bildet das historische Zentrum von Erbil (auch: Arbil), der Hauptstadt der Autonomen Region Kurdistan im Nordirak, und ist eine kleine Stadt für sich.

Archäologische Funde weisen daraufhin, dass der Hügel, auf dem sich die Festung erhebt, schon in der Jungsteinzeit besiedelt war. Assyrer, Babylonier, Perser, Griechen und Römer haben hier ihre Spuren hinterlassen. Über die Jahrhunderte war der Ort immer wieder hart umkämpft. Vom 16. Jahrhundert bis zu dessen Untergang nach dem Ersten Weltkrieg gehörte er mit wenigen Unterbrechungen zum Osmanischen Reich. Die Bebauung auf der Zitadelle stammt vermutlich aus dieser Zeit. Die Festung umfasst eine Fläche von 10 Hektar und war bis 2007 bewohnt. Die Häuser verfügen über einen Innenhof. Von den einst drei Moscheen steht noch die an der Stelle eines älteren Gotteshauses errichtete Mullah-Afandi-Moschee. Die Umfassung der Zitadelle setzt sich aus rund 100 Häusern zusammen, die einen soliden Schutzwall bilden. Im Norden, Osten und Süden führen Rampen auf die Festung. Nach dem Abschluss der Restaurierungsarbeiten sollen hier wieder Menschen leben.

**Die Zitadelle, das historische Zentrum von Erbil, zählt zu den ältesten durchgängig besiedelten Orten der Welt.**

## Ruinen der Partherstadt Hatra

Irak | Jahr der Ernennung: 1985

Die gut befestigte Siedlung aus dem Partherreich, rund 100 Kilometer südwestlich von Mossul im heutigen Irak gelegen, hielt sogar den römischen Eroberern stand.

Bereits im 5. Jahrhundert v. Chr. an einem wichtigen Karawanenweg des Zweistromlandes gegründet, erlebte Hatra erst im 3. Jahrhundert n. Chr. unter den Parthern seine Blütezeit als Handelsstadt und religiöses Zentrum. Die Parther bewahrten das kulturelle Erbe der Großreiche im Nahen Osten und leiteten eine Renaissance der persischen Kultur ein. Das Wiederaufleben persischer Tradition zeigt sich in der Verwendung typischer Architekturformen wie des Iwan, einer tonnengewölbten Raumnische, wie sie sich auch am Großen Tempel von Hatra findet. Innerhalb der ringförmigen Stadtmauer kamen bei den Ausgrabungen zahlreiche Reliefs und Statuen im parthischen Stil zum Vorschein. Sie stellen religiöse Themen und Götter, Herrscher und Würdenträger dar und zeugen vom hohen Können der parthischen Steinmetze. Im Frühjahr 2015 teilte das irakische Kultusministerium mit, dass Truppen des IS die Ruinen von Hatra zerstört haben.

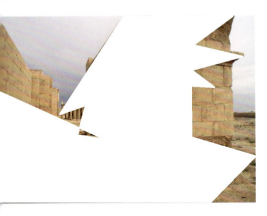

**Im Großen Tempel von Hatra kamen bei Ausgrabungen zahlreiche Statuen und Reliefs zum Vorschein.**

# Assur (Qal'at Sherqat)

Irak | Jahr der Ernennung: 2003

Einst war das bereits im 3. Jahrtausend vor unserer Zeitrechnung gegründete, im Norden des heutigen Irak gelegene Assur die Hauptstadt des assyrischen Weltreichs. Assur am rechten Ufer des Tigris blieb lange Zeit im Schatten der assyrischen Städte Nimrud und Ninive, in denen bei Grabungen im 19. Jahrhundert monumentale Kunstwerke ans Tageslicht kamen. Erst 1903 bis 1914 begann der deutsche Archäologe Walter Andrae die Stadt Assur am Ruinenhügel Qal'at Sherqat freizulegen. Assur wurde möglicherweise bereits in altsumerischer Zeit um 2700 v. Chr. gegründet. Rund 1000 Jahre später erlangte die Stadt durch den Fernhandel Reichtum und überregionale Bedeutung. Meder und Babylonier jedoch zerstörten sie im Jahr 614 v. Chr. ganz. Im 1. Jahrhundert v. Chr. kam es zu einer Wiederbesiedlung Assurs als Verwaltungszentrum der Parther. Zu dieser Zeit entstanden im Norden eine Agora mit öffentlichen Bauten, im Süden ein Palast und ein Heiligtum für den Gott Assur. Die erneute Blüte in parthischer Zeit sollte jedoch keine zwei Jahrhunderte dauern: Unter dem Sassaniden-Herrscher Schapur I. (reg. 241–272) wurde Assur wieder zerstört.

**Überreste der Tempelanlage in Assur, die unter dem Sassaniden-Herrscher Schapur I. zerstört wurde.**

# Archäologische Stadt Samarra

Irak | Jahr der Ernennung: 2007

Von Samarra aus wurden im 9. Jahrhundert die Provinzen des Abbasidenreichs regiert, das sich von Tunesien bis nach Zentralasien erstreckte. Rund 80 Prozent der Stadt sind noch nicht ausgegraben.

Nördlich von Bagdad entstand ab dem Jahr 834 unter dem Abbasidenkalifen al-Mu'tasim Billah die Stadt Samarra. Die aus Backsteinen und Schlammziegeln erbaute Residenz hatte keine Befestigungsmauern, da sie auf allen Seiten vom Tigris oder von Kanälen geschützt war. Hier entstand im 9. Jahrhundert die größte Moschee dieser Zeit. Ihre Wände waren in regelmäßigen Abständen von halbkreisförmigen Türmen verstärkt. Erhalten ist noch das 54 Meter hohe Minarett. Es heißt auch »Malwiya« (»Schnecke«) wegen seiner spiralförmigen Treppenrampe, die sogar mit einem Esel bestiegen werden kann. Zuoberst führte einst eine kurze Treppe bis zu einem hölzernen Pavillon. Die Architektur des Minaretts greift antike Vorbilder auf (altorientalische Zikkurat). Im Norden der Stadt liegt die Abu-Dulaf-Moschee. Der Kalifenpalast an der Hauptstraße über dem Tigris ist der einzige noch erhaltene Palast aus dieser frühen Zeit.

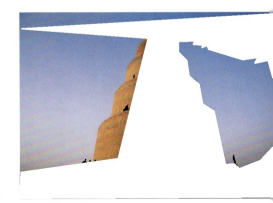

**Das 52 Meter hohe Spiralminarett wurde aus Lehmziegeln erbaut. Kalif al-Mutawakkil ließ das Bauwerk 849 bis 851 errichten.**

# Historischer Basar in Täbris

Iran | Jahr der Ernennung: 2010

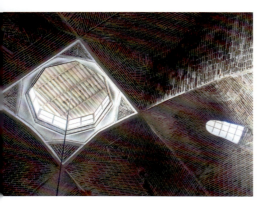

Der Basar von Täbris (beide Abbildungen) ist das Handels- und Marktzentrum der Stadt, aber auch sozialer und kultureller Treffpunkt.

Täbris (auch: Tabriz), die im Nordwesten des Iran auf einer fruchtbaren Hochebene in etwa 1360 Metern Höhe gelegene Hauptstadt der Provinz Ost-Aserbaidschan, entwickelte sich dank seines Basars bereits im Mittelalter zum wichtigen Knotenpunkt historischer Fernhandelswege wie der Seiden- und der Gewürzstraße.

Nicht nur die exponierte Lage, die das mehrfach von Mongolen, Russen und Türken überfallene Täbris immer wieder zum Zankapfel der Region werden ließ, gefährdete die Stadt, auch die in dieser Gegend häufigen Erdbeben führten vielfach zu Verwüstungen. So findet man in der Stadt heute nur noch wenige Bauten aus früheren Epochen. Auch das heutige Erscheinungsbild des Basars entspricht nicht mehr seinem durch zwei Erdbeben im 18. Jahrhundert zerstörten mittelalterlichen Vorläufer, sondern dem Wiederaufbau in den Jahren 1840 bis 1860. Dabei orientierte man sich aber an den historisch gewachsenen Strukturen und Nutzungen. Dem Idealschema einer islamisch-orientalischen Stadt entsprechend wurde der Basar im Zentrum des einstmals von einer Mauer umgebenen Stadtkerns errichtet.

# Armenische Klosteranlagen im Iran

Iran | Jahr der Ernennung: 2008

Von den Klosteranlagen in der ehemaligen armenischen Provinz Vaspurakan sind auf iranischem Boden drei bedeutende Klöster erhalten: St. Thaddäus bei Maku, St. Stepanos und das Marienkloster in Dzordzor. Sie zählen zu den ältesten christlichen Klöstern der Welt. Nach der Taufe von König Tiridates III. wurde das Christentum im Jahr 301 armenische Staatsreligion, weshalb sich das Land rühmt, die erste christliche Nation der Welt zu sein. In der Region Iranisch-Aserbaidschan unweit der Grenzen zur Türkei wie zu Armenien findet man drei Klöster, von denen das älteste, St. Thaddäus, aus dem 7. Jahrhundert stammt. Mit dem Bau des Klosters St. Stepanos am heutigen Grenzfluss Araxes wurde im 9. Jahrhundert begonnen. Die Kirche des Klosters Dzordzor zur heiligen Maria, nicht weit von St. Thaddäus entfernt, war im Jahr 1988 wegen eines geplanten Staudamms von der Sprengung bedroht. In letzter Minute gelang es der armenischen Gemeinde und dem iranischen Amt für Denkmalschutz, einen Aufschub zu erreichen. Auf diese Weise konnte die Kirche abgetragen und in der Nähe des alten Standortes mit ihrem charakteristischen Faltdach wiederaufgebaut werden.

**Das Marienkloster in Dzordzor, eine von drei im Iran erhaltenen Klosteranlagen, gehört zu den ältesten Zeugen armenischer Kultur.**

# Kh-aneg-ah und Grabmal des Scheichs Safi al-Din in Ardabil

Iran | Jahr der Ernennung: 2010

Scheich Safi al-Din (um 1252–1334), Namensgeber der Safawidendynastie, war ein Poet und Mystiker, der 1301 in seinem Geburtsort Ardabil einen Sufiorden gründete. Einige seiner Gedichtsammlungen sind bis heute erhalten. Sein Mausoleum ist ein zentrales Pilgerziel iranischer Schiiten.

Die im 5. Jahrhundert von dem Sassanidenkönig Peroz I. im Nordwesten des heutigen Iran gegründete Stadt Ardabil (auch: Ardebil) ist nicht nur ein bedeutendes Handelszentrum (»Ardabil-Teppiche«), sondern beherbergt mit dem rund um das Mausoleum von Scheich Safi al-Din (auch: Safi ad-Din) vom 16. bis zum 18. Jahrhundert entstandenen Gebäudekomplex auch eines der wichtigsten Sufiheiligtümer (Kh-aneg-ah) iranischer Schiiten. In dessen Zentrum steht das aus mehreren Kuppelbauten bestehende safawidische Familienmausoleum von Scheich Safi al-Din. Der Weg, der zum Schrein von Scheich Safi al-Din führt, ist den sieben Stufen der Sufimystik – das animalische Ich, das kommandierende Ich, das zufriedene Ich, das sehnende Ich, das befriedete Ich, das erfüllte Ich, das erfüllende Ich – entsprechend in sieben Abschnitte unterteilt.

**Eine goldene Kuppel überwölbt das Mausoleum von Scheich Safi al-Din, dem Gründer des Sufiordens.**

# Archäologische Stätte Takht-e Sulaiman

Iran | Jahr der Ernennung: 2003

Das Welterbe liegt südwestlich des Urmiasees in Nordwestiran. Dazu gehören ein zoroastrisches Feuerheiligtum aus der Zeit der Sassaniden und ein Jagdpalast aus islamischer Zeit.

»Takht-e Sulaiman«, der »Thron des Salomo«, liegt in einem Hochtal der iranischen Provinz Westaserbaidschan, das über heiße, sehr mineralhaltige Quellen verfügt. Zum Areal gehört auch ein kleiner, bis zu 120 Meter tiefer See, der sich aus einem artesischen Brunnen gebildet hat. Im 6. und 7. Jahrhundert errichteten die Sassaniden am nördlichen Ufer des Sees ein zoroastrisches Feuerheiligtum mit Tempelanlage, Höfen, Säulenhallen, Archivräumen, Schatzkammern und zahlreichen Unterkünften. Die Festungsmauer wies ursprünglich in regelmäßigen Abständen zwei Tore und Turmbastionen auf. Der Zoroastrismus, eine altorientalische monotheistische Religion, verkündete den andauernden Kampf zwischen den beiden Prinzipien Gut und Böse bzw. zwischen dem Licht und der Finsternis. Südlich des Heiligtums befinden sich die noch nicht vollständig ausgegrabenen Reste eines Jagdpalastes der mongolischen Dynastie der Ilkhaniden aus dem 13. und 14. Jahrhundert.

Das zoroastrische Feuerheiligtum der Sassaniden ist rundum umgeben von einer Festungsmauer aus Bruchstein.

# Soltaniyeh

Iran | Jahr der Ernennung: 2005

Im 13. und 14. Jahrhundert war Soltaniyeh, rund 250 Kilometer nördlich von Teheran, die Hauptstadt der mongolischen Ilkhaniden. Das Mausoleum des Ilkhaniden-Herrschers Öljeitü zählt zu den Schlüsselwerken mongolischer Architektur. An sich verbietet der Islam die Errichtung pompöser Grabstätten. Dennoch hat sich im Iran in mongolischer Zeit ein Bautyp entwickelt, der für spätere Grabstätten vorbildlich wurde. Er prägte auch den in Indien durch persische Architekten erbauten Taj Mahal. Die Legende will, dass der mongolische Herrscher Öljeitü das Mausoleum für die Gebeine des Kalifen Ali und dessen Sohn Hussein errichten ließ, die er aus Bagdad nach Soltaniyeh überführen lassen wollte. Dazu kam es aber nicht – und so machte der »untergeordnete« Khan, der dem Khanat von China unterstand, das Bauwerk zu seiner Grabstätte. Die achteckige Basis des Mausoleums, das zwischen 1302 und 1312 errichtet wurde, trägt eine der ältesten Doppelkuppeln des islamischen Kulturraums. Ihr Innendurchmesser beträgt 25 Meter. Die außen mit bunten Keramikfliesen geschmückte Kuppel kommt ohne Streben aus und ist 50 Meter hoch. Acht schlanke Minarette umgeben sie.

Die 50 Meter hohe, doppelt verschalte Kuppel des Mausoleums ist innen mit Stuck und Ornamenten geschmückt.

# Golestanpalast in Teheran

Iran | Jahr der Ernennung: 2013

Mitten im Zentrum von Teheran, am Meydan-e Panzdah-e Khordad (Platz des 15. Khordad), erhebt sich in einer großen, gepflegten Parkanlage mit Wasserbecken und Kanälen der Golestanpalast (Palast der Blumen) – bis zur Errichtung der Islamischen Republik (1979) Sitz der persischen Herrscher. 1779 übernahm der turkstämmige Aga Mohammed Khan (1794–1797) die Macht im Land und begründete damit die bis 1925 regierende Kadscharendynastie. 1789 verlegte er seine Residenz nach Teheran, das bis dahin eine wenig bedeutende Provinzstadt mit damals 15 000 Einwohnern gewesen war, und krönte sich zum Schah von Persien. Unter seinem Nachfolger Fath Ali Shah entstand auf dem Gelände des bereits in safawidischer Zeit unter Shah Abbas I. (1588–1629) angelegten, später von Karim Khan Zand (1750–1779) vergrößerten und mit einer Befestigungsmauer aus Lehmziegeln umgebenenen Parkanlage der Golestanpalast. In seiner Architektur verbindet dieser europäische Einflüsse mit traditionellem persischen Kunsthandwerk. Der letzte Regent im heute samt Inventar als Museum zu besichtigenden Palast war Schah Mohammad Reza Pahlavi (1919–1980).

**Die Wände und Decken des Palastes sind mit den für die kadscharische Zeit typischen Spiegelmosaiken verkleidet.**

# Mausoleum Gonbad-e Qabus

Iran | Jahr der Ernennung: 2012

Der Gonbad-e Qabus ist ein 55 m hoher Grabturm aus dem Jahr 1006, im äußersten Nordosten des Landes gelegen. Er zeugt vom kulturellen Austausch zwischen zentralasiatischen Nomaden und dem Iran. Inmitten einer kargen Landschaft erhebt sich ein Turm, den sich Fürst Qabus Ibn Wushmgir als Grabmal erbauen ließ. Er gehörte der lokalen Ziyaridendynastie an und war bekannt als General, aber auch als Dichter, Forscher und Förderer der Künste. Heute ist der Turm das letzte architektonische Zeugnis der alten Stadt Gorgan, die im 14. und 15. Jahrhundert von den Mongolen dem Erdboden gleichgemacht wurde. Er steht auf einem 15 Meter hohen aufgeschütteten Hügel. 37 Meter misst das aus gebrannten Ziegeln erbaute Schaft des Turms. Er verjüngt sich nach oben, von 17 auf 15,5 Meter. Die Wand wird durch zehn dreieckige Strebepfeiler verstärkt. Das Kegeldach ist weitere 18 Meter hoch. Nach Angaben arabischer Historiker wurde der Fürst in einem Glassarg, aufgehängt an Ketten, im Turm bestattet. Aber man fand nie eine Begräbnisstätte im Turm. Der Gonbad-e Qabus ist auch ein Zeugnis der mathematischen und technischen Fortschritte der islamischen Welt im 1. Jahrtausend.

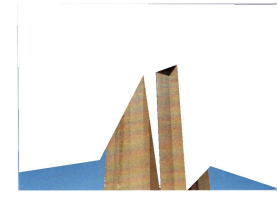

**Der Gonbad-e Qabus ist ein frühislamischer Grabturm und einer der ersten »Wolkenkratzer« der Welt.**

# Bisotun

Iran | Jahr der Ernennung: 2006

Das monumentale Relief von Bisotun befand sich direkt an der Handelsroute zwischen dem iranischen Hochland und Mesopotamien.

Mit dem monumentalen, in eine Felswand eingemeißelten Relief von Bisotun setzte sich der persische König Darius I. im 6. Jahrhundert v. Chr. ein imposantes Denkmal. Das Flachrelief zeigt den nach rechts blickenden Darius I. (550–486 v. Chr.), der es anbringen ließ, nachdem er im Jahr 521 v. Chr. den persischen Thron bestiegen hatte. Er trägt persische Tracht, einen Armreif und ein Herrscherdiadem. In der linken Hand hält er als Zeichen seiner Herrscherwürde einen Bogen. Mit dem linken Fuß tritt er auf den Brustkorb einer ausgestreckt zu seinen Füßen liegenden Figur. Laut Überlieferung stellt sie Gaumata dar, den medischen Magier und Thronanwärter, dessen Ermordung Darius den Weg zur Macht ebnete. Rechts ist eine Gruppe Aufständischer zu sehen, deren Hände gebunden sind und denen ein Seil um den Hals liegt. Eine Inschrift erzählt den Ablauf der Schlachten, aus denen Darius in den Jahren 521 und 520 v. Chr. siegreich hervorging. Die entscheidende Auseinandersetzung fand vor Ort in Bisotun statt. Die Entzifferung dieser in den Sprachen Elamisch, Neubabylonisch und Altpersisch angefertigten Inschrift gehört zu den bedeutendsten Leistungen der Iranistik.

# Susa

Iran | Jahr der Ernennung: 2015

Das antike Susa zählt zu den ältesten Ruinenstädten der Welt und wurde 1259 von Mongolen endgültig zerstört.

Archäologische Funde belegen, dass der Ort vom 4. Jahrtausend v. Chr. bis in das 13. Jahrhundert n. Chr. durchgängig besiedelt war. Der Ort wird in der Bibel erwähnt und ist als Schauplatz der »Massenhochzeit von Susa« Alexanders des Großen bekannt. Die im Westen des Iran nahe der irakischen Grenze gelegene Ruinenstadt war im Altertum eine wichtige Handelsmetropole, die Beziehungen zu den Städten Mesopotamiens und der Induskultur unterhielt. Inschriften und historischen Quellen ist zu entnehmen, dass Susa zeitweise zum neusumerischen Reich gehörte und vom 3. Jahrtausend v. Chr. bis zur Eroberung durch den assyrischen König Assurbanipal 647 v. Chr. Hauptstadt des Reiches von Elam war. Trotz der Zerstörung durch die Assyrer wurde die Stadt schnell wieder besiedelt und war auch unter den Neubabyloniern ein wichtiges Handelszentrum. Eine zweite Blüte erlebte Susa als Residenzstadt des persischen Achämenidenreichs. Der Palast und die Apadana Dareios I. sind Relikte dieser Zeit. Nach der Eroberung durch Alexander den Großen 330 v. Chr. geriet Susa unter die Herrschaft der griechischen Seleukiden. Ihnen folgten die Parther, Sassaniden und die Araber.

# Freitagsmoschee in Isfahan

Iran | Jahr der Ernennung: 2012

Die Freitagsmoschee (Masjed-e Jame) in der zentralpersischen Stadt Isfahan ist ein Museum der islamischen Architektur der letzten zwölf Jahrhunderte. Die Freitagsmoschee ist ein riesiger, 20 000 Quadratmeter großer Baukomplex, der nicht einheitlich nach außen abgegrenzt erscheint. Der Haupteingang liegt unscheinbar neben Geschäften. Der erste Bau entstand wahrscheinlich schon im 8. Jahrhundert. Besonders im 11. Jahrhundert wurde viel angebaut. Doch im Jahr 1121 brannte die radikale Sekte der Assassinen alles nieder. Nur die Nord- und die Südkuppel überstanden diese Katastrophe. Für den Wiederaufbau verwendete man den Grundriss sassanidischer Paläste mit jeweils einem Iwan in den vier Himmelsrichtungen. Als Iwan bezeichnet man eine Halle, die an einer Seite – zum Hof hin – offen und von einem Tonnengewölbe überdeckt ist. Die Freitagsmoschee ist die älteste Vier-Iwan-Anlage des Iran. Sie diente weiteren Moscheen besonders in Zentralasien als Vorbild. Auch spätere Bauherren haben ihre Spuren hinterlassen. Die dekorativen Details stammen aus seldschukischer, timoridischer, safawidischer und qadjarischer Zeit und decken damit über ein Jahrtausend ab.

**Innenraum der Freitagsmoschee (oben). Unten: Im 16. und 17. Jahrhundert erneuerte Fliesendekoration.**

# Meidan-e Imam von Isfahan

Iran | Jahr der Ernennung: 1979

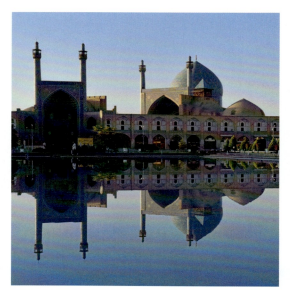

Isfahan, 350 Kilometer südlich von Teheran gelegen, entwickelte sich im 16. und 17. Jahrhundert unter dem Safawiden-Schah Abbas I. zu einer Perle islamischer Baukunst und Gelehrsamkeit. Das architektonische Ensemble ist der von imposanten Bauwerken gesäumte frühere Königsplatz. Unter der Herrschaft Schah Abbas I. (reg. 1587–1629) wuchs Isfahan zu einer der kulturell bedeutendsten Städte des Orients heran. Sein wichtigstes Bauvorhaben war der gigantische Platz Naqsch-e Jahan (»Entwurf der Welt«), der später in Meidan-e Schah (»Königsplatz«) umbenannt wurde und heute Meidan-e Imam heißt. Mit seiner Einfassung aus doppelstöckigen Arkaden und einer Länge von 560 Metern zählt er zu den eindrucksvollsten Plätzen der Welt. Er wird von vier Gebäudekomplexen eingerahmt: Im Süden liegt die Königsmoschee genannte Imam-Moschee, im Osten die Scheich-Lotfollah-Moschee, im Westen der königliche Ali-Kapu-Palast (»Hohe Pforte«) und im Norden das Hauptportal zum königlichen Basar Qeisarieh. Das bedeutendste Bauwerk am Platz ist die Imam-Moschee, die mit ihren vier aufragenden Iwanen die iranisch-islamische Vier-Iwan-Anlage repräsentiert.

**Die Königs- oder Imam-Moschee (oben) in Isfahan mit ihren vier äußerst prachtvoll gestalteten 27 Meter hohen Eingangsportalen (rechts).**

# Ruinenstadt Tschoha Zanbil

Iran | Jahr der Ernennung: 1979

Vor dem Eingang im Südwesten steht ein runder Altar (oben). Unten: Die Zikkurat war von einem heiligen Bezirk umschlossen.

Die gewaltige Stufenpyramide aus dem 13. Jahrhundert in der südwestiranischen Provinz Chuzestan war das Zentrum eines heiligen Bezirks und gilt als eines der großartigsten Gebäude der elamischen Sakralarchitektur. Der Stufenturm von Tschoga Zanbil entstand im Goldenen Zeitalter des Elamischen Reichs unter der Herrschaft von König Untasch-Napirischa (reg. 1275–1240 v. Chr.), der sich in der Nähe der Hauptstadt Susa eine Residenzstadt errichten ließ. Den Mittelpunkt der von drei konzentrischen Mauern umgebenen Anlage bildete eine großartige Zikkurat (so die babylonische Bezeichnung für den abgestuften Tempelturm, dessen Erscheinungsbild der biblischen Erzählung vom Babylonischen Turm zugrunde liegt). In diesem Fall ein fünfstufiger Turm aus ungebrannten Lehmziegeln, der ursprünglich 52 Meter hoch aufragte und heute noch 25 Meter hoch ist. Vermutlich war er mit glasierten Ziegeln verkleidet, die oberen Etagen mit Knaufziegeln (Tonnägeln). Auf der Plattform des Turmes stand ein Heiligtum der elamischen Hauptgottheiten. Die riesige Zikkurat war umgeben von Tempelanlagen. Die eigentliche Stadt lag außerhalb der Mauer.

# Historisches Hydraulik-System von Schuschtar

Iran | Jahr der Ernennung: 2009

Die jahrtausendealten Wasserkonstruktionen der Stadt Schuschtar im Südwesten des heutigen Staates Iran galten bereits zur Blütezeit der Perser als Weltwunder. Die Anfänge des Hydrauliksystems der Stadt Schuschtar in der Provinz Khuzestan werden auf das 5. Jahrhundert v. Chr. datiert. Während der Regentschaft der Sassaniden leitete man den Fluss Karun in Kanälen um Schuschtar herum, das somit zur Inselstadt wurde. Ein unterirdisch angelegtes Kanalnetz diente der Versorgung der Bevölkerung und der Felder mit Wasser. Zudem ließ man zahlreiche Wassermühlen errichten. In den folgenden Jahrhunderten wurde das auch der Landgewinnung dienende Wassermanagement mithilfe der Anlage von Brücken, künstlichen Wasserfällen und Dämmen erweitert. So trug das Hydrauliksystem dazu bei, dass das in einer wüstenähnlichen Region gelegene Schuschtar sich zu einem blühenden Zentrum der Landwirtschaft entwickeln konnte. Darüber hinaus gilt das Bewässerungssystem der Stadt als bedeutendes Zeugnis ihrer unterschiedlichen historischen Einflüsse: Neben elamischen, mesopotamischen oder safawidischen Prägungen weist es auch römische Spuren auf.

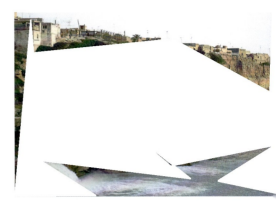

**Teile des Hydrauliksystems sind seit vorchristlicher Zeit durchgängig in Gebrauch und bis heute vollständig erhalten.**

# Pasargadae

Iran | Jahr der Ernennung: 2004

Das auf einem Plateau in 1900 Metern Höhe im Zagrosgebirge nordöstlich von Schiras in der heutigen Provinz Persis (Fars) gelegene Pasargadae war die erste Residenzstadt der Achämeniden. Kyros der Große, Gründer des altpersischen Reichs der Achämeniden, und sein Nachfolger, König Kambyses II., ließen zwischen 559 und 525 v. Chr. Pasargadae als erste Hauptstadt des Reichs errichten. Die glanzvolle Residenz mit ihren Monumentaltoren, Palästen, Gartenanlagen und dem Mausoleum von Kyros II. entstand in der Hochebene von Morghab, dort, wo Kyros 550 v. Chr. in der entscheidenden Schlacht den Mederkönig Astyages besiegt hatte. Im heiligen Bezirk befinden sich Reste des Feuertempels mit Altären sowie das Grabmal des Königs: ein quaderförmiger Bau mit Giebeldach, der auf einem sechsstufigen Unterbau thront. Die Palastanlage birgt das älteste Beispiel eines persischen »Paradeisos«, eines »Paradiesgartens«. In dem ummauerten Bezirk gab es einst künstlich angelegte Wasserläufe, Seen und kleine Paläste. Nur kurz währte die glanzvolle Epoche von Pasargadae: Schon 520 v. Chr. verlegte Darius die Hauptstadt des Reichs nach Persepolis.

**Die Ruinenstadt Pasargadae gilt als bemerkenswertes Beispiel der achämenidischen Kunst.**

# Persepolis

Iran | Jahr der Ernennung: 1979

Der Achämeniden-König Darius I. gab den Bau dieser Residenz im Südwesten des heutigen Iran in Auftrag. Dazu gehören Toranlagen, Paläste, Schatzhäuser, ein Thronsaal und ein Audienzsaal. König Darius I., der bedeutendste Herrscher der Achämeniden, legte 520 v. Chr. den Grundstein für diese prunkvolle Residenz. Er wollte der Welt einen Palast präsentieren, der die Größe seines Weltreichs widerspiegeln sollte. Auf einer künstlichen Terrasse von 125 000 Quadratmeter Fläche entstand das herrlichste Gesamtkunstwerk der persisch-achämenidischen Kunst. Fast 60 Jahre lang wurde an den königlichen Bauten gearbeitet. Darius I. erlebte nur die Vollendung des Palastes, des Schatzhauses und des Audienzsaals, des Apadana, der 36 knapp 20 Meter hohe Säulen und wunderbare Reliefs aufwies. Sein Sohn Xerxes setzte die Pläne des Vaters fort, doch konnte auch er den monumentalen Hundertsäulensaal nicht mehr vollenden. Diesen ließ erst der Enkel von Darius I., Artaxerxes, fertigstellen. Der »Traum des Darius« wurde aber schon im Jahr 330 v. Chr. durch Alexander den Großen in Schutt und Asche gelegt. Der letzte Schah des Iran, Reza Pahlavi, ließ Teile der Stadt 1971 wiederaufbauen.

**Überreste des monumentalen Hundertsäulensaals (oben).
Links: Treppenstufen zum Apadana, dem ehemaligen
Audienzsaal.**

# Persische Gärten

Iran | Jahr der Ernennung: 2011

»Paradiese des Orients«: Neun verschiedene Gärten an neun verschiedenen Orten – Pasargadae, Schiras, Isfahan, Kaschan, Behschahr, Kerman, Yazd, Mehriz und Birdschand – veranschaulichen die hoch entwickelte persische Gartenkultur. Bei den persischen Gärten handelt es sich um eine der ältesten Formen der Gartenkunst im Vorderen Orient. Als deren Archetypus stellen wir uns den Garten Eden vor, ging doch das altiranische Wort für eine »Einzäunung«, pairi-daeza, als »Paradies« in viele europäische Sprachen und in das Hebräische ein. Dies findet sich auch in den Gestaltungsprinzipien der persischen Gartenbaukunst wieder, nach der ein solcher Garten die kosmische Ordnung der Welt mit Himmel und Erde, Wasser und Pflanzen symbolisieren soll. (Sonnen-)Licht und Schatten spielen dabei eine ebenso große Rolle wie das stets am Fließen gehaltene Wasser, das unterirdisch für Bewässerung sorgt und oberirdisch in vier Kanälen verläuft – dabei neben dem lebensspendenden Nass selbst noch Milch, Honig und Wein verkörpernd. Die ältesten erhaltenen Ruinen findet man nördlich von Schiras in der altpersischen Residenzstadt Pasargadae von König (559–530 v. Chr.) Kyros II.

Vierzigsäulenpalast (Tschehel Sotun) inmitten einer großen Gartenanlage in der Nähe des Ali-Qapu-Palastes in Isfahan.

# Historische Kulturlandschaft von Maymand

Iran | Jahr der Ernennung: 2015

Das Dorf Maymand und sein Umland liegen rund 2200 Meter hoch in den Bergen der zentraliranischen Provinz Kerman. In diesem unzugänglichen Gebiet hat sich eine jahrtausendealte Kultur erhalten, die einst vermutlich viel weiter verbreitet war. Die Lebensweise der Menschen ist dem ariden Klima angepasst. Das Dorf Maymand besteht aus einer Reihe von Höhlenbehausungen, die terrassenförmig in den weichen Fels gegraben wurden und vermutlich 2000 bis 3000 Jahre alt sind. Ihre Bewohner sind Ackerbau und Schafzucht treibende Halbnomaden, die sich in den harten Wintern hierher zurückziehen. Die extrem heißen Sommer verbringen sie gemeinhin auf höher gelegenem Weide- und Grasland. Maymand wird durch unterirdisch verlaufende Kanäle, die sogenannten Quanaten, mit Wasser aus den höher gelegenen Gebieten versorgt. Nur in den Schluchten gibt es winzige Oasen, die von den Bewohnern kultiviert werden. In Maymand leben heute rund 140 Menschen. Zu ihrem architektonischen Erbe gehören neben den Höhlenwohnungen runde Steinhäuser mit Holzdächern. Ein Teil des Dorfes wurde in ein Museum umgewandelt und der Öffentlichkeit zugänglich gemacht.

Aufgrund des ariden Klimas ist die Vegetation in der Region spärlich. Nur an wenigen Orten gedeihen Pistazien- und Mandelbäume.

# Bam und seine Kulturlandschaft

Iran | Jahr der Ernennung: 2004

Die Stadt Bam entstand wohl schon in achämenidischer Zeit zwischen dem 6. und 4. Jahrhundert v. Chr. an einer Oase am Rand der Wüste Lut. Im Jahr 642 besetzten die Araber Bam. Sie errichteten 650 die Hazrat-e-Rasul-Moschee und im 10. Jahrhundert die mächtige, bald als uneinnehmbar geltende Zitadelle.

Da Bam am Kreuzungspunkt wichtiger Handelsrouten lag, profitierte es vom Fernhandel. In der Stadt wurden Baumwollpflanzen angebaut und Textilien gefertigt. Die von Mauern umgebene Kernstadt einschließlich der Zitadelle ist der Bereich, der heute als das alte Bam, persisch Arg-e Bam, bezeichnet wird. Dieser Bereich war bereits im 19. Jahrhundert unbewohnt.

Das Welterbe umfasst die alte Stadtanlage mit der etwa 500 Quadratmeter großen Zitadelle, die die Stadt bis zu 200 Meter überragte. Vier gewaltige Tore führten ursprünglich durch die mächtigen Mauern ins Innere der Burg. Zur Zitadelle gehörten Basare, Moscheen, eine Karawanserei, Wohnpaläste und Amtsräume. Umgeben von der Oase mit Dattelpalmen und Obstbäumen und mit den teils innerhalb der Stadt gelegenen Gärten war Bam einst von viel Grün geprägt.

Das alte Bam (hier eine ältere Aufnahme) wurde 2003 durch ein Erdbeben völlig zerstört und soll nun rekonstruiert werden.

# Ruinen von Shar-i Sokhta

Iran | Jahr der Ernennung: 2014

Shar-i Sokhta (auch: Schahr-e Suchte, Shahr-e Sukhte), eine Handelsstadt aus der Bronzezeit in der Provinz Sistan und Belutschistan, liegt in der Salzsteppe im südlichen Iran, deren trockenes wüstenähnliches Klima die gute Konservierung der archäologischen Stätte bewirkte. Hier, an einer der zentralen Handelsrouten zwischen Zentralasien und Mesopotamien, gab es einen beständigen Austausch von Gütern und Menschen. So entwickelte sich der Ort zu einer Handelsmetropole, in deren Werkstätten Materialien aus unterschiedlichsten Gegenden der Welt zu Schmuck, Kleidung und Werkzeug verarbeitet wurde. Funde belegen die Herkunft von Lapislazuli aus Afghanistan, Hanffasern aus Südasien und Keramik aus Pakistan. Großangelegte Wohnsiedlungen und Handwerkerviertel lassen auf eine Gesellschaft schließen in der es bereits verschiedene Berufe und gesellschaftliche Rollen gab. Zu den aufschlussreichsten Funden gehören die Siegel einzelner Händler und der erste künstliche Augapfel, der einer Frau eingesetzt worden war. Die Grabungsgeschichte zeigt, dass die Stadt bis 1800 v. Chr. bewohnt wurde, dann aber aufgrund klimatischer Veränderungen aufgegeben werden musste.

Um 3200 v. Chr. wurde die Stadt gegründet, deren Fundamente aus Lehm bis heute erhalten sind.

## Saryarka: Steppe und Seen in Nordkasachstan

Kasachstan | Jahr der Ernennung: 2008

Das Welterbe umfasst die Schutzgebiete Naurzum und Korgalzhyn sowie ein weites Areal zentralasiatischer Steppe. Die Feuchtgebiete der Naturreservate haben eine herausragende Bedeutung für bedrohte Vogelarten und die gefährdete Saigaantilope. Die Saryarka (Kasachische Schwelle) liegt im östlichen und zentralen Teil von Kasachstan, meist etwa 300 bis 500 Meter über dem Meeresspiegel, im Ostteil etwa 1000 Meter. Im Norden prägt Grassteppe die Landschaft, während der Süden von steiniger Halbwüste eingenommen wird. Die Feuchtgebiete von Naurzum und Korgalzhyn sind wichtige Rastplätze für Zugvögel, die von Afrika, Europa und Südasien zu ihren Brutplätzen in West- und Ostsibirien ziehen. Viele von ihnen gehören zu den bedrohten Tierarten oder sind äußerst selten. Die jahreszeitlichen, hydrologischen, chemischen und biologischen Prozesse der Feuchtgebiete, die sich durch das Zusammenspiel von Nässe und Trockenheit entwickelt haben, sind von großer wissenschaftlicher Bedeutung. Die Steppengebiete der Welterbestätte bieten für mehr als die Hälfte der einheimischen Steppenpflanzen einen guten Rückzugsraum.

**Im Frühling sorgen Blumen für bunte Farbtupfer in den weiten Steppen der Saryarka.**

## Mausoleum von Khoja Ahmed Yasawi

Kasachstan | Jahr der Ernennung: 2003

Die Grabstätte von Khoja Ahmed Yasawi in der Stadt Turkestan in Kasachstan wurde unter der Herrschaft des Mongolen-Emirs Timur Leng (Tamerlan) erbaut. Das Mausoleum gehört zu den besterhaltenen Gebäuden aus jener Zeit. Khoja Ahmed Yasawi war ein bedeutender Sufilehrer des 12. Jahrhunderts. Als Vertreter einer mystischen Richtung des Islam integrierte er auch vorislamische schamanistische Vorstellungen in seine Lehre. Sie wurde später zur Grundlage des türkischen Derwischtums. Den größten Teil seines Lebens verbrachte er in der Stadt Turkestan, die damals noch Yasi hieß – daher auch sein Beiname Yasawi, »der aus Yasi«. Er starb in der Mitte des 12. Jahrhunderts. Zu seinen Ehren errichtete man ein kleines Grabdenkmal, das bald von vielen Pilgern aufgesucht wurde. Mehr als 150 Jahre später wurde auf Anordnung von Timur Leng ein größeres Mausoleum gebaut. Berühmte persische Architekten experimentierten hier mit neuen Bauformen, die später dann auch in Samarkand, der Hauptstadt des Timuridenreichs, angewendet wurden. Dieses Mausoleum ist rund 60 Meter lang und 50 Meter breit. Es trägt die historisch größte noch intakte Kuppel Zentralasiens.

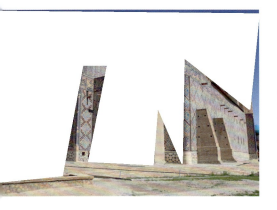

**Der Eingang zum Mausoleum ist mit verschiedenfarbigen Fliesen versehen, die geometrische Muster bilden.**

# Petroglyphen der archäologischen Grabungsstätte von Tamgaly

Kasachstan | Jahr der Ernennung: 2004

Bei Tamgaly finden sich einige Tausend Felszeichnungen mit den Resten dazugehöriger menschlicher Siedlungen und Grabstätten.

In der Nähe von Tamgaly am Fluss Ili, im nördlichen Tienschan, gibt es rund 5000 Felszeichnungen, sogenannte Petroglyphen. Der überwiegende Teil der Zeichnungen stammt wohl aus prähistorischer Zeit; als ältester Zeitpunkt wird die zweite Hälfte des 2. Jahrtausends v. Chr. angenommen. Die Petroglyphen gliedern sich in 48 Komplexe mit Siedlungen und Grabstätten. Sie geben uns Auskunft über die Viehzucht, die soziale Organisation und die Rituale dieser dort heimischen Hirtenvölker. Auf vielen Zeichnungen sind Hirsche mit Jägern dargestellt. Unter ihnen findet sich aber auch das Bildnis einer Gottheit – ob Buddha oder Shiva, bleibt dabei offen. Das Motiv reicht mindestens bis ins 8. Jahrhundert zurück, als der chinesische Einfluss in Zentralasien abnahm.

Die Siedlungsreste in diesem Gebiet weisen verschiedene Schichten der Besiedlung auf und verraten auch den Einfluss fremder Besatzung.

**In einem Umkreis von rund zehn Kilometern rund um Tamgaly weisen Felsen und Steine Petroglyphen auf.**

# Itchan-Kala

Usbekistan | Jahr der Ernennung: 1990

In ein Märchen aus 1001 Nacht fühlt man sich in der Altstadt Itchan-Kala von Chiwa in Usbekistan mit ihren Gassen, Mausoleen, Moscheen, Minaretten und Medresen zurückversetzt. Die Itchan-Kala genannte Altstadt Chiwas in der Provinz Choresm im Westen Usbekistans unweit der Grenze zum heutigen Turkmenistan war die letzte Karawanenstation vor der Durchquerung der Wüste in den Iran. Sie ist ein Musterbeispiel der islamischen Architektur Zentralasiens. Ihre Grundfarbe ist ein sandhelles Ocker, dazwischen leuchtet der farbenfrohe Keramikdekor der Kuppeln und Minarette hervor. Besonders üppig zeigt sich dies am unvollendeten – der 28 Meter hohe Turm sollte ursprünglich 70 Meter hoch werden – Kalta-Minor-Minarett vor der Medrese Islam Hodscha sowie am Minarett der Medrese Amin Khan. Der 400 Meter breite und 720 Meter lange Altstadtbezirk, der wie ein Freilichtmuseum wirkt, wird von einer mit Bastionen und Toren bestückten Wehrmauer aus Lehm umgeben. An die Mauer schließt sich die im 17. Jahrhundert gegründete Festung und frühere Herrscherresidenz Kunja Ark an. Zu Beginn des 19. Jahrhunderts ließ sich Alla-Kuli Khan einen neuen Palast bauen, den Tasch Hauli.

**Unvollendet blieb das mit schönen Fliesen geschmückte Minarett Kalta Minor vor der Medrese Amin Khan.**

# Historisches Zentrum von Buchara

Usbekistan | Jahr der Ernennung: 1993

Das in einer großen Oase der Kisilkum-Wüste gelegene Buchara war einst ein bedeutender Knotenpunkt der Seidenstraße.

In den ersten nachchristlichen Jahrhunderten wurde Buchara reich und bedeutend, weil die Seidenstraße die Stadt mit China, Indien und Rom verband. Die Stadt erlebte zwei Blütezeiten: vom 9. bis zum 10. Jahrhundert unter den Samanidenherrschern sowie im 16. Jahrhundert, als neben vielen Medresen und Moscheen auch die charakteristischen Marktkuppelbauten entstanden.

Am Rand des Zentrums des historischen Stadtkerns Shakristan ragt der Ark, die Zitadelle, auf. Diesem Symbol weltlicher Macht ist im Westen der religiöse Gegenpol vorgelagert: die Moschee Bala-Haus. Das Mausoleum des Ismael Samani aus dem 10. Jahrhundert – ein aus gebranntem Lehm errichteter kubischer Bau mit eingeprägtem Dekormuster – überlebte als eines der wenigen Bauwerke Zentralasiens den Mongolensturm. Wahrzeichen Bucharas ist das 46 Meter hohe Kalo-Minarett aus dem 12. Jahrhundert, von dem einst die zum Tod Verurteilten herabgestürzt wurden.

Den Bau soll der Scheich Abdullah Yamani mit dem Verkauf von schiitischen Gläubigen in die Sklaverei finanziert haben.

# Historisches Zentrum von Schahrisabs

Usbekistan | Jahr der Ernennung: 2000

Der turkomongolische Herrscher Timur Leng (Tamerlan) machte Schahrisabs, eine der ältesten Städte Zentralasiens, neben Samarkand zu seiner Residenz. Ihren persischen Namen Schahrisabs (»grüne Stadt«) verdankt die rund 80 Kilometer südlich von Samarkand am Fuß des Sarafschangebirges gelegene Stadt ihren Gärten. Hier blickt man auf eine lange, bis zu den Zeiten Alexanders des Großen reichende Geschichte zurück. Den Höhepunkt ihrer Entwicklung erreichte Schahrisabs im 14. und 15. Jahrhundert als Residenzstadt der von dem hier geborenen Timur Lenk begründeten Dynastie. Ihr Glanz verlosch mit dem Niedergang des Timuridenreichs im späten 15. Jahrhundert. Bis in die Herrschaftszeit von Timurs gelehrtem Enkel, dem Astronomen Ulugh Beg, entstanden in der Stadt weitläufige Baukomplexe. Eine vier Kilometer lange Mauer sicherte die Residenz. Zwei Axialstraßen bestimmen den gleichmäßigen Stadtgrundriss. Von Timurs ausgedehntem Ak-Sarai, dem »Weißen Palast«, stehen nur noch Reste. Gut erhalten blieb das östlich gelegene Mausoleum von Timurs Sohn Jahangir. Die Kok-Gumbaz-Moschee wurde unter Ulugh Beg gebaut, auf den auch das Gumbad-i-Sayyidan-Mausoleum zurückgeht.

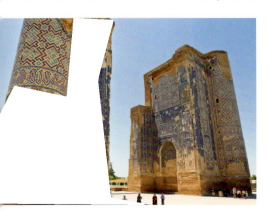

Die Kok-Gumbaz-Moschee mit ihrem nun restaurierten Portal entstand 1436 unter Ulugh Beg.

# Samarkand – Schnittpunkt der Kulturen

Usbekistan | Jahr der Ernennung: 2001

Die Oasenstadt Samarkand auf einer Hochebene im usbekischen Teil der Seidenstraße glänzt durch Meisterwerke islamischer Kunst und Kultur.

Die erste schriftliche Erwähnung Samarkands geht auf das Jahr 329 v. Chr. zurück, als Alexander der Große das damalige Marakanda einnahm. Schon damals blühten in der Oasenstadt im Flusstal des Sarafschan Handel, Handwerk und Kultur. Als ab dem 1. Jahrhundert v. Chr. die Seidenstraße China mit dem Mittelmeer verband, war Samarkand ein Schnittpunkt der Kulturen. Die reiche Handelsstadt wurde von Chinesen, Arabern, Samaniden und Seldschuken erobert und schließlich im Jahr 1220 durch die Truppen des Dschingis Khan zerstört.

1369 erhob der Mongolenherrscher Timur Samarkand zur Hauptstadt seines Reichs. Er beauftragte die besten Künstler, Baumeister und Wissenschaftler seiner Zeit, eine prachtvolle Stadt zu errichten. Sein Enkel Ulugh Beg, ein ganz vortrefflicher Astronom und ab 1447 Herrscher der Timuridendynastie, führte das Werk Timurs fort. Einer der prächtigsten Plätze Zentralasiens ist der von drei Medresen gesäumte Registan.

**Die Tilla-Kari-Medrese erstrahlt wieder in prächtigen Goldfarben (oben). Unten: Der Registanplatz in Samarkand.**

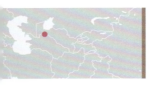

# Kunja-Urgentsch

Turkmenistan | Jahr der Ernennung: 2005

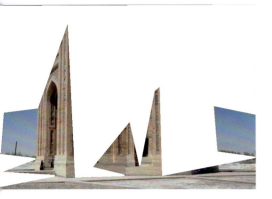

Die größte Grabstätte von Kunja-Urgentsch ist das oktogonale Turabek-Khanum-Mausoleum mit seiner 20 Meter hohen Innenkuppel.

In der Ruinenstadt im Norden Turkmenistans nahe der Grenze zu Usbekistan hinterließen Araber, Seldschuken, Mongolen und Timuriden ihre Spuren. Bereits im 1. Jahrhundert war Kunja-Urgentsch ein bedeutendes Handelszentrum. 712 wurde es von den Arabern eingenommen, 995 wurde es die Hauptstadt des Choresmischen Reichs, das auf der Grundlage einer ausgefeilten Bewässerungstechnik zu Reichtum gekommen war. 1043 eroberten die Seldschuken, eine muslimische Fürstendynastie, das Land. Nach der Befreiung 1194 erreichte Choresm seine größte Ausdehnung vom Kaspischen Meer bis zum Persischen Golf. Im Jahr 1220 verwüsteten die Mongolen unter Dschingis Khan die Stadt, doch nur wenige Jahre später konnte Kunja-Urgentsch wieder zur Metropole aufsteigen. Zu den schönsten Gebäuden aus dieser Zeit gehört die Grabmoschee der Sufiden-Dynastie, bekannt als Turabek-Khanum-Mausoleum. Ein Statthalter des usbekischen Khans ließ es für seine Lieblingsfrau erbauen. Ende des 14. Jahrhunderts eroberte Timur in fünf Feldzügen das Choresmische Reich. Kunja-Urgentsch wurde dabei erneut zerstört und schließlich im 17. Jahrhundert endgültig aufgegeben.

# Ruinen von Merw

Turkmenistan | Jahr der Ernennung: 1999

Nur noch einige Mauern sind von der einst mächtigen Jungfrauenfestung Kis Kale noch erhalten geblieben.

Die Ruinen der Oasenstadt Merw in der Wüste Karakum, das bedeutendste Kulturgut Turkmenistans, geben Auskunft über rund 4000 Jahre Geschichte. Merw, in altpersischen Texten als »Mouru« oder »Margu« erwähnt, war die Residenzstadt des Statthalters des altpersischen Achämenidenreichs, das im 4. Jahrhundert v. Chr. im Herrschaftsgebiet Alexanders des Großen aufging. Unter arabischer Herrschaft wurde die Handelsstadt an der Seidenstraße im 7. Jahrhundert als Hauptstadt des Reichs Khorasan neu errichtet und zum Ausgangspunkt der islamischen Expansion nach Zentralasien und nach China. Unter der Kalifendynastie der Abbasiden (750–1258) wurde Merw ein bedeutendes Zentrum der Gelehrsamkeit und zog Philosophen aus der gesamten islamischen Welt an. Ihren Zenit erreichte die Stadt unter dem Seldschukensultan Sanjar und seinen Nachfolgern im 12. Jahrhundert, die Merw zu einer prachtvollen Residenz ausbauten und mit Befestigungen umgaben. Die Blütezeit währte nur kurz, im Jahr 1221 eroberten die Mongolen die Stadt. Einer der Bauten, der die Jahrhunderte überdauert hat, ist das Mausoleum des Sanjar aus dem 12. Jahrhundert.

# Parther-Festungen von Nisa

Turkmenistan | Jahr der Ernennung: 2007

Die parthischen Könige regierten vom 3. Jahrhundert v. Chr. bis ins 3. Jahrhundert n. Chr. über ein Großreich vom Euphrat bis zum Indus. Von ihrer Zeit künden die Ausgrabungen in Nisa nahe Aschgabat. Arsakes I. (vor 250 v. Chr.–217 v. Chr.), ein Herrscher des Volkes der Parner, rebellierte um 250 v. Chr. gegen den seleukidischen Satrapen und eroberte nach und nach das Perserreich. Seine Herrscherdynastie, die Arsakiden, nannte sich bald Parther. Sie übernahmen persische Traditionen und gingen im iranischen Volk auf.

Bei den Festungen von Nisa unterscheidet man zwischen dem alten Nisa mit der königlichen Festung und dem neuen Nisa, wo der größte Teil der Bevölkerung lebte. Das alte Nisa ist ein 14 Hektar großer Ruinenhügel. Ihn umgibt ein Festungswall mit über 40 Türmen. Im zentralen Komplex stieß man auf fünf bedeutende Gebäude.

Auch das neue Nisa hatte einen durchgehenden bis zu neun Meter hohen Wall. Es lassen sich mehrere Phasen der Besiedlung unterscheiden. Nach dem Fall des Partherreichs 224 ging das Leben weiter, bis die Mongolen die Stadt zerstörten.

**Als Ruinenhügel mit Mauer- und Gebäudereste präsentiert sich Nisa, das erst in den 1930er-Jahren entdeckt wurde.**

# Heiliger Berg Sulamain-Too

Kirgisistan | Jahr der Ernennung: 2009

Der Sulaiman-Too, ein Felsmassiv im zentralasiatischen Hochland bei der kirgisischen Stadt Osch am Schnittpunkt wichtiger Handelsrouten der Seidenstraße, gilt islamischen wie präislamischen Gläubigen als heiliger Berg. Zu dieser ersten Welterbestätte Kirgisistans gehören stein- und bronzezeitliche Funde ebenso wie Felsmalereien, Kultstätten, historische Verbindungswege, Moscheen. Schon seit mehr als 1500 Jahren pilgern Gläubige zu dem Felsmassiv an der Seidenstraße. Ein Besuch des 1100 Meter hohen »Throns des Salomo« (»Sulaiman-Too«) soll gegen Unfruchtbarkeit und Schmerzen helfen und auch noch ein langes Leben bescheren. Mehr als 100 prähistorische Felszeichnungen, die Menschen, Tiere und geometrische Figuren darstellen, haben die Archäologen hier gefunden. Sie zeugen von der Jahrtausende währenden Verehrung des Berges, der bis ins 16. Jahrhundert »Bara-Kuch« (»Schöner Berg«) genannt wurde. Vermutlich ebenfalls im 16. Jahrhundert wurde der Berg zum vorwiegend muslimischen Heiligtum. Damals entstanden zwei Moscheen auf dem Sulaiman-Too. Salomo, der König der Israeliten, wird von den Moslems als Prophet verehrt.

**Verschlungene Fußwege verbinden die einzelnen Kultstätten am Sulaiman-Too, von denen 17 heute noch benutzt werden.**

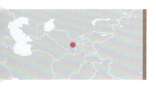

## Archäologische Stätte Sarazm

Tadschikistan | Jahr der Ernennung: 2010

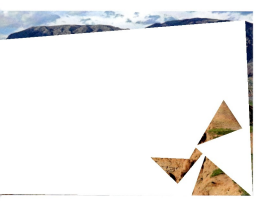

Die im Flusstal des Serafshan in Tadschikistan nahe der usbekischen Grenze gelegene archäologische Stätte ist ein einzigartiges Zeugnis für die zentralasiatische Kultur- und Siedlungsgeschichte vom 4. bis zum 3. vorchristlichen Jahrtausend. Sarazm ist eine der ältesten Siedlungen Zentralasiens. Die Ausgrabungen brachten einen Palast, Tempel, öffentliche Gebäude, Wohnhäuser, Getreidespeicher und Werkstätten ans Tageslicht, die Aufschluss über die kulturellen und sozialen Verhältnisse des frühgeschichtlichen Lebens in dieser Rgion geben. So beherbergt der Palastkomplex in zwei Hallen jeweils einen zentralen Altar – ein Hinweis auf kultische Zeremonien. Um 3000 v. Chr. war das bronzezeitliche Sarazm eines der größten Zentren der Metallgewinnung (und -verarbeitung) in Zentralasien mit weit verzweigten Kulturkontakten. Dies bezeugen Fragmente von Schmiedeanlagen und Artefakten aus Kupfer, Bronze und Gold – Gewichte, Messer, Dolche, Angelhaken und Schmuck –, die den Funden an weiter entfernten Orten sehr ähnlich sind. Auch die Ornamente auf den Keramikgefäßen und ein Muschelarmband bestätigen den frühen transeurasischen Austausch.

In archaisch anmutender Landschaft des Flusstals des Serafshan liegt die Ausgrabungsstätte Sarazm.

## Tadschikischer Nationalpark (Pamirgebirge)

Tadschikistan | Jahr der Ernennung: 2013

Der Nationalpark nimmt fast das gesamte Pamirgebirge ein, welches das dritthöchste Ökosystem der Welt darstellt. Der Himalaya, der Karakorum, der Hindukusch, das Kunlun-Gebirge und der Tianshan – alle strahlen vom Pamir aus. Im Osten besteht der Tadschikische Nationalpark aus Hochebenen, im Westen aus einer zerklüfteten Gebirgslandschaft mit Höhen von über 7000 Metern. Hier stehen einige der tiefsten Täler neben hohen vergletscherten Bergspitzen. Unter den über 1000 Gletschern des Nationalparks ist der 77 Kilometer lange Fedtschenko der längste Gletscher außerhalb der Polargebiete. Das Pamirgebirge ist geologisch sehr aktiv. Vor rund 100 Jahren entstand durch ein Erdbeben der tiefblaue Saressee: Ein riesiger Bergsturz verschüttete das Dorf Usoi und sperrte das Tal vollständig ab. Der größte See des Pamir, der Karakulsee, ging vor rund fünf Millionen Jahren aus einem Meteoritenkrater hervor. Trotz der extremen Temperaturschwankungen zwischen Tag und Nacht und zwischen den Jahreszeiten beherbergt der Pamir eine reiche alpine Flora sowie zahlreiche bedrohte Vogel- und Tierarten u.a. Schneeleopard, Argalischaf und Steinbock.

Beim Tadschikischen Nationalpark handelt es sich um eine baumlose Landschaft von großer Schönheit.

# Minarett und Ruinen von Jam

Afghanistan | Jahr der Ernennung: 2002

Das Minarett von Jam in der westafghanischen Provinz Ghor ist ein besonders eindrucksvolles, stilprägendes Beispiel für die Architektur und Ornamentik des islamischen Mittelalters.

Im Engtal des Hari Rud, westlich von Chaghcharan in der einsamen Gebirgslandschaft des Hindukusch, erhebt sich das zweithöchste Minarett der Welt: Das 65 Meter hohe, im Jahr 1194 erbaute Minarett von Jam ist ein üppig dekorierter, mit Keramikkacheln verzierter Ziegelbau. Er steht symbolisch für die Epoche der Ghoriden, die im 12. und 13. Jahrhundert die Region beherrschten und deren Einflussbereich bis zum indischen Subkontinent reichte – so wurde das Minarett von Jam Vorbild für das bekannte Qutb Minar von Delhi.

Nach dem Niedergang der Dynastie der Ghoriden war Jam lange vergessen, bis es 1957 eine archäologische Expedition wiederentdeckte. Bei dieser Welterbestätte historisch interessant sind ferner die Relikte einer Burg, eines Palastes, eines jüdischen Friedhofs und eines Basars sowie einer Befestigungsmauer in der Umgebung des Minaretts, das mit dem Text der 19. Sure des Koran verziert ist.

**Die Außenseiten des Minaretts sind mit Mustern und Spruchbändern verziert, die den Text der 19. Sure des Korans wiedergeben.**

# Kulturlandschaft und archäologische Stätten des Bamiyantals

Afghanistan | Jahr der Ernennung: 2003

Das Bamiyantal rund 200 Kilometer nordwestlich der afghanischen Hauptstadt Kabul verdankt seine Bedeutung der Lage an wichtigen Handelswegen.

In Bamiyan, am Kreuzungspunkt von Handels- und Pilgerrouten zwischen China und dem Mittelmeer sowie zwischen Indien und Zentralasien, traf die hellenistische Kultur auf den Buddhismus, der im 6. und 5. Jahrhundert v. Chr. in Indien entstanden war. Als Kanischka I., der vermutlich im 1. Jahrhundert über das Kushana-Reich herrschte, stand dem Buddhismus nahe. Er legte er den Grundstein dafür, dass Bamiyan zum buddhistischen Zentrum und zum Ziel von Gelehrten und Pilgern wurde. Schon unter Kanischka begann man, etwa 900 Höhlen in die Felswände des Bamiyantals zu schlagen und sie mit religiösen Fresken und Stuck zu schmücken. In der Felswand, aus der die beiden großen Buddhastatuen herausgearbeitet worden waren, befanden sich auch die Felshöhlen, in denen Mönche wohnten. Diese Statuen existieren heutzutage nicht mehr: Die Region wurde bald islamisch, und im März 2001 sprengten Taliban die historisch wertvollen Figuren.

**Aus dieser Felswand wurden zwei riesige Buddhastatuen herausgemeißelt, die 2001 zerstört wurden.**

# Buddhistische Ruinen von Takht-i-Bahi

Pakistan | Jahr der Ernennung: 1980

Takht-i-Bahi war ein bedeutendes Kloster der Gandhara-Epoche, das seinen Höhepunkt in der Zeit vom 1. bis 4. Jahrhundert erlebte. Zum Welterbe gehören auch die Ruinen von Sahr-i-Bahlol, einer kleinen, in der Nähe gelegenen Festung.

Durch das Swattal im heutigen Nordpakistan führte eine der wichtigen Handelsrouten, über die sich die buddhistische Lehre nach Osten verbreitete. Zentrum des Klosters bildete ein Hof, der von Meditationszellen umgeben war. Die Mönche der Gemeinschaft lebten in kleinen Zellen, die sich in Gebäuden rund um den Sakralbereich befanden.

Nach bisherigen Erkenntnissen gab es an dieser Stelle seit dem 1. Jahrhundert v. Chr. eine Siedlung. Ihre Blütezeit begann im 1. Jahrhundert n. Chr., als das heutige Nordpakistan und Nordindien unter den Vorzeichen des Buddhismus ein Goldenes Zeitalter erlebten. Die ältesten Gebäude gehen wohl auf das 7. Jahrhundert zurück. Wiederentdeckt wurde die Anlage 1836 vom französischen General Court, der in Diensten eines Maharadschas stand.

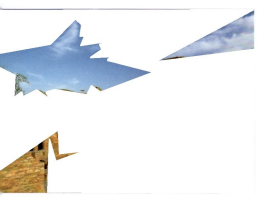

Das Kloster Takht-i-Bahi liegt etwa 15 Kilometer nordwestlich von Mardan auf einem rund 150 Meter hohen Berg.

# Festung Rohtas

Pakistan | Jahr der Ernennung: 1997

Der Eroberer Sher Shah Suri ließ diese Festung nach seinem Sieg über den Mogulherrscher Humayun errichten und schuf damit eines der eindrucksvollsten Beispiele früher islamischer Militärarchitektur. Sher Shah Suri (um 1486–1545) war ein geborener Paschtune. Nach seinem Tod dauerte die Herrschaft der von ihm begründeten, die Mogulzeit in Indien für kurze Zeit unterbrechende Dynastie der Suriden nur noch elf Jahre. Doch die von ihm eingeleitete Modernisierung prägte den Norden des Subkontinents noch viele Jahre danach. Die Festung Rohtas wurde 1541 bis 1547 als Militärbasis an einem strategisch günstigen Ort im Punjab im Norden des heutigen Pakistan errichtet. Die mächtigen Mauern sind mehr als vier Kilometer lang und werden von wuchtigen Türmen und Bastionen gekrönt. Unter den zwölf Monumentaltoren beeindruckt besonders das Sohail-Tor an der südwestlichen Seite des Forts durch seine Größe und Gestaltung. Die Außenwälle schützen die Palasträume ebenso wie militärische und zivile Zweckbauten. Die Festung wurde nie angegriffen, sondern bald von den Mogulherrschern übernommen.

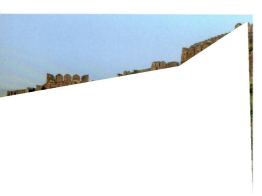

Die Wehranlagen des Forts von Rohtas blieben fast unverändert erhalten. Besonders beeindruckend sind das Sohail- und das Kabul-Tor.

# Ruinenstadt Taxila

Pakistan | Jahr der Ernennung: 1980

Die bedeutendste archäologische Stätte Nordpakistans umfasst mehrere Anlagen aus der Zeit zwischen dem 5. Jahrhundert v. Chr. und dem 2. Jahrhundert n. Chr., von denen die wichtigsten Bhir Mound, Saraikala, Sirkap und Sirsukh sind. Taxila, die ehemalige Hauptstadt des Gandhara-Reichs, lag an einer Heerstraße, die aus dem Westen über den Khyberpass bis nach Kalkutta führte. Ashoka, ein Sproß der Maurya-Dynastie, war Statthalter in Taxila und wurde im Jahr 268 v. Chr. Herrscher des größten Reiches im alten Indien. Er hatte vermutlich in Bhir Mound den buddhistischen Glauben angenommen und begann mit der Missionierung Indiens. Die Gründung von Sirkap geht auf die baktrischen Griechen zurück, die von Sirsukh auf den Kuschana-Herrscher Kadphises, einen bedeutenden Förderer des Buddhismus. Aus der Berührung von griechischer mit nordindischer Kultur entsprang die Gandhara-Kunst. Der Hauptstupa ist zwar schwer beschädigt, doch die Votiv-Stupas zeigen die von griechischen wie von indischen Einflüssen geprägte Formensprache: Lotosblüten wechseln mit antiken Säulen ab, und der Faltenwurf der Buddhafiguren erinnert an griechische Statuen.

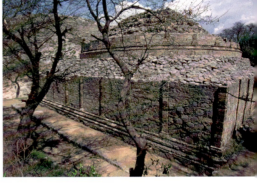

**Bei Sirsukh wurde das buddhistische Kloster Jaulian erbaut (beide Abbildungen), das von griechischer und indischer Kultur geprägt ist.**

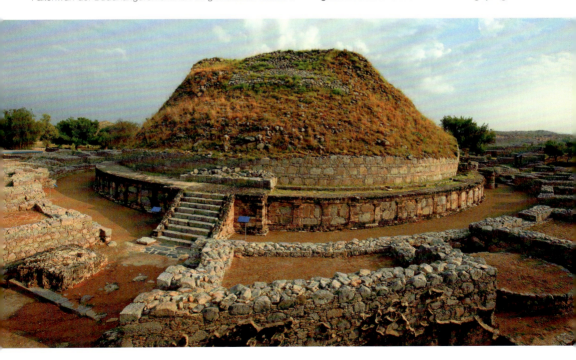

# Fort und Shalimar-Gärten in Lahore

Pakistan | Jahr der Ernennung: 1981

Blick in die Shalimar-Gärten in Lahore – ein Musterbeispiel der Gartenbaukunst der Mogulzeit.

Die unmittelbar an der Grenze zu Indien gelegene nordostpakistanische Millionenmetropole Lahore weist zwei Prunkstücke der Mogularchitektur auf. Der Legende nach wurde Lahore von Loh, einem Sohn des mythischen Helden Rama, gegründet. Ins Licht der Geschichte rückte es erst um das Jahr 1000, als der Ghasnawiden-Sultan Mahmud hier seine Hauptstadt baute. Nach der Zerstörung durch Timur (1397) wurde im 16. Jahrhundert durch die Mogulkaiser der Grundstein für eine zweite Blütezeit Lahores gelegt. Unter Akbar dem Großen (reg. 1556–1605) entwickelte sich Lahore zu einer der schönsten Städte Asiens. Der Mogulkaiser ließ das bereits bestehende Fort zu einem beeindruckenden Symbol imperialer Macht ausbauen. Die Gärten von Shalimar gehen auf Shah Jahan (reg. 1628–1658) zurück, der sie 1641 errichten ließ. Die mit Zypressen und Pappeln bestandenen Gärten erstrecken sich in drei Terrassen über eine Fläche von 16 Hektar. Wegen der teilweisen Zerstörung des fast 400 Jahre alten Bewässerungssystems und der sie umgebenden Mauern durch Straßenbau stehen die Gärten auf der Liste gefährdeter Monumente.

# Ruinenstadt Mohenjo-Daro

Pakistan | Jahr der Ernennung: 1980

Noch die Überreste von Mohenjo-Daro deuten die Größe der Indus-Zivilisation an. Die Häuser waren aus Ziegeln erbaut.

Mohenjo-Daro, südwestlich von Sukkur am Unterlauf des Indus gelegen, war das Zentrum der Indus-Kultur. Bist heute zeugt die Ruinenstadt von einer Zivilisation, die zu den ältesten Hochkulturen der Welt gehört. Die Indus- oder Harappa-Kultur wurde im Jahr 1922 entdeckt. Sie stand in Kontakt mit den Hochkulturen in Ägypten am Nil und Mesopotamien an Euphrat und Tigris. Vom 3. bis zum 2. Jahrtausend v. Chr. existierte ein reger Handel mit den westlich gelegenen Hochkulturen, den im Zweistromland gefundene Objekte wie Stempelsiegel belegen. Wie die Ausgrabungen von Mohenjo-Daro zeigen, war die Indus-Kultur eine »bürgerlich« bestimmte und keine aristokratische oder imperiale Gesellschaftsordnung. Hier dominierten keine Monumentalbauten, sondern aus Ziegelstein errichtete Wohnhäuser. Wichtige öffentliche Gebäude wie das »Große Bad« oder der »Kornspeicher« wurden auf einer erhöhten Akropolis oder einer Zitadelle erbaut. Diese befand sich im Westen der Wohnsiedlung, der »Unterstadt«. Mohenjo-Daro ist die größte erhaltene Siedlung aus der Bronzezeit und beherbergte wahrscheinlich 35 000 Einwohner. Die Ausgrabungsstätte umfasst rund 2,5 Quadratkilometer.

# Ruinen und Totenstadt von Thatta

Pakistan | Jahr der Ernennung: 1981

Thatta ist die neben Lahore baugeschichtlich bedeutendste Stätte Pakistans. Einige Mausoleen stellen Höhepunkte islamischer Steinmetzkunst dar.

Die prächtigsten Mausoleen in der gut 15 Quadratkilometer großen Nekropole bei Thatta, der einstigen Hauptstadt dreier Dynastien, haben sich die Samma-Sultane und die Tarkhan-Herrscher errichten lassen. Unter ihnen war die Region der heutigen Provinz Sindh politisch und wirtschaftlich bedeutend, bis sie dann gegen Ende des 16. Jahrhunderts die Herrschaft der Mogulkaiser anerkennen musste.

Die Große Moschee gab Mogulkaiser Shah Jahan 1644 in Auftrag. Die Mausoleen der Samma liegen ganz im Norden des Hügels. Einer der bedeutendsten Samma-Sultane war gegen Ende des 15. Jahrhunderts Nisamuddin. Sein Grabmal mit dekorativen Finessen gilt als ein Juwel der Baukunst des Sindh. Auch die Grabstätten der Tarkhane wurden im islamischen Stil errichtet. Das Prachtgrab des 1570 gestorbenen Mirza Jan Baba ist ein Bauwerk aus gelbem Kalkstein, dessen Wände vollständig mit Arabesken und Rankenmotiven dekoriert sind.

**Im Inneren wechseln sich kleinteilige Mosaiken mit den klaren Linien von rötlichen Ziegelsteinen ab (beide Abbildungen).**

# Großer Himalaya-Nationalpark

Indien | Jahr der Ernennung: 2014

Das Schutzgebiet umfasst Lebensräume von den subtropischen Niederungen bis in höchste Gebirgsregionen (unten: Schneeleopard).

Das ursprünglich im Jahr 1984 gegründete, 1999 offiziell zum Nationalpark erklärte Naturschutzgebiet liegt im nordindischen Bundesstaat Himachal Pradesh und ist von herausragender Bedeutung für den Erhalt der biologischen Vielfalt der Region. Zudem ermöglicht die Erforschung der früheren wie der aktuellen Vergletscherung wichtige Erkenntnisse bei der Einschätzung künftiger Auswirkungen der globalen Klimaerwärmung.

Das als Welterbe ausgewiesene Areal umfasst rund 1100 Quadratkilometer Fläche eine verblüffend vielfältige Landschaftsszenerie mit hohen Berggipfeln, blühenden Gebirgswiesen und romantischen Flusstälern; dazu gehören allein 25 verschiedenen Waldtypen. Das in den oberen Regionen gesammelte Schmelzwasser ist von enormer Bedeutung für die flussabwärts lebenden Menschen. Zu den vielen gefährdeten Arten, denen der Nationalpark Schutz bietet, gehört auch die größte Einzelpopulation des Schwarzkopftragopans (Tragopan melanocephalus) und die dichteste Population des Himalaya-Moschustiers (Moschus chrysogaster). Auch der gefährdete Schneeleopard (Panthera uncia) hat hier ein wichtiges Habitat.

# Nationalparks Nanda Devi und »Tal der Blumen«

Indien | Jahr der Ernennung: 1988

Die Region um den 7816 Meter hohen Nanda Devi an der Grenze zu Nepal und China ist ein wichtiges Refugium gefährdeter Tier- und Pflanzenarten. In Zeiten des Massentourismus, der auch vor den entlegensten Winkeln der Welt nicht haltmacht, sind selbst im Himalaya Schutzgebiete eine Notwendigkeit, auch wenn sie wie die Hochgebirgsregion Nanda Devi für den Menschen fast unzugänglich sind. Im 1980 gegründeten Nationalpark nahe Indiens zweithöchstem Berg leben außer den heute sehr seltenen, wegen ihres Winterpelzes stark bejagten Schneeleoparden auch Moschushirschen sowie große Herden von Blauschafen und Ziegenantilopen. An Nanda Devi schließt sich der Nationalpark »Tal der Blumen« an, der berühmt für seine Wiesen und endemischen Wildblumenarten ist, darunter Indischer Ahorn, Dornenmohn und eine Art der Alpenscharte . Das landschaftlich abwechslungsreiche Tal beheimatet auch einige seltene Tiere wie Kragenbären. Darüber hinaus spielt das nicht allzu weit vom lebensfeindlichen Hochhimalaya gelegene Tal auch in der Hindumythologie eine Rolle. Das gilt auch für den Nanda Devi, dessen Name »Göttin der Freude« bedeutet.

**Unterhalb der verschneiten Berggipfel (oben), wird das »Tal der Blumen« seinem Namen gerecht (unten).**

Indien | **Asien**

# Komplex des Roten Forts in Delhi

Indien | Jahr der Ernennung: 2007

Die Silhouette des Roten Forts wird bestimmt durch das Lahore-Tor, opulente Wachtürme und wehrhafte Mauern.

Das Rote Fort in Delhi, von den Einheimischen »Lal Qil'ah« genannt, markiert einen Höhepunkt der Kolossalarchitektur des Mogulreichs.

Shah Jahan, der von 1628 bis 1658 herrschende fünfte Großmogul Indiens, war auch ein bedeutender Bauherr. Zwischen 1639 und 1648 ließ er in Shahjahanabad, dem heutigen Delhi, einen befestigten Palast erbauen. Dieser liegt unmittelbar neben der älteren islamischen Festung Salimgarh, die Islam Shah Suri 1546 errichten ließ, und bildet mit dieser gemeinsam den Komplex des Roten Forts: Seinen Namen verdankt das Bauwerk den massiven Außenwänden aus rotem, im Licht der untergehenden Sonne spektakulär leuchtenden Sandstein.

Im Inneren beherbergt der Komplex prachtvolle Paläste, große Hallen für Audienzen und Feste sowie die Perlmoschee. Die überbordende Pracht, in der das Fort sich einst präsentierte, kann man – bei allem verbliebenen Glanz – heute allerdings nur noch erahnen. Denn zweimal wurde das Fort geplündert, 1739 durch persische und dann noch einmal im Jahr 1857 durch britische Truppen.

# Grabmal des Humayun in Delhi

Indien | Jahr der Ernennung: 1993

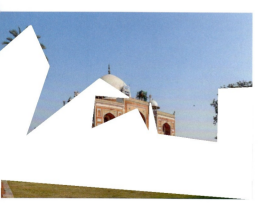

Humayuns Grabmal wurde von seiner Gattin Haji Begum errichtet. Erst 14 Jahre später fand der Großmogul hier seine letzte Ruhe.

Mit der Betonung der Mittelachse, der hoch gewölbten Kuppel und den persischen Bögen ist das Grabmal des Humayun der erste Bau dieser Art in Indien. Er wurde zum Vorbild für zahlreiche Mogulbauten.

Richtungweisend für die Mogularchitektur waren die Werke von Nasir ud din Muhammad Humayun (1508 bis 1556), dem zweiten Herrscher des Großmogulreichs von Indien und Sohn des Dynastiegründers Babur. Allerdings war Humayuns Herrschaft (1530 bis 1540, 1555/56) über Indien nicht ungebrochen – der junge, durchaus abenteuerlustige Regent verbrachte 15 Jahre im persischen Exil. Von dort brachte er eine Armee, aber auch Baumeister und Handwerker mit, was sich schließlich als Glücksfall für die indische Architektur erweisen sollte, denn sie erhielt damit neue Impulse. Das lässt sich etwa an der Kuppel von Humayuns Grabmal feststellen, die auf einem hohen Tambour aufsitzt. Persisch sind die Bögen, die die Architrave und Konsolen abgelöst haben. Auch die Fassadengestaltung durch weißen Marmor und roten Sandstein geht auf alte persische Bautraditionen zurück.

# Qutb Minar mit Monumenten in Delhi

Indien | Jahr der Ernennung: 1993

Das erste islamische Bauwerk auf indischem Boden, veranschaulicht die Verschmelzung von hinduistischen und islamischen Architekturformen. Im ausgehenden 12. Jahrhundert eroberten die Muslime unter Qutb-ud-Din Aibak Nordindien und die Rajputen-Festung Lalkot, den Vorläufer Delhis. Als sie hier ihre erste Moschee errichteten, waren sie auf einheimische Baumeister und deren Traditionen angewiesen. Deshalb wurde die Moschee Quwwat-ul-Islam (»Macht des Islam«) mit für Delhi typischem rotgelben Sandstein und für Jaina-Heiligtümer charakteristischem Grundriss als Pfeilerhalle erbaut. Traditionell islamisch sind nur das Dekor und die kalligrafischen Schriftbänder, die die Mauern und Fassaden zieren. Aus den Ruinen der Moschee ragt der 72 Meter hohe Qutb Minar hervor: An seiner Basis hat dieses Minarett rund 15 Meter Durchmesser, an der Spitze nur knapp drei. Charakteristisch sind die stark profilierten Kannelüren aus rotem Sandstein, die hier erstmals in Indien als Stilmittel verwendet wurden. Sie verkleiden drei der fünf Stockwerke. Die obersten zwei wurden durch einen Blitzschlag im 14. Jahrhundert zerstört und später aus weißem Marmor rekonstruiert.

**Der Qutb Minar zählt zu den höchsten Turmbauten der islamischen Welt und darf wegen Baufälligkeit nicht mehr bestiegen werden.**

# Jantar Mantar in Jaipur

Indien | Jahr der Ernennung: 2010

»Jantar Mantar« ist der Name von fünf historischen astronomischen Sternwarten, die der »Großkönig« (Sanskrit: »Maharadscha«) von Jaipur ab dem Jahr 1724 in Delhi, Jaipur, Mathura, Ujjain und Varanasi errichten ließ. Zum Welterbe erklärt wurde die bedeutendste Anlage in Jaipur. Jaipur, die Hauptstadt des indischen Bundesstaates Rajasthan, wurde im Jahr 1727 von Maharadscha Sawai Jai Singh II. (1688–1743) gegründet, der als brillanter Staatsmann, Gelehrter und Förderer der Künste galt. »Sawai« (»Einer und ein Viertel«) ist ein Ehrentitel für außergewöhnliche Menschen, der dem 44 Jahre lang, von 1699 bis 1743, regierenden Maharadscha schon in jungen Jahren verliehen wurde. Dass sich seine Interessen nicht auf irdische Dinge beschränkten, davon zeugen seine »Jantar Mantar« (Sanskrit: »magisches Gerät«) genannten Observatorien, deren am besten erhaltene (und umfassend restaurierte) Anlage in der nach ihm benannten Stadt Jaipur steht. Jai Singh orientierte sich am bedeutendsten islamischen Observatorium in Samarkand. Dem regen Austausch mit europäischen Gelehrten verdankte er weitere, auf abendländischem Wissen basierende Einflüsse.

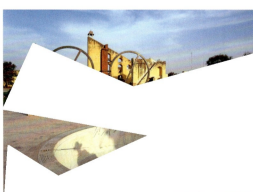

**Der »Wissenschaftspark« des Maharadschas von Jaipur diente der Beobachtung von Planetenbewegungen mit bloßem Auge.**

# Keoladeo-Nationalpark

Indien | Jahr der Ernennung: 1985

Nur 30 Quadratkilometer nimmt das Feuchtgebiet des Keoladeo-Nationalparks ein (beide Abbildungen).

Das in Rajasthan gelegene Vogelparadies bevölkert sich vor allem nach dem Monsun, wenn sich zu den heimischen Wasservögeln viele Zugvögel, darunter seltene Arten, gesellen. Der Nationalpark ist ein Feuchtgebiet, das von Menschenhand geschaffen wurde. Die Maharadschas von Bharatpur hatten hier ihr Jagdrevier, weil sich die sumpfige Senke bei der Entenjagd als recht ergiebig erwies. Um die Wasserflächen für die Jagd zu vergrößern, ließen die Maharadschas im 19. Jahrhundert künstliche Kanäle anlegen und Dämme aufschütten. So entstand ein Feuchtgebiet, das für die Vogelwelt bald ein beliebtes Brutgebiet wurde, da die Umgebung ansonsten sehr trocken ist. Heute bietet das Schutzgebiet rund 120 Vogelarten eine ständige Heimat, darunter Reihern, deren hiesige Population zu den größten der Welt zählt. In den Wintermonaten lassen sich hier rund 240 Zugvogelarten nieder, darunter der seltene Nonnenkranich (auch Schneekranich) oder die Sichelente. Der Sibirische Kranich, eine Attraktion des Keoladeo-Nationalparks, von dem 1976 noch mehr als 100 Exemplare zum Überwintern in den Sumpf kamen, wurde seit 1993 im Park nicht mehr gesichtet.

# Mogulstadt Fatehpur Sikri

Indien | Jahr der Ernennung: 1986

Kein anderer Ort in Indien weist einen reineren Mogulstil auf als die Residenzstadt südwestlich von Agra im heutigen Bundesstaat Uttar Pradesh. Mit dem Bau der Residenz Fatehpur Sikri (»Stadt des Sieges«) erfüllte der Großmogul Akbar ein Gelübde. Unweit von Agra hatte der Sufi-Heilige Salim Chishti gelebt, ein Ratgeber des Herrschers. Akbar schwor, in der Nähe des Weisen eine Residenz zu bauen, nachdem die Prophezeiung Salims, dass dem Großmogul drei Söhne geschenkt werden würden, in Erfüllung gegangen war. Im Jahr 1569 wurde dann auch der Grundstein dafür gelegt. Nach drei Jahren war bereits die Große Moschee mit dem Mausoleum für Scheich Salim fertiggestellt. Insgesamt baute man mehr als zehn Jahre lang an der Residenz. Dann stand zwar eine mit ihren diversen Ebenen, Palästen und Terrassen märchenhaft gestaltete Hauptstadt in der hügeligen Landschaft, doch musste der Hofstaat die Stadt im Jahr 1585 wegen Wassermangels wieder aufgeben. Neun Tore sind in die sechs Kilometer lange Mauer eingelassen. Die Gebäude bestehen fast ausschließlich aus rotem Sandstein. Zentrum der Anlage sind der Palast und die Moschee.

In der Großen Moschee von Fatehpur Sikri befindet sich das Mausoleum des Sufi-Heiligen Salim Chishti.

# Rotes Fort von Agra

Indien | Jahr der Ernennung: 1983

Das Rote Fort von Agra im heutigen Bundesstaat Uttar Pradesh wurde im Jahr 1565 von Akbar begonnen und von seinem Enkel Shah Jahan zu einem weitläufigen Palast ausgebaut. Die Gebäude zeigen die unterschiedlichen ästhetischen Präferenzen beider Herrscher. Seinen Namen verdankt das Fort dem roten Sandstein. Großmogul Akbar hatte den Plan, Agra zur Hauptstadt des Mogulreichs zu machen. Als Festungsmauern und Tore standen, unterbrach er den Bau, weil er in Fatehpur Sikri eine neue Residenz errichtete. Diese verließ er jedoch nach zehn Jahren wieder, regierte dann in Lahore und kam erst kurz vor seinem Tode nach Agra zurück. Sein Nachfolger Jahangir hat nicht viel für die Stadt getan. Einen architektonischen Höhepunkt erlebte Agra erst unter Shah Jahan, dem »König der Welt«, der hier in den Jahren 1632 bis 1637 residierte. Der kunstsinnige Regent ließ viele Bauten Akbars abreißen und durch märchenhaft wirkende Paläste und Moscheen aus weißem Marmor, in die Halbedelsteine eingelegt sind, ersetzen. Die eindrucksvollsten Beispiele für die Beschwingtheit der Architektur unter diesem Herrscher sind die Audienzhalle und die Perlmoschee.

Das Rote Fort vereint den imperialen Stil des Großmoguls Akbar und die märchenhafte Architektur seines kunstsinnigen Nachfolgers.

# Taj Mahal in Agra

Indien | Jahr der Ernennung: 1983

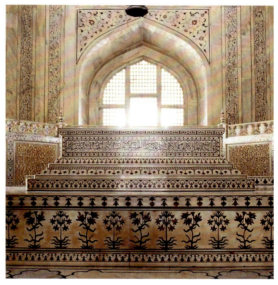

Eines der schönsten Bauwerke islamischer Architektur ist das Grabmal, das der Großmogul Shah Jahan für seine 1631 gestorbene Gattin im nordindischen Agra errichten ließ. Der Name dieses aus weißem Marmor gefertigten Weltwunders bezieht sich auf einen Beinamen der hier bestatteten Arjumand Banu Begum (Mumtaz Mahal), der geliebten Gattin Shah Jahans, und bedeutet »Perle des Palastes«. Mit diesem Bau wurde der im Grabmal des Humayun entwickelte Bautyp zur Vollkommenheit gebracht. Am Ende eines langen, von Wasserspielen belebten Gartenparterres erhebt sich auf einem quadratischen Sockel das symmetrisch gestaltete Mausoleum. Der zentralen, auf einem hohen Tambour aufsitzenden Kuppel gesellen sich überkuppelte Pavillons bei; die Fassaden sind den vier Himmelsrichtungen zugewandt. Vier Minarette akzentuieren die Ecken der Terrasse aus weißem Marmor. Der starke persische Einfluss geht wohl auf den ersten Baumeister Isa Afandi zurück, der von Shah Jahan aus dem iranischen Schiras geholt wurde. Künstler und Handwerker aus dem Raum zwischen Usbekistan und der Türkei waren am Bau beteiligt; die Marmorintarsien schufen Italiener.

**Die Anlage mit dem Grabmal aus weißem Marmor (oben), dem großen Garten sowie der Moschee (links) und dem Gästehaus wurde am Ufer des Flusses Yamuna errichtet.**

# Manas-Wildschutzgebiet

Indien | Jahr der Ernennung: 1985

Bedeutend ist im Manas-Wildschutzgebiet (beide Abbildungen) auch die wieder wachsende Population Indischer Elefanten.

Das vor allem für seine Tiger und Elefanten bekannte Wildschutzgebiet liegt im indischen Bundesstaat Assam am Fuße des Himalaya. Seinen Namen verdankt es dem Fluss Manas. Das Wildschutzgebiet grenzt an den Royal-Manas-Nationalpark in Bhutan. Im Grasland, das etwa 60 Prozent des Territoriums ausmacht, sind u.a. Wildbüffel und Zwergwildschwein zu Hause, die in Assam als ausgestorben galten. Grassavanne, Wald und Flusslandschaft bieten auch zahlreichen Vogelarten Lebensraum. Die im Jahr 1928 zum Wildschutzgebiet erklärte Kernzone des Reservats wurde 1992 durch einen Bürgerkrieg stark zerstört. Im selben Jahr stufte die UNESCO diese Welterbestätte wegen der massiven Schädigungen des Parks und seines Ökosystems als besonders gefährdet ein. 1992/93 wurden 33 Nashörner getötet. Von den rund 2000 Elefanten überlebten nur einige Dutzend. Dank eines Wiederaufbauprogramms wurden 2006 wieder 700 Tiere gezählt. Auch der Bestand der Königstiger wuchs auf rund 60 Tiere. Das seltene Panzernashorn (bzw. Rhinozeros) aber starb im Manas-Wildschutzgebiet aus. Seit dem Jahr 2006 werden Tiere aus anderen Parks hier wieder angesiedelt.

# Kaziranga-Nationalpark

Indien | Jahr der Ernennung: 1985

Eines der letzten von Menschen noch unberührten Gebiete im Herzen Assams ist Lebensraum für die weltweit größte Population der bedrohten Panzernashörner. Der Kaziranga-Nationalpark wird vom Ungestüm des Brahmaputra geprägt: Während der Monsunzeit im Juli und August stehen zwei Drittel des Parks regelmäßig unter Wasser. Dann müssen die Tiere in höher gelegene Regionen ausweichen. Der Schutz der Panzernashörner stand schon immer im Interesse der lokalen Tierschützer. Bereits um die vorletzte Jahrhundertwende war ihr Bestand so dezimiert worden, dass man keine Jagdlizenzen mehr ausgab und die Region im Jahr 1908 als Wildreservat auswies. 1950 wurde es Wildschutzgebiet und 1974 Nationalpark. Heute wird die Zahl der Rhinozerosse auf 1500 geschätzt. Tiere aus dem Park wurden im nahe gelegenen Manas-Wildschutzgebiet angesiedelt, um den dortigen Bestand zu erneuern. Zahlreich sind im Park aber auch Elefanten, Büffel und verschiedene Hirscharten vertreten, ferner Gibbons, Tiger und Wildschweine sowie seltene Vögel wie Barttrappen und Graupelikane. Kragen- und Lippenbär haben hier ebenfalls ein Rückzugsgebiet.

Panzernashörner bevorzugen Hochgrasfluren und offene Sumpflandschaften mit wenig Baumbestand.

# Sundarbans-Nationalpark

Indien | Jahr der Ernennung: 1987

Die Sundarbans im Ganges-Brahmaputra-Delta sind das größte Mangrovengebiet der Erde. Über die Hälfte entfällt auf den indischen Teil Bengalens, der Rest liegt in Bangladesch. Sie sind auch Refugium des vom Aussterben bedrohten Bengalischen Tigers. Zum Schutz dieser einzigartigen Fauna und Flora wurde auf indischer Seite ein 1330 Quadratkilometer großer Nationalpark ausgewiesen. Zwei wasserreiche Ströme, der Ganges und der Brahmaputra, sowie ihr gemeinsamer Mündungsarm, der Meghna, bilden die natürliche Grundlage für die Sundarbans. Das reiche Ökosystem dieser Feuchtgebiete ist als Übergangszone zwischen Salz- und Süßwasser Lebensraum für unterschiedlichste Tiere: Fischotter, Wasserschlangen, Schildkröten, Bindenwarane und Krokodile sowie Störche, Reiher, Kormorane, Brachvögel, Möwen und Seeschwalben sind hier heimisch. Im Park leben noch etwa 250 Königs- oder Bengaltiger. Die Jagdlust indischer Maharadschas und britischer Offiziere, die Angst der Menschen vor dem gefährlichen »Räuber der Nacht« und die Beschneidung seines Lebensraums haben diese Tiere im 20. Jahrhundert an den Rand des Aussterbens gebracht.

Königs- oder Bengaltiger sind eine bis zu 2,80 Meter große (ohne Schwanz) und 280 Kilogramm schwere Großkatzenart.

# Mahabodhi-Tempel von Bodh Gaya

Indien | Jahr der Ernennung: 2002

Der Mahabodhi-Tempelkomplex, rund 100 Kilometer von Patna entfernt im Bundesstaat Bihar gelegen, steht in enger Verbindung mit dem Leben Buddhas und mit der Religionsgeschichte des indischen Subkontinents. Das erste Großreich in der Geschichte Indiens wurde von König Ashoka (reg. 273–232 v. Chr.) begründet. Dieser wandte sich dem Buddhismus zu und ließ an der Stelle, an der Buddha unter einem Mahabodhi-Baum die Erleuchtung erfahren hatte, ein erstes Heiligtum errichten. Der heutige, der rund 50 Meter hohe Mahabodhi-Tempel, wurde unter der Gupta-Dynastie (320–540) errichtet, die den Buddhismus als Staatsreligion förderte. Als einer der ältesten aus Ziegelsteinen aufgemauerten Tempeltürme des Subkontinents wurde er Vorbild für viele spätere indische Sakralbauten. Eindrucksvoll sind die Steinreliefs und der Skulpturenschmuck der Balustraden. Schon in seiner Frühzeit war der Tempel ein beliebtes Pilgerziel, doch als der Hinduismus den Buddhismus mehr und mehr verdrängte, setzte der Verfall ein. Erste Restaurierungen fanden im 19. Jahrhundert statt. Eine wissenschaftlich begleitete Restaurierung begann 2002.

**Der Mahabodhi-Tempel von Bodh Gaya ist eines der vier höchsten Heiligtümer des Buddhismus.**

# Rani Ki Vav (Stufenbrunnen der Königin) in Patan

Indien | Jahr der Ernennung: 2014

Als Meisterwerk der sakralen Baukunst gilt der Stufenbrunnen von Patan im indischen Bundesstaat Gujarat, den die Königin Udayamati im Jahr 1063 zu Ehren ihres verstorbenen Ehemanns in Auftrag gegeben hat.

Wasser gilt in Indien als heilig, und so haben Brunnen oft den Charakter von Tempeln. Wie ein ins Innere der Erde eingelassener Tempel führt der Stufenbrunnen Rani Ki Vav den Besucher über sieben säulengeschmückte Galerien hinab bis zum kühlen Wasser.

Dabei ist jede Galerie mit einer Vielzahl in Stein gemeißelter Figuren und Götterstatuen geschmückt. Über 500 Statuen sowie eine Vielzahl kleinerer Skulpturen und Reliefs, die sowohl religiöse und mythologische Motive als auch Szenen aus dem Alltag zeigen, zieren den Stufenbrunnen: die hinduistische Gottheit Vishnu – in ihren unterschiedlichen, »Avataras« genannten Inkarnationen begleitet von göttlichen Tänzern – ist dabei ein mehrfach wiederkehrendes Motiv. Der Brunnen ist 27 Meter tief und gilt als einer der prächtigsten Exemplare sakraler indischer Brunnenarchitektur.

**Kunstvolle Skulpturen und Reliefs zieren die Brunnengalerien mit religiösen und mytholgischen Motiven.**

# Bergfestungen von Rajasthan

Indien | Jahr der Ernennung: 2013

Das Weltkulturerbe umfasst sechs Festungsanlagen in den Orten Chittorgarh, Kumbalgarh, Sawai Madhopur, Jhalawar, Jaipur und Jaisalmer. Innerhalb der Verteidigungsmauern liegen urbane Zentren, Paläste, Handelsplätze und Tempel. Im äußersten Nordwesten Indiens liegt der von der Wüste Thar dominierte Bundesstaat Rajasthan, das »Land der Rajputen« (Sanskrit: »Königssöhne«). Rajasthan entstand nach 1949 aus über 20 selbstständigen Fürstentümern. Die Verschwendungssucht dieser Fürsten – bis heute die dominierende Gesellschaftsschicht im nordwestlichen Indien – ist dafür verantwortlich, dass Rajasthan noch immer eine der ärmsten Regionen Indiens ist. Gleichzeitig bauten sie hier Trutzburgen von seltener Schönheit, gelegen in landschaftlich reizvoller Umgebung. Die Festung Chittorgarh ist flächenmäßig das größte Fort Indiens. Die 36 Kilometer langen Mauern von Kumbhalgarh umschließen 360 Tempel. In der Kleinstadt Sawai Madhopur findet man das Ranthambore Fort. Die Festungsanlage Gagron von Jhalawar wird auf drei Seiten von Wald und Flussufern geschützt. Amber Fort bei Jaipur und das Jaisalmer Fort in Jaisalmer schließen den Festungsreigen.

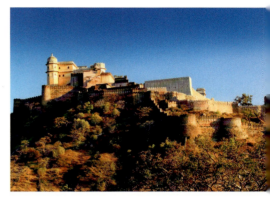

**Das auf 1050 Metern Höhe an den Aravalli Hills gelegene, im 15. Jahrhundert errichtete Fort Kumbhalgarh (beide Abbildungen).**

# Tempelbezirk von Khajuraho

Indien | Jahr der Ernennung: 1986

Die rund 20 erhaltenen Tempel aus der Blütezeit der Chandella-Dynastie zeichnen sich durch eine höchst gelungene Verbindung von Architektur und Skulptur aus. Sie sind überwiegend vom Hinduismus geprägt. Berühmt wurde das in Madhya Pradesh gelegene Khajuraho durch die erotischen Motive an den Außenwänden seiner Tempel, die sich in mehrere Gruppen unterteilen lassen: Im Dorf befinden sich die Brahma-, Vamana- und Javari-Tempel. Östlich davon liegen die Jaina-Tempel, noch heute Teil eines lebendigen Kults. Dass Khajuraho im 10./11. Jahrhundert Zentrum der Chandella-Dynastie war, belegt das Ensemble der Lakshmana-, Kandariya-, Vishvanath- und Chitragupta-Tempel. Alle Tempel folgen einem ähnlichen Bauprinzip und sind von Ost nach West ausgerichtet. Im Westen befindet sich die Eingangshalle, an sie schließen sich Vorhalle, Haupthalle, Vestibül und Cella an. Die turmartigen Dächer über den Gebäudeteilen werden zur Cella hin stets höher. Deren Dach – genannt »Sikhara« – ist das charakteristische Architekturelement von Khajuraho, es symbolisiert den Weltenberg Meru, den Sitz der Gottheit. Die Cella birgt das dem Osten zugewandte Kultbild.

Tempel von Khajuraho (oben). Unten: Die sexuellen Darstellungen symbolisieren Fruchtbarkeit und Neuerschaffung der Welt.

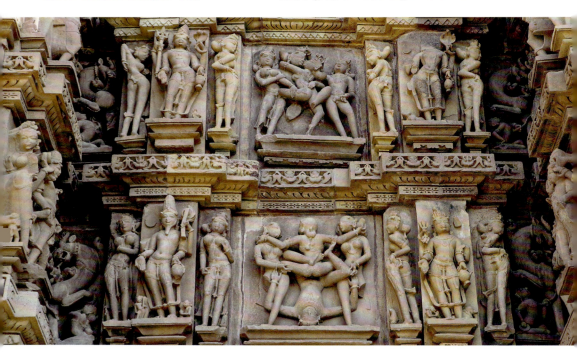

# Buddhistische Monumente bei Sanchi

Indien | Jahr der Ernennung: 1989

Das älteste buddhistische Heiligtum Indiens, nordöstlich von Bhopal in Madhya Pradesh gelegen, war bis ins 12. Jahrhundert ein bedeutendes religiöses Zentrum.

Die Wallfahrtsstätte Sanchi beherbergt einige der ältesten buddhistischen Kultbauten Indiens. Der Überlieferung nach soll König Ashoka, der große Förderer des Buddhismus, die Anlage gegründet haben. Mit Sicherheit wurden zumindest einige der Gebäude von ihm gestiftet. Ein Höhepunkt an Kunstfertigkeit sind die herrlichen Steinmetzarbeiten rund um den großen Stupa, der in der Mitte des 3. Jahrhunderts v. Chr. errichtet wurde, der Legende nach über den Gebeinen des Religionsstifters Buddha. Das halbkugelförmige Heiligtum wird von einem Palisadenzaun umgeben, durch den – nach den vier Himmelsrichtungen ausgerichtet – vier gewaltige Steintore Einlass gewähren. Diese wurden im 1. Jahrhundert v. Chr. erbaut und mit kunstvollen Reliefs geschmückt, die Szenen aus dem Leben Buddhas auf sehr lebendig wirkende Weise illustrieren. Neben zwei jüngeren Stupas sind noch Überreste von mehreren Klosterbauten und anderen Tempelanlagen erhalten.

Eindrucksvolle Reliefarbeiten mit Szenen aus Buddhas Leben zieren die Toranas genannten Steintore der Stupas von Sanchi.

# Felshöhlen von Bhimbetka

Indien | Jahr der Ernennung: 2003

Die Fundstätte am Rand des Vindhyagebirges in Madhya Pradesh umfasst rund 500 Höhlen und Felsüberhänge mit vielen Ritzzeichnungen und Felsmalereien. Sie wurden zwischen der dem Jungpaläolithikum und dem Mittelalter angefertigt. Die Felskunst von Bhimbetka gibt uns eine Vorstellung davon, wie die Menschen vor mehreren Jahrtausenden auf dem indischen Subkontinent gelebt haben. Die Malereien sind meist in Rot und Weiß gehalten, aber es kommen auch andere Farben vor. Viele Tiere sind abgebildet, etwa Büffel, Tiger, Löwen, Wildschweine, Elefanten, Pferde, Antilopen und Krokodile. Menschen tanzen und musizieren, führen Krieg gegeneinander, reiten auf Pferden und Elefanten. Häufig sind auch religiöse Symbole auszumachen, ferner Darstellungen von hinduistischen Gottheiten. Meisterhaft gezeichnete Strichmännchen bringen Gefühle wie Angst, Freude und Glück zum Ausdruck. Die Wandmalereien wurden übrigens erst 1958 entdeckt. In der Nähe von Bhimbetka, in Barkhera, befindet sich eine der reichhaltigsten steinzeitlichen Fundstätten Südasiens. Tausende von Steinwerkzeugen aus dem Acheuléen liegen hier auf Feldern und im Wald verstreut.

Auch Darstellungen von Elefanten und Pferden finden sich in den rund 500 Felshöhlen von Bhimbetka.

# Die Höhlen von Ajanta

Indien | Jahr der Ernennung: 1983

Padmapani, der Lotoshalter (oben). Unten: Säulengang mit Monumenten und Hallen mit Skulpturen in den Nischen.

Die buddhistische Klosteranlage verbirgt sich in der schluchtähnlichen Schleife des Waghora-Bachs. In die fast senkrecht abfallenden Wände schlugen buddhistische Mönche 29 Höhlen. Die erste Phase umfasst die Zeit vom 2. Jahrhundert v. Chr. bis zum 2. Jahrhundert n. Chr., die zweite fällt in die Gupta-Zeit (5.–6. Jahrhundert). In acht der Ajantahöhlen haben sich Wandmalereien erhalten, die in ihrem erzählerischen Reichtum und der künstlerischen Ausgestaltung außerordentlich sind. Dargestellt werden Szenen aus dem Leben des Buddha und Legenden über seine früheren Inkarnationen. Während die dem Gandhara-Stil verwandten, überwiegend in Rot- und Brauntönen gehaltenen Figuren in den Höhlen aus der ersten Zeit vor allem durch eine starke Umrisszeichnung charakterisiert sind und fast ausnahmslos in die Bewegungsrichtung der Erzählung blicken, wirken die Figuren in den im 5. Jahrhundert entstandenen Höhlentempeln, die das höfische wie das alltägliche Leben anschaulich vorführen, vor allem in der Gestaltung des Gesichtsausdrucks ausgesprochen realistisch. Auch bei den Wandmalereien von Ajanta stellen die Bilder oft erotische Motive dar.

# Archäologischer Park Champaner-Pavagadh

Indien | Jahr der Ernennung: 2004

Die erst teilweise ausgegrabene und restaurierte archäologische Stätte in Gujarat umfasst neben prähistorischen Stätten aus der Kupferzeit zahlreiche Zeugnisse hinduistischer und indo-islamischer Architektur. Die Ruinenstadt Champaner liegt im archäologischen Park am Fuß des rund 800 Meter hohen, befestigten Berges Pavagadh, der unmittelbar aus der Ebene aufsteigt. Der Hindu-Tempel auf dem Gipfel ist der Kalikamata, der »großen schwarzen Mutter« geweiht. Er stammt aus dem 10/11 Jahrhundert und ist eines der wichtigsten Pilgerziele in Gujarat. Im Frühling findet hier jedes Jahr ein Volksfest statt. Neben Überresten früher Hindu-Architektur gehören zum archäologischen Park die Paläste, Moscheen und andere Bauten, die Mohammed Begada, der Sultan von Gujarat, nach der endgültigen Eroberung Champaners im Jahr 1484 errichten ließ. Sie gelten als herausragende Beispiele islamischer Architektur aus dem Indien der Vor-Moguln-Zeit. 1535 ließ der Mogul Humayun Champaner plündern, viele ihre prächtigen Bauten wurden aufgegeben und sind unverändert erhalten geblieben..

**Die Jama Masjid (Freitagsmoschee) mit ihren Minaretten ist ein architektonisches Juwel des archäologischen Parks.**

# Höhlentempel von Ellora

Indien | Jahr der Ernennung: 1983

Das Maharashtra-Plateau, 30 Kilometer nordwestlich von Aurangabad, mit seinen tief in den Basalt eingeschnittenen Cañons erwies sich als geologisch besonders gut für den Bau monolithischer Felsentempel geeignet. Allen Ellora-Heiligtümern ist gemeinsam, dass sie nicht in den Felsen hineingebaut, sondern aus ihm herausgeschlagen wurden. Die wesentlichen tragenden Elemente bestehen sämtlich aus dem gewachsenen Gestein. Dies trifft auch für den größten Teil des Bauschmucks und viele Skulpturen zu. Von den Tempeln und Klöstern, die aus einer sich über zwei Kilometer hinziehenden Steilwand herausgearbeitet wurden, sind 17 hinduistisch, zwölf buddhistisch und fünf jainistisch. Alle Tempel folgen einem ähnlichen Bauprinzip und bestehen aus Eingangshalle, Vorhalle, Haupthalle und Cella. Letztere enthält das Kultbild, weshalb ihr Dach auch am höchsten aufragt und den Weltenberg Meru symbolisiert. Bei dem architektonisch bemerkenswerten Kailasa-Tempel – er ist das größte Felsenheiligtum von Ellora und imitiert einen gemauerten Freibau – repräsentiert das Dach der Cella entsprechend den heiligen Berg Kailash, den Sitz des Gottes Shiva.

**Die 34 aus dem Fels gemeißelten Tempel- und Klostergebäude sind für ihren reichen Skulpturenschmuck berühmt.**

# Chhatrapati Shivaji Terminus in Mumbai

Indien | Jahr der Ernennung: 2004

In diesem – früher Victoria Terminus genannten – Bahnhof in Mumbai (Bombay) verschmelzen westliche und indische Traditionen und Formensprachen. Das größte britische Baudenkmal steht nicht etwa im Mutterland, sondern im indischen Mumbai. Bei der Einweihung 1887 nannte man den Bahnhof Victoria Terminus. Später erhielt er die Bezeichnung Chhatrapati Shivaji Terminus, nach einem marathischen Kriegsherrn, der gegen die islamischen Moguln und für die hinduistische Identität gekämpft hat. Entworfen wurde das Gebäude vom britischen Architekten Frederick William Stevens im »neugotischen« Stil des Gothic Revival. Als Vorbild diente ihm die St. Pancras Station in London. Der Bau begann im Jahr 1878.

Mit seinen Kuppeln, Türmchen, Säulen, Minaretten und Spitzbögen weist der Bahnhof aber auch zahlreiche Elemente der indischen Palastarchitektur auf. Unter britischer Leitung arbeiteten zahlreiche indische Handwerker und Künstler an dem Bau, die ihre reichen Bautraditionen einbrachten. Der Bahnhof wurde zu einem Symbol von Mumbai und trug mit bei zum Image der Stadt als einer »Gothic City«.

Der Bahnhof vereint wie kein anderes Bauwerk Stilelemente des britischen Gothic Revival mit Bautraditionen indischer Palastarchitektur.

# Felshöhlen von Elephanta

Indien | Jahr der Ernennung: 1987

Das dem Hindugott Shiva geweihte Felsheiligtum auf einer Insel in der Bucht von Mumbai ist für seine Steinmetzarbeiten berühmt. Ursprünglich nannte man die Insel wohl »Gharapuri« (»Stadt der Ghara-Priester«), bis sie im 16. Jahrhundert in »Elephanta« umbenannt wurde. Namensgeber waren Portugiesen, die sich dabei an einem steinernen Elefanten orientierten, den sie im Hafen fanden und der heute in den Victoria Gardens in Mumbai zu besichtigen ist. Die Skulpturen in den Felshöhlen aus dem 7. Jahrhundert gehören zu den Höhepunkten der frühen hinduistischen Kunst. Monumentale Ausmaße hat vor allem das sechs Meter hohe Brustbild des Shiva Mahadeva, das den Gott dreigesichtig und mit prachtvollem Kopfschmuck zeigt. Shiva, zusammen mit Brahma und Vishnu die wichtigste Gottheit des hinduistischen Pantheons, wird als Gott des Schöpferischen verehrt. Sein Zeichen ist der häufig als Phallus gedeutete Lingam. Oft wird er als Shiva Nataraja, König des Tanzes dargestellt oder tritt mit einer Entourage von Wesen halb göttlicher, halb dämonischer Natur auf. Wie Shiva haben auch diese Heerscharen in Elephanta eine angemessene Darstellung gefunden.

In den Felshöhlen der Insel Elephanta ist der Hindugott Shiva in verschiedenen Erscheinungsformen dargestellt.

# Westghats

Indien | Jahr der Ernennung: 2012

Das Gebirge der Westghats im Westen Indiens liegt im Durchschnitt nur 900 m hoch. Es stellt eine gewisse Barriere für die Monsunwinde dar. Parallel zur Westküste Indiens erstreckt sich ein rund 1600 Kilometer langes Gebirge: die Westghats. Es bekommt besonders während der Monsunzeit zwischen Juni und September erhebliche Niederschläge, bis zu 6000 Millimeter pro Jahr. Auf der den Monsunwinden zugekehrten Seite wachsen tropische immer- oder sommergrüne Regenwälder. Da aber der Mensch das Gebirge besiedelt, ist nur noch ein Fünftel des ursprünglichen Waldbestandes vorhanden, und das vorherrschende Ökosystem besteht aus in Grasgebiete (»Shola-Grasland«) eingebetteten Waldrelikten. Das Gebiet der Westghats ist sehr artenreich, und der Endemiegrad liegt rekordverdächtig hoch. Bei den 4000 bis 5000 Blütenpflanzen sind mehr als 3 Prozent endemisch. Die Gattung der Springkräuter sind mit 86 Arten vertreten, 76 davon kommen nur in den West Ghats vor. Ins Weltnaturerbe aufgenommen wurden sieben größere Gebiete, die zum größten Teil bereits bestehenden Nationalparks, Wildreservaten und Waldschutzgebieten entsprechen.

**Der Eravikulam-Nationalpark zählt zu den acht Gebieten der Erde mit der höchsten Artenvielfalt (beide Abbildungen).**

## Tempelanlage von Pattadakal

Indien | Jahr der Ernennung: 1987

Die Residenzstadt der Chalukya-Herrscher aus dem 7. und 8. Jahrhundert vereint die unterschiedlichen Baustile Nord- und Südindiens. Die Lage im Grenzbereich zwischen Nord- und Südindien im Landesinneren des heutigen Bundesstaates Karnataka und die Toleranz der in der Mitte des 6. Jahrhunderts zur Großmacht aufgestiegenen Chalukya-Herrscher haben Pattadakal zu einem Schmelztiegel unterschiedlicher Architekturstile gemacht. Den nordindischen Typus repräsentiert etwa der kleine Kashi-Vishvanatha-Tempel. Charakteristisch ist hierfür vor allem die bauliche Einheit von Sikhara-Turm und Cella (Sikhara), ihr ist eine Eingangshalle vorgelagert. Das Hauptkultbild in der Cella kann nur außerhalb des Bauwerks umschritten werden. Der südindische Typus, der unter den Pallava-Herrschern im 7. Jahrhundert gefördert wurde, zeichnet sich dadurch aus, dass man um die Cella herum einen Flurumgang baute. Der Tempelraum mit der Kultzelle und die großräumige Eingangshalle öffnen sich fast in voller Breite zueinander. Bestes Beispiel hierfür ist der Virupaksha-Tempel. Die dem Gott Shiva geweihte größte Anlage Pattadakals ist üppig mit Steinmetzarbeiten verziert.

Der Shiva-Tempel wurde Anfang des 8. Jahrhunderts unter König Vijayaditya erbaut, seine Skulpturen wurden nicht ganz vollendet.

## Tempelbezirk von Hampi

Indien | Jahr der Ernennung: 1986

Bei Hampi befinden sich die Überreste von Vijayanagar, der Hauptstadt des gleichnamigen mittelalterlichen südindischen indischen Hindureiches. Die Stätte glänzt mit opulent dekorierten Bauten – Musterbeispiele des südindischen drawidischen Stils. Wie ein grandioses Freilichtmuseum südindischer Baukunst wirken die Ruinen von Hampi. Sie wird von einem Mauerring umgeben und birgt Paläste und Tempel drawidischer Prinzen. Der Vittala-Tempel, der in der ersten Hälfte des 16. Jahrhunderts errichtet, aber nie vollendet wurde, beeindruckt durch seine den Pfeilern vorgesetzten Skulpturen und einen acht Meter hohen, aus einem einzigen Steinblock geschnittenen Tempelwagen. Das Glanzlicht ist neben dem üppigen Figurenschmuck der mehr als 50 Meter hohe Torturm (Gopura). Der Tempel ist dem Gott Shiva geweiht; schon im 9. Jahrhundert befand sich hier ein Vorgängerheiligtum. Während sich die Tempel im Nordteil der Stadt konzentrieren, sind die Palastbauten im Süden versammelt. Hier ließen die Hinduprinzen die Wände ihrer Paläste mit Reliefs überziehen, die Szenen aus den großen Epen wie dem Ramajana schildern.

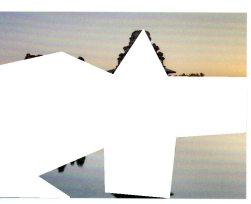

Berühmt ist der aus einem einzigen Steinblock geschnittene Wagen in dem Tempelbezirk von Hampi.

# Kirchen und Klöster von Goa

Indien | Jahr der Ernennung: 1986

Die ehemalige portugiesische Besitzung am Indischen Ozean, in der Kolonialzeit ein wichtiger Stützpunkt der katholischen Kirche in Südasien, ist ein bedeutendes Zentrum kolonialer Renaissance- und Barockarchitektur.

Goa wurde 1510 endgültig von den Portugiesen erobert und unter Alfonso de Albuquerque (1453–1515) schnell zu ihrem bedeutendsten Handelsstützpunkt in Indien ausgebaut. Alt-Goa (Velha Goa) liegt etwa zehn Kilometer landeinwärts am Ufer Mandovi. Als in der ersten Hälfte des 18. Jahrhunderts dort die Malaria grassierte, verließen die meisten Bewohner den Ort und gründeten an der Mündung des Mandovi die Stadt Panaji. Velha Goa blieb aber Hauptstadt, ihre Kirchen und Klöster gab man nicht auf. So präsentieren sie sich noch heute in ihrer alten Pracht. Die Sé Catedral, die zumindest damals größte Kirche Asiens, wurde um 1562 und die Kirche des hl. Franziskus um 1661 errichtet. 1605 wurde die wichtigste Missionsstätte geweiht, die Kathedrale Bom Jesu, in der sich auch das Grab des heiligen Franz Xaver (1506–1552) befindet. Der Jesuit hatte das Christentum nach Indien und Japan gebracht.

**Holzfiguren in der Kathedrale von St. Cajetan (oben). Unten: Innenraum des Klosters des heiligen Franz von Assisi.**

## Sonnentempel von Konarak

Indien | Jahr der Ernennung: 1984

Der dem Gott Surya geweihte Sonnentempel mit seinen Steinmetzarbeiten ist eines der wichtigsten brahmanischen Heiligtümer des alten Indien. Der Sonnengott Surya bildete schon in der vedischen Zeit mit dem Feuergott Agni und dem Donnergott Indra eine Art Dreiheit. Als Lebensspender wurde diese Gottheit von den Hindus hoch verehrt. Der Sonnentempel von Konarak mit seiner ursprünglich wohl 70 Meter, in Form einer Pyramide ansteigenden Sikhara samt der Cella ist ein Stein gewordenes Abbild des Wagens, in dem der Gott täglich über das Firmament fährt. So versinnbildlichen die zwölf Rad-Paare an den Sockelwänden die Sonne gleich in zweifacher Hinsicht: Das Rund des Rades verkörpert sie in ihrer Gestalt, die Zahl der Rad-Paare symbolisiert die zwölf Monate, die die Erde für die Umrundung unseres Zentralgestirns benötigt. Während die Wände des Tempels mit Figuren geschmückt wurden, sind die Flächen des hohen Sockels und die Räder bis hinein in die Verästelung der Speichen vollständig mit Reliefs und Steinschneidearbeiten überzogen. Der Sonnentempel stammt aus dem 13. Jahrhundert. Kurz nach seiner Fertigstellung gab man die Anlage auf.

**Die gewaltigen, detailreich verzierten Sonnenräder sind eines der Kennzeichen des Sonnentempels von Konarak.**

## Tempelbezirk von Mahabalipuram

Indien | Jahr der Ernennung: 1984

Mamallapuram ist ein Ort im indischen Bundesstaat Tamil Nadu, 55 Kilometer südlich von Chennai (Madras) an der Koromandelküste gelegen. Rund 50 Kilometer südlich befindet sich eine der imposantesten archäologischen Stätten Südindiens mit einigen der schönsten Beispiele der drawidischen Architektur. Nachdem der in den Jahren 625 bis 645 regierende Pallava-Fürst Narasimhavarman I. seine Nachbarstädte besiegt und dabei die atemberaubende Baukunst der Chalukya-Herrscher kennengelernt hatte, gab er die Verschönerung seiner Stadt Mahabalipuram in Auftrag. So entstanden einige der schönsten Bauwerke der drawidischen Architektur, deren Formen fortan im südlichen Teil des indischen Subkontinents verbindlich sein sollten. Um die verschiedenen Möglichkeiten der Kulthallenarchitektur auszuprobieren, ließ Narasimhavarman fünf Rathas schaffen: keine Tempel im eigentlichen Sinn, sondern eher aus dem gewachsenen Felsen herausgeschnittene Monumentalskulpturen. Ratha Nr. 5 wurde zum Prototyp für viele drawidische Tempel. Auch der Nachfolger von Narasimhavarman hat den Küstentempel von Mahabalipuram dem Ratha-Muster entsprechend bauen lassen.

**Vor dem Draupadi-Ratha stehen zwei kleinere Felsskulpturen, eine in Form eines Elefanten, die andere in Form eines Löwen.**

# Gebirgsbahnen Indiens

Indien | Jahr der Ernennung: 1999

Insgesamt drei Gebirgs-Schmalspurbahnen Indiens wurden zum Welterbe erklärt: Darjeeling Himalayan Railway, Nilgiri Mountain Railway und Kalka-Shimla Railway. Die Darjeeling-Himalaya-Eisenbahn, mit der die Fahrzeit zwischen Kalkutta und Darjeeling von sechs Tagen auf weniger als 24 Stunden verkürzt werden konnte, war die erste indische Bahnstrecke, die ausschließlich mit indischem Kapital errichtet wurde. Errichtet wurde sie von dem britischen Unternehmen Gillanders Arbuthnot & Co. zwischen 1879 und 1881, in Ghum erreicht sie 2175 Meter Meereshöhe. Fast 2000 Höhenmeter überwindet die Nilgiri-Bergbahn zwischen Mettupalaiyam und Udagamandalam in Tamil Nadu. Bis ins 19. Jahrhundert hinein lebten die Todas in den Blauen Bergen weitgehend von der Außenwelt abgeschnitten, ehe die Briten diese Bahnstrecke errichten ließen, die zwischen Kallar und Coonoor auf rund 20 Kilometer Streckenlänge 1330 Höhenmeter überwindet. Die knapp 100 Kilometer lange Kalka-Shimla-Eisenbahn verband ab 1903 den 625 Meter hoch gelegenen Ort Kalka mit Shimla, der über 2000 Meter hoch gelegenen »Sommerhauptstadt Britisch-Indiens« in Himachal Pradesh.

**Passagiere, die mit der Nilgiri Mountain Railway reisen, müssen viel Zeit und Geduld mitbringen.**

# Große Tempel der Chola-Dynastie

Indien | Jahr der Ernennung: 1987

Zu diesem Welterbe gehören drei aufwendig geschmückte Tempelanlagen der den Süden des indischen Subkontinents einst beherrschenden Chola-Dynastie in Thanjavur (Tanjore), Gangaikondacholisvaram und Darasuram. Vom 9. bis zum 12. Jahrhundert stand Südindien unter der Herrschaft der Chola-Dynastie. Thanjavur, etwa 350 Kilometer südlich von Chennai (Madras), war vom Jahr 907 bis zum Anfang des 11. Jahrhunderts ihre Residenzstadt, die die Chola-Könige nach dem Vorbild der Pallava-Fürsten aus Mahabalipuram im südindischen Stil ausbauen ließen. Als eine der gewaltigsten Bauleistungen dieser Zeit gilt der von König Rajaraja in Auftrag gegebene und im Jahr 1010 fertiggestellte Brihadishvara-Tempel von Thanjavur. Der Tempelturm (Sikhara) über der Cella, als 13-stöckige Terrassenpyramide aus Granitsteinen erbaut und von einem großen Schlussstein bekrönt, ragt über 60 Meter auf. Der Turm besaß einst ein vergoldetes Kupferdach. Dass die Anlage dem Schöpfer- und Zerstörergott Shiva geweiht ist, erkennt man an der Vielzahl der Phallussymbole, ungezählten Shiva-Bildnissen und vielen Darstellungen des Stiers Nandi, des Reittiers des Gottes.

**Imposante, realistisch gearbeitete Steinskulpturen begrüßen die Besucher des Brihadishvara-Tempels in Thanjavur.**

# Mangrovenwälder der Sundarbans

Bangladesch | Jahr der Ernennung: 1997

**Mangrovenwald als Lebensraum (oben).
Unten: Die Schwebstoffeinträge der Flussarme
als helle Schleier im Golf von Bengalen.**

Die Mangrovensümpfe im Flussdelta von Ganges, Brahmaputra und Meghna im Golf von Bengalen sind Lebensraum vieler seltener Tierarten. Die Schutzgebiete in Bangladesch bilden mit denjenigen in Indien ein einzigartiges Ökosystem.

Die drei wasserreichen Flüsse Ganges, Brahmaputra und Meghna speisen den größten zusammenhängenden Mangrovenwald der Welt. Viele Tierarten haben im Übergangsgebiet von der Salz- zur Süßwasserzone ihren Lebensraum. Die Sundarbans, die Ebbe und Flut ausgesetzte Küstenlandschaft in Bengalen, nehmen zusammen eine Fläche von rund 10 000 Quadratkilometern ein. Die Kernzone des Schutzgebiets in Bangladesch unmittelbar neben dem indischen Welterbeareal umfasst rund 1400 Quadratkilometer. Die Sundarbans schützen auch das Landesinnere vor den immer häufiger wiederkehrenden Tropenstürmen. Doch der Mangrovenwald ist in seiner Existenz bedroht. Klimaveränderungen, der gestiegene Meeresspiegel, zunehmende Versalzung der Süßwassergebiete, Ölverschmutzungen, Wilderei und illegale Abholzungen gefährden dieses wertvolle Ökosystem.

# Historische Moscheenstadt Bagerhat

Bangladesch | Jahr der Ernennung: 1985

Der architektonische Reichtum der historischen Moscheenstadt ist ein Beweis für die Macht der einst unabhängigen bengalischen Sultane des Mittelalters.

Bengalen wurde um das Jahr 1200 von Muslimen erobert und gehörte ab 1576 zum Mogulreich. Die einst »Khalifatabad« genannte Stadt im Süden des heutigen Bangladesch wurde im 15. Jahrhundert unter der Herrschaft von Sultan Nasiruddin Mahmud Shah (reg. 1442–1459) vom General Ulugh Khan Jahan gegründet. In wenigen Jahren ließ Khan Jahan viele Moscheen, Mausoleen, Paläste und Verwaltungsgebäude errichten, Straßen anlegen und Brücken bauen, die seine Stadt am Rand der weiten Mangrovenwälder der Sundarbans mit den wichtigen Städten des Sultanats Bengalen verbanden. Die bedeutendsten Bauwerke unter den rund 50 erhaltenen, mehrheitlich aus Ziegelstein errichteten Gebäuden sind die monumentale Shait-Gumbad-Moschee, die Bibi-Begni-Moschee, die Chunakhola-Moschee und das Mausoleum des Khan Jahan, die alle aus der Mitte des 15. Jahrhunderts stammen. Khan Jahan wird als Heiliger verehrt, sein Mausoleum ist eine muslimische Pilgerstätte.

**Eine der größten und ältesten Moscheen Bangladeschs ist die Shait-Gumbad-Moschee, die von 77 Kuppeln gekrönt wird.**

# Ruinen des buddhistischen Klosters von Paharpur

Bangladesch | Jahr der Ernennung: 1985

Die Backsteinruine der einst in Südasien sehr einflussreichen Klosterstadt gehört zu den bedeutendsten Kulturdenkmälern des bengalischen Mittelalters. Es ist die größte buddhistische Klosteranlage des indischen Subkontinents. Das dem Mahayana-Buddhismus verpflichtete »Große Kloster« – Somapura Mahavihara – war während der Pala-Dynastie auch außerhalb Bengalens ein bedeutendes religiöses Zentrum. Sein Einfluss reichte bis nach Kambodscha und beschränkte sich nicht allein auf das Spirituelle. Die architektonische Anlage der Mönchsstadt wurde für die Baukunst buddhistischer Klöster in Südostasien stilbildend. Die ausgedehnte Klosteranlage, deren 177 Mönchszellen sich um einen Zentralstupa gruppieren, wurde im 8. Jahrhundert auf einer in mehreren Stufen ansteigenden Terrasse gebaut. Auftraggeber war Dharmapala, der zweite Herrscher der buddhistisch orientierten Pala-Dynastie. Rund 300 Jahre später, als die mit den Palas konkurrierende hinduistische Sena-Dynastie die Macht übernahm, verlor das Kloster an Bedeutung, bis es dann im 12. Jahrhundert in Vergessenheit geriet. Erst im 19. Jahrhundert wurden die Klosteranlage und 60 Steinplastiken wiederentdeckt.

**Die Klosteranlage von Paharpur war ein wichtiges religiöses und geistiges Zentrum für Buddhisten, Hindus und Jainas.**

# Ruinenstadt Sigiriya

Sri Lanka | Jahr der Ernennung: 1982

Am »Löwenfelsen« errichteten die Könige von Anuradhapura ihre Bergfeste und Hauptstadt. Die gegen Ende des 5. Jahrhunderts fertiggestellte Anlage im Zentrum der Insel ist ein monumentales Zeugnis für den Stand von Kunst und Technik im Sri Lanka der Frühzeit. Die Festung auf dem senkrecht aus tropischer Vegetation emporragenden, rund 200 Meter hohen Sigiriya, dem »Löwenfelsen«, dem Sinhagiri, wurde nicht nur zur Verteidigung, sondern auch als königliches Lustschloss erbaut. Das belegen die Temperamalereien am Weg, der den steilen Abhang hinaufführt. Dargestellt sind himmlische Nymphen – elegante, modisch frisierte und üppig mit Schmuck behangene Frauengestalten. Der Weg zum Gipfel begann einst am Löwentor, von dem lediglich die Pranken erhalten sind. Die Zitadelle selbst existiert ebenfalls nur noch in Ruinen. Die Reste der Hallen, Bäder, Brücken, Gärten und Springbrunnen der im 5. Jahrhundert von König Dhatusena geplanten Anlage sind jedoch gut zu erkennen. Residiert hat in Sigiriya sein Sohn Kassapa, der durch Vatermord und durch die Vertreibung seines Halbbruders Moggallana den Königsthron okkupieren konnte.

**Die Festung liegt auf einem rund 200 Meter hohen Vulkan (oben). Unten: Darstellungen von elegant geschmückten Frauen.**

# Heilige Stadt Anuradhapura

Sri Lanka | Jahr der Ernennung: 1982

Die erste Hauptstadt der singhalesischen Königreiche birgt viele Monumente des Buddhismus: imposante Stupas, Buddhafiguren und einen heiligen Baum. Mit diesem Baum steht die Gründung Anuradhapuras in Zusammenhang. Die buddhistische Nonne Sanghamitta brachte 244 v. Chr. einen Zweig jenes Baumes nach Sri Lanka, unter dem einst der meditierende Buddha zur Erleuchtung gelangt sein soll. Heute ist der heilige Baum, mit einem Alter von 2200 Jahren der älteste bekannte Mahabodhi-Baum, geistiger und geografischer Mittelpunkt der Stadt. Auf den Mahabodhi-Zweig geht auch der Isurumuniya-Schrein aus dem 3. Jahrhundert v. Chr. zurück. Seine Gründer waren Laien, die sich aus Ehrfurcht vor den Wundern beim Pflanzen des Zweigs zu Mönchen weihen ließen. Hier findet man eines der schönsten Reliefs der Insel. Die imposante Ruvanveli-Dagoba, deren Halbkugel 103 Meter hoch ist, wurde im 2. Jahrhundert v. Chr. erbaut.

Auch auf das 2. Jahrhundert v. Chr. geht das Abhayagiri-Kloster zurück, auf das 4. Jahrhundert die Jetavana-Dagoba, mit einst knapp 130 Meter Höhe der größte Stupa der Welt. Aus derselben Zeit stammt auch die Statue des Samadhi-Buddha.

**Die Ruvanveli-Dagoba mit ihrer mächtigen Halbkugel ist 103 Meter hoch (oben). Unten: Buddhafigur im Isurumuniya-Schrein.**

# Goldene Tempel von Dambulla

Sri Lanka | Jahr der Ernennung: 1991

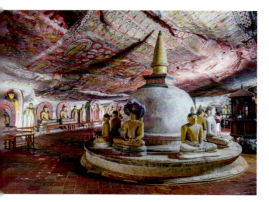

Nicht weniger als 154 Buddhastatuen wurden in den reich geschmückten Höhlentempeln von Dambulla gezählt (beide Abbildungen).

Die fünf Höhlentempel von Dambulla mit ihren Statuen und Wandmalereien gehen auf die Anfänge des sri-lankischen Buddhismus zurück. Es gilt als sicher, dass Vattagamani Abhaya die Höhlen im 1. Jahrhundert v. Chr. in ein Heiligtum umwandeln ließ. Der König war nach einer Tamileninvasion aus Anuradhapura geflohen und hielt sich bei den Mönchen, die in den Höhlen lebten, 14 Jahre lang versteckt. Nach seiner Rückkehr ließ er den Unterschlupf zu einem Tempel ausbauen. Später wurden die Höhlen weiter ausgeschmückt und im 12. Jahrhundert unter König Nissanka Malla mit Gold versehen. Im »Tempel des Gottkönigs« (Devaraja Vihara), der ersten Höhle, fasziniert eine 14 Meter lange Figur des liegenden Buddha. Die eindrucksvollste Höhle ist der »Tempel des Großen Königs« (Maharaja Vihara). Den »Großen Neuen Tempel« (Maha Alut Vihara), die dritte Höhle, hat König Kirti Sri Rajasinha in Auftrag gegeben. Die vierte Höhle geht auf die älteste Periode aus dem 1. Jahrhundert v. Chr. zurück. Sie erinnert an die heroische Königin Somavathi. Der fünfte Höhlentempel schließlich zeigt sich im Zeitgeschmack von 1820, dem Jahr seiner Renovierung.

# Ruinenstadt Polonnaruwa

Sri Lanka | Jahr der Ernennung: 1982

Die mittelalterliche Königsresidenz im nördlichen Teil des zentralen Sri Lanka umfasst bedeutende Bauwerke und Beispiele singhalesischer Bildhauerkunst. Berühmt sind die Monumentalstatuen Buddhas. Polonnaruwa wurde im 8. Jahrhundert erstmals Regierungssitz. Nach der Zerstörung Anuradhapuras 1017 wurde es endgültig zur Hauptstadt erklärt; indische und singhalesische Könige wechselten sich ab. Der bedeutendste war Parakrama Bahu I. (reg. 1153–1186). Seine Epoche gilt als kulturelle und wirtschaftliche Blütezeit, es entstanden Tempel, Schulen, Krankenhäuser, Bewässerungsanlagen und ein prachtvoller Palast. Im 13. Jahrhundert wurde Polonnaruwa aufgegeben. Aus der Blütezeit unter Parakrama Bahu I. stammen der Palastbezirk mit Ratskammer und königlichem Bad, der »Runde Reliquienschrein« mit einem kunstvollen »Mondstein«, einer halbmondförmigen Steinplatte, das »Haus der acht Reliquien«, die 55 Meter hohe Ruvanveli-Dagoba sowie die Thuparama-Dagoba. Vom Höhlentempel Gal Vihara sind vier große Buddhafiguren erhalten, die aus der Granitwand geschlagen wurden. Der 14 Meter lange liegende Buddha ist ein Meisterwerk der Steinmetzkunst.

**Überreste von Garten-, Park- und Palastanlagen machen die Anlage zu einem Hauptanziehungspunkt des Tourismus.**

# Zentrales Hochland von Sri Lanka

Sri Lanka | Jahr der Ernennung: 2010

Auf kleinstem Raum lassen sich hier Pflanzen und Tiere aufspüren, die es sonst nirgendwo auf der Erde gibt. Das zentrale Hochland von Sri Lanka umfasst drei Regionen, die für die Biodiversität des Landes sehr wichtig sind: die Peak Wilderness, den Horton-Plains-Nationalpark und den Knuckles Conservation Forest. In der bis auf 2500 Meter Meereshöhe reichenden Landschaft dominieren Graslander, tropische Regenwälder und Bergwälder. Zahlreiche Pflanzen- und Tierarten kommen nur hier vor. So leben im Horton-Plains-Nationalpark 87 Vogel- und 24 Säugetierarten. Größtes Tier dort ist der Sambar, nach Elch und Wapiti die drittgrößte Hirschart der Erde. »World's End« heißt hier ein berühmter, über 1050 Meter hoher Steilabhang, von dem man bei guter Sicht bis zum Meer blicken kann. Der Knuckles Conservation Forest deckt alle Klimazonen des Landes ab. Obwohl das Waldgebiet nur weniger als ein halbes Prozent der Fläche von Sri Lanka ausmacht, konzentriert sich dort die Biodiversität: 1033 Arten höherer Pflanzen sind hier dokumentiert, von den 247 Wirbeltierarten der Region sind knapp über ein Viertel endemisch.

**Drei Schutzgebiete im zentralen Hochland von Sri Lanka gelten als »Hot Spot« der Artenvielfalt des Landes.**

# Heilige Stadt Kandy

Sri Lanka | Jahr der Ernennung: 1988

**Sorgsam bewacht wird der »Tempel des Zahns« (beide Abbildungen), in dem man die wertvolle Buddha-Reliquie aufbewahrt.**

Die religiöse Metropole wurde von König Vikrama Bahu III. (reg. 1357–1374) gegründet. Die wesentlichen Bauwerke gehen aber auf König Vikrama Rajasinha (reg. 1798–1815) zurück. Er gab auch die hölzerne Audienzhalle im alten Palast und den großen Kandysee im Zentrum der Stadt in Auftrag: Die Entstehung des Gewässers soll daher rühren, dass der König trockenen Fußes von seinem Palast zum südlich gelegenen Malwatte-Tempel gelangen wollte und deshalb einen Damm durch die Reisfelder bauen ließ. Hinter dem Damm bildete sich ein Teich, wovon der König sich so begeistert zeigte, dass er diesen zu einem stattlichen See von etwa vier Kilometer Umfang erweitern ließ. Das wichtigste Pilgerziel der sri-lankischen Buddhisten ist der »Tempel des Zahns« (Dalada Maligawa). Im Obergeschoss des zweistöckigen Baus befindet sich in einem wertvollen Schrein Sri Lankas höchstverehrte Reliquie, ein Zahn Buddhas. Ihr zu Ehren findet alljährlich eine farbenprächtige Prozession statt, an der sich Zigtausende beteiligen. Der »Tempel des Blumengartens« (Malwatte Vihara) ist heute einer von zwei Haupttempeln des in Sri Lanka beheimateten Siyam-Nikaya-Ordens.

# Naturschutzgebiet Sinharaja-Wald

Sri Lanka | Jahr der Ernennung: 1988

Tropischer Bergregenwald bestimmt das Bild des auf 500 bis 1100 Meter Höhe liegenden Naturschutzareals. Es ist reich an Orchideen- und endemischen Arten.

Das Waldgebiet von Sinharaja im Südwesten der Insel ist die letzte Region Sri Lankas mit ursprünglichem Regenwald. Der Name bedeutet übersetzt »Königreich des Löwen«. Die Regierung bestimmte das Areal zwischen Ratnapura und Matara zum Biosphärenreservat, damit es nicht der in Sri Lanka weit verbreiteten Raubrodung zum Opfer fällt.

Die tropischen Regenwälder der Insel wurden schon immer vom Menschen wirtschaftlich genutzt. Sie dienten als Materiallieferant für den Hausbau sowie als Quelle für allerlei Arzneien und exotische Gewürze. Wegen des raschen Bevölkerungswachstums kann das komplexe Ökosystem weitere massive Eingriffe allerdings nicht mehr schadlos verkraften. Deshalb wurden zu dessen Schutz Gesetze erlassen, die zum Beispiel nur noch das Sammeln der Kittulfasern von den Blattscheiden der Brennpalmen zulassen. Trotzdem werden durch illegale Brandrodung und Edelsteinsuche immer wieder schwere Schäden angerichtet.

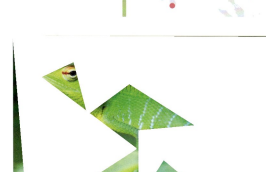

**Schon zu Zeiten der britischen Kolonialverwaltung wurde 1875 im Waldgebiet von Sinharaja ein erstes Schutzgebiet eingerichtet.**

# Altstadt und Festung von Galle

Sri Lanka | Jahr der Ernennung: 1988

Die Geschichte der Hafenstadt ist vor allem eine der Kolonialisierung, bei der Portugiesen, Holländer und Briten auch ihre architektonischen Spuren hinterließen. Ein Ort des Handels war Galle bereits in biblischer Zeit. Damals hieß es »Tarschisch«, und König Salomo bezog seine Edelsteine von hier. Auch der Kalif Harun al-Raschid nutzte den Hafen zum Warenaustausch mit dem Chinesischen Kaiserreich. Ins Blickfeld der Europäer rückte der Ort erst im Jahr 1505, als ihn die Portugiesen eroberten. Sie wurden 1640 von den Holländern abgelöst, die 1796 wiederum den Briten Platz machen mussten. Die von den trutzigen Mauern aus dem Jahre 1663 geschützte Altstadt, das ehemalige Fort, ist die Hauptattraktion. In den Gassen und den Häusern der Burgher, wie sich die heutigen Nachfahren der Holländer bezeichnen, scheint das 21. Jahrhundert noch in weiter Ferne zu liegen. Aus portugiesischer Zeit ist so gut wie nichts erhalten, da die Niederländer fast alles überbaut haben. An deren Blütezeit erinnern mächtige Bastionen, Tore, barocke Kirchen und das Government House. Der Tsunami 2004 traf die Hafenstadt schwer. Annähernd 4000 Einwohner verloren durch die Flutwelle ihr Leben.

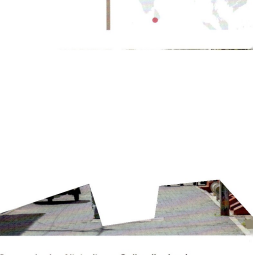

**Gassen in der Altstadt von Galle, die durch den Tsunami an Weihnachten 2004 schwer getroffen wurde.**

# Uvs-Nuur-Becken

Mongolei | Jahr der Ernennung: 2003

Namengeber für das Becken ist der abflusslose Salzsee Uvs Nuur im Norden der Mongolei. Es stellt eine grenzüberschreitende Erbestätte dar, die sich die Mongolei mit Russland teilt. Das Uvs-Nuur-Gebiet erstreckt sich bis in die autonome Republik Tuwa in Russland, von Westen nach Osten über 600 Kilometer, von Norden nach Süden über 160 Kilometer. Es ist deshalb außergewöhnlich, da hier auf engem Raum alle Ökosystemtypen Zentralasiens anzutreffen sind: Feuchtgebiete, Wüsten, diverse Steppenformationen und Waldtypen, Flüsse, Süßwasserseen, alpine Lebensräume und ewige Schneefelder. Auch bizarr verwitterte Berge, Klippen und Felsen aus Granit gehören zum Nationalpark. Wegen seiner ökologischen Konstanz wird das Uvs-Nuur-Gebiet auch für Messungen zur weltweiten Klimaerwärmung genutzt. In den verschiedenen Ökosystemen gibt es viele endemische Pflanzen und wirbellose Tiere. Der Salzsee Uvs Nuur und der Süßwassersee Tere Khol sind Lebensräume für Seevögel und Seehunde. Im Frühjahr und Herbst dienen sie Zugvögeln als Durchgangsstation. Seit dem Jahr 1997 ist das Uvs-Nuur-Becken ein UNESCO-Biosphärenreservat.

**Im Uvs-Nuur-Becken ziehen Nomaden mit ihren Tieren von Ort zu Ort und leben dabei in traditionellen Jurten.**

# Felsmalereien im Altai-Gebirge

Mongolei | Jahr der Ernennung: 2011

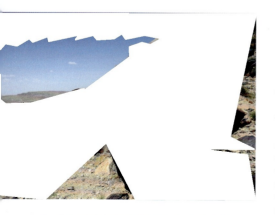

Mehr als 12 000 Jahre Kultur- und Menschheitsgeschichte illustrieren die Felsmalereien im mongolischen Teil des zentralasiatischen Gebirgssystems.

Der Altai ist ein über 2100 Kilometer langes, sich von dem Quellgebiet der Flüsse Irtysch und Ob in Südsibirien bis in die Trockenregionen Sinkiangs und zum ostmongolischen Hochplateau erstreckendes, an seiner höchsten Erhebung (dem doppelgipfligen Belucha) 4506 Meter hohes, stark vergletschertes Hochgebirge im Grenzgebiet von Kasachstan, Russland (Sibirien), der Mongolei und China. Er gliedert sich in drei Teile: den (bereits 1998 zum Weltnaturerbe erklärten) Russischen Altai, den am vergletscherten Gebirgsstock des 4374 Meter hohen Tawan Bogd Uul rund 1000 Kilometer weit nach Westen abzweigenden Mongolischen Altai sowie den Gobi-Altai. Die ältesten, vorwiegend Jagdmotive zeigenden Darstellungen der im Jahr 2011 zum Weltkulturerbe erklärten Komplexe mit Petroglyphen (und Grabmonumenten) im Mongolischen Altai stammen aus einer Zeit (zwischen den Jahren 11 000 und 6000 v. Chr.), als das Gebiet noch bewaldet war.

**An den Felsbildern lässt sich die Entwicklung der Zivilisation ablesen: von Sammlern und Jägern zu berittenen Nomaden.**

# Kulturlandschaft Orchon-Tal

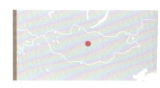

Mongolei | Jahr der Ernennung: 2004

Das Tal des Orchon liegt im Changai-Gebirge, wo sich die Wiege der mongolischen Nation befindet. Kharkhorin (Karakorum) war im 13. und 14. Jahrhundert die Hauptstadt der mongolischen Khane in der Nachfolge von Dschingis Khan (1155–1227). Von hier aus wurde ein gesamtes Weltreich regiert. Das Orchon-Tal war jedoch schon viel früher besiedelt. Offensichtlich hatte sich hier bereits seit dem 6. Jahrhundert ein politisches Zentrum für weite Teile Zentralasiens etabliert.

Das als Welterbestätte ausgewiesene Areal umfasst ausgedehnte Weidegebiete an beiden Ufern des Orchon. Dazu kommen archäologische Stätten in der weiteren Umgebung von Kharkhorin, an denen Archäologen Schmuckstücke aus Gold und viele Siegel fanden.

Im Orchon-Tal hat auch der tibetisch geprägte Buddhismus (Lamaismus) der Mongolen seine Wurzeln. Hier findet man das Kloster Erdene Zuu, mit dessen Bau im Jahr 1586 unter Abtai Sain Khan begonnen wurde. Zur Blütezeit lebten 10 000 Mönche in dem Kloster, das 1937 vollständig zerstört wurde. Im Jahr 1990 hat man es wieder in Betrieb genommen.

**Das Orchon-Tal im Changai-Gebirge umfasst große Weidegebiete, in denen die Mongolen noch heute nomadisch leben.**

# Heiliger Berg Burkhan Khaldun

Mongolei | Jahr der Ernennung: 2015

Der Burkhan Khaldun hat eine immense symbolische Bedeutung für die Mongolei und ihre Geschichte. Dschingis Khan soll in der Nähe geboren und hier begraben worden sein. Der berühmt-berüchtigte Herrscher vereinte die Stämme der mongolischen Steppe und schuf ein Weltreich, das vom Pazifik bis nach Osteuropa reichte. Schon lange vor Dschingis Khan wurden der Berg wie die ihn umgebende Landschaft als heilige Orte und als Wohnsitz Fruchtbarkeit spendender Geister verehrt. In der Tat entspringen am Burkhan Khaldun mehrere Flüsse, die die Region mit Wasser versorgen. Dschingis Khan selbst soll dem Berg magische Kräfte zugeschrieben und ihn zu seinem Grab erkoren haben. Obwohl rund um den Berg zahlreiche Grabstellen zu finden sind, blieb es bis heute unentdeckt. Sein Enkel Kublai Khan richtete am Burkhan Khaldun einen Kultplatz ein, der bis ins 15. Jahrhundert das Zentrum der Dschingis-Khan-Verehrung bildete. Auch als im 16. Jahrhundert der Buddhismus über Tibet in die Mongolei vordrang, blieb der Burkhan Khaldun ein heiliger Ort. Bis heute wird er für buddhistische Rituale genutzt. Der Berg gehört zum Khan Khentii-Naturschutzgebiet.

**Der 2445 Meter hohe Burkhan Khaldun liegt im Norden der Mongolei und gehört zum Chentii-Gebirge an der Grenze zu Russland.**

## Tian-Shan-Gebirge in Xinjiang

China | Jahr der Ernennung: 2013

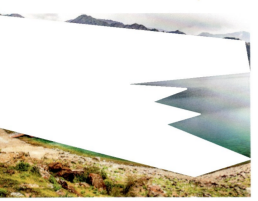

Das Tian-Shan-Gebirge erstreckt sich über fast 2500 Kilometer von Tadschikistan bis weit nach China hinein. Zum Weltnaturerbe zählen vier Bereiche in der Provinz Xinjiang (»Sinkiang«) mit insgesamt rund 6000 Qudratkilometer Fläche.

Das Weltnaturerbe beginnt im Westen mit dem Tomur Peak (7443 Meter). Dann folgen die Bereiche Kalajun-Kuerdening und Bayinbuluke. Den Abschluss im Osten bildet die Bogdakette mit dem gleichnamigen Peak in 5445 Meter Höhe. Auch ein Teil der Taklamakan-Wüste im Tarimbecken gehört dazu. Die von großer landschaftlicher Schönheit geprägte Region kennzeichnen hohe Berge und Gletscher, üppige Wiesen und Wälder, klare Flüsse und Seen, weite Täler und enge Canyons.

In scharfem Gegensatz dazu steht die wüstenhafte Umgebung im Süden wie im Norden des Gebirges. So entsteht ein Kontrast zwischen heißen und kalten, trockenen und feuchten, üppigen und eintönigen Lebensräumen. Die Landformen und Ökosysteme existieren hier unverändert seit dem Pliozän – Fauna und Flora hatten genügend Zeit, sich der ökologischen Vielfalt anzupassen.

Der Tian Chi (»himmlischer See«) liegt etwa auf mittlerer Höhe der Bogdakette (oben), eines Teils des Tian Shan.

## Routen der Seidenstraße im Tian-Shan-Gebirge

China, Kasachstan, Kirgisistan | Jahr der Ernennung: 2014

Mit der Aufnahme dieses Teilstücks der Seidenstraße in ihre Welterbeliste hob die UNESCO die überragende Bedeutung der legendären Handelsroute für den wirtschaftlichen und interkulturellen Austausch hervor.

Die Seidenstraße, die vom 2. Jahrhundert v. Chr. bis ins 16. Jahrhundert Europa mit China verband, war mehr als eine singuläre Handelsroute. Sie umfasste ein weit verzweigtes Netz von Karawanenwegen, das über den Vorderen Orient sowie Zentralasien gespannt war und im Süden bis nach Indien reichte. Der nun ausgezeichnete Abschnitt zieht sich von der chinesischen Metropole Luoyang, einer der vier alten Hauptstädte im Reich der Mitte, über 5000 Kilometer bis in das Siebenstromland im südlichen Kasachstan und nach Kirgisistan hin. Er gehörte zu einer Hauptroute der Seidenstraße, die nördlich der Wüste Taklamakan das Tian-Shan-Massiv entlang in den vorderen Orient führte. An dem Abschnitt liegen 33 bedeutende archäologische Stätten, die nun ebenfalls zu diesem Welterbe gehören. Die Aufnahme des Chang'an-Tian-Shan-Korridors in die UNESCO-Liste wurde von China, Kirgisistan und Kasachstan gemeinsam betrieben.

»Flammende Berge« nennt man dieses Teilstück im Tian Shan, in dessen Nähe die Tausend-Buddha-Höhlen von Bezeklik liegen.

# Höhlen von Mogao

China | Jahr der Ernennung: 1987

An der Seidenstraße stellen in der Nähe von Dunhuang 492 mit Wandmalereien und Plastiken ausgeschmückte Grotten den größten buddhistischen Bilderreigen der Welt dar. Kaufleute und Generäle, wohlhabende Witwen sowie einfache Mönche verliehen über ein Jahrtausend lang ihren Bitten oder ihrem Dank an die überirdischen Mächte Nachdruck: Sie gruben in einer nahen Felswand Grotten ins Gestein und ließen diese mit Bildszenen aus dem Leben des Buddha Gautama, mit Paradiesdarstellungen, Szenen aus dem Diesseits und reicher Ornamentik ausschmücken. Im Jahr 1900 entdeckte ein taoistischer Mönch in der Höhle Nummer 17 eine zugemauerte Bibliothek mit mehr als 50 000 Schriften aus dem 4. bis zum 10. Jahrhundert.

Die Grotten, einst mehr als 1000, erstrecken sich in mehreren Reihen übereinander über 1600 Meter Länge hinweg. Rund 45 000 Quadratmeter an Wandbildern und kolorierte Lehmfiguren von zehn Zentimeter bis 33 Meter Größe sind erhalten geblieben. Die Bildnisse zeigen indische, chinesische sowie hellenistische Einflüsse. Sie bezeugen die Bedeutung der Seidenstraße für den kulturellen Austausch über ganz Asien hinweg.

**Eine Buddha-Statue aus Höhle Nummer 130. In den Höhlen befinden sich rund 2400 kolorierte Statuen.**

# Fundstätte von Xanadu

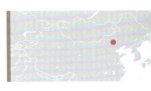

China | Jahr der Ernennung: 2012

Xanadu, die legendäre Sommerresidenz des Mongolenherrschers Kublai Khan, wurde im Jahr 1256 von dem chinesischen Baumeister Liu Bingzhong konzipiert. Keinem Geringeren als Marco Polo verdanken Archäologen die frühesten Beschreibungen dieser Stadt. Es wird vermutet, dass er als einer der ersten europäischen Reisenden Xanadu um das Jahr 1275 besuchte. Von goldenen Palästen, herrlichen Gärten und dem darin mit seinen Falken lustwandelnden Mongolenherrscher ist in seinen Beschreibungen die Rede. Die rund 270 Kilometer nördlich von Beijing in der inneren Mongolei gelegene Residenz wurde nach den Regeln der Feng-Shui-Lehre geplant: Um eine quadratisch angelegte »Innere Stadt«, in deren Zentrum sich der Herrscherpalast befand, schloss sich eine ebenfalls quadratische »Äußere Stadt«. Harmonisch fügte sich die rund 250 Quadratkilometer große Anlage in die bergige Region ein. Weitreichende politische und religiöse Entscheidungen, etwa die Etablierung der Yuan-Dynastie durch Kublai Khan, die Integration nomadischer Bevölkerungsgruppen und die Verbreitung des tibetanischen Buddhismus, wurden von diesem bedeutenden Zentrum aus gefällt.

**Ruinen und grasbewachsene Hügel, unter denen sich die Stadtmauern abzeichnen, sind die einzigen Überreste von Xanadu.**

# Hauptstädte und Gräber des antiken Königreichs Koguryo

China | Jahr der Ernennung: 2004

Die Welterbestätte umfasst drei erst zum Teil ausgegrabene Städte und 40 Gräber aus der Zeit des Koguryo-Königreichs, das in den ersten nachchristlichen Jahrhunderten über das heutige Korea und Teile Nordchinas herrschte.

Koguryo heißt eines der drei Königreiche der koreanischen Frühzeit. Es entstand durch den Zusammenschluss von fünf Stämmen im Grenzgebiet zwischen Korea und der Mandschurei. Nach seiner Gründung im 2. Jahrhundert v. Chr. dehnte es sich im 4. Jahrhundert n. Chr. nach Norden aus, wobei es zu Konflikten mit den Chinesen kam. 427 verlegte man die Hauptstadt nach Pjöngjang. Seinen Höhepunkt erreichte das Reich im 5. Jahrhundert, im 7. Jahrhundert wurde es zerstört.

Die archäologischen Stätten in China umfassen drei Städte – Wunu Mountain City, Wandu Mountain City und Guonei City auf dem Gebiet der heutigen Stadt Ji'an – sowie 40 Gräber, 14 davon solche der Königsfamilie. Bemerkenswert sind vor allem die feinen Wandmalereien in den weitläufig angelegten unterirdischen Grabkammern. Von den insgesamt 10 000 Goguryeo-Gräbern weisen nur 90 Wandgemälde auf.

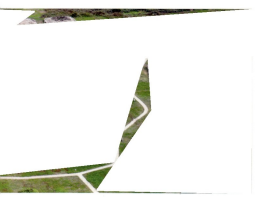

Beeindruckende Zeugnisse der Koguryo-Ära sind die durch Stein- oder Erdhügel markierten Grabanlagen.

# Kaiserliche Grabstätten der Ming- und der Qing-Dynastie

China | Jahr der Ernennung: 2000

Die Gräber für die kaiserlichen Verstorbenen wurden sorgfältig nach geomantischen Gesichtspunkten (Feng-Shui-Lehre) ausgewählt.

Die Kaisergräber der Ming- (1368–1644) und der Qing-Dynastie (1644–1912) verkörpern die mehr als ein halbes Jahrtausend herrschende Weltanschauung und das Machtkonzept des feudalen China. In einem Tal der Tianshou-Berge bei Beijing liegt der konzentrierteste Ming-Grabbaukomplex Chinas. Das Xiaoling-Mausoleum, das größte einzelne Ming-Grab, wurde – noch zu dessen Lebzeiten – für Kaiser Hongwu (1328-1398), den Begründer der Ming-Dynastie gebaut und von seinem Sohn und Nachfolger Yongle (1360-1424) fertiggestellt.

Die imposanten Grabanlagen der Qing-Dynastie befinden sich an zwei Orten jeweils gut 100 Kilometer außerhalb von Beijing. Die bei Zunhua 1663 eingeweihte östliche Anlage umfasst fünf Kaiser- und viele Nebengräber. Die westlichen Gräber wurden zwischen 1723 und 1735 in der Nähe von südwestlich von Beijing bei Baoding angelegt.

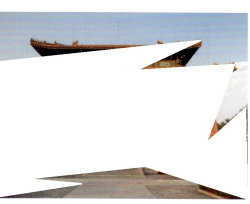

Die Anlage der Ming-Gräber betritt man durch das Ehren- oder Grabtor. Der gerade Weg dahinter führt direkt bis zur Grabkammer.

# Sommerresidenz und Tempel bei Chengde

China | Jahr der Ernennung: 1994

Die Sommerresidenz der Quing-Kaiser vereint südchinesische Gartenkunst mit der Steppen- und Waldlandschaft von Nordchina. In Chengde – auf dem Weg zu den kaiserlichen Jagdrevieren – fanden die Quing-Kaiser den idealen Ort, um der Sommerhitze Beijings zu entfliehen. Reichlich vorhandenes Wasser erlaubte die Anlage einer Gartenlandschaft im südchinesischen Stil mit Dämmen, Seen, Brücken und Pavillons. Die eigentlichen Palastgebäude wurden sehr viel schlichter und intimer gestaltet als in Beijing. Die Kaiser hielten hier im Sommer Hof und empfingen Gesandte aus allen Teilen des Reichs. 1793 empfing Kaiser Qianlong in Chengde sogar eine britische Delegation. Ihre Forderung, chinesische Häfen für den Freihandel zu öffnen, wies er aber zurück.

Außerhalb des rund fünf Quadratkilometer großen ummauerten Areals entstanden prachtvolle buddhistische Klöster und Tempel. In der Zentralhalle des »Tempels des universalen Friedens« findet man eine 22 Meter hohe Statue mit 42 Armen, die Guanyin darstellt, die Göttin des Mitgefühls und der Barmherzigkeit.

Der eindrucksvollste Tempel auf dem Areal des kaiserlichen Sommerpalasts ist der Putuo-Zongcheng-Tempel.

# Fundstätte des Peking-Menschen in Zhoukoudian

China | Jahr der Ernennung: 1987

Der Fund von Knochen eines Urmenschen in bis zu 50 Meter dicken Ablagerungen einer Höhle gibt Aufschluss über die Abstammungsgeschichte des Menschen.

In Zhoukoudian, einem Stadtbezirk von Beijing, befindet sich eine Schatzkammer der menschlichen Evolution. An diesem Ort wurden in einer Höhle zwischen 1929 und 1937 die Überreste von Hominiden, wie Schädel und Unterkiefer entdeckt. Die ältesten sind nach neuesten Messungen rund 700 000 Jahre alt. Einer der Schädel, der Sinanthropus pekinensis, der sogenannte Peking-Mensch der Gattung Homo erectus, war etwa 150 Zentimeter groß, sein Gehirn ein Drittel kleiner als das des Homo sapiens. Es ist neuerdings umstritten, inwieweit die Bewohner der Höhle bereits über Feuer verfügten und in größerem Umfang zu jagen imstande waren. Das Werkzeug bestand lediglich aus einfachen Faustkeilen.

In der Nähe wurden später 11 000 bis 18 000 Jahre alte Knochen des Jetztmenschen, des Homo sapiens, entdeckt. So machen die Funde in Zhoukoudian den Evolutionsprozess wie an kaum einem anderen Ort der Erde begreifbar.

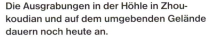

Die Ausgrabungen in der Höhle in Zhoukoudian und auf dem umgebenden Gelände dauern noch heute an.

# Große Mauer

China | Jahr der Ernennung: 1987

Die Große Mauer ist mit mehr als 6000 Kilometern Länge das größte Bauwerk der vormodernen Geschichte (beide Abbildungen).

Seine Bauzeit der Großen Mauer erstreckte sich über fast 2000 Jahre. Trotzdem konnte sie das Kaiserreich nie wirklich vor Überfällen schützen. Für das Jahr 214 v. Chr. ist erstmals der Bau einer »langen Mauer« an Chinas Nordgrenze bezeugt. Kurz zuvor hatte der erste Kaiser Qin Shihuangdi das Land geeint. Mit dem Grenzwall sollten nun die »Nordbarbaren« langfristig ferngehalten werden. Das Problem, die Ackerbaukultur in China vor den Steppenvölkern zu schützen, stellte sich in den folgenden 1900 Jahren immer wieder. In der Zwischenzeit verfiel das Bollwerk, wurde neu erbaut und verfiel wieder. Im 15. und 16. Jahrhundert ließen die Ming-Kaiser die Mauer nicht nur neu errichten, sondern auch größer und massiver als je zuvor ausbauen. So entstand das heutige, über 8000 Kilometer lange Bauwerk. Der 2000 Kilometer lange Abschnitt vom Golf von Bohai bis zum Gelben Fluss ist durchschnittlich sieben bis acht Meter hoch und sechs Meter breit. Die Wachtürme dienten der Unterbringung von Soldaten und ermöglichten durch Signalfeuer die rasche Übermittlung von Nachrichten. Der am besten erhaltene bzw. restaurierte Abschnitt der Mauer befindet sich bei Badaling.

# Himmelstempel mit kaiserlichem Opferaltar in Beijing

China | Jahr der Ernennung: 1998

Der Himmelsaltar ist die bedeutendste Kultstätte des alten China. Hier opferte der Kaiser alljährlich dem Himmel. Kern der Anlage, deren Gelände größer ist als der Kaiserpalast, bildet im Süden die Altarterrasse aus weißem Marmor. In der längsten Nacht des Jahres, zur Wintersonnenwende, brachte der Kaiser hier Seide und Opfertiere dar. Auf der Terrasse wurden die »Seelentafeln« des Himmels und der himmlischen Erscheinungen (Sonne, Mond, Planeten, Blitz und Donner) sowie der kaiserlichen Ahnen aufgestellt. Noch heute werden diese Tafeln in der Halle des Himmelsgewölbes und ihren Nebenhallen verwahrt. Prunkstück der Anlage ist jedoch die runde Halle des Erntegebets, erkennbar an dem dreifach gestuften blauen Dach. Dieses wohl harmonischste Bauwerk in China verkörpert den Kreislauf der Zeit: Die vier Hauptpfeiler stehen für die Jahreszeiten, die zwölf inneren Säulen für die Monate, die zwölf äußeren für die Doppelstunden eines Tages. Gingen die Zeiten ihren geregelten Gang, kamen Regen und Sonne zur rechten Zeit, sodass sich die Menschen einer ertragreichen Ernte erfreuen konnten. In der Tempelhalle betete der Kaiser dafür.

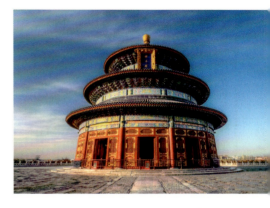

**Auf einem dreifach terrassierten runden Platz steht die Halle des Erntegebets (oben) mit ihrem prunkvollen Innenraum (unten).**

# Kaiserpaläste in Beijing und Shenyang

China | Jahr der Ernennung: 1987

Das Welterbe umfasst den Kaiserpalast aus der Ming-Dynastie in Beijing und den Palast der aus der Mandschurei stammenden Qing-Dynastie in Shenyang. Die Anlage in Beijing ist auch, da Normalsterblichen der Zutritt dazu verwehrt war, unter dem Namen »Verbotene Stadt« bekannt. Als »Himmelssöhne« waren die Kaiser von China der Harmonie der Welt verpflichtet. Entsprechend gestaltete der dritte Ming-Kaiser seinen neuen Palast: Der 960 × 760 Meter messende rechteckige Komplex orientiert sich an allen vier Himmelsrichtungen. Die Dreizahl der Haupthallen und die dreistufige Terrasse, auf der sie errichtet wurden, verkörpern das männliche Yang des Kaisers. Die Wolkendrachen, die Balken, Thronsitze und Gewänder des Kaisers zieren, stehen für seine Segen bringende Gewalt. Die gelbe Glasur der Dächer war allein den kaiserlichen Bauten vorbehalten. Der Kaiserpalast in Shenyang mit seinen 144 Gebäuden wurde in den Jahren 1625 bis 1783 erbaut. Er bezeugt die Kulturtraditionen der Mandschu. In der einst »Mukden« genannten Hauptstadt der Mandschurei (1625–1644) hatte die Qing-Dynastie ihre Wurzeln, bevor sie nach Beijing zog.

**Auf einer Fläche von rund 60 000 Quadratmetern erstreckt sich die Anlage des Kaiserpalastes von Shenyang. Mausoleum in Shenyang (oben) und Bronzelöwe (rechts).**

# Kaiserlicher Garten (Sommerpalast) bei Beijing

China | Jahr der Ernennung: 1998

Der Sommerpalast gilt als Höhepunkt der chinesischen Gartenkunst (oben). Unten: Der Pavillon des Buddhistischen Wohlgeruchs.

Das letzte der großen Palastbauprojekte des kaiserlichen China ist ein grandioses Zusammenspiel von Baukunst und Landschaftsgestaltung. Im Jahr 1750 wurde er errichtet, im Opiumkrieg 1860 zerstört und ab 1885 wieder aufgebaut: Der Sommerpalast, mehr ein ländlicher Park als ein Herrschaftsbau, verdankt sein heutiges Aussehen der Kaiserwitwe Cixi, die ihn sich Ende des 19. Jahrhunderts als Alterssitz herrichten ließ. Sie verwendete dafür u.a. Mittel, die für den Aufbau einer Kriegsflotte vorgesehen waren. Während ihre reformfeindliche Politik den Untergang des Kaiserreichs herbeiführte, wahrte ihr lieblicher Sommerpalast die Illusion des mandschurischen China als eines Weltreichs und kulturellen Universums. Ein südchinesischer Literatengarten mit kleinen Pavillons und Lotosteich ist hier ebenso vertreten wie ein tibetisches Kloster. Der 728 Meter lange Wandelgang am Nordufer des großen Kunming-Sees ist mit chinesischen Landschaften sowie berühmten Theater- und Romanszenen ausgemalt. Und immer wieder begegnen einem die Symbole langen Lebens: Kiefern, Bambus, Unsterblichkeitspilze und andere Sinnbilder, teils in natura, teils in der Ornamentik überreich dargestellt.

# Yungang-Grotten

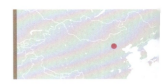

China | Jahr der Ernennung: 2001

Die 252 künstlich in den Fels gehauenen Yungang-Grotten sind die größten künstlich geschaffenen Höhlen der Welt. Im 5. und 6. Jahrhundert n. Chr. entstanden, gehören sie zu den frühesten Zeugnissen buddhistischer Höhlen-Kunst im Reich der Mitte. Noch der dritte Herrscher der nördlichen Wei, Kaiser Tai Wu Di (reg.424--452), ließ die Anhänger des Buddha verfolgen, sein Enkel und Nachfolger Weng Cheng (reg. 452–465) hingegen bekannte sich zu der über die Seidenstraße aus Indien nach China gelangten buddhistischen Lehre. So ließ er ab 460 die Yungang-Grotten in die Wuzhou-Berge hauen. Die ersten fünf Höhlen wurden unter dem Mönch Tan Yao ausgeführt und 465 vollendet. Die Nachfolger Weng Chengs unterstützten zwar zunächst den Bau weiterer Heiligtümer, mit der Verlegung der Hauptstadt nach Luoyang im Jahr 494, verloren sie aber das Interesse und private Förderer traten an ihre Stelle. Die Buddhaskulpturen in den Grotten von Yungang sind zwei Zentimeter bis 17 Meter hoch. Das Ohr des größten sitzenden Buddha misst 3,10 Meter, die Füße 4,60 Meter. In einer Grotte sind 12 000 kleinere Buddhaskulpturen erhalten, an denen 83 Künstler gearbeitet haben.

Einige der in Stein gehauenen Buddhafiguren in den Yungang-Grotten tragen die Gesichtszüge der Wei-Kaiser.

# Wutai-Gebirge

China | Jahr der Ernennung: 2009

Der Wutai (Wutai Shan) – ein Gebirgszug im Nordosten der Provinz Shanxi – zählt neben dem Emei Shan, dem Putuo Shan und dem Jiuhua Shan zu den vier heiligen Bergen der Buddhisten. Bereits vor 2000 Jahren siedelten die ersten buddhistischen Mönche am Wutai Shan. Schon bald wurde der Gebirgszug ein wichtiges Pilgerziel. Im 6. Jahrhundert soll es hier rund 200 Klöster gegeben haben, heutzutage werden immerhin noch mehr als 40 bewirtschaftet und sind öffentlich zugänglich. Heute können Besucher dieses Gebirges die Vielfalt der chinesisch-buddhistischen Tempel-Architektur bewundern: Der Foguang-Tempel, dessen Haupthalle aus dem jahr 857 stammt, zählt zu den ältesten und höchsten Holzbauten Chinas. Das in der Zeit der Yuan-Dynastie (1279–1368) errichtete Nanchan-Kloster ist berühmt für seine aufwendig gestaltete große Buddha-Halle, und der Tayuan-Tempel besticht durch einen fast 60 Meter hohen weißen Stupa. Der Wutai Shan gilt als Wohnsitz Manjushri, dem Bodhisvattwa des Wissens und der Weisheit. Die Bodhisvattwas werden im Mahayana-Buddhismus als Lehrer verehrt, die die lebenden Wesen auf ihrem Weg zur Erleuchtung unterstützen.

Holzgeschnitzte Figuren von Dämonen aus einem der zahlreichen Tempel im Wutai-Gebirgszug.

## Altstadt von Pingyao

China | Jahr der Ernennung: 1997

Das vermutlich im frühen 8. Jahrhundert v. Chr. gegründete Pingyao wurde ab dem 14. Jahrhundert ausgebaut und ist ein Paradebeispiel für die chinesische Stadtplanung der Ming- und der Qing-Zeit. Das historische Zentrum von Pingyao wurde im Jahr 1370, unter der Herrschaft des Ming-Kaisers Hongwu, mit einer imposanten, zwölf Meter hohen und durchschnittlich fünf Meter breiten Stadtmauer bewehrt. Sie verfügt über 76 Wachtürme und hat einer Gesamtlänge von mehr als sechs Kilometern. In ihrem Schutz befindet sich ein wohldurchdachtes Ensemble von Straßenzügen mit zahlreichen gut konservierten Kaufmanns- und Bankhäusern, die einen Einblick in den Wohn- und Geschäftsalltag des alten China gewähren. Pingyao verdankte seinen Reichtum dem Wirken der Kaufleute und dem Bankwesen. Als sich Ende des 19. Jahrhunderts die Handelswege änderten, verlor es als Handelszentrum an Bedeutung. Auch seinen Rang als Finanzzentrum büßte Pingyao mit dem Aufstieg der chinesischen Küstenstädte gegen Ende des 19. und Anfang des 20. Jahrhunderts ein, vor allem zugunsten von Hongkong und Schanghai. Immerhin blieb so die Altstadt von Pingyao vor Zerstörungen durch Modernisierung verschont.

**Schwarze Ziegelhäuser prägen den Altstadtkern von Pingyao, das einst ein wichtiges Finanzzentrum Chinas war.**

## Yin Xu

China | Jahr der Ernennung: 2006

Yin war im zweiten Jahrtausend v. Chr. die Hauptstadt der späten Shang-Dynastie. Hier fand man Jadewerkstätten, Bronzegießereien, Paläste, Gräber und ungezählte beschriftete Knochen. Die Bronzezeit begann in China mit der Shang-Dynastie (16.–11. Jahrhundert v. Chr.). Deren Ursprung geht auf einen Volksstamm am Unterlauf des Gelben Flusses (Huang He) zurück. Die Hauptstadt des Reichs wurde in den ersten Jahrhunderten mehrmals verlegt. Dann bestimmte Kaiser Pan Geng Yin als seine Hauptstadt, womit die Dynastie einen weiteren Aufschwung nahm. Doch mit dem Untergang der Shang-Dynastie verfiel auch die Hauptstadt Yin innerhalb kürzester Zeit und wurde zu Yin Xu, zur Ruinenstadt Yin. Das Areal von Yin Xu misst insgesamt rund 30 Quadratkilometer nördlich und südlich des Gelben Flusses. Am Südufer befinden sich Pälasten und Ahnentempeln. Der bedeutendste Fund ist hier das – als einziges aus der Shang-Ära vollständig erhalten gebliebene – Grab von Fu Hao. Das zweite Areal umfasst Prinzengräber sowie die Gräber von vielleicht 2000 Dienern oder Sklaven, die wahrscheinlich für die Ahnen der Dynastie geopfert wurden.

**Im Jahr 1976 entdeckten Archäologen das mit reichen Grabbeigaben bestückte Grab Fu Haos, der Ehefrau des Shang-Königs Wu Ding.**

# Bergregion Taishan

China | Jahr der Ernennung: 1987

Der 1545 Meter hohe Berg in der Provinz Shandong im Osten Chinas wurde in der chinesischen Mythologie mit den Kräften des Himmels in Verbindung gebracht. Das Taishan-Massiv ist in einem Umkreis von 1000 Kilometern der am höchsten aufragende Berg. Mit steilen Felswänden und Gebirgsbächen bietet es eine imposante Erscheinung. Lange vor Beginn geschichtlicher Aufzeichnungen war der Tai Shan ein Zentrum der Naturverehrung und Schauplatz religiöser oder Kulte. Viele chinesische Herrscher pilgerten zu dem Berg und brachten dem Himmel und der Erde Opfer dar, unter ihnen so berühmte Kaiser wie der Reichseiniger Qin Shihuang (259–210 v. Chr.), Tang Huanzong (685–762) oder Qing Qianlong (1711–1799). Für Dichter und Denker war der Berg eine Quelle der Inspiration. Von keinem geringeren als dem berühmten Konfuzius (551–479 v. Chr.) soll der in China sprichwörtlich gewordene Satz stammen: »Wenn man auf dem Tai Shan steht, weiß man, wie klein die Welt ist.« Eine neun Kilometer lange, von Tempeln gesäumte Treppe führt auf den Gipfel mit dem Tempel des Jadekaisers, einer daoistischen Gottheit.

**Bereits ab dem 2. Jahrhundert v. Chr. brachte man in der Bergregion Taishan kaiserliche Himmelsopfer dar.**

# Tempel und Grab des Konfuzius in Qufu

China | Jahr der Ernennung: 1994

Zum Welterbe zählt neben dem Friedhof mit dem Grab des Gelehrten auch die Residenz der Familie Kong, der Konfuzius (551–479 v. Chr.) entstammte. Seit Kaiser Gaozu (256–195 v. Chr.) 195 v. Chr. nach Qufu reiste, um im Gedenken an Konfuzius ein Opfer zu bringen, hatte sich dort ein Staatskult um Chinas großen Lehrer entwickelt, der bis zum Ende des Kaiserreichs (1912) fortgeschrieben und überall im Land praktiziert wurde. In Qufu waren die Nachkommen des Konfuzius mit der Durchführung der stark reglementierten und bis in die Qing-Zeit immer wieder veränderten Zeremonie betraut. Dafür wurden sie mit einem kaiserliches Lehen bedacht. Ihre Residenz blieb bis heute Seite an Seite mit dem Tempel erhalten. Das Heiligtum ist mit 685 Meter Länge und 150 Meter Breite bedeutend größer als alle anderen Konfuzius-Tempel Ostasiens. Das Dach der Haupthalle ist in gelb, der Farbe des Kaisers, glasiert. Konfuzius selbst, seine Verwandten und Nachkommen wurden auf einem Friedhof in der Nähe bestattet, dem sogenannten Wald der Familie Kong. Er ist der größte und älteste Friedhof in Chinas, der noch bis heute genutzt wird.

**Die Residenz der Familie Kong besteht aus zahlreichen Gebäuden, die mit Altar und kostbarem Mobiliar ausgestattet sind.**

# Grabmal des ersten Kaisers von China

China | Jahr der Ernennung: 1987

Die Terrakotta-Armee verteilt sich auf drei Gruben. Bis heute ist erst ein Viertel der Grabstätte freigelegt (beide Abbildungen).

Vor mehr als 2000 Jahren wurde hier Kaiser Qin Shihuangdi begraben, umgeben von Tausenden von individuell gestalteten Terrakottafiguren, die ein Abbild der militärischen und höfischen Organisation sind. Gleich nachdem Chinas erster Kaiser Qin Shihuangdi das Reich geeint hatte, begann er etwa 30 Kilometer nordöstlich von Xi'an mit der Anlage seiner standesgemäßen Grabstätte. Dass diese nicht nur aus dem auffälligen Grabhügel bestand, wurde erst klar, als Bauern 1974 beim Brunnenbohren auf Scherben großer Kriegerfiguren stießen. Diese sind Teil einer noch nicht vollständig ausgegrabenen Armee, die aus etwa 7600 Soldaten besteht. Allen Figuren wurden individuelle Gesichtszüge gegeben. In unterirdischen Kammern in Schlachtordnung aufgestellt, sollte die Armee vermutlich das Grab des Verstorbenen und damit auch sein Reich vor bösen Mächten aus dem Jenseits schützen und den hohen Rang des Grabherrn dokumentieren. Viele der überlebensgroßen und ursprünglich farbig gefassten Figuren wurden restauriert und am originalen Platz wieder aufgestellt. Weitere wertvolle Grabbeigaben sind zwei lebensgroße Bronzegespanne.

# Grotten von Longmen

China | Jahr der Ernennung: 2000

Die Longmen-(»Drachentor«-)Grotten befinden sich auf einem etwa 1000 Meter langen Klippenstück am Fluss Yi, wenige Kilometer südlich von Luoyang in der Provinz Henan. Mit einer Länge von etwa einem Kilometer bildet Longmen das größte – von Menschen geschaffene – Höhlengebilde in China. Die Grotten dienten als kultischer Ort, zeigen wertvolle Inschriften und beherbergen mehr als 100 000 buddhistische Steinstatuen sowie reichen plastischen Decken- und Wandschmuck. Bereits im Jahr 494 begann der Ausbau der Grottenheiligtümer durch Xiowen, einen Herrscher der Nördlichen Wei-Dynastie, nachdem der das als buddhistisches Zentrum bedeutsame Luoyang zu seiner Hauptstadt gemacht hatte. Aus der frühen Zeit sind die Guyang-Höhle aus den Jahren 495 bis 499 sowie die Binyang-Höhle aus den Jahren 500 bis 532 erhalten. In den folgenden Jahrhunderten, dem Goldenen Zeitalter des Buddhismus, hat man den Höhlenkomplex erweitert. Mit dem sogenannten Longmen-Stil vom 5. bis zum 9. Jahrhundert bildete sich im nördlichen China eine landestypische buddhistische Skulpturenkunst von höchster künstlerischer Kreativität heraus.

Über 2000 Grotten und Nischen reihen sich an dem steilen Hang des Drachenbergs über dem Fluss Yi aneinander.

# Historische Stätten von Dengfeng

China | Jahr der Ernennung: 2010

Die am heiligen Berg Songshan – »im Zentrum von Himmel und Erde« – gelegenen historischen Stätten in der Provinz Henan reflektieren auf einzigartige Weise die verschiedenen geistigen Strömungen und Errungenschaften der chinesischen Kulturgeschichte. Nahe dem Ort Dengfeng trifft man in einem Umkreis von rund 40 Quadratkilometern auf mehrere historische Gebäude, von denen einige zu den ältesten religiösen Bauten Chinas gehören. Besonders wichtig ist das Kloster Shaolin als ehemalige Wirkungsstätte des indischen Mönchs Bodhidharma (um 440 –um 528), der 480 erstmals nach China gereist war und dort nach buddhistischer Überlieferung 520 die Schule des Chan- oder (so die japanische Bezeichnung) Zen-Buddhismus begründete. Der Legende nach ist das Kloster Shaolin auch die Keimzelle einiger chinesischer Kampfkünste. Von herausragender Bedeutung für die Kosmologie des frühen China ist das Observatorium von Dengfeng – die älteste chinesische Sternwarte ihrer Art, mit deren Hilfe der Astronom Guo Shoujing (1231–1316) die Ekliptik der Sonne berechnete und den präzisesten Kalender seiner Zeit anfertigte.

Am heiligen Berg Songshan und in seiner Umgebung gibt es viele Klöster, darunter das San-Huang-Zhai-Kloster.

# Großer Kanal

China | Jahr der Ernennung: 2014

Der Bau des Großen oder Kaiserkanals wird oft mit der Großen Mauer verglichen. Mehr als eine singuläre Wasserstraße, bezeichnet der Große Kanal ein – die fünf wichtigsten Flusseinzugsgebiete des Landes miteinander verknüpfendes – System von Schifffahrtswegen, das Nordchina mit dem Jangtsekiang-Mündungsgebiet und der Stadt Hangzhou verbindet. Als wichtigster Transportweg des Alten China garantierte der Kanal dem Land wie seinen Herrschern wirtschaftliche und politische Stabilität. Die Anfänge des Kanalbaus gehen vermutlich auf das 6. Jahrhundert v. Chr. zurück, aber erst unter den Kaisern der Sui-Dynastie (581–618) entstand eine Nord- und Südchina verbindende Wasserstraße. Rutschen und Rampen halfen den Schiffen bei der Überwindung der 42 Meter Höhenunterschied. Seit dem Ende des 10. Jahrhunderts wurden sie durch Schiffsschleusen, 984 von Qiao Weiju erfunden, ersetzt. Im 13. Jahrhunderts hatte das unter den Herrschern der Yuan-Dynastie (1279–1368) weiter ausgebaute Kanalsystem eine Länge von rund 2000 Kilometern erreicht. Erst um die Mitte des 19. Jahrhunderts verlor der Große Kanal seine Bedeutung als Chinas wichtigster Transportweg.

Der Große Kanal ist der längste von Menschen geschaffene Binnenschifffahrtsweg – ein Meisterwerk altchinesischer Ingenieurbaukunst.

# Taoistische Heiligtümer in den Wudang-Bergen

China | Jahr der Ernennung: 1994

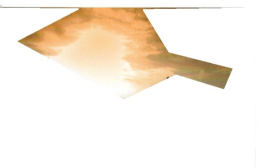

Das einstmals abgelegene Bergland ist Chinas bedeutendstes Zentrum der taoistischen Religion. Im 15. Jahrhundert entstanden hier in kaiserlichem Auftrag eindrucksvolle Tempel und Klöster.

Spätestens seit der Östlichen Han-Zeit (25–220) begannen sich taoistische Eremiten in die abgelegene Gebirgsregion im Nordwesten der chinesischen Provinz Hubei zurückzuziehen. Nachdem sich dann zur Tang-Zeit (618–907) Legenden verbreitet hatten, hier habe einst der himmlische Nordkaiser gelebt, wurden Klöster gegründet, und die Wudang-Berge wandelten sich zum Pilgerziel. Von politischen Motiven geleitet, ließ hier schließlich der dritte Kaiser der Ming-Dynastie, Yongle, ab dem Jahr 1412 reich ausgestattete neue Klöster von palastartiger Größe erbauen. Dazu wurden etwa 300 000 Arbeitskräfte eingesetzt. Insgesamt blieben 129 der religiösen Stätten erhalten. Alle Besucher und Pilger streben jedoch auf den Gipfel des 1612 Meter hohen Tianzhu, des höchsten Bergs der Region, zur Goldenen Halle, einem im Jahr 1416 erbauten 14 Quadratmeter großen Bau, der ganz aus Bronze besteht.

Unter den vielen Tempeln, Klöstern, Schreinen, Höhlen und Einsiedeleien befindet sich auch das »Kloster der höchsten Harmonie«.

# Lushan-Nationalpark

China | Jahr der Ernennung: 1996

In dieser zauberhaften Berglandschaft – der Name »Lushan« bezeichnet einen Berg wie auch ein Gebirge – nördlich des Flusses Jangtse in der Provinz Jiangxi bilden Naturschönheiten eine seltene Einheit mit Tempeln, Klöstern und Reminiszenzen an historische Persönlichkeiten. Wenige Berge wurden so oft besungen wie der Lushan. Nicht nur fast alle großen chinesischen Dichter beehrten ihn mit einem Besuch und hinterließen dort Inschriften, sondern auch prominente Philosophen, Maler, Mönche und Politiker. Für Taoisten und Buddhisten war der »Berg des übernatürlichen Wesens« ein bevorzugter Pilgerort. Seine Seen und Wasserfälle, Wälder und Felsen prädestinierten ihn zur Sommerfrische. Der oft in Nebel eingehüllte Berg beeinflusste die Landschaftsästhetik Chinas schon früh in einem Maße, wie es später nur noch der Huangshan vermochte. Am Lushan lehrte Zhu Xi (1130–1200), der Vollender der neokonfuzianischen Philosophie, im 12. Jahrhundert in der Bailudong-Akademie. Zu den Tempelklöstern am Fuß des 1400 Meter hohen Massivs gehört auch das Donglin-Kloster, das im Jahre 384 von dem Mönch Huiyuan gegründete Zentrum der buddhistischen Jingtu-Schule.

**Die Schönheit des Lushan-Gebirges machte die Region zum Ursprungsort der chinesischen Landschaftsmalerei.**

# Gebirgsmassiv Huangshan

China | Jahr der Ernennung: 1990

Im Süden der Volksrepublik China liegt die Stadt Huangshan, zu deren Verwaltungsgebiet auch das berühmte Huangshan-Gebirgsmassiv gehört.

»Es gibt keinen Berg, der so schön ist wie der Huangshan«, soll der berühmte Geograf der Ming-Dynastie, Xu Xiake (1587–1641), gesagt haben, der auch für seine Reisebeschreibungen bekannt ist. Und noch immer lässt sich seine Faszination gut nachvollziehen: Allein 77 zwischen 1000 und 1849 Meter hohe Gipfel erheben sich dicht gedrängt in der nur etwa 150 Quadratkilometer umfassenden Gebirgsregion von Huangshan (Gelber Berg) in der Provinz Anhui. An rund 250 Tagen im Jahr ziehen durch die tiefen, feuchten Täler Nebelschwaden, die so dicht sind, dass die Landschaft von oben betrachtet als Meer erscheint, auf dem die Gipfel schwimmen. Zahlreiche Pavillons zur Betrachtung der dem chinesischen Landschaftsideal fast vollständig entsprechenden Gebirgsszenerie sind im Lauf der Zeit entstanden. Die Huangshan-Ästhetik, die die klassische Gelehrtenkultur Chinas stark beeinflusste, wird durch die hier wachsenden uralten Kiefern vervollkommnet.

**Das Huangshan-Gebirgsmassiv mit seinen bizarr geformten Felsen ist eine der berühmtesten Bergregionen Chinas.**

# Klassische Gärten von Suzhou

China | Jahr der Ernennung: 1997

Der Garten des bescheidenen Beamten (oben). Unten: Garten im Innenhof des alten Suzhou-Museums.

Die großzügigen Wohngärten in Suzhou, die sich einst Kaufleute, Literaten und Beamte anlegen ließen, sind heute angenehme innerstädtische Refugien. Das nur wenig westlich von Schanghai gelegene Suzhou verdankte seinen Wohlstand dem Kaiserkanal. Auch heute noch stellen die vielen von Steinbrücken überspannten Kanäle wichtige innerstädtische Verkehrswege dar. Berühmt ist die Stadt jedoch vor allem wegen der Wohngärten mit ihren Teichen, kunstvoll arrangierten Felsen und einer symbolträchtigen, sparsamen Bepflanzung, in denen sich die Atmosphäre der historischen Stadt erhalten hat. Aus dem Jahr 1044 stammt der »Pavillon der dunkelgrünen Welle« am Canglang-Kanal; der Name ist eine literarische Anspielung auf die herrschende Korruption. Der »Garten des bescheidenen Beamten«, 1509 angelegt, gilt als der repräsentativste der Gärten der Ming-Zeit. Er erstreckt sich über rund vier Hektar. Der »Löwenwald« (um 1342) verdankt seinen Namen den bizarren Steingebilden, die hier zu finden sind. Der »Garten des Verweilens«, 1593 angelegt und um 1778 umgestaltet, ist mit einer Größe von einem halben Hektar einer der kleinsten und beliebtesten Gärten von Suzhou.

# Kulturlandschaft Westsee bei Hangzhou

China | Jahr der Ernennung: 2011

Mit seinen historischen Pavillons und Pagoden, künstlich errichteten Dämmen, Inselchen und Gärten gilt der nur rund eineinhalb Meter tiefe Westsee als Inbegriff einer chinesischen Ideallandschaft, die bereits seit dem 9. Jahrhundert immer wieder viele Künstler inspiriert hat.

Marco Polo pries Hangzhou, wo der bis Bejing führende Kaiserkanal seinen Anfang nimmt, als schönste und eleganteste Stadt der Welt. Schon damals zählte der westlich vom Stadtzentrum gelegene Westsee (Xi Hu) zu den faszinierendsten Kulturlandschaften Chinas. Bei diesem See handelt es sich um ein Altwasser des Qiantang-Flusses, das ausgehoben wurde – wenn man nicht an den Mythos glaubt, nach dem ein Jadedrache und ein goldener Phoenix über die sanften Hügel von Hangzhou flogen, wo sie einen wunderschönen weißen Stein fanden und mit ihm spielten, bis er sich zu einer noch viel schöneren Perle abschliff. Diese weckte die Begierde der Himmelskönigin, welche die Perle stahl. Beim Versuch, ihr das Kleinod wieder abzunehmen, fiel es zu Boden und verwandelte sich sogleich in ein ganz anderes Schmuckstück: in den Westsee nämlich.

Im Westsee befinden sich drei kleine Pagoden, sie gelten als Symbol des Sees (unten). Oben: Die Cui-Guang-Pagode im Westsee.

# Historische Dörfer Xidi und Hongcun im südlichen Anhui

China | Jahr der Ernennung: 2000

Innenraum des Chengzhi-Raumes (oben). Unten: Vielseitig gestaltete Gitter- und Punktfenster sind typisch für die Gebäude.

Diese beiden traditionellen Orte vermitteln ein authentisches Bild von Sozialordnung und Moral der chinesischen Feudalgesellschaft.

Die Anlage der Siedlungen Hongcun und Xidi im südöstlichen Winkel der Provinz Anhui im Kreis Yixian wird bestimmt durch das Muster des mittelalterlichen Straßennetzes, das durch die Ausrichtung der Häuser nach Süden entsteht. Viele der aus Ziegelsteinen errichteten zweistöckigen Wohnhäuser stammen aus der Zeit vom Ende des 15. Jahrhunderts bis zum 17. Jahrhundert. Die Bauten belegen das kontinuierliche Festhalten an einem konventionellen Architekturstil, der sich in den zwei Jahrtausenden der Kaiserzeit kaum verändert hat. Am Reichtum der Dekoration lässt sich ablesen, dass die Häuser ehemals für wohlhabende und ranghohe Familien errichtet wurden. Diese gehörten der neu entstandenen Schicht von Großkaufleuten an, die sich in Süd-Anhui niederließen.

Eine Besonderheit stellt das Wasserversorgungssystem dar, das im Zuge des wirtschaftlichen Wiederaufbaus in ländlichen Regionen bereits während des 14. Jahrhunderts angelegt wurde.

# Landschaftspark Wulingyuan

China | Jahr der Ernennung: 1992

Mehr als 3000 überwachsene Quarzsandsteintürme drängen sich in den beiden Teilen des Naturparks. Hier findet man die höchste natürliche Brücke der Erde. Die Gipfel, die sich auf die zwei Gebiete Zhangjiajie und Tianzishan sowie entlang der Ufer des Jinbianxi verteilen, wurden aus einer 500 Meter starken Sedimentschicht durch die Kräfte der Erosion geformt. Die Täler zwischen ihnen sind so schmal, dass dort keinerlei Landwirtschaft möglich war. Daher blieb diese Region in der Provinz Hunan im Südosten Chinas weithin unbesiedelt. Nahezu alle auffälligeren Felsen tragen heute blumige Namen. Das ganze Areal ist dicht bewachsen und von Wasserläufen durchzogen. Zu den besonderen Attraktionen dieses Parks gehören zwei natürliche Brücken. Die eine, 26 Meter lang, spannt sich in etwa 100 Meter Höhe über den Talgrund; die spektakulärere Brücke ist sogar 40 Meter lang und schwingt sich in etwa 350 Meter Höhe über das Tal. Zudem sind hier viele unterirdische Wunder zu bestaunen. Dazu gehört zum Beispiel der fantastische Stalagmitenwald in einer 12000 Quadratmeter großen Kaverne der nahe gelegenen Huanglong Dong, der »Höhle des gelben Drachen«.

Das zerklüftete Felslabyrinth des Landschaftsparks Wulingyuan lag vor 100 Millionen Jahren noch unter dem Meer.

# Tusi-Stätten

China | Jahr der Ernennung: 2015

Mit dem Eintrag der Tusi-Stätten in die Welterbeliste würdigt die UNESCO eine besondere Form der Regierungskunst im alten China. Als »Tusi« wurden im Reich der Mitte vom 13. Jahrhundert bis zum Ende des Kaiserreichs lokale Stammesführer bezeichnet, die kaiserliches Recht gegenüber ihrem eigenen Volk durchsetzten und die Bewahrung der Sitten und Bräuche förderten. Sowohl in Laosicheng in der Provinz Hunan als auch in Tangya in der Provinz Hubei wurden die Überreste von Tusi-Residenzen, Friedhöfen und Verwaltungsgebäuden freigelegt, die Aufschluss über das Funktionieren des Tusi-Systems, das Verhältnis der Tusi-Herrscher zu ihren Untertanen und zum kaiserlichen Hof geben. Dass die Beziehungen zwischen den Tusi und der Zentralmacht nicht immer friedlich waren, belegt die Geschichte der Festung Hailongtun in der Provinz Guizhou. Die ebenfalls zu diesem UNESCO-Welterbe gehörende Burg war Residenz der Bo-zhou Tusi. Nachdem ein Aufstand des letzten Tusi von den Truppen des Ming-Kaisers Wanli niedergeschlagen worden war, wurde sie zerstört. Noch die Ruinen zeugen von ihrer einstigen Größe. Hailongtun gilt als besterhaltenes Tusi-Monument Chinas.

Die Ruinenstätten gelten als einzige Relikte des Tusi-Systems, das den Vielvölkerstaat China stabilisieren half.

# Felsbilder von Dazu

China | Jahr der Ernennung: 1999

Vor rund 1000 Jahren wurden in Dazu Zehntausende von Skulpturen aus den Felshängen geschlagen (beide Abbildungen).

Auf verschiedenen Felswänden, die zwischen sieben und 30 Meter hoch sowie bis zu 500 Meter lang sind, präsentiert sich in Dazu ein mehr als 1000 Jahre altes Kaleidoskop buddhistischer Bildhauerkunst. Anders als in den großen alten Felstempelanlagen Nordchinas, die vorwiegend in künstlichen Grotten erbaut wurden, bieten sich die kolorierten Skulpturen und Reliefs von Dazu dem Betrachter meist offen dar. Besonders häufig dargestellt sind natürlich der Buddha, sowie verschiedene Bodhisattvas, die auf ihren Eintritt ins Nirwana verzichten, um den Menschen zu helfen und sie aus dem irdischen Jammertal zu retten. Darstellungen des buddhistischen Paradieses veranschaulichen das Glück, das den frommen Gläubigen dereinst erwartet. Aber auch Wächtergottheiten, Höllenszenen und säkulare Motive sind zu finden. Letztere vermitteln einen Einblick in das Alltagsleben zur Zeit der Entstehung der Werke. Die rund 10 000 Skulpturen am Schatzgipfelberg wurden im 12. Jahrhundert von nur einem einzigen Mönch geschaffen. Berühmt sind ein 31 Meter langer liegender Buddha, dargestellt bei seinem Eintritt ins Nirwana, und eine vergoldete tausendarmige Guanyin.

# Berglandschaft Wuyi

China | Jahr der Ernennung: 1999

Der subtropische Primärwald der Berglandschaft von Wuyi ist nicht nur ein Paradies für Tiere und Pflanzen, sondern hat durch seine steilen Felsen und kristallklaren Flüsse auch einen besonderen Reiz. An der höchsten Stelle von Wuyi, einer Berglandschaft im äußersten Nordwesten der chinesischen Provinz Fujian, hat sich ein subtropisches Waldbiotop erhalten. Fast 2500 höhere Pflanzenarten sowie rund 5000 Insekten- und 475 Wirbeltierarten wurden hier gezählt. In den niederen Lagen des mit dem Huanggang bis auf 2158 Meter aufragenden Gebirges herrschen auch im Winter milde Temperaturen. Zur biologischen Bedeutung des Schutzgebiets kommt der Reiz einer imposanten Landschaft hinzu. Dies ist den 36 steilen Felsgipfeln zu danken, die beiderseits des Jiuquxi, des Flusses der neun Windungen, in den Himmel ragen. An verschiedenen Stellen gibt es landschaftliche Kuriositäten zu bestaunen: So findet sich hier eine hohe muschelförmige Grotte, von deren oberem Rand das Wasser einer Quelle herunterfließt. An anderer Stelle gibt am Ende einer tunnelförmigen Höhle ein senkrechter Felsriss von nur einem halben Meter Breite und rund 100 Meter Höhe den Blick auf einen Streifen Himmel frei.

**In die abgelegene Berglandschaft von Wuyi zogen sich einst Literaten und Gelehrte zurück.**

# Landschaftspark Jiuzhaigou-Tal

China | Jahr der Ernennung: 1992

Über drei Hochtäler im Nordwesten der Provinz Sichuan verteilen sich im Landschaftspark Jiuzhaigou-Tal Naturwunder in einzigartiger Fülle – mit bunten Teichen, reißenden Katarakten, seltenen Tieren und üppiger Vegetation. Der Name »Jiuzhaigou« bedeutet »Tal der neun Dörfer« und leitet sich ab von den neun tibetischen Dörfern, die auf dem rund 60 000 Hektar großen Areal des Landschaftsparks zu finden sind.

Das im Durchschnitt 2000 Meter hoch gelegene, dicht bewaldete Tal besteht aus drei ineinander übergehenden Erosionsrinnen und wird von bis zu 4700 Meter hohen Gipfeln überragt. Der karstige Untergrund reichert versickerndes Wasser mit Kalziumsalz an, das in Form großer Kalksinterterrassen wieder zutage tritt. Die Tuffdämme, über die die Katarakte schießen, sind von kleinen Bäumen bewachsen. Berühmt ist das Gebiet auch für seine Wasserfälle – der größte stürzt fast 80 Meter tief hinab. Mehrere Seen leuchten in verschiedenen Farben, von Gelb über Giftgrün bis Blau. Mit seinen einsamen Seitentälern ist der Landschaftspark auch ein Refugium für seltene Pflanzen- und Tierarten, etwa für Riesenpandas und Goldhaaraffen sowie zahlreiche Vögel.

**Zur faszinierenden Naturlandschaft gehören auch rund 120 Seen, die je nach Jahreszeit in unterschiedlichen Farben schimmern.**

# Landschaftspark Huanglong

China | Jahr der Ernennung: 1992

Die terrassenartigen Pools im Huanglong-Tal entstanden während der Eiszeit, als die Region noch unter einem Gletscher lag.

Neben einer beeindruckenden Gebirgs- und Gletscherlandschaft findet man hier eine fast vier Kilometer lange Abfolge von Kalksinterterrassen, die sich durch ein bewaldetes Hochtal ziehen. Das von etwa 3000 Meter Meereshöhe bis zum Schneegipfel des 5588 Meter hohen Xuebaoding ansteigende ehemalige Gletschertal im autonomen Bezirk Ngawa in der Provinz Sichuan ist auch bekannt als Rückzugsgebiet des Riesenpandas. Am Grund eines dicht bewaldeten Seitentals haben sich hier gelbe Kalksinterterrassen herausgebildet. Das Wasser in den Becken schillert aufgrund der darin siedelnden Algen und Bakterien in den mannigfaltigsten Farben. Dabei weisen direkt aneinandergrenzende Becken oft ganz unterschiedliche Farbtöne auf. In manchen Teichen wachsen auch kleine Bäume. Die Hauptattraktion des Naturparks ist eine rund zweieinhalb Kilometer lange und 100 Meter breite stark abschüssige gelbe Travertinfläche, die mit einem nur wenige Zentimeter tiefen Rinnsal bedeckt ist. Diesem mit einem gelben Drachen (chinesisch: Huanglong) assoziierten Phänomen verdankt die Welterbestätte auch ihren Namen.

# Berg Qingcheng und Bewässerungssystem von Dujiangyan

China | Jahr der Ernennung: 2000

Viele der Tempel des Bergs Qingcheng wurden bei dem Erdbeben von 2008 schwer beschädigt.

Der Berg Qingcheng und die Bewässerungsanlage in Dujiangyan liegen im Westen der Stadt Chengdu, die seit jeher durch wirtschaftliche und geistige Selbstständigkeit geprägt ist. Der Berg Qingcheng ist das fünfte der berühmten taoistischen Gebirge Chinas.

Der ursprüngliche Charakter sowie vor allem die Flora und Fauna des am Ostrand des tibetischen Gebirgsmassivs gelegenen Bergs haben jahrhundertelang zahlreiche Wanderer veranlasst, ihre Empfindungen zu formulieren und Inschriften in den Fels zu ritzen.

Auf halber Höhe zum Hauptgipfel liegt die Höhle des Himmelsmeisters Tianshi Dong, die von den Taoisten als heilige Stätte verehrt wird. Hier lebte im 2. Jahrhundert der Einsiedler Zhang Daoling, bevor er die taoistische Fünf-Scheffel-Reis-Bewegung begründete. Östlich des Bergs, am Rand des Roten Beckens, entstand im Lauf des 3. Jahrhunderts v. Chr. das Wasserbauprojekt Dujiangyan zur Regulierung des mächtigen Flusses Min. Eine künstlich aufgeschüttete Insel teilt die Wassermassen und leitet sie in Kanäle.

# Panda-Naturreservat in Sichuan

China | Jahr der Ernennung: 2006

In den Pandareservaten von Sichuan leben mit rund 30 Prozent des noch verbliebenen Wildbestands des Großen Pandas. Das Gebiet gehört außerdem zu den pflanzenreichsten Zonen der Erde außerhalb der Tropen.

Das als Welterbe geschützte, rund 9425 Quadratkilometer große Areal liegt im südlichen zentralen China, in den Qionglai- und Jiajinbergen. Es umfasst neben sieben Naturreservaten auch neun »Scenic Parks«, die Besuchern offen stehen, und ist das bedeutendste Schutz- und Zuchtgebiet für den schwarz-weiß gezeichneten Großen Panda, der hier ebenso ein Rückzugsgebiet gefunden hat wie weitere gefährdete Tierarten, darunter der (entgegen früheren Vermutungen wohl nicht mit dem Großen Panda verwandte) Kleine Panda, der Schneeleopard und der Nebelparder. Als im Jahr 1975 Bambus großflächig abstarb, verhungerten 140 Bären. Inzwischen stieg die Zahl der wild lebenden Pandas wieder. Der große Pflanzenreichtum des Areals erklärt sich u.a. durch die enorme landschaftliche Vielfalt. Der Höhenunterschied vom tiefsten zum höchsten Punkt beträgt rund 5700 Meter. Auch hinsichtlich Heilpflanzen ist das Gebiet eine wahre Fundgrube.

**Bambus ist die charakteristische Pflanze Südchinas und die Ernährungsgrundlage für den Großen (unten) und den Kleinen (oben) Panda.**

## Berg Emeishan und Großer Buddha von Leshan

China | Jahr der Ernennung: 1996

Der Ruf des größten der vier heiligen Berge des chinesischen Buddhismus geht auf das 2. Jahrhundert zurück. Zum Welterbe gehört in seiner Nähe, beim Ort Leshan, auch die größte aus einer Felswand herausgemeißelte sitzende Buddhafigur der Welt. Buddhistische Mönche meißelten sie im 8. Jahrhundert aus einer Felswand. Schroffe Felsen, tiefe Klüfte, Gebirgsbäche, Katarakte, Grotten, steil emporragende Gipfel, dichte Wälder mit teilweise über 1000 Jahre alten Bäumen: Der heilige Berg Emeishan bot seit jeher den perfekten Rahmen für alle, die der Welt entsagen wollten. Seit der Östlichen Han-Zeit (25–220) war der Emeishan am südwestlichen Rand des Roten Beckens in Sichuan eine von Eremiten geschätzte Zufluchtsstätte. Bald wurden hier auch die ersten buddhistischen Tempel und Klöster Chinas errichtet. Der Legende nach soll an diesem Ort einst Samantabhadra, Bodhisattva des Gesetzes und Schutzheiliger des Bergs, gelehrt haben. An ihn erinnert eine über acht Meter hohe Statue in einem Bergtempel. Im Lauf der Zeit sind hier mehr als 200 Klöster und Einsiedeleien entstanden. Manche Heiligtümer gehen bis auf die Sui-Zeit (581–618) zurück.

Seit mehr als 1200 Jahren wacht in Leshan ein 71 Meter großer sitzender Buddha über der Mündung des Flusses Dadu in den Minjiang.

## Schutzzonen im Nationalpark der »Drei parallel verlaufenden Flüsse« in Yunnan

China | Jahr der Ernennung: 2003

In Yunnan verlaufen die drei Flüsse Jangtse, Mekong und Salween auf einer Länge von rund 170 Kilometern weitgehend parallel zueinander. In diesem Gebiet finden sich fast alle Landschaftsformen und Ökosysteme, von schneebedeckten Bergen mit Hochgebirgsvegetation bis hin zu Tälern mit subtropischer bis tropischer Vegetation. Geologisch gesehen ist das als »Sanjiang Bingliu« bekannte Gebiet ungewöhnlich vielfältig. So findet man hier magmatische Gesteine, Kalk mit Karsterscheinungen, verwitterte Granite und Sandsteine. Die drei Flüsse bilden stellenweise extrem steile, bis zu 3000 Meter tiefe Schluchten. In den Bergen Yunnans grub der Jangtse eine rund 15 Kilometer lange Schlucht. Umgeben sind sie von 118 Bergen mit einer Höhe von über 5000 Metern. Am höchsten ist der Kawagebo (6740 Meter). Der Nationalpark liegt an der biogeografischen Grenze zwischen der paläarktischen und der orientalischen Region und weist Merkmale der gemäßigten und tropischen Zone auf. Während der Eiszeit diente das Gebiet als Korridor für viele Pflanzen- und Tierarten, die vor der drohenden Vergletscherung nach Süden auswichen. Es verzeichnet die höchste Artenvielfalt Chinas.

»Große Biegung von Shigu« nennt man diese 110-Grad-Kurve des Jangtsekiang bei Lijiang.

# Altstadt von Lijiang

China | Jahr der Ernennung: 1997

Lijiang im strategisch günstigen Übergangsbereich zu Zentral- und Südasien war einst ein Außenposten des Chinesischen Reichs. Das Zentrum der Stadt fügt sich harmonisch in die Gebirgslandschaft ein. In einem tiefen Tal am westlichen Rand der Provinz Yunnan, nicht weit von der Grenze zu Myanmar, liegt die alte Stadt Lijiang, die aufgrund ihrer geschützten Lage im Gebirge nie mit einer Stadtmauer umgeben werden musste. Im Zentrum des Gassenlabyrinths befindet sich der belebte Marktplatz. Er wird gesäumt von Gebäuden unterschiedlicher Baustile, die Elemente unterschiedlicher Kulturen vereinigen – Lijiang ist druch seine Lage eine multiethnische Stadt mit über einem Dutzend Volksgruppen. Seit Jahrhunderten gibt es in Lijiang ein in der Welt einzigartiges Bewässerungssystem, das aus drei Kanälen gespeist wird. Ergebnis ist, dass um nahezu jedes Haus ein gurgelnder Bach fließt. Die zahlreichen Grünanlagen und die feucht glänzenden Straßen machen Lijiang zu einem Juwel unter den chinesischen Städten. Bei einem Erdbeben im Jahr 1997 wurden viele Gebäude beschädigt, die inzwischen jedoch mit internationaler Hilfe wiederhergestellt werden konnten.

**Die Altstadt von Lijiang (oben) gilt als eine der besterhaltenen in China. Unten: Der Deyue-Pavillon inmitten des Jadebrunnen-Sees.**

China | **Asien**

# Historisches Ensemble des Potala-Palasts in Lhasa

China | Jahr der Ernennung: 1994

In der Residenz des Dalai-Lama, die zugleich Kloster und Festung ist, verschmelzen die Religion und Politik Tibets zu einem architektonisch-bildnerischen Kunstwerk mit überwältigendem Eindruck. Zum als Welterbe geschützten Ensemble gehören nach Erweiterungen in den Jahren 2000 und 2001 neben dem Potala-Palast selbst auch der Jokhang-Tempel und der Norbulingka-Palast.

In dem 130 Meter über dem Tal von Lhasa aufragenden grandiosen Bauwerk manifestiert sich eine einzigartige politisch-religiöse Kultur. Sein Hauptteil, der über 320 Meter lange Weiße Palast, wurde unter dem fünften Dalai-Lama erbaut, dem ersten Hohepriester des tibetischen Buddhismus, der auch politische Macht ausübte. Nach seinem Tod entstand der später von goldenen Dächern gekrönte zentrale Rote Palast, der die bedeutendsten Schätze des Komplexes birgt.

Insgesamt weist der Gebäudekomplex rund 1000 Räume und eine Grundfläche von fast 130 000 Quadratmetern auf. Seine verschwenderische Pracht bezeugt ein Maß an religiöser Hingabe, das ebenso groß war wie das Leben in Tibet entbehrungsreich.

**Bis zur Flucht des 14. Dalai-Lama aus Tibet war der Potala-Palast seine Residenz und Sitz der tibetischen Regierung (beide Abbildungen).**

## Fossilienfundstätte Chengjiang

China | Jahr der Ernennung: 2012

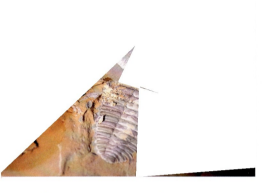

Ein Wissenschaftler beim Reinigen eines der mit ihren Hart- und Weichteilen konservierten Funde in der Fossilienfundstätte.

Das rund 500 Hektar große hügelige Schutzgebiet in der Provinz Yünnan, südöstlich der Hauptstadt Kunming, wirkt zunächst unauffällig. Erst bei der Untersuchung des Untergrunds stößt man auf hervorragend konservierte Fossilien aus dem Kambrium.

In Chengjiang haben die Wissenschaftler bislang die fossilen Reste von 196 Arten gefunden. Es handelt sich dabei nicht um vereinzelte Funde, sondern um eine Faunengemeinschaft – einen Lebensraum, der als Ganzes erhalten geblieben ist und der weitreichende Schlüsse auf die ökologischen Bedingungen im Kambrium zulässt. Die Fossilien sind 520 bis 525 Millionen Jahre alt und stammen aus jenem »Augenblick« der Erdgeschichte, der als kambrische Artenexplosion bzw. kambrische Radiation bekannt geworden ist. Innerhalb von maximal zehn Millionen Jahren entstanden Vertreter fast aller heute bekannten Tierstämme.

Neben Tieren und Pflanzen, die man eindeutig zuordnen kann, wurden in Chengjiang aber auch bis heute nicht klassifizierbare Fossilien gefunden. Das mysteriöse Yunnanozoon etwa erinnert an ein Lazarettfischchen.

## Kulturlandschaft der Hani

China | Jahr der Ernennung: 2013

Die 130 Quadratkilometer umfassenden Reisterrassen der Hani in Südyunnan werden auch als »Leitern zum Himmel« bezeichnet.

Das Volk der Hani baut und pflegt an steilen Berghängen wundervolle Terrassen. Auffallend dabei ist auch die Flexiblität ihres – eine außerordentliche Harmonie von Mensch und Natur bezeugendes – Landmanagements. Die Hani sind in China eine anerkannte Minderheit tibeto-birmanischen Ursprungs. Sie leben vor allem im chinesischen Südyunnan, aber auch in Vietnam, Laos und Thailand, wo sie meist »Akha« genannt werden. An den Hängen des Berges Ailao bis zu den Ufern des Hong-Flusses (»Hong-he«) bauen die Hani seit mehr als 1000 Jahren Reis in einem ausgeklügelten Terrassensystem an. Sie selbst wohnen in rund 80 Dörfern zwischen den bewaldeten Bergspitzen und den weiter unten gelegenen Terrassen. Ihre Häuser haben weit vorkragende Dächer aus Stroh. Mit einem raffinierten Bewässerungssystem leiten sie das Wasser von den Bergwäldern zu ihren Terrassen. Als Animisten verehren die Hani alle Naturerscheinungen und sehen in ihnen auch Geister. Ihre Begräbniszeremonien und die Ahnenverehrung sind sehr ausgeprägt. Vor allem die Akhafrauen fallen durch ihre bunten Kleider und den auffälligen Kopfputz auf.

# Karstlandschaften in Südchina

China | Jahr der Ernennung: 2007

Nachdem im Jahr 2007 Karstlandschaften in den Provinzen Yunnan und Guizhou sowie in Chongqing zum Weltnaturerbe erklärt worden waren, kamen 2014 der Jinfo-Berg in Chongqing, die Shibing-Karstlandschaft in Guizhou sowie die Karstlandschaften von Guilin und Huanjiang hinzu. Die Gesamtfläche der sich auf zwölf Gebiete verteilenden Karstlandschaften beträgt nun 1762 Quadratkilometer. Ihr Ursprung geht zurück auf eine Epoche der Erdgeschichte, als diese Gegend noch unterhalb des Meeresspiegels lag. Im Lauf der Zeit bildeten Sedimente des Ozeans eine kilometerdicke Kalkschicht. Mit dem Auftreffen des indischen Subkontinents auf den Süden Asiens faltete sich dann nicht nur das Himalaya-Gebirge auf, auch die Landmassen im Süden des heutigen China wurde angehoben. Der einstige Meeresboden verwandelte sich in Festland, die Kalksteinablagerungen begann zu verwittern – dann übernahmen erneut die Zeit und die Erosion das Werk: Wind und Wasser formten in Millionen von Jahren eine Vielzahl unterschiedlichst gestalteter Gesteinsformationen – die heutigen Karstlandschaften im Süden Chinas, einem der größten zusammenhängenden Karstgebiete weltweit.

**Vor 270 Millionen Jahren entstand aus einem flachen Meer ein Karstgebirge, der Shilin-Karst (»Steinwald«).**

# Danxia-Landschaften

China | Jahr der Ernennung: 2010

In allen Danxia-Landschaften finden sich die gleichen, durch Wind und Wetter entstandenen Felsformationen. Darüber hinaus bieten die Landschaften Lebensraum für einmalige Pflanzen- und Tierarten. Das Wort »Danxia« benennt eine spezifische Landschaftsform im subtropischen Bereich des südwestlichen China. Sie zeichnet sich durch roten Sandstein aus, der zu steilen Hängen, Säulen und Figuren geformt wurde. Das kann zum einen durch Hebung und zum anderen durch Verwitterung geschehen sein. Zum teilweise skurrilen Formenschatz der Felsen gehören außerdem enge Täler, steile Schluchten und schmale Wasserfälle. In diesen verwunschen erscheinenden Landschaften gedeiht subtropischer immergrüner Wald, in dem zahlreiche bedrohte Tier- und Pflanzenarten beheimatet sind. Insgesamt wurden sechs dieser Landschaften zum Weltnaturerbe erklärt: die Gebirge oder Regionen Langshan und Wanfoshan in der Provinz Hunan, Taining und Guanzhoushan in der Provinz Fujijan, Longhushan und Guifeng in der Provinz Jiangxi, Chishui in der Provinz Guizhou, Fangyan und Jianglangshan in der Provinz Zhejiang und schließlich Danxiashan in der Provinz Guangdong.

**Spektakuläre pfeiler-, turm- und tafelartige Felsformationen aus rötlichem Sandstein im Longhushan in der Provinz Jiangxi.**

## Sanqingshan-Nationalpark

China | Jahr der Ernennung: 2008

Dieser im südöstlichen China gelegene Nationalpark fasziniert durch seine außergewöhnliche Schönheit, die geprägt ist von üppigen Wäldern, zahlreichen Wasserfällen und fantastisch geformten Felsformationen. Der Nationalpark Sanqingshan in der chinesischen Provinz Jiangxi befindet sich im Westen der Huyaiyu-Bergkette. Das knapp 230 Quadratkilometer große Areal liegt auf einer durchschnittlichen Meereshöhe von 1000 bis 1800 Metern, seine drei Hauptgipfel heißen Yujing, Yuxu und Yuhua; Yujing ist mit 1817 Metern der höchste davon. Wegen des Höhenunterschieds umfasst der Nationalpark sowohl subtropische als auch maritim beeinflusste Gebiete mit Regen- und Nadelwäldern. Zu den Hauptattraktionen zählen die Granitformationen der Yujing-Kette: Viele der Felsspitzen und Säulen erinnern in ihrer Gestalt an Menschen oder Tiere. Wolkenfelder und Nebelschwaden sorgen für ungewöhnliche Lichteffekte wie den »weißen Regenbogen«, der auch »Nebelbogen« genannt wird, weil er nicht durch Regentropfen, sondern durch Nebel entsteht: Da im Nebel die Wassertropfen maximal 0,05 Millimeter groß sind, ist der Bogen weiß, und nicht mehrfarbig.

Berge mit scharfkantigen Felsen, an die sich Bäume klammern, bilden ein faszinierendes Landschaftspanorama.

## Tulou-Lehmrundbauten in Fujian

China | Jahr der Ernennung: 2008

Die Erdhäuser wurden zwischen dem 12. und 20. Jahrhundert als befestigte Wohnanlagen gebaut. Architektonisch interessant ist die ökologische Bauweise in Verbindung mit der Idee gemeinschaftlichen Wohnens und Lebens. In der im Südwesten der Provinz Fujian an der Grenze zur Provinz Guangdong gelegenen Bergregion findet man inmitten von Reis-, Tabak- und Teefeldern die Siedlungen der Hakka. Ihre riesigen runden Erdhäuser, »Tulou« genannt, zeigen die Anpassung von Lebensweise und Baustil dieses Volks an die Gegebenheiten der Region, die insbesondere während der Zeit der Ming- und Qing-Dynastien durch räuberische Übergriffe bedroht war. Die zwischen zwei und fünf Stockwerke hohen Häuser mit ihren Mauern aus ungebrannter Erde und Ziegeldächern umschließen in der Regel in Form eines Rings einen belebten Innenhof. Nach außen nur durch wenige Fenster und einen einzigen Eingang geöffnet, erfüllen die Tulou von Fujian durch ihre Bauweise und Dimensionen auch die Funktion nahezu uneinnehmbarer Wehrburgen. Die Erdhäuser werden von Familienclans bewohnt und können je nach Größe zwischen 100 und 800 Menschen beherbergen.

Die Tulou sind meist kreisrunde Häuser aus Lehm mit bis zu mehreren Metern dicken Außenmauern und drei bis fünf Stockwerken.

# Diaolou-Türme und Dörfer in Kaiping

China | Jahr der Ernennung: 2007

Ein in der ländlichen Umgebung bizarr anmutendes Welterbe bilden die Wohntürme in der südchinesischen Stadt Kaiping und umgebenden Dörfern.

»Diaolou« bedeutet »Festungsturm«. Der Bau mehrstöckiger befestigter Dorfhäuser in Form von Türmen kam in der Ming-Zeit vor allem in der südchinesischen Provinz Guangdong als Reaktion auf das Banditenunwesen auf und hielt sich bis in unsere Zeit. Im Jahr 1839 setzte in Kaiping eine Auswanderungswelle nach Amerika ein. Ab Ende des Jahrhunderts remigrierten viele Auslandschinesen in ihre Heimat und brachten Elemente europäischer, amerikanischer und anderer Bauformen aus ihren Gastländern mit. Das rief erneut Banditen auf den Plan. Von den heute noch bestehenden 1833 Diaolou-Türmen wurden deshalb zwischen den Jahren 1900 und 1931 insgesamt 1648 von Auslandschinesen erbaut. Das Welterbe umfasst einen repräsentativen Ausschnitt dieser Festungstürme in den Ortschaften Sanmenli, Zili, Majianlong und Jinjiangli. Sie verfügen meist unten über eine Terrasse mit Balustrade und oben über eine Loggia mit Arkaden, in der sich auch der Schrein für die Ahnen befindet.

**Europäische, amerikanische und andere Bauformen verschmolzen bei der Errichtung der Wohntürme mit lokalen Traditionen.**

# Historisches Zentrum von Macao

China | Jahr der Ernennung: 2005

Die Baudenkmäler in der einstigen portugiesischen Kolonie Macao sind steinerne Zeugen eines lang andauernden Austauschs zwischen China und dem Westen.

Lange bevor die Portugiesen nach Macao kamen, lebten Fischer an der geschützten Bucht des Yu-Jiang-Deltas. Hier machten Seefahrer halt, die die chinesische Küste entlangfuhren.

Ab dem Jahr 1557 begannen Portugiesen an diesem Ort zu siedeln. Macao ist somit die älteste ständig von Europäern bewohnte Stadt Ostasiens. Zuerst errichteten die Zuwanderer einfache Häuser aus Lehmfachwerk sowie mehrere katholische Kirchen. Im frühen 17. Jahrhundert befestigten sie die Stadt, um diese vor Angriffen zu schützen. Die Chinesen versuchten dies zwar zu verhindern, doch ab 1849 gehörte Macao de facto zu Portugal. 1887 bestätigte die Qing-Regierung die Besetzung. Im 19. Jahrhundert entwickelte sich die Stadt zu einer Glücksspieler-Hochburg. Nach 1949 war Macao Zufluchtsstätte für Anhänger der Kuomintang. 1999 wurde die Stadt, in der sich die älteste chinesische Universität nach westlichem Vorbild befindet, an die Volksrepublik China zurückgegeben.

**Die Ruinen der 1835 durch ein Feuer zerstörten Pauluskirche gelten als das Wahrzeichen von Maca.**

# Tal von Kathmandu

Nepal | Jahr der Ernennung: 2006

Die Garuda-Säule mit Tempel markiert den Durbar-Platz in Patan (oben). Unten: Der Stupa von Bodnath.

Die Hauptstadt des Königreichs Nepal ist mitsamt den Orten ihrer Umgebung eine Schatztruhe mittelalterlicher himalayischer Kunst und Kultur sowie ein Ort tiefer, gelebter Religiosität. Die Bewohner des Tals, deren erste Hauptstadt bereits im Jahr 723 gegründet wurde, haben ihre Religiosität seit jeher in überwältigenden Bauten dokumentiert. Die heiligste Stätte der Buddhisten ist Swayambunath, deren älteste Pagode schon im 4. vorchristlichen Jahrhundert entstand. Die bedeutendste hinduistische Tempelstätte, Pashupatinath, geht in ihrem Ursprung zurück auf das 5. Jahrhundert. Hier wird Shiva als »Herr alles Lebens« (Pashupatinath) verehrt. Die ältesten erhaltenen Profanbauten des Tals stammen aus dem 17. Jahrhundert. Sie befinden sich in den Residenzstädten Kathmandu, Patan sowie Bhadgaon. Diese drei, an einer alten Handelsroute nach Tibet gelegenen und entsprechend wohlhabenden Orte waren im Lauf der Geschichte Hauptstädte einzelner Teilreiche; inzwischen wachsen sie zu einer Metropole zusammen. Bei den beiden schweren Erdbeben von April und Mai 2015 wurden die Welterbestätten des Tals zerstört oder beschädigt..

# Lumbini, der Geburtsort Buddhas

Nepal | Jahr der Ernennung: 1984

In einem Hain bei Lumbini brachte der Legende nach die Fürstin Maya im Jahr 563 v. Chr. Siddhartha Gautama, den Begründer des Buddhismus, zur Welt. Ihr zu Ehren wurde hier ein Tempel errichtet. Der Überlieferung zufolge hatte die Fürstin Maya einen Traum, in dem ihr ein weißer Elefant und durch die rechte Seite in ihren Körper eindrang. Als der Zeitpunkt der Geburt näher rückte, machte sie sich auf die Reise in das Haus ihrer Eltern. Auf dem Weg dorthin gebar sie in einem Hain nahe der Stadt Lumbini im Stehen aus ihrer Seite einen Sohn, der gleich nach der Geburt sieben Schritte in jede der vier Himmelsrichtungen machte und mit jedem seiner Schritte eine Lotosblüte erblühen ließ. Im Tempel der Maha Maya findet sich eine Darstellung dieser Geburtsszene. Der bedeutende Förderer des Buddhismus, der indische König Ashoka, ließ hier eine Stele aufstellen.
Sie zeugt davon, dass der Hain von Lumbini als Geburtsort des Prinzen Siddhartha Gautama schon sehr früh ein wichtiges Pilgerzentrum war, lange bevor die bekannten schriftlichen Quellen von diesem Ort berichteten. Ab dem Jahr 1978 entstand hier ein Pilgerzentrum.

**Buddhistische Gemeinschaften aus verschiedenen Nationen erbauen im nationalen Stil Tempel – hier der German Buddhist Temple.**

# Chitwan-Nationalpark

Nepal | Jahr der Ernennung: 1984

Im ältesten Nationalpark Nepals mit seinen Salwäldern und ausgedehnten Elefantengrasflächen trifft man auf Panzernashörner und zahlreiche andere sonst bedrohte Tiere. Der ganz im Süden des Landes gelegene Park verdankt seine Existenz König Mahendra, der im Jahr 1962 ein Schutzgebiet für die bedrohte Art der Panzernashörner gründete. Das Reservat wurde dann elf Jahre später, 1973, zum Nationalpark erklärt. Heute leben hier noch rund 400 Panzernashörner. Aber auch etwa 200 Leoparden und 80 Tiger streifen mitunter durch das hohe Elefantengras. Alle drei Tierarten stehen unter Schutz. Zu den oft in diesem Nationalprk vorkommenden Wildarten zählen Sambar- und Axishirsche, Vierhornantilopen, Wildschweine, Lippenbären, Wildrinder (Gaur) sowie Rhesusaffen. Die Baumkronen werden von Languren bevölkert, in der Dämmerung gehen Mungos und Honigdachse auf die Pirsch. Nachts hört man das Heulen der Goldschakale. In den Flüssen des Parks dösen Sumpfkrokodile und Gangesgaviale mit ihren auffallend langen Kiefern. Im offenen Gelände trifft man auch auf Bengalwarane. Zudem ist der Chitwan-Nationalpark ein Paradies für mehr als 400 Vogelarten.

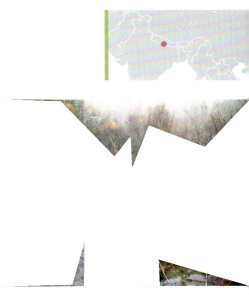

**Auf dem Areal des Chitwan-Nationalparks leben noch einige Hundert der seltenen Panzernashörner.**

# Sagarmatha-Nationalpark

Nepal | Jahr der Ernennung: 1979

In der Gebirgsregion zu Füßen des Mount Everest, einem beliebten Trekkinggebiet, findet sich die faszinierende Hochgebirgsflora und -fauna des Osthimalaya. Mit dem Trekking kamen die Probleme. Um das ökologische Gleichgewicht in Nepal und vor allem in der Region des 8848 Meter hohen Mount Everest zu stabilisieren, bestimmte man das Gebiet 1976 zum Nationalpark. Der höchste Berg der Erde wird von den Nepalesen »Sagarmatha«, »Himmelskönig«, genannt. Die Tibeter nennen den Riesen »Chomolungma«, »Göttinmutter der Erde«. Mit drei Achttausendern – Mount Everest, Lhotse und Cho Oyu – sowie weiteren Sieben- und Sechstausendern ist dieses Gebiet die höchste Gebirgsregion der Erde. Aber nicht nur die Höhe der Berge bestimmt den gewaltigen Eindruck. So imponiert der dem Everest benachbarte, über 7800 Meter hohe Mount Nuptse weniger durch seine Höhe als durch seine 3000 Meter hohe Südwand. Der Ngozumpa-Gletscher ist mit 20 Kilometern der längste Gletscher Nepals. Nur für kurze Zeit sind die Südhänge der Berggiganten im Sommer schneefrei. Dann zeigt sich eine vielfältige Flora. Den Nationalpark bevölkern etwa 30 Säugetierarten.

**Da die Bewegung von indischem Subkontinent und Eurasischer Platte noch nicht abgeschlossen ist, wächst der Berg jährlich um drei Zentimeter (beide Abbildungen).**

## Koguryo-Grabstätten

Demokratische Volksrepublik Korea | Jahr der Ernennung: 2004

Die Koguryo-Gräber in Pjöngjang und Umgebung gehören zu den bedeutendsten Hinterlassenschaften des vom 1. Jahrhundert v. Chr. bis zum 7. Jahrhundert über Nordostchina und den Norden der koreanischen Halbinsel herrschenden Koguryo-Reichs. Als Wiege der koreanischen Kultur gilt das rund 700 Jahre (37 v. Chr.–668) lang bestehende, von König Tongmyong gegründete Reich, das nach der Zeitenwende eines der mächtigsten Reiche Ostasiens war. Im antiken Korea errichtete man den Königen sowie ihren Angehörigen mit schönen Fresken ausgestattete Hügelgräber. Von den über 10 000 bisher in Korea und China (Mandschurei) entdeckten Koguryo-Gräbern zählen etwa 70 zum Welterbe, rund 30 befinden sich auf nordkoreanischem Terrain. Deren Wandmalereien gewähren einen Einblick in die von Konfuzianismus und Buddhismus geprägte Kultur und in das Alltagsleben im nördlichen der drei frühen koreanischen Reiche. Im 4. Jahrhundert expandierte das Koguryo-Reich, 427 wurde die Hauptstadt vom Yalu-Fluss nach Pjöngjang verlegt. Im 7. Jahrhundert unterlag das Reich dem von Truppen der chinesischen Tang-Dynastie unterstützten südlichen Königreich Silla.

Wandmalerei aus der Grabstätte von Dong Shou (Anak-Grab Nummer 3). Aristokratin mit ihren Bediensteten.

## Historische Stätten von Kaesong

Demokratische Volksrepublik Korea | Jahr der Ernennung: 2013

Kaesong im äußersten Südwesten Nordkoreas war vom zehnten bis zum Ende des 14. Jahrhunderts die Hauptstadt des gesamtkoreanischen Königreichs Koryo (Goryeo). Zwölf Anlagen in und um Kaesong zeugen vom einstigen Glanz. Die Anlage mit Palästen, Tempeln und Grabstätten von Kaesong erfolgte nach den Prinzipien des Feng Shui (wörtlich übersetzt: »Wind« und »Wasser«), eine Harmonielehre taoistischen Ursprungs. Die Koryo-Dynastie assimilierte die kulturellen und politischen Werte der Staaten, die vor der Vereinigung Koreas bestanden. So kam es insbesondere in Kaesong zu einer Integration taoistischer, buddhistischer und konfuzianischer Konzepte, und all das fand auch in den Bauwerken der Stadt seinen Ausdruck. Das Welterbe besteht aus zwölf Standorten. Sechs davon sind Abschnitte aus der dreifachen Stadtmauer von Kaesong, zum Beispiel das Haupttor Namdae im Süden des innersten Rings. Weiters zählen zum Welterbe ein astronomisch-meteorologisches Observatorium, eine Brücke, eine neokonfuzianische Privatschule (Songyyungwan), in der heute das Koryo-Museum seinen Sitz hat, Grabstelen und mehrere königliche Gräber in Form eines Tumulus (Hügelgrab).

Am bekanntesten der insgesamt zwölf Anlagen ist das Grab des 1352 bis 1374 regierenden Königs Kongmin.

# Chongmyo-Schrein in Seoul

Republik Korea | Jahr der Ernennung: 1995

Im konfuzianischen Ritus spielt die Ahnenverehrung eine große Rolle. Deshalb hat die letzte koreanische Königsdynastie, die sich kulturell am großen Nachbarn China orientierte und den Neokonfuzianismus in Korea zur offiziellen Staats- und Moralphilosophie machte, auch einen zentralen Ort zur Verehrung der eigenen Vorfahren angelegt.

Der berühmte Schrein der »königlichen Ahnen« (Chongmyo) geht auf Taejo (1335–1408), den Begründer der Joseon-Dynastie, zurück. Seine heutige Form erhielt der Bau um das Jahr 1600, nachdem bei den japanischen Invasionen Koreas unter Toyotomi Hideyoshi von 1592 viele öffentliche Gebäude niedergebrannt worden waren. Im Inneren befinden sich die Ahnentafeln der 19 wichtigsten Joseon-Könige. Fast unverändert werden hier seit dem 15. Jahrhundert die mit Instrumenten, Gesang und Tanz dargebotenen traditionellen Zeremonien praktiziert. Die Anlage in der südkoreanischen Hauptstadt Seoul ist gut erhalten, weil sie regelmäßig genutzt wird. Die Riten der Ahnenverehrung finden heute nur noch einmal jährlich, am ersten Sonntag im Mai, statt – nur dann hat die Öffentlichkeit Zutritt.

**Blick in den Garten des Chongmyo-Schreins (oben). Unten: Ritus der einmal jährlich stattfindenden Ahnenverehrung.**

## Palastkomplex Changdeokgung

Republik Korea | Jahr der Ernennung: 1997

König Taejong ließ sich zwischen den Jahren 1405 und 1412 nahe dem Chongmyo-Schrein in Seoul eine »Ausweichresidenz« erbauen. Der weitläufige »Palast der Leuchtenden Tugend« (»Changdeokgung«) ist einer von fünf noch erhaltenen Königspalästen aus der Joseon-Dynastie in Seoul. Die Thron- oder Audienzhalle des Palastes, auch »Halle der wohltätigen Regierung« genannt, ist aus blauen Ziegeln errichtet, die allein den königlichen Palästen vorbehalten waren. Da er östlich des zuvor errichteten »Palasts des glänzenden Glücks« (»Gyeongbokgung«) liegt, nannte man ihn auch »Ostpalast« (»Dongwol«). Zum Palastkomplex gehört ein früher nur dem Joseon vorbehaltener, u-förmig mit einem See in der Mitte und rund 300 Bäumen angelegter »Geheimer Garten«. Die verschiedenen Verwaltungs-, Repräsentations- und Wohngebäude brannten mehrmals nieder, wurden aber immer wieder aufgebaut. In den Jahren 1611 bis 1872, als sich Korea gegenüber dem Ausland abschottete, befand sich hier der Regierungssitz. Zu den herausragenden Bauten gehört die prächtige Thron- oder Audienzhalle, die in ihrer jetzigen Gestalt auf das Jahr 1804 zurückgeht.

Der »Palast der Leuchtenden Tugend«. Die Anlage mit zahlreichen Innenhöfen, Pavillons und Garten wurde in acht Jahren fertiggestellt.

## Bergfestung Namhansanseong

Republik Korea | Jahr der Ernennung: 2014

Die 30 Kilometer südöstlich von Seoul 480 Meter über dem Meer auf dem Namhansan aufragende Anlage gilt als gelungenes Beispiel einer Synthese der Festungsarchitekturen verschiedener Epochen und Kulturkreise. Historische Quellen belegen, dass hier bereits im 7. Jahrhundert eine Burg gestanden haben muss. Die meisten der heute sichtbaren Bauten stammen allerdings aus dem 17. Jahrhundert. Diese wurden unter König Injo errichtet und dienten ihm wie seinem Gefolge als Zufluchtsort im Krieg gegen die in China an die Macht drängenden Mandschus der Quing-Dynastie (1644–1912). Zwar hielten Injos 3000 buddhistische Mönchssoldaten der Belagerung zunächst stand, doch nach 45 Tagen nötigte sie die einsetzende Lebensmittelknappheit zur Aufgabe. Nachdem sich der König den Invasoren unterworfen hatte, behielt Korea zwar seine innere Autonomie, wurde aber ein tributpflichtiger Vasallenstaat Chinas und seiner Mandschu-Kaiser. Namhansanseong war daraufhin lange dem Verfall preisgegeben. Seit der Restaurierung 1954 sind die Festung und ihre waldreiche Umgebung ein beliebtes Ausflugsziel für die Großstädter aus Seoul.

Hinter den acht Kilometer langen und bis zu sieben Meter hohen Festungsmauern fanden mehr als 4000 Menschen Schutz.

# Festung Hwaseong

Republik Korea | Jahr der Ernennung: 1997

Rund 50 Kilometer von der Hauptstadt Seoul entfernt ließ sich der 22. König der Joseon-Dynastie, Jeongjo (1752–1800), gegen Ende des 18. Jahrhunderts eine Festung erbauen. Hwasong ist ein bemerkenswertes Beispiel zeitgenössischer Militärarchitektur, die östliches und westliches Know-how auf hohem Niveau vereint. Der ab dem Jahr 1776 bis zu seinem Tod regierende König Jeongjo ließ für die Errichtung von Hwaseong die ganze Stadt Suwon verlegen. Die ganze Anlage wurde in nur 33 Monaten errichtet; sie entsprach dem neuesten Stand der Wehrtechnik. Die mehr als fünf Kilometer lange und vier bis sechs Meter hohe Mauer hat vier Haupttore: Changanmun, Paldalmun, Changnyongmun und Hwasomun, das mächtigste im Westen, sowie zwei Fluttore. Auf der Mauerkrone standen in regelmäßigen Abständen Wach- und Kanonentürme, der Festung vorgelagert waren Bastionen. Schon seit dem Beginn des 19. Jahrhunderts verfiel die Festung Hwasong. Im Zweiten Weltkrieg und im Koreakrieg in den Jahren 1950 bis 1953 erlitt die Anlage schwere Schäden. In den 1970er-Jahren wurde sie wiederaufgebaut und restauriert.

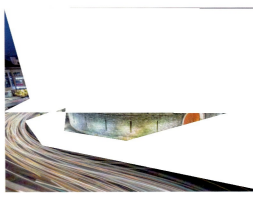

**Die Festung Hwasong war gänzlich auf Verteidigungszwecke abgestellt. Hier das Paldalmun Tor – eines der vier Haupttore.**

# Königsgräber der Joseon-Dynastie

Republik Korea | Jahr der Ernennung: 2009

Das Welterbe umfasst repräsentative 40 (von insgesamt 119) auf 18 Orte verteilte, in mehr als fünf Jahrhunderten, 1408 bis 1966, angelegte Königsgräber, die für die tiefe Verwurzelung der Ahnenverehrung in der südkoreanischen Tradition stehen. Die Gräber sind nach Süden ausgerichtet, mit einer Aussicht auf Bergketten am Horizont. Im Jahr 668 entstand durch Vereinigung der drei Königreiche Koguryo, Paekche und Silla – Letzteres hatte sich mit chinesischer Unterstützung im Kampf um die Vormacht über die beiden anderen behauptet – ein erster koreanischer Einheitsstaat. Nach einer Phase territorialer Zersplitterung im 9. Jahrhundert brachte das im Jahr 918 von Wang Kon in Nordkorea gegründete Reich Koryo (auf das die europäische Bezeichnung »Korea« zurückgeht) ganz Korea unter seine Oberhoheit. 1231 fielen erstmals Mongolen in Korea ein, die das Land bis Mitte des 14. Jahrhunderts regierten. Danach begründete General Yi Songgye, der posthum den Namen Taejo erhielt, die Joseon-Dynastie, die von 1392 bis 1910 über Korea herrschte. Unter ihrer Ägide und in der Zeit der japanischen Besetzung von 1910 bis 1945 hieß das Land »Joseon«.

**Die Herrscher wurden nach dem Prinzip von Pungsu bestattet: mit dem Rücken zu einem Hügel, das Gesicht nach Süden gerichtet.**

# Historische Stätten der Baekje-Dynastie

Republik Korea | Jahr der Ernennung: 2015

Das Welterbe umfasst acht archäologische Stätten mit den Überresten von Bauten aus der Spätzeit von Baekje, einem der drei Königreiche, die vom 1. bis zum 7. Jahrhundert n. Chr. auf der koreanischen Halbinsel koexistierten. Baekje entwickelte sich im 1. Jahrhundert n. Chr. aus einem Stadtstaat und umfasste im 4. Jahrhundert fast den ganzen westlichen Teil der koreanischen Halbinsel. Zwar musste es um 427 große Gebiete an das Königreich Goguryio abtreten und die Hauptstadt 475 nach Ungjin, dem heutigen Gongju, verlegen. Dennoch florierten Kunst und Kultur, es wurden Kontakte zu China und Japan gepflegt.

Die Künstler des Landes übernahmen chinesische Traditionen und entwickelten sie zu einem eigenen Stil fort. Die Beigaben im Hügelgrab des Königs Mureyong (501–523) belegen dies. Nach der Verlegung der Hauptstadt nach Sabi wurden die Kontakte zu China und Japan intensiviert. Der aus China importierte Buddhismus, der bereits 384 Staatsreligion geworden war, erstarkte in der Sabi-Periode noch einmal und gelangte in dieser Zeit über Baekje nach Japan. 660 wurde Baekje von den im Osten Koreas gelegenen Silla erobert und ging in diesem Königreich auf.

**Die Baekje-Dynastie bezeugt den regen kulturellen Austausch, der in der Epoche zwischen den Ländern Ostasiens stattfand.**

# Haeinsa-Tempel und Changgyong P'ango

Republik Korea | Jahr der Ernennung: 1995

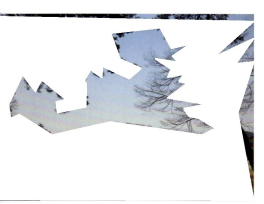

Das auf dem Berg Kaya in der Provinz Südkyongsang gelegene Kloster Haeinsa birgt in eigens dafür errichteten Lagerhallen (Changgyong P'ango) die zum Dokumentenerbe der UNESCO zählenden Druckstöcke der Tripitaka Koreana, einer der ältesten, am besten erhaltenen Sammlungen buddhistischer Schriften. Haeinsa, der Name dieser in ihrem Ursprung auf das Jahr 802 zurückgehenden Anlage, bedeutet sinngemäß »Tempel des Nachdenkens an einem ruhigen See« und bezieht sich auf eine buddhistische Lehrrede (Sutra), in der die Weisheit des Erleuchteten mit einem ruhigen See verglichen wird: Erst wenn der Geist – wie der See – frei ist vom wellenförmigen Auf und Ab aller weltlichen Wünsche, spiegelt er das wahre, das eigentliche Antlitz der Existenz. Ein guter Name für ein Kloster, in dem in den Jahren 1237 bis 1247 etwa 200 Mönche – auch, um Buddhas Beistand gegen die Invasion der Mongolen in Korea zu erbitten – die bis dahin bekannten buddhistischen Schriften sichteten, editierten und zu einem Kanon arrangierten, dessen Text sie schließlich Zeichen für Zeichen kunstvoll in hölzerne Druckstöcke schnitzten.

**Haeinsa ist einer der drei Tempel der Drei Juwelen. In seinem Inneren wird die Tripitaka Koreana aufbewahrt.**

# Historische Dörfer Hahoe und Yangdong

Republik Korea | Jahr der Ernennung: 2010

Die Dörfer liegen in der südostkoreanischen Provinz Gyeongsangbuk-do. Ihr Reichtum besteht in ihrer Einheit und dem spirituellen Einklang zwischen Architektur und Landschaft. Sie spiegeln den Geist des Konfuzianismus wider.

Die Wurzeln von Hahoe und Yangdong reichen bis in das 14. und 15. Jahrhundert zurück. Sie gelten als die repräsentativsten Clandörfer der frühen Joseon-Dynastie (1392–1910). Ihre Anlage ist idealtypisch für die konfuzianische Kultur: Die umliegenden Wälder bieten einen Schutzwall, geöffnet sind die Dörfer jeweils zu Fluss und Feldern hin. Neben den reicher ausgestatteten Häusern für die führenden Familien des Clans in höheren Lagen finden sich an den tieferen Stellen schlichte Holzhäuser sowie niedrige, reetgedeckte Lehmhäuser für einfache Clanmitglieder. In Yangdong sind mehr als 50 dieser Häuser über 200 Jahre alt. Darüber hinaus gibt es Pavillons und Schulen für konfuzianische Studien. Besonders im 17. und 18. Jahrhundert wurden die Dörfer samt ihrer Umgebung von Dichtern verherrlicht. Die Dörfer beherbergen auch einige gut erhaltene Kunstwerke. Gleichwohl sind sie keine Freilichtmuseen, sondern werden bewohnt.

**Die historischen Dörfer von Yangdong (Bild) und Hahoe entstanden im 14. und 15. Jahrhundert.**

# Sokkuram-Grotte und Pulguksa-Tempel

Republik Korea | Jahr der Ernennung: 1995

Zusammen mit der Sokkuram-Grotte ist Pulguksa, der südöstlich von Kyongju gelegene meistbesuchte Tempel Südkoreas, ein Meisterwerk buddhistischer Kunst des koreanischen Königreichs Silla (668–935). Der »Tempel des Reiches Buddhas« (»Pulguksa«) und die Sokkuram-Grotte waren die Stiftung eines hohen Beamten aus dem 8. Jahrhundert, der damit seine Ahnen ehren wollte. Sokkuram wurde als Höhlentempel aus Granitblöcken errichtet. Darin findet man eine der bedeutendsten buddhistischen Skulpturen: Die 3,50 Meter große, im Stil der chinesischen Tang-Dynastie aus weißem Granit gefertigte Skulptur stellt den historischen Buddha, Siddharta Gautama, im Lotossitz dar, einer der klassischen buddhistischen Sitzhaltungen. Zu den Schätzen des rund 13 Kilometer südöstlich der früheren Silla-Hauptstadt Kyongju gelegenen Pulguksa-Tempels gehören die aus mächtigen Quadern gefügten Steintreppen, die in das »himmlische« Reich Buddhas führen, und das berühmteste Pagodenpaar Koreas: Die schlichte Shakyamuni-Pagode steht für den Frieden Buddhas, die reich dekorierte Schatz-Pagode symbolisiert die reiche »innere Welt« des Gläubigen.

**Die beiden vergoldeten Buddha-Statuen im Pulguksa-Tempel, hier der Amitabha Buddha, stammen vermutlich aus dem 9. Jahrhundert.**

## Historische Stätten von Gyeongju

Republik Korea | Jahr der Ernennung: 2000

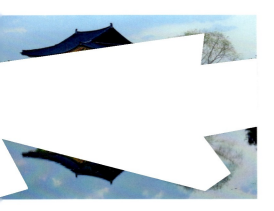

Als »Goldene Stadt« (Kumsong) des Königreichs Silla war Gyeongju vom 7. bis zum 10. Jahrhundert das Zentrum des ersten koreanischen Einheitsstaats. Heute ist der Ort im Südosten Südkoreas Mittelpunkt eines Nationalparks.

Unter 200 Erdhügeln wurden seit dem 1. Jahrhundert in Kyongju und Umgebung die Herrscher des Silla-Reichs bestattet. Das schachbrettartig angelegte Straßennetz und die Reste alter Gebäude und Palastanlagen verweisen auf die Erweiterung der Hauptstadt nach der Reichseinigung im 7. Jahrhundert. Von dem im 1. Jahrhundert errichteten Banwolseong-Palast sind nur noch einige wenige Ruinen vorhanden. In dem zu dem Palastkomplex gehörenden und im 7. Jahrhundert angelegten Anapji-Teich wurden bei der Ausbaggerung und Revitalisierung des Sees in den Jahren 1975 bis 1986 die Überreste von Bauten und andere Relikte aus der Silla-Zeit gefunden. Das aus dem 7. Jahrhundert stammende Cheomsoengdae-Observatorium gilt als das älteste Ostasiens und die Pagode des Punhwang-Tempel ist die einzige noch erhaltene aus der Silla-Zeit.

Der Donggung-Palast, die Wohnstätte des Kronprinzen und der Kronprinzessin, wurde im Jahr 1999 vollständig rekonstruiert.

## Dolmenstätten von Gochang, Hwasun und Ganghwa

Republik Korea | Jahr der Ernennung: 2000

Die koreanische Halbinsel weist die weltweit größte Häufung von Zeugnissen vorgeschichtlicher Megalithkulturen auf. Hier stehen noch Zehntausende von Dolmen, einige Hundert davon in Gochang, Hwasun und auf Ganghwa.

Die Dolmen der Megalithkulturen gleichen meist Großen Steintischen: Zwei hohe, senkrecht aufragende Steinplatten tragen einen Deckstein. Prähistoriker vermuten, dass sie als Grabstätten dienten. In der Umgebung der Dolmen von Hwasun in der Provinz Jeollanam-do etwa, die vermutlich zwischen 800 und 500 v. Chr. aufgestellt wurden, fand man verschiedene Grabbeigaben. Die Dolmen auf der Insel Ganghwa wurden vermutlich auch als Altäre genutzt. Hier findet sich auch der größte aller koreanischen Dolmen. Allein sein Deckstein wiegt rund 50 Tonnen. Obwohl in der Umgebung der Dolmenstätte von Gochang in der Provinz Jeollabuk-do keine Grabbeigaben gefunden wurden, nimmt man an, dass auch sie als Grabstätte dienten. Dolmen wurden in Korea bis in das 3. Jahrhundert v. Chr. aufgestellt. Sie gehören vermutlich zu den ältesten Zeugnissen der in Korea im 1. Jahrtausend v. Chr. vorherrschenden Megalithkulturen.

Prähistoriker vermuten, dass die Dolmen von Ganghwa über Gräbern errichtet und auch als Altäre genutzt wurden.

# Vulkaninsel Jejudo und Lavaröhren

Republik Korea | Jahr der Ernennung: 2007

Drei Stätten und Landschaften auf der südkoreanischen Insel Jejudo gehören zum Weltnaturerbe. An ihnen werden wichtige Phänomene der erdgeschichtlichen Entwicklung sichtbar. Die vor der Südküste Koreas gelegene Insel Jejudo ist im Laufe von rund 1,2 Millionen Jahre durch mehrere Vulkanausbrüche aufgebaut worden. Der mit 1950 Metern höchste Berg Südkoreas, der Schildvulkan Hallasan im Zentrum der Insel, ist ebenso wie das Lavaröhren-System seines östlichen Flankenvulkans Geomunoreum vor schätzungsweise 100 000 Jahren entstanden. Lavaröhren bilden sich, wenn dünnflüssige Lava einen Hang hinunterschießt, die Lava an der Oberfläche des Stromes schneller erkaltet als die in seinem Inneren und einen festen Tunnel bildet, durch den bis zum Verebben des Stroms weiter Lava fließt. Am Hallasan und seinem Flankenvulkan wurden acht Lavaröhren entdeckt, die größte ist 7416 Meter lang und bis zu 23 Meter breit. Das Gebiet um den Vulkan mit seinem Kratersee ist seit 1970 als Nationalpark ausgewiesen. Es bietet zahlreichen bedrohten Tierarten wie dem Sibirischen Reh oder der Bengalkatze einen Lebensraum.

**Azaleenblüte am Vulkan Hallasan (oben).
Unten: Die 7416 Meter lange, 23 Meter breite und 30 Meter hohe Mangjang-gul-Lavaröhre.**

## Shiretoko

Japan | Jahr der Ernennung: 2005

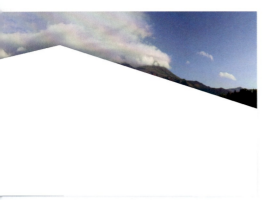

Vor der Küste von Shiretoko wurden insgesamt 223 Fischarten, darunter zehn Lachsarten, sowie 28 Meeressäuger gezählt.

Die Ökosysteme auf der Halbinsel Shiretoko und im sie umgebenden Meer sind aufgrund klimatischer Besonderheiten außerordentlich nährstoff- und artenreich. Kalter Wind aus Sibirien lässt das Meer auf der Nordhalbkugel nirgends so weit südlich zufrieren wie vor der Küste Shiretokos im Nordosten von Hokkaido. Unter der Eisschicht entwickeln sich große Mengen an Phytoplankton, das am Anfang einer langen Nahrungskette steht. Es ist die Nahrungsgrundlage von Krill und anderen winzigen Wassertierchen. Von diesen ernähren sich Schalentiere und kleine Fische, die wiederum von größeren Fischen, Meeressäugern wie Robben und Seelöwen sowie Seeadlern gefressen werden. Zum Laichen schwimmen Lachse und Forellen die Flüsse ins Landesinnere hinauf. Sie sind Nahrung für Braunbären sowie für die vom Aussterben bedrohten Riesenfischuhus und Riesenseeadler. Besonderen Schutzes bedarf der gelb-braune Steller'sche Seelöwe. Für die enorme Produktivität des marinen Ökosystems ist neben anderem auch der unterschiedliche Salzgehalt der Wasserschichten verantwortlich. Diese vermischen sich kaum, weil ins Ochotskische Meer keine großen Flüsse münden.

## Buchenwald von Shirakami-Sanchi

Japan | Jahr der Ernennung: 1993

Manche Buchen des rund 170 Quadratkilometer großen Welterbes im Norden der Insel Honshu sind mehr als 200 Jahre alt.

Einer der letzten zusammenhängenden Buchen-Urwälder Ostasiens ist ein Symbol für die Bewahrung des natürlichen Lebensraums im dicht besiedelten Japan. Fast ganz Japan bedeckten einst Urwälder mit der Siebold-Buche als vorherrschender Baumart. Nachdem die meisten Wälder durch Holzeinschlag stark dezimiert worden waren, konnten in den 1980er-Jahren nach langwierigen Auseinandersetzungen die von der Rodung verschonten Bestände im Norden der Insel Honshu unter Naturschutz gestellt werden. Der größte Buchenprimärwald Ostasiens ist ein wichtiges Rückzugsgebiet für die weltweit nördlichste Affenpopulation, den Asiatischen Schwarzbären, den zu den Ziegenartigen gehörenden Japanischen Serau sowie für 87 Vogelarten, darunter den auf der Roten Liste stehenden Schwarzspecht. Im Wald von Shirakami gedeihen zudem über 500 Pflanzenarten, darunter auch seltene Orchideen. Die bis zu 1243 Meter hohe Berglandschaft, in der 15 Flüsse entspringen, ist sehr unwegsam, sodass sich früher höchstens einmal Kräutersammler hierher verirrten. Vom Menschen fast unberührt ist dagegen der zum Welterbe zählende Teil des Urwalds.

# Hiraizumi – Tempel, Gärten und archäologische Stätten des Reinen-Land-Buddhismus

Japan | Jahr der Ernennung: 2011

Das Welterbe erinnert an die Zeit, als Hiraizumi zum »Kyoto des Nordens« aufstieg und zugleich in ein von der eschatologischen Lehre des Reinen Landes (jingtu) inspiriertes buddhistisches Paradies verwandelt werden sollte.

Bis zu 100 000 Einwohner hatte Hiraizumi – heute ein verträumtes Dorf am Mittellauf des den nordöstlichen Teil der japanischen Hauptinsel durchströmenden Kitakami-Flusses – in seiner Blütezeit im 11. und 12. Jahrhundert. Vier Generationen (1090–1189) lang bestimmte damals der Fujiwara-Clan über die Geschicke des von ihm zur Residenzhauptstadt erwählten Orts. In Konkurrenz zu Kyoto sollte Hiraizumi nicht nur kulturell aufblühen und wirtschaftlich prosperieren, sondern auch zu einem geistig-spirituellen Zentrum werden.

Vom Ehrgeiz des Clans, Hiraizumi mithilfe der besten Künstler und Handwerker dieser Zeit in ein regelrechtes buddhistisches Paradies auf Erden zu verwandeln, zeugen heute vor allem die Tempel Chuson-ji und Motsu-ji sowie Reste eines ausgedehnten Paradiesgartens und weitere archäologische Stätten am heiligen Berg Kinkeisan.

**Buddhistische Darstellungen findet man auch im Felsentempel Takkoku-no-Iwaya am heiligen Berg Kinkeisan.**

# Historische Dörfer von Shirakawa-go und Gokayama

Japan | Jahr der Ernennung: 1995

In den Bergen von Honshu wird in drei historischen Dörfern bis heute eine jahrhundertealte Volksarchitektur gepflegt. Ihr Kennzeichen sind große, mehrstöckige Häuser mit steilen Strohdächern. Die ungewöhnlichen Fachwerkhäuser in den Dörfern von Shirakawa-go und Gokayama im Norden der Insel Honshu (Präfekturen Gifu und Toyama) tragen alle mit Stroh gedeckte steile Satteldächer im Gassho-Stil. So ausgestattet, können sie der Schneelast widerstehen – in den langen, harten Wintern fallen regelmäßig zwei bis vier Meter Schnee. Ein weiterer wichtiger Grund für die bis heute fortgeführte traditionelle Bauweise ist die Seidenraupenzucht. Sie erfordert ausreichend überdachten Raum, und dieser findet sich unter den hohen Dächern auf meist zwei bis vier, mitunter auch fünf Zwischenböden. In den Häusern ist Platz für 40 bis 50 Personen.

In den Dörfern von Shirakawa-go und Gokayama zeigt sich eine in Japan einmalige Traditionspflege. Anderswo auf dem Land haben wirtschaftlicher Fortschritt und sozialer Wandel die historisch gewachsene Architektur größtenteils verschwinden lassen, um sie an die modernen Bedürfnisse anzupassen.

**Fast jedes der strohgedeckten Fachwerkhäuser des Dorfes Shirakawa-go ist von Gärten und Feldern umgeben.**

# Schreine und Tempel von Nikko

Japan | Jahr der Ernennung: 1999

Toshogu-Schrein (oben). Unten: Die drei Affen, die nichts Böses hören, sagen und sehen, symbolisieren japanische Zurückhaltung.

Der Rinno-ji-Tempel geht auf das 8. Jahrhundert zurück. Seine »Halle der drei Buddhas« (Sanbutsudo) aus dem Jahr 848 birgt neben zwei Kannon-Figuren auch eine acht Meter hohe Statue des Amida-Buddha. Im chinesisch beeinflussten Toshogu-Schrein liegt Tokugawa Ieyasu (1543–1616) begraben, der mit dem Shogunat die 268-jährige Herrschaft seiner Dynastie über Japan begründete. Das Mausoleum, an dessen Fertigstellung rund 15 000 Handwerker und Künstler beteiligt gewesen sein sollen, wurde 1634 bis 1636 nach den Vorgaben Ieyasus von seinem Enkel Iemitsu erbaut. Der Unterschied zu den schlichten Bauten der machtlosen Kaiser im fernen Kyoto hätte nicht größer sein können. Drei prächtige Tore, Niomon, Kara-mon und Yomei-mon, markieren den Schreinbezirk. Seine rot lackierten und von bedeutenden Künstlern des Landes ausgestatteten Bauten, die sich den Besuchern in drei Höfen präsentieren, vereinen Elemente der beiden japanischen Hauptreligionen, des Buddhismus und des Shintoismus. Die rot und golden lackierte fünfstöckige Pagode sowie der Trommelturm und der zwölf Meter hohe Glockenturm überragen den Bezirk.

# Fudschijama

Japan | Jahr der Ernennung: 2013

Der Vulkan Fudschijama ist allen in Japan vertretenen Religionen heilig. Im Lauf der Zeit entstanden an seinen Hängen Hunderte von Schreinen und geweihten Bezirken. Dass der heilige Berg der Japaner im Deutschen »Fudschijama« genannt wird, beruht wohl auf einer Fehlinterpretation der japanischen Schriftzeichen. Die Japaner selbst nennen ihn »Fuji-san«, wobei die Nachsilbe -san »Berg« bedeutet. Der Fuji ist mit 3776 Metern Höhe der höchste Berg Japans. Zudem gilt er dank seiner regelmäßigen Kegelform als einer der schönsten Berge der Welt. Viele Dichter und bildende Künstler ließen sich vom heiligen Berg Japans inspirieren. Am berühmtesten ist Hokusais Reihe von Farbholzschnitten mit dem Titel »36 Ansichten des Berges Fuji« (um 1830). Durch sie wurde der Vulkan zur international anerkannten Ikone Japans. Die Drucke hatten einen großen Einfluss auf die moderne Kunst des Westens. Das Kulturerbe setzt sich aus insgesamt 25 Stätten zusammen, die die heilige Landschaft des Fuji repräsentieren. Dazu gehören Pilgerrouten, Schreine, Unterkünfte und natürliche Landschaftselemente wie Wasserfälle und Seen, die als heilig verehrt werden.

**Der Fuji brach zuletzt am 16. Dezember 1707 aus. Bei dem rund zwei Wochen dauernden Ausbruch bildete sich ein zweiter Gipfel.**

# Stätten der Seidenspinnerei in Tomioka

Japan | Jahr der Ernennung: 2014

Die historische Fabrik in der Präfektur Gunma rund 100 Kilometer nord-westlich von Tokio ist ein Symbol für Japans Wandel von einem Land mit feudalen Strukturen zu einem modernen Industriestaat.

Errichtet wurde die Anlage 1872 auf Veranlassung der japanischen Regierung, im fünften Jahr der Meiji-Ära, als Japans Aufbruch in die Moderne begann. Als Modellfabrik nach westlichem Vorbild umfasste sie neben der Seidenspinnerei und einer Seidenraupenfarm mit angeschlossenem Kühlhaus zur Lagerung der Seidenraupeneier auch eine Schule, in der die Arbeitskräfte in die neuen Techniken eingewiesen wurden. Sie sollten ihr Wissen im ganzen Land verbreiten und dadurch die Industrialisierung beschleunigen helfen. Trotz des Einsatzes modernster Fabrikationssysteme wurden beim Bau Elemente der traditionellen japanischen Architektur verwendet. Die gelungene Symbiose von japanischen Bauformen und westlicher Technologie gilt als weltweit einmalig. Mehr als 100 Jahre lang produzierte die Fabrik Seide von höchster Qualität. Erst im Jahr 1987 wurde sie stillgelegt und in ein Museum umgewandelt.

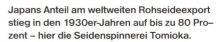

**Japans Anteil am weltweiten Rohseideexport stieg in den 1930er-Jahren auf bis zu 80 Prozent – hier die Seidenspinnerei Tomioka.**

# Baudenkmäler und Gärten der Kaiserstadt Nara

Japan | Jahr der Ernennung: 1998

Die Tempel und Schreine der ersten dauerhaften Kaiserresidenz markieren den Beginn des aristokratischen Zeitalters und den ersten Höhepunkt der buddhistischen Kunst in Japan.

Gleich dem chinesischen Vorbild, der Tang-Metropole Chang'an, wurde die neue japanische Hauptstadt Nara in nur vier Jahren schachbrettförmig angelegt. Im Norden lag ein gewaltiger Kaiserpalast, in dem bis zum Ende der Nara-Zeit (710–794) sieben Kaiser residierten. Von dort aus teilte eine nach Süden führende breite Magistrale die Stadt in zwei gleiche Rechtecke. Auch die erst kurz zuvor in Japan eingeführten buddhistischen Schulen errichteten hier Tempelanlagen und Klöster. Der im Jahr 710 gegründete Kofuku-Tempelbezirk wurde bis ins 11. Jahrhundert kontinuierlich ausgebaut. Die dreistöckige Pagode (1143) des Kofuku-ji zählt wegen ihrer harmonischen Proportionen zu den schönsten Japans.

Im Bezirk des Todai-ji (ab 728), des Zentrums der einflussreichen Kegon-Sekte, steht eines der größten Holzgebäude der Welt. Die Halle des Großen Buddha (Daibutsu) hat gewaltige Dimensionen: 58 Meter lang, 51 Meter breit, 49 Meter hoch.

**Todai-ji-Tempel (oben). Unten: Der Daibutsu, eine gigantische Buddhastatue aus Goldbronze, zählt zu den Höhepunkten von Nara.**

# Buddhistische Heiligtümer von Horyu-ji

Japan | Jahr der Ernennung: 1993

Zu dieser Tempelanlage gehören die ältesten erhaltenen Holzbauten der Welt sowie eine große Zahl mehr als 1000 Jahre alter sehr kostbarer Bildwerke. Horyu-ji, zehn Kilometer südwestlich der alten Kaiserstadt Nara, geht auf die Frühzeit des Anfang des 7. Jahrhunderts zur Staatsreligion erhobenen japanischen Buddhismus zurück. Im Jahr 607 wurde auf Geheiß des Prinzregenten Shotoku (573–621) mit dem Bau begonnen. Die sich am chinesischen Vorbild orientierende ursprüngliche Tempelanlage brannte 670 fast vollständig nieder. Bis etwa 710, dem Beginn der Nara-Zeit, entstanden dann jene Gebäude, die heute als die ältesten Holzbauwerke der Welt gelten: die Haupthalle (»Goldene Halle«), die fünfstöckige Pagode, das Mittlere Tor und die sich daran anschließende Galerie. Sechs Figuren in der Haupthalle stammen vermutlich noch aus dem abgebrannten Vorgängerbau. Sie wären damit die ältesten erhaltenen Skulpturen dieser Art in Japan. Wichtigste Kultstätte der buddhistischen Tempelanlage ist die »Goldene Halle«. Schon im 8. Jahrhundert wurde Horyu-ji erweitert. Insgesamt zählen 48 Gebäude zum Welterbe, elf sind älter als 1100 Jahre.

**Zu den Kostbarkeiten von Horyu-ji gehören vergoldete Holzplastiken, die Buddha und Schutzgeister darstellen.**

# Heilige Stätten und Pilgerwege in den Kii-Bergen

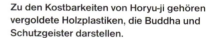

Japan | Jahr der Ernennung: 2004

Die Kii-Berge mit ihren drei heiligen Stätten Yoshino und Omine, Kumanosanzan sowie Koyasan sind seit 1200 Jahren Wallfahrtsort. Hier vermischt sich die religiöse Tradition des japanischen Shintoismus, der in der Verehrung göttlicher Naturkräfte wurzelt, mit dem Buddhismus. Die untereinander und mit den Kaiserstädten Nara und Kyoto über Pilgerwege verbundenen Kultststätten bilden mit den Nadelwäldern, den Bächen, Flüssen und Wasserfällen eine untrennbare Einheit. Tempel- und Klostergebäude sind verstreut angeordnet, je nach den natürlichen Gegebenheiten der umliegenden Landschaft. An dunkleren Stellen der gewaltigen Zedernwälder und in den Tempeln sollen Furcht einflößende Wächterfiguren böse Geister und Dämonen fernhalten. DdKoyasan geht auf den Priester Kukai zurück, der sich im Jahr 816 in die abgeschiedene Bergregion zurückzog, wo er eine Synthese zwischen dem einheimischen Shintoismus und dem im 6. Jahrhundert aus Korea und China übernommenen Buddhismus fand. So entstand die Shingon-Sekte (»wahres Wort«) mit heute etwa fünf Millionen Anhängern und einigen Tausend Tempeln in ganz Japan.

**Der Kumano-Nachi-Schrein auf dem Pilgerweg zur heiligen Stätte Kumanosanzan, einer der drei heiligen Stätten in den Kii-Bergen.**

# Baudenkmäler und Gärten der Kaiserstadt Kyoto

Japan | Jahr der Ernennung: 1994

Die alte Kaiserstadt war mehr als 1000 Jahre lang Zentrum der klassischen japanischen Adelskultur. Davon zeugen Tempel, Schreine, Paläste und Gärten von einzigartiger Schönheit.
Zu diesem Welterbe zählen 17 Stätten in Kyoto, Uji und Otsu: drei Shinto-Schreine, 13 buddhistische Klöster, teils als Adelspaläste gegründet und deshalb meist mit Gartenanlagen versehen, sowie das Schloss Nijo-jo. Es wurde ab 1601 als Repräsentanz des Shogunats erbaut. Hier wohnten die Tokugawa-Shogune bei ihren Besuchen in Kyoto. Das prunkvolle Nijo-jo stellt einen ästhetischen Gegenpol zu den vom Geist des Zen-Buddhismus geprägten Gärten und Teepavillons dar. Dazu gehören der um 1340 angelegte Moosgarten des Saiho-ji- oder Kokedera-Tempels und der Steingarten des Ryoan-ji-Tempels. Hier liegen in einem geharkten Kiesbett über eine Fläche von 300 Quadratmetern verteilt 15 Findlinge. Ebenso schlicht in ihrer Bauweise sind die strohgedeckten Shinto-Schreine. In der Amida-Halle des Byodo-in (10/11. Jahrhundert) von Uji befindet sich eine berühmte, aus Holz gefertigte und mit Blattgold belegte Statue des Amida-Buddha.

**Die Haupthalle des Kiyomizu-dera (oben). Rechts: Der Goldene Pavillon in der Kaiserstadt Kyoto wurde im Jahr 1394 errichtet.**

# Adelssitz Himeji-jo

Japan | Jahr der Ernennung: 1993

Das größte der 83 Gebäude ist der mächtige Hauptturm (beide Abbildungen) mit seinen verschachtelten Dachvorsprüngen.

Die größte und am besten erhaltene japanische Burg aus den Anfängen des Tokugawa-Shogunats ist Funktion, Form und Ästhetik gleichermaßen verpflichtet. Nach einem Jahrhundert der Bürgerkriege boomte in Japan der Burgenbau. Gleichzeitig Festung und Schloss, waren die Anlagen Ausdruck der neuen politischen Ordnung im Zeichen des Tokugawa-Shogunats (ab 1600). Der Bauherr der Himeji-Burg 50 Kilometer westlich von Kobe war ein Vasall des Tokugawa Ieyasu. Zentrum und architektonisches Glanzstück der von einem Graben und einer Ringmauer geschützten 22 Hektar großen Anlage ist der außen sechs- und innen siebengeschossige Turm. Die Innenräume sind ganz in Holz ausgeführt. Zum Schutz vor Feuerangriffen wurden die Wände oberhalb des mächtigen Natursteinsockels verputzt. Verteidigungs- und Repräsentationszwecke stehen hier in ausgewogenem Verhältnis zueinander. Dies zeigt sich an den runden und drei- und viereckigen Formen verspielt wirkenden Schießscharten; von hier aus erhielten die Zugangswege zu den Burgtoren wirksamen Flankenschutz. Auch die dekorativen Eisenbeschläge der Tore vereinen Schutzfunktion und Ästhetik in idealer Weise.

# Friedensdenkmal in Hiroshima

Japan | Jahr der Ernennung: 1996

Die »Atombombenkuppel« erinnert an den ersten militärischen Einsatz einer Kernwaffe. Sie ist Symbol für eine neue Dimension von Zerstörung und ein Mahnmal für den Frieden. Der 6. August 1945 veränderte die Welt. Um das Japanische Kaiserreich im Zweiten Weltkrieg zur bedingungslosen Kapitulation zu zwingen, entschlossen sich die USA zum Einsatz einer neu entwickelten Waffe. Die erste Atombombe, »Little Boy«, abgeworfen vom B29-Bomber »Enola Gay«, explodierte 570 Meter über dem Zentrum der Hafenstadt Hiroshima. Im Umkreis von vier Kilometern wurde alles vernichtet. 90 000 bis 200 000 Zivilisten, darunter Tausende koreanische Zwangsarbeiter, fanden den Tod. Die zweite über Japan abgeworfene Atombombe traf drei Tage später, am 9. August, Nagasaki; hier starben 25 000 bis 75 000 Menschen. Unermesslich groß waren die Qualen der von radioaktiver Strahlung gezeichneten Überlebenden (Hibakusha). Bis in die Gegenwart sterben Menschen als Spätfolge des Kernwaffeneinsatzes. Die einstige Industrie- und Handelskammer von Hiroshima ist ein Symbol für die Gräuel des modernen Krieges, der durch die Entfesselung der Kernkraft eine neue Dimension erreicht hat.

**Die ehemalige Ausstellungshalle in Hiroshima mit ihrer ausgebrannten Kuppel ist inzwischen eine Gedenkstätte (beide Abbildungen).**

# Shinto-Schrein von Itsukushima

Japan | Jahr der Ernennung: 1996

**Fünfstöckige Pagode (oben) und rotes Torii aus Kampferholz vor der Insel Miyajima (unten) – hier im Abendlicht gelblich strahlend.**

Der gleichsam über dem Wasser schwebende Schreinkomplex, vor der Insel Miyajima gelegen, verkörpert in großer Vollkommenheit die Verehrung der göttlichen Natur im Shintoismus. Dieser den drei Töchtern des Sturmgottes geweihte Schrein soll der Legende nach im Jahr 593 errichtet worden sein. Das stimmt vermutlich, denn die Insel Miyajima oder Itsukushima war schon seit frühester Zeit ein heiliger Bezirk und durfte bis zum 11. Jahrhundert nur von Priestern betreten werden. Auch wenn die Hauptgebäude aus den Jahren 1556 bis 1571 stammen, wahrt die Gesamtanlage mit ihrer leuchtenden Bemalung den Stil der Heian-Zeit (8.–12. Jahrhundert). Acht größere und mehrere kleine Gebäude wurden auf Stelzen im flachen Wasser errichtet und durch Galerien miteinander verbunden; weitere Gebäude an Land bildeten den »Äußeren Schrein«. 1875 kam das 16 Meter hohe Torii hinzu, das »Eingangstor« zum heiligen Bezirk. Dieses achte Tor im Schrein von Itsukushima, 175 Meter vor der Küste im Meer stehend, vervollkommnet die große Harmonie ausstrahlende Szenerie. Nicht zuletzt deshalb gehört das Torii zu den berühmtesten Bauwerken Japans.

# Silbermine Iwami-Ginzan

Japan | Jahr der Ernennung: 2007

Das Welterbe umfasst neben den Resten der Silbermine auch die umgebende Kulturlandschaft mit Bergbausiedlungen und Silberschmelzen vom 16. bis 20. Jahrhundert, ferner die beiden Transportwege, auf denen das Erz zur Küste gelangte, um nach Korea und China verschifft zu werden. Als Erster beutete der japanische Kaufmann Kamiya Jutei um das Jahr 1530 die Silbervorkommen im Südwesten der Insel Honshu aus. Er genoss den Schutz der Familie Ouchi, die damals die Region Iwami kontrollierte und ihr Geld im Korea- und Chinahandel verdiente. Zwei Jahrhunderte lang florierte der Silberexport. Im 17. Jahrhundert erreichte die Jahresproduktion mit 1000 bis 2000 Kilogramm reinem Silber ihren Höhepunkt. Danach ging die Ausbeute immer mehr zurück. Mitte des 19. Jahrhunderts betrug die jährliche Förderung nur noch 100 Kilogramm. 1923 wurde die Iwami-Ginzan-Mine geschlossen. Das Welterbe besteht aus 14 Stätten. Dazu gehören die archäologischen Reste von Gruben, Schächten, Schmelzöfen und Bergbausiedlungen, ferner Festungsanlagen, Transportrouten samt Schreinen, Tempeln und Grabdenkmälern am Rand sowie die drei Hafenstädte.

Reiche Vorkommen, der hohe Stand der Fördertechnik und feste Handelsbeziehungen machten den großen Erfolg der Mine aus.

# Stätten der industriellen Revolution in der Meiji-Zeit

Japan | Jahr der Ernennung: 2015

Das Welterbe umfasst 23 Industriebauten, die als Denkmäler der industriellen Revolution in Japan gelten. In der zweiten Hälfte des 19. Jahrhunderts wandelte sich das Inselreich binnen Jahrzehnten von einem Feudalstaat zu einem modernen Industrieland, das Anschluss an die technologische Entwicklung des Westens fand. Bis in die Mitte des 19. Jahrhunderts war Japan ein von der Welt abgeschottetes Land, in dem die Shogune alle Macht in Händen hielten. Erst nachdem ein amerikanisches Flottengeschwader 1853 die Öffnung des Hafens von Yokohama für den internationalen Handel erzwang, änderte sich dies. Unter dem Eindruck der technischen und militärischen Überlegenheit des Westens rebellierte der Adel gegen den Shogun und gab dem Kaiser seine alte Macht zurück. Unter dem Tenno Mutsuhito (reg. 1868–1912), dessen Regierungsmotto »Meiji« (aufgeklärte Herrschaft) der Epoche den Namen gab, wurden Staat und Gesellschaft umfassend reformiert und Kontakte zum Westen zugelassen. Am Ende der Regierungszeit des Meiji-Tennos war die Industrialisierung abgeschlossen. Japan war zu einem Staat nach westlichem Muster und zu einer imperialen Großmacht geworden.

Mithilfe des aus dem Ausland importierten technischen Know-hows gelang dem feudalen Japan der Aufbau neuer Industrien.

# Zedernwald von Yakushima

Japan | Jahr der Ernennung: 1993

Der Feuchtwald Jomonsugi mit seinen Japanmakaken (oben) und den imposanten Japanischen Zedern (unten).

Japanische Zedern mit einem Alter von bis zu 3000 Jahren sind der Schatz eines immergrünen Urwalds auf der Insel Yakushima. Die Granitinsel 60 Kilometer vor der Südspitze von Kyushu ragt bis zu 1935 Meter über dem Meeresspiegel auf. Jahresniederschläge von bis zu 10 000 Millimetern pro Quadratmeter und Klimazonen, die von der subtropischen Küste bis zur alpinen Bergregion reichen, lassen hier etwa 1900 Pflanzenarten gedeihen. In der mittleren, warm-gemäßigten Zone wächst ein unwegsamer Primärwald mit uralten Japanischen Zedern oder Sicheltannen. Der nur entfernt mit der Libanonzeder verwandte und zu den Zypressengewächsen gehörende Nadelbaum wird bis zu 40 Meter hoch und liefert ein traditionell beliebtes japanisches Bauholz. Bis in die 1960er-Jahre hinein spielte daher auf Yakushima die Forstwirtschaft eine wichtige ökonomische Rolle. Dann wurde ein Drittel der Insel zum Nationalpark erklärt. Der wichtigste Grund hierfür war die große Zahl eindrucksvoller Baumriesen. Das berühmteste Exemplar, die Jomon-Zeder, wurde erst im Jahr 1966 entdeckt. In Brusthöhe hat ihr Stamm einen Umfang von 16 Metern; ihr Alter wird auf etwa 3000 Jahre geschätzt.

# Archäologische Stätten des Königreichs der Ryukyu-Inseln

Japan | Jahr der Ernennung: 2000

Vom 12. bis 17. Jahrhundert waren die Inseln ein selbstständiges Königreich, das durch Handel mit Japan, China, Korea und Südostasien zu Wohlstand gelangte.

Sichtbares Zeichen des Reichtums waren die »Gusuku« genannten Burgen auf der Hauptinsel Okinawa. Im südlichen Teil wurde zwischen 1237 und 1248 nahe dem heutigen Naha auf einem Hügel namens »Shuri« die erste mächtige Burg errichtet. Shuri war das erste Zentrum der politisch nun vereinten Inselgruppe. Hier residierte der König. Anfang des 14. Jahrhunderts zerfiel das Königreich für 100 Jahre in drei Teilreiche, deren Herrscher sich eigene Burgen bauten. Shuri war Vorbild für eine Reihe weiterer Burgen, die sich die Ryukyu-Fürsten im frühen 14. Jahrhundert erbauen ließen: Nakijin, Ozato, Katsuren und als größte Nakagusuku.

Heute meist nur noch Ruinen, sind die einstigen Gusuku Belege für das hohe Niveau der einheimischen Bautechnik und Steinmetzkunst. Seine Selbstständigkeit verlor das Königreich Ryukyu, als im Jahr 1609 ein japanisches Heer die Inselgruppe eroberte.

**Die wiederaufgebaute Shuri-Burg (auch Schloss Suri genannt) diente bis zum Jahr 1879 als Königsresidenz.**

# Ogasawara-Inseln

Japan | Jahr der Ernennung: 2011

Die rund 1000 Kilometer südöstlich der japanischen Hauptinsel Honshu gelegenen Inseln sind aufgrund ihrer Isolation ein bis heute weitgehend archaisch anmutendes Refugium der Natur. Nur zwei der mehr als 30, sich von Nord nach Süd auf einer Länge von 400 Kilometern erstreckenden, eine Fläche von 79,4 Quadratkilometern bedeckenden Inseln, Chichi-jima und Haha-jima, sind bewohnt; hinzu kommen rund 400 auf Iwojima stationierte US-Soldaten. Entstanden ist der Archipel vor 48 Millionen Jahren durch tektonische Verschiebungen und Vulkanismus. Subtropisches Klima und häufiger Nebel auf einigen der Inseln begünstigen das Wachstum seltener Epiphyten: »Aufsitzer« genannte Gewächse, die auf anderen Pflanzen wachsen, ohne diesen Nährstoffe zu entziehen oder mit dem Erdboden Kontakt zu haben (stattdessen speichern sie das Wasser in eigens dafür entwickelten Organen). Mehr als 400 endemische Pflanzenarten wurden dokumentiert; hinzu kommen fast 200 gefährdete Vogelarten, 1400 Insekten- und viele seltene Echsenarten. Ein Viertel der auf den Inseln vorkommenden Schlangen ist endemisch, ebenso der einzige hier lebende Landsäuger, der Bonin-Flughund.

**Von 1951 bis 1968 standen die Inseln unter US-amerikanischer Verwaltung, seit 1972 werden sie als Nationalpark geschützt.**

# Historische Städte der Pyu

Myanmar | Jahr der Ernennung: 2014

Zitadellen, buddhistische Stupas und Grabstätten umgeben von den Ruinen der Stadtmauern zeugen vom vergangenen Glanz der Pyu-Stadtstaaten Halin, Beikthano und Sri Ksetra. Die archäologische Ausgrabungsstätte vermittelt einen guten Eindruck vom Leben und Wirken einer der ersten Hochkulturen Südostasiens; den Pyu, deren Königreiche mehr als tausend Jahre lang die Kultur Myanmars bestimmten. Die ersten Stadtgründungen der Pyu werden auf das Jahr 200 v. Chr. datiert. Charakteristisch ist der runde oder auch rechteckige Grundriss der Städte, die jeweils von einer Stadtmauer aus Ziegelsteinen eingefasst wurden. Ein ummauerter Palastbezirk bildete das Zentrum. Sri Ksetra, die mächtigste Stadt der Pyu, umfasste ein Gebiet von rund 1477 Hektar. Die Städte genossen größtmöglichste Autonomie und wurden von einem König regiert. Bis heute erhalten blieben neben den Palästen vor allem sakrale Bauten: Klöster, buddhistische Stupas und Grabstätten, von denen einige mit Wächterfiguren und Wandmalereien geschmückt waren. Manche der Bauten lassen Rückschlüsse auf das Bewässerungssystem der Pyu zu, mit dem sie in Ebene Landwirtschaft betrieben.

Auch diese Stupa in Sri Ksetra ist ein Zeugnis der – ab 900 n. Chr. von einwandernden Burmesen vertriebenen – Pyu.

# Archäologische Denkmäler von Ban Chiang

Thailand | Jahr der Ernennung: 1992

Ban Chiang ist der bedeutendste prähistorische Fundort Südostasiens. Die Ausgrabungen lieferten Hinweise auf eine hoch entwickelte Kultur, in der Reis angebaut, Keramik verarbeitet und Metall (Bronze und Eisen) hergestellt wurde. In Ban Chiang, einem Dorf auf dem Khorat-Plateau im Nordosten Thailands, stieß Mitte der 1960er-Jahre ein amerikanischer Student auf über 3000 Jahre alte bemalte Tonscherben. Systematische Grabungen ab 1972 förderten eine ungewöhnlich hoch entwickelte Keramikkultur zutage, die, heute in drei Perioden eingeteilt, 3. Jahrtausend v. Chr. bis zur Aufgabe der Siedlung um das Jahr 400 n. Chr. bestanden hatte. Umstritten war aber lange Zeit das Alter von Bronzen, die 1974 gefunden wurden. Ließen erste Bestimmungstests eine Bronzeverarbeitung (Werkzeuge und Waffen) um 4500 v. Chr. möglich erscheinen, geht man heute davon aus, dass diese wohl frühestens auf das Jahr 2000 v. Chr. zu datieren ist. Ferner zeigten die Ausgrabungen, dass der Reisanbau auf bewässerten Feldern sowie die Schweine- und Hühnerzucht die Lebensgrundlage der Menschen gebildet hatten. Für die Reiskultivierung wurden damals sogar schon domestizierte Wasserbüffel genutzt.

In Ban Chiang stieß man beim Tempel Wat Pho Sri Nai auf Keramik und menschliche Knochen aus prähistorischer Zeit.

# Ruinen von Sukhothai

Thailand | Jahr der Ernennung: 1991

Die Hauptstadt des ersten thailändischen Königreichs des Landes, gilt als Wiege der thailändischen Nation sowie ihrer Kunst und Kultur. Mit in das Welterbe aufgenommen wurden die historischen Parks der von den Sukhothai-Herrschern gegründeten Städte Si Satchanalai und Kamphaeng Phet. Im 13. Jahrhundert schüttelten die Thai die Vorherrschaft der kambodschanischen Khmer ab. Im Zuge deren Vertreibung (1238) entstand aus einem Stadtstaat im Süden des Thai-Siedlungsgebiets unter König Sri Indraditya das Reich von Sukhothai. Sein Sohn Ramkhamhaeng (reg. um 1279–1298) dehnte das Herrschaftsgebiet bis Luang Prabang im Norden (Laos) und bis zur Malaiischen Halbinsel im Süden aus. Von der Größe der ersten siamesischen Hauptstadt zeugt der heutige Sukhothai Historical Park. Den starken Einfluss der Khmer verraten noch die frühen Bauten wie die Tempel San Ta Pha Daeng und Wat Si Sawai. Bald entwickelte Sukhothai einen eigenen Stil, wie er im Wat Mahathat, der zentralen Anlage des Parks, deutlich wird. Den weichen und eleganten Sukhothai-Stil mit den schlanken Buddhastatuen repräsentiert in besonderer Weise der sitzende Kolossalbuddha des Wat Si Chum.

**Der sitzende Kolossalbuddha Phra Achana (oben). Unten: Monumentale Buddhafigur im Wat Mahathat.**

Thailand | **Asien**

# Ruinen von Ayutthaya

Thailand | Jahr der Ernennung: 1991

Die Hauptstadt des zweiten Thai-Reiches wurde um das Jahr 1350 gegründet. Sie ist ein Freilichtmuseum buddhistischer Hochkultur. Vom einstigen Glanz des auf einer Flussinsel gelegenen Ayutthaya zeugen heute noch viele Tempel, Klöster, Paläste und Monumentalskulpturen. »Die Unbezwingbare«, so die Übersetzung des Namens »Ayutthaya«, war in ihrer Glanzzeit eine Millionenmetropole mit 375 Klöstern und Tempeln, rund 100 Stadttoren und 29 Festungen. Ganz unbezwingbar war die Vielgepriesene aber nicht: 1767 unterlag sie dem Ansturm der Birmanen. Die Eindringlinge zerstörten die Stadt und töteten oder versklavten ihre Bewohner. Als Residenz von 33 Königen war Ayutthaya mehr als 400 Jahre lang der politische und kulturelle Mittelpunkt eines Großreichs, das als Erbe von Angkor fast das ganze südostasiatische Festland umfasste. Die bedeutendsten Baudenkmäler, darunter die Tempelanlagen Wat Phra Si Sanphet, Wat Mahathat und Wat Rajaburana, stehen im Zentrum der Ruinenstadt. In Ayutthaya wird Buddha in Form ungezählter Statuen verehrt. Dabei werden vier klassische Körperhaltungen unterschieden: stehend, schreitend, sitzend und liegend.

**Ein steinerner Buddhakopf in den Wurzeln eines Baumes (oben). Rechts: Dutzende von Buddhafiguren kennzeichnen die Tempelruinen.**

# Wildreservat Thung Yai-Huai Kha Khaeng

Thailand | Jahr der Ernennung: 1991

Die beiden Naturschutzgebiete Thung Yai und Huai Kha Khaeng im Westen Thailands bilden mit einer Gesamtfläche von 6100 Quadratkilometern eines der größten Wildreservate Südostasiens.

Im 250 bis 1800 Meter hohen, von Flüssen und Bächen durchzogenen Bergland an der Grenze zu Myanmar (Birma) wechseln sich savannenartige Hochflächen (Thung Yai) mit dichten, vor allem mit Bambus, aber auch mit Tropenhölzern wie Teak bestandenen Wäldern ab. Beide Schutzgebiete wurden bewusst nicht zu Nationalparks erklärt, da man sie in diesem Fall für Besucher hätte öffnen müssen, wie dies etwa bei den Nationalparks südlich und östlich des Sri-Nakharin-Stausees der Fall ist. Thung Yai und Huai Kha Khaeng dürfen deshalb nur mit Sondererlaubnis betreten werden. Daher haben unter den wachsamen Augen von Wildhütern auch große Säugetiere wie Tiger und Leoparden, Nebelparder, Elefanten, Bären, Tapire, Schweinshirsche, Schabrackentapire und der Gaur die Chance, nahezu unbehelligt vom Menschen zu überleben. Allerdings darf hier in begrenztem Umfang Tropenholz geschlagen werden.

In den Grasländern und immergrünen Wäldern des Schutzgebiets lebt auch der Rothund (Cuon alpinus) oder Asiatische Wildhund.

# Waldgebiet Dong Phayayen-Khao Yai

Thailand | Jahr der Ernennung: 2005

Der mehr als 6000 Quadratkilometer große Tropenwald ist ein ökologisch wertvolles Rückzugsgebiet für gefährdete Säugetiere, Vögel und Reptilien. Das Waldgebiet in der rauen Hügel- und Berglandschaft zwischen 100 und 1350 Meter Meereshöhe erstreckt sich im Süden des Khorat-Plateaus bis zur Grenze zu Kambodscha. Es besteht aus den vier Nationalparks Khao Yai, Thap Lan, Pang Sida und Ta Phraya sowie dem Wildreservat Dong Yai. Mehrere Vegetationszonen, vom Regenwald bis zum Busch- und Grasland, bieten Lebensraum für 800 Tierarten.

Im Gebiet von Dong Phayayen-Khao Yai leben fast 400 Vogelarten, darunter vom Aussterben bedrohte Kupfertauben, Seidenpirole, Ährenträgerpfaue und Maskenrallen. Zu den weltweit gefährdeten Säugetieren gehören wilde Indische Elefanten – die größten Bestände mit rund 200 Tieren hat Khao Yai – und diverse Raubkatzenarten. Hierzu zählen die Bengalkatze, der Nebelparder, der Tiger und die mit ihm verwandte, aber nur hauskatzengroße Marmorkatze und die Asiatische Goldkatze; Letztere ist wegen der Rodung des Regenwaldes anderswo so gut wie ausgestorben.

Von den vier Nationalparks, die diese Welterbestätte bilden, ist der Nationalpark Khao Yai am besten erschlossen.

# Luang Prabang

Laos | Jahr der Ernennung: 1995

In Luang Prabang verbinden sich buddhistische Tradition und laotische Architektur mit dem europäischen Kolonialstil des 19. und 20. Jahrhunderts zu einem einzigartigen Mosaik.
Mehr als jede andere Stadt verkörpert Luang Prabang das traditionelle Laos. Auch wenn die politische Macht seit der französischen Kolonialzeit von Vientiane (Wiang Chan) ausging, ist Luang Prabang immer noch kultureller Mittelpunkt des Landes. Den Namen erhielt die Stadt an der Mündung des Nam Khan in den Oberlauf des Mekong Ende des 15. Jahrhunderts von der knapp einen Meter großen Buddhastatue Pha Bang aus dem 14. Jahrhundert; für sie wurde eigens ein Tempel errichtet. Als Muong Swa war Luang Prabang damals schon eineinhalb Jahrhunderte lang Zentrum eines von drei Lao-Königreichen, des »Landes der Millionen Elefanten« (Lan Chang). Die alte Residenzstadt birgt auch heute noch viele buddhistische Tempel und Klöster mit großen Kunstschätzen. Die prächtigste Anlage ist der aus dem 16. Jahrhundert stammende Königstempel Wat Xieng Thong. Während die Tempel aus Stein erbaut wurden, bestanden die Profanbauten aus Holz.

**Im Garten des einstigen Königspalastes befindet sich der Tempel Wat Sala Pha Bang, der dem Pha-Bang-Buddha gewidmet ist.**

# Tempelbezirk von Wat Phou und Kulturlandschaft Champasak

Laos | Jahr der Ernennung: 2001

Der Tempelbezirk von Wat Phou ist ein bedeutendes Zeugnis der Khmer-Kultur. Er fügt sich harmonisch in die alte Kulturlandschaft von Champasak ein. Zwischen dem 10. und dem 13. Jahrhundert gehörte Champasak zum Khmer-Reich von Angkor, das seine Herrschaft den Mekong hinauf bis nach Wiang Chan (heute Vientiane) ausdehnte. Damals wurde die Region zwischen dem heiligen Berg Phu Kao und der Ebene planmäßig für den Reisanbau erschlossen; es entstanden Bewässerungssysteme, Tempelanlagen und zwei Städte am Ufer des Mekong. All dies spiegelt bis heute die hinduistische Weltsicht von der Einheit zwischen Universum, Natur und Mensch wider.
Zu diesem Erbe gehört der Tempelbezirk Wat Phou, acht Kilometer vor der Stadt Champasak (auch Bassac) entfernt am Fuß des Phu Kao. Erbaut wurde diese Anlage im 10. Jahrhundert unter dem Angkor-Herrscher Jayavarman IV. als Shiva-Heiligtum. Von den Tempelgebäuden stehen heute nur noch Ruinen. Darüber hinaus gehören zur Welterbestätte die ehemalige Königsstadt Champasak, Überreste der historische Straße nach Angkor Wat, mehrere Ausgrabungsstätten und Tempelanlagen.

**Über 90 steile Stufen führt der Weg von den Tempelruinen am Fuß des Phu Kao zum einstigen Shiva-Heiligtum auf dem Berg.**

# Ruinen von Angkor

Kambodscha | Jahr der Ernennung: 1992

Das mit einer Fläche von rund 400 Quadratkilometern größte Kulturdenkmal Südostasiens ist ein grandioses Zeugnis des Khmer-Reiches. Gründer des Khmer-Reichs war Jayavarman II., der im Jahr 802 den Thron bestieg. Als Gottkönig von Angkor mit absoluter geistlicher und weltlicher Macht war er Mittler zwischen Himmel und Erde. Bis Anfang des 13. Jahrhunderts orientierten sich Khmer-Herrscher am Hinduismus und ließen sich als irdische Inkarnation Shivas verehren, später als Inkarnation buddhistischer Bodhisattvas. Ein Hinweis auf diesen Wechsel findet sich im Bayon-Tempel von Angkor Thom. Dort wurden unter Jayavarman VII. (reg. 1181–1218) 49 Türme errichtet, von denen jeweils vier Meter hohe Monumentalgesichter des Bodhisattva Avalokiteshvara in die vier Himmelsrichtungen blicken. Da ein Tempel nach dem Tod des Gottkönigs immer auch zu dessen Grabmal wurde, musste jeder Khmer-König sich ein neues Heiligtum bauen lassen, sodass ihre Zahl rund um Angkor stetig wuchs. Die mächtigste Anlage ist Angkor Wat, der Tempel von Suryavarman II. (reg. 1113–1150). Unter ihm erreichte die Khmer-Kultur ihren Zenit.

**Diese an den Außenseiten mit Gesichtern des Bodhisattva Avalokiteshvara versehenen Türme (links) sind das Erkennungszeichen des Bayon-Tempels (oben).**

# Tempel von Preah Vihear

Kambodscha | Jahr der Ernennung: 2008

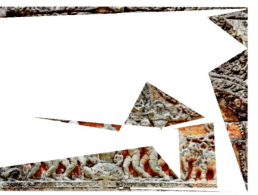

Einige Dreiecksgiebel sind bis heute erhalten geblieben. Hier eine Darstellung von Szenen aus der hinduistischen Mythologie.

Die Geschichte des Tempels reicht bis ins 9. Jahrhundert zurück, als hier eine Einsiedelei stand. Dieser folgte im 11. Jahrhundert eine Tempelanlage, die Shiva, einer der drei hinduistischen Hauptgottheiten, gewidmet ist. Bis zum 12. Jahrhundert wurde sie stetig ausgebaut, letzte Erweiterungsarbeiten fanden unter dem Khmer-König Suryavarman II. (reg. 1113–1145) statt. Von dem auf einer 525 Meter hohen Klippe gelegenen Ensemble bietet sich ein spektakulärer Blick über die kambodschanische Ebene. Der 800 Meter lange Baukomplex ist so am Berghang angelegt, dass Pilger am Ende ihres Aufstiegs über Treppen und Straßen durch fünf Tortürme, sogenannte Gopurams, hindurch das Haupttheiligtum erreichen. Viele Gebäude sind eingestürzt, die erhaltenen Bauteile aber in gutem Zustand. Dreiecksgiebel zeigen Szenen aus dem hinduistischen Mahabharata-Epos, speziell aus der Bhagavadgita. Die territoriale Zugehörigkeit des Tempels ist zwischen Thailand und Kambodscha umstritten. Der Internationale Gerichtshof in Den Haag sprach ihn 1962 Kambodscha zu, doch kommt es hier immer wieder zu bewaffneten Konflikten zwischen beiden Staaten.

# Zentralbereich der Kaiserlichen Zitadelle von Thăng Long

Vietnam | Jahr der Ernennung: 2010

Aktuelle Aufnahme des Nordtores der kaiserlichen Zitadelle des »aufsteigenden Drachens« (Thăng Long).

Die kaiserliche Zitadelle von Thăng Long in der vietnamesischen Hauptstadt Hanoi hat als jahrhundertelang funktionierendes Machtzentrum eine herausragende Bedeutung für die Geschichte des Landes.
Die kaiserliche Zitadelle von Thăng Long wurde im 11. Jahrhundert von den Herrschern der Ly-Dynastie über den Resten eines chinesischen Forts aus dem 7. Jahrhundert als unübersehbares Zeichen der Unabhängigkeit errichtet. Die meisten Gebäude der am Westufer des Roten Flusses (Sông Hòng) gelegenen Zitadelle wurden im späten 19. Jahrhundert von den französischen Kolonialherren teilweise abgerissen. Über ihren Resten erhebt sich der 33 Meter hohe Flaggenturm von Hanoi, ein Wahrzeichen der Stadt, das die Demontage überstand. Nach dem Ende des Indochinakriegs 1954 wurde dort die Flagge Vietnams gehisst. Seitdem ist der in den Jahren 1805 bis 1812 erbaute Turm ein Symbol für das wiedererlangte nationale Selbstbewusstsein. Zu den imposantesten rekonstruierten Relikten der Zitadelle gehören das südliche Tor Doan Mon und das nördliche Tor Bac Mon, mit als Relief ausgeführten Inschriften.

# Bucht von Halong

Vietnam | Jahr der Ernennung: 1994

Die bizarre Insellandschaft im Golf von Tonking im Norden Vietnams besteht aus rund 2000 Eilanden und Kalkfelsen. Wind, Wetter und Gezeiten haben dort ein anmutiges Gesamtkunstwerk entstehen lassen. Die Felsen und Berge zeichnen sich durch große Formenvielfalt aus: Das Spektrum reicht von Pyramiden mit breiter Basis über hoch gewölbte »Elefantenrücken« bis zu schlanken Felsnadeln. Die Menschen haben in der Insellandschaft weniger ein Naturphänomen gesehen als ein mythisches Schauspiel: Ein aus den Bergen (oder aus dem Himmel) »herabgestiegener Drache« (Ha Long) soll das Naturwunder geschaffen haben, als er mit den Schlägen seines mächtigen Schwanzes ein feindliches Invasionsheer vernichtete – oder vielleicht hat ihn auch nur seine Wut getrieben, weil er gestört wurde? In die so entstandenen Furchen und Schluchten schwappte das Wasser, das der Drache verdrängte, als er ins Meer tauchte. Die geologische »Wahrheit« klingt deutlich nüchterner: Nach der letzten Eiszeit hat sich die zum südwestchinesischen Kalksteinplateau gehörende Küstenlandschaft gesenkt und wurde vom Wasser überflutet. Die Erosion formte aus dem Gestein bizarre Kegel.

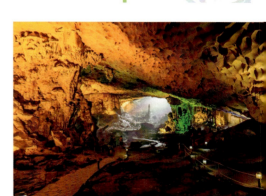

In der Bucht von Halong herrscht reger Schiffsverkehr (unten). Oben: Die Grotte des Himmlischen Palastes (Dong Thien Cung).

# Landschaftskomplex Trang An

Vietnam | Jahr der Ernennung: 2014

Auf den Bootstouren im Delta des Roten Flusses fährt man auch durch teils sehr enge Grotten (beide Abbildungen).

Trang An ist eine südlich von Hanoi im Delta des Roten Flusses (Song Hong) gelegene Karstlandschaft mit spektakulären Sandsteinfelsen, nahezu senkrecht abfallenden Klippen sowie vielen Höhlen, in denen archäologische Spuren von fast 30 000 Jahre alten menschlichen Aktivitäten zeugen.

Als erster von nun insgesamt neun vietnamesischen Welterbestätten wird der Landschaftskomplex Trang An als Natur- und Kulturerbe zugleich geführt. Das geschützte Gebiet umfasst eine Fläche von knapp 72 Quadratkilometern in der Provinz Nin Binh, deren gleichnamige, rund 90 Kilometer südöstlich von Hanoi gelegene Hauptstadt ein guter Ausgangspunkt für die Erkundung der Region ist, idealerweise vom Wasser aus, auf einer der angebotenen zwei- bis dreistündigen Bootstouren. Deren größte Attraktion sind die bis zu 200 Meter hohen Karstfelsen sowie zahlreiche Höhlen und Grotten in der trockenen Ha-Long-Bucht, in Tam Coc (»Drei Höhlen«) und in Hoa Lu. Letzteres ist auch der Name einer ebenfalls zum Welterbe gehörenden Königsstadt (10./11. Jahrhundert), von der allerdings nur noch Fundamentreste des Palastes erhalten sind.

# Zitadelle der Hò-Dynastie

Vietnam | Jahr der Ernennung: 2011

Die Zitadelle wurde 1397 gemäß den Regeln des Feng Shui nach dem Vorbild chinesischer Festungsarchitektur erbaut. Sie gilt als architektonisches Zeugnis einer Epoche in der Geschichte Vietnams, in der traditionelle Herrschaftstechniken um eine konfuzianisch ausgerichtete Verwaltung ergänzt werden sollten. Bauherr der Zitadelle und Begründer der Ho-Dynastie war Ho Quy Ly (1350 bis ca. 1410), vermutlich ein Beamter am Hof »Tran Nghe Tông's« in Thang Long, der seine Stellung durch eine Heirat mit der Tochter des Herrschers sichern konnte und die Macht an sich riss: 1399 lud er seinen Schwager, der 10 Jahre zuvor König geworden war, auf die von ihm erbaute Zitadelle in Vinh Loc in der Provinz Thanh Hoa ein, nahm ihn gefangen und tötete ihn. Auch dessen Nachfolger verdrängte er ein Jahr später vom Thron und rief sich selbst zum neuen Herrscher über Vietnam aus. Unter dem Namen Tay Do (»westliche Hauptstadt«) wurde die Zitadelle in den Jahren 1398 bis 1407 das politische, wirtschaftliche und kulturelle Zentrum des Landes. Ihr Ende fand die kürzeste aller vietnamesischen Dynastien mit dem Einmarsch einer 500 000 Mann starken Armee der chinesischen Ming.

**Erhalten blieben von der Zitadelle im Wesentlichen die Begrenzungsmauern und die vier Eingangstore.**

# Nationalpark Phong Nha-Ke Bang

Vietnam | Jahr der Ernennung: 2003

Das Kernstück des Nationalparks ist ein geologisch sehr vielfältiges tropisches Karstgebiet, das sich seit dem Erdaltertum entwickelt hat und damit zu den ältesten der Welt zählt. 2015 wurde auch die ungeheure Biodiversität des Parks von der UNESCO gewürdigt und dem Welterbe hinzugefügt. Benannt wurde das zum großen Teil von tropischem Regenwald bedeckte Schutzgebiet imDistrikt Minh Hoa im nördlichen Zentralvietnam nach derPhong-Nha-Höhle, der größten und wohl schönsten des Landes. Der Name bedeutet »Höhle der Zähne« und spielt auf die vielen Tropfsteinformationen an. In anderen Höhlen fanden Archäologen Relikte der Cham, einem bis heute in Vietnam lebenden Volk, das vom 7. bis zum 10. Jahrhundert Zentralvietnam kontrollierte. Die Höhlen offenbaren mehr als 400 Millionen Jahre Erdgeschichte. Nach bisherigem Forschungsstand gibt es im Nationalpark 14 endemische Pflanzenarten. Fast 600 Tierarten haben hier ihr Refugium. Unter den 113 Säugetierarten befinden sich viele bedrohte Arten, vor allem Affen. Erst in den 1990er-Jahren entdeckt wurde die Vu-Quang-Antilope, auch »Saola« oder »Vietnamesisches Waldrind« genannt.

**Der Park bietet u.a. dem Südlichen Serau (Capricornis sumatraensis), einer bedrohten Paarhuferart, einen Lebensraum.**

# Monumente der Kaiserstadt Hue

Vietnam | Jahr der Ernennung: 1993

Am frühen Morgen beginnt ein Straßenfeger sein Werk (oben). Unten: Haupttempel der Thien-Mu- oder »Pagode der himmlischen Frau«.

Hue war 1802 bis 1945 die Hauptstadt von Vietnam. Die Architektur der im heutigen Zentralvietnam unweit des Südchinesischen Meers gelegenen einstigen Kaiserstadt, Residenz der Nguyen-Dynastie seit 1687, orientiert sich eng an der traditionellen chinesischen Bautradition. Zum Welterbe gehören Palastkomplexe, Tempel- und Grabanlagen.

Ganz im Stil chinesischer Palastanlagen ließ sich Nguyen Anh, der 1802 das zerstrittene Vietnam wieder vereinigt und als Kaiser Gia Long den Thron bestiegen hatte, eine befestigte Residenz im Zentrum von Hue errichten.

In der Kaiserstadt (Dai Noi) im Süden der Zitadelle lebten der Hofstaat und die Bediensteten. Die »Verbotene Stadt« in ihrem Zentrum war allein dem Herrscher und seiner Familie vorbehalten. Im Unterschied zum Kaiserpalast in Beijing (China) wurde die Anlage in Hue aber nicht in traditioneller Süd-Nord-Ausrichtung, sondern schräg versetzt dazu erbaut. Von der Residenz ist das südliche »Mittagstor« (Ngo Mon) das am aufwendigsten gestaltete Bauwerk. Außerhalb von Hue haben sich sieben Nguyen-Kaiser Grabstätten errichten lassen.

# Altstadt von Hoi An

Vietnam | Jahr der Ernennung: 1999

In Stadtanlage, Häusern und Tempeln überlagern sich asiatische und europäische Einflüsse gleichermaßen. Im Jahr 1516 landeten die ersten Portugiesen an der Küste Vietnams. 1535 wurde in Hoi An der erste portugiesische Handelsposten gegründet. Er entwickelte sich rasch zu einer pulsierenden Stadt. Chinesen und Japaner siedelten sich in der auch »Phai Fu« genannten Stadt an und trieben Handel. Auf die Portugiesen folgten weitere Europäer. Umgeschlagen wurden Porzellan, Lacke, Gewürze und Perlmutt. Jede Nation hatte ihr eigenes Stadtviertel. Selbst als Ende des 17. Jahrhunderts die nach 50-jährigem Bürgerkrieg getrennten vietnamesischen Reiche das Interesse am Handel mit Europa verloren, blieb Hoi An ein wichtiges »Tor zum Westen«. Ende des 18. Jahrhunderts wurden große Teile der Stadt beim Tay-Son-Aufstand zerstört und mussten wieder aufgebaut werden. Durch die zunehmende Versandung verlor Hoi An im 19. Jahrhundert seinen Rang als wichtigste Hafenstadt Vietnams an Da Nang. Dank des wirtschaftlichen Niedergangs ist die Bausubstanz erhalten. Die Altstadt präsentiert sich als Mix europäischer, vietnamesischer, japanischer und chinesischer Architektur.

Die Hafenstadt Hoi An war vom 15. bis zum 19. Jahrhundert ein wichtiger Handelsplatz, ehe im 19. Jahrhundert die Versandung begann.

# Tempelstadt My Son

Vietnam | Jahr der Ernennung: 1999

Das religiöse und kulturelle Zentrum der Cham birgt die ältesten und größten erhaltenen Zeugnisse eines Reiches, das Zentralvietnam fast 1000 Jahre lang bis zum 15. Jahrhundert beherrscht hat. Die Anfänge von Champa gehen auf das späte 2. Jahrhundert n. Chr. zurück, als der Hindu Khu Lien (Sri Mara) gegen die Herrschaft der Han-Dynastie (25–220 n. Chr.) über das Gebiet um die heutige Stadt Hué rebellierte und das Königreich Lam Ap, ausrief. Begleitet von kriegerischen Konflikten mit den Chinesen, entwickelten die lokalen Ethnien, allen voran die Cham, in der Folge eine eigenständische Kultur, die ganz im Zeichen des Hinduismus stand. Unter Bhadravarman I. (380–413), dem ersten, in den Annalen mit seinem Sanskritnamen genannten Cham-König, wurde in My Son ein Shiva geweihter Holztempel erbaut, der 200 Jahr später niederbrannte. Sambhuvarman (577-629) ließ an gleicher Stelle einen Steintempel errichten und begründete damit eine bis ins 13. Jahrhundert währende Bautradition. Nach der Eroberung der letzten Hauptstadt Vijaya 1471 durch die konfuzianischen Vietnamesen ging Champa unter. Heute leben noch zwischen 100 000 und 150 000 cham in Vietnam.

Die Tempeltürme stehen auf einem Sockel und verjüngen sich nach oben. Die Außenseiten gliedern Pilaster, Friese und Götterstatuen.

# Altstadt von Vigan

Philippinen | Jahr der Ernennung: 1999

Die Altstadt von Vigan ist das besterhaltene Beispiel einer spanischen Kolonialstadt in ganz Asien. Im Jahr 1574 gründete der spanische Eroberer Juan de Salcedo die Stadt im Nordwesten der Insel Luzón, die sich rasch zum zweitwichtigsten Handelszentrum der Philippinen entwickelte. Zum Glück blieb die nahezu geschlossen erhaltene koloniale Bausubstanz von Stadtsanierungen späterer Generationen und im Zweiten Weltkrieg von japanischen Luftangriffen verschont. Neben spanischen Kaufleuten hatten sich viele chinesische Händler in Vigan niedergelassen, sodass auch asiatische Baumeister ihre Spuren hinterlassen konnten. Typisch sind die Herrenhäuser mit ihren massiven Ziegelmauern, den gefliesten Innenhöfen, den Balustraden und den charakteristischen dunkel polierten Hartholzböden im Inneren. Um die Plaza Salcedo gruppieren sich einige bedeutende Gebäude der Stadt, wie das neoklassizistische Provincial Capitol Building, die Residenz des Erzbischofs aus dem 18. Jahrhundert und die 1790 bis 1800 errichtete St.-Pauls-Kathedrale. Die dreischiffige Kirche wird an den beiden Toren der Seitenflügel von Steinlöwen bewacht, die chinesischen Wächterfiguren gleichen.

In Vigans sog. Mestizenviertel, in dem viele Chinesen ansässig waren, verbindet sich die spanische mit der chinesischen Architektur.

# Reisterrassen in den philippinischen Kordilleren

Philippinen | Jahr der Ernennung: 1995

Bereits seit 2000 Jahren kultivieren die zu den Igorot zählenden Ifugao Reis auf den smaragdgrünen Terrassen in den Bergen des nördlichen Luzón. Der Nassreisanbau gehört zu den bedeutendsten kulturellen Errungenschaften in der Geschichte Asiens. Eine besondere Kunstfertigkeit hierin erreichten die Ifugao – ein in der gleichnamigen Provinz lebendes indigenes Bergvolk der philippinischen Kordilleren. Das Welterbe umfasst fünf Areale auf der Insel Luzón: zwei in Banaue (Battad und Bangaan) sowie jeweils eines in den Stadtgemeinden Mayoyao, Kiangan (Nacadan) und Hungduan. Sie alle befinden sich im rund 20 Kilometer langen Tal von Banaue, an dessen steilen Berghängen die in mühevoller Handarbeit angelegten Reisterrassen förmlich »kleben«. Diese sind etwa drei Meter breit, durch – aus Geröll aufgeschichtete zehn bis 15 Meter hohe – Steinmauern voneinander abgegrenzt und richten sich in ihrem Verlauf nach den natürlichen Gegebenheiten. Ein raffiniertes System von Bambusrohren, Kanälen und kleinen Schleusen dient der Bewässerung: Damit wird von der obersten Terrasse bis hinab ins Tal jede einzelne Fläche geflutet.

Als »achtes Weltwunder« werden die Reisterrassen in den philippinischen Kordilleren auch bezeichnet.

# Philippinische Barockkirchen

Philippinen | Jahr der Ernennung: 1993

Die spanischen Kirchen auf den Philippinen gelten als einzigartig, weil sich in ihnen europäischer Barock mit lokaler Kunst- und Handwerkstradition zu einer geglückten Synthese verbunden hat. Im buddhistischen und islamischen Umfeld mussten die katholischen Patres mit ihren Kirchen Macht, Größe und Stabilität demonstrieren. Deshalb wirken die Gotteshäuser jener Zeit wie Trutzburgen des Glaubens. Vier von ihnen wurden als Welterbe ausgezeichnet: die Kirche San Agustín im Altstadtviertel Intramuros (»innerhalb der Mauern«) von Manila (Grundsteinlegung 1571), die Kirche La Nuestra Señora de la Asunción in Santa María auf Luzón (1765), die Kirche Santo Tomás de Villanueva in Miagao auf der Insel Panay (1787–1797) und die Kirche San Agustín in Paoay auf Luzón (1694 bis 1710). San Agustín in Manila, die älteste philippinische Steinkirche, überstand selbst den Zweiten Weltkrieg, in dem fast die ganze Altstadt zerstört wurde. Einer wehrhaften Festung gleicht die Kirche La Nuestra Señora de la Asunción in Santa María. Die Kirche Santo Tomás de Villanueva in Miagao hat eine reich ornamentierte Außenfassade, San Agustín in Paoay einen separat stehenden Glockenturm.

**Santo Tomás de Villanueva in Miagao (oben) und die »Mutter aller philippinischen Kirchen« genannte San Agustín in Manila (unten).**

# Naturpark Tubbataha Reef

Philippinen | Jahr der Ernennung: 1993

Taucher erwartet eine faszinierende Unterwasserwelt, zu der auch die Echte Karettschildkröte (oben) und die Süßlippen (unten) gehören.

Das Schutzgebiet mitten in der Sulusee besteht aus zwei ringförmigen Atollen, die für ihre ausgedehnten Korallenriffe berühmt sind. 2009 wurde zum bereits seit 1993 zum Welterbe zählenden »Marinepark Korallenriff Tubbataha« auch der umgebende Naturpark als Schutzzone ausgewiesen. Rund 180 Kilometer vor der Südküste der Insel Palawan ragen zwei kleine, schwer zu erreichende Atolle nur rund einen Meter aus dem Wasser und bieten einer großen Vielfalt von Lebewesen fast ungestörten Lebensraum. So leben hier die selten gewordenen Karett- und die Suppenschildkröten, aber auch Schwalben- und Tölpelarten sowie zahlreiche Korallen, die mit mehr als 40 Arten – darunter Baum- und Lochkorallen – vertreten sind. Das größere Nordriff, auch »Vogelinsel« genannt, bildet ein etwa 16 Kilometer langes, rund 4,5 Kilometer breites Oval, das eine Lagune aus Korallensand umschließt und auf diese Weise einen ideal geschützten Nistplatz für Vögel bildet. Das südliche Atoll ist kleiner und durch einen rund acht Kilometer breiten Meeresarm vom Nordriff getrennt. Es weist mit etwa 380 verschiedenen Fischarten aus mindestens 40 Familien die vielfältigere Unterwasserwelt auf.

# Nationalpark Puerto Princesa Subterranean River

Philippinen | Jahr der Ernennung: 1999

Die Hauptattraktion dieses Nationalparks mit seiner tropischen Karstlandschaft ist der längste schiffbare unterirdische Fluss der Erde, der etwa zwei Kilometer südwestlich des Mount St. Paul entspringt und dann – nachdem er fast den ganzen Weg unterirdisch zurückgelegt hat – bei der St. Paul's Bay wieder zutage tritt. Der Nationalpark befindet sich rund 80 Kilometer nordwestlich von Puerto Princesa, der Hauptstadt der Insel Palawan. Mit am eindrucksvollsten sind die Kalksteinformationen der St. Paul Mountain Range. Höchster Gipfel in einem von Norden nach Süden verlaufenden Kamm abgerundeter Kalksteinberge ist der 1027 Meter hohe Mount St. Paul.

Die landschaftliche Hauptattraktion ist aber der unterirdische Fluss, der sich über eine Länge von rund acht Kilometern erstreckt – mehr als vier Kilometer davon sind schiffbar – und dabei einen Höhlenkomplex von gigantisch anmutenden Ausmaßen geschaffen hat. Die bis zu 60 Meter hohen »Kathedralen«, aber auch kleinere Tropfsteinhöhlen, sind voller riesiger, bizarr gestalteter Stalaktiten und Stalagmiten. Die Höhle endet in einer großen Grotte mit einfallendem Tageslicht.

**Die verkarstete Kalksteinlandschaft des Nationalparks wird durch einen unterirdischen Fluss unterquert.**

# Wildschutzgebiet Mount Hamiguitan

Philippinen | Jahr der Ernennung: 2014

Das in einer der abgeschiedendsten Gegenden der Philippinen gelegene Schutzgebiet zählt zu den wichtigsten Refugien gefährdeter Arten wie des akut vom Aussterben bedrohten Philippinenadlers.

Der 1620 Meter hohe Mount Hamiguitan überragt die Provinz Davao Oriental auf der Insel Mindanao. Das umliegende Gebirge bildet die Wasserscheide zwischen dem Golf von Davao und der Philippinensee, einem Nebenmeer des Pazifischen Ozeans. Seiner geografischen Isolation verdankt das zum Weltnaturerbe erklärte, rund 160 Quadratkilometer große Areal seine enorm hohe biologische Vielfalt und Biodiversität.

So konnten sich in der zunächst im Juli 2004 als Wildschutzgebiet ausgewiesenen Region eine großenteils endemische Flora und Fauna entwickeln. Berühmt sind die Berghänge des Hamiguitan für ihren tropischen, teils über 100 Jahre alten Zwergbaumwald und für seltene, nur im Hochland Mindanaos zu findende Arten fleischfressender Kannenpflanzen. Wissenschaftler vermuten in dem Gebiet noch eine Vielzahl weiterer bislang unentdeckter endemischer Spezies.

**Die kleinen, nachtaktiven Koboldmakis (Tarsiidae) gehören zur Familie der Primaten. Sie leben auf den südostasiatischen Inseln.**

# Melaka und George Town – Historische Städte an der Meeresstraße von Malakka

Malaysia | Jahr der Ernennung: 2008

Mit ihren historischen Bauten spiegeln diese beiden historischen Städte die wechselvolle Kolonialgeschichte von Malaysia wider.

Melaka an der Südwestküste Malay-sias wurde Ende des 14. Jahrhunderts gegründet und entwickelte sich schon bald zu einer lebhaften Handels- und Seefahrerstadt. Unterschiedliche Kolonialmächte – Portugiesen, Holländer, Briten – haben das Stadtbild entscheidend geprägt. Herausragend ist das in den Jahren 1641 bis 1660 entstandene Stadthuys (Rathaus), wo der niederländische Gouverneur Hof hielt. Heute ist es das älteste noch erhaltene holländische Gebäude in Asien und wird als Museum genutzt.

Multikulturell ist die Atmosphäre im etwa 450 Kilometer weiter nördlich auf der Insel Penang gelegenen George Town. Zur Bevölkerung gehören neben Malaien auch Chinesen, Inder, Burmesen und andere Minderheiten. Gebäude im britischen Kolonialstil erinnern daran, dass die Stadt 1786 als britischer Handelsposten gegründet wurde. In der Innenstadt von George Town befinden sich eine Reihe von Moscheen, Kirchen sowie hinduistische und chinesisch-buddhistische Tempel.

**Goldene Säulen und anmutig geschwungene goldene Dachzeilen zieren den ältesten buddhistischen Tempel in George Town.**

# Archäologisches Erbe im Lenggong-Tal

Malaysia | Jahr der Ernennung: 2012

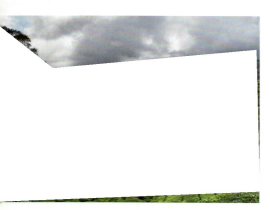

Die Welterbestätte umfasst vier Fundorte in zwei Gruppen mit nahezu ungestörter Schichtenfolge. Die erste Besiedlung dieser Region erfolgte schon vor fast zwei Millionen Jahren. Das Lenggong-Tal ist einer der am längsten besiedelten Orte der Erde und gehört zu den bedeutendsten archäologischen Fundstätten Südostasiens. Das Besondere daran ist, dass die Abfolge der Schichten von der Altsteinzeit über die Jungsteinzeit bis zur Bronzezeit ungestört erhalten geblieben ist – und das an Fundorten, die im Freien liegen. Das Welterbe wird in zwei Gruppen unterteilt, die Gruppe 1 mit den Fundorten Bukit Bunuh und Kota Tampan sowie die Gruppe 2 mit zwei weiteren Fundorten, darunter die »Tigerhöhle« Gua Harimau. Dort wurde der Perak-Mensch gefunden. Mit einem Alter von rund 13 000 Jahren ist er das älteste und besterhaltene Skelett in Südostasien. Die ältesten Funde von Bukit Bunuh reichen 1,83 Millionen Jahre zurück. Dass hier frühpaläolithische Steinwerkzeuge geborgen werden konnten, geht auf einen Meteoriteneinschlag zurück. Durch den Aufprall verflüssigte sich Gestein, ergoss sich über die Fundstelle und erstarrte. Dabei wurden die Artefakte konserviert.

**Ausgrabungen im Lenggong-Tal haben gezeigt, dass hier bereits in der Frühzeit Menschen gesiedelt haben.**

# Kinabalu Park

Malaysia | Jahr der Ernennung: 2000

Der Kinabalu Park liegt im malaysischen Bundesstaat Sabah, am nördlichen Ende der Insel Borneo. Bekannt ist er vor allem für seine sehr alte Vegetation und für den höchsten Berg Südostasiens. Der im Jahr 1964 als einer der ersten Nationalparks Malaysias gegründete Kinabalu Park ist vor allem für seine sehr alte Vegetation bekannt. Imposanter Mittelpunkt des geschützten Areals ist der Mount Kinabalu – mit 4095 Metern der höchste Berg zwischen Himalaya und Neuguinea. Der Mount Kinabalu zeichnet sich durch eine hoch differenzierte Vegetation aus, die sich in den diversen Zonen bis zur oberen kargen Felsregion ständig verändert. Im Tiefland erstreckt sich tropischer Regenwald mit mehr als 1200 wilden Orchideenarten und vielen Rhododendronbäumen. Das überwältigend schöne Farbspektrum der Blüten reicht von Tiefrot über Blassrosa bis Weiß. In den oberen Höhenlagen folgen Bergwälder mit rund 40 verschiedenen Eichenarten, deren Astwerk mit Moosen und Farnen bewachsen ist, sowie Wälder mit Koniferen. Über der Waldgrenze (ab etwa 3400 Meter) ragen nur noch vereinzelte Zwergsträucher, Gräser und Krautpflanzen aus dem blanken Fels.

**Das schroffe Felsmassiv des Mount Kinabalu (oben) auf Borneo überragt den gleichnamigen Park (unten).**

# Nationalpark Gunung Mulu

Malaysia | Jahr der Ernennung: 2000

Der Nationalpark gibt Einblick in die Entwicklungsgeschichte der Erde und die Ursprünge der Höhlenfauna (beide Abbildungen).

Im spektakulären Bergmassiv des Gunung-Mulu-Nationalparks im malaysischen Bundesstaat Sarawak auf Borneo befindet sich der größte Höhlenkomplex der Erde. Der Nationalpark ist ein bedeutendes Schutzgebiet für eine breit gefächerte Pflanzen- und Tierwelt über wie unter der Erde. Unvorstellbar groß sind für uns Menschen die Zeiträume der Erdgeschichte: Die Entstehung der zerklüfteten Landschaft dieses Nationalparks begann vor rund 30 Millionen Jahren. Damals bildete – zu Sand und Sediment zermahlenes – Eruptivgestein den noch vom Meer überfluteten Boden. Korallen und andere Meerestiere bauten über Millionen von Jahren Kalkstein auf. Durch Auffaltung und Senkung des Meeresspiegels entstand vor etwa fünf Millionen Jahren das Bergmassiv, das extrem reinen Kalkstein wie etwa am Gunung Api (1750 Meter) direkt neben Sandstein aufweist. Letzteren findet man auf dem höchsten Gipfel, dem Gunung Mulu (2377 Meter), nach dem der knapp 540 Quadratkilometer große Park benannt ist. In Jahrmillionen wuschen Flüsse das riesige Höhlensystem aus, das von vielen Fledermäusen und Insektenarten bewohnt ist.

# Botanischer Garten von Singapur

Singapur | Jahr der Ernennung: 2015

Mit der Aufnahme des Botanischen Gartens von Singapur in die Welterbeliste würdigte die UNESCO eine Institution, die wichtige Beiträge zur wissenschaftlichen Botanik geleistet und viele Pflanzenzüchtungen hervorgebracht hat. Das Welterbe wird von vielen als schönster Garten Asiens gerühmt. Singapurs Botanischer Garten, zu dem ein Orchideengarten und ein Regenwald gehören, wird alljährlich von vier Millionen Menschen besucht und ist täglich von fünf Uhr morgens bis Mitternacht geöffnet. Die Anfänge des Gartens gehen auf die Zeit der britischen Kolonialherrschaft zurück. Er wurde 1859 von einer Agrar- und Gartenbaugesellschaft gegründet und sollte u.a. der Kultivierung wirtschaftlich wertvoller Pflanzen dienen. Unter seinem ersten Direktor, dem 1879 von der Kolonialmacht bestellten Botaniker Henry Nicholas Ridley, gelang die Anpflanzung von Kautschukbäumen. Die Kautschukplantagen Malaysias, die zu Beginn des 20. Jahrhunderts auf den Weltmarkt drängten und so den Niedergang der brasilianischen Kautschukindustrie beschleunigten, bezogen ihre Pflanzen aus Singapur. Der Garten ist führend in der Orchideenzüchtung und half bei der Begrünung der Metropole.

**Mehr als 10 000 Pflanzenarten gedeihen in diesem insgesamt 74 Hektar großen tropischen Paradies (beide Abbildungen).**

# Tropische Regenwälder von Sumatra

Indonesien | Jahr der Ernennung: 2004

Die Nationalparks dieses Welterbe beherbergen einen der letzten größeren zusammenhängenden Regenwaldabschnitte der Erde. Es umfasst die Nationalparks Gunung Leuser im Norden, Kerinci Seblat im Zentrum und Bukit Barisan Selatan weiter im Süden von Sumatra. Im geschützten Areal gedeihen schätzungsweise 10 000 Pflanzenarten, darunter 17 endemische Gattungen. Unter den Blütenpflanzen findet man mehr als 50 Prozent der auf Sumatra vorkommenden Arten. Berühmt sind die Populationen der größten Blume der Welt (Rafflesia arnoldii) und des Titanenwurzes (Amorphophallus titanum), mit dem höchsten Blütenstand im ganzen Pflanzenreich. Die vielfältige Tierwelt wurde bisher nur zum Teil wissenschaftlich erfasst. Entdeckt hat man bislang allein 580 Vogelarten, darunter 21 Endemiten. Die spektakulärsten dort heimischen Tierarten sind Orang-Utan, Tiger, Nashorn, Elefant, Serau, Tapir und Nebelparder. Dieser Biodiversität entspricht eine Fülle von geologischen Formationen und Lebensräumen. Neben tropischem Regenwald gehören dazu hohe Berge von betörender Schönheit, Bergwälder, Bergseen, Vulkane, Fumarolen, Wasserfälle, Höhle und Feuchtgebiete

**Der Regenwald des Gunung-Leuser-Nationalparks ist ein Refugium für bedrohte Tierarten. Dazu gehören auch der Orang-Utan (rechts) und das Sumatra-Nashorn (oben).**

# Nationalpark Ujung Kulon

Indonesien | Jahr der Ernennung: 1991

Der Eintrag ins UNESCO-Welterbe des Ujung Kulon verdankt sich vor allem dem letzten Rest an javanischem Tieflandregenwald, der hier gedeiht. Java ist die kleinste, bevölkerungsreichste der Großen Sundainseln im Malaiischen Archipel. Der Nationalpark umfasst im Südwesten Javas die Halbinsel Ujung Kulon sowie die Inseln Krakatau, Panaitan und Peucang in der Sundastraße. Geschützt werden somit die Tieflandregenwälder Javas, die Korallenriffe der Küstenzone und Flora und Fauna der Vulkaninsel Anak Krakatau. Das am meisten gefährdete Tier im Regenwald ist das Javanische Nashorn (oder Java-Nashorn), ein nachtaktiver Einzelgänger, der sich vorwiegend von Blättern, Früchten, Trieben und Zweigen ernährt. Wilderer haben den Bestand auf 25 Exemplare dezimiert; mittlerweile soll sich die Population allerdings wieder auf 60 Tiere erhöht haben. Dennoch bleibt das mit dem Panzernashorn verwandte Javanische Nashorn, das wie Ersteres nur ein Horn hat, eines der seltensten Großsäuger der Erde. Deutlich häufiger kommt dagegen das scheue Javanische Wildrind vor. Darüber hinaus gibt es im Nationalpark Ujung Kulon Hirsche, Affen, Leoparden, Leistenkrokodile und Nashornvögel.

Zahlreiche Wasserfälle durchziehen den Tieflandregenwald im Ulung Kulon, dem ersten indonesischen Nationalpark.

# Hinduistische Tempelanlage von Prambanan

Indonesien | Jahr der Ernennung: 1991

Die einst bedeutendste Kultstätte des Hinduismus auf Java war den Göttern Brahma, Vishnu und Shiva geweiht.
Weithin sichtbar überragen die Tempeltürme diese Anlage, mit deren Bau wohl schon im 9. Jahrhundert begonnen wurde. Der Haupttempel, Lara Jonggrang, soll aber erst um das Jahr 915 vollendet worden sein. Er war Shiva geweiht: Der hinduistische Gott der Zeugungskraft wird hier als »Mahadeva«, als mächtigste Gottheit verehrt. Sein Symbol, der Lingam (Phallus), taucht, überall auf. Brahma und Vishnu haben jeweils ihre eigenen, kleineren Tempel südlich und nördlich des mittleren Haupttturms. Die Anlage als Ganzes ist also der »Trimurti« gewidmet – der Dreiheit der hinduistischen Hauptgottheiten.
Da bei einem verheerenden Erdbeben im Jahr 1549 die Anlage weitgehend zerstört wurde, nutzte man das übriggebliebene Trümmerfeld lange als Steinbruch. Erst 1937 begann man mit einer Rekonstruktion der Anlage, die 1953 im Wesentlichen vollendet war. Bei einem weiteren schweren Erdbeben am 27. Mai 2006 wurde die Anlage erneut beschädigt. Sie ist aber nun wieder zugänglich.

Zur Welterbestätte zählen neben Prambanan noch vier weitere Anlagen in unmittelbarer Umgebung: Lumbung, Burah, Asu und Sewu.

# Buddhistische Tempelanlage von Borobudur

Indonesien | Jahr der Ernennung: 1991

Borobudur auf der indonesischen Hauptinsel Java zählt zu den bedeutendsten antiken buddhistischen Tempelanlagen Südostasiens. Die im 8./9. Jahrhundert errichtete Tempelanlage symbolisiert den Weltenberg Meru und die buddhistische Kosmogonie, die zwischen der irdischen Welt der Begierden, der Welt der Namen und Formen und der formfreien Welt der Erleuchtung unterscheidet. Über einem streng quadratischen Grundriss bauen sich fünf »irdische« Galerien auf. Hier sind Szenen aus den Jatakas, den Erzählungen über die Leben Buddhas, in Reliefs gemeißelt. Auf der Plattform über den Galerien erheben sich drei »himmlische« Rundterrassen. Diese tragen insgesamt 72 Stupas, die einst jeweils eine Buddhastatue umschlossen und auf den Hauptstupa auf der obersten Terrasse hin ausgerichtet sind. Buddha selbst, so erzählt die Legende, soll die Gestalt des Stupas bestimmt haben, indem er sein Bettlergewand zu einem Hügel faltete, seine Bettlerschale auf dessen Spitze legte und das Ganze mit einem Stecken krönte. Als Ganzes verkörpert Borobudur »ein Monument des Göttlichen, in dem die Gesamtheit zusammenfließt und das der Gesamtheit als Heiligtum vor Augen ist« – so einst der Kunsthistoriker Karl With.

**Mystisch erhebt sich die die Tempelanlage von Borobudur (oben); im Detail zeigen sich Stupas und Buddhafiguren (unten).**

## Paläontologische Stätte Sangiran

Indonesien | Jahr der Ernennung: 1996

Museum mit Hominidenfossilien aus Sangiran. Bis heute wurden auf Java die fossilen Reste von etwa 40 Individuen entdeckt.

Der Fundort des »aufgerichteten Affenmenschen« Pithecanthropus erectus ermöglichte einen höchst aufschlussreichen Einblick in die Geschichte der menschlichen Evolution.

Schon seit dem Fund der Schädeldecke des »Javamenschen« durch den Anthropologen und Geologen Eugène Dubois galt Indonesien als eine der frühesten Stätten der Menschheitsentwicklung. Dubois gab seiner Entdeckung den Namen »Pithecanthropus erectus«, nach dem griechischen Wort »Pithecanthropus« für »Affenmensch«. In den Jahren 1936 bis 1941 entdeckte dann der Anthropologe Gustav Heinrich Ralph von Koenigswald bei seinen Ausgrabungen weitere fossile Knochenreste, die menschliche Züge tragen. Ihr Alter schätzt man auf etwa 1,5 Millionen Jahre. Heute gehört Sangiran weltweit zu den wichtigsten Fundstellen frühmenschlicher Fossilien. Vergleiche des »Java-« mit dem »Pekingmenschen« ergaben, dass beide Gruppen zum Homo erectus gerechnet werden müssen, der bereits weitgehend die körperliche Gestalt heutiger Menschen hatte. Die rund 60 bis heute gefundenen Hominidenfossilien aus Sangiran werden sämtlich zur Art Homo erectus gerechnet

## Bali: Das Subak-Bewässerungssystem

Indonesien | Jahr der Ernennung: 2012

Das Bewässerungssystem der jahrhundertealten Reisfelder in Bali mit bewässerten Terrassen.

Ein geniales Bewässerungssystem versorgt die Reisfelder Balis stets mit genügend Wasser. Fünf Wassertempel gehören zusammen mit ihren gemeinschaftlichen Bewässerungssystemen zu diesem Weltkulturerbe. »Subak« (balinesisch: »verbundenes Wasser«) bezeichnet das kooperativ geführte Bewässerungssystem auf der Insel Bali, das in erster Linie der Bestellung der Reisfelder dient. Dazu schließen sich die im weiteren Umkreis einer Quelle oder eines Flusses lebenden Siedlungen zu einer Bewässerungsgemeinschaft zusammen, die sämtliche Kanäle und Dämme kollektiv nutzt und pflegt und somit die Wasserversorgung der Felder sicherstellt. Das Subak-System kann als direkte Manifestation der balinesischen Tri-Hita-Karana-Lehre verstanden werden, deren Ziel eine ausgewogene Beziehung zwischen dem Göttlichen, den Menschen und ihrer Umwelt ist. Diese ursprünglich aus Indien stammende Lehre verbreitete sich in Bali aufgrund des dort schon seit rund 2000 Jahren bestehenden kulturellen Austauschs mit Indien und hat wesentlich zur heutigen Wirtschaftsform und damit auch zur Gestaltung der faszinierenden Kulturlandschaft auf der Insel beigetragen.

# Nationalpark Komodo

Indonesien | Jahr der Ernennung: 1991

Der Nationalpark ist das Schutzgebiet des Komodowarans, der nur noch hier vorkommt und im Regenwald und der Savanne ideale Voraussetzungen für die Jagd auf Wildschweine oder Hirsche findet. Der Nationalpark reicht über die zu den Kleinen Sundainseln gehörende rund 35 Kilometer lange und 25 Kilometer breite Insel Komodo weit hinaus und schließt im Wesentlichen die kleineren Nachbarinseln Padar, Rinca und Gili Motang sowie die Westküste von Flores mit ein. Die üppige Flora wird bestimmt von tropischem Monsunregenwald, von Grasland und Savanne. An manchen Orten gibt es auch Mangrovenwälder.

Hauptattraktion ist der Komodowaran, die größte Echsenart der Welt. Als tagaktiver Bodenbewohner lebt er vorwiegend von Säugetieren wie Wildschweinen oder Hirschen, von größeren Vögeln, Giftschlangen und Schildkröten. Die Parkverwaltung schätzt den Bestand dieser rund drei Meter langen »Drachen« im Schutzgebiet auf etwa 6000 Exemplare; auf der Insel selbst sollen noch ungefähr 3000 oder deutlich weniger Tiere leben. Ihre Gefährlichkeit sollte man keinesfalls unterschätzen, in Begleitung von Wildhütern kann man sie aber gut beobachten.

**Mit seiner langen, tief gespaltenen Zunge kann der Komodowaran feinste Duftstoffe auf- und wahrnehmen.**

# Nationalpark Lorentz

Indonesien | Jahr der Ernennung: 1999

Das mit rund 25 000 Quadratkilometern Fläche größte Schutzgebiet Südostasiens liegt in Irian Jaya, dem indonesischen Teil von Neuguinea. Es vereint unterschiedlichste Landschaftsformen mit einer artenreichen Fauna und Flora. Das Areal dieses Nationalparks hat eine komplexe geologische Struktur, die eine enorme Artenvielfalt entstehen ließ. Die Bergregion entstand durch die Aktivitäten zweier zusammenstoßender Kontinentalplatten. Die Gebirgsbildung ist bis heute noch nicht abgeschlossen. Die vergletscherten Gipfel des Gebirgszugs ragen bis 5000 Meter hoch auf. Das Tiefland ist eine schlammige Ebene mit unberührten Wäldern und zahllosen Wasserläufen. Die Vegetation des Tieflandes besteht aus einfachen Kräuterkulturen am Strand und recht komplexen Ökosystemen des immergrünen Mischwalds landeinwärts. Weiter im Landesinneren befindet sich in Höhen von 600 bis 1500 Metern die artenreichste Flora Neuguineas. Hier wachsen ungefähr 1200 Baumarten. Von den Vogelarten sind viele endemisch. Einige Arten von Beuteltieren sind außerhalb des australischen Festlandes nur hier zu finden. Weitgehend unerforscht sind etwa 150 Amphibien- und Reptilienarten.

**Der Eigentliche Tüpfelkuskus ist ein einzelgängerischer Baumbewohner. Er ernährt sich von Blättern, Blüten und Früchten.**

Aufgrund seiner spirituellen Relevanz gilt der Uluru den lokalen Aborigines als heiliger Berg. Das bekannteste Wahrzeichen Australiens, das sich 350 Meter über seine Umgebung erhebt, wird jährlich von zahlreichen Touristen besucht.

# Australien und Ozeanien

# Nationalpark Kakadu

Australien | Jahr der Ernennung: 1981

Das Leisten- oder Salzwasserkrokodil (oben) im Kakadu-Nationalpark (unten) ist mit bis zu sechs Metern Länge das größte lebende Reptil.

Der Nationalpark bietet nicht nur sehr abwechslungsreiche Landschaften, sondern auch eindrucksvolle Felsmalereien der Aborigines. Der etwa 250 Kilometer östlich von Darwin gelegene Nationalpark, dessen heute knapp 20 000 Quadratkilometer großes Areal mehrfach erweitert wurde, umfasst fünf Landschaftszonen. Im Gezeitenbereich der Flüsse haben sich Mangroven mit ihren Stelzwurzeln im Schlamm verankert und schützen das Hinterland vor dem Wellenschlag. Die küstennahen Gebiete verwandeln sich in der Regenzeit in einen Teppich aus Lotosblumen, Seerosen und Schwimmfarnen. Seltene Wasservögel sind hier ebenso heimisch wie das Leistenkrokodil. Das anschließende Hügelland mit seiner abwechslungsreichen Vegetation aus offenen tropischen Wäldern, Savannen und Grasebenen erstreckt sich über den größten Teil des Parks und ist Rückzugsgebiet für bedrohte Tierarten wie Dingos und Wallabys. International bekannt wurde der Nationalpark Mitte des 20. Jahrhunderts, als man bei Grabungen mindestens 30 000 Jahre alte Steinwerkzeuge fand. Viele Felsmalereien geben Aufschluss über Jagdgewohnheiten, Mythen und Brauchtum der Aborigines.

# Nationalpark Purnululu

Australien | Jahr der Ernennung: 2003

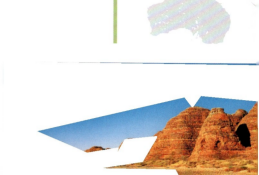

Der Nationalpark liegt knapp 110 Kilometer nördlich von Halls Creek und zeichnet sich vor allem durch seine ungewöhnlichen Kegelbergformationen aus. Diese entstanden durch die Verwitterung von Sandstein – »Purnululu« in der Sprache der in diesem Gebiet lebenden Kija-Aborigines. Mittelpunkt des Nationalparks ist die Bungle Bungle Range, die sich aus Sandsteinen aus dem Devon (Alter: rund 370 Millionen Jahre) zusammensetzt. In den vergangenen 20 Millionen Jahren entstanden durch die abragende Wirkung des Wassers bienenkorbartige Felsformationen, die waagrecht gebändert sind. Die dunkleren Streifen sind charakteristisch für weichere Gesteine, die Wasser hindurchtreten lassen. Dadurch wachsen an der Oberfläche blaugrüne Algen. Dazwischenliegende härtere Schichten haben eine orangefarbene Tönung, die durch Eisen und Mangan zustande kommt. Die Farbtöne ändern sich im Lauf der Jahreszeiten. Zwischen den kegelförmigen Felsen liegen Schluchten mit Wasserläufen und Pools, die von großen Schirmpalmen (Livistona australis) gesäumt werden. Die auffälligsten Tiere des Parks sind rund 130 Vogelarten, darunter bunte Bienenfresser und Wellensittiche.

**Das Purnululu-Gebiet wird seit Jahrtausenden von Aborigines bewohnt, die hier Felsbilder und Begräbnisstätten hinterlassen haben.**

# Australische Fossilien-Stätten in Riversleigh und Naracoorte

Australien | Jahr der Ernennung: 1994

Riversleigh im Nordwesten von Queensland und Naracoorte im Südosten von South Australia gehören zu den zehn bedeutendsten Fossilienfundorten der Erde.
In der Victoria-Karsthöhle bei Naracoorte wurden die Knochen von Lungenfischen, Reptilien, Kloaken-, Beutel- und Säugetieren ausgegraben, zusammengesetzt und rekonstruiert. Unter den Fundstücken befanden sich auch Schnabeligel und Schnabeltier – sogenannte Brückentiere, die die Weiterentwicklung von den Reptilien zu den Säugetieren belegen. Knochenfunde dort ermöglichten eine Rekonstruktion des ausgestorbenen Beutellöwen Thylacoleo carnifex.
Die Funde der Fossilienstätten von Riversleigh – im Nationalpark Boodjamulla (Lawn Hill) gelegen – haben viel zum Verständnis der vor etwa 45 bis 50 Millionen Jahren beginnenden Kontinentalverschiebung beigetragen. So fand man Knochen von über 100 Tierarten aus der Zeit, als Australien noch Teil des Superkontinents Gondwana war, sowie Beweise für die Zuwanderung südostasiatischer Tiere über eine damals existierende Landbrücke.

**Die Victoria-Höhle bei Naracoorte ist nicht nur für Forscher eine einzigartige prähistorische Schatzkammer.**

# Ningaloo-Küste

Australien | Jahr der Ernennung: 2011

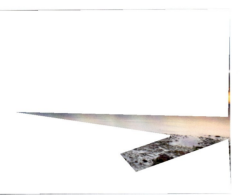

An der einsamen Nordspitze der Westküste Australiens liegt der rund 6000 Quadratkilometer große Ningaloo-Meerespark. Er schützt einen 300 Kilometer langen Küstenabschnitt mit einem Korallenriff, das an vielen Stellen nur 100 Meter vom Ufer entfernt ist und zu den größten küstennahen Riffen der Welt zählt. Der Küstenstreifen wartet mit eindrucksvollen Kalksteinformationen auf, die von unterirdischen Wasserläufen durchzogen sind. Bunte Clownfische und giftige Feuerfische zählen zu den rund 500 Fischarten, die sich zwischen den über 300 Korallenarten des Riffs tummeln. Die aufregendsten Riffbewohner sind Suppenschildkröten, Riff-, Tiger- und Hammerhaie, Stachel- und Mantarochen sowie Delfine. Etwa eine Woche nach dem Vollmond Ende März oder Anfang April laichen alle Korallen im Riff gleichzeitig und setzen Millionen hellrosa Eier und Spermienpakete frei, die an der Wasseroberfläche einen schwimmenden Laichteppich bilden. Das drei Tage dauernde Schauspiel verkündet die Ankunft der Walhaie. Das Ningaloo-Riff ist einer der wenigen bekannten Orte, an dem sich diese größten Fische der Welt regelmäßig zu einer bestimmten Zeit in großer Zahl versammeln.

**Die Ningaloo-Küste liegt im Nordwesten Australiens in der äußerst spärlich besiedelten, trockenen Region Gascoyne.**

# Shark Bay

Australien | Jahr der Ernennung: 1991

Seegraswiesen und Stromatolithenkolonien sowie die größte Population von Gabelschwanzseekühen der Welt sind die Kennzeichen dieses Schutzgebiets. Der Naturpark Shark Bay, ein Küstenabschnitt mit Steilklippen, Lagunen und Sanddünen etwa 800 Kilometer nördlich von Perth, ist die Heimat vieler bedrohter Meeres- und Landtiere. Eindrucksvoll sind die bis zu 5000 Quadratkilometer großen Seegraswiesen, die zu den artenreichsten der Welt gehören. Sie dienen kleinen Fischen, Krabben und Krebsen als Refugium. Darüber hinaus fördern sie das Wachstum von Stromatolithen (Algenkalke): Diese seit über 3,5 Milliarden Jahren existierenden Kleinstorganismen bilden in dem stark salzhaltigen und seichten Lagunenwasser blumenkohlartige Kalkknollen, die bei Ebbe über den Wasserspiegel hinausragen. Im Sommer lassen sich Buckelwale bei der Paarung, Meeresschildkröten bei der Eiablage und Gabelschwanzseekühe (Dugongs) bei der Aufzucht ihrer Jungen beobachten. Diese Meeressäuger, die bereits als ausgestorben galten, sind hier noch mit rund 10 000 Tieren vertreten. Populärste Botschafter des Naturparks sind die Delfine in der Bucht von Monkey Mia.

**Die Bucht trägt ihren Namen wegen der vielen dort vorkommenden Haie – insgesamt sind dort 28 verschiedene Haiarten heimisch.**

# Nationalpark Uluru-Kata Tjuta

Australien | Jahr der Ernennung: 1987

Die spektakulären geologischen Formationen des Uluru und der Kata Tjuta ragen mitten im Zentrum des Fünften Kontinents auf. Inmitten einer ausgedehnten kargen Trockensavanne liegt »das rote Herz Australiens«, der Nationalpark Uluru-Kata Tjuta. Mit dem felsigen Inselberg Uluru (»schattiger Platz«, früher Ayers Rock genannt) und den 36 Felskuppen der Kata Tjuta (»viele Köpfe«, einst als »The Olgas« bekannt) birgt er die bekanntesten Naturwunder Australiens. Ihre Entwicklungsgeschichte begann vor rund 570 Millionen Jahren und ist mit der Entstehung des australischen Festlands verbunden. Das äußerst widerstandsfähige Gestein der Felsen verwitterte im Gegensatz zu den sie umgebenden Gesteinsmassen nur langsam, und so ragen sie heute als gewaltige versteinerte Zeugen des Erdaltertums aus der Ebene empor. Der Uluru ist ein mythischer Ort der Aborigines, mit Felsbildern und heiligen Stätten. Auch bei den Kata Tjuta gibt es Felsbilder. Trotz der trockenen, unwirtlichen Umgebung leben die Anangu-Aborigines hier seit Jahrtausenden. Die Auszeichnung als Welterbe bezieht sich auch explizit auf die mythologische Bedeutung der Felsformationen für die Aborigines.

**Blick auf den Uluru bei Sonnenuntergang (oben). Unten: Kata Tjuta mit ihren 36 kleineren rundlichen Felskuppen.**

# Great Barrier Reef

Australien | Jahr der Ernennung: 1981

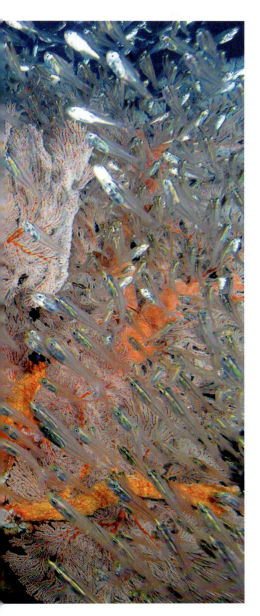

Das Riff erstreckt sich entlang der Nordostküste Australiens etwa vom 10. bis 24. Grad südlicher Breite. Über eine Länge von 2000 Kilometern folgt das Riff, das sich aus rund 2500 Einzelriffen und 500 Koralleninseln zusammensetzt, in einem Abstand von 15 bis 200 Kilometern zum Festland der Küstenlinie. Seit rund vielen Tausend Jahren bauen Steinkorallenpolypen, die in Gemeinschaft mit blaugrünen Algen leben, an diesem größten natürlichen »Bauwerk« der Erde. Die bereits schwimmfähigen Polypenlarven schlüpfen im Frühling, nisten sich auf dem Riff nahe der Wasseroberfläche ein, bilden ihr Skelett aus und schließen sich mit Artgenossen zu einer Kolonie zusammen. Nach einiger Zeit sterben sie ab, und ihre Kalkröhren werden zu feinem Sand zermahlen. Die Algen »verbacken« den Sand zu einer weiteren Riffschicht, auf der sich im Jahr darauf neue Jungpolypen ansiedeln können. So sind im Lauf der Jahrtausende die Riffe und Inseln gewachsen. Im Gewässer rund um das Riff leben rund 1500 Fischarten. Dazu gehören der farbenprächtige Gauklerfisch, der Riffbarsch, der Papageifisch und der Stachelrochen. Außerdem sind hier Tausende von Vogel-, Korallen- und Weichtierarten heimisch.

**Im kristallklaren Wasser begehen die verschiedensten Meeresbewohner wie Fische, Korallen und Seesterne ein Fest der Farben und Formen (beide Abbildungen).**

## Wet Tropics von Queensland

Australien | Jahr der Ernennung: 1988

Der rund 450 Kilometer lange Küstenstreifen zwischen Townsville und Cooktown im Bundesstaat Queensland ist eines der artenreichsten Regenwaldgebiete des Landes. Das knapp 9000 Quadratkilometer große Areal umfasst rund 20 Nationalparks sowie weitere Schutzgebiete. Tropischer Regenwald bedeckte vor Jahrmillionen den gesamten australischen Kontinent. Reste davon haben sich an der Great Dividing Range, in den Senken des Great Escarpment und der Küstenregion von Queensland erhalten. Diese Regenwälder zählen zu den ältesten der Welt und gelten als Schaufenster der Evolution. Besonders in den Wet Tropics hat sich hier eine artenreiche Tier- und Pflanzenwelt entwickelt. Die über 800 verschiedenen Baumarten bilden einen in mehreren »Stockwerken« aufgebauten Wald. Unter dem fast lichtundurchlässigen Kronendach der bis zu 50 Meter hohen Baumriesen wachsen über 350 verschiedene höhere Pflanzen, vor allem Farne, Orchideen, Moose und Flechten. Auch die Tierwelt ist äußerst vielfältig. Etwa ein Drittel aller australischen Beuteltier- und Reptilienarten sowie zwei Drittel aller Fledermaus- und Schmetterlingsarten leben in dem Gebiet.

**Im geschützten Regenwaldareal beeindrucken bis zu 20 Meter hohe Baumfarne und unzählige Wasserfälle.**

## Fraser Island

Australien | Jahr der Ernennung: 1992

Die zum australischen Bundesstaat Queensland gehörende Fraser-Insel ist die größte Sandinsel der Welt. Zum Teil noch mit ursprünglichem Tieflandregenwald bedeckt, bietet sie Lebensraum für seltene Vögel und Frösche. Die Oberfläche dieser rund 120 Kilometer langen Insel am Südende des Great Barrier Reef ist seit mehr als 140 000 Jahren in Bewegung. Die bis zu 250 Meter hohen Sicheldünen, angetrieben durch die Südostpassate, wandern jedes Jahr eine Strecke von bis zu drei Metern nach Nordwesten. Schon bald nach der Entdeckung der Insel 1836 begannen die Fraser Island die Regenwälder zu plündern. Neben dem Queensland-Kauri, der Araukarie, dem Tallow- und dem Blackbutt-Eukalyptus wurde besonders häufig der bis zu 70 Meter hohe Satinay geschlagen. Heute werden nur noch kleine Gebiete im Inneren der Insel von Regenwald bedeckt. Die übrige Landschaft ist abwechslungsreich und bietet über 240 Vogelarten ein Refugium. In den Mangroven an der Küste lebt der Mangrovenhonigesser, der Erdsittich kommt in den küstennahen Heidegebieten vor und in den tropischen Wäldern sucht der rot-grüne Königssittich nach Nektar.

**Aus der Vogelperspektive lassen sich die Dimensionen der bis zu 250 Meter hohen Sicheldünen nur erahnen.**

# Gondwana-Regenwälder Australiens

Australien | Jahr der Ernennung: 1986

Die bis zum Jahr ihrer Umbenennung, 2007, als »Regenwälder der Ostküste« geführte Welterbestätte umfasst im Wesentlichen 15 Nationalparks und diverse weitere Schutzzonen in Queensland und New South Wales. Der neue Name der Welterbestätte verweist auf den einstigen Großkontinent der Südhalbkugel, Gondwana, der gegen Ende des erdgeschichtlichen Mittelalters (Mesozoikum) vollständig in die heute bekannten Kontinente zerfiel. Die unter diesem Namen zusammengefassten UNESCO-Schutzzonen befinden sich im Übergangsbereich vom feucht-tropischen zum warm-gemäßigten Klimagürtel, sodass sich auf relativ kleinem Raum eine abwechslungsreiche Vegetation entfalten kann. Zum Welterbe gehören die Nationalparks Border Ranges, Mount Warning, Nightcap, Washpool, Gibraltar Range, New England, Dorrigo, Werrikimbe, Barrington Tops, Springbrook, Lamington, Mount Chinghee, Mount Barney (teils), Main Range und Mount Mistake (teils). Berühmt sind die Barrington Tops und die Border Ranges wegen ihres enormen Vogelreichtums. Seidenlaubenvögel und Blauwangenloris, Königssittiche und Kookaburras kann man hier relativ häufig beobachten.

Abenddämmerung im Sumpfgebiet des Barrington Tops National Park in New South Wales.

# Greater Blue Mountains

Australien | Jahr der Ernennung: 2000

Die Blue Mountains sind Teil der Great Dividing Range Australiens, der sich die ganz Ostküste entlangzieht. Die Landschaft der Blue Mountains ist ein lebendiges Labor aus zerklüfteten Sandsteinformationen, Höhlen und komplexen Ökosystemen. Trotz ihrer geringen Höhe zwischen 600 und 1000 Metern sind die Berge schroff, mit vielen Tälern und Canyons, einzigartigen Eukalyptusarten, seltenen oder bedrohten Pflanzen. In den dichten Wäldern gedeihen rund 150 endemische Pflanzenarten, darunter die erst im Jahr 1994 entdeckte Wollemi, ein Nadelbaum. Diese gilt als lebendes Fossil, dessen Wurzeln mindestens 90 Millionen Jahre zurückreichen.
Vor allem aber der Reichtum an Eukalyptusarten ist weltweit einzigartig: Bisher haben Botaniker 90 verschiedene Arten der in Australien weit verbreiteten Blaugummibäume gezählt. Den Eukalypten verdanken die Blue Mountains auch ihren Namen: Im Dunst der von den Bäumen ausströmenden ätherischen Öle erscheinen die Eukalyptuswälder bläulich. Höhlenmalereien und Felszeichnungen zeugen von einer frühen Besiedlung der Region durch Aborigines.

Manche Täler und Canyons der Blue Mountains hat bis heute noch nie ein Mensch betreten.

# Opernhaus von Sydney

Australien | Jahr der Ernennung: 2007

Aufgestellte Muscheln oder aufgeblähte Segel? Auf jeden Fall ein Monument der Architekturgeschichte (beide Abbildungen).

Das Opernhaus von Sydney ist eines der großen Bauwerke des 20. Jahrhunderts und gleichzeitig ein Wahrzeichen Australiens. Zur allgemeinen Überraschung gewann im Jahr 1957 der kaum bekannte Däne Jørn Utzon den Architekturwettbewerb für die Oper von Sydney. Sein überaus kühner Entwurf war aber so schwierig auszuführen, dass die Regierung den Baubeginn hinauszögerte. Als man 1959 damit begann, war immer noch nicht ganz klar, ob sich Utzons Schalendächer auch wirklich realisieren lassen würden. Ursprünglich hatte man vor, sie ganz in Beton zu gießen. Das erwies sich aber als zu teuer. Deshalb schlug Utzon vor, die Schalen aus vorgefertigten Betonrippen zusammenzubauen. Auch die Verkleidung der Dächer mit Keramikfliesen, bereitete große technische Schwierigkeiten. Schließlich legte man die Fliesen mit der glasierten Seite nach unten in eine Form und goss sie mit flüssigem Beton aus. Diese Elemente wurden dann mit Bolzen am Dach befestigt. Die großen Fensterfronten der Oper sind mit insgesamt 2000 Scheiben unterschiedlicher Größe verglast. Im Jahr 1966 überwarf sich der Architekt mit der Regierung, ein australisches Team übernahm die Bauleitung.

# Historische Strafgefangenenlager in Australien

Australien | Jahr der Ernennung: 2010

Ende des 18. Jahrhunderts begann Großbritannien mit der Verbringung von Strafgefangenen nach Australien. Zum Welterbe erklärt wurden elf – von einst Tausenden – Strafgefangenenlagern der früheren »Sträflingskolonie Australien«.

1786, nach der Niederlage im amerikanischen Unabhängigkeitskrieg, hatte Großbritannien seine bis dato auch zur Auslagerung von Strafgefangenen genutzten Kolonien in Nordamerika verloren. 1788 stachen deshalb elf mit Sträflingen beladene Schiffe in See, die Monate später in der Bucht des heutigen Sydney vor Anker gingen. Weitere Schiffe folgten – schließlich waren es Zehntausende von Sträflingen, die den Aufbau des Landes vorantrieben, indem sie erste Rodungen vornahmen sowie viele Häuser, Straßen, ja ganze Siedlungen errichteten. Viele Sträflinge blieben nach ihrer Freilassung als Siedler im Land und wurden so zu Vorfahren der heutigen australischen Bevölkerung europäischen Ursprungs.

Die elf prämierten Lager befinden sich rund um Sydney, auf Norfolk Island und in Fremantle. In Port Arthur auf Tasmanien befand sich einst Australiens größtes Sträflingslager.

**Die Gefängnisruinen der Anlage in Port Arthur gelten heute als bedeutendste Touristenattraktion der Insel.**

# Lord-Howe-Inselgruppe

Australien | Jahr der Ernennung: 1982

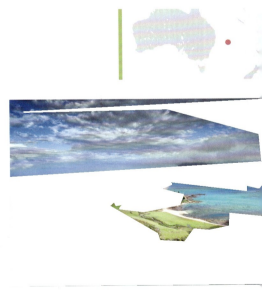

Die etwa 600 Kilometer östlich von Port Macquarie gelegene Inselgruppe verdankt den Welterbestatus ihrer spektakulären Topografie und ihrer teils endemischen Fauna und Flora. Vor etwa sieben Millionen Jahren erhob sich in der Tasmanischen See ein mächtiger, bis zu 2000 Meter hoher Schildvulkan aus dem Meer. Durch die erodierende Kraft von Regen, Wind und Wellenschlag sind von dem einstigen Riesen heute nur noch die 28 Eilande der Lord-Howe-Inselgruppe erhalten. Aufgrund der isolierten geografischen Lage hat sich hier eine eigenständige Pflanzen- und Tierwelt entwickelt. Die sehr dichten Nebelwälder mit ihren etwa 220 Pflanzenarten, von denen rund ein Drittel ausschließlich hier vorkommen, wurden zum Lebensraum vieler bedrohter Vogelarten. Hier kann man den Keilschwanz-Sturmtaucher, den an Steilhängen brütenden Kermadec-Sturmvogel, den auffällig gefärbten Weißbauch-Meerläufer und das flugunfähige Lord-Howe-Waldhuhn beobachten. Vor der Südwestküste der Lord-Howe-Insel bilden Steinkorallen und Kalk-Rotalgen ein fantastisches Riff. Im Wasser zwischen den Riffstöcken leben zahlreiche exotische Fische wie der bunte Gaukler, der Papagei- und der Säbelfisch.

**Die Lord-Howe-Insel (oben ein Blick auf Mount Lidgbird und Gower) ist die größte Insel der gleichnamigen Inselgruppe.**

## Seengebiet von Willandra

Australien | Jahr der Ernennung: 1981

An den Ufern der vor rund 15 000 Jahren rasch verlandeten Willandra-Seenregion im südwestlichen New South Wales fand man 40 000 Jahre alte Siedlungsspuren und versteinerte Überreste von Menschen. Am einstigen Ufer des bis vor rund 24 000 Jahren noch Wasser führenden, zur Willandra-Seenregion gehörenden Lake Mungo wurden im Jahr 1968 in einer »Chinesische Mauer« genannten Sicheldüne aufsehenerregende frühgeschichtliche Funde gemacht. Neben 18 000 Jahre alten Steinwerkzeugen fand man dort rund 40 000 Jahre alte menschliche Skelette – die ältesten jemals in Australien gefundenen Spuren des Homo sapiens sapiens, des neuzeitlichen Menschen. Auf eine weitere wissenschaftliche Sensation stieß man bei der Untersuchung einer 30 000 Jahre alten Feuerstelle. In den Überresten fand man Beweise dafür, dass sich das Erdmagnetfeld über einen Zeitraum von 2500 Jahren um 120 Grad nach Südosten verlagert hat. In die Grassteppen rund um die Willandra-Seenregion haben sich seltene Tiere zurückgezogen – etwa der Emu. Tausende von Papageien und Wellensittichen bevölkern die Wasserlöcher.

Zur rund 2400 Quadratkilometer großen Willandra-Seenregion gehört auch der Mungo-Nationalpark.

## Königliches Ausstellungsgebäude und Carlton-Gärten in Melbourne

Australien | Jahr der Ernennung: 2004

Für die Weltausstellungen in den Jahren 1880 und 1888 gebaut, gehört das Ensemble zu den bedeutendsten historischen Anlagen Australiens.

Ab dem Jahr 1851 fanden in wechselnden Städten und zunächst in unregelmäßigen Abständen sogenannte Weltausstellungen statt. Ihr gemeinsames Ziel war es, über neue Errungenschaften in Wissenschaft und Technik auf der ganzen Welt zu informieren. Von 1851 bis 1915 fanden über 50 solche Veranstaltungen statt. Dafür wurden oft Gebäude errichtet, die großen Einfluss auf die Architektur ihrer Zeit ausübten – für Melbourne entwarf Joseph Reed das Königliche Ausstellungsgebäude sowie die umgebenden Gärten. Es besteht aus Ziegeln, Holz, Stahl und Schiefer. Reeds Stil orientiert sich an byzantinischen, romanischen und Renaissanceelementen. Die Kuppel des Königlichen Ausstellungsgebäudes ist rund 60 Meter hoch.

Die Carlton-Gärten sind in wesentlichen Teilen seit 1880 intakt geblieben und in einem Stil angelegt, der im 19. Jahrhundert bestimmend war: Weitläufige, baumbestandene Rasenflächen werden von Alleen, Kutschwegen, Fußpfaden durchzogen.

Das Königliche Ausstellungsgebäude in den Carlton-Gärten mit seiner imposanten 60 Meter hohen Kuppel.

# Tasmanische Wildnis

Australien | Jahr der Ernennung: 1982

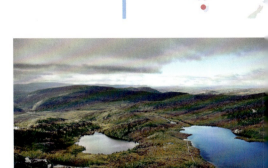

Mit ihren kühl-gemäßigten Regenwäldern und der einzigartigen Fauna gelten die Nationalparks des westlichen Tasmanien als eines der letzten noch weitgehend unberührten Ökosysteme. Mehrere Nationalparks – unter ihnen Cradle Mountain-Lake St. Clair, Franklin-Lower Gordon Wild Rivers, Southwest, Walls of Jerusalem und Hartz Mountains –, sowie weitere Schutzzonen bilden das zwischen dem Cradle Mountain und dem Südwestkap Tasmaniens gelegene Areal dieser Welterbestätte. Schluchten, steile Bergspitzen, abgeschliffene Hochebenen, tosende Wasserfälle und trogförmige Seen sind typisch für diese Landschaft. In den höheren Lagen erstrecken sich Moore und Heiden, in den Niederungen ausgedehnte Feuchtgebiete. Obwohl der Regenwald durch intensiven Holzeinschlag stark abgenommen hat, sind noch Reste dieser großartigen Mischwälder mit subarktischen und australischen Baumarten erhalten. In der Landschaft ist eine einzigartige Tierwelt zu Hause, darunter auch zahlreiche endemische Arten. Archäologische Funde wie Felsmalereien und Steinwerkzeuge sowie Überreste von Kanus belegen die erste menschliche Besiedlung der Insel vor über 20 000 Jahren.

**Ausblick auf die tasmanische Wildnis und Dove Lake (oben). Unten: Franklin-Lower Gordon Wild Rivers National Park.**

# Heard and McDonald Islands

Australien | Jahr der Ernennung: 1997

Die einzigen subantarktischen Inseln mit vulkanischer Aktivität gestatten faszinierende Einblicke in die dynamischen Prozesse im Erdinneren. Ihr Ökosystem blieb bis heute von äußeren Einflüssen weitgehend verschont.

Diese beiden Inseln liegen etwa 4000 Kilometer südöstlich von Perth und rund 1500 Kilometer nördlich vom antarktischen Kontinent. Auf Heard befindet sich mit dem 2745 Meter hohen aktiven Vulkan Mawson Peak (»Big Ben«) der höchste Berg Australiens (der höchste Berg auf dem australischen Festland ist der 2228 Meter hohe Mount Kosciuszko in den Snowy Mountains von New South Wales). Auf McDonald kam es seit dem Jahr 1992 zu Eruptionen. Gletscher und Eisflächen bedecken etwa 80 Prozent der Inselfläche, das unwirtliche Klima erlaubt nur eine spärliche Vegetation von Gräsern und Algen. Bis heute wurden hier 42 Moosarten registriert. Viele Pflanzen, Algen und Moose hat man aber noch gar nicht bestimmt. Auch wurden die Inseln von unliebsamen »Einwanderern« wie Katzen, Ratten und Hasen verschont, sodass hier Pinguine, Meeressäuger und Seevögel unter sich bleiben.

Auf den Inseln Heard und McDonald leben Goldschopf- und Königspinguine (oben), Antarktische Seebären und See-Elefanten.

# Macquarie Island

Australien | Jahr der Ernennung: 1997

Diese kleine subantarktische Insel – Lebensraum einer vielfältigen Fauna – ist der höchste Kamm des unter Wasser liegenden, durch das Aufeinandertreffen von Indisch-Australischer und Pazifischer Platte entstandenen Macquarie-Rückens.

Die nur etwa 35 Kilometer lange und rund fünf Kilometer breite Macquarie-Insel liegt ca. 1500 Kilometer südöstlich von Tasmanien sowie rund 1300 Kilometer nördlich der Antarktis. Sie ist ein Paradies für See-Elefanten, Pelzrobben und zahlreiche Vogelarten. Königs- und Kaiserpinguine bilden im Winter und im Frühjahr riesige Brutkolonien. Auch Sturmvögel und verschiedene Albatrosarten brüten hier. Einziges Zeichen menschlicher Gegenwart ist eine Forschungsstation.

Für die Geologie hat die Macquarie-Insel durch ihre Lage in einer Subduktionszone größte Bedeutung, ist sie doch der weltweit einzige Ort, an dem Gesteine des sonst mehrere Kilometer unter der Erdoberfläche liegenden Erdmantels zutage treten.

Benannt wurde die Insel nach dem Briten Lachlan Macquarie, der in den Jahren 1810 bis 1821 Gouverneur von New South Wales war.

See-Elefanten und diverse Pinguinarten sind allgegenwärtig auf der Macquarie-Insel im Südpazifik.

# Südliche Lagune der Chelbacheb-Inseln (Rock Islands)

Palau | Jahr der Ernennung: 2012

Dieses Natur- und Kulturerbe weist eine Vielfalt an Lebensräumen auf, eine weitgehend intakte Unterwasserwelt und zahlreiche verkarstete Inseln mit einer hohen Artenvielfalt. Die Südliche Lagune von Palau umfasst ein Gebiet von über 1000 Quadratkilometern. Darin liegen 445 unbewohnte Kalkinseln. Die Inseln sind von unberührtem Wald bedeckt, in dem eine sehr artenreiche terrestrische Fauna und Flora heimisch ist. Die Lagune wird durch ein Saumriff fast vollständig vom Ozean getrennt. Es bietet einer Vielzahl von Meeresbewohnern, darunter dem selten gewordenen Dudong und 13 Haiarten, einen Lebensraum. Meeresbiologen haben 385 verschiedene Korallenarten gezählt. Die Rock Islands weisen die weltweit höchste Dichte an Brackwasserseen auf. Sie sind nur durch schmale Spalten und Höhlen mit dem offenen Ozean verbunden und werden doch durch den Wechsel der Gezeiten bestimmt. Einige der Seen sind berühmt für ihr großen Quallenpopulationen der Art Mastigias papua, wobei in jedem See eine andere Unterart lebt. In der Südlichen Lagune findet man archäologische Zeugnisse von der ersten Besiedlung der Inseln vor 3000 Jahren.

**Durch die karstige Verwitterung zeigen viele Inseln abenteuerliche Formen (oben). Unten: Luftaufnahme der Rock Islands.**

## Atombombentestgebiet Bikini-Atoll

Marshallinseln | Jahr der Ernennung: 2010

Manche Welterbestätte erinnert an die dunklen Seiten der menschlichen Kultur. Eine von ihnen ist das Bikini-Atoll – ein Teil der Marshallinseln in Mikronesien –, das durch Atomwaffentests unbewohnbar geworden ist. Das Bikini-Atoll besteht aus 23 Inseln, die zusammen eine Fläche von nur sechs Quadratkilometern haben. Nach dem Ende des Zweiten Weltkriegs und zu Beginn des Kalten Krieges ist die Inselgruppe zu trauriger Berühmtheit gelangt: Zwischen 1946 und 1958 haben die Vereinigten Staaten von Amerika hier in der Abgeschiedenheit des Pazifiks und jenseits der Hauptschifffahrtsrouten 67 Atombombentests unternommen. Dazu zählte 1952 auch die Zündung der ersten Wasserstoffbombe, der noch viele weitere folgten. Auf dem Bikini-Atoll sind die Folgen der Explosionen bis heute zu erkennen. Die Sprengkraft aller Bomben war insgesamt 7000-mal stärker als die der Hiroshima-Bombe von 1945. In der Lagune liegen auch viele Wracks. Die umgesiedelten Ureinwohner haben nie in ihre Heimat zurückkehren können, die radioaktive Strahlung ist nicht vollständig abgebaut und beeinträchtigt noch immer die Natur. Auch Menschen leiden an den Spätfolgen der Strahlung.

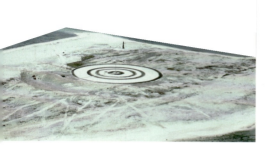

Luftbild der Insel Namu, Teil des Bikini-Atolls, mit dem für die Sprengung eingezeichneten Ziel.

## Historische Agrarlandschaft von Kuk

Papua-Neuguinea | Jahr der Ernennung: 2008

Die archäologische Stätte liegt im Hochland von Papua-Neuguinea und ist das erste Welterbe des Inselstaats. Sie zeigt, dass auf Neuguinea schon vor etwa 10 000 bis 7000 Jahren unabhängig vom Einfluss anderer Kulturen landwirtschaftliche Techniken entwickelt wurden.

Das 1,2 Quadratkilometer große Sumpfgebiet wurde in den 1970er-Jahren von Australischen Archäologen erschlossen. Sie stießen auf Spuren von Brandrodungen und Pflanzungslöchern, die belegen, dass in Kuk vermutlich schon vor 10 000 Jahren Pflanzen kultiviert wurden. Die Forscher konnten zeigen, dass die Bewohner vor rund 7000 Jahren damit begannen, am Rande des Sumpfgebiets einfach zu kultivierende Hügel anzulegen. Vor rund 4000 Jahren dann wurden mit Hilfe von Werkzeugen aus Holz Entwässerungsgräben gezogen und der Sumpf dadurch einer besseren landwirtschaftlichen Nutzung zugänglich gemacht. Seit den 1990er-Jahren treiben Angehörige der Kawelka in dem Gebiet, das 1910 von ihnen aufgegeben und später an australische Behörden verpachtet wurde, wieder Landwirtschaft. Die archäologischen Fundstätten werden von Ihnen geschützt.

In den Regionen Papua-Neuguineas wird mit der Wasserbrotwurzel, auch »Taro«genannt, eine der ältesten Nutzpflanzen angebaut.

# Korallenatoll East Rennell

Salomonen | Jahr der Ernennung: 1998

Rennell Island, die südlichste der westpazifischen Salomoninseln, ist das größte über dem Meeresspiegel aufragende Korallenatoll der Erde. Zum Welterbe East Rennell zählt das südöstliche Drittel der Insel mit dem Lake Tegano – einst eine Lagune des Atolls und mit 150 Quadratkilometer Fläche der größte Brackwassersee der pazifischen Inselwelt. Wegen der geografischen Abgeschiedenheit hat sich auf Rennell eine eigenständige Flora und Fauna entwickelt, die weder durch menschliche Eingriffe noch durch »Einwanderung« fremder Tierarten beeinträchtigt wurde. So findet man auf dem 85 Kilometer langen und 15 Kilometer breiten Atoll die im Verhältnis zur Fläche weltweit höchste Dichte endemischer Tier- und Pflanzenarten vor. Die Wälder bieten Lebensraum für viele Pflanzen, darunter verschiedene Orchideen und Schraubenbaumgewächse. Nur hier lebt der Rennell-Flughund – eine von elf Fledermausarten. Gut 40 Vogelarten brüten auf dem Atoll. Außerdem wurden zwei Seeschlangenarten, fünf Gecko-, vier Skink- und drei Landschlangenarten sowie 27 Landschnecken- und mehr als 700 verschiedene Insektenarten auf Rennell Island registriert.

**Zur beeindruckenden Artenvielfalt gehört auch der Anemonenfisch (oben). Unten: Kanggava Bay auf Rennell Island.**

# Meeresschutzgebiet Phoenixinseln

Kiribati | Jahr der Ernennung: 2010

Faszination Unterwasserwelt: Zahllose Fischarten tummeln sich in den Korallenbänken der Phoenixinseln (beide Abbildungen).

Die nahezu unberührte Natur der Region rund um die Phoenixinseln präsentiert sich als eines der größten intakten Korallenökosysteme weltweit. Mit einer Fläche von mehr als 400 000 Quadratkilometern erstreckt sich das Meeresschutzgebiet Phoenixinseln über eine Fläche, die größer ist als Deutschland. Weltweit findet sich kein größeres Meeresschutzgebiet als das zwischen Hawaii und den Fidschi-Inseln gelegene, zum pazifischen Inselstaat Kiribati gehörende Naturparadies. Zu den Phoenixinseln gehören acht Atolle, die zusammen nur 28 Quadratkilometer Landfläche aufweisen. Hinzu kommen zwei Riffe, die konstant unter der Wasserlinie liegen. Die durchschnittliche Wassertiefe beträgt 4000 Meter, maximal geht es bis auf 6147 Meter hinab. In diesem gigantischem Ozeanareal liegen vermutlich mehr als 30 unterseeische Gipfel, 14 von ihnen sind bekannt. Einzigartig ist die Vielfalt der Lebenswelten: Im Schutzgebiet finden sich allein 200 Korallen- und 500 Fischarten. 18 Spezies von Meeressäugern leben dort, und selbst 44 Vogelarten haben sich in die schier unendlichen Weiten des Pazifischen Ozeans verirrt – eine wichtige Station auf ihren Wanderungen.

**Australien und Ozeanien** | Kiribati

# Kulturlandschaft Chief Roi Mata's Domain

Vanuatu | Jahr der Ernennung: 2008

Das Welterbe umfasst mehrere auf das frühe 17. Jahrhundert zurückgehende Stätten auf drei Inseln – Efate, Lelepa und Artok – des südpazifischen Inselstaats Vanuatu, die mit dem Häuptling Roi Mata in Verbindung stehen. Auf der zum südpazifischen Inselstaat Vanuatu gehörenden Insel Efate herrschte einst der bedeutende Häuptling (»Chief«) Roi Mata, dessen Wertvorstellungen bis heute tradiert werden und der auf den Inseln ebenfalls bis heute gültige Herrschafts- und Sozialstrukturen etablierte. Der Überlieferung zufolge soll Chief Roi Mata als erster Herrscher die bis dahin sich bekriegenden Stämme des Archipels geeint haben, bevor ein Giftanschlag seinem Leben um 1600 ein Ende setzte. Auf der Insel Efate verabschiedete sich der Sterbende von seinen Anhängern; zum Sterben selbst zog er sich dann in eine Höhle auf der Insel Lelepa zurück. Begraben wurde er schließlich auf der Insel Artok. Im Jahr 1967 stießen Archäologen im Nordwesten von Artok, etwa 100 Meter von der Küste entfernt, auf das Grab und lieferten in der Folgezeit die ersten wissenschaftlich fundierten Beweise für die wirkliche Existenz und einstige Machtfülle des Häuptlings.

**Höhlenmalereien auf Vanuatu: Die rechte Figur wird oft mit Chief Roi Mata identifiziert. Der Legende nach starb der Häuptling hier.**

# Historische Hafenstadt Levuka

Fidschi | Jahr der Ernennung: 2013

Der auf der Fidschi-Insel Ovalu gelegene Ort gilt als herausragendes Beispiel einer in der Spätphase der europäischen Kolonisation gegründeten pazifischen Hafenstadt. Levuka wurde um 1820 von westlichen Händlern gegründet und entwickelte sich zu einer geschäftigen Hafenstadt, die Händler und Walfänger aus aller Welt anzog und schon bald den zweifelhaften Ruf genoss, ein Tummelplatz für Glücksritter, Abenteurer und Spekulanten zu sein. In der zweiten Hälfte des 19. Jahrhunderts, als europäische Pflanzer begannen, auf den Fidschis Baumwolle anzubauen, änderte sich dies. Levuka wurde zu einer Stadt nach europäischem Muster ausgebaut und mit einer modernen Infrastruktur ausgestattet. Historische Bauten wie die Kathedrale, das Royal Hotel, das Postgebäude, oder die Town Hall erinnern an diese Zeit. 1871 wurde Seru Epenisa Cakobau in Levuka auf Betreiben der Engländer zum König (tui viti) der Fidschi-Inseln gekrönt. 1874 trat er sein Reich – ebenfalls in Levuka an sie ab und die Fidschis wurden eine britische Kronkolonie. Levuka blieb bis 1881 offiziell Hauptstadt der Inseln, der Sitz der Kolonialverwaltung war schon 1877 nach Suva auf Viti Levu verlegt worden.

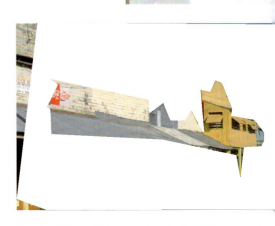

**Das Ortsbild der Hafenstadt Levuka (im Bild die Beach Street) wird von Kolonialbauten des 19. Jh. bestimmt.**

# Nationalpark Tongariro

Neuseeland | Jahr der Ernennung: 1990

Der älteste Nationalpark Neuseelands (1887) im Zentrum der Nordinsel geht auf ein Geschenk der Maori an die neuseeländische Regierung zurück. Auf rund 750 Quadratkilometer Fläche umfasst er drei aktive Vulkansysteme. Die Geschichte dieser Vulkanlandschaft begann vor rund zwei Millionen Jahren, als die Indisch-Australische und die Pazifische Platte miteinander kollidierten. Durch den enormen Widerstand der Platten wurde viel Reibungswärme frei. Diese führte zum Aufschmelzen des umgebenden Gesteins. Es entstand heißes Magma, und über den Reibungspunkten der Platten setzte starker Vulkanismus ein. Die drei Feuerspucker Tongariro, Ngauruhoe und Ruapehu bezeugen mit ihrer Aktivität noch heute diesen erdgeschichtlichen Vorgang; dazwischen hat sich das gewaltigste Lavaplateau der Welt herausgebildet. Bei der ersten Ernennung zur Welterbestätte ging es 1990 vor allem um die geologische Bedeutung des Nationalparks. Bei der Erweiterung 1993 wurde Tongariro als erste Welterbestätte zugleich als Natur- und Kulturerbe ausgezeichnet, um die kulturelle und spirituelle Bedeutung der Berge des Nationalparks für die hier ansässigen Maori zu betonen.

**Bei Wanderern beliebt: der Tongariro Alpine Crossing zwischen Tongariro und Ngauruhoe (oben). Unten: Die Tawhai-Wasserfälle.**

# Te Wahipounamu – der Südwesten Neuseelands

Neuseeland | Jahr der Ernennung: 1990

Te Wahipounamu (Maori: »Ort des Jadesteins«) ist mit rund 26 000 Quadratkilometer Fläche eines der größten Naturschutzgebiete der Welt. Es umfasst die Areale der Nationalparks Westland, Mount Aspiring, Mount Cook und Fiordland. Der größte von ihnen, Fiordland, erstreckt sich über weite Teile der Südwestküste Neuseelands. In dieser von Gletschern gebildeten Landschaft fallen pro Jahr bis zu 10 000 Millimeter Niederschlag – ideale Voraussetzungen für das Gedeihen von gemäßigtem Regenwald. Hier existieren noch viele Pflanzen- und Tierarten, die bereits vor Millionen von Jahren heimisch waren. Im glasklaren Wasser der Fjorde schwimmen neben Delfinen auch Ohrenrobben sowie die nur hier heimischen Dickschnabelpinguine. Die Höhenlagen der Gebirgslandschaft im fast waldlosen Mount-Cook-Nationalpark werden von Gletschern beherrscht. Die beiden höchsten Berge Neuseelands, der 3754 Meter hohe Mount Cook und der 3498 Meter hohe Mount Tasman liegen in dem Gebiet. Die Nationalparks Westland und Mount Aspiring sind ebenfalls fantastische Glaziallandschaften. Die langen Zungen des Fox- und des Franz-Josef-Gletschers im Westland National Park wälzen sich durch die trogförmigen Täler bis in Küstennähe.

Im Zentrum der Southern Alps erhebt sich der 3754 Meter hohe Mount Cook, der höchste Berg Neuseelands.

# Subantarktische Inseln Neuseelands

Neuseeland | Jahr der Ernennung: 1998

Diese fünf Inselgruppen im Südpazifik stellen ein einzigartiges Ökosystem dar. Hier, wo antarktische und subtropische Meeresströmungen aufeinandertreffen, hat sich eine vielfältige Tier- und Pflanzenwelt entwickelt. Die Inselgruppen Auckland, Campbell, Antipoden, Snares und Bounty liegen südlich und östlich der Küste Neuseelands und sind heute unbewohnt. Bis auf die niedrigen Felsen der Bounty-Inseln werden die Eilande von Moorflächen bedeckt. Die Campbell- und Auckland-Inseln weisen mit ihren sehr tiefen Fjorden Zeichen einer ausgedehnten früheren Vergletscherung auf. Mit Ausnahme der Bounty-Inseln verfügen die Inselgruppen über die reichste Flora aller subantarktischen Eilande. Von den mehr als 250 Arten sind 35 endemisch, weitere 30 gelten als sehr selten. Auf den Auckland-Inseln finden sich die südlichsten Wälder mit großen Beständen an Baumfarnen. 120 Vogelarten sind bekannt, darunter 40 Seevögel, von denen fünf nur hier brüten. Zehn Albatrosarten haben hier ihre Heimat, hinzu kommen vier Pinguinarten, von denen zwei endemisch sind. Zudem bieten die Inseln den seltenen Hooker's-Seelöwen und großen Kolonien der neuseeländischen Pelzrobbe Lebensraum.

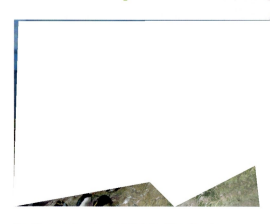

Der Kronenpinguin, auch Sclater-Pinguin oder Gelbschopfpinguin genannt, brütet nur auf den Bounty- und Antipodeninseln.

Durch einen Pylonen, neben dem ein Obelisk aufragt, betrat man den von Säulen und Statuen eingefassten Hof des Luxor-Tempels. Das Ensemble mit seiner Hofanlage geht auf Amenophis III. zurück und wurde unter Ramses II. erweitert.

# Afrika

## Medina von Tétouan

Marokko | Jahr der Ernennung: 1997

»Weiße Taube« wird das zu Füßen des Rif-Gebirges gelegene Tétouan ob seiner weiß getünchten Häuser genannt.

Tétouan verdankt seine Bedeutung als Bindeglied zwischen Marokko und dem maurischen Spanien auch den zahlreichen muslimischen Flüchtlingen, die nach dem Sieg der Reconquista hierherkamen und das Leben der Medina prägten. Im Schutz der von zinnenbekrönten Mauern umgebenen Medina haben zahlreiche Moscheen und Souks die Zeiten scheinbar unberührt überdauert. Unmittelbar vor dem Bab er-Rouah (»Tor der Winde«), einem der Eingänge zur Medina, befindet sich der an die zentrale Place Hassan II grenzende Sultanspalast Dar el-Makhzen, der im 17. Jahrhundert unter Moulay Ismail errichtet wurde. In der Medina selbst verströmen im engen Gewirr der Gassen traditionelle Souks mit Werkstätten und Verkaufsläden die lebhafte Atmosphäre orientalischen Handels. Immer wieder öffnen sich Plätze mit kachelverzierten Brunnen, und man trifft auf Moscheen samt Minaretten, auf Medresen und Mausoleen im reichen maurischen Baudekor, auf Funduks (Herbergen) und einstige Karawansereien. Am nordwestlichen Rand der Medina liegt die Kasbah aus dem 17. Jahrhundert, deren erste Bauten auf das Ende des 13. Jahrhunderts zurückgehen.

## Rabat – moderne Hauptstadt mit historischem Kern

Marokko | Jahr der Ernennung: 2012

Das prächtige Mausoleum von Mohammed V. aus weißem Marmor wurde zwischen 1961 und 1967 errichtet.

Die bewegte Geschichte der Hafenstadt Rabat spiegelt sich in ihrer Architektur wider. Maurische Türme und Moscheen treffen hier auf Art-déco-Bauten aus der Zeit der französischen Kolonialherrschaft und zeugen vom fruchtbaren Aufeinandertreffen arabischer und westlicher Kulturelemente.

An der Atlantikküste im Nordwesten Marokkos liegt die Hafenstadt Rabat an der Mündung des Bou-Regreg-Flusses. Die im 10. Jahrhundert von den spanischen Umayyaden als Klosterburg gegründete Siedlung hoch oben auf dem Oudaja Felsen wurde unter dem Almohadenherrscher Abu Youssuf Yakub el Mansour im 12. Jahrhundert zur befestigten Kasbah erweitert. Von der einstigen Moschee ist das unvollendete Minarett (der heutige Hassanturm) noch zu sehen. Im 17. Jahrhundert wurde die Stadt zum Zufluchtsort der von Spanien vertriebenen Mauren und machte sich als Piratenrepublik Bou-Regreg einen zweifelhaften Namen. Die Alawiden-Sultan Mulai ar-Raschid (reg.1666–1672) bereitete dem Treiben 1666 ein Ende. Während der französischen Kolonialherrschaft von 1912 bis 1956 entstanden in Rabat neue Stadtviertel nach französischem Vorbild.

# Altstadt von Fès

Marokko | Jahr der Ernennung: 2012

Fès gilt als das geistige und kulturelle Zentrum des Landes. Die die Viertel Fès el-Bali und Fès el-Jedid umfassende Medina blickt auf eine mehr als tausendjährige Geschichte zurück. Fès wurde von den Idrisidenherrschern – der von Idris ibn 'Abdallah (789–791) begründeten ersten lokalen Dynastie im westlichen Mahgreb – als Doppelstadt. Im 9. Jahrhundert wurde dieser älteste Teil der Stadt, Fès el-Bali, von Flüchtlingen aus dem maurischen Teil Spaniens und Familien aus dem heute tunesischen Kairouan besiedelt. Die auf sie zurückgehende Kairaouine-Moschee bietet mehr als 20 000 Gläubigen Platz und ist das Zentrum der 959 gegründeten Universität, die in der islamischen Welt hoch angesehen ist. Fés el-Jedid (das neue Fés) wurde unter den Meriniden-Herrschern (13.–15.Jahrundert) errichtet. Aus dieser Epoche stammen der Königspalast und die Mellah, das Judenviertel. Koranschulen, Moscheen und Merinidengräber bezeugen dessen Bedeutung, das schon bald mit Fès el-Bali zu einer der größten und prächtigsten Metropolen der islamischen Welt zusammenwuchs. Die Franzosen bewahrten nach der Eroberung 1911 die historischen Viertel und errichteten eine moderne Neustadt.

**Umgeben von einer Stadtmauer, bestimmen mächtige Tore wie das Bab Bou Jeloud (unten) das Stadtbild (oben) der Medina von Fès.**

# Ausgrabungsstätte Volubilis

Marokko | Jahr der Ernennung: 1997

Der Triumphbogen des Caracalla (oben) ist das am besten erhaltene Bauwerk auf dem Ruinenfeld von Volubilis (rechts).

Ausgrabungen förderten die Überreste der Hauptstadt römischen Provinz Mauretania Tingitana zutage. Die Funde zeugen vom einstigen Wohlstand der Römermetropole. Volubilis nördlich von Meknès war der wichtigste Außenposten der Römer auf dem Gebiet des heutigen Marokko. Gegründet zur Zeit der karthagischen Herrschaft, wurde die Stadt ab dem Jahr 44 dem römischen Imperium einverleibt. In der Folgezeit wurden prächtige profane und sakrale Bauwerke errichtet, die seit 1887 systematisch ausgegraben und erschlos-sen werden. Eine rege Bautätigkeit herrschte besonders unter Kaiser Septimius Severus (reg. 193–211), der sich in ganz Nordafrika als Bauherr hervor getan hat. Die Hauptstraße, der Decumanus Maximus, zieht sich auf einer Länge von 900 Metern durch die Stadt, die zu ihren besten Zeiten mehr als 10 000 Einwohner hatte. Die ursprünglich fünfschiffige Basilika aus dem 2. Jahrhundert diente als Gerichts- und Versammlungsgebäude. Vom Alltag der römischen Statthalter und Bewohner zeugen Residenzen wie der gewaltige Palast des Gordianus und Villen wie das »Haus des Gefolges der Venus«, mit reich gestalteten Mosaikböden.

# Altstadt von Meknès

Marokko | Jahr der Ernennung: 1996

Meknès, eine der vier Königsstädten Marokkos, zeichnet sich durch eine sehenswerte Medina und zahlreiche Moscheen aus, vor allem aber durch die Ruinen von Sultan Moulay Ismails riesigem Palastviertel. Die Stadt wurde von Herrschern der Almoraviden, Almohaden und Meriniden mehrfach erobert und zerstört, bis es unter dem Alawidensultan Moulay Ismail (1672–1727) seine Blütezeit erlebte. Er machte Meknès zu seiner Hauptstadt, die als »marokkanisches Versailles« auch europäische Zeitgenossen beeindruckte. Moulay Ismails Leistungen als Bauherr sind in die Geschichte eingegangen. Der Despot, der rebellierende Stämme in ganz Marokko unterwarf, ließ von einer Schar Sklaven eine riesige »Ville Impériale« errichten, die Paläste, aber auch Unterkünfte, Stallungen, Getreide- und Wasserspeicher und Werkstätten umfasste. Von der Anlage sind nur noch Ruinen erhalten. Unweit davon befindet sich das Mausoleum des Sultans. Unter den Stadttoren ragt das Bab el-Mansour aus dem 18. Jahrhundert heraus. Die Medina beherbergt mehrere Moscheen – darunter die Grande Mosquée – und den Medrese Bou Inania, eine Koranschule mit schönem Innenhof und Dachterrasse.

Die um ein altes Berberfort entstandene Medina von Meknès beeindruckt mit einem der größten Souks von Marokko.

# Altstadt Mazagan von El-Jadida

Marokko | Jahr der Ernennung: 2004

El-Jadida geht auf die portugiesische Festung Mazagan aus dem 16. Jahrhundert zurück, von der die Mauern sowie vier Bastionen noch vollständig erhalten sind. Vielfach trifft man in der Altstadt noch auf Spuren portugiesischer Vergangenheit.

Das heutige El-Jadida, knapp 100 Kilometer südlich von Casablanca an der Atlantikküste gelegen, hat sich aus einem Stützpunkt entwickelt, den die Portugiesen 1502 errichteten und zum Schutz gegen Angriffe zu einer mächtigen Festung ausbauten. 1769 gelang es den Marokkanern unter Sultan Mohamed ben Abdallah, die Portugiesen zu vertreiben. Im 19. Jahrhundert folgten Ansiedlungen von arabischen Bevölkerungsgruppen und einer jüdischen Gemeinde; im Lauf einer wechselvollen Geschichte entstand die Stadt, El-Jadida, »die Neue«. Wer durch eines der drei Tore die Altstadt betritt, fühlt sich an Europa erinnert. Besonders sehenswert sind die Mariä-Himmelfahrts-Kirche im manuelinischen Stil und die portugiesische Zisterne. Synagogen, Moscheen, weitere Kirchen sowie Häuser europäischer Kaufleute aus dem 19. Jahrhundert bezeugen die wechselvolle Geschichte der Stadt.

Innerhalb der Mauern von Mazagan liegt die alte portugiesische Zisterne, deren Säulen sich im Regenwasser spiegeln.

# Medina von Marrakesch

Marokko | Jahr der Ernennung: 1985

Reges Treiben auf dem Markt- und Gauklerplatz Djemaa el-Fna (unten). Oben: Beleuchtetes Minarett der Koutoubia-Moschee.

Die Oasenstadt war einst ein Zentrum des Transsaharahandels und diente verschiedener Dynastien als Hauptstadt und Regierungssitz. Von den Bauwerken aus der Frühzeit der Medina blieb die zehn Kilometer lange Stadtmauer mit 20 Toren und rund 200 Türmen erhalten. Die Almohadensultane hinterließen Marrakesch mit der 1158 errichteten Koutoubia-Moschee und ihrem Minarett – eines der schönsten Bauwerke der Stadt. Das fast 80 Meter hohe Meisterwerk spanisch-maurisch beeinflusster Baukunst war zusammen mit der Giralda von Sevilla und dem Hassan-Turm in Rabat stilbildend für viele Minarette Marokkos. Hinter der Moschee befindet sich das Grab des Almoraviden-Sultans Yusuf ibn Taschfin. Durch das Bab Agnaou, das schönste Stadttor von Marrakesch, gelangt man in die Kasbah, die alte Festungsstadt der Almohaden. Im 16. Jahrhundert setzte unter der Herrschaft der Saadier nochmals eine rege Bautätigkeit ein. Aus dieser Zeit stammen die gut erhaltenen Saadier-Gräber. Neben mehreren Palästen zählen die Souks und Marktplätze zu den Hauptattraktionen von Marrakesch. Das Welterbe umfasst auch die außerhalb der Stadtmauern gelegenen Agdal- und Menara-Gärten.

# Altstadt von Essaouira

Marokko | Jahr der Ernennung: 2001

Die Ursprünge von Essaouira gehen auf die portugiesische Festung Mogador zurück. Schon die Phönizier nutzten den Ort an der marokkanischen Atlantikküste als Handelsstation. Spätestens im 1. vorchristlichen Jahrhundert etablierte sich hier eine bedeutende Purpurproduktion. Von der Mitte des 1. bis zur Mitte des 5. Jahrhunderts gehörte Essaouiria zur römischen Provinz Mauretania Tingitana. Um 1506 errichteten die Portugiesen hier ihre heute nicht mehr existente Festung. Mitte des 18. Jahrhunderts wurde Mogador unter Sultan Sidi Mohammed Ben Abdallah neu errichtet. Er betraute damit Théodore Cornut, der die Stadt nach dem Vorbild von Saint-Malo anlegte – so erklärt sich das europäische Flair des Zentrums mit Arkaden und weißen Häusern mit blauen Türen und Fensterläden. Durch stattliche Tore gelangt man in die Altstadt, wo sich die Kasbah, Mellah, das jüdische Viertel, und die Medina, das eigentliche Zentrum mit den Souks, befinden. Die Hafenfestung von Cornut ist gut erhalten. Nachdem Marokko im Jahr 1956 die Unabhängigkeit erlangt hatte, wurde die Stadt in Essaouira umbenannt.

**Die von einer Befestigungsmauer umgebene Altstadt von Essaouira spiegelt die Einflüsse europäischer Militärarchitektur wider.**

# Ksar von Aït-Ben-Haddou

Marokko | Jahr der Ernennung: 1987

Der an einer einst strategisch wichtigen Route von Marrakesch nach Ouarzazate gelegene Ksar von Aït-Ben-Haddou am Ufer des Asif Mellah thront wie eine Burg im Gelände und besteht aus insgesamt sechs ineinander verschachtelten Kasbahs – Wohnburgen, die von Erdmauern und Türmen eingefasst sind. Es ist die wohl schönste und besterhaltene Anlage dieser Art im Land. Ksar nennt man in Marokko Wehrdörfer. Das Erdgeschoss dieser Häuser wurde als landwirtschaftlicher Arbeitsbereich genutzt, während die oberen Stockwerke als Wohnräume dienten. Die rötlichen Stampflehmbauten des Ensembles werden von den Kornspeichertürmen überragt. Die teilweise noch gut erhaltenen, kunstvoll verzierten Gebäude und der mittlerweile verfallene Agadir, die Speicherburg, zeugen von der einstigen Bedeutung der Siedlung. Benannt ist sie nach einer einst hier ansässigen Berbergruppe. Die Anlage ist ein repräsentatives Beispiel des architektonischen Stils der nördlichen Saharazone, der vermutlich auf eine frühe, präislamische Bauweise zurückgeht. Aufgrund ihres geschlossenen Erscheinungsbilds diente die Anlage schon oft als Kulisse für historische Filme.

**Einen überwältigenden Eindruck macht der im Südosten Marokkos gelegene Ksar Aït-Ben-Haddou.**

Marokko | **Afrika**

# Tipasa

Algerien | Jahr der Ernennung: 1982

Die antike Stätte vereint eine einzigartige Architektur aus phönizischer, römischer, frühchristlicher und byzantinischer Zeit, die auf vielfältige Weise Einblick in das Leben der damaligen Bewohner gibt. An der Küste des Mittelmeers ungefähr 70 Kilometer westlich von Algier liegt die archäologische Fundstätte Tipasa. Aus dem ursprünglich phönizischen Handelshafen entwickelte sich eine bedeutende punische Stadt, die im 1. Jahrhundert römische Kolonie wurde und zu einem der wichtigsten strategischen Zentren der römischen Eroberung Mauretaniens avancierte. Im Jahr 430 bemächtigten sich die arianischen Vandalen der Stadt, die die hier bislang ansässigen trinitarischen Christen grausam verfolgten und in die Flucht nach Spanien trieben. Nach der byzantinischen Machtübernahme im 6. Jahrhundert verlor Tipasa an Bedeutung und verfiel allmählich. Aus der Römerzeit stammen die Reste eines Forums, des Amphitheaters, von Villen, Bädern und einer Produktionsstätte für Garum, eine in der Antike beliebten Würzsoße. Direkt am Meer stehen die frühchristliche neunschiffige Große Basilika mit Mosaikfußböden sowie Überreste des Kbor er Roumia, des Mausoleums von Mauretanien.

Mauer- und Säulenreste fügen sich in Tipasa zu einer Gesamtheit und lassen die Struktur der Handelsstadt wiedererkennen.

# Kasbah (Altstadt) von Algier

Algerien | Jahr der Ernennung: 1992

Die historische Altstadt über der Bucht von Algier mit der Zitadelle, den Moscheen und maurischen Palästen vermittelt ein anschauliches Bild moslemischer Kultur und Lebensweise. Die ursprünglich von den Phöniziern gegründete Siedlung entwickelte sich erst nach der arabischen Eroberung zu einem wichtigen Handelszentrum. Im 16. Jahrhundert wurde Algier Stützpunkt muslimischer Korsare, die von hier aus Krieg gegen christliche Handelsschiffe führten. 1516 nahm Khair ad-Din Barbarossa die Stadt ein und unterstellte sie dem osmanischen Sultan. De facto blieb Algier aber unabhängig und eine Piratenhochburg, um die sich die europäischen Staaten stritten. Von 1830 bis 1992 war es Hauptstadt der französischen Kolonie Algerien. Erst in dieser Zeit wuchs es über die Kasbah mit der Zitadelle hinaus. Die meisten Gebäude der Kasbah stammen aus osmanischer Zeit. Nur die große Moschee Djemaa el-Kebir ist älter. Sie wurde anstelle einer christlichen Basilika im Almoravidenstil errichtet. Die Kanzel aus dem Jahr 1017 besitzt reiche Schnitzereien, das Minarett stammt von 1323. Bedeutend ist auch die 1660 im byzantinischen Stil erbaute Moschee Djedid.

Unzählige Treppen und gewundene Gassen führen durch die malerische Altstadt von Algier.

# Bergfestung Beni Hammad

Algerien | Jahr der Ernennung: 1980

Die einst prächtige Hauptstadt der berberischen Ziriden-Dynastie ist seit ihrer Zerstörung im 12. Jahrhundert ein Ruinenfeld. Sie gilt als Bindeglied west- und ostislamischer Kunst und Kultur. Die Ziriden-Residenz, die der ehrgeizige Dynastiebegründer Hammad ben Bologhine erbauen ließ, zeugt von der Blütezeit Nordafrikas. In den Palästen und Gärten mit ihren Wasserspielen fanden die wichtigsten nordafrikanischen Kunststile der Zeit ihren Niederschlag. Die raffinierte Verschränkung der Bau- und Dekorelemente weisen Beni Hammad als Geburtsstätte grundlegender Elemente des maurischen Stils aus. So wurden hier der achtelementige Muqarnas – eine aus Spitzbögen bestehende, dekorative Verzierung – und die siebenelementige Stalaktittrompe entwickelt. Der Palast des Emirs von Hammad bestand aus drei Anlagen, die durch Gärten, Pavillons und Wasserbecken voneinander getrennt waren. Einer der prächtigsten und wohl auch größten Paläste war der um ein riesiges Wasserbecken herum errichtete Dar el-Bahar oder Seepalast. Das 25 Meter hohe Minarett der großen Moschee, die über einen 13-schiffigen Betsaal verfügte, ist heute nur noch teilweise erhalten.

**Ruinen lassen das Mauerwerk der Bergfestung erkennen, die dem Ansturm der Almohaden im Jahr 1152 nicht standhalten konnte.**

# Djémila

Algerien | Jahr der Ernennung: 1982

Eine der am besten erhaltenen Ruinenstädte des Landes wurde in den Jahren 96 bis 98 unter dem römischen Kaiser Nerva auf dem Gelände einer ehemaligen Berbersiedlung erbaut.
Geschickt hatte man die Bauten dem hügeligen Gelände angepasst. Das frühere Cuicul wurde als Garnisonsstadt und Veteranensiedlung gegründet, deren Bevölkerung im 2. Jahrhundert mehr als 10 000 Einwohner zählte. Im 3. Jahrhundert erlebte die Stadt ihre Blütezeit. Sie wuchs über ihre ursprünglichen Mauern hinaus, und ein neues, von prächtigen Gebäuden umgebenes Forum entstand. Mit dem Aufkommen des Christentums setzte im 4. Jahrhundert erneut eine rege Bautätigkeit ein. Ab dem 5. Jahrhundert begann der Niedergang Cuiculs. Seit 1909 wurden die gut erhaltenen sakralen und öffentlichen Bauten, die teilweise noch die Originalmosaiken zeigen, freigelegt. Das Bild der Römerstadt wurde durch zwei Forumsanlagen, den Markt des Cosinus, den Tempel des severischen Kaiserhauses, den Ehrenbogen des Caracalla, das Theater und die Thermen geprägt. Im Süden entstand ein christliches Stadtviertel, von dem noch das Baptisterium aus dem 4. Jahrhundert erhalten ist.

**Der Ort auf 900 Meter Meereshöhe, zwischen Wadi Guergour und Wadi Betame, birgt die Überreste der römischen Militärkolonie Cuicul.**

Algerien | **Afrika**

# Timgad

Algerien | Jahr der Ernennung: 1982

Unter Kaiser Trajan entstand die im Aurès-Massiv gelegene Veteranensiedlung, die ab 1880 ausgegraben wurde. Sie gilt als hervorragendes Beispiel römischer Stadtplanung und war im 3. Jahrhundert eine der wichtigsten Städte Numidiens. Die im Jahr 100 n. Chr. geplante Militärkolonie sollte dem angenehmen Ruhestand römischer Legionäre dienen, die nach 25 Dienstjahren aus dem Heer entlassen wurden. Die Stadt wurde im Rastertypus der Militärlager angelegt – mit zwei Hauptstraßen (Cardo in Nord-Süd- und Decumanus in Ost-West-Richtung). Die meisten Gebäude stammen aus dem 2. Jahrhundert, wie etwa das Theater, das 4000 Sitzplätze hatte, der Trajansbogen, das Kapitol, mehrere weitläufige Thermen, die öffentliche Bibliothek, das Forum und der Sertius-Markt. Im 4. und 5. Jahrhundert wurde Thamugadi, so der römische Name, zum Hauptsitz der Donatisten. Ende des 5. Jahrhunderts zerstörten Vandalen und Berber die Stadt. Die Byzantiner bauten sie wieder auf, doch während der arabischen Invasion wurde sie im 7. Jahrhundert erneut zerstört und endgültig aufgegeben. Die lange vom Saharasand bedeckte Stadt vermittelt ein anschauliches Bild des Alltagslebens in der Antike.

Imposante Bauten und noch gut erhaltene Siedlungsreste belegen die Bedeutung und den Reichtum des antiken Thamugadi.

# Tal von M'zab

Algerien | Jahr der Ernennung: 1982

Die Oasenregion blickt auf eine jahrtausendealte Besiedlungsgeschichte zurück. Fünf befestigte Siedlungen (Ksur) haben die Ibaditen im Tal des nur einmal im Jahr Wasser führenden Oued M'zab erbaut: El-Atteuf, Bou Noura, die heilige Stadt Beni Isguen, Melika und Ghardaïa. Die zuletzt errichtete und größte ist Ghardaïa. Wie die anderen Siedlungen wurde sie auf einer Felskuppe um eine Moschee herum angelegt und von einer Festungsmauer umgeben. Das Minarett der Moschee diente gleichzeitig als Wachtturm. Die Moschee selbst war als eigenständige Festung mit Kornspeicher und Waffenarsenal konzipiert. Die Bauweise der einfachen kubischen Häuser ist wohldurchdacht. Die erdfarbenen Gebäude, die oft nur eine einzige Öffnung im Dach als Lichtquelle haben, sind dem Wüstenklima angepasst. Ihre Architektur unterstützt die traditionellen Familienstrukturen. Palmenhaine und Gärten, die durch ein ausgeklügeltes Bewässerungssystem am Leben erhalten wurden, befanden sich außerhalb der Siedlungen. Im Sommer zogen die Bewohner in diese Oasen, die befestigte Häuser und Wachtürme haben.

Die Siedlungen im Tal von M'zab sind Beispiel für eine optimal an die Umwelt angepasste Siedlungs- und Lebensweise.

# Tassili N'Ajjer

Algerien | Jahr der Ernennung: 1982

Die zerklüftete Landschaft des Hoggar-Gebirges birgt unzählige prähistorische Felszeichnungen aus der Frühzeit der menschlichen Entwicklungsgeschichte. In einer der unwirtlichsten Gegenden der Sahara nahe den Grenzen zu Libyen, Niger und Mali erstreckt sich das Tassili-n'Ajjer-Hochplateau über eine Fläche, die ungefähr der Größe Englands entspricht. In dieser Felslandschaft wurde 1933 eine große Zahl von Höhlenmalereien entdeckt. Die Felsbilder stammen aus unterschiedlichen Phasen, beginnend um 6000 v. Chr., und dokumentieren sowohl die drastischen Veränderungen des Klimas und der Tierbestände als auch Etappen menschlicher Kulturentwicklung zu einer Zeit, als das heutige Wüstengebiet noch ein tropisch-feuchtes Klima aufwies. Auf den Felsmalereien machen Menschen Jagd auf Elefanten, Giraffen und Büffel. Auch scheinen sie Viehzucht betrieben zu haben, denn die Abbildungen zeigen Hirten, die ihre Herden grasen lassen. Zu der spärlichen Vegetation des Hochplateaus gehören die endemische Sahara-Zypresse und die Sahara-Myrte, zur Tierwelt der gefährdete Mähnenspringer sowie die Dorkasgazelle, der Wüstenluchs und die Sandkatze.

**Die grandiose Gebirgskette (beide Abbildungen) gleicht einer Mondlandschaft, die sich aus dem Sand der Sahara erhebt.**

# Nationalpark Ichkeul

Tunesien | Jahr der Ernennung: 1980

Die dichte Vegetation an den Ufern des Ichkeul-Sees steckt voller Leben. Zu ihren Bewohnern gehört auch der Heilige Ibis.

Der gut 100 Quadratkilometer große Nationalpark umfasst den Lac d'Ichkeul samt Zuflusssystem sowie das Massiv des 511 Meter hohen Djebel Ichkeul. Er ist eines der wichtigsten Feuchtgebiete Nordafrikas. Die Region um den etwa 110 Quadratkilometer großen fischreichen Ichkeul-See wird von Bächen aus dem Mogod-Bergland gespeist und ist über den Oued Tindja mit der Lagune von Bizerta verbunden. Der See besteht sowohl aus Süß- als auch aus Salzwasser. In den trockenen Sommermonaten steigt der Salzwassergehalt, bei starken Regenfällen nimmt der Süßwasseranteil zu. Die Seeregion ist Lebensraum zahlreicher Vogelarten und Ufergewächse. In der fruchtbaren Sumpfoase wachsen verschiedene Binsenarten, Sumpf- und Schwertlilien, Schilfrohr und auch Seerosen. Tunesiens größte Säugetiere, Wasserbüffel mit einem Gewicht von bis zu 1200 Kilogramm, sowie annähernd 200 Vogelarten, vorwiegend Wasservögel wie Enten und Blesshühner, haben im Schutzgebiet ihr Refugium. Im Winter ist es das Quartier Hunderttausender von Zugvögeln aus Europa. Das Areal beherbergt außerdem noch Fossilienfundstätten von Hominiden, Primaten und ausgestorbenen Großsäugern.

# Ruinen von Dougga/Thugga

Tunesien | Jahr der Ernennung: 1997

Zu den imposantesten Monumenten der zwischen 1903 und 1938 ausgegrabenen Siedlung Thugga gehört das Theater.

Auf dem 70 Hektar großen Areal von Dougga rund 100 Kilometer südwestlich von Tunis befinden sich die Ruinen einer römischen Siedlung. In antiken Quellen wird Thugga (heutiger Name: Dougga) erstmalig im Zusammenhang mit einer Expedition des Agathokles gegen Ende des 4. Jahrhunderts v. Chr. erwähnt. Errichtet auf einer Anhöhe inmitten fruchtbarer Landschaften, war die Siedlung vor ihrer Zugehörigkeit zum römischen Imperium bedeutender Stützpunkt des Punischen Reiches. Unter den vorrömischen Relikten sticht das dreistöckige Ataban-Mausoleum aus dem 2. Jahrhundert v. Chr. hervor, dessen zweisprachige Inschrift die Entzifferung der numidischen Schrift ermöglichte. Einen wahren Bauboom erlebte die Stadt ab der ersten Hälfte des 2. Jahrhunderts n. Chr. bis ins 3. Jahrhundert hinein. Unter Septimius Severus wurde Thugga eine wohlhabende römische Provinzstadt, auf deren Areal über 20 000 Menschen lebten. Viele Funde und Ruinen stammen aus dieser Zeit. Zahlreiche Bauten wurden freigelegt, darunter das von Tempeln gerahmte Forum, das Aquädukt, mit dem das Bad gespeist wurde, ein Theater sowie Villen und für unterschiedliche Zwecke genutzte Häuser.

# Medina von Tunis

Tunesien | Jahr der Ernennung: 1979

Die Medina von Tunis, die größte erhaltene Altstadt in Nordafrika, zeugt von der Blütezeit der Mittelmeermetropole zwischen dem 12. und 16. Jahrhundert. Das von den Numidern besiedelte antike Tunes entwickelte sich im 7. Jahrhundert nach der Eroberung durch die Araber in rasanter Weise. In der Blütezeit unter den Hafsiden-Herrschern lebten hier über 100 000 Menschen. Im 16. Jahrhundert eroberten die Osmanen die begehrte Metropole. Zu Beginn des 17. Jahrhunderts brachten rund 80 000 spanische Mauren wirtschaftlichen Aufschwung. 1881 mussten die osmanischen Husseiniten schließlich der Kolonialmacht Frankreich weichen.

Das bedeutendste Bauwerk der Medina von Tunis ist die Ölbaummoschee aus dem 8. Jahrhundert (Ez-Zitouna), deren 184 Säulen aus Monumenten des antiken Karthago stammen. Die Youssef-Dey-Moschee aus dem frühen 17. Jahrhundert war das erste im osmanisch-türkischen Stil errichtete Gotteshaus in Tunis und das erste mit einem achteckigen Minarett. Weitere bauliche Wegmarken sind das Hafentor Bab el-Bhar und Tourbet el-Bey, das prächtige Mausoleum aus dem 18. Jahrhundert.

**Prächtig gekachelte Terrasse (unten) mit Blick auf das Minarett der im 8. Jahrhundert errichteten der Ez-Zitouna-Moschee (oben).**

## Ruinen von Karthago

Tunesien | Jahr der Ernennung: 1979

Auf einer Halbinsel an der Bucht von Tunis liegt die einst wohl berühmteste Stadt Nordafrikas: die Phöniziergründung Kart-Hadascht alias Karthago. Archäologischen Funden nach zu schließen wurde Karthago um das 8. Jahrhundert v. Chr. von phönizischen Siedlern gegründet. Eine über 40 Kilometer lange Wehrmauer schützte die Stadt der Punier, die unter den Magoniden zur dominierenden Handelsmacht im Mittelmeer wurde. Nach dem Sieg der Römer im Jahr 146 v. Chr. wurde Karthago im Dritten Punischen Krieg in Schutt und Asche gelegt. Die Römer überbauten die Ruinen, und Karthago erlebte als Hauptstadt der Provinz Africa eine Renaissance. Ausgrabungen der punischen Stadt befinden sich auf dem Byrsa-Burghügel, den heute die Kathedrale St.-Louis krönt, ebenso beim Tophet, dem heiligen Bezirk, wo der phönizischen Göttin Tanit einst Menschenopfer dargebracht wurden, und beim Hafen. Aus römischer Zeit stammt die Ruinenanlage der Antonius-Pius-Thermen. Weitere Sehenswürdigkeiten sind Villen mit Mosaiken, mit denen die punische Nekropole überbaut wurde, ein Theater und ein Amphitheater sowie ein Circus und Zisternen.

Von der einst mächtigen Handelsstadt sind heute nur noch spärliche Überreste erhalten, stumme Zeugen der Geschichte Karthagos.

## Kerkouane und Nekropole

Tunesien | Jahr der Ernennung: 1985

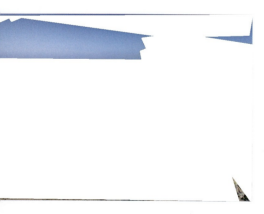

Die einstige punische Stadt geht auf das 6. Jahrhundert v. Chr. zurück. Im Ersten Punischen Krieg wurde sie von den Römern zerstört. Der Ort an der Spitze der Halbinsel Cap Bon ganz im Nordosten Tunesiens dürfte schon vor der Gründung Karthagos ein phönizischer Ankerplatz gewesen sein. Bedeutend ist die heutige archäologische Stätte deshalb, weil es sich dabei um die einzige noch erhaltene punische Stadt handelt. Die hufeisenförmig angelegte, rund zehn Hektar große Siedlung grenzte ans Meer und war durch eine doppelte Mauer geschützt. Grundmauern und Fundamente der um einen Innenhof mit Brunnen errichteten Häuser und das alte Straßennetz wurden inzwischen freigelegt. Fast jedes Haus besaß ein eigenes Bad und verfügte über ein hoch entwickeltes Abwassersystem. Architektonische Details belegen Einflüsse aus anderen Regionen und Kulturen der Mittelmeerregion und sprechen für eine weiträumige Handelstätigkeit der Bewohner von Kerkouane. In einer Purpurmanufaktur wurde der begehrte Farbstoff gewonnen, auf den die Punier das Monopol besaßen. Zum Welterbe zählt auch die Nekropole Arg el-Ghazouani mit rund 200 Felsgräbern und Grabkammern.

Die freigelegten Siedlungsreste von Kerkouane lassen eine planvolle Stadtanlage erkennen.

# Medina von Sousse

Tunesien | Jahr der Ernennung: 1985

Das antike Hadrumet war einst eine bedeutende phönizische Niederlassung, die im 7. Jahrhundert von den Arabern zerstört wurde. Unter der Dynastie der Aghlabiden (800–909) neu gegründet, erlebte die Hafenstadt einen raschen Aufstieg. Die im 9. Jahrhundert entstandene Medina, die im Lauf der Zeit kaum verändert wurde und noch von der originalen Stadtmauer umgeben ist, zählt zu den bedeutendsten Zeugnissen arabischer Baukunst. Die Große Moschee wurde kurz nach der Neugründung der Stadt im Stil einer Festung mit Mauern und Ecktürmen erbaut. Neben der Moschee, erhebt sich der Turm des Ribat. Er war Teil einer um 800 entstandenen Befestigungsanlage an der Küste, die aus Wehrklöstern – sogenannten Ribats – bestand. Hier lebten »Krieger-Mönche«, die Angriffs- und Verteidigungskriege führten, gleichzeitig der Bevölkerung Schutz vor Überfällen boten. Ein weiteres herausragendes Monument ist die um 840 errichtete Bou-Fatata-Moschee. Im Südwesten der Altstadt befindet sich die Kasbah, die das Archäologische Museum mit Exponaten aus punischer, römischer und frühchristlicher Zeit beherbergt. Ihr Turm Khalef el-Fatah dient als Leuchtturm.

**Eindrucksvoller Blick vom Ribatturm aus über die Altstadt auf die Kasbah aus dem Jahr 844.**

# Medina von Kairouan

Tunesien | Jahr der Ernennung: 1988

Die rund 150 Kilometer südlich von Tunis gelegene Stadt wurde von dem Umayyaden-Sprössling Ukba ibn Nafi um 670 als ein Vorposten des arabischen Eroberherheeres gegründet. Unter den Aghlabiden erlebte sie um 900 ihre Blütezeit. Die Medina von Kairouan ist noch von der ursprünglichen Stadtmauer umgeben. Sie hatte sich rund um die Große Moschee entwickelt, die noch im Gründungsjahr von Kairouan begonnen worden war. Als bedeutendstes und ältestes islamisches Bauwerk Nordafrikas wurde die Moschee Vorbild für die maurische Sakralarchitektur der Folgezeit. Der mit Intarsienarbeiten versehene Minbar, die Predigerkanzel, ist die älteste erhaltene islamische Kanzel überhaupt. Die von den Aghlabiden bereits im 9. Jahrhundert angelegten Becken der Wasserreservoire wurden über ein Aquädukt versorgt. Neben der Großen Moschee hat Kairouan weitere herausragende Sakralbauten vorzuweisen: die Moschee Sidi Abid el-Ghariani und die Moschee der drei Tore. Die Barbiermoschee (Zaouia Sidi Sahab) mit dem Grab eines Gefährten Mohammeds steht außerhalb der Stadtmauern. Noch heute ist Kairouan eines der bedeutendsten Zentren des Islam in Nordafrika.

**Der Gebetssaal der Großen Moschee von Kairouan präsentiert sich als ein Wald aus Marmorsäulen.**

# Amphitheater von El Djem

Tunesien | Jahr der Ernennung: 1979

Das Amphitheater (beide Abbildungen) wurde im 17. Jahrhundert teilweise gesprengt, ist aber besser erhalten als das Kolosseum.

Das römische Amphitheater von El Djem wurde um 230 n. Chr. erbaut und ist steinerner Zeuge des Wohlstands der einst wichtigsten Olivenanbauzentren Nordafrikas. Die alte punische Siedlung gewann zur Zeit Julius Cäsars an Bedeutung, der hier 46 v. Chr. die an einer wichtigen Verkehrsstraße gelegene Stadt Thysdrus gründete. Von hier aus wurde ein großer Teil von Roms Bedarf an Olivenöl gedeckt. Noch vor der Fertigstellung des Amphitheaters begann der Niedergang, da die Stadt in einen Aufstand der Großgrundbesitzer gegen die Einführung einer Olivenölsteuer verwickelt war. Die Arena wurde nach Abzug der Römer zur Festung umgebaut und diente im 7. Jahrhundert der Berberführerin Damia Kahina als Schlupfwinkel in ihrem Kampf gegen die arabischen Eroberer. Das Amphitheater, eines der größten des Römischen Reiches, dessen ovaler Baukörper 148 × 122 Meter misst und das eine Höhe von gut 40 Metern hatte, konnte über 30 000 Zuschauer aufnehmen, die hier sportlichen Wettkämpfen, blutigen Gladiatorenspektakeln oder Tierhetzen beiwohnten. Schauspiele wurden in dem benachbarten, noch nicht ausgegrabenen Theater aufgeführt.

# Ruinen von Leptis Magna

Libyen | Jahr der Ernennung: 1982

Leptis Magna – die neben Sabratha und Oea am besten erhaltene der »drei Städte« (Tripolis) – wurde von den Phöniziern gegründet. Sie diente als Handelsknoten und Exporthafen für Getreide und Oliven. Die Stadt an der Mündung des Wadi Labdah rund 100 Kilometer östlich von Tripolis wurde im 1. Jahrhundert v. Chr. römische Kolonie. Trotz Angriffen durch Wüstenstämme gedieh die Handelsstadt und vergrößerte die Zahl ihrer Bewohner auf bis zu 100 000 zur Römerzeit. Unter dem berühmtesten Sohn der Stadt, Kaiser Septimius Severus, der 146 hier geboren wurde, erlebte die Stadt einen regelrechten Bauboom. Die Hafenanlagen wurden erweitert und durch eine säulenflankierte Prachtstraße mit dem Thermenviertel verbunden. Ein neues kaiserliches Forum wurde errichtet, das größte im südlichen Mittelmeerraum. In der Nähe des Hafenbeckens liegt das alte Zentrum mit dem »Alten Forum«, dem Tempel des Liber Pater, und dem Roma-und-Augustus-Tempel. Westlich davon befinden sich ein zweiter Markt, ein augusteisches Theater, das Chalcidicum, das wohl als Handelshof diente, und die Hadrianthermen. Von der phönizischen Anlage wurden nur die Nekropolen entdeckt.

**Die prächtigen Ruinen des neuen Forums (beide Abbildungen) zeugen vom einstigen Wohlstand von Leptis Magna.**

# Ruinen von Sabratha

Libyen | Jahr der Ernennung: 1982

Die phönizische Handelsniederlassung war einer der Ausgangs- bzw. Endpunkte des Transsaharahandels. Später wurde sie Teil des antiken Tripolitanien, mit den drei Städten Sabratha, Leptis Magna und Oea. Nach der Zerstörung Karthagos geriet Sabratha unter die Herrschaft der Römer und entwickelte sich zu einer reichen Metropole. Im 3. Jahrhundert wurde Sabratha Bischofssitz. Mitte des 5. Jahrhunderts fiel es an die Vandalen, im 6. Jahrhundert eroberten die Byzantiner die Stadt, um sie dann im 7. Jahrhundert an die Araber zu verlieren, denen im 16. Jahrhundert die Osmanen folgten. Aus der Römerzeit sind in dem 70 Kilometer westlich der heutigen libyschen Stadt Tripolis (das antike Oea) gelegenen Sabratha noch viele gut erhaltene Überreste vorhanden, so das um 200 erbaute Theater, das mit Säulen geschmückte Forum, der Antonius-Tempel, der Jupiter-Tempel und die Basilika aus dem 1. Jahrhundert sowie Bäder, Brunnen, Latrinen und weitere profane und sakrale Bauten. In frühchristlicher Zeit wurde eine Kirche in die römische Gerichtsbasilika hineingebaut. Unmittelbar an der Küste liegt die Justinianische Basilika, deren Mosaikfußböden im Museum von Sabratha zu sehen sind.

Das wohl eindrucksvollste Monument von Sabratha ist das Theater mit seiner imposanten Bühnenwand, der Frons Scaenae.

# Ruinen von Kyrene

Libyen | Jahr der Ernennung: 1982

Die ehemalige griechische Kolonie entwickelte sich bis zum 4. Jahrhundert zu einer der größten Städte Afrikas.

Ursprünglich wurde Kyrene durch Siedler von der griechischen Ägäisinsel Thera, dem heutigen Santorin, bewohnt. Nach dem Tod Alexanders des Großen fiel die Kyrenaika genannte Kolonie an die Ptolemäer und 74 v. Chr. an die Römer. Unter Kaiser Augustus erlebte die Stadt eine Blüte. Als es zu Revolten kam, wurden diese von Kaiser Trajan im Jahr 117 unterdrückt. Nach einem neuerlichen Aufstieg unter Kaiser Hadrian setzte sich der Verfall fort, und im 4. Jahrhundert war die einst blühende Stadt verlassen. Aus griechischer Zeit stammen ein Zeus-Tempel aus dem 5. Jahrhundert v. Chr., der im 4. Jahrhundert errichtete Apollon-Tempel und der Artemis-Tempel aus dem 6. Jahrhundert v. Chr. Das griechische Theater wurde unter Hadrian zu einem Amphitheater umgebaut. Die griechische Agora wird gesäumt von einem Demeter-Heiligtum. Das Odeion wurde von den Römern zur Zeit Hadrians umgebaut und das Gymnasion bereits im 1. Jahrhundert in ein Forum umgewandelt. Am Südtor befindet sich das römische Theater, aus der frühchristlichen Periode stammt eine Basilika mit wertvollen Mosaiken. Außerhalb der Stadt erstreckt sich eine riesige Nekropole.

# Altstadt von Ghadames

Libyen | Jahr der Ernennung: 1986

Die Oase war vermutlich schon im 4. Jahrtausend v. Chr. besiedelt, in der Römerzeit Standort eines Kastells und unter den Byzantinern Bischofsstadt. Im 8. Jahrhundert wurde sie von Arabern und Ukba ibn Nafi islamisiert.

Der alte Karawanenknotenpunkt unterhielt Handelsbeziehungen nach Timbuktu und bis an die Küste Marokkos. Die Karawanen brachten aus dem Süden Sklaven, Gold, Leder und Elfenbein im Tausch gegen Baumwolle, Zucker und europäische Handelswaren. Als der Sklavenhandel zum Erliegen kam, setzte der Niedergang der Berberstadt ein. Heute leben die meisten Menschen in der Neustadt, pflegen aber ihre Häuser in der alten Lehmstadt, und viele wohnen während der heißen Sommermonate hier. Traditionell ist es den Frauen vorbehalten, vor ihrer Heirat die weiß gekalkten Innenräume, die durch eine zentrale Öffnung im Dach Licht empfangen, mit roten Ornamenten auszuschmücken. Die dicht aneinandergebauten Lehmhäuser sind teils durch mattengedeckte Gassen voneinander getrennt, in deren Halbdunkel es stets relativ kühl bleibt.

Die kleine Oasenstadt im libysch-tunesisch-algerischen Dreiländereck zeichnet sich durch ihre für die Sahara typische Architektur aus.

# Felsbilder im Tadrart Acacus

Libyen | Jahr der Ernennung: 1985

Die ältesten Felsbilder von Tadrart Acacus, die teilweise erst in den 1960er-Jahren entdeckt wurden, sind rund 14 000 Jahre alt. Ihre Motive lassen Rückschlüsse auf Fauna und Klima der damaligen Zeit im Fessan zu. In den ältesten Fels- und Höhlenbildern dieser Region ganz im Südwesten Libyens an der Grenze zu Algerien haben Jäger und Sammler Antilopen, Elefanten, Nashörner und giraffenähnliche Tiere verewigt. Daraus lässt sich schließen, dass in der heute trocken-heißen Region einst ein feuchteres Klima geherrscht hat. Die jüngeren Bilder der »Hirtenkunst«, deren Alter man auf ungefähr 6000 Jahre schätzt, zeigen scheckige Hausrinder oder Schafe und ihre Hirten. Darstellungen religiösen Inhalts aus jüngerer Zeit sind vom pharaonischen Ägypten beeinflusst. Die Felsbilder mit Pferden stammen aus einer späteren Zeit (1500 v. Chr.), als in der Region bereits semiarides Klima herrschte. Zu den jüngeren Dokumenten zählen die Zeichnungen aus der »Kamelphase« um 100 v. Chr., als die Region um die Gebirgskette Tassili N'Ajjer zur Wüste wurde und das Dromedar in die Gegend einwanderte. Auf den Felsbildern stellt dieses Tier nun eines der Hauptmotive dar.

Die Felszeichnungen und -gravuren künden von Zeiten, als in der Region noch üppige Lebensbedingungen herrschten.

Libyen | **Afrika**

## Frühchristliche Ruinen von Abu Mena

Ägypten | Jahr der Ernennung: 1979

Die Gotteshäuser einer der wichtigsten frühchristlichen Pilgerstätten wurden im koptischen Stil errichtet. Aus vielen verschiedenen Ländern strömen die Gläubigen hierher zum Grab des heiligen Menas von Alexandria.

Den Grund dafür, dass sich das Grab des Heiligen ausgerechnet hier, etwa 40 Kilometer westlich von Alexandria, befindet, nennt die Legende: Das Kamel, das den Leichnam des in Ägypten gebürtigen Legionärs, der 296 in Kleinasien den Märtyrertod erlitt, in die Heimat zurückbringen sollte, weigerte sich einfach, weiterzugehen. Bald darauf verbreiteten sich entlang der Karawanenstraße Berichte von Wunderheilungen am Grab des Märtyrers und von der Segenswirkung einer in der Nähe entspringenden Quelle. Nachdem diese jedoch im 12. Jahrhundert versiegt war, verfiel der Wallfahrtsort. Die bei Ausgrabungen in Abu Mena freigelegten Basiliken weisen die für die koptische Architektur typischen Stilelemente auf. Charakteristisch ist die dreischiffige Anlage mit aus ungebrannten Lehmziegeln errichteten mächtigen Mauern, überhöhtem Mittelschiff, Säulen, Deckengewölbe und einer dreiteiligen Apsis.

Die Pilgerstätte von Abu Mena umfasste neben Gotteshäusern auch die Unterkünfte der Wallfahrer sowie Zisternen.

## Wadi Al-Hitan

Ägypten | Jahr der Ernennung: 2005

Das Wadi al-Hitan (»Tal der Wale«) rund 250 Kilometer westlich von Kairo liegt in einer Landschaft mit Sanddünen und kissenförmigen Felsformationen. Die Hauptattraktion in diesem Trockental sind die gut erhaltenen 379 Walfossilien. Die frühesten Vorfahren der Meeressäuger waren Landbewohner, die vor rund 50 Millionen Jahren am Ufer von Seen, Flüssen oder in Küstennähe lebten und den heutigen Paarhufern nahestanden. Aus ihnen gingen die frühen Wale (Archaeoceti) hervor, deren Fossilien im Tal der Wale gefunden wurden. Basilosaurus isis beispielsweise lebte vor 41 bis 35 Millionen Jahren. Das über 20 Meter lange Tier jagte im Wasser und kehrte nur zur Fortpflanzung aufs Land zurück. Bei hatten sich bereits die Hinterbeine zurück- und eine Schwanzflosse wie bei den heutigen Walen ausgebildet. Der Basilosaurus war also gut an das Leben im Wasser angepasst. Die versteinerten Reste der Wale sind in Sandstein, Schiefer, Mergel und Kalk eingeschlossen. Die Gesteine entstanden am Grund des Urmeeres Tethys, das über die Küste des heutigen Mittelmeeres hinausreichte, und enthalten Skelette von Walen, Seekühen, Schildkröten und Krokodilen.

Wadi al-Hitan birgt Fossilien, die von ausgestorbenen Vorfahren unserer Wale stammen, den Urwalen oder Archaeoceti.

# Islamisches Kairo

Ägypten | Jahr der Ernennung: 1979

Die aus mehreren Teilstädten nordöstlich der ersten Hauptstadt Fustat entstandene Metropole birgt Bauwerke verschiedenster islamischer Stilepochen. Der Fatimide Gauhar legte 969 den Grundstein zur neuen Kalifenresidenz, die den Namen Al-Kahira (»die Siegreiche«) erhielt. Im Jahr 970 wurde mit der Errichtung der dritten Moschee Ägyptens begonnen: der Al-Azhar-Moschee. Sie beherbergt seit 989 die Universität für islamisches Recht und arabische Sprache. Seit dem Jahr 1382 grenzt an die Moschee der Basar Khan el-Khalili an. Das Wahrzeichen der Stadt, die Zitadelle, wurde 1176 unter Sultan Saladin begonnen und 1207 beendet. Die Festung galt als die mächtigste im islamischen Raum, bis ein Großteil im Jahr 1825 durch eine Pulverexplosion zerstört wurde. An ihrer Stelle entstand 1830 die Moschee des Statthalters Mohammed Ali, die sogenannte Alabaster-Moschee. Eines der ältesten Bethäuser ist die 876 errichtete Ibn-Tulun-Moschee. Ein Juwel ist auch die Sultan-Hassan-Moschee aus dem 14. Jahrhundert mit ihren Minaretten. In Alt-Kairo befindet sich auch die erste Moschee des Landes, die der arabische Eroberer Amr ibn el-As im Jahr 641 erbauen ließ.

**Minarette der Sultan-Hassan- und Ar-Rifai-Moscheen (oben). Unten: Im Gebetsraum der Alabastermoschee.**

# Memphis mit Totenstadt und Pyramiden

Ägypten | Jahr der Ernennung: 1979

Von der einstigen Haupt- und Residenzstadt Memphis (Altes Reich) südlich von Kairo blieben außer einigen Tempelruinen nur die Kalksteinfigur von Ramses II., die Alabastersphinx aus dem 15. Jahrhundert v. Chr. sowie die rund 50 Tonnen schweren Opfertische zur Balsamierung der Apis-Stiere erhalten. In der Totenstadt Sakkara westlich davon steht der älteste erhaltene steinerne Monumentalbau der Menschheit, die Stufenpyramide des Pharao Djoser. In der sich über rund sieben Kilometer erstreckenden Nekropole wurden Könige des Alten Ägypten bestattet. Ausgrabungen im nahe gelegenen Abusir förderten vier Pyramiden sowie ein Grab aus der Zeit der 5. Dynastie zutage. Weiter südlich, bei Dahschur, befinden sich u.a. zwei Pyramiden des Pharao Snofru. Das beeindruckendste Gräberfeld liegt in der Nähe von Gizeh. Die bedeutendsten Monumente sind die 2560 v. Chr. errichtete Chephren-Pyramide sowie die südlich davon gelegene Cheops- und die Mykerinos-Pyramide. Unweit davon bewacht die berühmte Sphinx das Gelände. Das Zwitterwesen ist vermutlich in der Regierungszeit des Pharao Chephren (2570-2530 v. Chr.) entstanden.

**Die Große Sphinx und die Pyramiden von Gizeh (links) gehören zu den eindrucksvollsten Monumenten, die je erschaffen wurden. Oben: Das Innere der Mastaba des Ti.**

Ägypten | **Afrika** 539

# Theben und seine Totenstadt

Ägypten | Jahr der Ernennung: 1979

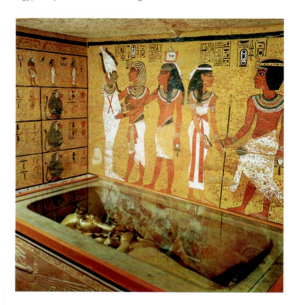

Prachtvolle Tempelanlagen und Grabstätten zeugen vom einstigen Glanz Thebens, der Stadt des Gottes Amun, die während des Mittleren Reiches Hauptstadt Ägyptens war. Am Ostufer des Nils wurden ab Ende des 3. Jahrtausends v. Chr. die ersten Tempel, Paläste und Wohnviertel Thebens errichtet. Seit der 11. Dynastie (2119 v. Chr.) wuchs Thebens Bedeutung vor allem als königliche Begräbnisstätte und Kultort für Amun-Re, den ägyptischen Reichsgott. Unter der 18. und den folgenden Dynastien (ab 1532 v. Chr.) entstanden hier zahlreiche Monumentalbauten. Die Metropole umfasste die gewaltigen Palast- und Tempelanlagen von Luxor und Karnak am östlichen Nilufer (Theben-Ost) sowie die Nekropolen und Totentempel am Westufer (Theben-West). Unter den sich weitläufig erstreckenden Tempelbauten nahm das Amun-Heiligtum in Karnak eine zentrale Position ein. Es war die größte und wichtigste Tempelanlage der alten Ägypter. Am anderen Nilufer lag die Totenstadt Deir el-Bahari. In den Felsengräbern, vor allem im Tal der Könige und im Tal der Königinnen, befinden sich zahlreiche Grablegen für Könige, Königinnen und hohe Beamte.

**Berühmter Fund: Das nahezu unversehrte Königsgrab des Tutanchamun im Tal der Könige (oben). Rechts: Der Totentempel der Hatschepsut im Tal von Deir el-Bahari.**

# Nubische Monumente: Abu Simbel bis Philae

Ägypten | Jahr der Ernennung: 1979

**Kolossale Felsfiguren wachen vor den beiden Tempeln von Abu Simbel (unten). Oben: Innenraum des Hathor-Tempels der Nefertari.**

Zu den berühmtesten Bauten der Region zählen die beiden von Ramses II. angelegten Felsentempel in Abu Simbel und das Isis-Heiligtum von Philae. Zwischen 1960 und 1964 wurden sie vor den Fluten des Assuan-Staudamms gerettet.

Ohne Hilfe der UNESCO wären die unersetzlichen Kultbauten im damals weltweit größten künstlichen Wasserreservoir, dem Nasser-See, versunken. So aber wurden sie vermessen, zersägt und 65 Meter über dem alten Standort wieder zusammengesetzt. Atemberaubend präsentieren sich die beiden von Pharao Ramses II. errichteten Felsentempel auch an ihrem heutigen Platz. Der Große Tempel war den Göttern Amun-Re, Re-Harachte, Ptah sowie Ramses' vergöttlichtem Selbst geweiht. Am Eingang thronen vier 20 Meter hohe Kolossalfiguren. Die Innenräume führen 63 Meter tief in den Felsen und sind mit Hieroglyphen und Reliefs versehen. Der Kleine Tempel war Ramses' Gattin Nefertari sowie der Göttin Hathor gewidmet. Hier bestimmen sechs kolossale Standbilder die Fassade. Zwischen Abu Simbel und Philae konnten die Tempel von Amada, von ed-Derr, vom Wadi es-Sebua sowie von el-Dakka gerettet werden.

# Katharinenkloster und Umgebung

Ägypten | Jahr der Ernennung: 2002

Das Katharinenkloster, in der Wüstenlandschaft am Berg Sinai, dem Djebel Musa (Moseberg), gelegen, ist eines der ältesten Zeugnisse christlichen Mönchtums im Orient. Im Inneren bewahrt es Kunstschätze und schriftliche Dokumente. Das um 550 gegründete griechisch-orthodoxe Katharinenkloster ist das älteste bis heute durchgängig in seiner ursprünglichen Funktion erhaltene christliche Kloster der Welt. Seine abgeschiedene Lage im Zentrum der südlichen Sinai-Halbinsel prädestinierte es für die asketische Tradition nicht nur des christlichen Mönchtums. Bereits im 4. Jahrhundert lebten Einsiedlermönche am Berg Sinai, dem Berg Horeb des Alten Testaments, wo Moses die Zehn Gebote zuteilgeworden sind. Im 6. Jahrhundert ließ der byzantinische Kaiser Justinian Festungsmauern um den labyrinthartig verschachtelten Klosterbezirk errichten, in dem sich seit über 1000 Jahren auch eine Moschee befindet. Ebenfalls aus dem 6. Jahrhundert stammt die Basilika, ein prunkvolles Beispiel byzantinischer Baukunst. Sie beherbergt neben einer Vielzahl kostbarer Ikonen als größten Schatz das Verklärungsmosaik, das wohl zu den besten frühchristlichen Kunstwerken zählt.

**In der rauen Landschaft hat das Kloster mit der »Kapelle des brennenden Dornbuschs« die Zeiten fast unbeschadet überdauert.**

# Djebel Barkal und Napata-Region

Sudan | Jahr der Ernennung: 2003

Der Djebel Barkal ist der heilige Berg der Nubier, der Bewohner des mittleren Niltals unterhalb von Assuan. An fünf archäologischen Stätten sind Reste von Wohnhäusern, Palästen, Pyramiden und Gräbern zu finden. Thutmosis III., war um 1450 v. Chr. bis zum Djebel Barkal vorgedrungen und hatte dort den Stützpunkt Napata gegründet. Die ägyptische Vorherrschaft währte jahrhundertelang, bis sich das Blatt im 8. Jahrhundert v. Chr. wendete: Die Nubier eroberten Ägypten und gingen als 25. Dynastie in die Geschichte des Pharaonenreichs ein. Ihre Regentschaft dauerte knapp 100 Jahre, bis sie sich wieder zurückzogen. Im 6. Jahrhundert v. Chr. wurde die Hauptstadt von Napata in das nilaufwärts gelegene Meroe verlegt. Napata aber blieb das Kultzentrum des Königreichs von Kusch, auch nachdem die Römer um 23 v. Chr. die Stadt geplündert und verwüstet hatten. Die wechselvolle Geschichte spiegelt sich in den archäologischen Zeugnissen von Napata, die am Djebel Barkal, in El-Kurru, Nuri, Sanam und Zuma erhalten geblieben sind. Die Architektur, die Religion ebenso wie die Schrift und Verwaltungsstrukturen sind deutlich von der ägyptischen Kultur beeinflusst.

**Sphinx vor dem Amun-Tempel in Djebel Barkal, der ägyptische Gott Amun wurde von den Nubiern als Hauptgott verehrt.**

# Archäologische Stätten der Insel von Meroe

Sudan | Jahr der Ernennung: 2011

»Insel von Meroe« ist der antike Name für das Kernland des nubischen Reichs von Kusch, das ab dem 8. Jahrhundert über 1000 Jahre den Nordsudan beherrschte. Ihren Namen verdankt die Region der Tatsache, dass sie nach drei Seiten von mächtigen Flüssen eingeschlossen wird: Im Nordosten bildet der Atbara-Fluss, im Südwesten der Blaue Nil und im Nordwesten der Nil ihre Grenze. Unweit des Nil errichteten die Nubier im 4. Jahrhundert v. Chr. ihre zweite Hauptstadt, Meroe, sowie die Städte Naqa und Musawwarat es Sufra. Noch die Ruinen bezeugen die einstige Pracht. In den drei Nekropolen von Meroe stehen über 100 Pyramiden, die – steiler als die ägyptischen – bis zu 30 Meter in die Höhe ragen. Das Zentrum von Musawwarat es Sufra ist die »Große Anlage«, die in ihrer Architektur einzigartig ist. Auf einer Fläche von über 42 000 Quadratmetern stehen hier drei durch Gewirr von Gängen und Rampen verbundene Tempel, an deren Mauern sich tausende Graffiti antiker Besucher befinden. Die südlichste Stadt ist Naqa mit den Löwentempeln für Amun und Apedemak sowie einem römischen Kiosk, der vermutlich Hathor geweiht war.

**Links: Die steil aufragenden Pyramiden der Nekropolen von Meroe mit den typischen Vortempeln; oben: die zum Eingang des Amuntempels in Naqa führende Widderallee.**

# Nationalpark Banc d'Arguin

Mauretanien | Jahr der Ernennung: 1989

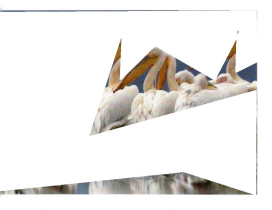

Dort, wo die Sahara an den Atlantik grenzt, sind Sanddünen, Watt und Inseln Lebensraum zahlreicher Vogelarten wie des Rosapelikans.

Das Reservat an der mauretanischen Atlantikküste zählt mit einer Fläche von rund 12 000 Quadratkilometern – davon die Hälfte mariner Bereich – zu den größten Brutgebieten Westafrikas. Viele Zugvogelarten überwintern hier.

Vor allem Wasservögel halten sich in den ruhigen, nährstoffreichen Küstenabschnitten dieses auf halbem Wege zwischen Nouakchott und Nouadhibou im Übergangsbereich von Sahara und Atlantik gelegenen Nationalparks auf. Sie bevölkern die Mangrovensümpfe, die Sanddünen am Ufer, das flache Wasser oder die kleinen, der Küste vorgelagerten Inseln, die sich um die Hauptinsel Tidra gruppieren. Rund 100 Vogelarten brüten und überwintern hier regelmäßig. Die Anzahl der Brutvogelpaare schwankt zwischen 25 000 und 40 000. Vor allem Flamingos, Pelikane, Reiher und Kormorane sowie verschiedene Seeschildkrötenarten und Delfine bevölkern die fischreichen Uferregionen und Gewässer. An den Küsten des Nationalparks leben zudem die letzten Bestände der vom Aussterben bedrohten Mittelmeer-Mönchsrobbe. Die hier ansässigen Fischer der Imraguen bereichern die Naturlandschaft durch ihre traditionelle Lebensweise.

# Ksur von Ouadane, Chinguetti, Tichitt und Oualata

Mauretanien | Jahr der Ernennung: 1996

Ruinen von Ouadane, das 1147 gegründet wurde und im 18. Jahrhundert an Bedeutung verlor und zunehmend verfiel.

Zeugen einer großen Vergangenheit sind die vier teils nur noch als Ruinen vorhandenen Festungsstädte – in Nordafrika Ksar (Plural: Ksur) genannt –, die an den alten Karawanenrouten durch die Sahara liegen. Oualata, im äußersten Südosten des mauretanischen Sahel gelegen, war schon früh eine bedeutende Handelsmetropole und mit seiner berühmten Koranschule und der Bibliothek ein Bollwerk islamischer Gelehrsamkeit. Die eng aneinandergebauten ein- bis zweistöckigen Wohnhäuser aus Stein sind mit rotbraunem Lehm verputzt und nach alter Tradition an Außenfassaden, Türrahmen und Fensternischen mit rotbraunen Ornamenten auf weißem Untergrund bemalt. Auch in den Mitte des 12. Jahrhunderts entstandenen Städten Tichitt und Ouadane besticht die Architektur durch ihre Ursprünglichkeit. Das im 13. Jahrhundert gegründete Chinguetti ist die berühmteste Wüstensiedlung im Landesinneren. Sie war einst Sammelpunkt der Mekkapilger und eine der bedeutendsten Städte der islamischen Welt.. Für die Bauweise der historischen Stadtteile typisch sind Häuser mit Innenhof und enge Gassen, die sich um eine Moschee mit Minarett gruppieren.

# Moscheen, Mausoleen und Friedhöfe von Timbuktu

Mali | Jahr der Ernennung: 1988

Die Stadt am Niger war zu ihrer Blütezeit im 15. Jahrhundert der Umschlagplatz des Transsaharahandels schlechthin und ein Zentrum islamischer Gelehrsamkeit. Nachdem die Moscheen, Mausoleen und Friedhöfe von Timbuktu 2012 bei bewaffneten Unruhen stark beschädigt wurden, richtete die UNESCO einen Sonderfonds zum Erhalt der Welterbestätten ein. Ab dem Jahr 1330 wurde Timbuktu, im Zentrum des heutigen Mali im Süden der Sahara gelegen, unter der Herrschaft des alten Mali-Reichs zu einer bedeutenden Handels- und Kulturmetropole Westafrikas. Ab 1468 gehörte es zum Songhai-Reich, 1591 wurde es von den Marokkanern erobert, und vor Ankunft der Franzosen 1894 war es von den Tuareg beherrscht. Zum Welterbe zählen drei Moscheen samt 16 Mausoleen und Friedhöfen: Die älteste Moschee, Djinger-ber, ist fast ganz aus Lehm erbaut und eines der imposantesten Zeugnisse der Stadtgeschichte. Um das Jahr 1440 entstand die Sidi-Yahia-Moschee, der kleinste Sakralbau. Den Mittelpunkt der nördlichen Stadtteile bilden die mittelalterliche Universität und die in Lehm- und Holzbauweise errichtete Sankoré-Moschee mit ihrem pyramidenförmigen Minarett.

**Meisterwerke der Lehm- und Holzbauweise: Tor der Sidi-Yahia-Moschee (oben) und Mauern der Djinger-ber-Moschee (unten).**

## Grabmal des Askia in Gao

Mali | Jahr der Ernennung: 2004

Das pyramidenförmige, aus ungebrannten Lehmziegeln errichtete Königsgrab in Gao ist ein Relikt aus der Zeit des Songhai-Reichs, das im 15. und 16. Jahrhundert den Transsaharahandel beherrschte. Auch diese Welterbestätte wurde bei den Unruhen 2012 stark beschädigt.

Die Stadt Gao im Osten von Mali war lange Zeit die Residenz der Songhai-Könige. Deren Reich bestand mit wenigen Unterbrechungen vom 7. bis zum 16. Jahrhundert und erreichte in den letzten Jahrzehnten seine größte Machtentfaltung. Seine Grenzen fallen ungefähr mit denen des heutigen Mali zusammen. Die Songhai-Herrscher wurden durch den Handel mit den Ländern Nordafrikas sehr wohlhabend. Das heutige Gao ist weitgehend eine neue Stadt. Als Sehenswürdigkeit aus der Zeit der Songhai hat sich nur das Grab des Askia erhalten. Askia Mohamma begründete die letzte Askia-Dynastie der Songhai. Ursprünglich war er General unter dem mächtigen König Sonni Ali (reg. 1464–1492). 1493 stürzte er dessen Sohn Sonni Baru, kurz nachdem dieser das Erbe seines Vaters angetreten hatte, vom Thron. Askia Mohammad I erweiterte das Reich und festigte dessen Grenzen.

Der letzte Songhai-König Askia Mohammed führte den Islam als Staatsreligion ein, deshalb wurde ihm in Gao eine Grabstätte errichtet.

## Djenné mit Ausgrabungsstätten

Mali | Jahr der Ernennung: 1988

Von der Pracht der Mali- und Songhai-Reiche zeugen die imposanten Lehmbauten von Djenné. Die Drehscheibe des Handels im Niger-Binnendelta versorgte den Norden Afrikas einst mit Baumwollgeweben, Gold und Sklaven.

Die an einem Seitenarm des Niger-Nebenflusses Bani gelegene Stadt pflegte jahrhundertelang intensive Handelsbeziehungen mit Timbuktu, das man auf dem Wasserweg erreichte. Auch nach der Einverleibung von Djenné in das Songhai-Reich im 15. Jahrhundert hielt die wirtschaftliche und geistige Blüte an. Eine 2,5 Kilometer lange Befestigungsmauer aus Lehm sowie mehrstöckige zinnenbewehrte Paläste mit prachtvollen Portalen und die berühmte Große Moschee wurden gebaut. Letztere wurde im 19. Jahrhundert niedergerissen und von 1907 bis 1909 im traditionellen sudanesisch-sahelischen Lehmbaustil wiedererrichtet. In den ältesten Stadtvierteln befinden sich die Häuser der Händler und Handwerker aus dem 16. bis 19. Jahrhundert. Der Djenné-Stil, in dem die oft mehrstöckigen Flachdachbauten mit ihrer prächtigen Straßenfront ausgeführt sind, weist nordafrikanische Stilelemente auf.

Mit spitzen Minaretten und zinnenbekrönten Mauern gehört die Große Moschee von Djenné zu den schönsten Lehmbauten.

# Felsen von Bandiagara – Land der Dogon

Mali | Jahr der Ernennung: 1989

Östlich von Mopti erstreckt sich ein rund 150 Kilometer langes Felsmassiv. Es ist der Siedlungsraum der Dogon, die für ihre Lehmbauten und Masken berühmt sind. Das Welterbe umfasst einen Teil des Felsmassivs samt Hochfläche, Steilabfall und darunterliegender Ebene mit 289 traditionellen Dogon-Dörfern einschließlich der auf dem Plateau gelegenen Gemeinde Sangha. Die Bauweise der Wohnhäuser, Kultbauten und Versammlungsplätze der Dogon ist durch ihre religiös-mythologischen Anschauungen geprägt. Die Anlage der Dörfer folgt tradierten Regeln und ist auf den Schöpfungsmythos der Dogon bezogen. Am spektakulärsten sind die an den steilen Felsabhängen errichteten Dogon-Dörfer. In mehreren Etagen übereinander stapeln sich hier aus Lehm errichtete Kastenhäuser und Speicherbauten mit Kegeldächern. Dazwischen ragen die tempelartigen, mit Rundtürmen ausgestatteten Binu-Heiligtümer und die Togunas, die Versammlungsstätten der Dorfältesten mit ihren Dächern aus Hirsestroh, auf. Eng mit dem Mythos verknüpft ist auch das Maskenwesen der Dogon. Es gibt rund 100 verschiedene Typen von Masken, die anlässlich von Festen und Riten angelegt werden.

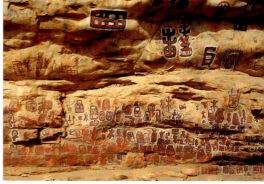

**Felsmalereien in der Nähe von Sangha (oben).
Unten: Lehmkastenhäuser der Dogon an den Überhängen des Bandiagara-Massivs.**

# Naturparks Aïr und Ténéré

Niger | Jahr der Ernennung: 1991

Im Übergangsbereich von Aïr und Ténéré (unten) treffen Fels- und Sandwüste aufeinander. Oben: Prähistorische Felszeichnungen.

Das Aïr-Hochgebirge und die Ténéré-Sandwüste bieten großartige Landschaftseindrücke. Knapp 80 000 Quadratkilometer umfasst dieses größte Naturreservat Afrikas. Das Aïr-Bergland im Nordwesten von Niger erstreckt sich über 400 Kilometer von Norden nach Süden. Es ist eine, im Mittel 700 bis 900 Meter hohe Rumpffläche vulkanischen Ursprungs, mit steil aufragenden einzelnen Massiven, die durch sandgefüllte Täler (Koris) voneinander getrennt sind und in Idoukal-n-Taghès (Mont Bagzane) mit 2022 Metern die maximale Höhe erreichen. In der östlich anschließenden Ténéré-Wüste gehen flache Kies- und Sandebenen im Zentralteil in ein Dünenmeer über. Jahrelang fällt hier kein Regen, und es herrschen extreme Temperaturunterschiede. Am feuchteren Südwestabhang des Aïr gibt es Grasprärien. In den Grundwasser speichernden Koris wachsen Palmen und Akaziengestrüpp, in den Gebirgsregionen Ölbäume und Zypressen. Hier leben Aïr-Mufflon, Wildesel und Wüstenfuchs. Im Nordteil des Gebirges schufen prähistorische Menschen großartige Felsbilder. Felszeichnungen und Pfeilspitzenfunde belegen die Existenz einer blühenden Jäger- und Hirtenkultur in der Zeit um 7000 bis 3000 v. Chr.

# Historisches Zentrum von Agadez

Niger | Jahr der Ernennung: 2013

Die Stadt Agadez liegt im Zentrum des Staates Niger am Übergang von der Sahara zur Sahel-Zone und besticht durch ihre Lehmarchitektur. Einst kreuzten sich hier viele Handelswege. Bis heute ist die Stadt berühmt für ihre zahlreichen Lehmbauten. Im 15. Jahrhundert wurde Agadez zum politischen Zentrum der Tuareg des Aïr-Gebiets. Seither existiert auch ein eigenes Sultanat. Den optischen Eindruck bestimmt die Lehmarchitektur. Mittelpunkt der Stadt ist die alte Lehmmoschee aus dem 15. Jahrhundert. Mit ihrem 27 Meter hohen, nach oben spitz zulaufenden Minarett ist sie das höchste Lehmgebäude der Welt. Aus ihren Wänden ragen hölzerne Stützbalken wie Stacheln heraus. Gegenüber der Moschee befindet sich der mächtige Kaocen-Palast, ebenfalls aus Lehm. In den alten Vierteln findet man zudem palastartige Kaufmannshäuser mit Reliefs und Sgraffito-Ornamenten. Auf dem belebten Markt sind noch zahlreiche alte Handwerkskünste mit ihren Produkten vetreten, zum Beispiel Silberschmuck, Reisetaschen, Schmuckdosen aus Leder, Prunkwaffen. Zudem verfügt Agadez über einen reichen Festkalender mit Reiterspielen und ungewöhnlichen Maskenumzügen.

Wahrzeichen der Stadt ist das wie ein mit Nadeln gespickter Obelisk in den Himmel ragende Minarett der Hauptmoschee.

# Nationalpark »W«

Niger | Jahr der Ernennung: 1996

Das große länderübergreifende Naturreservat Westafrikas, in dem die typische Fauna der Savanne heimisch ist, verdankt seinen Namen den Mäandern des Niger an seiner Nordgrenze, die die Form eines »W« bilden. Etwa 150 Kilometer südlich von Niamey befindet sich im Grenzgebiet der drei Länder Niger, Burkina Faso und Benin der Eingang zum mehr als 10 000 Quadratkilometer großen Nationalpark. Zum Welterbe zählt jedoch nur ein Abschnitt des in Niger gelegenen Teils (rund 2200 Quadratkilometer). Der Park befindet sich am rechten Ufer des Niger in einer Übergangszone und hat Anteil sowohl an der Savanne sudanesischen Typs als auch an den Waldgebieten der Sudan-Guinea-Zone mit ihren Galeriewäldern. An der östlichen Parkgrenze nahe am Niger hat der Fluss Mékrou im Sandstein eine tiefe Schlucht gegraben. In der üppigen Ufervegetation des Mékrou und anderer Zuflüsse des Niger leben Paviane und Grüne Meerkatzen. In der Trockensavanne und den Galeriewäldern entlang der Wasserläufe sind Flusspferde und Kaffernbüffel sowie große Elefantenherden heimisch. Rund 70 Säugetier- und 450 Vogelarten sind im Park vertreten.

Ein geschickter Jäger in der Savanne des Nationalparks »W« ist der Serval, eine afrikanische Wildkatzenart.

Niger | **Afrika**

## Seenlandschaft von Ounianga

Tschad | Jahr der Ernennung: 2012

In einer hyperariden Region der Sahara, die im Schnitt nur zwei Millimeter Regen pro Jahr empfängt, liegt inmitten von Sandsteinbergen und Dünen eine Kette blauer, grüner und roter Seen. Das Weltnaturerbe setzt sich aus zwei rund 40 Kilometer voneinander entfernten Gruppen mit insgesamt 18 Seen zusammen. Der größte See der Kebir-Gruppe ist sehr salzreich und praktisch ohne Leben. In den drei anderen Seen leben Algen der Gattung Spirulina. Die 14 Seen von Serir sind zu rund 50 Prozent mit einem schwimmfähigen Grasteppich der Gattung Eragrostis bedeckt. Er begrenzt die Verdunstung des Wassers unter der Saharasonne. Trotzdem beträgt sie sieben Meter pro Jahr. Das Wasser strömt aus dem Untergrund nach und stammt von jenem fossilen Grundwasser, das sich in der feuchten Phase des Holozäns vor 11 000 bis vor 2700 Jahren angesammelt hat. Das Wasser mancher Seen hat Trinkwasserqualität und wird für die Bewässerung gebraucht. Die Seeflächen ziehen zahlreiche Wasser- und Watvögel an. Und im Wasser leben mehrere Fischarten. Der Teli-See von Ounianga Serir ist der größte; er hat eine Oberfläche von 400 Hektar und ist weniger als zehn Meter tief.

**In keinem der großen Wüstengebiete dieser Erde gibt es ein vergleichbares Seengebiet.**

## Cidade Velha

Kap Verde | Jahr der Ernennung: 2009

Das heutige Fischerdorf Cidade Velha auf den Kapverden erzählt vom Aufstieg und Niedergang des ersten portugiesischen Kolonialstützpunktes in den Tropen. Unter dem Namen Ribeira Grande wurde Cidade Velha im Jahr 1462 auf der kapverdischen Insel Santiago gegründet. Seine isolierte Insellage und die gleichzeitige Nähe zur Westküste Afrikas machte es zu einem idealen Stützpunkt des transatlantischen Sklavenhandels, der im 17. Jahrhundert seine Blütezeit erreichte und der Stadt immensen Reichtum bescherte. Von hier aus wurden Sklaven nach Brasilien und in die Karibik verschifft. Ribeira Grande war der Geburtsort einer eigenständigen kreolischen Kultur. Einige Gebäude zeugen noch vom einstigen Reichtum der Stadt: Das Gotteshaus Nossa Senhora do Rosário hat ein Taufbecken aus Alabaster und war die erste Kolonialkirche der Welt. Angriffe durch Piraten führten Ende des 16. Jahrhunderts zum Bau der Festung Real de São Filipe, die Ribeira Grande jedoch auch nicht vor der endgültigen Zerstörung im Jahr 1712 schützen konnte. Seine Bewohner flüchteten in die neu ernannte Hauptstadt Praia, und aus Ribeira Grande wurde Cidade Velha, die Alte Stadt.

**Blick von der alten portugiesischen Festung auf Cidade Velha, die erste europäische Kolonialstadt in den Tropen.**

# Vogelschutzgebiet Djoudj

Senegal | Jahr der Ernennung: 1981

Im Mündungsgebiet des Flusses Senegal zwischen dem Zufluss Gorom und dem Hauptstrom konzentriert sich eine in Westafrika einzigartige Vogelpopulation. Das rund 160 Quadratkilometer große Naturreservat im Norden Senegals, etwa 60 Kilometer nordöstlich von Saint-Louis an der Grenze zu Mauretanien, ist eines der größten Vogelschutzgebiete der Welt. Je nach Jahreszeit halten sich hier zahlreiche einheimische Vögel, aber auch viele Zugvögel aus Europa und Nordasien auf. Bis zu drei Millionen Zugvögel beziehen an den nahrungsreichen Gewässern ihr Winterquartier. Wenn in der Trockenzeit die Nebenarme im Mündungsgebiet austrocknen, werden die Vögel von den wenigen verbliebenen Wasserstellen, dem ganzjährig Wasser führenden Gorom und den Buchten des Djoudj-Sees angezogen. Rund 1,5 Millionen Wasser- und Watvögel wie Flamingos, Kormorane, Kraniche, Löffler, Reiher, Störche, Uferschnepfen, Witwenpfeifgänse, Wasserläufer, Arabische Trappen und andere seltene Vogelarten bevölkern die weitläufige Wasserlandschaft dieses einzigartigen Vogelparadieses. Auch Schildkröten, Krokodile, Warzenschweine, Schakale und Gazellen sind hier anzutreffen.

In der Wasserwildnis des Deltas befindet sich die mit rund 10 000 Exemplaren größte Pelikankolonie Westafrikas.

# Insel Saint-Louis

Senegal | Jahr der Ernennung: 2000

Das 1659 gegründete Saint-Louis war eine der ersten Handelsniederlassungen der Franzosen in Westafrika und zeitweise Hauptstadt des Senegal.
Die erste französische Siedlung in Afrika bestand zunächst aus Handelskontoren, die in schachbrettartigem Grundriss errichtet wurden. Aus dem 18. Jahrhundert stammen die ersten Kolonialbauten mit ihren charakteristischen Holzbalkonen. Mit der wachsenden Bedeutung des transatlantischen Sklavenhandels wuchs auch der Umschlagplatz Saint-Louis auf ungefähr 10 000 Einwohner an. Ihr heutiges Antlitz erhielt die Stadt mit der Abschaffung der Sklaverei 1848, in deren Folge eine multiethnische Gesellschaft aus Franzosen, Mauren und afrikanischen Bevölkerungsgruppen wie den Wolof und den Tukulor das Stadtbild der Straßen prägte. Unter der Herrschaft des liberalen Generalgouverneurs Louis Faidherbe erlebte die Stadt ab 1854 einen Aufschwung, der 1897 im Bau einer Stahlbrücke gipfelte. Um die Place Faidherbe herum konzentrieren sich die wichtigsten Gebäude: Kathedrale und Gouverneurspalast, die beide aus dem 19. Jahrhundert stammen.

Saint-Louis liegt auf einer Insel in der Mündung des Flusses Senegal und ist durch Brücken mit dem Festland und einer Landzunge verbunden.

# Insel Gorée

Senegal | Jahr der Ernennung: 1978

Farbenfrohe Fassaden verbergen zum Teil grausame Geschichten (oben). Unten: Maison des Esclaves, von Sklavenhändlern errichtet.

Die Insel an der senegalesischen Küste unmittelbar vor Dakar gelegen ist gleichzeitig Symbol und Erinnerungsstätte für den transatlantischen Sklavenhandel. Vom 15. bis zum 19. Jahrhundert war die nur etwa 35 Hektar große Insel Gorée im Besitz verschiedener europäischer Kolonialmächte – Portugal, Holland, England und Frankreich. Handelskompanien aus diesen Ländern befestigten die Insel und verschifften von hier aus Zigtausende afrikanischer Sklaven vor allem nach Haiti, Kuba, Louisiana und Brasilien. Die Bevölkerung der kleinen vulkanischen Insel war schon früh ethnisch stark gemischt. Aus diesen »Métis« ging im 18. Jahrhundert das einheimische Sklavenhändlertum hervor. Diese Händler ließen sich herrschaftliche Häuser errichten, deren feudale Obergeschosse sie selbst bewohnten, während in den Zellen darunter ihr menschliches Frachtgut auf seine Verschiffung wartete. Heute ist die Insel ein Gedenkort. Drei Museen und ein noch erhaltenes Sklavenhaus dokumentieren die Geschichte der Sklaverei. Aus der Kolonialzeit vermittelt der Gouverneurspalast sowie ein von Franzosen errichtetes Fort einen Eindruck vergangener Tage.

# Saloum-Delta

Senegal | Jahr der Ernennung: 2011

Die Wasserwelten des Saloum-Deltas an der Nordgrenze zu Gambia bilden eine einzigartige Natur- und Kulturlandschaft. Im Saloum-Delta schlängeln sich die beiden Flüsse Sine und Saloum in den Atlantik und bilden mit ihren vielen Flussarmen ein weites Überschwemmungsgebiet, in dem sich Süßwasser und Salzwasser mischen. Die größten Mangrovenwälder Westafrikas, dichte Trockenwälder, Sanddünen und zahlreiche Inseln machen das Delta zu einem reich gegliederten Lebensraum mit enormer Artenvielfalt, in dem riesige Zugvögelschwärme aus Europa überwintern. Das 150 Kilometer südlich von Dakar gelegene Naturparadies ist mit seinen vielen kleinen Dörfern aber auch eine Kulturlandschaft, die bereits seit mehr als 2000 Jahren von Menschen geformt wird. Die Bauern und Fischer leben vor allem vom Reichtum an Fischen, Austern und Muscheln. Aus Unmengen von Muschelschalen schütteten sie 218 nun zum Weltkulturerbe erklärte Inseln auf, um darauf Hütten und Getreidespeicher zu errichten. Auf 28 dieser Inseln finden sich auch jahrhundertealte Grabhügel. Archäologische Funde dokumentieren die Kulturen der verschiedenen Besiedlungsperioden im Delta.

**Aus Unmengen ins Meer geworfener Muschelschalen entstanden im Lauf der Zeit hier im Saloum-Delta Inseln.**

# Nationalpark Niokolo-Koba

Senegal | Jahr der Ernennung: 1981

Eines der größten Tier- und Naturreservate Westafrikas ist das letzte regionale Refugium für Savannentiere wie Löwen, Antilopen, Elefanten und Gazellen, deren Lebensraum einst bis zur Küste reichte. Ein Großteil des knapp 10 000 Quadratkilometer großen Nationalparks im Südosten Senegals liegt im Übergangsbereich von der Trockensavanne zur feuchten Guinea-Waldzone. Er wird im Süden vom Oberlauf des Gambia und dem Staatsgebiet Guineas begrenzt, im Norden geht er in die ostsenegalesische Trockensavanne über. Die drei großen Flüsse des Gambia-Systems, neben dem Gambia selbst der Koulountou im Westen und der Niokolo-Koba im Nordosten, entwässern das Gebiet in endlosen Mäandern mit schwachem Gefälle. Entlang der Flussläufe verdichtet sich die Baumsavanne zur üppigen Gehölzflora der Galeriewälder mit rund 200 Baum- und Straucharten. Die vielfältigen Lebensräume des Nationalparks bieten etwa 80 verschiedenen Säugetierarten – darunter Elefanten, Giraffen, Flusspferde, Kaffernbüffel und Geparden –, rund 329 Vogel-, 36 Reptilien- und 20 Amphibienarten sowie ungezählten Wirbellosen eine geschützte Heimat.

**Im Nationalpark leben in den lichten Wäldern noch zahlreiche der stark gefährdeten Westafrikanischen Schimpansen.**

Senegal | **Afrika**

## Kulturlandschaften der Bassari, Fula und Bédik

Senegal | Jahr der Ernennung: 2012

Masken, Tänzer und festliche Bekleidung bestimmen die traditionellen Initiationsriten der Bassari im Dorf Ethiolo.

Diese Weltkulturerbestätte liegt im Südosten des Senegal und umfasst die Siedlungsgebiete der Bevölkerungsgruppen Bassari, Fula und Bédik, deren Riten und Gebräuche bis heute als beispielhaft für die Symbiose von menschlicher Lebenswelt und umgebender Natur betrachtet werden können. Seit dem 11. Jahrhundert siedeln die Bassari in den nordwestlichen Vorbergen von Futa Dalon: »Bassari Salémata« wird diese Gegend genannt, deren Erscheinungsbild von Terrassenbauweise und Reisfeldern geprägt ist, unterbrochen von Dörfern mit strohgedeckten Hütten. Eine kleinere Minderheit sind die Bédik, die im Bédik Bandafassi Gebiet leben, nahe der Grenze zu Guinea. Ihre Dörfer liegen abgeschieden in großer Höhe und sind oft nur über Fußpfade erreichbar. Die Fula bilden die dritte Ethnie, deren Siedlungsgebiet Fula Dindéfello zum Welterbe erklärt wurde. Die ursprünglich nomadisch lebenden Fula sind heute sesshafte Bauern, die mit ihren Rinderherden nur noch kleine Gebiete durchwandern. Gemeinsam ist allen drei Gruppen, dass sie mit ihren Siedlungen die Landschaft prägen und zugleich, in ihren sozialen und religiösen Praktiken, die sie umgebende Natur reflektieren.

## Steinkreise von Senegambia

Senegal, Gambia | Jahr der Ernennung: 2006

In Wassu am mittleren Abschnitt des Flusses Gambia im gleichnamigen Land stehen diese Steinsäulen.

Über 1000 Steinkreise und andere Megalithdenkmäler verteilen sich auf einem breiten Streifen entlang des Flusses Gambia in Senegal und Gambia. Sie sind zwischen dem 3. und dem 16. vorchristlichen Jahrhundert entstanden. Die als Welterbe ausgezeichneten Steinkreise von Senegal und Gambia – einstmals wurde das Areal der beiden heutigen Staaten Senegambien genannt – bestehen aus den vier großen Gruppen Sine Ngayène, Wanar, Wassu und Kerbatch. Sie umfassen insgesamt 93 Steinkreise und zahlreiche Tumuli (Grabhügel). Einige von ihnen wurden mittlerweile freigelegt. Als Baumaterial wurde Laterit verwendet – ein rotbraunes, stark aluminiumhaltiges Gestein. Man bearbeitete es mit Steinwerkzeugen und formte daraus fast identische zylindrische oder vieleckige Steinsäulen, die meist zwei Meter hoch sind. Je acht bis 14 der Säulen setzte man zu einem Steinkreis mit einem Durchmesser von vier bis acht Metern zusammen. Die Fundstücke deuten darauf hin, dass diese weitläufige sakrale Landschaft im Lauf von über 1500 Jahren gestaltet wurde und ihre Erbauer einer äußerst produktiven und kreativen Kultur angehörten.

# James Island und weitere historische Stätten

Gambia | Jahr der Ernennung: 2003

James Island und weitere sechs Stätten in Gambia sind Orte des nationalen Gedenkens an das Aufeinandertreffen von Europäern und Afrikanern im Kontext der Kolonialherrschaft und des transatlantischen Sklavenhandels.

»Im Dorf Juffure, vier Tagesreisen stromaufwärts an der Küste von Gambia in Westafrika, wurde im Frühjahr 1750 dem Omoro Kinte und seiner Frau Binta ein Knabe geboren.« So beginnt der Roman »Roots« von Alex Haley. Der junge Kunta Kinte wurde von Sklavenhändlern geraubt und schließlich von James Island aus nach Amerika verschifft. James Island liegt bei Juffure 30 Kilometer stromaufwärts der Flussmündung im Gambia. 1651 bauten hier die Niederländer ein Fort. Zehn Jahre später fiel es an die Engländer. Das Fort diente als Basis für den Handel mit Gold und Elfenbein, dann mit Sklaven. In ein winziges Verlies wurden oft bis zu 20 Gefangene gesperrt, die monatelang auf ihre Verschiffung warten mussten. Eine Kapelle und ein Lagerhaus in Albreda, das Gebäude der Brüder Maurel in Juffure, die ehemalige portugiesische Siedlung San Domingo, Kanonen auf St. Mary Island und Fort Bullen zählen ebenfalls zum Weltkulturerbe.

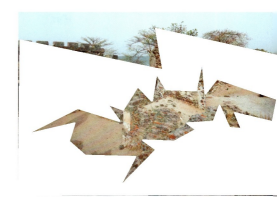

**Ruinen erinnern an die einstige militärische Bedeutung von Fort James als Kontrollposten am Gambia-Fluss.**

# Naturschutzgebiet Nimba-Berge

Guinea, Elfenbeinküste | Jahr der Ernennung: 1981

Das Reservat im Dreiländereck Liberia, Guinea und Elfenbeinküste ist ein transnationales Welterbe, das sich die beiden letztgenannten Länder teilen.

Das bis 1752 Meter hohe Massiv der Monts Nimba direkt an der Grenze von Elfenbeinküste und Guinea ist die höchste Erhebung beider Länder und der markante Mittelpunkt des rund 180 Quadratkilometer großen Schutzgebietes. Es weist eine fast geschlossene Walddecke auf: An den unteren Hängen dominieren noch laubabwerfende Bäume, oberhalb von 1000 Meter Mereshöhe herrscht Bergwald vor, die Gipfelregion ist von Bergsavanne geprägt. Rund 40 Pflanzen- und über 200 Tierarten sind hier endemisch. Zu den tierischen Bewohnern des Reservats zählen Elefanten, Büffel, Antilopen, Löwen, Leoparden, Meerkatzen und Schimpansen. In den Gewässern tummeln sich Zwergflusspferde und Stumpfkrokodile. Auch Aasvögel, Schlangen und seltene Amphibienarten wie lebend gebärende Kröten (Nectophrynoides occidentalis) sind hier anzutreffen. Durch Eisenerzabbau und Bürgerkriegsflüchtlinge, die im Reservat jagen, ist der Bestand dieses Welterbes stark gefährdet.

**Zahlreiche Reptilien-, Primaten- und Großwildarten bevölkern die Nimba-Berge, z. B. Stumpfkrokodile und der Mandrill (Bild).**

Gambia, Guinea, Elfenbeinküste | **Afrika**

# Nationalpark Comoé

Elfenbeinküste | Jahr der Ernennung: 1983

Ideale Lebensbedingungen finden in den Fluss- und Savannenlandschaften nicht nur Leoparden (unten) und Stummelaffen (oben).

Das größte und artenreichste Wildreservat der Elfenbeinküste befindet sich im Nordosten des Landes in der Übergangszone von der Savanne zum Regenwald. Seinen Namen verdankt der Park dem Comoé. Der 100 bis 200 Meter breite Fluss, der den rund 11500 Quadratkilometer großen Park in Nord-Süd-Richtung auf einer Länge von 230 Kilometern durchfließt, führt auch in Trockenzeiten genügend Wasser. Durch die Nähe des Comoé gedeiht hier eine Vegetation, die eigentlich erst weiter im Süden anzutreffen ist: Savannen mit Buschbestand, Regionen dichten Regenwalds und Galeriewälder bieten der Tierwelt ganz unterschiedliche Lebensräume. In Wassernähe leben Flusspferde, Krokodile und zahlreiche Vogelarten. In der Savanne sind Kaffernbüffel, Warzenschweine, Affen – insgesamt gibt es hier elf Arten – und Antilopen heimisch. Die Wälder im Südteil des Parks sind das Revier der Elefanten. Auch Raubtiere wie Löwen, Leoparden und Hyänen streifen hier umher, ihr Bestand ist nur noch gering. Ebenfalls im Nationalpark angesiedelt sind drei verschiedene, vom Aussterben bedrohte Krokodilarten. Durch Wilderer und Überweidung ist auch dieses Welterbe bedroht.

# Nationalpark Taï

Elfenbeinküste | Jahr der Ernennung: 1982

Das Naturreservat umfasst einen größeren Teil der noch verbliebenen tropischen Regenwälder, die sich einst über das Areal der Staaten Ghana, Elfenbeinküste, Liberia und Sierra Leone erstreckten. Die dichte tropische Vegetation des rund 3300 Quadratkilometer großen Reservats im Südwesten der Elfenbeinküste ist geprägt von zahlreichen endemischen Arten und über 50 Meter hohen Urwaldriesen, die mit ihrem Dach aus Blattwerk und Lianen kaum Sonnenlicht zum Boden durchdringen lassen. Im nördlichen und südöstlichen Teil dominieren nährstoffärmere (Diospyros-mannii-Wälder), im Südwesten feuchtere Böden (Diospyros-spp.-Wälder). Typisch für den dicht bewachsenen Primärwald des Taï-Nationalparks mit über 13 000 Pflanzenarten sind quer über Wasserläufen liegende Baumstämme, Lianen, Mangrovengewächse mit Stelz- und Brettwurzeln und Baumfarngewächse. Hier leben neben vielen Vogelarten auch Waldelefanten, Leoparden, Antilopen und Büffel. Einige bedrohte Säugetierarten finden im Taï-Nationalpark einen geschützten Lebensraum, darunter auch Affenarten wie Schimpansen sowie die letzten auf der Erde lebenden Populationen von Zwergflusspferden.

**Der tropische Regenwald ist Lebensraum für zahlreiche Tiere wie Lappenchamäleons, Grüne Buschvipern oder Schimpansen (Bild).**

# Historischer Stadtkern von Grand-Bassam

Elfenbeinküste | Jahr der Ernennung: 2012

Das im 19. Jahrhundert von den Franzosen an der Elfenbeinküste gegründete Grand-Bassam zeigt die typischen Merkmale einer geplant angelegten Kolonialstadt und lenkt den Blick auf vielschichtigen Beziehungen zwischen Kolonialherren und Afrikanern.

Als das französische Militär unter Eugène Méquet im Jahr 1843 rund 40 Kilometer östlich des heutigen Abidjan den Grundstein für den Marinestützpunkt Grand-Bassam legte, begann die Kolonialisierung von der Elfenbeinküste. Grand-Bassam entwickelte sich rasch zu einem politischen und wirtschaftlichen Zentrum sowie zum wichtigsten Handelshafen der Region. 1893 wurde es die erste Hauptstadt der Kolonie.

Der historische Stadtkern, in dem Europäer und Afrikaner separate Viertel hatten, liegt relativ gut erhalten auf einer Landzunge, die durch eine Lagune vom heutigen Stadtzentrum getrennt wird. Grand-Bassam ist aber nicht nur ein Symbol der Kolonialzeit, sondern als Schmelztiegel mit vielen Zuwanderern aus der Levante und dem afrikanischen Hinterland auch ein Symbol für die Herausbildung der modernen afrikanischen Gesellschaft.

**Der historische Stadtkern ist typisch für die französische Kolonialarchitektur der Städte Westafrikas.**

## Ruinen von Loropéni

Burkina Faso | Jahr der Ernennung: 2009

Die historischen Anlagen von Loropéni sind wichtige der jahrhundertelangen Geschichte des transsaharischen Goldhandels im heutigen Gebiet der Lobi im Süden Burkina Fasos. Die Kulturstätte zeigt die Überreste einer ehemaligen Festung zum Schutz des Goldhandels. Gold wurde in damaliger Zeit quer durch die Sahara über zahlreiche Zwischenhändler bis nach Europa und Asien transportiert. Die Ruinen befinden sich in der Gemeinde Loropéni nahe der Grenze zu Ghana, Togo und der Republik Elfenbeinküste. Die imposanten, bis zu sechs Meter hohen Steinmauern bilden den besterhaltenen Teil einer Gruppe von insgesamt zehn Befestigungsanlagen in dieser Region. Neueren Forschungsergebnissen zufolge sind die Bauten mindestens 1000 Jahre alt. Die Siedlung wurde wahrscheinlich von den Kulango errichtet, die die Goldgewinnung und -verarbeitung während der Blütezeit des Transsaharahandels zwischen dem 14. und 17. Jahrhundert kontrollierten. Seit Beginn des 19. Jahrhunderts waren die Bauten wohl verlassen. Das Wissen über die historischen Anlagen ist bislang gering, da ein Großteil der Bauten noch nicht ausgegraben ist.

**Die mächtigen Steinmauern künden von der Bedeutung, die der Goldhandel einst in den Ländern der Sahara besaß.**

## Bauwerke der Aschanti

Ghana | Jahr der Ernennung: 1980

Die Aschanti hatten ein hochkomplexes Staatswesen aufgebaut, in dessen Zentrum der Kult um den Goldenen Stuhl stand. Ihre Hauptstadt war Kumasi, wo sich die zum Welterbe zählenden traditionellen Gebäude befinden. Die Aschanti, ein Kriegervolk der Akan-Gruppe auf dem Gebiet des heutigen Ghana, besiegten ab 1700 nach und nach alle benachbarten Stämme und stiegen zur regionalen Großmacht auf. Durch Gold- und Sklavenhandel kamen sie zu großem Reichtum. Der Goldene Stuhl, der jedem Aschanti heilig war und angeblich noch heute erhalten ist, wurde zu einem Symbol der Reichseinheit. Die Aschanti leisteten der britischen Kolonialmacht erbitterten Widerstand und wurden erst um 1900 nach insgesamt sieben Kriegen endgültig unterworfen. Dabei wurde ihre Hauptstadt Kumasi weitgehend zerstört. Viele historische Zeugnisse gingen verloren, nur noch einige wenige der traditionellen, aus Erde, Lehm, Bambus, Holz und Eisen errichteten Häuser sind heute am nördlichen und nordöstlichen Stadtrand von Kumasi erhalten. Da die Gebäude großteils aus natürlichen, nicht dauerhaften Materialien bestehen, müssen sie aufwendig geschützt und konserviert werden.

**Nur wenige der mit Reliefen verzierten Aschanti-Kulthäuser wie das Dakwe-Jachie bei Kumasi sind heute noch erhalten.**

# Forts und Burgen Ghanas

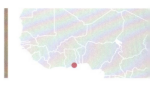

Ghana | Jahr der Ernennung: 1979

Die Festungsbauwerke entlang der 500 Kilometer langen Küste von Ghana sind Zeugen der kolonialen Vergangenheit. Ursprünglich wurden die Stützpunkte zur Sicherung des Handels mit Gold, Pfeffer und Elfenbein errichtet. São Jorge da Mina (Elmina) war 1482 die erste Festungsanlage, mit der die Portugiesen die europäischen Rivalen von ihren Märkten fernzuhalten versuchten. Der einträgliche Sklavenhandel – bereits zu Beginn des 16. Jahrhunderts begannen die Sklaventransporte nach Amerika und Westindien – lockte bald Kaufleute weiterer europäischer Nationen an die Goldküste, wie das heutige Ghana damals genannt wurde. Im 17. Jahrhundert eroberten die Holländer die portugiesischen Festungen. In der Folgezeit entrissen Engländer, Franzosen, Holländer, Deutsche, Schweden und Dänen einander die Forts und Burgen. Entlang der Küste entstanden vom 16. bis 18. Jahrhundert Dutzende von Forts und Handelsposten. Die am besten erhaltenen Stützpunkte, die ab 1630 fast ausschließlich dem Sklavenhandel dienten, sind São Jorge und das Cape Coast Castle nahe der gleichnamigen Stadt. Weitere Festungen befinden sich in der Western, Central, Volta und Greater Accra Region.

**São Jago da Mina (unten) diente als Umschlagplatz für den Sklavenhandel. Oben: Fort Metal Cross in Dixcove.**

# Koutammakou – Land der Batammariba

Togo | Jahr der Ernennung: 2004

Wie Miniaturfestungen wirken die Tata-Lehmgehöfte der Batammariba mit ihren Takienta-Wohntürmen und Getreidesilos.

Die rund 500 Quadratkilometer umfassende Kulturlandschaft aus landwirtschaftlich genutzten Flächen, Wäldern und Dörfern verdankt ihre Auszeichnung als Welterbe den Takienta-Wohntürmen ihrer Bewohner, der Batammariba.

Koutammakou – ein Landstrich im nordöstlichen Togo mit Ausläufern bis nach Benin – beherbergt eine der Hauptattraktionen des Landes: die Tata-Gehöfte der Batammariba (Tamberma) mit ihren Takienta-Turmhäusern, die zu einem Symbol des Landes geworden sind. Ein Haushalt bewohnt gewöhnlich ein ringförmig angelegtes Gehöft (»Tata«) aus kreisrunden Einraumgebäuden, die durch eine Mauer miteinander verbunden sind. Die bis zu zweistöckigen Gebäude haben unterschiedliche Funktionen und dienen als Wohnraum oder Getreidespeicher. Oben werden sie teils durch flache, teils durch spitzkegelförmige Strohdächer abgeschlossen, was ihnen in Verbindung mit dem Baumaterial Lehm ein anmutiges Aussehen verleiht. Die Wohntürme sowie ihre Anordnung innerhalb der Dörfer spiegeln die Sozialstruktur der Batammariba wider. In den Dörfern gibt es Zeremonialplätze und Orte für Initiationsrituale sowie Versammlungsplätze.

# Königspaläste von Abomey

Benin | Jahr der Ernennung: 1985

Guézo Jalalahennou, der Palast von König Ghezo, mit Reliefs von Episoden aus der regionalen Geschichte und Mythologie.

Die einstige Hauptstadt des Fon-Königreiches Dahomey beherbergt reich mit mythologischen Motiven und Skulpturen verzierte Palastanlagen der Feudalherrscher aus dem 18. und 19. Jahrhundert. Das im Süden des heutigen Benin im 17. Jahrhundert entstandene Königreich Dahomey konnte seinen Machtbereich seit der Zeit König Agadjas (reg. 1708–1732) kontinuierlich ausweiten. Unter König Agadja wurden die Handelsniederlassungen verschiedener Kolonialmächte erobert. Im 19. Jahrhundert wurden die Reichsgrenzen weiter nach Norden ausgedehnt und – um Sklaven zu gewinnen – mehrere Kriege gegen die Yoruba im heutigen Nigeria geführt. Riten, die dem sakralen Königskult dienten, forderten Menschen- und Tieropfer, die erst König Ghezo unterband. Die Welterbestätte in Abomey besteht aus dem Akaba-Palast sowie dem königlichen Bezirk mit den Residenzen und Gräbern von zwölf Dahomey-Königen. Jeder Palast ist von Mauern umgeben und verfügt über mehrere Innenhöfe. Hauptbaumaterial ist Lehm. Basreliefs und Statuen schmücken die Palastwände und geben Auskunft über Alltag und Lebensweise der Fon.

# Heiliger Hain der Oshun in Oshogbo

Nigeria | Jahr der Ernennung: 2005

Der Heilige Hain nahe der Stadt Oshogbo befindet sich in einem der letzten Primärwälder des südlichen Nigeria. Das Areal gilt dem Volk der Yoruba als Sitz von Oshun, der Göttin der Fruchtbarkeit und des »Wassers des Lebens«. Der Heilige Hain wird vom Fluss Oshun durchflossen, dessen Verkörperung, die Göttin Oshun, im Heiligen Hain residiert. Auf Pfaden gelangen die Gläubigen zu 40 Schreinen und neun Plätzen, die Oshun und anderen Yoruba- Gottheiten geweiht sind. Die Einwohner von Oshogbo pilgern im August zu den heiligen Stätten. Da viele Kommunen Nigerias keine heiligen Haine mehr besitzen, zieht dieses Ereignis auch Bewohner anderer Yoruba-Städte an. Um 1950 wurden fast alle heiligen Haine entweiht oder zugunsten von Teakholzkulturen abgeholzt. Der Heilige Hain Oshun-Oshogbo jedoch konnte durch das Engagement von Suzanne Wenger, eine in die Religion der Yoruba initiierte österreichische Künstlerin (1915–2009), gerettet werden. Durch die von ihr ins Leben gerufene Bewegung »New Sacred Art« entstand eine neue Form religiöser Kunst an der Kultstätte. Der Hain wurde so zu einem Ort der Begegnung westlicher und afrikanischer Kunst.

**Auf einem Areal von rund 75 Hektar wird in Form von Schreinen, Kunstwerken und Skulpturen den Yoruba-Göttern gehuldigt.**

# Kulturlandschaft von Sukur

Nigeria | Jahr der Ernennung: 1999

Diese Landschaft im Nordosten Nigerias ist geprägt durch Terrassenwirtschaft und Eisenverarbeitung. Einen architektonischen Höhepunkt bilden die Ruinen des Palastes des Hidi, des Häuptlings, der Sukur. Die Kulturlandschaft von Sukur befindet sich auf einem Plateau nahe den Mandara-Bergen an der Grenze zu Kamerun. Als Welterbe ausgezeichnet wurde die Region für eine Landschaft, die in Form von Terrassenfeldern, konischen Brunnen und Anlagen zur Eisenverarbeitung sowie durch die unverwechselbare Architektur ihrer Dörfer und des Hidi-Palasts auf vielfache Weise das kulturelle Erbe ihrer Bewohner widerspiegelt. Bekannt wurde Sukur durch seine Eisenproduktion, die bis ins 17. Jahrhundert zurückreicht. An der höchsten Erhebung des Plateaus über den weitläufigen Terrassenlandschaften befindet sich der Palast des Xidi. Schon der deutsche Afrikareisende Heinrich Barth berichtete 1857 vom sagenhaften Reichtum des Häuptlings von Sukur. Die Ruinen der runden Ritualgebäude, der Kornkammern und Terrassen bedecken ein 120 × 100 Meter großes Areal, das von einer mächtigen Steinmauer mit Toren und Nischen eingefriedet wird.

**Als kontrastreiche Landschaft präsentiert sich das Sukur-Plateau mit Hügeln, Terrassen und historischen Gebäudeüberresten.**

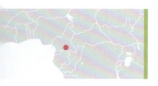

## Tierreservat Dja

Kamerun | Jahr der Ernennung: 1987

Das fast vollständig vom Dja-Fluss eingeschlossene Reservat im Südosten von Kamerun zeichnet sich durch seine noch nahezu unberührten Regenwälder aus. Das mehr als 5000 Quadratkilometer umfassende Dja-Wildreservat liegt in einer großen Schleife am Oberlauf des gleichnamigen Flusses. Die Region ist nur schwer zugänglich, auch deshalb hat sich hier einer der größten zusammenhängenden Regenwälder der Erde mit großer Biodiversität erhalten. Der aus rund 50 Baumarten bestehende Wald mit seinem bis zu 60 Meter hohen Baumkronendach ist das Habitat einer immensen Vielfalt von Tieren, darunter mehr als 100 Säugetierarten. Hier leben die Sumpfantilope (Sitatunga) sowie der Bongo, eine Feuchtnasenaffenart, und der seltene Waldelefant. Besonders wertvoll machen das Reservat die Menschenaffenpopulationen (Gorillas und Schimpansen) sowie andere Primatenarten des tropischen Regenwalds wie der Mandrill, eine Pavianspezies, der Potto, eine Halbaffenart, und Blaumaulmeerkatzen. Eine Bedrohung dieses nur von einigen Pygmäen bewohnten Gebietes geht vor allem von Buschbränden aus. Darüber hinaus sind viele Wildtiere eine begehrte Beute von Wilderern.

**Das Reservat bietet in seinen Wäldern einer vielfältigen Tierwelt mit zahlreichen Primatenarten wie der Blaumaulmeerkatze Schutz.**

## Nationalpark Manovo-Gounda St. Floris

Zentralafrikanische Republik | Jahr der Ernennung: 1988

Dieses Reservat in der Zentralafrikanischen Republik zeichnet sich durch seinen Reichtum an Pflanzen- und Tierarten aus, besonders durch die vielen Wasservögel und Großwildarten, die hier leben. Ein Teil des Areals ganz im Norden des Landes an der Grenze zum Tschad wurde bereits im Jahr 1933 zum Nationalpark erklärt. Es lässt sich in drei Vegetationszonen einteilen: die in der Regenzeit überschwemmten Grasebenen des Nordens, die leicht hügeligen Savannen der Übergangszone sowie das zerklüftete Sandsteingebirge im Süden. Neben den Wasservogelarten der nördlichen Ebene – darunter Marabus und Rosapelikane – leben auf dem knapp 20 000 Quadratkilometer großen Areal u.a. Löwen, Leoparden, Geparde, Wildhunde, Büffel, Antilopen, Giraffen, Flusspferde und zahlreiche Primatenarten. Besonders schützenswert sind die Waldelefanten und die fast gänzlich ausgerotteten Schwarzen Nashörner. Diese seltenen Tierarten fielen in der Vergangenheit immer wieder skrupellosen Wilderern zum Opfer, die in den 1990er-Jahren den Gesamtwildtierbestand um rund 80 Prozent reduzierten. Eine Gefahr ist auch der Missbrauch des Areals als Weidefläche.

**Der Afrikanische Wildhund ähnelt im Aussehen einer Hyäne, ist aber ein Hund und nicht mit ihr verwandt.**

# Dreiländer-Nationalpark Sangha

Kamerun, Zentralafrikanische Republik, Kongo | Jahr der Ernennung: 2012

Im nordwestlichen Kongobecken treffen drei Länder mit ihren Nationalparks aufeinander. Diese bilden nun ein einziges Naturerbe von 7500 Quadratkilometern Fläche. Im Einzelnen handelt es sich dabei um den Lobéké-Nationalpark in Kamerun, den Nouabalé-Ndoki-Nationalpark in Kongo und den Nzanga-Doki-Nationalpark in der Zentralafrikanischen Republik. Zwar wurde in der zweiten Hälfte des 20. Jahrhunderts rund ein Drittel des Waldbestandes selektiv gerodet, aber dann überließ man das Gebiet wieder seiner natürlichen Regeneration. So ist die Region von einem tropischen Tiefland-Regenwald bedeckt, allerdings mit zahlreichen Lichtungen, die erheblich zur Artenvielfalt beitragen. Der Fluss Sangha durchfließt das Gebiet von Norden nach Süden und mündet in den Kongo. In ihm leben Nilkrokodile und Riesen-Tigersalmler, ein Süßwasserfisch, der deutlich über einen Meter lang werden kann. Große Bedeutung hat der Nationalpark auch wegen seiner vom Menschen noch weitgehend ungestörten Populationen von Waldelefanten, Schimpansen und Tieflandgorillas. Aufgrund seiner Abgeschiedenheit ist er frei von dem gefürchteten Ebolavirus, das Primaten befällt.

**Eindrucksvoll im Sangha-Nationalpark sind die versteckt lebenden Populationen von Tieflandgorillas (beide Abbildungen).**

# Kulturlandschaft Lopé-Okanda

Gabun | Jahr der Ernennung: 2007

Lopé-Okanda in Gabun ist eine der ungewöhnlichen Schnittstellen von dichtem tropischen Regenwald und trockener Reliktsavanne. Durch dieses Gebiet zogen in den letzten Jahrtausenden westafrikanische Völker in den Norden des Kongo, wovon bedeutende archäologische Fundstätten zeugen.

Direkt unter dem Äquator, im Norden der zentralafrikanischen Regenwälder, befindet sich der Mittellauf des Flusses Ogooué. Hier wechseln sich auf einer Fläche von rund 1000 Quadratkilometern offene Savanne und Galeriewälder als bestimmende Landschaftsformen ab. Das Nebeneinander verschiedener Wald- und Savannenökosysteme begünstigt eine beeindruckende Artenvielfalt in der Region. Diese offene Landschaft ist das Ergebnis menschlicher Einwirkung von der Steinzeit bis heute, vor allem durch Buschfeuer. Sie gestattete es den Menschen, durch dieses Gebiet ins Innere des Landes vorzudringen. Diesen Weg nahmen Bantu-Völker und andere Stammeskulturen aus dem Gebiet südlich der Sahara. Das Flusstal mit den umgebenden Hügeln ist ein wichtiges archäologisches Zentrum und belegt die Besiedlung des Gebiets seit rund 400 000 Jahren.

Der Wechsel von Galeriewald und Savanne ermöglicht einen großen Artenreichtum, auch an Primaten, wie diesen jungen Mandrills.

# Okapi-Wildreservat

Demokratische Republik Kongo | Jahr der Ernennung: 1996

Das Wildreservat im Nordosten der Demokratischen Republik Kongo verdankt seinen Ruf den Okapis. Die Regenwälder des Kongo sind das einzige Verbreitungsgebiet dieser Kurzhalsgiraffe. Das rund 14 000 Quadratkilometer große Okapi-Wildreservat wurde 1992 offiziell zum Schutzgebiet erklärt. Es erstreckt sich im Becken des Kongo-Flusses über etwa ein Fünftel der Fläche des Ituri-Regenwaldes. Das Reservat hat einige Naturwunder zu bieten, darunter die imposanten Wasserfälle der Flüsse Ituri und Epulu. Der Grund zur Einrichtung des Reservats war jedoch das Okapi, das erstmals 1890 von Sir Henry Morton Stanley erwähnt wurde. Dieser kannte es jedoch nicht aus eigener Anschauung, sondern hatte es nach den Schilderungen der einheimischen Batwa vage als ein eselähnliches Tier beschrieben. Der britische Gouverneur Sir Harry Johnston ordnete das zunächst als »Equus« (Pferd) klassifizierte Tier anhand von Knochenfunden später den Giraffen zu. Erst zu Beginn des 20. Jahrhunderts bekamen Europäer lebende Tiere zu Gesicht. Vermutlich 30 000 Exemplare der Waldgiraffen leben noch in freier Wildbahn, etwa 5000 davon allein im Wildreservat.

Anders als Giraffen lebt das Okapi ausschließlich im Regenwald, wo es gerne Zweige und Blätter von Bäumen frisst.

# Nationalpark Garamba

Demokratische Republik Kongo | Jahr der Ernennung: 1980

Der im äußersten Nordosten der Demokratischen Republik Kongo an der Grenze zum Sudan gelegene Garamba-Nationalpark beherbergt zahlreiche Großsäuger. In freier Wildbahn wohl ausgelöscht ist leider das Nördliche Weiße Nashorn. Weite Savannen und Graslander, Waldgebiete und sumpfige Tiefländer bieten eine außergewöhnliche Vielfalt unterschiedlicher Lebensräume. Bereits 1938 wurde das rund 5000 Quadratkilometer große Areal zum Nationalpark erklärt. Die Einrichtung dieses Parks erfolgte jedoch vor allem zum Schutz der Giraffen und insbesondere des Weißen Nashorns (Ceratotherium simum cottoni). Aufgrund strenger Schutzmaßnahmen steigerte sich der Bestand dieser nördlichen Unterart des Breitmaulnashorns von rund 15 Exemplaren 1984 auf rund 40 Tiere 2003. Bei der letzten Bestandsaufnahme im Jahr 2008 wurden jedoch keine Tiere mehr gesichtet – Wilderer haben die Kolosse in freier Wildbahn endgültig ausgerottet. Der mit hohem Gras bewachsene Park kann auch auf dem Rücken von Elefanten erkundet werden. Die sanftmütigen Riesen werden hierfür in Garambas Elefantenschule trainiert.

**Im kaum zugänglichen Schutzgebiet leben über 40 Säugetierarten. Dazu gehören auch Elefanten (oben) und Flusspferde (unten).**

# Nationalpark Virunga

Demokratische Republik Kongo | Jahr der Ernennung: 1979

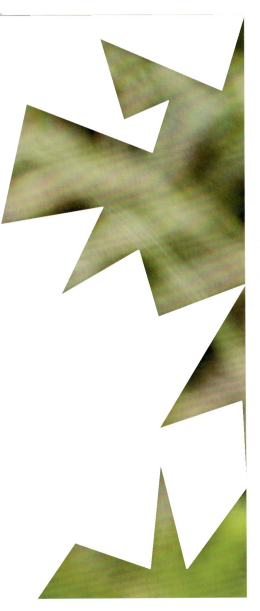

Der knapp 8000 Quadratkilometer umfassende Virunga-Nationalpark erstreckt sich entlang des Großen Afrikanischen Grabenbruchs nördlich und südlich des Lake Edward (Rutanzige) im Nordosten der Demokratischen Republik Kongo an der Grenze zu Uganda und Ruanda. Er ist Teil des Areals des 1925 als Albert-Nationalpark gegründeten ersten afrikanischen Nationalparks. Der Nationalpark Virunga birgt Lebensräume in Fülle: Sümpfe, Steppen, Savannen, Lavaebenen, Regenwälder, die Schneefelder des bis zu 5109 Meter hohen Ruwenzori-Gebirges sowie erloschene und aktive Vulkane. Entsprechend vielfältig ist die Fauna: Rund 200 Säugetierarten bevölkern den Nationalpark, darunter Elefanten, Flusspferde, Löwen, Leoparden, Okapis und mehrere Antilopen- und Primatenarten. Zugvögel aus Sibirien und Europa verbringen hier den Winter. In den Virunga-Bergen hat auch der vom Aussterben bedrohte Berggorilla eine seiner letzten Zufluchtsstätten gefunden. Hier begann Dian Fossey mit ihrer Langzeitstudie. Die von ihr 1967 gegründete Karisoke-Forschungsstation ist bis heute ein wichtiges Zentrum zur Erforschung und zum Schutz der Berggorillas.

**Berggorillas sind seit Dian Fosseys »Gorillas im Nebel« die berühmtesten Bewohner des Nationalparks (links). Oben: Regenwald im Ruwenzori-Gebirge.**

# Nationalpark Salonga

Demokratische Republik Kongo | Jahr der Ernennung: 1984

Bonobos (beide Abbildungen) sind wohl die prominentesten tierischen Bewohner dieses Nationalparks im zentralen Kongobecken.

Der Nationalpark am Salonga, einem östlichen Zufluss des Kongo im Zentrum der Demokratischen Republik Kongo, umfasst eines der größten zusammenhängenden Regenwaldgebiete in Zentralafrika. Salonga wurde 1970 als Nationalpark ausgewiesen. Zusammen mit dem Maiko-Nationalpark wurde das rund 36 000 Quadratkilometer große Areal von Salonga, das aus zwei etwa gleich großen, durch einen rund 50 Kilometer breiten Siedlungskorridor getrennten Teilen besteht, unter Schutz gestellt, um repräsentative Teile des zentralafrikanischen tropischen Regenwalds zu erhalten. Große Abschnitte Regenwälder mussten der sich ausbreitenden Landwirtschaft weichen. Der Park ist nur auf dem Wasserweg erreichbar und damit für Menschen nur schwer zugänglich. Nicht zuletzt deshalb ist er ein sicherer Lebensraum für gefährdete und seltene Tierarten. Dazu zählen Waldelefant, Bongoantilope, Okapi, Wasserzivette und Kongopfau. Ebenso ist hier der Zwergschimpanse heimisch. Der auch Bonobo genannte Vertreter der Menschenaffen ist ein naher, etwas kleinerer und zierlicherer Verwandter des Schimpansen, der nur noch in den Schutzgebieten des Kongobeckens anzutreffen ist.

# Nationalpark Kahuzi-Biega

Demokratische Republik Kongo | Jahr der Ernennung: 1980

Einige der letzten heute noch existierenden Gruppen von Östlichen Flachlandgorillas sind in den Wäldern des rund 6000 Quadratkilometer großen Schutzgebietes an den Hängen der erloschenen Vulkane Kahuzi und Biega beheimatet. Der rund 100 Kilometer westlich des Kivu-Sees gelegene Kahuzi-Biega-Nationalpark im Osten der Demokratischen Republik Kongo wurde vor allem zum Schutz der Östlichen Flachlandgorillas eingerichtet. In Höhen zwischen 2100 und 2400 Metern leben diese imposanten Vertreter der Menschenaffen in kleinen Gruppen. Die »sanften Riesen« sind Vegetarier und können bis zu 40 Jahre alt werden. Die älteren Männchen haben eine silbergraue Rückenbehaarung. Sie schüchtern ihre Rivalen ein, indem sie sich aufrichten und sich brüllend auf die Brust schlagen. Gorillas sammeln bis zum Sonnenuntergang Pflanzennahrung und schlafen in Nestern, die sie sich aus Zweigen und Blättern einrichten. Das Schutzgebiet im Schatten der beiden erloschenen Vulkane beherbergt noch weitere Primatenarten. Neben ihren natürlichen Feinden, den Leoparden, leben im Schutzgebiet auch Elefanten, Büffel und zahlreiche andere Tierarten.

**Weltweit gibt es nur noch wenige Tausend Östliche Flachlandgorillas (unten). Oben: Eine Afrikanische Eierschlange im lichten Geäst.**

# Nationalpark Ruwenzori-Gebirge

Uganda | Jahr der Ernennung: 1994

**Im Bergwald des Ruwenzori-Gebirges wachsen zahlreiche alpine Pflanzenarten im Großformat (beide Abbildungen).**

Die Bergwälder und Sumpfgebiete des Ruwenzori-Gebirges bieten Lebensraum und Schutz für zahlreiche gefährdete Tierarten wie Elefanten, Leoparden und Klippschliefer (Klippdachs). An der Grenze zwischen der Demokratischen Republik Kongo und Uganda liegt das Ruwenzori-Gebirge. Die Gebirgskette ist ungefähr 120 Kilometer lang und 50 Kilometer breit, mit dem 5109 Meter hohen Margherita-Gipfel des Mount Stanley als höchster Erhebung. Der Nationalpark umfasst ein rund 1000 Quadratkilometer großes Areal des Gebirges ganz im Südwesten Ugandas. Die Bergwälder der höheren Lagen warten mit einer Pflanzenwelt von ungewöhnlichen Ausmaßen auf. Lobelien, die normalerweise 30 Zentimeter hoch werden, erreichen hier eine Höhe von sieben Metern. An geschützten Stellen finden sich Farnarten von über zehn Meter Höhe, und auch einige Formen des Heidekrauts präsentieren sich hier in baumgroßen Dimensionen. Zurückzuführen ist dieser Riesenwuchs auf das Zusammentreffen von mineralreichen Böden, gleichbleibenden Temperaturen, hoher Luftfeuchtigkeit und der Tatsache, dass die meist dicke Wolkendecke die hohe ultraviolette Strahlung reduziert.

# Nationalpark Bwindi

Uganda | Jahr der Ernennung: 1994

Der beinahe undurchdringliche Nationalpark im äußersten Südwesten Ugandas ist bekannt für seine Vielfalt an Baumarten und Farngewächsen sowie für die seltenen Vogel- und Schmetterlingsarten. Der Bwindi-Nationalpark umfasst eine Fläche von rund 320 Quadratkilometer und zählt zu den Gebieten in Ostafrika, in denen sich Tieflandregenwald bis in die Bergregenwald-Zone erstreckt. Nirgendwo sonst in der ganzen Region findet man auf einer Höhe von mehr als 1000 Metern so viele verschiedene Baumarten wie hier. Bis heute wurden rund 200 und über 100 Arten von Farngewächsen gezählt. Wissenschaftler vermuten, dass der Wald der Rest eines riesigen, einst Burundi, Ruanda, den Westen Ugandas und den Osten des Kongo bedeckenden Urwaldes ist. Der Wald bietet rund 120 Säugetier- und 300 Vogel- sowie vielen Reptilienarten einen Lebensraum. Von den nicht weniger als 200 Schmetterlingsarten sind acht endemisch. Berühmt ist das Reservat jedoch vor allem für seine Berggorillas. In Höhenlagen lebt mit etwa 300 Tieren rund die Hälfte der Weltpopulation dieser bedrohten Spezies in friedfertigen Familienverbänden. Auf organisierten Erkundungstouren können die Berggorillas beobachtet werden.

**Das undurchdringliche Dickicht des Regenwaldes im Bwindi-Nationalpark ist Rückzugsgebiet für viele gefährdete Tierarten.**

# Gräber der Buganda-Könige in Kasubi

Uganda | Jahr der Ernennung: 2001

Die Gräber der Buganda-Könige sind als spirituelles Zentrum der Baganda, der größten Ethnie in Uganda. Bis heute ist Buganda ein Königreich innerhalb der Republik Uganda. Der jetzige König Ronald Muwenda Mutebi II. wurde 1993 gekrönt. Die Kabaka-Gräber auf dem Kasubi-Hügel in der Nähe der ugandischen Hauptstadt Kampala sind Beispiel für die lebendigen Traditionen und das handwerkliche Geschick der Baganda. Das Hauptgebäude mit dem Muzibu Azaala Mpanga, dem Hauptgrab, verbirgt sich unter einer kunstvoll aus Stroh gefertigten Kuppel. Hier liegen vier Kabakas - wie die Könige Bugandes genannt werden – begraben: Mute-sa I., Mwanga II., David Chwa II. und Edward Mutesa II. Auch deren Nachkommen sind hier bestattet. Die Kuppel des mit einem Durchmesser von rund 30 Metern wird von Pfeilern gestützt, die mit Rindenstoff verkleidet sind. Die Anlage wurde 1882 als Palast erbaut und 1884 in die Begräbnisstätte umgewandelt. 2010 wurde der Muzibu Azaala Mpanga durch ein Feuer fast völlig zerstört, die Anlage wurde in die Rote Liste der UNESCO aufgenommen und soll wieder aufgebaut werden.

**Das Grabmal der Könige in Kasubi ist eine imposante strohgedeckte Holzkonstruktion mit einer Höhe von über sieben Metern.**

# Ruinen von Aksum

Äthiopien | Jahr der Ernennung: 1980

Archäologen konnten unter den Stelen Katakomben freilegen und so die Bauwerke als Teil von Grabmälern identifizieren.

Die Hauptstadt des Königreichs von Aksum im Norden des Landes war das politische und kulturelle Zentrum des alten Äthiopien. Das Königreich von Aksum war bis in das 10. Jahrhundert die beherrschende Macht im Herzen des alten Äthiopien. Historische Quellen bezeugen sein Bestehen seit dem 1. Jahrhundert, bereits im 4. Jahrhundert wurde es unter König Ezana christianisiert. Die Ruinen der gleichnamigen Hauptstadt, die vom Glanz der einstigen Handelsmetropole zeugen, werden von etwa 130 riesigen Stelen, obeliskartigen Monolithen aus Trachyt, geprägt. Eine 33 Meter hohe Stockwerkstele war zur Zeit ihrer Auffindung bereits zu Boden gestürzt und in mehrere Teile zerbrochen. Die zweitgrößte Stele war 1937 von Truppen Mussolinis nach Rom transportiert worden. 2008 wurde das 24 Meter hohe Monument wieder in Aksum aufgestellt. Die monolithischen Pfeiler gelten als Nachbildungen der bis zu neunstöckigen »Geisterwohnungen« im Hadramaut, von wo aus im 7. Jahrhundert Einwanderer nach Nordäthiopien kamen. Die Kathedrale Maria Zion war Krönungsort der Monarchen. Hier wird einer Legende nach die Heilige Bundeslade aus dem Tempel von Jerusalem aufbewahrt.

# Nationalpark Simien

Äthiopien | Jahr der Ernennung: 1978

Den Nationalpark kennzeichnet eine imposante Berglandschaft mit vulkanischem Ursprung.

Der im Norden von Äthiopien etwa 100 Kilometer nördlich von Gondar gelegene Nationalpark Simien umfasst einen Teil des gleichnamigen Hochplateaus, das sich durch gewaltige Steilhänge und reißende Flüsse auszeichnet. Das durch Vulkanismus vor 40 Millionen Jahren entstandene und in der Folgezeit durch Erosionen geformte Simien-Massiv ist heute eine der eindrucksvollsten Landschaften der Welt. Gipfelhöhen um die 4500 Meter, Basaltschluchten, zerklüftete Felsen und Klippen und bis zu 1500 Meter tiefe Abgründe prägen das Bild des Nationalparks. Dies alles überragt der 4620 Meter hohe Ras Dashan, der höchste Berg Äthiopiens, der von Europäern erstmalig im Jahr 1841 bestiegen wurde. Der Nationalpark bietet einigen äußerst seltenen Tierarten ein Refugium. Darunter befinden sich der Gelada-Pavian, der Simien-Rotfuchs und der Walia-Steinbock. Als die Zahl der Füchse und Steinböcke unter die kritische Grenze von 20 bzw. 250 Tieren fiel, wurde der Park im Jahr 1996 in die Rote Liste des gefährdeten Weltnaturerbes der UNESCO aufgenommen. Insbesondere die zunehmende Besiedlung des Simien-Nationalparks stellt eine akute Bedrohung für den Wildtierbestand dar.

# Fasil Ghebbi in der Region Gondar

Äthiopien | Jahr der Ernennung: 1979

Am Fuß des Simien-Gebirges und am Nordende des Tana-Sees in der Region Gondar liegt auf 2300 Meter Meereshöhe die Festungsstadt Fasil Ghebbi, im 16. und 17. Jahrhundert Residenz von Kaiser Fasilides und seinen Nachfolgern. Innerhalb der 900 Meter langen Stadtmauer befinden sich zahlreiche öffentliche und private Gebäude: allein fünf Schlösser im Palastbezirk Gemp, ferner Kirchen und Klöster, die zunächst von hinduistischen und arabischen Stilelementen geprägt waren. Sie wurden später im Barockstil, der von jesuitischen Missionaren eingeführt worden war, drastisch verändert. Bedeutende Bauten des Palastbezirks sind das Schloss des Kaisers Fasilides (reg. 1632–1667) als die älteste erhaltene Anlage, der prunkvolle Palast seines Enkels Iyasu des Großen (reg. 1682–1706), die Bibliothek des Kaisers Yohannes I. (reg. 1667–1682) und der Palast der Kaiserin Mentewab (reg. 1730–1755). Prachtvoll war auch der »Palast des Sohnes der Kaiserin«, dessen Räume mit Elfenbein und Spiegeln ausgekleidet gewesen sein sollen. Ende des 19. Jahrhunderts wurde Fasil Ghebbi im Zuge des Mahdi-Aufstands gegen die anglo-ägyptische Herrschaft schwer beschädigt.

**Der Palast des Fasilides (oben) wurde um 1635 erbaut. Unten: Wandmalereien des Klosters Debre Berhan Selassie.**

# Felsenkirchen von Lalibela

Äthiopien | Jahr der Ernennung: 1978

Geniale Baumeister haben die Felsenkirchen von Lalibela (beide Abbildungen: Bet Giyorgis) in den weichen Tuffstein gehauen.

Im Herzen des Hochlands von Äthiopien befinden sich elf aus dem Fels herausgearbeitete mittelalterliche Felsenkirchen. Die auf rund 2600 Meter Meereshöhe gelegenen Felsenkirchen entstanden ab Ende des 12. Jahrhunderts während der Regierungszeit von Gebra Maskal Lalibela. Die elf Gotteshäuser sind Monolithkirchen, das heißt, sie wurden im Laufe von Jahrzehnten aus dem umgebenden Tuffgestein herausgehauen. Sie werden durch ein Labyrinth aus in den Fels gegrabenen Pfaden und Tunneln miteinander verbunden. Das beliebteste Ziel der immer noch zahlreich nach Lalibela reisenden Pilger ist Bet Maryam, die Marienkirche. Als weltweit größte Monolithkirche gilt Bet Medhane Alem mit ihren insgesamt fünf Schiffen. Wohl am bekanntesten ist Bet Giyorgis mit ihrem Grundriss in Form eines griechischen Kreuzes. Im Inneren der Kirchen Lalibelas hüten Priester die Kunstschätze, zu denen Manuskripte, Kreuze und Wandmalereien gehören. Wie jede äthiopische Kirche besitzen sie sogenannte Tabots, Kopien der Gesetzestafeln, die Moses auf dem Berg Sinai erhalten hat. An Festtagen werden diese Tafeln in Seidentücher gehüllt vor die Kirche getragen.

## Tal am Unterlauf des Flusses Awash

Äthiopien | Jahr der Ernennung: 1980

In dem Tal im Nordosten Äthiopiens rund 100 Kilometer westlich der Grenze zu Dschibuti wurden bedeutende paläontologische Funde gemacht, die Licht in eine zentrale Phase der Menschheitsentwicklung brachten. Berühmt wurde das Tal am Unterlauf des Awash durch die Funde von Hominidenskeletten der Spezies Australopithecus afarensis. Aus den im Jahr 1974 an den Grabungsstätten geborgenen Überresten konnten Anthropologen ein in groben Zügen vollständiges Skelett eines aufrecht gehenden Urzeitmenschen rekonstruieren. Dieser hatte bereits vor über drei Millionen Jahren hier gelebt, als das Tal noch eine baumbestandene Savanne war, die von Urpferden, urzeitlichen Nashörnern und Säbelzahntigern durchstreift wurde. Von dieser Umgebung geprägt, entwickelten die Vorfahren des modernen Menschen den aufrechten Gang. Das nach einem Song der Beatles mit dem Namen »Lucy« benannte, zu 40 Prozent erhaltene Skelett war rund 3,2 Millionen Jahre alt und stammte von einem 1,10 Meter großen weiblichen Individuum. Jüngster Fund der Forscher ist das Skelett eines dreijährigen Mädchens, das hier vor etwa 3,3 Millionen Jahren starb.

Am Ufer des Awash fand der Anthropologe Donald Johanson das fast zur Hälfte erhaltene Skelett der berühmten »Lucy«.

## Befestigte Altstadt von Harar Jugol

Äthiopien | Jahr der Ernennung: 2006

Die von Mauern umgebene Stadt Harar Jugol, oft auch nur als Harar bezeichnet, hat durch ihre vielen Moscheen, ihre traditionellen Stadthäuser und die Gebäude im indischen und muslimischen Stil eine ganz eigene Ausstrahlung. Äthiopien ist als ein christliches Land bekannt, doch die Hälfte der Einwohner sind Muslime. Ihre heilige Stadt Harar im Osten des Landes liegt in 1885 Meter Höhe auf einer von Savanne und Wüste umgebenen Hochebene. Die Altstadt ist von Mauern aus dem 13. bis 16. Jahrhundert umgeben, die als »Jugol« bezeichnet werden. Fünf historische Tore erlaubten den Zugang zu Harar, ein sechstes eröffneten die Italiener 1936 während ihrer Besatzungszeit. Der geläufigste Typ des Stadthauses (»Gegar«) besteht aus drei Räumen im Erdgeschoss und einem Innenhof. Nach 1887 kamen indische Kaufleute nach Harar und führten hier einen anderen Haustyp ein: einfache rechteckige und zumeist zweistöckige Gebäude mit einer Veranda, von der aus man über die Straße oder den Innenhof blickt. Sein heutiges Erscheinungsbild erhielt Harar im 16. Jahrhundert als islamische Stadt mit zahlreichen engen Gassen und nach außen geschlossenen Fassaden.

Stadttore wie das Shoa-Tor, enge Gassen und bunte Märkte prägen das Gesicht von Harar.

Äthiopien | **Afrika**

## Stelen von Tiya

Äthiopien | Jahr der Ernennung: 1980

An der Fundstätte Tiya, etwa 100 Kilometer südlich von der äthiopischen Hauptstadt Addis Abeba entfernt, zeugen Stelen aus Stein von einer vorchristlichen Kultur. In der Soddo-Region gibt es 160 archäologische Fundorte, von denen Tiya zu den bedeutendsten gehört. Hier stieß man auf 36 ein bis zwei Meter hohe aufwendig gestaltete Steinstelen einer alten äthiopischen Kultur. 33 dieser Stelen stehen entlang einer 45 Meter langen Achse, drei weitere sind etwas entfernt davon aufgestellt. Die obeliskartigen Monolithe finden sich in halbkugelförmiger, konischer oder auch in menschenähnlicher Gestalt. Die Stelen sind mit in Stein gemeißelten Symbolen verziert, deren Entzifferung sich bisher jedoch als schwierig erwies. Drei Hauptmotive ließen sich erkennen: Kreise, Blätter und Schwerter. Die Symbole hatten wahrscheinlich eine Bedeutung bei Begräbniszeremonien. Ausgrabungen ergaben, dass das Stelenfeld Massengräber von Männern und Frauen im Alter zwischen 18 und 30 Jahren markiert, die an diesem Ort in embryonaler Hockstellung bestattet wurden. Das genaue Alter dieser untergegangenen, vorchristlichen Kultur konnte bis heute nicht eindeutig bestimmt werden.

Man nimmt an, dass die Stelen bereits vor Beginn der Zeitenwende in dieser Gegend errichtet wurden.

## Tal am Unterlauf des Flusses Omo

Äthiopien | Jahr der Ernennung: 1980

Das Areal des Nationalparks am Unterlauf des Omo in Äthiopien ist nicht nur Lebensraum vieler Wildtiere, sondern seit den 1930er-Jahren auch eine bedeutende Fundstätte von fossilen Hominidenskeletten und Steinwerkzeugen.

Der etwa 800 Kilometer lange Omo mündet an der Südgrenze Äthiopiens in den Turkana-See. Der Unterlauf des Flusses ist als Ausgrabungsstätte prähistorischer Funde berühmt geworden. Die bis zu vier Millionen Jahre alten Sedimentablagerungen des Flusses bergen Tier- und Hominidenfossilien aus dem Pliozän und dem Pleistozän. Die Skelettreste, von denen manche über drei Millionen Jahre alt sind, weisen auf einen Australopithecinen hin. Außerdem wurden 2,5 Millionen Jahre alte Steingeräte gefunden, die vom Homo habilis verwendet wurden. Zu den Spuren jüngerer am Omo geborgener Hominiden zählen Überreste des Homo erectus und einer frühen Homo-sapiens-Art. Jüngsten Forschungen zufolge lebte der Homo sapiens bereits vor 200 000 Jahren in Ostafrika: Zwei Schädel und Skelettreste, die man 1967 im Omo-Tal gefunden hatte, werden heute auf dieses Alter datiert.

Im Omotal wurden bedeutende Hominidenfossilien entdeckt, die dem frühen Homo sapiens zugerechnet werden.

# Kulturlandschaft der Konso

Äthiopien | Jahr der Ernennung: 2011

Die Konso, ein Bauernvolk mit ostkuschitischer Sprache, leben im Bergland im Süden der äthiopischen Seenregion rund 90 Kilometer südlich von Arba Minch und vom Chamosee. Seit rund 500 Jahren – 21 Generationen – siedeln sie in diesem Gebiet, das sie durch ihre intensive Landwirtschaft entscheidend geformt haben. Auf – in organisierter Gemeinschaftsarbeit kunstfertig angelegten – Terrassen bauen die auch für ihr Webhandwerk bekannten Konso im steilen gebirgigen Gelände Hirse, Mais und Gemüse, aber auch Kaffee und Baumwolle sowie andere Feldfrüchte an. Ein ausgeklügeltes Bewässerungssystem sowie der Einsatz von Naturdünger steigert die Produktion. Die Siedlungen der Konso sind geschlossene, mit massiven Steinwällen befestigte Dörfer, die durch ihre Größe und kompakte Anlage städtischen Charakter haben. Zum Weltkulturerbe gehören 55 Quadratkilometer dieser einzigartigen Kulturlandschaft mit 21 Siedlungen sowie drei heiligen Wäldern mit Ritual- und Heilpflanzen. Es umfasst zudem zahlreiche Heiligtümer und Schreine sowie waka-Figuren aus Holz, die als Totendenkmäler dienen, und wenig behauene Steinstelen, die an verdienstvolle Ahnen erinnern.

**In Konso-Siedlungen sind die Familiengehöfte umzäunt im Schatten von Nutzbäumen (unten). Oben: Holzstelen der Konso.**

## Nationalparks Turkana-See

Kenia | Jahr der Ernennung: 1997

Inmitten von wüstenähnlichen Trockensteppen liegt im Nordwesten von Kenia im Dreiländereck mit Sudan und Äthiopien der abflusslose, soda- und salzhaltige Turkana-See. An seinem Ostufer erstreckt sich der Sibiloi-Nationalpark mit rund 1500 Quadratkilometern. Er ist Habitat von Löwen, Zebras, Antilopen und Gazellen. Viel bedeutender ist das Schutzgebiet jedoch als Brut- und Rastplatz für zahlreiche Vögel: Watvögel, Flamingos, Pelikane, Möwen und weitere Zugvögel. In der Mitte des Sees liegt die etwa neun Quadratkilometer große vulkanische Insel Central Island. Sie besteht aus unbewachsenen Felsen, in die drei Vulkanseen eingebettet sind: Crocodile Lake, Flamingo Lake und Tilapia Lake. Die Seen gelten als eine der wichtigsten Brutstätten des Nilkrokodils, aber auch zahlreiche Arten von Wasservögeln finden hier ihre Nistplätze. Über eine ähnliche Fauna verfügt die rund 100 Kilometer weiter südlich gelegene Insel South Island, wo auch Flusspferde anzutreffen sind. Bei Koobi Fora, einer in den See hineinragenden Landzunge des Sibiloi-Nationalparks, wurden bedeutende paläontologische Funde von Australopithecus, Homo habilis, Homo erectus und Homo sapiens gemacht.

Luftaufnahme des Vulkans Navbiotum im Turkana-See, dem größten Binnengewässer Kenias.

## Seen des Great Rift Valley

Kenia | Jahr der Ernennung: 2011

Die sich im südwestlichen Kenia in der Provinz Rift Valley am Grund des Großen Afrikanischen Grabenbruchs erstreckenden Seen des Great Rift Valley – Lake Bogoria, Lake Elementaita und der schon seit 1968 von einem Nationalpark geschützte Lake Nakuru – sind flache, sodahaltige Gewässer. Bedeutung als rund 320 Quadratkilometer großes Weltnaturerbe hat die Seenkette vor allem als Lebensraum und -grundlage für zahlreiche Tierarten. Weltweit kommen in kaum einer anderen Region so viele verschiedene Vogelarten auf so engem Raum vor. Bislang wurden weit über 450 davon an den Gewässern gezählt, darunter 13 gefährdete Spezies. Einzigartig sind auch die riesigen Schwärme von Rosa- und Zwergflamingos, deren Bestände mehrere Millionen Tiere umfassen. Fast 75 Prozent der weltweiten Population der Zwergflamingos sind hier beheimatet. Darüber hinaus gehen an den fischreichen Seen Nakuru und Elementaita zahllose Rosapelikane auf die Jagd nach Buntbarschen. Über hundert Zugvogelarten, darunter etliche aus Mitteleuropa, nutzen die Seen entweder als Winterquartier oder als Rastplatz auf ihren langen Reisen in die Sommer- und Wintergebiete.

Rund um die Seen erstrecken sich offene Savanne und Wälder, die Flachwasserzonen bevölkern Millionen Zwergflamingos.

# Nationalpark Mount Kenya

Kenia | Jahr der Ernennung: 1997

Im Zentrum Kenias erhebt sich das Massiv des doppelgipfeligen Mount Kenya, des mit 5199 Meter Meereshöhe höchsten Bergs des Landes. Seine Hänge sind bis in eine Höhe von 2000 Metern von Feldern und Wäldern bedeckt. Die feuchten Regenwälder werden dort von immergrünen Nebelwäldern abgelöst. Daran schließt sich bis auf 2500 Meter Meereshöhe eine dicht bewachsene Bambuszone an. Diese wird ab 3500 Metern durch offenes Grasland ersetzt, das in höheren Lagen in Moorland übergeht. In dieser Heideregion dominieren Heidelbeere und buschartige Heidekrautgewächse, wobei die bis zu zehn Meter hohe Baumheide besonders auffällt. In der alpinen Zone, wo die eigentliche Nationalparkzone beginnt, wachsen Riesenlobelien und verschiedene Arten des Greiskrauts (Senecio), die eine Höhe von mehreren Metern erreichen. Daran schließt sich ab etwa 4500 Meter Höhe die Gipfellandschaft mit mehreren kleinen Kargletschern des erloschenen Vulkans an. Zur Tierwelt des artenreichsten Nationalparks Afrikas zählen Elefanten, Nashörner, Kaffernbüffel und Antilopen, aber auch seltenere Tiere wie etwa Busch- oder Steppenschliefer sowie rund 150 Vogelarten.

**Auch unter extremen Bedingungen gedeiht das Baumgreiskraut (unten). Oben: Bongos, eine Antilope, versteckt im dichten Buschwerk.**

# Altstadt von Lamu

Kenia | Jahr der Ernennung: 2001

Lamu (beide Abbildungen) auf der gleichnamigen Insel im Indischen Ozean gilt als die älteste Swahili-Stadt Ostafrikas.

Lamu ist sowohl eines der bedeutendsten Zentren des Islams, als auch der traditionellen Swahili-Kultur in Ostafrika. Weitreichende Handelsbeziehungen haben eine Kultur mit ganz eigenen Zügen hervorgebracht. Bereits ab dem 12. Jahrhundert war der Inselarchipel von Lamu ganz im Norden von Kenia besiedelt. Aus der Begegnung der lokalen Bantu-Bevölkerung mit arabischen Händlern entwickelte sich Lamu rasch zu einem Zentrum der islamisch geprägten Swahili-Kultur in Ostafrika. Um 1500 geriet die Insel unter den Einfluss der Portugiesen, zwischen dem 17. und dem 19. Jahrhundert stand sie unter omanischer Herrschaft. In Lamu vermischen sich Einflüsse aus Europa, Arabien, Persien und Indien mit den Traditionen der Bantu. Augenfällig tritt dies in der Altstadt zutage. Die weiß getünchten, mehrgeschossigen Steinhäuser in den engen Gassen sind im arabischen Stil erbaut und stammen zum Teil noch aus omanischer Zeit. Sie sind aus Korallenstöcken und Mangrovenholz gefertigt und beeindrucken durch ihre Innenhöfe, Veranden und prachtvoll geschnitzten Haustüren. Holzschnitzereien und Flechtarbeiten sind die bekanntesten Erzeugnisse swahilischer Handwerkskunst.

# Kaya-Wälder der Mijikenda an der Küste Kenias

Kenia | Jahr der Ernennung: 2008

Als Zeugnisse einer bis heute lebendigen Wechselbeziehung zwischen den Mythen und religiösen Traditionen der Mijikenda und ihrer natürlichen Umgebung wurden elf der Kaya-Wälder zum Weltkulturerbe erklärt.

Ihren von Generation zu Generation überlieferten mythischen Erzählungen nach wurden die neun ethnischen Gruppen der Mijikenda aus ihren ursprünglichen Siedlungsgebieten in Somalia vertrieben und gründeten vermutlich im 16. Jahrhundert in den dichten Wäldern der kenianischen Küste zahlreiche befestigte Dörfer, deren Überreste bis heute zu besichtigen sind. Diese »Kaya« genannten Dörfer wurden auf Lichtungen errichtet und waren nur über festgelegte Pfade erreichbar. Die Kaya-Wälder waren aufs Engste mit der religiösen Vorstellungswelt der Mijikenda verwoben – hier wurden die Toten bestattet und die Schreine der Ahnen verehrt. Aufgrund ihrer sakralen Bedeutung standen die Wälder über die Jahrhunderte hinweg unter besonderem Schutz. Die zwischen 30 und 300 Hektar großen Wälder entwickelten sich zu einzigartigen Bioreservaten, die viele endemische Pflanzenarten Kenias beherbergen.

**Religiöse Tabus verboten nicht nur das Fällen von Bäumen der Kaya-Wälder, sondern jeglichen Eingriff in die Flora und Fauna.**

# Fort Jesus in Mombasa

Kenia | Jahr der Ernennung: 2011

Fort Jesus in Mombasa ist das Musterbeispiel einer portugiesischen Militärfestung aus dem 16. Jahrhundert. Fort Jesus wurde nach Plänen des italienischen Militärarchitekten Giovanni Battista Cairati zwischen 1593 und 1596 auf der Insel Mombasa am Indischen Ozean erbaut. Die Festung schützte den Hafen und die Lagune von Mombasa, das als Stützpunkt im Dreieckshandel zwischen der Arabischen Halbinsel, Ostafrika und Indien große strategische Bedeutung besaß. Das Fort selbst war Teil eines Systems von Befestigungsanlagen entlang der ostafrikanischen Küste. Ursprünglich von Portugiesen unter Philipp II. war es ab 1698 in omanischer und ab 1895 bis zur Unabhängigkeit Kenias 1963 in britischer Hand. Es gehört heute zu den am besten erhaltenen portugiesischen Militärbauten des 16. Jahrhunderts. In ihrer Anlage und Form spiegelt die Festung das Renaissance-Ideal geometrischer Harmonie wider. Die Grundstruktur umfasst vier Bastionen, die um einen zentralen Innenhof angeordnet sind. Zu diesem 2,36 Hektar großen Weltkulturerbe gehören neben der Anlage selbst auch noch der Festungsgraben und die unmittelbare Umgebung des Forts.

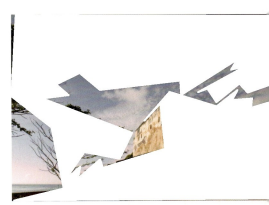

**Fort Jesus zählt zu den größten und am besten erhaltenen Befestigungsanlagen an der ostafrikanischen Küste.**

# Nationalpark Serengeti

Tansania | Jahr der Ernennung: 1981

Die Serengeti ist eine riesige Savanne östlich des Victoria-Sees, die sich vom Nordwesten Tansanias bis ins angrenzende Kenia erstreckt. Rund 15 000 Quadratkilometer auf tansanischem Territorium wurden als Nationalpark ausgewiesen, der alljährlich den Schauplatz einer der größten Tierwanderungen Afrikas bildet. Gewaltige Herden von mehr als zwei Millionen Böhm-Zebras, Weißbartgnus und Thomson-Gazellen ziehen auf der Suche nach Wasser und Futter alljährlich durch die Steppen- und Savannenlandschaften. Ihnen dicht auf der Spur sind ihre natürlichen Feinde: Löwen, Leoparden, Geparden und Hyänen. Daneben gibt es hier auch Giraffen, Kaffernbüffel, Topi- und Elenantilopen, Flusspferde, Nashörner, Husarenaffen, Erdwölfe, Krokodile, Strauße sowie Elefanten. In Jahrtausenden hat sich ein Lebensraum mit einer vielfältigen Fauna herausgebildet. Dies änderte sich allerdings, als die Europäer am Ende des 19. Jahrhunderts in dieses Wildtierparadies einbrachen. Großwildjagden fügten der Tierwelt einen kaum wiedergutzumachenden Schaden zu. Bereits im Jahr 1921 wurde die Serengeti unter Schutz gestellt, 1951 wurde der Serengeti-Nationalpark eingerichtet.

**Für Leoparden (oben) bedeuten die großen Tierzüge reiche Beute. Auf der Suche nach Wasser und frischem Grün durchqueren Giraffen die Savanne (links).**

# Schutzgebiet Ngorongoro

Tansania | Jahr der Ernennung: 1979

Zur Wildpopulation des Ngorongoro-Schutzgebietes gehören Zebras (unten) wie auch verschiedene Hyänenarten (oben).

Auf dem Boden des gleichnamigen gigantischen Kraters erstreckt sich dieses rund 8000 Quadratkilometer große Schutzgebiet im Norden Tansanias. Vor imposanter Landschaftskulisse tummeln sich hier Tausende von Wildtieren, darunter Gazellen, Antilopen, Wasserböcke, Zebras, Elefanten, Flusspferde, Nashörner, Hyänen, Löwen und Leoparden. Seit rund 3,6 Millionen Jahren wurde das Gebiet rund um den durch Steppen und Savannen geprägten Ngorongoro-Krater von Menschen bzw. Hominiden besiedelt. Archäologische und paläontologische Funde legen nahe, dass sich in Ostafrika die »Wiege der Menschheit« befand. In der unweit des Kraters gelegenen Olduvai-Schlucht entdeckten Archäologen neben Stein- und Eisenwerkzeugen auch Skelette der Gattungen Homo sapiens, Paranthropus boisei, Homo habilis und Homo erectus. In der Laetoli-Ebene fand man 1978 versteinerte Fußspuren, die auf 3,6 Millionen Jahre datiert und der Gattung Australopithecus afarensis zugeschrieben werden. Die in der Lavaasche hinterlassenen Fußabdrücke ähneln denen heutiger Menschen und belegen für diese frühe Entwicklungsphase der Hominiden einen aufrechten Gang.

# Nationalpark Kilimandscharo

Tansania | Jahr der Ernennung: 1987

Im Norden Tansanias, an der Grenze zu Kenia, ragt aus den Savannen das Vulkanmassiv des Kilimandscharo auf. Zum Schutz der einzigartigen Bergwälder wurde hier ein rund 750 Quadratkilometer großer Nationalpark ausgewiesen. Der Kilimandscharo besteht aus drei Hauptkegeln und zahlreichen kleineren Gipfeln vulkanischen Ursprungs. Im Westen liegt der 4000 Meter hohe Schira, im Zentrum der Kibo, mit 5895 Metern der höchste Punkt Afrikas, und im Osten der 5148 Meter hohe Mawenzi. Die Nebengipfel befinden sich entlang einer Gebirgsspalte, die von Südosten nach Nordwesten verläuft. Obwohl unweit des Äquators gelegen, sind die Gipfel des Kilimandscharo von ewigem Schnee bedeckt. Das Bergmassiv inmitten der Savanne weist sehr unterschiedliche Klima- und Vegetationszonen auf. Oberhalb der Grassavanne beginnt das Gebiet des landwirtschaftlich genutzten Kulturlands. Diese Zone geht in den bis in 3000 Meter Höhe reichenden Laub abwerfenden Bergwald über. Diesem folgt ein ausgedehntes Höhengrasland, das wiederum von der Kältewüste der Gipfelregion verdrängt wird. Der Nationalpark ist Lebensraum zahlreicher, teils gefährdeter Tiere.

**Im Inneren des schneebedeckten Kraters des Kibo weisen schwefelhaltige Gase auf vulkanische Aktivität hin.**

# Felsmalereien von Kondoa

Tansania | Jahr der Ernennung: 2006

Rund 100 Kilometer nördlich von Dodoma finden sich prähistorische und neuere Felsbilder, die teils von Jägern und Sammlern, teils von Bauern stammen. Durch die tektonischen Bewegungen des nahe gelegenen Großen Ostafrikanischen Grabenbruchs entstanden im Hügelland von Kondoa am Rand der Massaisteppe schollenartige Bruchstücke von Sedimentgesteinen, deren senkrechte Flächen mindestens 2000 Jahre lang für Felsmalereien verwendet wurden. Schätzungen nach existieren zwischen 150 bis 450 solcher Fundorte. Sie finden sich in Höhlen oder an Felsüberhängen. Die ältesten Felsbilder sind rot und zeigen lebensnah dargestellte Tiere, wie etwa Antilopen, Giraffen und Elefanten, sowie stilisierte Menschen und geometrische Formen. Es sind die nördlichsten Beispiele der Felskunst südafrikanischer Jäger und Sammler. Über ihre Datierung streiten sich die Forscher. Jedenfalls wurden noch in jüngster Zeit solche Felszeichnungen angefertigt, und einige Stellen dienen den Einheimischen noch heute als Zeremonialplätze – ein bemerkenswertes Beispiel einer wohl jahrtausendealten Tradition. Auf dem Welterbeareal befinden sich zudem drei archäologische Fundstätten.

**Motive der Felszeichnungen von Kondoa sind meist Tiere wie Antilopen, aber auch stilisierte Menschendarstellungen.**

# Stone Town auf Sansibar

Tansania | Jahr der Ernennung: 2000

In den prächtigen Häusern von Stone Town (beide Abbildungen) lebte die vermögende arabisch-indische Oberschicht von Sansibar.

Stone Town, das Herz von Sansibar-Stadt, gilt als herausragendes Beispiel einer historisch gewachsenen Swahili-Stadt mit omanischen Wurzeln. Innerhalb afrikanischer Gemeinschaften begann die Islamisierung Ostafrikas schon vor dem Jahr 1000 mit den Handelsstützpunkten der arabischen Omani, aber erst mit den Schiras-Persern entwickelte sich eine originäre afroarabische Küstenkultur. Ab dem 16. Jahrhundert kontrollierten die Portugiesen das Gebiet, später die Omani. 1840 wurde Sansibar Hauptstadt der Herrscher von Oman. Damit begann die letzte Phase der Arabisierung der Swahili-Kultur. Zeugnisse dieser Ära sind der frühere Sultanspalast »People's Palace« mit dem »House of Wonders«, das Gebäude des Nationalmuseums, Beit al-Amani, und das arabische Fort. Unter den Omani blühte nicht nur die Kultur, sondern auch der Handel mit Elfenbein, Gewürzen und Sklaven. Im Zuge der Übernahme Sansibars durch die Briten wurde gegen Ende des 19. Jahrhunderts auf dem Gelände des Sklavenmarkts die anglikanische Kathedrale errichtet, besonders sehenswert sind die aus Korallenkalk errichteten Wohnhäuser mit ihren verzierten Eingangstüren.

# Wildreservat Selous

Tansania | Jahr der Ernennung: 1982

Im größten Wildreservat Afrikas im Südosten Tansanias leben rund eine Million Tiere. Neben vielen anderen Tierarten sind hier auch die »Big Five« – Elefant, Nashorn, Büffel, Löwe und Leopard – vertreten. Das seit Anfang des 20. Jahrhunderts bestehende, rund 50 000 Quadratkilometer umfassende Selous-Wildreservat wird vom Rufiji und seinen zahlreichen Zuflüssen durchzogen. Die Region rund 200 Kilometer südwestlich von Daressalam wird aufgrund der Tsetsefliegenplage kaum von Menschen bewohnt und bietet somit ungestörten Lebensraum für zahlreiche Tiere. Mehr als 150 000 Gnus, rund 100 000 Elefanten, 150 000 Büffel, jeweils etwa bis zu 50 000 Zebras und Antilopen sowie rund 20 000 Flusspferde wurden gezählt. Hier lebt auch die weltweit größte Krokodilpopulation, ferner bevölkern eine erhebliche Anzahl von Raubkatzen wie Geparde, Leoparden und Löwen sowie zahlreiche Giraffen die verschiedenen Vegetationszonen des Reservats. Diese umfassen Steppen und Savannen, bewaldetes Grasland sowie die Galeriewälder an den Ufern des Rufiji und seiner Quellflüsse Luwegu und Kilombero. Der dominierende Landschaftstyp ist hier das Miombo-Waldland.

Das Wildreservat ist ein wahres Tierparadies. Hier der Angola-Stummelaffe mit seinem charakteristischen schwarz-weißen Fell.

# Ruinen von Kilwa Kisiwani und Songo Mnara

Tansania | Jahr der Ernennung: 1981

Auf zwei kleinen Inseln vor der Küste Tansanias befinden sich die Ruinen zweier Hafenstädte, die einst eine führende Stellung im Handel mit Asien einnahmen. Perser aus Schiras werden als die Gründer des einstigen Stadtstaates auf der Insel Kilwa Kisiwani 300 Kilometer südlich von Daressalam genannt. Ab dem Jahr 1000 wurde ein Großteil des Handels mit den Ländern des Indischen Ozeans über Kilwa abgewickelt. Zum Handelsgut gehörten Kostbarkeiten wie Gold, Silber, Perlen oder Porzellan aus China, Steingut aus Persien und Töpferwaren aus Arabien. Ende des 14. Jahrhunderts setzte der Niedergang der Stadt ein, der mit dem Ansturm der Portugiesen 1505 seinen Abschluss fand. Von den hier noch erhaltenen Baudenkmälern sind insbesondere die Ruinen des zwischen 1310 und 1333 errichteten Sultanspalasts Husuni Kubwa sehenswert. Weitere historisch bedeutende Gebäude sind die Reste des ehemals portugiesischen Gereza-Forts, die kleine Kuppelmoschee und die Große Moschee aus dem 12. bis 15. Jahrhundert. Auch Überreste von Bauwerken auf der Insel Songo Mnara, wie die aus Korallenkalkstein errichtete Hauptmoschee, gehören zum Weltkulturerbe.

30 Säulen tragen die 16 Kuppeln der Großen Moschee in Kilwa Kisiwani, der größten Moschee Ostafrikas.

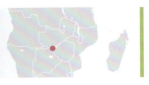

# Victoria-Fälle (Mosi-oa-Tunya)

Sambia, Simbabwe | Jahr der Ernennung: 1989

Die Schlucht, in die der Sambesi an den Victoria-Fällen (beide Abbildungen) stürzt, hat er sich selbst gegraben.

Die Victoria-Fälle gehören zu den spektakulärsten Wasserfällen der Welt: Über eine Reihe von Basaltklippen stürzen die Wassermassen des Sambesi in eine tiefe Schlucht. Der erste Vorbote der gigantischen Victoria-Fälle ist bereits aus einer Entfernung von rund 20 Kilometern in Form einer bis zu 300 Meter hoch aufsteigenden Sprühnebelwolke auszumachen. Mit ohrenbetäubendem Lärm stürzt der Sambesi, Grenzfluss zwischen Sambia und Simbabwe ungefähr 110 Meter in die Tiefe. Dieses Naturschauspiel findet seinen Widerhall auch im indigenen Namen der insgesamt fünf Wasserfälle: Mosi-oa-Tunya, »donnernder Dampf«. Im März und April, zur Hochwasserzeit, vereinigen sie sich zu einem fast zwei Kilometer breiten Wasservorhang. Bis zu 10 000 Kubikmeter Wasser pro Sekunde stürzen dabei in die Schlucht hinab. Darüber hinaus bietet das Areal um die Wasserfälle auch vielen Tieren einen einzigartigen Lebensraum. Etwa 30 Säugetier-, 65 Reptilien- sowie 21 Amphibienarten leben in den Regenwäldern der Flussregion. Die Victoria-Fälle wurden 1855 erstmals von einem Europäer erblickt – David Livingstone, der sie nach der damaligen englischen Königin benannte.

# Nationalpark Mana Pools

Simbabwe | Jahr der Ernennung: 1984

Ein Garten Eden für die Tierwelt Afrikas ist dieser in Simbabwe am südlichen Ufer des Sambesi gelegene Nationalpark mit den beiden angeschlossenen Safarigebieten Sapi und Chewore. Ein Jahr nach der Einrichtung des Nationalparks Mana Pools 1963 wurden auch die benachbarten Safarigebiete Sapi und Chewore unter Schutz gestellt. Die drei Areale im Dreiländereck von Simbabwe, Sambia und Mosambik erstrecken sich über eine Fläche von knapp 7000 Quadratkilometern, wobei Chewore etwa die Hälfte einnimmt. Im Norden bildet der Sambesi die natürliche Grenze des Nationalparks. Der Strom überflutet regelmäßig das Grasland und die Waldgebiete der Schutzzonen. In der Sprache der Shona bedeutet »Mana« vier. »Mana Pools« bezeichnet daher die vier Wasserbecken des Sambesi. In dieser fruchtbaren Landschaft ist eine Vielzahl von Tieren beheimatet: 400 Vogelarten bevölkern die Wälder, Tausende von Elefanten streifen durch das Gebiet. Büffel- und Zebraherden verheißen reiche Beute für Raubkatzen wie Leoparden und Geparden. Das Safarigebiet Chewore ist mittlerweile das Habitat einer der größten Populationen von Breitmaulnashörnern.

**An ruhenden Gewässern und am Ufer des Sambesi tummeln sich Flusspferde und eine große Zahl von Nilkrokodilen.**

# Nationaldenkmal Ruinen von Khami

Simbabwe | Jahr der Ernennung: 1986

Von großer Bedeutung für die Geschichte Simbabwes sind die Ruinen von Khami im Südwesten des Landes. Die im 15. Jahrhundert gegründete Stadt war einst eines der wichtigsten Handelszentrum im südlichen Afrika. Die zweitgrößte Ruinenstadt in Simbabwe nur wenige Kilometer westlich von Bulawayo wurde nach dem Fluss benannt, an dessen Ufer sie liegt. Die Anlage entstand im 15. Jahrhundert, nachdem die Hauptstadt des Monomotapa-Reiches verlassen worden war. Khami ist eine Gründung der Torwa-Dynastie, die von hier aus über 200 Jahre über den Südwesten des heutigen Simbabwe herrschte. Die Rozwi, die um 1683 die Macht übernahmen und Khami plünderten, verlegten die Hauptstadt nach Danangombe. Die Gebäudereste, darunter ein Palastkomplex, Terrassen und Mauern, bestehen aus massiven, ohne Mörtel zusammengefügten Steinmauern. Die Grabungen der Archäologen förderten aber auch chinesisches Porzellan zutage. Historiker gehen daher davon aus, dass Khami ein wichtiges Handelszentrum war und Kontakte zu portugiesischen Händlern aus Mozambique pflegte.

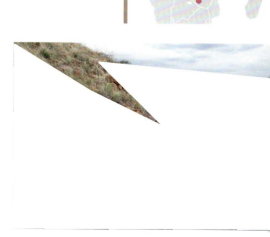

**Die Ruinen verteilen sich über 108 Hektar und geben Zeugnis von einer hoch entwickelten Zivilisation im vorkolonialen Südafrika.**

Simbabwe | **Afrika**

# Matobo Hills

Simbabwe | Jahr der Ernennung: 1986

Die prähistorischen Felszeichnungen in den Matobo Hills zeigen Tiere und Jagdszenen. Sogar Termiten wurden wiedergegeben.

Die majestätische Felsenlandschaft der Matobo Hills im Südwesten Simbabwes, rund 30 Kilometer südlich von Bulawayo, besteht aus abgeschliffenen Granitblöcken. In den Matobo Hills siedeln seit dem 19. Jahrhundert die Ndebele. Sie nennen die nackten Granitblöcke, die wie Spielzeug übereinandergetürmt liegen, »die Glatzköpfigen«, in der Landessprache »Amatobo«. Daher rührt auch der heutige Name dieser Welterbestätte. Ihre Form erhielten die Granitfelsen durch Verwitterung und durch Windschliff. In den Höhlen des Gebiets sind zahlreiche Felsmalereien zu bewundern, darunter auch zwei Meter hohe Giraffen. Die dargestellten Tiere können heute noch bestimmt werden. Manche dieser Malereien sollen rund 20 000 Jahre alt sein und auf Jäger und Sammler zurückgehen, denen die heutigen San (Buschmänner) am nächsten stehen. Die Zahl der Funde geht in die Tausende. Die heute hier praktizierte Mwari-Religion der Shona lässt sich bis auf die Eisenzeit zurückverfolgen und gehört zu den am längsten mündlich überlieferten Traditionen im südlichen Afrika. Die prähistorischen Höhlen mit ihren Malereien spielen für die ansässige Bevölkerung eine wichtige Rolle als Weihestätten.

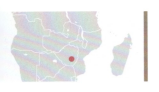

# Nationaldenkmal Groß-Simbabwe

Simbabwe | Jahr der Ernennung: 1986

Die Mauern von Groß-Simbabwe wurden aus glatt geschliffenen und exakt übereinander gelegten Granitsteinen errichtet.

Die Ruinen von Groß-Simbabwe, der Hauptstadt des Monomotapa-Reichs, sind wichtige Zeugnisse der Kulturentwicklung im vorkolonialen südlichen Afrika. Bereits 1552 beschrieb der Portugiese João de Barros die Ruinen e als »beeindruckend«. Eine andere Legende schreibt ihnen biblische Ursprünge zu. Tatsächlich aber handelt es sich um die Ruinen von Groß-Simbabwe, der Hauptstadt des Monomotapa-Reichs, das zwischen dem 11. und dem 15. Jahrhundert in Blüte stand.

Die ganze Anlage umfasst drei verschiedene weit auseinanderliegende Bereiche: Auf einem Hügel befindet sich eine teilweise gut erhaltene ovale Einfriedung, in der einst Daga-Häuser standen. Die unterhalb der Bergruine gelegene Mauer der großen Einfriedung hat einer Gesamtlänge von rund 250 Metern und umschließt mehrere Höfe. Vermutlich stand hier der Königspalast. Zwischen diesem Bezirk und der Ruine auf dem Hügel finden sich noch einige kleinere Einfriedungen. Für alle Mauern wurden meisterlich geschliffene Granitsteine ohne Mörtel fugenlos aufeinandergeschichtet 1450 endgültig verlassen.

# Nationalpark Malawi-See

Malawi | Jahr der Ernennung: 1984

Der dem Schutz von Fischen gewidmete Nationalpark am Südende des drittgrößten Sees Ostafrikas beherbergt viele endemische Buntbarscharten. Im Jahr 1616 berichtete schon der Portugiese Caspar Boccaro von der Existenz dieses riesigen Wasserreservoirs, und 1859 erreichte der schottische Forscher und Missionar David Livingstone das Ufer des Malawi-Sees. Das Gewässer wird von 14 Zuflüssen mit Wasser versorgt. Einziger Abfluss ist der den Süden Malawis durchquerende Shire, ein Nebenfluss des Sambesi. Heute sind drei Staaten Anrainer des rund 560 Kilometer langen und durchschnittlich 50 Kilometer breiten Sees: Tansania, Mosambik und Malawi. Am Südende des Sees wurde 1980 auf malawischem Territorium dieser einzigartige Nationalpark ausgewiesen. Zu seinem knapp 100 Quadratkilometer großen Areal zählen die Halbinsel Khumba drei separate Uferabschnitte, zwölf Inseln und ein Teil des ufernahen Gewässers. Im klaren Wasser des bis zu 700 Meter tiefen Sees leben über 500 Fischarten; rund 80 Prozent davon sind nur hier zu finden. Damit ist der See von einer Bedeutung für das Studium der Evolution, wie sie sonst nur die Galapagosinseln haben.

**Die Ufer des Sees sind zum großen Teil felsig und mit Wald bedeckt. Die Menschen am Malawi-See leben seit jeher vom Fischfang.**

# Felsmalereien von Chongoni

Malawi | Jahr der Ernennung: 2006

Auf der Hochebene im Zentrum Malawis liegt ein an Felskunst reiches und bis heute für Zeremonien genutztes Gebiet. Die Sammler und Jäger der Batwa sowie die Ackerbauern der Chewa haben hier Spuren hinterlassen. Die Chongoni Mountains bestehen aus einer flachen, grasbestandenen Hochebene, steilen Hängen, kleineren Granithügeln und breiten Tälern mit großen Felsblöcken. Die 127 Fundstellen mit Felsenmalereien befinden sich an oft überhängendem Granitgestein. Die frühesten, roten Zeichnungen gehen auf die Batwa zurück – Pygmäen, die hier seit der späten Steinzeit siedelten. Sie hinterließen Zeichnungen von Tieren und Menschen sowie geometrische Motive mit Kreisen, Linien und Wellenformen. Die weißen Zeichnungen hingegen wurden von der späten Eisenzeit bis weit in das 20. Jahrhundert hinein von einheimischen Ackerbauern, den Chewa, angefertigt und stellen meist Tierfiguren dar. Viele stehen mit Initiationsriten in Zusammenhang und wurden wohl von Frauen angefertigt. Figuren neueren Datums verweisen auf die Geheimgesellschaft der Nyau. Diese maskierten Tänzer führen Bestattungsriten durch. Ihre Masken finden sich auch in den Felszeichnungen.

**Die weißen Zeichnungen der Chewa wurden oft direkt über den steinzeitlichen roten Zeichnungen der Batwa angefertigt.**

# Insel Mosambik

Mosambik | Jahr der Ernennung: 1991

500 Jahre lang war die Insel Mosambik ein wichtiger Außenposten des portugiesischen Weltreichs.

Die Stadt Mosambik auf der gleichnamigen Insel, Namensgeber für das Land Mosambik, ist ein Beispiel für den portugiesischen Kolonialbarock in Ostafrika. Die Inselstadt Mosambik im Indischen Ozean ist durch eine fünf Kilometer lange Brücke mit dem Festland verbunden. Bereits im 10. Jahrhundert befand sich hier eine arabische Handelsniederlassung. Auf der Suche nach einer günstigen Seeroute nach Indien landete Vasco da Gama im Jahr 1498 auf der Insel, die wenig später, von Portugiesen besetzt, zu einem ihrer wichtigsten Häfen und Warenumschlagplätze in Afrika wurde. Noch bis zum Jahr 1975 diente sie als Verwaltungssitz, Hauptstadt und Handelsposten für die Kolonie Portugiesisch-Ostafrika – das spätere Mosambik. Zwischen 1558 und 1620 errichteten die Portugiesen die Festung São Sebastião, die ein Beispiel für den seit dem 16. Jahrhundert auf der Insel gleich gebliebenen barocken Baustil ist. Diese Beständigkeit im Stil verleiht Mosambik eine architektonische Einheit, die ihresgleichen sucht. In der Stadt verbinden sich lokale Traditionen mit portugiesischen, arabischen und indischen Einflüssen. Zu den bedeutenden Gebäuden gehören Verteidigungsanlagen und Kirchen.

# Tsodilo Hills

Botsuana | Jahr der Ernennung: 2001

Als Wiege der Menschheit sehen die San die Hügel von Tsodilo, in denen ihre Vorfahren Zeichnungen von Tieren hinterlassen haben.

Mitten in der Kalahari, im äußersten Nordwesten Botswanas, finden sich in den Tsodilo Hills etwa 4500 teils jahrtausendealte Felsmalereien der San. Archäologische Funde belegen eine Besiedlung der Region seit der Altsteinzeit. Für die heute noch hier ansässigen San sind die Hügel von Tsodilo eine heilige Stätte, die vom Geist der Ahnen erfüllt ist. So gilt hier, wo mitten in der Ödnis der Kalahari-Wüste auch bei größter Trockenheit noch Quellen sprudeln und Bäume Schatten spenden, wohl schon seit Jahrtausenden ein striktes Jagdverbot. Die von den Vorfahren auf den Fels gemalten Tiere wie Nashörner, Giraffen, Antilopen, Langhorn-Rinder, Löwen, Flusspferde und Fische zeugen vom einstigen Artenreichtum in der Region. Die Bilder zeigen aber auch Gegenstände des täglichen Lebens, etwa Körbe und Menschen. Einige der Felsbilder sind nur schwer zugänglich und so hoch oben am Fels angebracht, dass die Künstler bei der Anfertigung Gerüste benutzt haben müssen. Viele der Felsmalereien datieren aus den Jahren 800 bis 1300. Historikern liefern sie eine Chronologie des Lebens der Menschen wie auch der sich verändernden Umweltbedingungen in dieser Region.

# Okavango-Delta

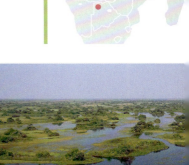

Botsuana | Jahr der Ernennung: 2014

Das Okavango-Delta ist ein einzigartiger Naturraum in der Kalahari. Gespeist wird das Okavango-Delta von dem gleichnamigen, im angolanischen Hochland entspringenden Fluss, der nach seinem Weg durch Namibia und das nördliche Botswana in einem rund 16 000 Quadratkilometer großen Binnendelta verdunstet und versickert. Wenn nach der Regenzeit die Flut des Okavango im Juni das Delta erreicht, wird die weitgehend ebene Landschaft überschwemmt. Der Sand der Kalahari verwandelt sich in ein üppig-grünes Paradies. Der Fluss und das Feuchtbiotop ernährt riesige Herden von Zebras, Gnus, Antilopen und Elefanten, denen Löwen, Leoparden und andere Jäger folgen. In den Wasserkanälen leben Krokodile und Flusspferde. Über 480 Vogelarten wurden hier gezählt. Für die mit 130 000 Tieren weltweit größte Elefantenpopulation sind das Delta und seine regelmäßigen Überflutung überlebenswichtig. Angesichts der Fülle an Wasser verwundert es nicht, dass archäologische Funde auf eine menschliche Besiedlung des Gebiets vor mehr als 100 000 Jahren hinweisen. Erste Formen der Sesshaftigkeit sowie Anfänge von Viehzucht datieren Forscher auf die Zeit um 200 v. Chr.

**Fauna und Flora im Okavango-Delta bilden zusammen ein weltweit einzigartiges Ökosystem.**

# Namib-Wüste

Namibia | Jahr der Ernennung: 2014

**Auch Springböcke (oben) gehören zu den Überlebenskünstlern der Wüste. Unten: Die Namib ist ein extrem trockener Lebensraum.**

Die Namib ist mit etwa 80 Millionen Jahren die älteste Wüste der Welt und eine der unwirtlichsten Regionen der Erde: Tagsüber wird es über 50°C heiß, nachts sinken die Temperaturen zuweilen unter den Gefrierpunkt. Verursacht wird die extreme Trockenheit der Wüste vom atlantisch kalten Benguelastrom her, der zwar häufige Nebel verursacht, aber kaum Niederschläge. Die Namibwüste erstreckt sich 2000 Kilometer weit vom Süden Angolas bis in den Norden Südafrikas. Das unter Schutz gestellte Kerngebiet mit rund 40 000 Quadratkilometer liegt im Staat Namibia. Es besteht aus zwei Dünensystemen: Das eine weist ein größeres Alter auf und ist weitgehend konsolidiert (»versteinert«). Darüber liegt ein zweites jüngeres System aus beweglichen Wanderdünen. In der Namib kann der Regen jahrelang ausbleiben. Trotzdem beherbergt sie eine reiche Tier- und Pflanzenwelt. Als bedeutender Feuchtigkeitsspender dient hier der Küstennebel. Er schlägt sich auf den Lebewesen als Tau nieder. Berühmt sind einige Schwarzkäferarten, die sich in schräger Haltung auf den Dünen in den nebelhaltigen Wind stellen. Der Nebel kondensiert auf ihrem Chitinpanzer, und die Tröpfchen fließen zum Mund.

# Twyfelfontein

Namibia | Jahr der Ernennung: 2007

In Twyfelfontein befindet sich eine der größten Ansammlungen von Felsbildern in Afrika. An der Fundstelle im Damara-Bergland von Namibia wurden bislang 35 bearbeitete Oberflächen mit rund 2075 identifizierbaren Darstellungen gefunden. Zwei Techniken können dabei unterschieden werden: Ritzzeichnungen, die mit einem harten Gegenstand in den Fels gemeißelt wurden, und Steingravuren, bei denen die Fläche aufgeraut wurde. Eine dieser Felszeichnungen ist der »Tanzende Kudu«, ein Fabelwesen, das eine tänzerische Pose einnimmt. Unter den Felszeichnungen finden sich auch menschliche Figuren sowie menschliche und tierische Fußabdrücke. Die Felsbilder gehen auf die Jäger- und Sammler-Kultur der San zurück, die seit 2000 Jahren in diesem Gebiet lebten, bis sie um das Jahr 1000 von nomadischen Viehzüchtern, den Damara, verdrängt wurden. Einige archäologische Fundstücke datieren aus der späten Steinzeit. Felszeichnungen und Objekte dokumentieren die kontinuierliche Besiedlung dieses Gebiets durch Jäger und Sammler. Das Zusammenspiel von Lebensform, Glaubensvorstellungen und rituellen Praktiken dieser Kulturen findet in den Bildern seinen Ausdruck.

**Auf vielen der Felsgravuren von Twyfelfontein sind Antilopen, Löwen, Zebras, Nashörner und Giraffen zu erkennen.**

# Kulturlandschaft Mapungubwe

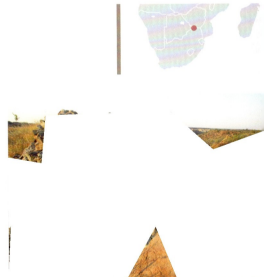

Südafrika | Jahr der Ernennung: 2003

Von der Mitte des 11. bis zum Ende des 13. Jahrhunderts war Mapungubwe Zentrum des ersten bekannten Königreichs im südlichen Afrika. Archäologen fanden hier Begräbnisstätten mit reichem Schmuck und die Reste einer Siedlung, in der einst über 5000 Menschen lebten. Mapungubwe ist heute eine ausgedehnte offene Savannenlandschaft am Zusammenfluss von Limpopo und Shashe auf der südafrikanischen Seite des Dreiländerecks von Simbabwe, Botswana und Südafrika. Ab ungefähr 1050 entstand dort ein mächtiges Königreich und eine hoch differenzierte Kultur. Händler aus Mapungubwe tauschten mit arabischen Kaufleuten Gold, Elfenbein und Erze gegen Glasperlen und Stoffe aus Indien sowie Porzellan aus China. Notizen hierüber finden sich bereits in arabischen Chroniken aus dem 10. Jahrhundert. Die Grundlage für den Wohlstand Mapungubwes waren Landwirtschaft und Baumwollanbau. Klimatische Veränderungen führten ab dem 14. Jahrhundert zum Niedergang. Zu den wichtigsten archäologischen Funden zählen die Ruinen von Schroda, Leopard's Kopje und eben Mapungubwe mit seinen Palästen, Grabstätten sowie kunstvoll gearbeiteter Goldschmuck.

**Ab 1933 wurden in Mapungubwe die Reste einer wohlhabenden Stadt sowie herrschaftliche Königsgräber freigelegt.**

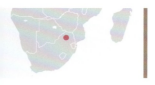

# Fundstätten fossiler Hominiden in Südafrika

Südafrika | Jahr der Ernennung: 1999

Die Höhlen von Sterkfontein, Swartkrans, Kromdraai und Umgebung gehören zu den bedeutendsten paläoanthropologischen Fundstätten der Erde. Die Funde geben Einblicke in die Entwicklungsgeschichte des Menschen. Der Australopithecus africanus war der erste Vorfahr des heutigen Menschen, der vorwiegend aufrecht ging. Vor über drei Millionen Jahren bevölkerten diese Hominiden, von denen es neben dem Australopithecus africanus noch weitere Arten gab, das südliche Afrika und den Ostafrikanischen Graben. Der Australopithecus war 150 Zentimeter groß, wog zwischen 35 und 60 Kilogramm und wurde durchschnittlich 22 Jahre alt. Der erste erhaltene Schädel dieser Gattung wurde 1924 von dem südafrikanischen Forscher Raymond Dart entdeckt und weltweit unter dem Namen »Kind von Taung« bekannt. Der Fund gilt als die Bestätigung der bereits von Darwin geäußerten Theorie, dass sich der Entwicklungsschritt vom Affen zum Menschen in Afrika vollzogen hat. Weitere Funde in den Höhlen des Makapan-Tals belegen Ursprung und Entwicklung der Menschheit in einem Zeitraum von drei Millionen Jahren bis hin zur Nutzung des Feuers vor 1,8 Millionen Jahren.

Als Schatzkammer bezeichnen Paläoanthropologen die Sterkfontein-Höhlen mit ihren Tropfsteinen.

# Vredefort Dome

Südafrika | Jahr der Ernennung: 2005

Im morgendlichen Sonnenlicht erscheint die Landschaft des Witwatersrand-Höhenzugs nahe des Kraters fast mystisch.

Der Meteoritenkrater von Vredefort rund 120 Kilometer südwestlich von Johannesburg ist der größte sicher identifizierte Einschlagskrater der Erde. Er ist knapp über zwei Milliarden Jahre alt, sein Durchmesser beträgt 190 Kilometer. Meteoriteneinschläge waren die größten Katastrophen der Erdgeschichte. Man nimmt heute an, dass sie sogar die Evolution beeinflussten. Wie der Gesteinsbrocken ausgesehen hat, der in Südafrika auf die Erde niedersauste, ist nicht mehr festzustellen. Eventuell war es ein Asteroid mit zwölf Kilometer Durchmesser oder aber der Kopf eines Kometen, der sich mit hoher Geschwindigkeit bewegte. Wenn ein Meteorit auf die Erdoberfläche prallt, wird seine Energie in Sekundenbruchteilen in Wärme umgewandelt. Es kommt zu einer Explosion, durch die ein Krater entsteht. Der Nachweis solcher Krater ist schwierig, da sie durch die Verwitterung eingeebnet werden können. Der Krater von Vredefort weist jedoch Besonderheiten auf, die für einen Meteoriteneinschlag sprechen: Hornfels an der Oberfläche, ein Gestein das sonst nur in tieferen Schichten vorkommt, Brekzien – verbackene Gesteinsbrocken – sowie andere Veränderungen des Untergrunds.

# iSimangaliso Wetland Park

Südafrika | Jahr der Ernennung: 1999

Das große Naturschutzgebiet im Norden der Ostküste Südafrikas – bis 2007: Greater St. Lucia Wetland Park – beeindruckt durch seine Vielfalt an Biotopen.

Der knapp 2500 Quadratkilometer große iSimangaliso Wetland Park bedeckt große Teile des im Nordosten Südafrikas liegenden Maputalands und reicht bis zur Grenze zu Mosambik. Das Naturschutzgebiet umfasst ganz unterschiedliche Ökosysteme, die der einzigartigen Tierwelt Afrikas einen geschützten Lebensraum bieten. Das Herz des Nationalparks ist der rund 350 Quadratkilometer große St.-Lucia-See, wo der Fluss Hluhluwe auf seinem Weg zum Indischen Ozean ein großes Sumpfgebiet speist. In diesem Feuchtgebiet leben die größten Krokodilbestände Afrikas, große Populationen von Flusspferden und mehr als 400 Vogelarten, wie Pelikane und Fischadler. In den dicht bewaldeten Dünengebieten leben Somango-Affen, während die Sandstrände rund um Cape Vidal das Revier mehrerer Arten von Meeresschildkröten sind. Dem Kap vorgelagert sind ausgedehnte Korallenriffe. Die weiten Graslander im Landesinneren sind der Lebensraum nahezu aller Großwildarten Afrikas.

Im geschützten Sumpfgebiet des St.-Lucia-Sees finden Krokodile ideale Lebensbedingungen vor.

# Kulturlandschaft Richtersveld

Südafrika | Jahr der Ernennung: 2007

Das Richtersveld im Nordwesten Südafrikas ist eine spektakuläre Bergwüstenlandschaft mit ungewöhnlicher Sukkulentenflora. Hier leben seit zwei Jahrtausenden die halbnomadischen Viehzüchter der Nama. Die Nama gelten als der letzte überlebende Zweig der Khoi Khoi, die neben den San die Ureinwohner des südlichen Afrika darstellen. Ursprünglich waren die Khoi Khoi – von den Europäern abwertend als »Hottentotten« bezeichnet – am Oranje-Fluss und entlang der südwestafrikanischen Küste beheimatet. Sie wurden von den Europäern systematisch dezimiert und in unwirtlichere Regionen abgedrängt. Die Nama konnten im abgelegenen Richtersveld bis auf den heutigen Tag überleben. Hier können sie auch ihre halbnomadische Lebensweise praktizieren, zu der die saisonale Wanderung zu jahreszeitlich wechselnden Weidegebieten gehört – eine breits 2000 Jahre währende Tradition. Ihre transportablen Kuppelhütten – »haru oms« genannt – bestehen aus sich überschneidenden Holzreifen, über die geflochtene Matten gelegt werden. Diese Behausungen haben einen Raum, der zum Kochen und Schlafen dient. Bekannt sind die Nama für ihre ausgeprägte orale Tradition.

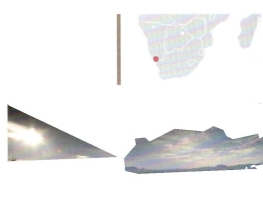

In der trockenen Bergwüste des Richtersveld gedeiht eine bis zu zehn Meter hohe Aloe-Art, die zu den Grasbaumgewächsen zählt.

## Robben Island

Südafrika | Jahr der Ernennung: 1999

In der Table Bay im Atlantik liegt Robben Island mit dem ehemaligen Gefängnis, in dem Nelson Mandela interniert war.

Die nördlich von Kapstadt gelegene Insel wurde in den letzten 400 Jahren als Hospital und Gefängnis genutzt. Berühmtester Gefangener war Nelson Mandela. Bereits die holländischen Siedler, die 1652 in der Tafelbucht landeten und dort eine Versorgungsstation für Handelsschiffe aufbauten, sollen auf Robben Island Aufständische aus den holländischen Kolonien gefangen gehalten haben. Auch die Briten, die die Kapkolonie gegen Ende des 18. Jahrhunderts eroberten, haben die Insel als Gefängnis genutzt und während der Xhosakriege Anführer der Xhosa interniert. Zwischen 1846 und 1931 befand sich auf Robben Island außerdem eine Leprastation. Im Jahr 1936 übernahm die Armee die Insel, die dann bis zu den 1950er-Jahren als Trainingsgelände fungierte. Das Apartheidregime wandelte das Gelände 1961 wieder in ein Gefängnis um, mit einem Hochsicherheitstrakt für politische Gefangene. 1996 verließen die letzten Gefangenen Robben Island. Im gleichen Jahr, am 14. September, erklärte das südafrikanische Parlament die Insel und ihre Gebäude zu einem Nationaldenkmal. Am bekanntesten ist der Hochsicherheitstrakt mit der »Sektion B«, in der Nelson Mandela bis 1982 inhaftiert war.

## Florenreiche der Kapregion

Südafrika | Jahr der Ernennung: 2004

Die Südspitze Afrikas ist, gemessen an ihrer Fläche, das Gebiet der Erde mit den meisten Pflanzenarten – mehr als im tropischen Regenwald. Zum Weltnaturerbe gehören acht Schutzgebiete im Bereich der Kapregion.

Pflanzengeografen unterteilen die Erde in verschiedene Florenreiche, die sich durch eine relativ einheitliche Pflanzenwelt auszeichnen. Wichtig für die Abgrenzung sind endemische Arten oder Gattungen, die nur in dem betreffenden Florenreich vorkommen. Das eigentümlichste, kleinste und zugleich diversifizierteste Florenreich ist das kapländische an der Südspitze Afrikas. Auf engstem Raum wachsen hier 6000 Blütenpflanzenarten, darunter ein hoher Anteil von Endemiten. Mit 553 000 Hektar macht es 0,02 Prozent der Landfläche von Afrika aus, beherbergt aber fast 20 Prozent aller dort vorkommenden Blütenpflanzenarten. Eine besondere Rolle spielen die Proteagewächse und die Glockenheiden mit über 450 Arten. Einzigartig ist die Fynbos-Vegetation, die sich an die periodisch auftretenden Buschbrände perfekt angepasst hat. Die Bildung neuer Arten ist in vollem Gang und erlaubt Einsichten in die Pflanzenevolution.

Der Frühling (September bis November) verwandelt die imposante Landschaft der Kapregion in ein buntes Blütenmeer.

# Maloti-Drakensberg-Park

Südafrika, Lesotho | Jahr der Ernennung: 2000

Die südafrikanischen Drakensberge gehören seit dem Jahr 2000 zum Weltnatur- und Weltkulturerbe. 2013 wurden sie ergänzt durch den Nationalpark Sehlabathebe in Lesotho. Die Drakensberge sind das höchste Gebirge im südlichen Afrika. Ihre höchste Erhebung (3482 Meter) befindet sich in Lesotho, wo der Gebirgszug »Maloti-Berge« genannt wird. In der Sprache der Zulu heißt das Massiv uKahlamba, was »Wand der aufgestellten Speere« bedeutet und eine Anspielung auf die schroffe Landschaft mit ihren vielen Schluchten und Zinnen ist. Auf rund zwölf Kilometer Länge grenzt der südafrikanische Naturpark Drakensberge an den Nationalpark Sehlabathebe in Lesotho. Beide Parks wurden zum gemeinsamen Welterbe Maloti-Drakensberge vereinigt. Der 65 Quadratkilometer große Sehlabathebe-Nationalpark besteht aus Savannenlandschaft mit Sandsteinformationen. Auch hier wurden Felsmalereien der San gefunden. Da einige Flüsse in diesem Park dauernd Wasser führen, sind Feuchtgebiete bis in alle Höhenbereiche vorhanden. Die Tierwelt des Parks ist sehr artenreich. Wegen seiner abgeschiedenen Lage ist er nur wenig besiedelt und dementsprechend ursprünglich.

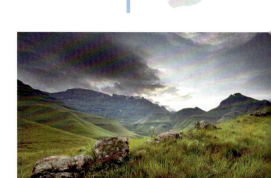

**Rund 35 000 Felszeichnungen der San wurden in den Sandsteinformationen (beide Abbildungen) im Naturpark gefunden.**

# Regenwälder von Atsinanana

Madagaskar | Jahr der Ernennung: 2007

Unter der Bezeichnung »Regenwälder von Atsinanana« werden in Madagaskar sechs Nationalparks im östlichen Teil der Insel zusammengefasst. Sie spielen eine wichtige Rolle für die Erhaltung der biologischen Vielfalt der Insel. Seit mehr als 60 Millionen Jahren ist Madagaskar vom Festland getrennt. Während dieser langen Zeit der Isolation konnten sich viele der urtümlichen Arten, insbesondere unter den Tieren, erhalten. In der Abgeschiedenheit der Insel entwickelten sich jedoch auch neue, nur hier vorkommende Tiere und Pflanzen. Madagaskar und die umgebenden Inseln beherbergen rund 12 000 endemische Pflanzenarten. Nur das 13-mal größere Australien weist mehr endemische Arten auf. Am berühmtesten unter den endemischen Tiergattungen der Insel sind die zur Gruppe der Feuchtnasenaffen gehörenden Lemuren. Insbesondere Regenwälder sind eine Wiege der Artenbildung. Leider sind heute nur noch 8,5 Prozent des einstigen Bestandes von Madagaskar erhalten. Die sechs Bereiche dieses Weltnaturerbes, die ein Areal von 5000 Quadratkilometern umfassen, entsprechen den Nationalparks Marojejy, Masoala, Zahamena, Ranomafana, Andringitra und Andohahela.

**Lemuren (oben) sind auf Madagaskar endemisch. Unten: Regenwald des Nationalparks Masoala an der Küste der Halbinsel.**

# Naturschutzgebiet Tsingy de Bemaraha

Madagaskar | Jahr der Ernennung: 1990

Bizarre Kalkfelsen und unberührte Wälder sowie Seen und Mangrovensümpfe sind Bestandteile dieses einzigartigen Naturparadieses, das Heimat vieler seltener Tiergattungen und Pflanzenarten ist. Die Hochebene von Bemaraha an der Westküste von Madagaskar, in etwa auf dem Breitengrad der Hauptstadt Antananarivo, präsentiert sich als eine höchst beeindruckende Karstlandschaft. Besondere Höhepunkte sind der Cañon des Manambolo-Flusses und der bizarre Tsingy – ein »Wald« von Kalksteinnadeln. Die unberührten Regenwälder, Seen und Mangrovensümpfe des Schutzgebiets sind auch Lebensraum unzähliger Orchideenarten. Besonders wichtig ist das ungefähr 1500 Quadratkilometer umfassende Reservat von Bemaraha als Lebensraum der fast nur auf Madagaskar vorkommenden Lemuren. Diese Halbaffenart gelangte vor mehr als 40 Millionen Jahren auf die Insel und fand hier nahezu perfekte Umweltbedingungen vor. In der Abgeschiedenheit Madagaskars haben sich rund 40 verschiedene Lemurenarten entwickelt. Außerdem ist das Areal Heimat zahlreicher Vogelarten, Fledermäuse, Amphibien und Reptilien, darunter Geckos und Chamäleons.

**Die Kalksteinformationen von Tsingy de Bemaraha machen die Karstlandschaft zu einem spektakulären Naturerlebnis.**

# Königshügel von Ambohimanga

Madagaskar | Jahr der Ernennung: 2001

Die heilige Stätte Ambohimanga unweit der heutigen Hauptstadt Antananarivo gilt als Geburtsort des Staates Madagaskar und Zentrum der Volksgruppe der Merina. Madagaskar wurde zuerst von Südostasien, Afrika und Arabien aus besiedelt. Ab dem 16. Jahrhundert stritten Portugiesen und Franzosen um die Vormachtstellung auf der Insel, die 1896 zur französischen Kolonie erklärt wurde. Vom 16. bis zum 18. Jahrhundert war Madagaskar in mehrere regionale Königreiche unterteilt, bis der Merina-König Ende des 18. Jahrhunderts die Insel einte. Die Residenz seiner Vorfahren liegt auf dem Hügel Ambohimanga – übersetzt »Blauer Hügel« –, der eine von elf weiteren sakralen Stätten in der Nähe ist. Zu den historischen Sehenswürdigkeiten in Ambohimanga gehören das königliche Schwimmbecken, die königlichen Grabstätten, der Rova (Königspalast) und die Zitadelle des aus Palisanderholz erbauten Palasts. Sie wird bis in die heutige Zeit für die rituelle Ahnenverehrung und andere traditionelle Zeremonien genutzt. Für die kulturelle Identität der Madagassen ist die Königsstadt Ambohimanga von unschätzbarer Bedeutung.

**Der Sommerpalast der Königinnen in Ambohimanga wurde von Jean Laborde 1870 auf dem Königshügel errichtet.**

Madagaskar | **Afrika**

## Aapravasi Ghat

Mauritius | Jahr der Ernennung: 2006

Die Steingebäude von Aapravasi Ghat aus den 1860er-Jahren dienten als Durchgangslager für die Neuankömmlinge.

Das historische Lager Aapravasi Ghat bezeugt das Schicksal von über einer halben Million indischer Kontraktarbeiter, die das britische Kolonialreich von 1834 bis 1920 für die Zuckerplantagen von Mauritius und des Empire anwarb. Die Aufhebung der Sklaverei in den europäischen Kolonien zwang die Plantagenbesitzer weltweit, nach neuen preiswerten Arbeitskräften Ausschau zu halten. 1834 begann die britische Regierung mit einem, wie sie es nannte, »großen Experiment«: Sie heuerte Vertragsarbeiter aus Indien an, die im ganzen Empire die Afrikaner ersetzen sollten. Das löste eine der größten Wanderbewegungen der Geschichte aus. Die Insel Mauritius diente dabei als Sprungbrett – zum einen wegen ihrer Nähe zu Indien und zum anderen wegen der eigenen aufstrebenden Plantagenwirtschaft. Von den Kolonialbehörden wurden Arbeiter rekrutiert, die sich für mehrere Jahre verpflichten mussten und dafür Lohn, Unterkunft und Essen erhielten. Rund 70 Prozent der Einwohner Mauritius' sind heute indischer Herkunft. Das System der Vertragsarbeiter dokumentiert den frühen Beginn der Arbeitsmigration und die Globalisierung des Arbeitsmarkts.

## Kulturlandschaft Le Morne

Mauritius | Jahr der Ernennung: 2008

Der Berg Le Morne Brabant ist 556 Meter hoch und befindet sich auf der gleichnamigen Halbinsel im Südwesten von Mauritius.

Über 500 Meter hoch erhebt sich der mit tropischer Vegetation bedeckte Berg Le Morne im Südwesten von Mauritius über dem Indischen Ozean. Er ist Mahnmal der Sklaverei und Symbol des Freiheitskampfes entflohener Sklaven.
Zwischen 1721 und 1735 wurden unter holländischer Herrschaft erstmalig Sklaven aus Afrika, Madagaskar und Asien zur Arbeit auf den Zuckerrohrfeldern nach Mauritius gebracht. Bis zur Abschaffung der Sklaverei im Jahr 1835 gelang vielen Sklaven die Flucht. So entstanden Gemeinschaften entflohener Schwarzer und Asiaten, Maroons genannt, die sich auf dem nur schwer zugänglichen Gipfel des Le Morne versteckt hielten und kleine Siedlungen in den Höhlen und Felsenkliffs des Bergs gründeten. Mauritius, ein wichtiges Zwischenziel im östlichen Sklavenhandel, wurde somit unter dem Beinamen »Maroon Republic« als Insel der flüchtigen Sklaven bekannt. Die Geschichten der Maroons wurden durch mündliche Überlieferung weitergegeben und sind Teil des kulturellen Erbes der Bevölkerung. Le Morne ist sowohl eine Gedenkstätte der Sklaverei als auch Symbol der kreolischen Identität der Inselbewohner.

# Naturpark Vallée de Mai

Seychellen | Jahr der Ernennung: 1983

Ein Hochtal im Herzen der Seychellen-Insel Praslin ist die Heimat der Seychellen-Palme. Der Baum mit den größten Samen im gesamten Pflanzenreich kann mehrere Hundert Jahre alt werden. Etwas nördlich der Hauptinsel Mahé liegt Praslin, die zweitgrößte Insel der Seychellen. Im Herzen dieser Granitinsel wurde innerhalb des Praslin-Nationalparks 1966 das Naturreservat Vallée de Mai eingerichtet. Das knapp 20 Hektar große Schutzgebiet dient dem Schutz der Seychellen-Palme – die Pflanze ist ist nur hier heimisch. Aufgrund der isolierten Lage der Inselgruppe Seychellen konnte sich hier eine vielfältige Flora ungestört entwickeln. Lange Zeit kannte man nur die gewaltigen, bis zu 18 Kilogramm schweren Samen der auch Coco de Mer genannten Pflanze, von denen der portugiesische Weltumsegler Ferdinand Magellan einst annahm, dass es sich um die Früchte eines auf dem Meeresgrund wachsenden Baumes handeln müsse. Das Vallée de Mai ist das Habitat einer vielfältigen Fauna. So gibt es diverse Chamäleon- und Geckoarten. Außerdem sind zahlreiche teils endemische Vogelarten vertreten, darunter Seychellen-Vasapapageien, Seychellen-Salangane und Dickschnabelbülbüls.

**Bis 1930 war der Wald mit seinen idyllischen Wasserfällen völlig unberührt. So konnte sich hier eine vielfältige Pflanzenwelt erhalten.**

# Aldabra-Atoll

Seychellen | Jahr der Ernennung: 1982

Die vier Inseln des Korallenatolls bilden die westlichste Inselgruppe der Seychellen im Indischen Ozean und stehen unter strengen Schutz. Ihre Hauptattraktion sind über 150 000 Aldabra-Riesenschildkröten. Von den türkisblauen Fluten des Indischen Ozeans umgeben, entsprechen die Eilande perfekt unseren Vorstellungen von einer Trauminsel. Die vier Koralleninseln des Aldabra-Atolls – Picard, Polymnie, Malabar und Grande Terre – umschließen eine seichte Lagune und werden ihrerseits von einem Korallenriff umgeben. Aufgrund der isolierten Lage konnte hier eine vom Menschen ungestörte Naturlandschaft bewahrt werden. Das 1976 zum Schutzgebiet erklärte Aldabra-Atoll weist eine für eine ozeanische Insel erstaunlich vielfältige Flora und Fauna auf. So dient es zahlreichen Seevögeln als Nistplatz. Bekannt ist das Atoll jedoch für seine große Population von Aldabra-Riesenschildkröten (Aldabrachelys gigantea), eine Art der Seychellen-Schildkröten. Diese Reptilien können ein Gewicht von bis zu 250 Kilogramm und ein Alter von mehr als 100 Jahren erreichen. Der größte Teil der Aldabra-Riesenschildkröten lebt auf Grande Terre, der Hauptinsel des Seychellen-Atolls.

**Die auf dem Aldabra-Atoll lebenden Riesenschildkröten sind unter anderem an ihrem kleinen Kopf zu erkennen.**

Seychellen | **Afrika**

Machu Picchu in Peru ist eine der bedeutendsten archäologischen Stätten Südamerikas. In Anlehnung an die Lage unter dem Huayna Picchu, dem »jungen Gipfel«, erhielt die Siedlung ihren Namen Machu Picchu – »alter Gipfel«.

# Amerika

# Nationalparks Kluane, Wrangell-St. Elias, Glacier Bay und Provinzpark Tatshenshini-Alsek

Kanada, Vereinigte Staaten von Amerika | Jahr der Ernennung: 1979

Die grenzüberschreitenden Parks bieten großartige Natur mit einer faszinierender Fauna und Flora. Die Parks Kluane (im Yukon Territory) und Tatshenshini-Alsek (in British Columbia und Yukon) bildeten zusammen mit den Nationalparks Wrangell-St. Elias und Glacier Bay (beide in Alaska) das erste binationale Welterbe der UNESCO und sind das größte auf dem Festland gelegene Naturschutzgebiet der Erde. Dessen Landschaften sind geprägt durch Eisfelder, Gletscher, Berge, Wasserfälle, Flüsse, Seen sowie ausgedehnte Wälder und weitläufige Tundren. Trotz langer Winter ist die Flora sehr artenreich. Bis in 1100 Meter Höhe finden sich große Waldgebiete mit Birken- und Beerensträuchern sowie Laub- und Nadelbaumarten, von denen die bis zu 90 Meter hohe Sitkafichte besonders beeindruckt. In subalpinen Höhen zwischen 1100 und 1600 Metern dominieren Weidenarten und Bergwiesen mit Hartgräsern. Bergheide, Wildblumen, Flechten sowie flachwüchsige Sträucher und Krüppelbirken prägen die alpine Tundra zwischen 1600 und 2000 Meter Meereshöhe. Groß ist auch die Artenvielfalt der Fauna. Schwarz-, Braun- und Grizzlybären profitieren vom Fischreichtum der Flüsse.

**Über 170 Vogelarten sind in den vier Parks beheimatet, darunter auch der Weißkopfseeadler (oben). Links: Kluane Lake im gleichnamigen Nationalpark.**

Kanada, Vereinigte Staaten von Amerika | **Amerika**

# Nahanni National Park

Kanada | Jahr der Ernennung: 1978

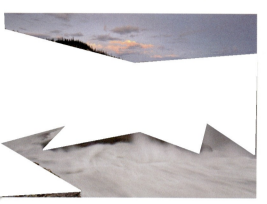

Mit über 90 Metern Fallhöhe zählen die Virginia Falls (beide Abbildungen) zu den imposantesten Wasserfällen.

Der South Nahanni River – einer der wildesten und schönsten Flüsse des Landes – gab diesem schwer zugänglichen Nationalpark seinen Namen. Die Quelle des rund 540 Kilometer langen South Nahanni River befindet sich auf 1600 Meter Meereshöhe am Mount Christie in den Mackenzie Mountains in den kanadischen Northwest Territories. Das Gebiet des Nationalparks, das sich auf einem relativ schmalen Streifen etwa 300 Kilometer entlang der beiden Ufer erstreckt, beginnt erst südlich des Mount Wilson. Die heißen Mineralquellen dieser Region – darunter die Rabbitkettle Hotsprings – sorgen für ein gemäßigtes Klima, das eine für diese nördliche Lage außergewöhnliche Vegetation ermöglicht: Zahlreiche Farnarten, wilde Minze, Rosenbüsche, Pastinaken, Goldruten, Astern und manche Orchideengewächse sind hier zu finden. Über rund 120 Kilometer schlängelt sich der Fluss durch eine mit Gräsern, Flechten und Zwergsträuchern bewachsene offene Tundra, in der Karibus – die nordamerikanischen Rentiere mit ihren immensen Schaufelgeweihen – leben. Der Fluss jagt dabei über viele Stromschnellen hinweg, die für Wildwasserfahrer eine Herausforderung darstellen.

# Wood Buffalo National Park

Kanada | Jahr der Ernennung: 1983

Kanadas größtes Naturschutzgebiet – fast 45 000 Quadratkilometer Fläche, zwei Drittel davon in Alberta, ein Drittel in den Northwest Territories – wurde 1922 eingerichtet, um die letzten Herden Waldbisons (»wood buffalos«) zu schützen. Heute schätzt man den Bestand an Bisons (Wald- und zusätzlich ausgesetzte Präriebisons, die sich oft vermischt haben) auf etwa 6000 Tiere – die weltweit größte Gruppe frei lebender Bisons. Das Naturschutzgebiet umfasst eine der größten zusammenhängenden Graslandschaften Nordamerikas, riesige boreale Wälder, mit einer Salzkruste überzogene Ebenen und mit dem Peace-Athabasca-Delta zwischen dem Athabascasee und dem Lake Claire eine verwunschene Wasserwelt aus Schilfwiesen, Marschland und Seen. Neben Waldbisons leben hier Elche, Karibus, Schwarzbären, Grauwölfe, Moschusratten, Biber, Nerze, Füchse, Luchse, Hermeline und Rote Eichhörnchen. Das Delta ist ein idealer Lebensraum für über 200 Vogelarten, darunter über eine Million Wildgänse, Schwäne und Enten sowie die gefährdeten Schreikraniche.
Die Kulturen der lokalen Cree-, Chipewyan- und Beaver-Indianer haben sich dem Ökosystem perfekt angepasst.

Bis zu drei Meter lang und etwa eine Tonne schwer werden die mächtigen Waldbisons, die im Nationalpark geschützt werden.

# SGang Gwaay (Anthony Island)

Kanada | Jahr der Ernennung: 1981

32 Totempfähle und zehn Zedernholzhäuser des Dorfes Ninstints zeugen auf der Insel SGang Gwaay (Anthony Island) südlich der Queen-Charlotte-Inseln (Haida Gwaii) in British Columbia von der jahrtausendealten Kultur der Haida-Indianer.
Auf eine jahrtausendealte Geschichte konnte die Haida-Kultur schon zurückblicken, als um 1880 die letzten Bewohner von Ninstints die kleine Insel SGang Gwaay verließen. Damals hatten von den Europäern eingeschleppte Krankheiten die Zahl dieses zu den Nordwestküstenindianern gehörenden Stamms stark dezimiert. Heute schätzt man die Zahl der noch lebenden Haida auf ungefähr 2000. Auf der Insel zeugen kunstvoll gestaltete, oft mehrere Meter hohe geschnitzte und bemalte Totempfähle von der Geschichte dieses alten Volkes, das erst Ende des 18. Jahrhunderts mit Weißen in Kontakt kam. Spezialisierte Kunsthandwerker schufen diese Pfähle zu Ehren bedeutender Persönlichkeiten. Ihre Schnitzereien zeigen Szenen aus dem Alltagsleben, Fabeltiere und mythische Figuren. In die Totempfähle wurde eine Öffnung für die Asche des Verstorbenen eingearbeitet, die Spitze der Pfähle zierte das Wappen der jeweiligen Sippe.

Wind und Wetter haben die ursprünglich farbige Bemalung der Totempfähle fast ganz verblassen lassen.

Kanada | **Amerika**

# Kanadische Rocky Mountains

Kanada | Jahr der Ernennung: 1984

Die Fälle des Yoho River gehören zu den höchsten Wasserfällen der Erde (oben). Unten: Markanter Castle Mountain am Bow River.

Die vier Nationalparks Banff, Jasper, Yoho und Kootenay wurden eingerichtet, um die einzigartige Naturlandschaft der kanadischen Rocky Mountains mit ihrer noch weitgehend unberührten Tier- und Pflanzenwelt zu bewahren. 1984 ernannte man sie zur Welterbestätte, die 1990 um die Provincial Parks Mount Robson, Mount Assiniboine und Hamber erweitert wurde. Die kanadischen Rocky Mountains sind ein rund 2200 Kilometer langer Abschnitt der Kordilleren, die den amerikanischen Doppelkontinent von Alaska bis Feuerland durchziehen. Der größte und nördlichste der vier Nationalparks ist der Jasper National Park mit seinen zahlreichen schneebedeckten Dreitausendern, heißen Schwefelquellen, dem mehr als 20 Kilometer langen Maligne Lake und dem größten zusammenhängenden Gletscherfeld der Rocky Mountains. Südlich davon schließt sich der bereits 1885 gegründete Banff National Park an, den der Bow River durchfließt. Zwei markanten, fast 4000 Meter hohen Bergen verdanken der Mount Robson Provincial Park sowie der Mount Assiniboine Provincial Park ihre Namen. Die Landschaften der genannten Rocky-Mountains-Parks bieten heute selten gewordenen Tieren Lebensraum.

# Dinosaur Provincial Park

Kanada | Jahr der Ernennung: 1979

Vor 65 Millionen Jahren lebten riesige Dinosaurier im Dinosaur Provincial Park, einer bizarren Landschaft um den Red Deer River im heutigen Alberta. Während der Kreidezeit, die vor etwa 150 Millionen Jahren begann und vor rund 65 Millionen Jahren endete, bevölkerte eine Vielzahl von Saurierarten den nordamerikanischen Kontinent. Fast 15 Meter hoch wurden die stattlichsten Exemplare des Triceratops, der wie andere Dinosaurierarten gegen Ende des Erdmittelalters ausstarb. In keiner anderen Region der Welt wurden so viele Überreste dieser Riesenechsen gefunden wie hier. Auch zahlreiche Fossilien von Schildkröten, Fischen, Beuteltieren und Amphibien gestatten den Forschern aufschlussreiche Einblicke in die Fauna dieser Periode. In einem Museum kann man die aufregenden Funde bestaunen. Aber auch landschaftlich hat diese Gegend ihre ganz besonderen Reize: Die Badlands sind eine vegetationslose Erosionszone, in der die Kräfte von Wind und Wetter die Felsen in eine bizarre, außerirdisch wirkende Landschaft verwandelt haben. Trotz des wüstenähnlichen Klimas blieb an den Flussufern eine ansehnliche Vegetation erhalten, die zahlreichen Vögeln Lebensraum bietet.

In der kargen Landschaft der »Badlands« wurden 75 Millionen Jahre alte Dinosaurierfossilien entdeckt.

# Head-Smashed-in Buffalo Jump

Kanada | Jahr der Ernennung: 1981

An eine Variante der Bisonjagd bei den Ureinwohnern Amerikas erinnert eine über zehn Meter hohe Sandsteinwand in den Porcupine Hills in Alberta. Ganze Herden der Wildrinder wurden hier mitten in der leicht hügeligen Prärie von Lanzen schwingenden Jägern auf den Abgrund zugetrieben. Im schnellen Lauf konnten die Tiere die Gefahr nicht rechtzeitig erkennen und stürzten, von nachfolgenden Artgenossen bedrängt, kopfüber in die Tiefe. Dort wurden die Bisons zerlegt und das nicht zum sofortigen Verzehr vorgesehene Fleisch durch Trocknen haltbar gemacht. Die Felle verarbeitete man zu Kleidung und Zelten, die Knochen dienten als Rohstoff für Waffen und Gerätschaften des Alltags. Zwar gab es auch andernorts in Nordamerika solche »Büffelsprünge«, doch dieser hier war der größte und älteste seiner Art. Diese Jagdmethode war bis zur Verbreitung von Gewehren üblich, 1850 soll sie hier letztmals praktiziert worden sein. Die hiesigen Funde geben den Archäologen wichtige Auskünfte über das Leben der präkolumbischen Indianer seit 3600 v. Chr. Dazu gehören die Spuren markierter Trails, ein Indianercamp und ein Grabhügel mit großen Mengen von Bisonskeletten.

Im Dry Island Buffalo Jump Provincial Park im Südwesten von Alberta trieben einst indianische Jäger Tausende Bisons in den Abgrund.

## Red Bay – historisches Zentrum des baskischen Walfangs

Kanada | Jahr der Ernennung: 2013

In der Red Bay an der Belle-Isle-Straße zwischen Neufundland und Labrador fand man die frühesten und besterhaltenen Zeugnisse des baskischen Walfangs an der Ostküste Amerikas. Bereits im 12. Jahrhundert jagten die um den Golf von Biskaya herum lebenden Basken einheimische Wale. Hauptprodukt zu jener Zeit war das Walöl für Lampen. Im Lauf der Jahrhunderte wurden die Tiere aber immer seltener, sodass die Basken immer weiter in den Atlantik hinausfahren mussten. Vermutlich schon im frühen 16. Jahrhundert gelangten sie auf diese Weise auch nach Red Bay und erkannten die hervorragende Eignung dieser Bucht als Naturhafen an der Küste Labradors. Etwa zwischen 1535 und dem Beginn des 17. Jahrhunderts betrieben sie in Red Bay eine Walfangstation. Hier liefen jährlich 15 baskische Walfangschiffe mit rund 600 Mann ein und blieben den Sommer über. Die in Red Bay gefundenen archäologischen Reste umfassen Wohngebäude, einen Friedhof mit den sterblichen Überresten von 140 Walfängern, Schiffswracks wie die Reste der im Jahr 1565 gesunkenen San Juan, Tranbrennereien, Küfereien, Werften und Walknochendeponien.

Eine alte baskische Chalupa im Red Bay National Historic Site. Die kleinen Boote wurden einst zum Walfang verwendet.

## Nationale Historische Stätte L'Anse aux Meadows

Kanada | Jahr der Ernennung: 1978

Ein rund 1000 Jahre altes Wikingerdorf auf Neufundland ist die erste Siedlung, die – lange vor Kolumbus – von Europäern in Nordamerika gegründet wurde. In der Mythologie des hohen Nordens war schon immer von den Entdeckungsfahrten des legendären Leif Eriksson in das sagenumwobene »Vinland« die Rede. 1960 wurde dann der wissenschaftliche Beweis für eine frühe Atlantiküberquerung nordischer Seefahrer erbracht. Die Archäologen Helge und Anne Stine Ingstad entdeckten bei L'Anse aux Meadows auf Neufundland die Überreste einer Wikingersiedlung, die bereits zu Beginn des 11. Jahrhunderts errichtet und bewohnt worden war. Die Fundstelle erinnert an ähnliche Dörfer der Wikinger auf Island und Grönland. Drei der insgesamt acht ausgegrabenen Häuser hat man inzwischen rekonstruiert. Zusammen mit einigen gefundenen Werkzeugen vermitteln sie ein anschauliches Bild vom mühseligen Leben der ersten Europäer in Nordamerika, die sich bereits nach wenigen Jahren wieder aus Amerika verabschiedet haben dürften: Das unwirtliche Klima und die feindlich gesinnten Ureinwohner vertrieben sie aus dem vermeintlichen Paradies Neufundland.

Riesige Behausungen – heute mit Gras überwachsen – zeugen von der Präsenz der ersten Wikinger in Nordamerika.

# Gros Morne National Park

Kanada | Jahr der Ernennung: 1987

Bereits vor über 4500 Jahren siedelten Dorset-Eskimos in der abwechslungsreichen Landschaft des Gros Morne National Park an der Westküste von Neufundland. Der 806 Meter hohe Gros Morne gab dem Park seinen Namen. An den großen Hügel schließt sich ein etwa 600 Meter hoch gelegenes Kalksteinplateau an, das durch verschlungene Wasserläufe, Moorseen und Moränen charakterisiert ist. An Fauna trifft man hier Karibus, Schneehühner, Polarhasen, Eisfüchse und Luchse an. Für Geologen aufschlussreich sind die Long Range Mountains, deren Gesteinsformationen wertvolle erdgeschichtliche Erkenntnisse erbracht haben. Entstanden sind die malerischen Fjorde des Parks schon während der letzten Eiszeit. Ein besonderes Naturschauspiel bietet der Western Brook Pond, ein von 600 Meter hohen Steilwänden umschlossener Binnensee. Die Küstenregion zeichnet sich durch steile Klippen, Wanderdünen und zahlreiche Vogelarten aus, die ebenso wie die Seehunde den Fischreichtum des Meeres zu schätzen wissen. Archäologische Funde belegen, dass auf dem Gebiet des heutigen Parks bereits um 2500 v. Chr. Siedlungen bestanden.

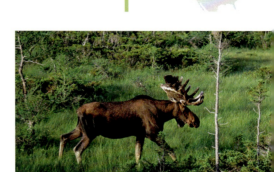

**Der Trout River Pond im Gros Morne National Park (unten). Oben: Im Nationalpark leben unter anderem Nordamerikanische Elche.**

# Miguasha National Park

Kanada | Jahr der Ernennung: 1999

Der Park ist die weltweit bedeutendste Fossilienfundstätte für das Devon. Leitfossilien sind Fleischflosser, aus denen die vierfüßigen Wirbeltiere entstanden. Wissenschaftlich erschlossen wurde das Areal an der Südküste der Halbinsel Gaspésie im Südosten der Provinz Québec 1842 vom kanadischen Physiker und Geologen Abraham Gesner (1797–1864). Seinen Namen hat es von der Farbe der Gesteinsformationen: In der Sprache der hiesigen Micmac-Indianer bezeichnet »miguasha« einen rötlichen Farbton. 1985 wurde Miguasha ein Conservation Park. Er umfasst die Steilküste der 350 bis 375 Millionen Jahre alten Escuminac-Formation. Rund 5000 Fossilien wurden dort bisher identifiziert, konserviert und erfasst, alles Wirbeltiere und Wirbellose sowie Pflanzen und Sporen aus dem Devon. Einer der bekanntesten Funde ist »The Prince of Migua-sha«, das Fossil eines Eusthenopterons – einer ausgestorbenen, den Übergang zu den Landwirbeltieren markierenden Gattung der Fleischflosser, die im Oberdevon vor 370 Millionen Jahren lebten. Im Skelett der Vorderflossen lassen sich schon der spätere Oberarmknochen, Elle und Speiche der Landwirbeltiere erkennen.

Fossilien von fünf der sechs Fischklassen, die im Oberdevon lebten, wurden an der Steilküste des Parks gefunden.

# Historischer Bezirk von Québec

Kanada | Jahr der Ernennung: 1985

Die erste französische Stadtgründung in der Neuen Welt hat sich bis heute die Ausstrahlung einer europäischen Stadt des 18. Jahrhunderts bewahrt. Die Hauptstadt der gleichnamigen Provinz ist das Herz des frankophonen Kanada. Über 90 Prozent der Einwohner sprechen Französisch. Die 1608 am Ufer des St.-Lorenz-Stroms gegründete Siedlung entwickelte sich rasch zu einem wichtigen Umschlagplatz für den Handel zwischen Neuer Welt und französischem Mutterland. Nachdem die Häuser unterhalb des Cap Diamant mehrfach abgebrannt waren, zogen sich die Bürger auf die Anhöhe zurück und errichteten »Haute-Ville«, die Oberstadt. Die Place Royale und die Rue Notre-Dame bilden das Zentrum der Unterstadt mit ihren liebevoll restaurierten Häusern aus der Gründerzeit. Kirchen, Militäreinrichtungen, Klöster und Schulen waren in der befestigten Oberstadt konzentriert. Im französisch-englischen Kolonialkrieg wurde die Stadt mehrfach erobert. Letztlich setzten sich dann die Engländer durch. In der Folgezeit entstand als Schutz vor möglichen Angriffen der US-Armee eine Befestigungsanlage, die in ganz Nordamerika einzigartig ist.

Das abendlich beleuchtete Luxushotel Château Frontenac im Zentrum Québecs gilt als eine der Hauptsehenswürdigkeiten.

# Rideaukanal

Kanada | Jahr der Ernennung: 2007

Der Rideaukanal am Ontariosee ist die einzige aus dem 19. Jahrhundert stammende künstliche Wasserstraße Nordamerikas, die noch fast im Originalzustand erhalten und in Betrieb ist. Bereits vier Jahre nach Beginn der Bauarbeiten durch das britische Royal Engineers Corps 1828 waren diese abgeschlossen. Beim Bau wurden Dämme errichtet, die das Wasser der Flüsse Rideau und Cataraqui zurückhielten. So entstand eine Kette von Staustrecken, die durch rund 50 Schleusen miteinander verbunden sind. Dazwischen liegt eine Reihe von Seen, die als Wasserreservoirs dienen. An verwundbaren Stellen errichtete man Verteidigungsanlagen, sogenannte Blockhouses. Fort Henry wacht über die Ostseite des Hafens von Kingston. Nach Aufständen in der britischen Kolonie mussten auch befestigte Schleusenwärterhäuser gebaut werden. Der rund 200 Kilometer lange Kanal diente zunächst militärischen Zwecken. Es ging um die Kontrolle über den nördlichen Teil Nordamerikas. Doch bereits Mitte des 19. Jahrhunderts hatte der Kanal seine strategische Bedeutung verloren. Er wurde zu einem wichtigen Transportweg für die Erschließung des einst fast menschenleeren Gebiets.

**Rund 50 teils handbetriebene Schleusen überwinden die Höhenunterschiede des Rideaukanals zwischen Ottawa und Kingston.**

# Fossilienklippen von Joggins

Kanada | Jahr der Ernennung: 2008

Mit ihren 300 Millionen Jahre alten Versteinerungen sind die Klippen in der kanadischen Provinz Nova Scotia eine bedeutende Fundstelle für das Karbon. 1852 entdeckte der kanadische Geologe Sir William Dawson hier die ersten Versteinerungen von Hylonomus-Exemplaren. Diese ausgestorbene, bis zu 20 Zentimeter lange Reptilienart war als eines der ersten Lebewesen vollständig an ein Leben auf dem Land angepasst. Bereits Charles Darwin nutzte die Funde von Joggins für die Entwicklung seiner bahnbrechenden wissenschaftlichen Prinzipien. Das paläontologische Areal entlang der Küste der Bay of Fundy hält versteinerte Baumstämme eines früheren Regenwalds, Fossilien von Reptilien und Funde frühester Amnioten (Nabeltiere) aus der Zeit des Karbons vor 358 bis 298 Millionen Jahren bereit. Für diese Periode gibt es weltweit keine ergiebigere Fundstelle von Zeugnissen des Lebens an Land. Die knapp 15 Kilometer langen Klippen, Felsplattformen und Strände haben versteinerte Fundstücke aus drei Ökosystemen bewahrt: einer Mündungsbucht, einer mit Regenwald bestandenen Überschwemmungsebene sowie einer bewaldeten Schwemmlandebene.

**Durch bis zu 15 Meter hohen Tidenhub verursachte Erosion hat die Reptilienfossilien an den Kliffs von Joggins freigelegt.**

Kanada | **Amerika**

## Kulturlandschaft Grand Pré

Kanada | Jahr der Ernennung: 2012

Die Gärten des Grand Pré National Historic Site in Nova Scotia erinnern an die einstige Besiedlung der Region durch die Acadiens.

Die Welterbestätte Grand Pré umfasst 1323 Hektar Ackerland, die ab dem 17. Jahrhundert durch Eindeichung gewonnen wurden, sowie die archäologischen Stätten der alten französischen und britischen Siedlungen Grand Pré und Hortonville. Ende des 17. Jahrhunderts drangen französische Siedler, die sich selbst Acadiens nannten, in das südliche Minas-Becken der heutigen Provinz Novia Scotia im Osten Kanadas vor. Die Acadiens gingen enge Beziehungen zu den dort lebenden Mi'kmaq-Indianern ein und entwickelten eine eigenständige Kultur. Mithilfe von Erdwällen und Abflusskanälen mit Klappenventilen verwandelten sie das fruchtbare Marschland am Nordende der Bay of Fundy in bestes Ackerland. Als die Briten im Jahr 1713 die Oberhoheit über Nova Scotia gewannen, misstrauten sie den Acadiens wegen ihrer französischen Herkunft und deportierten die meisten schließlich ab 1755 in Gebiete weiter im Süden. Gegen Ende des 19. Jahrhunderts setzte hier eine Renaissance der akadischen Kultur ein. Mit Gedenkstätten wird seitdem in der ersten von europäischen Siedlern geschaffenen Kulturlandschaft Nordamerikas an die Acadiens und ihre gewaltsame Vertreibung erinnert.

## Altstadt von Lunenburg

Kanada | Jahr der Ernennung: 1995

Über 95 Prozent der Gebäude in der Altstadt von Lunenburg wurden aus Holz errichtet, viele davon farbig bemalt.

Das bestens erhaltene Lunenburg ist ein Musterbeispiel einer kolonialen Modellsiedlung. Der deutsche Name kommt nicht von ungefähr: Die 1753 an der Südküste von Nova Scotia gegründete, nach Lüneburg benannte Siedlung wurde für 1453 meist deutschsprachige Siedler errichtet, die dort ideale Bedingungen vorfanden. Die dicht bewaldete Halbinsel bot ausreichend Holzvorkommen, das Meer sicherte Fischereierträge, und die fruchtbaren Böden ließen sich landwirtschaftlich nutzen. Die wie auf dem Reißbrett entworfene geometrische Anlage der Siedlung entsprach den kolonialen Bauvorschriften der Briten, die nur gerade Straßen und viereckige Plätze erlaubten. Mindestens 21 nordamerikanische Siedlungen entsprechen diesem Modell – aber nirgendwo ist die alte Struktur so gut zu erkennen wie in Lunenburg. Von den rund 400 wichtigen Gebäuden der Altstadt stammen 70 Prozent aus dem 18. und 19. Jahrhundert. Obwohl die Siedler in ihrer alten Heimat vor allem als Bauern gearbeitet hatten, erwiesen sie sich hier schon bald als erfolgreiche Fischer und Schiffsbauer. So entwickelte sich die Modellstadt in kurzer Zeit zu einem blühenden Handelszentrum.

# Waterton-Glacier International Peace Park

Kanada, Vereinigte Staaten von Amerika | Jahr der Ernennung: 1995

Der US-amerikanische Glacier National Park und der kanadische Waterton Lakes National Park wurden 1932 zum ersten grenzüberschreitenden »Friedenspark« verschmolzen. Der Waterton-Glacier International Peace Park wurde als »Zeichen des Friedens und des guten Willens zwischen Kanada, den USA und einer Konföderation der Blackfoot-Indianer« verwirklicht. Der beiderseits der Grenze zwischen Alberta und Montana gelegene und mehr als 4500 Quadratkilometer große Friedenspark umfasst abgelegene Bergtäler, in denen vom Wind umtoste Berggipfel über einer traumhaften Naturszenerie mit rund 650 Seen und einer üppigen Flora und Fauna thronen. Auf den Bergwiesen, Prärien und Nadelwäldern wachsen mehr als 1200 Pflanzenarten, ferner leben hier rund 60 Säugetier-, 240 Vogel- und 20 Fischarten. Mehr als 200 archäologische Ausgrabungsstätten geben Aufschluss über die Kultur der Ureinwohner, die vermutlich schon seit rund 8000 Jahren hier lebten. Erzsucher, Glücksritter und Siedler verdrängten dann im 19. Jahrhundert die Indianer in Reservate, wo sie zwangsweise sesshaft gemacht wurden.

**Die umliegenden Berge rahmen die klaren, stillen Seen des Glacier National Park (oben) ein, etwa am Two Medicine Lake (unten).**

# Olympic National Park

Vereinigte Staaten von Amerika | Jahr der Ernennung: 1981

Der auf der Olympic Peninsula westlich von Seattle gelegene Park ist umgeben vom Pazifischen Ozean im Westen, der Juan-de-Fuca-Straße im Norden und dem Puget Sound im Osten. In den feuchten Urwäldern sind kirchturmhohe Nadelbaumriesen mit einem Stammumfang von bis zu sieben Metern zu Hause. Den Rekord hält eine Sitkafichte mit einem Durchmesser von 30 Metern. Dreizehn Pflanzenarten, meist Wildblumen, sind hier endemisch. Die Region lässt sich in drei ökologische Zonen gliedern. Der Regenwald mit seinen Sitkafichten, Hemlock- und Riesentannen, Douglasien, Breitblattahorn- und Riesenlebensbäumen beheimatet Wapitis, Pumas, Schwarzbären und Biber. Das Hochgebirge um die fast kreisrunden Olympic Mountains im Inneren des Parks zeigt sich als eindrucksvolle Gletscherlandschaft. Elf Flusssysteme entspringen hier und bilden ein ideales Biotop für Fische, die zwischen Süß- und Salzwasser wechseln. Der rund 100 Kilometer lange Pazifikküstenstreifen ist ein optimaler Lebensraum für Muscheln, Krabben, Seeigel, Seesterne und Vögel. Zweimal jährlich ziehen hier Grauwale auf ihrem Weg nach Alaska vorbei.

Ganz verwunschen wirkt der gemäßigte Regenwald im Olympic National Park mit seinen bemoosten Stämmen und Ästen.

# Redwood National Park

Vereinigte Staaten von Amerika | Jahr der Ernennung: 1980

Der größten Pflanze der Welt – Sequoia-Baum oder Redwood – verdankt die Welterbestätte an der Pazifikküste im Norden Kaliforniens ihren Namen. Einst war der Küstenmammutbaum in ganz Nordamerika verbreitet. Heute gibt es nur noch einen geringen Bestand an der amerikanischen Westküste. Zum Schutz dieser zum Teil über 100 Meter hohen Bäume wurden mehrere State Parks eingerichtet. Drei davon – Jedediah Smith, Del Norte Coast Redwoods und Prairie Creek Redwoods – bilden seit 1968 den Redwood National Park. Etwa ein Drittel der Parkfläche von 446 Quadratkilometern besteht aus Sequoia-Wäldern, in denen sich auch der 111 Meter hohe Nugget Tree, der höchste Baum der Welt, findet. Die imposanten Bäume werden in der Regel 500 bis 700 Jahre, im Extremfall sogar bis zu 2000 Jahre alt. In den Höhenlagen wachsen auch andere Riesen wie Sitkafichten, Hemlocktannen, Douglasien, Breitblattahorn und Kalifornischer Lorbeer. An der Pazifikküste leben Seehunde, Seelöwen und Seevogelarten wie Trottellumme und Marmelalk, in den Mischwäldern Pumas, Stinktiere, Roosevelt-Wapitis und Weißwedelhirsche sowie Graufüchse, Schwarzbären, Otter und Biber.

Durch den Nationalpark konnten die letzten Reste der Gigantenurwälder an der Pazifikküste vor dem Abholzen bewahrt werden.

# Yosemite National Park

Vereinigte Staaten von Amerika | Jahr der Ernennung: 1984

Die Gebirgslandschaft der im Osten Kaliforniens gelegenen Welterbestätte mit ihren ausgedehnten Nadelwäldern und kristallklaren Gletscherseen ist eine der imposantesten Hinterlassenschaften der Eiszeit in Nordamerika. Der Yosemite National Park in der Sierra Nevada umfasst eines der schönsten Granitplateaus der Erde. Eiszeitliche Gletscher haben diese Landschaft mit ihren ausgekerbten Tälern, Bergkegeln, Gletscherseen und Wasserfällen gestaltet. Monolithfelsen prägen das Tal des Merced River. Eindrucksvoll ist der knapp 2700 Meter hohe Half Dome, das Wahrzeichen des Parks. In kaum einer anderen Region der Welt konzentrieren sich derart viele hohe Wasserfälle. Die Yosemite Falls sind mit 740 Meter Höhe die zweitgrößten Wasserfälle Amerikas. Auch die Vegetation ist vielfältig: 37 Baumarten wurden hier gezählt, darunter über 3000 Jahre alte Mammutbäume. Eine große Anzahl von Kräutern und Wildblumen wächst auf den Bergwiesen. Zwar wurden Grizzlybären und Wölfe hier ausgerottet, doch Schwarzbären, Pumas, Erd- und Backenhörnchen, Fischmarder, Maultierhirsche, Pfeifhasen sowie Vielfraße und viele Vogelarten sind im Park nach wie vor häufig anzutreffen.

**Yosemite Valley mit El Capitan und Bridalveil Fall (oben). Unten: Eine Herausforderung für Kletterer sind die Felswände des Half Dome.**

# Yellowstone National Park

Vereinigte Staaten von Amerika | Jahr der Ernennung: 1978

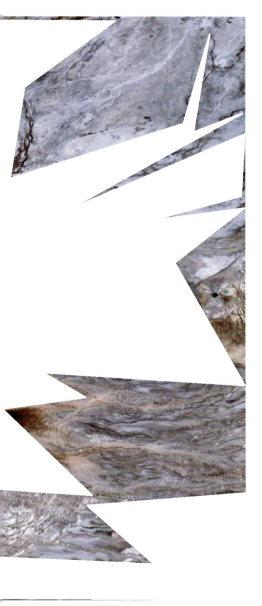

Der älteste Nationalpark der Welt – bereits 1872 gegründet – umfasst eine majestätische Wildnis mit Bergen, Flüssen und Seen sowie mehr als 300 Geysiren. Der Großteil des rund 9000 Quadratkilometer großen Parks liegt in Wyoming, ein kleiner Teil gehört jeweils zu Montana und zu Idaho. Kernstück des Parks ist das über 2000 Meter hoch gelegene Yellowstone-Plateau, das von bis zu 4000 Meter hohen Bergriesen umgeben wird. Fossile Waldgebiete zeugen von den vulkanischen Lavaströmen und Ascheregen, die vor 600 000 Jahren zum letzten Mal über der Region niedergingen. Dass die Erde hier keineswegs zur Ruhe gekommen ist, beweisen die kochend heißen Quellen, Fumarolen und Geysire, etwa der Old Faithful, der jede Stunde eine 60 Meter hohe Fontäne in die Höhe schießt. Auch Quellseen mit vielfarbigem kochendem Wasser, zerplatzende Schlammblasen und heiße Dämpfe aus den Felsspalten sind Ausfluss der unter der Erdoberfläche waltenden Kräfte. Benannt nach den gelben Felsen an den Ufern des Yellowstone River, beherbergt die Welterbestätte auch eine vielfältige Tierwelt mit Grizzlybären, Wölfen, Bisons und Wapitis.

**In Wasserfällen und Geysiren zeigen sich im Park die Naturgewalten. Mikroorganismen tauchen Thermalquellen und Teiche in bunte Farben (beide Abbildungen).**

# Grand Canyon National Park

Vereinigte Staaten von Amerika | Jahr der Ernennung: 1979

1540 erblickte der Spanier López de Cárdenas als erster Europäer das grandiose Panorama des Grand Canyon. Wahrscheinlich begann der Fluss im Nordwesten Arizonas sich vor ungefähr sechs Millionen Jahren seinen Weg durch das Felsplateau zu suchen. Wind und Wetter trugen das Ihre dazu bei, den Felswänden ihre bizarren Formen zu verleihen. Im Canyon können bei Temperaturen von bis zu 50 Grad nur einige widerstandsfähige Pflanzen und Tiere überleben. So existieren hier diverse Kakteenarten und Dornbüsche, Klapperschlangen, Schwarze Witwen und Skorpione. Am Ufer gibt es Leguane, Kröten und Frösche, an einigen Stellen sogar Biber und Otter. Zahlreiche Funde belegen eine vermutlich 4000 Jahre zurückreichende Besiedlungsgeschichte. Die imposantesten Siedlungsspuren sind die rund 1000 Jahre alten Felswohnungen der Anasazi. Den bis heute hier lebenden Hualapai verdankt der Grand Canyon seit 2007 den »Grand Canyon Skywalk«. Er bietet Besuchern die Möglichkeit, auf einer hufeisenförmig über die Abbruchkante hinausragenden Plattform mit gläsernen Seitenwänden und Boden in 1200 Meter Höhe einen Blick in die Tiefe zu werfen.

**Über 450 Kilometer windet sich der Colorado River durch eine 5,5 bis 30 Kilometer breite und bis zu 1600 Meter tiefe Schlucht (beide Abbildungen).**

# Mesa Verde National Park

Vereinigte Staaten von Amerika | Jahr der Ernennung: 1978

Die Felsbauten der Anasazi (beide Abbildungen) zeugen von ihrer Fähigkeit, Behausungen einer unwirtlichen Wildnis anzupassen.

Einzigartig sind die zwischen dem 6. und 12. Jahrhundert entstandenen Felsenwohnungen im Südwesten Colorados. Die ältesten und besterhaltenen Ruinen der Anasazi befinden sich auf dem lang gestreckten, ungefähr 2600 Meter hohen Tafelberg von Mesa Verde (»Grüne Tafel«), dessen Gelände bereits 1906 als Nationalpark ausgewiesen wurde. In den hiesigen Schluchten und Felsnischen haben Archäologen ganze Dörfer ausgemacht und restauriert. Viele Häuser wurden in teils extremen Lagen in die Felsen gebaut. Dies lässt darauf schließen, dass sich die Anasazi damit vor Feinden schützen wollten. Von den insgesamt rund 4600 Ruinenstätten des Nationalparks haben sich viele in sehr gutem Zustand erhalten. Am bekanntesten sind der vierstöckige Cliff Palace, dessen rund 150 Räume und 23 Kivas mehr als 100 Bewohnern Platz boten, das Long House im Rock Canyon mit seinen 150 Räumen und 11 Kivas sowie das für etwa 110 Menschen angelegte Spruce Tree House mit 130 Räumen und 18 Kivas. Erstmals von Weißen entdeckt wurde die Anlage im Winter 1888, als zwei Cowboys auf der Suche nach verirrten Rindern unvermittelt vor den Mauern des Cliff Palace standen.

# Geschichtspark der Chaco-Kultur

Vereinigte Staaten von Amerika | Jahr der Ernennung: 1987

Neben dem Chaco Culture National Historical Park mit dem Chaco Canyon umfasst diese im Nordwesten von New Mexico gelegene Welterbestätte auch das Aztec Ruins National Monument sowie einige kleinere Ausgrabungsstätten. Mit dem Begriff »Chaco-Kultur« bezeichnet man die Blütezeit der Anasazi – präkolumbische Indianer, die als einfache Bauern in meist mehrstöckigen Wohnanlagen – Pueblos genannt – lebten. Ihr geistiges und kulturelles Zentrum war zwischen 850 und 1250 der Chaco Canyon, wo sie monumentale, durch Straßen miteinander verbundene Siedlungen anlegten. Charakteristisch für diese Siedlungsform sind die sogenannten »Cliff Dwellings« – in natürliche Felsüberhänge gebaute Häuser. Im Chaco Canyon finden sich zwölf Großpueblos und zahlreiche kleinere Siedlungen, die insgesamt 6000 bis 10 000 Menschen Platz boten. »Pit Houses« nennt man halb versenkte Rund- und Ovalbauten, »Kivas« heißen die runden Kultstätten mit einem Durchmesser von bis zu 22 Metern. Am bekanntesten ist der Pueblo Bonito mit 36 Kivas und 800 Räumen auf vier Stockwerken. Das Goldene Zeitalter der Anasazi endete um 1300 – vermutlich wegen Trockenheit.

**Die Mauern des Anasazi-Pueblo Chetro Ketl (oben). Unten: Im Pueblo Bonito können die runden Kivas der Anasazi bewundert werden.**

## Indianersiedlung Taos Pueblo

Vereinigte Staaten von Amerika | Jahr der Ernennung: 1992

Die festungsartige Anlage von Taos Pueblo verrät, dass das Leben der verschiedenen Indianergruppen nicht immer friedlich verlief.

Taos Pueblo ist eine seit über 700 Jahren ausschließlich von Tiwa-Indianern bewohnte Siedlung, die an einem Zufluss des Rio Grande liegt. Die bis in die heutige Zeit gut erhaltenen Adobebauten sind damit ein eindrucksvolles Zeugnis der Kontinuität der Pueblo-Kultur.

Die älteste Bausubstanz von Taos Pueblo im Norden von New Mexico stammt noch aus der Zeit der Gründung des Ortes Ende des 13. Jahrhunderts. Als Baumaterial dienen den Pueblo-Indianern seit jeher luftgetrocknete Lehmziegel, Adobe genannt. Die Decken bestehen aus Holzbalken, Flechtwerk und gestampftem Lehm. Zu jedem Hauptgebäude gehören drei Kivas, in denen bis heute traditionelle Zeremonien abgehalten werden (auch wenn die meisten Indianer inzwischen katholisch sind). Ursprünglich waren die quaderförmigen Wohneinheiten der beiden mehrstöckigen verwinkelten Hauptgebäude des Pueblos nur von außen über Strickleitern und Dachluken erreichbar. Früher trafen sich hier auch andere Indianergruppen aus der Region, um Fleisch und Häute gegen Lebensmittel und Textilien aus dem Pueblo einzutauschen.

## Carlsbad Caverns National Park

Vereinigte Staaten von Amerika | Jahr der Ernennung: 1995

Im Laufe von Millionen von Jahren entstand hier im Südosten von New Mexico ein weitverzweigtes, knapp 200 Quadratkilometer großes Labyrinth bizarrer Tropfsteinhöhlen, das Forscher und Besucher gleichermaßen fasziniert. Der erste Blick auf die Wüsten- und Waldlandschaft rund um die Guadalupe Mountains mag enttäuschend sein, doch der eigentliche Reiz des Carlsbad Caverns National Park verbirgt sich in den ausgedehnten Höhlensystemen der Berge. Ihr Ursprung geht auf das Perm vor 250 Millionen Jahren zurück. Aus dem nach Hebung aus dem Meer aufgetauchten Capitan-Riff wurde durch saures Regenwasser Kalk herausgelöst – immer größere Hohlräume entstanden. Bisher wurden mehr als 80 Höhlen entdeckt, von denen die Lechuguilla Cave die tiefste (477 Meter) und längste (133 Kilometer) ist. Die Bat Cave ist Schlafstätte unzähliger Fledermäuse; hier wurden auch Höhlenmalereien aus präkolumbischer Zeit gefunden. Die New Cave bietet ebenfalls ein faszinierendes Schauspiel von Stalagmiten und Stalaktiten. Durch Ab- und Aufbauprozesse von Kalk ist die bizarre Welt der Carlsbader Höhlen in einem ständigen Werden und Vergehen begriffen.

Herauslösung und Ablagerung von Kalk haben die Stalagmiten und Stalaktiten der Carlsbader Höhlen entstehen lassen.

## Missionen in San Antonio

Vereinigte Staaten von Amerika | Jahr der Ernennung: 2015

Diese Missionen waren Außenposten des Vizekönigreichs Neuspanien und bildeten zugleich eine Basis für die Missionierung der indigenen Bevölkerung.
Die Missionsstationen wurden im 18. Jahrhundert von Franziskanermönchen aufgebaut. Sie umfassten nicht nur Kirchen und Klöster, sondern auch landwirtschaftliche Betriebe und Werkstätten, in denen Indianer als Arbeitskräfte eingesetzt wurden. Wie alle spanischen Missionen in Nordamerika dienten auch die Einrichtungen von San Antonio dem Ziel, die indianische Bevölkerung zum Christentum zu bekehren und mit europäischen Kulturtechniken vertraut zu machen. Historiker vermuten, dass sie lokalen Gruppen von Coahuiltecan, die von Kolonisten aus ihrem Siedlungsgebiet verdrängt worden und in Auflösung begriffen waren, einen Zufluchtsort boten. Durch das Zusammenleben entwickelte sich eine interkulturelle Gemeinschaft, die sich fast vollständig selbst versorgte. Auf der Rancho de las Cabras beispielsweise betrieben Indianer und Franziskaner gemeinsam Viehzucht. Ein Aquädukt versorgte die Missionsstationen mit Wasser.

**Die Missionen, Erbe der Kolonisierung des Südwestens, bezeugen den regen Austausch indianischer und christlicher Kultur.**

## Erdwerke von Poverty Point

Vereinigte Staaten von Amerika | Jahr der Ernennung: 2014

Eines der größten und ältesten präkolumbischen Erdwerke, Zeugnis einer hochentwickelten indigenen Kultur, findet sich im Nordosten von Louisiana an einem Altarm des Mississippi. Die spektakulärsten Bestandteile des Komplexes, dessen Entstehung auf die Zeit zwischen 1700 und 1100 v. Chr. datiert wird, sind sechs halbkreisförmig errichtete Erdwälle und fünf künstliche Erdhügel, »Mounds« genannt. An der Innenseite der Erdwälle erstreckt sich die etwa 14 Hektar große unbebaute Plaza mit kreisförmig angeordneten Pfostenlöchern. Insgesamt wurden bis zu einer Million Kubikmeter Erdreich bewegt. Die Erbauer waren Angehörige einer Fischer-Jäger-Sammler-Kultur der spätarchaischen Periode. Sie kannten schon einfache Keramik und verfügten über ein umfangreiches Handelsnetz, worauf exotische Gesteine, Minerale und Metalle hinweisen, deren Herkunftsorte mehrere hundert Kilometer entfernt liegen. In seiner Verbindung einer einfachen Jägerkultur mit monumentalen Erdwerken und komplexen Handelsbeziehungen bezeugt Poverty Point einen bemerkenswerte Phase in der Entwicklung der präkolumbischen Kulturen Nordamerikas.

**Der Komplex diente vermutlich zeremoniellen Zwecken. Ob dort auch permanente Siedlungen bestanden, ist ungeklärt.**

# Prähistorische Siedlung Cahokia Mounds

Vereinigte Staaten von Amerika | Jahr der Ernennung: 1982

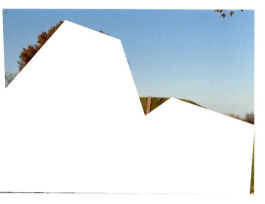

Die Erdpyramide Monk's Mound, die einst als Zeremonialstätte diente, weist enorme Ausmaße auf.

Imposante Zeugnisse einer hoch entwickelten Kultur hinterließ eine verschollene Zivilisation mit den Erdhügeln von Cahokia im Südwesten von Illinois. Nordöstlich von St. Louis fanden Archäologen die Spuren der größten Siedlung einer präkolumbischen Kultur nördlich von Mexiko. In ihrer Blütezeit zwischen 1050 und 1150 könnten in dieser Siedlung 10 000 bis 20 000 Menschen gelebt haben. Die 120 aufgeschütteten Erdhügel (»mounds«) dienten als Grabstätten oder wurden als Terrassenfundamente für Wohnhäuser errichtet. Gegen eine Bedrohung von außen sollte ein Befestigungswall schützen. Das innere Zentrum der Siedlung war zusätzlich durch Palisaden befestigt. Um die Siedlung herum lagen zahlreiche Dörfer und »Trabantenstädte«. Der größte dieser Erdhügel ist der fünf Hektar große und über 30 Meter hohe Monk's Mound, die größte präkolumbische Konstruktion nördlich von Mexiko. Über das Alltagsleben dieser Kultur gibt es nur Mutmaßungen. Offensichtlich handelte es sich um ein hoch entwickeltes, hierarchisch gegliedertes Gemeinwesen, das eine ertragreiche Landwirtschaft betrieb und an dessen Spitze ein Herrscher stand, der sich »Die Große Sonne« nannte.

# Mammoth Cave National Park

Vereinigte Staaten von Amerika | Jahr der Ernennung: 1981

Die Mammoth Cave ist das größte und am weitesten verzweigte Höhlensystem der Welt. Seine Gänge bieten mehr als 200 Tierarten Lebensraum. Im Karstgebiet an den Ufern des Green River in Kentucky führen verzweigte und mehrere Hundert Kilometer lange Gänge den Besucher in eine unterirdische Welt bizarrer Kalksteinformationen, die steter Tropfen in Jahrmillionen aus dem porösen Gestein gestaltet hat. Die riesigen Säle mit ihren eindrucksvollen Stalagmiten, Stalaktiten und auskristallisierten Gipsdecken entstanden vor mehr als 300 Millionen Jahren im Erdzeitalter Karbon. Durch eine durchlässige Sandsteinschicht sickerte Wasser in die darunterliegende Kalksteinschicht. In chemischen Prozessen entstanden Hohlräume, die durch Absinken des Grundwasserspiegels austrockneten. In der Folge ließ das herabtropfende mineralhaltige Wasser die säulenförmigen Kalkspatgebilde entstehen. Daneben beherbergt die Mammuthöhle auch außergewöhnliche Tiere wie Höhlenblindfisch, Kentucky-Höhlenkrabbe und Höhlengrille. Auch verschiedene Salamander- und Froscharten sind hier zu Hause, ebenso einige bedrohte Fledermausarten.

Der unterirdische Drapery Room bildet den Beginn einer Tour zu den Tropfsteinhöhlen des Mammoth Cave National Park.

# Great Smoky Mountains National Park

Vereinigte Staaten von Amerika | Jahr der Ernennung: 1983

In den südlichen Appalachen an der Grenze von North Carolina und Tennessee hat sich dank der Einrichtung dieses Nationalparks eine Urwaldlandschaft erhalten, deren Tier- und Pflanzenvielfalt ihresgleichen sucht.

Die Great Smoky Mountains gaben dem 2100 Quadratkilometer großen, 1934 eingerichteten Park seinen Namen. Sie sind rund 200 Millionen Jahre alt und damit eines der ältesten Gebirge der Welt. Berüchtigt sind die Nebel, die die Berge häufig einhüllen. Es sieht aus wie Rauch – daher auch der Name. Die hohe Feuchtigkeit ist das Resultat einer üppigen Vegetation und zahlreicher Niederschläge. Zwischen 600 und 2000 Meter Meereshöhe weist der Park fünf Waldtypen und damit auf engstem Raum die Vegetationstypen mehrerer Breitengrade auf. Hier findet man rund 130 Nadel- und Laubbaumarten vor – darunter Eichen, Ahorn- und Kastanienbäume, Kiefern, Tannen und Fichten. Insgesamt gedeihen im Park mehr als 1500 Blütenpflanzenarten. Sehr artenreich ist auch die Tierwelt mit Schwarzbären, Weißwedelhirschen, Opossums, Ottern, Stinktieren, Wildschweinen und zahlreichen Vogel- und Reptilienarten.

**In den herrlichen Laubwäldern der Great Smoky Mountains (unten) lassen sich unter anderem wilde Truthähne (oben) beobachten.**

# Freiheitsstatue

Vereinigte Staaten von Amerika | Jahr der Ernennung: 1984

Auf Liberty Island südwestlich der Südspitze Manhattans begrüßt die Statue of Liberty die Besucher von New York (beide Abbildungen).

Seit über 120 Jahren begrüßt Miss Liberty die Schiffsreisenden an der Hafeneinfahrt von New York City. Für Millionen von Einwanderern war sie das Symbol für die Hoffnung auf ein Leben in Freiheit. Auf einer Dinner-Party, die 1865 in Paris stattfand, wetterten der politische Aktivist Édouard René Lefebvre de Laboulaye und der Bildhauer Frédéric-Auguste Bartholdi gegen Napoleon III. Sie wollten den selbstgefälligen Herrscher ärgern und kamen auf die Idee, den Amerikanern eine Statue zu schenken. Ausgerechnet der Koloss von Rhodos stand Pate für die Lady, die zerlegt in mehreren Kisten nach Amerika geschafft wurde. Am 28. Oktober 1886 wurde die Statue of Liberty im New Yorker Hafen enthüllt. 46,05 Meter Höhe, 3,05 Meter Kopfumfang (von Ohr zu Ohr), 2,44 Meter Zeigefinger- und 1,37 Meter Nasenlänge betragen ihre Maße. Unter dem Kleid verbirgt sich ein Stahlgerüst von Gustave Eiffel. Allein das Betonfundament wiegt 27 000 Tonnen. Mindestens ebenso gewichtig ist die Symbolik der Statue: Sie steht auf den zerbrochenen Ketten der Sklaverei und hält eine Tafel mit dem Datum der amerikanischen Unabhängigkeitserklärung (4. Juli 1776) in ihrer linken Hand.

# Unabhängigkeitshalle in Philadelphia

Vereinigte Staaten von Amerika | Jahr der Ernennung: 1979

In dem roten Backsteinbau in Philadelphia wurden sowohl die Unabhängigkeitserklärung als auch die Verfassung der USA unterzeichnet – Geburtsurkunden des neuen Landes und unverzichtbare Grundlagen für Freiheit und Demokratie. »Wir halten diese Wahrheiten für ausgemacht, dass alle Menschen gleich erschaffen worden, dass sie von ihrem Schöpfer mit gewissen unveräußerlichen Rechten begabt worden, worunter sind Leben, Freiheit und das Streben nach Glückseligkeit.« Mit dieser von Thomas Jefferson formulierten Unabhängigkeitserklärung der Vereinigten Staaten wurde am 4. Juli 1776 in einem Gebäude an der Chestnut Street Weltgeschichte geschrieben. Damit lösten sich die 13 Kolonien vom englischen Mutterland. 1787 verabschiedeten die Gründungsväter in der Independance Hall die Verfassung der USA. Zwischen 1790 und 1800 war Philadelphia die Hauptstadt des Staatenbundes. Mit der Tagung des Ersten Kontinentalkongresses 1774 in der Carpenters' Hall hatte der Kampf um die Unabhängigkeit begonnen. Das populärste Symbol dieses Freiheitskampfes, die Liberty Bell, hängt heute im Liberty Bell Center an der Market Street in Philadelphia.

1753 als Pennsylvania State House im georgianischen Stil errichtet, war die Independence Hall 1776 Geburtsort der USA.

# Monticello und Universität von Virginia in Charlottesville

Vereinigte Staaten von Amerika | Jahr der Ernennung: 1987

Thomas Jefferson war nicht nur der Architekt der amerikanischen Unabhängigkeitserklärung, sondern betätigte sich auch im wörtlichen Sinne als Baumeister.
Seine umfangreichen politischen Tätigkeiten – Gouverneur von Virginia, Botschafter in Frankreich, Außenminister, Vizepräsident und Präsident – haben das Multitalent Thomas Jefferson anscheinend nicht ausgefüllt. So ließ er auf seiner Plantage bei Charlottesville in Virginia sein Landhaus Monticello nach eigenen Plänen erbauen. Inspirieren ließ er sich dabei von der Villa Capra in Vicenza, die Andrea Palladio im 16. Jahrhundert errichtet hat. Somit hielt der italienische Klassizismus Einzug in Virginia. Durch einen Park führt der Weg zur Ziegelvilla mit ihrer achteckigen Kuppel. Die Inneneinrichtung seines Hauses zeichnet sich durch Funktionalität aus. 1819 wurde auf Betreiben Jeffersons hin die University of Virginia gegründet. Auch der Sitz der Universität wurde von Jefferson unter Mitwirkung von Benjamin Latrobe im klassizistischen Stil entworfen. Das Hauptgebäude ist eine Rotunde nach dem Vorbild des römischen Pantheons, um die sich Unterrichts- und Wohnräume des Campus gruppieren.

Campus der Universität von Virginia in Charlottesville. Im südlichen Teil bildet das alte akademische Dorf das Herz der Universität.

# Everglades National Park

Vereinigte Staaten von Amerika | Jahr der Ernennung: 1979

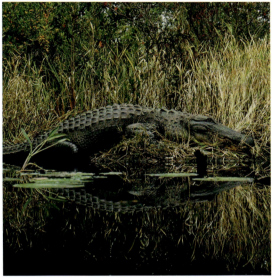

Mangrovenwälder und mit Seegras bewachsene Sumpfflächen bilden im Süden Floridas ein einzigartiges Ökosystem. Der 1947 gegründete Everglades National Park ist das einzige subtropische Schutzgebiet Nordamerikas. Das 6100 Quadratkilometer große Areal umfasst den südlichen Teil der Everglades, einer Überschwemmungslandschaft, wo sich im Wechselspiel von Feucht- und Trockenzeit differenzierte Biotope herausgebildet haben: Brackwasserzonen, Keys (winzige Inseln), die eigentliche Küstenzone mit Yuccas, Agaven und Kakteen, Mischzonen aus Salz- und Süßwasser mit Mangrovensümpfen, Zypressensümpfe mit den eigentlichen Everglades (ausgedehnte Riedgrasflächen) und Hammocks (baumbestandene Kalksteininseln) sowie Kiefernwälder. Hier ist eine artenreiche Tierwelt zu Hause, darunter Florida-Panther, Tümmler, Seekühe, Meeresschildkröten, Schlangen, Alligatoren, Krokodile, Pelikane, Kormorane. Zur Küste hin bieten die Mangrovenwälder einen idealen Lebensraum für zahlreiche Mikroorganismen, Amphibien, Schnecken und Fische. Insgesamt findet man in den Everglades etwa 1000 Pflanzen- und 700 Tierarten.

**Die Sumpf- und Wasserlandschaft der Everglades, etwa der Loxahatchee River (links), bietet ideale Lebensbedingungen für Tiere wie den Mississippi-Alligator (oben).**

## Festungen von San Juan in Puerto Rico

Vereinigte Staaten von Amerika | Jahr der Ernennung: 1983

Vom Karibischen Meer umspült, bewacht die Festung San Felipe del Morro die Hafeneinfahrt von San Juan.

San Juan ist die Kapitale von Puerto Rico, einem mit den USA assoziierten Inselstaat der Westindischen Inseln. Die malerische Stadt wird von einer massiven Verteidigungsanlage umgeben, die jahrhundertelang als uneinnehmbar galt. Welchen Stellenwert der Hafen und die Stadt San Juan für die spanischen Kolonialherren besaßen, zeigt die gewaltige Festungsanlage, die an der Nordostspitze der Insel weithin sichtbar ins Meer hinausragt und mit ihren über 40 Meter hohen Mauern die Hafeneinfahrt dominiert. Die imposante An-lage setzt sich aus vier Teilen zusammen. Der erste, La Fortaleza oder »Palacio de Santa Catalina«, ist seit 1822 Sitz des Gouverneurs von Puerto Rico. Das Fort San Felipe del Morro (1539) wurde am Hafeneingang errichtet, es ist der auffälligste Teil der ganzen Anlage. Ein kleineres Fort, San Juan de la Cruz (1606), wurde strategisch vor das Fort San Felipe del Morro platziert, und ein viertes, Fort San Cristóbal (1634), sicherte die Festung vor Attacken von der Landseite her. Der Aufwand konnte dann aber doch nicht verhindern, dass Puerto Rico 1898, am Ende des Spanisch-Amerikanischen Krieges, an die USA übergeben wurde – kampflos.

## Meeresschutzgebiet Papahānaumokuākea

Vereinigte Staaten von Amerika | Jahr der Ernennung: 2010

Das Meeresschutzgebiet hat eine herausragende Bedeutung für die Ökologie und für die Spiritualität der Ureinwohner Hawaiis. Daher gehört das Gebiet dem Natur- und Kulturerbe an.

Das nordwestlich von Hawaii gelegene Schutzgebiet Papahānaumokuākea erstreckt sich über fast 362 000 Quadratkilometer – ein Areal von etwas mehr als der Größe Deutschlands. Zur Schutzzone gehören neben dem offenen Meer eine Reihe von Inseln, die sich nur gering über den Wasserspiegel erheben, Atolle und deren Lagunen sowie Korallenriffe. In Papahānaumokuākea leben rund 7000 Tier- und Pflanzenarten, von denen einige endemisch und zahlreiche gefährdet sind. Einige Inseln haben eine besondere Bedeutung für die Kultur der polynesischen Bevölkerung. So ist Papahānaumokuākea nach den traditionellen religiösen Vorstellungen der lokalen Bevölkerung die Wiege allen Lebens und der Ort, zu dem die Geister nach dem Tod zurückkehren. Zudem wurden auf den Inseln Nihoa und Makumanamana historische Siedlungsspuren entdeckt, die noch aus der Zeit vor dem Eintreffen der ersten Europäer stammen.

Im weltweit zweitgrößten Meeresschutzgebiet legen alljährlich Hunderte von Meeresschildkröten ihre Eier ab.

# Hawaii Volcanoes National Park

Vereinigte Staaten von Amerika | Jahr der Ernennung: 1987

Nirgendwo sonst kann man den Vulkanismus besser beobachten als auf der »Big Island« von Hawaii. So gehören zum Hawaii Volcanoes National Park gleich zwei der aktivsten Vulkane der Welt. Bis heute dringt hier aus dem Erdinnern Lava an die Oberfläche und ergießt sich ins Meer.

An der Südostküste der Hauptinsel gestalten die Vulkane Mauna Loa (etwa 4170 Meter) und Kilauea (knapp 1250 Meter) mit ihren Eruptionen die Landschaft immer wieder neu. Diese beiden aktiven Vulkane spucken in relativ kurzen Abständen glühende Lava aus, die sich ins Meer ergießt und die Insel in den letzten 30 Jahren um 81 Hektar vergrößert hat. Teils fließt die glühende Lava durch Lavatunnels ab.

Im Volksglauben werden die Eruptionen mit den Launen der Feuergöttin Pele erklärt. Für Geologen sind die Ausbrüche nicht nur ein gewaltiges, beeindruckendes Naturschauspiel, sondern auch ein bedeutendes Studienobjekt. Der Mauna Loa entstand im Lauf der Zeit Schicht um Schicht aus erstarrter Lava. Die Hänge des aktiveren Kilauea ermöglichen einen guten Einblick in die unterschiedlichen Formen vulkanischer Vegetation.

Der Volksglaube schreibt die Ausbrüche des Kilauea (beide Abbildungen) der Wut von Pele, der hawaiianischen Feuer- und Vulkangöttin, zu.

# Biosphärenreservat El Pinacate y Gran Desierto de Altar

Mexiko | Jahr der Ernennung: 2013

Das Biosphärenreservat umfasst verschiedene Ökosysteme der Wüste, etwa schwarze Lavafelder mit Kratern, hohe bewegliche Sanddünen und Granithügel. In Nordamerika gibt es vier große Wüsten, die Chihuahua-Wüste, das Große Becken, die Mojave-Wüste und die Sonora-Wüste. Letztere ist vor allem für ihre großen Saguaro-Kakteen berühmt. Das Biosphärenreservat El Pinacate y Gran Desierto de Altar nimmt einen Teil davon ein. Es setzt sich aus zwei verschiedenen Landschaftstypen zusammen. Pinacate ist ein zurzeit nicht aktives Vulkangebiet mit schwarzen und roten Lavafeldern. Hier trifft man auf sehr vielfältige geologische Phänomene, etwa einen kleinen Schildvulkan. Am stärksten fallen zehn sehr große Maare ins Auge, die durch Wasserdampfexplosionen beim Kontakt des Grundwassers mit glühend heißem Magma entstanden sind. Im Westen, gegen den Colorado und den Golf von Kalifornien zu, gibt es in der Wüste von Altar bis zu 200 Meter hohe Sanddünen. Dazwischen erheben sich mehrere bis 650 Meter hohe Granitmassive. In diesem Weltnaturerbe hat man 540 Blütenpflanzen, 200 Vogelarten und sogar zwei endemische Arten von Süßwasserfischen registriert.

**Die Flora der Region prägen Kakteengewächse wie die auch als Saguaro bezeichneten Carnegiea gigantea.**

# Ruinen von Paquimé in Casas Grandes

Mexiko | Jahr der Ernennung: 1998

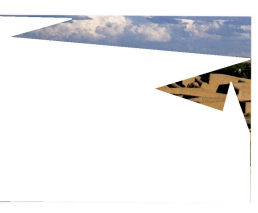

Die prähispanische Ruinenstätte im Norden Mexikos im Bundesstaat Chihuahua gibt den Archäologen Rätsel auf. Nach einer Blütezeit im 14. und 15. Jahrhundert war die Siedlung kurz vor Eintreffen der Konquistadoren verlassen worden.
Am westlichen Ufer des Flusses Casas Grandes erstreckt sich dieses rund 60 Hektar große Ruinenfeld. Die einstigen Bewohner gehörten einer Oasenkultur (»Oasisamérica«) an, die auch in den heutigen US-Bundesstaaten New Mexico und Arizona angesiedelt war. Die gefundenen Keramiken legen die Vermutung nahe, dass intensive Verbindungen zur Mogollon-Kultur in Nordmexiko und im Südwesten der USA bestanden haben müssen. Dort wie in Paquimé finden sich mehrstöckige Häuser aus luftgetrockneten Lehmziegeln (Adobes). Die Architektur der Spätzeit wurde deutlich durch toltekische Bauwerke beeinflusst. Paquimé gilt als eine der wichtigsten Schnittstellen der nord- und mesoamerikanischen Kulturen. Als die spanischen Konquistadoren im 16. Jahrhundert Mexiko eroberten, war die Stadt bereits verlassen. Welche Gründe zum Untergang dieser Kultur geführt haben, konnte bislang jedoch nicht endgültig geklärt werden.

**Deutlich sind in der archäologischen Zone von Paquimé in Casas Grandes die kubischen Bauwerke auszumachen.**

# Wal-Schutzgebiet von El Vizcaíno

Mexiko | Jahr der Ernennung: 1993

Alljährlich kommen zahlreiche Grauwale zur Paarung und zur Geburt der Kälber in die Küstenlagunen des Schutzgebietes. Auch Blauwale, Buckelwale, Seehunde, Seelöwen und See-Elefanten sind in diesem Meeresparadies anzutreffen. Etwa in der Mitte der Halbinsel Baja California erstreckt sich entlang der Pazifikküste ein einzigartiger mariner Lebensraum mit den Lagunen von Ojo de Liebre und San Ignacio sowie mehreren Küstenseen. Zwischen Dezember und März tummeln sich hier unzählige Grauwale. Rund 8000 Kilometer haben sie von ihrem Sommerquartier, der arktischen Beringsee, zurückgelegt, um sich hier zu paaren und die Jungen zur Welt zu bringen. Fast die Hälfte aller Grauwale weltweit wird in den Gewässern der Baja California geboren. Fünf von den sieben noch existierenden Meeresschildkrötenarten, darunter auch die gefährdete Suppenschildkröte, kommen hier vor. Sie suchen die weiten Strände zur Ablage ihrer Eier auf. Für nahezu 200 Vogelarten, darunter viele endemische, sind die Küstengebiete ein wichtiger Raum zum Überleben. Tausende von Zugvögeln finden alljährlich den Weg hierher, um zu überwintern und zu brüten, wie etwa die Pazifische Ringelgans.

**Neben Grauwalen tauchen an den Küsten von El Vizcaíno auch Blauwale und die seit 1966 geschützten Buckelwale (Bild) auf.**

# Felsbilder der Sierra de San Francisco

Mexiko | Jahr der Ernennung: 1993

Nicht weit entfernt vom Wal-Schutzgebiet El Vizcaíno zeugen eindrucksvolle Felszeichnungen in den schwer zugänglichen Höhlen der Sierra de San Francisco von der Existenz einer bedeutenden prähispanischen Kultur auf Baja California. Das Zentrum der Halbinsel Baja California ist heute eine unwirtliche, dünn besiedelte Wüstengegend. In präkolumbischer Zeit gab es hier eine blühende Kultur, die jedoch aus der Geschichte verschwunden ist. Über die früheren Bewohner dieser kargen Gegend ist wenig bekannt, lediglich die eindrucksvollen Felszeichnungen aus dem Zeitraum zwischen 100 v. Chr. und 1300 künden von ihrer Existenz. Dargestellt sind vor allem Menschen und Tiere, in erstaunlicher Vielfalt. Selbst Abbildungen von Walen finden sich an den Wänden und Decken der Höhlen, wie etwa in der Cueva del Palmarito oder im Cañon de Santa Teresa. Neben figürlichen Darstellungen lassen sich auch abstrakte Motive erkennen. Die überdimensionalen farbenprächtigen Bilder spiegeln eine hoch entwickelte Maltechnik wider. Für die Farben wurde gemahlenes Vulkangestein verwendet; Umrisszeichnungen und Schattierungen sorgen für einen plastischen Bildeindruck.

**Die Motive wurden in kräftigen Rot- und Brauntönen aufgetragen, wie hier an den Höhlenwänden bei El Brinco.**

# Inseln und Schutzgebiete des Golfs von Kalifornien

Mexiko | Jahr der Ernennung: 2005

Die Welterbestätte umfasst nicht weniger als 244 Inseln, Felseneilande und Küstenabschnitte. Mit seiner ungeheuer vielfältigen Flora und Fauna gilt der Golf von Kalifornien als Naturlabor für die Erforschung der Artenvielfalt.

Der Golf von Kalifornien ist ein rund 1100 Kilometer langes und 90 bis 230 Kilometer breites Nebenmeer des Pazifischen Ozeans. Er erstreckt sich zwischen der Küste Westmexikos und der Halbinsel Baja California. Unter Schutz gestellt wurden neun Areale mit einer Gesamtfläche von rund 18 000 Quadratkilometern, davon rund drei Viertel marines Gebiet. Von Nord nach Süd sind dies die folgenden Biosphärenreservate, Schutzgebiete und Nationalparks: Oberer Golf mit Delta des Colorado, Inseln des Golfs von Kalifornien, Insel San Pedro Mártir, El Vizcaíno, Bahía de Loreto, Cabo Pulmo, Cabo San Lucas, Islas Marías und Isla Isabel. Im Schutzgebiet des Golfs kommen nahezu 200 Vogelarten, mehr als 30 Meeressäugerarten und rund 890 Fischarten vor, von denen 90 endemisch sind. Die Vegetation besteht aus zahlreichen Sukkulenten und Kakteen, darunter auch der Säulenkaktus Pachycereus pringlei mit Höhen von bis zu 25 Metern.

**Die Inseln des Golfs von Kalifornien (beide Abbildungen) bieten eine Szenerie aus Steilküsten, Stränden und türkisblauem Meer.**

# Altstadt von Zacatecas

Mexiko | Jahr der Ernennung: 1993

Im Tal des Río de la Plata in Zentralmexiko entstand eine Metropole, die zu den schönsten Zeugnissen spanischer Kolonialarchitektur der Neuen Welt zählt. Als die spanischen Konquistadoren auf der Suche nach Edelmetallen den 2700 Meter hohen Cerro de la Bufa erreichten, gründeten sie dort 1546 eine Stadt. Die reichen Silbervorkommen machten die Siedlung im 16. und 17. Jahrhundert zu einem prosperierenden Zentrum, das zum Ausgangspunkt von Missionsbemühungen diverser Orden wurde. Neben prächtigen Profanbauten entstanden zahlreiche Kirchen und Klöster im Stil des Churriguerismus, einer prunkvollen Variante des spanischen Spätbarock. Der herausragende Sakralbau ist die Kathedrale, deren Fassadendekor eine Mischung christlicher und indianischer Ornamentik aufweist. Kunsthistorisch bedeutend sind auch die Kirche Santo Domingo sowie mehrere Klosteranlagen. Von früherem Reichtum zeugen weitere öffentliche Gebäude aus dem 18. und 19. Jahrhundert, wie etwa der Palacio de la Mala Noche, das Teatro Calderón, der Palacio de Gobierno, das große Aquädukt oder die Eisenkonstruktion des Mercado González Ortega.

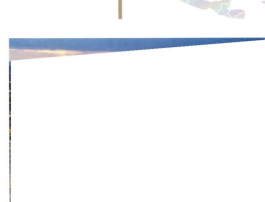

Die 1730 bis 1760 errrichtete Kathedrale ist aus der Luftperspektive das dominierende Bauwerk von Zacatecas.

# Historischer Handelsweg Camino Real de Tierra Adentro

Mexiko | Jahr der Ernennung: 2010

Die alte Silberstraße verbindet Mexiko-Stadt mit Santa Fe und ermöglichte den Transport von Silber aus den Minen Mexikos bis in die USA. Von dem 2600 Kilometer langen Handelsweg wurden 1400 Kilometer zum Weltkulturerbe erklärt.
Nach der Eroberung Mexikos galt das Interesse der spanischen Krone der Erweiterung ihrer überseeischen Kolonien und der maximalen Ausbeutung der Ressourcen. Zu diesem Zweck nutzte man zunächst die indigenen Handelsrouten, die ab 1598 erweitert und befestigt wurden. Die als »Camino Real de Tierra Adentro« bekannte Straße ermöglichte den Handel mit dem in den Minen von Zacatecas, Guanajuato und San Luis Potosí geförderten Silber sowie dem aus den USA importierten Quecksilber. Rund 300 Jahre lang, von der Mitte des 16. bis zum 19. Jahrhundert, wurde sie vornehmlich für den Silbertransport genutzt. Dabei ergaben sich vielfältige Berührungspunkte zwischen der indigenen Bevölkerung im Landesinnern und den Spaniern, was günstige Auswirkungen auf die sozialen, kulturellen und religiösen Beziehungen hatte. Zeugnisse dieses alten Handelswegs wie die Rancho de las Golodrinas lassen sich heute besichtigen.

Kirche aus Adobe-Ziegeln und Friedhof der Rancho de las Golondrinas bei Santa Fe. Sie diente einst als Raststation am Camino Real.

Mexiko | **Amerika**

## Agavenfelder und Produktionsstätten von Tequila

Mexiko | Jahr der Ernennung: 2006

Richtiger Tequila wird aus dem Saft der Blauen Agave gewonnen, die man rund um die Stadt Tequila heute noch anbaut.

Der Ort Tequila, Namensgeber des beliebten alkoholischen Getränks, bildet das Herz einer Kulturlandschaft, die im Zeichen der Blauen Agave und des aus ihrem ananasförmigen Inneren gewonnenen Branntweins, des Mezcals, steht.

Die Welterbestätte ist eine zwischen den Ausläufern des erloschenen Vulkans Tequila und dem Río Grande sich erstreckende ausgedehnte Landschaft, die von der Kultur der Blauen Agave (Agave tequilana) geprägt wird. Zum Areal gehören die Siedlungen Tequila, Arenal und Amatitán mit ihren großen, teilweise noch heute in Betrieb befindlichen Brennereien und zahlreichen Haciendas, von denen manche bis ins 18. Jahrhundert zurückreichen. Die Destillerien wurden aus gebrannten und luftgetrockneten Ziegeln gebaut und mit ockerfarbenem Putz, dekorativen Fenstern und klassizistischem oder barockem Schmuck versehen. Hier gibt es noch zahlreiche Tabernas, wie man die zur Zeit der Spanier illegalen Destillerien nannte. In dem Gebiet befinden sich außerdem einige archäologische Fundstätten der Teuchitlán-Kultur, die diese Region um Tequila vom 3. bis zum 10. Jahrhundert v. Chr. prägte.

## Hospicio Cabañas in Guadalajara

Mexiko | Jahr der Ernennung: 1997

Die Kapelle birgt in ihrer Kuppel das im Jahr 1939 von José Clemente Orozco geschaffene Gemälde »El Hombre del Fuego«.

Das Hospiz wurde einst zur Versorgung Bedürftiger gegründet – damals eine einzigartige Einrichtung. Seine Kapelle birgt bedeutende Wandbilder des mexikanischen Muralisten José Clemente Orozco aus dem 20. Jahrhundert.

Das Hospizgebäude in der Hauptstadt des Bundesstaates Jalisco im Westen des Mexikanischen Hochlandes wurde Anfang des 19. Jahrhunderts von Manuel Tolsá (1757–1816) entworfen. Der Komplex erwies sich bei seiner Fertigstellung als ein Meisterwerk neoklassizistischer Architektur. Hinter der Fassade verbergen sich 23 von Arkadengängen gesäumte Patios und endlose Korridore. In Anlage und Ausführung wurden dabei auch die Bedürfnisse behinderter und kranker Menschen bedacht, etwa durch Verzicht auf Obergeschosse und durch eine Bauweise, die viel Raum und Licht gewährt. Zentrum des etwa 165 × 145 Meter großen Komplexes ist die Kapelle, in der die großflächigen Wandmalereien von José Clemente Orozco (1883–1949) zu sehen sind. Zwischen 1938 und 1939 schuf er hier ein Werk, das in machtvollen, farbintensiven Bildern die wechselhafte Geschichte Mexikos erzählt.

# Altstadt und Minen von Guanajuato

Mexiko | Jahr der Ernennung: 1988

Guanajuato, rund 400 Kilometer nordwestlich von Mexiko-Stadt, ist eine der Silberminenstädte Zentralmexikos, deren einst sagenhafter Reichtum sich in zahlreichen prächtigen Kolonialbarockbauten niederschlug.

Die Blütezeit des auf 2084 Meter Meereshöhe gelegenen Guanajuato begann 1548, als die Spanier hier reiche Silberadern entdeckten. Die weitere Entwicklung der Stadt ist untrennbar mit ihrer Bergbaugeschichte verbunden. Den Reichtum der Minenbetreiber spiegeln prachtvolle Villen etwa in der Casa Rul y Valenciana wider. Es entstanden aber auch pompöse Kirchenbauten wie die neoklassizistische Basilika Nuestra Señora oder die spätbarocke Franziskanerkirche San Diego. Die Kirchen La Compañia und La Valenciana sind Glanzstücke des churriguereksen Stils, einer spanischen Spielart des Spätbarocks. Der Grundriss der Altstadt wurde, anders als sonst üblich, nicht rechtwinklig angelegt, sondern präsentiert sich als ein Labyrinth enger Gassen. Zum Welterbe gehören auch die historischen Minenanlagen und ihre Infrastruktur, darunter Boca del Infierno, ein Schacht, der 600 Meter hinab in die Tiefe reicht.

Aus dem Stadtbild ragt die Basilika Nuestra Señora de Guanajuato aus dem späten 17. Jahrhundert heraus (beide Abbildungen).

# San Miguel de Allende und Heiligtum in Atotonilco

Mexiko | Jahr der Ernennung: 2008

Die befestigte Stadt San Miguel de Allende und die Wallfahrtskirche Jesús Nazareno de Atotonilco im zentralen Hochland sind herausragende Beispiele mexikanischer Architektur zwischen dem 16. und dem 19. Jahrhundert. Um 1542 gründete der Franziskanermönch Juan de San Miguel die zunächst nach ihm benannte Stadt. Sie war eine wichtige Station am Camino Real de Tierra Adrento, der alten Silberstraße nach Santa Fe, und ein bedeutender Handelsstützpunkt. Auch im Kampf um die Unabhängigkeit Mexikos spielte San Miguel eine Schlüsselrolle. Ihrem Nationalhelden zu Ehren benannte sich die Stadt 1826 in San Miguel de Allende um. Ihre kulturelle Blüte setzte Ende des 16. Jahrhunderts ein und hielt an bis weit ins 18. Jahrhundert, wovon die vielen barocken und neoklassizistischen Gebäude und Kirchen zeugen. Die aus dem 18. Jahrhundert stammende jesuitische Wallfahrtskirche Jesús Nazareno in Atotonilco 15 Kilometer vor San Miguel de Allende gilt als einer der herausragenden Barockbauten Neuspaniens. Ihr Inneres ist mit Ölbildern von Rodríguez Juárez und Wandgemälden des Künstlers Miguel Antonio Martínez de Pocasangre verziert.

San Miguel de Allende (oben). Unten: Mit barockem Wandschmuck beeindruckt die Wallfahrtskirche Jesús Nazareno in Atotonilco.

# Denkmalensemble von Querétaro

Mexiko | Jahr der Ernennung: 1996

Querétaro spiegelt in seiner Anlage gleichermaßen indianische und spanische Siedlungsmuster und Traditionen wider. Zum geschützten Welterbe gehören nicht weniger als 200 Straßenblocks mit rund 1400 Monumenten.

Entlang einer Nord-Süd-Achse teilt sich Querétaro in einen spanischen Teil mit rechtwinkligem Straßennetz und in einen von den indigenen Otomí, Tarasken und Chichimeken geprägten Teil mit unregelmäßigem Grundriss. Das historische Zentrum des rund 250 Kilometer nordwestlich von Mexiko-Stadt gelegenen Querétaro weist zahlreiche Kolonialbauten und Plätze aus dem 17. bis 19. Jahrhundert auf. Die Kirche San Francisco an Jardín Obregón wurde als Konvent der Franziskaner im 17. Jahrhundert gegründet und beherbergt heute das Stadtmuseum. An die Eroberung der präkolumischen Stadt durch die Spanier erinnert die Kirche des Convento de la Cruz. Herausragende Ensembles sind die im Barockstil errichteten Konvente Santa Rosa und Santa Clara. Paläste im Barockstil umgeben die Plaza de Armas und den Jardín de la Corregidora. Ein imposantes Bauwerk ist der ein Kilometer lange Aquädukt.

**Vom einstigen Einfluss der katholischen Kirche künden die Kirchen und ehemaligen Klöster Querétaros wie der Templo de la Cruz.**

# Missionen der Sierra Gorda de Querétaro

Mexiko | Jahr der Ernennung: 2003

Die fünf franziskanischen Missionen rund 250 Kilometer nördlich von Mexiko-Stadt entstanden in der zweiten Hälfte des 18. Jahrhunderts. Bedeutsam sind hier die Kirchenfassaden, an deren Gestaltung auch Indianer beteiligt waren. Um 1750 stieß der Franziskanerpater Junípero Serra in die zerklüftete Sierra Gorda im östlichen Teil des Bundesstaates Querétaro vor, um den Indianern das Evangelium zu verkünden. Damals musste jede Mission eine Kirche bauen, die Einheimischen für sich gewinnen und sie um die Kirche ansiedeln. Erst dann folgte die eigentliche Christianisierung. Die Franziskaner hatten Erfolg. Innerhalb weniger Jahre entstanden fünf Missionsstationen: Santiago de Jalpan, Santa María del Agua de Landa, San Francisco del Valle de Tilaco, Nuestra Señora de la Luz de Tancoyol und San Miguel Conca. Die Fassaden der Missionskirchen wurden sehr detailreich ausgeführt, da sich die Menschen meist draußen vor der Kirche versammelten. Schmuckelemente sind Engel, fantastische Ornamente und Pflanzenmuster. Ihre Gestaltung ist Zeugnis des Zusammentreffens europäischer und indianischer Kultur in der letzten Phase der Christianisierung.

**Eine der fünf Missionen der Sierra Gorda ist die ab 1761 errichtete Santa María del Agua de Landa de Matamoros (Detail).**

# Präkolumbische Ruinenstadt El Tajín

Mexiko | Jahr der Ernennung: 1992

Die der Kultur der Totonaken zuzurechnende Ruinenstätte liegt im Dschungel von Veracruz, rund 150 Kilometer nordöstlich von Puebla. Hauptattraktionen sind die Nischenpyramide und mehrere Ballspielplätze. Nach neueren Forschungen geht ihr Ursprung auf das 2. Jahrhundert zurück. Funde auf dem Areal belegen intensive Beziehungen zu Teotihuacán. Seinen Höhepunkt erlebte Tajín nach dessen Fall um 800. Etwa um 1200, als die Region unter den Einfluss der Kultur von México-Tenochtitlan geriet, wurde die Stadt zerstört und verlassen. Die Ruinenstätte lässt sich in drei Areale unterteilen: Tajín, Tajín Chico und die Säulenhalle. Deren Mittelpunkt bilden jeweils rechtwinklige oder trapezförmige Plätze, die an den Seiten von Pyramidenbauten gesäumt werden. Am bekanntesten ist die dem Regen- und Windgott geweihte Nischenpyramide mit sechs Plattformen. Sie besaß ursprünglich 365 reich verzierte Nischen, was einen Zusammenhang mit astronomisch-kalendarischen Berechnungen nahelegt. Das größte Gebäude ist eine rund 45 Meter hohe, mit Reliefs geschmückte Säulenhalle. Vermutlich war Tajín einst ein Zentrum des sakralen Ballspiels der Totonaken.

Mehrere Stufenpyramiden – die wichtigste davon die sogenannte Nischenpyramide – säumen das Areal der Ruinenstätte El Tajín.

# Aquädukt von Padre Tembleque

Mexiko | Jahr der Ernennung: 2015

Das nach dem Franziskanermönch Padre Tembleque benannte Aquädukt wurde zwischen 1553 und 1570 im Hochland von Zentralmexiko errichtet. Es wird bis heute als Meisterwerk der Architektur und der Ingenieurskunst gerühmt und erstreckt sich auf einer Länge von 48 Kilometern zwischen den Städten Zempoala und Otumba. Die Wasserleitung überquert Schluchten und Täler, verläuft teilweise aber auch unterirdisch oder in Bodenhöhe. Beim Bau wurden die Franziskaner von indigenen Baumeistern unterstützt. Der Einsatz von Lehmziegeln, die in Mesoamerika seit Jahrhunderten verwendet wurden, etwa geht auf sie zurück. Insgesamt sollen am Bau über 400 Männer aus den Dörfern der Umgebung beteiligt gewesen sein. Bei der Konstruktion der drei Arkaden ließen sich die Franziskaner von römischen Vorbildern inspirieren. Die Hauptarkade, die die Schlucht des Rio Papalote bei Tepeyahualco überspannt, besteht aus 67 Rundbögen. Mit einer Höhe von fast 40 Metern ist der höchste Rundbogen dieser Arkade zugleich der höchste, der jemals in einem Aquädukt gebaut wurde. Das Aquädukt ist Teil eines Wasserversorgungssystems, das auch Brunnen, Auffangbecken und Tanks umfasste.

Das Aquädukt ist das Produkt eines gelungenen Zusammenspiels europäischer und präkolumbischer Bautechniken.

# Altstadt von Morelia

Mexiko | Jahr der Ernennung: 1991

Die Altstadt des einstigen Valladolid gehört zu den schönsten und ältesten erhaltenen kolonialen Stadtensembles des Kontinents. Der einheitliche rosa Farbton vieler alter Häuser verleiht dem Stadtbild einen eigenen Charakter. Schon kurz nach ihrer Gründung durch den ersten Vizekönig Neuspaniens 1541 erlebte die etwa 250 Kilometer westlich von Mexiko-Stadt gelegene Hauptstadt von Michoacán einen rasanten Aufstieg. 1546 wurde die erste Kirche eingeweiht, die Iglesia de San Francisco. Dem im Renaissancestil gehaltenen Gotteshaus war ein Kloster angeschlossen, das heute ein Museum für Kunsthandwerk beherbergt. In der Folge wurden 20 weitere Kirchen erbaut. Erwähnenswert ist neben der Barockkirche Santa Rosa de Lima mit Retabeln im churriguereskem Stil auch die 1660 bis 1744 errichtete Kathedrale an der Ostseite des Zócalo mit barocker Zweiturmfassade und blau-weißer Kuppel. Über 200 historische Gebäude finden sich in der Altstadt. Mehrere Kollegs zeugen zudem von der Bedeutung Morelias als intellektuelles Zentrum. So spielte es eine wichtige Rolle im Unabhängigkeitskampf und ist nach dem Freiheitskämpfer José María Morelos benannt.

**Hof des Justizpalastes in Morelia. Das Gebäude im Herzen des historischen Zentrums wurde im 17. Jahrhundert errichtet.**

# Biosphärenreservat Mariposa Monarca

Mexiko | Jahr der Ernennung: 2008

Das Biosphärenreservat Mariposa Monarca liegt etwa 100 Kilometer nordwestlich von Mexiko-Stadt. Es wird jedes Jahr von Millionen Monarchfaltern bevölkert, die hier auf der mexikanischen Hochebene ihr Winterquartier beziehen.

Das ca. 56 Hektar große Biosphärenreservat liegt in einer bewaldeten Bergregion auf 3000 Meter Höhe. Es ist nach dem Monarchfalter, einem Wanderschmetterling benannt, der im Herbst von Kanada und dem Norden der USA bis zu 4000 Kilometer nach Süden zieht. Jedes Jahr spielt sich zwischen den rauen Felsen ein faszinierendes Naturschauspiel ab, bei dem mehrere Hundert Millionen von Monarchfaltern sich im Reservat einfinden und die Landschaft orange verfärben. Die Migration dieser Falter ist ein erstaunliches Phänomen: Die in Nordamerika geschlüpften Tiere kommen nach Mexiko, um hier in einer Art Kältestarre zu überwintern, und kehren im Frühjahr heimwärts. Erst die fünfte Generation findet dann wieder nach Mexiko zurück. Das Biosphärenreservat wurde in den 1980er-Jahren eingerichtet. Es soll den Lebensraum der Schmetterlinge vor der zunehmenden Zersiedelung der Landschaft und dem Holzabbau schützen.

**Die Flügel der Monarchfalter (Danaus plexippus) haben einen orangefarbenen Grundton mit schwarz-weißer Zeichnung.**

# Präkolumbische Stadt Teotihuacán

Mexiko | Jahr der Ernennung: 1987

Von der Mondpyramide aus blickt man über die Straße der Toten zu der Sonnenpyramide (unten). Oben: Totenmaske aus Teotihuacán.

Das etwa 50 Kilometer nordöstlich von Mexiko-Stadt gelegene Teotihuacán ist eine der bedeutendsten Ruinenstätten Mesoamerikas. Als die Azteken die riesige Stadtanlage im 14. Jahrhundert entdeckten, war sie schon seit über 700 Jahren verlassen. Um 200 v. Chr. entstanden die Kernbereiche der bis heute erhaltenen Hauptbauten und die zentrale Nord-Süd-Achse. Etwa 200 bis 300 Jahre später wurden der Quetzalcoatl-Tempel und die großen Pyramiden errichtet. Um 350 war die Stadt mit rund 150 000 Einwohnern die größte Amerikas. Ihr Wohlstand gründete vor allem auf der Verarbeitung von Obsidian, einem Vulkangestein, aus dem Werkzeuge hergestellt wurden. Im 7. Jahrhundert setzte ihr Niedergang ein, um 750 wurde die Stadt endgültig aufgegeben. Zu den wichtigsten Bauwerken gehören neben der über zwei Kilometer langen und 40 Meter breiten Straße der Toten die rund 65 Meter hohe Sonnenpyramide, die etwas kleinere Mondpyramide und der Quetzalcoatl-Tempel. Weitere herausragende Bauten sind der sorgfältig restaurierte Palacio de Quetzalpapalotl mit schönen Wandmalereien und Steinmetzarbeiten, die Paläste Yayahuala, Zacuala und Tepantitla.

# Haus und Studio von Luis Barragán

Mexiko | Jahr der Ernennung: 2004

Luis Barragán gehört zu den herausragendsten und eigenwilligsten Architekten des 20. Jahrhunderts. Eine seiner besten Schöpfungen ist sein Haus und Studio in Tacubaya, einem Vorort von Mexiko-Stadt. Luis Barragán kam 1902 im mexikanischen Guadalajara auf die Welt. Er studierte zunächst Ingenieurwissenschaften und erlernte den Beruf des Architekten als Autodidakt. Zwischenzeitlich lebte er in Paris, wo er Unterricht bei Le Corbusier nahm. Barragán orientierte sich an der Architektur Nordafrikas, der mexikanischen Volkstradition und am amerikanischen Minimalismus. 1936 ließ er sich in Mexiko-Stadt nieder. Hier entwickelte er seinen ganz persönlichen Stil aus geometrischen Grundformen unter Einbeziehung der Natur. Er selbst bezeichnete sich als Landschaftsarchitekten. 1980 erhielt er den Pritzker-Preis, die renommierteste Auszeichnung für Architekten. Die Casa Barragán, die seinem Erbauer bis zu seinem Tod 1988 Wohn- und Arbeitsstätte sein sollte, wurde 1948 errichtet. Der dreistöckige Betonbau überrascht innen mit grellen Farbnuancen, raffinierten Licht- und Schatteneffekten sowie einer höchst ungewöhnlichen Raumaufteilung.

**Charakteristisch ist die streng geometrische Gestaltung im ungewöhnlichen Wohnhaus von Luis Barragán.**

# Campus der Universidad Nacional Autónoma de México D.F.

Mexiko | Jahr der Ernennung: 2007

Eine der ältesten und größten Universitäten des amerikanischen Kontinents ist die Universidad Nacional Autónoma de México. Das Ensemble von Gebäuden, Sportanlagen, Freiflächen und Wegen ist eines der herausragenden Beispiele der Architektur der Moderne in Lateinamerika. Bis sie 1929 autonomen Status erhielt, bestand die 1551 gegründete erste Universität Lateinamerikas aus verstreut liegenden Gebäuden im Stadtzentrum. In den 1930er-Jahren fasste man den Plan, alle Institute an einem Ort zusammenzufassen. Von 1949 bis 1952 wurde das Vorhaben in die Tat umgesetzt. Als Bauareal wurde das damals außerhalb der Stadt liegende Pedregal de San Ángel ausgewählt. Den Masterplan für die Gestaltung schufen die Architekten Mario Pani und Enrique del Moral. Konsequent wandten sie dabei die Prinzipien zeitgemäßer Architektur an – stets unter Einbeziehung lokaler Traditionen und Baustoffe. Über 60 Architekten und bildende Künstler waren an der Gestaltung beteiligt. Alle Gebäude sind von offenen Räumen umgeben – wie beispielsweise Esplanaden, Höfen und Gärten. Bemerkenswert ist die gelungene Integration bildhauerischer und malerischer Werke in die Architektur.

**Die – hier nächtlich beleuchtete – Bibliothek von Juan O'Gorman zeigt eine eindrucksvolle Verbindung von Kunst und Architektur.**

# Historisches Zentrum von Mexiko-Stadt und Xochimilco

Mexiko | Jahr der Ernennung: 1987

Die Nordseite des Zócalo wird von der Kathedrale gesäumt (oben). Unten: Der Palacio de Bellas Artes.

Untrennbar sind das Vermächtnis der Azteken und das Erbe der Spanier in der Metropole miteinander verbunden. Die Bauwerke beider Kulturen werden mit diesem aus zwei getrennten Arealen bestehenden Welterbeobjekt gewürdigt. Die Azteken gründeten um 1370 ihre Hauptstadt Tenochtitlán, deren Zentrum ein Kultbereich mit riesigen Pyramiden und Tempelanlagen bildete. 1521 zerstörten die Konquistadoren die Metropole und errichteten auf den Trümmern Mexiko-Stadt. Rund um den Hauptplatz Zócalo gruppieren sich heute einige der bedeutendsten historischen Bauten. Die Ruinen des Templo Mayor sind das wichtigste Relikt aus aztekischer Zeit. Der Nationalpalast dient heute als Residenz des Präsidenten und beherbergt einige der wichtigsten Wandbilder zur mexikanischen Geschichte von Diego Rivera (1886–1957). Einen Stilmix von Renaissance bis Klassizismus verkörpert die Kathedrale – einer der größten Kirchenbauten Lateinamerikas. Der ab 1904 errichtete Palacio de Bellas Artes ist heute das bedeutendste Kulturhaus Mexikos. Die »schwimmenden Gärten« von Xochimilco südlich von Mexiko-Stadt hingegen sind noch ein Überbleibsel der aztekischen Lagunenstadt.

# Archäologische Stätte Xochicalco

Mexiko | Jahr der Ernennung: 1999

Xochicalco, eine gut 100 Kilometer südlich von Mexiko-Stadt bei Cuernavaca gelegene präkolumbische Ruinenstätte, erlebte seine Blütezeit in der epiklassischen Periode (650–900) nach dem Niedergang von Teotihuacán. Die befestigte Stadtanlage war einst ein bedeutendes politisches und kulturelles Zentrum, in dem sich Einflüsse unterschiedlicher Kulturen widerspiegelten. An der Fundstätte werden drei Niveaus unterschieden. Auf dem obersten befindet sich auf einer künstlich aufgeschütteten Plattform der durch zwei Portikos zugängliche zentrale Platz. In seiner Mitte stehen zwei Pyramiden, die Kulthandlungen dienten. Eine davon, der »Tempel der gefiederten Schlange«, verdankt ihren Namen dem riesigen Schlangenrelief, das sich um das Bauwerk windet. Die dazwischen sitzenden menschlichen Figuren und drei Stelen weisen auf Maya-Einflüsse hin. Zur Anlage zählen auch einige Ballspielplätze. Mit einem Kalendersystem in Zusammenhang stehen 20 runde Altäre und ein quadratischer Altar, die das Zeremonialjahr repräsentieren. Eine genaue Zuordnung von Xochicalco zu einer bestimmten Kultur war bisher nicht möglich. Im 10. Jahrhundert wurde die Stadt aufgegeben und verfiel.

**Von Schlangen umrahmte menschliche Figuren zieren den Sockel des »Tempels der gefiederten Schlange«.**

# Klöster des 16. Jahrhunderts an den Hängen des Popocatépetl

Mexiko | Jahr der Ernennung: 1994

Franziskaner, Dominikaner und Augustiner setzten mit dem Bau von Klöstern an den Hängen des Popocatépetl südlich von Mexiko-Stadt das Signal zu einer umfassenden Christianisierung des Landes.

Die ersten Klostergründungen zu Füßen des Popocatépetl Anfang des 16. Jahrhunderts waren Ausgangsbasis für die Errichtung landesweiter Missionsstationen. Nachdem die Franziskaner 1525 ihr erstes Stammhaus in Cuernavaca eingeweiht hatten, entstanden in der Folgezeit ca. 300 weitere Klöster, die ebenfalls von Dominikanern und Augustinern gegründet wurden. Insgesamt wurden 14 Klöster als Welterbe ausgezeichnet: Atlatlahuacán, Tetela del Volcán, Cuernavaca, Tepoztlán, Zacualpan de Amilpas, Hueyapan, Yecapixtla, Tlayacapan, Yautepec, Totolapan, Ocoituco, Tochimilco, Huejotzingo und Calpan. Stets ist die Bauweise der Klöster in den Grundzügen gleich: Um das ebenerdige Atrium wurde eine Mauer gezogen, an deren vier Ecken Kapellen errichtet wurden. Die meist einschiffig gebauten Hauptkirchen sollten die Indianer schon durch ihre Größe beeindrucken.

**Eine Wandmalerei mit einer Märtyrerdarstellung schmückt die Catedral de la Asunción de María von Cuernavaca.**

## Altstadt von Puebla

Mexiko | Jahr der Ernennung: 1987

Prächtige Sakral- und Profanbauten im Kolonialbarock bestimmen das Erscheinungsbild der viertgrößten Stadt Mexikos. Eine Besonderheit ist die farbenfrohe Kachel- und Stuckornamentik vieler Gebäude. Zwischen den vier Vulkanen Popocatépetl, Ixtaccíhuatl, La Malinche und Citlaltépetl, etwa 100 Kilometer südöstlich des heutigen Mexiko-Stadt, liegt das nicht zum Welterbe zählende Cholula, einst eine der bedeutendsten Kultstätten der Azteken. 1519 setzten die spanischen Eroberer der Herrschaft der Azteken auch hier ein Ende und zerstörten die Siedlung. Als Demonstration ihrer Macht errichteten sie ihre Kirche auf der Pyramide von Cholula. Kurz darauf gründete die spanische Krone nur wenige Kilometer entfernt die Stadt Puebla, die sich bald zu einem florierenden Handelszentrum entwickeln sollte. Hier wurden landwirtschaftliche Erzeugnisse umgeschlagen und die beliebten Talavera-Kacheln produziert. Die bunten Keramikfliesen (Azulejos) sind in der Altstadt allgegenwärtig. Ein Großteil des Welterbeareals besteht aus Gebäuden aus dem 19. Jahrhundert, als Puebla rapide wuchs. Unter den rund 70 Sakralbauten ragt die im Jahr 1649 geweihte Kathedrale heraus.

**Innenraum der Kathedrale von Puebla. Den Hauptaltar erschuf der Bildhauer Manuel Tolsá Sarrión zwischen 1797 und 1818.**

## Denkmalbereich von Tlacotalpan

Mexiko | Jahr der Ernennung: 1998

Der Flusshafen am Golf von Mexiko präsentiert sich mit seinen arkadengesäumten Gassen und vielen begrünten Plätzen als eigenwillige und farbenprächtige Mischung spanischer und karibischer Kultur.
Als 1518 Juan de Grijalva als erster Europäer entlang der Küste von Veracruz segelte, blickte Tlacotalpan, an der Mündung des Flusses Papaloapan gelegen, bereits auf eine lange Geschichte zurück. Zwischen 900 und 1200 beherrschten die Totonaken das Gebiet, ihnen folgten die Olmeken, bis Montezuma die Region 1471 unterwarf. Mitte des 16. Jahrhunderts eroberten die Spanier den Landstrich und bauten die Stadt systematisch aus. Das heutige Stadtbild geht aber, nach mehrfacher Zerstörung des Ortes durch Feuersbrünste, vorwiegend auf das 19. Jahrhundert zurück. Um 1850 wurden das prachtvolle Rathaus sowie zahlreiche öffentliche und private Gebäude erbaut. Letztere fallen durch ihre eigenwillige Architektur und ihr farbenfrohes Erscheinungsbild auf. Den Gebäuden vorgesetzte Arkaden und Portikus überwölben die Gehsteige der historischen Gassen. Hinzu kommen begrünte Plätze und Patios.

**Arkadenfronten und Portiken säumen die Straßen Tlacotalpans. Pastelltöne schaffen eine dörfliche Atmosphäre.**

## Altstadt von Oaxaca und Monte Albán

Mexiko | Jahr der Ernennung: 1987

Als die Spanier im 16. Jahrhundert ihre Barockstadt Oaxaca gründeten, konnte die Nachbarstadt Monte Albán bereits auf eine über 2000-jährige Geschichte zurückblicken. Beide Städte wurden mit dem Welterbestatus gewürdigt. Die erste Stadtanlage auf einem Berg über einem Hochtal der Sierra Madre del Sur im südlichen Mexiko wurde wohl bereits im 8. Jahrhundert v. Chr. von den Olmeken errichtet. Später besetzten die Zapoteken das Areal und errichteten dort ein riesiges Zeremonialzentrum mit Monumentalbauten. An die 50 000 Einwohner zählte die Stadt in ihrer Blütezeit zwischen 300 und 700. Dann setzte um 800 der Niedergang ein. Von den Mixteken wurde der Ort später nur noch als Begräbnisstätte genutzt. Neben Pyramiden und Tempeln wurden auf dem Monte Albán bemerkenswerte Reliefplatten mit den »Danzantes« (die nicht Tänzer, sondern gefolterte Kriegsgefangene darstellen) freigelegt. Das 1529 gegründete Oaxaca bezaubert mit seinen historischen Märkten und dem arkadengesäumten Zócalo. Unter den Sakralbauten der Stadt ragen zwei üppig verzierte Barockkirchen heraus: die Kathedrale (1544–1740) und die Kirche Santo Domingo (1572–1666).

**Als schönstes Gotteshaus Oaxacas gilt die goldgeschmückte Iglesia de Santo Domingo de Guzmán aus dem 16. Jahrhundert.**

## Prähistorische Höhlen von Yagul und Mitla im Tal von Oaxaca

Mexiko | Jahr der Ernennung: 2010

Die archäologischen Stätten im Tlacolula-Tal von Oaxaca geben einen Einblick in die Entwicklungsgeschichte mesoamerikanischer Kulturen in Mexiko. Erste Siedlungsspuren in diesem Gebiet konnten bis auf einen Zeitpunkt um 3000 v. Chr. zurückdatiert werden. Ab 500 v. Chr. wurden die zapotekischen Stadtzentren von Yagul und Mitla errichtet, deren Pyramiden, Paläste und Ballspielplätze heute größtenteils freigelegt sind. Noch weiter zurück in die Geschichte Mittelamerikas führen die Funde in den prähistorischen Höhlen Guila Naquitz und Cueva Blanca. Die hier in den 1970er-Jahren begonnenen Grabungen brachten Samen ans Tageslicht, die vor rund 10 000 Jahren von Jäger- und Sammlervölkern gelagert wurden und heute als deren erste Schritte zur Sesshaftigkeit gedeutet werden. Funde von Steinwerkzeugen legen zudem eine erste Bearbeitung der Böden nahe. Unweit der Höhlen liegt Gheo-Shih, ein Zeremonialplatz, der um das Jahr 5000 v. Chr. angelegt wurde und als einer der ältesten von Menschenhand gestalteten Plätze in Mittelamerika gilt. Er soll für Riten, Tänze oder sportliche Wettkämpfe gedient haben und bat 25 bis 30 Menschen Platz.

**Die prähistorischen Felszeichnungen im Tlacolula-Tal von Oaxaca belegen die frühe Besiedlung dieser Region.**

# Ruinen und Nationalpark von Palenque

Mexiko | Jahr der Ernennung: 1987

Der Tempel der Inschriften (unten) gehört zu den zentralen Bauwerken der Maya-Stadt. Oben: Bas-Relief in den Ruinen von Palenque.

Mitten im Dschungel von Chiapas im südlichen Mexiko ragen die Ruinen einer der eindrucksvollsten Maya-Städte auf. Obwohl bereits 1784 entdeckt, wurde die Stätte erst im 20. Jahrhundert systematisch untersucht und ausgegraben.

Palenque wurde zwischen dem 3. und 5. Jahrhundert errichtet. Ihre Blüte erlebte die Maya-Stadt zwischen dem 6. und 8. Jahrhundert. Zu dieser Zeit entstanden auch die wichtigsten Bauwerke. Die Hieroglyphen im »Tempel der Inschriften«, einer Stufenpyramide mit Tempelaufbau, konnten entziffert werden und sind die wichtigsten schriftlichen Überlieferungen der Maya. 1951 hat man in der Pyramide die unversehrte Grabkammer des Maya-Fürsten Pacal nebst Grabbeigaben entdeckt. Neben anderen Bauwerken – etwa den Tempeln der Kreuzgruppe – ist der sogenannte »Palast« von Interesse. Er besteht aus mehreren um insgesamt vier Höfe gruppierten Gebäuden. Der gut 15 Meter hohe Turm der Anlage diente vermutlich astronomischen Beobachtungen, ein Tisch im Obergeschoss hatte die Funktion eines Altars. Fast alle Gebäude im Zentrum Palenques sind mit Reliefs und Stuckverzierungen geschmückt.

# Stadt und Festung von Campeche

Mexiko | Jahr der Ernennung: 1999

Die ganz von einer Festungsmauer umgebene Altstadt von Campeche ist nicht nur eines der schönsten Beispiele einer barocken Kolonialstadt in Mittelamerika, sondern auch ein Werk der Militärarchitektur des 17. und 18. Jahrhunderts. Nach seiner Gründung 1540 diente Campeche als Ausgangspunkt für die Eroberung der Halbinsel Yucatán für die spanische Krone. Der wichtige Hafen wurde bald ein lukratives Ziel für berüchtigte Piraten wie Henry Morgan oder William Parker, die Campeche wiederholt plünderten. Zwischen 1668 und 1704 wurde die über 2500 Meter lange Stadtmauer errichtet, die die Form eines Sechsecks aufweist. Die Verteidigungsanlage mit ihren vier Bastionen (»Baluartes«) zählt zu den besterhaltenen in ganz Amerika. Bastionen und die beiden Forts beherbergen heute Museen, Galerien und botanische Gärten. Der Export des roten Textilfarbstoffs »Palo de Tinte« sorgte für eine zweite Blüte Campeches im 19. Jahrhundert. Aus dieser Zeit sind viele Prachtbauten erhalten: neben Stadtpalästen und dem Teatro Toro auch einige Kirchen, etwa die zwischen 1540 und 1705 errichtete Catedral de la Concepción, San Francisquito oder San Román.

**Besonders reizvoll sind die Gassen der Altstadt mit Kirchen, Brunnen, bunt bemalten Gebäuden und altem Straßenpflaster.**

# Prähispanische Stadt Uxmal

Mexiko | Jahr der Ernennung: 1996

Die Ruinen in Uxmal und die Bauten der nahe gelegenen Stätten Kabáh, Labná und Sayil etwa 80 Kilometer südlich von Mérida sind Höhepunkte der klassischen Maya-Architektur. Uxmal war vom 8. bis 10. Jahrhundert ein bedeutendes städtisches Zentrum. Das zentrale Gebäude ist die fast 40 Meter hohe »Pyramide des Wahrsagers«. Der imposante Bau, der dem Regengott Chac gewidmet war, ist bereits die vierte Überbauung früherer Tempel. Auf einer 15 Meter hohen Plattform erhebt sich der »Gouverneurspalast«, der mit einem beeindruckenden Steinmosaikfries geschmückt ist. Mosaike finden sich ebenso an weiteren Gebäuden in Uxmal. Auf dem großen Ballspielplatz, wo eine Inschrift auf das Jahr 901 verweist, wurden rituelle Spiele veranstaltet. Die Friese der Fassade des großen Palastes von Sayil werden von dessen Säulenornamenten noch übertroffen. Seltene Kostbarkeiten der Maya-Baukunst stellen die an vormals gepflasterten Straßen gelegenen Triumphbögen in Labná und Kabáh dar. Der »Palast der Masken« in Kabáh verdankt seinen Namen den 250 steinernen Masken des Gottes Chac an der Vorderfront. Um 1200 wurde Uxmal wie viele Maya-Städte verlassen.

**Meisterwerke der Maya-Baukunst: Die »Pyramide des Wahrsagers« und der Ballspielplatz.**

Mexiko | **Amerika**

# Ruinen von Chichén Itzá

Mexiko | Jahr der Ernennung: 1988

Die eindrucksvolle, sich über ein Areal von 300 Hektar erstreckende Ruinenstätte im Norden Yucatáns ist das Vermächtnis zweier präkolumbischer Hochkulturen: der Maya und der Tolteken. Nach dem Manuskript von Chumayel, einer Maya-Überlieferung vom Beginn der Konquista, wurde Chichén Itzá vermutlich um 450 von den Maya gegründet. Markante Großbauten im Puuc-Stil der Maya wie etwa das »Haus der Nonnen« oder die »Kirche«. In der Mitte des 10. Jahrhunderts drangen Tolteken aus dem Hochland von Mexiko nach Chichén Itzá vor und leiteten eine zweite Blütezeit der Stadt ein. In den Bauten dieser Phase verbindet sich die Maya-Architektur mit einem toltekisch geprägten Skulptur- und Reliefstil. Für diese Epoche stehen die Sternwarte (»Caracol«) und die »Castillo« genannte Stufenpyramide, der »Tempel der gefiederten Schlange«, einer von den Maya und auch von den Tolteken verehrten Gottheit geweiht war Weitere Monumentalbauten wie der »Tempel der Krieger« und der »Tempel der Jaguare« sowie neun Ballspielplätze finden sich im Zentrum der Stadt. In der außerhalb gelegenen Cenote Sagrado, einer Doline, fanden Forscher Schmuckstücke und Keramiken.

**Auf der Spitze der »Castillo« genannnten Stufenpyramide befindet sich der »Tempel der gefiederten Schlange« (oben). Rechts: Der Caracol diente als Observatorium.**

# Biosphärenreservat Sian Ka'an

Mexiko | Jahr der Ernennung: 1987

Das Naturschutzgebiet an der mexikanischen Karibikküste bietet mit seiner Vielzahl von Biotopen ideale Lebensbedingungen für über 100 Säugetierarten, seltene Amphibien, rund 350 verschiedene Vogelarten und eine tropische Flora. »Geschenk des Himmels« bedeutet der Name dieses Reservats in der Sprache der Maya. Und in der Tat bietet das mit einer Fläche von mehr als 5000 Quadratkilometern größte zusammenhängende Naturschutzgebiet Mexikos, im Osten der Halbinsel Yucatán rund 150 Kilometer südlich von Cancún gelegen, »himmlische« Bedingungen für eine einzigartige Fauna und Flora. Nur rund 2000 Menschen leben hier, vor allem in den Orten Punta Allen und Boca Paila. Immergrüner Wald, Mangrovensümpfe, Misch-, Regen- und Laubwälder, Palmensavannen, Schwemmland, insgesamt rund 100 Kilometer lange Korallenriffe sowie Lagunen bieten ein Refugium für seltene Raubkatzen wie Jaguare, verschiedene Affenarten, Krokodile und Meeresschildkröten. Das Meer nimmt dabei rund ein Viertel der Parkfläche ein. Zudem gibt es auf dem Areal von Sian Ka'an 23 archäologische Fundstätten von bis zu 2300 Jahre alten präkolumbischen Kulturen.

Das Biosphärenreservat beherbergt verschiedene Amphibien- und Reptilienarten, darunter das Beulenkrokodil (Crocodylus moreletii).

# Maya-Stadt Calakmul und tropische Regenwälder in Campeche

Mexiko | Jahr der Ernennung: 2002

Die seit 2002 bestehende mexikanische Welterbestätte »Maya-Stadt Calakmul« wurde 2014 um große Areale des umgebenden tropischen Regenwalds von Campeche erweitert und ist nun ein gemischtes Weltkultur- und -naturerbe.

Calakmul war einer jener mächtigen Stadtstaaten, die die klassische Periode der Maya (3.bis 10. Jahrhundert) prägten. In ihrer Blütezeit muss die Stadt rund 50 000 Einwohner gehabt und sich über eine Fläche von 70 Quadratkilometer erstreckt haben.. Bis heute wurden die Überreste von 5000 Gebäuden, darunter 100 Kolossalbauten identifiziert, die von einer hoch entwickelten Siedlungsstruktur zeugen. Die Inschriften, die auf Reliefs und Steinstelen gefunden wurden, geben Aufschluss über die Geschichte Calakmuls, seinen Aufstieg und seinen Niedergang. Demnach hatte die Stadt in der zweiten Hälfte des 7. Jahrhunderts die Maya-Metropolen in der Nachbarschaft unterworfen, wurde im 8. Jahrhundert aber von Tikal aus dieser Vormachtstellung verdrängt und um 900 schließlich aufgegeben.

Hauptattraktionen von Calakmul sind die als Struktur II bezeichnete, mehrfach überbaute Pyramide und die Reliefstelen.

# Barriereriffsystem von Belize

Belize | Jahr der Ernennung: 1996

Vor der Küste Belizes erstreckt sich am Rand des Kontinentalsockels das längste lebende Barriereriff der nördlichen Hemisphäre. In dieser farbenprächtigen Unterwasserlandschaft haben zahlreiche gefährdete Tierarten ihr Refugium. Das größte Korallenriffgebiet des Atlantiks bildet ein komplexes Ökosystem. Dazu gehören ein über 250 Kilometer langes Barriereriff, drei große, küstenfernere Atolle und Hunderte »Cays« genannte, weit verstreute Inseln, auf denen über 170 Pflanzenarten wachsen. Mit ihren Sandstränden, Mangrovenbeständen und Lagunen bieten sie exzellente Lebensbedingungen für gefährdete Vogelarten wie Rotfußtölpel, Prachtfregattvögel und Noddiseeschwalben. Das knapp 1000 Quadratkilometer große Weltnaturerbe besteht aus sieben Schutzgebieten und Nationalparks und umfasst diverse Rifftypen, deren bizarr geformte Dickichte und Säulen Lebensraum für eine Vielzahl von Lebewesen schaffen. Zu der fantastischen Vielfalt zählen neben verschiedenen Wasserpflanzen rund 350 Molluskenarten, Schwämme, Krebstiere und Fische vom Adlerrochen bis zum Zackenbarsch. Auch gefährdete Meeresbewohner wie Seekühe und Karettschildkröten leben hier.

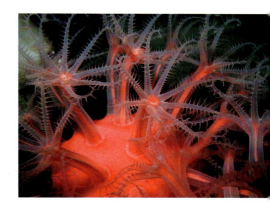

**Das Blue Hole im Lighthouse Reef (unten). Oben: Zum Riffsystem zählen rund 500 Fischarten, Schwämme und Korallen (Bild).**

# Nationalpark Tikal

Guatemala | Jahr der Ernennung: 1979

Tempel I oder Tempel des Großen Jaguar (unten). Oben: Im Petén-Regenwald finden sich zahlreiche Vögel, etwa Schwarzarassaris.

Tikal im Nordosten von Guatemala zählt zu den bedeutendsten Ruinenstätten der Maya-Kultur. Tikal zählte in der klassischen Periode der Maya (3. Bis 10. Jahrhundert) zu den bedeutendsten Stadtstaaten der Region. Noch die im Dickicht des Regenwaldes von Petén versteckten Ruinen der Metropole zeugen von der einstigen Pracht. Archäologen schätzen, dass in Tikal im 8. Jahrhundert, der Blütezeit der Stadt, allein im Zentrum, das sich über eine Fläche von 16 Quadratkilometern erstreckte, rund 50 000 Menschen lebten. Bislang wurden in dieser Kernstadt über 3000 Bauwerke und Anlagen ausgegraben – prunkvolle Paläste ebenso wie einfache Hütten oder Ballspielplätze. Am spektakulärsten sind die sechs gigantischen Tempelpyramiden; eine davon ragt 65 Meter auf und und zählt damit zu den höchsten Maya-Bauten überhaupt. Sie bildet den Mittelpunkt des vermutlich schon um 250 angelegten und später mehrmals umgebauten »mundo perdido«-Komplexes. Neben diesen Monumentalbauten legten Archäologen zahlreiche Werkzeuge, verschiedenste Kultgegenstände und eine Reihe wertvoller Grabbeigaben frei. Die Stadt wurde um 900 aufgegeben.

# Maya-Ruinen von Quiriguá

Guatemala | Jahr der Ernennung: 1981

Monumentale Stelen und Kalender zählen zu den Höhepunkten der archäologischen Stätte Quiriguá im Osten Guatemalas nahe der Grenze zu Honduras. Die Maya-Stadt erlebte ihre Blütezeit im 8. und 9. Jahrhundert. Die ersten Siedler hatten sich hier schon um 200 n. Chr. niedergelassen, den Höhepunkt seiner Machtentfaltung durchschritt Quiriguá jedoch erst vom 7. bis zum 10. Jahrhundert. Danach war die Stadt jahrhundertelang verlassen. Ein entscheidender Wendepunkt in der Geschichte Quiriguás trat im Jahr 738 unter der Regentschaft von K'ak' Tiliw Chan Yopaat ein, der den mächtigen Herrscher von Copán (im heutigen Honduras) enthaupten ließ. Nachdem Quiriguá zuvor politisch von Copán abhängig gewesen war, wendete sich nun das Blatt. Die Stadt, deren Wohlstand auf dem Handel etwa mit Jade und Obsidian basierte, stieg zu einem politischen Machtzentrum auf. Aus dieser Hochblüte im 8. Jahrhundert stammen die meisten der monumentalen Stelen. Die fein ausgearbeiteten Skulpturen auf den monolithischen Sandsteinblöcken sind Meisterwerke der Bildhauerei und künden von politischen und militärischen Ereignissen. Die riesige Stele E wiegt 60 Tonnen und ist über zehn Meter hoch.

**Detail der Stele D. Die auf ca. 766 datierte Stele gilt als die schönste der Stätte und wurde zum Motiv der 10-Centavo-Münze.**

# Antigua Guatemala

Guatemala | Jahr der Ernennung: 1979

Obwohl ein Erdbeben Antigua Guatemala 1773 zerstörte, hat sich die barocke Pracht ihrer Ruinen bis heute erhalten. Die Stadt fasziniert durch eindrucksvolle Zeugnisse früher spanischer Kolonialarchitektur. 1543 gründeten die spanischen Eroberer erneut die »noble« und »königliche« Stadt Antigua im Hochland von Guatemala am Fuß dreier Vulkane – eine frühere Siedlung war durch eine Schlammlawine zerstört worden. In den folgenden Jahrzehnten entwickelte sich die 1500 Meter hoch gelegene Hauptstadt des spanischen Kolonialreichs in Mesoamerika zu einer Metropole mit bis zu 70 000 Einwohnern. 1675 wurde hier mit »San Carlos de Borromeo« die erste päpstliche Universität Mittelamerikas gegründet. Der Bau mit Innenhof und üppig verzierten Arkadenbögen ist heute ein Museum. Zwei Jahrhunderte erblühte das im Stil der italienischen Renaissance schachbrettartig angelegte Antigua, bis es 1773 von einem Erdbeben zerstört wurde. Von der einstigen wirtschaftlichen, kulturellen und klerikalen Bedeutung der Stadt künden beeindruckende Ruinen und Wiederaufbauten der Kathedralen, Klöster, Paläste und Bürgerhäuser.

**Abendlicher Blick auf die Straßen von Antigua Guatemala und die stimmungsvoll beleuchtete Kathedrale San José.**

# Maya-Ruinen von Copán

Honduras | Jahr der Ernennung: 1980

Detailreich ausgearbeitete Stele aus dem 8. Jahrhundert (oben). Unten: Kopfskulptur des Maya-Gottes Pauahtun am Tempel 11.

Die rund 30 Hektar große Ruinenstätte liegt im Nordwesten von Honduras nahe der Grenze zu Guatemala. In seiner Blütezeit um das Jahr 700 zählte Copán zu den bedeutendsten Stadtstaaten der Maya. Copán wurde 1570 von Diego García de Palacio beschrieben, jedoch erst ab dem 19. Jahrhundert freigelegt. Noch heute existieren im Copán-Tal vermutlich Hunderte von Ruinen unter Erdhügeln. Das Zentrum der bislang ausgegrabenen Stadt bildet die »Akropolis«, ein Komplex aus verschachtelten Bauten in Form von Pyramiden, Tempeln und Terrassen. Beachtenswert ist der Altar Q, in den Darstellungen von 16 Herrschern von Copán eingemeißelt sind. Die »Treppe der Hieroglyphen« gilt als das bedeutendste Monument von Copán. Annähernd 2500 Glyphen bedecken die 63 Stufen – der längste bisher bekannte Text aus der Maya-Zeit. Er würdigt die Leistungen der Dynastie von ihrer Gründung bis zur Einweihung der Treppe im Jahr 755. Bemerkenswert ist auch der Ballspielplatz mit drei Marksteinen,. 14 Altäre und 20 Stelen, datiert zwischen 618 und 738, wurden bislang restauriert. Im Fundament der reich dekorierten Stele H verbargen sich zwei Fragmente einer Goldfigur.

# Biosphärenreservat von Río Plátano

Honduras | Jahr der Ernennung: 1982

Das Biosphärenreservat im Einzugsgebiet des Río Plátano umfasst einen Teil des zweitgrößten Regenwaldgebiets Amerikas. Das mehr als 5000 Quadratkilometer große Biosphärenreservat erstreckt sich am Río Plátano von der Karibikküste ins Innere von Honduras bis auf eine Meereshöhe von über 1300 Metern. An der Küste liegen hinter unberührten Sandstränden Lagunen und Mangrovenwälder, aber auch Küstensavannen mit Sumpfpflanzen sowie Palmen und Tieflandkiefern. Tropischer Tiefland- und Bergregenwald mit seiner ganzen Artenvielfalt bedeckt das Landesinnere. Hier wachsen zahlreiche Baumarten von der Spanischen Zeder bis zu Mahagoni, Balsa- und Sandelholz. Vielen Tierarten bietet das Reservat einen geschützten Lebensraum. In dem dünn besiedelten Gebiet leben einige Tausend Menschen – neben den indigenen Miskito, Pech und Tawahka auch Garifuna (eine ethnische Gruppe mit karibischen und afrikanischen Vorfahren), die hier ihre traditionelle Lebensweise fortführen. Zudem finden sich im Areal archäologische Stätten aus präkolumbischer Zeit.

**Das Biosphärenreservat verfügt über einen fantastischen Reichtum an Pflanzen- und Tierarten, darunter das Braunkehl-Faultier.**

# Ruinen von Joya de Cerén

El Salvador | Jahr der Ernennung: 1993

El Salvadors bedeutendste Maya-Stätte bietet eine einmalige Momentaufnahme aus dem Alltagsleben dieser großen Kultur vor 1400 Jahren. Die Maya-Siedlung wurde um 600 durch einen Vulkanausbruch unter meterhohen Ascheschichten begraben, unter denen sie bis zu ihrer Wiederentdeckung 1976 ruhte. Seit 1978 bringen Ausgrabungen spektakuläre Funde zutage. Die mehreren Hundert Bewohner von Joya de Cerén waren Bauern, die in strohgedeckten Lehmhäusern lebten. Ihre Höfe umfassten Wohn-, Lager- und Kochgebäude, zum Dorf gehörten auch eine Schwitzhütte und ein großes Gemeindehaus sowie zwei weitere Behausungen, die möglicherweise für Heiler, Schamanen oder andere religiöse Spezialisten dienten. Nahezu unbeschädigt grub man aus der Asche Keramiken sowie Geräte aus Stein, Holz und Knochen aus. Mais, Bohnen und Chili waren wichtige Anbaufrüchte, doch gab es auch Kräutergärten, Obst- und Kakaobäume sowie einen Agavengarten. 2007 wurde hier das bislang älteste Maniokfeld Amerikas gefunden – der Nachweis, dass die Maya bereits vor 1400 Jahren Maniok angebaut haben, gilt weltweit als wissenschaftliche Sensation.

**Die Maya-Fundstätte Joya de Cerén in der westlichen Zentralregion von El Salvador zeigt erstmalig das Leben des einfachen Volks.**

Honduras, El Salvador | **Amerika**

# Kathedrale von León

Nicaragua | Jahr der Ernennung: 2011

Besonders mächtig wirkt die nach Westen zeigende Fassade der Kathedrale, bewacht von einer Löwenstatue.

Den Übergang vom Barock zum Neoklassizismus zeigt diese in ihrem Äußeren wuchtig und massiv wirkende, im Inneren eher schlicht gestaltete, von ungewöhnlich viel Tageslicht durchflutete spanische Kolonialkirche.

Fast 300 Jahre lang war León die – traditionell mit dem konservativen Grenada konkurrierende – liberale Hauptstadt des spanischen Nicaruaga. Dank ihrer im Jahr 1804 gegründeten Universität entwickelte sie sich zum geistigen Zentrum des Landes. Als das Generalkapitanat Guatemala, zu dem Nicaragua damals gehörte, am 15. September 1821 seine Unabhängigkeit von der spanischen Krone ausrief, wurde León Sitz der bedeutendsten geistlichen und weltlichen Würdenträger. Dennoch soll die Größe und Pracht der in den Jahren 1747 bis 1860 errichteten Kathedrale, in der sich auch das Grab des bedeutenden nicaraguanischen Lyrikers Rubén Darío (1867 bis 1916) befindet, weniger dem Ruhm dieser Stadt zu verdanken sein als einem Irrtum: Die Pläne des Architekten Diego José de Porres Esquivel sollen nämlich angeblich ursprünglich für den Bau der Kathedrale in Lima (Peru) bestimmt gewesen sein.

# Ruinen von León Viejo

Nicaragua | Jahr der Ernennung: 2000

Nur Ziegelböden und Steinfundamente – wie bei der königlichen Gießerei und Münze – sind von der einstigen Kolonialsiedlung erhalten.

Die Ruinenstadt von León Viejo vermittelt einen authentischen Eindruck von einer spanischen Kolonialsiedlung aus der Frühzeit der Konquista. Rund 30 Kilometer entfernt von der heutigen Stadt León liegt das »alte León« im Westen Nicaraguas. Die einstige Hauptstadt der Provinz Nicaragua wurde 1524 von Francisco Hernández de Córdoba auf dem Territorium der hier ansässigen Chorotega-Indianer gegründet und diente als Ausgangspunkt für weitere Eroberungen in der pazifischen Region. León, 1531 zum Bischofssitz geworden, war selbst zu seiner Blütezeit um 1545 eine eher kleine Siedlung, deren spanische Bevölkerung rund 200 Personen umfasste. Nach dem Ausbruch des Vulkans Momotombo 1578 flohen viele Bewohner aus der Stadt, die 1610 nach einem Erdbeben aufgegeben wurde. In der schachbrettartig angelegten und anfangs befestigten Siedlung am Xolotlánsee standen vorwiegend einfache, aus Holz, Bambus und Lehm gefertigte Häuser sowie der Gouverneurssitz, die königliche Gießerei, eine Kathedrale und das Kloster La Merced. Von vielen Gebäuden stehen heute nur noch einige Grundmauern. Seit 1968 werden hier archäologische Grabungen durchgeführt.

# Schutzgebiet Guanacaste

Costa Rica | Jahr der Ernennung: 1999

Das weitläufige Schutzgebiet im Nordwesten Costa Ricas ist Lebensraum für viele seltene Tier- und Pflanzenarten. Das rund 100 000 Hektar große Gebiet besteht aus drei Nationalparks und kleineren Schutzzonen und reicht von der Pazifikküste über die gut 2000 Meter hohen Berge des Inlands bis in das der Karibik zugewandte Tiefland. Zu Guanacaste gehören Küstengewässer, Inseln, Sandstrände und Felsküsten ebenso wie Gebirgs- und Vulkanlandschaften – darunter auch der noch immer aktive Schichtvulkan Rincón de la Vieja. Nicht weniger als 37 Feuchtgebiete sowie Mangroven- und tropische Regenwälder sind hier zu finden, aber auch tropischer Trockenwald, dessen Bäume in der heißen Jahreszeit ihr Laub abwerfen. 60 000 Hektar misst dieses letzte große noch intakte tropische Trockenwaldgebiet Zentralamerikas, das weltweit zu den größten geschützten Waldgebieten dieser Art zählt und insgesamt 230 000 Tier- und Pflanzenarten. Diese Vielfalt ergibt sich auch aus Guanacastes Lage in einer biogeografischen Übergangszone, in der das sowohl neotropische als auch nearktische Tiere und Pflanzen aus Süd- bzw. Nordamerika vorkommen.

**Tieflandregenwald im Schutzgebiet Guanacaste (oben). Unten: Zu den vielen hier beheimateten Tierarten gehört auch der Jaguar.**

# Nationalpark Kokosinsel

Costa Rica | Jahr der Ernennung: 1997

Die Legende will es, dass im 17. und 18. Jahrhundert berühmt-berüchtigte Piraten auf der Kokosinsel ihre Schätze vergraben haben – bislang hat jedoch noch niemand eine Spur davon entdeckt. Dafür wartet die rund 550 Kilometer südwestlich der Küste Costa Ricas gelegene Insel mit herrlichen Naturschätzen und tropischem Regenwald auf. Die 24 Quadratkilometer Inselfläche bieten ein abwechslungsreiches Panorama aus steil aus dem Meer aufragenden Felswänden, Wasserfällen und von Urwald bestandenen Gipfeln. Aufgrund der isolierten Lage, weit vom Festland entfernt, konnten sich hier zahlreiche endemische Pflanzenarten wie etwa der Huriki-Baum oder die Cupei-Palme entwickeln. Zudem kommen über 60 Insektenarten, zwei Reptilienarten und drei Vogelarten, darunter der Cocos-Island-Kuckuck, ausschließlich hier vor. Zum Nationalpark zählen auch die knapp 100 Quadratkilometer großen Küstengewässer der Insel. Sie beherbergen große Saumriffe aus 32 verschiedenen Korallenarten sowie eine reiche Meeresfauna. Delfine, verschiedene Haiarten, Mantarochen sowie etwa 300 weitere Fischarten tummeln sich hier.

Die Kokosinsel bietet verschiedenen Vogelarten wie etwa Rotfußtölpeln (Sula sula) ideale Lebensbedingungen.

# Präkolumbianische Siedlungen und Steinkugeln der Diquís

Costa Rica | Jahr der Ernennung: 2014

Die Diquís-Kultur, deren Relikte im Süden Costa Ricas entdeckt wurden, zeugt von der kulturellen und technischen Leistungsfähigkeit der vorkolumbischen Zivilisationen Amerikas. Bis heute geben die Diquís der Forschung viele Rätsel auf. Gesichert ist offenbar nur, dass ihre Kultur zwischen dem 6. und dem 16. Jahrhundert in voller Blüte stand und erst im Zuge der europäischen Eroberung Mittelamerikas unterging. Da bisher keine architektonischen Funde gemacht wurden, nimmt man an, dass die Diquís einfache Hütten aus Astgeflecht mit Stroh- oder Schilfdächern bewohnten. Auch die Frage nach der Funktion der Steinkugeln, die in ihrem Siedlungsgebiet entdeckt wurden, konnte noch nicht geklärt werden. Einige von ihnen sind nur so groß wie ein Tennisball, andere haben einen Durchmesser von nicht weniger als zwei Metern und wiegen mehrere Tonnen. Sie bestehen aus Gabbro – einem dem Granit ähnlichen Gestein –, aus Sandstein oder Muschelkalk und wurden wahrscheinlich mittelhilfe von Steinen glatt geschliffen. Erst seit den 1940er-Jahren werden Relikte der Diquís-Kultur systematisch erforscht und im Nationalmuseum von Costa Rica gesammelt.

Bisher identifizierten die Forscher rund 300 dieser mysteriösen kugelförmigen Objekte der Diquís-Kultur.

# Naturschutzgebiet Talamanca und Nationalpark La Amistad

Costa Rica, Panama | Jahr der Ernennung: 1983

Rund 400 000 Hektar umfasst dieses einzigartige grenzüberschreitende Schutzgebiet, das sich in der zentralen Cordillera de Talamanca vom Süden Costa Ricas in den Westen Panamas erstreckt. Zwischen Meeresniveau und rund 3800 Meter Höhe bildeten sich diverse Lebensräume und unterschiedlichste Landschaften heraus. Den größten Teil des Reservats bedeckt tropischer Regenwald, der hier seit 25 000 Jahren wächst. Oberhalb des Tieflands finden sich Nebelwälder und subalpine Páramo-Gebiete mit Sträuchern und Gräsern sowie Regionen mit immergrünen Eichen, Mooren und Seen. Dank seiner topografischen und klimatischen Unterschiede sowie seiner geografischen Lage an der Schnittstelle von Nord- und Südamerika wartet der Park mit einer in ihrer Vielfalt einzigartigen Tier- und Pflanzenwelt auf. Archäologische Funde lassen vermuten, dass in dem Gebiet schon vor Jahrtausenden Menschen lebten – die Forschung steht hier noch am Anfang. Heute leben rund 10 000 Angehörige der indigenen Gruppen Teribe, Guaymí, Bribri und Cabécar in Reservaten innerhalb des Schutzgebiets, die hier ihre traditionelle Lebensweise fortführen.

**Die von Bächen durchzogenen Wälder des Schutzgebiets (unten) bieten Vögeln wie dem Quetzal (oben) ideale Lebensbedingungen.**

# Coiba-Nationalpark und seine marinen Schutzgebiete

Panama | Jahr der Ernennung: 2005

Das aus Pazifikinseln bestehende Schutzgebiet wird von den durch die Strömung El Niño hervorgerufenen Stürmen und extremen Temperaturschwankungen verschont und hat sich daher eine große Artenvielfalt bewahrt.

Durch die Ausweisung des über 270 000 Hektar großen Areals vor der Pazifikküste Panamas werden der Regenwald der Insel Coiba und weiterer 38 kleinerer Inseln im Golf von Chiriquí sowie deren vorgelagerte Meeresräume geschützt. Die seit Jahrtausenden vom Festland abgetrennten Inseln sind für die biologische Forschung von Interesse, weil sich in der hiesigen Pflanzen- und Tierwelt eine Vielzahl von neuen Arten und Unterarten ausgebildet hat. Zu diesen endemischen Formen zählen etwa unter den Nagetieren das Coiba-Aguti sowie Unterarten des Brüllaffen, des Opossums und des Weißwedelhirschs. Darüber hinaus ist Coiba die letzte Zufluchtsstätte für bedrohte Tierarten, die aus anderen Regionen Panamas mittlerweile ganz verschwunden sind, wie etwa der Würgadler und der Hellrote Ara. Eine besondere Artenvielfalt bietet auch die Meereswelt des Schutzgebietes, in dem sich das zweitgrößte Riffsystem im zentralen Ostpazifik erstreckt.

In den klaren Gewässern des geschützten Golfs von Chiriquí leben viele Fischarten wie etwa Kuhnasenrochen.

# Festungen Portobelo und San Lorenzo

Panama | Jahr der Ernennung: 1980

Die mächtigen Festungsbauten an der Karibikküste Panamas schützten einst die »Schatzkammern« des spanischen Kolonialreiches vor den wiederholten Angriffen von Freibeutern und Piraten. »Schöner Hafen«, Puerto Bello, nannte Kolumbus die Bucht auf der Karibikseite des Isthmus von Panama, in der er 1502 vor Anker ging. Die hier 1597 gegründete Stadt wurde zu Ehren von Philipp II. San Felipe de Portobelo genannt. Am Nordende des Camino Real nach Panama-Stadt und zur Karibikküste hin gelegen, entwickelte sich Portobelo zum Hauptumschlagplatz für den Warenhandel zwischen Spanien und Südamerika. Zeitgleich entstand etwa 30 Kilometer weiter an der Mündung des Río Chagres San Lorenzo als zweites Tor zum Festland. Seit ihrer Gründung wurden die Siedlungen immer wieder von Freibeutern wie Francis Drake und Henry Morgan angegriffen und zerstört, jedoch stets wieder aufgebaut und immer stärker befestigt. Die mächtigen Wehrbauten an der Bucht von Portobelo und in San Lorenzo an der Mündung des Chagres sind einzigartige Zeugnisse spanischer Militärarchitektur der kolonialen Periode aus dem 16. bis 18. Jahrhundert.

Die Festung von Portobelo diente dem Schutz des bedeutenden kolonialen Handelshafens an der Karibikküste.

# Panamá Viejo und historisches Viertel von Panama-Stadt

Panama | Jahr der Ernennung: 1997

Die historischen Siedlungskerne von Panama-Stadt sind eindrucksvolle Zeugnisse zentralamerikanischer Geschichte ab dem 16. Jahrhundert. Östlich des heutigen Panama-Stadt gelegen, gehört Panamá Viejo zu den ältesten spanischen Stadtgründungen an der Pazifikküste.

Die 1519 gegründete Siedlung Panamá stieg rasch zum Umschlagplatz für Edelmetall aus den Anden auf, wurde erst Verwaltungszentrum, dann Bischofssitz und hatte zeitweise 10 000 Einwohner. Nach ihrer Zerstörung durch den Freibeuter Henry Morgan 1671 errichtete man knapp acht Kilometer westlich der Ruinen der »alten« Stadt eine neue, befestigte Siedlung. Mitte des 19. Jahrhunderts erlebte das heutige historische Viertel im Zuge des kalifornischen Goldrauschs eine neue Blüte. Beide Städte wurden nach europäischem Vorbild mit geradlinigen Straßennetzen und vielen Plazas geplant. Zusammen bieten sie eine faszinierende Vielfalt von spanischen, französischen und amerikanischen Architekturstilen des 16. bis 19. Jahrhunderts. Bedeutende Bauwerke sind die fünfschiffige Kathedrale sowie die Klosteranlagen La Merced und San Francisco.

**In der Altstadt von Panama-Stadt künden die Häuserfassaden an der Avenida Central vom Glanz vergangener Tage.**

# Nationalpark Darién

Panama | Jahr der Ernennung: 1981

Die große Artenvielfalt in dieser riesigen tropischen Wildnis mit ihren unterschiedlichen Lebensräumen lässt sich bislang nur erahnen. Experten zufolge wurden im Darién viele Tier- und Pflanzenarten bisher noch nicht verzeichnet. Im Osten Panamas erstreckt sich das 579 000 Hektar große Biosphärenreservat von der Pazifik- bis fast an die Karibikküste und die Gebirge der Region, deren höchster Gipfel, der Cerro Tacarcuma 1845 Meter hoch ist. Es umfasst verschiedenste Habitate von Sand- und Felsstränden über Mangroven- und Süßwassersümpfe bis zu diversen Regenwaldformen. Hier gedeihen seltene Orchideen sowie 40 verschiedene endemische Pflanzenarten. Der Reichtum an Lebensräumen und die Lage begünstigen diese fantastische Artenvielfalt auch in der Tierwelt. An dieser geografischen Nahtstelle treffen die südlichen und nördlichen Verbreitungsgrenzen von Tierarten beider Amerikas aufeinander. Auch den vom Aussterben bedrohten Spezies wie Harpyie, Tapir, Jaguar und Puma bietet der Darién Schutz. In einigen Teilen des Nationalparks leben die indigenen Ethnien Kuna, Emberá und Wounaan, die das unberührte Gebiet als Lebensraum nutzen.

**Swainson-Tukan in einem Papaya-Baum. 450 verschiedene Vogelarten – davon fünf endemische – sind im Nationalpark heimisch.**

# Havanna – Altstadt und Festungen

Kuba | Jahr der Ernennung: 1982

Wellen brechen sich an der Hafenbucht vor dem Castillo de los Tres Reyes del Morro (oben). Unten: Kathedrale San Cristóbal.

Havanna war unter spanischer Herrschaft eine der bedeutendsten Städte in der Neuen Welt. Aus dieser Zeit stammen viele der barocken und klassizistischen Bauwerke in der Altstadt La Habana Vieja. Zur Absicherung des Handelshafens, von dem aus alle Gold- und Silbertransporte von Amerika nach Spanien gingen, erbauten die Spanier vom 16. bis zum 18. Jahrhundert mächtige Festungsanlagen, etwa das Castillo de la Real Fuerza, das Castillo de los Tres Reyes del Morro, die Fortaleza de San Carlos de la Cabaña und das Castillo de la Punta. Die Altstadt wurde in einem schachbrettartigen Grundriss angelegt. Der Hauptplatz, die Plaza de Armas, beeindruckt mit restaurierten kolonialzeitlichen Bauwerken wie dem Palacio del Segundo Cabo. Einer der schönsten Barockbauten ist der Palacio de los Capitanes Generales. Sehenswert sind auch die barocken oder neoklassizistischen Adelspaläste mit schmiedeeisernen Balkonen. Unter den vielen Kirchen ragt die 1704 vollendete Kathedrale mit ihrer charakteristisch geschwungenen Korallenkalkfassade und den zwei asymmetrischen Türmen heraus. Der ehemalige Präsidentenpalast beherbergt heute das Museum der Kubanischen Revolution.

# Kulturlandschaft Tal von Viñales

Kuba | Jahr der Ernennung: 1999

Vor der Kulisse von unvermittelt aus der Ebene aufsteigenden Kegelfelsen hat sich im Tal von Viñales im Südwesten von Kuba eine noch sehr traditionelle, bäuerliche Kultur mit Feldwirtschaft und Tabakanbau erhalten. Das charmante Dorf Viñales steht komplett unter Denkmalschutz. Entlang der Hauptstraße reihen sich kleine Holzhäuser. Überall werden Zigarren geraucht, denn der Ort liegt mitten im wirtschaftlich bedeutenden Tabakanbaugebiet. Im Tal von Viñales ragen die bizarren »Mogotes« auf, schroffe Kegelfelsen, die vor 150 Millionen Jahren entstanden sind. Sie waren Bestandteil eines weitläufigen Höhlensystems, das eingestürzt ist – übrig blieben die wie gigantische Findlinge im Tal liegenden Felsformationen. Der Tabak wird nach dem Ende der Regenzeit ausgesät und zwischen Januar und März geerntet. Während des Sommers bestellen die Bauern die Felder mit Malanga, Bananen, Mais oder Boniato. Die traditionellen Anbaumethoden haben sich seit Jahrhunderten kaum geändert. In einer bäuerlichen Architektur hat sich hier eine multiethnische Gesellschaft eingerichtet, die stolz auf ihre Kultur ist und ein wichtiges sozialgeschichtliches Erbe Kubas bewahrt.

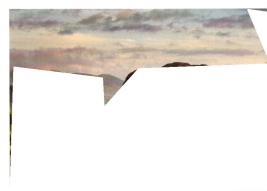

Wie schlafende Elefanten ruhen die großen Felsrücken im Tal von Viñales in der Provinz Pinar del Río.

# Altstadt von Cienfuegos

Kuba | Jahr der Ernennung: 2005

Cienfuegos an der mittleren südlichen Küste Kubas wurde 1815 gegründet und ab 1830 als Hafenstadt ausgebaut. Sie erhielt ihren heutigen Namen zu Ehren des spanischen Generals und Gouverneurs José Cienfuegos. Die ersten Bewohner der Hafenstadt waren Spanier, danach folgten Franzosen, die vor allem aus Bordeaux, New Orleans oder Florida hierher übersiedelten. Als die Stadt durch Export von Zucker an Bedeutung gewann, wurde sie im rechtwinkligen Raster in neoklassizistischem Stil umgestaltet. Die geraden Straßen sollten die Luftzirkulation gewährleisten – im 19. Jahrhundert galt schlechte Luft als Hauptursache von Erkrankungen. Die Häuser in Cienfuegos sind in der Regel nur zweistöckig, sodass Licht in alle Wohnungen und Räume fällt. Die Anlage der Plätze spiegelt die Bedeutung wider, die man dem öffentlichen Leben beimaß. In späteren Bauphasen mischten sich zwar die Baustile, dennoch vermittelt das Stadtbild den Eindruck eines gewachsenen Ganzen. Neben Wohngebäuden gehören der Gouverneurspalast, die Schule San Lorenzo, die Kathedrale, das Teatro Tomás Terry und der Palacio de Ferrer (Casa de la Cultura) zu den beachtenswerten Gebäuden.

An der Südseite der Plaza Martí befindet sich der zwischen 1928 und 1950 erbaute Regierungspalast von Cienfuegos.

Kuba | Amerika

# Trinidad und Valle de los Ingenios

Kuba | Jahr der Ernennung: 1988

Das historische Zentrum von Trinidad befindet sich um den beliebtesten Platz, dem Plaza Mayor.

Das 1514 an der mittleren südlichen Küste gegründete Trinidad ist eine der schönsten Städte Kubas. Viele Gebäude stammen aus dem 18. und 19. Jahrhundert, als die Stadt durch Zucker und Sklaven zu Wohlstand gelangte. Die Plaza Mayor hat mit ihren restaurierten Häusern ihr historisches Erscheinungsbild fast unverändert bewahrt. Prachtvolle Beispiele spanischer Mudejar-Architektur sind hier der Palacio Brunet und der Palacio Cantero. Eindrucksvolle Gebäude aus dem 19. Jahrhundert finden sich auch an der Plaza Serrano. Einige ehemalige Herrenhäuser beherbergen heute Museen. Gut erhalten sind auch einige Kirchen, etwa die Klosterkapelle La Popa mit ihrer eher schlichten Barockfassade. Die einstöckige Bauweise vieler Häuser in Kombination mit Veranden und Balkonen verleiht Trinidad einen fast dörflichen Charakter. Bunte Bemalung mit stark kontrastierenden Farben unterstreicht die Stimmung karibischer Unbeschwertheit. Zum Welterbe zählen auch die Zuckerrohrplantagen zusammen mit historischen Zuckermühlen im benachbarten Valle de los Ingenios, dem Tal der Zuckermühlen, das man am besten vom Turm von Manaca-Iznaga aus überblickt.

# Historische Altstadt von Camagüey

Kuba | Jahr der Ernennung: 2008

Die Plaza Del Carmen mit der Iglesia de Nuestra Señora del Carmen und Skulpturen des Alltagslebens der Camagüeyanos.

Camagüey gehört zu den ersten sieben Städten, die im Namen der spanischen Krone auf Kuba gegründet wurden. Sie zeugt vom Einfluss des europäischen Mittelalters und seiner Städtebaukultur auf die Baumeister der Kolonialzeit. Zweimal musste die im Jahr 1514 in der Bucht von Nuevitas gegründete Stadt verlegt werden, bis sie 1528 an ihrem heutigen Platz im Landesinneren erbaut wurde. Ihre ursprüngliche Küstenlage hatte sie zu einem leicht einnehmbaren Angriffsziel für Korsaren gemacht. Seinen Namen erhielt Camagüey nach dem indianischen Stammesgebiet, in dem die Stadt gegründet worden war: Camagüebax. Die durch Zucker- und Tabakanbau weitgehend unabhängige Stadt entwickelte eine eigenständige Architektur. Im Gegensatz zu anderen – symmetrisch angelegten – Städten in Kuba folgt das Stadtgefüge einem unregelmäßigen, organischen Muster. Kleine Gassen umschließen Häuserblocks von unterschiedlicher Größe und erinnern an europäische mittelalterliche Anlagen. In der Altstadt spiegeln sich die Stile unterschiedlicher Epochen wider, die Camagüey seinen besonderen Charme verleihen: Neoklassizismus, Barock und Jugendstil.

# Nationalpark Desembarco del Granma

Kuba | Jahr der Ernennung: 1999

Die terrassenförmig gestaffelten geologischen Formationen am Rande der Sierra Maestra bilden ein einzigartiges System von Kalksteinfelsen, die einen wichtigen Lebensraum für viele seltene Pflanzen und Tiere zu Wasser und zu Lande bieten.

Seinen Namen verdankt der Nationalpark dem Schiff, mit dem Fidel Castro und Che Guevara 1956 mit 81 weiteren Gefährten bei Las Coloradas auf Kuba landeten, um die Batista-Diktatur zu stürzen. (An der Stelle befindet sich heute eine Rekonstruktion des Bootes.) Die einzigartige Küsten- und Karstlandschaft mit ihren Höhlen und Cañons rund um Cabo Cruz gehört zu den weltweit intaktesten ihrer Art. Sie besteht aus Kalksteinterrassen, die sich bis zu 360 Meter über den Meeresspiegel erheben und sich unter der Wasseroberfläche fortsetzen. Das geschützte Areal mit einer Fläche von über 400 Quadratkilometern liegt an der Grenze zwischen Karibischer und Nordamerikanischer Platte. Bis heute wurden dort mehr als 500 Pflanzenarten gezählt, von denen etwa 60 Prozent endemisch sind. Auch die Tierwelt weist eine außergewöhnliche Vielfalt auf. Von kulturhistorischem Interesse sind einige Höhlen der präkolumbischen Taíno-Indianer.

**Die Dschungellandschaft (oben) des Nationalparks. Unten: Fische und Seekühe tummeln sich in den Küstengewässern.**

# Festung von Santiago de Cuba

Kuba | Jahr der Ernennung: 1997

Die durch Erdbeben und Angriffe mehrfach beschädigte Festung San Pedro de la Roca wurde immer wieder restauriert und ausgebaut. Das Gebäude ist eines der am besten erhaltenen Beispiele spanisch-amerikanischer Militärarchitektur.

Santiago de Cuba im Südosten der Insel wurde 1514 von dem Entdecker Diego Velázquez gegründet. Aufgrund ihrer günstigen Lage wurde die Siedlung bald zu einem bedeutenden wirtschaftlichen und politischen Zentrum. Im 17. Jahrhundert reagierten die Spanier auf die zunehmende Bedrohung Santiagos durch Angriffe rivalisierender Kolonialmächte und Piratenüberfälle und erbauten auf einem felsigen Vorgebirge die Festung San Pedro de la Roca, kurz »El Morro« genannt. Die gewaltige Wehranlage mit ihren Türmen, Bastionen und Pulvermagazinen, die die schmale Einfahrt in die Bucht von Santiago überwachen, wurde ab 1638 im Stil der italienischen Renaissance errichtet. Baumeister war der renommierte Militärarchitekt Juan Bautista Antonelli, der auch die gleichnamige Festung in Havanna verantwortete. Über mehrere durch Treppen verbundene Plattformen ziehen sich die Bauten das Felsenkliff hinauf.

**Hoch über der Hafeneinfahrt von Santiago de Cuba wurde die Festung »El Morro« errichtet (beide Abbildungen).**

# Relikte der ersten Kaffeeplantagen im Südosten Kubas

Kuba | Jahr der Ernennung: 2000

Die Reste der alten Kaffeeplantagen am Fuß der Sierra Maestra sind ein eindrucksvolles Zeugnis der landwirtschaftlichen Produktionsbedingungen in der Karibik zur Zeit der Sklaverei. Französische Flüchtlinge aus Haiti brachten Ende des 18. Jahrhunderts den Kaffee in den Südosten Kubas. Das trockene Klima bot ideale Bedingungen für den Anbau der Kaffeepflanze. Dafür wurden billige Arbeitskräfte benötigt, und so war die Blüte der Kaffeeökonomie mit ihrer Plantagenwirtschaft bis weit ins 19. Jahrhundert hinein untrennbar mit der Sklaverei verbunden. Etwa eine Million Afrikaner wurden deshalb nach Kuba verschleppt. Rund um die Plantagen entstand eine eigene Infrastruktur mit Wegen und Bewässerungssystemen. Das Welterbe umfasst auf einem Areal von über 80 000 Hektar zwischen Santiago und Guantánamo die Relikte von 171 historischen Kaffeeplantagen. Zu einer Plantage gehörten das Herrenhaus, Sklavenunterkünfte, als »Secaderos« bezeichnete Terrassen zum Trocknen der Bohnen, Maschinen und Werkstätten. Zentrum der Welterbestätte ist die Cafetal la Isabelica mit einem zweistöckigen Steingebäude vom Anfang des 19. Jahrhunderts.

Die ehemalige Kaffeeplantage Cafetal La Isabelica lädt Besucher in die Hügel über Santiago de Cuba ein.

# Nationalpark Alejandro de Humboldt

Kuba | Jahr der Ernennung: 2001

Im wenig erschlossenen Osten Kubas sind bis heute großartige Naturlandschaften erhalten geblieben. Sie stellen – wie etwa der Nationalpark Alejandro de Humboldt – letzte intakte Rückzugsgebiete für die Flora und Fauna der Insel dar. Der Nationalpark in der Gebirgsregion Alturas de Baracoa nordwestlich der gleichnamigen Stadt ist größtenteils als Biosphärenreservat ausgewiesen. Er bietet auf einem Areal von mehr als 700 Quadratkilometer (davon etwa 20 Quadratkilometer marine Fläche) eine besonders große Vielfalt von Ökosystemen: eine Küstenregion mit Korallenriffen und Mangroven, wo auch eine größere Population der ansonsten bedrohten Seekühe zu Hause ist, Feuchtwälder sowie eine Bergregion rund um den 1168 Meter hohen El Toldo mit stattlichen Beständen der endemischen Kubakiefer. Über 400 Tier- und Pflanzenarten sind ausschließlich hier beheimatet. Diese Zahl übertrifft die Superlative der bisher bekannten »Zentren des Endemismus«, wie etwa den Galapagosinseln, um ein Vielfaches. Der Nationalpark wurde nach dem berühmten deutschen Forschungsreisenden Alexander von Humboldt benannt, der in den Jahren 1801 und 1804 vier Monate lang auf Kuba weilte.

Der auch als »Arche Noah der Karibik« bezeichnete Nationalpark ist ein Paradies für endemische Arten wie die Kuba-Amazone.

# Blue and John Crow Mountains

Jamaika | Jahr der Ernennung: 2015

Neben den üppigen Bergregenwäldern, die eine fantastische Flora und Fauna beherbergen, steht das Erbe der Maroons (Schwarzafrikaner, die auf Jamaika als Plantagenarbeiter versklavt wurden) nun unter dem Schutz der UNESCO. Die Blue Mountains beherbergen unter anderem den höchsten Gipfel der karibischen Insel, den Blue Mountain Peak mit 2256 Metern. Die gesamte Bergkette der Blue Mountains bildet mit den angrenzenden John Crow Mountains den größten Nationalpark des Landes, der rund ein Fünftel der Gesamtfläche Jamaikas einnimmt. Das Areal der Blue Mountains weist eine enorm hohe Biodiversität auf, die es in der Art kaum ein zweites Mal auf der Welt gibt. So gedeihen in dem tropischen Bergregenwald seltene Baumarten, verschiedene Farne, Bromelien und Orchideenarten. Weiterhin haben viele Tiere wie diverse Säugetiere und Vogelarten in diesen Bergwäldern ihre letzte Zuflucht. Die Bergwelt erhielt gleichzeitig Weltkulturerbestatus. In der Vergangenheit tobte hier ein Freiheitskampf der Maroons gegen die Sklaverei. In den schwer zugänglichen Bergwäldern organisierten diese einst ihren Widerstand gegen die britische Kolonialmacht.

**Erstmals in die Welterbeliste aufgenommen wurde Jamaika mit der Kultur- und Naturstätte Blue and John Crow Mountains.**

# Historischer Nationalpark von Haiti

Haiti | Jahr der Ernennung: 1982

Der Historische Nationalpark mit Zitadelle, Schloss Sans-Souci und den Ruinen von Ramiers erinnert mit seinen kurz nach 1800 errichteten Bauwerken an die Unabhängigkeit von der früheren Kolonialmacht Frankreich. Im Jahr 1804 wurde Haiti, das den westlichen Teil von Hispaniola, der zweitgrößten Insel der Großen Antillen, einnimmt, unabhängig. Aus dieser Zeit stammen die Ruinen von Sans-Souci und von Ramiers sowie die Zitadelle La Ferrière, die den Historischen Nationalpark von Haiti bilden. Das rund 25 Quadratkilometer große Areal liegt im Nordwesten des Landes nahe Cap-Haïtien. Der geistige Schöpfer der Bauwerke ist Henri (Christophe) I., ein ehemaliger General, der sich 1811 zum König erklärt hatte. Die Palastanlage von Sans-Souci umfasst ein rund 20 Hektar großes Gelände in reizvoller Hügellandschaft, auf dem der Regierungssitz, ein Krankenhaus und ein Waffenarsenal untergebracht waren. Der Palast selbst wurde um 1807 in eklektizistischem Stilmix erbaut und ist nur noch teilweise erhalten. Die Zitadelle errichteten afrikanische Sklaven, die unter Henri I. ihre Freiheit gewonnen hatten. Die Wohngebäude von Ramiers wurden nach dem Tod Henris I. 1820 zerstört.

**Nebelschwaden schieben sich den 950 Meter hohen Berg Chaine Bonnet l´Eveque hinauf zur gewaltigen Zitadelle La Ferrière.**

# Kolonialzeitliches Santo Domingo

Dominikanische Republik | Jahr der Ernennung: 1990

Die erste von Europäern gegründete Stadt in der Neuen Welt entsprach in ihrer Anlage der Idealstadt der Renaissance und war Vorbild für alle späteren Neugründungen im spanischen Kolonialreich. Im Jahr 1498 wurde Santo Domingo von Christoph Kolumbus' Bruder Bartolomeo offiziell gegründet, 1502 jedoch nach der Zerstörung durch einen Hurrikan weiter ins Landesinnere, an die Ufer des Flusses Ozama verlegt. Heute ist Santo Domingo die Hauptstadt der Dominikanischen Republik. Nach dem Vorbild der Renaissance ist die Stadt streng geometrisch in rechtwinklige Straßenzüge gegliedert, unterbrochen von Plätzen wie der Plaza Mayor. Im historischen Zentrum rund um den Parque Colón befinden sich einige der ältesten Gebäude und Institutionen Amerikas. Beispielhaft hierfür ist die teils gotische Catedral de Santa Maria la Menor von 1541. Die älteste Universität Amerikas, Santo Tomás de Aquino, wurde 1538 im hiesigen Dominikanerkloster gegründet. Die Ruinen des ältesten Spitals der Neuen Welt, San Nicolás de Bari (1503), kann man heute noch besichtigen. Einflüsse der Renaissance zeigt die Residenz des Vizekönigs, Alcázar de Colón.

**Das Kolumbusdenkmal bestimmt die Plaza Colon, an der sich auch die Kathedrale Santa Maria la Menor befindet.**

# Nationalpark und Fort Brimstone Hill

St. Kitts und Nevis | Jahr der Ernennung: 1999

Die im 18. Jahrhundert erbaute Wehranlage im Zentrum des Nationalparks auf der Karibikinsel St. Kitts gehörte zu den besterhaltenen Beispielen britischer Militärarchitektur in der Neuen Welt. Bereits 1690 ließen die britischen Kolonialherren erste Geschütze auf dem strategisch günstig gelegenen Brimstone Hill aufstellen, um die Region, die wegen des Zuckers so begehrt war, vor Konkurrenzmächten zu schützen. Bis nach der Eroberung Brimstone Hills im Jahr 1782 durch eine französische Flotte war die Festung in mehr als 100 Jahren Sklavenarbeit zu einem gewaltigen Komplex ausgebaut worden und beherbergte mehr als 1000 Soldaten. Die französische Herrschaft währte jedoch nur kurz. Im Jahr 1851 wurde Brimstone Hill verlassen und verkam in der Folge zur Ruine. Die wiederaufgebauten militärischen Anlagen erstrecken sich über 16 Hektar. Dazu gehören ein Hospital, mehrere Munitionslager und Wohnquartiere der Offiziere. Die mächtigsten Anlagen sind die Zitadelle Fort George und die Prince-of-Wales-Bastion, deren bis zu 2,5 Meter dicke Mauern aus Vulkangestein Beschuss durch feindliche Schiffe widerstehen sollten.

**Brimstone Hill gilt als eine der am besten erhaltenen historischen Festungsanlagen des amerikanischen Kontinents.**

Dominikanische Republik, St. Kitts und Nevis | **Amerika**

# Nationalpark Morne Trois Pitons

Dominica | Jahr der Ernennung: 1997

Unwetter über dem Regenwald von Morne Trois Pitons (oben). Unten: Die bedrohte Kaiseramazone, der Nationalvogel Dominicas.

Zu Füßen des 1342 Meter hohen Morne Trois Pitons erstreckt sich auf Dominica der gleichnamige Nationalpark, der durch artenreichen Tropenwald und vulkanische Erscheinungsformen bezaubert. Der im Jahr 1975 gegründete Nationalpark bietet mit seinen Nebel- und Regenwäldern, Seen und Wasserfällen auf einem Areal von fast 7000 Hektar zahlreichen Pflanzen- und Tierarten Lebensraum. 21 ausschließlich in dieser ökologischen Nische vorkommende Pflanzenarten wurden im Park registriert. Annähernd 150 Vogelarten bevölkern die Wälder, darunter eine vom Aussterben bedrohte Papageienspezies. Von atemberaubender Schönheit sind die unterschiedlichen vulkanischen Phänomene in der Nähe des noch aktiven Vulkans Morne Trois Pitons. So finden sich zwischen schroffen Felsen und dicht bewachsenen Schluchten etwa 50 Fumarolen, heiße Quellen und fünf noch aktive Vulkankrater. In einem kochenden See blubbert heißer Schlamm. Der »Emerald Pool« verdankt seine außergewöhnliche Färbung ebenfalls vulkanischen Kräften. So bietet der Nationalpark ein ideales Feld für das Studium aktiver geomorphologischer Prozesse.

# Pitons-Naturschutzgebiet

St. Lucia | Jahr der Ernennung: 2004

Als Pitons bezeichnet man auf der Karibikinsel St. Lucia zwei über 700 Meter hohe kegelförmige Vulkanberge, die aus dem Meer aufsteigen. Das Welterbe umfasst ein annähernd 30 Quadratkilometer großes Areal im Südwesten der Insel in der Nähe von Soufrière. Seine Bestandteile sind der Gros (770 Meter) und der Petit Piton (743 Meter) mit verbindendem Bergrücken, ein Solfatarenfeld mit Fumarolen und heißen Quellen sowie angrenzende Meeresgebiete. Der Bereich unter Wasser war einst zu fast 60 Prozent mit Korallen besetzt. Durch den Hurrikan »Lenny« wurde 1999 ein großer Teil davon zerstört. Durch die Einrichtung von Fischfangverbotszonen hat inzwischen jedoch eine Erholung eingesetzt, sodass die Gewässer um die Pitons heute zu den artenreichsten in der ganzen Karibik zählen. Man hat hier rund 170 Fischarten, 60 Nesseltier-, 14 Schwamm-, elf Stachelhäuter-, 15 Gliederfüßer- und acht Borstenwürmerarten nachgewiesen. Die dominierende Vegetation auf dem Festland ist tropischer Regenwald mit kleinen Trockenwaldbereichen. Vom Gros Piton kennt man rund 150 Pflanzenarten, vom Petit Piton etwa 100. Fast 30 Vogelarten leben hier, darunter fünf endemische.

**Von der Bucht Anse des Pitons blickt man auf den Petit Piton, der zusammen mit dem Gros Piton als »Busen der Karibik« bezeichnet wird.**

# Bridgetown und seine Garnison

Barbados | Jahr der Ernennung: 2011

Das historische Zentrum von Bridgetown, der Hauptstadt von Barbados, mit seinen gut erhaltenen Bauten aus dem 17., 18. und 19. Jahrhundert ist ein hervorragendes Beispiel für die britische Kolonialarchitektur. Zum Welterbe gehört auch eine nahe gelegene Garnison. Im Jahr 1536 betrat der portugiesische Kapitän Pedro Campos als erster Europäer diese östlichste Insel der Kleinen Antillen und gab ihr (nach den bartartigen Luftwurzeln der Feigenbäume) den Namen »Isla de los Barbados«. An Bedeutung gewann das Eiland aber erst, als 1625 der Engländer John Powell hier den Union Jack hisste. Seit dieser Zeit prägten mehr als 300 Jahre britische Kolonialgeschichte das Bild der Karibikinsel, die nach der Verfassung vom 30. November 1966 eine parlamentarische Monarchie im Commonwealth mit der englischen Königin als offiziellem Staatsoberhaupt ist. Die besten Beispiele britischer Kolonialarchitektur findet man im historischen Zentrum sowie im südwestlich des Zentrums davon gelegenen Garnisonskomplex der britischen Truppen, der heute vor allen Dingen für Krickspiele genutzt wird.

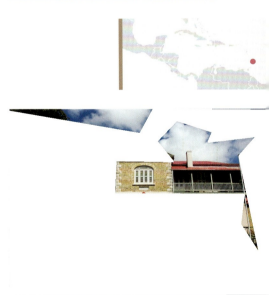

**An die koloniale Vergangenheit in Barbados erinnert heute das im einstigen Militärgefängnis untergebrachte Barbados Museum.**

# Cartagena

Kolumbien | Jahr der Ernennung: 1984

Arkaden und Balustraden prägen die alten Kolonialhäuser (oben). Unten: Die Kirche San Pedro Claver bestimmt das Stadtbild.

Die Hafenstadt an der kolumbianischen Karibikküste war einst ein bedeutender Sklavenumschlagplatz. Zum Welterbe qualifizieren sie die imposanten Verteidigungsanlagen, der Hafen und die kolonialzeitlichen Baudenkmäler in der Altstadt. Das 1533 gegründete Cartagena entwickelte sich schnell zum florierenden Handelszentrum für Gold und Sklaven. Mitte des 16. Jahrhunderts häuften sich Piratenüberfälle. Nachdem der Freibeuter Sir Francis Drake Cartagena im Jahr 1585 geplündert hatte, wurde eine zwölf Meter hohe und bis zu 18 Meter dicke Schutzmauer errichtet. Als größte Stadtmauer der Neuen Welt hielt sie im 18. Jahrhundert einem Angriff der Engländer stand. Die von Wehrmauern umgebene Altstadt gliederte sich in drei Bezirke: Die herrschaftlichen Häuser mit prächtigen Portalen und blumengeschmückten Innenhöfen in San Pedro waren der Oberschicht vorbehalten. San Diego war Wohn- und Geschäftsviertel der Kaufleute, während die einfache Bevölkerung vorwiegend afrikanischer Abstammung in Getsemaní lebte. Zu den bedeutendsten Gebäuden zählen die Kathedrale aus dem 16. Jahrhundert und der Palacio de la Inquisición aus dem 18. Jahrhundert.

# Altstadt von Santa Cruz de Mompox

Kolumbien | Jahr der Ernennung: 1995

Vom 16. bis zum 19. Jahrhundert war Santa Cruz de Mompox eine wichtige Handelsstadt am Río Magdalena. Auch heute noch fühlt man sich im gut erhaltenen Zentrum in die Kolonialzeit zurückversetzt. An den Ufern des Río Magdalena rund 250 Kilometer südlich von Cartagena liegt Santa Cruz de Mompox – eine der ältesten und schönsten Kolonialstädte Kolumbiens. Lange war sie ein wichtiger Binnenhafen an der Handelsstraße nach Cartagena. Heute fließt der Río Magdalena durch ein anderes Flussbett, und die Stadt hat ihre ökonomische Bedeutung eingebüßt. Der historische Stadtkern mutet mit seiner für Kolumbien einzigartig geschlossenen Bebauung im spanischen Kolonialbarock wie ein Freilichtmuseum an. Statt des sonst üblichen zentralen Platzes bilden in Mompox gleich drei durch die Calle de la Albarrada verbundene Plätze das Zentrum: La Concepción, San Francisco und Santa Bárbara. Jeder dieser Plätze verfügt über eine eigene Kirche aus dem 16. Jahrhundert, von denen Santa Bárbara mit ihrem barocken Turm die außergewöhnlichste ist. Weitere herausragende Gebäude und Kirchen sind an der Calle del Medio zu finden.

Als ungewöhnlichstes Bauwerk der Stadt gilt der achteckige Turm von Santa Bárbara mit Stuckverzierungen und Balkon.

# Nationalpark Los Katíos

Kolumbien | Jahr der Ernennung: 1994

Die Hügellandschaft des Nationalparks im Nordwesten Kolumbiens wird von Regenwald und Sumpfgebieten bedeckt. Die abgelegene Region bietet bedrohten Tierarten sowie seltenen endemischen Pflanzen einen geschützten Lebensraum.

Der 720 Quadratkilometer große Nationalpark erstreckt sich in seinem östlichen Abschnitt über weite Teile der Sumpfgebiete des in den Golf von Darién mündenden Flusses Atrato. Im Westen umfasst er den östlichen Teil der stark zerklüftete Hügelkette der Serranía del Darién, eines Ausläufers der westlichen Andenkordillere. Durch die hohen Niederschläge, die im Durchschnitt mehr als 3000 Millimeter im Jahr betragen, konnten sich ausgedehnte Sumpf- und Regenwälder entwickeln. Hier wächst noch eine Vielzahl wertvoller Hölzer wie der Balsa- oder der Kautschukbaum. Vor allem die Unzugänglichkeit dieser Urwaldregion hat zur Erhaltung der artenreichen und vielfach endemischen Pflanzenwelt beigetragen.

Auch die Tierwelt profitiert von der Abgeschiedenheit. In dieser Region leben noch Großkatzen wie Pumas und Jaguare, ebenso Ameisenbären, Faultiere, verschiedene Affenarten wie Brüll-, Kapuziner- und Wollaffen sowie Tapire.

Im Nationalpark gibt es Tiere, die sonst nur in Mittelamerika vorkommen, wie etwa der Graukopfguan – eine Hühnervogelart.

Kolumbien | **Amerika**

## Kulturlandschaft Kaffeezone

Kolumbien | Jahr der Ernennung: 2011

Die im Herzen des Andenhochlandes auf 1000 bis 2000 Höhenmetern gelegene Zona Cafetera ist ein hervorragendes Beispiel für eine traditionell gewachsene, nachhaltige und bis heute produktive Kulturlandschaft.

Das zum Weltkulturerbe erklärte Areal umfasst sechs repräsentative Anbaugebiete in den Ausläufern der Cordillera de los Andes: Kolumbiens Kaffeezone gliedert sich in drei Departamentos – Caldas, Quindío und Risaralda mit den Städten Manizales, Armenia und Pereira –, weshalb man auch vom Triángulo del Café spricht, vom Kaffeedreieck. Im milden Klima und auf den fruchtbaren Böden der vulkanischen Zentralkordillere wachsen exzellente Arabica-Kaffeesorten: Rund zehn Prozent des weltweit produzierten Hochlandkaffees und fast die Hälfte der gesamten kolumbianischen Kaffeeernte werden hier angebaut. Ihren Anfang nahm die inzwischen über hundertjährige Tradition des Kaffeeanbaus in dieser Region mit jenen Siedlern, die im 19. Jahrhundert im Zuge des Unabhängigkeitskriegs hierhin flüchteten. So erkennt man in der Architektur der hiesigen »Kaffeestädte« bis heute indigene wie spanische Einflüsse.

**Typische Kaffeeplantage im Herzen der Zona Cafetera, die zeigt, wie der langjährige Kaffeeanbau die Landschaft prägt.**

## Naturreservat Malpelo

Kolumbien | Jahr der Ernennung: 2006

Das Reservat im tropischen Ostpazifik umfasst die isolierte kleine Insel Malpelo und ein rund 8500 Quadratkilometer großes Meeresschutzgebiet. Die nur 3,5 Quadratkilometer große Insel Malpelo liegt rund 500 Kilometer von der kolumbianischen Pazifikküste entfernt. Malpelo gehört zu einem Meereskorridor, der weitere Welterbestätten wie die Galapagosinseln (Ecuador), Coiba (Panama) und die Kokosinsel (Costa Rica) miteinander verbindet, in ihrer Umgebung fällt der Meeresgrund auf bis zu 3400 Meter Tiefe ab. Dank ihrer vielfältigen Unterwasserlandschaft mit Riffen, tiefen Cañons und Höhlen sind die Gewässer ein beliebtes Tauchrevier. Durch den Einfluss diverser Meeresströmungen hat sich hier ein reichhaltiges Ökosystem herausgebildet. Besonders zahlreich sind Haie. Neben Hammer-, Wal- und Seidenhaien tummeln sich hier auch die seltenen Kurznasen-Sägehaie. Außerdem gibt es Adler- und Mantarochen, Seepferdchen, Thunfische, Barrakudas, Bonitos und Snapper. Auch Meeresschildkröten und endemische Seesterne haben hier ihr Refugium. Auf der Insel Gabelschwanzmöwen und Hawaii-Sturmvögel. Erwähnenswert ist die weltweit größte Kolonie von Maskentölpeln.

**Die Gewässer rund um Malpelo dienen als Fortpflanzungsgebiet für zahlreiche Meerestiere, darunter allein für rund 200 Fischarten.**

# Archäologischer Park Tierradentro

Kolumbien | Jahr der Ernennung: 1995

Der archäologische Park Tierradentro in der Cordillera Central im Süden Kolumbiens wird von zahlreichen unterirdischen Grabanlagen durchzogen, die aufgrund ihrer Größe und Treppenzugänge einzigartig in Südamerika sind. Zum archäologischen Park von Tierradentro gehören mehrere Zonen präkolumbischer Grabkammern aus dem 6. bis 10. Jahrhundert – Alto del Aguacate, Loma de San Andrés, Alto de Segovia und Alto del Duende – sowie diverse Steinskulpturen in Tablón. Die Funde gehen wohl auf eine alte Ackerbaukultur mit einem hoch entwickelten Totenkult zurück. Die unterirdischen Begräbnistempel dienten der Aufbewahrung von Urnen. Knochenreste zeigen, dass es keine einheitlichen Bestattungsbräuche gab. Neben einfachen Schachtkammergräbern umfasst der Park auch größere, halbkreisförmig aus dem Fels herausgeschlagene Gräber, die über steinerne Wendeltreppen betreten wurden. Ihre bis zu zwölf Meter breiten Wände wurden mit roten und schwarzen geometrischen Figuren auf weißem Grund ausgemalt. In Nischen befanden sich Relieffiguren. Einige der Keramikurnen bargen Goldschmuck, der auf kostbare Grabbeigaben schließen lässt.

**Geometrische Muster und Zeichnungen schmücken eine Goldmaske aus dem Tierradentro im Museo del Oro in Bogotá.**

# Archäologischer Park San Agustín

Kolumbien | Jahr der Ernennung: 1995

San Agustín, nur wenig südlich von Tierradentro gelegen, ist die bedeutendste archäologische Stätte des Landes mit der größten Ansammlung religiöser Monumente und megalithischer Skulpturen Südamerikas. Die Region an der Nahtstelle zwischen Ost- und Mittelkordilleren war bereits im 5. Jahrhundert v. Chr. besiedelt. Zum Weltkulturerbe zählen drei Fundstellen: San Agustín – die größte der drei –, Alto de los Ídolos und Alto de las Piedras. In ihrer Blütezeit brachte die hier angesiedelte rätselhafte Kultur zahlreiche Schachtgräber sowie Tumulus- und Hügelgräber hervor. Noch eindrucksvoller sind die für die San-Agustín-Kultur so charakteristischen »Ídolos«. Diese steinernen Menschen- und Tierfiguren erinnern an die Götterstandbilder der Maya in Mittelamerika. Darunter finden sich auch Darstellungen von Adlern und Schlangen, beides wichtige sakrale Tiere der Maya. Ab dem 8. Jahrhundert beginnt der Niedergang dieser Kultur. Bis zu ihrem Ende im 15. Jahrhundert nehmen die Gesichter der meterhohen Steinfiguren immer realistischere Formen an. Ihre Schöpfer gehörten zu den mittelamerikanischen Völkern gehörten, die den südamerikanischen Halbkontinent von Norden besiedelten.

**In Steinkammern wurden monolithische Sarkophage ausgegraben. Rund 400 Steinskulpturen wurden in San Agustin gefunden.**

# Qhapaq Ñan – Inka-Hauptstraßen in den Anden

Ecuador, Kolumbien, Peru, Bolivien, Chile, Argentinien | Jahr der Ernennung: 2014

Als die ersten Spanier vor 500 Jahren dort ankamen, gab es im Inka-Reich bereits ein erstaunlich gut ausgebautes Straßensystem, dessen einstige Hauptstraße Qhapac das umfangreichste archäologische Monument Südamerikas ist. Über rund 6000 Kilometer, von Kolumbien über Ecuador, Peru, Bolivien und Argentinien bis nach Chile, erstreckt sich die einstige Inka-Hauptstraße (mit dem Inkapfad nach Machu Picchu als berühmtestem Abschnitt). Dieses weitverzweigte Straßennetz von rund 30 000 Kilometer Länge war die zentrale Infrastruktur für Kommunikation, Handel, Eroberung und die Ausübung politischer Herrschaft im Inkareich. Seit 2014 zählen rund 720 Kilometer der Hauptroute – darunter treppenartige Pfade, schmale Holzhängebrücken und bis zu 20 Meter breite kopfsteingepflasterte »Highways« zum Welterbe. Ebenso dazu gehören 291 archäologische Stätten (Raststationen für Boten und Lasttiere, Straßen- und Militärposten, Speicher und Sakralstätten). Sie repräsentieren eine Kultur, die auf schwierigstem Terrain und in verschiedensten Ökozonen einzigartige soziale, politische, architektonische sowie technische Errungenschaften hervorbrachte.

**Das über Jahrhunderte gewachsene Straßennetz der Inka (beide Abbildungen) entlang des Hauptkamms der Anden gilt als Meisterwerk der Ingenieurbaukunst.**

# Altstadt von Quito

Ecuador | Jahr der Ernennung: 1978

San Francisco (oben), der größte historische Architekturkomplex Südamerikas. Unten: Prachtvoll – die Kirche La Compañía de Jesús.

Quito ist mit 2850 Meter Meereshöhe nach La Paz nicht nur die am zweithöchsten gelegene Hauptstadt Südamerikas, sondern auch die älteste. Schon vor der Inka-Zeit wurde das von Vulkanen umrahmte Hochbecken besiedelt. Unter Huayna Cápac entwickelte sich hier das zweitgrößte Verwaltungszentrum des Inka-Reiches. Auf der Flucht vor den spanischen Konquistadoren ließen die Inka die Hauptstadt ihres Nordreichs zerstören. Im Jahr 1534 gründete der spanische Eroberer Sebastián de Belalcázar über den Ruinen »San Francisco de Quito«. Die Altstadt von Quito gilt heute als der Ort mit der größten Dichte kolonialer Kunstschätze in Südamerika. Von herausragender Bedeutung ist die in der zweiten Hälfte des 16. Jahrhunderts über der Ruine eines Inka-Palastes erbaute Kirche San Francisco, das größte und älteste Gotteshaus der Stadt. Ein grandioses Bauwerk ist auch die aus dem 16. Jahrhundert stammende Kathedrale, die nach einem schweren Erdbeben 1755 wiederaufgebaut wurde. Weitere Schmuckstücke der kolonialen Barockarchitektur sind die Kirchen Santo Domingo mit ihrer eindrucksvollen Rosenkranzkapelle sowie La Compañía de Jesús mit ihrer prächtigen Fassade.

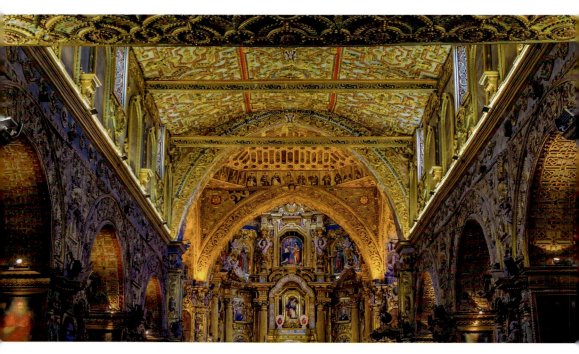

# Nationalpark Sangay

Ecuador | Jahr der Ernennung: 1983

Der Nationalpark Sangay liegt in den ecuadorianischen Anden. Zwei bis heute aktive Vulkane verleihen der Landschaft, die auch Heimstatt seltener Tier- und Pflanzenarten ist, einen besonderen Reiz. Der kaum zugängliche Nationalpark Sangay umfasst drei Landschaftszonen: die vulkanischen Hochanden in 2000 bis 5000 Meter Höhe, die östlichen Vorberge in 1000 bis 2000 Meter Höhe sowie die unterhalb liegenden Schwemmfächer. Das zentrale Hochland wird von den beiden aktiven Vulkanen Sangay (5230 Meter) und Tungurahua (5016 Meter) sowie dem erloschenen El Altar (5319 Meter) beherrscht. Mit ansteigender Höhe lässt sich eine für die Tropen typische Abfolge von Vegetationsstufen erleben: Tropischer Tielandregenwald geht in niedrigeren montanen Regenwald über, dann folgt ab 4500 Metern die wilde Graslandschaft des Páramo. Oberhalb von 4800 Metern liegt die Zone ewigen Schnees. Die Tier- und Pflanzenwelt profitiert von der Landschaft. Mehr als 3000 Pflanzenarten wachsen im Nationalpark, die Zahl der Vogelspezies wird auf 500 geschätzt. Auch Säugetiere sind vertreten: Neben Tapiren und Brillenbären streifen auch Pumas, Jaguare und Ozelots durch die Urwälder.

Eindrucksvolle Vulkane bestimmen das Erscheinungsbild des Nationalparks, wie der noch heute aktive Tungurahua.

# Altstadt von Cuenca

Ecuador | Jahr der Ernennung: 1999

Das in einem Hochlandbecken im südlichen Ecuador gelegene Cuenca ist ein herausragendes Beispiel spanischer Stadtplanung und Architektur in Südamerika. Umrahmt von Andengipfeln liegt in 2595 Meter Meereshöhe die heute drittgrößte Stadt Ecuadors. Bereits vor der Ankunft der Spanier befand sich hier ein wichtiges Zentrum der Inka. Doch als Gil Ramírez Dávalos hier im Jahr 1557 Santa Ana de los Cuatro Ríos de Cuenca gründete, standen von der einstigen Metropole des Inka-Herrschers Huayna Cápac nur noch Ruinen – die Stadt war zerstört und aufgegeben worden. Die Spanier legten Cuenca schachbrettartig um einen zentralen Platz an, der als Plaza Abdón Calderón das Herz der Stadt bildet. Dort erhebt sich die Alte Kathedrale mit ihrem niedrigen Glockenturm von 1557. Gleich gegenüber dominiert die Neue Kathedrale das Stadtbild. Typische Beispiele spanischer Kolonialarchitektur sind auch das Kloster La Concepción von 1599 sowie das 1682 vollendete Kloster Las Carmelitas Descalzas. Die Verschmelzung lokaler und europäischer Architekturelemente gibt der Stadt ein besonderes Flair. Für viele ist das »Athen Ecuadors« die schönste Stadt des Landes.

Kolonialarchitektur macht den besonderen Charme der Altstadt aus, hier der Hauptaltar in der Kirche Santo Domingo in Cuenca.

Ecuador | **Amerika**

# Nationalpark Galapagos-Inseln

Ecuador | Jahr der Ernennung: 1978

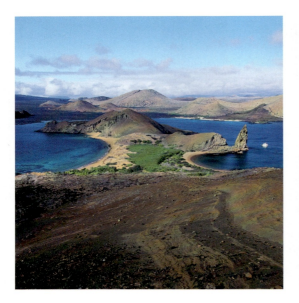

Die vulkanischen Inseln des Galapagosarchipels sind ein einzigartiges lebendiges Schaubild der Evolution. Rund 1000 Kilometer vor der Westküste Ecuadors befindet sich mitten im Pazifik ein Hotspot, an dem heißes Magma aus dem Erdinneren bis an die Erdoberfläche dringt. Hier entstand ein spektakulärer Archipel aus zwölf großen und über 100 kleineren vulkanischen Inseln. Die ältesten ganz im Osten entstanden vor 2,4 bis drei Millionen Jahren. Die isolierte Lage des Archipels bot Flora und Fauna optimale Voraussetzungen für eine eigenständige Entwicklungsgeschichte. Charles Darwin verhalf den Inseln mit seinem Besuch 1835 zu weltweitem Ruhm. Die Beobachtung fast gleicher Finkenarten, die auf unterschiedlichen Inseln lebten und dabei ihrer Umgebung entsprechend abweichende Schnabelformen entwickelten, verschaffte ihm wichtige Erkenntnisse für die Entwicklung der Evolutionstheorie. Der Galapagosarchipel ist ein Vogel- und Reptilienparadies. Dagegen haben nur wenige Säugetiere den Weg hierhin gefunden. Besonders spektakuläre Arten sind der flugunfähige Stummelkormoran, der Drusenkopf und die Meerechse sowie die Galapagos-Riesenschildkröte.

**Wie alle Reptilienarten auf den Galapagosinseln gehört auch der Drusenkopf (rechts) zu den endemischen Spezies. Oben: Pinnacle Rock am Strand der Insel Bartolomé.**

# Nationalpark Río Abiseo

Peru | Jahr der Ernennung: 1990

Der Nationalpark umfasst neben dem Grasland des Páramos einen ursprünglichen Nebelwald, der während der letzten Eiszeit vielen Pflanzen als Rückzugsgebiet diente. Hier wurden zahlreiche Ruinen aus präkolumbischer Zeit entdeckt. 1983 wurde der auf der im Norden Perus gelegene, rund 2700 Quadratkilometer große Nationalpark eingerichtet. Zu schützen galt es vor allem die Flora und Fauna der für diese Region typischen Nebelwälder. Viele der hier lebenden Pflanzen und Tiere sind endemisch, darunter 15 verschiedene Arten von Froschlurchen. Darüber hinaus war es eine kleine wissenschaftliche Sensation, als man hier vor einigen Jahren den bis dahin für ausgestorben gehaltenen Gelbschwanz-Wollaffen entdeckte. Auch für den vom Aussterben bedrohten Nordandenhirsch oder den Roten Brüllaffen bietet der Nationalpark einen sicheren Platz zum Überleben. Seit 1985 haben Archäologen im dichten Dschungel in Höhenlagen zwischen 2500 und 4000 Metern insgesamt 36 Gebäudekomplexe aus der Zeit vor der Inka-Herrschaft ausgegraben. Die Fundstätten sind von besonderem Wert, da sie eine Epoche von rund 8000 Jahren peruanischer Vor- und Frühgeschichte dokumentieren.

Für viele bedrohte Tierarten ist der Park ein einzigartiges Refugium, so auch für den Roten Brüllaffen (oben) und den Königsgeier (unten).

# Ruinen von Chan Chan

Peru | Jahr der Ernennung: 1986

Zum Vermächtnis der Chimú-Indianer gehören die Ruinen von Chan-Chan, einer der größten Städte im vorspanischen Amerika. Dieses Meisterwerk der Stadtplanung spiegelt die politische und soziale Struktur der Chimú wider. Chan-Chan, die Hauptstadt des mächtigen Chimú-Reiches, erstreckte sich in der Nähe des heutigen Trujillo über eine Fläche von rund 20 Quadratkilometern. Ihre Blütezeit erlebte die Stadt im 15. Jahrhundert. Die Bauwerke bestehen aus luftgetrockneten Adobe-Lehmziegeln und Tonzementplatten. Die Stadt besaß neben einem Hafen auch ein Kanal- und Aquäduktsystem für die Wasserversorgung aus dem Hinterland. Das Zentrum bestand aus verschiedenen, mit hohen Mauern umgebenen Stadtvierteln. Jede dieser sogenannten Ciudadelas bildete ein autonomes Viertel mit eigenen Tempeln, Wohnhäusern, Gärten und Friedhöfen. Wie am Dekor der Adobemauern zeigt sich auch in der Keramik sowie in Gold- und Silberschmuckstücken die Kunstfertigkeit der Chimú. Ein Großteil der Totenmasken und anderer Kostbarkeiten fiel jedoch den Konquistadoren in die Hände, und so können heute lediglich einige wenige Fundstücke einen Eindruck vermitteln.

**Mit tierförmigen und geometrischen Mustern sind die typischen Adobewände von Chan-Chan geschmückt.**

# Nationalpark Huascarán

Peru | Jahr der Ernennung: 1985

Der Nationalpark umfasst die Gebirgsregion um den Nevado Huascrán in der Cordillera Blanca. Mit seinen Schluchten und Gletscherseen birgt er außerordentliche Naturwunder und ist Heimat seltener Tiere und Pflanzen. Majestätisch ragt der schneebedeckte Gipfel des 6768 Meter hohen Nevado Huascarán, des höchsten Bergs von Peru, in dem nach ihm benannten Nationalpark auf. Neben dem Huascarán gibt es hier 26 weitere Gipfel mit über 6000 Meter. Sie werden von rund 30 Gletschern und 120 Gletscherseen flankiert. Hier erreichen die Temperaturen einen Jahresschnitt von 3 °C, im Winter fällt das Thermometer auf bis zu -30 °C. Trotzdem gibt es hier Vegetation bis in etwa 4000 Meter Höhe. Sie umfasst neben seltenen Kakteenarten auch die weltweit größte Bromelie Puya raimondii. Die im Nationalpark lebenden Säugetiere, vor allem der Brillenbär, der Puma, das Vikunja, der Weißwedelhirsch und der Nördliche Andenhirsch, haben sich optimal an die Gegebenheiten dieser kargen Bergwelt angepasst. Von den über 100 Vogelarten sind der Veränderliche Bussard, der Andenkondor und der weltweit größte Kolibri Picaflor gigante besonders spektakulär.

**Die Königin der Anden, die seltene Riesenbromelie Puya raimondii, wird bis zu zehn Meter hoch.**

# Ruinen von Chavín

Peru | Jahr der Ernennung: 1985

Chavín de Huántar im peruanischen Hochland ist Ausgrabungsstätte einer der einflussreichsten präkolumbischen Kulturen, die für ihre Architektur und Steinbildhauerei bekannt ist. Das Zentrum der Chavín-Kultur, die ihre Blütezeit zwischen 1000 und 300 v. Chr. erlebte, lag nahe dem Ort Chavín de Huántar auf 3200 Meter Meereshöhe in der Cordillera Blanca. Im Mittelpunkt stand der Alte Tempel, ein quadratischer, pyramidenförmiger Bau mit einem kreisrunden, vertieften Zeremonienplatz. Vom Neuen Tempel aus gelangt man durch ein von zwei reliefgeschmückten Rundsäulen flankiertes Eingangstor in den Haupttempel. Dessen Außenmauern wurden aus behauenen vulkanischen Steinblöcken erbaut, die mit raubtier- und vogelartigen Motiven geschmückt waren. Treppen führen in ein unterirdisches Gangsystem. Dort befindet sich das Standbild »El Lanzón«, eine 4,5 Meter hohe Granitstele, die ein Mensch-Tier-Wesen darstellt. Weitere wichtige Monumente wie der Tello-Obelisk und die Raimondi-Stele befinden sich heute im Archäologischen Museum in Lima. Textilienreste, Metallobjekte und Töpfereiwaren zeugen vom hohen Stand des Handwerks der einstigen Bewohner der Stadt.

Unterirdische Gänge mit aus Stein gehauenen Quadern der Chavín-Kultur, die nachfolgende Kulturen in Südamerika stark beeinflusste.

# Heilige Stadt Caral-Supe

Peru | Jahr der Ernennung: 2009

Die Ausgrabungen im Supe-Tal, 182 Kilometer nördlich von Lima, beweisen: Zur Zeit, als in Ägypten die ersten Pyramiden gebaut wurden, gab es in Lateinamerika bereits eine blühende Hochkultur. Bis zum Jahr 1994 lag Caral, eine der ältesten Städte auf dem amerikanischen Kontinent, unter Geröll verschüttet, bis sie entdeckt wurde. Heute weiß man, dass 3000 Jahre vor unserer Zeitrechnung in Caral, 25 Meter über dem fruchtbaren Supe-Tal gelegen, etwa 3000 Menschen lebten. Überragt wurde die prächtige Stadt von sechs nach Sichtachsen ausgerichteten Pyramiden. Prachtbauten bestimmten das Aussehen der Oberstadt, Werkstätten, Handelsplätze und enge Behausungen das der Unterstadt. Die in Caral gefundenen Knotenschnüre zeugen davon, dass »Quipu«, eines der ältesten auf Knoten basierenden Zeichensystemen der Welt, nicht wie bislang angenommen von den Inka entwickelt wurde, sondern bereits wesentlich älter ist. Mit der Entdeckung Carals steht fest, dass zeitgleich mit Mesopotamien, Indien oder Ägypten auch in Lateinamerika eine Hochkultur entstanden war. Während die anderen Hochkulturen miteinander in Kontakt standen, entwickelte sich Caral eigenständig.

Die archäologische Stätte zeigt eine komplexe Stadtstruktur mit Pyramiden, Tempeln, runden Plätzen, Wohnhäusern und Grabhügeln.

# Altstadt von Lima

Peru | Jahr der Ernennung: 1988

In der Kolonialzeit war Lima die größte und bedeutendste Stadt Südamerikas. Lima wurde 1535 von Francisco Pizarro, dem Eroberer Perus, im fruchtbaren Tal des Río Rímac gegründet. Die Stadt entwickelte sich dank der küstennahen Lage sowie der von den besiegten Inkas erbeuteten Gold- und Silbervorkommen rasch zur prächtigsten Metropole. Von 1570 bis 1820 hatte die Inquisition in der »Stadt der Könige« ihren Sitz und wurde zu einem Instrument der Unterdrückung gegen die indigene Bevölkerung. Aus dieser Zeit stammen die prachtvollsten, allerdings durch Sklavenarbeit erbauten Herrscherhäuser, Klöster und Kirchen, denen Lima den Beinamen »Perle des Pazifiks« verdankt. Die Erdbeben der Jahre 1687 und 1746 führten zu schwerwiegenden Schäden. Bereits 1672 wurde die Iglesia de San Francisco mit dem Franziskanerkloster vollendet, der größte klerikale Komplex der Kolonialzeit in ganz Südamerika. Zu Beginn des 18. Jahrhunderts setzte sich der Barockstil durch. Es entstanden u.a. der Palacio de Torre Tagle sowie die große Kathedrale, in der Pizarro beigesetzt wurde. 1988 wurde zuerst das Kloster San Francisco in die Liste des Weltkulturerbes aufgenommen.

**Die Plaza de las Armas von Lima (oben). Unten: Das Convento de San Francisco beherbergt eine Bibliothek aus dem 17. Jahrhundert.**

# Machu Picchu

Peru | Jahr der Ernennung: 1983

Inmitten einer Hochgebirgslandschaft liegt das wiederentdeckte Machu Picchu, die wohl imposanteste und am besten erhaltene Ruine einer Inka-Stadt. Im Jahr 1911 wurde es von dem Amerikaner Hiram Bingham wieder entdeckt. Rätselhaft wirkte alles an dieser im tropischen Bergwald an den östlichen Hängen der Anden versteckten Stadt, die wie ein Adlerhorst auf einer abgeflachten Bergkuppe in 2430 Meter Höhe thront. Die Bauten passen sich perfekt dem Gelände an. Über die Bedeutung dieser Stadt, die von den spanischen Eroberern nie entdeckt oder zur Kenntnis genommen wurde, wird auch heute noch spekuliert. Vielleicht war sie ein Versuch der Inka, auch die östlichen Hänge der Anden zu kolonialisieren. Sicher ist nur, dass die Stadt etwa um 1450 erbaut und bereits ein Jahrhundert später verlassen wurde. Die Anlage gliedert sich in zwei Bereiche: die Landwirtschaftszone mit den Ackerbauterrassen, die in ein Bewässerungssystem eingebunden waren, sowie den unbefestigten städtischen Bezirk mit Palästen, Tempeln und Wohnhäusern. Zu den bedeutendsten Monumenten zählen der Runde Turm, der Sonnentempel und der »Tempel der drei Fenster«.

**Machu Picchu ist eines der besten Beispiele für die perfekte Einbettung von Architektur in die Natur; gut erkennbar ist die terrassenförmige Struktur.**

Peru | **Amerika**

# Nationalpark Manú

Peru | Jahr der Ernennung: 1987

Der abgeschiedene Park am Übergang vom Ostabfall der Anden zum Amazonastiefland ist eine Region der Superlative mit unzähligen, teils endemischen Tier- und Pflanzenarten. Im Park leben indianische Ethnien, die auf traditionelle Art und Weise Jagd und Feldbau betreiben. Der 1973 eingerichtete und mit rund 1,5 Millionen Hektar Fläche zweitgrößte Nationalpark Perus erstreckt sich auf Höhenlagen zwischen 150 und 4200 Metern. Der Park umfasst das Einzugsgebiet des Río Manú, eines Nebenflusses des Amazonas, sowie Teile des Beckens des Río Alto Madre de Dios. Das Schutzgebiet besteht aus Schwemmebenen, Hügeln und Bergen. Die Vegetation reicht vom tropischen Regenwald über tropischen Bergwald bis zum Grasland der Puna. Das weitgehend unberührt gebliebene Gebiet ist ein wahres Tierparadies mit rund 1000 Vogel- und 200 Säugetierarten. Neben zahlreichen Papageienarten lebt hier auch der vom Aussterben bedrohte Riesenotter. An den Bäumen dösen kopfüber hängend dreizehige Faultiere. Indianische Ethnien leben hier unberührt und ungestört von der modernen Zivilisation.

Auf gewundenen Wegen mäandern die Flüsse durch den Regenwald. Hier lebt die andernorts längst ausgerottete Flussschildkröte.

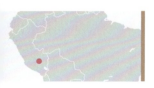

# Cuzco

Peru | Jahr der Ernennung: 1983

Cuzco ist die geschichtsträchtigste Stadt im Zentrum des peruanischen Hochlands. Die Inka bauten die Stadt zu einem Komplex mit religiösen und administrativen Funktionen aus. Cuzco ist eine der ältesten noch bestehenden Städte der Neuen Welt. Die 3400 Meter hoch gelegene Stadt um 1200 durch Manco Cápac, dem sagenhaften ersten, historisch aber nicht belegten Inka-Herrscher, und seiner Schwester gegründet worden sein. Unter dem neunten Inkaherrscher Pachacútec Yupanqui (reg. 1438–1471), der das Inka-Reich erweiterte und mit einer ausgeklügelten Infrastruktur versah, entwickelte sich Cuzco dann zum prunkvoll ausgestatteten politischen, religiösen und kulturellen Zentrum eines mächtigen Imperiums. Zahlreiche Gebäude sollen mit Gold- und Kupferplatten verkleidet gewesen sein. Im Jahr 1533 eroberte der Konquistador Francisco Pizarro die Stadt. Cuzco wurde zerstört, und Missionare errichteten, um das Andenken an indigene Traditionen auszurotten, über den Ruinen der Inka-Bauten ihre Kirchen und Klöster. Über den Resten des Sonnentempels, des zentralen Heiligtums des alten Tempelbezirks, wurde das Santo-Domingo-Kloster erbaut.

Viele koloniale Gebäude wurden auf den Mauern von Inka-Heiligtümern errichtet, wie die Kathedrale.

# Linien von Nazca und Pampas de Jumana

Peru | Jahr der Ernennung: 1994

Eines der rätselhaftesten Phänome Südamerikas sind die sich über ein Areal von rund 450 Quadratkilometern erstreckenden Bodenzeichnungen bei Nazca und in den Pampas de Jumana in der ariden Küstenregion Südperus. Etwa 400 Kilometer südlich des heutigen Lima im Tal des Río Grande wurde eines der größten archäologischen Rätsel Südamerikas entdeckt: bis zu 2000 Meter lange lineare Scharrbilder. Die ersten Linien entstanden vermutlich in der Zeit der Paracas-Kultur (800–300 v. Chr.) und wurden einfach durch das Anhäufen von Steinen gebildet. Die meisten Darstellungen stammen jedoch aus der Nazca-Periode (500 v. Chr. bis 500 n. Chr.). Die Nazca scharrten die dunkle Kieskruste der obersten Gesteinsschichten ab; durch den Kontrast mit den tieferen Schichten zeichnen sich die Umrisse jener Figuren ab, die aufgrund ihrer Größe zum Teil nur vom Flugzeug aus zu erkennen sind. Etwa 70 Figuren wurden als Lebewesen wie Vögel und Insekten, aber auch als Pflanzen und Menschen identifiziert. Eine zweite Gruppe besteht aus geraden Linien und geometrischen Mustern. Die Bedeutung der Figuren konnte bis heute nicht eindeutig geklärt werden.

**Die Nazca-Linien geben bis heute Rätsel auf. In der Wissenschaft werden verschiedene Deutungsansätze diskutiert.**

# Altstadt von Arequipa

Peru | Jahr der Ernennung: 2000

Die Kirchen und Paläste der Altstadt von Arequipa ganz im Süden Perus künden mit ihren Torbögen und Gewölben, Innenhöfen und offenen Räumen vom Ideenreichtum des iberoamerikanischen Barock. Das auf 2360 Meter Meereshöhe gelegene Arequipa wurde 1540 von spanischen Konquistadoren gegründet. Die Siedlung entwickelte sich bald zu einem wichtigen Zentrum des entstehenden spanischen Kolonialreichs in Südamerika. Mittelpunkt Arequipas ist die von Arkadengängen umsäumte Plaza de Armas. Die Nordseite des Platzes bildet die Seitenfassade der Kathedrale. Wie andere Bauten von Arequipa wurde sie durch ein Erdbeben stark beschädigt. Die schräg gegenüber liegende Jesuitenkirche La Compañía mit ihrer reich dekorierten Fassade gilt als eines der wichtigsten Werke des »Mestizenbarock« vom Ende des 18. Jahrhunderts. Auch innen ist sie prachtvoll ausgestattet. Weitere Sakralbauten aus der Zeit vom 16. bis 18. Jahrhundert sind die Klöster und Kirchen San Francisco, Santa Catalina, Santo Domingo, San Agustín und La Merced. Reich verziert sind auch die Portale der rund 500 ehemaligen Herrschaftshäuser, die im 19. Jahrhundert anstelle der Vorgängerbauten errichtet wurden.

**Plaza de Armas mit der Kathedrale, die im 19. Jahrhundert im neoklassizistischen Stil wiederaufgebaut wurde.**

# Nationalpark Noel Kempff Mercado

Bolivien | Jahr der Ernennung: 2000

Der Nationalpark, einer der größten und intaktesten Boliviens, liegt an der Grenze zu Brasilien im westlichen Amazonasgebiet und beherbergt eine außergewöhnliche Vielfalt an Pflanzen- und Tierarten. Der über 1,5 Millionen Hektar große Nationalpark erstreckt sich in Höhenlagen zwischen 200 und 1000 Metern über das Huanchaca-Hochplateau und das umgebende Tiefland. Er umfasst fünf verschiedene Ökosysteme: den tropischen Regenwald Amazoniens, die jahreszeitlich überflutete Savanne, trockene, immergrüne Wälder und Bergwälder, Zonen mit dornigem Buschwald und ausgedehnte Sumpf- und Überschwemmungsgebiete. Der Vielfalt der Vegetationstypen entspricht ein ungeheurer Artenreichtum. Die Zahl der Pflanzenarten im Park wird auf rund 4000 geschätzt. Bevor er 1986 im Park von Drogenhändlern ermordet wurde, hatte der bolivianische Naturforscher Noel Kempff Mercado, nach dem der Park benannt ist, mit der Katalogisierung des gigantischen Biosystems begonnen. Mehr als 600 Vogel- und je knapp 150 Säugetier- und Reptilienarten wurden identifiziert, darunter Gould-Arassari, Hyazinthara, Amazonasdelfin und Jaguar.

Die mit Regenwald bedeckten Sandstein- und Quarzfelsen des Huanchaca-Plateaus sind über eine Milliarde Jahre alt.

# Ruinen von Tiahuanaco

Bolivien | Jahr der Ernennung: 2000

Tiahuanaco – in der Sprache der lokalen Aymara-Indianer auch Tiwanaku genannt – war Zentrum einer präinkaischen Kultur, deren Einfluss in ihrer Blütezeit bis in die südlichen Anden reichte. Tiahuanaco liegt etwa 15 Kilometer südlich des Titicacasees. In ihrer Blütezeit im 8. Jahrhundert erstreckte sich die Stadt über ein Areal von sechs Quadratkilometern und beherbergte rund 100 000 Einwohner. Das Ruinenfeld wird bestimmt von den Resten zweier riesiger Pyramiden, Akapana und Puma Punku, vom halb unterirdischen Tempel sowie vom Tempelkomplex Kalasasaya, der einen Grundriss von etwa 130 × 130 Meter aufweist und als Observatorium diente. In seiner Nordwestecke erhebt sich das aus einem Block gehauene, drei Meter hohe und 3,75 Meter breite Sonnentor, auf dessen Querbalken das Relief einer Gestalt mit einem Pumamaul ins Auge fällt. Mithilfe eines Bewässerungssystems und künstlicher Terrassen sicherte die Tiahuanaco-Kultur ihre wirtschaftliche Prosperität, die sich in einem weiten Handelsnetz niederschlug. Es war wohl eine Dürreperiode, die die Bewohner in der ersten Hälfte des 12. Jahrhunderts dazu brachte, ihre Stadt für immer zu verlassen.

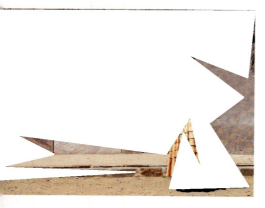

Tempelmauer von Akapana mit eingearbeiteten steinernen Köpfen in der eindrucksvollen Ruinenstätte Tiahuanaco.

Qhapaq Ñan – Inka-Hauptstraßen in den Anden siehe Seite 684

# Jesuitenmissionen der Chiquitos

Bolivien | Jahr der Ernennung: 1990

Im 18. Jahrhundert errichteten die Jesuiten im Gebiet der Chiquito-Indianer in Bolivien mehrere Missionsdörfer. Ihre bis heute erhaltenen Kirchen zeugen von der Verschmelzung europäischer Sakrala mit lokalen Bauelementen.

In den weiten Schwemmlandebenen Ostboliviens rund 200 Kilometer nordöstlich von Santa Cruz gründeten die Jesuiten zwischen 1696 und 1760 zehn sogenannte Reduktionen – Siedlungen, in denen sie ähnlich wie in Paraguay, Brasilien und Argentinien Indianern eine Heimat boten und sie zum Christentum bekehrten. In der gemeinsamen Gestaltung des Alltags sahen die Jesuiten die Grundlage der Mission. Gesprochen wurde hier überwiegend die Indianersprache Chiquito. Das Leben in den Missionsdörfern, die den Indianern auch Schutz vor Sklavenjägern boten, war durch strenge Arbeitsteilung geprägt. Die paternalistisch behandelten »Chiquitos« bestellten die Felder, die Jesuiten-Patres übernahmen die administrativen Aufgaben. Die Gemeinschaften waren wirtschaftlich sehr erfolgreich. Am besten erhalten sind San Francisco Javier, Concepción, Santa Ana, San Miguel, San Rafael und San José.

**Mittelpunkt einer Jesuitenmission war die meist aus Holz erbaute Kirche, typisch ist auch der Mestizenbarock (beide Abbildungen).**

## Festung Samaipata

Bolivien | Jahr der Ernennung: 1998

Das Gelände zu Füßen des Sandsteinfelsens war Zeremonialzentrum, Wohnbereich und Agrarfläche.

Ein gigantischer Felshügel mit zahlreichen Einkerbungen sowie die Reste einer Siedlung zeugen von der Existenz einer hoch entwickelten präkolumbischen Kultur in den östlichen Anden. Die in 2000 Meter Höhe an den östlichen Ausläufern der Cordillera Oriental gelegene Ruinenstätte war einst ein bedeutendes religiöses Zentrum. Es wurde vermutlich zuerst von den Chané, einer präinkaischen Ethnie, angelegt. Im 14. Jahrhundert nahmen die Inka den Komplex ein, bauten ihn zu einer Zeremonialanlage aus und sicherten ihn durch Befestigungen. Die Spanier erweiterten die Verteidigungsanlagen, nachdem sie diese erobert hatten. Die etwa 40 Hektar große Ruinenstätte besteht aus zwei Hauptelementen: einem Sandsteinfelsen und einem südlich davon gelegenen Areal mit Verwaltungs- und Wohngebäuden. Kernelement ist das rötliche Sandsteinmassiv. Es gliedert sich in einen oberen Teil, El Mirador genannt, und einen rund 220 Meter langen und etwa 50 Meter breiten unteren Teil, in den zahlreiche Rinnen, Stufen und Becken sowie geometrische Figuren eingelassen sind. Deutlich sind Abbildungen von Schlangen und Raubkatzen zu sehen.

## Potosí

Bolivien | Jahr der Ernennung: 1987

Kaum eine andere Stadt in Südamerika erinnert so sehr an die Zeit der Konquistadoren wie das 4000 Meter hoch gelegene Potosí.

Die einst größte und reichste Stadt Boliviens im südlichen Landeszentrum verdankte ihren Reichtum den Silbererzen des 4829 Meter hohen Cerro Rico. Im 17. Jahrhundert stammten zwei Drittel des geförderten Silbers von hier. Die Stadt wurde nach der Entdeckung der Silbergänge im Cerro Rico 1545 am Fuße des Berges gegründet. Unter den Spaniern mussten Abertausende von Indianern das Edelmetall unter menschenunwürdigen Bedingungen abbauen. Anschließend wurde das Silber von Lama- und Maultierkarawanen nach Lima und von dort aus nach Spanien transportiert. Als sich um die Mitte des 18. Jahrhunderts die Silbervorräte ihrem Ende zuneigten, büßte die Stadt ihre einstige Bedeutung ein. Heute wird hier Zinn und Zink abgebaut. Von der reichen Vergangenheit zeugen in den Gassen wappengeschmückte Herrschaftshäuser, kolonialzeitliche Kirchen wie die Kathedrale, La Compañía, San Francisco oder San Lorenzo sowie die Münze Casa Real de la Moneda. Zum Welterbe zählen neben der Altstadt auch die »Barrios Mitayos«, ärmliche Behausungen der gewaltsam rekrutierten indianischen Minenarbeiter, und historische Anlagen zur Wasserbewirtschaftung.

# Altstadt von Sucre

Bolivien | Jahr der Ernennung: 1991

Zahlreiche Gebäude zeugen von der Verschmelzung lokaler Baukunst mit europäischen Architekturstilen in der konstitutionellen Hauptstadt Boliviens. Nach der Eroberung von Cuzco wurde 1538 in der Cordillera Central die Ciudad de la Plata de Nuevo Toledo gegründet. Sie sollte die Lebensmittelversorgung der spanischen Kolonie sicherstellen. Rasch blühte der Ort dank der fruchtbaren Böden, des gemäßigten Klimas und der reichen Silbervorkommen in der Umgebung auf und stieg zum geistigen Zentrum Boliviens auf. 1624 wurde in einem Jesuitenkloster die Universität gegründet, eine der ältesten Amerikas. Sie entwickelte sich zum Mittelpunkt der liberalen Bewegung, die Anfang des 19. Jahrhunderts zum Aufstand gegen die Kolonialherren führte. Seinem Anführer Antonio José de Sucre, später der erste Präsident Boliviens, zu Ehren erhielt die Stadt ihren heutigen Namen. Die Altstadt mit ihren weißen Gebäuden aus dem 16. bis 18. Jahrhundert ist eine der besterhaltenen Südamerikas. Herausragend sind die Casa de la Libertad, der Palacio de la Glorieta, das einstige Franziskanerkloster und heutige Museum La Recoleta, das Kloster San Felipe Neri, die Kathedrale sowie einige Kirchen.

**Das prächtige Kloster San Felipe Neri (unten) wurde im 17. Jahrhundert errichtet. Oben: Abendliche Ansicht der Basilika San Francisco.**

## Salpeterwerke von Humberstone und Santa Laura

Chile | Jahr der Ernennung: 2005

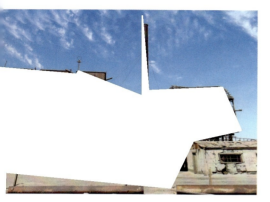

Verlassene Werksgebäude der Salpeterwerke von Santa Laura erinnern an das industrielle Erbe Chiles und harte Arbeitsbedingungen.

Die verlassenen Bergarbeitersiedlungen in der nördlichen Atacama-Wüste von Chile sind stumme Zeugen einer Ära der Industriegeschichte, in der über 60 Jahre lang Salpeter abgebaut wurde. In der Senke zwischen Küsten- und westlicher Andenkordillere im Norden Chiles liegen die weltweit größten Salpeterfelder. Der überwiegende Teil des dort gewonnenen sogenannten Chilesalpeters wurde exportiert und für die Herstellung von Schießpulver, Sprengstoff und Düngemittel verwendet. Die Salpeterindustrie boomte zwischen 1880 und 1940, dann führte die künstliche Herstellung des Salpeters zu ihrem Zusammenbruch. Die Arbeiter der über 200 Salpeterwerke kamen aus Bolivien, Chile und Peru. Sie lebten in menschenfeindlicher Umgebung in werkseigenen Wohnungen und arbeiteten unter miserablen Bedingungen, dabei entwickelten sie jedoch ihre eigenständige Pampino-Kultur, die die Arbeiter aus den verschiedenen Ländern miteinander verband. Die verlassenen Stätten verfielen durch Witterung und Plünderung und präsentieren sich heute als Geisterstädte. In Humberstone sind Gemeinschafts- und Wohngebäude, in Santa Laura dagegen Werksanlagen erhalten.

## Altstadt von Valparaíso

Chile | Jahr der Ernennung: 2003

Die farbigen Häuser an den steilen Hängen und die historischen »Ascensores« machen das einzigartige Flair von Valparaíso aus.

Die Europäer, die im Laufe des 19. Jahrhunderts nach Valparaíso kamen, drückten der Hafenstadt ihren Stempel auf. Hunderte von bunten Häusern ergießen sich über die Hügel oberhalb des Hafens. Valparaíso bedeutet »Tal des Paradieses«. Und in der Tat liegt die zweitgrößte Stadt Chiles an einer malerischen Bucht rund 120 Kilometer westlich von Santiago de Chile. Hinter einem schmalen Küstenstreifen steigt das Terrain in vier großen Terrassen und zahlreichen Hügeln an. Die Gründung der Stadt erfolgte 1544. Ab dem 19. Jahrhundert vermehrten sich die Handelsbeziehungen zwischen Europa und Chile, das vor allem Weizen, Kupfer und Salpeter ausführte. Schiffe, die die Südspitze Amerikas, das Kap Hoorn, umrundeten, machten in Valparaíso halt. Während dieser Zeit ließen sich viele Europäer nieder. Die Wohlhabenden unter ihnen, vor allem die Kapitäne, siedelten sich an den Hängen der steilen Hügel an. Zu den Siedlungen gelangte man über unzählige Treppen. Pablo Neruda, der in Valparaíso lebte, schrieb: »Wenn wir alle Treppen Valparaísos begangen haben, sind wir um die Welt gereist.« Inzwischen erleichtern mehrere Standseilbahnen den beschwerlichen Aufstieg.

Qhapaq Ñan – Inka-Hauptstraßen in den Anden siehe Seite 684

## Kupferminenstadt Sewell

Chile | Jahr der Ernennung: 2006

Mitten in den Anden wurde 1905 eine Stadt für die Arbeiter von El Teniente, der weltweit größten Kupfermine unter Tage, angelegt. Sie zeugt von der Erschließung chilenischer Rohstoffe mithilfe US-amerikanischen Kapitals. Bei Sewell rund 100 Kilometer südöstlich von Santiago befindet sich die größte Kupfermine Chiles. Das bis heute in Betrieb befindliche Bergwerk El Teniente wurde 14 Stockwerke tief in die Anden gefräst. In 2000 Meter Meereshöhe errichtete der Betreiber der Mine, die US-amerikanische Braden Copper Company, zu Beginn des 20. Jahrhunderts eine eigene Stadt für die Kupferarbeiter, die nach dem Präsidenten des Unternehmens, Barton Sewell, benannt wurde. Die Arbeitersiedlung am Cerro-Negro-Hügel ist eine Stadt der Treppen, zu steil für Fahrzeuge. Von einem zentralen Treppenhaus, das vom Bahnhof in die Stadt führt, zweigen Gänge zu Nebentreppen ab. Während ihrer Blütezeit hatte die Stadt 15 000 Einwohner, die in Sechsbettzimmern, aber auch in Wohnungen für Familien untergebracht waren. In den 1970er-Jahren wurde die Stadt weitgehend aufgegeben. Zum Welterbe gehören Wohnhäuser, ein Hospital, eine katholische Kirche sowie Kino, Theater und Schule.

Nur über Stufen erreicht man in Rot, Gelb, Blau und Grün angestrichene, in den USA konzipierte Holzfachwerkhäuser für die Arbeiter.

## Holzkirchen von Chiloé

Chile | Jahr der Ernennung: 2000

Über 150 Holzkirchen, in denen sich europäische Baustile auf eigenwillige Weise mit indigenen Stilelementen verbinden, gibt es auf der Insel Chiloé südlich von Puerto Montt. Erbaut wurden sie im 17. und 18. Jahrhundert. Nachdem Chiloé 1567 unter spanische Kolonialherrschaft gefallen war, begann eine von den Jesuiten geführte Missionierungskampagne, die nach deren Vertreibung 1767 von den Franziskanern fortgesetzt wurde. Die vorwiegend aus Zypressenholz und in Küstennähe errichteten Kirchen folgen in der Bauweise meist einem einheitlichen Typus. Der Baukörper gleicht einem Quader, auf dem ein Satteldach aufgesetzt wurde. Ein Kennzeichen der älteren Holzkirchen ist der Portikus, der die Hauptfassade auf der Turmseite schmückt. Die Außenwände bedecken kunstvoll ineinandergesteckte farbige Holzschindeln, die mit Schnitzereien einheimischer Künstler verziert sind. Sie bestehen aus dem Holz der Alerce, einer auf Chiloé beheimateten Lärchenart. Im Inneren folgen die Holzkirchen europäischen Vorbildern. Die größeren weisen drei Schiffe auf, teils sind Wände und Decken üppig ausgemalt. Besonders farbenprächtig präsentiert sich die Kirche von Achao.

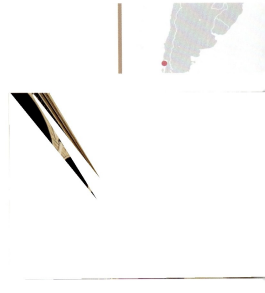

Im Zuge der Christianisierung entstanden auf Chiloé über 150 Kirchen, von denen 14 zum Weltkulturerbe zählen.

# Nationalpark Rapa Nui (Osterinsel)

Chile | Jahr der Ernennung: 1995

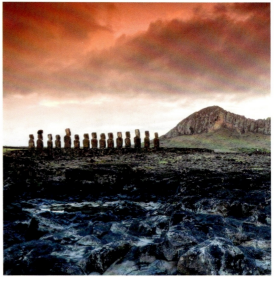

Eindrucksvolle Zeugnisse einer untergegangenen polynesischen Kultur sind die teils mehrere Meter hohen Tuffsteinfiguren auf der zu Chile gehörenden Osterinsel, einem nur 164 Quadratkilometer großen Eiland inmitten des Pazifiks.

Mit einer Entfernung von etwa 3700 Kilometern zum südamerikanischen Festland und rund 4200 Kilometern zum polynesischen Tahiti ist die Osterinsel einer der isoliertesten Orte der Welt. Schon um 400 wurde das Eiland erstmals besiedelt. Eine zweite Besiedlung fand vermutlich im 14. Jahrhundert statt, als der sagenumwobene König Hotu Matua mit Gefolgsleuten aus Polynesien hier eingetroffen sein soll. Die Polynesier selbst nannten die Insel Rapa Nui, »Große Insel«. Faszinierende Zeugnisse ihrer Kultur sind mehrere Hundert »Moais«, bis zu zehn Meter hohe Skulpturen aus Tuffstein, die auf großen Plattformen, den »Ahu«, stehen, sowie die Rongorongo-Schrift, eine Art Bilderschrift. Die Bedeutung der Moais konnte bisher nicht gänzlich geklärt werden. Die Beschränktheit des Lebensraums auf der Insel führte immer wieder zu Stammesfehden, die 1680 in der Zerstörung der Kultstätten gipfelten.

**Rätselhaft ist die Funktion der Moais (beide Abbildungen), der gigantischen Figuren und Köpfe aus Tuffstein, die zu Hunderten auf der Osterinsel errichtet wurden.**

# Altstadt und Hafen von Coro

Venezuela | Jahr der Ernennung: 1993

Hinter der Plaza de San Clemente erhebt sich die gelb-weiße Fassade der Franziskanerkirche und das Franziskanerkonvent.

In der Stadt an der Karibikküste verschmelzen in einzigartiger Weise Stilelemente spanischer Kolonialarchitektur mit denen des niederländischen Barock. Coro wurde 1527 von Juan de Ampíes gegründet. Zwei Jahre später landete Ambrosius Dalfinger im Auftrag der Welser dort. Die Augsburger Patrizier hatten von Karl V. die Statthalterschaft über die Provinz Venezuela erhalten. Sie machten Coro zu einem Umschlagsplatz für Sklaven, Gold und Edelhölzer. 1546 wurden den Augsburgern ihre Rechte entzogen. Mit der Verlegung der Provinzverwaltung nach Caracas 1578 verlor Coro an Bedeutung. Erst im 18. Jahrhundert brachte der Handel mit den Niederländischen Antillen erneuten wirtschaftlichen Aufschwung. Die Gebäude und Kirchen der Altstadt zeigen eine Mischung lokaler Lehmbauweise mit spanischer Mudejar-Architektur und niederländischen Stilelementen. Besonders eindrucksvoll zeigt sich das Franziskanerkonvent sowie die Kapelle des Königlichen Hospitals. Einer der schönsten Plätze ist die Plaza de San Clemente, auf der sich das Kreuz von San Clemente erhebt. Vor der Karibikküste liegt der Nationalpark Los Médanos de Coro, der ebenfalls zum Welterbe gehört.

# Universitätsstadt von Caracas

Venezuela | Jahr der Ernennung: 2000

Ein Meisterwerk der modernen Architektur: der Campus der Universität von Caracas mit der Bibliothek.

Die zwischen 1940 und 1960 gebaute Ciudad Universitaria ist ein Meisterstück moderner Stadtplanung und Architektur. Die Ideale des frühen 20. Jahrhunderts wurden hier herausragend umgesetzt. Zwei Leitgedanken bestimmten die Planung der Ciudad Universitaria: Zum einen wollte man ein Ambiente von hoher Lebensqualität schaffen, zum anderen wurde eine enge Verknüpfung zwischen Architektur, Malerei und Plastik angestrebt. Entworfen wurde dieses Glanzstück moderner Architektur von dem Venezolaner Carlos Raúl Villanueva. Durch die abwechslungsreich gestaltete Anlage führen überdachte Wege. Sie münden in luftige Hallen, die sich zu ebenfalls überdachten Plazas öffnen. Der Architekt trug damit dem tropischen Klima Rechnung. Kunstwerke akzentuieren die zentralen Punkte des Ensembles. Die spektakulärsten Gebäude der Ciudad Universitaria sind das Stadion und die Aula Magna. Beim Stadion nutzte Villanueva die neuen Möglichkeiten des Stahlbetonbaus. Dagegen ist die Aula Magna ein Beispiel für die gelungene Verbindung von Architektur und Plastik. Die an Decken und Wänden befestigten »Wolken« von Alexander Calder beleben das Erscheinungsbild.

# Nationalpark Canaima

Venezuela | Jahr der Ernennung: 1994

Die Landschaft der Gran Sabana mit ihren mächtigen Tafelbergen und dem höchsten Wasserfall der Welt, dem Salto Ángel, ist Habitat vieler unterschiedlichster Pflanzenarten. Canaima – in der Sprache der Kamarokoto-Indianer verkörpert dieser Name die finstere Gottheit, die alles Böse in sich vereinigt. Im Gegensatz dazu besticht der mit drei Millionen Hektar zweitgrößte Nationalpark Venezuelas durch seine überwältigende Naturschönheit. Im Südosten des Landes an der Grenze zu Guayana und Brasilien gelegen, erstreckt er sich über die grandiose Landschaft der Gran Sabana. Eingebettet in dichte Vegetation ergießen sich spektakuläre Wasserfälle wie der Salto Ángel, der Salto Kukenam und die Kaskaden der Canaima-Lagune in die Tiefe. Zwischen 3000 und 5000 Arten von Blütenpflanzen und Farnen sollen hier vorkommen – viele davon endemisch. Außer Savanne gibt es undurchdringliche Bergwälder. Auf den Tafelbergen hat sich eine besondere Pioniervegetation mit fleischfressenden Pflanzen ausgebildet. Beeindruckend ist auch die Vielfalt der hier vorkommenden Orchideen. Rund 550 Vogelarten, darunter Kolibris und Papageien, sowie zahlreiche Säugetierarten leben hier.

**Oben:** Nahe dem Dorf Canaima stürzt der Rio Carrao über mehrere Kaskaden in eine Lagune.

# Altstadt von Paramaribo

Suriname | Jahr der Ernennung: 2002

Das historische Zentrum von Paramaribo präsentiert sich in seiner Verschmelzung von einheimischen und holländischen Bautraditionen als ein im kontinentalen Südamerika einzigartiges architektonisches Ensemble. Ende des 15. Jahrhunderts entdeckten die Europäer die Küste von Guayana – die mit natürlichen Rohstoffen wie Kautschuk und Hölzern reich gesegneten Landschaft zwischen Orinoko und Amazonas. Im Zuge der im 16. und 17. Jahrhundert einsetzenden Kolonisierung wurde am Fluss Suriname ein niederländischer Handelsstützpunkt gegründet, aus dem Paramaribo, die Hauptstadt der seit 1975 unabhängigen Republik Suriname, hervorging. Viele Großgrundbesitzer, auf deren Plantagen Zuckerrohr und Tabak angepflanzt wurden, ließen sich hier nieder. Der lokalen Tradition entspringt die Holzbauweise vieler Gebäude – so etwa auch die Kathedrale St. Peter und Paul. Ausnahmen hierzu bilden die im 19. Jahrhundert im holländischen Stil aus Backstein errichteten Regierungsgebäude, wie der Präsidentenpalast. Synagogen, Moscheen und Hindutempel sind schon äußerlich ein Indiz für Surinames multiethnische Bevölkerung.

Holzbauten aus der Zeit der holländischen Kolonialherrschaft prägen die Altstadt von Paramaribo bis heute.

# Naturreservat Zentralsuriname

Suriname | Jahr der Ernennung: 2000

Das Naturreservat schützt den unberührten Regenwald an der Nordabdachung des Guayana-Schildes. Es beherbergt eine enorme Zahl an Pflanzen- und Tierarten, von denen viele endemisch sind. Mit der Einrichtung dieses Reservats im Jahre 1998 wurden drei Naturschutzgebiete zu einer großen Schutzzone zusammengeschlossen. Es umfasst das Raleighvallen- und das Tafelberg-Naturschutzgebiet sowie das Eilerts-de-Haan-Gebirge.

Mit einer Größe von rund 16 000 Quadratkilometer nimmt es rund 10 Prozent der Fläche von Surinames ein. Bis heute präsentiert sich das Gebiet als beinahe ursprüngliche Wildnis, in die kaum Menschen vorgedrungen sind. Zum breiten Spektrum seiner unterschiedlichen Landschaftsformationen zählen Inselberge, die den umgebenden Regenwald überragen. Eindrucksvoll ist die Pflanzenvielfalt des Schutzgebiets: Bisher wurden rund 6000 Pflanzenspezies bestimmt. Neben Regenwäldern gibt es hier auch Sumpfwälder und Savannen. Auch die Tierwelt im Reservat ist außergewöhnlich reich: Bisher wurden knapp 700 Vogelarten, fast 2000 Säugetierarten, rund 150 Reptilien- und 100 Amphibienarten sowie 500 verschiedene Fischspezies erfasst.

Im Reservat lebt eine beeindruckende Vielfalt an tropischen Tier- und Pflanzenarten, wie die stattlichen Riesenmakifrösche.

# Schutzgebiet Zentralamazonas

Brasilien | Jahr der Ernennung: 2000

Das größte Schutzgebiet im Regenwald des Amazonasbeckens umfasst den Jaú-Nationalpark, die Naturreservate Mamirauá und Amanã sowie die ökologische Station Anavilhanas. Der riesige Regenwaldpark liegt etwa 200 Kilometer nordwestlich von Manaus. Kerngebiet ist der 2,3 Millionen Hektar große Jaú-Nationalpark, der das Einzugsgebiet des Rio Jaú bis zu dessen Mündung in den Rio Negro umfasst. Das Reservat wurde im Jahr 2000 Weltnaturerbe, 2003 folgte die Erweiterung zum Complexo de Conservação da Amazônia Central, mit einer Fläche von mehr als sechs Millionen Hektar. Der Rio Jaú bildet mit dem Rio Negro ein Schwarzwasser-Ökosystem. Der wechselnde Wasserstand der Flüsse hat dort den Igapó-Überschwemmungswald entstehen lassen. Die Schwarzwasserflüsse sind durch gelöste Huminsäuren und organische Schwebstoffe dunkel gefärbt. Bewohner dieser Gewässer sind Riesenotter, Flussmanati, Arrauschildkröte und Mohrenkaiman. Im Mamirauá-Reservat erstrecken sich dagegen große Weißwasserüberflutungsgebiete. Das Schutzgebiet beherbergt 120 Säugetierarten, darunter die seltenen Flussdelfine, über 450 Vogelarten und 300 Fischarten.

**Das Areal zählt u.a. mit Amazonasdelfinen (unten) und Totenkopfaffen (oben) zu den artenreichsten Regionen der Erde.**

# Altstadt von São Luís

Brasilien | Jahr der Ernennung: 1997

Kolonialzeitliche Fassaden säumen die rechtwinklig angelegten Straßen und Gassen der Altstadt von São Luís.

Das historische Zentrum der Hauptstadt des brasilianischen Bundesstaates Maranhão präsentiert sich in portugiesischer Kolonialarchitektur. Bereits um 1615 übernahmen die Portugiesen die Stadt, die wenige Jahre zuvor von den Franzosen auf der Ilha de São Luís in der Bucht von São Marcos gegründet worden war. In der Altstadt sind die mehrstöckigen Fassaden vieler Häuser mit sogenannten Azulejos – farbigen, handgemalten Kacheln – verkleidet. Mit ihren zahlreichen Balkonen und Balustraden, oft mit schmiedeeisernen Geländern versehen, muten die Gebäude ohnehin sehr portugiesisch an. Praia Grande, großer Strand, nennen die Bewohner ihre Altstadt liebevoll. Stattliche Verwaltungs- und Regierungspaläste wie der Löwenpalast und der Palácio La Ravardière zeugen von Macht und Herrlichkeit der einstigen Kolonialherren. Heute noch beherbergen viele dieser Bauten Behörden, in einigen sind Museen untergebracht. 1726 errichteten die Jesuiten die prächtige Kathedrale, die 1763 in den Besitz des Erzbischofs überging. Die Karmeliterkirche (1627) und die Kirche Santo Antônio mit der Kapelle der Seefahrer (1624) sind die ältesten Gotteshäuser der Stadt.

# Inselreservat Fernando de Noronha/Rocas-Atoll

Brasilien | Jahr der Ernennung: 2001

Typisch für das Landschaftsbild der Inselgruppe Fernando de Noronha sind die zerklüfteten Felsenküsten vulkanischen Ursprungs.

Die Inselgruppe rund 500 Kilometer nordöstlich von Recife beherbergt eine vielfältige Fauna mit Delfinen, Haien, Meeresschildkröten und Seevögeln. Der Archipel, zu dem neben der namengebenden Hauptinsel noch 21 weitere kleine Eilande und Klippen gehören, liegt 350 Kilometer vor der Küste Brasiliens nur wenige Grade unterhalb des Äquators. Er ist der aus dem Meer ragende Teil eines unterseeischen Gebirgszuges vulkanischen Ursprungs. Zusammen mit dem 150 Kilometer weiter westlich gelegenen Rocas-Korallenatoll bilden die Inseln ein einzigartiges Schutzgebiet, das einer Vielzahl von Land- und Meerestieren einen Lebensraum bietet. Die nährstoffreichen Gewässer zwischen den Inseln sind ein Tummelplatz für Haie, Delfine sowie Thunfische, und die Küsten werden von unzähligen Seevögeln bevölkert. Das Rocas-Atoll zählt zu den wichtigsten Brutplätzen für die Karett- und die Grüne Meeresschildkröte in Brasilien. Auf den Fernando de Noronha Inseln finden sich überdies Pflanzen des Atlantischen Regenwalds (Mata Atlântica), einer Vegetationsform, die einst weite Teile der brasilianischen Küste bedeckte, heute aber fast ganz verschwunden ist.

# Nationalpark Serra da Capivara

Brasilien | Jahr der Ernennung: 1991

Im Nationalpark Serra da Capivara im Nordosten von Brasilien finden sich einige der ältesten Spuren der Besiedlung Amerikas. Der 1979 eingerichtete Nationalpark liegt in der Serra do Congo im nordostbrasilianischen Bundesstaat Piauí. Die Spuren menschlicher Besiedlung, die hier in den 1960er-Jahren entdeckt wurden, sind geeignet, bis heute verbreitete Theorien über die Besiedlung der beiden Amerikas in Frage zu stellen. An Felsüberhängen in dem Gebiet wurden die Überreste von vermutlichen Feuerstellen gefunden, deren Entstehung, wie mit Hilfe der Radiocarbonmethode festgestellt werden konnte, mehr als 30 000 Jahre zurückliegt. Die Funde legen den Schluss nahe, dass nicht erst vor rund 12 000 Jahren, sondern sehr viel früher Menschen nach Amerika eingewandert sind, und haben eine rege Debatte ausgelöst. Die Steinwerkzeuge, die man in dem Gebiet fand, werden auf die Zeit vor 7000 bis 12 000 Jahre datiert. Die meisten der Felszeichnungen, die Aufschluss über die Lebens- und Vorstellungswelt der frühen Amerikaner geben, sind zwischen 10 000 und 4000 v. Chr. entstanden.

Die meist roten Felsmalereien stellen vor allem Tanz- und Jagdszenen sowie Menschen beim Ausüben von Ritualen dar.

# Altstadt von Olinda

Brasilien | Jahr der Ernennung: 1982

Mit ihren Kirchen, Klöstern und Kolonialhäusern sowie einer Vielzahl gepflegter Gärten ist Olinda bei Recife eine der schönsten Städte Brasiliens. Ihren Aufstieg verdankte sie einst dem Zuckerrohranbau. Olindas Altstadt erstreckt sich in lieblicher Lage über mehrere mit Palmen bewachsene Hügel. »O linda situação para uma vila«, rühmten die Portugiesen die »wunderschöne Lage für eine Stadt« und gründeten 1535 eine Siedlung am Meer. Zu Beginn des 17. Jahrhunderts eroberten die Niederländer die Gebiete im Nordosten Brasiliens und damit auch Olinda. Im Jahr 1654, nach der Niederlage der holländischen Kolonialtruppen bei Guararapes, beanspruchten die Portugiesen Olinda wieder für sich. Viele der durch die Holländer im 17. Jahrhundert zerstörten Gebäude wurden wieder aufgebaut und erweitert. So stammen die meisten der Bauwerke aus dem 17. und 18. Jahrhundert. Rund 20 Barockkirchen und ungezählte »passos« – so werden kleine Kapellen genannt –, aber auch die Klöster der Benediktiner, Franziskaner und Karmeliter wie etwa São Francisco und São Bento zeugen von der Bedeutung der Stadt als religiöses Zentrum.

Die typischen Azulejo-Fliesenbilder in Olinda sind deutliche Hinweise auf das koloniale Erbe der Europäer in der Stadt.

# São-Francisco-Platz in São Cristóvão

Brasilien | Jahr der Ernennung: 2010

Auf der gut erhaltenen Praça de São Francisco steht vor dem Convento de São Francisco ein Franziskanerkreuz.

Anhand der architektonischen Anlage des Platzes São Francisco und seiner umliegenden Bauten können die verschiedenen Phasen der Kolonialepoche in der brasilianischen Stadt São Cristóvão beispielhaft nachvollzogen werden. Der Grundstein für São Cristóvão wurde im Jahr 1590 gelegt. Damit ist die Stadt an der Ostküste Brasiliens eine der ältesten Siedlungen des Landes. Ein hervorstechendes Beispiel für die koloniale Stadtplanung zur Zeit der iberischen Union der iberischen Union, während der die spanischen Könige Philipp II. und Philipp III. zugleich Könige von Portugal waren. ist der als offenes Rechteck angelegte Platz São Francisco, an dessen Seiten wie in dessen unmittelbarer Nachbarschaft im Ensemble bedeutender Gebäude die verschiedenen architektonischen Phasen der Kolonialepoche belegt. Dazu gehören die Kirche São Francisco mit dem ihr angegliederten Kloster (1693) und die ebenfalls aus dem 17. Jahrhundert stammende Santa Casa de Misericordia, ein ursprünglich von Nonnen betriebenes Hospital. Unter den im 18. Jahrhundert errichteten Gebäuden ragen die Kapelle Mariä Empfängnis (1751) und die Kirche Maria vom Siege (1766) heraus.

# Nationalparks Chapada dos Veadeiros und Emas

Brasilien | Jahr der Ernennung: 2001

Zum Bild der typischen Graslandschaft des Nationalparks Emas gehören eindrucksvolle Termitenhügel.

Die Nationalparks Chapada dos Veadeiros und Emas im Bundesstaat Goiás sind Teil der Campos Cerrados, der Savannenlandschaft im Mittelwesten Brasiliens.
Der Cerrado ist mit einer Fläche von rund zwei Millionen Quadratkilometern das zweitgrößte Ökosystem Brasiliens. Trotz eher trockenen Klimas und arider Böden zeichnet es sich durch die höchste Biodiversität aller tropischen Savannen aus. Geografisch gehört der Cerrado zum Brasilianischen Bergland, und so sind weite Teile der Region von Hochplateaus geprägt, unterbrochen von Abbruchkanten und Flusstälern. Der knapp 2400 Quadratkilometer große Nationalpark Chapada dos Veadeiros erstreckt sich über die höchsten Abschnitte des Cerrado. Zahlreiche seltene Tierarten wie Wildhirsche, Affen und Königsgeier sind hier heimisch. Insgesamt wurden 45 Säugetierarten, über 300 Vogelarten sowie rund 1000 verschiedene Schmetterlingsarten erfasst. Der 1300 Quadratkilometer umfassende Nationalpark Emas wurde nach den Nandus (portugiesisch »ema«) benannt. Das offene Grasland mit Termitenhügeln ist auch Lebensraum von Riesenameisenbären.

# Altstadt von Salvador da Bahia

Brasilien | Jahr der Ernennung: 1985

Prächtige Renaissancefassaden und Kirchen zeugen von der großen Vergangenheit der ehemaligen brasilianischen Hauptstadt. 1501 legte der italienische Seefahrer Amerigo Vespucci dort an, wo knapp 50 Jahre später an der Atlantikküste die Stadt gegründet wurde. Von 1549 bis 1763 war Salvador da Bahia die erste Hauptstadt Brasiliens. Zur Bewirtschaftung der ausgedehnten Zucker- und Tabakplantagen wurden Schwarze von der Westküste Afrikas nach Brasilien verschleppt. 1558 fand hier einer der ersten Sklavenmärkte der Neuen Welt statt. Salvador besteht aus einer Unter- und einer 80 Meter darüber liegenden Oberstadt. Schmale Gassen und steile Treppen verbinden die beiden Stadtteile auch heute noch miteinander. Salvadors Oberstadt ist das größte geschlossene Viertel mit Renaissancebauten in Brasilien. 166 Kirchen zeugen von der ruhmreichen Vergangenheit der Metropole. Zu den bedeutendsten Bauwerken zählen die Kathedrale, die Kirche São Francisco sowie die Kirche des Karmeliterklosters. Über zwei Drittel der Einwohner sind Nachfahren schwarzer Sklaven, und so wurde die Stadt zu einem Schmelztiegel europäischer und afrikanischer Religionen.

**Neben den Kolonialbauten im Stadtviertel Pelourinho (oben) erhebt sich die Igreja de Nossa Senhora do Rosário dos Pretos (unten).**

Brasilien | **Amerika**

# Brasília

Brasilien | Jahr der Ernennung: 1987

Kongressgebäude (oben) und Catedral Metropolitana Nossa Senhora Aparecida (unten) vom Architekten Oscar Niemeyer.

Brasília mit seinen futuristischen Bauten entstand in den 1950er-Jahren iIn der weiten Savanne im Zentrum des Landes nach modernsten städtebaulichen Aspekten. Die Verlegung der Hauptstadt in das Landesinnere war 1891 beschlossen worden und sollte einen Impuls für die Erschließung des Binnenlandes geben. Die neue Hauptstadt Brasilia wurde 1960 nach nur vier Jahren Planungs- und Bauzeit eingeweiht. Oscar Niemeyer und Lúcio Costa, die beiden Chefarchitekten und obersten Stadtplaner Brasiliens, wollten eine moderne, progressive, funktionell gestaltete Stadt. Im Grundriss zeigt Brasilia die Form eines fliegenden Vogels, der sich aus einer parabelförmigen Hauptverkehrsachse und einer quer dazu verlaufenden Monumentalachse aufbaut. Viele der von Oscar Niemeyer entworfenen Bauten sind architektonische Meisterwerke der Moderne. Ein herausragendes Ensemble ist der Congresso Nacional. Zwischen den schalen- und kuppelförmigen Dachkonstruktionen der Plenarsäle von Parlament und Senat ragen die im Profil H-förmigen Doppelhochhäuser des Verwaltungstrakts des Nationalkongresses auf und bilden einen vertikalen Kontrapunkt.

# Altstadt von Goiás

Brasilien | Jahr der Ernennung: 2001

Die Altstadt von Goiás stellt ein idealtypisches Beispiel einer portugiesischen Kolonialsiedlung in Südamerika dar. Die Architektur der Bergarbeiterstadt ist den klimatischen, geografischen und kulturellen Verhältnissen bestens angepasst. In die zentralen Gebiete Brasiliens drangen die portugiesischen Kolonialherren erst vor, nachdem sie die Küstenstreifen mit ihren Schiffen und Kanonen sicher in Besitz genommen und besiedelt hatten. Goldsucher und sogenannte Bandeirantes (»Waldläufer«) strömten im 16. Jahrhundert in das Gebiet des heutigen Bundesstaates Goiás. Im 18. Jahrhundert erreichte der Goldrausch seinen Höhepunkt. In dieser Zeit und auch noch im 19. Jahrhundert entstand das hübsche, am Ufer des Vermelho-Flusses gelegene historische Zentrum des Städtchens Goiás, das bis 1937 Hauptstadt des gleichnamigen Bundesstaates war. Die Altstadt, bestehend aus öffentlichen und privaten Gebäuden, bildet ein harmonisches Ensemble. Die herausragenden Gebäude sind – neben der Santana-Kathedrale und den fast 30 Kirchen – der Gouverneurspalast, die Casa de Câmara e Cadeia, die Casa de Fundição, das Theater und die Kasernen.

Die Portugiesen entwickelten einen eigenen Baustil, für den vorwiegend regionale Materialien – vor allem Holz – verwendet wurden.

# Regenwälder der Costa do Descobrimento

Brasilien | Jahr der Ernennung: 1999

Die atlantischen Regenwälder an der Costa do Descobrimento sind Teil eines der größten und am besten erhaltenen Ökosysteme ihrer Art. Zahlreiche seltene und endemische Pflanzenarten sind hier beheimatet.

Die atlantischen Regenwälder Brasiliens erstrecken sich entlang der Atlantikküste vom Bundesstaat Bahia bis nach Rio Grande do Sul. Ihre üppige Vegetation baut sich vorwiegend aus 20 bis 30 Meter hohen Bäumen auf, denen zahlreiche Orchideen und Bromelien aufsitzen. Am Boden lassen die spärlichen Lichtverhältnisse allerdings nur kargen Unterwuchs zu. Der Artenreichtum und die Evolutionsgeschichte dieser Regenwälder sind wissenschaftlich von großem Interesse. Studien in Bahia haben ergeben, dass dort 458 Baumarten auf einem Hektar wachsen. Zum nördlichen Abschnitt der Regenwälder zählen acht geschützte Reservate entlang der »Küste der Entdeckung«: die »Reservas Biológicas« Una und Sooretama, die »Reservas Particulares do Patrimônio Natural« Pau Brasil, Veracruz und Linhares sowie die Nationalparks Pau Brasil, Monte Pascoal (mit dem 536 Meter hohen gleichnamigen Berg) und Descobrimento.

Der dichte Regenwald mit den weltweit größten Beständen des Brasilbaumes bietet auch bedrohten Tieren wie dem Jaguar Schutz.

# Pantanal-Schutzgebiet

Brasilien | Jahr der Ernennung: 2000

Das Pantanal zählt zu den weltweit größten Süßwasserfeuchtgebieten und zeichnet sich durch eine spektakuläre Artenvielfalt aus. Das Feuchtgebiet des Pantanal erstreckt sich ganz im Südwesten Brasiliens nahe den Grenzen zu Bolivien und Paraguay. Von November bis April, während des Sommers mit seinen sturzbachartigen Regenfällen, überfluten die großen Flusssysteme des Rio Cuiabá und des Rio Paraguai eine Tiefebene von der dreifachen Größe Costa Ricas und bilden ein riesiges Wasserareal mit flachen Seen, Sümpfen und morastigem Schwemmland. Zum Weltnaturerbe zählen vier Schutzgebiete mit einer Gesamtfläche von knapp 2000 Quadratkilometern. Die jährlichen Sintfluten funktionieren als natürliche Kontrollmechanismen – sie steuern Grund- und Frischwasseraustausch, Wasserreinigung und -versorgung. Die durch die Überschwemmungen transportierten Sedimente und Nährstoffe lassen im trockeneren Winter, von Ende April bis Oktober, wenn sich die Flüsse wieder zurückziehen, ein saftiges Grasland entstehen. Wie an kaum einem anderen Ort der Tropen gibt es hier mit 650 Vogel-, 400 Fisch- sowie 80 Säugetierspezies eine extrem artenreiche Fauna.

**Wasser ist das bestimmende Element des Pantanal – die weitläufigen, flachen Seen und Flüsse sind ein wahres Tier- und Pflanzenparadies (beide Abbildungen).**

# Altstadt von Diamantina

Brasilien | Jahr der Ernennung: 1999

Farbliche Akzente verleihen den eher schlichten Fassaden von Diamantina ein heiter-beschwingtes Aussehen.

Gold und Diamanten verwandelten das 200 Kilometer nördlich von Belo Horizonte in Minas Gerais gelegene Städtchen Diamantina in der Kolonialzeit in ein bedeutendes Kunst- und Handelszentrum. Der Name Diamantina steht für eine bewegte Geschichte: Nachdem 1731 die ersten Diamanten entdeckt worden waren, entwickelte sich Arraial do Tijuco, wie die Siedlung zunächst hieß, zum wichtigsten Diamantenzentrum der Region. Im Gegensatz zu anderen Bergbaustädten stand Diamantina zwischen 1771 und 1845 unter der direkten Verwaltung des Königshauses. Mit dem Fund qualitativ hochwertiger Diamanten in Südafrika brach der Bergbau in Diamantina Anfang des 20. Jahrhunderts endgültig zusammen. Städtebaulich und architektonisch integriert sich das Städtchen, das sich an einen steilen Felsen schmiegt, perfekt in die umgebende wilde, felsige Berglandschaft. Zu den auffallenden Kolonialbauten zählen die Häuser in der Rua do Burgalhau. Sehenswert sind auch die Kirchen Nossa Senhora do Carmo und São Francisco de Assis, die beide aus dem 18. Jahrhundert stammen, sowie die 1835 erbaute Alte Markthalle und die überdachte Fußgängerbrücke Passadiço.

# Kirche Bom Jesus in Congonhas

Brasilien | Jahr der Ernennung: 1985

Prächtige Tafelbilder und Deckenmalereien im Rokokostil schmücken das Innere der Kirche Bom Jesus in Congonhas.

Ein Höhepunkt christlicher Kunst in Lateinamerika offenbart sich im Heiligtum des Guten Herrn Jesus in Congonhas, wo der brasilianische Bildhauer Aleijadinho auf dem Vorplatz und in den Kapellen großartige Skulpturen geschaffen hat. Unweit von Ouro Preto, in Congonhas do Campo in Minas Gerais, befindet sich der Santuário do Bom Jesus de Matosinhos, bestehend aus einer Wallfahrtskirche und sieben Kreuzwegkapellen. Hunderttausende von Pilgern versammeln sich hier alljährlich im September. Die 1772 fertiggestellte Kirche birgt eine großartige Innenausstattung im Stil des Rokoko. Glanzstücke des Santuário sind die um 1800 hinzugekommenen Figurengruppen in den etwas unterhalb der Kirche stehenden Kapellen. Diese mehrfarbigen Meisterwerke der spätbarocken, kolonialen Bildhauerei zeigen den Leidensweg Christi und stammen von Aleijadinho und seinen Schülern, ebenso die zwölf lebensgroßen Figuren der Propheten, die den Treppenaufgang zum Vorplatz der Kirche säumen. Die Skulpturen des Künstlers, der viele Jahre lang von Lepra und Skorbut gezeichnet war, lassen sich ohne Weiteres in die Tradition der großen europäischen Bildwerke einordnen.

# Altstadt von Ouro Preto

Brasilien | Jahr der Ernennung: 1980

Reiche Goldvorkommen lösten Ende des 17. Jahrhunderts im Städtchen Ouro Preto einen Goldrausch aus. Heute bezaubert es durch seine großartige geschlossene Barock- und Rokokoarchitektur. Ouro Preto (»schwarzes Gold«), das zeitweise Vila Rica (»reiche Stadt«) hieß, verdankt seinen Namen den enormen Goldvorkommen der Umgebung. Der Ort bekam 1712 die Stadtrechte verliehen und hatte als Hauptstadt der Kapitanie Minas Gerais (bis 1897) großen Einfluss auf die Geschicke des Landes. Hier entstanden viele einzigartige und kostbare Barockkirchen, die Vorboten des kolonialen Rokokostils waren. Herausragendes Beispiel ist die Igreja de São Francisco de Assis. Diese und andere der insgesamt 13 pompösen Kirchenbauten wurden maßgeblich von Aleijadinho (»Krüppelchen«) gestaltet (1730–1814), der eigentlich Antônio Francisco da Costa Lisboa hieß und Ouro Preto seinen architektonischen Stempel aufdrückte. Die Altstadt von Ouro Preto zeichnet sich durch ihre einfache, ursprüngliche Architektur, ihre Brücken und ihre Brunnen aus. Fast alle Barockkirchen von Ouro Preto imponieren durch ihre üppige, detailreich gestaltete Innenausstattung.

**Herrlicher Blick (unten)** von der Igreja de São Francisco de Assis über die Stadt. Oben: Kirche Nossa Senhora do Rosario.

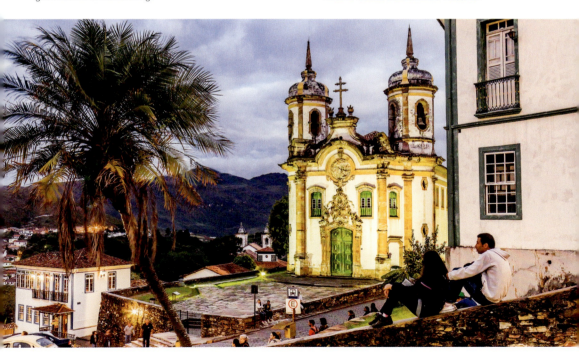

# Rio de Janeiro – Stadtlandschaften zwischen Bergen und Meer

Brasilien | Jahr der Ernennung: 2012

Vom Corcovado (oben) mit der berühmten Christusstatue geht der Blick über die Stadt zum ebenso berühmten Zuckerhut (unten).

Eingebettet zwischen Bergen im Norden und Westen, der Guanabara-Bucht im Osten und dem Atlantik im Süden liegt die Millionenstadt Rio de Janeiro. Wie kaum eine andere Stadt wurde das im Jahr 1565 von den Portugiesen gegründete Rio de Janeiro von diesen natürlichen Gegebenheiten zugleich limitiert und inspiriert. Durch die Buchten und Strände entlang des Atlantiks sowie durch die mächtigen Granitfelsen und Hügel, auf Portugiesisch »Morros« genannt, wird das Stadtgebiet begrenzt und gegliedert. Entlang des Meeres Richtung Süden erstrecken sich die berühmten Strandgebiete Ipanema und Copacabana, während die nördliche Hälfte, die historische Altstadt und die Geschäftsviertel umfasst. Der mit rund 1020 Metern höchsten Punkt der Stadt ist der Pico Tijuca im Tijuca-Nationalpark, dessen Anlage 1861 von Kaiser Dom Pedro in Auftrag gegeben wurde. Inmitten des Parks befinden sich der alte Botanische Garten aus dem Jahr 1808 sowie der Corcovado-Berg, auf dessen Gipfel eine Christusstatue schützend die Arme über die Stadt breitet. Das extravagante Flair Rio de Janeiros hat Musiker, Architekten und Künstler in aller Welt zu außergewöhnlichen Werken inspiriert.

# Südöstliche Atlantische Wälder

Brasilien | Jahr der Ernennung: 1999

Die Atlantischen Regenwälder in diesem Schutzgebiet Südostbrasiliens sind mit ihrem Artenreichtum Zeugen der Evolutionsgeschichte Südamerikas.

Die Atlantischen Regenwälder Brasiliens gelten als bedroht: Nur noch sieben Prozent des einstigen Bestands in Brasilien sind erhalten. Ein großer Teil dieses Restes wächst im Südosten des Landes in den Bundesstaaten Paraná und São Paulo. Ein weiterer Teil der Regenwälder an der Costa do Descobrimento im Nordosten Brasiliens genießt ebenfalls Welterbestatus. Die Atlantischen Wälder wachsen in einer äußerst reizvollen Landschaft, in der sich bewaldete Berge, reißende Flüsse, tiefe Wasserfälle und flache Sumpfgebiete abwechseln. In dem aus insgesamt 25 Schutzzonen bestehenden, knapp 5000 Quadratkilometer umfassenden Areal gedeihen viele seltene und endemische Pflanzen. Gegenüber Amazonien wurde hier eine größere pflanzliche Biodiversität festgestellt. Auch die Fauna zeichnet sich durch Vielfalt aus. So leben hier allein rund 120 Säugetierarten, darunter Jaguar, Otter und Ameisenbär. Auch die Vogelwelt ist mit rund 350 Gattungen außergewöhnlich stark vertreten.

**Die Regenwälder bilden ein dichtes Blätterwerk, der Lebensraum von Spinnenaffen (oben) und Löwenäffchen (unten).**

Brasilien | Amerika

# Nationalpark Iguaçu

Brasilien | Jahr der Ernennung: 1986

**Im Sprühnebel, wenn sich die Wassermassen bis zu 80 Meter in die Tiefe stürzen, entstehen manchmal Regenbögen.**

Die Wasserfälle des Iguaçu im Dreiländereck Brasilien – Argentinien – Paraguay gehören zu den größten der Erde. Durch die Ausweisung zweier Parks – einer in Brasilien und einer in Argentinien – wurde die Region unter Schutz gestellt. Lange bevor man die Wasserfälle sieht, hört man sie bereits – erst ein leises Gurgeln, das schnell zu einem ohrenbetäubenden Grollen und Donnern anschwillt. Auf einer Breite von etwa einem Kilometer nähert sich der Fluss Iguaçu – in Argentinien heißt er Iguazú – der hufeisenförmigen Abbruchkante. Dort stürzen über eine Front von 2700 Meter Länge die schäumenden Wassermassen mit ungebändigter Gewalt in die Schlucht – ein Naturschauspiel der Superlative. Mehr als 270 einzelne Wasserfälle hat man hier gezählt. Daneben bietet der 1700 Quadratkilometer große Nationalpark auf brasilianischer Seite vielen bedrohten Tier- und Pflanzenarten einen Rückzugsraum. Im Schutz der Bäume fliegen Papageien und Steißhühner, während Mauersegler ihre Nester in die zerklüfteten Felsen zwischen die Wasserfälle bauen. Ozelot und Jaguar bevölkern mit Tapiren und Nabelschweinarten den Regenwald. In den Gewässern geht der seltene Riesenotter auf Fischfang.

# Jesuitenmissionen der Guaraní

Brasilien, Argentinien | Jahr der Ernennung: 1983

Die Ruinen der von Jesuiten errichteten Mustersiedlungen sind steinerne Zeugen eines sozialen Experiments, das im 18. Jahrhundert mit der Ausweisung der Jesuiten aus Südamerika ein jähes Ende fand. Anfang des 17. Jahrhunderts entstanden im heutigen Bundesstaat Paraná (Brasilien) und der Provinz Misiones (Argentinien) sowie später auch in Paraguay sogenannte Reduktionen – Missionsdörfer, in denen Guaraní-Indianer angesiedelt wurden. Patres und Indianer lebten und arbeiteten Seite an Seite. Die Dorfgemeinschaften waren weitgehend autonom und boten den Indianern Schutz vor den Übergriffen von Sklavenhändlern und Großgrundbesitzern. Ziel dieser Einrichtungen war die Missionierung und religiöse Umerziehung der Indianer. Jede Siedlung bestand aus Kirche, Pfarrhaus, Schule, Hospital, Wohnhäusern und Vorratslagern. Die Reduktionen waren streng theokratisch und paternalistisch organisiert und verfielen nach der Vertreibung der Jesuiten aus Südamerika 1767/68 rasch. São Miguel das Missões in Brasilien sowie Santa Ana, Nuestra Señora de Loreto und Santa María Mayor in Argentinien sind heute Ruinen. Einzig San Ignacio Miní wurde wieder restauriert.

**Die imposante, aber verfallene Kirche der Jesuitenreduktion São Miguel das Missões in Brasilien ist Teil des Welterbes.**

# Jesuitenmissionen in Paraguay

Paraguay | Jahr der Ernennung: 1993

Die Ruinen der Jesuitenmissionen La Santísima Trinidad de Paraná und Jesús de Tavarangue erinnern mit ihren barocken Kirchenanlagen an die Christianisierung der indianischen Urbevölkerung in Paraguay. Anfang des 17. Jahrhunderts begannen die Jesuiten im heutigen Brasilien und Argentinien Missionsdörfer für Indianer zu errichten. Später wurden viele dieser »Reduktionen« ins südliche Paraguay verlegt und weitere gegründet, da der spanische König den Jesuiten hier feste Territorien zugewiesen hatte. Die Jesuitenreduktionen waren kleine, relativ einheitlich aufgebaute befestigte Siedlungen, in denen die Patres mit den Guaraní zusammen lebten und arbeiteten und ihnen wichtige handwerkliche und landwirtschaftliche Kenntnisse beibrachten. Teils waren die Siedlungen, wie etwa Trinidad, richtige kleine Städte mit massiven Steinbauten im sogenannten Guaraní-Barock, in dem europäische Stilelemente mit der Formensprache der Indianer verschmolzen. Die in großer Zahl entstandenen Missionsdörfer trugen der Region die Bezeichnung »Jesuitenstaat« ein. In Trinidad de Paraná sowie in Jesús de Tavarangue sind noch Reste von Kirchen, Kollegien und Friedhöfen zu sehen.

**In der Jesuitenreduktion Trinidad de Paraná sind noch Reste der für diese Siedlungen ganz typischen Stilelemente zu finden.**

Brasilien, Argentinien, Paraguay | **Amerika**

## Industrielandschaft von Fray Bentos

Uruguay | Jahr der Ernennung: 2015

Die Industrielandschaft am Río Uruguay steht für die Anfänge der industriellen Fleischverarbeitung. Die Kühlhäuser, Fabrik- und Lagerhallen sowie Kaianlagen und Arbeitersiedlungen dokumentieren den gesamten Prozess der Fleischverarbeitung sowie den Export der fertigen Produkte. Ausgangspunkt war die 1865 von dem Ingenieur Christian Giebert gegründete »Liebig Extract of Meat Company«. Ihren Namen verdankt sie dem Chemiker Justus von Liebig, der 1847 ein Verfahren zur Gewinnung von Fleischextrakt erfunden hatte und an dem Unternehmen beteiligt war. Liebig war überzeugt, dass sein Fleischextrakt einen wichtigen Beitrag zu einer gesünderen Ernährung, besonders der armen Bevölkerungsschichten, leisten und vor allem industriell hergestellt werden könne. In Giebert, der bereits eine Fleischfabrik in Fray Bentos besaß, fand er einen begeisterten Anhänger. Das Unternehmen war in der Tat ein voller Erfolg. Aufgrund der in Uruguay in großem Maßstab betriebenen Rinderzucht war Fleisch dort zu Spottpreisen und im Überfluss vorhanden. 1924 ging das Unternehmen in den Besitz der Velley Group über und spezialisierte sich auf den Export von Gefrierfleisch.

In den 1870er-Jahren wurden jährlich 500 Tonnen von Liebigs Fleischextrakt von Fray Bentos nach Europa exportiert.

## Altstadt von Colonia del Sacramento

Uruguay | Jahr der Ernennung: 1995

Die bewegte Vergangenheit der auf einer kleinen Landzunge im Río de la Plata gelegenen Stadt spiegelt sich in ihrer Architektur wider. Im Stadtbild vermischen sich portugiesische, spanische und postkoloniale Stilelemente.

Colonia del Sacramento, 1680 von den Portugiesen gegründet, ist die älteste europäische Siedlung auf dem Gebiet des heutigen Uruguay. Ihre strategisch günstige Lage in der Bucht des Río de la Plata führte zu ständigen Territorialstreitigkeiten zwischen Spaniern und Portugiesen, zu Belagerungen und Zerstörungen der Stadt. Erst 1828, mit der Gründung der unabhängigen Republik Uruguay, endete der Streit der Kolonialmächte. Die Altstadt mit geduckten Kolonialhäusern, schmiedeeisernen Gittern, ruhigen Plätzen und viel Grün vermittelt an jeder Ecke den Charme einer Miniaturstadt der Kolonialzeit. Im Gegensatz zu den meisten spanischen und portugiesischen Kolonialstädten ist ihr Grundriss jedoch nicht im Schachbrettmuster angelegt, sondern richtet sich nach dem Gelände aus. Die teils gut erhaltenen Bastionen San Miguel, San Pedro und Santa Rita sind heute steinerne Zeugnisse der militärischen Vergangenheit Colonias.

Der bereits ab 1968 in Angriff genommene Erhalt und die Restaurierung der kolonialen Altstadt haben das historischen Flair bewahrt.

# Quebrada de Humahuaca

Argentinien | Jahr der Ernennung: 2003

Die Schlucht im Nordwesten Argentiniens verbindet die Anden mit dem Tiefland. Seit 10 000 Jahren ist sie eine wichtige Passage für Menschen, Güter und Ideen. Durchflossen wird die Schlucht vom Río Grande, der sich tief in die Felswände eingeschnitten hat. Bereits um 9000 v. Chr. hinterließen die ersten Jäger und Sammler Pfade, die noch heute benutzt werden. Aus jener Zeit stammen auch Ritzzeichnungen und Wandmalereien in Felshöhlen. Von frühen Ackerbaukulturen aus der Zeit um 1000 v. Chr. bis 400 n. Chr. wurden insgesamt zwölf Siedlungen ausgegraben, 20 weitere Fundorte stammen aus der Zeit bis 900, als die Schlucht erstmals als Handelsroute genutzt wurde. In vorkolumbischer Zeit (900 bis 1450) wurden 30 befestigte Städte, sogenannte Pucarás, angelegt. Damals begann der Anbau auf Terrassen mit Bewässerung. Später war die Quebrada de Humahuaca Teil des Straßensystems der Inka, das sich von Chile bis nach Ecuador erstreckte. Im 16. Jahrhundert eroberten die Spanier das Gebiet und errichteten eigene Dörfer, Städte und Kirchen. In der Zeit des Unabhängigkeitskampfes war das Tal Schauplatz erbitterter Kämpfe.

**Bei Maimará verbreitert sich die Schlucht zu einem weiten Tal (oben). Unten: Zahlreiche Kulturen haben hier ihre Spuren hinterlassen.**

Qhapaq Ñan – Inka-Hauptstraßen in den Anden siehe Seite 684

# Nationalpark Iguazú

Argentinien | Jahr der Ernennung: 1984

Die Einheimischen nennen die Wasserfälle »Teufelsrachen«. Auf den Inseln des Flusses hat sich eine üppige Vegetation ausgebreitet.

Auch auf argentinischer Seite der an der Grenze von Brasilien und Argentinien gelegenen Iguazú-Fälle wurde ein Nationalpark eingerichtet. Er umfasst dichten Regenwald, der die Heimat zahlreicher Tier- und Pflanzenarten ist. An der Grenze zu Brasilien schneidet sich der Fluss Iguazú auf einer Breite von 2700 Metern durch ein mächtiges Basaltplateau. Die Wassermassen teilen sich dabei in mehr als 270 Kaskaden und Wasserfälle auf und stürzen bis zu 80 Meter in die Tiefe. Auf den roten Böden des Basaltplateaus gedeiht ein üppiger subtropischer Regenwald. In dem rund 550 Quadratkilometer großen Nationalpark wachsen neben Lianen und Epiphyten mehr als 2000 Gefäßpflanzen. Durch den dichten Regenwald streifen Tapire, Nasenbären, Ozelote und sogar Jaguare. Auch einige Primatenarten wie der Schwarze Brüllaffe und das Schwarze Kapuzineräffchen leben im Regenwald. Mehr als 400 Vogel- sowie Amphibien- und Reptilienarten, darunter auch der gefährdete Breitschnauzenkaiman, haben hier ihren Lebensraum. Bereits 1934 wurde die Region um die Iguazú-Wasserfälle zum Nationalpark erklärt, für dessen Schutz das gleichnamige Dorf eigens umgesiedelt wurde.

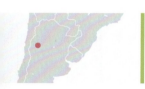

# Naturparks Ischigualasto und Talampaya

Argentinien | Jahr der Ernennung: 2000

Durch Erosion ist im Valle de la Luna eine fantastische, fast unwirkliche Felslandschaft entstanden.

In den beiden Naturparks im Westen Argentiniens findet sich die weltweit vollständigste Abfolge fossiler Sedimente aus der Erdperiode der Trias. Ab den 1950er-Jahren begann man mit der paläontologischen Erforschung des halbwüstenartigen Tals Valle de la Luna, das rund 400 Kilometer nordwestlich von Córdoba nahe der chilenischen Grenze liegt. Zusammen mit dem Nationalpark Talampaya bildet der Provinzpark Ischigualasto ein zusammenhängendes Areal von ungefähr 2750 Quadratkilometer Fläche. Als sich vor 60 Millionen Jahren die Anden aus der Erdkruste heraushoben, änderten sich die Umweltbedingungen radikal. In Talampaya betätigte sich die Erosion als Bildhauerin der Natur und formte Felsblöcke, Säulen und dünne Obelisken, die über den ziegelroten Sandboden verstreut sind. Unterschiedliche Gesteinsschichten und versteinerte Wälder bilden für Geologen und Paläontologen ein offenes Buch der Natur, aus dem sich die Evolutionsgeschichte seit der Trias ablesen lässt. Neben Saurierknochen grub man fossile Reste von 55 Wirbeltiergattungen und mehr als 100 Pflanzenarten aus. Von kulturhistorischem Interesse sind zahlreiche präkolumbische Felszeichnungen.

# Jesuiten-Baudenkmäler in und um Córdoba

Argentinien | Jahr der Ernennung: 2000

Ein Straßenblock in Córdoba und mehrere Estancias in der Umgebung der Stadt zählen zu den steinernen Zeugen des Wirkens des Jesuitenordens in Südamerika. In Córdoba, im Nordwesten Argentiniens, errichteten die Jesuiten ab dem Jahr 1599 einen Gebäudekomplex, der zu einem Zentrum ihrer Missionsarbeit in Südamerika werden sollte. Die Iglesia Compañía de Jesús bildet den Kern des Ensembles. Mit der Gründung des Colegio Máximo, in dem heute die Universität residiert, begann 1613 die Blütezeit Córdobas. Mehrere Estancias – ländliche Ansiedlungen außerhalb der Stadt – sollten ökonomische Autarkie sichern und die indigene Bevölkerung, die auf Feldern und in Werkstätten arbeiten musste, in die christliche Gemeinschaft einbinden. Die Indianer genossen gewisse wirtschaftliche Eigenständigkeit. Die Estancias waren Teil der Reduktionen in der Jesuitenprovinz Paraguay. Die größte, die Estancia Santa Catalina, entstand 1622. Bereits 1618 war die Estancia Caroya gegründet worden. Weitere zum Welterbe zählende Estancias sind Jesús María (1618), Alta Gracia (1643) und La Candelaria (1643). Nach der Vertreibung der Jesuiten 1767/68 wurden die Estancias privatisiert.

**Im Inneren der Kirche Iglesia Compañía de Jesús beeindruckt goldener Dekor (unten). Oben: Innenhof der Manzana Jesuítica.**

# Halbinsel Valdés

Argentinien | Jahr der Ernennung: 1999

An den schwer zugänglichen Stränden der Halbinsel sind Robbenkolonien (oben) und Magellanpinguine (unten) heimisch.

Die 3600 Quadratkilometer große Halbinsel an der Atlantikküste Argentiniens ist komplett als Weltnaturerbe ausgewiesen. Sie bietet vor allem Meeressäugern einen geschützten Lebensraum. Die größte argentinische Halbinsel, durch den etwa 30 Kilometer langen und nur fünf bis zehn Kilometer breiten Isthmus von Ameghino mit dem Festland verbunden, ist zusammen mit ihren Küstengewässern das Habitat von Meeressäugern, die hier jährlich ihre Jungen zur Welt bringen. Die Südlichen Glattwale oder Südkaper wurden in der Vergangenheit extrem bejagt, der Bestand ging immer stärker zurück. Rund um die Península Valdés, wo sie von Frühjahr bis Dezember bleiben, haben die über 14 Meter langen und mehr als 35 Tonnen schweren Wale ein sicheres Refugium gefunden. In einer geschützten Zone am Nordkap der Halbinsel gibt es eine riesige See-Elefanten-Kolonie. Diese imposanten Tiere sind die größten Vertreter aus der Familie der Seehunde. Am Kap Punta Delgada lebt eine unter Schutz stehende Seelöwenkolonie. Auch die Feinde der Robben, die Orcas, leben hier. Daneben gibt es auf Valdés Magellanpinguine sowie 180 weitere Vogelarten, darunter viele Seevögel.

# Cueva de las Manos am Río Pinturas

Argentinien | Jahr der Ernennung: 1999

Prähistorische Felsmalereien finden sich in der »Höhle der Hände«. Sie zeugen von der kulturellen Entwicklung einer der frühesten Gesellschaften Südamerikas.

Die 24 Meter tiefe und zehn Meter hohe Höhle befindet sich auf halber Höhe in der Schlucht des Río Pinturas im Süden Argentiniens. Ihren Namen verdankt sie den schablonierten Händeabdrücken, die einen großen Teil der spektakulären Bilder ausmachen. Besonders aufschlussreich sind die dargestellten Jagdszenen. Da werden Tiere eingekreist, in einen Hinterhalt gelockt oder mit Steinen gejagt. Manche Jäger sind allein unterwegs, andere in Gruppen. Die Malereien wurden mit natürlichen mineralischen Pigmenten, wie Eisenoxid, Kaolinen und Manganoxid angefertigt. Die geschützte Lage hat die kräftigen Farben bis heute erhalten. Die Bilder stammen wohl von den Jägern und Sammlern, die diese entlegene Gegend Patagoniens lange Zeit bewohnt hatten, bis sich hier im 17. Jahrhundert die ersten europäischen Siedler niederließen. Die Felsmalereien sind vermutlich während dreier unterschiedlicher Zeitabschnitte ab dem zwölften vorchristlichen Jahrhundert entstanden.

**Die meisten der Felsmalereien in der Höhle am Río Pinturas (oben) bestehen aus farbigen Abdrücken linker Hände (unten).**

# Nationalpark Los Glaciares

Argentinien | Jahr der Ernennung: 1981

Amerika | Argentinien

Im Herzen der patagonischen Anden liegt dieser rund 4500 Quadratkilometer große Nationalpark mit spektakulären Felsmassiven, eisigen Gletschern und Seen. Die 13 Gletscher des Parks sind Teil des Patagonischen Eisfelds, das mit rund 15 000 Quadratkilometern die größte zusammenhängende Eismasse außerhalb von Arktis und Antarktis ist. Der bekannteste unter ihnen ist der 30 Kilometer lange und fünf Kilometer breite Perito-Moreno-Gletscher, der in den Lago Argentino kalbt. Als einer der wenigen heute noch wachsenden Gletscher schnürt er alle drei bis vier Jahre einen Seitenarm des Argentino-Sees ab. Der Wasserspiegel steigt auf bis zu 30 Meter an. Hält die Eismauer dem enormen Druck nicht mehr stand, folgt ein eindrucksvolles Naturschauspiel: Die aufgestauten Wassermassen sprengen einen Teil der Gletscherfront und bahnen sich ihren Weg in den See. Weitere landschaftliche Höhepunkte sind die über 3000 Meter hohen und nur schwer bezwingbaren Granitgipfel des Cerro Torre und des Monte Fitz Roy im nördlichen Teil des Nationalparks unweit des Lago Viedma dar. Die Fauna des Parks wird von rund 100 Vogelarten dominiert, darunter Darwin-Nandus und Kondore.

**Wie steinerne Nadeln ragen die Granitspitzen des Monte Fitz Roy im Nationalpark Los Glaciares in den Himmel (links). Oben: Guanaco-Mutter mit Jungem.**

# Liste des Welterbes

Reich mit Iznik-Fayencen ausgestattet wurde der Sommerpavillon im vierten Hof des Topkapı-Palastes von Istanbul, der sich terrassenförmig um die Spitze der antiken Akropolis gruppiert und im 17. Jahrhundert durch Sultan Murat IV. errichtet wurde.

# Liste des Welterbes

## Europa

### Island
Nationalpark Thingvellir 10
Vulkaninsel Surtsey 10

### Norwegen
Felszeichnungen von Alta 11
Vega-Archipel (Vegaøyan) 11
Bergbaustadt Røros und
Umgebung 12
Fjorde Westnorwegens:
Geirangerfjord und
Nærøyfjord 13
Stabkirche von Urnes 14
Bryggen 15
Industriestätten in Rjukan
und Notodden 16
Struve-Bogen 167

### Schweden
Kirchendorf Gammelstad
in Luleå 16
Arktische Kulturlandschaft
Lappland 17
Holzbauernhäuser in der
Provinz Hälsingland 18
Bergbaugebiet Großer
Kupferberg in Falun 18
Eisenhütte Engelberg 19
Wikingersiedlungen Birka
und Hovgården 19
Königliches Sommerschloss
Drottningholm 20
Friedhof Skogskyrkogården 20
Felszeichnungen von
Tanum 21
Radiostation Varberg 21
Hansestadt Visby 22
Agrarlandschaft von
Süd-Öland 23
Marinehafen von Karlskrona 23
Hohe Küste und
Kvarkenarchipel 24
Struve-Bogen 167

### Dänemark
Eisfjord Ilulissat 24
Kujataa – eine subarktische
Agrarlandschaft in Grönland III
Schloss Kronborg bei
Helsingør 25
Parforcejagdlandschaft in
Nordseeland 26
Grabhügel, Runensteine
und Kirche von Jelling 26
Kathedrale von Roskilde 27
Christiansfeld 28
Stevens Klint 28
Wattenmeer 55

### Finnland
Hohe Küste und
Kvarkenarchipel 24
Alte Kirche von Petäjävesi 29
Altstadt von Rauma 29
Bronzezeitlicher Friedhof
von Sammallahdenmäki 30
Festung Suomenlinna 30
Historische Kartonfabrik
von Verla 31
Struve-Bogen 167

### Estland
Historisches Zentrum von
Tallinn 31
Struve-Bogen 167

### Lettland
Historisches Zentrum von
Riga 32
Struve-Bogen 167

### Litauen
Kurische Nehrung 33
Archäologische Stätte
Kernave 33
Historisches Zentrum
von Vilnius 34
Struve-Bogen 167

### Vereinigtes Königreich
St. Kilda 35
Jungsteinzeitliche
Monumente auf Orkney 35
Forth Bridge 36
New Lanark 36
Der englische Lake District IV
Alt- und Neustadt von
Edinburgh 37
Giant's Causeway und
Causeway Coast 38
Neandertal-Höhlen und
Umgebung in Gibraltar XXVII
Grenzen des Römischen
Reichs 39
Burg und Kathedrale
von Durham 40
Studley Royal Park und
Fountains Abbey 40
Industriedorf Saltaire 41
Historische Hafenstadt
Liverpool 41
Burgen Edwards I.
in Gwynedd 42
Pontcysyllte-Aquädukt
und Kanal 42
Industrielandschaft
Derwent Valley 43
Industriedenkmäler von
Ironbridge Gorge 43

Industrielandschaft
Blaenavon 44
Schloss Blenheim 44
Bath 45
Stonehenge, Avebury und
zugehörige Orte 46
Westminster Abbey und
Palace 48
Tower von London 49
Royal Botanic Gardens
in Kew 49
Greenwich 50
Canterbury 50
Minen von Cornwall und
West-Devon 51
Küste von Dorset und
Ost-Devon 51
Gough und
Inaccessible Island 52
St. George und
Festungsanlagen
Südseeinsel
Henderson Island 53

### Irland
Bend of the Boyne 53
Skellig Michael 54

### Niederlande
Wattenmeer 55
Dampfpumpwerk von
Wouda 56
Polderlandschaft Schokland 56
Beemster-Polder 57
Van-Nelle-Fabrik 57
Festungsgürtel von
Amsterdam 58
Stadtviertel und Kanalsystem
innerhalb des Singelgracht
in Amsterdam 59
Rietveld-Schröder-Haus
in Utrecht 60
Mühlen in
Kinderdijk-Elshout 60
Historisches Zentrum und
Hafen von Willemstad 61

### Belgien
Das architektonische Werk von
Le Corbusier – ein herausra-
gender Beitrag zur »Modernen
Bewegung« XXVIII
(auch Frankreich, Deutschland,
Schweiz, Indien, Japan,
Argentinien)
Alte Buchenwälder und
Buchenurwälder der Karpaten
und anderer Regionen
Europas IX
(auch Albanien, Bulgarien,

Deutschland, Kroatien, Italien,
Österreich, Rumänien,
Slowakei, Slowenien, Spanien,
Ukraine)
Altstadt von Brügge 62
Druckereimuseum Plantin-
Moretus 63
Flämische Beginenhöfe 63
Grand-Place von Brüssel 64
Jugendstilbauten von
Victor Horta in Brüssel 66
Palais Stoclet in Brüssel 66
Kathedrale Notre-Dame
in Tournai 67
Jungsteinzeitliche Feuer-
steinminen bei Spiennes 67
Schiffshebewerke des
Canal du Centre 68
Bedeutende Orte des
wallonischen Bergbaus 68
Glockentürme in Belgien
und Frankreich 69

### Luxemburg
Altstadt und Festungen von
Luxemburg 70

### Frankreich
Glockentürme in Belgien
und Frankreich 69
Bergbaugebiet
Nord-Pas de Calais 71
Festungen von Vauban 71
Kathedrale von Amiens 72
Le Havre 72
Mont-Saint-Michel und
seine Bucht 73
Kathedrale von Chartres 73
Schloss und Park von
Versailles 74
Schloss und Park
Fontainebleau 75
Seineufer von Paris 76
Reims 78
Weinberge, Weinhäuser
und Weinkeller der
Champagne 78
Mittelalterliche
Handelsstadt Provins 79
Altstadt von Nancy 79
Grande Île von Straßburg 80
Tal der Loire zwischen
Sully-sur-Loire und
Chalonnes 81
Abteikirche von Saint-
Savin sur Gartempe 82
Kathedrale von Bourges 82
Vézelay: Abteikirche
und Stadthügel 83
Abtei von Fontenay 84

**Das UNESCO Welterbe**

# Liste des Welterbes

| | | |
|---|---|---|
| Causses und Cevennen | 90 | |
| Orange: Amphitheater | | |
| und Triumphbogen | 91 | |
| Pont du Gard | 91 | |
| Avignon | 92 | |
| Arles | 93 | |
| Canal du Midi | 93 | |
| Carcassonne | 94 | |
| Mont Perdu | 95 | |
| Golf von Porto | 95 | |
| Vulkanlandschaft auf La Réunion | 96 | |
| Lagunen von Neukaledonien | 96 | |
| Taputaputea | VI | |
| Prähistorische Pfahlbauten rund um die Alpen | 118 | |

## Deutschland

| | |
|---|---|
| Wattenmeer | 55 |
| Rathaus und Roland auf dem Marktplatz in Bremen | 97 |
| Hamburger Speicherstadt und Kontorhausviertel mit Chilehaus | 98 |
| Hansestadt Lübeck | 99 |
| Altstädte von Stralsund und Wismar | 99 |
| Buchenurwälder der Karpaten und Alte Buchenwälder Deutschlands | 100 |
| Dom und Michaeliskirche in Hildesheim | 102 |
| Fagus-Werk in Alfeld | 102 |
| Bergwerk Rammelsberg, Altstadt von Goslar und Oberharzer Wasserwirtschaft | 103 |
| Stiftskirche, Schloss und Altstadt von Quedlinburg | 103 |
| Schlösser und Parks in Potsdam und Berlin | 104 |
| Museumsinsel Berlin | 105 |
| Siedlungen der Berliner Moderne | 106 |
| Luthergedenkstätten in Eisleben und Wittenberg | 106 |
| Wartburg | 107 |
| Bauhausstätten in Dessau, Weimar und Bernau | IX/107 |
| Gartenreich Dessau-Wörlitz | 108 |
| Muskauer Park | 108 |
| Klassisches Weimar | 109 |
| Bergpark Wilhelmshöhe | 110 |
| Karolingisches Westwerk und Civitas Corvey | 110 |
| Aachener Dom | 111 |
| Kölner Dom | 112 |
| Schlösser Augustusburg und Falkenlust in Brühl | 113 |
| Industriekomplex Zeche Zollverein in Essen | 113 |
| Oberes Mittelrheintal | 114 |
| Trier | 114 |
| Völklinger Hütte | 115 |
| Grube Messel | 115 |
| Kloster Lorsch | 116 |
| Dom zu Speyer | 116 |
| Grenzen des Römischen Reichs | 117 |
| Höhlen und Eiszeitkunst im Schwäbischen Jura | VII |
| Klosterinsel Reichenau | 117 |
| Prähistorische Pfahlbauten rund um die Alpen | 118 |
| Klosteranlage Maulbronn | 118 |
| Würzburger Residenz und Hofgarten | 119 |
| Altstadt von Bamberg | 120 |
| Markgräfliches Opernhaus Bayreuth | 120 |
| Altstadt von Regensburg mit Stadtamhof | 121 |
| Wallfahrtskirche »die Wies« | 122 |

## Schweiz

| | |
|---|---|
| Prähistorische Pfahlbauten rund um die Alpen | 118 |
| Kloster St. Gallen | 124 |
| Altstadt von Bern | 125 |
| Alpenregion Jungfrau-Aletsch-Bietschhorn | 126 |
| Weinterrassen des Lavaux | 126 |
| Burgen von Bellinzona | 127 |
| Monte San Giorgio | 127 |
| La Chaux-de-Fonds und Le Locle: Stadtlandschaft der Uhrenindustrie | 128 |
| Benediktinerinnenkloster St. Johann in Müstair | 128 |
| Rhätische Bahn in der Kulturlandschaft Albula/Bernina | 129 |
| Tektonikarena Sardona | 129 |

## Österreich

| | |
|---|---|
| Prähistorische Pfahlbauten rund um die Alpen | 118 |
| Historisches Zentrum von Wien | 130 |
| Schloss Schönbrunn | 132 |
| Kulturlandschaft Wachau | 132 |
| Historisches Zentrum von Salzburg | 133 |
| Kulturlandschaft Neusiedler See | 134 |
| Kulturlandschaft Hallstatt-Dachstein und Salzkammergut | 134 |
| Semmering-Eisenbahn | 135 |
| Altstadt von Graz und Schloss Eggenberg | 135 |

## Polen

| | |
|---|---|
| Muskauer Park | 108 |
| Deutschordensburg Marienburg | 136 |
| Altstadt von Toru (Thorn) | 136 |
| Park Muzakowski | 137 |
| Jahrhunderthalle in Wrocław (Breslau) | 137 |
| Historisches Zentrum von Warschau | 138 |
| Nationalpark Białowieża (Beloweschskaja Puschtscha) | 139 |
| Blei-Silber-Zink-Mine von Tarnowskie Góry, unterirdisches Wassermanagementsystem | X |
| Friedenskirchen in Jawor und Widnica | 140 |
| Auschwitz-Birkenau: Deutsches NS-Konzentrations- und Vernichtungslager | 141 |
| Kalvarienberg Zebrzydowska | 141 |
| Altstadt von Krakau | 142 |
| Salzbergwerke von Wieliczka und Bochnia | 144 |
| Holzkirchen im Süden von Kleinpolen | 144 |
| Altstadt von Zamość | 145 |
| Holzkirchen in den Karpaten | 145 |

## Tschechische Republik

| | |
|---|---|
| Historisches Zentrum von Prag | 146 |
| Kutná Hora: Altstadt mit St.-Barbara-Kirche und der Kathedrale Mariä Himmelfahrt in Sedlec | 148 |
| Wallfahrtskirche von Zelená Hora | 148 |
| Historisches Zentrum von Ceský Krumlov | 149 |
| Historisches Dorf Holašovice | 149 |
| Historisches Zentrum von Telč | 150 |
| Třebíč | 151 |
| Schloss Litomyšl | 151 |
| Dreifaltigkeitssäule in Olomouc | 152 |
| Haus Tugendhat in Brno | 152 |
| Schloss und Park in Kroměříž | 153 |
| Kulturlandschaft von Lednice-Valtice | 153 |

## Slowakei

| | |
|---|---|
| Bauerndorf Vlkolínec | 154 |
| Bergbaustadt Banská Štiavnica | 154 |
| Holzkirchen im slowakischen Teil der Karpaten | 155 |
| Levoča, Spišský Hrad und Kulturmonumente | 155 |
| Historisches Zentrum von Bardejov | 156 |
| Buchenurwälder der Karpaten und alte Buchenwälder Deutschlands | 157 |
| Aggtelek-Höhlen und slowakischer Karst | 157 |

## Ungarn

| | |
|---|---|
| Aggtelek-Höhlen und slowakischer Karst | 157 |
| Budapest | 158 |
| Kulturlandschaft Fertö/Neusiedler See | 159 |
| Benediktinerabtei Pannonhalma | 159 |
| Hollókö und Umgebung | 160 |
| Kulturlandschaft Tokajer Weinregion | 160 |
| Nationalpark Hortobágy – die »Puszta« | 161 |
| Frühchristlicher Friedhof von Pécs | 161 |

## Weißrussland

| | |
|---|---|
| Beloweschskaja Puschtscha (Nationalpark Białowieża) | 162 |
| Schloss Mir | 162 |
| Erbe der Adelsfamilie Radziwill in Njaswisch | 163 |
| Struve-Bogen | 167 |

## Ukraine

| | |
|---|---|
| Historisches Zentrum von Lwiw | 163 |
| Sophienkathedrale und Höhlenkloster von Kiew | 164 |
| Buchenurwälder der Karpaten und alte Buchenwälder Deutschlands | 165 |
| Czernowitz: Residenz der orthodoxen Metropoliten der Bukowina und Dalmatiens | 165 |
| Holzkirchen in den Karpaten | 166 |
| Antike Stadt, Taurische Chersones und ihre Chora | 166 |
| Struve-Bogen | 167 |

## Moldau

| | |
|---|---|
| Struve-Bogen | 167 |

## Russland

| | |
|---|---|
| Struve-Bogen | 167 |
| Kurische Nehrung | 167 |

Das UNESCO Welterbe

# Liste des Welterbes

| | | | |
|---|---|---|---|
| Kirchen von Kishi Pogost | 168 | Romanische Kirchen | |
| Solowezki-Inseln | 169 | im Vall de Boí | 193 |
| Urwälder von Komi | 169 | Zisterzienserabtei Poblet | 193 |
| St. Petersburg | 170 | Werke von Antoni Gaudí | 194 |
| Kloster Ferapontow | 172 | Palau de la Música Catalana | |
| Historisches Zentrum von | | und Hospital de Sant Pau in | |
| Jaroslawl | 172 | Barcelona | 196 |
| Baudenkmäler von | | Archäologisches Ensemble | |
| Nowgorod und Umgebung | 173 | von Tárraco | 197 |
| Nowodewitschi-Kloster | 173 | Prähistorische Felsritzungen | |
| Kreml und Roter Platz in | | im Tal von Côa und in | |
| Moskau | 174 | Siega Verde | 197 |
| Dreifaltigkeitskloster von | | Altstadt von Salamanca | 198 |
| Sergijew Possad | 176 | Altstadt von Ávila | |
| Auferstehungskirche in | | und Kirchen | 199 |
| Kolomenskoje | 176 | Altstadt von Segovia mit | |
| Mariä-Himmelfahrts-Kathedrale | | Aquädukt | 199 |
| der Inselstadt Swijaschsk | X | El Escorial | 200 |
| Weiße Monumente in | | Universität und historisches | |
| Wladimir und Susdal | 177 | Zentrum von Alcalá | |
| Kreml von Kasan | 177 | de Henares | 200 |
| Historisches Zentrum und | | Mudejar-Architektur in der | |
| archäologische Stätten von | | Region Aragón | 201 |
| Bolgar | 178 | Kulturlandschaft | |
| Zitadelle, Altstadt und | | von Aranjuez | 201 |
| Festung von Derbent | 178 | Altstadt von Toledo | 202 |
| Westlicher Kaukasus | 179 | Altstadt von Cáceres | 203 |
| Putorana-Plateau | 180 | Königliches Kloster Santa | |
| Lenafelsen | 180 | María de Guadalupe | 203 |
| Goldene Berge des Altai | 181 | Archäologisches Ensemble | |
| Uvs-Nuur-Becken | 181 | in Mérida | 204 |
| Baikalsee | 182 | Quecksilberbergwerke in | |
| Daurische Landschaften | XVIII | Almadén und Idrija | 204 |
| Naturschutzgebiet | | Vorgeschichtliche Fels- | |
| Zentral-Sikhote-Alin | 182 | malereien im östlichen | |
| Naturreservat Wrangelinsel | 183 | Spanien | 205 |
| Vulkane von Kamtschatka | 184 | Altstadt von Cuenca | 206 |
| | | Seidenbörse (La Lonja de la | |
| **Spanien** | | Seda) in Valencia | 206 |
| Mont Perdu | 95 | Palmenhain von Elche | 207 |
| Pilgerweg nach Santiago | | Úbeda und Baeza | 207 |
| de Compostela | 186 | Alhambra, Generalife und | |
| Altstadt von Santiago de | | AlbayzÍn in Granada | 208 |
| Compostela | 187 | Altstadt von Córdoba | 210 |
| Denkmäler von Oviedo und | | Sevilla: Kathedrale, Alcázar | |
| des Königreichs Asturien | 187 | und Archivo de Indias | 211 |
| Torre de Hercules | 188 | Nationalpark Doñana | |
| Spätrömische Befestigungs- | | in Andalusien | 212 |
| anlagen von Lugo | 188 | Dolmenstätten von | |
| Las Médulas | 189 | Antequera | XXIX |
| Altsteinzeitliche Höhlen- | | Biologische Vielfalt | |
| malereien in Nordspanien | 189 | und Kultur auf Ibiza | 212 |
| Puente Vizcaya bei Bilbao | 190 | Kulturlandschaft Serra de | |
| Fundstätten in der | | Tramuntana | 213 |
| Sierra de Atapuerca | 190 | Nationalpark Teide | |
| Kathedrale von Burgos | 191 | auf Teneriffa | 214 |
| Klöster San Millán de Yuso | | San Cristóbal de La Laguna | |
| und de Suso | 192 | auf Teneriffa | 215 |
| Monte Perdido | | Nationalpark Garajonay auf | |
| in den Pyrenäen | 192 | Gomera | 215 |

| | | | |
|---|---|---|---|
| **Andorra** | | Langobarden | 232 |
| Vall del Madriu-Perafita- | | Dolomiten | 233 |
| Claror | 216 | Venedig und seine Lagune | 234 |
| | | Botanischer Garten | |
| **Portugal** | | in Padua | 236 |
| Historisches Zentrum von | | Archäologische Stätten und | |
| Guimarães | 216 | Basilika des Patriarchen von | |
| Historisches Zentrum | | Aquileja | 236 |
| von Porto | 217 | Mantua und Sabbioneta | 237 |
| Weinregion Alto Douro | 218 | Ferrara | 237 |
| Prähistorische Felsritzungen | | Frühchristliche Baudenkmäler | |
| im Tal von Côa und in | | von Ravenna | 238 |
| Siega Verde | 218 | Kathedrale, Torre civica, | |
| Universität Coimbra | 219 | Piazza Grande in Modena | 238 |
| Kloster Batalha | 219 | Strade Nuove und Palazzi | |
| Kloster von Tomar | 220 | dei Rolli in Genua | 239 |
| Kloster von Alcobaça | 221 | Portovenere und | |
| Kulturlandschaft Sintra | 221 | Cinque Terre | 239 |
| Hieronymiten-Kloster und | | Domplatz von Pisa | 240 |
| Turm von Belém | 222 | Historisches Zentrum | |
| Historisches Zentrum | | von Florenz | 241 |
| von Évora | 223 | Historisches Zentrum von | |
| Garnisonsstadt Elvas und ihre | | San Gimignano | 243 |
| Befestigungsanlage | 223 | Historisches Zentrum | |
| Weinbaukultur der | | von Siena | 244 |
| Azoreninsel Pico | 224 | Val d'Orcia | 245 |
| Stadtzentrum von Angra do | | Historisches Zentrum | |
| Heroismo auf Terceira | 225 | von Pienza | 245 |
| Lorbeerwald »Laurisilva« von | | Villen und Gärten der | |
| Madeira | 225 | Medici in der Toskana | 246 |
| | | Historisches Zentrum | |
| **Italien** | | von Urbino | 246 |
| Prähistorische Pfahlbauten | | Basilika und Gedenkstätten | |
| rund um die Alpen | 118 | des heiligen Franz in Assisi | 247 |
| Rhätische Bahn in der | | Etruskische Totenstädte von | |
| Kulturlandschaft Albula/ | | Cerveteri und Tarquinia | 247 |
| Bernina | 226 | Historisches Zentrum | |
| Sacri Monti im Piemont | | von Rom | 248 |
| und in der Lombardei | 226 | Villa d'Este in Tivoli | 252 |
| Weinanbaugebiete im | | Hadriansvilla | 252 |
| Piemont: Langhe, Roero und | | Historisches Zentrum | |
| Monferrato | 227 | von Neapel | 253 |
| Residenzen des Hauses | | Pompeji, Herculaneum und | |
| Savoyen in Turin und | | Torre Annunziata | 253 |
| Umgebung | 227 | Küste von Amalfi | 254 |
| Santa Maria delle Grazie | | Caserta und San Leucio | 255 |
| mit Leonardo da Vincis | | Nationalpark Cilento und | |
| »Abendmahl« in Mailand | 228 | Vallo di Diano | 255 |
| Felszeichnungen im | | Castel del Monte | 256 |
| Val Camonica | 229 | Höhlenwohnungen | |
| Monte San Giorgio | 229 | Sassi di Matera | 256 |
| Venezianisches Verteidigungs- | | Trulli von Alberobello | 257 |
| system des 15. bis 17. | | Äolische Inseln | 257 |
| Jahrhunderts | XI/XII | Arabisch-normannische | |
| Crespi d'Adda | 230 | Palermo und Kathedralen von | |
| Vicenza und die | | Cefalù und Monreale | 258 |
| Villen Palladios in Venetien | 230 | Ätna | 258 |
| Altstadt von Verona | 231 | Archäologische Stätten von | |
| Machtzentren der | | Agrigent | 259 |
| | | Villa Romana del Casale | 260 |

**Das UNESCO Welterbe**

# Liste des Welterbes

Spätbarocke Städte
des Val di Noto 260
Syrakus und Felskammer-
gräber von Pantalica 261
Nuraghe von Barumini 261

**San Marino**
Historisches Zentrum
von San Marino
und Monte Titano 242

**Vatikanstadt**
Historisches Zentrum
von Rom 248
Vatikanstadt 250

**Malta**
Valletta 262
Megalithtempel von Malta 263
Hypogäum Hal Saflieni 263

**Slowenien**
Prähistorische Pfahlbauten
rund um die Alpen 118
Quecksilberbergwerke in
Almadén und Idrija 264
Höhlen von Škocjan 264

**Kroatien**
Euphrasius-Basilika
und historischer
Stadtkern von Poreč 265
Kathedrale des heiligen
Venezianisches Verteidigungs-
system des 15. bis 17. Jahr-
hunderts XI/XII
Jakob in Šibenik 265
Stecci – Mittelalterliche
Grabsteine XXIX
(auch Bosnien-Herzegowina,
Serbien, Montenegro)
Nationalpark Plitvicer Seen 266
Altstadt von Trogir 267
Historisches Zentrum
von Split 268
Ebene von Stari Grad 268
Altstadt von Dubrovnik 269

**Bosnien-Herzegowina**
Alte Brücke und Altstadt
von Mostar 270
Mehmed-Paša-Sokolović-
Brücke in Višegrad 271

**Serbien**
Kloster Studenica 271
Stari Ras und
Kloster Sopoćani 272
Mittelalterliche Denkmäler
im Kosovo 272

Galerius-Palast in
Gamzigrad (Romuliana) 273

**Montenegro**
Nationalpark Durmitor 273
Venezianisches Verteidigungs-
system des 15. bis 17.
Jahrhunderts XI/XII
Bucht und Region
von Kotor 274

**Rumänien**
Holzkirchen von
Maramureş 275
Dörfer und Wehrkirchen in
Siebenbürgen 275
Festungen der Daker im
Bergland von Orăştie 276
Historisches Zentrum
von Sighişoara 276
Kloster Horezu 277
Kirchen in der Moldau 277
Biosphärenreservat
Donaudelta 278

**Bulgarien**
Biosphärenreservat
Srebarna 279
Thrakergrab von
Sweschtari 279
Der Reiter von Madara 280
Altstadt von Nessebar 280
Felsenkirchen von
Iwanowo 281
Thrakergrab von Kasanlak 281
Kirche von Bojana 282
Nationalpark Pirin 282
Kloster Rila 283

**Albanien**
Altstädte von Berat und
Gjirokastra 284
Ruinenstadt Butrint 284

**Mazedonien**
Natur- und Kulturerbe der
Region von Ohrid 285

**Griechenland**
Archäologische Stätte von
Philippi XXX
Archäologische Stätte
von Vergina 286
Frühchristliche und
byzantinische Denkmäler
von Thessaloniki 286
Berg Athos 287
Meteora-Klöster 288
Altstadt von Korfu 289
Archäologische Stätte

von Delphi 289
Akropolis von Athen 290
Archäologische Stätten
von Mykene und Tiryns 292
Archäologische Stätte
von Epidauros 292
Archäologische Stätte
von Olympia 293
Apollontempel von Bassae 293
Archäologische Stätte
von Mystras 294
Delos 295
Klöster Daphni, Hosios Lukas
und Nea Moni 296
Pythagoreion und
Heraion von Samos 296
Altstadt von Patmos 297
Mittelalterliche Altstadt
von Rhodos 297
Altstadt von Patmos 297

**Zypern**
Ruinen von Paphos 298
Bemalte Kirchen im
Tróodosgebirge 298
Archäologische Stätte
von Choirokoitia 299

**Türkei**
Selimiye-Moschee in
Edirne 299
Historische Bereiche von
Istanbul 300
Altstadt von Safranbolu 302
Bursa und Cumalikizik 302
Archäologische Stätte
von Troja 303
Antike Stadt Ephesus 304
Aphrodisias XIII
Pergamon und seine
Kulturlandschaft 305
Antike Stadt Hierapolis-
Pamukkale 306
Ruinen von Xanthos
mit dem Heiligtum der
Leto (Letoon) 306
Neolithische Stätte
Çatalhöyük 307
Ruinen von Hattuša 308
Nationalpark Göreme und
Felsendenkmäler von
Kappadokien 309
Große Moschee und
Hospital von Divriği 310
Archäologische Stätte
von Ani XXX
Festung von Diyarbakır
und Kulturlandschaft
Hevsel-Gärten 310

Monumentalgrabstätte auf
dem Nemrut Dağ 311

**Georgien**
Bergdörfer von Swanetien 312
Kloster Ghelati 312
Historische Monumente
von Mzcheta 313

**Armenien**
Klöster Haghpat und
Sanahin 313
Kathedrale und Kirchen von
Etschmiadsin, archäologische
Stätte von Swartnoz 314
Kloster von Geghard im
Oberen Azattal 314

**Aserbaidschan**
Ummauerter Teil von Baku 315
Felsbilder und Kulturlandschaft
von Gobustan 315

## Asien

**Syrien**
Altstadt von Aleppo 318
Antike Dörfer in Nordsyrien 319
Crac des Chevaliers und
Qal'at Salah Ad-din 319
Ruinen von Palmyra 320
Altstadt von Damaskus 321
Altstadt von Bosra 321

**Libanon**
Wadi Qadisha und
Wald der Libanonzedern 322
Ruinen von Anjar 322
Ruinen von Byblos 323
Ruinen von Tyros 323
Ruinen von Baalbek 324

**Israel**
Altstadt von Akko 325
Heilige Stätten der
Bahai in Haifa und
West-Galiläa 326
Nekropole von
Bet She'arim 326
Stätten der menschlichen
Evolution im Karmel-
Gebirge 327
Biblische Siedlungen
Megiddo, Hazor
und Beerscheba 328
Die »Weiße Stadt«
von Tel Aviv 328
Grabhöhlen in Maresha
und Bet Guvrin 329

# Liste des Welterbes

**Archäologische Stätte**
Masada 330
Weihrauchstraße und
Wüstenstädte im Negev 331
Altstadt und Stadtmauern
von Jerusalem 332

**Palästina**
Kulturlandschaft von
Südjerusalem 334
Hebron /Al-Khalil Altstadt XIV
Geburtskirche Jesu Christi und
Pilgerweg in Bethlehem 334

**Jordanien**
Taufstätte »Bethanien jenseits
des Jordans« (Al-Maghtas) 335
Wüstenschloss
Quseir Amra 335
Archäologische Stätte Um
Er-Rasas (Kastrom Mefa´a) 336
Schutzgebiet Wadi Rum 336
Felsnekropole und
Ruinen von Petra 337

**Saudi-Arabien**
Felszeichnungen in Ha'il 338
Archäologische Stätte Al-Hijr
(Madain Salih) 338
Historischer Bereich
von At-Turaif in Ad-Dir'iyah 339
Altstadt von Dschidda 339

**Bahrain**
Archäologische Stätte
Qal'at al-Bahrain 340
Perlenfischerei als Zeugnis
einer Inselökonomie 340

**Katar**
Archäologische Stätten
von Al Zubarah 341

**Vereinigte Arabische Emirate**
Kulturstätten von Al Ain 342

**Oman**
Aflaj – Bewässerungssystem
des Oman 343
Archäologische Stätten von
Bat, Al-Khutm und Al-Ayn 343
Festung Bahla 344
Land des Weihrauchs 344

**Jemen**
Altstadt von Sanaa 345
Altstadt und Stadtmauer
von Schibam 346
Altstadt von Zabid 347
Sokotra-Archipel 347

**Irak**
Zitadelle von Erbil 348
Ruinen der Partherstadt
Hatra 348
Assur (Qal'at Sherqat) 349
Archäologische Stadt
Samarra 349

**Iran**
Historischer Basar in Täbris 350
Armenische Klosteranlagen
im Iran 351
Kh-aneg-ah und Grabmal
des Scheichs Safi al-Din
in Ardabil 351
Archäologische Stätte
Takht-e Sulaiman 352
Soltaniyeh 352
Golestan-Palast in Teheran 353
Mausoleum Gonbad-e
Qabus 353
Bisotun 354
Susa 354
Freitagsmoschee in
Isfahan 355
Altstadt von Yazd XV
Meidan-e Imam von
Isfahan 356
Ruinenstadt Tschoga
Zanbil 358
Historisches Hydraulik-System
von Schuschtar 359
Das perische Qanat-
Bewässerungssystem XXXII
Wüste von Lut XXXII
Pasargadae 359
Persepolis 360
Persische Gärten 362
Historische Kulturlandschaft
von Maymand 362
Bam und seine
Kulturlandschaft 363
Ruinen von Shar-i Sokhta 363

**Kasachstan**
Saryarka: Steppe und Seen
in Nordkasachstan 364
Westliches Tian-
Shan-Gebirge XXXIII
(auch Usbekistan, Kirgisistan)
Mausoleum von Khoja
Ahmed Yasawi 364
Petroglyphen der archäologi-
schen Grabungsstätte von
Tamgaly 365
Itchan-Kala 365
Routen der Seidenstraße
im Tian-Shan-Gebirge 408

**Usbekistan**
Historisches Zentrum
von Buchara 366
Historisches Zentrum
von Schahrisabs 366
Samarkand – Schnittpunkt
der Kulturen 367

**Turkmenistan**
Kunja-Urgentsch 368
Ruinen von Merw 368
Parther-Festungen
von Nisa 369

**Kirgisistan**
Heiliger Berg Sulamain-Too 369
Routen der Seidenstraße
im Tian-Shan-Gebirge 408

**Tadschikistan**
Archäologische Stätte
Sarazm 370
Tadschikischer Nationalpark
(Pamirgebirge) 370

**Afghanistan**
Minarett und Ruinen
von Jam 371
Kulturlandschaft und
archäologische
Stätten des Bamiyantals 371

**Pakistan**
Buddhistische Ruinen von
Takht-i-Bahi 372
Festung Rohtas 372
Ruinenstadt Taxila 373
Fort und Shalimar-Gärten
in Lahore 374
Ruinenstadt Mohenjo-Daro 374
Ruinen und Totenstadt
von Thatta 375
Großer Himalaya-
Nationalpark 376

**Indien**
Nationalparks Nanda Devi
und »Tal der Blumen« 377
Komplex der Roten
Forts in Delhi 378
Grabmal des Humayun
in Delhi 378
Qutb Minar mit
Monumenten in Delhi 379
Jantar Mantar in Jaipur 379
Keoladeo-Nationalpark 380
Mogulstadt Fatehpur Sikri 381
Rotes Fort von Agra 381
Kangchendzönga-
Nationalpark XXXV

Taj Mahal in Agra 382
Manas-Wildschutzgebiet 384
Kaziranga-Nationalpark 385
Ausgrabungsstätte von
Nalanda Mahavihara XXXVI
Sundarbans-Nationalpark 385
Mahabodhi-Tempel
von Bodh Gaya 386
Rani Ki Vav (Stufenbrunnen
der Königin) in Patan 386
Bergfestungen
von Rajasthan 387
Tempelbezirk
von Khajuraho 388
Altstadt von Ahmedabad XVII
Buddhistische
Monumente bei Sanchi 389
Felshöhlen von Bhimbetka 389
Felsentempel von Ajanta 390
Archäologischer Park
Champaner-Pavagadh 391
Höhlentempel von Ellora 391
Chhatrapati Shivaji
Terminus in Mumbai 392
Felshöhlen von Elephanta 392
Westghats 393
Tempelanlage von
Pattadakal 394
Tempelbezirk von Hampi 394
Kirchen und Klöster
von Goa 395
Sonnentempel von
Konarak 396
Tempelbezirk von
Mahabalipuram 396
Gebirgsbahnen Indiens 397
Große Tempel der
Chola-Dynastie 397

**Bangladesch**
Mangrovenwälder der
Sundarbans 398
Historische Moscheenstadt
Bagerhat 399
Ruinen des buddhistischen
Klosters von Paharpur 399

**Sri Lanka**
Ruinenstadt Sigiriya 400
Heilige Stadt Anuradhapura 401
Goldene Tempel
von Dambulla 402
Ruinenstadt Polonnaruwa 403
Zentrales Hochland
von Sri Lanka 403
Heilige Stadt Kandy 404
Naturschutzgebiet
Sinharaja-Wald 405
Altstadt und Festung
von Galle 405

# Liste des Welterbes

**Mongolei**
| | |
|---|---|
| Uvs-Nuur-Becken | 406 |
| Felsmalereien im Altai-Gebirge Kulturlandschaft | 406 |
| Orchon-Tal | 407 |
| Heiliger Berg Burkhan Khaldun | 407 |
| Daurische Landschaften | XVIII |

**China**
| | |
|---|---|
| Tian-Shan-Gebirge in Xinjiang | 408 |
| Routen der Seidenstraße im Tian-Shan-Gebirge | 408 |
| Höhlen von Mogao | 409 |
| Fundstätte von Xanadu | 409 |
| Hauptstädte und Gräber des antiken Königreichs Koguryo | 410 |
| Kaiserliche Grabstätten der Ming- und der Qing-Dynastie | 410 |
| Sommerresidenz und Tempel bei Chengde | 411 |
| Fundstätte des Peking-Menschen in Zhoukoudian | 411 |
| Große Mauer | 412 |
| Himmelstempel mit kaiserlichem Opferaltar in Beijing | 413 |
| Kaiserpaläste in Beijing und Shenyang | 414 |
| Kaiserlicher Garten (Sommerpalast) bei Beijing | 416 |
| Yungang-Grotten | 417 |
| Qunghai Hoh Xil | XVIII |
| Wutai-Gebirge | 417 |
| Altstadt von Pingyao | 418 |
| Yin Xu | 418 |
| Bergregion Taishan | 419 |
| Tempel und Grab des Konfuzius in Qufu | 419 |
| Grabmal des ersten Kaisers von China | 420 |
| Grotten von Longmen | 421 |
| Historische Stätten von Dengfeng | 421 |
| Großer Kanal | 422 |
| Taoistische Heiligtümer in den Wudang-Bergen | 422 |
| Shennongjia – Waldgebiet in der chinesischen Provinz Hubei | XXXIV |
| Lushan-Nationalpark | 423 |
| Gebirgsmassiv Huangshan | 423 |
| Klassische Gärten von Suzhou | 424 |
| Kulturlandschaft Westsee bei Hangzhou | 425 |
| Historische Dörfer Xidi und Hongcun im südlichen Anhui | 426 |
| Landschaftspark Wulingyuan | 427 |
| Tusi-Stätten | 427 |
| Felsbilder von Dazu | 428 |
| Berglandschaft Wuyi | 429 |
| Landschaftspark Jiuzhaigou-Tal | 429 |
| Landschaftspark Huanglong | 430 |
| Berg Qingcheng und Bewässerungssystem von Dujiangyan | 430 |
| Panda-Naturreservat in Sichuan | 431 |
| Berg Emeishan und Großer Buddha von Leshan | 432 |
| Schutzzonen im Nationalpark der »Drei parallel verlaufenden Flüsse« in Yunnan | 432 |
| Altstadt von Lijiang | 433 |
| Historisches Ensemble des Potala-Palasts in Lhasa | 434 |
| Fossilienfundstätte Chengjiang | 436 |
| Kulturlandschaft der Hani Karstlandschaften in Südchina | 436 / 437 |
| Danxia-Landschaften | 437 |
| Sanqingshan-Nationalpark | 438 |
| Kulangsu: eine historische internationale Siedlung | XVII |
| Tulou-Lehmrundbauten in Fujian | 438 |
| Felsmalereien der Kulturlandschaft am Hua Shan und am Fluss Zuo Jiang | XXXIV |
| Diaolou-Türme und Dörfer in Kaiping | 439 |
| Historisches Zentrum von Macao | 439 |

**Nepal**
| | |
|---|---|
| Tal von Kathmandu | 440 |
| Lumbini, der Geburtsort Buddhas | 441 |
| Chitwan-Nationalpark | 441 |
| Sagarmatha-Nationalpark | 442 |

**Demokratische Volksrepublik Korea**
| | |
|---|---|
| Koguryo-Grabstätten | 444 |
| Historische Stätten von Kaesong | 444 |

**Republik Korea**
| | |
|---|---|
| Chongmyo-Schrein in Seoul | 445 |
| Palastkomplex Changdeokgung | 446 |
| Bergfestung Namhansanseong | 446 |
| Festung Hwasong | 447 |
| Königsgräber der Choson-Dynastie | 447 |
| Historische Stätten der Baekje-Dynastie | 448 |
| Haeinsa-Tempel und Changgyong P'ango | 448 |
| Historische Dörfer Hahoe und Yangdong | 449 |
| Sokkuram-Grotte und Pulguksa-Tempel | 449 |
| Historische Stätten von Kyongju | 450 |
| Dolmenstätten von Koch'ang, Hwasun und Kanghwa | 450 |
| Vulkaninsel Jejudo und Lavatunnel | 451 |

**Japan**
| | |
|---|---|
| Shiretoko | 452 |
| Buchenwald von Shirakami-Sanchi | 452 |
| Hiraizumi – Tempel, Gärten und archäologische Stätten des Reinen-Land-Buddhismus | 453 |
| Historische Dörfer von Shirakawa-go und Gokayama | 453 |
| Schreine und Tempel von Nikko | 454 |
| Fudschijama | 455 |
| Stätten der Seidenspinnerei in Tomioka | 455 |
| Baudenkmäler und Gärten der Kaiserstadt Nara | 456 |
| Buddhistische Heiligtümer von Horyu-ji | 457 |
| Heilige Stätten und Pilgerwege in den Kii-Bergen | 457 |
| Baudenkmäler und Gärten der Kaiserstadt Kyoto | 458 |
| Adelssitz Himeji-jo | 460 |
| Friedensdenkmal in Hiroshima | 461 |
| Shinto-Schrein von Itsukushima | 462 |
| Silbermine Iwami-Ginzan | 463 |
| Stätten der industriellen Revolution in der Meiji-Zeit | 463 |
| Heilige Insel Okinoshima und zugehörige Stätten in der Region Munakata | XIX |
| Zedernwald von Yakushima | 464 |
| Archäologische Stätten des Königreichs der Ryukyu-Inseln | 465 |
| Ogasawara-Inseln | 465 |

**Myanmar**
| | |
|---|---|
| Historische Städte der Pyu | 466 |

**Thailand**
| | |
|---|---|
| Archäologische Denkmäler von Ban Chiang | 466 |
| Ruinen von Sukhothai | 467 |
| Ruinen von Ayutthaya | 468 |
| Wildreservat Thung Yai-Huai Kha Khaeng | 470 |
| Waldgebiet Dong Phayayen-Khao Yai | 470 |

**Laos**
| | |
|---|---|
| Luang Prabang | 471 |
| Tempelbezirk von Wat Phu und Kulturlandschaft Champasak | 471 |

**Kambodscha**
| | |
|---|---|
| Ruinen von Angkor | 472 |
| Tempel von Preah Vihear | 474 |
| Tempelanlage von Sambor Prei Kuk, Archäologische Stätte des alten Ishanapura | XX |

**Vietnam**
| | |
|---|---|
| Zentralbereich der Kaiserlichen Zitadelle von Thăng Long | 474 |
| Bucht von Halong | 475 |
| Landschaftskomplex Trang An | 476 |
| Zitadelle der Hò-Dynastie | 477 |
| Nationalpark Phong Nha-Ke Bang | 477 |
| Monumente der Kaiserstadt Hue | 478 |
| Altstadt von Hoi An | 479 |
| Tempelstadt My Son | 479 |

**Philippinen**
| | |
|---|---|
| Altstadt von Vigan | 480 |
| Reisterrassen in den philippinischen Kordilleren | 480 |
| Philippinische Barockkirchen | 481 |
| Naturpark Tubbataha Reef | 482 |
| Nationalpark Puerto Princesa Subterranean River | 483 |
| Wildschutzgebiet Mount Hamiguitan | 483 |

**Malaysia**
| | |
|---|---|
| Melaka und George Town – Historische Städte an der |  |

# Liste des Welterbe

Meeresstraße von Malakka 484
Archäologisches Erbe im
Lenggong-Tal 484
Kinabalu Park 485
Nationalpark Gunung Mulu 486

**Singapur**
Botanischer Garten von
Singapur 487

**Indonesien**
Tropische Regenwälder von
Sumatra 488
Nationalpark Ujung Kulon 490
Hinduistische Tempelanlage
von Prambanan 490
Buddhistische Tempelanlage
von Borobudur 491
Paläontologische Stätte
Sangiran 492
Bali: Das Subak-
Bewässerungssystem 492
Nationalpark Komodo 493
Nationalpark Lorentz 493

## Australien und Ozeanien

**Australien**
Nationalpark Kakadu 496
Nationalpark Purnululu 497
Australische Fossilien-Stätten
in Riversleigh und
Naracoorte 497
Ningaloo-Küste 498
Shark Bay 498
Nationalpark
Uluru-Kata Tjuta 499
Great Barrier Reef 500
Wet Tropics von
Queensland 502
Fraser Island 502
Gondwana-Regenwälder
Australiens 503
Greater Blue Mountains 503
Opernhaus von Sydney 504
Historische Strafgefangenen-
lager in Australien 505
Lord-Howe-Inselgruppe 505
Seengebiet von Willandra 506
Königliches Ausstellungs-
gebäude und Carlton-Gärten
in Melbourne 506
Tasmanische Wildnis 507
Heard und McDonald
Islands 508
Macquarie Island 508

**Palau**
Südliche Lagune der
Chelbacheb-Inseln
(Rock Islands) 509

**Mikronesien**
Nan Madol XXXVII

**Marshallinseln**
Atombombentestgebiet
Bikini-Atoll 510

**Papua-Neuguinea**
Historische Agrarlandschaft
von Kuk 510

**Salomonen**
Korallenatoll East Rennell 511

**Kiribati**
Meeresschutzgebiet
Phoenixinseln 512

**Vanuatu**
Kulturlandschaft Chief Roi
Mata's Domain 513

**Fidschi**
Historische Hafenstadt
Levuka 513

**Neuseeland**
Nationalpark Tongariro 514
Te Wahipounamu – der
Südwesten Neuseelands 515
Subantarktische Inseln
Neuseelands 515

## Afrika

**Marokko**
Medina von Tétouan 518
Rabat – moderne Hauptstadt
mit historischem Kern 518
Altstadt von Fès 519
Ausgrabungsstätte
Volubilis 520
Altstadt von Meknès 521
Altstadt Mazagan
von El-Jadida 521
Medina von Marrakesch 522
Altstadt von Essaouira 523
Ksar Aït-Ben-Haddou 523

**Algerien**
Tipasa 524
Kasbah (Altstadt) von
Algier 524
Bergfestung

Beni Hammad 525
Djémila 525
Timgad 526
Tal von M'zab 526
Tassili N'Ajjer 527

**Tunesien**
Nationalpark Ichkeul 528
Ruinen von Dougga/
Thugga 528
Medina von Tunis 529
Ruinen von Karthago 530
Kerkouane und Nekropole 530
Medina von Sousse 531
Medina von Kairouan 531
Amphitheater von El Djem 532

**Libyen**
Ruinen von Leptis Magna 533
Ruinen von Sabratha 534
Ruinen von Kyrene 534
Altstadt von Ghadames 535
Felsbilder im
Tadrart Acacus 535

**Ägypten**
Frühchristliche Ruinen
von Abu Mena 536
Wadi Al-Hitan 536
Islamisches Kairo 537
Memphis mit Totenstadt
und Pyramiden 538
Theben und
seine Totenstadt 540
Nubische Monumente:
Abu Simbel bis Philae 542
Katharinenkloster und
Umgebung 543

**Sudan**
Djebel Barkal und
Napata-Region 543
Archäologische Stätten der
Insel von Meroe 544

**Mauretanien**
Nationalpark
Banc d'Arguin 546
Ksur von Ouadane, Chinguetti,
Tichitt und Oualata 546

**Mali**
Moscheen, Mausoleen und
Friedhöfe von Timbuktu 547
Grabmal des Askia in Gao 548
Djenné mit
Ausgrabungsstätten 548
Felsen von Bandiagara –
Land der Dogon 549

**Niger**
Naturparks Aïr und Ténéré 550
Historisches Zentrum
von Agadez 551
Nationalpark »W«-
Arly-Pendjari XXII/551
(auch Benin, Burkina Faso)

**Tschad**
Seenlandschaft
von Ounianga 552
Natur- und Kulturlandschaft des
Ennedi-Massivs XXXVIII

**Kap Verde**
Cidade Velha 552

**Senegal**
Vogelschutzgebiet Djoudj 553
Insel Saint-Louis 553
Insel Gorée 554
Saloum-Delta 555
Nationalpark Niokolo-Koba 555
Kulturlandschaften der
Bassari, Fula und Bédik 556
Steinkreise von
Senegambien 556

**Gambia**
Steinkreise von
Senegambien 556
James Island und weitere
historische Stätten 557

**Guinea**
Naturschutzgebiet
Nimba-Berge 557

**Elfenbeinküste**
Naturschutzgebiet
Nimba-Berge 557
Nationalpark Comoé 558
Nationalpark Taï 559
Historischer Stadtkern
von Grand-Bassam 559

**Burkina Faso**
Ruinen von Loropéni 560

**Ghana**
Bauwerke der Aschanti 560
Forts und Burgen Ghanas 561

**Togo**
Koutammakou –
Land der Batammariba 562

**Benin**
Königspaläste von Abomey 562

# Liste des Welterbes

**Nigeria**
Heiliger Hain der Oshun
in Oshogbo 563
Kulturlandschaft von Sukur 563

**Kamerun**
Tierreservat Dja 564
Nationalpark Manovo-
Gounda St. Floris 564
Dreiländer-Nationalpark
Sangha 565

**Zentralafrikanische Republik**
Dreiländer-Nationalpark
Sangha 565

**Gabun**
Kulturlandschaft
Lopé-Okanda 566

**Republik Kongo**
Dreiländer-Nationalpark
Sangha 565

**Demokratische Republik Kongo**
Okapi-Wildreservat 566
Nationalpark Garamba 567
Nationalpark Virunga 568
Nationalpark Salonga 570
Nationalpark Kahuzi-Biega 571

**Uganda**
Nationalpark
Ruwenzori-Gebirge 572
Nationalpark Bwindi 573
Gräber der Buganda-
Könige in Kasubi 573

**Äthiopien**
Ruinen von Aksum 574
Nationalpark Simien 574
Fasil Ghebbi in der
Region Gondar 575
Felsenkirchen von Lalibela 576
Tal am Unterlauf
des Flusses Awash 577
Befestigte Altstadt
von Harar Jugol 577
Stelen von Tiya 578
Tal am Unterlauf
des Flusses Omo 578
Kulturlandschaft der Konso 579

**Kenia**
Nationalparks Turkana-See 580
Seen des Great Rift Valley 580
Nationalpark Mount Kenya 581
Altstadt von Lamu 582
Kaya-Wälder der Mijikenda

an der Küste Kenias 583
Fort Jesus in Mombasa 583

**Tansania**
Nationalpark Serengeti 584
Schutzgebiet Ngorongoro 586
Nationalpark
Kilimandscharo 587
Felsmalereien von Kondoa 587
Stone Town auf Sansibar 588
Wildreservat Selous 589
Ruinen von Kilwa Kisiwani 589
und Songo Mnara 589

**Sambia**
Victoria-Fälle
(Mosi-oa-Tunya) 590

**Simbabwe**
Victoria-Fälle
(Mosi-oa-Tunya) 590
Nationalpark Mana Pools 591
Nationaldenkmal
Ruinen von Khami 591
Matobo Hills 592
Nationaldenkmal
Groß-Simbabwe 592

**Malawi**
Nationalpark Malawi-See 593
Felsmalereien
von Chongoni 593

**Mosambik**
Insel Mosambik 594

**Botsuana**
Tsodilo Hills 594
Okavango-Delta 595

**Angola**
Altstadt von M'banza Kongo XXXIII

**Namibia**
Namib-Wüste 596
Twyfelfontein 597

**Südafrika**
Kulturlandschaft
Mapungubwe 597
Kulturlandschaft der ‡
Khomani XXIII
Fundstätten fossiler
Hominiden in Südafrika 598
Vredefort Dome 598
iSimangaliso
Wetland Park 599
Kulturlandschaft
Richtersveld 599
Robben Island 600

Florenreiche der
Kapregion 600
Maloti-Drakensberg- Park 601

**Lesotho**
Maloti-Drakensberg- Park 601

**Madagaskar**
Regenwälder von
Atsinanana 602
Naturschutzgebiet
Tsingy de Bemaraha 603
Königshügel von
Ambohimanga 603

**Mauritius**
Aapravasi Ghat 604
Kulturlandschaft Le Morne 604

**Seychellen**
Naturpark Vallée de Mai 605
Aldabra-Atoll 605

# Amerika

**Kanada**
Kluane/Wrangell-St. Elias/
Glacier Bay/
Tatshenshini-Alsek 608
Nahanni National Park 610
Wood Buffalo National Park 611
SGang Gwaay
(Anthony island) 611
Kanadische
Rocky Mountains 612
Dinosaur Provincial Park 613
Head-Smashed-in
Buffalo Jump 613
Red Bay – historisches
Zentrum des baskischen
Walfangs 614
Nationale Historische Stätte
L'Anse aux Meadows 614
Mistaken Point XXXIX
Gros Morne National Park 615
Miguasha National Park 616
Historischer Bezirk
von Québec 616
Rideaukanal 617
Fossilienklippen
von Joggins 617
Kulturlandschaft Grand Pré 618
Altstadt von Lunenburg 618
Waterton-Glacier
International Peace Park 619

**Vereinigte Staaten von Amerika**
Kluane/Wrangell-St. Elias/
Glacier Bay/
Tatshenshini-Alsek 608
Waterton-Glacier
International Peace Park 619
Olympic National Park 620
Redwood National Park 620
Yosemite National Park 621
Yellowstone National Park 622
Grand Canyon
National Park 624
Mesa Verde National Park 626
Geschichtspark der
Chaco-Kultur 627
Indianersiedlung
Taos Pueblo 628
Carlsbad Caverns
National Park 628
Missionen in San Antonio 629
Erdwerke von
Poverty Point 629
Prähistorische Siedlung
Cahokia Mounds 630
Mammoth Cave
National Park 630
Great Smoky Mountains
National Park 631
Freiheitsstatue 632
Unabhängigkeitshalle
in Philadelphia 633
Monticello und Universität von
Virginia in Charlottesville 633
Everglades National Park 634
Festungen von San Juan in
Puerto Rico 636
Papahānaumokuākea
Meeresschutzgebiet
Hawaii Volcanoes
National Park 637

**Mexiko**
Biosphärenreservat El Pinacate
y Gran Desierto de Altar 638
Ruinen von Paquimé in
Casas Grandes 638
Wal-Schutzgebiet von El
Vizcaíno 639
Felsbilder der
Sierra de San Francisco 639
Inseln und Schutzgebiete
des Golfs von Kalifornien 640
Altstadt von Zacatecas 641
Historischer Handelsweg
Camino Real
de Tierra Adentro 641
Agavenfelder und
Produktionsstätten
von Tequila 642

Das UNESCO Welterbe

# Liste des Welterbes

| | | |
|---|---|---|
| Hospicio Cabañas in Guadalajara | 642 | |
| Altstadt und Minen von Guanajuato | 643 | |
| San Miguel de Allende Heiligtum in Atotonilco | 644 | |
| Denkmalensemble von Querétaro | 645 | |
| Missionen der Sierra Gorda de Querétaro | 645 | |
| Präkolumbische Ruinenstadt El Tajín | 646 | |
| Aquädukt von Padre Tembleque | 646 | |
| Altstadt von Morelia | 647 | |
| Biosphärenreservat Mariposa Monarca | 647 | |
| Präkolumbische Stadt Teotihuacán | 648 | |
| Haus und Studio von Luis Barragán | 649 | |
| Campus der Universidad Nacional Autónoma de México D.F. | 649 | |
| Historisches Zentrum von Mexiko-Stadt und Xochimilco | 650 | |
| Archäologische Stätte Xochicalco | 651 | |
| Klöster des 16. Jahrhunderts an den Hängen des Popocatépetl | 651 | |
| Altstadt von Puebla | 652 | |
| Denkmalbereich von Tlacotalpan | 652 | |
| Altstadt von Oaxaca und Monte Albán | 653 | |
| Prähistorische Höhlen von Yagul und Mitla im Tal von Oaxaca | 653 | |
| Ruinen und Nationalpark von Palenque | 654 | |
| Stadt und Festung von Campeche | 655 | |
| Prähispanische Stadt Uxmal | 655 | |
| Ruinen von Chichén Itzá | 656 | |
| Biosphärenreservat Sian Ka'an | 658 | |
| Maya-Stadt Calakmul und tropische Regenwälder in Campeche | 658 | |
| Revillagigedo-Inselgruppe | XXXIX | |

## Belize
| | | |
|---|---|---|
| Barriereriffsystem von Belize | 659 | |

## Guatemala
| | | |
|---|---|---|
| Nationalpark Tikal | 660 | |
| Maya-Ruinen von Quiriguá | 661 | |
| Altstadt Antigua Guatemala | 661 | |

## Honduras
| | | |
|---|---|---|
| Maya-Ruinen von Copán | 662 | |
| Biosphärenreservat von Río Plátano | 663 | |

## El Salvador
| | | |
|---|---|---|
| Ruinen von Joya de Cerén | 663 | |

## Nicaragua
| | | |
|---|---|---|
| Kathedrale von León | 664 | |
| Ruinen von León Viejo | 664 | |

## Costa Rica
| | | |
|---|---|---|
| Schutzgebiet Guanacaste | 665 | |
| Nationalpark Kokosinsel | 666 | |
| Präkolumbianische Siedlungen und Steinkugeln der Diquís | 666 | |
| Naturschutzgebiet Talamanca und Nationalpark La Amistad | 667 | |

## Panama
| | | |
|---|---|---|
| Naturschutzgebiet Talamanca und Nationalpark La Amistad | 667 | |
| Coiba-Nationalpark und seine marinen Schutzgebiete | 668 | |
| Festungen Portobelo und San Lorenzo | 668 | |
| Panamá Viejo und historisches Viertel von Panama-Stadt | 669 | |
| Nationalpark Darién | 669 | |

## Kuba
| | | |
|---|---|---|
| Havanna – Altstadt und Festungen | 670 | |
| Kulturlandschaft Tal von Viñales | 671 | |
| Altstadt von Cienfuegos | 671 | |
| Trinidad und Valle de los Ingenios | 672 | |
| Historische Altstadt von Camagüey | 672 | |
| Nationalpark Desembarco del Granma | 673 | |
| Festung von Santiago de Cuba | 674 | |
| Relikte der ersten Kaffeeplantagen im Südosten Kubas | 675 | |
| Nationalpark Alejandro de Humboldt | 675 | |

## Jamaika
| | | |
|---|---|---|
| Blue and John Crow Mountains | 676 | |

## Haiti
| | | |
|---|---|---|
| Historischer Nationalpark von Haiti | 676 | |

## Dominikanische Republik
| | | |
|---|---|---|
| Kolonialzeitliches Santo Domingo | 677 | |

## St. Kitts und Nevis
| | | |
|---|---|---|
| Nationalpark und Fort Brimstone Hill | 677 | |

## Antigua und Barbuda
| | | |
|---|---|---|
| Marinewerft »Nelsons Dockyard« | XL | |

## Dominica
| | | |
|---|---|---|
| Nationalpark Morne Trois Pitons | 678 | |

## St. Lucia
| | | |
|---|---|---|
| Pitons-Naturschutzgebiet | 679 | |

## Barbados
| | | |
|---|---|---|
| Bridgetown und seine Garnison | 679 | |

## Kolumbien
| | | |
|---|---|---|
| Cartagena | 680 | |
| Altstadt von Santa Cruz de Mompox | 681 | |
| Nationalpark Los Katíos | 681 | |
| Kulturlandschaft Kaffeezone | 682 | |
| Naturreservat Malpelo | 682 | |
| Archäologischer Park Tierradentro | 683 | |
| Archäologischer Park San Agustín | 683 | |
| Qhapaq Ñan – Inka-Hauptstraßen in den Anden | 684 | |

## Ecuador
| | | |
|---|---|---|
| Qhapaq Ñan – Inka-Hauptstraßen in den Anden | 684 | |
| Altstadt von Quito | 686 | |
| Nationalpark Sangay | 687 | |
| Altstadt von Cuenca | 687 | |
| Nationalpark Galapagos-Inseln | 688 | |

## Peru
| | | |
|---|---|---|
| Qhapaq Ñan – Inka-Hauptstraßen in den Anden | 684 | |
| Nationalpark Río Abiseo | 690 | |
| Ruinen von Chan-Chan | 691 | |
| Nationalpark Huascarán | 691 | |
| Ruinen von Chavín | 692 | |
| Heilige Stadt Caral-Supe | 692 | |
| Altstadt von Lima | 693 | |
| Machu Picchu | 694 | |
| Nationalpark Manú | 696 | |
| Cuzco | 696 | |
| Linien von Nazca und Pampas de Jumana | 697 | |
| Altstadt von Arequipa | 697 | |

## Bolivien
| | | |
|---|---|---|
| Qhapaq Ñan – Inka-Hauptstraßen in den Anden | 684 | |
| Nationalpark Noel Kempff Mercado | 698 | |
| Ruinen von Tiahuanaco | 698 | |
| Jesuitenmissionen der Chiquitos | 699 | |
| Festung Samaipata | 700 | |
| Potosí | 700 | |
| Altstadt von Sucre | 701 | |

## Chile
| | | |
|---|---|---|
| Qhapaq Ñan – Inka-Hauptstraßen in den Anden | 684 | |
| Salpeterwerke von Humberstone und Santa Laura | 702 | |
| Altstadt von Valparaíso | 702 | |
| Kupferminenstadt Sewell | 703 | |
| Holzkirchen von Chiloé | 703 | |
| Nationalpark Rapa Nui (Osterinsel) | 704 | |

## Venezuela
| | | |
|---|---|---|
| Altstadt und Hafen von Coro | 706 | |
| Universitätsstadt von Caracas | 706 | |
| Nationalpark Canaima | 707 | |

## Suriname
| | | |
|---|---|---|
| Altstadt von Paramaribo | 708 | |
| Naturreservat Zentralsuriname | 708 | |

## Brasilien
| | | |
|---|---|---|
| Schutzgebiet Zentralamazonas | 709 | |
| Altstadt von São Luís | 710 | |
| Inselreservat Fernando de Noronha/Rocas-Atoll | 710 | |
| Nationalpark Serra da Capivara | 711 | |
| Altstadt von Olinda | 711 | |
| São-Francisco-Platz in São Cristóvão | 712 | |
| Nationalparks Chapada dos Veadeiros und Emas | 712 | |

# Liste des Welterbes

| | | |
|---|---|---|
| Altstadt von Salvador da Bahia | 713 | |
| Brasília | 714 | |
| Altstadt von Goiás | 715 | |
| Ensemble der Moderne in Pampulha | XL | |
| Regenwälder der Costa do Descobrimento | 715 | |
| Pantanal-Schutzgebiet | 716 | |
| Altstadt von Diamantina | 718 | |
| Kirche Bom Jesus in Congonhas | 718 | |
| Altstadt von Ouro Preto | 719 | |
| Rio de Janeiro – Stadtlandschaften zwischen Bergen und Meer | 720 | |
| Archäologische Stätte Valongo-Tal | XXIV | |
| Südöstliche Atlantische Wälder | 721 | |
| Nationalpark Iguaçu | 722 | |

Jesuitenmissionen der Guaraní 723

**Paraguay**
Jesuitenmissionen in Paraguay 723

**Uruguay**
Industrielandschaft von Fray Bentos 724
Altstadt von Colonia del Sacramento 724

**Argentinien**
Nationalpark Los Alerces XXIV
Qhapaq Ñan – Inka-Hauptstraßen in den Anden 684
Jesuitenmissionen der Guaraní 723
Quebrada de Humahuaca 725
Nationalpark Iguazú 726

Naturparks Ischigualasto und Talampaya 726
Jesuiten-Baudenkmäler in und um Córdoba 727
Halbinsel Valdés 728
Cueva de las Manos am Río Pinturas 729
Nationalpark Los Glaciares 730

# Bildnachweis

Neue Erbestätten 2016/2017/2018:
HI G/Rene Mattes; III M/Martin Zwick; III M/Martin Zwick; IV G/Fiona McAllister; IV G/Eleanor Scriven; V M/Alamy; V M/Alamy; VI M/John Warburton-Lee; VI M/Michael Obert; VII Universität Tübingen/Hilde Jensen; VII-VIII Look/Günther Bayerl; IX G/Nature Picture Library; IX M/Rene Meyer; X Mikolaj Gospodarek; X M/Alamy; XI-XII G/John Freeman; XII G/gehringj; XIII M/Nicolas Thibaut; XIII M/Friedel Gierth; XIV G/Antoine Gyori; XIV M/Alamy; XV M/Jeremy Woodhouse; XV-XVI M/Walter Bibikow; XVII G/Chris Caldicott / Design Pics; XVII G/Jakob Montrasio; XVIII G/Tuul & Bruno Morandi; XVIII G/Zheng Long; XIX G/JTB Photo; XIX G/JTB Photo; XX M/Nathalie Cuvelier; XX M/Nathalie Cuvelier; XXI G/Michael Runkel; XXI G/Eric Lafforgue; XXII G/JACCOD; XXII M/Alamy; XXIII Joost De Raeymaeker; XXIII M/Alamy; XXIV G/Mauro Pimentel; XXIV M/Alamy; XXV-XXVI Look/Daniil Korzhonov; XXVII M/Alamy; XXVII M/Alamy; XXVIII M/Petr Svarc; XXVIII Look/Photononstop; XXIX M/Alamy; XXIX Look/age; XXX M/Martin Siepmann; XXX G/Reynold Mainse; XXXI Look/TerraVista; XXXI M/Alamy; XXXII G/Alireza Firouzi; XXXII M/Jose Fuste Raga; XXXIII Look/Daniil Korzhonov; XXXIII C/Ivan Vdovin; XXXIV M/Thomas Marent; XXXIV G/Imagemore; XXXV G/Ajit Pal Singh; XXXV M/Alamy; XXXVI Look/Design Pics; XXXVI M/Alamy; XXXVII M/Michael Runkel; XXXVII G/Underwater & Nature; XXXVIII M/John Warburton-Lee; XXXVIII M/John Warburton-Lee; XXXIX M/Alamy; XXXIX Look/Reinhard Dirscherl; XL M/Alamy; XL Look/age

# Bildnachweis

Abkürzungen:
C = Corbis, G = Getty, M = Mauritius

Cover: G/Joe Drivas (Chac-Mool-Statue, Mexiko) S. 002-003 M/age; S. 004-005 G/Dedé Vargas; S. 006-007 C/Martin Harvey ; S. 008-009 C/Ken Kaminesky; S. 010 M/Alamy; S. 010 A/Kevin Ebi ; S. 011 L/Le Figaro Magazine; S. 011 Look/age fotostock; S. 012 C/Walter Bibikow; S. 012 G/ larigan - Patricia Hamilton; S. 013 M/Alamy; S. 013 G/Douglas Pearson; S. 014 M/Frank Sommariva; S. 014 C/Carmen Redondo; S. 015 M/John Warburton-Lee; S. 015 C/Marco Cristofori; S. 016 M/Alamy; S. 016 M/Alamy; S. 017 M/Robert Haasmann; S. 017 G/Sven Zacek; S. 018 C/B.Schmid; S. 018 M/Alamy; S. 019 M/ Alamy; S. 019 M/Alamy; S. 020 M/Alamy; S. 020 C/Mario Cipriani; S. 021 M/Alamy; S. 021 M/ Alamy; S. 022 Look/age fotostock; S. 022 C/ Anders Tukler; S. 023 M/Alamy; S. 023 C/ Anders Tukler; S. 024 C/Michael Nolan; S. 024 G/Hans Strand; S. 025 C/Michael Runkel; S. 025 M/Alamy; S. 026 M/age; S. 026 M/Jose Fuste Raga; S. 027 M/NielsDK; S. 027 Look/age fotostock; S. 028 Wikimedia Commons/Martin Nikolaj Christensen; S. 028 M/Alamy; S. 029 M/ Alamy; S. 029 C/Doug Pearson; S. 030 G/Walter Bibikow; S. 030 G/B.SCHMID/a; S. 031 C/Guido Cozzi; S. 031 M/Alamy; S. 032 G/Guy Vanderelst; S. 032 Look/Photononstop; S. 033 Look/Thomas Grundner; S. 033 M/Alamy; S. 034 M/Tetra Images; S. 034 G/Peter Adams; S. 035 G/Peter Burnett; S. 035 C/Jim Richardson; S. 036 G/Empato; S. 036 M/Steve Vidler; S. 037 M/Alamy; S. 037 M/Alamy; S. 038 Look/age fotostock; S. 038 Look/age fotostock; S. 039 M/ Alamy; S. 039 M/age; S. 040 M/Paul Williams; S. 040 M/Alamy; S. 041 M/Alamy; S. 041 M/Alamy; S. 042 M/Alamy; S. 042 M/Alamy; S. 043 M/ Alamy; S. 043 M/Alamy; S. 044 M/Alamy; S. 044 C/Matthew Williams-Ellis; S. 045 G/Joe Daniel Price; S. 045 C/Franz-Marc Frei; S. 046-047 M/ Alamy; S. 047 M/Alamy; S. 048 M/United Archives; S. 048 H. & D. Zielske ; S. 049 G/ Panoramic Images ; S. 049 C/Matt Gibson; S. 050 M/Egon Bömsch; S. 050 G/Alan Copson; S. 051 G/Guy Edwardes; S. 051 M/Alamy; S. 052 M/Minden Pictures; S. 052 M/Alamy; S. 053 M/ age; S. 053 C/Wolfgang Kaehler; S. 054 G/Chris Hill; S. 054 M/Christian Handl; S. 055 M/United Archives; S. 055 M/Alamy; S. 056 C/Frans Lemmens; S. 056 M/Alamy; S. 057 M/View Pictures LTD ; S. 057 M/Alamy; S. 058 M/Alamy; S. 058 C/Frans Lemmens; S. 059 G/Fraser Hall ; S. 059 C/Massimo Borchi; S. 060 M/ANP Photo; S. 060 C/Frans Lemmens; S. 061 M/Eva Bender; S. 061 C/John and Lisa Merrill; S. 062 G/Hiroshi Higuchi; S. 062 C/Jean-Pierre Lescourret; S. 063 G/Dragos Cosmin photos; S. 063 C/Peter Langer; S. 064-065 G/Visions Of Our Land ; S. 065 C/Ian Cumming; S. 066 M/Alamy; S. 066 M/Alamy; S. 067 Wikimedia Commons/Jean-Pol Grandmont; S. 067 C/Ripani Massimo; S. 068 M/Alamy; S. 068 M/Alamy; S. 069 C/Miles Ertman; S. 069 M/Alamy; S. 070 C/Peter Langer; S. 070 M/Westend61; S. 071 M/Rene Mattes; S. 071 C/Walter Bibikow; S. 072 G/Frank Smout Images; S. 072 M/Alamy; S. 073 M/Alamy; S. 073 M/Alamy; S. 074 M/Photononstop; S. 074 G/Stephane Lemaire ; S. 075 C/Peter Langer; S. 075 G/Olivier Reynes Photography; S. 076-077 G/Maremagnum; S. 076-077 G/Julian Elliott Photography; S. 078 M/Alamy; S. 078 C/Sylvain Sonnet; S. 079 G/Panoramic Images; S. 079 C/ Sylvain Sonnet; S. 080 M/STOCK4B-RF; S. 080 C/Peter Langer; S. 081 C/Julian Elliott; S. 081 G/ Julian Elliott Ethereal Light; S. 082 C/Catherine Leblanc; S. 082 C/Sylvain Sonnet; S. 083 G/ Jean-Pierre Lescourret; S. 083 M/Alamy; S. 084 C/Julian Elliott; S. 084 M/Alamy; S. 085 C/Hans Strand; S. 085 M/Günter Lenz; S. 086 M/Rene Mattes; S. 086 C/Jean-Pierre Lescourret; S. 087 G/Patrick Aventurier; S. 087 Look/Photononstop; S. 088 M/United Archives; S. 088 G/Simon Greenwood; S. 089 C/Jason Langley; S. 089 C/ Nicolas Thibaut ; S. 090 G/Jean-Marc Barrere; S. 090 C/Jochen Schlenker ; S. 091 M/John Warburton-Lee; S. 091 M/Alamy; S. 092 M/ Alamy; S. 092 C/Sylvain Sonnet; S. 093 G/Mike Matthews Photography; S. 093 Look/Juergen Richter; S. 094 G/Jean-Marc Barrere; S. 094 G/ Matteo Colombo; S. 095 M/Alamy; S. 095 Look/ Konrad Wothe; S. 096 Look/Franz Marc Frei; S. 096 M/Authors Image; S. 097 H. & D. Zielske; S. 097 H. & D. Zielske; S. 098 H. & D. Zielske; S. 098 C/Fabian Bimmer; S. 099 C/Sabine Lubenow; S. 099 Look/Heinz Wohner; S. 100 Look/Heinz Wohner; S. 100-101 C/Frank Lukasseck; S. 102 M/Novarc; S. 102 C/Hans P. Szyszka; S. 103 C/Patrice von Collani; S. 103 Look/Karl Johaentges ; S. 104 Look/Ulf Böttcher; S. 104 Look/Ulf Böttcher; S. 105 C/ Fabrizio Bensch ; S. 105 C/Fabrizio Bensch ; S. 106 H. & D. Zielske ; S. 106 M/imagebroker; S. 107 C/hwo; S. 107 C/Dennis Gilbert; S. 108 M/ Jochen Tack; S. 108 Look/Heinz Wohner; S. 109 H. & D. Zielske; S. 109 H. & D. Zielske ; S. 110 H. & D. Zielske; S. 110 M/Marcus Siebert; S. 111 C/ Thomas Robbin; S. 111 H. & D. Zielske; S. 112 Look/Sabine Lubenow; S. 112 Look/Sabine Lubenow; S. 113 M/Stefan Ziese; S. 113 H. & D. Zielske; S. 114 H. & D. Zielske; S. 114 H. & D. Zielske; S. 115 H. & D. Zielske; S. 115 M/Steve Vidler; S. 116 H. & D. Zielske; S. 116 M/Christian Bäck; S. 117 G/Markus Keller; S. 117 M/Martin Moxter; S. 118 Look/Sabine Lubenow; S. 118 C/ Markus Keller; S. 119 Huber/Reinhard Schmid; S. 119 M/Martin Siepmann; S. 120 H. & D. Zielske ; S. 120 H. & D. Zielske ; S. 121 L/Tobias Gerber; S. 121 H. & D. Zielske ; S. 122-123 M/Markus Keller; S. 123 C/Egon Bömsch; S. 124 G/Stuart Dee; S. 124 C/Michael Peuckert; S. 125 M/age; S. 125 M/Alamy; S. 126 C/Frank Lukasseck; S. 126 G/Dan Tucker; S. 127 Look/Andreas Strauß; S. 127 G/Andreas Strauss; S. 128 Look/Andreas Strauß; S. 128 G/Fabrice Coffrini ; S. 129 C/ Michael Szšnyi; S. 129 M/Daniel Bärtschi; S. 130 Look/age fotostock; S. 130-131 C/pure.passion. photography; S. 132 M/Stefan Obermeier; S. 132 M/Karin Rollett-Vlcek; S. 133 Look/Engel & Gielen; S. 133 C/Douglas Pearson; S. 134 C/ Walter Geiersperger; S. 134 M/Alamy; S. 135 M/ Martin Siepmann; S. 135 C/Walter Geiersperger; S. 136 M/Alamy; S. 136 M/W. Korall; S. 137 M/ Alamy; S. 137 M/Torsten Becker; S. 138 M/ Alamy; S. 138 G/Siegfried Layda; S. 139 C/ Staffan Widstrand; S. 139 M/Minden Pictures; S. 140 M/Alamy; S. 140 M/Alamy; S. 141 M/Alamy; S. 141 M/Florian Bachmeier; S. 142-143 M/ Alamy; S. 143 M/Robert Harding; S. 144 M/ Alamy; S. 144 M/age; S. 145 M/Alamy; S. 145 M/ John Warburton-Lee; S. 146-147 C/Tom Bonaventure; S. 147 M/Franz Walter; S. 148 M/ Alamy; S. 148 M/Alamy; S. 149 C/Michele Falzone; S. 149 M/Egmont Strigl; S. 150 M/ Egmont Strigl; S. 150 M/Egmont Strigl; S. 151 G/M. Borchi; S. 151 M/Alamy; S. 152 M/Alamy; S. 152 M/Alamy; S. 153 M/Alamy; S. 153 M/Petr Svarc; S. 154 M/Michael Runkel; S. 154 C/Kim Walker; S. 155 M/Alamy; S. 155 C/Kim Walker; S. 156 M/John Warburton-Lee; S. 156 M/Egmont Strigl; S. 157 Look/age fotostock; S. 157 M/ nature picture library; S. 158 C/Keren Su; S. 158 G/Mauricio Abreu; S. 159 M/Rainer Mirau; S. 159 C/Ian Trower; S. 160 G/Amos Chapple; S. 160 M/age; S. 161 M/Alamy; S. 161 Look/age fotostock; S. 162 M/Alamy; S. 162 C/Raymond Gehman; S. 163 C/Jon Hicks; S. 163 M/Alamy; S. 164 M/Alamy; S. 164 G/Ian Trower; S. 165 M/ Alamy; S. 165 M/NPL - Wild Wonders of Europe; S. 166 M/Wojtek Buss; S. 166 C/Jane Sweeney; S. 167 C/Wild Wonders of Europe ; S. 168 M/ Alamy; S. 168 C/Ken Scicluna; S. 169 M/Alamy; S. 169 G/rusm; S. 170-171 C/Jonathan Irish; S. 171 M/Photononstop; S. 172 M/Alamy; S. 172 C/ Ivan Vdovin; S. 173 C/Holger Leue; S. 173 C/ George Simhoni; S. 174-175 C/Jon Hicks; S. 175 G/Sergey Alimov; S. 176 M/SuperStock; S. 176 M/Alamy; S. 177 C/Martin Child; S. 177 C/ Michael Runkel; S. 178 A/Zoonar GmbH; S. 178 Kecid; S. 179 G/Walter Bibikow; S. 179 G/ martovskiy.ru; S. 180 C/Konstantin Mikhailov; S. 180 G/Randy Olsen ; S. 181 M/Alamy; S. 181 C/ Konstantin Mikhailov; S. 182 C/Tom Brakefield; S. 182 Look/age fotostock; S. 183 M/Minden Pictures; S. 183 Look/Minden Pictures; S. 184 C/ Sergey Gorshkov; S. 184-185 C/Yevgen Timashov; S. 186 Look/Juergen Richter; S. 186 C/Mauricio Abreu; S. 187 M/age; S. 187 Look/ Juergen Richter; S. 188 C/Alan Copson; S. 188 C/Shaun Egan; S. 189 G/Gonzalo Azumendi; S. 189 Look/age fotostock; S. 190 G/Cesar Manso; S. 190 Look/age fotostock; S. 191 Look/age fotostock; S. 191 Look/age fotostock; S. 192 Look/age fotostock; S. 192 M/age fotostock; S. 193 G/Enrique Algarra; S. 193 M/Roger Eritja; S. 194-195 C/Ocean; S. 195 G/Gustavos photos; S. 196 Look/Andreas Strauß; S. 196 Look/ Juergen Richter; S. 197 Vanbasten 23; S. 197 Look/age fotostock; S. 198 Look/age fotostock; S. 198 Look/Juergen Richter; S. 199 C/Massimo Borchi; S. 199 C/Massimo Borchi; S. 200 Look/ age fotostock; S. 200 Look/age fotostock; S. 201 Look/age fotostock; S. 201 C/Marco Cristofori; S. 202 M/Alamy; S. 202 C/Stefano Politi Markovina; S. 203 Look/age fotostock; S. 203 C/ Michael Snell; S. 204 M/Alamy; S. 204 G/ Eduardo Estl©llez; S. 205 G/Marialuisa Wittlin; S. 205 G/Prehistoric; S. 206 C/Michele Falzone; S. 206 Look/age fotostock; S. 207 Look/age fotostock; S. 207 C/Jose Fuste Raga; S. 208-209 G/WillSelarep; S. 209 C/Hans-Peter Merten; S. 210 G/David Sutherland; S. 210 G/Gonzalo Ortul±o; S. 211 Look/NordicPhotos ; S. 211 C/ Gabriele Croppi/Grand Tour; S. 212 Look/ Photononstop; S. 212 C/Ramon Navarro; S. 213 G/Dennis Fischer Photography; S. 213 G/Dennis Fischer; S. 214 G/Images Etc Ltd; S. 214 C/ Atlantide Phototravel ; S. 215 M/Martin Moxter; S. 215 M/Alamy; S. 216 C/Mauricio Abreu; S. 216 M/Alamy; S. 217 C/Sven Hagolani; S. 217 G/I¬igo Fdz de Pinedo; S. 218 M/Alamy; S. 218 G/Marc Baertsch; S. 219 C/Peter M. Wilson; S. 219 G/Panoramic Images; S. 220 C/G&M Therin-Weise; S. 220 Look/age fotostock; S. 221 G/Images for your eyes.; S. 221 C/Mauricio Abreu; S. 222 G/Jumper; S. 222 C/Sylvain Sonnet; S. 223 G/Cmanuel Photography; S. 223 M/Alamy; S. 224 Look/Reinhard Dirscherl; S. 224 Look/Reinhard Dirscherl; S. 225 C/Wild Wonders of Europe ; S. 225 M/United Archives; S. 226 M/Alamy; S. 226 M/Alamy; S. 227 Look/ Heinz Wohner; S. 227 G/A. De Gregorio ; S. 228 G/Leonardo da Vinci; S. 228 M/United Archives; S. 229 M/United Archives; S. 229 C/Nathan Benn; S. 230 M/Alamy; S. 230 M/Alamy; S. 231 G/Hiroshi Higuchi; S. 231 C/Hiroshi Higuchi; S. 232 G/Walter Quirtmair; S. 232 M/CuboImages; S. 233 Look/Andreas Strauß; S. 233 G/Stefano Rossi; S. 234-235 M/Paul Williams - Funkystock; S. 235 C/Angelo Cavalli; S. 236 G/A. De Gregorio ; S. 236 M/Alamy; S. 237 G/Slow Images; S. 237 M/Alamy; S. 238 M/Alamy; S. 238 M/Pixtal; S. 239 M/Alamy; S. 239 C/Grand Tour Collection; S. 240 G/Andrea Pucci; S. 240 G/Guy Vanderelst ; S. 241 C/Ken Kaminesky; S. 241 C/Massimo Borchi; S. 242 C/Jose Fuste Raga; S. 242 G/Ken Scicluna; S. 243 G/Jorg Greuel; S. 243 C/Guido Cozzi; S. 244 G/Allan Baxter; S. 244 C/Guido Cozzi; S. 245 C/Guido Cozzi/; S. 245 C/Luigi Vaccarella; S. 246 G/De Agostini; S. 246 C/R. Ian Lloyd; S. 247 C/ Maurizio Rellini; S. 247 M/Raimund Kutter; S. 248-249 C/Grand Tour Collection; S. 249 M/ Alamy; S. 250 G/Nikada; S. 250-251 C/Sylvain Sonnet; S. 252 M/Alamy; S. 252 M/Paul Williams - Funkystock; S. 253 M/Alamy; S. 253 C/ Massimo Borchi; S. 254 C/Angelo Cavalli; S. 254 C/Michele Falzone ; S. 255 C/Massimo Borchi; S. 255 G/Omalorig's HDR Photography; S. 256 C/Funkystock; S. 256 M/Giovanni Guarino; S. 257 C/Frank Lukasseck; S. 257 C/Stefano Amantini; S. 258 Look/Ingolf Pompe; S. 258 G/ David Trood; S. 259 M/Alamy; S. 259 M/Alamy; S. 260 G/Guy Vanderelst; S. 260 M/United Archives; S. 261 M/Alamy; S. 261 M/Monica Gumm; S. 262 G/Luis Davilla; S. 262 C/Sylvain Sonnet; S. 263 M/Alamy; S. 263 G/Panoramic Images; S. 264 M/John Warburton-Lee; S. 264 M/CuboImages; S. 265 M/Edwin Stranner; S. 265 M/Alamy; S. 266 Look/Rainer Mirau; S. 266 C/Jose Fuste Raga; S. 267 C/Matthew Williams-Ellis; S. 267 C/Doug Pearson ; S. 268 M/Alamy; S. 268 G/Christopher Groenhout; S. 269 C/Guido Cozzi; S. 269 C/Alan Copson; S. 270 G/Marius Roman; S. 270 G/Richard IÔAnson; S. 271 Look/age fotostock; S. 271 G/ Patrick Horton ; S. 272 M/Alamy; S. 272 M/ Alamy; S. 273 C/Egmont Strigl; S. 273 shutterstock/ PavleMarjanovic; S. 274 G/ Douglas Pearson; S. 274 C/Domingo Leiva; S. 275 G/Witold Skrypczak; S. 275 G/Witold Skrypczak; S. 276 G/Doug Pearson; S. 276 G/ Witold Skrypczak; S. 277 G/Paul Biris; S. 277 C/ Michael Runkel; S. 278 G/Danita Delimont; S. 278 M/Kurt Kracher; S. 279 C/Stoyan Nenov ; S. 279 M/Alamy; S. 280 C/Eleanor Scriven; S. 280 M/Robert Harding; S. 281 M/Alamy; S. 281 Look/age fotostock; S. 282 A/LJSphotography; S. 282 G/Heritage Images; S. 283 M/Alamy; S. 283 M/Robert Harding; S. 284 C/Wolfgang Kaehler; S. 284 M/Alamy; S. 285 M/Alamy; S. 285 G/Rilind_Hoxha_Photography; S. 286 C/ Walter Bibikow ; S. 286 M/Alamy; S. 287 Look/ age fotostock; S. 287 C/Travis Dove; S. 288 M/ John Warburton-Lee; S. 288 C/Michele Falzone; S. 289 M/Alamy; S. 289 C/Ivan Vdovin; S. 290-291 M/Alamy; S. 290-291 C/Sandra Raccanello; S. 292 G/Dimitrios Tilis ; S. 292 M/ Paul Williams - Funkystock; S. 293 G/Jean-Pierre Lescourret; S. 293 M/Alamy; S. 294 M/Alamy; S. 294 C/Michael Runkel; S. 295 M/United Archives; S. 295 G/Dennis K. Johnson; S. 296 C/Stuart Black; S. 296 G/Walter Bibikow; S. 297 M/Alamy; S. 297 C/Bruno Cossa; S. 298 M/ Monica Gumm; S. 298 M/Alamy; S. 299 C/ Martin Siepmann; S. 299 M/Michael Szšnyi; S. 300-301 C/Massimo Borchi; S. 300-301 G/ Deejpilot; S. 302 M/Martin Siepmann; S. 302 G/ Ken Welsh; S. 303 M/Alamy; S. 303 C/Paul Williams - Funkystock; S. 304 M/Alamy; S. 304 M/Paul Williams - FunkyStock; S. 305 M/Alamy; S. 305 M/Alamy; S. 306 M/age; S. 306 Look/ age fotostock; S. 307 M/Alamy; S. 307 M/Alamy; S. 308 C/Martin Siepmann; S. 308 M/Paul Williams - Funkystock; S. 309 Look/Rainer Mirau; S. 309 G/emre turan; S. 310 M/Alamy; S. 310 G/ Izzet Keribar; S. 311 G/Okan Metin; S. 311 G/ Okan Metin; S. 312 G/Yevgen Timashov; S. 312 M/Alamy; S. 313 C/Jane Sweeney; S. 313 C/ Jose Fuste Raga; S. 314 GWolfgang Kaehler; S. 314 M/Egmont Strigl; S. 315 M/Alamy; S. 315 C/ Jose Fuste Raga; S. 316-317 M/Alamy; S. 318 G/ Michele Falzone; S. 318 G/Izzet Keribar; S. 319 M/Alamy; S. 319 G/Izzet Keribar; S. 320 G/ Richard McManus; S. 320 M/Alamy; S. 321 G/ Michele Falzone; S. 321 G/Tim Barker; S. 322 C/ Egmont Strigl; S. 322 C/Top Photo Corporation; S. 323 C/Egmont Strigl; S. 323 M/Egmont Strigl; S. 324 C/Charles Bowman; S. 324 C/Guido Cozzi; S. 325 M/Alamy; S. 325 C/Massimo Borchi; S. 326 C/Li Rui; S. 326 C/Yadid Levy; S. 327 C/Hanan Isachar; S. 327 C/Hanan Isachar; S. 328 M/age; S. 328 M/Alamy; S. 329 M/Novarc; S. 329 Look/age fotostock; S. 330 G/ Michael Melford; S. 330 C/George Steinmetz; S. 331 C/Hans P. Szyszka; S. 331 G/Josef F. Stuefer; S. 332-333 C/Jon Hicks; S. 333 C/ Massimo Borchi; S. 334 M/Alamy; S. 334 M/ Alamy; S. 335 M/age; S. 335 G/Jochen Schlenker; S. 336 M/Alamy; S. 336 Look/ Günther Bayerl; S. 337 C/Lucidio Studio Inc.; S. 337 G/David Santiago Garcia; S. 338 G/Hassan Ammar ; S. 338 G/Kirklandphotos; S. 339 C/ Jeremy Horner; S. 339 M/Alamy; S. 340 C/ Arthur Thévenart; S. 340 G/John Elk; S. 341 G/ Marketa Jirouskova; S. 341 G/Marketa Jirouskova; S. 342 M/Axiom Photographic; S. 342 C/Frank Fell; S. 343 M/Alamy; S. 343 Look/ TerraVista; S. 344 M/Alamy; S. 344 G/Eric Lafforgue ; S. 345 M/Robert Harding; S. 345 G/ Best Regards; S. 346 M/Diversion; S. 346 Look/ age fotostock; S. 347 C/Neil Lucas ; S. 347 M/ Alamy; S. 348 M/Robert Harding; S. 348 C/Jane Sweeney; S. 349 C/Michael S. Yamashita; S. 349 G/Jane Sweeney; S. 350 G/Eric Lafforgue ; S. 350 G/Izzet Keribar; S. 351 M/Michael Runkel; S. 351 M/Alamy; S. 352 C/Egmont Strigl; S. 352 M/Alamy; S. 353 M/Alamy; S. 353 M/Robert Harding; S. 354 Look/TerraVista; S. 354 M/age; S. 355 G/Tim Barker; S. 355 C/Kazuyoshi Nomachi; S. 356 C/Egmont Strigl; S. 356-357 C/ Ugurhan Betin; S. 358 M/age; S. 358 M/age; S. 359 C/Brian A. Vikander; S. 359 M/Michael Obert; S. 360-361 C/Kazuyoshi Nomachi; S. 361 G/Frank Bienewald; S. 362 C/Chris Bradley; S. 362 M/Egmont Strigl; S. 363 Rasool abbasi17; S. 363 G/paolodelpapa; S. 364 M/John Warburton-Lee; S. 364 M/Alamy; S. 365 C/Marc Dozier; S. 365 M/Alamy; S. 366 M/Alamy; S. 366 C/Marc Dozier; S. 367 C/Jose Fuste Raga; S. 367 M/Jose Fuste Raga; S. 368 M/Jose Fuste Raga; S. 368 M/Jose Fuste Raga; S. 369 C/ David Trilling; S. 369 M/GTW; S. 370 G/Didier Marti; S. 370 M/Alamy; S. 371 C/Peter Langer; S. 371 M/Alamy; S. 372 G/Nadeem Khawar; S. 372 G/Nadeem Khawar; S. 373 C/Diego Lezama Orezzoli; S. 373 G/Nadeem Khawar; S. 374 G/ Nadeem Khawar; S. 374 G/Nadeem Khawar; S. 375 G/Nadeem Khawar; S. 375 G/thecolorbox; S. 376 C/Dietmar Nill; S. 376 G/Ratul Upadhyay; S. 377 M/Alamy; S. 377 G/De Agostini Picture Library; S. 378 C/Guido Cozzi; S. 378 C/Lindsay Hebberd; S. 379 G/Lizzie Shepherd; S. 379 G/ Anders Blomqvist; S. 380 C/Christian Hütter; S. 380 M/Alamy; S. 381 C/Nick Rains; S. 381 G/ epics.ca; S. 382-383 C/Ocean ; S. 383 C/Win Initiative; S. 384 G/Dr. Anirban Sinha; S. 384 G/ Danita Delimont; S. 385 G/Steven Ruiter; S. 385 G/Ann & Steve Toon; S. 386 G/117 Imagery; S. 386 G/Priyesh Balakrishnan; S. 387 C/Vittorio Sciosia; S. 387 G/RBB; S. 388 C/Zheng Huansong; S. 388 C/Guido Cozzi; S. 389 C/ Frederic Soltan ; S. 389 M/Olaf Krüger; S. 390 C/Charles Lenars; S. 390 C/R.Creation; S. 391 C/Frank Bienewald; S. 391 M/Alamy; S. 392 C/ Luca Tettoni; S. 392 G/Abraham Nowitz; S. 393 G/Murali Aithal; S. 393 G/All images displayed in this are protected under the Interna; S. 394 C/ Frank Bienewald; S. 394 C/Jose Fuste Raga; S. 395 C/James Sparshatt; S. 395 M/Alamy; S. 396 Look/age fotostock; S. 396 M/Alamy; S. 397 Look/Brown Cannon; S. 397 C/Frederic Soltain ; S. 398 M/Alamy; S. 398 Geo Space ; S. 399 G/ Majority World; S. 399 M/Robert Harding; S. 400 G/Paul Chesley; S. 400 G/Sara; S. 401 C/Paul Panayiotou; S. 401 C/Paul Panayiotou; S. 402 C/ Matthew Williams-Ellis; S. 402 M/Alamy; S. 403 M/Robert Harding; S. 403 C/Keren Su; S. 404 C/Christophe Boisvieux; S. 404 C/Martin Moxter; S. 405 M/John Warburton-Lee; S. 405 G/Nigel Pavitt; S. 406 C/Wang Peng; S. 406 M/Robert Harding; S. 407 G/AWL Images; S. 407 G/ Timothy Allen; S. 408 G/Feng Wei Photography; S. 408 C/Ivan Vdovin; S. 409 C/Song fan; S. 409 C/Wang Miao; S. 410 C/Günter Lenz; S. 410 C/ Guo Jian She; S. 411 G/Franck Guiziou ; S. 411 C/Zhao lei bj; S. 412 C/Alan Copson ; S. 412 G/

Das UNESCO Welterbe 743

# Bildnachweis/Impressum

Urs Blickenstorfer; S. 413 G/Luis Castaneda Inc.; S. 413 G/Andre Distel Photography; S. 414 C/Yu Chu Di / Redlink; S. 414-415 G/li jingwang; S. 416 G/Macduff Everton; S. 416 C/Massimo Borchi; S. 417 G/Karl Johaentges; S. 417 C/Demetrio Carrasco; S. 418 M/Alamy; S. 418 G/Sundancer; S. 419 G/RedChopsticks; S. 419 G/View Stock; S. 420 C/Timothy Allen; S. 420 Look/age fotostock; S. 421 C/xPACIFICA; S. 421 G/View Stock; S. 422 C/Liu Liqun; S. 422 G/View Stock; S. 423 M/Alamy; S. 423 G/Adam Jones; S. 424 C/Macduff Freeman; S. 424 G/Yongyuan Dai; S. 425 G/Andy Brandl; S. 425 G/zhaolinghe; S. 426 Look/Karl Johaentges; S. 426 G/Diana Mayfield; S. 427 C/Liu Xu; S. 427 C/Bruno Morandi; S. 428 M/Alamy; S. 428 G/Christian Kober; S. 429 C/Frank Krahmer; S. 429 G/Imagemore Co. Ltd; S. 430 M/SuperStock; S. 430 C/Frank Krahmer; S. 431 Look/age fotostock; S. 431 Look/Minden Pictures; S. 432 G/Andreas Brandl; S. 432 G/Nutezzles; S. 433 C/Andreas Brandl; S. 433 C/Andreas Brandl; S. 434-435 C/Jeff Tzu-chao Lin; S. 435 C/Rob Howard; S. 436 M/Danita Delimont; S. 436 C/Qin Qing; S. 437 C/AStock; S. 437 G/Steve Peterson Photography; S. 438 G/liuaming; S. 438 G/fototrav; S. 439 C/Victor Fraile; S. 439 C/Shigeki Tanaka; S. 440 M/Robert Harding; S. 440 C/Jon Hicks; S. 441 C/Wolfgang Kaehler; S. 441 M/Alamy; S. 442-443 G/Colin Monteath ; S. 442-443 G/Jon Hicks ; S. 444 C/Tony Waltham ; S. 444 G/Werner Forman; S. 445 G/Eye Ubiquitous; S. 445 G/Jose Fuste Raga; S. 446 C/Topic Photo Agency; S. 446 C/Jang Man Dong; S. 447 G/Sungjin Kim; S. 447 C/Topic Photo Agency; S. 448 C/Topic Photo Agency; S. 448 G/Jeremy Horner; S. 449 C/Wolfgang Kaehler; S. 449 C/Massimo Borchi; S. 450 C/Topic Photo Agency; S. 450 C/Topic Photo Agency; S. 451 C/Michael Runkel; S. 451 Look/EuroCreon; S. 452 G/MIXA; S. 452 C/Michele Falzone; S. 453 G/Chiara Salvadori; S. 453 G/UniversalImagesGroup; S. 454 C/Daryl Benson; S. 454 G/Jon Sheer; S. 455 G/JTB Photo; S. 455 G/MIXA; S. 456 C/Rudy Sulgan; S. 456 C/Steven Vidler; S. 457 M/Alamy; S. 457 C/Floris Leeuwenberg; S. 458 C/Peter Adams; S. 458-459 C/Ben Pipe; S. 460 C/Rudy Sulgan; S. 460 G/Keiichi Takita; S. 461 M/Alamy; S. 461 C/George Pachantouris; S. 462 G/Tsukioka Youichi; S. 462 G/Coolbiere photograph; S. 463 C/Kaoru/Nakayama; S. 463 C/amanaimages; S. 464 Look/Minden Pictures; S. 464 C/B.Schmid ; S. 465 M/Alamy; S. 465 C/amanaimages; S. 466 G/Tom Cockrem; S. 466 M/United Archives; S. 467 C/Tuul & Bruno Morandi; S. 467 G/Anek; S. 468 C/Thom Lang; S. 468-469 C/Jochen Schlenker; S. 470 M/Alamy; S. 470 G/Karate chainapong_Thailand; S. 471 G/Katie Garrod; S. 471 C/Jose Fuste Raga; S. 472-473 G/Romain Cintract; S. 472 C/Jose Fuste Raga; S. 474 G/Yojifo Oda; S. 474 G/John W Banagan; S. 475 Look/Arnt Haug; S. 475 G/SPC#JAYJAY; S. 476 C/Daniele Falletta; S. 476 C/Daniele Falletta; S. 477 G/Tom Mchugh T; S. 477 C/Zhang Jianhua; S. 478 C/Felix Hug; S. 478 G/Steve Raymer; S. 479 C/Luca Tettoni; S. 479 G/Michele Falzone; S. 480 C/Christian Kober; S. 480 C/Michael Runkel; S. 481 C/Alex Robinson; S. 481 C/Luca Tettoni; S. 482 C/Dave Fleetham; S. 482 G/Borut Furlan; S. 483 C/Romeo Ranoco ; S. 483 C/Frank Lukasseck; S. 484 A/Rob Cottle ; S. 484 C/Jack Kurtz; S. 485 G/Gerry Ellis ; S. 485 G/Jeff BrownPhoto Images; S. 486 G/Robbie Shone; S. 486 G/ChÕien Lee; S. 487 C/Travelpix Ltd; S. 487 G/Manfred Gottschalk; S. 488 C/Sumatran Rhinoceros; S. 488-489 C/Anup Shah ; S. 490 G/Bruno Morandi; S. 490 M/Prisma; S. 491 G/Ferry R. Tan; S. 491 C/Angelo Cavalli; S. 492 G/M Robert Harding; S. 492 G/Kimberley Coole; S. 493 C/Konrad Wothe ; S. 493 G/Cyril Ruoso ; S. 494-495 C/Giles Bracher; S. 496 C/Steve Parish ; S. 496 C/W. Perry Conway ; S. 497 Look/Holger Leue; S. 497 G/Peter Walton Photography; S. 498 M/Alamy; S. 498 G/Sara Winter; S. 499 Premium/Image State ; S. 499 Look /Per-Andre Hoffmann; S. 500-501 G/Rodger Klein; S. 501 C/George Steinmetz; S. 502 C/Peter Essick; S. 502 G/Andrew Watson; S. 503 G/Sara Winter; S. 503 M/Alamy; S. 504 C/Jose Fuste Raga; S. 504 C/Macduff Everton; S. 505 G/Ignacio Palacios; S. 505 C/Nick Rains; S. 506 G/William West ; S. 506 G/Peter Walton Photography; S. 507 C/Grant Dixon ; S. 507 Look/Guenther Bayerl; S. 508 M/Alamy; S. 508 C/Image Plan ; S. 509 C/Keren Su; S. 509 C/Christopher Ward; S. 510 C/Bettmann; S. 510 M/John Warburton-Lee; S. 511 G/Philip Game; S. 511 C/Chris Newbert; S. 512 C/Jeff Foott; S. 512 M/Alamy; S. 513 C/Robert Holmes; S. 513 M/Marco Casiraghi; S. 514 G/Byron Tanaphol Prukston; S. 514 C/Ben Pipe; S. 515 C/Tui De Roy; S. 515 G/Julie Fletcher; S. 517 C/Jean-Pierre Lescourret; S. 518 C/Massimo Borchi; S. 518 Look/age fotostock; S. 519 C/Doug Pearson; S. 519 C/Peter Adams; S. 520 C/Massimo Borchi; S. 520 M/Alamy; S. 521 C/Robert Harding; S. 521 C/Michele Falzone; S. 522 C/Mauricio Abreu; S. 522 C/Mauricio Abreu; S. 523 Look/Photononstop; S. 523 M/Alamy; S. 524 C/Sebastien Cailleux; S. 524 M/Michael Runkel; S. 525 L/Pierre Bessard; S. 525 M/Michael Runkel; S. 526 C/George Steinmetz; S. 526 M/Michael Runkel; S. 527 C/Sebastien Cailleux; S. 527 C/Franck Guiziou; S. 528 M/Alamy; S. 528 M/Alamy; S. 529 M/Urs Flüeler; S. 529 G/Shaen Adey; S. 530 C/Michele Falzone; S. 530 M/Thonig; S. 531 G/Riccardo Spila; S. 531 G/Riccardo Spila; S. 532 G/Bill Bachmann; S. 532 C/Natalie Tepper; S. 533 C/Wolfgang Kaehler; S. 533 C/Konrad Wothe; S. 534 C/Oliviero Olivieri; S. 534 Look/age fotostock; S. 535 Look/age fotostock; S. 535 C/George Steinmetz; S. 536 C/Sandro Vannini; S. 536 C/Peter Langer; S. 537 C/Eiko Jones; S. 537 Look/Robin Laurance ; S. 538-539 C/Sandro Vannini; S. 539 C/Jose Fuste Raga; S. 540 G/Egyptian; S. 540-541 C/Jose Fuste Raga; S. 542 G/Hisham Ibrahim; S. 542 M/Alamy; S. 543 M/Fabian von Poser; S. 543 C/Jochen Schlenker; S. 544-545 C/Michael Freeman; S. 545 M/Ed Scott; S. 546 G/Maremagnum; S. 546 C/Momatiuk - Eastcott; S. 547 M/SuperStock; S. 547 C/Bruno Cossa; S. 548 C/Frans Lemmens; S. 548 C/Guido Cozzi; S. 549 G/Amar Grover; S. 549 G/Timothy Allen; S. 550 C/George Steinmetz; S. 550 L/Michael Martin; S. 551 C/Yann Arthus-Bertrand; S. 551 C/Anup Shah; S. 552 C/Michel Setboun; S. 552 C/George Steinmetz; S. 553 C/Bruno Morandi; S. 553 C/Aldo Pavan; S. 554 M/Alamy; S. 554 M/Alamy; S. 555 C/Frans Lanting; S. 555 M/Rene Mattes; S. 556 M/Alamy; S. 556 M/Alamy; S. 556 M/Minden Pictures; S. 557 M/Alamy; S. 558 C/Thomas Mangelsen; S. 558 M/Alamy; S. 559 M/Alamy; S. 559 G/Michael K. Nichols; S. 560 M/Alamy; S. 560 G/Ahmed Ouoba ; S. 561 M/Africa Media Online; S. 561 M/Alamy; S. 562 M/Alamy; S. 562 M/Alamy; S. 563 Kevin O'Rourke; S. 563 G/MyLoupe; S. 564 M/Gerard Lacz; S. 564 G/Ijaz Bhatti; S. 565 G/Anup Shah ; S. 565 C/Anup Shah; S. 566 M/Alamy; S. 566 C/Anup Shah; S. 567 G/David Santiago Garcia; S. 567 G/David Santiago Garcia; S. 568-569 M/Alamy; S. 569 G/Oxford Scientific; S. 570 G/Anup Shah; S. 570 G/Anup Shah; S. 571 M/Alamy; S. 571 G/Anup Shah; S. 572 M/age; S. 572 Look/age fotostock; S. 573 M/Alamy; S. 573 Look/age fotostock; S. 574 M/age; S. 574 Look/age fotostock; S. 575 M/GTW; S. 575 M/Alamy; S. 576 C/Toby Adamson; S. 576 M/Gilles Barbier; S. 577 G/Zacharias Abubeker ; S. 577 M/Prisma; S. 578 C/Andrew McConnell; S. 578 M/Alamy; S. 579 G/C. Sappa; S. 579 Look/age fotostock; S. 580 G/Richard du Toit ; S. 580 M/Bernd Zoller; S. 581 C/Tui De Roy; S. 581 G/Nigel Pavitt; S. 582 M/Alamy; S. 582 M/age; S. 583 C/Paul Souders; S. 583 G/Ariadne Van Zandbergen; S. 584-585 C/Jim Zuckerman; S. 585 C/Richard du Toit; S. 586 C/Remi Benali; S. 586 C/Frans Lanting; S. 587 M/Alamy; S. 587 G/Andrew Peacock; S. 588 M/Ingo Boelter; S. 588 Look/Hauke Dressler; S. 589 C/Nigel Pavitt; S. 589 G/Nigel Pavitt; S. 590 L/Le Figaro Magazine; S. 590 G/Steve Corner; S. 591 G/G. Sioen; S. 591 C/David Fettes; S. 592 M/GillesBarbier; S. 592 M/Minden Pictures; S. 593 G/Ariadne Van Zandbergen; S. 593 A/Ariadne Van Zandbergen; S. 594 C/Patrick Dieudonne; S. 594 M/Alamy; S. 595 C/Richard Du Toit; S. 595 C/Martin Harvey; S. 596 G/Sergey Gorshkov; S. 596 C/Martin Harvey ; S. 597 M/Africa Media Online ; S. 597 C/Martin Lanting; S. 598 G/Mark Harris; S. 598 C/Tim Haut; S. 599 G/Heinrich van den Berg; S. 599 C/Jelger Herder; S. 600 M/Martin Harvey; S. 600 C/Roger de La Harpe; S. 601 G/Emil Von Maltitz; S. 601 G/George Brits; S. 602 C/Thomas Marent; S. 602 C/Alex Hyde; S. 603 C/Peter Langer; S. 603 C/Martin Harvey; S. 604 M/Alamy; S. 605 C/Martin Moder; S. 605 M/Alamy; S. 606-607 C/Patrick J. Endres; S. 608-609 C/Ron Erwin; S. 609 G/Klaus Nigge; S. 610 C/Peter Mather; S. 610 C/Peter Mather; S. 611 C/Ron Watts; S. 611 G/Ron Erwin; S. 612 C/Darwin Wiggett; S. 612 C/Jochen Schlenker; S. 613 C/Ron Erwin; S. 613 C/Darwin Wiggett; S. 614 C/Yves Marcoux; S. 614 M/Alamy; S. 615 G/Dale Wilson; S. 615 G/Philippe Henry; S. 616 C/Spaces Images; S. 616 C/Jonathan Blair; S. 617 M/Alamy; S. 617 C/William Manning; S. 618 C/Ocean ; S. 618 C/Kitchin and Hurst; S. 619 G/Michael Melford; S. 619 G/Daryl L. Hunter; S. 620 C/Micha Pawlitzki ; S. 620 G/Cornelia & Ramon Doerr; S. 621 C/Momatiuk - Eastcott; S. 621 G/Huber/Susanne Kremer ; S. 622-623 M/Alamy; S. 623 G/Jeff R Clow; S. 624-625 C/Momatiuk - Eastcott; S. 626 C/Michele Falzone; S. 626 C/George H.H. Huey; S. 626 C/George H.H. Huey; S. 627 M/Horst Mahr; S. 627 C/Rolf Hicker; S. 628 Look/age fotostock; S. 628 G/Steven Kazlowski; S. 629 C/George H.H. Huey; S. 629 C/Richard A. Cooke; S. 630 G/Adam Jones; S. 630 M/Alamy; S. 631 C/Tim Laman; S. 631 C/Natural Selection Robert Cable; S. 632 Look/age fotostock; S. 632 Look/age fotostock; S. 633 M/Alamy; S. 633 G/Donald Nausbaum; S. 634-635 G/Panoramic Images; S. 635 G/Farrell Grehan; S. 636 M/Alamy; S. 636 C/Massimo Borchi; S. 637 G/Art Wolfe; S. 637 G/Richard A Cooke III; S. 638 G/Bill Hatcher; S. 638 G/Feargus Cooney; S. 639 C/George Steinmetz; S. 639 G/Kevin Schafer; S. 640 G/Tu de Roy ; S. 640 C/George H. H. Huey; S. 641 C/Marilyn Angel Wynn; S. 641 G/Mockford & Bonetti; S. 642 M/Alamy; S. 642 C/Danny Lehman; S. 643 C/Rob Tilley; S. 643 C/Spaces Images; S. 644 C/Danny Lehman; S. 644 C/Danny Lehman; S. 645 M/Alamy; S. 645 C/Alex Robinson; S. 646 C/NOTIMEX; S. 646 C/Jose Fuste Raga; S. 647 C/Ocean ; S. 647 M/Alamy; S. 648 G/G. Dagli Orti; S. 648 C/R. Ian Lloyd; S. 649 M/Alamy; S. 649 M/Alamy; S. 650 M/Alamy; S. 650 G/Robert Frerck ; S. 651 C/Richard A. Cooke; S. 651 M/Alamy; S. 652 C/Jose Fuste Raga; S. 652 M/Florian Kopp; S. 653 C/Emilie Chaix; S. 653 M/Alamy; S. 654 C/Alexandra Draghici; S. 654 M/Jutta Ulmer; S. 655 C/Jeremy Woodhouse; S. 655 M/Cultura; S. 656-657 G/Panoramic Images; S. 656-657 G/Macduff Everton; S. 658 C/Oliver Lucanus; S. 658 M/Alamy; S. 659 C/Norbert Wu ; S. 659 A/Mark Conlin ; S. 660 M/Alamy; S. 660 C/Danny Lehman; S. 661 C/Jeremy Woodhouse; S. 661 C/Peter Langer; S. 662 C/Diego Lezama Orezzoli; S. 662 C/Macduff Everton; S. 663 M/Alamy; S. 663 C/Thomas Marent; S. 664 G/Matthew Micah Wright; S. 664 M/Egon Börnsch; S. 665 C/Konrad Wothe; S. 665 C/Frans Lanting ; S. 666 M/Alamy; S. 666 G/Mark Conlin; S. 667 G/Roy Toft; S. 667 G/Alfredo Maiquez; S. 668 C/Danny Lehman; S. 668 M/Alamy; S. 669 G/Gregory Basco; S. 669 G/Grand Tour; S. 670 C/Frank Lukasseck; S. 670 C/Jon Arnold; S. 671 G/Jane Sweeney; S. 671 M/Alamy; S. 672 C/Jane Sweeney; S. 672 C/Peter Adams; S. 673 M/Alamy; S. 673 C/David Fleetham; S. 674 C/Jane Sweeney; S. 674 C/Jane Sweeney; S. 675 C/Philip Friskorn; S. 675 M/GTW; S. 676 C/Doug Pearson ; S. 676 G/James P. Blair; S. 677 G/Michael Runkel; S. 677 M/Reinhard Dirscherl; S. 678 G/Banana Pancake; S. 678 C/George H.H. Huey; S. 679 M/Alamy; S. 679 G/Michele Falzone; S. 680 G/Enzo Figueres; S. 680 Look/Michael Boyny; S. 681 C/Tom Vezo ; S. 681 G/Franck Guiziou; S. 682 G/Borut Furlan; S. 682 G/The Colombian Way Ltda; S. 683 M/Alamy; S. 683 M/Alamy; S. 684 C/amanaimages; S. 684-685 G/Mac99; S. 686 M/John Warburton-Lee; S. 686 C/Gabrielle & Michel Therin-Weise; S. 687 C/Peter Langer; S. 687 Look/Per-Andre Hoffmann; S. 688 C/DLILLC; S. 688-689 C/Rob Howard; S. 690 M/Alamy; S. 690 C/Pete Oxford; S. 691 C/Wigbert Röth; S. 691 C/Pablo Corral Vega; S. 692 C/Alex Robinson; S. 692 M/Alamy; S. 693 M/Alamy; S. 693 C/Laurie Chamberlain; S. 694-695 C/Tim Davis; S. 695 C/Patrick J. Endres; S. 696 C/Frans Lanting; S. 696 C/Danny Lehman; S. 697 G/Hughes Hervï¿½; S. 697 M/Diversion; S. 698 C/Pablo Corral Vega; S. 698 C/John Coletti; S. 699 C/Peter Langer; S. 699 C/Peter Langer; S. 700 C/Ritterbach; S. 700 M/Robert Harding; S. 701 M/Alamy; S. 701 C/Ian Trower; S. 702 C/Zhang Chuanqi; S. 702 G/Christian Perez Photography; S. 703 M/Alamy; S. 703 M/Robert Harding; S. 704-705 C/Marko Stavric; S. 705 G/Marko Stavric; S. 706 C/Pablo Corral Vega; S. 706 M/Urs Flueler; S. 707 G/robas; S. 707 M/Alamy; S. 708 C/Piotr Naskrecki; S. 708 M/Alamy; S. 709 Look/Minden Pictures; S. 709 C/Kevin Schafer; S. 710 G/Roberto Peradotto; S. 710 C/Gonzalo Azumendi; S. 711 C/Alex Robinson; S. 711 C/Diego Lezama Orezzoli; S. 712 C/Luciano Candisani; S. 712 G/Ruy Barbosa Pinto; S. 713 G/John W Banagan; S. 713 C/Gonzalo Azumendi; S. 714 C/Massimo Borchi; S. 714 C/Silvana Guilhermino; S. 715 C/Alex Robinson; S. 715 Look/Minden Pictures; S. 716-717 C/Theo Allofs; S. 717 G/Theo Allofs; S. 718 C/Gabrielle & Michel Therin-Weise; S. 719 C/Gabrielle & Michel Therin-Weise; S. 719 C/Massimo Borchi; S. 720 C/Jon Hicks; S. 720 C/Demetrio Carrasco; S. 721 C/Kevin Schafer; S. 721 C/Luciano Candisani; S. 722 C/Jeremy Woodhouse; S. 722 M/Minden Pictures; S. 723 C/Diego Lezama Orezzoli; S. 723 M/Alamy; S. 724 M/Alamy; S. 724 G/Luis Davilla; S. 725 M/Alamy; S. 725 G/Luis Davilla; S. 726 M/ Christian Heinrich; S. 726 M/Minden Pictures; S. 727 C/Philippe Widling; S. 727 M/Florian Kopp; S. 728 C/D. Parer & E. Parer-Cook; S. 728 G/Luis Davilla; S. 729 C/Christian Vorhofer; S. 729 M/Alamy; S. 730-731 C/Jeff Vanuga; S. 731 G/Joel Sartore; S. 732-733 M/Westend61.

Der Verlag hat bemüht, alle Bildrechteinhaber ausfindig zu machen. Sollte dies in einigen Fällen nicht gelungen sein, werden betroffene Rechteinhaber gebeten, sich mit dem Verlag in Verbindung zu setzen.

© 2018 Kunth Verlag GmbH & Co KG, München
St.-Cajetanstraße 41
81669 München
Tel. +49.89.45 80 20-0
Fax +49.89.45 80 20-21
www.kunth-verlag.de
info@kunth-verlag.de

Printed in Slovakia

Text: Natascha Albus, Heike Barnitzke, Catrin Barnsteiner, Monika Baumüller, Gesa Bock, Arno Breckner, Klaus Dammann, Klaus A. Dietsch, Michael Elser, Dietmar Falk, Werner Fiederer, Robert Fischer, Petra Frese, Ute Friesen, Winfried Gerhards, Martina Gschließer, Maria Guntermann, Ulrike Köppchen, Dr. Steffen Krämer, Brigitte Lotz, Angela Meißner, Werner Morgenrath, Norbert Pauchner, Dr. Ulrike Prinz, Dr. Jürgen Rapp, Ingrid Reuter, André Ruo, Monika Sattrasai, Dr. Susanne Scheffler-Gerken, Dr. Hans-Wilm Schütte, Eckard Schuster, Ingrid Suvak, Dr. Marcus Würmli

Alle Rechte vorbehalten. Reproduktionen, Speicherung in Datenverarbeitungsanlagen, Wiedergabe auf elektronischen, fotomechanischen oder ähnlichen Wegen nur mit der ausdrücklichen Genehmigung des Copyrightinhabers. Alle Fakten wurden nach bestem Wissen und Gewissen mit der größtmöglichen Sorgfalt recherchiert. Redaktion und Verlag können jedoch für die absolute Richtigkeit und Vollständigkeit der Angaben keine Gewähr leisten. Der Verlag ist für alle Hinweise und Verbesserungsvorschläge jederzeit dankbar.